W0257754

ALEXANDRU SPĂTARU

THEORIE DER INFORMATIONSÜBERTRAGUNG

Signale und Störungen

ALEXANDRU SPĂTARU

THEORIE DER INFORMATIONSÜBERTRAGUNG

Signale und Störungen

Mit 418 Abbildungen

FRIEDR. VIEWEG+SOHN · BRAUNSCHWEIG

Verantwortlicher Herausgeber: Prof. Dr.-Ing. Peter Fey

Titel der Originalausgabe:
TEORIA TRANSMISIUMII INFORMATIEI

Copyright
EDITURA TEHNICA, BUCURESTI

ISBN-13: 978-3-528-08318-2   e-ISBN-13: 978-3-322-83533-8
DOI: 10.1007/978-3-322-83533-8

GELEITWORT

Aus dem klassischen Gebiet der Schwachstromtechnik, deren wesentlichste
Bestandteile Akustik, Fernmeldetechnik und Hochfrequenztechnik waren, hat
sich nach einem Differenzierungsprozeß, in dem neue Teildisziplinen, wie
Höchstfrequenztechnik, Regelungstechnik, Halbleitertechnik und Rechentech-
nik entstanden, wieder auf höherer Stufe ein neues, einheitliches Wissensgebiet
entwickelt.

Die gemeinsame Grundlage ist die Erzeugung, Wandlung, Übertragung, Ver-
arbeitung und Auswertung von Information. Informations-, Signal- und Sy-
stemtheorie, Theorie der Modulation und Kodierung, Automatentheorie, Ent-
scheidungstheorie und Festkörperphysik sind die neuen theoretischen Grundlagen für Elektronik, Automatisierungs- und Informationstechnik.

Mit der Verknüpfung des Informationsbegriffs mit der Wahrscheinlichkeit
durch SHANNON hat die Wahrscheinlichkeitsrechnung als mathematische Grundlage neben der Analysis einen festen Platz in der Theorie der Informationstechnik eingenommen. Die moderne Algebra schließt sich an.

Diesen raschen Wandel in den Grundlagen und Betrachtungsweisen über-
schaubar darzulegen und in verständlicher Form zugänglich zu machen, ist das
Anliegen des Verfassers. Professor SPĂTARU hat sich der mühevollen und dan-
kenswerten Aufgabe unterzogen, mit dem vorliegenden Band *Theorie der Informationsübertragung — Signale und Störungen* ein ordnendes und systematisieren-
des Lehrbuch für dieses Gebiet, aufbauend auf eigener praktischer Tätigkeit in
der Lehre und Forschung, zu schaffen.

Den vielen bereits praktisch auf diesem Gebiet Tätigen, aber auch den neu
Hinzukommenden, den Studierenden, wird das Buch wertvolle Unterstützung
beim Eindringen in die Probleme der Informationsübertragung sein.

September 1972 PETER FEY

VORWORT

Die Wissenschaft gestattet in ihrem ständigen Fortschritt durch Akkumulation neuer Tatsachen, durch Deutung derselben und durch Erweiterung des Prozesses der Verallgemeinerung die Feststellung von gemeinsamen Merkmalen für Fächer, die beim ersten Anblick sehr weit voneinander liegen.

In der ersten Hälfte des vergangenen Jahrhunderts näherten sich auf Grund des Studiums verschiedener Formen der Energie einige Gebiete der Physik und Chemie, die augenscheinlich nichts gemein hatten, d. h., es werden für sie gemeinsame Merkmale ausfindig gemacht, die zur Entdeckung entsprechender Phänomene führen. Die einheitliche Deutung von verschiedenen Arten der Energie hat in der Weiterentwicklung von wissenschaftlichen und technischen Fächern eine wichtige Rolle gespielt.

Es kann behauptet werden, daß heutzutage die Ausarbeitung von einheitlichen Theorien, die die Nachrichten und im besonderen die Übertragung von Nachrichten betreffen, genau dieselbe Bedeutung besitzt, wie das einheitliche Studium der Energie im vergangenen Jahrhundert.

In der Tat sind Lebewesen und verschiedene Mechanismen sowohl der Sitz von energetischen Prozessen — deren Mannigfaltigkeit übrigens sehr groß ist — als auch der Sitz von anderen Prozessen, die von ganz verschiedener Natur sind und unter denen sich auch die Prozesse der Nachrichtenübertragung befinden. Ob nun die Übertragung der Nachricht von Mensch zu Mensch erfolgt (wie beim Telefon oder beim Fernsehen) oder von Maschine zu Maschine (wie bei automatisierten Systemen oder zwischen elektronischen Rechenanlagen), die Probleme sind von derselben Art und können einheitlich behandelt werden.

Eine einheitliche Theorie der Nachrichtenübertragung hat ein weites praktisches Anwendungsgebiet sowohl im Falle elektronischer als auch im Falle pneumatischer, mechanischer und anderer Übertragungsverfahren.

Den Grundgedanken für die Theorie der Nachrichtenübertragung bildet die Annahme, daß die Nachricht und die Störung zufällige Erscheinungen sind, demzufolge für die Lösung verschiedener Probleme der Übertragung an statistische Methoden appelliert werden muß. Diese Methoden gestatten ein viel gründlicheres Verständnis der Phänomene und ermöglichen die Ausführung von Geräten auf Grund von neuen Prinzipien.

In dem Buch *Theorie der Informationsübertragung, Signale und Störungen* stellt sich der Verfasser die Aufgabe, die grundlegenden Probleme der Nachrichtenübertragung in technischen Systemen bei Vorhandensein von relativ schwachen Störungen in einheitlicher Weise zu behandeln. Der Inhalt dieses Bandes ist unabhängig und behandelt die Signale und die Störungen und ihre Übertragung durch lineare und nichtlineare Systeme, die Modulation, das quantitative Maß der Information usw.

Obwohl die Theorie der Informationsübertragung relativ neu ist, ist die Anzahl der Arbeiten, die in Fachzeitschriften veröffentlicht werden, sehr groß. Aus diesem Grunde ergibt sich die Notwendigkeit einer zusammenfassenden Darstellung, die ohne Einzelheiten die wesentlichsten Resultate vermitteln und die in systematischer und einheitlicher Form wichtige Probleme der Informationsübertragung enthalten soll.

Die vorliegende Arbeit ist ein Versuch, dieser Notwendigkeit zu entsprechen.

Die Arbeit behandelt insbesondere die Grundlagen und gibt keine Schemata für praktische Anwendungen, weil deren Mannigfaltigkeit sehr groß ist und der Fachmann und Kenner der Grundlagen ohne große Schwierigkeit an die praktische Ausführung gehen kann.

Bei der Behandlung der Probleme wurde danach getrachtet, daß die verwendeten mathematischen Formeln die für eine genügend genaue Darstellung notwendigen Grenzen nicht überschreiten, wobei einige sekundäre Aspekte beiseite gelassen wurden, um die wesentlichen Fragen hervorzuheben.

Für diejenigen Leser, die mit der Wahrscheinlichkeitsrechnung nicht vertraut sind, wurde das Kapitel „Grundbegriffe der Wahrscheinlichkeitsrechnung" eingeführt, in dem die minimal erforderlichen Kenntnisse für das Verstehen der Probleme zusammengefaßt sind. Es wurde danach getrachtet, dem Leser die Mühe zu ersparen, die er sich bei Beginn des Studiums des Buches hätte machen müssen, um aus der mathematischen Spezialliteratur die notwendigen Daten zu entnehmen.

Der Verfasser dankt auf diesem Wege allen seinen Mitarbeitern, die ihm bei der Ausführung dieser Arbeit geholfen und ihn wirksam unterstützt haben, insbesondere Herrn Technischer Rat AL. POPOVICI für den wertvollen Ideenaustausch und die Revidierung des Materials, Herrn Technischer Rat M. VARIA für die äußerst nützlichen Anregungen bei der Anordnung und Sichtung des Materials und Frau I. GAVĂT für die inhaltsgetreue Wiedergabe der Arbeit in deutscher Sprache.

Der Verfasser

INHALTSVERZEICHNIS

2*

INDEX DER WICHTIGSTEN BEZEICHNUNGEN

ω — Kreisfrequenz

P — Leistung

$P(A)$ — Wahrscheinlichkeit des Ereignisses A

P_k — Transmittanz der Bahn k

$\mathfrak{P}$ — Rauschmatrix

p — komplexe Veränderliche ($p = \sigma + j\,\omega$)

$p(\omega)$ — Leistungsspektraldichte (für $\omega > 0$)

$q(\omega)$ — Leistungsspektraldichte (für $-\infty < \omega < +\infty$)

$\cdot R$ — Redundanz

$R(\tau)$ — zeitliche Korrelationsfunktion

$r(\tau)$ — Korrelationsfunktion für Signale von unendlicher Energie

$\mathfrak{R}\{\ \}$ — Operator zum Übergang aus dem Raum der Nachricht in den Raum des Signals, im Frequenzbereich

ϱ — Korrelationskoeffizient, Verbesserungsfaktor des Störabstandes

$\dfrac{S}{R}$ — Störabstand

S — Ereignisfeld

$S(\omega)$ — Spektrum des Signals $s(t)$

σ^2 — Dispersion

T — Zeitintervall

t — Zeit

t_{jk} — Transmittanz des Zweiges jk

τ_0 — Korrelationsdauer

$\mathfrak{T}\{\ \}$ — Operator zum Übergang aus dem Raum der Nachricht in den Raum des Signals, im Zeitbereich

$u(t)$ — Einheitssprungfunktion

V.P. — Cauchyscher Hauptwert

W — höchste Frequenz im Spektrum

$w(x)$ — Wahrscheinlichkeitsdichte

$X(\omega)$ — Spektrum des Signals $x(t)$

$x(t)$ — Signal, gewöhnlich am Eingang des Systems

ξ — zufällige Veränderliche

$Y(\omega)$ — Spektrum des Signals $y(t)$

$y(t)$ — Signal, gewöhnlich am Ausgang des Systems

$z(t)$ — analytisches Signal

η — zufällige Veränderliche

Die Operatoren werden mit Buchstaben in Fraktur $\mathfrak{R}$, $\mathfrak{T}$ usw. bezeichnet.

Die Spektren werden mit Großbuchstaben bezeichnet, die den Signalen entsprechen: $X(j\,\omega) = \mathfrak{F}\{x(t)\}$.

Die abgetasteten Signale werden mit Sternchen bezeichnet, das rechts vom entsprechenden Symbol angebracht wird: $x^*(t) = \delta_T(t) \cdot x(t)$.

Die Spektren der abgetasteten Signale werden mit Sternchen bezeichnet, das rechts vom enstprechenden Symbol angebracht wird: $F\{x^*(t)\} = X^*(\omega)$.

Die zufälligen Veränderlichen werden vorzugsweise mit griechischen Buchstaben: ξ, η, usw. bezeichnet.

Die Zeitmittelwerte werden mit einer oberen Wellenlinie und die Scharmittelwerte mit einer oberen geraden Linie bezeichnet.

BERICHTIGUNG

Seite **143**, Gleichung (4.11)

lies:

$$K_{\xi\eta}(t_1, t_2) = M_{12}\,\{\xi(t_1), \eta(t_2)\} = [\xi(t_1) - \overline{\xi(t_1)}]\,[\eta(t_2) - \overline{\xi(t_1)}]$$

statt:

$$K_{\xi\eta}(t_1, t_2) = M_{12}\,\{\xi(t_1), \eta(t_2)\} = [\xi(t_1) - \overline{\xi(t_1)}]\,[\eta(t_2) - \overline{\eta(t_2)}]$$

Seite **145**, Tabelle 4.1, Punkt 6; Zeitlicher Mittelwert

lies: statt:

$$[\widetilde{\xi^{(k)}}(\widetilde{t})]^2 - [\xi^{(k)}(t)]^2 \qquad\qquad [\widetilde{\xi^{(k)}}(\widetilde{t})]^2 - [\widetilde{\xi^{(k)}}(\widetilde{t})]^2$$

Seite **170**, in Gleichung (4.86 und (4.87)

lies: l. i. m.   statt: lim

Seite **242**, Gleichung (6.132)

lies: statt:

$$h_1(t) = u(t)\,\frac{1}{R\,C}\,e^{-\frac{t}{R\,C}} \qquad\qquad h_1(t) = u(t)\,\frac{1}{R\,C}\,e^{-\frac{t}{R\,C}\,t}$$

Seite **305**, in Formel (8.71)

lies: statt:

$$|g(x)| \leqq M_0\,e^{u_0 x} \qquad\qquad |g(x)| \leqq M_0\,e^{-u_0 x}$$

Seite **472**, 9. Zeile v. o.

lies: $|k| \geqq 2$ statt: $|k| \leqq 2$

Seite **541**, 12. Zeile v. o.

Für die erste und zweite untere Integrationsgrenze

lies: $\varrho\,\sigma$ statt: ϱ^σ

Seite **566**, 11. Zeile v. o.

lies: $p_m(\omega)$ statt: $p_t(\omega)$

761 585 4 (5931) Spǎrtaru, Theorie der Informationsübertragung

1. EINLEITUNG

Schon in den ältesten Zeiten hatte der Mensch das Bedürfnis, Informationen auf viel größere als die beim Sprechen üblichen Entfernungen zu übertragen.

Die Übertragung der Information ist durch die Ausbreitung einer Energie bedingt. Zu Beginn wurde die akustische Energie verwendet, jedoch war die Entfernung, auf die man Informationen übertragen konnte, sehr klein. Mit Hilfe der Ausbreitung von elektromagnetischer Energie in Lichtform konnte man zu viel größeren Entfernungen gelangen; jedoch erlaubten die zu jener Zeit vorhandenen Hilfsmittel nur die Übertragung einer geringen Menge von Informationen. Das Vorhandensein eines Feuers zeigte die Verwirklichung oder Undurchführbarkeit eines Ereignisses an, wofür im voraus eine Vereinbarung getroffen war und die übertragene Information die Form *ja* oder *nein* hatte. Indem man durch Bewegung eines Blanketts über dem Feuer dem Rauch gewisse Formen gab, gelang es, eine größere Menge von Informationen zu übertragen.

Indem eine andere Form von optischen Übertragungen verwendet wurde, gelang es den Matrosen auf Grund eines Kodes und mit Hilfe von Signalfähnchen eine noch größere Menge von Informationen zu übertragen. In allen diesen angeführten Fällen war die für die Übertragung der Information notwendige Zeit von genügend langer Dauer.

Die Notwendigkeit der Übertragung einer möglichst großen Menge von Informationen in möglichst kurzer Zeit führte zur Entdeckung von neuen Übertragungsmethoden. In unserer Zeit kann durch den Telegraph, durch das Telefon und insbesondere durch das Fernsehen eine ungeheuer große Menge von Informationen in äußerst kurzer Zeit übertragen werden.

Beim Prozeß der Übertragung können Störungen auftreten, die Fehler einführen und die übertragene Information degradieren. Der Kampf gegen die Störungen zum Zwecke der genauen Wiedergabe ist die wichtigste Aufgabe der Übertragungssysteme.

Grundlegend für die Entwicklung der Anschauungen über die Probleme der Übertragung sind die Arbeiten von Norbert WIENER und Claude SHANNON, die einen neuen Gesichtspunkt eingeführt haben, demzufolge das Signal und die Störung nur durch Wahrscheinlichkeitsausdrücke beschrieben bzw. nur durch zufällige Funktionen ausgedrückt werden können.

1.1. Terminologie

Es ist notwendig, einige Erklärungen über den Sinn der in dieser Arbeit verwendeten Ausdrücke zu geben, da diese in der Fachliteratur in vielen Bedeutungen verwendet werden.

Signal wird die physikalische Erscheinung (elektromagnetische Welle, Schallwelle usw.) genannt, die sich in einem gegebenen Medium ausbreiten kann.

Diese ist die allerweiteste Bedeutung, die dem Ausdruck Signal gegeben werden kann. Jedoch wird im allgemeinen, wie später ersichtlich, der Ausdruck Signal in viel engerem Sinne gebraucht, indem man diejenigen Signale ausschließt, die der Übertragung schaden und Störungen genannt werden.

Nachricht wird ein Signal genannt, das einem Beobachtungsergebnis aus der Gesamtheit der gegebenen Ideen, Vorstellungen, entspricht und das einem Korrespondenten übertragen werden muß. Ein die Nachricht bildender Teil wird auch Nachricht genannt.

In der Literatur wird der Ausdruck Nachricht manchmal in einem weiteren Sinne gebraucht (indem sie z. B. geschriebene Texte usw. umfaßt). In der vorliegenden Arbeit wird immer das Vorhandensein von einigen Wandlern vorausgesetzt, die die zu übertragende Nachricht in ein Signal umformen.

An der Empfangsstelle führt ein anderer Wandler die entgegengesetzte Operation aus, indem er das Signal in die originale Nachricht umwandelt.

Die vorliegende Arbeit befaßt sich nicht mit der Beschreibung des Aufbaues und der Eigenschaften der Wandler, sondern wird nur die Probleme der Übertragung behandeln, die vom Ausgang des Wandlers des Senders, Nachrichten-Quelle genannt, bis zum Eingang des Wandlers an der Empfangsstelle, Nachrichtensenke (Korrespondent oder Beobachter) genannt, auftreten.

Zwischen der Nachrichten-Quelle und der Nachrichten-Senke erfährt die Nachricht im allgemeinen eine Reihe von Umwandlungen, deren Ergebnis Signal (in engerem Sinne) genannt wird.

Nachrichten-Quelle wird jener Mechanismus genannt, durch den aus der Menge aller möglichen Nachrichten in unvorhergesehener Weise eine besondere Nachricht ausgewählt wird, um einem Korrespondenten zugesandt zu werden.

Nachrichten-Senke (Korrespondent, Beobachter) wird der Endbestimmungsort genannt, wohin die übertragene Nachricht gelangen muß.

Kanal wird die Gesamtheit aller Mittel gennant, die zur Übertragung des Signals bestimmt sind, wobei unter *Mittel* sowohl die Apparatur als auch das Medium, in dem die Übertragung stattfindet, verstanden wird. Zwischen der Apparatur und dem Medium wird keine strenge Trennung gemacht. Manchmal wird unter Medium beispielsweise ein koaxiales Kabel und unter Apparatur die Endverstärker verstanden. Zum anderen kann bei Vorhandensein einer Endeinrichtung zur Mehrfachausnutzung des Kabels sowohl das Kabel als auch die Endeinrichtung unter Medium verstanden werden. Im allgemeinen können durch ein Medium Signale, die zu mehreren Kanälen gehören, übertragen werden, hingegen wird durch die Endapparatur nur das Signal eines einzigen Kanals übertragen.

Modulation wird die Umwandlung einer Nachricht in ein Signal genannt, die den hauptsächlichen Zweck verfolgt, die Übertragung durch ein gegebenes Medium zu erleichtern oder mehrfache Übertragungen durch dasselbe Medium zu ermöglichen.

Einen sekundären Zweck erfüllt die Modulation dadurch, daß sie den Wirkungsgrad der Übertragung vergrößert, indem sie die Fehler verringert, die beim Prozeß der Übertragung auftreten (z. B. bei der Frequenzmodulation).

Demodulation wird die zur Modulation inverse Umwandlung genannt.

Kodierung wird die Umwandlung einer Nachricht in ein diskretes Signal genannt, wobei sie den hauptsächlichen Zweck verfolgt, den Wirkungsgrad der Übertragung zu vergrößern (siehe Kap. 15). Manchmal wird der Ausdruck *Kodierung* auch im weiteren Sinne gebraucht, indem man auch die Modulation mit einschließt.

Dekodierung wird die zur Kodierung inverse Operation genannt (ist also die Rückkehr vom diskreten Signal zur entsprechenden kontinuierlichen oder diskreten Nachricht).

Information. Für die Einführung des Begriffes der Information wird vorausgesetzt, daß in irgendeiner Situation N verschiedene Ereignisse eintreten können, die gleichwahrscheinlich sind und die Wahrscheinlichkeit für ein Ereignis $p = \dfrac{1}{N}$ ist. Durch Realisierung eines der N möglichen Ereignisse wird eine Information erhalten. Diese ist um so größer, je weniger das ausgeführte Ereignis vorausgesehen werden kann bzw. je kleiner seine Wahrscheinlichkeit ist. Die in diesem Falle erhaltene Information wird folgendermaßen definiert:

$$i = + \log \frac{1}{p} = - \log p = \log N \qquad (1.1)$$

wobei die logarithmische Funktion verwendet wurde, um der Information die Eigenschaft der Additivität zu sichern (siehe Kap. 15).

Aus dem Vorhergehenden ist ersichtlich, daß die Information mit Hilfe eines Auslesemechanismus aus den N möglichen und gleichwahrscheinlichen Ereignissen erhalten wird. (Wie im Kap. 15 gezeigt werden wird, ist die Einschränkung, daß die N möglichen Ereignisse gleichwahrscheinlich sein sollen, nicht notwendig.)

Aus der für die *Nachrichten-Quelle* gegebenen Definition ergibt sich, daß sie durch den Auslesemechanismus aus der Menge der möglichen Nachrichten eine beliebige Nachricht auswählt und die Information bildet, also eine Informationsquelle ist.

Wenn eine Quelle Signale bildet, deren Form (analytische Darstellung) im voraus bekannt ist, so ist sie keine Informationsquelle. Nur Signale, deren zeitlicher Verlauf nicht vollständig voraussagbar ist, können Informationen übertragen. Die Übertragung einer Information ist daher an die Übertragung zufälliger Signale gebunden. In dieser Tatsache besteht die besondere Bedeutung des Studiums der zufälligen Signale.

Störung wird jenes Signal genannt, das das zufällige und nützliche, informationsübertragende Signal abändert und die Menge der übertragenen Information verringert.

1.2. Modell eines Systems zur Informationsübertragung

In Abb. 1.1 ist schematisch das einfachste Modell eines Systems zur Informationsübertragung dargestellt. In diesem Fall wird vorausgesetzt, daß die Nachricht in ihrer von der Quelle (Wandler) gegebenen Form direkt, ohne weitere Umwandlungen zu erfahren, durch den Kanal übertragen werden kann.

Die Störungsquelle ist ein Element, das unabwendbar in jedem beliebigen System der Informationsübertragung auftritt.

Das in Abb. 1.1 dargestellte Modell entspricht im allgemeinen den Fällen, in denen die Information auf geringe Entfernungen übertragen werden muß und die durch das Rauschen verursachten Fehler klein sind.

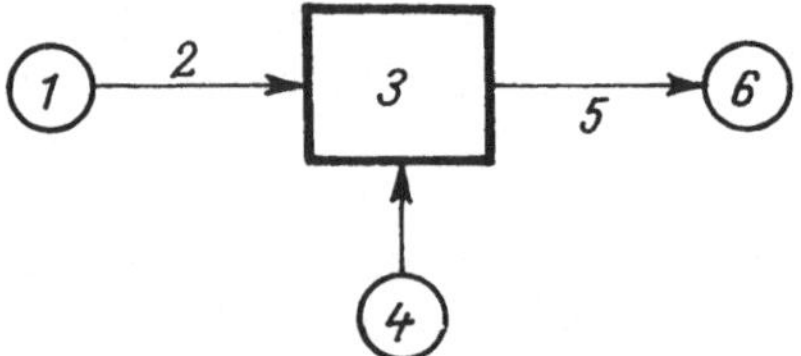

Abb. 1.1. Einfaches System der Informationsübertragung

1 — Nachrichtenquelle; *2* — Nachricht; *3* — Kanal; *4* — Störungsquelle; *5* — Nachricht und Störung; *6* — Nachrichtensenke

Wenn die Nachricht nicht als solche durch das Medium übertragen werden kann (weil Schwierigkeiten bei der Ausbreitung auftreten oder weil mehrere Übertragungen gleichzeitig erfolgen sollen), werden Elemente für Modulation und Demodulation eingeführt, wie in Abb. 1.2 gezeigt ist.

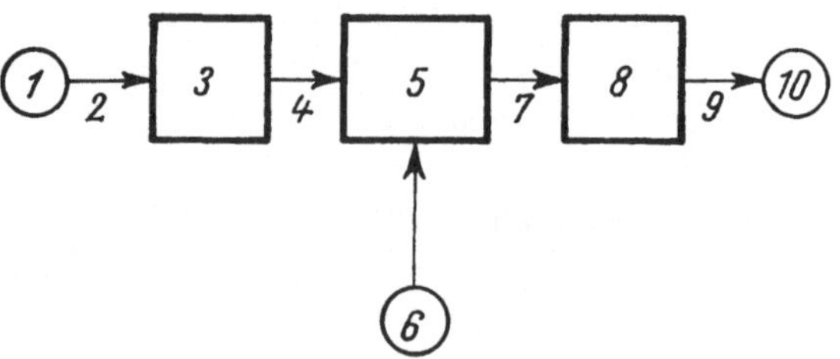

Abb. 1.2. System der Informationsübertragung mit Modulations- und Demodulationselementen

1 — Nachrichtenquelle; *2* — Nachricht; *3* — Modulation; *4* — Signal; *5* — Kanal; *6* — Störungsquelle; *7* — Signal und Störug; *8* — Demodulation; *9* — Nachricht und Störung; *10* — Nachrichtensenke

Die Mehrzahl der Systeme für Informationsübertragung, die in der Gegenwart verwendet werden, haben die in Abb. 1.2 dargestellte Struktur.

In den Fällen, in denen die Vergrößerung des Wirkungsgrades, bzw. die Möglichkeit der Übertragung einer möglichst großen Menge von Informationen in Gegenwart von Störungen angestrebt wird, werden auch Kodierungs- und Dekodierungselemente verwendet, wie Abb. 1.3 zeigt.

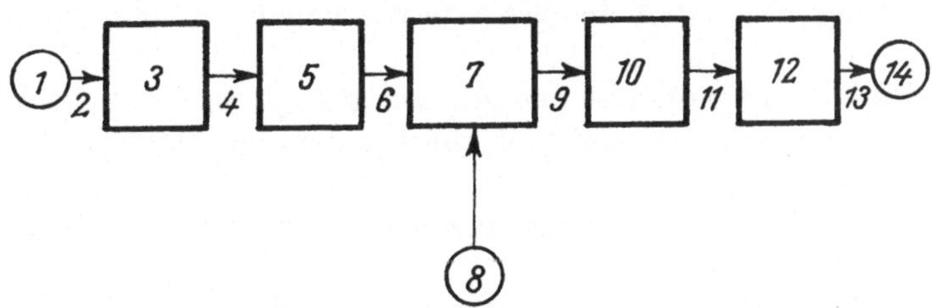

Abb. 1.3. System der Informationsübertragung mit Elementen für
Modulation — Demodulation und Kodierung — Dekodierung

1 — Nachrichtenquelle; *2* — Nachricht; *3* — Kodierung; *4* — Signal; *5* — Modulation; *6* — Signal; *7* — Kanal;
8 — Störungsquelle; *9* — Signal und Störung; *10* — Demodulation; *11* — Signal und Störung; *12* — Dekodierung;
13 — Nachricht und Störung; *14* — Nachrichtensenke

Die Modulations- und Demodulationselemente sind manchmal in den Kanal oder in die Kodierungs- und Dekodierungselemente eingebaut. In diesem letzteren Falle ist der Ausdruck Kodierung in seiner weitesten Bedeutung angewendet.

In einigen Fällen ist es von Nutzen, ein Modell zu verwenden, das alle die Nachricht verarbeitenden Operationen in einer einzigen Einheit zusammenfaßt,

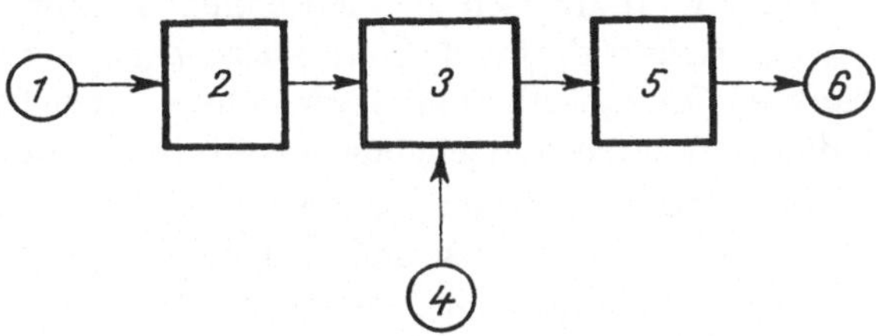

Abb. 1.4. System der Informationsübertragung

1 — Nachrichtenquelle; *2* — Sender; *3* — Kanal; *4* — Störungsquelle; *5* — Empfänger; *6* — Nachrichtensenke

die Sender genannt wird, sowie die Operationen der Rückgewinnung der Nachricht ebenfalls in einer einzigen Einheit zusammenfaßt, die Empfänger genannt wird, wie es in Abb. 1.4 dargestellt ist. In diesem Falle können beim Empfang auch andere Umformungen als die in Abb. 1.2 und 1.3 gezeigten, vorgenommen werden, z.B. Operationen der Filterung des Signals bzw. der Abtrennung desselben von der Störung, Operationen der Korrelation usw.

1.3. Aufgaben eines Systems zur Informationsübertragung

Ein System zur Informationsübertragung hat die Aufgabe, das von der Nachrichtenquelle Ausgesandte für die Nachrichten-Senke zur Verfügung zu stellen, mit anderen Worten, das von der Nachrichtenquelle Ausgesandte an einem bestimmten Ort wiederzugeben.

Es liegt auf der Hand, daß eine perfekte Wiedergabe in keinem Falle möglich ist.

Vom praktischen Standpunkt aus gesehen genügt es, wenn die Wiedergabe näherungsweise mit einer Genauigkeit, die von dem verfolgten Zweck abhängt, durchgeführt wird.

So ist zum Beispiel bei Telefongesprächen die gewünschte Genauigkeit geringer als beim Rundfunk usw.

Auch im Falle der Verbindung von Maschine zu Maschine hängt die Genauigkeit vom verfolgten Zweck ab. So muß z.B. die Informationsübertragung über die Temperaturschwankungen in einem Automatisierungsprozeß mit der von den Regelungselementen verlangten Genauigkeit erfolgen usw.

In allen Fällen wird die Informationsübertragung mit einer gewissen Degradierung der Information durchgeführt, wobei die zugelassenen Grenzen von der Verwendung bzw. vom verfolgten Zweck abhängig sind.

Die Mehrzahl der gegenwärtig verwendeten Übertragungssysteme sind dadurch charakterisiert, daß sich an den Kanalenden Menschen befinden. In diesem Falle können die Verbindungsmittel als eine Verlängerung der Sinne betrachtet werden. Das Telefon z.B. ermöglicht ein Gespräch zwischen zwei Personen so, als ob sie sich beide am gleichen Ort befänden.

Die in der Mehrzahl von Übertragungssystemen vorhandenen Störungen sind den natürlichen Störungen, an die sich die menschlichen Sinne angepaßt haben, ähnlich. Dieses ist der Grund dafür, daß die klassischen Verbindungssysteme mit einer beschränkten Endausstattung (bzw. ohne Einrichtungen für Kodierung und Dekodierung) zufriedenstellende Resultate ergeben.

Die Erfahrung lehrt, daß man, wenn bei einem Telefongespräch sehr starke Störungen auftreten, lauter, langsamer und deutlicher spricht und einen beschränkten, aus üblicheren Worten gebildeten Wortschatz verwendet. Dadurch paßt sich die Informationsquelle an den zur Verfügung stehenden Übertragungskanal an.

Neben den traditionellen Übertragungssystemen entwickelt sich gegenwärtig immer mehr die Übertragung von Maschine zu Maschine. Die komplexe Automatisierung und der Austausch von Daten zwischen Rechenmaschinen bewirken eine sehr schnelle Entwicklung der Übertragungssysteme von Maschine zu Maschine.

Zum Unterschied von der Übertragung von Mensch zu Mensch findet in der Übertragung von Maschine zu Maschine keine natürliche Kodierung statt, die vom Gehirn ausgeführt wird, um die Anpassung an den Übertragungskanal durchzuführen. Diese Tatsache führt zur Vergrößerung der Komplexität der Endausrüstung, um beim Übertragungsprozeß den gewünschten Grad der Genauigkeit zu erhalten.

Die Verbesserung der Übertragungsqualität (Vergrößerung der Genauigkeit) kann auch durch Verbesserung des Kanals erreicht werden.

Um die Auswahl der Methode für die Verbesserung der Qualität der Übertragung vornehmen zu können, muß ein Vergleich zwischen den Kosten der Endausrüstung und den Kosten des Kanals gezogen werden.

Die gegenwärtigen Tendenzen der Entwicklung zeigen, daß dem Anwachsen der Komplexität der Endausrüstung der Vorzug gegeben wird, weil ihre Kosten im Sinken begriffen sind, da Transistoren und integrierte Schaltungen verwendet werden, deren Massenproduktion zu verringerten Kosten möglich sein wird.

Über die Kosten der Übertragungskanäle kann nicht das gleiche gesagt werden. Obwohl in diesem Bereich große Fortschritte gemacht werden, können auch in Zukunft ihre Kosten keine wesentliche Senkung erfahren, weil sie sich für eine Massenproduktion nicht eignen.

Diese Tatsache erklärt die Tendenz für eine rationellere Verwendung des Übertragungskanals durch Vergrößerung der Komplexität der Endausrüstung, so daß letztere alle Operationen, die zur Vergrößerung des Wirkungsgrades der Übertragung notwendig sind, ausführen kann.

2. GRUNDBEGRIFFE DER WAHRSCHEINLICHKEITSRECHNUNG

Die Wahrscheinlichkeitsrechnung stellt mathematische Methoden zum Studium der Gesetzmäßigkeiten zufälliger Massenvorgänge zur Verfügung.

Als Massenvorgang versteht man einen aus einer großen Zahl einzelner Vorgänge — die als Resultat der Erfüllung gut bestimmter Komplexe entstehen — gebildeten Vorgang.

2.1. Ereignisse

Die praktische Erfüllung eines Komplexes von Bedingungen führt zu einem Resultat, das Ereignis genannt wird. Zum Beispiel hat der Wurf eines Würfels auf eine flache Ebene als Resultat das Erscheinen der Seite 1, 2, ... oder 6, bzw. das Eintreten des Ereignisses A_1, A_2 $\cdots$ oder A_6; das Zielen innerhalb der Ebene S_E kann zum Treffen innerhalb der Ebene S_A, bzw. zum Eintreten des Ereignisses A oder zum Treffen außerhalb der Ebene S_A führen (Abb. 2.1).

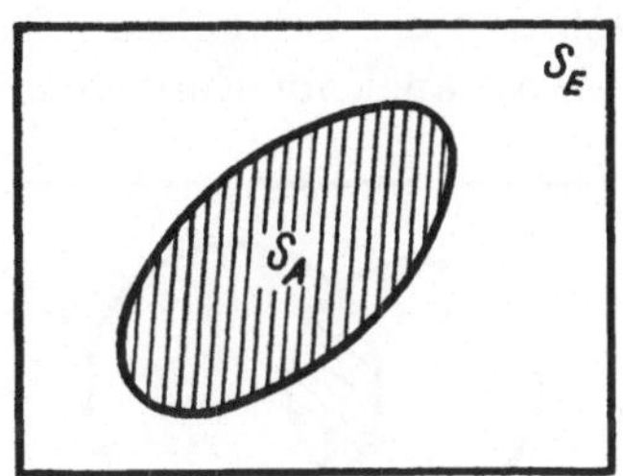

Abb. 2.1. Darstellung des sicheren Ereignisses E und eines beliebigen Ereignisses A

2.1.1. Definierung einiger Operationen der Ereignis-Algebra

Es werde ein Komplex von Bedingungen R und ein Ereignissystem S, aus den Ereignissen A_1, A_2, A_3 $\cdots$ gebildet, betrachtet; falls die Bedingungen R erfüllt sind, kann jedes der Ereignisse A_1, A_2, A_3 $\cdots$ eintreten oder nicht eintreten.

1. Implikation der Ereignisse. Wenn bei jeder Erfüllung der Bedingungen R, unter welchen das Ereignis A_1 eintritt, auch das Ereignis A_2 eintritt, so sagt man, daß das Ereignis A_1 das Ereignis A_2 nachzieht oder daß das Ereignis A_1

das Ereignis A_2 impliziert. Das wird durch

$$A_1 \subset A_2 \quad \text{oder} \quad A_2 \supset A_1$$

bezeichnet.

In Abb. 2.2 ist eine geometrische Darstellung der Implikation angegeben; durch A_1 wird dasjenige Ereignis bezeichnet, das in der Tatsache besteht, daß sich ein Punkt des Viereckes innerhalb des Konturs C_1 befindet und durch A_2 wird dasjenige Ereignis bezeichnet, das in der Tatsache besteht, daß sich ein Punkt des Viereckes innerhalb des Konturs C_2 befindet; (zum Beispiel, wenn beim Scheibenschießen alle Projektile auf die Ebene des Viereckes fallen, so besteht das Ereignis A_1 im Treffen innerhalb des Konturs C_1, während das Ereignis A_2 im Treffen innerhalb des Konturs C_2 besteht).

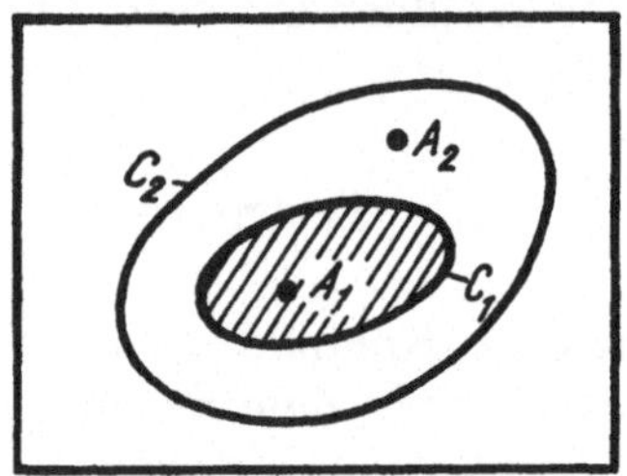

Abb. 2.2. Darstellung der Implikation: $A_1 \subset A_2$

2. **Gleichheit der Ereignisse.** Man sagt, daß zwei Ereignisse A_1 und A_2 gleich sind, also daß $A_1 = A_2$ ist, wenn $A_1 \subset A_2$ und $A_2 \subset A_1$.

3. **Konjunktion (Durchschnitt) der Ereignisse.** Das Ereignis, das sowohl im Eintreten des Ereignisses A_1 als auch im Eintreten des Ereignisses A_2 besteht

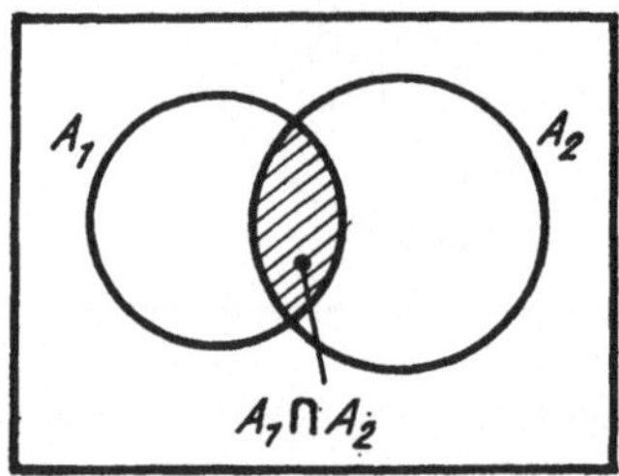

Abb. 2.3. Darstellung von Konjunktion der Ereignisse: $A_1 \cap A_2$

(Abb. 2.3), wird Produkt der Ereignisse A_1 und A_2 genannt und durch $A_p = {}= A_1 \cdot A_2$ bezeichnet oder Konjunktion (Durchschnitt) der Ereignisse A_1 und A_2 genannt und durch:

$$A_p = A_1 \cap A_2$$

bezeichnet.

4. **Disjunktion (Vereinigung) der Ereignisse.** Das Ereignis, das entweder im Eintreten des Ereignisses A_1 oder des Ereignisses A_2 besteht (Abb. 2.4), wird

Summe der Ereignisse A_1 und A_2 genannt und durch $A_s = A_1 + A_2$ bezeichnet, oder Disjunktion (Vereinigung) der Ereignisse A_1 und A_2 genannt und durch

$$A_s = A_1 \cup A_2$$

bezeichnet.

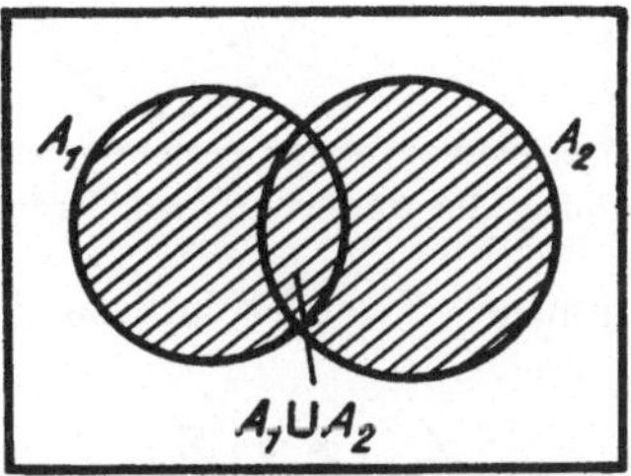

Abb. 2.4. Darstellung der Disjunktion (Vereinigung) der Ereignisse: $A_1 \cup A_2$

5. Differenz der Ereignisse. Das Ereignis, das infolge des Eintretens des Ereignisses A_1 und des Nichteintretens des Ereignisses A_2 (Abb. 2.5) besteht, wird Differenz der Ereignisse A_1 und A_2 genannt und durch

$$A_d = A_1 - A_2$$

bezeichnet.

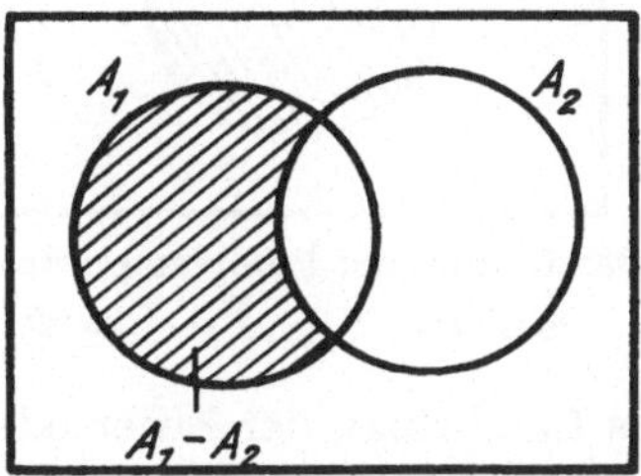

Abb. 2.5. Darstellung der Differenz der Ereignisse: $A_1 - A_2$

6. Sicheres Ereignis. Das sichere Ereignis wird mit E bezeichnet (z. B. das Treffen innerhalb des Viereckes, oder das Eintreten eines der Ereignisse A_1, A_2, ... A_6 bzw. das Erscheinen der Seite 1, 2, ... oder 6 beim Wurf des Würfels), während das unmögliche Ereignis mit Φ bezeichnet wird. (Z. B. das Treffen außerhalb des Viereckes oder kein Eintreten der Ereignisse A_1, A_2 $\cdots$ A_6).

7. Unvereinbare Ereignisse. Zwei Ereignisse A_1 und A_2 sind unvereinbar (disjunkt), wenn

$$A_1 \cap A_2 = \Phi \,,$$

also ihre Konjuktion das unmögliche Ereignis ist (Abb. 2.6).

Zum Beispiel, wenn man beim Wurf des Würfels durch A_1 das Erscheinen der Seite 1, mit A_2 das Erscheinen der Seite 2, usw. bezeichnet, so entsteht $A_i \cap A_j = \Phi$ für $i \neq j$, wobei i und j die Werte 1, 2, ... 6 annehmen.

3 Spătaru

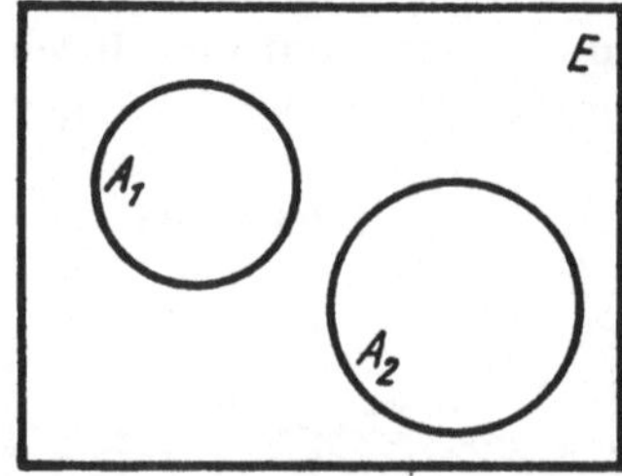

Abb. 2. 6. Darstellung der unvereinbaren Ereignisse $A_1 \cap A_2 = \Phi$

8. **Komplementäre Ereignisse.** Zwei Ereignisse A und $\overline{A}$ sind komplementär wenn:

$$A \cup \overline{A} = E \,,$$

also ihre Disjunktion das sichere Ereignis ergibt und

$$A \cap \overline{A} = \Phi \,,$$

also ihre Konjunktion das unmögliche Ereignis ergibt (Abb. 2.7).

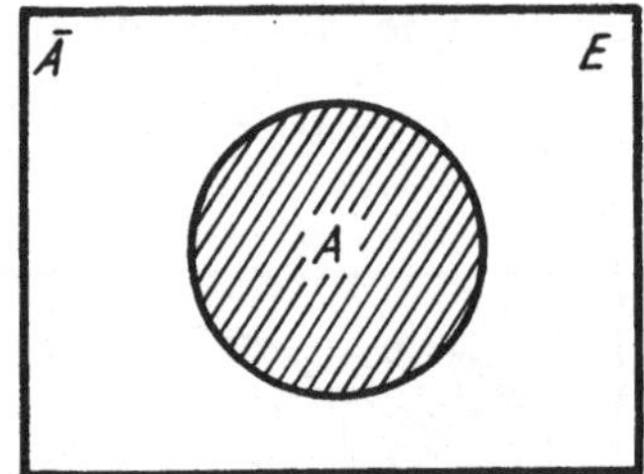

Abb. 2 7. Darstellung der komplementären Ereignisse:
$$A \cup \overline{A} = E \,, \quad \overline{A} \cap A = \Phi$$

Zum Beispiel bilden das Erscheinen der Ziffer oder des Wappens beim Wurf der Münze wie auch das Erscheinen einer geraden oder ungeraden Seite beim Wurf des Würfels zwei komplementäre Ereignisse.

9. **Zerlegung eines Ereignisses.** Wenn

$$A = A_1 \cup A_2 \cup , \ldots , \cup A_m \,,$$

wobei je zwei der Ereignisse $A_1, A_2, \ldots , A_m$ unvereinbar sind, und damit

$$A_i \cap A_j = \Phi \quad \text{für} \quad i \neq j$$

ist, so sagt man, daß das Ereignis A in Teile zerlegt werden kann, oder daß die Menge $A_1, A_2, \ldots , A_m$ eine Zerlegung des Ereignisses A in unvereinbare Ereignisse darstellt.

Wenn

$$A_1 \cup A_2 \cup \cdots \cup A_n = E$$
$$A_i \cap A_j = \Phi$$

für $i \neq j$ (i und j können ganze Werte von 1 bis n annehmen) ist, so sagt man, daß es sich um ein vollständiges Ereignissystem handelt.

10. **Ereignisfeld.** Der Erfüllung des Komplexes von Bedingungen R ist eine Ereignismenge S zugeordnet, für die man folgende Voraussetzungen macht:
— wenn die Ereignisse A_1 und A_2 zu der Menge S gehören, so gehören zu dieser Menge auch die Ereignisse $A_1 \cap A_2$, $A_1 \cup A_2$ und $A_1 - A_2$;
— zur Menge S gehören auch die Ereignisse E und Φ. Die Menge S, die diese Bedingungen erfüllt, wird Ereignisfeld genannt.

11. **Elementare Ereignisse.** Es werde ein Ereignisfeld S betrachtet. Die Ereignisse A_i, die zu S gehören und zusammen ein Ereignissystem bilden, werden elementare Ereignisse genannt, wenn für alle Werte, die i annimmt, entweder Bedingung $A_i \subset A$ oder die Bedingung $A_i \cap A = \Phi$ erfüllt ist, wobei A ein beliebiges Ereignis des Feldes S ist.

2.2. Definition der Wahrscheinlichkeit

2.2.1. Klassische Definition der Wahrscheinlichkeit

Es werde eine endliche Menge elementarer Ereignisse betrachtet, für die

$$A_1 \cup A_2 \cup \cdots \cup A_n = E$$

und

$$A_i \cap A_j = \Phi \quad \text{für} \quad i \neq j$$

gilt, und das Ereignis

$$A = A_1 \cup A_2 \cup \cdots \cup A_m \,, \quad \text{wobei} \quad m \leq n \text{ ist.}$$

Wenn die Ereignisse $A_1, A_2, \ldots, A_n$ gleich möglich sind, wird die Wahrscheinlichkeit des Ereignisses A als

$$P(A) = \frac{m}{n}$$

definiert.

Zum Beispiel ist beim Wurf des Würfels, vorausgesetzt, daß beim idealen Würfel alle 6 Seiten ganz gleich sind, das Erscheinen jeder der sechs Seiten des Würfels gleich möglich. Wenn man mit A das Ereignis bezeichnet, das in dem Erscheinen einer der ungeraden Seiten besteht, nämlich $A = A_1 \cup A_3 \cup A_5$, so ist die Wahrscheinlichkeit $P(A) = \dfrac{m}{n} = \dfrac{3}{6} = 0{,}5$.

Die Wahrscheinlichkeit $P(A)$ kann als eine über dem Ereignisfeld S definierte Funktion des Ereignisses A betrachtet werden.

2.2.2. Geometrische Definition der Wahrscheinlichkeit

Es werde angenommen, daß sich auf einer Ebene ein Bereich G befindet, der einen anderen Bereich g enthält. Im Bereich G wird aufs Geratewohl eine Spitze geworfen und die Frage gestellt, welches die Wahrscheinlichkeit dafür ist, daß die Spitze innerhalb des Bereiches g fällt. Die Behauptung, daß eine Spitze aufs Geratewohl geworfen wird, bedeutet, daß die Spitze in jeden beliebigen Punkt des Bereiches G fallen kann (das Fallen in jedem Punkt des Bereiches G ist gleich möglich, und der Fall ist sicher).

Die Wahrscheinlichkeit des Fallens auf einen beliebigen Teil des Bereiches G ist proportional dem Ausmaß dieses Teiles (Länge, Fläche, usw.).

Unter diesen Umständen definiert man die Wahrscheinlichkeit des Fallens im Bereich g einer aufs Geratewohl im Bereich G geworfenen Spitze durch:

$$P = \frac{\text{Ausmaß von } g}{\text{Ausmaß von } G}.$$

Zum Beispiel sei als sicheres Ereignis E (Abb. 2.8) das Treffen innerhalb der Ebene S_E und als Ereignis $A = A_1 \cup A_2$ das Treffen innerhalb der Ebene S_1 oder S_2 angenommen. Gemäß der geometrischen Definition der Wahrscheinlichkeit (2.2.2) ergibt sich

$$P(A) = \frac{S_1 + S_2}{S_E} = P(A_1 \cup A_2) = \frac{S_1}{S_E} + \frac{S_2}{S_E} = P(A_1) + P(A_2).$$

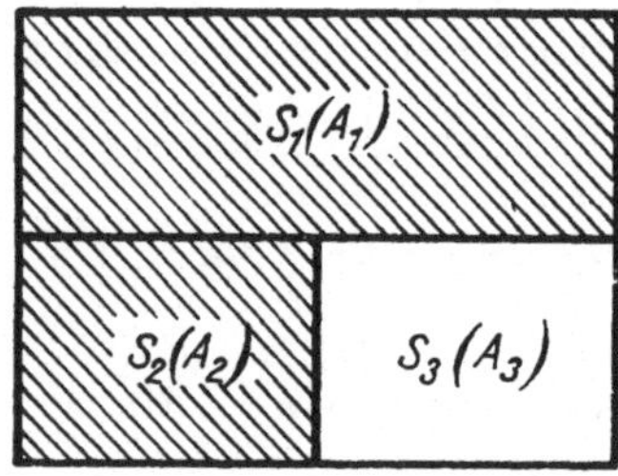

Abb. 2.8. Darstellung der Disjunktion zweier unvereinbarer Ereignisse

2.2.3. Axiomatische Definition der Wahrscheinlichkeit

Bei der klassischen Definition (2.2.1) wurde die Voraussetzung gemacht, daß die Ereignisse gleich möglich sind. In einfachen Fällen (z. B. bei Glücksspielen) sieht man leicht, welche von den Ereignissen gleich möglich sind. In vielen Problemen der Physik ist diese Voraussetzung jedoch nicht mehr gegeben, obwohl die Ereignisse der Versuche vollständig (ihre Disjunktion ist ein sicheres Ereignis) und unvereinbar sind. In diesem Fall kann die klassische Definition nicht mehr angewendet werden und macht daher eine umfassendere axiomatische Definition erforderlich.

Die Zahl $P(A)$ wird Wahrscheinlichkeit des Ereignisses A (aus dem Ereignisfeld S) genannt, wenn sie folgende KOLMOGOROFFsche Axiome erfüllt:

I. $$P(A) \geqq 0; \tag{2.1}$$

die Wahrscheinlichkeit jedes beliebigen Ereignisses aus dem Ereignisfeld ist also eine nicht negative Zahl;

II. $$P(E) = 1; \tag{2.2}$$

die Wahrscheinlichkeit des sicheren Ereignisses ist also gleich der Einheit.

III. Wenn
$$A = A_1 \cup A_2 \cup \cdots \cup A_m \tag{2.3}$$
und
$$A_i \cap A_j = \Phi \quad \text{für} \quad i \neq j;$$
ist so hat man
$$P(A) = P(A_1) + P(A_2) + \cdots + P(A_m);$$

die Wahrscheinlichkeit der Disjunktion von unvereinbaren Ereignissen ist also gleich der Summe der Wahrscheinlichkeiten der betreffenden Ereignisse.

Indem man den oben angegebenen Axiomen Rechnung trägt, erhält man als Folgerungen:

1.
$$P(\Phi) = 0 , \tag{2.4}$$

d. h.. die Wahrscheinlichkeit des unmöglichen Ereignisses ist gleich Null, weil
$$E \cup \Phi = E$$
$$E \cap \Phi = \Phi$$

ist, und gemäß dem Axiom III ergibt sich
$$P(E) = P(E) + P(\Phi)$$
und daher
$$P(\Phi) = 0 \cdot$$

2. Für jedes Ereignis A gilt
$$P(A) = 1 - P(\overline{A}) , \tag{2.5}$$
weil
$$A \cup \overline{A} = E;$$
$$A \cap \overline{A} = \Phi$$
und gemäß dem Axiom III ist
$$P(A) + P(\overline{A}) = 1$$
und daher
$$P(A) = 1 - P(\overline{A}) .$$

3. Für jedes Ereignis A gilt
$$0 \leq P(A) \leq 1 \tag{2.6}$$
weil
$$P(A) = 1 - P(\overline{A})$$
ist, und laut des Axioms 1
$$P(\overline{A}) \geq 0$$
ist, woraus sich ergibt
$$P(A) \leq 1 .$$

4. Wenn das Ereignis A das Ereignis B impliziert: $A \subset B$, dann ist
$$P(A) \leq P(B) . \tag{2.7}$$

5. Wenn A und B zwei beliebige Ereignisse sind (Abb. 2.9), kann man schreiben

$$A \cup B = A \cup (B - A \cap B)$$

und

$$B = (A \cap B) \cup (B - A \cap B);$$

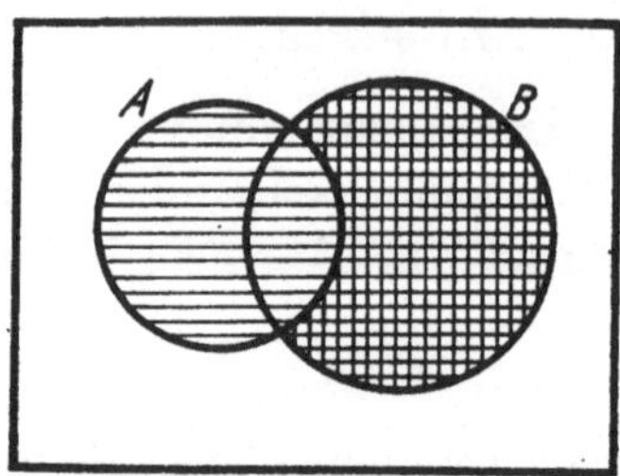

Abb. 2.9. Darstellung der Disjunktion zweier nichtunvereinbarer Ereignisse

da die zwei Ausdrücke unvereinbare Ereignisse bilden, ist infolge des Axioms III

$$P(A \cup B) = P(A) + P(B - A \cap B)$$
$$P(B) = P(A \cap B) + P(B - A \cap B),$$

woraus sich ergibt

$$P(A \cup B) = P(A) + P(B) - P(A \cap B). \tag{2.8}$$

Dem Axiom I mit $P(A \cap B) \geqq 0$ Rechnung tragend, entsteht

$$P(A \cup B) \leqq P(A) + P(B). \tag{2.9}$$

Beispiel. Aus 32 Spielkarten werden 3 beliebige Karten gezogen. Welches ist die Wahrscheinlichkeit dafür, daß

a) sich zwischen ihnen ein As befinden soll;

b) sich zwischen ihnen wenigstens ein As befinden soll.

Man bezeichnet durch A_1 das Ereignis, das eintritt, wenn ein As in der Gruppe von drei Karten erscheint, durch A_2 das Ereignis, das eintritt, wenn zwei Asse in der Gruppe von drei Karten erscheinen und durch A_3 das Ereignis, das eintritt, wenn drei Asse in der Gruppe von drei Karten erscheinen.

Das vollständige Ereignissystem besteht aus $n = C_{32}^3 = \binom{32}{3}$ Ereignissen.

a) Die Zahl der günstigen Fälle für das Eintreten des Ereignisses A_1 wird folgendermaßen bestimmt: jedem As kann eine Gruppe von zwei Karten zugeordnet werden; die Zahl dieser Gruppen ist $C_{32-4}^2 = C_{28}^2$ und da man C_4^1 Asse zur Verfügung hat, ist die Zahl der günstigen Fälle $m = C_4^1 \cdot C_{28}^2$, und daher ergibt sich für die entsprechende Wahrscheinlichkeit

$$P(A_1) = \frac{C_4^1 \cdot C_{28}^2}{C_{32}^3}.$$

b) Durch ein ähnliches Verfahren erhält man

$$P(A_2) = \frac{C_4^2 \cdot C_{28}^1}{C_{32}^3}$$

und

$$P(A_3) = \frac{C_4^3}{C_{32}^3}.$$

Wenn man durch A das Ereignis bezeichnet, das im Erscheinen von wenigstens einem As besteht, nämlich

$$A = A_1 \cup A_2 \cup A_3,$$

wobei A_1, A_2, A_3 unvereinbare Ereignisse sind, so ergibt sich

$$P(A) = P(A_1) + P(A_2) + P(A_3);$$
$$P(A) = \frac{C_4^1 C_{28}^2 + C_4^2 C_{28}^1 + C_4^3}{C_{32}^3}.$$

Das gleiche Resultat kann erhalten werden, wenn man mit $\bar{A}$ das im Vergleich zu A komplementäre Ereignis, also das Nichterscheinen eines Asses bezeichnet. In diesem Fall hat man

$$P(\bar{A}) = \frac{C_{28}^3}{C_{32}^3}$$

und

$$P(A) = 1 - P(\bar{A}) = 1 - \frac{C_{28}^3}{C_{32}^3}.$$

2.2.4. Definition der bedingten Wahrscheinlichkeit

Die Wahrscheinlichkeit $P(A)$ für das Eintreten des Ereignisses A, wenn ein Komplex von unveränderten Bedingungen R vorhanden ist, wird unbedingte Wahrscheinlichkeit oder Wahrscheinlichkeit a priori genannt.

Wenn aber außer den Bedingungen R auch andere Bedingungen eingeführt werden, zum Beispiel das Eintreten des Ereignisses A unter denselben Bedingungen, unter denen das Eintreten des Ereignisses B erfolgte, so sagt man, daß das Ereignis A durch das Ereignis B bedingt ist, und bezeichnet die ihm entsprechende Wahrscheinlichkeit mit $P(A/B)$ und nennt sie Wahrscheinlichkeit a posteriori.

Beispiel. Man wirft zwei Würfel. Welches ist die Wahrscheinlichkeit dafür, daß die Summe der zwei Würfel gleich 8 ist (Ereignis A), wenn man weiß, daß die Summe eine gerade Ziffer ist (Ereignis B)? Wenn man das Ereignis B nicht in Betracht zieht, so ist die Zahl der möglichen Fälle $6 \times 6 = 36$, während die Zahl der günstigen Fälle, die die Summe 8 ergeben, 5 ist, also ist $P(A) = \dfrac{5}{36}$.

Wenn man der Bedingung B Rechnung trägt, wird die Zahl der möglichen Fälle $\dfrac{36}{2} = 18$ (man schließt die Fälle, die eine ungerade Summe ergeben. aus). Es er gibt sich also für die bedingte Wahrscheinlichkeit der Ausdruck

$$P(A/B) = \frac{5}{18}.$$

2.2.4.1. Bestimmung der bedingten Wahrscheinlichkeit

1. Von der geometrischen Definition ausgehend und mit den Bezeichnungen aus Abb. 2.10 ergibt sich

$$P(A) = \frac{S_A}{S_E} \quad \text{und} \quad P(B) = \frac{S_B}{S_E}.$$

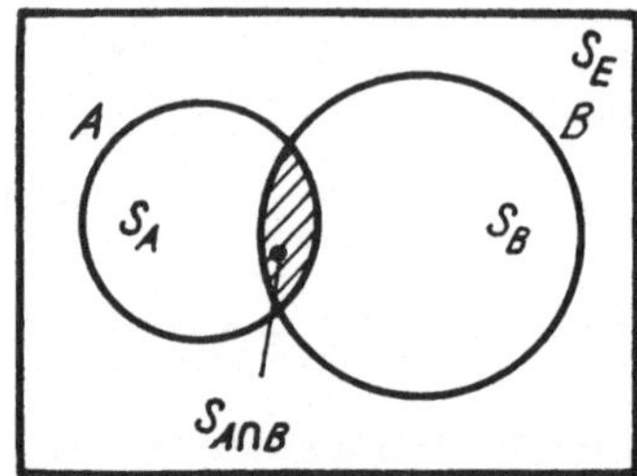

Abb. 2.10. Darstellung der Überschneidung von Ereignissen: $A \cap B$

Wenn man weiß, daß das Ereignis B eingetreten ist, so hat man

$$P(A/B) = \frac{S_{A \cap B}}{S_B}$$

oder

$$P(A/B) = \frac{\dfrac{S_{A \cap B}}{S_E}}{\dfrac{S_B}{S_E}} = \frac{P(A \cap B)}{P(B)} \; ;$$

auf gleiche Weise ergibt sich

$$P(B/A) = \frac{P(A \cap B)}{P(A)}$$

und daher

$$P(A \cap B) = P(A)\,P(B/A) = P(B)\,P(A/B). \tag{2.10}$$

2. Von der klassischen Definition ausgehend, werde das vollständige Ereignissystem

$$A_1 \cup A_2 \cup \cdots \cup A_n = E$$

und

$$A_i \cap A_j = \Phi \quad \text{für} \quad i \neq j$$

betrachtet.

Es seien A und B zwei Ereignisse dieses Systems:

$$A = A_{i_1} \cup A_{i_2} \cup \cdots \cup A_{i_m} :$$
$$B = A_{j_1} \cup A_{j_2} \cup \cdots \cup A_{j_k} .$$

wobei i_m und j_k einige der Zahlen $1, 2, \ldots, n$ sind.

Man bezeichnet mit A_{p_r} die gemeinsamen Elemente der zwei Ereignisse und hat

$$A \cap B = A_{p_1} \cup A_{p_2} \cup \cdots \cup A_{p_r};$$

die Beziehungen

$$m \leqq n: \quad k \leqq n: \quad r \leqq m, \quad r \leqq k$$

sind evident.

Wenn das Ereignis B stattgefunden hat, heißt das, daß eines der Ereignisse A_j eingetreten ist; also ist die Zahl der möglichen Fälle gleich k. Die Zahl der günstigen Fälle für das Eintreten des Ereignisses A ist durch die Zahl r der Elemente von A, die sich in B befinden, bestimmt. Man erhält

$$P(A/B) = \frac{r}{k} = \frac{\dfrac{r}{n}}{\dfrac{k}{n}} = \frac{P(A \cap B)}{P(B)} \,.$$

Auf dieselbe Weise kann gezeigt werden, daß

$$P(B/A) = \frac{P(A \cap B)}{P(A)}$$

ist, und so erhält man aufs neue die Formel (2.10), die die Regel für die Multiplikation der Wahrscheinlichkeiten bildet.

Man sagt, daß das Ereignis A von B unabhängig ist, wenn

$$P(A/B) = P(A)$$

ist.

In diesem Fall hat man

$$P(A \cap B) = P(B)\,P(A/B) = P(B)\cdot P(A) = P(A)\,P(B/A);$$

daher

$$P(B/A) = P(B)\,,$$

so daß, wenn A von B unabhängig ist, auch B von A unabhängig ist.

Es folgt also, daß zwei Ereignisse A und B unabhängig sind, wenn

$$P(A \cap B) = P(A)\,P(B) \tag{2.11}$$

ist.

Im allgemeinen sagt man, daß die Ereignisse $B_1, B_2, \ldots, B_s$ insgesamt unabhängig sind (je zwei, je drei, usw.), wenn für jeden Wert r, der die Bedingung $1 \leqq r \leqq s$ erfüllt, die Beziehung

$$P(B_{i_1} \cap B_{i_2} \cap \cdots \cap B_{i_r}) = P(B_{i_1})\,P(B_{i_2}) \cdots P(B_{i_r}) = \prod_{k=1}^{r} P(B_{i_k})$$

besteht.

2.2.4.2. Das Paradoxon von BERNSTEIN

Man nimmt ein Tetraeder und färbt es folgendermaßen: die erste Seite rot, die zweite Seite grün, die dritte Seite blau und die vierte Seite rot, grün und blau. Man bezeichnet durch R die Anwesenheit der Farbe Rot auf der Seite, auf die das geworfene Tetraeder fällt, und bzw. mit G und B die Anwesenheit der Farben Grün und Blau.

Die Wahrscheinlichkeiten a priori sind

$$P(R) = P(G) = P(B) = \frac{2}{4} = \frac{1}{2}\,.$$

Die Wahrscheinlichkeiten a posteriori haben den Wert

$$P(R/G) = P(G/B) = P(B/R) = P(G/R) = P(B/G) = P(R/B) = \frac{1}{2}$$

(ein günstiger Fall von zwei möglichen Fällen).

Es ergibt sich, daß

$$P(R/G) = P(G/B) = \cdots = P(R) = P(G) = \cdots = \frac{1}{2}$$

ist, so daß je zwei Ereignisse unabhängig sind. Daraus kann aber die Schluß-folgerung, die evident falsch wäre, daß

$$P\,(R \cap G \cap B) = P(R)\,P(G)\,P(B) = \frac{1}{2^3}$$

ist, nicht gezogen werden, weil $P\,(R \cap G \cap B)$ die Wahrscheinlichkeit dafür ist, daß das Tetraeder auf die vierte Seite fällt und gleich 1/4 ist. Das geschieht, weil die Ereignisse R, B, G nicht insgesamt unabhängig sind, da

$$P(R/G\,B) = 1$$

ist.

2.2.5. Definition der totalen Wahrscheinlichkeit

Es wird angenommen, daß das Ereignis B nur mit einem einzigen der un-vereinbaren Ereignisse $A_1, A_2, \ldots A_m$ zugleich eintritt.

Man hat also

$$E = A_1 \cup A_2 \cup \cdots \cup A_m$$

und

$$A_i \cap A_j = \Phi \quad \text{für} \quad i \neq j\,.$$

Mit den angewendeten Bezeichnungen ergibt sich

$$B = (A_1 \cap B) \cup (A_2 \cap B) \cup \cdots \cup (A_m \cap B)$$

oder

$$B = \bigcup_{i=1}^{m} (A_i \cap B)\,,$$

wobei die Ereignisse $A_i \cap B$ und $A_j \cap B$ unvereinbar für $i \neq j$ sind.

Mit den Additions- und Multiplikationssätzen ergibt sich

$$P(B) = \sum_{i=1}^{m} P\,(A_i \cap B) = \sum_{i=1}^{m} P(A_i)\,P(B/A_i)\,. \tag{2.12}$$

Beispiel: Es seien 5 Urnen mit folgender Zusammensetzung gegeben:

— 2 Urnen mit der Zusammensetzung $A_1 \rightarrow$ 2 weiße und 1 schwarze Kugel;
— 1 Urne mit der Zusammensetzung $A_2 \rightarrow$ 10 schwarze Kugeln;
— 2 Urnen mit der Zusammensetzung $A_3 \rightarrow$ 3 weiße und 1 schwarze Kugel.

Wahllos wird eine Urne bestimmt und aus dieser Urne eine Kugel gezogen.

Welches ist die Wahrscheinlichkeit dafür, daß die gezogene Kugel weiß sein soll (Ereignis B)?

$$B = (A_1 \cap B) \cup (A_2 \cap B) \cup (A_3 \cap B);$$
$$P(B) = P(A_1)\, P(B/A_1) + P(A_2)\, P(B/A_2) + P(A_3)\, P(B/A_3)$$

und

$$P(A_1) = \frac{2}{5}; \qquad P(A_2) = \frac{1}{5}; \qquad P(A_3) = \frac{2}{5};$$

$$P(B/A_1) = \frac{2}{3}; \qquad P(B/A_2) - 0; \qquad P(B/A_3) = \frac{3}{4};$$

daher ist

$$P(B) = \frac{17}{30}. \ .$$

2.2.6. Formel von BAYES

Man nimmt, wie vorher, an, daß $B = \bigcup\limits_{i=1}^{m} (A_i \cap B)$ ist und sucht die Wahrscheinlichkeit des Ereignisses A_i, wobei man weiß, daß das Ereignis B eingetreten ist, bzw. man sucht $P(A_i/B)$.

Gemäß der Beziehung (2.10) hat man

$$P(A_i \cap B) = P(A_i)\, P(B/A_i) = P(B)\, P(A_i/B),$$

und

$$P(A_i/B) = \frac{P(A_i)\, P(B/A_i)}{P(B)}.$$

Hieraus folgt die Formel von BAYES:

$$P(A_i/B) = \frac{P(A_i)\, P(B/A_i)}{\sum\limits_{j=1}^{m} P(A_j)\, P(B/A_j)}. \tag{2.13}$$

Diese Formel entspricht folgender Situation: Das Ereignis B kann auf mehrere Weisen, für welche die Voraussetzungen $A_1, A_2, \ldots, A_m$ gemacht werden, eintreten. Man nimmt an, daß die Wahrscheinlichkeiten für das Eintreten dieser Voraussetzungen, $P(A_i)$ bekannt sind. Die Wahrscheinlichkeit für das Eintreten des Ereignisses B unter der Voraussetzung A_i, bzw. $P(B/A_i)$ ist ebenfalls bekannt. Nach dem Experiment ist das Ereignis B eingetreten; welches ist die Wahrscheinlichkeit $P(A_i/B)$ dafür, daß das Ereignis unter der Voraussetzung A_i eingetreten ist?

Beispiel: Man hat 5 Urnen mit folgender Zusammensetzung:

— 2 Urnen mit der Zusammensetzung $A_1 \rightarrow$ 2 weiße und 3 schwarze Kugeln;
— 2 Urnen mit der Zusammensetzung $A_2 \rightarrow$ 1 weiße und 4 schwarze Kugeln;
— 1 Urne mit der Zusammensetzung $A_3 \rightarrow$ 4 weiße und 1 schwarze Kugel.

Man nimmt eine Kugel aus einer aufs Geratewohl gewählten Urne. Welches ist die Wahrscheinlichkeit dafür, daß diese Kugel zur Zusammensetzung A_3 gehört, wenn man weiß, daß sie weiß (Ergebnis B) ist?

$$P(A_1) = \frac{2}{5}\ ; \qquad P(A_2) = \frac{2}{5}\ ; \qquad P(A_3) = \frac{1}{5}\ ;$$

$$P(B/A_1) = \frac{2}{5}\ ; \qquad P(B/A_2) = \frac{1}{5}\ ; \qquad P(B/A_3) = \frac{4}{5}\ ;$$

$$P(A_3/B) = \frac{P(A_3)\,P(B/A_3)}{P(A_1)\,P(B/A_1) + P(A_2)\,P(B/A_2) + P(A_3)\,P(B/A_3)} =$$

$$\frac{1/5 \cdot 4/5}{2/5 \cdot 2/5 + 2/5 \cdot 1/5 + 1/5 \cdot 4/5} = \frac{2}{5}\ .$$

2.2.7. Zuverlässigkeit der Systeme in einem gegebenen Zeitintervall

Zur Erläuterung der bisherigen Darstellungen wird die Zuverlässigkeit eines Systems für Informationsübertragung untersucht. Um eine große Zuverlässigkeit zu erlangen, müssen die Einheiten, die das System bilden, möglichst lange Zeit, ohne schadhaft zu werden, funktionieren. Im Zusammenhang damit kann die Wahrscheinlichkeit dafür, daß in einem angegebenen Zeitintervall (T) die zusammengesetzte Einheit nicht schadhaft wird, definiert werden. Um diese Wahrscheinlichkeit zu bestimmen, wird eine große Zahl von identischen Einheiten über das Zeitintervall (T) erprobt. Wenn aus den N erprobten Einheiten n ohne Ausfall die ganze Zeit T hindurch gearbeitet haben, so sagt man, daß die Wahrscheinlichkeit dafür, daß eine solche Einheit nicht schadhaft geworden ist, $q = \frac{n}{N}$ ist.

Die Wahrscheinlichkeit $q = \frac{n}{N}$ wird Zuverlässigkeit der betreffenden Einheit genannt. Die in Betracht gezogene Einheit kann ein Bauelement: Widerstand, Kondensator, Induktivität, elektronische Röhre usw., oder kann ein Ensemble solcher Bauelemente: Verstärker, Frequenzumwandler, Gleichrichter usw. sein.

In der Praxis wird die Aufgabe gestellt, die Berechnung der Zuverlässigkeit eines Ensembles durchzuführen, wenn die Betriebssicherheit der Bauelemente bekannt ist (die letztere ist vom Hersteller für jede Kategorie von Bauelementen angegeben).

Zur Durchführung dieser Rechnung wird angenommen, daß die Elemente des Systems (Ensembles) unabhängig sind, also daß der Ausfall eines Elementes keine Auswirkung auf das Funktionieren der anderen hat (in der Praxis ist diese Voraussetzung nicht immer erfüllt, z. B. ein zu großer Strom durch eine Röhre beschädigt auch den Widerstand).

Die Elemente (Einheiten) des Systems können auf mehrere Weisen betrieben werden:

a) Serien-Betrieb — in diesem Fall bewirkt der Ausfall eines Elementes den Ausfall des ganzen Ensembles — und

b) Parallel-Betrieb, wobei das Ensemble nur bei Ausfall aller Elemente ausfällt (im Fall des Parallel-Betriebes ist im allgemeinen nur ein Element in Funktion, während die anderen Reserve-Elemente sind, die nur im Notfall der Reihe nach automatisch in Betrieb treten).

In den meisten praktischen Fällen wird statt der Wahrscheinlichkeit der Funktion in einem bestimmten Zeitintervall die Wahrscheinlichkeit des komplementären Ereignisses, d. h. die Wahrscheinlichkeit des Ausfalls in dem gleichen Zeitintervall, angegeben (die Summe der zwei Wahrscheinlichkeiten ist gleich 1).

Es werde eine Reihe $U_1, U_2 \cdots U_n$ von in Serie geschalteten Einheiten, die ein System zur Informationsübertragung vom Geber T_1 zum Geber T_2 bilden, betrachtet (Abb. 2.11).

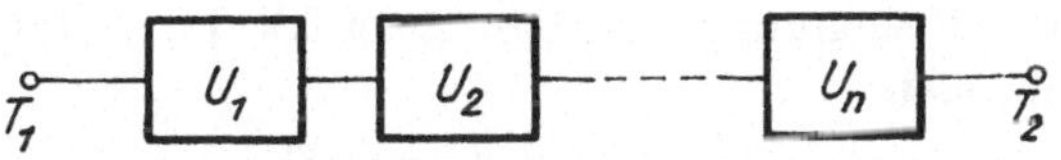

Abb. 2.11. Übertragungskette, gebildet aus den Einheiten $U_1, U_2, \ldots, U_n$

Man errechnet die Wahrscheinlichkeit für das Unterbrechen der Verbindung (Ereignis B) unter der Voraussetzung, daß die Funktion jeder der zusammensetzenden Einheiten unabhängig von der Funktion der anderen ist, der Ausfall einer Einheit also nicht zum Ausfall der anderen führt.

Es sei p_k die Wahrscheinlichkeit des Ausfalls der Einheit U_k ($k = 1, 2, \ldots n$).

Das Ereignis, das aus dem Ausfall der Einheit U_k besteht, wird mit B_k bezeichnet. Weil der Ausfall einer Einheit die Verbindung unterbricht, ist die Wahrscheinlichkeit der Unterbrechung:

$$P(B) = P\left(B_1 \cup B_2 \cup \cdots \cup B_n\right).$$

Da die Ereignisse B_k aber nicht unvereinbar sind, kann der Additionssatz nicht angewendet werden. Man bezeichnet durch $\overline{B}_k$ das dem Ereignis B_k komplementäre Ereignis, d. h. den ununterbrochenen Betrieb der Einheit U_k im betrachteten Zeitintervall T.

Das dem Ereignis B komplementäre Ereignis wird mit $\overline{B}$ bezeichnet und besteht darin, daß gleichzeitig alle Einheiten im Zeitintervall T in Betrieb sind.

In diesem Fall hat man

$$P(B) = 1 - P(\overline{B})$$

und

$$\overline{B} = \overline{B}_1 \cap \overline{B}_2 \cap \cdots \cap \overline{B}_n$$

und, da die Ereignisse $\overline{B}_k$ unabhängig sind, gilt

$$P(\overline{B}) = P(\overline{B}_1)\, P(\overline{B}_2) \cdots P(\overline{B}_n).$$

Mit den angewendeten Bezeichnungen ist

$$P(\overline{B}_k) = 1 - P(B_k) = 1 - p_k$$

und daher

$$P(B) = 1 - (1 - p_1)(1 - p_2) \cdots (1 - p_n) \, . \qquad (2.14)$$

Diese Beziehung gibt die Wahrscheinlichkeit des Ausfalls des Kanals als Funktion der Wahrscheinlichkeiten des Ausfalls der in Serie geschalteten Elemente.

Wenn die Wahrscheinlichkeit des Ausfalls der Elemente klein ist, kann die oben angegebene Beziehung folgendermaßen angenähert werden:

$$P(B) \approx p_1 + p_2 + \cdots + p_n; \qquad (2.15)$$

es ist also die Ausfallswahrscheinlichkeit des Ensembles gleich der Summe der Ausfallswahrscheinlichkeiten der Elemente.

Wenn man in der Beziehung (2.14) die Ausfallswahrscheinlichkeiten als gleich annimmt, so ergibt sich:

$$P(B) = 1 - (1 - p)^n \, , \qquad (2.16)$$

und wenn die Wahrscheinlichkeiten gleich und klein sind, so ergibt sich aus (2.15):

$$P(B) \approx n\, p \, . \qquad (2.17)$$

Aus dieser Beziehung ist ersichtlich, daß bei einer großen Zahl von in Serie geschalteten Einheiten eine Funktion des Kanals nur dann möglich ist, wenn die Ausfallswahrscheinlichkeit seiner Elemente sehr klein ist.

Wenn man zum Beispiel $P(B) = 0{,}01$ zuläßt, so ergibt die Beziehung (2.17) für $n = 100$ $p = 0{,}0001$.

Um die von den Elementen bewirkte Betriebsunsicherheit des Systems zu vermindern, wird die Methode der Reserveschaltung, d. h. eine Parallelschaltung

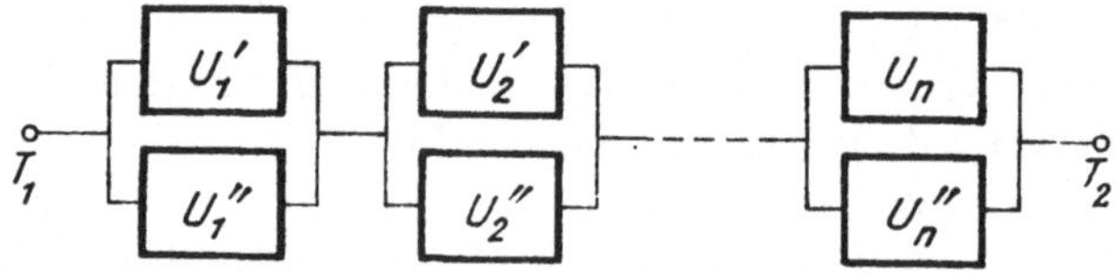

Abb. 2.12. Reserveschaltung von Einheiten der Übertragungskette

mehrerer Elemente, die entweder gleichzeitig oder durch automatisches Einschalten in Betrieb gesetzt werden, verwendet. Im allgemeinen werden nicht mehr als zwei Elemente parallel geschaltet, weil auch in diesem Fall die Ausfallswahrscheinlichkeit sehr stark vermindert wird (Abb. 2.12):

$$p_k = p_k' \cdot p_k''\, ;$$

damit wird im Fall der Reserveschaltung dieselbe Betriebsunsicherheit wie in dem oben gegebenen Beispiel erhalten, wenn $p_k' = p_k'' = 0{,}01$ ist, d. h. wenn Elemente, die eine geringere Qualität bzw. einen niedrigeren Preis haben, verwendet werden.

2.3. Zufällige Veränderliche

2.3.1. Merkmalsraum

Bisher wurde das *Ergebnis* eines gewissen Experiments untersucht (Werfen des Würfels, zufällige Wahl einer Urne oder einer Kugel usw.). Unter dem *Ergebnis* versteht man eine Möglichkeit der Realisierung des Experiments. Die Gesamtheit dieser Ergebnisse bildet eine universale Menge, die *Merkmalsraum* genannt wird. Jedes Ergebnis ist ein Punkt im Merkmalsraum. Beim Werfen des Würfels besteht z. B. der Merkmalsraum im Erscheinen von 6 Zahlen oder 6 verschiedenen Farben $A_1, A_2, \ldots, A_6$, die Punkte im Merkmalsraum bilden. Wenn man zwei Würfel wirft, so enthält der diesem Experiment zugeordnete Merkmalsraum 36 Punkte, die entweder den Ergebnissen:

$$
\begin{array}{llll}
1,1 & 1,2 & \cdots & 1,6 \\
2,1 & 2,2 & \cdots & 2,6 \\
\cdot\;\cdot\;\cdot & \cdot\;\cdot\;\cdot & \cdot\;\cdot & \cdot \\
\cdot\;\cdot\;\cdot & \cdot\;\cdot\;\cdot & \cdot\;\cdot & \cdot \\
6,1 & 6,2 & \cdots & 6,6
\end{array}
$$

oder den 36 Farbkombinationen, wenn die Seiten der Würfel statt Zahlen verschieden gefärbt wären, entsprechen. Man kann in diesem Fall annehmen, daß es sich um das topologische Produkt zweier Räume $\Omega_1 \otimes \Omega_2$ handelt. Allgemein schreibt man, wenn das Ergebnis A des Experiments aus n anderen Ergebnissen (Wurf mit n Würfeln) gebildet wird

$$
A = \{ A_1, A_2, \ldots, A_n \} ,
$$

wobei

$$
A_k \in \Omega_k \quad \text{für} \quad k = 1, 2, \ldots, n ,
$$

und

$$
A \in \Omega ,
$$

mit

$$
\Omega = \Omega_1 \otimes \Omega_2 \otimes \cdots \otimes \Omega_n .
$$

Ein Merkmalsraum kann endlich oder unendlich sein, je nachdem er eine endliche oder unendliche Zahl von Punkten enthält.

Ein Merkmalsraum, der höchstens eine abzählbare Menge von Punkten enthält, wird diskret genannt.

Ein Merkmalsraum, der eine unabzählbare Menge von Punkten enthält, wird kontinuierlich genannt. Eine Teilmenge des Merkmalsraums wird Ereignis genannt. Ein Ereignis kann also beliebig viele Punkte des Merkmalsraums enthalten. Im Experiment mit dem Wurf des Würfels z. B. ist der Merkmalsraum aus 6 Punkten gebildet $\{ A_1, A_2, \ldots, A_6 \}$. Die Teilmenge $A_1 \cup A_3 \cup A_5$ (d. h. das Erscheinen einer ungeraden Zahl) ist ein Ereignis. Die Teilmenge, die einen einzigen Punkt enthält, ist auch ein Ereignis.

Eine Teilmenge, die keinen Punkt enthält, ist eine leere Menge (Nullmenge) und stellt ein unmögliches Ereignis dar. Ein Ereignis, das alle Punkte des Merkmalsraums enthält, ist ein sicheres Ereignis E (mit Sicherheit wird eines der möglichen Ergebnisse erhalten werden).

Über diesen Merkmalsraum kann eine Funktion definiert werden, die Wahrscheinlichkeitsmaß genannt wird. Diese Funktion stellt eine Korrespondenz zwischen den Teilmengen des Raumes Ω und der Menge der reellen positiven Zahlen zwischen 0 und 1 fest. Das Wahrscheinlichkeitsmaß hat bei unvereinbaren Ereignissen folgende Eigenschaften:

$$P(A_i) \geqq 0 \; ;$$

$$P(A_i \cup A_j) = P(A_i) + P(A_j);$$

$$P(\bigcup_{i=1}^{\infty} A_i) = \sum_{i=1}^{\infty} P(A_i) \; .$$

Außerdem besteht

$$P(\Phi) = 0; \quad P(\Omega) = 1 \; ,$$

wobei P eine Funktion ist, die sich von den mit $f(x)$, $g(x)$ usw. bezeichneten Funktionen, deren Definitionsbereich eine Menge von Punkten bzw. Intervalle der reellen Achse ist, dadurch unterscheidet, daß ihr Definitionsbereich eine Klasse von Mengen ist.

Der Teil der Mathematik, der sich mit den Funktionen von Mengen befaßt, wird Maßtheorie genannt.

Eine zufällige (aleatorische) Veränderliche ist eine reelle, über dem Merkmalsraum definierte Funktion. Das Wort *zufällig* betont, daß es sich um Experimente handelt, die nicht nach bestimmten Gesetzen, sondern nach dem Gesetz des Zufalls stattfinden. Das unter denselben Bedingungen wiederholte Werfen mit dem Würfel oder mit der Münze ist ein zufälliges Experiment. Wesentlich ist in diesem Experiment, daß bei vielfacher Wiederholung eine gewisse Regelmäßigkeit festgestellt werden kann; doch ist es unmöglich, das Ergebnis eines gewissen Experimentes sicher vorauszusagen. Jedem Ergebnis des Experiments entspricht ein Punkt im Merkmalsraum und diesem Punkt eine reelle (oder manchmal komplexe) Zahl.

Die zufällige Veränderliche ist eine Funktion, die eine Korrespondenz zwischen einem Punkt des Merkmalsraumes und einem Punkt im Raum der reellen Zahlen herstellt. Man bezeichnet die zufälligen Veränderlichen mit griechischen Buchstaben ξ, η während ihre besonderen Werte durch lateinische Buchstaben x, y bezeichnet werden. Im Fall des Werfens mit dem Würfel kann die zufällige Veränderliche ξ die diskreten Werte $x_1 = 1$, $x_2 = 2, \ldots, x_6 = 6$, die Punkte auf der reellen Achse sind, annehmen.

Im Fall des Wurfes mit zwei Würfeln können entweder zwei zufällige Veränderliche definiert werden:

$$[\xi] = [x_1, x_2, \ldots, x_6]$$

und

$$[\eta] = [y_1, y_2, \ldots, y_6]$$

oder eine einzige zufällige Veränderliche, deren Wert nach einer gewissen Regel, zum Beispiel durch Summierung der Werte, die auf den Seiten der zwei Würfel erscheinen, gebildet werden. In diesem letzteren Fall kann die zufällige Veränderliche alle ganzen Werte zwischen 2 und 12 annehmen.

2.3.2. Grundlegende Gesetzmäßigkeiten

2.3.2.1. Binomial-Verteilung (Bernoullisches Schema)

Es sei angenommen, daß p die Wahrscheinlichkeit des Ereignisses A und q die Wahrscheinlichkeit des komplementären Ereignisses $\bar{A}$ darstellt. Evident ist $p + q = 1$.

Welches ist die Wahrscheinlichkeit dafür, daß in n aufeinanderfolgenden unabhängigen Versuchen das Ereignis A m-mal erscheint?

Eines dieser Experimente könnte als Ergebnis das Ereignis (Punkt im Merkmalsraum)

$$A^{(1)} \cap A^{(2)} \cap A^{(3)} \cdots \cap A^{(m)} \cap \bar{A}^{(m+(1)} \cap \bar{A}^{(m+2)} \cap \cdots \cap \bar{A}^{(n)}$$

haben, in dem A m-mal in einer von der in der Klammer befindlichen Zahl angezeigten Folge erscheint.

Die Wahrscheinlichkeit dieses Ereignisses ist den Beziehungen (2.5) und (2.11) gemäß

$$P\left[A^{(1)} \cap A^{(2)} \cap \cdots \cap A^{(m)} \cap \bar{A}^{(m+1)} \cap \cdots \cap \bar{A}^{(n)}\right] =$$
$$= p^m q^{n-m} = p^m (1 - p)^{n-m} .$$

Bei Wiederholung des Experiments kann A wieder m-mal, aber in anderer Folge, erscheinen. Die Zahl der auf diese Weise erhaltenen verschiedenen Folgen ist C_n^m. und daher ist

$$P_n(m) = C_n^m p^m (1 - p)^{n-m} \tag{2.18}$$

mit

$$C_n^m = \frac{n!}{m!(n-m)!}$$

die Wahrscheinlichkeit dafür, daß m-mal in n aufeinanderfolgenden unabhängigen Versuchen das Ereignis A, ohne Berücksichtigung der Reihenfolge seines Erscheinens, eintritt.

Aus der Beziehung (2.18) ist ersichtlich, daß $P_n(m)$ gleich dem Koeffizienten von x^m durch Entwicklung des Binoms

$$(p x + q)^n = \sum_{m=1}^{n} C_n^m p^m q^{n-m} x^m$$

ist; aus diesem Grunde wird $P_n(m)$ auch binomische Verteilung genannt.

Oftmals ergibt sich das Problem der Bestimmung der Wahrscheinlichkeit dafür, daß in n aufeinanderfolgenden unabhängigen Versuchen das Ereignis A m-mal eintritt. wobei m eine Zahl zwischen zwei gegebenen Zahlen m_1 und

m_2 ist. Aus den Beziehungen (2.3) und (2.18) ergibt sich für diese Wahrscheinlichkeit

$$P_n\,(m_1 \leqq m \leqq m_2) = \sum_{m=m_1}^{m_2} C_n^m\,p^m\,(1-p)^{n-m}\;.$$

2.3.2.2. Beispiel für die Anwendung der Binomial-Verteilung

Es sei eine Richtverbindung mit 10 Telefonkanälen gegeben, die 10 Teilnehmer an einem Ende und 10 andere am anderen Ende versorgt. Um die Effektivität dieser Kanäle festzustellen, wird die Wahrscheinlichkeit, daß sie gleichzeitig von k Teilnehmern ($k = 0, 1, 2, \ldots, 10$) besetzt werden, errechnet.

Es sei angenommen, daß jeder der 10 Teilnehmer durchschnittlich 12 Minuten pro Stunde spricht. Die Wahrscheinlichkeit a priori für die Besetzung eines Kanals beträgt also $p = \dfrac{12}{60} = \dfrac{1}{5}$. Mit diesen Daten errechnet sich

$$P_{10}(0) = C_{10}^0 \left(\frac{1}{5}\right)^0 \left(\frac{4}{5}\right)^{10} = 0{,}108\,;$$

$$P_{10}(1) = C_{10}^1 \left(\frac{1}{5}\right)^1 \left(\frac{4}{5}\right)^9 = 0{,}268\,;$$

$$P_{10}(2) = C_{10}^2 \left(\frac{1}{5}\right)^2 \left(\frac{4}{5}\right)^8 = 0{,}302\,;$$

$$P_{10}(3) = C_{10}^3 \left(\frac{1}{5}\right)^1 \left(\frac{4}{5}\right)^7 = 0{,}201\,;$$

$$\cdots\cdots\cdots\cdots\cdots\cdots$$

$$P_{10}(10) = C_{10}^{10} \left(\frac{1}{5}\right)^{10} \left(\frac{4}{5}\right)^0 = 0{,}0000001\;.$$

Man kann sich leicht davon überzeugen, daß die Summe dieser Wahrscheinlichkeiten gleich 1 ist.

Es sei jetzt die Wahrscheinlichkeit dafür errechnet, daß gleichzeitig nicht mehr als k Teilnehmer ($k = 0, 1, 2, \ldots, 10$) sprechen:

$$P_{10}\,(0 \leqq k \leqq 1) = \sum_{k=0}^{1} P_{10}(k) = 0{,}376\,;$$

$$P_{10}\,(0 \leqq k \leqq 2) = \sum_{k=0}^{2} P_{10}(k) = 0{,}678\,;$$

$$\cdots\cdots\cdots\cdots\cdots\cdots$$

$$P_{10}\,(0 \leqq k \leqq 5) = \sum_{k=0}^{5} P_{10}(k) = 0{,}993\;.$$

Die zuletzt erhaltene Zahl zeigt, daß mit hoher Wahrscheinlichkeit nicht mehr als 5 Kanäle besetzt werden:

$$P_{10}\,(6 \leq k \leq 10) = 1 - P_{10}\,(0 \leq k \leq 5) = 1 - 0{,}993 = 0{,}007 \,.$$

Dieses Ergebnis zeigt, daß praktisch zur Bedienung von 10 + 10 Teilnehmern, die durchschnittlich 12 Minuten pro Stunde sprechen, nicht mehr als 5 Kanäle notwendig sind.

2.4. Diskrete zufällige Veränderliche, diskrete Verteilungen und Verteilungsfunktionen für diskrete Veränderliche

2.4.1. Verteilungen erster Ordnung

Es werde wieder das Experiment des Werfens eines Würfels betrachtet. Die möglichen Ergebnisse sind $A_1, A_2, \ldots, A_6$. Diese Menge bildet den Merkmalsraum. In diesem Merkmalsraum wird eine zufällige Veränderliche, die im Punkt A_k den Wert k annimmt, definiert. Es sei diese zufällige Veränderliche

$$[\xi] = [1, 2, \ldots, 6] \,.$$

In demselben Raum kann auch eine Funktion, Wahrscheinlichkeitsmaß genannt, die in allen Punkten A_k den Wert $\dfrac{1}{6}$ annimmt, definiert werden. Die zufällige Veränderliche hat also im Merkmalsraum die Werte $1, 2, \ldots, 6$, während das Wahrscheinlichkeitsmaß die Werte $\dfrac{1}{6}, \dfrac{1}{6}, \ldots, \dfrac{1}{6}$ annimmt, d. h., daß die zufällige Veränderliche den Wert 1 mit der Wahrscheinlichkeit $\dfrac{1}{6}$, den Wert 2 mit der Wahrscheinlichkeit $\dfrac{1}{6}$ usw. annimmt.

Die Menge der mit den entsprechenden Wahrscheinlichkeiten in Korrespondenz gestellten Werte der Veränderlichen ξ bildet die Verteilung der Veränderlichen ξ.

Das Gesetz, das die Wahrscheinlichkeit dafür angibt, daß die zufällige Veränderliche einen (aus der Menge aller möglichen Werte) bestimmten Wert x_i annehmen soll, stellt das Verteilungsgesetz der Wahrscheinlichkeit oder kurz die Verteilung dar:

$$P(x_i) = P\,(\xi = x_i) \,. \tag{2.19}$$

Im vorigen Fall ist $P(x_i) = \dfrac{1}{6}$ bzw.

$$[P(x_i)] = \left[\frac{1}{6}, \frac{1}{6}, \ldots, \frac{1}{6}\right].$$

Diese Verteilung ist in Abb. 2.13 dargestellt.

4*

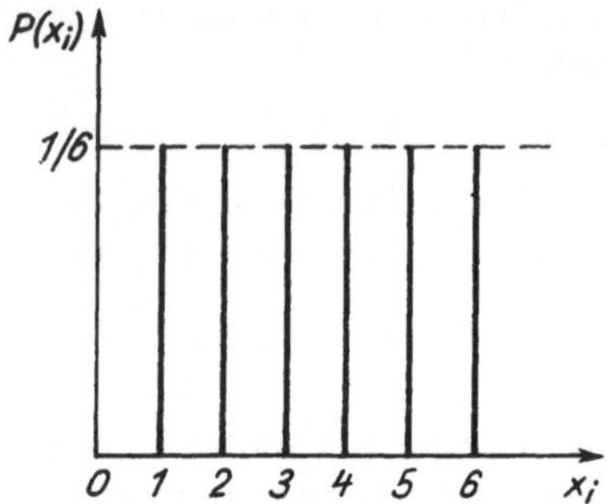

Abb. 2.13. Die Verteilung der Wahrscheinlichkeit beim Würfelwurf

Um die Wahrscheinlichkeit, mit der die zufällige Veränderliche einen Wert annehmen soll, der kleiner als x oder höchstens gleich mit x ist, bzw. $P\,(\xi \leqq x)$, zu bestimmen, wird folgende Funktion definiert:

$$F(x) = P\,(\xi \leqq x) = \sum_{x_i \leqq x} P(x_i)\,, \qquad (2.20)$$

sie wird *Verteilungsfunktion* genannt.

Im Fall der diskreten zufälligen Veränderlichen sind die Verteilungsfunktionen Treppenfunktionen.

Im vorhergehenden Beispiel ist $F(x) = \dfrac{x_i}{6}$, wobei x_i die größte ganze positive Zahl ist, die die Ungleichung $x_i \leqq x$, für $x \leqq 6$ erfüllt, so wie das in Abb. 2.14 gezeigt wird.

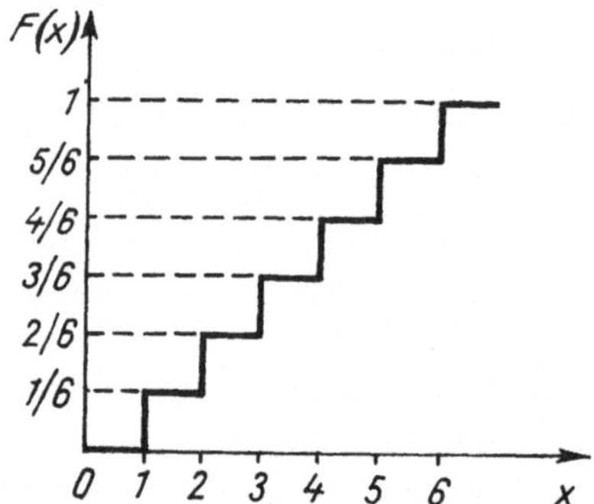

Abb. 2.14. Verteilungsfunktion der Wahrscheinlichkeit beim Würfelwurf

2.4.1.1. Beispiele von Verteilungen und Verteilungsfunktionen

1. Es werde folgendes Experiment betrachtet: Man wirft eine Münze solange, bis das Wappen erscheint. Es sind folgende Ergebnisse möglich: das Wappen erscheint beim ersten Wurf A_1, das Wappen erscheint nur beim zweiten Wurf A_2, usw.

Der Merkmalsraum besteht aus den Ergebnissen A_1, A_2, A_n, ... und ist also ein diskreter unendlicher Raum. In diesem Raum kann eine zufällige Veränderliche, die dem Ergebnis A_n den Wert n $(n = 1, \ldots, \infty)$ zuordnet, definiert werden:

$$[\xi] = [1, 2, \ldots, n, \ldots] \, .$$

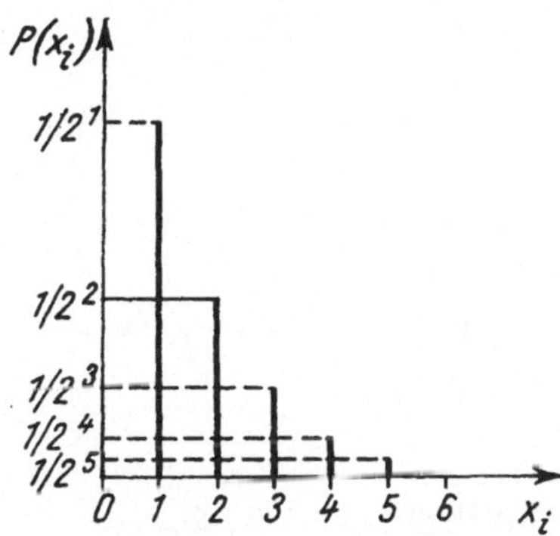

Abb. 2.15. Verteilung der Wahrscheinlichkeiten beim Werfen einer Münze bis zum Erscheinen des Wappens

Die Wahrscheinlichkeit dieser Werte bzw. die Verteilung ist (Abb. 2.15):

$$[P(x_i)] = \left[\frac{1}{2}, \frac{1}{2^2}, \frac{1}{2^3}, \ldots, \frac{1}{2^n}, \ldots \right] \, .$$

Die Verteilungsfunktion ist (Abb. 2.16)

$$F(x) = \sum_{x_i \leq x} P(x_i) = \frac{1}{2} + \frac{1}{2^2} + \cdots \frac{1}{2^{x_i}} \, ,$$

wobei x_i die größte ganze Zahl ist, die die Ungleichung $x_i \leq x$ erfüllt.

2. Es werden wieder die Ergebnisse eines Experiments betrachtet, das darin besteht, daß ein elementarer Versuch, der zum Resultat A oder $\overline{A}$ führen kann,

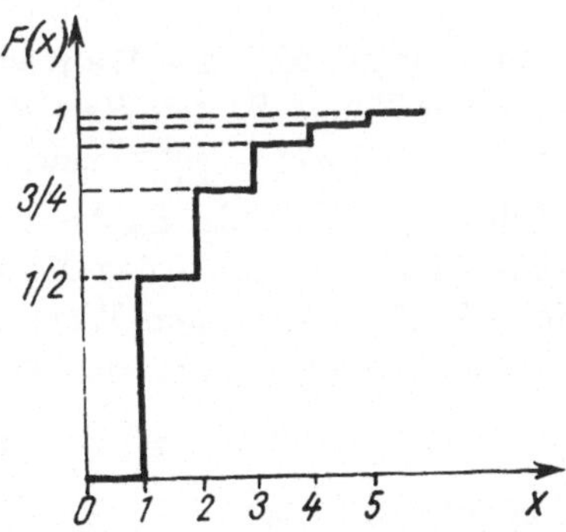

Abb. 2.16. Verteilungsfunktion beim Werfen einer Münze bis zum Erscheinen des Wappens

n-mal wiederholt wird. Diese Ergebnisse können folgende Formen annehmen:

$$\begin{array}{l}
\overline{A}^{(1)}\,\overline{A}^{(2)}\ldots\overline{A}^{(n)}\rbrace\,E_0 \\[2mm]
\left.\begin{array}{l}
A^{(1)}\,\overline{A}^{(2)}\,\overline{A}^{(3)}\ldots\overline{A}^{(n)} \\[1mm]
\overline{A}^{(1)}\,A^{(2)}\,\overline{A}^{(3)}\ldots\overline{A}^{(n)}
\end{array}\right\rbrace\,E_1 \\[2mm]
\cdots\cdots\cdots\cdots\cdots\cdots\cdots \\[1mm]
\cdots\cdots\cdots\cdots\cdots\cdots\cdots \\[1mm]
\cdots\cdots\cdots\cdots\cdots\cdots\cdots \\[2mm]
\left.\begin{array}{l}
\overline{A}^{(1)}\,A^{(2)}\,A^{(3)}\ldots A^{(n)} \\[1mm]
A^{(1)}\,\overline{A}^{(2)}\,A^{(3)}\ldots A^{(n)}
\end{array}\right\rbrace\,E_{n-1} \\[2mm]
\cdots\cdots\cdots\cdots\cdots\cdots\cdots \\[1mm]
\cdots\cdots\cdots\cdots\cdots\cdots\cdots \\[2mm]
A^{(1)}\,A^{(2)}\,A^{(3)}\ldots A^{(n)}\rbrace\,E_n\,.
\end{array}$$

Die Menge dieser Ergebnisse bildet den Merkmalsraum, der alle möglichen Ergebnisse enthält.

In diesem Raum kann man Teilmengen, die Ereignisse genannt werden, definieren, wobei sich in der Teilmenge E_m alle Ergebnisse befinden, in denen sich A m-mal wiederholt (abgesehen von der Reihenfolge). Die Zahl m kann alle ganzen Werte zwischen 0 und n annehmen. Das Ereignis E_m enthält C_n^m Punkte des Merkmalsraumes. Man erhält auf diese Weise $n+1$ Ereignisse und zwar: das Ereignis E_0, das darin besteht, daß A keinmal in den n aufeinanderfolgenden Versuchen erscheint, das Ereignis E_1, das darin besteht, daß A einmal in den n aufeinanderfolgenden Versuchen erscheint usw.

Über dem Merkmalsraum wird eine zufällige Veränderliche definiert, die für die Elemente der Menge E_0 den Wert Null, für die Elemente der Menge E_1 den Wert 1, für die Elemente der Menge E_m den Wert m $(0 \leqq m \leqq n)$ annimmt. Diese durch ξ bezeichnete Veränderliche kann alle ganzen Werte m zwischen Null und n annehmen.

In dem Merkmalsraum kann eine Funktion — Wahrscheinlichkeitsmaß genannt — definiert werden, die bei der Menge E_0 den Wert $P_n(0) = C_n^0 p^0 (1-p)^n$, bei der Menge E_1 den Wert $P_n(1) = C_n^1 p (1-p)^{n-1}$ usw. annimmt.

Also nimmt über der Teilmenge (Ereignis) E_m die zufällige Veränderliche den Wert m und das Wahrscheinlichkeitsmaß — das die Wahrscheinlichkeit dafür darstellt, daß die zufällige Veränderliche den Wert m annehmen soll — den Wert $P_n(m)$ an. Das Verteilungsgesetz ist also das Binomialgesetz (Abb. 2.17):

$$P(x_i) = P_n(\xi = x_i) = C_n^{x_i} \cdot p^{x_i} (1-p)^{n-x_i}\,.$$

Die Verteilungsfunktion (Abb. 2.18) ist

$$F(x) = P(\xi \leqq x) = \sum_{x_i \leqq x} C_n^{x_i} p^{x_i} (1-p)^{n-x_i}\,.$$

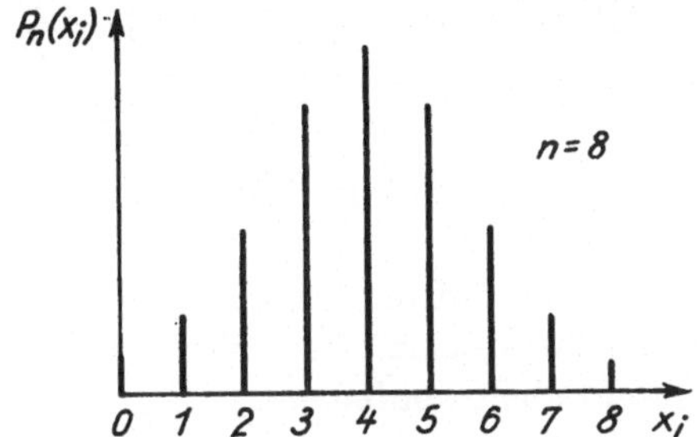

Abb. 2.17. Binomische Verteilung für $p = q$

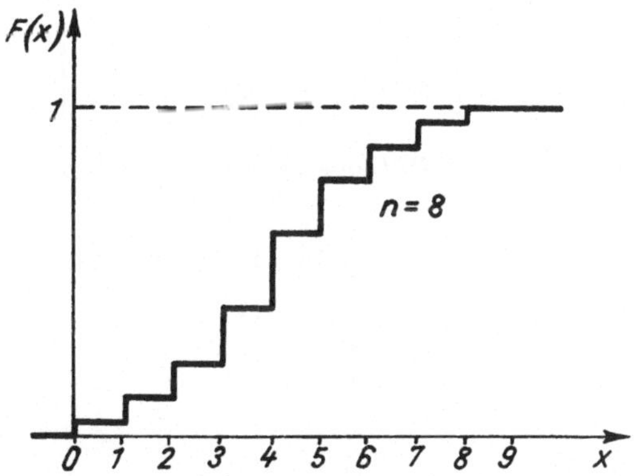

Abb. 2.18. Verteilungsfunktion der binomischen Verteilung für $p = q$

2.4.2. Verteilungen zweiter Ordnung

Es seien zwei zufällige Veränderliche:

$$[\xi] = [x_1, x_2, \ldots, x_i, \ldots, x_m]$$

und

$$[\eta] = [y_1, y_2, \ldots, y_i, \ldots, y_n] \, .$$

Die Wahrscheinlichkeitsverteilung zweiter Ordnung ist

$$P_2(x_i, y_j) = P\left(\xi = x_i, \eta = y_j\right) , \tag{2.21}$$

und die Verteilungsfunktion zweiter Ordnung ist

$$F_2(x, y) = P\left(\xi \leqq x, \eta \leqq y\right) = \sum_{x_i \leqq x} \sum_{y_j \leqq y} P_2(x_i, y_j) \, .$$

Aus der Verteilung und aus der Verteilungsfunktion zweiter Ordnung können die der ersten Ordnung — Marginalverteilungen oder Marginalverteilungsfunktionen genannt — abgeleitet werden;

$$P_{11}(x_i) = P\left[\xi = x_i, \text{ für alle Werte } y_j\right] = \sum_{y_j} P_2(x_i, y_j) \, . \tag{2.23}$$

$$P_{12}(y_j) = P\,[\eta = y_j,\ \text{für alle Werte } x_i] = \sum_{x_i} P_2(x_i, y_j) \tag{2.24}$$

$$F_{11}(x) = \sum_{x_i \leq x} P_{11}(x_i) = \sum_{x_i \leq x} \sum_{y_j} P_2(x_i, y_j) \tag{2.25}$$

$$F_{12}(y) = \sum_{y_j \leq y} P_{12}(y_j) = \sum_{x_i} \sum_{y_j \leq y} P_2(x_i, y_j)\,. \tag{2.26}$$

Der erste Index bezieht sich auf die Ordnung, der zweite auf die Veränderliche. Die Wertepaare, die die zwei zufälligen Veränderlichen annehmen, können in Form einer Matrix geschrieben werden:

$$[\xi, \eta] = \begin{bmatrix} x_1, y_1 & x_1, y_2 \cdots x_1, y_n \\ x_2, y_1 & x_2, y_2 \cdots x_2, y_n \\ \cdots \cdots \cdots \cdots \\ x_m, y_1 & x_m, y_2 \cdots x_m, y_n \end{bmatrix}. \tag{2.27}$$

Die entsprechenden Wahrscheinlichkeiten können folgendermaßen geschrieben werden:

$$[P_2(x_i, y_j)] = \begin{bmatrix} p_{11} & p_{12} \cdots p_{1n} \\ p_{21} & p_{22} \cdots p_{2n} \\ \cdots \cdots \cdots \\ p_{m1} & p_{m2} \cdots p_{mn} \end{bmatrix}, \tag{2.28}$$

wobei $p_{ij} = P(x_i, y_j)$ ist.

Aus dieser Tafel kann man leicht die Marginalwahrscheinlichkeiten ableiten:

$$P_{11}(x_1) = p_{11} + p_{12} + \cdots + p_{1n};$$

man addiert also die Elemente der ersten Reihe, oder

$$P_{12}(y_1) = p_{11} + p_{21} + \cdots + p_{m1}\,,$$

wobei man die Elemente der ersten Kolonne addiert.

Wenn zwischen den Verteilungen der zufälligen Veränderlichen die Beziehung

$$P_2(x_i, y_j) = P_{11}(x_i)\, P_{12}(y_j) \tag{2.29}$$

bzw.

$$F_2(x, y) = F_{11}(x)\, F_{12}(y) \tag{2.30}$$

besteht, sagt man, daß die Veränderlichen unabhängig sind.

Beispiel: Es sei angenommen, daß man mit zwei Münzen wirft. Die möglichen Ergebnisse sind

$$[\xi, \eta] = \begin{bmatrix} x_1, y_1 & x_1, y_2 \\ x_2, y_1 & x_2, y_2 \end{bmatrix}$$

und

$$[P_2(x_i, y_j)] = \begin{bmatrix} p_{11} & p_{12} \\ p_{21} & p_{22} \end{bmatrix},$$

wobei x die erste Münze, y die zweite Münze, der Index 1 die Zahl und der Index 2 das Wappen darstellen.

Man hat

$$E_{11} = p_{12} = p_{21} = p_{22} = \frac{1}{4}$$

und daher

$$P_{11}(x_1) = p_{11} + p_{12} = \frac{1}{2} \, ;$$

$$P_{12}(y_2) = p_{12} + p_{22} = \frac{1}{2} \, ;$$

und weil

$$P_2(x_1, y_2) = p_{12} = \frac{1}{4}$$

ist, ergibt sich

$$P_2(x_1, y_2) = P_{11}(x_1) \, P_{12}(y_2) \, .$$

Diese Beziehung zeigt, daß die Ereignisse x_1 und y_2 unabhängig sind. Ähnliche Beziehungen können auch zwischen anderen Ereignispaaren festgestellt werden, woraus sich ergibt, daß sie unabhängig sind. In diesem einfachen Beispiel ergibt sich die Unabhängigkeit der Ereignisse aus der Art und Weise, in der die Ereignisse gebildet wurden; im allgemeinen aber wird die Unabhängigkeit der Ereignisse auf Grund von Beziehungen der Form (2.29) und (2.30) festgestellt.

2.4.3. Bedingte Verteilungen

Die Wahrscheinlichkeit dafür, daß die zufällige Veränderliche ξ den Wert x_i annimmt, während die zufällige Veränderliche η den Wert y_i hat, wird folgendermaßen ausgedrückt:

$$P\,(\xi = x_i / \eta = y_j) = P_2(x_i/y_j) \, .$$

Die entsprechende Verteilungsfunktion wird mit

$$F(x/y_j) = P\,[\xi \leqq x/y = y_j]$$

bezeichnet.

Gemäß dem Multiplikationssatz der Wahrscheinlichkeiten (2.10) hat man

$$P_2(x_i, \, y_j) = P_{12}(y_j) \, P_2(x_i/y_j) \, .$$

woraus sich unter der Bedingung $P_{12}(y_j) \neq 0$:

$$P_2(x_i/y_j) = \frac{P_2(x_i, y_j)}{P_{12}(y_j)} \tag{2.31}$$

ergibt.

In gleicher Weise ist

$$P_2(y_j/x_i) = \frac{P_2(x_i, \, y_j)}{P_{11}(x_i)} \, , \tag{2.32}$$

wenn

$$P_{11}(x_i) \neq 0$$

und

$$F(x/y_j) = \sum_{x_i \leqq x} P_2(x_i/y_j) \, . \tag{2.33}$$

2.4.4. Asymptotische Entwicklung nach Laplace

In den Anwendungen des Bernoullischen Schemas kann die Wahrscheinlichkeit des m-maligen Auftretens des betrachteten Ereignisses schwer errechnet werden, wenn die Zahl n der Versuche groß ist.

Es sei z. B. folgende Aufgabe betrachtet:

In einer Fabrik ist die Wahrscheinlichkeit eines fehlerhaften Erzeugnisses $p = 0{,}005$; es wird die Wahrscheinlichkeit dafür verlangt, daß von 10 000 aufs Geratewohl gewählten Proben

— 40 fehlerhaft sind;

— nicht mehr als 70 fehlerhaft sind.

Im ersten Fall ist

$$P_{10000}(40) = C_{10000}^{40}(0{,}005)^{40}\,(0{,}995)^{9960}\,,$$

während im zweiten Fall gilt:

$$P_{10000}(\leqq 70) = \sum_{m=0}^{70} C_{10000}^{m}(0{,}005)^{m}\,(0{,}995)^{\,10000-m}\,.$$

Es ist leicht ersichtlich, daß für große Werte von n die Rechnung sehr schwierig wird. Die Aufgabe kann leicht mit Hilfe einer asymptotischen Entwicklung von $P_n(m)$ — für große Werte von n gültig — unter dem Namen der Formel von Laplace bekannt — gelöst werden:

$$P_n(m) \approx \frac{1}{\sqrt{2\pi n p q}}\, e^{-\frac{1}{2}\left(\frac{m-np}{\sqrt{npq}}\right)^2}\,. \tag{2.34}$$

Der Beweis geht von der binomischen Verteilung (2.18) aus

$$P_n(m) = C_n^m\, p^m\, q^{n-m} = \frac{n!}{m!\,(n-m)!}\, p^m\, q^{n-m}\,,$$

in der die Fakultäten durch die asymptotische Formel von Stirling

$$m! \approx \sqrt{2\pi m}\, e^{-m}\, m^m$$

ersetzt werden. Man erhält

$$P_n(m) \approx \frac{\sqrt{2\pi n}\, e^{-n}\, n^n\, p^m\, q^{n-m}}{\sqrt{2\pi m}\, e^{-m}\, m^m \sqrt{2\pi (n-m)}\, e^{-(n-m)}\, (n-m)^{(n-m)}} =$$

$$= \frac{\sqrt{n}}{\sqrt{2\pi m(n-m)}} \left(\frac{np}{m}\right)^m \left(\frac{nq}{n-m}\right)^{n-m}\,. \tag{2.35}$$

Man bezeichnet

$$m_0 = (n+1)\, p$$

und

$$\delta_m = m - m_0 = m - (n+1)\, p\,, \tag{2.36}$$

wobei m_0 den wahrscheinlichsten Wert und δ_m die Abweichung von diesem Wert darstellen.

Tatsächlich ist

$$\frac{P_n(m)}{P_n(m-1)} = \frac{C_n^m\, p^m\, q^{n-m}}{C_n^{m-1}\, p^{m-1}\, q^{n-m+1}} = \frac{(n-m+1)\,p}{m\,q} = 1 - \frac{m-(n+1)\,p}{m\,q}$$

Wenn $m < (n+1)\,p$ ist, dann ist $P_n(m) > P_n(m-1)$, und wenn $m > (n+1)\,p$ ist, dann ist $P_n(m) < P_n(m-1)$. Daraus ergibt sich, daß der Wert von m, für den $P_n(m)$ den Maximalwert erreicht, $m_0 = (n+1)\,p$ ist.

Für $n \gg 1$ kann man $m_0 \approx n\,p$ und $\delta_m = m - n\,p$ schreiben, woraus sich ergibt

$$m = n\,p + \delta_m$$

und

$$n - m = n\,q - \delta_m .$$

Man führt die Bezeichnung

$$\sigma = \sqrt{n\,p\,q} \tag{2.37}$$

ein und erhält durch Einsetzen in die Beziehung (2.35)

$$P_n(m) \approx \frac{1}{\sqrt{2\,\pi\,\sigma^2}} \cdot \left[\frac{m\,(n-m)}{n^2\,p\,q}\right]^{-\frac{1}{2}} \cdot \left(\frac{m}{n\,p}\right)^{-m} \cdot \left(\frac{n-m}{n\,q}\right)^{m-n}$$

oder

$$P_n(m) \approx \frac{1}{\sqrt{2\,\pi\,\sigma^2}} \left(1 - \frac{\delta_m}{nq}\right)^{-\frac{1}{2}} \cdot \left(1 + \frac{\delta_m}{n\,p}\right)^{-\frac{1}{2}} \cdot \left(1 - \frac{\delta_m}{nq}\right)^{-(nq-\delta_m)} \cdot \left(1 + \frac{\delta_m}{n\,p}\right)^{-(np+\delta_m)}$$

oder

$$P_n(m) \approx \frac{1}{\sqrt{2\,\pi\,\sigma^2}} \left(1 + \frac{\delta_m}{n\,p}\right)^{-\left(np+\delta_m+\frac{1}{2}\right)} \cdot \left(1 - \frac{\delta_m}{n\,q}\right)^{-\left(nq-\delta_m+\frac{1}{2}\right)}$$

Für sehr große Werte von n kann der Wert $\dfrac{1}{2}$ im Vergleich zu $n\,p$ oder $n\,q$ vernachlässigt werden.

In diesem Fall hat man

$$P_n(m) \approx \frac{1}{\sqrt{2\,\pi\,\sigma^2}} \left(1 + \frac{\delta_m}{n\,p}\right)^{-(np+\delta_m)} \left(1 - \frac{\delta_m}{n\,q}\right)^{-(nq-\delta_m)} .$$

Indem man den Logarithmus des Ausdruckes nimmt, erhält man

$$-\ln\left[\sqrt{2\,\pi\,\sigma^2}\, P_n(m)\right] \approx (n\,p + \delta_m)\ln\left(1 + \frac{\delta_m}{n\,p}\right) + (n\,q - \delta_m)\ln\left(1 - \frac{\delta_m}{n\,q}\right)$$

oder

$$-\ln\left[\sqrt{2\,\pi\,\sigma^2}\, P_n(m)\right] \approx \left(\frac{\sigma^2}{q} + \delta_m\right)\ln\left(1 + q\,\frac{\delta_m}{\sigma^2}\right) + \left(\frac{\sigma^2}{p} - \delta_m\right)\ln\left(1 - p\,\frac{\delta_m}{\sigma^2}\right) .$$

Weil $|\delta_m| \leq n\,p$ und $|\delta_m| \leq n\,q$ für $n \neq m$ ist, kann man den Logarithmus in eine Reihe entwickeln und durch Vernachlässigung der Ausdrücke höherer Ordnung als zwei (was zulässig ist, wenn man sich auf Streuungen, die die Bedingung

$$\frac{|\delta_m^3|}{\sigma^4} \ll 1 \tag{2.38}$$

erfüllen, beschränkt) zum Ausdruck

$$- \ln \left[\sqrt{2\,\pi\,\sigma^2}\; P_n(m) \right] \approx \frac{\delta_m^2}{2\,\sigma^2}$$

gelangen, woraus sich ergibt

$$P_n(m) \approx \frac{1}{\sqrt{2\,\pi\,\sigma^2}}\, e^{-\frac{\delta_m^2}{2\,\sigma^2}}. \tag{2.39}$$

Das Verteilungsgesetz (2.39) wird Normalverteilung genannt. Die graphische Darstellung ist in Abb. 2.19 angegeben. Wie gezeigt, ist sie für große Werte

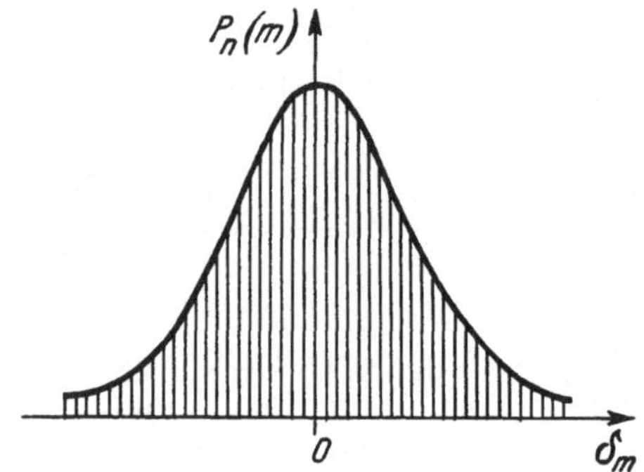

Abb. 2.19. Normalverteilung

von n, für welche die Beziehung (2.38) mit den Beziehungen (2.36) und (2.37) besteht, gültig.

2.4.5. Integralsatz von LAPLACE

Errechnet man die Wahrscheinlichkeit dafür, daß sich die zufällige Veränderliche μ, die nur diskrete Werte m annehmen kann, zwischen zwei vorgegebenen Werten befindet, wenn n sehr groß ist, so hat man,

$$P_n(m_1 \leq \mu \leq m_2) = P_n\!\left(\frac{m_1 - m_0}{\sigma} \leq \frac{\delta_m}{\sigma} \leq \frac{m_2 - m_0}{\sigma}\right),$$

woraus sich ergibt

$$P_n(m_1 \leq \mu \leq m_2) = \sum_{m=m_1}^{m_2} \frac{1}{\sqrt{2\,\pi\,\sigma^2}}\, e^{-\frac{\delta_m^2}{2\sigma^2}}.$$

Man hat aber

$$\frac{1}{\sigma} = \frac{\delta_{m+1} - \delta_m}{\sigma} = \frac{\Delta\,\delta_m}{\sigma},$$

und indem man

$$z_1 = \frac{m_1 - m_0}{\sigma} \quad \text{und } z_2 = \frac{m_2 - m_0}{\sigma} \tag{2.40}$$

setzt, erhält man

$$P_n\left(z_1 \leqq \frac{\delta_m}{\sigma} \leqq z_2\right) = \frac{1}{\sqrt{2\,\pi}} \sum_{m=m_1}^{m_2} \frac{\Delta\,\delta_m}{\sigma} e^{-\frac{1}{2}\left(\frac{\delta_m}{\sigma}\right)^2} .$$

Für große Werte von n nähert sich die Summe dem Integral, und man hat

$$P_n\left(z_1 \leqq \frac{\delta_m}{\sigma} \leqq z_2\right) = \frac{1}{\sqrt{2\,\pi}} \int_{z_1}^{z_2} e^{-\frac{1}{2}\left(\frac{\delta_m}{\sigma}\right)^2} d\left(\frac{\delta_m}{\sigma}\right)$$

oder, indem man eine normierte Veränderliche

$$\zeta = \frac{\delta_m}{\sigma} \tag{2.41}$$

einführt, ergibt sich

$$P_n(z_1 \leqq \zeta \leqq z_2) = \frac{1}{\sqrt{2\,\pi}} \int_{z_1}^{z_2} e^{-\frac{1}{2}u^2} du . \tag{2.42}$$

Diese Beziehung ist unter dem Namen *Integralsatz von* LAPLACE bekannt. Aus dieser Beziehung kann, indem man $z_1 \to -\infty$ gehen läßt, die Verteilungsfunktion erhalten werden und zwar

$$F(z) = \frac{1}{\sqrt{2\,\pi}} \int_{-\infty}^{z} e^{-\frac{1}{2}u^2} du = P(\zeta \leqq z) . \tag{2.43}$$

Ihre graphische Darstellung ist in Abb. 2.20 angegeben.
Man hat

$$F(\infty) = 1; \quad F(-\infty) = 0$$

und

$$F(z) + F(-z) = 1 ,$$

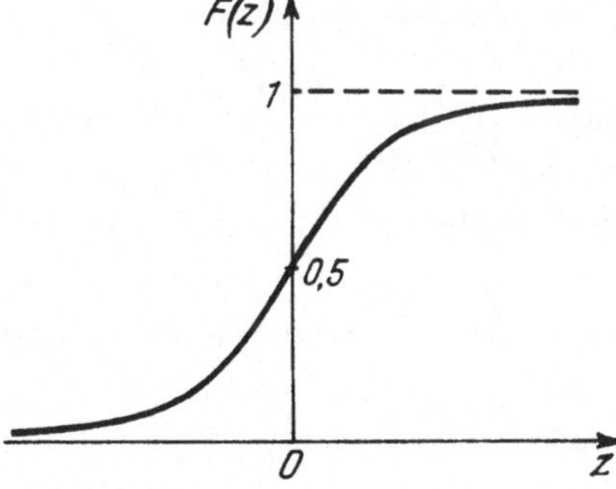

Abb. 2.20. Verteilungsfunktion der normalen Verteilung

weil

$$\frac{1}{\sqrt{2\,\pi}} \int\limits_{-\infty}^{z} e^{-\frac{1}{2}u^2}\, du + \frac{1}{\sqrt{2\,\pi}} \int\limits_{-\infty}^{-z} e^{-\frac{1}{2}u^2}\, du =$$

$$= \frac{1}{\sqrt{2\,\pi}} \left(\int\limits_{-\infty}^{z} e^{-\frac{1}{2}u^2}\, du + \int\limits_{z}^{+\infty} e^{-\frac{1}{2}u^2}\, du \right) =$$

$$= P\left(-\infty \leqq z \leqq \infty\right) = 1 \ .$$

Daraus ergibt sich

$$F(0) + F(0) = 1 \, ;$$

also

$$F(0) = \frac{1}{2} \ .$$

Weil $F(-z) = 1 - F(z)$ ist, genügt es, daß nur die Werte der Funktion für positive Argumente bekannt sind. Diese Werte sind errechnet worden und in einer Tabelle des Anhangs III wiedergegeben.

Mit Hilfe der Verteilungsfunktion ergibt sich aus der Beziehung (2.42)

$$P\left(z_1 < \frac{\delta_m}{\sigma} \leqq z_2\right) = F(z_2) - F(z_1) \, ,$$

wobei aber der Punkt z_1 ausgeschlossen wird.

Errechnet man die Wahrscheinlichkeit

$$P\left(\frac{|\delta_m|}{\sigma} \leqq 3\right) = P\left(-3 < \frac{\delta_m}{\sigma} \leqq 3\right) = F(3) - F(-3) = 2\,F(3) - 1 =$$

$$= 0,0997 \, ,$$

d. h., es befindet sich also praktisch, für große Werte von n, die Maximalabweichung m_0 im Intervall $-3\,\sigma < \delta_m \leqq +3\,\sigma$.

Es sei das Beispiel mit den Erzeugnisproben von 2.4.4 wieder aufgenommen. Man hat $p = 0,005$; $n = 10\,000$; $m = 40$.

Im ersten Fall ist

$$\sigma^2 = n\,p\,q = 10^4 \cdot 5 \cdot 10^{-3} \cdot 0,995 \approx 50 \ ;$$

$$m_0 = n\,p = 10^4 \cdot 5 \cdot 10^{-3} = 50;$$

$$P_n(m) = \frac{1}{\sqrt{2\,\pi\,50}}\, e^{-\frac{1}{2}\left(\frac{40-50}{\sqrt{50}}\right)^2} = 0,02 \, ,$$

und im zweiten Fall erhält man
$m_1 = 0$, $m_2 = 70$ und

$$z_1 = \frac{m_1 - m_0}{\sigma} = -\sqrt{50} = -7,06 \, ;$$

$$z_2 = \frac{m_2 - m_0}{\sigma} = \frac{20}{\sqrt{50}} = 2,82 \, ,$$

$$P_{10000}\left(0 \leqq m \leqq 70\right) = F(2,82) - F(-7) \simeq 0,99 - (1-1) = 0,99 \ .$$

Dieses Ergebnis wird dadurch erklärt, daß $3\,\sigma \approx 20$, während $\delta_m = m_2 - m_0 =$ $= 20$ ist, und da sich die Abweichung vom Mittelwert innerhalb des Bereiches $3\,\sigma$ befindet, handelt es sich also um die Wahrscheinlichkeit eines beinahe sicheren Ereignisses.

2.4.6. Poissonsches Verteilungsgesetz (Satz seltener Ereignisse)

Der Satz von LAPLACE führt zu großen Fehlern, falls $n \gg 1$, aber $p = \dfrac{m_0}{n}$ klein ist. In diesem Fall wird das POISSONsche Verteilungsgesetz

$$P_n(m) = \frac{m_0^m}{m!}\, e^{-m_0} \tag{2.44}$$

angewendet.

Der Beweis wird von der Binomial-Verteilung (2.18) ausgehend geführt, indem man $p = \dfrac{m_0}{n}$ setzt und für $m = 0$

$$P_n(0) = C_n^0\, p^0 (1 - p)^n = \left(1 - \frac{m_0}{n}\right)^n$$

erhält, wobei

$$\ln P_n(0) = n \ln\left(1 - \frac{m_0}{n}\right) = -\,m_0 - \frac{1}{2}\frac{m_0^2}{n} + \cdots$$

ist, und wenn die Bedingung

$$\frac{m_0^2}{n} \ll 1 \ \text{oder}\ p \ll \frac{1}{\sqrt{n}}$$

erfüllt ist und man sich nur auf das erste Glied der Entwicklung beschränkt, so entsteht:

$$P_n(0) \approx e^{-m_0}$$

Auf gleiche Weise erhält man, wenn man $m = 1, 2, \ldots, m$ setzt,

$$P_n(1) = n\, p\, (1 - p)^{n-1} = \frac{n\,p}{1-p}(1 - p)^n = \frac{m_0}{1 - \dfrac{m_0}{n}}\, P_n(0) \approx m_0 \cdot e^{-m_0}$$

$$P_n(m) = \frac{n\,(n-1)\cdots(n-m+1)}{m!}\, p^m (1 - p)^{n-m} =$$

$$= \frac{n\,(n-1)\cdots(n-m+1)}{n^m\left(1 - \dfrac{m_0}{n}\right)^m} \cdot \frac{m_0^m}{m!}\, P_n(0)\,.$$

Es ist also

$$P_n(m) \approx \frac{m_0^m}{m!}\, e^{-m_0}\,.$$

Wenn n sehr stark wächst, so daß m_0 viel größer als 1 wird, so strebt die POISSONsche zur LAPLACEschen Verteilung.

Wenn $n \to \infty$ strebt, geht die POISSONsche Verteilung in die Normalverteilung über.

Beispiel: Es sei angenommen, daß gleichzeitig mit 5 Münzen 100 nacheinander folgende Würfe gemacht werden. Es soll die Wahrscheinlichkeit dafür errechnet werden, daß bei 6 Würfen das Wappen bei allen 5 Münzen erhalten wird.

$$n = 100; m = 6 \quad \text{und} \quad p = \left(\frac{1}{2}\right)^5 = \frac{1}{32}; \quad p < 0{,}1 ;$$

$$m_0 = n\,p = 3{,}12;$$

$$P_{100}(6) = \frac{(3.12)^6}{6!}\, e^{-3.12} = 0{,}0566 .$$

2.5. Kontinuierliche zufällige Veränderliche

In diesem Fall kann die zufällige (aleatorische) Veränderliche ein Kontinuum von Werten annehmen. Ein Beispiel der kontinuierlichen zufälligen Veränderlichen ist die Rauschspannung, die im Moment $t = t_0$ jeden Wert auf der reellen Achse annehmen kann.

2.5.1. Verteilungsfunktionen, Wahrscheinlichkeitsdichte

Wie auch im Fall der diskreten zufälligen Veränderlichen ist die Verteilungsfunktion

$$F(x) = P\,(\xi \leqq x) .$$

Werden zwei Zahlen x_1 und x_2 betrachtet $(x_1 < x_2)$, so ist

$$P\,(\xi \leqq x_1) + P\,(x_1 < \xi \leqq x_2) = P\,(\xi \leqq x_2) .$$

woraus sich ergibt

$$P\,(x_1 < \xi \leqq x_2) = P\,(\xi \leqq x_2) - P\,(\xi \leqq x_1) = F(x_2) - F(x_1) .$$

Wenn man die Bezeichnung $\Delta x = x_2 - x_1$ einführt, wird

$$P\,(x < \xi \leqq x + \Delta x) = F\,(x + \Delta x) - F(x)$$

und

$$\lim_{\Delta x \to 0} \frac{P\,(x < \xi \leqq x + \Delta x)}{\Delta x} = \lim_{\Delta x \to 0} \frac{F\,(x + \Delta x) - F(x)}{\Delta x} = \frac{dF}{dx} .$$

Die Funktion $\dfrac{dF}{dx}$ wird Wahrscheinlichkeitsdichte:

$$w(x) = \frac{dF(x)}{dx} \tag{2.45}$$

genannt, während $w(x)\, dx \geqq 0$ eine Wahrscheinlichkeit ist.

Die Verteilungsfunktion ist

$$F(x) = \int_{-\infty}^{x} w(x)\, dx \tag{2.46}$$

und

$$P\,(x_1 < \xi \leq x_2) = \int\limits_{x_1}^{x_2} w(x)\,dx = F(x_2) - F(x_1)\,,$$

woraus sich

$$\int\limits_{-\infty}^{+\infty} w(x)\,dx = 1 \tag{2.47}$$

ergibt.

Um die Konvergenz des Integrals zu sichern, muß folgende Bedingung erfüllt sein:

$$\lim_{x \to \infty} w(x) = \lim_{x \to -\infty} w(x) = 0\,.$$

Folglich ist die Wahrscheinlichkeitsdichte eine nichtnegative Funktion, die für unendliche Werte des Arguments gegen Null streben muß und die die Bedingung (2.47) erfüllt.

2.5.2. Wahrscheinlichkeitsdichte der diskreten zufälligen Veränderlichen

Im Fall einer kontinuierlichen zufälligen Veränderlichen ist $P\,(\xi = x_i) = 0$, weil die Wahrscheinlichkeit $w(x)\,dx$ zum Intervall dx proportional ist und sie gleich Null wird, wenn das Intervall in einen Punkt übergeht (wenn also $p = 0$ ist, handelt es sich nicht immer um ein unmögliches Ereignis, hingegen wenn das Ereignis unmöglich ist, wird bestimmt $p = 0$).

Wenn man eine zufällige diskrete Veränderliche hat:

$$[\xi] = [x_1, x_2, \ldots x_i, \ldots x_n];$$

$$[P(x_i)] = [p_1, p_2, \ldots, p_i, \ldots, p_n]\,,$$

so ist es auch in diesem Fall sehr von Nutzen, eine Funktion — Wahrscheinlichkeitsdichte genannt — zu definieren. Da die zufällige diskrete Veränderliche nur in gewissen Punkten von Null verschiedene Werte annimmt, muß die Wahrscheinlichkeitsdichte in diesen Punkten unendlich groß sein, sonst würde die Wahrscheinlichkeit der in diesen Punkten angenommenen Werte der zufälligen Veränderlichen gleich Null werden.

Um die Wahrscheinlichkeitsdichte in diesem Fall definieren zu können, geht man von der Verteilungsfunktion der zufälligen Veränderlichen aus und schreibt sie in folgender Form:

$$F(x) = \sum_{x_k \leq x} P(x_k) = \sum_{k=1}^{n} P(x_k)\,u\,(x - x_k)\,, \tag{2.48}$$

wobei

$u\,(x - x_k)$ die Einheitssprungfunktion (siehe Anhang I) ist.

Die Wahrscheinlichkeitsdichte ist die Ableitung der Verteilungsfunktion

$$w(x) = \frac{dF(x)}{dx} = \sum_{k=1}^{n} P(x_k)\,\delta\,(x - x_k)\,, \tag{2.49}$$

wobei $\delta(x)$ die Deltafunktion (siehe Anhang I) ist.

Die auf diese Weise definierte Funktion $w(x)$ ist tatsächlich eine Wahrschein-lichkeitsdichte, da sie folgende Bedingungen erfüllt:

$$1. \quad w(x) \geqq 0 \,.$$

$$2. \quad \int\limits_{-\infty}^{+\infty} w(x)\, dx = \sum_{k=1}^{n} P(x_k) = 1 \,.$$

2.5.3. Uniforme Verteilung

Es sei vorausgesetzt, daß die zufällige Veränderliche mit der gleichen Wahr-scheinlichkeit alle zwischen a und b gelegenen Werte (Abb. 2.21) annehmen kann.

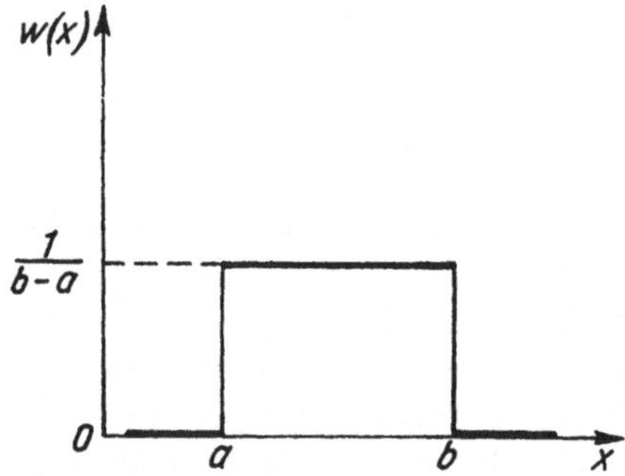

Abb. 2.21. Wahrscheinlichkeitsdichte der uniformen Verteilung

In diesem Fall ergibt sich für die Wahrscheinlichkeitsdichte

$$\left.\begin{array}{l} w(x) = \dfrac{1}{b-a} \quad \text{für} \quad a \leqq x \leqq b \\[3mm] w(x) = 0 \quad \text{für} \quad x < a,\ b < x\,. \end{array}\right\} \tag{2.50}$$

und

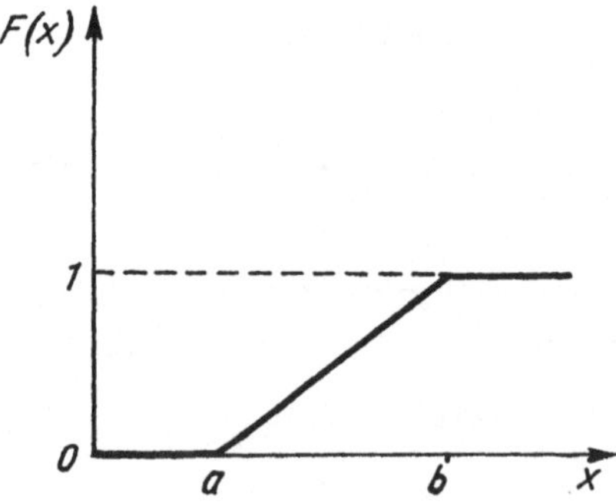

Abb. 2.22. Verteilungsfunktion der uniformen Verteilung

Die Verteilungsfunktion (Abb. 2.22) ist

$$F(x) = 0 \quad \text{für} \quad x \leqq a;$$

$$F(x) = \int\limits_{-\infty}^{x} w(x)\,dx = \frac{1}{b-a}\int\limits_{a}^{x} dx = \frac{x-a}{b-a}\ \text{für}\ a \leqq x \leqq b; \qquad (2.51)$$

$$F(x) = 1 \quad \text{für} \quad b \leqq x .$$

2.5.4. Normalverteilung (Gauss-Verteilung)

Es wurde gezeigt, daß im Fall der binomischen Verteilung (2.4.4. und 2.4.5.), wenn $n \to \infty$ strebt, die diskrete Veränderliche m als eine kontinuierliche Ver-

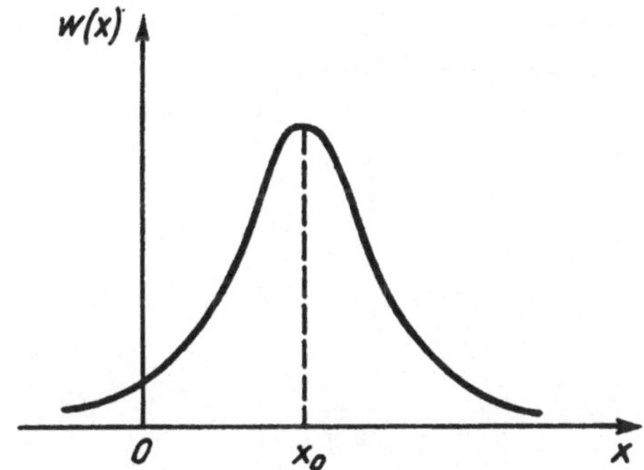

Abb. 2.23. Wahrscheinlichkeitsdichte der Normalverteilung

änderliche x betrachtet werden kann. Die Wahrscheinlichkeitsdichte dieser Verteilung (Abb. 2.23) ist

$$w(x) = \frac{1}{\sqrt{2\pi\sigma^2}}\, e^{-\frac{1}{2}\left(\frac{x-x_0}{\sigma}\right)^2} . \qquad (2.52)$$

Wenn man $x_0 = 0$ und $\sigma = 1$ setzt, erhält man eine Standard-Normalverteilung

$$w(x) = \frac{1}{\sqrt{2\pi}}\, e^{-\frac{1}{2}x^2} .$$

Es kann gezeigt werden, daß $w(x)$ eine Wahrscheinlichkeitsdichte ist

$$w(x) \geqq 0 ,$$

und

$$\frac{1}{\sqrt{2\pi\sigma^2}} \int\limits_{-\infty}^{+\infty} e^{-\frac{1}{2}\left(\frac{x-x_0}{\sigma}\right)^2}\, dx = 1 .$$

5*

Es ist ersichtlich, daß

$$\lim_{\sigma \to 0} w(x) = \lim_{\sigma \to 0} \frac{1}{\sqrt{2\,\pi\,\sigma^2}}\, e^{-\frac{1}{2}\left(\frac{x-x_0}{\sigma}\right)^2} = \delta\,(x - x_0) \qquad (2.53)$$

ist.

Dieser Tatsache Rechnung tragend, können die Konstanten als zufällige Veränderliche, für die $\sigma \to 0$ strebt, betrachtet werden. Die auf diese Weise definierte Wahrscheinlichkeitsdichte erfüllt die Bedingung (2.47)

$$\int\limits_{-\infty}^{+\infty} w(x)\, dx = \int\limits_{-\infty}^{+\infty} \delta\,(x - x_0)\, dx = 1;$$

es ist also die Wahrscheinlichkeit dafür, daß die zufällige Veränderliche den konstanten Wert x_0 annimmt, gleich 1 (anders ausgedrückt, ist die zufällige Veränderliche eine Konstante).

Die Normalverteilungsfunktion (Abb. 2.24) ist

$$F(x) = \frac{1}{\sqrt{2\,\pi\,\sigma^2}} \int\limits_{-\infty}^{x} e^{-\frac{1}{2}\left(\frac{u-x_0}{\sigma}\right)^2} du\,, \qquad (2.54)$$

und indem man $z = \dfrac{x - x_0}{\sigma}$ setzt, ergibt sich

$$F(x) = F_0(z) = \frac{1}{\sqrt{2\,\pi}} \int\limits_{-\infty}^{z} e^{-\frac{1}{2}v^2} dv\,. \qquad (2.55)$$

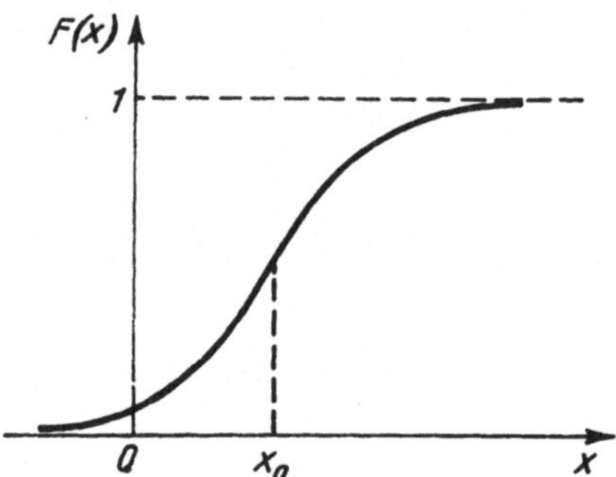

Abb. 2.24. Verteilungsfunktion der Normalverteilung

2.5.5. Cauchy-Verteilung

Die Wahrscheinlichkeitsdichte (Abb. 2.25) ist

$$w(x) = \frac{1}{\pi\,(1 + x^2)}; \qquad (2.56)$$

$$\int\limits_{-\infty}^{+\infty} w(x)\, dx = \frac{1}{\pi}\,[\arctan x]_{-\infty}^{+\infty} = 1\,.$$

Für die Verteilungsfunktion hat man

$$F(x) = \frac{1}{\pi} \int\limits_{-\infty}^{x} \frac{du}{1 + u^2} = \frac{1}{2} + \frac{1}{\pi}\, \text{arc tan}\, x \; . \tag{2.57}$$

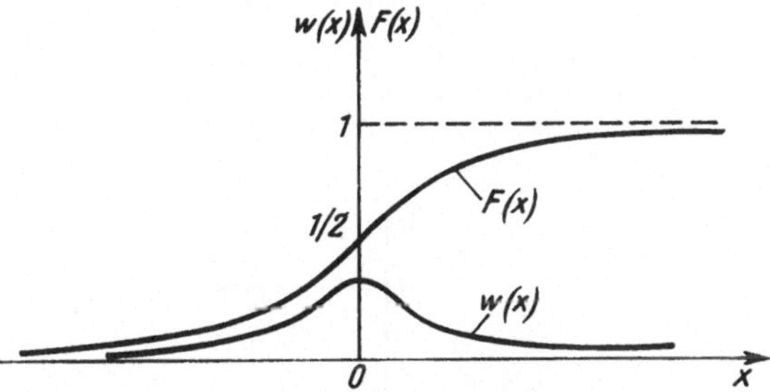

Abb. 2.25. Wahrscheinlichkeitsdichte und Verteilungsfunktion der CAUCHY-Verteilung

2.5.6. Exponential-Verteilung

Die Wahrscheinlichkeitsdichte (Abb. 2.26) ist

$$\begin{aligned}
w(x) &= a\, e^{-ax} &&\text{für } x > 0;\; a > 0; \\
w(x) &= 0 &&\text{für } x < 0\, .
\end{aligned} \tag{2.58}$$

Für die Verteilungsfunktion hat man

$$F(x) = a \int\limits_{0}^{x} e^{-au}\, du = [- e^{-au}]_0^x = 1 - e^{-ax} \; . \tag{2.59}$$

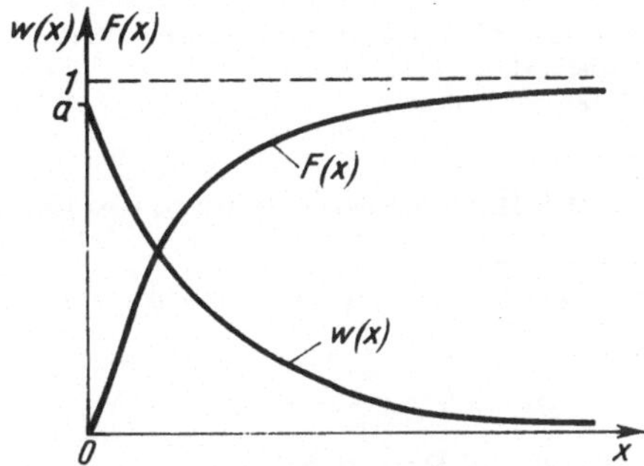

Abb. 2.26. Wahrscheinlichkeitsdichte und Verteilungsfunktion
der exponentiellen Verteilung

2.5.7. Gemischte (kontinuierlich-diskrete) Verteilungen

Ein Beispiel der Verteilungsfunktion einer gemischten Verteilung ist in
Abb. 2.27 b angegeben. Eine solche Verteilung kann z. B. am Ausgang eines
Begrenzers erhalten werden, dessen Kennlinie in Abb. 2.27 a angegeben ist und

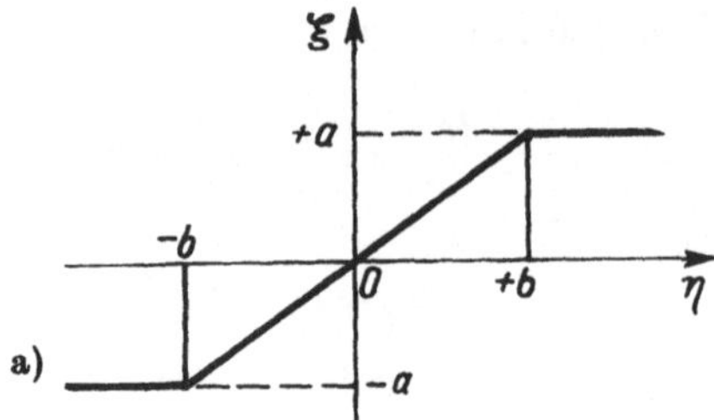

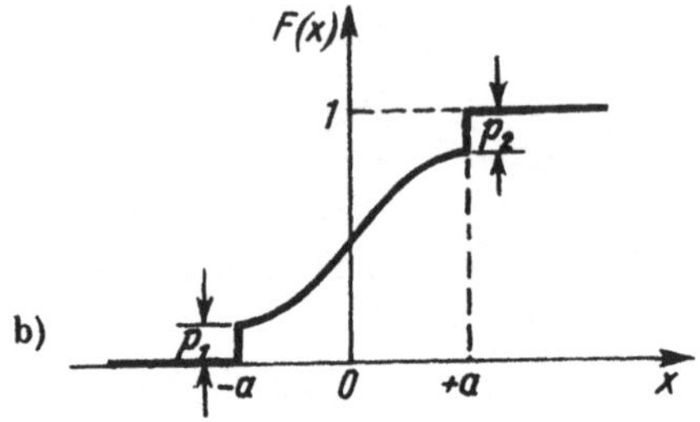

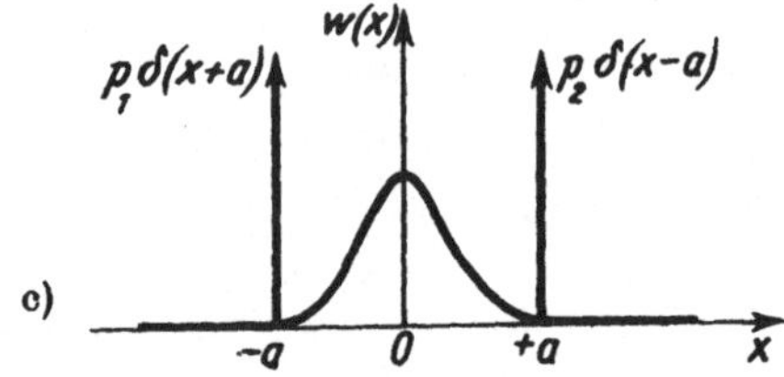

Abb. 2.27. Gemischte Verteilung

a) Kennlinie einer Vorrichtung, die eine gemischte Verteilung bewirkt:
b) Verteilungsfunktion;
c) Wahrscheinlichkeitsdichte

an dessen Eingang eine zufällige Veränderliche η, die jeden Wert auf der reellen Achse annehmen kann, anliegt.

Am Ausgang werden die Werte von ξ zwischen $-a$ und $+a$ begrenzt. Man führt die Bezeichnungen

$$p_1 = P(\eta \leqq -b);$$
$$p_2 = P(\eta \geqq b)$$

ein.

Die Verteilungsfunktion der zufälligen Veränderlichen ist

$$F(x) = 0, \quad \text{für } x < -a;$$

$$F(x) = p_1 = p_1 u(x+a) \quad \text{für } x = -a.$$

$$F(x) = p_1 u(x+a) + \int_{-\infty}^{x} w(x)\,dx \quad \text{für } x < a,$$

wobei

$$w(x) = 0 \, , \quad \text{für} \quad x \leqq -a \, ;$$

$$w(x) \neq 0 \, , \quad \text{für} \quad -a < x < +a \, ;$$

$$w(x) = 0 \, , \quad \text{für} \quad x \geqq a$$

ist.

Für einen beliebigen Wert x erhält man die in Abb. 2.27b dargestellte Verteilungsfunktion

$$F(x) = p_1 u \, (x + a) + \int\limits_{-\infty}^{x} w(x) \, dx + p_2 u \, (x - a) \, . \tag{2.60}$$

Durch Differenzieren erhält man die in Abb. 2.27c dargestellte Wahrscheinlichkeitsdichte

$$w(x) = p_1 \delta \, (x + a) + w(x) + p_2 \delta \, (x - a) \, . \tag{2.61}$$

2.5.8. Verteilungen zweier kontinuierlicher zufälliger Veränderlichen

Die Verteilungsfunktion zweiter Ordnung ist

$$F_2(x, y) = P \, (\xi \leqq x, \eta \leqq y) \tag{2.62}$$

und hat folgende Eigenschaften

$$\left.\begin{array}{l} F_2(x, \infty) = F_{11}(x); \; F_2 \, (\infty, y) = F_{12}(y); \\ F_2 \, (x, - \infty) = F_2 \, (- \infty, y) = 0 \; ; \\ F_2 \, (\infty, \infty) = 1 \, . \end{array}\right\} \tag{2.63}$$

Die Wahrscheinlichkeitsdichte zweiter Ordnung ist

$$w_2(x, y) = - \frac{\partial^2 F_2(x, y)}{\partial x \, \partial y} \, . \tag{2.64}$$

Die Verteilungsfunktion zweiter Ordnung kann als Funktion der Wahrscheinlichkeitsdichte zweiter Ordnung folgendermaßen ausgedrückt werden:

$$F_2(x, y) = \int\limits_{-\infty}^{x} \int\limits_{-\infty}^{y} w_2(x, y) \, dx \, dy \, . \tag{2.65}$$

mit

$$\int\limits_{-\infty}^{\infty} \int\limits_{-\infty}^{\infty} w_2(x, y) \, dx \, dy = 1 \, . \tag{2.66}$$

Für unabhängige Veränderliche hat man

$$P \, (\xi \leqq x, \eta \leqq y) = P \, (\xi \leqq x) \cdot P \, (\eta \leqq y) = F_{11}(x) \cdot F_{12}(y) \tag{2.67}$$

und

$$w_2(x, y) = \frac{\partial^2 F_2(x, y)}{\partial x \, \partial y} = \frac{\partial^2 \, [F_{11}(x) \, F_{12}(y)]}{\partial x \, \partial y} = w_{11}(x) \cdot w_{12}(y) \, . \tag{2.68}$$

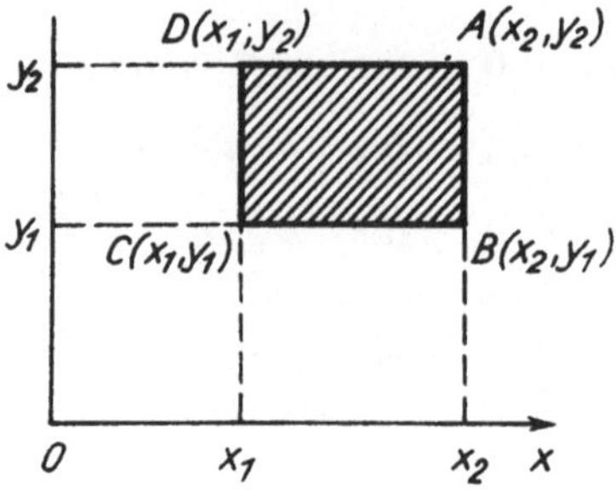

Abb. 2.28. Bereich des Bildpunktes eines Paares von zufälligen Veränderlichen

Die Wahrscheinlichkeit dafür, daß sich die zufällige Veränderliche in einem Bereich (Abb. 2.28) befinden soll, ist

$$P\,(x_1 < \xi \leqq x_2,\, y_1 < \eta \leqq y_2) = \int\limits_{x_1}^{x_2} \int\limits_{y_1}^{y_2} w_2(x,\, y)\, dx\, dy$$

$$= \int\limits_{-\infty}^{x_2} \int\limits_{-\infty}^{y_2} w_2(x,\, y)\, dx\, dy - \int\limits_{-\infty}^{x_1} \int\limits_{-\infty}^{y_2} w_2(x,\, y)\, dx\, dy -$$

$$- \int\limits_{-\infty}^{x_2} \int\limits_{-\infty}^{y_1} w_2(x,\, y)\, dx\, dy + \int\limits_{-\infty}^{x_1} \int\limits_{-\infty}^{y_1} w_2(x,\, y)\, dx\, dy$$

oder

$$P\,(x_1 < \xi \leqq x_2,\, y_1 < \eta \leqq y_2) = F_2(x,\, y_2) - F_2(x_1,\, y_2) - F_2(x_2,\, y_1) + F_2(x_1,\, y_1)\,. \tag{2.69}$$

2.5.8.1. Marginalverteilungsfunktionen und Marginalwahrscheinlichkeitsdichten

Für die Marginalverteilungsfunktionen hat man die Ausdrücke

$$F_{11}(x) = \int\limits_{-\infty}^{x} \int\limits_{-\infty}^{+\infty} w_2(x,\, y)\, dx\, dy \tag{2.70}$$

und

$$F_{12}(y) = \int\limits_{-\infty}^{+\infty} \int\limits_{-\infty}^{y} w_2(x,\, y)\, dx\, dy\,, \tag{2.71}$$

während für die Wahrscheinlichkeitsdichten folgende Beziehungen bestehen:

$$w_{11}(x) = \int\limits_{-\infty}^{+\infty} w_2(x,\, y)\, dy\,: \tag{2.72}$$

$$w_{12}(y) = \int\limits_{-\infty}^{+\infty} w_2(x,\, y)\, dx\,. \tag{2.73}$$

2.5.9. Kontinuierliche bedingte Verteilungen

Es werde die Wahrscheinlichkeit

$$P\,(\xi \leq x/y < \eta \leq y_1) = \frac{P\,(\xi \leq x,\, y < \eta \leq y_1)}{P\,(y < \eta \leq y_1)} \tag{2.74}$$

bzw.

$$P\,(\xi \leq x/y < \eta \leq y_1) = \frac{\int\limits_{-\infty}^{x}\int\limits_{y}^{y_1} w_2(x,\,y)\,dx\,dy}{\int\limits_{-\infty}^{+\infty}\int\limits_{y}^{y_1} w_2(x,\,y)\,dx\,dy} \tag{2.75}$$

betrachtet. Durch Grenzübergang für $y_1 \to y$ erhält man die bedingte Verteilungsfunktion

$$F(x/y) = \lim_{y_1 \to y} P\,(\xi \leq x/y < \eta \leq y_1) = \frac{\int\limits_{-\infty}^{x} w_2(x,\,y)\,dx \int\limits_{y}^{y_1} dy}{\int\limits_{-\infty}^{+\infty} w_2(x,\,y)\,dx \int\limits_{y}^{y_1} dy}$$

oder

$$F(x/y) = \frac{\int\limits_{-\infty}^{x} w_2(x,\,y)\,dx}{\int\limits_{-\infty}^{+\infty} w_2(x,\,y)\,dx} \tag{2.76}$$

und nach Differentiation nach x die bedingte Wahrscheinlichkeitsdichte

$$\frac{\partial F(x/y)}{\partial x} = w(x/y)$$

oder

$$w(x/y) = \frac{w_2(x,\,y)}{w_{12}(y)}\,. \tag{2.77}$$

Da $w(x/y)$ die Wahrscheinlichkeitsdichte ist, hat man

$$\int\limits_{-\infty}^{+\infty} w(x/y)\,dx = 1\,. \tag{2.78}$$

Genau wie im Fall diskreter Veränderlichen ergibt sich aus der Beziehung (2.77)

$$w_2(x,\,y) = w(x/y)\,w_{12}(y) \tag{2.79}$$

und der Satz der totalen Wahrscheinlichkeiten

$$w_{11}(x) = \int\limits_{-\infty}^{+\infty} w(x/y)\,w_{12}(y)\,dy\,. \tag{2.80}$$

Falls die zufälligen Veränderlichen unabhängig sind, hat man

$$\left.\begin{aligned} w_2(x,\,y) &= w_{11}(x) \cdot w_{12}(y)\,, \\[2mm] w(x/y) &= \frac{w_{11}(x)\,w_{12}(y)}{w_{12}(y)} = w_{11}(x)\,. \end{aligned}\right\} \tag{2.81}$$

und

2.5.10. Normalverteilung zweier zufälliger Veränderlichen

Die Wahrscheinlichkeitsdichte ist in diesem Fall

$$w_2(x, y) = \frac{1}{2\,\pi\,\sigma_x\,\sigma_y\,\sqrt{1-r^2}}\, e^{-\frac{1}{2}\frac{1}{1-r^2}\left[\frac{(x-x_0)^2}{\sigma_x^2} - 2r\,\frac{(x-x_0)\,(y-y_0)}{\sigma_x\,\sigma_y} + \frac{(y-y_0)^2}{\sigma_y^2}\right]}, \qquad (2.82)$$

wobei x_0, y_0 die wahrscheinlichsten Werte sind, während r ein Koeffizient ist, der *Korrelations-Koeffizient* genannt wird.

Falls die Veränderlichen unabhängig sind und damit die Beziehung (2.81) besteht, muß r gleich Null sein. Dann erhält man

$$w_2(x, y) = \frac{1}{2\,\pi\,\sigma_x\,\sigma_y}\, e^{-\frac{1}{2}\left[\frac{(x-x_0)^2}{\sigma_x^2} + \frac{(y-y_0)^2}{\sigma_y^2}\right]} =$$

$$= \frac{1}{\sqrt{2\,\pi\,\sigma_x^2}}\, e^{-\frac{1}{2}\frac{(x-x_0)^2}{\sigma_x^2}} \cdot \frac{1}{\sqrt{2\,\pi\,\sigma_y^2}}\, e^{-\frac{1}{2}\frac{(y-y_0)^2}{\sigma_y^2}} = w_{11}(x)\,w_{12}(y)\,. \qquad (2.83)$$

2.6. Momente der zufälligen Veränderlichen

Im Fall einer diskreten Veränderlichen

$$[\xi] = [x_1, \ldots, x_2, \ldots, x_i, \ldots, x_n]$$

wird das Anfangsmoment der Ordnung k durch den Ausdruck

$$m_k\{\xi\} = \sum_{i=1}^{n} x_i^k\,p_i \qquad (2.84)$$

definiert.

Im Fall einer durch die Wahrscheinlichkeitsdichte $w(x)$ gekennzeichneten kontinuierlichen zufälligen Veränderlichen wird das Anfangsmoment der Ordnung k durch den Ausdruck

$$m_k\{\xi\} = \int_{-\infty}^{+\infty} x^k\,w(x)\,dx \qquad (2.85)$$

definiert.

Das Moment erster Ordnung wird Mittelwert der zufälligen Veränderlichen genannt und ist

$$m_1\{\xi\} = \sum_{i=1}^{n} x_i\,p_i = \overline{\xi} \qquad (2.86)$$

für diskrete Veränderliche und

$$m_1\{\xi\} = \int_{-\infty}^{+\infty} x\,w(x)\,dx = \overline{\xi} \qquad (2.87)$$

für kontinuierliche Veränderliche.

Im Fall diskreter Veränderlichen ist das auf diese Weise definierte Moment erster Ordnung dem arithmetischen Mittelwert (Gesetz der großen Zahlen) gleich. Es sei angenommen, daß man eine sehr große Zahl n von Versuchen macht, wobei man den Wert x_1 n_1-mal, den Wert x_2 n_2-mal, usw. erhält. Der arithmetische Mittelwert ist

$$x_0 = \frac{x_1 n_1 + x_2 n_2 + \cdots}{n} = x_1 \frac{n_1}{n} + x_2 \frac{n_2}{n} + \cdots,$$

und wenn $n \to \infty$ strebt, dann wird

$$x_0 = x_1 p_1 + x_2 p_2 + \cdots = \sum_{i=1}^{n} x_i p_i .$$

Es sei mit x_0 der Mittelwert $x_0 = \overline{\xi} = m_1\{\xi\}$ bezeichnet.

Die Größe $\Delta\xi = \xi - x_0$ wird *Streuung* oder *Abweichung* von dem Mittelwert genannt; sie ist eine neue zufällige Veränderliche, die Werte um x_0 annimmt.

Die Momente dieser zufälligen Veränderlichen werden *Zentralmomente* genannt.

Das Zentralmoment der Ordnung k ist durch die Beziehungen

$$M_k\{\xi\} = \sum_{i=1}^{n} (x_i - x_0)^k p_i = \overline{(\xi - x_0)^k} = m_1\{(\xi - x_0)^k\} \qquad (2.88)$$

für den Fall diskreter Veränderlichen und

$$M_k\{\xi\} = \int_{-\infty}^{+\infty} (x - x_0)^k w(x)\, dx = \overline{(\xi - x_0)^k} = m_1\{(\xi - x_0)^k\} \qquad (2.89)$$

für den Fall kontinuierlicher Veränderlichen definiert.

Das Zentralmoment erster Ordnung ist gleich Null. Das Zentralmoment zweiter Ordnung M_2 wird *quadratische Streuung* oder *Dispersion* oder *Varianz* der zufälligen Veränderlichen genannt, während $\sqrt{M_2}$ als Standardabweichung bezeichnet wird.

$$M_2\{\xi\} = \int_{-\infty}^{+\infty} (x^2 - 2 x x_0 + x_0^2)\, w(x)\, dx$$

$$= \int_{-\infty}^{+\infty} x^2 w(x)\, dx - 2 x_0 \int_{-\infty}^{+\infty} x\, w(x)\, dx + x_0^2 = m_2\{\xi\} - x_0^2 :$$

daher

$$M_2 = m_2 - m_1^2 . \qquad (2.90)$$

Als Beispiel soll der Mittelwert und die Dispersion für eine durch die binomische Verteilung gekennzeichnete zufällige Veränderliche errechnet werden.

In diesem Fall (s. Abschnitt 2.4.1.) hat man

$$[\xi] = [x_0, x_1, \ldots, x_i, \ldots \ldots x_n]$$

und $x_i = i$, wobei i eine ganze Zahl ist, für die $0 \leqq i \leqq n$ gilt:

$$P_n(x_i) = C_n^{x_i} p^{x_i} q^{n - x_i},$$

während man für den Mittelwert der zufälligen Veränderlichen

$$m_1\{\xi\} = \sum_{x_i=1}^{n} x_i\, C_n^{x_i}\, p^{x_i}\, q^{n-x_i}$$

erhält, und da $C_n^{x_i} = C_{n-1}^{x_i-1} \cdot \dfrac{n}{x_i}$ ist, ergibt sich:

$$m_1\{\xi\} = n\, p \cdot \sum_{x_i=1}^{n} C_{n-1}^{x_i-1}\, p^{x_i-1}\, q^{n-1-(x_i-1)} \; ;$$

setzt man $x_i - 1 = r$, so ergibt sich:

$$m_1\{\xi\} = n\, p \sum_{r=0}^{n-1} C_{n-1}^{r}\, p^r\, q^{n-1-r} \; ;$$

da aber:

$$\sum_{r=0}^{n-1} C_{n-1}^{r}\, p^r\, q^{n-1-r} = 1$$

wird:

$$m_1\{\xi\} = n\, p \; . \tag{2.91}$$

Auf die gleiche Weise kann man

$$M_2 = n\, p\, q = \sigma^2 \tag{2.92}$$

erhalten.

Es sei der Mittelwert und die Dispersion für eine durch die Normalverteilung gekennzeichnete kontinuierliche Veränderliche zu errechnen:

In diesem Fall (s. Abschnitt 2.5.4.) hat man

$$w(x) = \frac{1}{\sqrt{2\,\pi\,\sigma^2}}\, e^{-\frac{1}{2}\left(\frac{x-x_0}{\sigma}\right)^2},$$

und der Mittelwert der zufälligen Veränderlichen ist

$$m_1\{\xi\} = \int_{-\infty}^{+\infty} \frac{x}{\sqrt{2\,\pi\,\sigma^2}}\, e^{-\frac{(x-x_0)^2}{2\,\sigma^2}}\, dx = \frac{1}{\sqrt{2\,\pi\,\sigma^2}} \int_{-\infty}^{+\infty} (u+x_0)\, e^{-\frac{u^2}{2\,\sigma^2}}\, du \; .$$

Da aber die zu integrierende Funktion ungerade ist, gilt

$$\int_{-\infty}^{+\infty} u\, e^{-\frac{u^2}{2\,\sigma^2}}\, du = 0 \; .$$

Es ergibt sich also

$$m_1\{\xi\} = x_0 \; . \tag{2.93}$$

Auf die gleiche Weise kann gezeigt werden, daß

$$M_2\{\xi\} = \sigma^2 \; . \tag{2.94}$$

2.7. Funktionen der zufälligen Veränderlichen

(Transformationen der zufälligen Veränderlichen)

2.7.1. Fall einer einzigen zufälligen Veränderlichen

Es sei angenommen, daß die Wahrscheinlichkeitsdichte $w(x)$ der zufälligen Veränderlichen ξ bekannt ist und daß die Wahrscheinlichkeitsdichte $W(y)$ der zufälligen Veränderlichen $\eta = f(\xi)$ errechnet werden soll.

Man nimmt an, daß die Funktion $f(\xi)$ eindeutig und kontinuierlich ist.

1. Man nimmt an, daß auch die inverse Funktion $f^{-1}(\eta)$ existiert, d. h. daß zwischen den Veränderlichen ξ und η eine eindeutige Korrespondenz (Abb. 2.29) besteht.

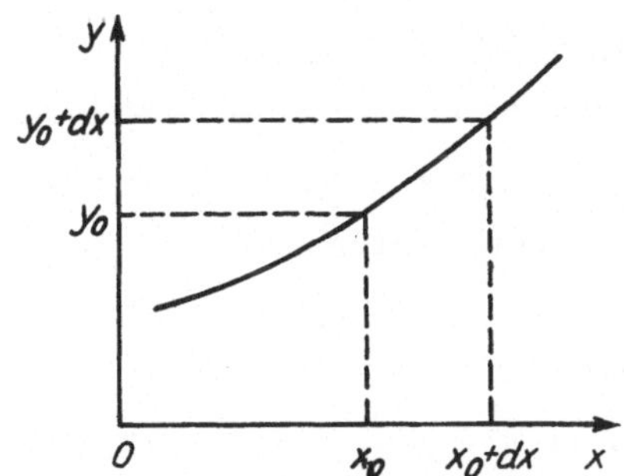

Abb. 2.29. Funktionelle Abhängigkeit der zufälligen Veränderlichen im Falle eindeutiger Funktionen

In diesem Fall gilt mit

$$x_0 < \xi \leqq x_0 + dx$$

auch

$$y_0 < \eta \leqq y_0 + dy \,,$$

wobei $y_0 = f(x_0)$ ist.

Die Wahrscheinlichkeit für die Erfüllung der zwei Ungleichungen ist die gleiche. Diese Tatsache besteht für jeden Wert x und y, und es ist also

$$w(x)\,dx = W(y)\,dy \,,$$

woraus sich ergibt

$$W(y) = w(x)\left|\frac{dx}{dy}\right| = w\,[f^{-1}(y)] \cdot \left|\frac{dx}{dy}\right| . \tag{2.95}$$

Man nimmt den Betrag, da für jeden Wert y die Wahrscheinlichkeitsdichte $W(y) \geqq 0$ ist.

2. Wenn die inverse Transformation f^{-1} nicht eindeutig ist, dann entsprechen einem Wert y_0 mehrere Werte von x und zwar $x_{01}, x_{02}, \ldots$ (Abb. 2.30).

Wenn

$$y_0 < \eta \leqq y_0 + dy$$

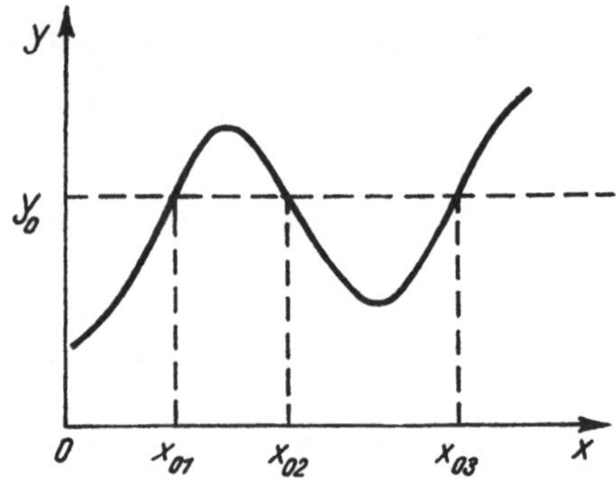

Abb. 2.30. Funktionelle Abhängigkeit der zufälligen Veränderlichen
im Falle nichteindeutiger Funktionen

ist, hat man

$$x_{01} < \xi \leqq x_{01} + dx_1 \text{ oder } x_{02} < \xi \leqq x_{02} + dx_2 \text{ oder} \ldots$$

Nach dem Additionssatz der Wahrscheinlichkeiten ergibt sich

$$P(y_0 < \eta \leqq y_0 + dy) = P(x_{01} < \xi \leqq x_{01} + dx_1) + P(x_{02} < \xi \leqq x_{02} + dx_2) + \cdots.$$

Wenn die Kurve y in monotone Stücke

$$x_1(y), \ x_2(y), \ldots$$

eingeteilt wird, ergibt sich

$$P(y < \eta \leqq y + dy) = P(x_1 < \xi \leqq x_1 + dx_1) + P(x_2 < \xi \leqq x_2 + dx_2) + \cdots$$

oder

$$W(y)\, dy = w(x_1)\, dx_1 + w(x_2)\, dx_2 + \cdots$$

und daraus

$$W(y) = w(x_1) \cdot \left| \frac{dx_1}{dy} \right| + w(x_2) \cdot \left| \frac{dx_2}{dy} \right| + \cdots. \tag{2.96}$$

Es seien als Beispiel zwei Fälle betrachtet:

— Der Fall, in dem die inverse Transformation nicht eindeutig ist (Abb. 2.31),
nämlich

$$\eta = \xi^2,$$

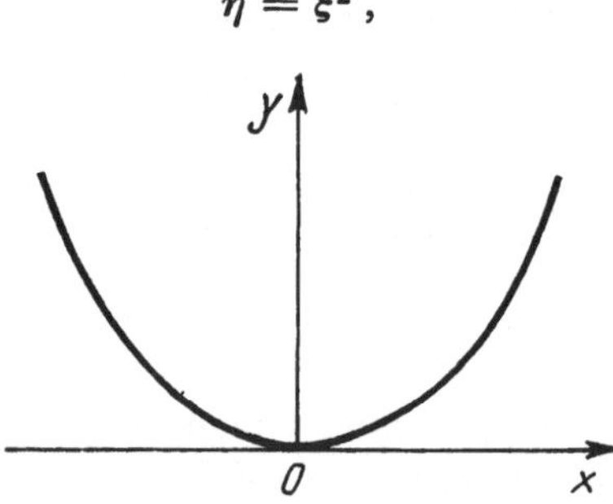

Abb. 2.31. Beispiel für eine funktionelle Abhängigkeit, die durch eine nichteindeutige
Funktion dargestellt ist

wobei man

$$x_1 = \sqrt{y}\,; \quad x_2 = -\sqrt{y}$$

setzt.

Nach der Beziehung (2.96) hat man für $y > 0$

$$W(y) = w\left(\sqrt{y}\right)\frac{1}{2\sqrt{y}} + w\left(-\sqrt{y}\right)\frac{1}{2\sqrt{y}} = \frac{1}{\sqrt{y}}\,\frac{w\left(\sqrt{y}\right) + w\left(-\sqrt{y}\right)}{2}$$

und für $y < 0$

$$W(y) = 0\,.$$

— Der Fall, in dem die inverse Transformation nicht über den ganzen Bereich existiert (Abb. 2.32), nämlich

$$y = f(x) \quad \text{für} \quad x > x_0$$
$$y = 0 \quad\;\; \text{für} \quad x \leqq x_0\,.$$

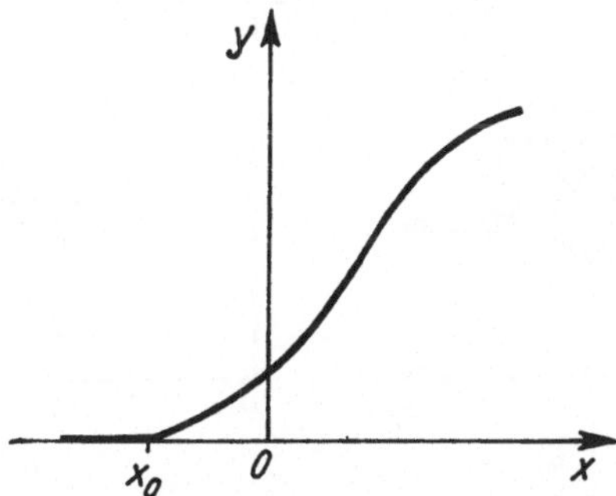

Abb. 2.32. Beispiel für eine funktionelle Abhängigkeit, die durch eine Funktion dargestellt ist, die im ganzen Bereich keine inverse Funktion zuläßt

Man nimmt an, daß $f(x)$ monoton mit $\dfrac{dy}{dx} > 0$ für $x > x_0$ ist.

$$F(y) = P\left(\eta \leqq y\right) = P\left(\eta \leqq 0\right) + P\left(0 < \eta \leqq y\right)$$

oder

$$P\left(\eta \leqq 0\right) = P\left(\eta = 0\right) = \int\limits_{-\infty}^{x_0} w(x)\,dx = p_0\,u(y)\,,$$

wobei $u(y)$ die Einheitssprungfunktion ist.

Andrerseits aber hat man

$$P\left(0 < \eta \leqq y\right) = \int\limits_{x_0}^{x} w(x)\,dx\,.$$

Durch Einsetzen in $F(y)$ erhält man

$$F(y) = p_0\,u(y) + \int\limits_{x_0}^{x} w(x)\,dx\,,$$

woraus sich durch Differentiation ergibt

$$W(y) = p_0\,\delta(y) + w\left[f^{-1}(y)\right]\left|\frac{dx}{dy}\right| \quad \text{für} \quad y \geqq 0$$

und

$$W(y) = 0 \quad \text{für} \quad y < 0 .$$

2.7.2. Fall zweier zufälliger Veränderlichen

Es sei angenommen, daß zwischen den zufälligen Veränderlichen ξ_1, ξ_2 und η_1, η_2 eine eindeutige Korrespondenz besteht, die durch folgende Transformationen (Abb. 2.33) gegeben ist

$$\eta_1 = f_1(\xi_1, \xi_2):$$
$$\eta_2 = f_2(\xi_1, \xi_2); \tag{2.97}$$
$$\xi_1 = \varphi_1(\eta_1, \eta_2);$$
$$\xi_2 = \varphi_2(\eta_1, \eta_2) . \tag{2.98}$$

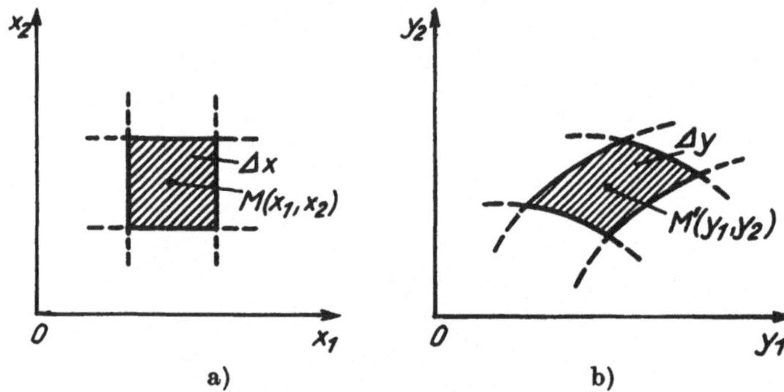

Abb. 2.33 Darstellung der funktionellen Abhängigkeit von Paaren zufälliger Veränderlichen
a) ξ_1, ξ_2-Ebene; b) η_1, η_2-Ebene

Dem Bereich ΔX um den Punkt $M(x_1, x_2)$ aus der Ebene x_1, x_2 entspricht der Bereich ΔY um den Punkt $M'(y_1, y_2)$ in der Ebene y_1, y_2. Für einen sehr kleinen Wert von ΔX hat man

$$w_2(x_1, x_2) \, \Delta X = w_2(y_1, y_2) \, \Delta Y;$$
$$w_2(y_1, y_2) = \frac{1}{\dfrac{\Delta Y}{\Delta X}} \, w_2(x_1, x_2);$$

da aber

$$\lim_{\Delta x \to 0} \frac{\Delta Y}{\Delta X} = \frac{\partial(y_1, y_2)}{\partial(x_1, x_2)} = \Delta ,$$

wobei Δ die JAKOBIsche Determinante der Transformation ist und folgendermaßen ausgedrückt werden kann:

$$\Delta = \frac{\partial(y_1, y_2)}{\partial(x_1, x_2)} = \begin{vmatrix} \dfrac{\partial y_1}{\partial x_1} & \dfrac{\partial y_1}{\partial x_2} \\ \dfrac{\partial y_2}{\partial x_1} & \dfrac{\partial y_2}{\partial x_2} \end{vmatrix}$$

oder auch

$$D = \frac{1}{\Delta} = \frac{\partial(x_1, x_2)}{\partial(y_1, y_2)} = \begin{vmatrix} \dfrac{\partial x_1}{\partial y_1} & \dfrac{\partial x_1}{\partial y_2} \\[2mm] \dfrac{\partial x_2}{\partial y_1} & \dfrac{\partial x_2}{\partial y_2} \end{vmatrix} , \tag{2.99}$$

ergibt sich

$$w_2(y_1, y_2) = |D| \, w_2(x_1, x_2) . \tag{2.100}$$

Im Falle von mehreren zufälligen Veränderlichen hat man

$$w_n(y_1, y_2, \ldots, y_n) = \frac{1}{|\Delta|} \, w_n(x_1, x_2 \ldots x_n) . \tag{2.101}$$

wobei

$$\Delta = \begin{vmatrix} \dfrac{\partial y_1}{\partial x_1} & \dfrac{\partial y_1}{\partial x_2} & \cdots & \dfrac{\partial y_1}{\partial x_n} \\[2mm] \dfrac{\partial y_2}{\partial x_1} & \dfrac{\partial y_2}{\partial x_2} & \cdots & \dfrac{\partial y_2}{\partial x_n} \\[2mm] \cdots & \cdots & \cdots & \cdots \\[2mm] \dfrac{\partial y_n}{\partial x_1} & \dfrac{\partial y_n}{\partial x_2} & \cdots & \dfrac{\partial y_n}{\partial x_n} \end{vmatrix} \neq 0 . \tag{2.102}$$

Wenn $\Delta = 0$ ist, so sind die Transformationsfunktionen nicht unabhängig, es besteht also zwischen ihnen eine Beziehung.

2.7.3. Transformation der kartesischen Koordinaten in Polarkoordinaten

Es werde die Transformation (Abb. 2.34)

$$\left. \begin{aligned} \varrho = \eta_1 &= \sqrt{\xi_1^2 + \xi_2^2} \; ; \\ \varphi = \eta_2 &= \arctan \frac{\xi_2}{\xi_1} , \end{aligned} \right\} \tag{2.103}$$

betrachtet.

Die Transformation ist eindeutig, da η_1 nur positive Werte annimmt, während für η_2 nur der Hauptwert berücksichtigt wird.

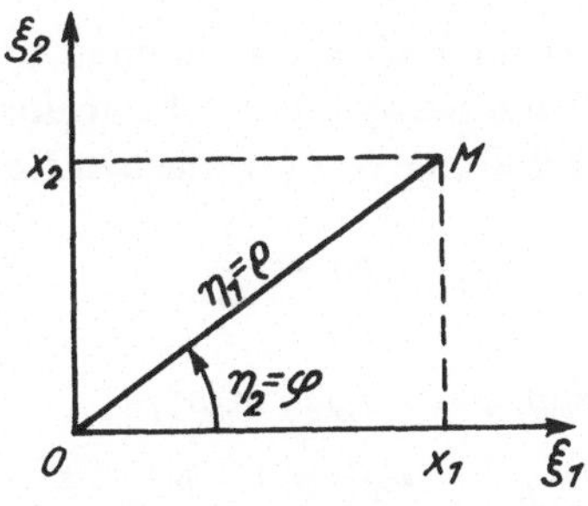

Abb. 2.34. Transformation der kartesischen Koordinaten in Polarkoordinaten

Die inverse Transformation lautet

$$\xi_1 = \eta_1 \cos \eta_2;$$
$$\xi_2 = \eta_1 \sin \eta_2, \tag{2.104}$$

und die Funktionaldeterminante hat den Wert

$$D = \frac{\partial(x_1, x_2)}{\partial(y_1, y_2)} = \begin{vmatrix} \cos \varphi & -\varrho \sin \varphi \\ \sin \varphi & \varrho \cos \varphi \end{vmatrix} = \varrho. \tag{2.105}$$

Für die Wahrscheinlichkeitsdichte gilt

$$w_2(\varrho, \varphi) = \varrho \, w_2(x_1, x_2) = \varrho \, w_2(\varrho \cos \varphi, \varrho \sin \varphi), \tag{2.106}$$

wobei $\varrho > 0$ und $0 \leq \varphi \leq 2\pi$ die von η_1 bzw. η_2 angenommenen Werte sind.

2.7.4. RAYLEIGH-Verteilung

Es sei angenommen, daß ξ_1 und ξ_2 zwei unabhängige zufällige Veränderliche sind, die eine Normalverteilung mit dem Mittelwert gleich Null besitzen.

$$w_{11}(x_1) = \frac{1}{\sqrt{2\pi\sigma_1^2}} e^{-\frac{1}{2}\frac{x_1^2}{\sigma_1^2}};$$

$$w_{12}(x_2) = \frac{1}{\sqrt{2\pi\sigma_2^2}} e^{-\frac{1}{2}\frac{x_2^2}{\sigma_2^2}}.$$

Man hat

$$w_2(x_1, x_2) = w_{11}(x_1) \, w_{12}(x_2) = \frac{1}{2\pi\sigma_1\sigma_2} e^{-\frac{1}{2}\left(\frac{x_1^2}{\sigma_1^2} + \frac{x_2^2}{\sigma_2^2}\right)}$$

und in Polarkoordinaten

$$w_2(\varrho, \varphi) = \frac{\varrho}{2\pi\sigma_1\sigma_2} e^{-\frac{\varrho^2}{2}\left(\frac{\cos^2\varphi}{\sigma_1^2} + \frac{\sin^2\varphi}{\sigma_2^2}\right)}. \tag{2.107}$$

Für den speziellen Fall $\sigma_1 = \sigma_2 = \sigma$ läßt sich der Winkel φ eliminieren, und man erhält

$$w_2(\varrho, \varphi) = \frac{\varrho}{2\pi\sigma^2} e^{-\frac{\varrho^2}{2\sigma^2}}. \tag{2.108}$$

Wie man sieht, ist in diesem Fall die Verteilung unabhängig von der Richtung des Punktes in der Ebene bezüglich der Koordinatenachsen.

Das bedeutet, daß die Verteilung von φ zwischen Null und 2π uniform ist:

$$w(\varphi) = \frac{1}{2\pi} \tag{2.109}$$

und

$$w_2(\varrho, \varphi) = w_\varphi(\varphi) \, w_\varrho(\varrho); \tag{2.110}$$

$$w_\varrho(\varrho) = \frac{w_2(\varrho, \varphi)}{w_\varphi(\varphi)} = \frac{\varrho}{\sigma^2} e^{-\frac{\varrho^2}{2\sigma^2}} \tag{2.111}$$

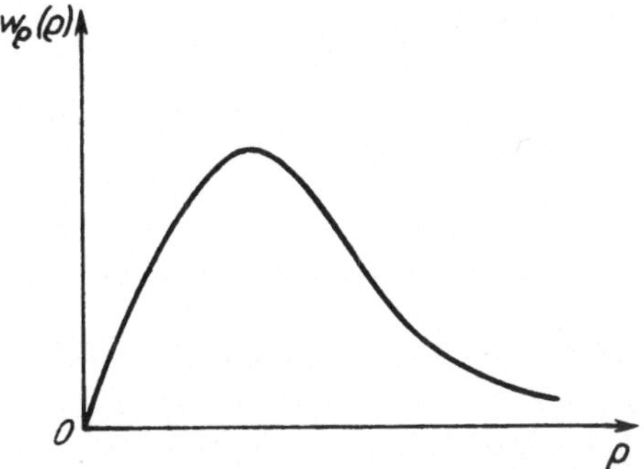

Abb. 2.35. Wahrscheinlichkeitsdichte der RAYLEIGH-Verteilung

Da aber, wie im Abschnitt 2.8.2. in Beziehung (2.116) gezeigt wird,

$$\overline{\eta_1^2} = \overline{\xi_1^2 + \xi_2^2} = \overline{\xi_1^2} + \overline{\xi_2^2} = 2\,\sigma^2 = \sigma_\varrho^2 \tag{2.112}$$

ist, ergibt sich

$$w(\varrho) = \frac{2\,\varrho}{\sigma_\varrho^2}\,e^{-\frac{\varrho^2}{\sigma_\varrho^2}}, \tag{2.113}$$

wobei σ_ϱ^2 die Dispersion der zufälligen Veränderlichen η_1 und $w_\varrho(\varrho)$ die RAYLEIGH-Verteilung ist.

Wie später gezeigt werden wird, besitzt die Hüllkurve des Fluktuationsrauschens eine RAYLEIGH-Verteilung (Abb. 2.35).

2.8. Mittelwerte der Funktionen von zufälligen Veränderlichen

2.8.1. Mittelwert der Funktion $\eta = f(\xi)$

Nach der Definition des Mittelwertes gilt

$$m_1\{\eta\} = \int\limits_{-\infty}^{+\infty} y\,W(y)\,dy = \int\limits_{-\infty}^{+\infty} f(x)\,w(x)\,dx . \tag{2.114}$$

Im speziellen Fall $\eta = \xi^k$ gilt

$$m_1\{\xi^k\} = m_k\{\xi\} .$$

Im allgemeinen Fall, wenn

$$\eta = f(\xi_1, \xi_2, \ldots, \xi_n)$$

ist und da

$$P\,(y < \eta \leqq y + dy) = W(y)\,dy = P\,(x_1 < \xi_1 \leqq x_1 + dx_1, x_2 < \xi_2 \leqq x_2 +$$
$$+ dx_2, \ldots) = w_n\,(x_1, x_2, \ldots, x_n)\,dx_1 \ldots dx_n$$

6*

ist, ergibt sich für den Mittelwert

$$m_1\{\eta\} = \underbrace{\int\limits_{-\infty}^{+\infty} \cdots \int\limits_{-\infty}^{+\infty}}_{n\text{-mal}} f(x_1, \ldots, x_n)\; w_n(x_1, \ldots, x_n)\, dx_1, \ldots dx_n\,. \qquad (2.115)$$

2.8.2. Mittelwert der Summe

Es sei $\eta = \xi_1 \pm \xi_2$; dann ist nach der Beziehung (2.115) der Mittelwert von η:

$$m_1\{\xi_1 \pm \xi_2\} = \int\limits_{-\infty}^{+\infty} \int\limits_{-\infty}^{+\infty} (x_1 \pm x_2)\, w_2(x_1, x_2)\, dx_1\, dx_2 =$$

$$= \int\limits_{-\infty}^{+\infty} \int\limits_{-\infty}^{+\infty} x_1\, w_2(x_1, x_2)\, dx_1\, dx_2 \pm \int\limits_{-\infty}^{+\infty} \int\limits_{-\infty}^{+\infty} x_2\, w_2(x_1, x_2)\, dx_1\, dx_2 =$$

$$= \int\limits_{-\infty}^{+\infty} x_1\, w_{11}(x_1)\, dx_1 \pm \int\limits_{-\infty}^{+\infty} x_2\, w_{12}(x_2)\, dx_2$$

und daher

$$m_1\{\xi_1 \pm \xi_2\} = m_1\{\xi_1\} \pm m_1\{\xi_2\}\,,$$

oder allgemein

$$m_1\left\{\sum_{k=1}^{n} \xi_k\right\} = \sum_{k=1}^{n} m_1\{\xi_k\}\,. \qquad (2.116)$$

Der Mittelwert der Summe ist also gleich der Summe der Einzelmittelwerte.

2.8.3. Mittelwert des Produktes von zwei zufälligen Veränderlichen

Wenn $\eta = \xi_1 \cdot \xi_2$ ist, erhält man für den Mittelwert

$$m_1\{\xi_1 \cdot \xi_2\} = \int\limits_{-\infty}^{+\infty} \int\limits_{-\infty}^{+\infty} x_1\, x_2\, w_2(x_1, x_2)\, dx_1\, dx_2\,. \qquad (2.117)$$

— Falls die zufälligen Veränderlichen unabhängig sind, gilt

$$w_2(x_1, x_2) = w_{11}(x_1)\, w_{12}(x_2)$$

und

$$m_1\{\xi_1 \cdot \xi_2\} = \int\limits_{-\infty}^{+\infty} \int\limits_{-\infty}^{+\infty} x_1\, x_2\, w_{11}(x_1)\, w_{12}(x_2)\, dx_1\, dx_2 = m_1\{\xi_1\}\, m_1\{\xi_2\}$$

und allgemein

$$m_1\left\{\prod_{k=1}^{n} \xi_k\right\} = \prod_{k=1}^{n} m_1\{\xi_k\}\,. \qquad (2.118)$$

Demnach ist im Falle unabhängiger zufälliger Veränderlichen der Mittelwert des Produktes gleich dem Produkt der Einzelmittelwerte.

Im speziellen Fall einer Konstante C ist

$$m_1\{C\,\xi\} = C\, m_1\{\xi\}\,. \qquad (2.119)$$

— Falls die zufälligen Veränderlichen nicht unabhängig sind, ergibt sich der folgende Mittelwert, der eine besondere praktische Bedeutung besitzt und gemischtes zentrales Moment zweiter Ordnung oder Kovarianz genannt wird.

$$M_{12}\{\xi_1, \xi_2\} = m_1\{(\xi_1 - \overline{\xi_1})(\xi_2 - \overline{\xi_2})\} = \overline{(\xi_1 - \overline{\xi_1})(\xi_2 - \overline{\xi_2})} . \qquad (2.120)$$

Mit der Bezeichnung der Mittelwerte $\overline{\xi_1}$ und $\overline{\xi_2}$ mit x_{10} bzw. x_{20} erhält man

$$M_{12}\{\xi_1, \xi_2\} = \int\limits_{-\infty}^{+\infty} \int\limits_{-\infty}^{+\infty} (x_1 - x_{10})(x_2 - x_{20})\, w_2(x_1, x_2)\, dx_1\, dx_2$$

oder

$$M_{12}\{\xi_1, \xi_2\} = \int\limits_{-\infty}^{+\infty} \int\limits_{-\infty}^{+\infty} x_1\, x_2\, w_2(x_1, x_2)\, dx_1\, dx_2 - \overline{\xi_1} \cdot \overline{\xi_2} \qquad (2.121)$$

und daraus

$$m_1\{\xi_1 \cdot \xi_2\} = m_1\{\xi_1\}\, m_1\{\xi_2\} + M_{12}\{\xi_1, \xi_2\} . \qquad (2.122)$$

Im Fall von unabhängigen zufälligen Veränderlichen ergibt sich, indem man die Beziehungen (2.122) und (2.118) vergleicht,

$$M_{12} = 0 .$$

2.8.4. Korrelationskoeffizient

Der Korrelationskoeffizient ϱ wird durch folgende Beziehung definiert:

$$\varrho = \frac{M_{12}\{\xi_1, \xi_2\}}{\sqrt{M_2\{\xi_1\}\, M_2\{\xi_2\}}} \; ; \qquad (2.123)$$

$$\varrho = \frac{\overline{(\xi_1 - \overline{\xi_1})(\xi_2 - \overline{\xi_2})}}{\sqrt{M_2\{\xi_1\}\, M_2\{\xi_2\}}} = \frac{\overline{\xi_1 \xi_2} - \overline{\xi_1}\,\overline{\xi_2}}{\sqrt{M_2\{\xi_1\}\, M_2\{\xi_2\}}} . \qquad (2.124)$$

Mit den Bezeichnungen $\overline{\xi_1} = x_{10}$, $\overline{\xi_2} = x_{20}$ und $M_2\{\xi_1\} = \sigma_1^2$, $M_2\{\xi_2\} = \sigma_2^2$, lautet der Korrelationskoeffizient

$$\varrho = \frac{\overline{(\xi_1 - x_{10})(\xi_2 - x_{20})}}{\sigma_1 \sigma_2} = \frac{\overline{\xi_1 \xi_2} - x_{10}\, x_{20}}{\sigma_1 \sigma_2} . \qquad (2.125)$$

Dieser Koeffizient ist ein Maß für die lineare Abhängigkeit der zwei zufälligen Veränderlichen. Die lineare Abhängigkeit ist die einfachste Form der Abhängigkeit und besitzt eine besondere praktische Bedeutung.

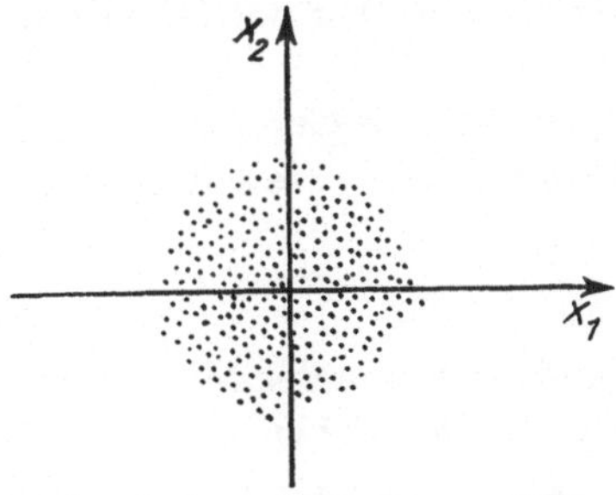

Abb. 2.36. Bildpunkte bei unabhängigen zufälligen Veränderlichen

Wenn eine Reihe von Experimenten durchgeführt wird, die als Ergebnis verschiedene mögliche Werte (x_1, x_2) der zwei zufälligen Veränderlichen haben und wenn man diese Werte durch Punkte in der Ebene x_1, x_2 darstellt, so findet man, daß im Fall von unabhängigen zufälligen Veränderlichen diese Punkte mehr oder weniger in der ganzen Ebene verteilt sind (Abb. 2.36).

Wenn zwischen den Veränderlichen eine vollständige lineare Abhängigkeit besteht, dann ist $\varrho = 1$ (Abb. 2.37).

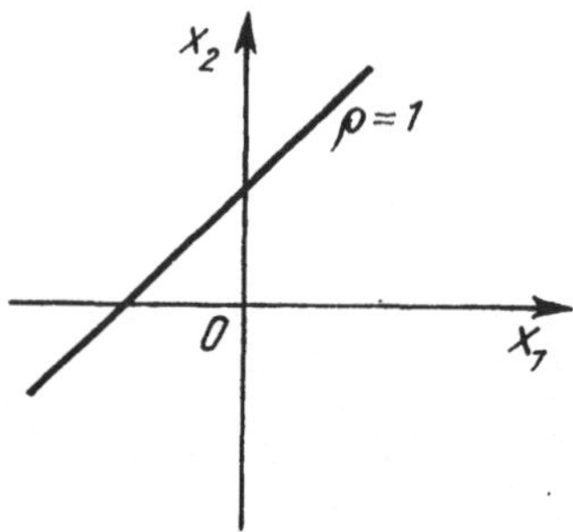

Abb. 2.37. Bildpunkte für zufällige Veränderliche bei linearer Abhängigkeit

Für eine besonders nichtlineare Abhängigkeit besteht beispielsweise die in Abb. 2.38 dargestellte Situation.

Wenn eine partielle lineare Abhängigkeit besteht, sind die Punkte um eine Gerade gestreut (Abb. 2.39).

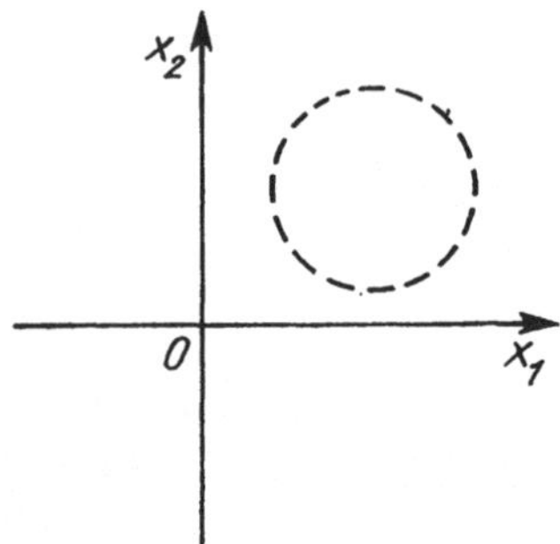

Abb. 2.38. Bildpunkte für zufällige Veränderliche bei nichtlinearer Abhängigkeit

Es wird die Aufgabe gestellt, die Gerade zu bestimmen, die am besten die Werte von ξ_2 voraussagt, wenn die Werte von ξ_1 bekannt sind.

Es sei diese Gerade

$$\eta_2 = a + b\,\xi_1. \tag{2.126}$$

Die Worte *am besten* sind im Sinne des Minimalwertes des mittleren quadratischen Fehlers zu verstehen. Der Fehler ist

$$\varepsilon = \xi_2 - \eta_2.$$

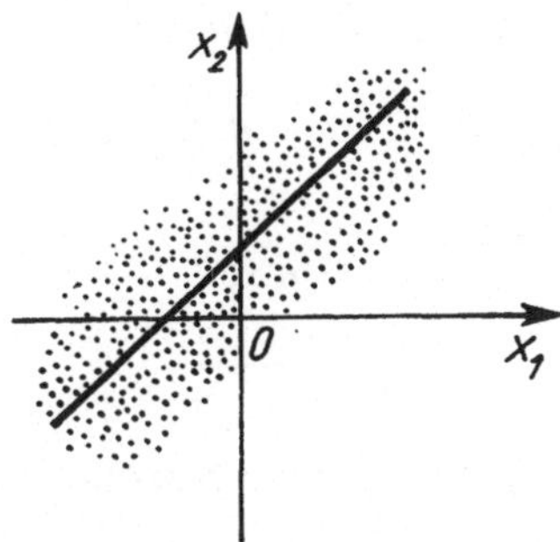

Abb. 2.39. Bildpunkte für zufällige Veränderliche mit partieller linearer Abhängigkeit

Dann ergibt sich für den Mittelwert des Fehlerquadrates

$$\overline{\varepsilon^2} = \overline{(\xi_2 - \eta_2)^2} = \overline{(\xi_2 - a - b\,\xi_1)^2} =$$

$$= \overline{\xi_2^2} + a^2 + b^2\,\overline{\xi_1^2} - 2\,b\,\overline{\xi_1\,\xi_2} - 2\,a\,\xi_2 + 2\,a\,b\,\xi_1\ .$$

Die Werte von a und b müssen so bestimmt werden, daß der mittlere quadratische Fehler minimal wird:

$$\frac{\partial\overline{\varepsilon^2}}{\partial a} = 2\,a - 2\,\overline{\xi_2} + 2\,b\,\overline{\xi_1} = 0\ ;$$

$$\frac{\partial\overline{\varepsilon^2}}{\partial b} = 2\,b\,\overline{\xi_1^2} - 2\,\overline{\xi_1\,\xi_2} + 2\,a\,\overline{\xi_1} = 0\ ,$$

woraus sich ergibt

$$b = \frac{\overline{\xi_1\,\xi_2} - \overline{\xi_1}\cdot\overline{\xi_2}}{\sigma_1^2}$$

oder

$$b = \frac{\overline{(\xi_1 - x_{10})\,(\xi_2 - x_{20})}}{\sigma_1^2}$$

und

$$a = \overline{\xi_2} - b\,\overline{\xi_1} = x_{20} - b\,x_{10}\ .$$

Durch Einsetzen in die Gleichung der Geraden erhält man

$$\eta_2 = x_{20} + b\,(\xi_1 - x_{10})$$

oder

$$\eta_2 = x_{20} + \frac{\overline{(\xi_1 - x_{10})\,(\xi_2 - x_{20})}}{\sigma_1^2}\,(\xi_1 - x_{10})\ .$$

Man sieht, daß sich der Punkt $\xi = x_{10}$, $\eta = x_{20}$ auf dieser Geraden befindet. Die Gleichung kann auch folgendermaßen geschrieben werden:

$$\frac{\eta_2 - x_{20}}{\sigma_2} = \frac{\overline{(\xi_1 - x_{10})\,(\xi_2 - x_{20})}}{\sigma_1\,\sigma_2}\left(\frac{\xi_1 - x_{10}}{\sigma_1}\right)\ . \tag{2.127}$$

Durch Einführung der normierten Veränderlichen

$$\alpha_1 = \frac{\xi_1 - x_{10}}{\sigma_1}, \quad \alpha_2 = \frac{\xi_2 - x_{20}}{\sigma_2}, \quad \beta_1 = \frac{\eta_1 - x_{10}}{\sigma_1}, \quad \beta_2 = \frac{\eta_2 - x_{20}}{\sigma_2} \qquad (2.128)$$

erhält man

$$\beta_2 = \varrho \, \alpha_1 , \qquad (2.129)$$

wobei

$$\varrho = \overline{\alpha_1 \, \alpha_2} \qquad (2.130)$$

der durch die Beziehung (2.125) definierte Korrelationskoeffizient ist.

Aus der Beziehung (2.129) ist ersichtlich, daß der Korrelationskoeffizient die Steilheit derjenigen Geraden ist, die am besten die Werte von α_2 voraussagt, wenn die von α_1 bekannt sind.

Es werde jetzt der Mittelwert

$$\overline{(\alpha_1 \pm \alpha_2)^2} = \overline{\alpha_1^2} \pm 2\,\overline{\alpha_1 \, \alpha_2} + \overline{\alpha_2^2} \geqq 0$$

betrachtet.

Da die zufälligen Veränderlichen normiert sind, ist $\overline{\alpha_1^2} = 1$, $\overline{\alpha_2^2} = 1$ und folglich $2 \, (1 \pm \varrho) \leqq 0$, woraus sich ergibt

$$-1 \leqq \varrho \leqq 1 . \qquad (2.131)$$

Es sei angenommen, daß $\varrho = 1$ ist, dann ist $\overline{\alpha_1 \, \alpha_2} = 1$ und

$$\overline{(\alpha_1 - \alpha_2)^2} = \int\limits_{-\infty}^{+\infty} \int\limits_{-\infty}^{+\infty} (a_1 - a_2)^2 \, w_2(a_1, a_2) \, da_1 \, da_2 = 0 \; ;$$

da beide Faktoren des Integrals nichtnegativ sind, und, Kontinuität der Funktion $w_2(a_1, a_2)$ vorausgesetzt, $w_2(a_1, a_2) > 0$ ist (die Wahrscheinlichkeit der Werte a_1, a_2, für die $w_2(a_1, a_2) = 0$ ist, ist gleich Null), ergibt sich $a_1 = a_2$.

Wenn also $\varrho = 1$ ist, dann ist $a_1 = a_2$ bzw. $\alpha_1 = \alpha_2$.

Auf dieselbe Weise ergibt sich für $\varrho = -1$, daß $\alpha_1 = -\alpha_2$ ist; also entsprechen die Extremalwerte von ϱ mit der Wahrscheinlichkeit 1 dem Fall $\alpha_1 = \pm \alpha_2$.

2.8.5. Lineare Unabhängigkeit und statistische Unabhängigkeit

Zwei zufällige Veränderliche ξ_1 und ξ_2 sind nicht verwandt oder linear unabhängig, wenn der Korrelationskoeffizient ϱ der zwei Veränderlichen gleich Null ist. Wenn die zufälligen Veränderlichen statistisch unabhängig sind, hat man $\overline{\xi_1 \, \xi_2} = \overline{\xi_1} \, \overline{\xi_2}$ und $\varrho = 0$, wenn also die zufälligen Veränderlichen unabhängig sind, ist der Korrelationskoeffizient immer gleich Null.

Der reziproke Satz ist nicht immer wahr; es kann also vorkommen, daß zwei Veränderliche, die linear unabhängig sind, bzw. für die sich $\varrho = 0$ ergibt, nicht immer statistisch unabhängig sind.

Es sei angenommen, daß der Korrelationskoeffizient von zwei zufälligen Veränderlichen, zwischen denen aber eine starke statistische Abhängigkeit besteht, gleich Null ist ($\varrho = 0$), und daß als extremer Fall

$$\alpha_2 = f(\alpha_1) \quad \text{und} \quad \overline{\alpha}_1 = 0, \quad \overline{\alpha}_2 = 0$$

gilt.

Da $\varrho = 0$ ist, hat man

$$\overline{\alpha_1\,\alpha_2} = 0$$

bzw.

$$\int\limits_{-\infty}^{+\infty} a_1\,f(a_1)\,w_{11}(a_1)\,da_1 = 0\,,$$

woraus sich ergibt, daß $f(a_1)$ eine gerade Funktion ist, da infolge der Beziehung

$$\overline{\alpha}_1 = \int\limits_{-\infty}^{+\infty} a_1\,w_{11}(a_1)\,da_1 = 0$$

$a_1\,w_{11}(a_1)$ eine ungerade Funktion ist.

$f(a_1)$ weist also eine Symmetrie bezüglich der Achse Oa_2 auf.

Anderseits ist auch $\overline{\alpha}_2 = 0$, bzw.

$$\int\limits_{-\infty}^{+\infty} a_2\,w_{12}\,(a_2)\,da = 0\,,$$

wobei infolge der Symmetrie von $f(a_1)$ bezüglich der Achse Oa_2

$$w_{12}(a_2)\,da_2 = 2\,w_{11}(a_1)\,da_1$$

ist.

Durch Einsetzen entsteht

$$2\int\limits_{-\infty}^{+\infty} f(a_1)\,w_{11}(a_1)\,da_1 = 0\,,$$

woraus sich ergibt, daß $f(a_1)$ eine ungerade Funktion, also symmetrisch bezüglich des Nullpunktes der Koordinatenachsen ist, da $w_{11}(a_1)$ eine gerade Funktion ist ($a_1\,w_{11}(a_1)$ ist ungerade).

Im Fall einer Abhängigkeit der Form $\alpha_2 = f(\alpha_1)$ mit $\varrho = 0$ ist die Gerade, die am besten die für α_1 angenommenen Werte von α_2 voraussagt, diejenige Gerade, die mit der Achse Oa_1 übereinstimmt, bzw. die Gerade, deren Steilheit $\varrho = 0$ ist. Diese Gerade führt zu richtigen Ergebnissen für Werte von α_1, für die $f(\alpha_1) \approx 0$ ist, und zu falschen Ergebnissen für $\alpha_1 \approx 0$; jede andere der Geraden $\alpha_2 = k\,\alpha_1$ würde zu ebenso falschen Ergebnissen in dieser Umgebung und außerdem auch zu Fehlern für $f(\alpha_1) \approx 0$ führen. Die beste lineare Voraussage ist daher durch $\varrho = 0$ gegeben (es wird der Mittelwert von α_2 vorausgesagt).

Folglich sind für $\varrho = 0$ die zufälligen Veränderlichen linear unabhängig; zwischen ihnen besteht kein linearer Zusammenhang, aber es kann ein nicht-linearer Zusammenhang bestehen.

2.8.6. Dispersion der Summe von zwei zufälligen Veränderlichen

Es sei

$$\eta = \xi_1 \pm \xi_2\,.$$

Die Dispersion von η ist

$$M_2\{\eta\} = M_2\{\xi_1 \pm \xi_2\} = m_1\{[\xi_1 \pm \xi_2 - m_1\{\xi_1 \pm \xi_2\}]^2\}$$

oder

$$M_2\{\xi_1 \pm \xi_2\} = m_1\{[(\xi_1 - x_{10}) \pm (\xi_2 - x_{20})]^2\}$$

bzw.

$$M_2\{\xi_1 \pm \xi_2\} = M_2\{\xi_1\} + M_2\{\xi_2\} \pm 2\,M_{12}\{\xi_1, \xi_2\}\,. \tag{2.132}$$

Wenn ξ_1 und ξ_2 unabhängig sind, so ist

$$M_{12}\{\xi_1, \xi_2\} = 0$$

und

$$M_2\{\xi_1 \pm \xi_2\} = M_2\{\xi_1\} + M_2\{\xi_2\}\,.$$

Im Fall mehrerer unabhängiger Veränderlichen hat man

$$M_2\left\{\sum_{k=1}^{n}(\pm\xi_k)\right\} = \sum_{k=1}^{n} M_2\{\xi_k\}\,. \tag{2.133}$$

2.9. Charakteristische Funktionen

Ein wichtiger Mittelwert ist der Mittelwert der Funktion

$$\eta = e^{jv\xi}\,,$$

wobei v ein reeller Parameter ist. Dieser Mittelwert wird charakteristische Funktion der zufälligen Veränderlichen ξ genannt und ist

$$\Phi(v) = \bar{\eta} = \overline{e^{jv\xi}}\,. \tag{2.134}$$

$$\Phi(v) = \int_{-\infty}^{+\infty} e^{jvx}\, w(x)\, dx\,. \tag{2.135}$$

Das Integral (2.135) ist für jeden Wert des Parameters v und für jede Wahrscheinlichkeitsdichte $w(x)$ konvergent, da $|e^{jvx}| = 1$ ist. Es kann also für jede zufällige Veränderliche die charakteristische Funktion bestimmt werden.

Für eine diskrete zufällige Veränderliche ist die charakteristische Funktion

$$\Phi(v) = \sum_{i} p_i\, e^{jvx_i}\,. \tag{2.136}$$

Da sich aus der Beziehung (2.135) ergibt, daß die charakteristische Funktion die FOURIER-Transformierte der Wahrscheinlichkeitsdichte ist, so ergibt die Rücktransformation:

$$w(x) = \frac{1}{2\pi} \int_{-\infty}^{+\infty} \Phi(v)\, e^{-jvx}\, dv\,. \tag{2.137}$$

2.9.1. Einige Eigenschaften der charakteristischen Funktion

$$1°: \quad \Phi(0) = 1 . \tag{2.138}$$

da

$$\int_{-\infty}^{+\infty} w(x)\, dx = 1$$

und

$$\Phi(-v) = \overset{*}{\Phi}(v) \tag{2.139}$$

ist, wobei das Sternchen die Konjugierte von $\Phi(v)$ bezeichnet.

$$2°: \quad \frac{d^k \Phi(v)}{dv^k} = j^k \int_{-\infty}^{+\infty} x^k\, w(x)\, e^{j\,v\,x}\, dx .$$

Im Punkt $v = 0$ ist

$$\left[\frac{d^k \Phi(v)}{dv^k} \right]_{v=0} = j^k \int_{-\infty}^{+\infty} x^k\, w(x)\, dx = j^k\, m_k\{\xi\}$$

und daher

$$\left[\frac{d^k \Phi(v)}{dv^k} \right]_{v=0} = j^k\, m_k\{\xi\} . \tag{2.140}$$

Wie die Momente jeder Ordnung existieren, kann die charakteristische Funktion in eine MacLaurin-Reihe entwickelt werden:

$$\Phi(v) = 1 + \sum_{k=1}^{\infty} \frac{m_k}{k!}\, (j\,v)^k . \tag{2.141}$$

Wie die Beziehung (2.140) zeigt, können die Momente bestimmt werden, indem man von der charakteristischen Funktion ausgeht; die Momente können jedoch auch bestimmt werden, wenn man von einer anderen Funktion ausgeht, die momenteerzeugende Funktion genannt wird und durch die Beziehung

$$\psi(v) = \overline{e^{v\xi}} = \int_{-\infty}^{+\infty} e^{v\,x}\, w(x)\, dx \tag{2.142}$$

definiert ist; für diskrete zufällige Veränderliche hat man

$$\psi(v) = \sum_{i} e^{v\,x_i}\, p_i . \tag{2.143}$$

Man bemerkt, daß

$$\psi(v\,j) = \Phi(v)$$

ist, und gemäß der Beziehung (2.140) ergibt sich

$$\left[\frac{d^k \psi(v)}{dv^k} \right]_{v=0} = m_k\{\xi\} . \tag{2.144}$$

2.9.2. Charakteristische Funktionen einiger Verteilungen

1. Binomische Verteilung (BERNOULLIsche Verteilung)

$$\Phi(v) = \sum_{m=0}^{m} C_n^m e^{jmv} p^m (1-p)^{n-m} = \sum_{m=0}^{n} C_n^m (p\, e^{jv})^m (1-p)^{n-m};$$

dies stellt die Entwicklung des Binoms

$$\Phi(v) = [(1-p) + p\, e^{jv}]^n \tag{2.145}$$

dar.

2. POISSONsche Verteilung

$$\Phi(v) = \sum_{m=0}^{\infty} e^{jmv} e^{-m_0} \cdot \frac{m_0^m}{m!} = e^{-m_0} \sum_{m=0}^{\infty} \cdot \frac{(m_0\, e^{jv})^m}{m!}$$

oder

$$\Phi(v) = e^{-m_0} e^{m_0 e^{jv}} = e^{m_0(e^{jv}-1)} . \tag{2.146}$$

3. Standardnormalverteilung

$$\Phi(v) = \int_{-}^{+\infty} \frac{e^{jvx}}{\sqrt{2\pi}} e^{-\frac{x^2}{2}} dx = \frac{1}{\sqrt{2\pi}} \int_{-\infty}^{+\infty} e^{-\frac{1}{2}(x^2 - 2jvx - v^2 + v^2)} dx \; ;$$

$$\Phi(v) = \frac{1}{\sqrt{2\pi}} e^{-\frac{v^2}{2}} \int_{-\infty}^{+\infty} e^{-\frac{1}{2}(x-jv)^2} d(x-jv) \; ;$$

$$\Phi(v) = e^{-\frac{v^2}{2}} . \tag{2.147}$$

Wenn es sich nicht um eine Standardnormalverteilung handelt, sondern ein Mittelwert a und eine Dispersion σ^2 vorhanden sind, so ergibt sich

$$\Phi(v) = e^{jav - \frac{\sigma^2 v^2}{2}} . \tag{2.148}$$

2.9.3. Wahrscheinlichkeitsdichte der Summe von unabhängigen zufälligen Veränderlichen

Es sei

$$\xi = \sum_i \xi_i \tag{2.149}$$

und

$$\eta = e^{jv\xi} = e^{jv\xi_1} \cdot e^{jv\xi_2} \cdots = \prod_i e^{jv\xi_i} : \tag{2.150}$$

$$\Phi(v) = \overline{e^{jv\xi}} = \overline{e^{jv\xi_1}} \cdot \overline{e^{jv\xi_2}} \cdots = \prod_i \overline{e^{jv\xi_i}} \tag{2.151}$$

$$\Phi(v) = \prod_i \Phi_i(v) , \tag{2.152}$$

wobei

$$\Phi_i(v) = \int\limits_{-\infty}^{+\infty} w_{1i}(x_i)\, e^{j\,v\,x_i}\, dx_i \,.$$ (2.153)

Wenn die Wahrscheinlichkeitsdichten der n zufälligen Veränderlichen bekannt sind, können die charakteristischen Funktionen $\Phi_i(v)$ bestimmt und daraus mit Hilfe der Beziehungen (2.152) und (2.137) die Wahrscheinlichkeitsdichte von ξ. nämlich $w(x)$, errechnet werden.

2.9.3.1. Summe von unabhängigen zufälligen Veränderlichen mit Normalverteilung

In diesem Fall ist

$$\Phi_i(v) = e^{j\,a_i\,v - \frac{\sigma_i^2\,r^2}{2}} \,.$$ (2.154)

Mit den Bezeichnungen $a = \sum\limits_i a_i$ und $\sigma^2 = \sum\limits_i \sigma_i^2$, ergibt sich aus der Beziehung (2.152)

$$\Phi(v) = \prod\limits_i \Phi_i(v) = e^{j\,a\,r - \frac{\sigma^2\,v^2}{2}}$$ (2.155)

und weiter

$$w(x) = \frac{1}{\sqrt{2\,\pi\,\sigma^2}}\, e^{-\frac{1}{2}\frac{(x-a)^2}{\sigma^2}} \,.$$ (2.156)

Es ist also die Verteilung der Summe von zufälligen Veränderlichen mit Normalverteilung ebenfalls eine Normalverteilung mit dem Mittelwert $a = \sum a_i$ und der Dispersion $\sigma^2 = \sum \sigma_i^2$.

2.10. Zentraler Grenzwertsatz

Wie gezeigt wurde, ist die Verteilung der Summe von unabhängigen zufälligen Veränderlichen mit Normalverteilung wieder eine Normalverteilung. Dieses Ergebnis kann verallgemeinert werden. Zum Beispiel stellt die binomische Verteilung $P_n(m)$ die Wahrscheinlichkeit dafür dar, daß die zufällige Veränderliche $\eta_n = \sum\limits_{i=1}^{n} \xi_i$ den Wert m annehmen soll, wobei ξ_i mit der Wahrscheinlichkeit p den Wert 1 und mit der Wahrscheinlichkeit q den Wert Null annimmt $(p + q = 1)$, und daher ist

$$P(\eta_n = m) = P_n(m) \,.$$

Wenn die Zahl der Veränderlichen $n \to \infty$ geht, so konvergiert nach dem Satz von LAPLACE auch $P_n(m)$ gegen die Normalverteilung (s. Abschnitt 2.4.4.).

W. FELLER und A. J. CHINTSCHIN haben diese Aufgabe in allgemeinster Form behandelt und die weitesten Bedingungen bestimmt, die die zufällige Veränderliche $\eta_n = \sum\limits_{i=1}^{n} \xi_i$ erfüllen muß, damit sie gegen eine zufällige Veränderliche mit Normalverteilung (GAUSSsche Verteilung) konvergiert.

Eine für unsere Zwecke entsprechende Formulierung des zentralen Grenzwertsatzes ist die folgende:

1. wenn $\xi_1, \xi_2, \ldots, \xi_n$ zufällige Veränderliche sind;

2. wenn der Mittelwert jeder zufälligen Veränderlichen gleich Null ist;

3. wenn die zufälligen Veränderlichen unabhängig sind oder Kreuzkorrelationskoeffizienten haben, die gegen Null gehen;

4. wenn der Einzelwert jeder Veränderlichen ξ_k im Vergleich zur Summe der Werte aller Veränderlichen vernachlässigt werden kann;

dann konvergiert die Wahrscheinlichkeitsdichte der Summe $\eta = \sum\limits_{i} \xi_i$ für sehr große Werte von n gegen

$$w(y) = \frac{1}{\sqrt{2\pi\sigma^2}}\, e^{-\frac{y^2}{2\sigma^2}},$$

d. h., η besitzt eine Normalverteilung.

2.10.1. Die Summe von Zeigern mit zufälliger Phase und Amplitude

Es werde eine Summe von zufälligen Zeigern betrachtet (Abb. 2.40).

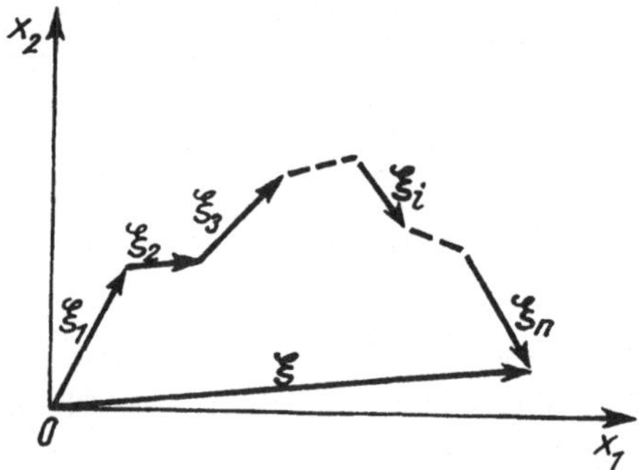

Abb. 2.40. Summe von zufälligen Zeigern

Es sei einer der Zeiger

$$\xi_i = \eta_{1i}\, e^{j\eta_{2i}} = \xi_{1i} + j\,\xi_{2i}; \qquad (2.157)$$

dann ist

$$\xi = \sum_{i=1}^{n} \xi_i = \sum_{i=1}^{n} \xi_{1i} + j \sum_{i=1}^{n} \xi_{2i}, \qquad (2.158)$$

wobei

$$\xi_{i1} = \eta_{1i} \cos\eta_{2i}$$

und(2.159)

$$\xi_{2i} = \eta_{1i} \sin \eta_{2i}$$

ist.

In vielen praktischen Fällen kann die Voraussetzung gemacht werden, daß die zufällige Veränderliche η_{2i} unabhängig von der zufälligen Veränderlichen η_{1i} ist und daß sie eine uniforme Verteilung besitzt; der einzelne Zeiger kann also mit der gleichen Wahrscheinlichkeit jeden Wert der Phase zwischen 0 und 2π annehmen.

In diesem Fall ist

$$\overline{\cos \eta_{2i}} = 0 \;, \quad \overline{\sin \eta_{2i}} = 0 \quad \overline{\cos^2 \eta_{2i}} = \overline{\sin^2 \eta_{2i}} = \frac{1}{2} \;.$$

Daraus ergibt sich für die Mittelwerte

$$\overline{\xi_{1i}} = \overline{\eta_{1i}} \cdot \overline{\cos \eta_{2i}} = 0 :$$

$$\overline{\xi_{2i}} = \overline{\eta_{1i}} \cdot \overline{\sin \eta_{2i}} = 0$$

und für die Dispersionen

$$\overline{\xi_{1i}^2} = \overline{\eta_{1i}^2} \, \overline{\cos^2 \eta_{2i}} = \frac{1}{2} \overline{\eta_{1i}^2}$$

und

$$\overline{\xi_{2i}^2} = \overline{\eta_{1i}^2} \, \overline{\sin^2 \eta_{2i}} = \frac{1}{2} \overline{\eta_{1i}^2} :$$

mit

$$\overline{\xi_{1i}^2} = \frac{1}{2} \overline{\eta_{1i}^2} = \frac{1}{2} \sigma_{\varrho i}^2 = \sigma_i^2 :$$

$$\overline{\xi_{2i}^2} = \frac{1}{2} \overline{\eta_{1i}^2} = \frac{1}{2} \sigma_{\varrho i}^2 = \sigma_i^2 \;.$$

Für sehr große Werte von n konvergierten nach dem zentralen Grenzwertsatz $\sum\limits_{i=1}^{n} \xi_{1i}$ und $\sum\limits_{i=1}^{n} \xi_{2i}$ gegen die GAUSSschen zufälligen Veränderlichen ξ_1 und ξ_2, deren Mittelwerte $\overline{\xi_1} = 0$ und $\overline{\xi_2} = 0$ sind und deren Dispersionen den gleichen Wert

$$\sigma^2 = \sum \sigma_i^2 = \frac{1}{2} \sigma_\varrho^2$$

besitzen.

Wie gezeigt wurde (s. Abschnitt 2.7.4.), besitzt unter diesen Bedingungen die Amplitude eine RAYLEIGH-Verteilung

$$w_\varrho(\varrho) = \frac{2\varrho}{\sigma_\varrho^2} \, e^{-\frac{\varrho^2}{\sigma_\varrho^2}} \;.$$(2.160)

2.11. TSCHEBYSCHEFFsche Ungleichung

Es werde eine beliebige zufällige Veränderliche η betrachtet. deren Wahrscheinlichkeitsdichte $W(y)$ folgende Bedingung erfüllt:

$$m_1\{\eta^2\} = \int\limits_{-\infty}^{+\infty} y^2\, W(y)\, dy < \infty\,.$$

Da sowohl y^2 als auch $W(y)$ nichtnegativ sind, hat man:

$$m_1\{\eta^2\} \geqq \int\limits_{|y|\geqq\varepsilon} y^2\, W(y)\, dy\,.$$

wobei ε eine beliebige positive Zahl ist. Da in jedem Punkt des Integrationsbereiches $|y| > \varepsilon$ ist, gilt

$$m_1\{\eta^2\} \geqq \varepsilon^2 \int\limits_{|y|\geqq\varepsilon} W(y)\, dy\,.$$

Das Integral stellt die Wahrscheinlichkeit dafür dar, daß $|\eta| > \varepsilon$ ist. Demnach ist

$$P\left\{|\eta| > \varepsilon\right\} \leqq \frac{m_1\{\eta^2\}}{\varepsilon^2}\,.$$

Wenn

$$\eta = \xi - \bar{\xi} = \xi - a$$

ist. hat man

$$P\left\{|\xi - a| \geqq \varepsilon\right\} \leqq \frac{M_2\{\xi\}}{\varepsilon^2}\,, \tag{2.161}$$

oder, indem man $\varepsilon = k\sqrt{M_2\{\xi\}} = k\,\sigma$ setzt, ergibt sich

$$P\left\{|\xi - a| \geqq k\,\sigma\right\} \leqq \frac{1}{k^2}\,, \tag{2.162}$$

also ist die Wahrscheinlichkeit dafür, daß die Abweichung vom Mittelwert die Standarddeviation bedeutend überschreitet, sehr klein.

2.12. Gesetz großer Zahlen

Es sei angenommen, daß eine gewisse physikalische Größe a n-mal gemessen wird. Das Ergebnis jeder Messung ist eine zufällige Veränderliche, die mit $\xi_1, \xi_2, \ldots, \xi_n$ bezeichnet wird.

Es wird vorausgesetzt, daß keine systematischen Meßfehler gemacht werden. bzw. $m_1\{\xi_k\} = a$ für jeden Wert k $(1 \leqq k \leqq n)$ ist und daß die Fehler begrenzt sind, d. h. daß $M_2\{\xi_k\} < \sigma^2$ ist.

Man betrachtet jetzt eine neue zufällige Veränderliche, die aus dem arithmetischen Mittel aller Messungen gebildet wird:

$$\eta_n = \frac{\xi_1 + \xi_2 + \cdots + \xi_n}{n}\,.$$

Wenn die zufälligen Veränderlichen $\xi_1, \xi_2, \ldots, \xi_n$ unabhängig sind, so ist

$$m_1\{\eta_n\} = \frac{1}{n} \sum_{k=1}^{n} m_1\{\xi_k\} = a;$$

$$M_2\{\eta_n\} = \frac{1}{n^2} \sum_{k=1}^{n} M_2\{\xi_k\} \leq \frac{\sigma^2}{n}.$$

Der Tschebyscheffschen Ungleichung zufolge ist

$$P\{|\eta_n - a| \geq \varepsilon\} \leq \frac{M_2\{\eta_n\}}{\varepsilon^2} \leq \frac{\sigma^2}{n\,\varepsilon^2}.$$

und wenn σ^2 und ε unveränderliche Werte sind, so ist

$$\lim_{n \to \infty} P\{|\eta_n - a| \geq \varepsilon\} = 0. \tag{2.163}$$

Dieses ist das Gesetz der großen Zahlen. Es besagt, daß im Falle unabhängiger zufälliger Veränderlichen $\xi_1, \xi_2, \ldots, \xi_n$ mit gleichem Mittelwert und gleichmäßig beschränkter Dispersion die Wahrscheinlichkeit für eine absolute Abweichung des arithmetischen Mittelwertes vom statistischen Mittelwert größer als ein beliebiger Wert $\varepsilon > 0$ mit $n \to \infty$ gegen Null strebt.

2.13. Konvergenz von zufälligen Veränderlichen

Bei vielen Anwendungen ist es wichtig zu wissen, ob und in welchem Sinne eine Folge von zufälligen Veränderlichen gegen eine bestimmte statistische Grenze y konvergiert.

Es gibt mehrere Arten von Konvergenz und zwar:

2.13.1. Konvergenz in Wahrscheinlichkeit

Man sagt, daß η_n in Wahrscheinlichkeit gegen y konvergiert, wenn $n \to \infty$ und wenn für jedes beliebige $\varepsilon > 0$

$$\lim_{n \to \infty} P\{|\eta_n - y| > \varepsilon\} = 0 \tag{2.164}$$

ist.

Eine notwendige und hinreichende Bedingung für die Existenz des Grenzwertes ist, daß für beliebige positive Werte von ε und λ eine Zahl N vorhanden ist, für die gilt

$$P\{|\eta_n - \eta_m| > \varepsilon\} < \lambda, \quad m, n \geq N.$$

2.13.2. Konvergenz im quadratischen Mittel

Man sagt, daß η_n im quadratischen Mittel gegen y konvergiert, wenn $n \to \infty$ und wenn

$$\lim_{n \to \infty} m_1\{(\eta_n - y)^2\} = 0 \tag{2.165}$$

ist, das auch wie folgt geschrieben werden kann

$$\lim_{n \to \infty} \eta_n = y \, .$$

Eine notwendige und hinreichende Bedingung für die Existenz dieses Grenzwertes ist, daß für jedes beliebige $\varepsilon > 0$ eine Zahl N vorhanden ist, für die gilt

$$m_1 \{ (\eta_n - \eta_m)^2 \} < \varepsilon \, , \qquad m, n \geqq N \, .$$

Die Konvergenz im quadratischen Mittel schließt die Konvergenz in Wahrscheinlichkeit ein.

3. DETERMINISTISCHE SIGNALE

Die Übertragung einer Information ist an die Ausbreitung einer Energie gebunden. Diese Ausbreitung kann die verschiedensten Formen annehmen: Ausbreitung elektromagnetischer Wellen, Ausbreitung akustischer Wellen usw.

Eine gewünschte und nützliche Welle wird (in beschränktem Sinne) Signal genannt. Eine nichtgewünschte, also störende Welle wird kurz Störung genannt.

Das Signal hat einen zufälligen Charakter. Seine Werte sind am Empfang nicht vollständig bekannt, denn wenn sie bekannt wären, wäre die Übertragung des Signals überflüssig, es könnte lokal erzeugt werden, würde also gar keine Information enthalten.

Um eine Information zu enthalten, muß das Signal unbedingt einen mehr oder weniger stark ausgeprägten zufälligen Charakter haben. In diesem umfassenden Sinne sind alle Signale zufällig.

Wenn der zufällige Charakter des Signals weniger stark ausgeprägt ist, bzw. das Zufällige nur in parametrischer Form einwirkt, so sagt man, daß das Signal bedingt deterministisch ist.

In diesem Sinne ist das Signal

$$s(t) = A_0 \cos (\omega_0 t + \varphi) \,,$$

wo A_0 und ω_0 Konstante sind und φ eine zufällige Veränderliche ist, ein bedingt determinstisches Signal.

Wenn die Konstanten A_0 und ω_0 sowie ein bestimmtes Beobachtungsergebnis $\varphi^{(k)}$ der zufälligen Veränderlichen φ bekannt sind, dann ist das Beobachtungsergebnis des Signals $s^{(k)}(t)$ über den ganzen Zeitbereich bestimmt:

$$s^{(k)}(t) = A_0 \cos (\omega_0 t + \varphi^{(k)}) \,.$$

Die Beobachtungsergebnisse der bedingt deterministischen Signale weisen eine von der Zeit vollständig bestimmte Abhängigkeit auf.

Wenn irgend ein Beobachtungsergebnis eines zufälligen Signals durch die Kenntnis (Messung) einer begrenzten Anzahl von Parametern eindeutig bestimmt ist, so wird das Signal ein bedingt deterministisches Signal genannt.

In den folgenden Ausführungen wird der Ausdruck des zufälligen Signals (in beschränktem Sinne) für die Fälle verwendet, in denen das Zufällige in umfassenderer Form einwirkt, so daß eine analytische Darstellung eines gewissen

7*

Beobachtungsergebnisses in Abhängigkeit von einer begrenzten Anzahl von Parametern unmöglich wird.

In diesem und in den folgenden Abschnitten werden einige Probleme der deterministischen Signale, bei denen nichts Zufälliges einwirkt, behandelt. Der Ausschluß des Zufälligen bedeutet, daß solche Beobachtungsergebnisse betrachtet werden, bei denen alle Parameter unveränderlich geworden sind.

3.1. Darstellung deterministischer Signale

Um das Studium der Übertragung komplexer deterministischer Signale über lineare Systeme zu erleichtern und um einige Eigenschaften dieser Signale deutlicher zu machen, werden sie in Form einer Summe von einfacheren Signalen — zusammensetzende Signale genannt — dargestellt. Wenn es sich um nichtlineare Systeme handelt, muß die Nützlichkeit dieser Darstellung für jeden einzelnen Fall begründet werden.

Wird das Signal $s(t)$ als eine Summe

$$s(t) = \sum_i a_i \, s_i(t) \tag{3.1}$$

dargestellt, so muß die Menge der zusammensetzenden Funktionen $s_i(t)$ folgende Bedingungen erfüllen:

1. Die Menge der Funktionen $s_i(t)$ muß vollständig sein, d. h., daß jede Funktion $s(t)$ mit einem „ziemlich guten" Verhalten in der Form (3.1) dargestellt werden kann.

Darunter versteht man, daß $\sum_i a_i \, s_i(t)$ gegen $s(t)$ konvergiert, d. h., es gibt ein N so, daß für ein beliebig kleines $\varepsilon > 0$, und für $n > N$

$$\left\| s(t) - \sum_{i=1}^{n} a_i s_i(t) \right\| \leqq \varepsilon \tag{3.2}$$

ist.

Der Ausdruck der Form $\|f(t)\|$ wird als Norm der Funktion f bezeichnet und wird durch die Beziehung

$$\|f\| = \sqrt{\int_a^b f^2(x) \, dx} \tag{3.3}$$

bestimmt, so daß

$$\left\| s(t) - \sum_{i=1}^{n} a_i s_i(t) \right\| = \sqrt{\int_a^b \left[s(t) - \sum_{i=1}^{n} a_i s_i(t) \right]^2 dt}$$

ist.

2. Die Menge der Funktionen $s_i(t)$ muß über ein unendliches Intervall orthonormiert sein:

$$\int_{-\infty}^{+\infty} s_i(t) \, s_j(t) \, dt = \begin{cases} 1, \text{ wenn } i = j \\ 0, \text{ wenn } i \neq j \end{cases} . \tag{3.4}$$

Diese Bedingung ist nicht notwendig, jedoch sehr nützlich, da sie eine leichte Bestimmung der Koeffizienten a_i gestattet.

Im Falle orthonormierter Funktionen $s_i(t)$ gilt

$$\int\limits_{-\infty}^{+\infty} s(t)\, s_i(t)\, dt = \int\limits_{-\infty}^{+\infty} \left[\sum_j a_j\, s_j(t)\right] s_i(t)\, dt = \sum_j a_j \int\limits_{-\infty}^{+\infty} s_i(t)\, s_j(t)\, dt = a_i\,,$$

also

$$a_i = \int\limits_{-\infty}^{+\infty} s(t)\, s_i(t)\, dt\,. \tag{3.5}$$

3. Die Funktionen $s_i(t)$ müssen in einem gewissen Sinne einfach sein. Die einfachsten zusammensetzenden Funktionen sind die sinusförmigen Funktionen, die exponentiellen Funktionen, die DIRACschen δ-Funktionen und die Einheitssprungfunktionen.

Beim Studium der Signale spielt die Korrelationsfunktion, die den zeitlichen Mittelwert des Produktes $s_1(t)\, s_2\,(t+\tau)$ darstellt und wobei τ eine kontinuierliche Verschiebung im Zeitbereich von $-\infty$ bis $+\infty$ unabhängig von t ist, eine besondere Rolle, und zwar ist

$$r_{12}(\tau) = \lim_{T\to\infty} \frac{1}{T} \int\limits_{-T/2}^{+T/2} s_1(t)\, s_2\,(t+\tau)\, dt \tag{3.6}$$

für den Fall von Signalen mit unendlicher Energie und

$$k_{12}(\tau) = \int\limits_{-\infty}^{+\infty} s_1(t)\, s_2\,(t+\tau)\, dt \tag{3.7}$$

für den Fall von Signalen mit endlicher Energie.

Man bezeichnet den Inhalt des Signals mit dem Wert:

$$C = \int\limits_{-\infty}^{+\infty} s_1(t)\, dt\,.$$

Wenn $s_2(t) = 1$ ist, stellt $r_{12}(\tau)$ den zeitlichen Mittelwert des Signals $s_1(t)$ und $k_{12}(\tau)$ den Inhalt des Signals $s_1(t)$ dar; wenn $s_2(t) = s_1(t)$ ist, so erhält man die Autokorrelationsfunktion.

Wenn $s_2(t) \neq s_1(t)$ ist, werden die Funktionen $r_{12}(\tau)$ bzw. $k_{12}(\tau)$ Kreuzkorrelationsfunktionen oder kurz Korrelationsfunktionen genannt. Man spricht dann von der Kreuzkorrelationsfunktion, wenn man betonen muß, daß $s_1(t) \neq s_2(t)$ ist.

Die deterministischen Signale können über die ganze Zeitachse analytisch dargestellt werden. Wenn ein solches Signal in einem endlichen Intervall bekannt ist, so ist es über die ganze Zeitachse bekannt.

Die deterministischen Signale können periodische oder nichtperiodische Signale sein.

3.2. Darstellung periodischer Signale

Im folgenden werden einige Probleme behandelt, die die Reihenentwicklung, die Korrelationsfunktion, die Spektraldichte, die Leistungsspektraldichte und den Faltungssatz der periodischen Signale betreffen.

3.2.1. Reihenentwicklung der periodischen Signale nach FOURIER

Die Signale mit der Eigenschaft

$$s(t) = s(t + n\,T_0) \tag{3.8}$$

werden periodische Signale mit der Periodendauer T_0 genannt, wobei n eine ganze Zahl ist.

Die einfachste periodische Funktion ist die sinusförmige Funktion. Deshalb wird versucht, die periodischen Signale als eine Summe von sinusförmigen Funktionen darzustellen.

Eine periodische Funktion kann als eine Summe von sinusförmigen Komponenten dargestellt werden (FOURIER-Reihe), wenn sie folgende Bedingungen, die hinreichend, aber nicht immer notwendig sind, erfüllt:

1. Sie soll eindeutig sein.

2. Sie soll überall begrenzt sein oder soll absolut integrierbare Unstetigkeiten besitzen:

$$\int_{t}^{t+T} |s(t)|\,dt < \infty .$$

3. Sie soll in einer Periode eine endliche Anzahl von Unstetigkeiten haben.

4. Sie soll in einer Periode eine endliche Anzahl von Maxima und Minima besitzen.

Beispiel: Die Funktion $s(t) = (-1)^n\,\delta\left(t - n\,\dfrac{T}{2}\right)$, dargestellt in Abb. 3.1, die die Ableitung einer Rechteckimpulsfolge ist, kann in eine FOURIER-Reihe entwickelt werden; hingegen kann die Funktion

$$s(t) = \sin\frac{1}{\sin\omega t},$$

dargestellt in Abb. 3.2, nicht in eine FOURIER-Reihe entwickelt werden, da sie die Bedingung einer endlichen Anzahl von Maxima und Minima in einer Periode nicht erfüllt.

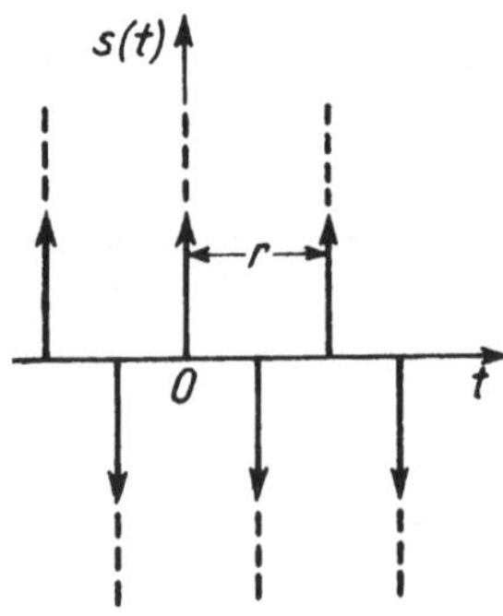

Abb. 3.1. Graphische Darstellung der Funktion $(-1)^n\,\delta\left(t - n\,\dfrac{T}{2}\right)$

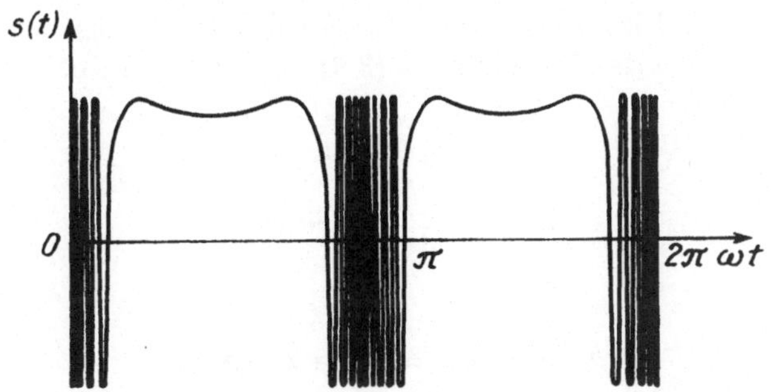

Abb. 3.2. Graphische Darstellung der Funktion $\sin\dfrac{1}{\sin\omega t}$

Die Darstellung der FOURIER-Reihe kann in folgenden Formen erfolgen:

1

$$s(t) = \frac{a_0}{2} + \sum_{n=1}^{\infty} (a_n \cos n\,\omega_0\,t + b_n \sin n\,\omega_0\,t)\,. \tag{3.9}$$

wobei

$$\left.\begin{aligned}
a_n &= \frac{2}{T_0} \int_{-T_0/2}^{T_0/2} s(t)\,\cos n\,\omega_0\,t\,dt\,; \\[2ex]
b_n &= \frac{2}{T_0} \int_{-T_0/2}^{T_0/2} s(t)\,\sin n\,\omega_0\,t\,dt\,,
\end{aligned}\right\} \tag{3.10}$$

T_0 (gemäß 3.8) die Periode des Signals und $\omega_0 = \dfrac{2\,\pi}{T_0}$ ist.

2°

$$s(t) = \sum_{n=0}^{\infty} A_n \cos (n\,\omega_0\,t + \varphi_n)\,. \tag{3.11}$$

wobei

$$A_0 = \frac{a_0}{2}$$

$$A_n = \sqrt{a_n^2 + b_n^2}\,: \tag{3.12}$$

$$\varphi_n = \arctan\left(-\frac{b_n}{a_n}\right)$$

ist.

3°

$$s(t) = \sum_{n=-\infty}^{\infty} C(n\,\omega_0)\,e^{j n \omega_0 t}\,, \tag{3.13}$$

wobei

$$C_n = C(j\,n\,\omega_0) = C(n\,\omega_0) = \frac{1}{T_0} \int_{-T_0/2}^{T_0/2} s(t)\,e^{-j n \omega_0 t}\,dt \tag{3.14}$$

ist.

Im folgenden wird im allgemeinen der Ausdruck $C(n\,\omega_0)$ benutzt.
Aus dem Vergleich der Beziehungen (3.9) und (3.13) ergibt sich

$$C(n\,\omega_0) = \frac{a_n - j\,b_n}{2}\,,$$

$$C(-\,n\,\omega_0) = \frac{a_n + j\,b_n}{2}$$

(3.15)

und damit

$$C(n\,\omega_0) = \overset{*}{C}(-\,n\,\omega_0)\,.$$

Die Beziehung (3.14) bestimmt die FOURIER-Transformierte des Signals $s(t)$.
Sie ist von der Ordnung n der Harmonischen abhängig und ist eine Darstellung
des Signals $s(t)$ im Frequenzbereich.

Die in der Beziehung (3.13) gegebene Darstellung ist vollständig; sie bestimmt
in eindeutiger Form das Signal $s(t)$, also ist:

$$\left\|\,s(t) - \sum_n C(n\,\omega_0)\,e^{j\,n\,\omega_0 t}\right\| \leqq \varepsilon\,,$$

wobei ε einen beliebigen Wert, größer als Null, darstellt.

Die die Amplituden und Phasen der Komponenten betreffenden Informationen sind in der Funktion $C(n\,\omega_0)$, die im allgemeinen komplex ist und Spektrum von $s(t)$ genannt wird, enthalten.

Das Spektrum einer periodischen Funktion ist ein Linienspektrum, da n nur
ganze Werte annimmt.

Die Beziehung (3.13) stellt die Synthese, hingegen die Beziehung (3.14) die
Analyse des Signals $s(t)$ dar.

Das Spektrum von $s(t)$ kann folgende Form haben:

$$C(n\,\omega_0) = |C(n\,\omega_0)|\,e^{j\,\Theta(n\,\omega_0)}\,.$$

(3.16)

Daraus ergibt sich:

$$|C(n\,\omega_0)| = |C(-\,n\,\omega_0)| = \frac{1}{2}\sqrt{a_n^2 + b_n^2} = \frac{1}{2}A_n$$

(3.17)

und

$$\Theta(n\,\omega_0) = \arctan\left(-\frac{b_n}{a_n}\right) = \varphi_n\,:$$

$$\Theta(-\,n\,\omega_0) = \arctan\left(\frac{b_n}{a_n}\right) = -\varphi_n\,.$$

(3.18)

Die Funktion $|C(n\,\omega_0)|$, von der Ordnung der Harmonischen n abhängig, wird
Amplitudenspektrum des Signals und $\Theta(n\,\omega_0)$ Phasenspektrum des Signals $s(t)$
genannt.

In der Tabelle 3.1 sind einige periodische Funktionen mit den ihnen entsprechenden FOURIER-Reihen angegeben.

Tabelle 3.1. Reihenentwicklung nach FOURIER von einigen periodischen Signalen

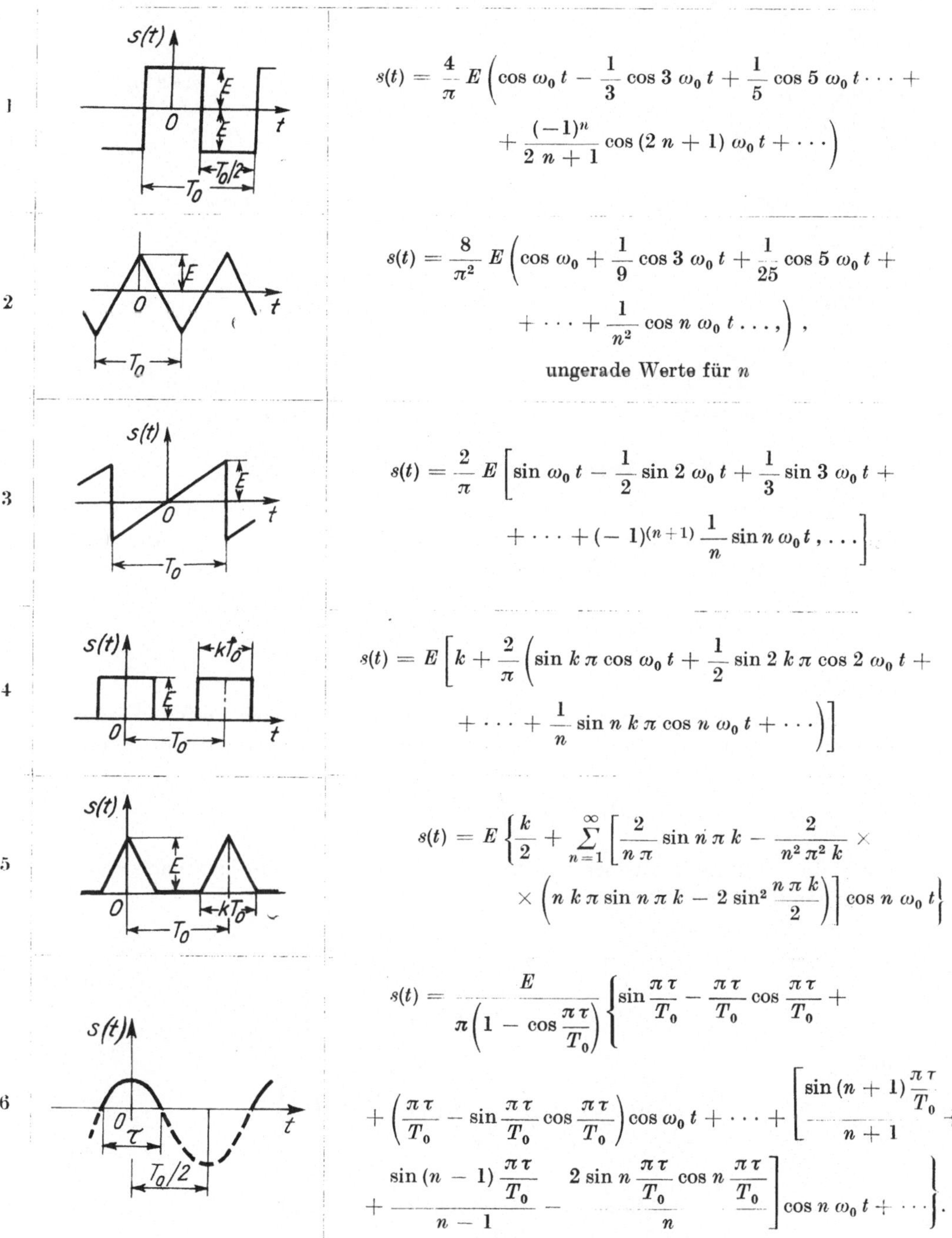

1
$$s(t) = \frac{4}{\pi} E \left(\cos \omega_0 t - \frac{1}{3} \cos 3\,\omega_0 t + \frac{1}{5} \cos 5\,\omega_0 t \cdots + \right.$$
$$\left. + \frac{(-1)^n}{2\,n+1} \cos (2\,n+1)\,\omega_0 t + \cdots \right)$$

2
$$s(t) = \frac{8}{\pi^2} E \left(\cos \omega_0 + \frac{1}{9} \cos 3\,\omega_0 t + \frac{1}{25} \cos 5\,\omega_0 t + \right.$$
$$\left. + \cdots + \frac{1}{n^2} \cos n\,\omega_0 t \ldots, \right),$$
ungerade Werte für n

3
$$s(t) = \frac{2}{\pi} E \left[\sin \omega_0 t - \frac{1}{2} \sin 2\,\omega_0 t + \frac{1}{3} \sin 3\,\omega_0 t + \right.$$
$$\left. + \cdots + (-1)^{(n+1)} \frac{1}{n} \sin n\,\omega_0 t , \ldots \right]$$

4
$$s(t) = E \left[k + \frac{2}{\pi} \left(\sin k\,\pi \cos \omega_0 t + \frac{1}{2} \sin 2\,k\,\pi \cos 2\,\omega_0 t + \right. \right.$$
$$\left. \left. + \cdots + \frac{1}{n} \sin n\,k\,\pi \cos n\,\omega_0 t + \cdots \right) \right]$$

5
$$s(t) = E \left\{ \frac{k}{2} + \sum_{n=1}^{\infty} \left[\frac{2}{n\,\pi} \sin n\,\pi\,k - \frac{2}{n^2\,\pi^2\,k} \times \right. \right.$$
$$\left. \left. \times \left(n\,k\,\pi \sin n\,\pi\,k - 2 \sin^2 \frac{n\,\pi\,k}{2} \right) \right] \cos n\,\omega_0 t \right\}$$

6
$$s(t) = \frac{E}{\pi \left(1 - \cos \frac{\pi\,\tau}{T_0} \right)} \left\{ \sin \frac{\pi\,\tau}{T_0} - \frac{\pi\,\tau}{T_0} \cos \frac{\pi\,\tau}{T_0} + \right.$$
$$+ \left(\frac{\pi\,\tau}{T_0} - \sin \frac{\pi\,\tau}{T_0} \cos \frac{\pi\,\tau}{T_0} \right) \cos \omega_0 t + \cdots + \left[\frac{\sin (n+1) \frac{\pi\,\tau}{T_0}}{n+1} + \right.$$
$$\left. \left. + \frac{\sin (n-1) \frac{\pi\,\tau}{T_0}}{n-1} - \frac{2 \sin n \frac{\pi\,\tau}{T_0} \cos n \frac{\pi\,\tau}{T_0}}{n} \right] \cos n\,\omega_0 t + \cdots \right\}.$$

Tabelle 3.1. (Fortsetzung)

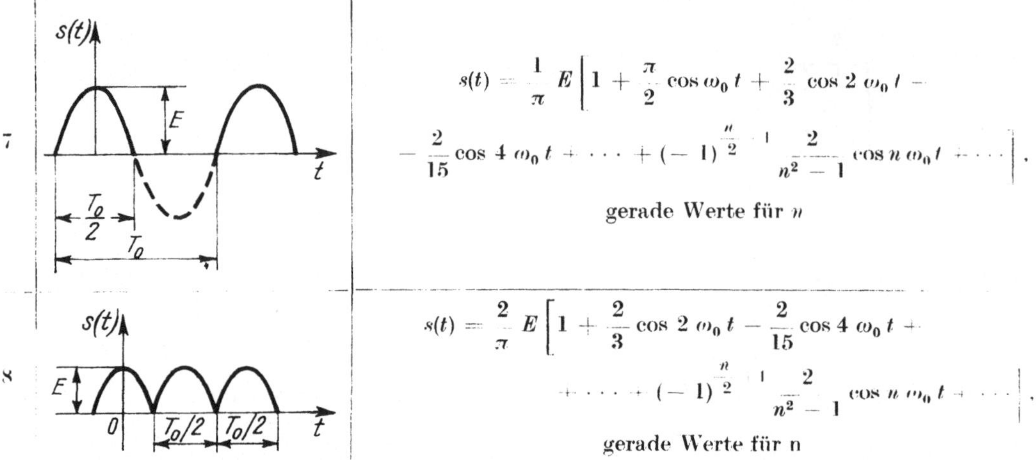

$$s(t) = \frac{1}{\pi}\, E \left[1 + \frac{\pi}{2} \cos \omega_0 t + \frac{2}{3} \cos 2\,\omega_0 t - \right.$$

$$\left. - \frac{2}{15} \cos 4\,\omega_0 t + \cdots + (-1)^{\frac{n}{2}+1} \frac{2}{n^2-1} \cos n\,\omega_0 t + \cdots \right].$$

gerade Werte für n

$$s(t) = \frac{2}{\pi}\, E \left[1 + \frac{2}{3} \cos 2\,\omega_0 t - \frac{2}{15} \cos 4\,\omega_0 t + \right.$$

$$\left. + \cdots + (-1)^{\frac{n}{2}+1} \frac{2}{n^2-1} \cos n\,\omega_0 t + \cdots \right].$$

gerade Werte für n

3.2.2. Korrelationsfunktion periodischer Signale

Es werden zwei periodische Signale $s_1(t)$ und $s_2(t)$, die die gleiche Periodendauer T_0 besitzen und die durch die Beziehung (3.6) für Signale mit unendlicher Energie definierte Korrelationsfunktion

$$r_{12}(\tau) = \lim_{T \to \infty} \frac{1}{T} \int_{-T/2}^{+T/2} s_1(t)\, s_2(t + \tau)\, dt$$

betrachtet.

Da das Produkt zweier periodischer Funktionen mit gleicher Periodendauer T_0 auch eine periodische Funktion der Periodendauer T_0 ist, kann man schreiben

$$r_{12}(\tau) = \frac{1}{T_0} \int_{-T_0/2}^{+T_0/2} s_1(t)\, s_2(t + \tau)\, dt . \tag{3.19}$$

Für die FOURIER-Transformierten von $s_1(t)$ und $s_2(t)$ ergibt sich nach den Beziehungen (3.13) und (3.14)

$$\left.\begin{aligned}
s_1(t) &= \sum_{n=-\infty}^{+\infty} C_1(n\,\omega_0)\, e^{j n \omega_0 t}\ ; \\
s_2(t) &= \sum_{n=-\infty}^{+\infty} C_2(n\,\omega_0)\, e^{j n \omega_0 t}
\end{aligned}\right\} \tag{3.20}$$

und

$$\left.\begin{aligned}
C_1(n\,\omega_0) &= \frac{1}{T_0} \int_{-T_0/2}^{+T_0/2} s_1(t)\, e^{-j n \omega_0 t}\, dt\ ; \\
C_2(n\,\omega_0) &= \frac{1}{T_0} \int_{-T_0/2}^{+T_0/2} s_2(t)\, e^{-j n \omega_0 t}\, dt .
\end{aligned}\right\} \tag{3.21}$$

Durch Einführen des Ausdruckes für $s_2\,(t+\tau)$ aus der Beziehung (3.20) in die Beziehung (3.19) erhält man

$$r_{12}(\tau) = \frac{1}{T_0} \int\limits_{-T_0/2}^{+T_0/2} s_1(t) \left[\sum_{n=-\infty}^{+\infty} C_2\,(n\,\omega_0)\,e^{j\,n\,\omega_0(t+\tau)} \right] dt \ .$$

Durch Vertauschen der Reihenfolge von Addition und Integration erhält man

$$r_{12}(\tau) = \sum_{n=-\infty}^{+\infty} C_2\,(n\,\omega_0)\,e^{j\,n\,\omega_0\tau} \cdot \frac{1}{T_0} \int\limits_{-T_0/2}^{+T_0/2} s_1(t)\,e^{j\,n\,\omega_0\tau}\,dt \ .$$

Man bemerkt, daß das Integral die Konjugierte von $C_1\,(n\,\omega_0)$ darstellt und daher wird

$$r_{12}(\tau) = \sum_{n=-\infty}^{+\infty} \overset{*}{C_1}\,(n\,\omega_0)\,C_2\,(n\,\omega_0)\,e^{j\,n\,\omega_0\tau} \ . \tag{3.22}$$

Schreibt man

$$P_{12}(n\,\omega_0) = \overset{*}{C_1}\,(n\,\omega_0)\,C_2\,(n\,\omega_0) \ , \tag{3.23}$$

so ergibt sich durch Einführen der Beziehung (3.23) in die Beziehung (3.22)

$$r_{12}(\tau) = \sum_{n=-\infty}^{+\infty} P_{12}\,(n\,\omega_0)\,e^{j\,n\,\omega_0\tau} \ . \tag{3.24}$$

$P_{12}\,(n\,\omega_0)$ wird Kreuzleistungsspektrum genannt. Um diese Benennung zu rechtfertigen, muß die mittlere Leistung der Summe $s_1(t) + s_2\,(t+\tau)$ berechnet werden:

$$P = \frac{1}{T_0} \int\limits_{-T_0/2}^{T_0/2} |s_1(t) + s_2\,(t+\tau)|^2\,dt = \frac{1}{T_0} \int\limits_{-T_0/2}^{T_0/2} s_1^2(t)\,dt \ +$$

$$+ \frac{1}{T_0} \int\limits_{-T_0/2}^{+T_0/2} s_2^2\,(t+\tau)\,dt \ + \frac{2}{T_0} \int\limits_{-T_0/2}^{T_0/2} s_1(t)\,s_2\,(t+\tau)\,dt$$

und daher

$$P = P_1 + P_2 + 2\,r_{12}(\tau):$$

$r_{12}(\tau)$ stellt eine mittlere Kreuzleistung dar.

Wenn $\tau = 0$ gesetzt wird, ist

$$r_{12}(0) = \sum_{n=-\infty}^{+\infty} P_{12}\,(n\,\omega_0) \ . \tag{3.25}$$

also ist der Wert der Kreuzkorrelationsfunktion im Punkt $\tau = 0$ gleich der mittleren Kreuzleistung.

Der Ausdruck (3.24) hat die gleiche Form wie der Ausdruck (3.13); er stellt eine periodische Funktion mit der Periodendauer T_0 dar. Es ergibt sich daher, daß die Korrelationsfunktion zweier periodischer Funktionen mit der gleichen Periodendauer wieder eine periodische Funktion mit der gleichen Periodendauer ist.

Die Rücktransformation nach der Beziehung (3.14) ergibt

$$P_{12}(n\,\omega_0) = \frac{1}{T_0} \int_{-T_0/2}^{+T_0/2} r_{12}(\tau)\, e^{-j n \omega_0 \tau}\, d\tau\ . \tag{3.26}$$

Die Beziehungen (3.24) und (3.26) sind unter dem Namen Korrelationssatz für periodische Funktionen bekannt und bringen zum Ausdruck, daß das Kreuzleistungsspektrum die FOURIER-Transformierte der Korrelationsfunktion ist.

3.2.3. Autokorrelationsfunktion periodischer Signale

Gemäß der in Abschnitt 3.1 angegebenen Definition ist in diesem Fall $s_1(t) = s_2(t) = s(t)$ und aus der Beziehung (3.22) ergibt sich

$$r(\tau) = \frac{1}{T_0} \int_{-T_0/2}^{+T_0/2} s(t)\, s(t+\tau)\, dt = \sum_{n=-\infty}^{+\infty} \overset{*}{C}(n\,\omega_0)\, C(n\,\omega_0)\, e^{j n \omega_0 \tau} =$$

$$= \sum_{n=-\infty}^{+\infty} |C(n\,\omega_0)|^2\, e^{j n \omega_0 \tau}\ . \tag{3.27}$$

Für $\tau = 0$ erhält man die mittlere Leistung

$$r(0) = \frac{1}{T_0} \int_{-T_0/2}^{+T_0/2} s^2(t)\, dt = \sum_{n=-\infty}^{+\infty} |C(n\,\omega_0)|^2; \tag{3.28}$$

danach ist die mittlere Leistung des Signals gleich der Summe der Quadrate der absoluten Werte aller Spektralkomponenten (wobei angenommen wird, daß der Lastwiderstand gleich Eins ist.). Die Beziehung (3.28) ist unter dem Namen PARSEVALsche Gleichung für periodische Funktionen bekannt.

Entsprechend der Bedeutung der Summe aus der Beziehung (3.28) nennt man die Funktion

$$P(n\,\omega_0) = |C(n\,\omega_0)|^2 \tag{3.29}$$

das Leistungsspektrum.

Infolge der Beziehung (3.29) wird aus (3.27)

$$r(\tau) = \sum_{n=-\infty}^{+\infty} P(n\,\omega_0)\, e^{j n \omega_0 \tau}\ , \tag{3.30}$$

wobei die Rücktransformierte

$$P(n\,\omega_0) = \frac{1}{T_0} \int_{-T_0/2}^{+T_0/2} r(\tau)\, e^{-j n \omega_0 \tau}\, d\tau \tag{3.31}$$

ist.

Die Beziehungen (3.30) und (3.31) zeigen, daß Autokorrelationsfunktion und Leistungsspektrum periodischer Funktionen FOURIER-Transformierte sind. Wenn eine der beiden bekannt ist, ist die andere eindeutig bestimmt.

Aus den Beziehungen (3.30) und (3.31) ergibt sich, daß die Autokorrelationsfunktion keine Information über die Phase der Komponenten des Signals enthält. Aus diesem Grunde besitzen alle periodischen Funktionen, die das gleiche Amplitudenspektrum haben, abgesehen vom Phasenspektrum, die gleiche Autokorrelationsfunktion.

Berücksichtigt man, daß $r(\tau)$ und $P(n\,\omega_0)$ reell sind, so können die Beziehungen (3.30) und (3.31) in folgender Form geschrieben werden:

$$r(\tau) = \sum_{n=-\infty}^{+\infty} P(n\,\omega_0)\cos n\,\omega_0\tau = P(0) + 2\sum_{n=1}^{\infty} P(n\,\omega_0)\cos n\,\omega_0\tau \quad (3.32)$$

und

$$P(n\,\omega_0) = \frac{1}{T_0}\int_{-T_0/2}^{+T_0/2} r(\tau)\cos n\,\omega_0\tau\,d\tau . \quad (3.33)$$

Die Autokorrelationsfunktion kann auch als Funktion der Koeffizienten der FOURIER-Reihenentwicklung ausgedrückt werden, wobei die Beziehung (3.17) benutzt wird:

$$P(n\,\omega_0) = |C(n\,\omega_0)|^2 = \frac{1}{4}(a_n^2 + b_n^2) = \frac{1}{4}A_n^2$$

und daher

$$r(\tau) = \frac{a_0^2}{4} + \frac{1}{2}\sum_{n=1}^{\infty}(a_n^2 + b_n^2)\cos n\,\omega_0\tau \quad (3.34)$$

oder

$$r(\tau) = \frac{a_0^2}{4} + \frac{1}{2}\sum_{n=1}^{\infty} A_n^2 \cos n\,\omega_0\tau . \quad (3.35)$$

3.2.4. Eigenschaften der Autokorrelationsfunktion periodischer Signale

1. Die Autokorrelationsfunktion ist eine gerade Funktion von τ. Gemäß der Beziehung (3.32) ist

$$r(\tau) = r(-\tau) . \quad (3.36)$$

2. Wie sich aus den Beziehungen (3.32) und (3.35) ergibt, ist die Autokorrelationsfunktion eine periodische Funktion, die die gleiche Periode T_0 wie das Signal besitzt. Die maximalen Werte dieser Funktion treten bei $\tau = n\,T_0$ auf, wobei $n = 0, 1, 2, \ldots$ ist.

3. Für $\tau = 0$ ist entsprechend Beziehung (3.30)

$$r(0) = \sum_{n=-\infty}^{+\infty} P(n\,\omega_0) = P;$$

d. h., der Wert der Autokorrelationsfunktion im Nullpunkt ist gleich der Gesamtleistung des Signals.

Die Korrelationsfunktion spielt bei den Problemen des Empfangs schwacher Signale eine wichtige Rolle.

In Tabelle 3.2 sind Beispiele von Autokorrelations- und Kreuzkorrelationsfunktionen gegeben.

Tabelle 3.2. Korrelationsfunktionen einiger periodischer Signale

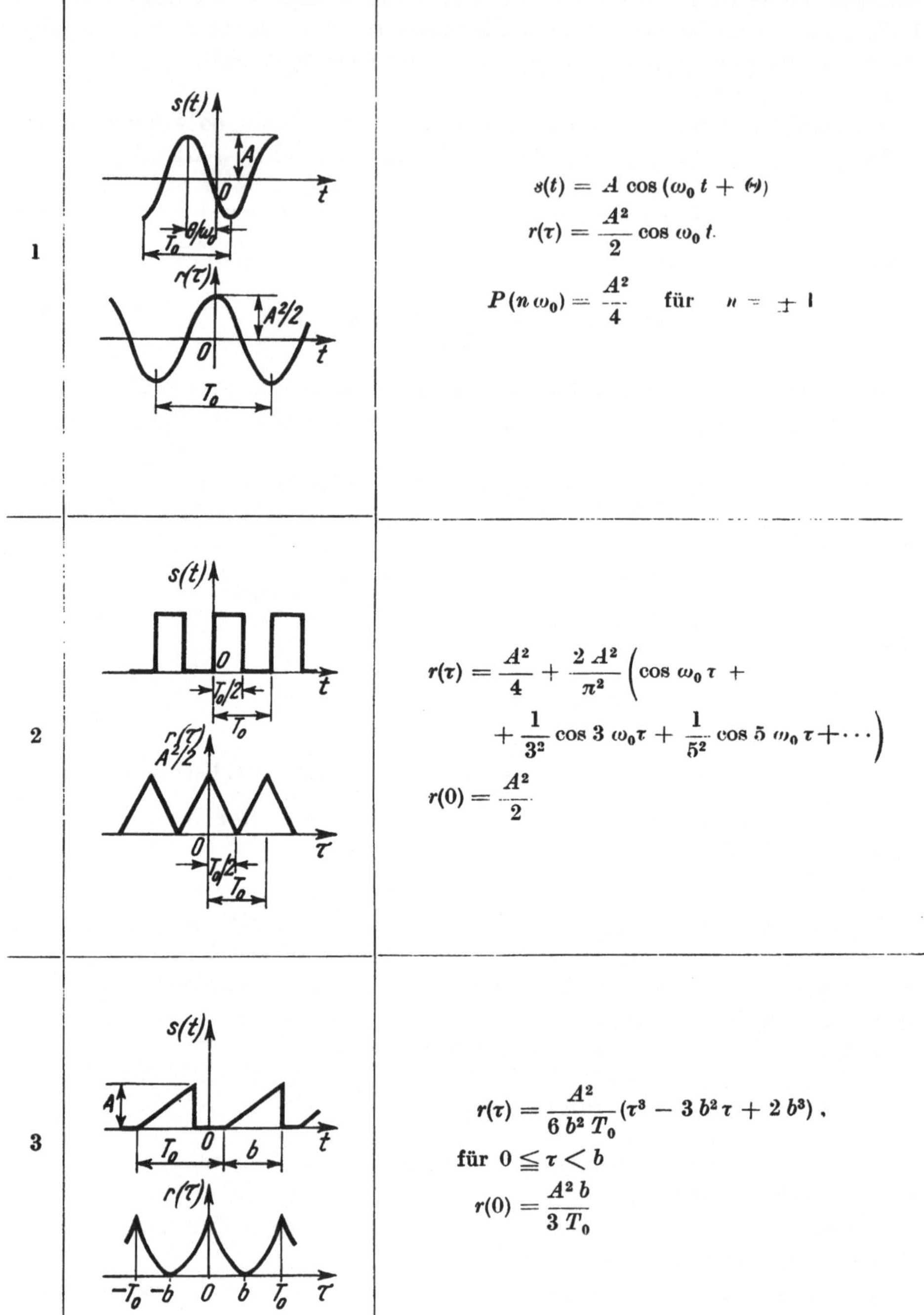

1		$s(t) = A \cos(\omega_0 t + \Theta)$ $r(\tau) = \dfrac{A^2}{2} \cos \omega_0 t$ $P(n\,\omega_0) = \dfrac{A^2}{4} \quad \text{für} \quad n = \pm 1$
2		$r(\tau) = \dfrac{A^2}{4} + \dfrac{2\,A^2}{\pi^2}\left(\cos \omega_0 \tau + {} \right.$ $\left. + \dfrac{1}{3^2}\cos 3\,\omega_0\tau + \dfrac{1}{5^2}\cos 5\,\omega_0\tau + \cdots\right)$ $r(0) = \dfrac{A^2}{2}$
3		$r(\tau) = \dfrac{A^2}{6\,b^2\,T_0}(\tau^3 - 3\,b^2\,\tau + 2\,b^3),$ $\text{für } 0 \leqq \tau < b$ $r(0) = \dfrac{A^2 b}{3\,T_0}$

Tabelle 3.2. (Fortsetzung)

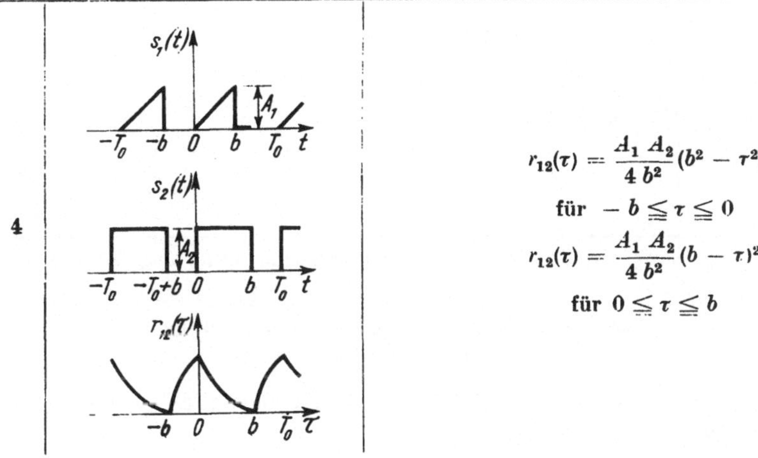

4

$$r_{12}(\tau) = \frac{A_1\,A_2}{4\,b^2}(b^2 - \tau^2)$$

$$\text{für} \quad -b \leqq \tau \leqq 0$$

$$r_{12}(\tau) = \frac{A_1\,A_2}{4\,b^2}(b - \tau)^2$$

$$\text{für} \quad 0 \leqq \tau \leqq b$$

3.2.5. Spektraldichte und Leistungsspektraldichte periodischer Funktionen

Wie gezeigt wurde, ist das Spektrum $C(n\,\omega_0)$ des periodischen Signals von n abhängig, wobei ω_0 eine konstante Größe — die Grundfrequenz des Signals — ist. Von der diskreten Veränderlichen $n\,\omega_0$ kann man zur kontinuierlichen Veränderlichen ω gelangen, und so können einige Funktionen dieser Veränderlichen definiert werden, die das Verhalten des Signals im Frequenzbereich charakterisieren.

Die spektrale Verteilungsfunktion kann durch die Beziehung

$$D(\omega) = \sum_{n=-\infty}^{+\infty} C(n\,\omega_0)\,u(\omega - n\,\omega_0) \tag{3.37}$$

bestimmt werden, wobei $u(\omega - n\,\omega_0)$, die Einheitssprungfunktion, durch die Gleichungen

$$u(\omega - n\,\omega_0) = 1 \quad \text{für} \quad \omega \geqq \omega_0\,n$$

und

$$u(\omega - n\,\omega_0) = 0 \quad \text{für} \quad \omega < n\,\omega_0$$

definiert ist.

Nach der Beziehung (3.15) erhält man

$$D(\omega) = \frac{1}{2}\sum_n a_n\,u(\omega - n\,\omega_0) - \frac{1}{2}j\sum_n b_n\,u(\omega - n\,\omega_0), \tag{3.38}$$

wobei

$$a_n = a_{-n} \quad \text{und} \quad b_n = -b_{-n}$$

ist.

Aus der Beziehung (3.37) ergibt sich, daß $D(\omega)$ eine Treppenfunktion ist, die in Abb. 3.3 sowohl für den reellen als auch für den imaginären Teil dargestellt ist.

Die Funktion $D(\omega)$ stellt die Summe aller spektralen Komponenten der Frequenz kleiner oder gleich ω dar.

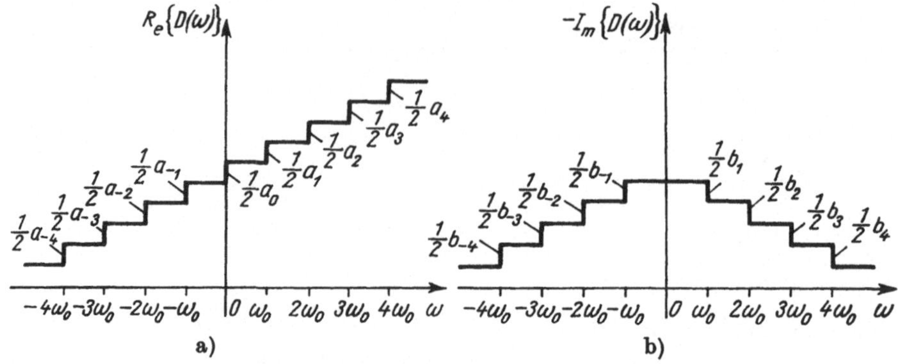

Abb. 3.3. Darstellung der spektralen Verteilungsfunktion
a) reeller Teil; b) imaginärer Teil

Die Ableitung der spektralen Verteilungsfunktion bezüglich der Frequenz wird *Spektraldichte* genannt (Abb. 3.4):

$$S(\omega) = 2\,\pi\,\frac{dD(\omega)}{d\omega} = 2\,\pi \sum_{n=-\infty}^{+\infty} C(n\,\omega_0)\,\delta\,(\omega - n\,\omega_0)\,,\qquad(3.39)$$

wobei $\delta\,(\omega - n\,\omega_0)$ die DIRACsche δ-Funktion ist.

Bezieht man sich auf das Leistungsspektrum, so kann die spektrale Verteilungsfunktion der Leistung wie folgt definiert werden:

$$P(\omega) = \sum_{n=-\infty}^{+\infty} |C(n\,\omega_0)|^2\,u\,(\omega - n\,\omega_0)\,.\qquad(3.40)$$

Sie stellt die Summe der Leistungen aller Spektralkomponenten der Frequenz kleiner oder gleich ω ($n\,\omega_0 \leqq \omega$) dar. Die in Abb. 3.5 dargestellte Funktion $P(\omega)$ ist eine Treppenfunktion; jede Stufe ist der Leistung der betreffenden Komponente gleich.

Die Ableitung der spektralen Verteilungsfunktion der Leistung bezüglich der Frequenz wird *Leistungsspektraldichte* genannt:

$$q(\omega) = 2\,\pi\,\frac{dP(\omega)}{d\omega} = 2\,\pi \sum_{n=-\infty}^{+\infty} |C(n\,\omega_0)|^2\,\delta\,(\omega - n\,\omega_0);\qquad(3.41)$$

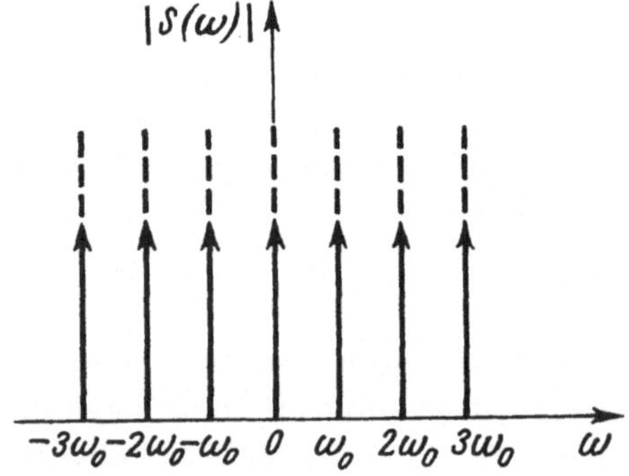

Abb. 3.4. Darstellung der Spektraldichte einer periodischen Funktion

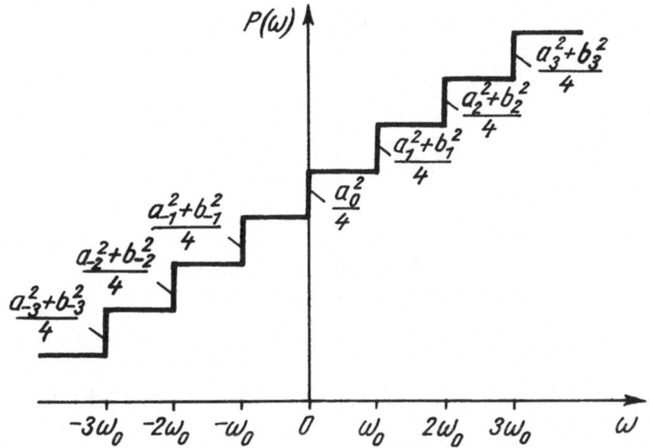

Abb. 3.5. Darstellung der spektralen Verteilungsfunktion der Leistung

da

$$|C(n\,\omega_0)|^2 = \frac{1}{4} A_n^2, \quad \text{und} \quad C^2(0) = C_0^2$$

ist und wenn nur nichtnegative Frequenzen betrachtet werden, ergibt sich

$$p(\omega) = 2\,\pi \left[C_0^2\,\delta(\omega) + \frac{1}{2} \sum_{n=1}^{\infty} A_n^2\,\delta(\omega - n\,\omega_0) \right]. \tag{3.42}$$

Für die Bestimmung der Gesamtleistung des Signals werten wir das folgende Integral aus

$$P_G = \frac{1}{2\,\pi} \int_{-\infty}^{+\infty} q(\omega)\,d\omega$$

oder, wenn wir uns nur auf nichtnegative Frequenzen beziehen.

$$P_G = \frac{1}{2\,\pi} \int_{-0}^{+\infty} p(\omega)\,d\omega,$$

wobei das Zeichen -0 bedeutet, daß in den Integrationsbereich auch der Nullpunkt eingeschlossen ist.

Des öfteren wird der Ausdruck Spektrum im weiteren Sinne auch für die Spektraldichte gebraucht.

3.2.5.1. Spektren und Korrelationsfunktion eines sinusförmigen Signals

1. Die sinusförmige Funktion ist

$$s(t) = A_1 \cos(\omega_0\,t + \varphi_1). \tag{3.43}$$

2. Das Amplitudenspektrum (Abb. 3.6) ist

$$|C(n\,\omega_0)| = \frac{1}{2} A_1 \quad \text{für} \quad n = \pm 1. \tag{3.44}$$

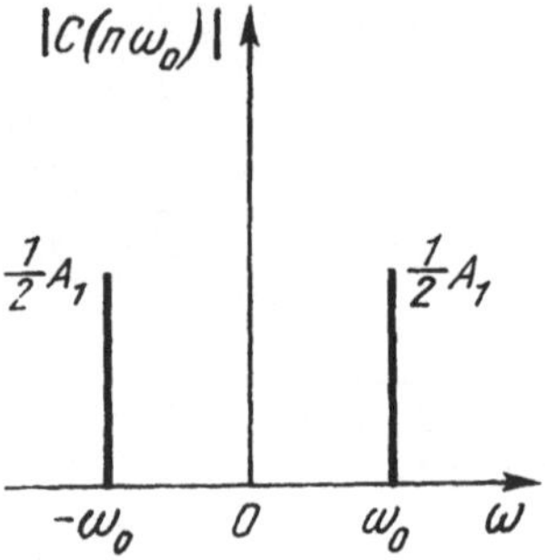

Abb. 3.6. Darstellung des Amplitudenspektrums eines sinusförmigen Signals

3. Das Phasenspektrum ist, wie aus der Beziehung (3.18) folgt

$$\Theta\,(n\,\omega_0) = \varphi_1 \qquad \text{für} \qquad n = 1 \tag{3.45}$$

$$\Theta\,(n\,\omega_0) = -\,\varphi_1 \qquad \text{für} \qquad n = -\,1\;.$$

4. Das Spektrum ist

$$\left.\begin{aligned}
C(n\,\omega_0) &= \frac{1}{2}\,A_1\,e^{j\varphi_1}\,. \qquad \text{für} \qquad n = 1;\\[2mm]
C(n\,\omega_0) &= \frac{1}{2}\,A_1\,e^{-j\varphi_1}\,. \qquad \text{für} \qquad n = -\,1\,.
\end{aligned}\right\} \tag{3.46}$$

5. Die Spektraldichte ist nach Beziehung (3.39)

$$S(\omega) = 2\,\pi\,C(-\,\omega_0)\,\delta\,(\omega + \omega_0) + 2\,\pi\,C(\omega_0)\,\delta\,(\omega - \omega_0) \tag{3.47}$$

oder

$$S(\omega) = \pi\,A_1\,[e^{-j\varphi_1}\,\delta\,(\omega + \omega_0) + e^{j\varphi_1}\,\delta\,(\omega - \omega_0)]\,. \tag{3.48}$$

6. Die Autokorrelationsfunktion ist (laut Tabelle 3.1)

$$r(\tau) = \frac{1}{2}\,A_1^2\,\cos\,\omega_0\,\tau\,. \tag{3.49}$$

7. Das Leistungsspektrum:

$$P\,(n\,\omega_0) = |C\,(n\,\omega_0)|^2 = \frac{1}{4}\,A_1^2 \qquad \text{für} \qquad n = \pm\,1\,.$$

8. Die Spektraldichte der Leistung:

$$q(\omega) = \pi\,\frac{A^2}{2}\,[\delta\,(\omega + \omega_0) + \delta\,(\omega - \omega_0)]\,. \tag{3.50}$$

3.2.5.2. Spektren und Korrelationsfunktion eines rechteckigen periodischen Signals

Das rechteckförmige periodische Signal ist in Abb. 3.7a dargestellt.
1. Das Signal lautet

$$s(t) = A_0\,. \qquad \text{für} \qquad n\,T_0 \leqq t \leqq n\,T_0 + \varkappa\,, \tag{3.51}$$

wobei n eine ganze Zahl ist und $s(t) = 0$ außerhalb des Intervalles.

2. Das Spektrum (Abb. 3.7b):

$$C\,(n\,\omega_0) = \frac{A_0\,\alpha}{T_0}\,\frac{\sin n\,\omega_0\,\dfrac{\alpha}{2}}{n\,\omega_0\,\dfrac{\alpha}{2}}\,e^{\,jn\,\omega_0\alpha/2}\,,$$

für

$$0 < \alpha \leqq T_0\,. \tag{3.52}$$

3. Das Leistungsspektrum:

$$P\,(n\,\omega_0) = |C\,(n\,\omega_0)|^2 = \frac{A_0^2\,\alpha^2}{T_0^2}\left(\frac{\sin n\,\omega_0\,\dfrac{\alpha}{2}}{n\,\omega_0\,\dfrac{\alpha}{2}}\right)^2\,. \tag{3.53}$$

4. Die Autokorrelationsfunktion (Abb. 3.7c):

$$r(\tau) = \frac{A_0^2\,\alpha^2}{T_0^2}\sum_{n=-\infty}^{+\infty}\left(\frac{\sin n\,\omega_0\,\dfrac{\alpha}{2}}{n\,\omega_0\,\dfrac{\alpha}{2}}\right)^2\cos n\,\omega_0\,\tau\,. \tag{3.54}$$

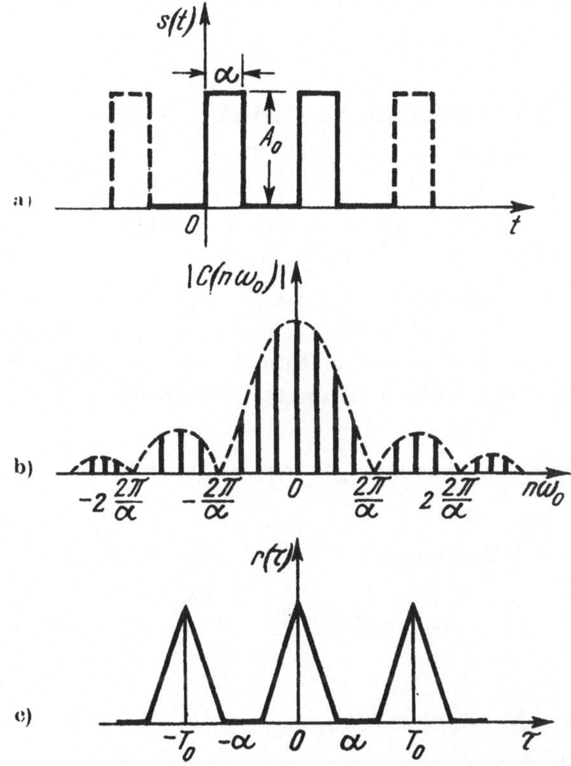

Abb. 3.7. Darstellung eines rechteckförmigen periodischen Signals
a) Das Signal; b) Das Spektrum; c) Die Korrelationsfunktion

Sonderfall: Es wird angenommen, daß $\alpha\,A_0 = 1$ und $\alpha \to 0$: in diesem Fall ergibt sich die periodische DIRACsche δ-Funktion:

$$\delta_T(t) = \sum_{n=-\infty}^{+\infty} \delta\,(t - n\,T_0)\,. \tag{3.55}$$

Das Spektrum der Funktion $\delta_T(t)$ ist

$$\lim_{\alpha \to 0} C\,(n\,\omega_0) = \frac{1}{T_0} \tag{3.56}$$

d. h., das Spektrum ist konstant.

Folglich ist

$$\delta_T(t) = \sum_{n=-\infty}^{+\infty} C\,(n\,\omega_0)\,e^{j\,n\,\omega_0\,t} = \frac{1}{T_0} \sum_{n=-\infty}^{+\infty} e^{j\,n\,\omega_0\,t}\,,$$

und, da die Funktion reell ist,

$$\delta_T(t) = \frac{1}{T_0} \sum_{n=-\infty}^{+\infty} \cos n\,\omega_0\,t\,.$$

Die Funktion $\delta_T(t)$ besitzt Harmonische aller Ordnungen mit gleicher Amplitude $\dfrac{1}{T_0}$.

3.2.6. Faltungssatz periodischer Funktionen

Es werde das Integral

$$f(t) = \frac{1}{T_0} \int_{-T_0/2}^{+T_0/2} s_1(\tau)\,s_2\,(t - \tau)\,d\tau \tag{3.57}$$

betrachtet, wobei $s_1(t)$ und $s_2(t)$ periodische Funktionen mit der Periodendauer T_0 sind. Dieses Integral ist der Korrelationsfunktion ähnlich, hat aber eine andere Bedeutung (in einer dieser Funktionen ist τ negativ). Indem man $s_2\,(t - \tau)$ durch die entsprechende FOURIER-Reihe ersetzt, ergibt sich

$$f(t) = \frac{1}{T_0} \int_{-T_0/2}^{+T_0/2} s_1(\tau) \sum_{n=-\infty}^{+\infty} C_2\,(n\,\omega_0)\,e^{j\,n\,\omega_0(t-\tau)}\,d\tau\,.$$

Durch Vertauschen der Reihenfolge von Addition und Integration entsteht

$$f(t) = \sum_{n=-\infty}^{+\infty} C_2\,(n\,\omega_0)\,e^{j\,n\,\omega_0\,t}\,\frac{1}{T_0} \int_{-T_0/2}^{+T_0/2} s_1(\tau)\,e^{-j\,n\,\omega_0\,\tau}\,d\tau\,.$$

$$f(t) = \sum_{n=-\infty}^{+\infty} C_1\,(n\,\omega_0)\,C_2\,(n\,\omega_0)\,e^{j\,n\,\omega_0\,t}\,,$$

$$f(t) = \sum_{n=-\infty}^{+\infty} C\,(n\,\omega_0)\,e^{j\,n\,\omega_0\,t}\,, \tag{3.58}$$

wobei

$$C\,(n\,\omega_0) = C_1\,(n\,\omega_0)\,C_2(n\,\omega_0)$$

ist.

Danach sind die Funktionen $f(t)$ und $C\,(n\,\omega_0)$ FOURIER-Transformierte. Mit den Beziehungen (3.57) und (3.58) ergibt sich

$$\frac{1}{T_0}\int\limits_{-T_0/2}^{+T_0/2} s_1(\tau)\,s_2\,(t-\tau)\,d\tau = \sum_{n=-\infty}^{+\infty} C_1(n\,\omega_0)\,C_2(n\,\omega_0)\,e^{jn\,\omega_0 t}\,. \qquad (3.59)$$

Diese Beziehung stellt den Faltungssatz für periodische Funktionen dar.

3.2.6.1. Faltungssatz mit der periodischen DIRACschen δ-Funktion

Wenn man in der Beziehung (3.57) $s_1(t) = s(t)$ und $s_2\,(t-\tau) = \delta_T\,(t-\tau)$ setzt und berücksichtigt, daß die periodische DIRACsche δ-Funktion ein konstantes Spektrum $C_2(n\,\omega_0) = \dfrac{1}{T_0}$ besitzt, so ergibt sich

$$\frac{1}{T_0}\int\limits_{-T_0/2}^{+T_0/2} s(\tau)\,\delta_T\,(t-\tau)\,d\tau = \frac{1}{T_0}\sum_{n=-\infty}^{+\infty} C\,(n\,\omega_0)\,e^{jn\,\omega_0 t}$$

und weiter

$$s(t) = \int\limits_{-T_0/2}^{+T_0/2} s(\tau)\,\delta_T\,(t-\tau)\,d\tau\,. \qquad (3.60)$$

Da im Zeitabstand T_0 nur ein einziger Delta-Impuls erscheint, folgt

$$s(t) = \int\limits_{-T_0/2}^{+T_0/2} s(\tau)\,\delta\,(t-\tau)\,d\tau\,. \qquad (3.61)$$

Diese Beziehung ermöglicht eine Darstellung des periodischen Signals über dem Zeitintervall $(-\,T_0/2,\,+\,T_0/2)$ als Grenzfall der Beziehung (3.1), in der die Summe durch ein Integral, der veränderliche Index i durch τ, a_i durch $s(\tau)$ und $s_i(t)$ durch $\delta\,(t-\tau)\,d\tau$ ersetzt sind.

Es ist ersichtlich, daß in diesem Fall die zusammensetzenden Funktionen DIRACsche δ-Funktionen sind.

Die Interpretation der Darstellung von $s(t)$ durch die Beziehung (3.61) ist in Abb. 3.8 gegeben, wobei $s(t)$ durch eine Folge von rechteckförmigen Impulsen der Dauer $\Delta\tau$ und der Höhe $s\,(n\,\Delta\tau)$ angenähert wird:

$$s(t) = \lim_{\substack{\Delta\tau\to 0\\ n\to\infty}} \sum_{n\,\Delta\tau=-\frac{T_0}{2}}^{n\,\Delta\tau=+\frac{T_0}{2}} s\,(n\,\Delta\tau)\,\{u\,(t-n\,\Delta\tau)-u\,(t-(n+1)\,\Delta\tau)\}\,,$$

wobei $u(t)$ die Einheitssprungfunktion ist, oder weiter

$$s(t) = \lim_{\substack{\Delta\tau\to 0\\ n\to\infty}} \sum_{n\,\Delta\tau=-\frac{T_0}{2}}^{n\,\Delta\tau=+\frac{T_0}{2}} s\,(n\,\Delta\tau)\,\frac{u\,(t-n\,\Delta\tau)-u\,(t-n\,\Delta\tau-\Delta\tau)}{\Delta\tau}\,\Delta\tau\,. \qquad (3.62)$$

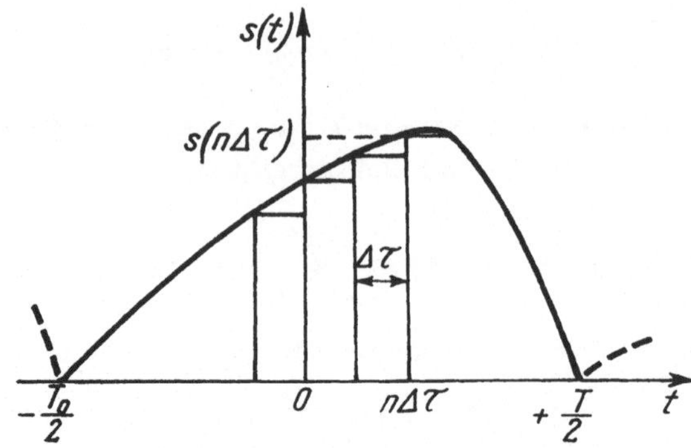

Abb. 3.8. Darstellung eines Signals durch zusammensetzende Funktionen vom Typ der DIRACschen δ-Funktion

Mit den Grenzübergängen

$$\lim_{\substack{\Delta\tau\to 0 \\ n\to\infty}} n\, \Delta\tau = \tau$$

und

$$\lim_{\substack{\Delta\tau\to 0 \\ n\to\infty}} \frac{u\,(t - n\, \Delta\tau) - u\,(t - n\, \Delta\tau - \Delta\tau)}{\Delta\tau} = \delta(t - \tau)$$

entsteht aus der Beziehung (3.62) bei Übergang zum Integral

$$s(t) = \int_{-T_0/2}^{+T_0/2} s(\tau)\, \delta\,(t - \tau)\, d\tau\,.$$

3.2.6.2. Faltungssatz mit der Einheitssprungfunktion

Die Beziehung (3.61)

$$s(t) = \int_{-T_0/2}^{+T_0/2} s(\tau)\, \delta\,(t - \tau)\, d\tau$$

wird durch partielle Integration zu

$$s(t) = \left[-\, s(\tau)\, u\,(t - \tau) \right]_{\tau = -\frac{T_0}{2}}^{\tau = +\frac{T_0}{2}} + \int_{-T_0/2}^{+T_0/2} s'(\tau)\, u\,(t - \tau)\, d\tau\,,$$

woraus sich ergibt

$$s(t) = s\left(-\frac{T_0}{2}\right) u\left(t + \frac{T_0}{2}\right) + \int_{-T_0/2}^{+T_0/2} s'(\tau)\, u\,(t - \tau)\, d\tau\,. \tag{3.63}$$

Obige Beziehung kann auch in der Form

$$s(t) = s(0)\, u(t) + \int_{0}^{T_0} s'(\tau)\, u\,(t - \tau)\, d\tau \tag{3.64}$$

geschrieben werden.

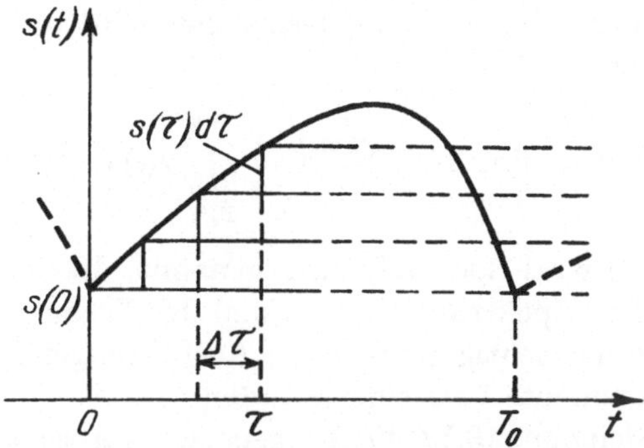

Abb. 3.9. Darstellung eines Signals durch zusammensetzende Funktionen vom Typ der Einheitssprungfunktion

Die Beziehung (3.64) gibt eine Darstellung des Signals als Grenzfall der Beziehung (3.1), wobei die Summe durch ein Integral, der veränderliche Index i durch τ, a_i durch $s'(\tau)$ und $s_i(t)$ durch $u(t - \tau)\, d\tau$ ersetzt sind.

In diesem Fall sind die zusammensetzenden Funktionen Einheitssprungfunktionen (Abb. 3.9).

3.3. Darstellung nichtperiodischer Signale

Auch im Falle von nichtperiodischen Signalen kann das Signal als Summe (Integral) von elementaren Signalen, genau wie im Falle periodischer Signale, dargestellt werden.

3.3.1. FOURIER- und LAPLACE-Transformationen

Man kann annehmen, daß die nichtperiodischen Funktionen aus den periodischen Funktionen dadurch entstehen, daß ihre Periode T_0 unbegrenzt wächst. In diesem Fall strebt die periodische Funktion gegen eine nichtperiodische Funktion.

Man betrachtet das Spektrum

$$C(n\,\omega_0) = \frac{1}{T_0} \int_{-T_0/2}^{+T_0/2} s(t)\, e^{-j\,n\,\omega_0\,t}\, dt = \frac{1}{2\,\pi}\, \omega_0 \int_{-T_0/2}^{+T_0/2} s(t)\, e^{-j\,n\,\omega_0\,t}\, dt \tag{3.65}$$

Beim Grenzübergang $T_0 \to \infty$ geht ω_0 gegen $d\omega$, während $n\,\omega_0$ die kontinuierliche Frequenz ω wird.

In diesem Fall geht

$$2\,\pi\, \frac{C(n\,\omega_0)}{\omega_0} = \int_{-T_0/2}^{+T_0/2} s(t)\, e^{-j\,n\,\omega_0\,t}\, dt \tag{3.66}$$

gegen einen Grenzwert, der mit $S(\omega)$ bezeichnet wird und der wie folgt ausgedrückt werden kann:

$$S(\omega) = \lim_{T_0 \to \infty} 2\pi \frac{C(n\,\omega_0)}{\omega_0} = \int_{-T_0/2}^{+T_0/2} s(t)\, e^{-j\omega t}\, dt \, . \tag{3.67}$$

Die Funktion $S(\omega)$ wird Spektraldichte genannt, da sie den Grenzwert des Verhältnisses zwischen Spektrum $C(n\,\omega_0)$ und der Frequenz ω_0 darstellt, wenn $\omega_0 \to d\omega$. Unter Berücksichtigung früherer Ausführungen kann die Größe $S(\omega)\, d\omega$ als Spektralkomponente bezeichnet werden.

Aus dem in der Gleichung (3.13) für $s(t)$ gegebenen Ausdruck ergibt sich

$$s(t) = \lim_{T_0 \to \infty} \sum_{n=-\infty}^{+\infty} C(n\,\omega_0)\, e^{j n \omega_0 t} = \lim_{T_0 \to \infty} \sum_{n=-\infty}^{+\infty} \frac{1}{\omega_0} C(n\,\omega_0)\, e^{j n \omega_0 t}\, \omega_0 \, ,$$

$$s(t) = \frac{1}{2\pi} \int_{-\infty}^{+\infty} S(\omega)\, e^{j\omega t}\, d\omega \, . \tag{3.68}$$

Die Beziehungen (3.67) und (3.68) gelten nur für

$$\int_{-\infty}^{+\infty} |s(t)|\, dt < \infty \, . \tag{3.69}$$

Die Beziehung (3.68) zeigt, daß eine nichtperiodische Funktion $s(t)$ aus einer unendlich großen Anzahl von sinusförmigen Komponenten $e^{j\omega t}$ zusammengesetzt ist, die unendlich kleine Amplituden $\frac{1}{2\pi} S(\omega)\, d\omega$ besitzen. Die Frequenz dieser Komponenten kann alle Werte im kontinuierlichen Bereich $(-\infty, \infty)$ annehmen.

Die Synthese des Signals $s(t)$ kann auch durch eine erweiterte Klasse von Exponentialfunktionen erfolgen, zum Beispiel durch e^{pt}, wobei p die komplexe Frequenz genannt wird, die durch die Beziehung $p = \sigma + j\omega$ bestimmt ist, wobei σ und ω reelle Werte annehmen.

Wenn das Integral

$$S(p) = \int s(t)\, e^{-pt}\, dt < \infty \tag{3.70}$$

für bestimmte Werte von $\sigma_0 = Re\{p\}$ (Abb. 3.10) konvergent ist, so hat man

$$s(t) = \frac{1}{2\pi j} \int_{\sigma_0 - j\,\omega\infty}^{\sigma_0 + j\infty} S(p)\, e^{+pt}\, dp \, . \tag{3.71}$$

Diese Gleichung stellt $s(t)$ als Funktion von Ausdrücken der Form $e^{(\sigma_0 + j\omega)t}$ dar, wobei die Amplituden dieser Ausdrücke (den Koeffizienten a_i aus der Beziehung (3.1) entsprechend) der in (3.70) gegebenen zweiseitigen LAPLACE-Transformierten $S(\sigma_0 + j\omega)$ proportional sind.

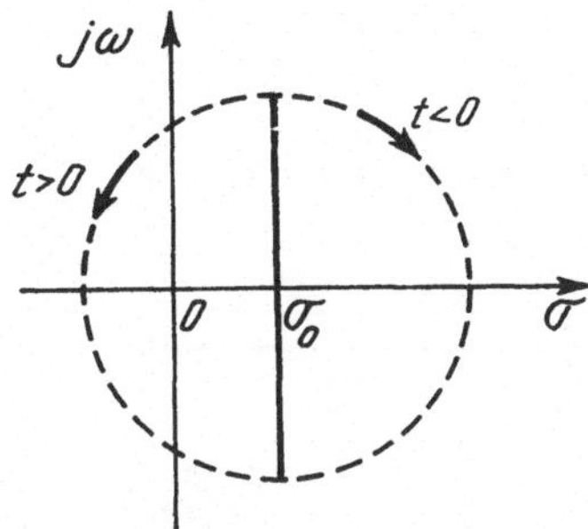

Abb. 3.10. Darstellung der komplexen Ebene p

Die Funktion $S(p)$ bestimmt $s(t)$ eindeutig nur, wenn der Konvergenzbereich des Integrals (3.70) bekannt ist. $S(p)$ kann auch außerhalb des Konvergenzbereiches des Integrals (3.70) durch analytische Fortsetzung ausgewertet werden; in diesem Fall stellt aber $S(p)$ ein von $s(t)$ verschiedenes Signal dar.

Die durch die Beziehung (3.71) gegebene Darstellung existiert auch für eine Klasse von Funktionen, für die die durch (3.68) gegebene Darstellung nicht existiert — bzw. die Bedingung (3.69) nicht erfüllt ist — z.B. für die Einheitssprungfunktion. Die LAPLACE-Transformierte hat einen allgemeineren Charakter; sie enthält als Spezialfall die FOURIER-Transformierte, wenn das Integral (3.70) für $\sigma_0 = 0$ konvergent ist. Die Konvergenz ist durch die Bedingung (3.69) gewährleistet.

In den meisten Fällen ist die Bedingung (3.69) erfüllt, so daß die FOURIER-Transformierte ein zweckmäßiges Hilfsmittel für die Analyse und Synthese der Signale bleibt.

Gelegentlich wird auch eine andere Darstellung verwendet:

$$p = j\lambda \, .$$

Durch Drehung der p-Ebene um $\pi/2$ im Uhrzeigersinn zur komplexen λ-Ebene ergibt sich (Abb. 3.11)

$$\lambda = \omega - j\sigma \, .$$

Wenn

$$S(j\lambda) = \int_{-\infty}^{+\infty} s(t)\, e^{-j\lambda t}\, dt \tag{3.72}$$

für Im $\{\lambda\} = -\sigma_0$ konvergent ist, erhält man

$$s(t) = \frac{1}{2\pi} \int_{-\infty - j\sigma_0}^{+\infty - j\sigma_0} S(j\lambda)\, e^{j\lambda t}\, d\lambda; \tag{3.73}$$

wie auch im vorhergehenden Fall, erhält man für $\sigma_0 = 0$ die FOURIER-Transformierte. Wenn man zum Ausdruck bringen will, daß man zur Grenze $\sigma_0 = 0$ der Veränderlichen p oder λ übergegangen ist, wird die FOURIER-Transformierte durch $S(j\omega)$ bzw. $S(\omega)$ bezeichnet. Gewöhnlich wird jedoch in beiden Fällen die einfachere Bezeichnung $S(\omega)$ verwendet.

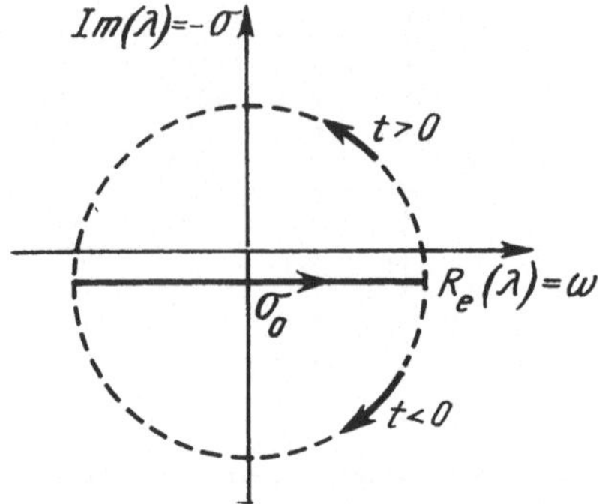

Abb. 3.11. Darstellung der komplexen Ebene $y = -jp$

Zur Veranschaulichung des Vorhergehenden werde die Funktion

$$s(t) = e^{-|t|} \tag{3.74}$$

betrachtet.

Diese in Abb. 3.12a dargestellte Funktion ist für viele Anwendungen nützlich. Die zweiseitige LAPLACE-Transformierte dieser Funktion ist

$$S(p) = \int\limits_{-\infty}^{+\infty} e^{-|t|}\, e^{-p\,t}\, dt = \int\limits_{-\infty}^{+\infty} e^{-|t|}\, e^{-\sigma t}\, e^{-j\omega t}\, dt \; . \tag{3.75}$$

Es werden zwei Fälle betrachtet: $t > 0$ und $t < 0$.

1. Der Fall $t > 0$. Damit in diesem Fall das Integral konvergent ist, muß

$$-|t| - \sigma t < 0\,, \quad \text{also} \quad 1 + \sigma > 0\,, \quad \sigma > -1$$

sein.

2. Der Fall $t < 0$. Damit in diesem Fall das Integral konvergent ist, muß

$$-1 + \sigma < 0\,, \quad \sigma < 1$$

sein; der Konvergenzbereich ist also: $-1 < \sigma < 1$ (Abb. 3.12).

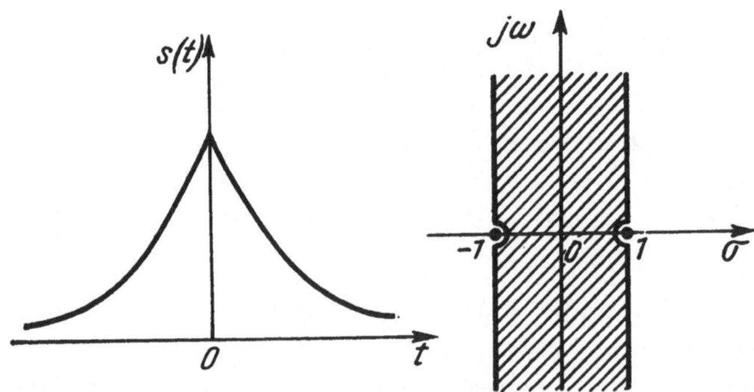

Abb. 3.12. Die Funktion $e^{-|t|}$

a) Graphische Darstellung; b) Konvergenzbereich der entsprechenden LAPLACE-Transformation

Die zweiseitige LAPLACE-Transformierte kann auch wie folgt geschrieben werden:

$$S(p) = \int_0^\infty e^{-t}\, e^{-pt}\, dt + \int_{-\infty}^0 e^t\, e^{-pt}\, dt = \frac{1}{1+p} + \frac{1}{1-p} \tag{3.76}$$

oder

$$S(p) = \frac{2}{1-p^2}\,.$$

Um die Rücktransformierte zu bestimmen, schreibt man

$$s(t) = s_+(t) + s_-(t)\,,$$

wobei

$$s_+(t) = s(t) \qquad \text{für} \quad t > 0\,,$$
$$s_+(t) = 0 \qquad \text{für} \quad t < 0$$

ist, und

$$s_-(t) = 0 \qquad \text{für} \quad t > 0\,,$$
$$s_-(t) = s(t) \qquad \text{für} \quad t < 0$$

ist.

Man erhält die Rücktransformierte von $s_+(t)$ durch Integration über die Kontur Γ_{-1} (Abb. 3.13a):

$$s_+(t) = \frac{1}{2\pi j} \int_{-1-j\infty}^{-1+j\infty} \frac{1}{1+p}\, e^{pt}\, dp\,.$$

Das Residuum ist

$$b_{-1} = \frac{1}{2\pi j}\, e^{-t}$$

und daher

$$s_+(t) = 2\pi j\, b_{-1} = e^{-t}\,.$$

In gleicher Weise erhält man durch Integration über die Kontur Γ_{+1} (Abb. 3.13b)

$$s_-(t) = \frac{1}{2\pi j} \int_{1-j\infty}^{1+j\infty} \frac{1}{1-p}\, e^{pt}\, dp\,.$$

Das Residuum ist

$$b_{-1} = \frac{1}{2\pi j}\, e^t\,.$$

Daher

$$s_-(t) = 2\pi j\, b_{-1} = e^t\,.$$

Das gesamte Signal ist

$$s(t) = s_+(t) + s_-(t) = e^{-|t|}\,.$$

Wenn an Stelle des in Abb. 3.12 dargestellten Konvergenzbereiches der Beziehung (3.71) der in Abb. 3.14a dargestellte Bereich betrachtet wird, so ergibt

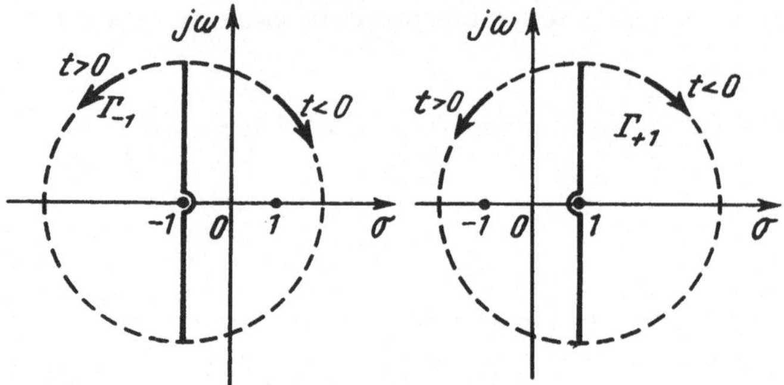

Abb. 3.13. Darstellung des Integrationsweges für die Funktion $S(p) = \dfrac{2}{1 - p^2}$

a) Für den Fall $t > 0$; b) für den Fall $t < 0$

sich die in Abb. 3.14b dargestellte Zeitfunktion:

$$\left.\begin{array}{lll} s(t) = e^{-t} - e^{t} & \text{für} & t > 0; \\ s(t) = 0 & \text{für} & t < 0. \end{array}\right\} \tag{3.77}$$

Betrachtet man den Konvergenzbereich aus Abb. 3.15a, so erhält man die in Abb. 3.15b dargestellte Zeitfunktion:

$$\left.\begin{array}{lll} s(t) = e^{t} - e^{-t}, & \text{für} & t < 0; \\ s(t) = 0 & \text{für} & t > 0. \end{array}\right\} \tag{3.78}$$

Folglich kann die zweiseitige LAPLACE-Transformierte

$$S(p) = \frac{2}{1 - p^2}$$

verschiedene Zeitfunktionen darstellen, je nachdem, welcher Konvergenzbereich betrachtet wird.

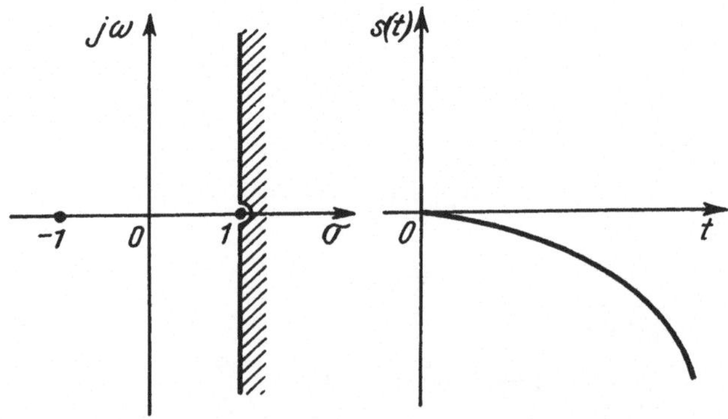

Abb. 3.14. Die durch die Beziehung (3.77) gegebene Funktion

a) Konvergenzbereich; b) Graphische Darstellung der Funktion

3.3.1.1. Die Spektraldichte nichtperiodischer Funktionen

Die in der Beziehung (3.67) definierte Spektraldichte ist im allgemeinen komplex:

$$S(\omega) = P(\omega) + j\,Q(\omega) = |S(\omega)|\,e^{j\,\Theta(\omega)}\,. \qquad (3.79)$$

In diesem Fall ist

$$|S(\omega)| = \sqrt{P^2(\omega) + Q^2(\omega)} \qquad (3.80)$$

und wird Spektraldichte der Amplitude genannt, während

$$\Theta(\omega) = \text{arc tan}\,\frac{Q(\omega)}{P(\omega)} \qquad (3.81)$$

die Spektraldichte der Phase genannt wird.

Kennt man $S(\omega)$, so ist $s(t)$ eindeutig bestimmt und man sagt, daß $S(\omega)$ das Signal im Frequenzbereich darstellt.

Wenn $s(t)$ reell ist, so ergibt sich aus (3.67)

$$S(-\,\omega) = \overset{*}{S}(\omega), \qquad (3.82)$$

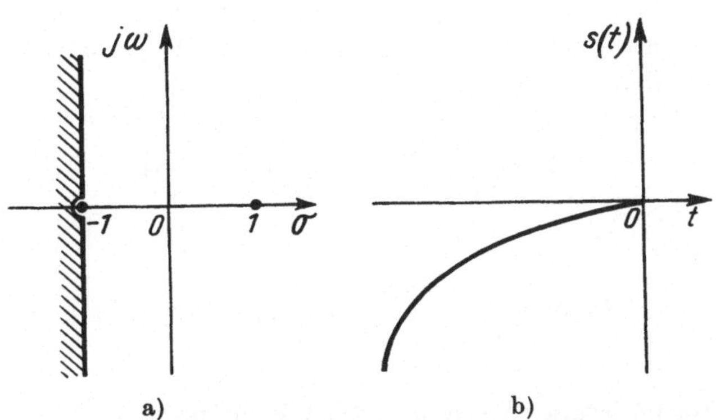

Abb. 3.15. Die durch die Beziehung (3.78) gegebene Funktion
a) Konvergenzbereich; b) Graphische Darstellung der Funktion

und wegen der Beziehung (3.79) ist $P(\omega)$ eine gerade, hingegen $Q(\omega)$ eine ungerade Funktion.

Es ergibt sich

$$|S(-\,\omega)| = |S(\omega)|$$

und

$$\Theta(-\,\omega) = -\,\Theta(\omega)\,.$$

$$(3.83)$$

3.3.1.2. Andere Formen des FOURIER-Integrals

Das FOURIER-Integral kann auch in folgenden Formen geschrieben werden:

$$1. \qquad s(t) = \frac{1}{\pi} \int\limits_0^\infty [a(\omega)\cos\omega\,t + b(\omega)\sin\omega\,t]\,d\omega\,, \qquad (3.84)$$

wobei

$$a(\omega) = \int\limits_{-\infty}^{+\infty} s(t) \cos \omega t \, dt :$$
(3.85)

$$b(\omega) = \int\limits_{-\infty}^{+\infty} s(t) \sin \omega t \, dt$$
(3.86)

ist.

Diese Formulierung ist der in (3.9) und (3.10) für periodische Funktionen angegebenen ähnlich.

$$2. \qquad s(t) = \frac{1}{\pi} \int\limits_{0}^{\infty} A(\omega) \cos \left[\omega t + \Phi(\omega)\right] d\omega ,$$
(3.87)

wobei

$$A(\omega) = \sqrt{a^2(\omega) + b^2(\omega)} ;$$
(3.88)

$$\Phi(\omega) = \text{arc tan} \left[- \frac{b(\omega)}{a(\omega)}\right]$$
(3.89)

ist.

Diese Formulierung ist der in (3.11) und (3.12) für periodische Funktionen angegebenen ähnlich.

$$3. \qquad s(t) = \frac{1}{\sqrt{2\,\pi}} \int\limits_{-\infty}^{+\infty} \Psi(\omega) \left(\cos \omega t + \sin \omega t\right) d\omega$$
(3.90)

und

$$\Psi(\omega) = \frac{1}{\sqrt{2\,\pi}} \int\limits_{-\infty}^{+\infty} s(t) \left(\cos \omega t + \sin \omega t\right) dt .$$
(3.91)

Dies ist eine Formulierung in symmetrischer Form mit

$$\Psi(\omega) = \frac{1}{\sqrt{2\,\pi}} \left[a(\omega) + b(\omega)\right] ,$$
(3.92)

wobei berücksichtigt werden muß, daß

$$a(\omega) = a(-\omega)$$

und

$$b(\omega) = - b(-\omega)$$

ist.

3.3.2. Einige Eigenschaften der FOURIER-Transformierten

1. Die Transformierte der Summe von Funktionen ist gleich der Summe der Transformierten jeder Funktion:

$$\mathfrak{F} \left\{ s_1(t) + s_2(t) \right\} = S_1(\omega) + S_2(\omega) .$$
(3.93)

2. Die Transformierte der abgeleiteten Funktion:

$$\mathfrak{F}\left\{\frac{ds(t)}{dt}\right\} = j\,\omega\,S(\omega)\ . \tag{3.94}$$

3. Die Transformierte des Integrals:

$$\mathfrak{F}\left\{\int_0^t s(t)\,dt\right\} = \frac{1}{j\,\omega}\,S(\omega)\ . \tag{3.95}$$

4. Die Transformierte einer verzögerten Funktion:

$$\mathfrak{F}\left\{s\,(t-\tau)\right\} = e^{-j\,\omega\tau}\,S(\omega)\ . \tag{3.96}$$

5. Die Transformierte einer mit $e^{-j\Omega t}$ multiplizierten Funktion:

$$\mathfrak{F}\left\{e^{-j\Omega t}\,s(t)\right\} = S\,(\omega + \Omega)\ . \tag{3.97}$$

6. Die Transformierte einer Funktion mit anderem Zeitmaßstab:

$$\mathfrak{F}\left\{s\,(at)\right\} = \frac{1}{a}\,S\left(\frac{\omega}{a}\right)\ . \tag{3.98}$$

In der Tabelle 3.3 sind einige Beispiele von Funktionen und ihren FOURIER-Transformierten sowie der Spektraldichten der Amplitude als auch der Phase gegeben.

3.3.3. Korrelationsfunktion und Spektraldichte der Energie nichtperiodischer Signale

Für nichtperiodische Signale wird die Korrelationsfunktion durch die Beziehung (s. Abschnitt 3.1) definiert:

$$k_{12}(\tau) = \int_{-\infty}^{+\infty} s_1(t)\,s_2\,(t+\tau)\,dt\ . \tag{3.99}$$

Bei periodischen Signalen erscheint der Faktor $\dfrac{1}{T_0}$, so daß die Korrelationsfunktion einen Mittelwert über eine Periode (der gleich dem Mittelwert über dem unendlichen Intervall ist) darstellt.

Bei nichtperiodischen Signalen stellt die Korrelationsfunktion keinen Mittelwert dar, da die betrachteten Signale endliche Energie besitzen (quadratisch integrierbare Funktionen), also der Mittelwert über ein unendliches Intervall gleich Null ist.

Dieser Unterschied in der Definition der Korrelationsfunktionen ist zu beachten.

Wir nehmen an, daß die Signale $s_1(t)$ und $s_2(t)$ absolut integrierbar sind, so daß

$$\int_{-\infty}^{+\infty} |s_1(t)|\,dt < \infty \quad \text{und} \quad \int_{-\infty}^{+\infty} |s_2(t)|\,dt < \infty$$

ist.

Tabelle 3.3. Die FOURIER-Transformierte einiger nichtperiodischer Signale

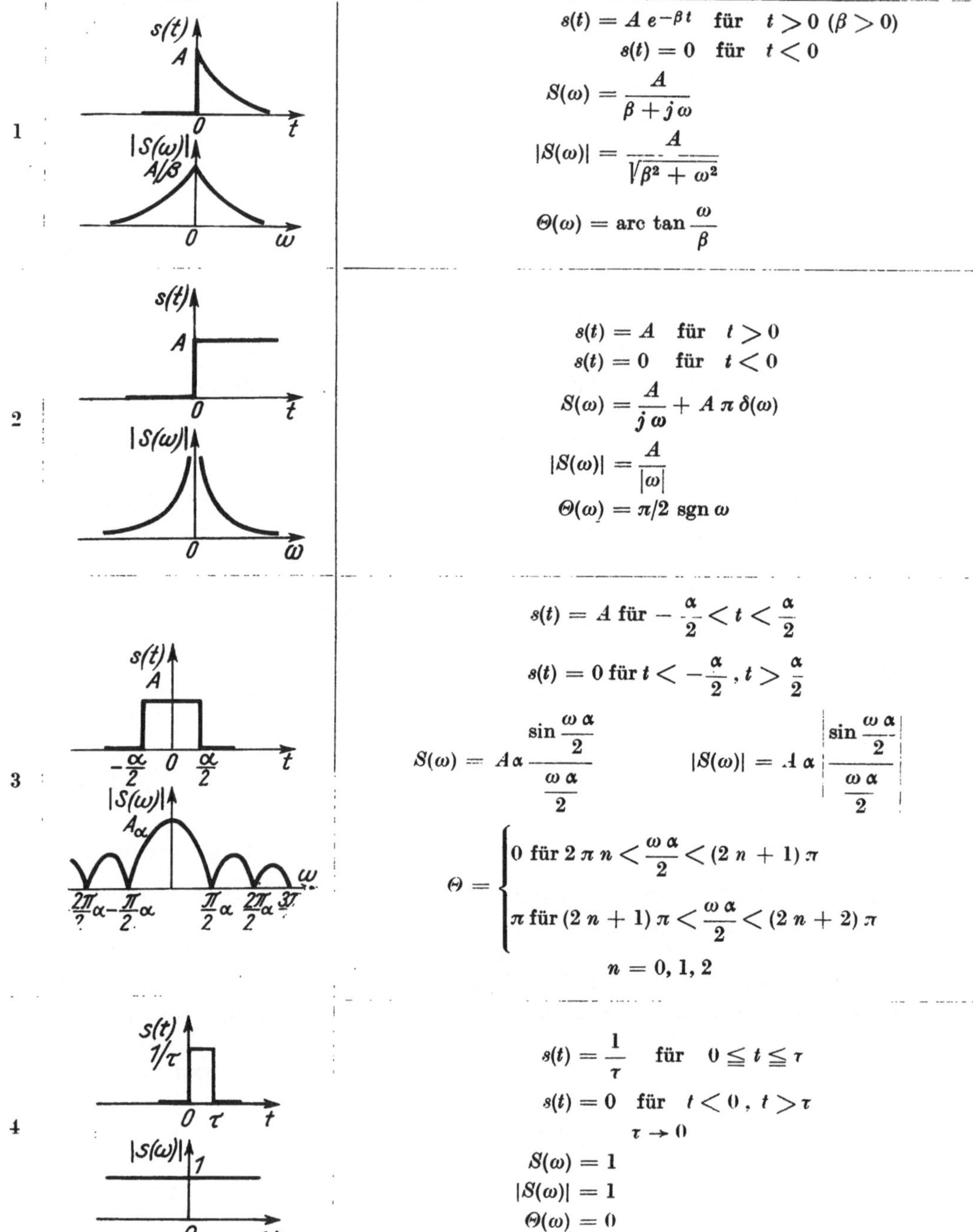

1

$$s(t) = A\,e^{-\beta t} \quad \text{für} \quad t > 0 \ (\beta > 0)$$
$$s(t) = 0 \quad \text{für} \quad t < 0$$

$$S(\omega) = \frac{A}{\beta + j\,\omega}$$

$$|S(\omega)| = \frac{A}{\sqrt{\beta^2 + \omega^2}}$$

$$\Theta(\omega) = \text{arc tan}\,\frac{\omega}{\beta}$$

2

$$s(t) = A \quad \text{für} \quad t > 0$$
$$s(t) = 0 \quad \text{für} \quad t < 0$$

$$S(\omega) = \frac{A}{j\,\omega} + A\,\pi\,\delta(\omega)$$

$$|S(\omega)| = \frac{A}{|\omega|}$$

$$\Theta(\omega) = \pi/2 \ \text{sgn}\,\omega$$

3

$$s(t) = A \ \text{für} \ -\frac{\alpha}{2} < t < \frac{\alpha}{2}$$

$$s(t) = 0 \ \text{für} \ t < -\frac{\alpha}{2}, t > \frac{\alpha}{2}$$

$$S(\omega) = A\,\alpha\,\frac{\sin\dfrac{\omega\,\alpha}{2}}{\dfrac{\omega\,\alpha}{2}} \qquad |S(\omega)| = A\,\alpha\,\left|\frac{\sin\dfrac{\omega\,\alpha}{2}}{\dfrac{\omega\,\alpha}{2}}\right|$$

$$\Theta = \begin{cases} 0 \ \text{für} \ 2\,\pi\,n < \dfrac{\omega\,\alpha}{2} < (2\,n+1)\,\pi \\[2ex] \pi \ \text{für} \ (2\,n+1)\,\pi < \dfrac{\omega\,\alpha}{2} < (2\,n+2)\,\pi \end{cases}$$

$$n = 0, 1, 2$$

4

$$s(t) = \frac{1}{\tau} \quad \text{für} \quad 0 \leqq t \leqq \tau$$

$$s(t) = 0 \quad \text{für} \quad t < 0, t > \tau$$

$$\tau \to 0$$

$$S(\omega) = 1$$
$$|S(\omega)| = 1$$
$$\Theta(\omega) = 0$$

Tabelle 3.3. (Fortsetzung)

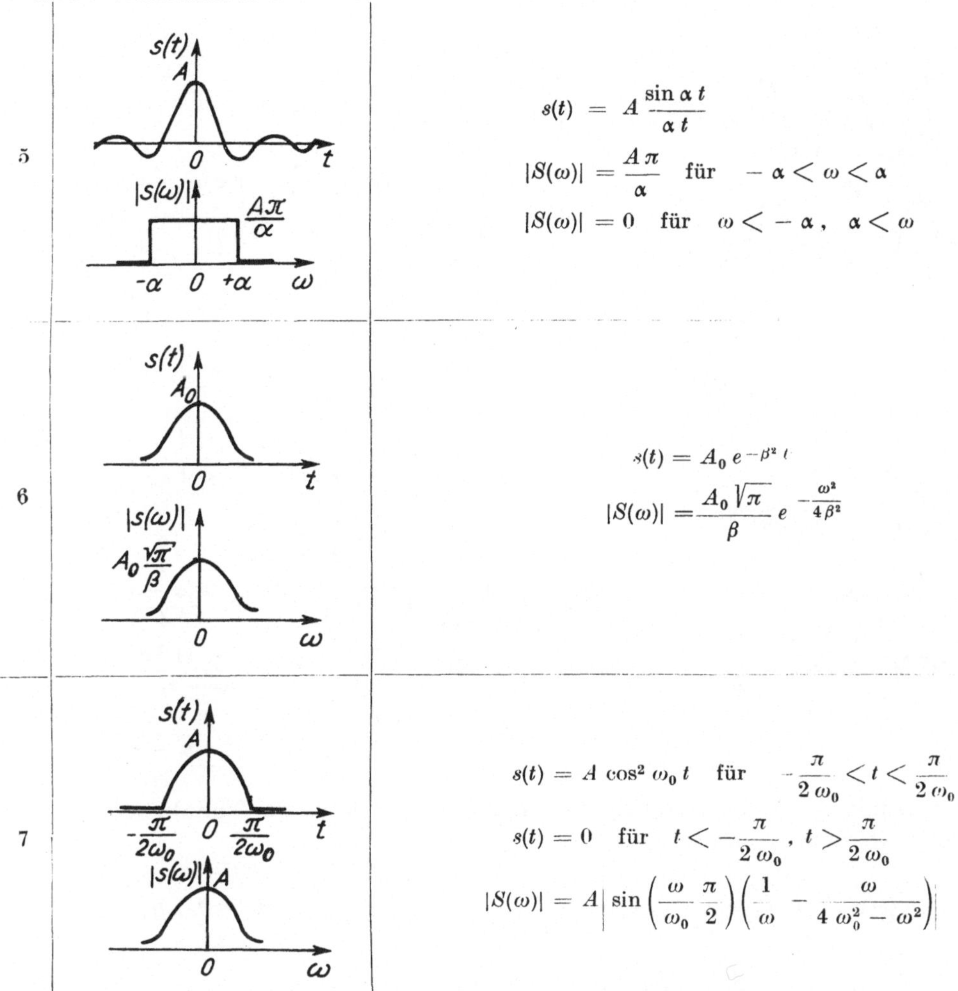

$$s(t) \;=\; A\,\frac{\sin \alpha t}{\alpha t}$$

$$|S(\omega)| \;=\; \frac{A\,\pi}{\alpha}\quad \text{für}\quad -\alpha < \omega < \alpha$$

$$|S(\omega)| \;=\; 0 \quad \text{für}\quad \omega < -\alpha,\;\; \alpha < \omega$$

$$s(t) = A_0\, e^{-\beta^2 t}$$

$$|S(\omega)| = \frac{A_0\,\sqrt{\pi}}{\beta}\, e^{-\frac{\omega^2}{4\beta^2}}$$

$$s(t) = A\,\cos^2 \omega_0\, t \quad \text{für}\quad -\frac{\pi}{2\,\omega_0} < t < \frac{\pi}{2\,\omega_0}$$

$$s(t) = 0 \quad \text{für}\quad t < -\frac{\pi}{2\,\omega_0},\; t > \frac{\pi}{2\,\omega_0}$$

$$|S(\omega)| = A\left| \sin\left(\frac{\omega}{\omega_0}\,\frac{\pi}{2}\right)\left(\frac{1}{\omega} - \frac{\omega}{4\,\omega_0^2 - \omega^2}\right)\right|$$

$$s(t) = V\,\frac{t+\alpha}{\alpha} \quad \text{für}\quad -\alpha < t < 0$$

$$s(t) = V\,\frac{\alpha-t}{\alpha} \quad \text{für}\quad 0 < t < \alpha$$

$$s(t) = 0 \quad \text{für}\quad t < -\alpha,\; t > \alpha$$

$$|S(\omega)| = V\,\alpha\left[\frac{\sin\dfrac{\alpha\,\omega}{2}}{\dfrac{\alpha\,\omega}{2}}\right]^2$$

Tabelle 3.3. (Fortsetzung)

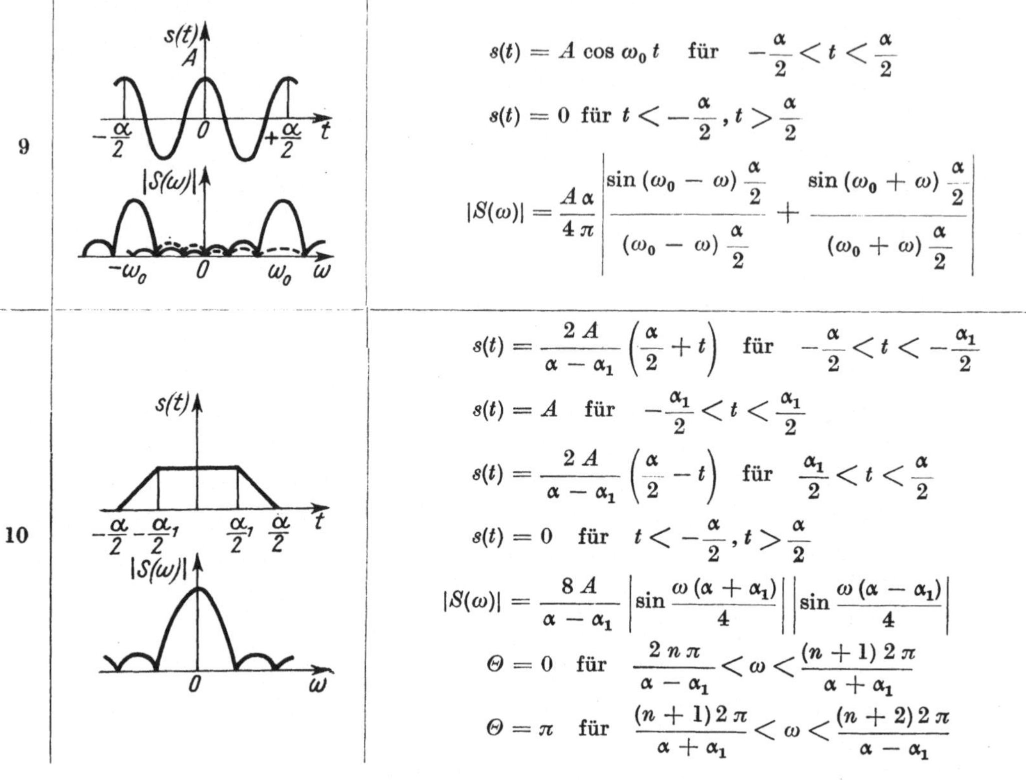

9	$s(t) = A \cos \omega_0 t \quad \text{für} \quad -\dfrac{\alpha}{2} < t < \dfrac{\alpha}{2}$ $s(t) = 0 \quad \text{für} \quad t < -\dfrac{\alpha}{2}, \, t > \dfrac{\alpha}{2}$ $\lvert S(\omega) \rvert = \dfrac{A\,\alpha}{4\,\pi} \left\lvert \dfrac{\sin(\omega_0 - \omega)\dfrac{\alpha}{2}}{(\omega_0 - \omega)\dfrac{\alpha}{2}} + \dfrac{\sin(\omega_0 + \omega)\dfrac{\alpha}{2}}{(\omega_0 + \omega)\dfrac{\alpha}{2}} \right\rvert$
10	$s(t) = \dfrac{2A}{\alpha - \alpha_1}\left(\dfrac{\alpha}{2} + t\right) \quad \text{für} \quad -\dfrac{\alpha}{2} < t < -\dfrac{\alpha_1}{2}$ $s(t) = A \quad \text{für} \quad -\dfrac{\alpha_1}{2} < t < \dfrac{\alpha_1}{2}$ $s(t) = \dfrac{2A}{\alpha - \alpha_1}\left(\dfrac{\alpha}{2} - t\right) \quad \text{für} \quad \dfrac{\alpha_1}{2} < t < \dfrac{\alpha}{2}$ $s(t) = 0 \quad \text{für} \quad t < -\dfrac{\alpha}{2}, \, t > \dfrac{\alpha}{2}$ $\lvert S(\omega) \rvert = \dfrac{8A}{\alpha - \alpha_1}\left\lvert \sin\dfrac{\omega(\alpha + \alpha_1)}{4}\right\rvert\left\lvert \sin\dfrac{\omega(\alpha - \alpha_1)}{4}\right\rvert$ $\Theta = 0 \quad \text{für} \quad \dfrac{2n\pi}{\alpha - \alpha_1} < \omega < \dfrac{(n+1)\,2\pi}{\alpha + \alpha_1}$ $\Theta = \pi \quad \text{für} \quad \dfrac{(n+1)\,2\pi}{\alpha + \alpha_1} < \omega < \dfrac{(n+2)\,2\pi}{\alpha - \alpha_1}$

Wenn mit $S_1(\omega)$ und $S_2(\omega)$ die Spektraldichten dieser zwei Funktionen bezeichnet werden, so erhält man

$$k_{12}(\tau) = \int\limits_{-\infty}^{+\infty} s_1(t)\, s_2(t + \tau)\, dt = \frac{1}{2\,\pi} \int\limits_{-\infty}^{+\infty} s_1(t) \int\limits_{-\infty}^{+\infty} S_2(\omega)\, e^{j\,\omega(t+\tau)}\, d\omega\, dt\,;$$

durch Vertauschung der Integrationsreihenfolge ergibt sich

$$k_{12}(\tau) = \frac{1}{2\,\pi} \int\limits_{-\infty}^{+\infty} S_2(\omega)\, e^{j\,\omega\tau} \int\limits_{-\infty}^{+\infty} s_1(t)\, e^{j\,\omega t}\, dt\, d\omega\,.$$

Das letzte der beiden Integrale ergibt

$$\int\limits_{-\infty}^{+\infty} s_1(t)\, e^{j\,\omega t}\, dt = S_1(-\,\omega) = \overset{*}{S}_1(\omega)$$

und daher

$$k_{12}(\tau) = \frac{1}{2\,\pi} \int\limits_{-\infty}^{+\infty} \overset{*}{S}_1(\omega)\, S_2(\omega)\, e^{j\,\omega\tau}\, d\omega\,. \tag{3.100}$$

Der Ausdruck

$$e_{12}(\omega) = \overset{*}{S}_1(\omega)\, S_2(\omega) \tag{3.101}$$

wird Kreuzspektraldichte der Energie genannt.

Die Beziehung (3.100) kann damit folgendermaßen geschrieben werden:

$$k_{12}(\tau) = \frac{1}{2\,\pi} \int\limits_{-\infty}^{+\infty} e_{12}(\omega)\, e^{j\,\omega\tau}\, d\omega\ . \tag{3.102}$$

Daraus ergibt sich, daß die Korrelationsfunktion $k_{12}(\tau)$ und die Kreuzspektraldichte $e_{12}(\omega)$ FOURIER-Transformierte sind.

Die Rücktransformation ergibt

$$e_{12}(\omega) = \int\limits_{-\infty}^{+\infty} k_{12}(\tau)\, e^{-j\,\omega\tau}\, d\tau\ . \tag{3.103}$$

Die Beziehung (3.102) und (3.103) sind unter dem Namen Korrelationssatz für nichtperiodische Funktionen bekannt.

Im Spezialfall $\tau = 0$ ist

$$k_{12}(0) = \int\limits_{-\infty}^{+\infty} s_1(t)\, s_2(t)\, dt = \frac{1}{2\,\pi} \int\limits_{-\infty}^{+\infty} \overset{*}{S}_1(\omega)\, S_2(\omega)\, d\omega\ . \tag{3.104}$$

Diese Beziehung ist unter dem Namen PARSEVALsche *Gleichung* bekannt.

3.3.4. Autokorrelationsfunktion nichtperiodischer Signale

Wenn in die Beziehung (3.99) $s_1(t) = s_2(t) = s(t)$ eingeführt wird, so ergibt sich die Autokorrelationsfunktion

$$k(\tau) = \int\limits_{-\infty}^{+\infty} s(t)\, s\,(t + \tau)\, dt\ , \tag{3.105}$$

und aus der Beziehung (3.100) wird

$$k(\tau) = \frac{1}{2\,\pi} \int\limits_{-\infty}^{+\infty} |S(\omega)|^2\, e^{j\,\omega\tau}\, d\omega\ . \tag{3.106}$$

Der Ausdruck

$$e(\omega) = |S(\omega)|^2$$

wird *Spektraldichte der Energie* genannt. Die Autokorrelationsfunktion und die Spektraldichte der Energie sind FOURIER-Transformierte:

$$\left.\begin{aligned} k(\tau) &= \frac{1}{2\,\pi} \int\limits_{-\infty}^{+\infty} e(\omega)\, e^{j\,\omega\tau}\, d\omega\,; \\ e(\omega) &= \int\limits_{-\infty}^{+\infty} k(\tau)\, e^{-j\,\omega\tau}\, d\tau\ . \end{aligned}\right\} \tag{3.107}$$

Diese Beziehungen sind unter dem Namen *Autokorrelationssatz für nichtperiodische Funktionen* bekannt.

Unter Berücksichtigung, daß die Funktionen $k(\tau)$ und $e(\omega)$ reell sind, können die Beziehungen (3.107) in folgender Form geschrieben werden:

$$\left.\begin{aligned}
k(\tau) &= \frac{1}{2\pi} \int\limits_{-\infty}^{+\infty} e(\omega)\, \cos \omega\, \tau\, d\omega\,; \\[2mm]
e(\omega) &= \int\limits_{-\infty}^{+\infty} k(\tau)\, \cos \omega\, \tau\, d\tau\,.
\end{aligned}\right\} \qquad (3.108)$$

Man sieht, daß die Autokorrelationsfunktion auch im Fall nichtperiodischer Signale keine Phaseninformation enthält, so daß Signale mit der gleichen Amplitudendichte die gleiche Autokorrelationsfunktion besitzen.

3.3.5. Eigenschaften der Autokorrelationsfunktion nichtperiodischer Signale

1. Die Autokorrelationsfunktion ist eine gerade Funktion. Gemäß Gleichung (3.108) ist

$$k(\tau) = k(-\tau)\,.$$

2. Die Autokorrelationsfunktion nimmt den größtmöglichen Wert im Nullpunkt an:

$$k(0) > k(\tau) \qquad \text{für} \qquad \tau \neq 0$$

denn

$$k(0) = \int\limits_{-\infty}^{+\infty} e(\omega)\, d\omega > \int\limits_{-\infty}^{+\infty} e(\omega)\, \cos \omega\, \tau\, d\omega = k(\tau)\,,$$

da $e(\omega)$ nichtnegativ ist.

3. Für $\tau = 0$ ist

$$k(0) = \int\limits_{-\infty}^{+\infty} s^2(t)\, dt = \int\limits_{-\infty}^{+\infty} e(\omega)\, d\omega\,,$$

also stellt $k(0)$ die Gesamtenergie des Signals dar.

In der Tab. 3.4 sind einige Beispiele von Autokorrelationsfunktionen für nichtperiodische Signale gegeben.

3.3.6. Kurzzeitspektren

Im folgenden werden einige Betrachtungen über physikalische Gesichtspunkte der Spektren angestellt. Es wurde gezeigt, daß $S(\omega)\, d\omega$ als eine Spektralkomponente betrachtet werden kann. Summen solcher Komponenten können mit Spektralanalysatoren gemessen werden; im Falle periodischer Signale kann jede einzelne Komponente gemessen werden. Aus der mathematischen Definition ergibt sich, daß man zur Bestimmung des Spektrums eines Signals über die gesamte Zeitachse von $-\infty$ bis $+\infty$ zu integrieren bzw. die Signale

Tabelle 3.4. Autokorrelationsfunktion nichtperiodischer Signale

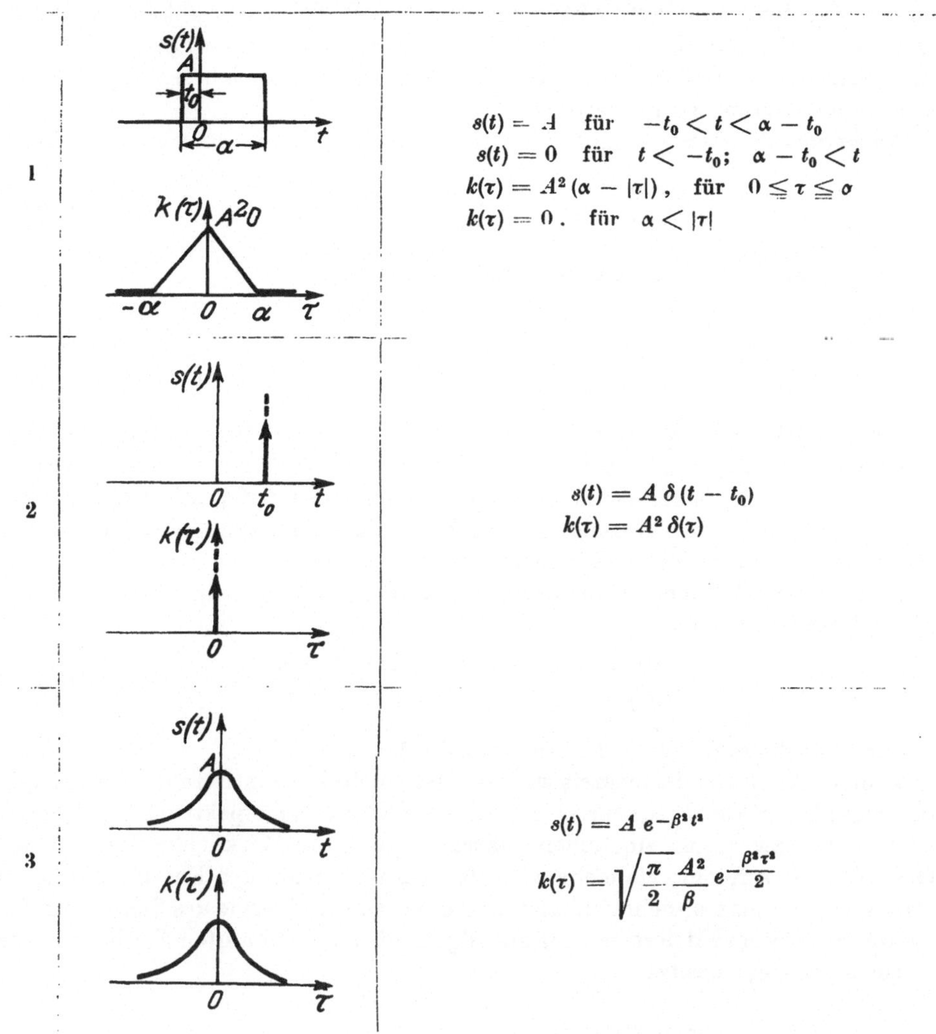

1

$$s(t) = A \quad \text{für} \quad -t_0 < t < \alpha - t_0$$
$$s(t) = 0 \quad \text{für} \quad t < -t_0; \quad \alpha - t_0 < t$$
$$k(\tau) = A^2\,(\alpha - |\tau|), \quad \text{für} \quad 0 \leq \tau \leq \alpha$$
$$k(\tau) = 0 \, . \quad \text{für} \quad \alpha < |\tau|$$

2

$$s(t) = A\,\delta\,(t - t_0)$$
$$k(\tau) = A^2\,\delta(\tau)$$

3

$$s(t) = A\,e^{-\beta^2 t^2}$$
$$k(\tau) = \sqrt{\frac{\pi}{2}}\,\frac{A^2}{\beta}\,e^{-\frac{\beta^2\tau^2}{2}}$$

über diesem Zeitintervall zu beobachten hat; dies ist physikalisch selbstverständlich unreal. Die Tatsache, daß die Signale nicht bei $-\infty$, sondern zu einem endlichen Zeitpunkt beginnen, berechtigt, den Zeitpunkt $t_0 = 0$, den Nullpunkt der Zeitachse, zu wählen. Da die Beobachtungszeit auch einen begrenzten Wert τ besitzt, wird die obere Integrationsgrenze nicht $+\infty$, sondern τ gesetzt. Es entsteht also für die Beobachtungsdauer τ ein Spektrum

$$S_\tau(\omega) = \int\limits_0^\tau s(t)\,e^{-j\omega t}\,dt \, . \tag{3.109}$$

Dieses Spektrum wird Kurzzeitspektrum genannt und ist von der Frequenz und der Beobachtungszeit τ abhängig. Aus dem Bisherigen ergibt sich, daß zwei Signale, die bis zum Ende der Beobachtungszeit τ die gleiche Form haben, unabhängig davon, daß sie nach dem Zeitpunkt τ verschieden sein können, das gleiche Kurzzeitspektrum besitzen.

Angenommen, daß mit Hilfe eines Spektralanalysators ein Signal der Form

$$\left.\begin{aligned} s(t) &= e^{-\sigma t}, & \text{für} \quad t \geqq 0; \\ s(t) &= 0. & \text{für} \quad t < 0 \end{aligned}\right\} \tag{3.110}$$

analysiert wird. Es entsteht ein Kurzzeitspektrum

$$S_\tau(\omega) = \int\limits_0^\tau e^{-\sigma t}\, e^{-j\omega t}\, dt = \int\limits_0^\tau e^{-pt}\, dt = -\frac{1}{p}(e^{-p\tau} - 1) = \frac{1}{p} - \frac{1}{p}\, e^{-p\tau}.$$

Wenn σ sehr klein ist, so nähert sich $s(t)$ der Einheitssprungfunktion, und es wird ziemlich lange Zeit dauern, bis das zweite Glied vernachlässigt werden kann; man erhält dann das der Einheitssprungfunktion entsprechende bekannte Spektrum (Abb. 3.16). Wenn σ groß ist, kann die Beobachtungszeit kürzer sein. Für eine sehr kleine Beobachtungszeit wird $S_\tau(\omega) \approx 0$.

Es wird der Fall eines sinusförmigen Signals, das zum Zeitpunkt $t_0 = 0$ beginnt, betrachtet

$$\begin{aligned} s(t) &= A_0 \cos \omega_0 t & \text{für} \quad t \geqq 0; \\ s(t) &= 0 & \text{für} \quad t < 0. \end{aligned} \tag{3.111}$$

$S_\tau(\omega)$ hat die in der Abb. 3.17 dargestellte Form.

Je mehr die Beobachtungszeit wächst, desto mehr konzentriert sich die Energie des Signals um die Frequenz $\pm\,\omega_0$, indem das Kurzzeitspektrum $S_\tau(\omega)$ gegen $\delta(\omega \pm \omega_0)$ bzw. gegen ein Linienspektrum strebt. In Wirklichkeit wird dieser Grenzfall nie erreicht, vielmehr wird die Konzentration der Energie um ω_0 so groß sein, daß man annehmen kann, daß die gesamte Energie des Signals um die Frequenz ω_0 konzentriert ist und das Signal über den gesamten Zeitbereich die Form $A_0 \cos \omega_0 t$ besitzt.

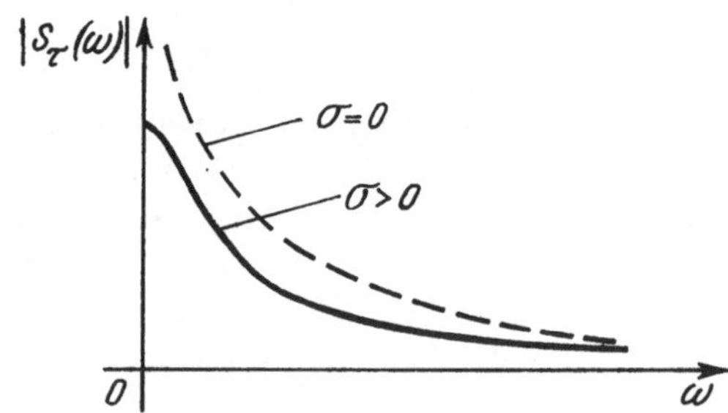

Abb. 3.16. Darstellung des Kurzzeitspektrums $S_\tau(\omega)$ des durch die Beziehung (3.110) bestimmten Signals

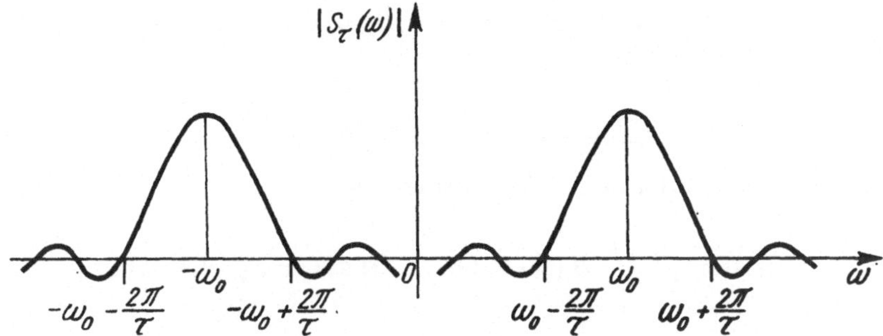

Abb. 3.17. Darstellung des Kurzzeitspektrums $S_\tau(\omega)$
des durch die Beziehung (3.111) bestimmten Signals

In Wirklichkeit gibt es kein exakt periodisches Signal; das zyklische Signal
nähert sich dem periodischen Signal, wenn seine Dauer bzw. die Beobachtungsdauer τ groß ist.

Das Kurzzeitspektrum $S_\tau(\omega)$ besitzt physikalische Bedeutung; es ist sowohl
von der Frequenz als auch von der Zeit abhängig, und für große Werte von τ
geht es gegen $S(\omega)$. Da $S(\omega)$ nicht von der Zeit abhängt und eine einfachere
mathematische Struktur besitzt, ist es für theoretische Untersuchungen geeigneter.

3.3.7. Faltungssatz nichtperiodischer Funktionen

Bei nichtperiodischen Funktionen wird das Faltungsintegral durch folgende
Beziehung definiert:

$$f(t) = \int\limits_{-\infty}^{+\infty} s_1(\tau)\, s_2\,(t - \tau)\, d\tau = s_1(t) * s_2(t) \,, \tag{3.112}$$

die durch Einführung der FOURIER-Transformierten zu

$$f(t) = \frac{1}{2\pi} \int\limits_{-\infty}^{+\infty} s_1(\tau) \int\limits_{-\infty}^{+\infty} S_2(\omega)\, e^{j\,\omega(t-\tau)}\, d\omega\, d\tau$$

wird.

Durch Änderung der Integrationsreihenfolge ergibt sich

$$f(t) = \frac{1}{2\pi} \int\limits_{-\infty}^{+\infty} S_2(\omega)\, e^{j\,\omega t} \int\limits_{-\infty}^{+\infty} s_1(\tau)\, e^{-j\,\omega\tau}\, d\tau\, d\omega$$

und daher

$$f(t) = \frac{1}{2\pi} \int\limits_{-\infty}^{+\infty} S_1(\omega)\, S_2(\omega)\, e^{j\,\omega t}\, d\omega \,. \tag{3.113}$$

Es ergibt sich also, daß $f(t)$ und $F(\omega) = S_1(\omega)\, S_2(\omega)$ FOURIER-Transformierte sind

$$f(t) = s_1(t) * s_2(t) = \mathfrak{F}^{-1}\{S_1(\omega) \cdot S_2(\omega)\}: \tag{3.114}$$

$$F(\omega) = S_1(\omega) \cdot S_2(\omega) = \mathfrak{F}\{f(t)\}. \tag{3.115}$$

In ähnlicher Weise kann gezeigt werden, daß

$$G(\omega) = \frac{1}{2\pi}\int\limits_{-\infty}^{+\infty} S_1(\Omega)\, S_2(\omega - \Omega)\, d\Omega = S_1(\omega) * S_2(\omega) \tag{3.116}$$

zu

$$G(\omega) = \int\limits_{-\infty}^{+\infty} s_1(t)\, s_2(t)\, e^{-j\omega t}\, dt \tag{3.117}$$

wird.

Daraus folgt, daß $g(t) = s_1(t)\, s_2(t)$ und $G(\omega)$ FOURIER-Transformierte sind.

$$G(\omega) = S_1(\omega) * S_2(\omega) = \mathfrak{F}\{s_1(t) \cdot s_2(t)\}; \tag{3.118}$$

$$g(t) = s_1(t) \cdot s_2(t) = \mathfrak{F}^{-1}\{G(\omega)\}. \tag{3.119}$$

Die Transformationsbeziehungen (3.114), (3.115) und (3.118), (3.119) stellen den Faltungssatz für nichtperiodische Funktionen dar. Wie bei periodischen Funktionen kann der Faltungssatz zur Darstellung des Signals durch DIRACsche Funktionen oder die Einheitssprungfunktion verwendet werden.

3.3.7.1. Faltungssatz mit der DIRACschen δ-Funktion

Wenn man in die Beziehungen (3.112) und (3.113)

$$s_1(\tau) = s(\tau); \qquad S_1(\omega) = S(\omega);$$
$$s_2(t - \tau) = \delta(t - \tau); \quad S_2(\omega) = 1$$

einsetzt, so erhält man

$$\int\limits_{-\infty}^{+\infty} s(\tau)\, \delta(t - \tau)\, d\tau = \frac{1}{2\pi}\int\limits_{-\infty}^{+\infty} S(\omega)\, e^{j\omega t}\, d\omega = s(t)$$

und daher wird

$$s(t) = \int\limits_{-\infty}^{+\infty} s(\tau)\, \delta(t - \tau)\, d\tau. \tag{3.120}$$

Die Interpretation dieser Darstellung von $s(t)$ ist die gleiche wie die im Abschnitt 3.2.6. gegebene, wenn man $T_0 \to \infty$ wachsen läßt.

3.3.7.2. Faltungssatz mit der Einheitssprungfunktion

Wenn man in der Beziehung (3.120) eine Teilintegration durchführt und berücksichtigt, daß $\lim\limits_{t\to\pm\infty} s(t) = 0$ ist, so ergibt sich

$$s(t) = \left[-s(\tau)\, u(t - \tau)\right]_{\tau=-\infty}^{\tau=+\infty} + \int\limits_{-\infty}^{+\infty} s'(\tau)\, u(t - \tau)\, d\tau$$

und weiter

$$s(t) = \int\limits_{-\infty}^{+\infty} s'(\tau)\, u\,(t - \tau)\, d\tau\ .$$
(3.121)

Die Beziehungen (3.120) und (3.121) sind den für periodische Funktionen gültigen Beziehungen (3.61) und (3.64) ähnlich.

3.3.8. Abtasttheorem (Probensatz)

Das Abtasttheorem besitzt eine besondere theoretische und praktische Bedeutung.

Dieses Theorem zeigt, daß unter gewissen Bedingungen ein kontinuierliches Signal als Funktion seiner Ordinaten zu diskreten Zeitpunkten dargestellt werden kann.

Nach dem Abtasttheorem ist ein Signal $s(t)$, dessen Spektrum auf die höchste Frequenz W beschränkt ist, eindeutig bestimmt, wenn nur die Ordinaten $s\left(\dfrac{n}{2\,W}\right)$ bekannt sind, wobei n eine ganze Zahl ist, die alle Werte von $-\infty$ bis $+\infty$ annimmt.

Im folgenden werden verschiedene Formen dieses Theorems angegeben.

3.3.8.1. Interpolationsformel im Zeitbereich

Wird die periodische DIRACsche δ-Funktion mit dem Signal $s(t)$ multipliziert und bezeichnet man dieses Produkt mit $s^*(t)$, so nennt man das *Abtastung*:

$$s^*(t) = s(t)\, \delta_T(t)\ .$$
(3.122)

Man bezeichnet weiter mit $s_0(t)$ die Funktion

$$s_0(t) = \frac{\sin 2\,\pi\,W\,t}{2\,\pi\,W\,t}\ .$$
(3.123)

die *Spaltfunktion* genannt wird.

Diese Benennungen werden später begründet.

Es wird erneut der Faltungssatz (3.113) betrachtet. in den nachstehende Beziehungen eingesetzt werden:

$$s_1(t) = s^*(t) \qquad \text{und} \qquad s_2(t) = s_0(t)$$

$$S_1(\omega) = S^*(\omega) \qquad \text{und} \qquad S_2(\omega) = S_0(\omega) = \frac{1}{2\,W}$$

für

$$|\omega| < 2\,\pi\,W\ .$$

Man erhält

$$f(t) = \int\limits_{-\infty}^{+\infty} s^*(\tau)\, s_0\,(t - \tau)\, d\tau = \frac{1}{2\pi} \int\limits_{-\infty}^{+\infty} S^*(\omega)\, S_0(\omega)\, e^{j\omega t}\, d\omega\ .$$
(3.124)

Die periodische DIRACsche δ-Funktion

$$\delta_T(t) = \sum_{n=-\infty}^{+\infty} \delta(t - n\,T_0) = \frac{1}{T_0} \sum_{n=-\infty}^{+\infty} e^{jn\,\omega_0 t}\,.$$

in der man $T_0 = \dfrac{1}{2\,W}$ setzt, wird

$$\delta_T(t) = \sum_{n=-\infty}^{+\infty} \delta\left(t - \frac{n}{2\,W}\right) = 2\,W \sum_{n=-\infty}^{+\infty} e^{j\,4\pi\,W n t}\,.$$

In den Faltungssatz eingesetzt, ergibt sich

$$f(t) = \int_{-\infty}^{+\infty} s(\tau)\,\delta_T(\tau)\,\frac{\sin 2\,\pi\,W\,(t-\tau)}{2\,\pi\,W\,(t-\tau)}\,d\tau = \int_{-\infty}^{+\infty} s(\tau) \sum_{n=-\infty}^{+\infty} \delta\left(\tau - \frac{n}{2\,W}\right)\frac{\sin 2\,\pi\,W\,(t-\tau)}{2\,\pi\,W\,(t-\tau)}\,d\tau$$

oder

$$f(t) = \sum_{n=-\infty}^{+\infty} s\left(\frac{n}{2\,W}\right)\frac{\sin 2\,\pi\,W\,(t - n/2\,W)}{2\,\pi\,W\,(t - n/2\,W)}\,. \tag{3.125}$$

Durch Berechnung der Spektraldichte $S^*(\omega)$ erhält man

$$S_1(\omega) = S^*(\omega) = \int_{-\infty}^{+\infty}\left[s(t)\cdot 2\,W \sum_{n=-\infty}^{+\infty} e^{j\,4\pi\,W n t}\right] e^{-j\,\omega t}\,dt :$$

$$S^*(\omega) = 2\,W \sum_{n=-\infty}^{+\infty} \int_{-\infty}^{+\infty} s(t)\,e^{-j(\omega - 4\pi\,W n)t}\,dt$$

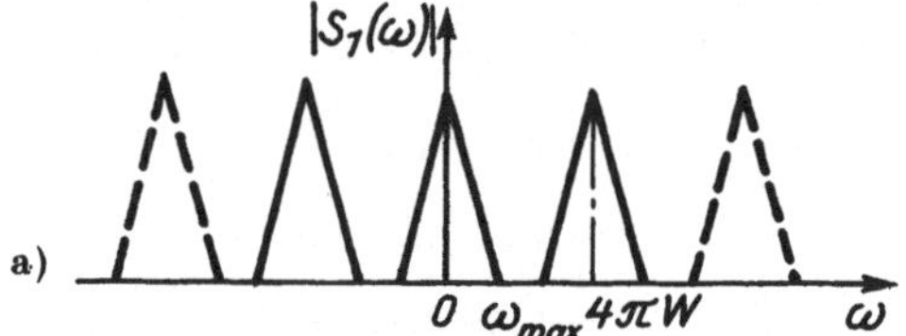

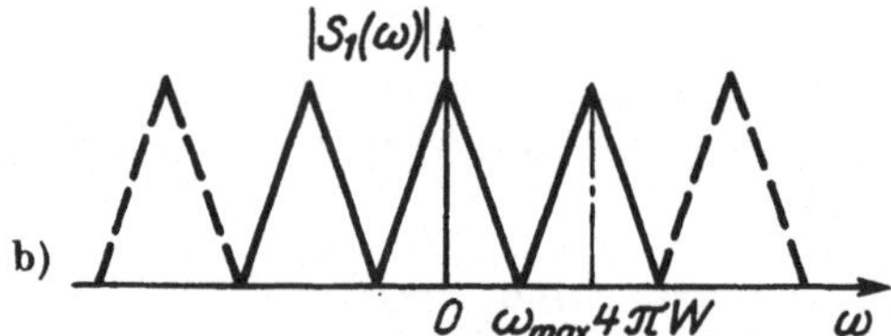

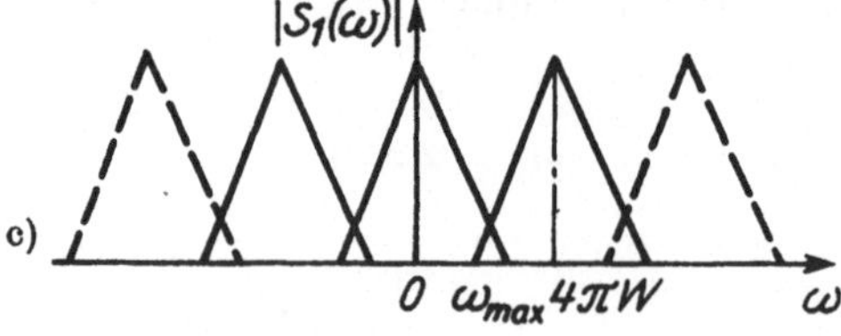

Abb. 3.18. Darstellung der Spektraldichte der abgetasteten Funktion $s^*(t) = s(t)\,\delta_T(t)$
a) für $\omega_{\max} < 2\,\pi\,W$; b) für $\omega_{\max} = 2\,\pi\,W$; c) für $\omega_{\max} > 2\,\pi\,W$

und unter Berücksichtigung der Beziehung (3.97) ergibt sich

$$S^*(\omega) = 2\,W \sum_{n=-\infty}^{+\infty} S(\omega - 4\,\pi\,W\,n)\,. \tag{3.126}$$

$S^*(\omega)$ ist also eine Summe der Spektraldichten des Signals $s(t)$, die auf der Frequenzachse um Vielfache von $2\,W$ verschoben sind (Abb. 3.18).

Für $s_0(t) = \dfrac{\sin 2\,\pi\,W\,t}{2\,\pi\,W\,t}$ erhält man die Spektraldichte (siehe Tab. 3.3):

und

$$\left.\begin{aligned} S_0(\omega) &= \frac{1}{2\,W} \quad \text{für} \quad -2\,\pi\,W \leqq \omega \leqq +2\,\pi\,W \\[2mm] S_0(\omega) &= 0 \quad \text{für} \quad 2\,\pi\,W < |\omega|\,. \end{aligned}\right\} \tag{3.127}$$

Durch Einführung der Beziehungen (3.126) und (3.127) in den Ausdruck (3.124) ergibt sich

$$f(t) = \frac{1}{2\,\pi} \int\limits_{-2\,\pi W}^{+2\,\pi W} 2\,W \sum_{n=-\infty}^{+\infty} S(\omega - 4\,\pi\,W\,n)\cdot\frac{1}{2\,W}\,e^{j\,\omega t}\,d\omega;$$

$$f(t) = \frac{1}{2\,\pi} \int\limits_{-2\,\pi W}^{+2\,\pi W} e^{j\,\omega t} \sum_{n=-\infty}^{+\infty} S(\omega - 4\,\pi\,W\,n)\,d\omega\,. \tag{3.128}$$

Wenn vorausgesetzt wird, daß der Maximalwert der Frequenz der Signalspektraldichte kleiner oder höchstens gleich W ist, also $\omega_{\text{MAX}} \leqq 2\,\pi\,W$, so ist

$$S(\omega - 4\,\pi\,W\,n) = 0 \quad \text{für} \quad (\omega - 4\,\pi\,W\,n) > 2\,\pi\,W\,.$$

Damit geht der Ausdruck $\sum\limits_{n=-\infty}^{+\infty} S(\omega - 4\,\pi\,W\,n)$ in dem $n = 0$ entsprechenden Intervall $-2\,\pi\,W \leqq \omega \leqq 2\,\pi\,W$ in $S(\omega)$ über, und die Beziehung (3.128) kann wie folgt geschrieben werden:

$$f(t) = \frac{1}{2\,\pi} \int\limits_{-2\,\pi W}^{+2\,\pi W} S(\omega)\,e^{j\,\omega t}\,d\omega = s(t)\,. \tag{3.129}$$

Wenn man die Gleichungen (3.129) und (3.125) vergleicht, so ergibt sich

$$s(t) = \sum_{n=-\infty}^{+\infty} s\left(\frac{n}{2\,W}\right) \frac{\sin 2\,\pi\,W\left(t - \dfrac{n}{2\,W}\right)}{2\,\pi\,W\left(t - \dfrac{n}{2\,W}\right)}\,. \tag{3.130}$$

Diese Beziehung wird Abtasttheorem oder Interpolationsformel im Zeitbereich genannt. Sie führt für ein auf W frequenzbandbeschränktes Signal zu einer Darstellung, die über die ganze Zeitachse gültig ist.

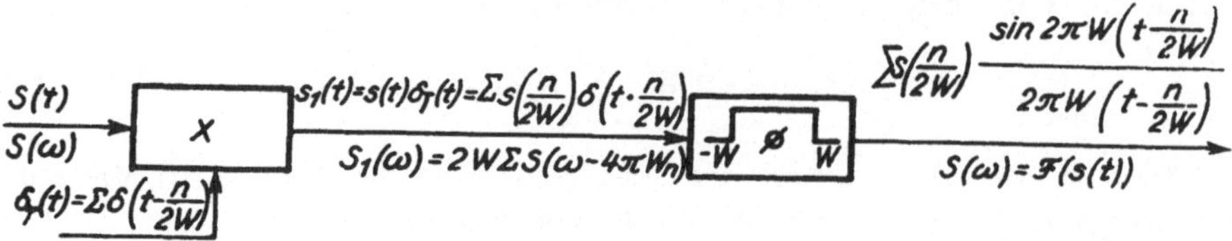

Abb. 3.19. Verfahren für die Darstellung eines Signals nach der Formel 3.130

In Abb. 3.19 ist schematisch dargestellt, wie man zur Darstellung (3.130) gelangen kann.

Aus der Beziehung (3.130) ergibt sich, daß ein Signal $s(t)$, dessen Spektralkomponenten keine größeren Frequenzen als W besitzen, eindeutig bestimmt ist, wenn seine Ordinaten in diskreten Zeitpunkten im Abstand $\frac{1}{2W}$ bekannt sind (Abb. 3.20).

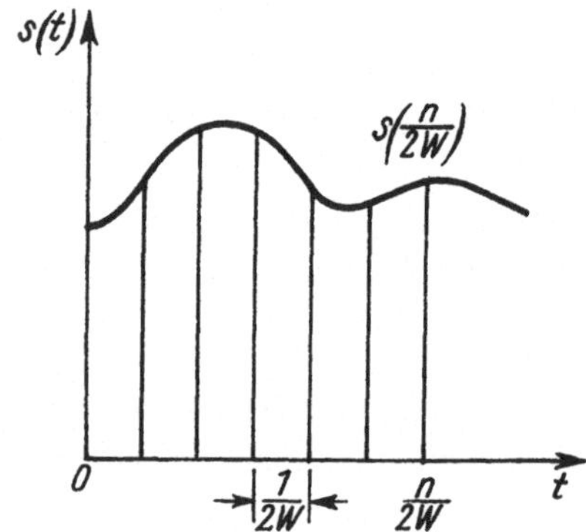

Abb. 3.20. Darstellung eines Signals $s(t)$ und seiner diskreten Ordinaten $s\left(\dfrac{n}{2W}\right)$

Die Beziehung (3.130) ist für alle Signale, die eine FOURIER-Transformierte besitzen, gültig und gibt zu jedem Zeitpunkt eine eindeutige Darstellung des Signals $s(t)$.

Wenn als Spezialfall $s(t)$ eine Konstante, d. h. $s(t) = c$ oder $W = 0$ ist, wird die Beziehung (3.130) zu

$$s(t) = \sum_{n=-\infty}^{+\infty} c \frac{\sin n\pi}{n\pi} = c ,$$

wobei alle Glieder gleich Null werden, außer dem für $n = 0$, das gleich c wird. Die Frequenz, mit der konstante Signale abgetastet werden, kann jeden beliebigen Wert annehmen.

Wenn als Spezialfall $s(t)$ ein sinusförmiges Signal und die Abtastfrequenz ein Vielfaches der Signalfrequenz ist, muß beachtet werden, daß die Abtastung nicht in den Nullpunkten des Signals vorgenommen wird (Abb. 3.21).

In Abb. 3.22 ist die Synthese des Signals durch Spaltfunktionen graphisch dargestellt.

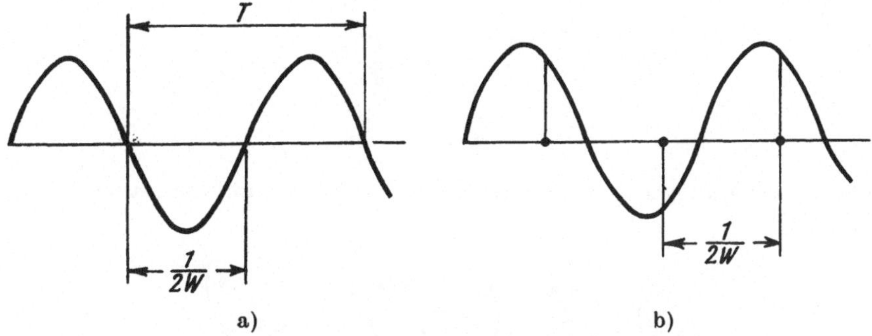

Abb. 3.21. Abtastung eines periodischen Signals

a) nichtentsprechend gewählte Abtastpunkte: b) entsprechend gewählte Abtastpunkte

In jedem Abtastpunkt trägt nur eine einzige Spaltfunktion zur Bildung des Signals bei, während im Intervall zwischen den Abtastpunkten alle Spaltfunktionen zur Bildung des Signals beitragen; das ist deshalb so, weil sie in allen Abtastpunkten gleich Null sind, ausgenommen den Punkt, für den sie den Maximalwert annehmen.

3.3.8.2. Interpolationsformel im Frequenzbereich

Nach dem Faltungssatz (3.118) ist

$$G(\omega) = \frac{1}{2\pi} \int\limits_{-\infty}^{+\infty} S_1(\Omega)\, S_0(\omega - \Omega)\, d\Omega = \int\limits_{-\infty}^{+\infty} s_1(t)\, s_0(t)\, e^{-j\omega t}\, dt \; .$$

Indem man

$$S_1(\Omega) = S(\Omega)\, \delta_T(\Omega)$$

setzt, wobei $S(\Omega)$ die Spektraldichte des Signals und

$$\delta_T(\Omega) = \sum_{n=-\infty}^{+\infty} \delta\left(\Omega - \frac{2\pi}{T} n\right)$$

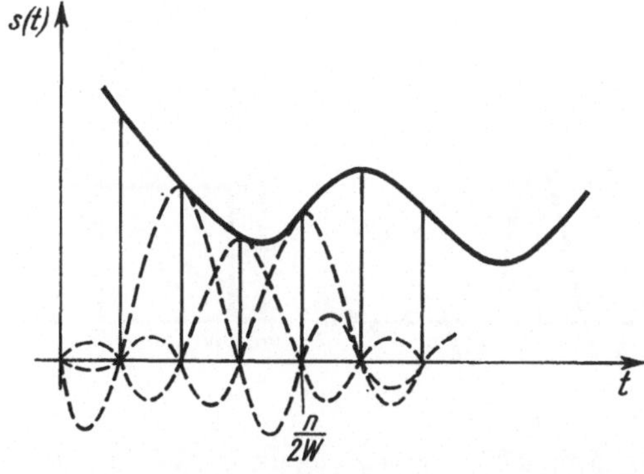

Abb. 3.22. Synthese des Signals durch Spaltfunktionen

sind, während

$$S_0(\Omega) = \frac{\sin \dfrac{T}{2}\,\Omega}{\dfrac{T}{2}\,\Omega}$$

ist, ergibt sich analog zum vorhergehenden Fall für ein auf die Dauer T begrenztes Signal:

$$S(\omega) = \sum_{n=-\infty}^{+\infty} S\left(\frac{2\,\pi}{T}\,n\right) \frac{\sin \dfrac{T}{2}\left(\omega - \dfrac{2\,\pi}{T}\,n\right)}{\dfrac{T}{2}\left(\omega - \dfrac{2\,\pi}{T}\,n\right)}\,. \tag{3.131}$$

Diese Beziehung ergibt eine Darstellung eines auf die Dauer T begrenzten Signals, die über die ganze Frequenzachse gültig ist.

Aus der Beziehung (3.131) ergibt sich, daß die Spektraldichte eines nichtperiodischen Signals der Dauer T wie bei einem mit T periodischen Signal durch Angabe der diskreten Ordinaten im Abstand $\dfrac{1}{T}$ auf der Frequenzachse eindeutig bestimmt ist.

3.3.9. Eigenschaften der Spaltfunktion

1. Der Ausdruck der Spaltfunktion im Zeitbereich ist (Abb. 3.23a)

$$s_n(t) = \frac{\sin 2\,\pi\,W\left(t - \dfrac{n}{2\,W}\right)}{2\,\pi\,W\left(t - \dfrac{n}{2\,W}\right)}\,. \tag{3.132}$$

Es ergibt sich die entsprechende Spektraldichte (Abb. 3.23b)

$$\left.\begin{aligned}
S_n(\omega) &= \frac{1}{2\,W}\,e^{-j\omega\frac{n}{2\,W}} && \text{für} && |\omega| < 2\,\pi\,W \\
S_n(\omega) &= 0 && \text{für} && |\omega| > 2\,\pi\,W\,.
\end{aligned}\right\} \tag{3.133}$$

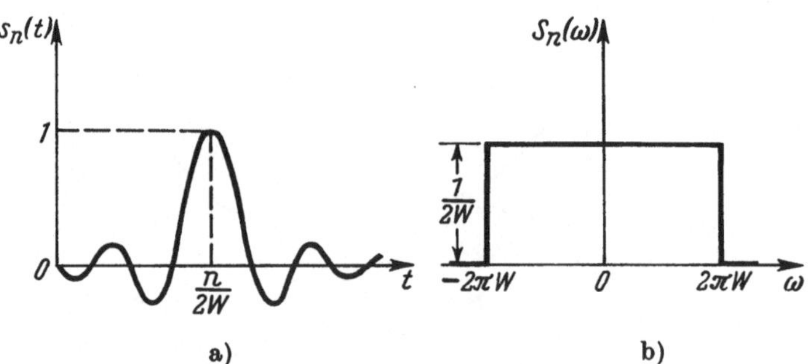

Abb. 3.23. Darstellung der Spaltfunktion

a) Darstellung im Zeitbereich; b) die entsprechende FOURIER-Transformierte

2. Der Ausdruck der Spaltfunktion im Frequenzbereich ist (Abb. 3.24a)

$$F_n(\omega) = \frac{\sin\dfrac{T}{2}\left(\omega - \dfrac{2\,\pi}{T}\,n\right)}{\dfrac{T}{2}\left(\omega - \dfrac{2\,\pi}{T}\,n\right)} \tag{3.134}$$

mit der entsprechenden FOURIER-Transformierten (Abb. 3.24b)

$$\left.\begin{aligned} f_n(t) &= \mathfrak{F}^{-1}\{F_n(\omega)\} = \frac{1}{T}\, e^{\,j\cdot\frac{2\,\pi}{T}nt} \\[2mm] &\quad\text{für}\quad |t| < \frac{T}{2} \\[2mm] f_n(t) &= 0\,, \quad \text{für}\quad |t| > \frac{T}{2} \end{aligned}\right\} \tag{3.135}$$

3. Die Funktion $s_n(t)$ ist gleich Null in allen Abtastpunkten $t = \dfrac{m}{2\,W}$, d. h. $s_n\left(\dfrac{m}{2\,W}\right) = 0$, ausgenommen den Punkt $t = \dfrac{n}{2\,W}$ (bzw. $m = n$), wo

$$s_n\left(\frac{n}{2\,W}\right) = 1$$

ist.

4. Da die Spaltfunktion schnell abklingt, kann ihr Beitrag in den Intervallen für $m \lessgtr n$ vernachlässigt werden. Deswegen kann in den meisten Fällen die Funktion $s(t)$ über ein endliches Intervall T (genügend groß) durch den Ausdruck

$$s(t) = \sum_{n=0}^{n=N} s\left(\frac{n}{2\,W}\right) \cdot s_n(t)\,, \tag{3.136}$$

wobei $N = 2\,W\,T$ ist, angenähert werden.

An den Grenzen des Intervalls T wird der Fehler groß sein, da die Beiträge der Spaltfunktionen außerhalb dieses Intervalls nicht berücksichtigt werden. Man kann also für ein genügend großes Intervall T annehmen, daß die Funktion $s(t)$ durch $\dfrac{T}{\dfrac{1}{2\,W}} = 2\,W\,T$ Parameter über diesem Intervall bestimmt wird.

Durch FOURIER-Reihenentwicklung eines Signals $s(t)$ mit der Dauer T und der höchsten Frequenz W ergibt sich eine Grundfrequenz $\dfrac{1}{T}$ und eine Anzahl

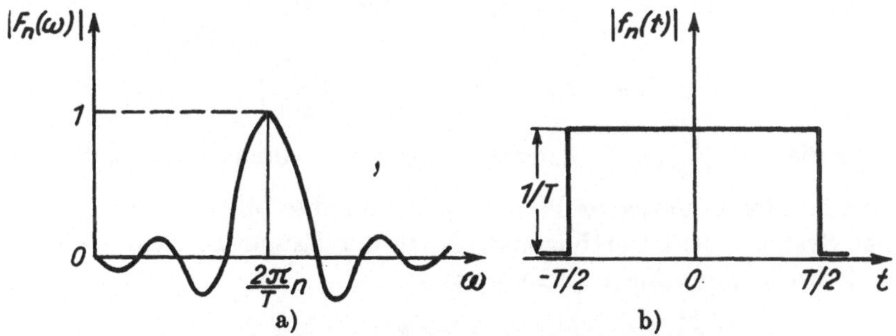

Abb. 3.24. Darstellung der Spaltfunktion
a) Darstellung im Frequenzbereich; b) die entsprechende FOURIER-Transformierte

von $\dfrac{W}{\dfrac{1}{T}} = W\,T$ Harmonischen. Es entstehen also $W\,T$ Glieder der Reihen-

entwicklung, bzw. $2\,W\,T$ Parameter (die Koeffizienten a_n und b_n).

Wenn das Problem in den Frequenzbereich verlegt wird, so beträgt die Anzahl der Parameter $\dfrac{2\,W}{\dfrac{1}{T}} = 2\,W\,T$, oder, $\dfrac{W}{\dfrac{1}{T}} = T\,W$ für den reellen Teil und $T\,W$

für den imaginären Teil der Spektraldichte, daher $2\,T\,W$ Parameter.

5. Ein auf die Dauer T begrenztes Signal kann in eine FOURIER-Reihe entwickelt werden. (Die Entwicklung ist nur für das entsprechende Intervall gültig.)

$$s(t) = \sum_{n=-\infty}^{+\infty} C(n)\, e^{jn\frac{2\pi}{T}t} \quad \left(\omega_0 = \frac{2\,\pi}{T}\right). \tag{3.137}$$

Die Rücktransformierte des Ausdruckes (3.131) von $S(\omega)$ führt zu

$$s(t) = \mathfrak{F}^{-1}\{S(\omega)\} = \sum_{n=-\infty}^{+\infty} S\left(\frac{2\,\pi}{T}n\right)\frac{1}{T}\, e^{j\frac{2\pi}{T}nt},$$

woraus sich ergibt

$$C(n) = \frac{1}{T}\,S\left(\frac{2\,\pi}{T}\,n\right), \tag{3.138}$$

also sind die mit $\dfrac{1}{T}$ multiplizierten diskreten Ordinaten im Frequenzbereich den

Koeffizienten der FOURIER-Reihe des auf die Dauer T begrenzten Signals $s(t)$ gleich.

6. Das auf die Frequenz W begrenzte Spektrum $S(\omega)$ kann für $|\omega| \leqq 2\,\pi\,W$ in eine FOURIER-Reihe wie folgt entwickelt werden:

$$S(\omega) = \sum_{n=-\infty}^{+\infty} D(n)\cdot e^{j\frac{2\pi}{4\pi W}n\omega} = \sum_{n=-\infty}^{+\infty} D(n)\cdot e^{j\frac{n}{2W}\omega}. \tag{3.139}$$

Die FOURIER-Transformierte des Ausdruckes (3.130) führt zu

$$S(\omega) = \mathfrak{F}\{s(t)\} = \sum_{n=-\infty}^{+\infty} s\left(\frac{n}{2\,W}\right)\frac{1}{2\,W}\, e^{-j\frac{n}{2W}\omega}, \tag{3.140}$$

und aus

$$D(-n) = \overset{*}{D}(n) = \frac{1}{2\,W}\,s\left(\frac{n}{2\,W}\right) \tag{3.141}$$

folgt, daß die mit $\dfrac{1}{2\,W}$ multiplizierten diskreten Ordinaten im Zeitbereich die

Koeffizienten der FOURIER-Reihe der Spektraldichte bilden.

7. Das System $s_n(t)$ ist orthogonal. Nach der PARSEVALschen Gleichung für nichtperiodische Funktionen (3.104) ist

$$\int_{-\infty}^{+\infty} s_m(t)\,s_n(t)\,dt = \frac{1}{2\,\pi}\int_{-\infty}^{+\infty} \overset{*}{S}_n(\omega)\,S_m(\omega)\,d\omega\;.$$

Indem man

$$\overset{*}{S}_n(\omega) = \frac{1}{2\,W}\,e^{\,j\,\omega\,\frac{n}{2\,W}}$$

und

$$S_m(\omega) = \frac{1}{2\,W}\,e^{\,-\,j\,\omega\,\frac{m}{2\,W}}$$

einsetzt, ergibt sich

$$\int_{-\infty}^{+\infty} s_n(t)\,s_m(t)\,dt = \frac{1}{2\,\pi}\int_{-2\,\pi\,W}^{+2\,\pi\,W}\left(\frac{1}{2\,W}\right)^2 e^{\,j\,\frac{\omega}{2\,W}\,(n-m)}\,d\omega = \begin{cases} 0 & \text{für} & n \neq m; \\[2mm] \dfrac{1}{2\,W} & \text{für} & n = m; \end{cases}$$

$$(3.142)$$

also sind die Funktionen $s_n(t)$ orthogonal.

Ebenso kann gezeigt werden, daß

$$\int_{-\infty}^{+\infty} F_n(\omega)\,F_m(\omega)\,d\omega = \begin{cases} 0 & \text{für} & n \neq m; \\[2mm] \dfrac{2\,\pi}{T} & \text{für} & n = m; \end{cases} \qquad (3.143)$$

ist, also sind auch die Funktionen $F_n(\omega)$ orthogonale Funktionen.

3.3.10. Energie des Signals als Funktion der diskreten Werte in den Abtastpunkten

Die Energie des Signals ist durch folgende Beziehung gegeben:

$$E = \int_{-\infty}^{+\infty} s^2(t)\,dt = \int_{-\infty}^{+\infty}\left[\sum_{n=-\infty}^{+\infty} s\left(\frac{n}{2\,W}\right)s_n(t)\right]\cdot\left[\sum_{m=-\infty}^{+\infty} s\left(\frac{m}{2\,W}\right)s_m(t)\right]dt\,.$$

und nach der Beziehung (3.142) ergibt sich

$$E = \frac{1}{2\,W}\sum_{n=-\infty}^{+\infty} s^2\left(\frac{n}{2\,W}\right). \qquad (3.144)$$

Die Energie eines Signals der Dauer T ist

$$E_T = \frac{1}{2\,W}\sum_{n=1}^{n=2\,W\,T} s^2\left(\frac{n}{2\,W}\right). \qquad (3.145)$$

In derselben Weise kann die Energie als Funktion der Ordinaten der Spektraldichte in den Abtastpunkten ausgedrückt werden:

$$E = \int_{-\infty}^{+\infty} s^2(t)\,dt = \frac{1}{2\,\pi}\int_{-\infty}^{+\infty}\overset{*}{S}(\omega)\,S(\omega)\,d\omega =$$

$$= \frac{1}{2\,\pi}\int_{-\infty}^{+\infty}\left[\sum_{n=-\infty}^{+\infty}\overset{*}{S}\left(\frac{2\,\pi}{T}\,n\right)S_n(\omega)\right]\cdot\left[\sum_{m=-\infty}^{+\infty} S\left(\frac{2\,\pi}{T}\,m\right)S_m(\omega)\right]d\omega\,,$$

und wenn man die Beziehung (3.143) berücksichtigt, ergibt sich

$$E = \frac{1}{T} \sum_{n=-\infty}^{+\infty} S\left(\frac{2\pi}{T} n\right) \overset{*}{S}\left(\frac{2\pi}{T} n\right). \tag{3.146}$$

Für den Fall, daß das Spektrum durch die maximale Frequenz W begrenzt ist, ergibt sich für die Energie folgende Beziehung:

$$E_T = \frac{1}{T} \sum_{n=-TW}^{n=TW} S\left(\frac{2\pi}{T} n\right) \overset{*}{S}\left(\frac{2\pi}{T} n\right). \tag{3.147}$$

3.4. Analytisches Signal

Die in den Systemen der Nachrichtenübertragung verwendeten Signale $x(t)$ sind reelle Funktionen der Zeit und besitzen eine begrenzte Energie. Eine sehr nützliche Verallgemeinerung dieser Signale erhält man bei Erweiterung auf komplexe Signale, die folgende Form haben:

$$z(t) = x(t) - j\, y(t)\,, \tag{3.148}$$

wobei $x(t)$ und $y(t)$ reelle Funktionen der Zeit sind.

Im Rahmen sehr weiter Bedingungen kann gezeigt werden, daß eine Funktion $z(\tau)$ einer komplexen Veränderlichen $\tau = t + j\, u$ existiert, die in der oberen Halbebene Im $(\tau) \geq 0$ analytisch ist und deren reeller Teil auf der reellen Achse gleich $x(t)$ ist:

$$z(\tau) = x(t,\, u) - j\, y(t,\, u)\,. \tag{3.149}$$

Wenn $\tau \to t$ (bzw. $u \to 0$), so ergibt sich:

$$z(t) = x(t) - j\, y(t)\,.$$

Der imaginäre Teil von $z(\tau)$ nimmt auf der reellen Achse den Wert $y(t)$ an und wird Signal in Quadratur genannt.

Zwischen dem reellen und imaginären Teil der Funktion $z(t)$ bestehen Beziehungen, die durch die HILBERT-Transformation (siehe Anhang II) gegeben sind

$$x(t) = \frac{1}{\pi} \text{V. P.} \int_{-\infty}^{+\infty} \frac{y(\eta)}{t - \eta}\, d\eta\,; \tag{3.150}$$

$$y(t) = -\frac{1}{\pi} \text{V. P.} \int_{-\infty}^{+\infty} \frac{x(\eta)}{t - \eta}\, d\eta\,, \tag{3.151}$$

wobei V. P. der CHAUCHYsche Hauptwert des Integrals bedeutet, der durch einen besonderen Grenzübergang erhalten wird.

Die Beziehungen (3.150) und (3.151) werden abgekürzt wie folgt geschrieben:

$$x(t) = \mathfrak{H}\{y(t)\}; \tag{3.152}$$

$$y(t) = -\,\mathfrak{H}\{x(t)\}; \tag{3.153}$$

woraus sich ergibt

$$x(t) = - \mathfrak{H}^2\{x(t)\} \, . \tag{3.154}$$

Abgesehen vom Minuszeichen sind die Funktionen $x(t)$ und $y(t)$ reziproke Funktionen; sie sind eindeutig (bis auf eine additive Konstante) durch die Beziehungen (3.152) und (3.153) verknüpft, d. h., einem Signal $x(t)$ ist ein analytisches Signal $z(t)$ eindeutig zugeordnet und umgekehrt, jedes beliebige analytische Signal ist nur einem Signal $x(t)$ und nur diesem zugeordnet.

Die von der komplexen Veränderlichen $\tau = t + j\,u$ abhängige Funktion $z(\tau)$ ist eine analytische Funktion, da die Transformationsgleichungen (3.152) und (3.153) die CAUCHY-RIEMANNschen Bedingungen erfüllen.

Das analytische Signal kann auch in anderer Weise gleichwertig ausgedrückt werden und zwar: Eine Funktion $z(\tau)$ der komplexen Veränderlichen $\tau = t + j\,u$ wird für $\mathrm{Im}(\tau) \geqq 0$ *analytisches Signal* genannt, wenn für $\omega \geqq 0$ eine komplexe Funktion $Z(\omega)$ der reellen Veränderlichen ω existiert, so daß $z(\tau)$ die FOURIER-Transformierte derselben wird:

$$z(\tau) = \frac{1}{2\,\pi} \int\limits_{0}^{\infty} Z(\omega)\, e^{j\,\omega\,\tau}\, d\omega \, . \tag{3.155}$$

Somit ist das Spektrum eines analytischen Signals auf positive Frequenzen begrenzt. Es werden als analytische Signale nur diejenigen Signale betrachtet, für die $Z(0) = 0$ ist, also Signale mit dem Mittelwert Null. Wenn $Z(0) \neq 0$ ist, so kann der entsprechende Wert dem Bereich $(-\infty, 0)$ oder $(0, +\infty)$ angehören und Anlaß zu einigen Schwierigkeiten geben, die für den Fall $Z(0) = 0$ vermieden werden.

Wird das Spektrum des Signales $x(t)$ mit $X(\omega)$ bezeichnet, so ergibt sich

$$x(t) = \frac{1}{2\,\pi} \int\limits_{-\infty}^{+\infty} X(\omega)\, e^{j\,\omega\,t}\, d\omega \, . \tag{3.156}$$

Da $x(t)$ reell ist, wird

$$\overset{*}{X}(\omega) = X(-\omega) \, . \tag{3.157}$$

Unter Berücksichtigung von Gleichung (3.155) kann die Gleichung (3.156) wie folgt geschrieben werden:

$$x(t) = \lim_{\tau \to t} Re\,\{z(\tau)\} = \frac{1}{2\,\pi} \int\limits_{0}^{\infty} \frac{1}{2}\Big[Z(\omega)\, e^{j\,\omega\,t} + \overset{*}{Z}(\omega)\, e^{-j\,\omega\,t} \Big] d\omega \, . \tag{3.158}$$

Jedoch ist

$$x(t) = \frac{1}{2\,\pi} \int\limits_{0}^{\infty} X(\omega)\, e^{j\,\omega\,t}\, d\omega + \frac{1}{2\,\pi} \int\limits_{-\infty}^{0} X(\omega)\, e^{j\,\omega\,t}\, d\omega =$$

$$= \frac{1}{2\,\pi} \int\limits_{0}^{\infty} \Big[X(\omega)\, e^{j\,\omega\,t} + \overset{*}{X}(\omega)\, e^{-j\,\omega\,t} \Big] d\omega \, , \tag{3.159}$$

10*

nnd aus dem Vergleich der beiden Gleichungen ergibt sich

$$Z(\omega) = 2\,X(\omega) \quad \text{für} \quad \omega > 0\,. \tag{3.160}$$

Aus dem Vorhergehenden ist ersichtlich, daß, wenn $z_1(\tau)$ und $z_2(\tau)$ analytische Signale sind, die Summe $z_1(\tau) \pm z_2(\tau)$ und das Produkt $z_1(\tau) \cdot z_2(\tau)$ auch analytische Signale ergeben bzw. alle algebraischen Kombinationen von $z_1(\tau)$ und $z_2(\tau)$ sind analytische Signale.

3.4.1. Bestimmung des analytischen Signals, das einem gegebenen Signal zugeordnet ist

Zur Bestimmung des analytischen Signals, das einem reellen Signal $x(t)$ zugeordnet ist, kann folgendermaßen verfahren werden:

1. Ist $x(t)$ gegeben, so folgt aus der Beziehung (3.151) die HILBERT-Transformierte und daher:

$$z(t) = x(t) + j\,\mathfrak{H}\{x(t)\}\,. \tag{3.161}$$

Zum Beispiel für

$$x(t) = \cos \omega_0 t$$

ist

$$y(t) = -\frac{1}{\pi}\,\text{V. P.} \int\limits_{-\infty}^{+\infty} \frac{\cos \omega_0 \eta}{t - \eta}\,d\eta = -\sin \omega_0 t$$

das Signal in Quadratur, und das analytische Signal ist

$$z(t) = \cos \omega_0 t + j \sin \omega_0 t = e^{j\,\omega_0 t}\,.$$

2. Ist $x(t)$ gegeben und die Spektraldichte $X(\omega)$ bestimmt, so ergibt sich unter Berücksichtigung der Gleichungen (3.160) und (3.155)

$$z(t) = \frac{1}{\pi} \int\limits_{0}^{\infty} X(\omega)\,e^{j\,\omega t}\,d\omega\,. \tag{3.162}$$

Zum Beispiel

$$x(t) = \cos \omega_0 t = \frac{1}{2}\,(e^{j\,\omega_0 t} + e^{-j\,\omega_0 t})\,;$$

$$X(\omega) = \pi\,[\delta\,(\omega - \omega_0) + \delta\,(\omega + \omega_0)];$$

$$z(t) = \int\limits_{0}^{\infty} [\delta\,(\omega - \omega_0) + \delta\,(\omega + \omega_0)]\,e^{j\,\omega t}\,d\omega = e^{j\,\omega_0 t}\,.$$

3.4.2. Momentanamplitude und Momentanphase

Das analytische Signal kann auch in exponentieller Form dargestellt werden:

$$z(t) = x(t) - j\,y(t) = A(t)\,e^{j\,\Psi(t)}\,, \tag{3.163}$$

wobei

$$A(t) = \sqrt{x^2(t) + y^2(t)} \tag{3.164}$$

und

$$\Psi(t) = \text{arc tan}\left[-\frac{y(t)}{x(t)}\right] \qquad (3.165)$$

sind.

Die Zeitfunktion $A(t)$ wird Momentanamplitude oder Hüllkurve des Signals und $\Psi(t)$ die Momentanphase genannt.

Aus der Beziehung (3.164) ergibt sich, daß $A(t) \geqq |x(t)|$ ist und daher das Signal $x(t)$ nie die Funktion $A(t)$ schneidet.

Durch Quadrierung der Beziehung (3.164) und Differentiation nach der Zeit ergibt sich

$$A\,\frac{dA}{dt} = x\,\frac{dx}{dt} + y\,\frac{dy}{dt}\,.$$

Für $A = x$ bzw. $y(t) = 0$ ergibt sich $\dfrac{dA}{dt} = \dfrac{dx}{dt}$, d. h., beide Funktionen besitzen in diesen Punkten dieselbe Tangente. Aus diesem Grunde kann $A(t)$ die Hüllkurve des Signals $x(t)$ genannt werden.

Aus der Beziehung (3.163) ergibt sich

$$x(t) = A(t)\,\cos\Psi(t) \qquad (3.166)$$

und durch Einsetzen von

$$\Psi(t) = \omega_0\,t - \Phi(t)$$

ergibt sich

$$x(t) = A(t)\,\cos\left[\omega_0\,t - \Phi(t)\right]. \qquad (3.167)$$

Dieser Ausdruck ist für Schmalbandsignale mit ω_0 als Mittenfrequenz nützlich. Diese Beziehung kann auch in folgender Form geschrieben werden:

$$x(t) = \alpha(t)\,\cos\omega_0\,t + \beta(t)\,\sin\omega_0\,t\,, \qquad (3.168)$$

wobei

$$\left.\begin{array}{l} \alpha(t) = A(t)\,\cos\Phi(t)\,; \\ \beta(t) = A(t)\,\sin\Phi(t) \end{array}\right\} \qquad (3.169)$$

ist.

Das Signal in Quadratur ist

$$y(t) = -\,\mathfrak{H}\,\{\alpha(t)\,\cos\omega_0\,t + \beta(t)\,\sin\omega_0\,t\}\,. \qquad (3.170)$$

Wenn das Signal $x(t)$ ein Schmalbandsignal ist, bzw. die Änderungsgeschwindigkeit von $\alpha(t)$ und $\beta(t)$ kleiner ist als die von $\cos\omega_0\,t$ und $\sin\omega_0\,t$, wobei $\omega_0 \gg 0$ ist, wird aus der Beziehung (3.170)

$$y(t) \approx -\,\alpha(t)\,\sin\omega_0\,t + \beta(t)\,\cos\omega_0\,t\,. \qquad (3.171)$$

3.4.3. Momentanfrequenz

Die Momentanfrequenz ist als die Ableitung des Argumentes des analytischen Signals nach der Zeit definiert:

$$\omega_m = \frac{d}{dt}\left[\arg z(t)\right]$$

bzw.

$$\omega_{\dot{m}} = \frac{d}{dt}\left[\Psi(t)\right]. \tag{3.172}$$

Die physikalische Bedeutung dieser Größe ist manchmal fraglich. In vielen praktischen Fällen ist jedoch der Begriff der Momentanfrequenz nützlich.

3.4.4. Abtasttheorem für Signale, deren Spektrum nicht bei Null beginnt

Es wird erneut der Faltungssatz verwendet:

$$f(t) = \int_{-\infty}^{+\infty} z^*(\tau)\, z_0\,(t-\tau)\, d\tau = \frac{1}{2\pi} \int_{-\infty}^{+\infty} Z^*(\omega)\, Z_0(\omega)\, e^{j\omega t}\, d\omega, \tag{3.173}$$

wobei ersetzt wird

$$z^*(t) = z_1(t) = z(t) \sum_{n=-\infty}^{+\infty} \delta\left(t - \frac{n}{W}\right) = z(t)\, W \sum_{n=-\infty}^{+\infty} e^{j2\pi Wnt}. \tag{3.174}$$

In dieser Gleichung ist $z(t)$ ein analytisches Signal, das dem gegebenen Signal $x(t)$ zugeordnet ist und dessen Spektrum von Null verschiedene Werte nur zwischen W_0 und $W_0 + W$ annimmt, wobei $W < W_0$ und

$$z_0(t) = \frac{e^{j2\pi(W_0+W)t} - e^{j2\pi Wt}}{j\,2\,\pi\,W\,t} \tag{3.175}$$

ist. $z_0(t)$ ist die FOURIER-Transformierte der Spektraldichte:

$$\left.\begin{aligned} Z_0(\omega) &= \frac{1}{W} \quad \text{für} \quad 2\,\pi\,W_0 \leqq \omega \leqq 2\,\pi\,(W_0 + W) \\[2mm] &\text{und} \\[2mm] Z_0(\omega) &= 0 \quad \text{für} \quad \omega < 2\,\pi\,W_0 \quad \text{oder} \quad 2\,\pi\,(W_0 + W) < \omega \end{aligned}\right\}. \tag{3.176}$$

Wenn man die Ausdrücke (3.174) und (3.175) in den ersten Teil der Beziehung (3.173) einführt, so ergibt sich

$$f(t) = \int_{-\infty}^{+\infty} z(t) \sum_{n=-\infty}^{+\infty} \delta\left(\tau - \frac{n}{W}\right) \frac{e^{j2\pi(W_0+W)(t-\tau)} - e^{j2\pi W(t-\tau)}}{j\,2\,\pi W\,(t-\tau)}\, d\tau,$$

woraus folgt

$$f(t) = \sum_{n=-\infty}^{+\infty} z\left(\frac{n}{W}\right) \frac{e^{j2\pi(W_0+W)\left(t-\frac{n}{W}\right)} - e^{j2\pi W\left(t-\frac{n}{W}\right)}}{j\,2\pi\,W\left(t - \frac{n}{W}\right)}. \tag{3.177}$$

Für das Einsetzen in den zweiten Teil des Ausdruckes (3.173) muß vorerst $Z_1(\omega) = Z^*(\omega)$ errechnet werden.

$$Z^*(\omega) = W \int_{-\infty}^{+\infty} \left[z(t) \sum_{n=-\infty}^{+\infty} e^{j2\pi Wt}\right] e^{-j\omega t}\, dt;$$

$$Z^*(\omega) = W \sum_{n=-\infty}^{+\infty} \int_{-\infty}^{+\infty} z(t)\, e^{-j(\omega - 2\pi Wn)t}\, dt;$$

wobei

$$\int\limits_{-\infty}^{+\infty} z(t)\, e^{-j(\omega - 2\pi W n)t}\, dt = Z\,(\omega - 2\,\pi\, W\, n)\,,$$

mit $Z(\omega)$ als dem Spektrum des analytischen Signals $z(t)$.

Durch Einsetzen ergibt sich

$$Z^*(\omega) = W \sum_{n=-\infty}^{+\infty} Z\,(\omega - 2\,\pi\, W\, n)\,. \tag{3.178}$$

$Z^*(\omega)$ ist also eine Summe von um Vielfache von W auf der Frequenzachse verschobenen Spektraldichten des analytischen Signals $z(t)$, so wie es in Abb. 3.25 dargestellt ist. Die Verwendung des analytischen Signals ist in diesem Fall besonders zweckmäßig und vorteilhaft, da das Spektrum des Signals keine negativen Anteile besitzt, die sich den positiven überlagern könnten.

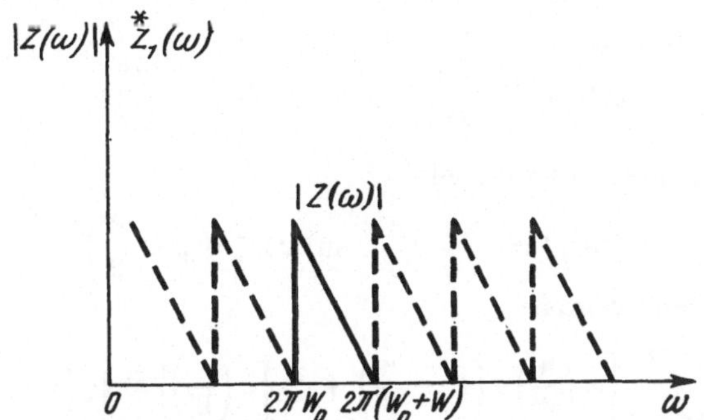

Abb. 3.25. Darstellung der Spektraldichte des analytischen Signals $\overset{*}{Z}(t)$

Setzt man in den zweiten Teil der Gleichung (3.173) die Beziehungen (3.176) und (3.178) ein, so ergibt sich

$$f(t) = \frac{1}{2\,\pi} \int\limits_{2\pi W_0}^{2\pi(W_0 + W)} \frac{1}{W} \cdot W \sum_{n=-\infty}^{+\infty} Z\,(\omega - 2\,\pi\, W\, n)\, e^{j\,\omega\, t}\, d\omega\,.$$

Da man nur über das Intervall von W_0 bis $W_0 + W$ integriert, erhält man

$$f(t) = \frac{1}{2\,\pi} \int\limits_{2\pi W_0}^{2\pi(W_0 + W)} Z(\omega)\, e^{j\,\omega\, t}\, d\omega \doteq z(t)\,. \tag{3.179}$$

Mit den Beziehungen (3.177) und (3.178) entsteht

$$z(t) = \sum_{n=-\infty}^{+\infty} z\left(\frac{n}{W}\right) \frac{e^{j2\pi(W_0+W)\left(t-\frac{n}{W}\right)} - e^{j2\pi W\left(t-\frac{n}{W}\right)}}{j\,2\,\pi\, W\left(t - \frac{n}{W}\right)}\,. \tag{3.180}$$

Da aber

$$z(t) = x(t) + j\,\mathfrak{H}\{x(t)\}$$

ist, ergibt sich

$$z\left(\frac{n}{W}\right) = x\left(\frac{n}{W}\right) + j\,\mathfrak{H}\left\{x\left(\frac{n}{W}\right)\right\}.$$

Um das reelle Signal

$$x(t) = \mathrm{Re}\,\{z(t)\}$$

zu erhalten, bildet man den reellen Teil des Ausdruckes (3.180)

$$x(t) = \sum_{n=-\infty}^{+\infty}\left\{x\left(\frac{n}{W}\right)\sin\pi\,W\left(t-\frac{n}{W}\right)\frac{\cos\left[\pi(2\,W_0+W)\left(t-\frac{n}{W}\right)\right]}{\pi(W\,t-n)}\right\} +$$

$$+ \sum_{n=-\infty}^{+\infty}\left\{\mathfrak{H}\left\{x\left(\frac{n}{W}\right)\right\}\sin\pi\,W\left(t-\frac{n}{W}\right)\frac{\sin\left[\pi(2\,W_0+W)\left(t-\frac{n}{W}\right)\right]}{\pi(W\,t-n)}\right\}.$$

Mit den Bezeichnungen

$$q(t) = \frac{\sin\pi\,W\,t}{\pi\,W\,t}\cos 2\pi\left(W_0+\frac{W}{2}\right)t \tag{3.181}$$

und der HILBERT-Transformierten

$$\mathfrak{H}\{q(t)\} = \frac{\sin\pi\,W\,t}{\pi\,W\,t}\sin 2\pi\left(W_0+\frac{W}{2}\right)t \tag{3.182}$$

ergibt sich das reelle Signal

$$x(t) = \sum_{n=-\infty}^{+\infty}\left[x\left(\frac{n}{W}\right)q\left(t-\frac{n}{W}\right) + \mathfrak{H}\left\{x\left(\frac{n}{W}\right)\right\}\mathfrak{H}\left\{q\left(t-\frac{n}{W}\right)\right\}\right]. \tag{3.183}$$

Diese Beziehung geht in das erste Abtasttheorem (3. 130) über, wenn man W_0 durch $-\dfrac{W}{2}$ und W durch $2\,W$ ersetzt. In diesem Fall wird $\mathfrak{H}\{q\}$ gleich Null.

Auch im vorliegenden Fall ist die Zahl der Parameter, die das Signal im Intervall T bestimmen, gleich $2\,W\,T$, da, obwohl die Abtastfrequenz nur W ist, zwei Signale, $x(t)$ und $\mathfrak{H}\{x(t)\}$, abgetastet werden müssen.

3.5. Lokalisierung des Signals im Zeit- und Frequenzbereich

Der Satz von KELVIN über das Prinzip der stationären Phase findet vielfach praktische Anwendung.

Ein Integral der Form

$$I = \int_{x_1}^{x_2} U(x)\cos\Phi(x)\,dx = \mathrm{Re}\left\{\int_{x_1}^{x_2} U(x)\,e^{j\Phi(x)}\,dx\right\}, \tag{3.184}$$

in dem sich $U(x)$ langsam verändert, hingegen cos $\Phi(x)$ im Integrationsbereich eine große Anzahl von Perioden durchläuft, ergibt einen kleinen Wert. Besonders, wenn vorausgesetzt wird, daß sich $U(x)$ sehr wenig verändert, hingegen

$\Phi(x)$ sich um 2π verändert, heben sich die positiven Werte von $\cos\Phi(x)$ gegen negative Werte auf, so daß der Wert des Integrals klein wird.

Wenn hingegen $\Phi(x)$ stationäre Werte besitzt, für die

$$\frac{d\Phi(x)}{dx} = 0$$

ist, ist der Beitrag zum Wert des Integrals bedeutend (Abb. 3.26).

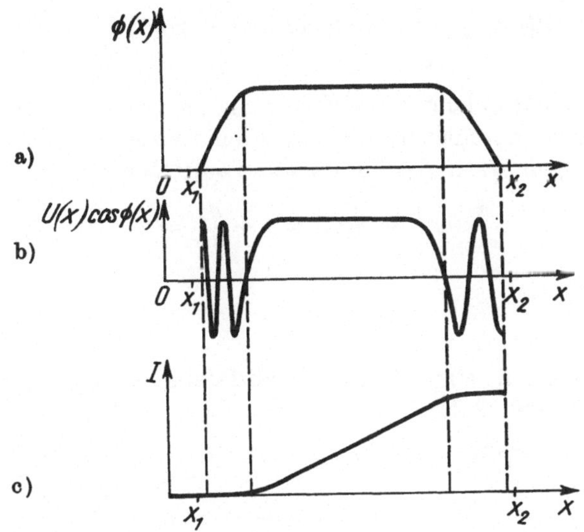

Abb. 3.26. Veranschaulichung des Prinzips der stationären Phase

a) Verlauf der Phase; b) Verlauf der Funktion, die integriert wird; c) Verlauf des Integrals

Daher wird im Bereich der stationären Phase der Wert des Integrals beträchtlich von Null abweichen.

Bei praktischen Anwendungen ist die Funktion, die integriert wird, im allgemeinen auch noch von einem Parameter abhängig, der α genannt werden soll:

$$I(\alpha) = \int_{x_1}^{x_2} U(x, \alpha) \cos \Phi(x, \alpha)\, dx = \mathrm{Re}\left\{ \int_{x_1}^{x_2} U(x, \alpha)\, e^{j\Phi(x,\alpha)} \right\} dx\,. \qquad (3.185)$$

Das Prinzip der stationären Phase besagt, daß $I(\alpha)$ den größten Wert für diejenigen Werte von α annimmt, für die $\Phi(x, \alpha)$ stationäre Werte besitzt, bzw. für die Werte von α, für die

$$\frac{d\Phi(x, \alpha)}{dx} = 0 \qquad (3.186)$$

ist.

3.5.1. Lokalisierung des Signals im Zeitbereich

Es sei vorausgesetzt, daß das analytische Signal durch das FOURIER-Integral dargestellt ist

$$z(t) = \frac{1}{2\,\pi} \int\limits_0^\infty Z(\omega)\, e^{j\,\omega\,t}\, d\omega = \frac{1}{2\,\pi} \int\limits_0^\infty |Z(\omega)|\, e^{j\,[\omega\,t+\varphi(\omega)]}\, d\omega \ .$$

Daraus wird

$$x(t) = \frac{1}{2\,\pi} \int\limits_0^\infty |Z(\omega)|\, \cos\,[\omega\,t + \varphi(\omega)]\, d\omega \ .$$

Wenn $|Z(\omega)|$ sich mit ω langsam ändert, hingegen $\cos\,[\omega\,t + \varphi(\omega)]$ eine große Anzahl von Perioden durchläuft, dann wird der Hauptwert des Integrals bzw. von $x(t)$ für diejenigen Werte des Parameters t auftreten, für die

$$\frac{d}{d\omega}\,[\omega\,t + \varphi(\omega)] = t + \frac{d\varphi}{d\omega} = 0$$

ist, bzw. für

$$t_l = -\frac{d\varphi}{d\omega} \ . \tag{3.187}$$

Diese Zeit kann als die angenäherte Lokalisierung des Signals im Zeitbereich betrachtet werden (Abb. 3.27).

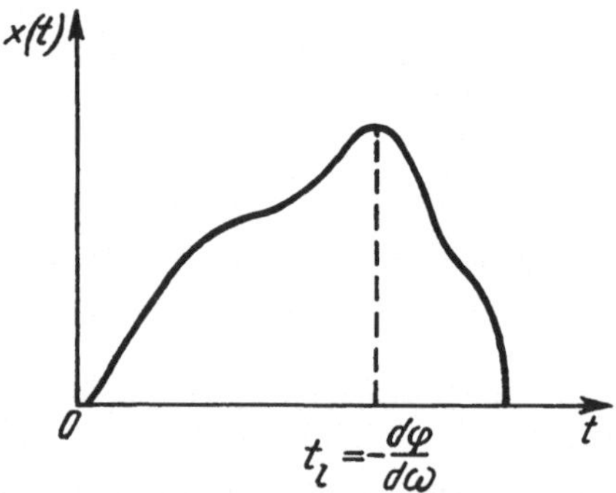

Abb. 3.27. Lokalisierung des Signals im Zeitbereich

Wenn $\dfrac{d\varphi}{d\omega}$ eine Funktion von ω ist, so muß über den Frequenzbereich, der den größten Teil der Energie des Signals enthält oder über den ganzen Frequenzbereich ein gewogener Mittelwert von $\dfrac{d\varphi}{d\omega}$ gewählt werden. Die Gewichtsfunktion kann die Spektraldichte der Energie $e(\omega) = |S(\omega)|^2$ sein:

$$\overline{t_l} = -\frac{1}{2\,\pi} \int\limits_{-\infty}^{+\infty} |S(\omega)|^2 \frac{d\varphi(\omega)}{d\omega}\, d\omega \ , \tag{3.188}$$

wobei die gesamte Energie des Signals gleich Eins angenommen wird, d. h.,
daß normiert gilt

$$\frac{1}{2\pi} \int\limits_{-\infty}^{+\infty} |S(\omega)|^2 \, d\omega = 1 \, .$$

3.5.2. Lokalisierung des Signals im Frequenzbereich

Betrachtet man das analytische Signal

$$z(t) = A(t) \, e^{j\psi(t)}$$

und die Spektraldichte $Z(\omega)$, die im Fall des analytischen Signals folgende Form
besitzt:

$$Z(\omega) = \int\limits_{-\infty}^{+\infty} z(t) \, e^{-j\omega t} \, dt = \int\limits_{-\infty}^{+\infty} A(t) \, e^{j[\Psi(t) - \omega t]} \, dt \, .$$

Das Integral wird den Hauptwert um die Frequenz w_l, für die die Phase
stationär ist, annehmen; also für

$$\frac{d}{dt}\left[\psi(t) - \omega \, t\right] = 0$$

bzw.

$$\omega_l = \frac{d\psi(t)}{dt} \, . \tag{3.189}$$

Es ergibt sich auf diese Weise auch eine Erklärung des Begriffes der Moment-
tanfrequenz, die durch die Beziehung (3.172) bestimmt wurde.

Um die Momentanfrequenz ω_l herum besteht also eine Konzentration der
Spektral-Energie (Abb. 3.28).

Wenn $\frac{d\psi}{dt}$ von der Zeit abhängig ist, so wählt man über den Zeitbereich, der
den größten Teil der Energie des Signals enthält, oder über den ganzen Zeit-

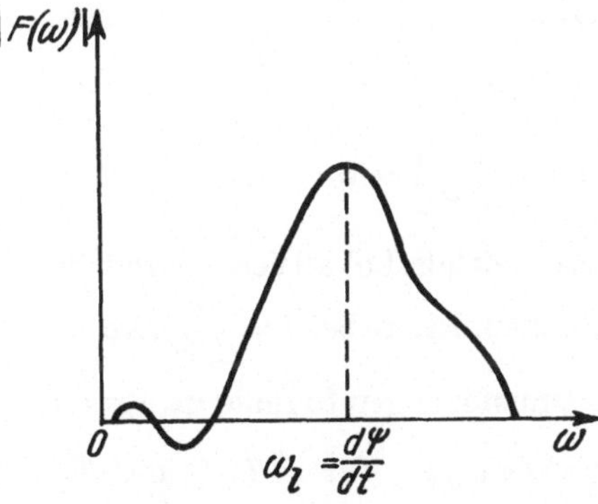

Abb. 3.28. Lokalisierung des Signals im Frequenzbereich

bereich, einen gewogenen Mittelwert von $\dfrac{d\varphi}{dt}$. Die Gewichtsfunktion kann die Momentanleistung $A^2(t)$ des Signals sein:

$$\overline{\omega}_l = \int\limits_{-\infty}^{+\infty} A^2(t)\,\frac{d\varphi(t)}{dt}\,dt\,, \qquad (3.190)$$

wobei die gesamte Energie des Signals gleich Eins angenommen wird:

$$\int\limits_{-\infty}^{+\infty} A^2(t)\,dt = 1\,.$$

Wie im vorhergehenden Fall bemerkt man, daß sich für ein unveränderliches $\dfrac{d\varphi}{dt}$ wieder die Beziehung (3.189) ergibt.

3.5.3. Beispiele

1. Lokalisierung der Spaltfunktion im Zeitbereich:

$$s_n(t) = \frac{\sin 2\,\pi\,W\left(t - \dfrac{n}{2\,W}\right)}{2\,\pi\,W\left(t - \dfrac{n}{2\,W}\right)}\,.$$

Betrachtet man die Spektraldichte der Spaltfunktion

$$S_n(\omega) = \frac{1}{2\,W}\,e^{-j\frac{n}{2\,W}\,\omega} \qquad \text{für} \qquad -2\,\pi\,W \leqq \omega \leqq 2\,\pi\,W$$

und

$$s_n(t) = \frac{1}{2\,\pi}\int\limits_{-2\,\pi\,W}^{+2\,\pi\,W} S(\omega)\,e^{j\,\omega t}\,d\omega = \frac{1}{4\,\pi\,W}\int\limits_{-2\,\pi\,W}^{+2\,\pi\,W} e^{j\left(\omega t - \frac{n}{2\,W}\,\omega\right)}\,d\omega\,,$$

so erhält man für diesen Fall

$$\frac{d}{d\omega}\left(\omega t - \frac{n\,\omega}{2\,W}\right) = 0\,, \qquad \text{daher} \qquad t_l = \frac{n}{2\,W}\,.$$

Tatsächlich kann diese Zeit als Lokalisierungszeit betrachtet werden, da sich der Maximalwert der Spaltfunktion bei $t = \dfrac{n}{2\,W}$ (Abb. 3.23a) befindet.

2. Lokalisierung des sinusförmigen Signals im Frequenzbereich

$$s(t) = \cos \omega_0 t \qquad \text{für} \qquad T_1 < t < T_2\,,$$

$$s(t) = 0 \qquad\qquad \text{für} \qquad t < T_1, t > T_2\,.$$

Berechnet man die Spektraldichte

$$S(\omega) = \int\limits_{-\infty}^{+\infty} s(t)\, e^{-j\,\omega t}\, dt = \int\limits_{T_1}^{T_2} \cos \omega_0\, t\, e^{-j\,\omega t}\, dt =$$

$$= \frac{1}{2} \int\limits_{T_1}^{T_2} e^{-j(\omega-\omega_0)t}\, dt + \frac{1}{2} \int\limits_{T_1}^{T_2} e^{-j(\omega+\omega_0)t}\, dt ,$$

so ergibt sich, dem Prinzip der stationären Phase entsprechend, der Hauptwert des ersten Integrals dort, wo

$$\frac{d}{dt}(\omega\, t - \omega_0\, t) = 0 , \qquad \text{daher} \qquad w_l = \omega_0$$

ist, und der Hauptwert des zweiten Integrals dort, wo

$$\frac{d}{dt}(\omega\, t + \omega_0\, t) = 0 , \qquad \text{daher} \qquad w_l = -\omega_0$$

ist.

Folglich sind die Hauptwerte der Spektraldichte $S(\omega)$ bei den Frequenzen ω_0 und $-\omega_0$ lokalisiert (Abb. 3.17).

3.6. Bandbreite und Dauer der Signale

Genau genommen hat ein Signal mit begrenztem Spektrum eine unbegrenzte Dauer, und umgekehrt besitzt ein Signal von begrenzter Dauer Spektralkomponenten, die sich über die ganze Frequenzachse erstrecken.

Wenn der Wert eines Signals unter eine gewisse Grenze sinkt, so kann praktisch das Signal gleich Null gesetzt werden. Diese Grenze wird letztlich von den Fluktuationsgeräuschen bestimmt, die überall vorhanden sind. Manchmal wird das Signal bereits gleich Null gesetzt, ehe es unter das Fluktuationsgeräusch abgesunken ist; andererseits kann ein Signal, auch wenn es von Geräuschen überdeckt ist, erkannt werden.

Das Problem der Signaldauer ist somit letztlich eine Frage der Übereinkunft. Das gleiche gilt auch für die Bandbreite. Alles hängt von dem speziellen Fall ab, auf den man sich bezieht und man einigt sich darauf, die Signaldauer und die Bandbreite so zu bestimmen, daß sie dem betreffenden Fall am besten angepaßt sind.

In einigen Fällen wird vereinbart, daß als Bandbreite B der Frequenzbereich (Winkelfrequenz), in dem $p\%$ der Energie (oder der Leistung) des Signals enthalten ist, definiert wird

$$\int\limits_{-B/2}^{+B/2} e(\omega)\, d\omega = \frac{p}{100} \int\limits_{-\infty}^{+\infty} e(\omega)\, d\omega \qquad\qquad (3.191)$$

und der gleiche für die Dauer des Signals T

$$\int\limits_{-T/2}^{+T/2} s^2(t)\, dt = \frac{p}{100} \int\limits_{-\infty}^{+\infty} s^2(t)\, dt \; . \tag{3.192}$$

Bandbreite und Dauer des Signals nach obiger Definition besitzen praktisch eine geringe Bedeutung, da B und T nicht explizite erscheinen.

Im allgemeinen wird die Bandbreite in Abhängigkeit von dem behandelten Problem dadurch definiert, daß die Funktion $S(\omega)$ betrachtet und der Frequenzbereich B, in dem die wesentlichen Anteile des Spektrums liegen, angegeben wird.

Ebenso wird die Signaldauer definiert, indem man den Zeitbereich T einschätzt, in dem das Signal Werte annimmt, die nicht vernachlässigt werden können.

3.6.1. Beziehungen zwischen Bandbreite und Dauer des Signals

Es werde ein Signal $s(t)$ mit der genauen Dauer T (Abb. 3.29) betrachtet, das längs der Zeitachse *gedehnt* oder *komprimiert* wird, wobei der Spitzenwert konstant gehalten wird.

Der Spitzenwert wird deshalb konstant gehalten, weil im allgemeinen die Übertragungskanäle bezüglich der Amplitude auf einen bestimmten Maximalwert begrenzt sind.

Es sei mit $s_k(t)$ das gedehnte Signal bezeichnet, das durch die Änderung des Zeitmaßstabes erhalten wird:

$$s_k(t) = s(k\,t) \; .$$

Das Spektrum für $s_k(t)$ ist

$$S_k(\omega) = \int\limits_{-\infty}^{+\infty} s_k(t)\, e^{-j\,\omega t} dt = \frac{1}{k} \int\limits_{-\infty}^{+\infty} s(k\,t)\, e^{-j\frac{\omega}{k}\,k\,t}\, d(k\,t) = \frac{1}{k}\, S\left(\frac{\omega}{k}\right); \tag{3.193}$$

d. h., wenn der Zeitmaßstab mit k multipliziert wird, so wird der Frequenzmaßstab durch k dividiert, mit anderen Worten, eine Ausdehnung des Signals auf der Zeitachse hat eine Komprimierung auf der Frequenzachse zur Folge.

Diese Tatsache legt die Möglichkeit nahe, eine Funktion folgender Art zu verwenden:

$$B \cdot T = \text{const} \, ,$$

wobei B die Bandbreite und T die Dauer des Signals darstellen.

Um zu einer solchen Beziehung zu gelangen, wurden Definitionen für die Bandbreite B und die Dauer T gesucht, die das Produkt $T\,B \geqq l$ ergeben, wobei l eine positive Zahl sein soll.

Eine dieser Problemstellung entsprechende Definition für die Bandbreite ist

$$B = \frac{\left[\int\limits_{-\infty}^{+\infty} |S(\omega)|\, d\omega\right]^2}{\int\limits_{-\infty}^{+\infty} |S(\omega)|^2\, d\omega} \tag{3.194}$$

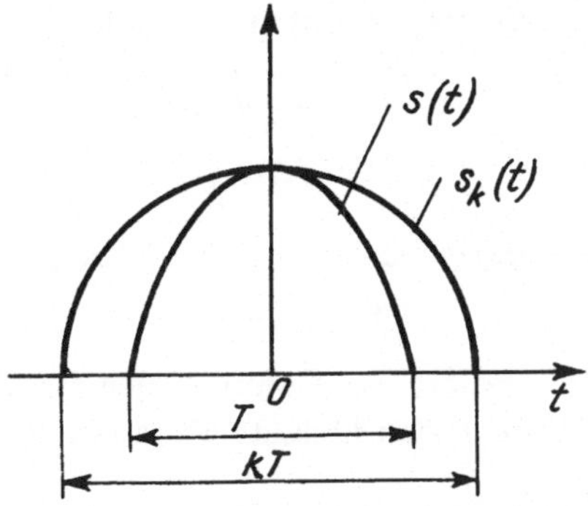

Abb. 3.29. Veränderung des Zeitmaßstabes

und analog für die Dauer

$$T = \frac{\left[\int\limits_{-\infty}^{+\infty} |s(t)|\, dt\right]^2}{\int\limits_{-\infty}^{+\infty} |s(t)|^2\, dt}.$$ (3.195)

Um zu untersuchen, ob die verwendeten Definitionen nicht zu Widersprüchen führen, wenn die Bandbreite (oder die Dauer) nur in einer einzigen Art dargestellt werden kann, wie das beim Signal mit rechteckigem Spektrum der Fall ist (Abb. 3.30), wendet man die Definition (3.194) auf dieses spezielle Spektrum an und erhält

$$\frac{(B\,a)^2}{a^2 \cdot B} = B\,.$$

Werden die vorhergehenden Definitionen auf ein Gausssches Signal angewendet, so ergibt sich

$$s(t) = e^{-\beta^2 t^2};$$

$$S(\omega) = \frac{\sqrt{\pi}}{\beta}\, e^{-\frac{\omega^2}{4\beta^2}}.$$

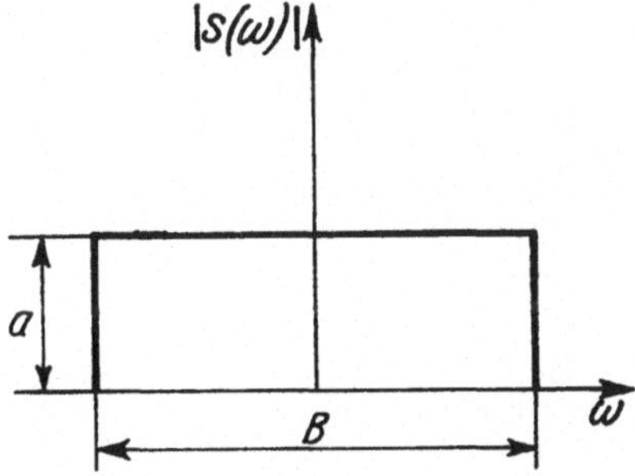

Abb. 3.30. Rechteckiges Spektrum eines Signals

Nach den Beziehungen (3.194) und (3.195) erhält man

$$B = \sqrt{2\,\pi}\cdot\beta$$

$$T = \sqrt{2\,\pi}\,\frac{1}{\beta}\,,$$

woraus sich $B\cdot T = 2\,\pi$ ergibt oder wenn $B = 2\,\pi\,B_f$ gesetzt wird, ergibt sich

$$T\cdot B_f = 1\,.$$

Das GAUSSsche Signal besitzt im Rahmen der für die Bandbreite und die Dauer gegebenen Definitionen das kleinste Produkt $B_f\cdot T$.

4. ZUFÄLLIGE SIGNALE

In diesem Kapitel werden die statistischen Eigenschaften der Signale untersucht. Die Bedeutung dieser Untersuchung folgt daraus, daß nur diejenigen
Signale eine Information enthalten, die nicht oder nur teilweise vorhergesagt
werden können.

4.1. Der Begriff des zufälligen Signals

Ein zufälliges Signal ist ein zeitlich unbegrenzter Vorgang und ist zumin-
destens teilweise den Wahrscheinlichkeitsgesetzen unterworfen. Ein zufälliges
Signal, bzw. ein stochastischer Prozeß wird in der Mathematik durch eine
Funktion mit zwei Veränderlichen ausgedrückt: $\xi(k, t) = \xi^{(k)}(t)$, wobei k Werte
im Merkmalsraum und t Werte auf der reellen Zeitachse annehmen. Für jeden
speziellen Wert von $t = t_1$ wird $\xi(k, t_1) = \xi^{(k)}(t_1)$ eine zufällige Veränderliche,
die über der Menge von Zahlen k definiert ist.

Die deterministischen Signale sind eine Abart der zufälligen Signale, bzw.
degenerierte Fälle derselben. Im Falle zufälliger Signale gibt es keine bestimmte
zeitliche funktionelle Darstellung, bei den deterministischen Signalen hingegen
besteht sie.

Die Funktion $\xi^{(k)}(t)$ ist in der Menge $\xi(t)$ enthalten. Wenn k alle Werte des
Kontinuums annimmt, so hat die Menge den Grad des Kontinuums. Die Funk-
tion $\xi^{(k)}(t)$ wird eine *Realisierung* des Prozesses $\xi(t)$ oder eine *Darstellung* des
Vorganges $\xi(t)$ genannt.

Die Realisierungen können entweder für diskrete Zeitpunkte $t_1, t_2, \ldots, t_n$
oder für kontinuierliche Werte von t definiert werden. Im ersten Fall werden sie
Zufallsfolgen, im zweiten Fall hingegen zufällige Prozesse genannt.

Um die statistischen Eigenschaften der zufälligen Signale zu charakterisieren,
muß der Begriff der Wahrscheinlichkeit eingeführt werden.

Es werden N Realisierungen des zufälligen Signals betrachtet (Abb. 4.1).

Es wird angenommen, daß n dieser Realisierungen zu einem gegebenen Zeitpunkt $t = t_1$ kleinere Werte als die Zahl x_1 annehmen. Das Verhältnis $\frac{n_1}{N}$ ist
mit gegen Unendlich gehendem N die Wahrscheinlichkeit dafür, daß im Zeitpunkt $t = t_1$ der Wert von $\xi(t)$ kleiner als x_1 ist:

$$P\{\xi(t_1) \leqq x_1\}.$$

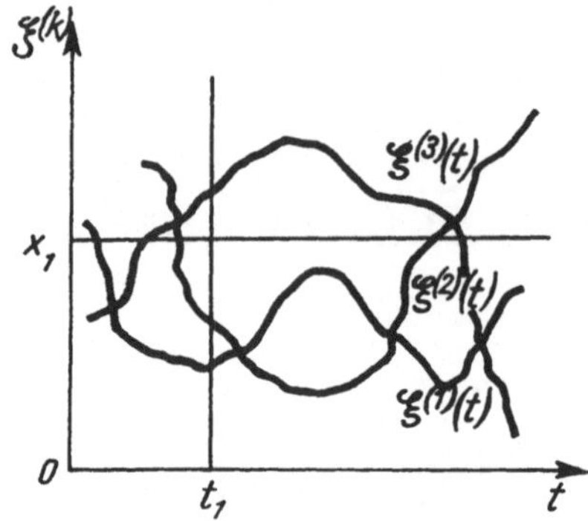

Abb. 4.1. Darstellung einiger Realisierungen eines zufälligen Signals

Diese Wahrscheinlichkeit hängt im allgemeinen sowohl von der Zeit als auch von dem Werte x_1 ab, ist also eine Funktion zweier Veränderlichen.

Diese Funktion wird wie folgt geschrieben:

$$F_1(x_1, t_1) = P\left\{\xi(t_1) \leqq x_1\right\} \tag{4.1}$$

und wird Verteilungsfunktion der Wahrscheinlichkeit erster Ordnung oder kurz Verteilungsfunktion genannt.

Mit ihrer Hilfe wird die Wahrscheinlichkeitsdichte bestimmt:

$$w_1(x_1\, t_1) = \frac{\partial F_1(x_1, t_1)}{\partial x_1}. \tag{4.2}$$

Für eine größere Anzahl von Veränderlichen erhält man in gleicher Weise die Verteilungsfunktion

$$F_n(x_1, x_2, \ldots, x_n; t_1, t_2, \ldots, t_n) = P\left\{\xi(t_1) \leqq x_1,\quad \xi(t_2) \leqq x_2, \cdots, \xi(t_n) \leqq x_n\right\} \tag{4.3}$$

und die Wahrscheinlichkeitsdichte

$$w_n(x_1, x_2, \ldots, x_n; t_1, t_2, \ldots, t_n) = \frac{\partial^n F_n(x_1, x_2, \ldots, x_n; t_1, t_2, \ldots, t_n)}{\partial x_1\, \partial x_2 \cdots \partial x_n}. \tag{4.4}$$

Je größer die Zahl n ist, um so vollständiger ist die Beschreibung des Prozesses.

4.2. Typen von zufälligen Signalen

Die zufälligen Signale können in folgende Klassen eingeteilt werden:

1. Kontinuierliche zufällige Folge: Das Signal kann ein Kontinuum von Werten annehmen, jedoch nur zu diskreten Zeitpunkten: $t_1, t_2, \ldots, t_n, \ldots$ (Abb. 4.2).

2. Diskrete zufällige Folge: Das Signal kann nur diskrete Werte für die diskreten Werte des Parameters t annehmen (Abb. 4.3).

3. Kontinuierlicher zufälliger Prozeß: Das Signal kann ein Kontinuum von Werten über einem Kontinuum der Zeit annehmen (Abb. 4.4).

4. Diskreter zufälliger Prozeß: Das Signal kann nur diskrete Werte annehmen, während der Parameter t alle Werte des Kontinuums annehmen kann (Abb. 4.5).

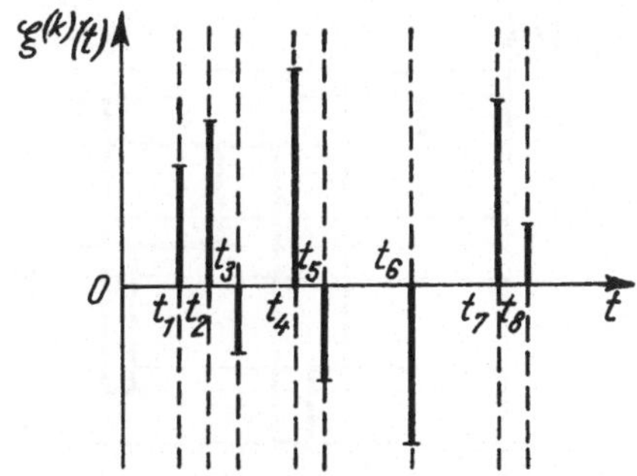

Abb. 4.2. Darstellung einer kontinuierlichen zufälligen Folge

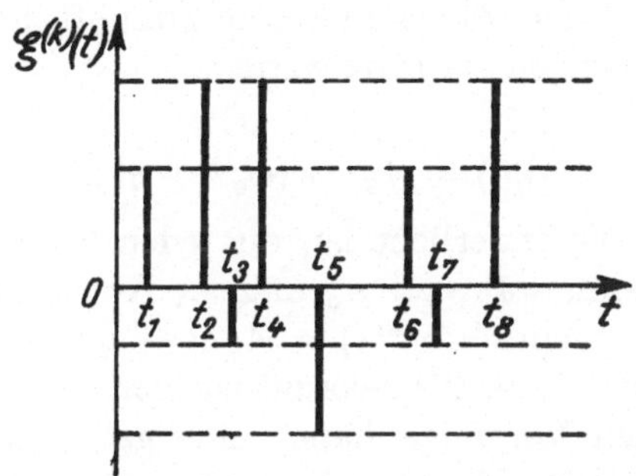

Abb. 4.3. Darstellung einer diskreten zufälligen Folge

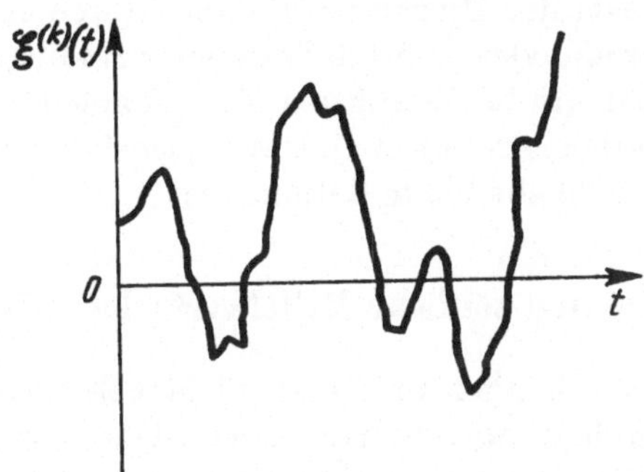

Abb. 4.4. Darstellung eines kontinuierlichen zufälligen Prozesses

Im folgenden werden insbesondere die kontinuierlichen zufälligen Prozesse und die kontinuierlichen zufälligen Folgen behandelt.

Die kontinuierlichen Prozesse sind nützliche Darstellungen der makroskopischen Aspekte einiger Erscheinungen (z.B. des Fluktuationsrauschens), die auf einem mikroskopischen Niveau einen diskreten Charakter besitzen. Die meisten Signale treten in Form von kontinuierlichen zufälligen Prozessen auf. Unter Berücksichtigung des Abtasttheorems können die kontinuierlichen Signale mit Hilfe von kontinuierlichen zufälligen Folgen dargestellt werden.

11*

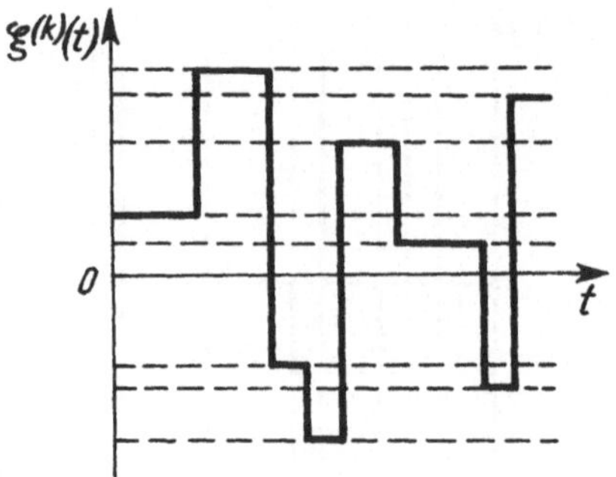

Abb. 4.5. Darstellung eines diskreten zufälligen Prozesses

Im Falle deterministischer Signale kann in Zukunft ihr Verhalten durch eine endliche Zahl von Messungen definiert werden.

Betrachtet man z. B.

$$\eta(t) = A_0 \cos(\omega_0 t + \xi),$$

wobei ξ eine zufällige Veränderliche ist, die jeden beliebigen Wert zwischen 0 und 2π annehmen kann, während A_0 und ω_0 Konstante sind. Eine Realisierung von ξ sei $\xi^{(k)}$; ihr entspricht $\eta^{(k)}(t) = A_0 \cos[\omega_0 t + \xi^{(k)}]$, die eine eindeutig determinierte Funktion ist, da $\xi^{(k)}$ bekannt ist (gemessen wurde).

Die deterministischen Vorgänge haben eine genau festgelegte funktionelle Abhängigkeit von der Zeit. Manchmal, wie bei dem vorhergehenden Beispiel, besitzen sie einen Wahrscheinlichkeitscharakter, der jedoch nur in Form eines Parameters wirksam ist; der Prozeß kann daher durch eine Zeitfunktion dargestellt werden, in der ein oder mehrere Parameter zufällige Veränderliche sind.

Die zufälligen Signale (in beschränktem Sinn) können nicht durch eine Zeitfunktion definiert werden; sie haben eine Wahrscheinlichkeitsstruktur, die nur durch die Wahrscheinlichkeitsdichte definiert ist.

4.3. Statistische und zeitliche Mittelwerte der zufälligen Signale

Die zufälligen Signale können im Detail nicht bekannt sein. Für ihre Charakterisierung werden dann Mittelwerte verschiedener Ordnungen ausgewertet.

4.3.1. Statistische Mittelwerte (Scharmittelwerte)

In diesem Fall bildet man den Wahrscheinlichkeitsmittelwert aus der Menge der möglichen Realisierungen $\xi(t)$ in willkürlich gewählten Zeitpunkten t_1, $t_2, \ldots t_n$. Die statistischen Mittelwerte, die von praktischem Interesse sind, sind folgende:

1. Mittelwert (Moment 1. Ordnung):

$$\overline{\xi(t_1)} = \int\limits_{-\infty}^{+\infty} x_1\, w_1(x_1; t_1)\, dx_1. \tag{4.5}$$

2. Quadratischer Mittelwert (Anfangsmoment 2. Ordnung):

$$\overline{\xi^2(t_1)} = \int\limits_{-\infty}^{+\infty} x_1^2\, w_1(x_1;\, t_1)\, dx \, . \tag{4.6}$$

3. Autokorrelationsfunktion (Gemischtes Anfangsmoment 2. Ordnung):

$$B_{\xi\xi}(t_1,\, t_2) = \overline{\xi(t_1)\, \xi(t_2)} = \int\limits_{-\infty}^{+\infty} \int\limits_{-\infty}^{+\infty} x_1\, x_2\, w_2(x_1,\, x_2;\, t_1,\, t_2)\, dx_1\, dx_2 \, . \tag{4.7}$$

4. Kreuzkorrelationsfunktion (Gemischtes Anfangsmoment 2. Ordnung):

$$B_{\xi\eta}(t_1,\, t_2) = \overline{\xi(t_1)\, \eta(t_2)} = \int\limits_{-\infty}^{+\infty} \int\limits_{-\infty}^{+\infty} x_1\, y_2\, w_2(x_1,\, y_2;\, t_1,\, t_2)\, dx_1,\, dy_2 \, . \tag{4.8}$$

5. Streuung (Zentrales Moment 2. Ordnung):

$$\sigma^2(t_1) = M_2\{\xi(t_1)\} = \overline{[\xi(t_1) - \overline{\xi(t_1)}]^2} = \overline{\overline{\xi^2(t_1)}} - \left[\overline{\xi(t_1)}\right]^2 \, . \tag{4.9}$$

6. Kovarianzfunktion (Gemischtes zentrales Moment 2. Ordnung):

a) Autovarianzfunktion:

$$K_{\xi\xi}(t_1,\, t_2) = M_{12}\{\xi(t_1),\, \xi(t_2)\} = \overline{[\xi(t_1) - \overline{\xi(t_1)}]\, [\xi(t_2) - \overline{\xi(t_1)}]} \tag{4.10}$$

b) Kreuzvarianzfunktion:

$$K_{\xi\eta}(t_1,\, t_2) = M_{12}\{\xi(t_1),\, \eta(t_2)\} = \overline{[\xi(t_1) - \overline{\xi(t_1)}]\, [\eta(t_2) - \overline{\eta(t_2)}]} \, . \tag{4.11}$$

4.3.2. Zeitliche Mittelwerte

In diesem Fall wählt man aus der Menge der Realisierungen $\xi(t)$ eine spezielle Realisierung $\xi^{(k)}(t)$ aus und betrachtet den zeitlichen Mittelwert derselben.

Die zeitlichen Mittelwerte, die von praktischem Interesse sind, sind folgende:

1. Mittelwert:

$$\overline{\widetilde{\xi^{(k)}}\,\widetilde{(t_0 + t)}} = \lim_{T \to \infty} \frac{1}{T} \int\limits_{-T/2}^{+T/2} \xi^{(k)}\, (t_0 + t)\, dt = \lim_{T_0 \to \infty} \frac{1}{2\,T} \int\limits_{-T}^{+T} \xi^{(k)}\, (t_0 + t)\, dt \, . \tag{4.12}$$

Dieser Grenzwert wird Hauptgrenzwert genannt, weil das Zeitintervall von $-T/2$ bis $T/2$ auf $(-\infty,\, +\infty)$ ausgedehnt ist und $\xi^{(k)}(t)$ ganz umfaßt.

In den meisten hier interessierenden Fällen ist dieser Grenzwert gleichwertig mit

$$\lim_{T \to \alpha} \frac{1}{T} \int\limits_{0}^{T} \xi^{(k)}\, (t_0 + t)\, dt$$

oder mit

$$\cdot \lim_{T \to \infty} \frac{1}{T} \int\limits_{t_1}^{t_1 + T} \xi^{(k)}\, (t_0 + t)\, dt \, .$$

Der zeitliche Mittelwert hängt nicht von dem Zeitbeginn t_0 ab. Tatsächlich ist, wenn $t_0 + t = t'$ gesetzt wird,

$$\widetilde{\xi^{(k)}(t_0 + t)} = \lim_{T \to \infty} \frac{1}{T} \int\limits_{t_0-T/2}^{t_0+T/2} \xi^{(k)}(t')\, dt' = \widetilde{\xi^{(k)}(t)}$$

nicht vom Zeitbeginn t_0 abhängig.

Der Mittelwert stellt die Gleichkomponente des Signals dar.

2. Der quadratische Mittelwert:

$$[\widetilde{\xi^{(k)}(t_0 + t)}]^2 = \lim_{T \to \infty} \frac{1}{T} \int\limits_{-T/2}^{+T/2} [\xi^{(k)}(t_0 + t)]^2\, dt = [\widetilde{\xi^{(k)}(t)}]^2 \ . \tag{4.13}$$

Der quadratische Mittelwert hängt nicht vom Zeitbeginn ab und stellt das Effektivwertquadrat oder die mittlere Leistung des Signals an dem Lastwiderstand Eins dar.

3. Die zeitliche Autokorrelationsfunktion:

$$R_{\xi\xi}^{(k)}(t_1 - t_2) = \widetilde{\xi^{(k)}(t_1 + t)\, \xi^{(k)}(t_2 + t)} =$$

$$= \lim_{T \to \infty} \frac{1}{T} \int\limits_{-T/2}^{+T/2} \xi^{(k)}(t_1 + t)\, \xi^{(k)}(t_2 + t)\, dt = R_{\xi\xi}^{(k)}(t_2 - t_1) \tag{4.14}$$

hängt nicht vom Zeitbeginn sondern nur von der Differenz $t_1 - t_2$ ab:

Wenn man $t = - t_1 + t'$ einsetzt, so ergibt sich

$$\lim_{T \to \infty} \frac{1}{T} \int\limits_{t_1-T/2}^{t_1+T/2} \xi^{(k)}(t')\, \xi^{(k)}(t_2 - t_1 + t')\, dt' = R_{\xi\xi}^{(k)}(t_2 - t_1) \ .$$

Wenn man $t = - t_2 + t'$ einsetzt, so ergibt sich

$$\lim_{T \to \infty} \frac{1}{T} \int\limits_{t_2-T/2}^{t_2+T/2} \xi^{(k)}(t_1 - t_2 + t')\, \xi^{(k)}(t')\, dt' = R_{\xi\xi}^{(k)}(t_1 - t_2) \ ,$$

und daher

$$R_{\xi\xi}^{(k)}(t_2 - t_1) = R_{\xi\xi}^{(k)}(t_1 - t_2) \ .$$

4. Die zeitliche Kreuzkorrelationsfunktion:

$$R_{\xi\eta}^{(k)}(t_1 - t_2) = \overline{\xi^{(k)}(t_1 + t)\, \eta^{(k)}(t_2 + t)} = \lim_{T \to \infty} \frac{1}{T} \int\limits_{-T/2}^{+T/2} \xi^{(k)}(t_1 + t)\, \eta^{(k)}(t_2 + t)\, dt =$$

$$= R_{\xi\eta}^{(k)}(t_2 - t_1) \ . \tag{4.15}$$

So wie im vorhergehenden Fall kann gezeigt werden, daß sie nicht vom Zeitbeginn, sondern nur von der Zeitdifferenz abhängig ist.

In Tab. 4.1 sind die üblichsten Mittelwerte angegeben. Im Abschnitt 4.6.3 wird das Problem der Beziehungen, die zwischen den statistischen und den zeitlichen Mittelwerten bestehen, untersucht.

Tabelle 4.1. Mittelwerte

Lfd. Nr.	Typ des Mittelwertes	Statistischer Mittelwert	Zeitlicher Mittelwert
1.	Mittelwert	$\overline{\xi(t_1)} = \int\limits_{-\infty}^{+\infty} x_1\, w_1(x_1, t_1)\, dx_1$	$\widetilde{\widetilde{\xi^{(k)}}}\widetilde{(t)} = \lim_{T \to \infty} \frac{1}{T} \int\limits_{-T/2}^{+T/2} \xi^{(k)}(t)\, dt$
2.	Quadratischer Mittelwert (Anfangsmoment 2. Ordnung)	$\overline{\xi^2(t_1)}$	$\widetilde{[\widetilde{\widetilde{\xi^{(k)}}}\widetilde{(t)}]^2}$
3.	Autokorrelationsfunktion (Anfangsmoment 2. Ordnung)	$B_{\xi\xi}(t_1, t_2) = \overline{\xi(t_1)\, \xi(t_2)}$	$R_{\xi\xi}^{(k)}(t_2 - t_1) = {}$ $= \widetilde{\xi^{(k)}(t_1 + t) \cdot \eta^{(k)}(t_2 + t)}$
4.	Kreuzkorrelationsfunktion (Gemischtes Anfangsmoment 2. Ordnung)	$B_{\xi\eta}(t_1, t_2) = \overline{\xi(t_1)\, \eta(t_2)}$	$R_{\xi\eta}^{(k)}(t_2 - t_1) = {}$ $= \widetilde{\xi^{(k)}(t_1 + t)\, \eta^{(k)}(t_2 + t)}$
5.	Kovarianzfunktion (nur für statistische Mittelwerte)	$K_{\xi\xi}(t_1, t_2) = {}$ $= M_{12}\{\xi(t_1)\, \xi(t_2)\} = {}$ $= \overline{\xi(t_1)\, \xi(t_2)} - \overline{\xi(t_1)}\, \overline{\xi(t_2)}$	$R_{\xi\xi}^{(k)}(t_2 - t_1) - [\widetilde{\widetilde{\xi^{(k)}}}\widetilde{(t)}]^2$
	Kovarianzfunktion (nur für statistische Mittelwerte)	$K_{\xi\eta}(t_1, t_2) = {}$ $= M_{12}\{\xi(t_1)\, \eta(t_2)\} = {}$ $= \overline{\xi(t_1)\, \eta(t_2)} - \overline{\xi(t_1)}\, \overline{\eta(t_2)}$	$R_{\xi\eta}^{(k)}(t_2 - t_1) - \widetilde{\widetilde{\xi^{(k)}}}\widetilde{(t)} \cdot \widetilde{\widetilde{\eta^{(k)}}}\widetilde{(t)}$
6.	Streuung (nur für statistische Mittelwerte)	$M_2\{\xi(t_1)\} = {}$ $= \overline{\xi^2(t_1)} - [\overline{\xi(t_1)}]^2 = \sigma^2(t_1)$	$\widetilde{[\widetilde{\widetilde{\xi^{(k)}}}\widetilde{(t)}]^2} - [\widetilde{\widetilde{\xi^{(k)}}}\widetilde{(t)}]^2$

4.4. Gemischte Signale

Bei vielen praktischen Anwendungen tritt neben dem zufälligen Prozeß $\xi(t)$ (z. B. Rauschen) ein deterministisches Signal $s(t)$ auf

$$\eta(t_1) = \xi(t_1) + s(t_1) \, .$$

Die Wahrscheinlichkeitsdichte der zufälligen Veränderlichen $\xi(t_1)$ ist

$$w(x; t_1) .$$

Da $s(t_1)$ eine Konstante ist, gilt

$$W(y; t_1)\, dy = w(x; t_1)\, dx ,$$

wobei $W(y; t_1)$ die Wahrscheinlichkeitsdichte der zufälligen Veränderlichen $\eta(t_1)$ ist.

Wird die Beziehung

$$y = x + s(t_1)$$

betrachtet, so kann geschrieben werden

$$W(y; t_1) = w(x; t_1)$$

oder

$$W(y; t_1) = w\,[y - s(t_1); t_1] . \tag{4.16}$$

4.5. Stationäre Signale

Diejenigen Signale, deren statistische Eigenschaften bei willkürlicher Änderung des Zeitbeginns unverändert bleiben, werden stationäre Signale genannt:

$$w_n(x_1, x_2, \ldots, x_n; t_1, t_2, \ldots, t_n) = w_n(x_1, x_2, \ldots, x_n; t_1 + \tau, t_2 + \tau, \ldots, t_n + \tau) \tag{4.17}$$

In diesem Fall hängen die statistischen Eigenschaften nur von den Differenzen zwischen den Beobachtungszeitpunkten ab. Wenn daher in der Beziehung (4.17) $\tau = -\,t_1$ gesetzt wird, so ergibt sich

$$w_n(x_1, x_2, \ldots, x_n; t_1, t_2, \ldots, t_n) = w_n(x_1, x_2, \ldots, x_n;$$
$$0, t_2 - t_1, t_3 - t_1, \ldots, (t_n - t_1) . \tag{4.18}$$

Diejenigen Prozesse, die die in (4.17) und (4.18) dargestellten Eigenschaften besitzen, werden stationäre Prozesse im strengen Sinne genannt.

Es werde z.B. folgendes Signal betrachtet:

$$\eta(t) = \cos(\omega_0 t + \xi) ,$$

wobei ξ eine Wahrscheinlichkeitsdichte $w(x)$ besitzt, die im primären Intervall 0 bis 2π definiert ist.

Um festzustellen, ob das Signal $\eta(t)$ stationär ist oder nicht, wird der Zeitbeginn um τ verschoben und es ergibt sich:

$$\eta\,(t + \tau) = \cos(\omega_0 t + \omega_0 \tau + \xi) = \cos(\omega_0 t + \zeta) ,$$

wobei

$$\zeta = \xi + \omega_0 \tau$$

die neue zufällige Veränderliche ist, von der $\eta\,(t + \tau)$ abhängt und deren Wahrscheinlichkeitsdichte entsprechend der Gleichung (4.16) durch

$$w\,(x - \omega_0 \tau)$$

ausgedrückt wird.

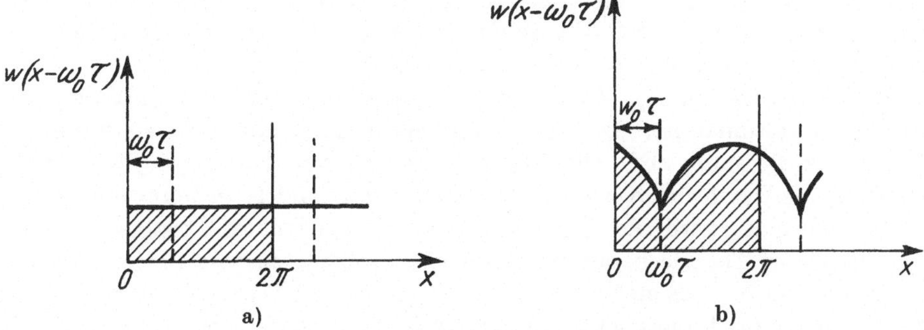

Abb. 4.6. Wahrscheinlichkeitsdichte
a) für den stationären Fall; b) für den nichtstationären Fall

Damit das Signal $\eta(t)$ ein stationäres Signal wird, ist es notwendig, daß die Wahrscheinlichkeitsdichte $W(y, t + \tau)$ von τ unabhängig ist. Dieses ist jedoch nur dann der Fall, wenn $w(x - \omega_0 \tau)$ von τ unabhängig ist, bzw. wenn die zufällige Veränderliche ξ eine uniforme Verteilung zwischen 0 und 2π besitzt. also $w(x) = \dfrac{1}{2\pi}$ ist (Abb. 4.6).

Wenn in der Beziehung (4.18) $n = 1$ gesetzt wird, so ergibt sich

$$w_1(x_1; t_1) = w_1(x_1) ,\tag{4.19}$$

die Wahrscheinlichkeitsdichte 1. Ordnung ist also unabhängig von der Zeit. Wenn in der Beziehung (4.18) $n = 2$ gesetzt wird, so ergibt sich

$$w_2(x_1, x_2; t_1, t_2) = w_2(x_1, x_2; t_2 - t_1) ,\tag{4.20}$$

die Wahrscheinlichkeitsdichte 2. Ordnung ist also nur von der Zeitdifferenz abhängig.

Wenn in die Beziehung (4.5) der durch die Gleichung (4.19) gegebene Wert $w_1(x_1 : t_1)$ eingeführt wird, so ergibt sich

$$\overline{\xi(t_1)} = m_1 \{\xi(t_1)\} = \int\limits_{-\infty}^{+\infty} x_1\, w_1(x_1)\, dx_1 = a;\tag{4.21}$$

der Mittelwert ist also unabhängig von der Zeit.

Wenn in die Beziehung (4.9) der durch die Gleichung (4.19) gegebene Wert $w_1(x_1 : t_1)$ eingeführt wird, so ergibt sich

$$M_2 \{\xi(t)\} = \int\limits_{-\infty}^{+\infty} (x - a)^2\, w_1(x)\, dx = \sigma^2 .\tag{4.22}$$

Die Streuung ist also ebenfalls von der Zeit unabhängig.

Aus den Beziehungen (4.7) und (4.20) folgt

$$\overline{\xi(t_1) \cdot \xi(t_2)} = \int\limits_{-\infty}^{+\infty} \int\limits_{-\infty}^{+\infty} x_1\, x_2\, w_2(x_1, x_2; t_2 - t_1)\, dx_1\, dx_2 = B(t_2 - t_1) ;\tag{4.23}$$

das gemischte Anfangsmoment 2. Ordnung (Autokorrelationsfunktion) ist also nur von der Zeitdifferent $t_2 - t_1$ abhängig. In diesem Fall ist auch die Kovarianzfunktion nur von der Zeitdifferenz abhängig.

Die Beziehungen (4.21), (4.22) und (4.23) sind eine Folge der Tatsache, daß das Signal stationär ist. In vielen praktischen Anwendungsfällen treten nur Momente 2. Ordnung auf. Die Theorie, die sich mit denjenigen Signalen beschäftigt, die durch die Kenntnis der Momente 1. und 2. Ordnung vollständig beschrieben sind, wird die Korrelationstheorie stationärer Prozesse genannt.

Da in dieser Theorie keine Momente von größerer als von 2. Ordnung auftreten, können hier als stationäre Prozesse diejenigen Prozesse betrachtet werden, die den Beziehungen (4.21), (4.22) und (4.23) entsprechen, bei denen also der Mittelwert und die Streuung nicht von der Zeit und das gemischte Anfangsmoment 2. Ordnung nur von der Zeitdifferenz abhängt.

Diejenigen Signale, die diesen Beziehungen entsprechen, werden *stationäre Signale in weitem Sinne* oder stationäre Signale bis zur 2. Ordnung genannt. Die im strengen Sinne stationären Prozesse sind auch im weiten Sinne stationär. Die Umkehrung muß nicht immer zutreffen. Im allgemeinen sind die stationären Prozesse in weitem Sinne nicht stationäre Prozesse in strengem Sinne. Eine Ausnahme macht nur der normale oder GAUSSsche Prozeß, der durch die Kenntnis der Momente 1. und 2. Ordnung vollständig beschrieben ist und demzufolge auch in strengem Sinne stationär ist.

Die im weiten und strengen Sinne stationären Prozesse, so wie sie beschrieben wurden, sind idealisierte Prozesse, denn kein Signal beginnt bei $t = -\infty$ und dauert bis $t = +\infty$. In Wirklichkeit dauern die Signale nur eine Zeit T. Wenn in diesem Intervall die charakteristischen Eigenschaften des stationären Prozesses erhalten bleiben, so kann angenommen werden, daß die auf Grund der Theorie der stationären Prozesse erhaltenen Resultate mit genügender Genauigkeit gültig sind.

4.6. Klassifikation zufälliger Signale

Für die Beurteilung des Grades der Zufälligkeit bzw. der statistischen Gesetzmäßigkeit eines zufälligen Prozesses ist folgende Klassifikation der zufälligen Signale von Nutzen.

4.6.1. Rein zufälliges Signal

Die einfachste Art eines zufälligen Signals ist das rein zufällig genannte Signal, bei dem die aufeinanderfolgenden Werte von ξ in keiner Weise abhängig sind. In diesem Fall sind die Werte des Signals, auch wenn sie in noch so kleinen Abständen betrachtet werden, unabhängig; dies kommt in folgender Form zum Ausdruck:

$$w_n(x_n; t_n/x_1, x_2, \ldots, x_{n-1}; t_1, t_2, \ldots, t_{n-1}) = w_1(x_n, t_n), \qquad (4.24)$$

wobei $w_n(x_n; t_n/x_1, x_2, \ldots, x_{n-1}; t_1, t_2, \ldots, t_{n-1})\, dx_n$ die bedingte Wahrscheinlichkeit ist, daß $\xi(t)$ im Moment t_n einen zwischen x_n und $x_n + dx_n$ gelegenen

Wert annimmt, wenn es in den Momenten $t_1, t_2, \ldots, t_{n-1}$ die Werte $x_1, x_2, \ldots,$ x_{n-1} angenommen hat, wobei $t_1 < t_2 < \cdots < t_{n-1}$ ist.

Wenn man $n = 2$ einsetzt, so ergibt sich:

$$w_2(x_2; t_2/x_1; t_1) = w_1(x_2; t_2) , \qquad (4.25)$$

während:

$$w_2(x_1, x_2; t_1, t_2) = w_1(x_1; t_1) \cdot w_1(x_2; t_2) \qquad (4.26)$$

ist und für beliebiges n ergibt sich

$$w_n(x_1, x_2, \ldots, x_n; t_1, t_2, \ldots, t_n) = \prod_{k=1}^{n} w_1(x_k; t_k) . \qquad (4.27)$$

Demnach sind die Werte von $x_1, x_2, \ldots x_n$ unabhängig für jedes $t_k \neq t_j$.

In diesen Fällen ist der Prozeß durch die Wahrscheinlichkeitsdichte 1. Ordnung vollständig beschrieben, da nach der Beziehung (4.27) die Wahrscheinlichkeitsdichte n-ter Ordnung erhalten werden kann, wenn man nur die Wahrscheinlichkeitsdichten 1. Ordnung kennt.

Ein Beispiel für eine reine diskrete zufällige Folge bildet der Wurf eines Würfels zu bestimmten Zeitpunkten und ein Beispiel für eine reine kontinuierliche zufällige Folge bildet das Ergebnis der Abtastung des thermischen Rauschens in entsprechend entfernten Zeitpunkten.

Rein zufällige kontinuierliche Prozesse bilden einen Grenzfall und können in Wirklichkeit nie auftreten. In den physikalisch beobachteten Fällen sind die Werte $\xi(t_1)$ und $\xi(t_2)$ immer korreliert, wenn t_1 sich t_2 sehr nähert. Die dem Idealfall am nächsten kommende Situation erhält man beim Breitbandrauschen, das sich dem weißen Rauschen nähert (Rauschen mit frequenzunabhängigem Spektrum).

4.6.2. Einfache MARKOFF-Prozesse

Der nächsthöhere Prozeß vom Gesichtspunkt der Komplexität ist der Prozeß, der statistisch durch die Wahrscheinlichkeitsdichte zweiter Ordnung vollständig beschrieben ist:

$$w_2(x_1, x_2; t_1, t_2) .$$

Diese Prozesse werden MARKOFF-Prozesse genannt. Sie sind von besonderer Bedeutung, da eine große Klasse von Signalen und Rauschvorgängen MARKOFF-Prozesse sind. Im Falle der einfachen MARKOFF-Prozesse hängt der Wert x_n im Zeitpunkt t_n von den vorhergehenden Werten $(x_1, x_2, \ldots, x_{n-1}; t_1, t_2, \ldots, t_{n-1})$ nur durch Vermittlung des letzten Wertes $(x_{n-1}; t_{n-1})$ ab, so daß

$$w_n(x_n; t_n/x_1, x_2, \ldots, x_{n-1}; t_1, t_2, \ldots, t_{n-1}) = w_2(x_n; t_n/x_{n-1}; t_{n-1}) . \qquad (4.28)$$

wobei $t_1 < t_2 \cdots < t_n$ ist.

Zieht man die Definition der bedingten Wahrscheinlichkeit heran, so ergibt sich:

$$w_n(x_1, x_2, \ldots, x_n; t_1, t_2, \ldots, t_n) = w_{n-1}(x_1, x_2, \ldots, x_{n-1};$$
$$t_1, t_2, \ldots, t_{n-1}) \cdot w_2(x_n; t_n/x_{n-1}; t_{n-1})$$

und weiter:

$$w_{n-1}(x_1, \ldots, x_{n-1}: t_1, \ldots, t_{n-1}) = w_{n-2}(x_1, \ldots, x_{n-2};$$
$$t_1, \ldots, t_{n-2}) \cdot w_2(x_{n-1}: t_{n-1}/x_{n-2}; t_{n-2}),$$

so daß

$$w_n(x_1, x_2, \ldots, x_n; t_1, t_2, \ldots, t_n) = w_1(x_1; t_1) \cdot \prod_{k=2}^{n} w_2(x_k; t_k/x_{k-1}; t_{k-1}) \quad (4.29)$$

unter der Bedingung, daß $n \geq 2$ ist.

Es ist ersichtlich, daß bei bekannten Wahrscheinlichkeitsdichten 2. Ordnung der Prozeß vollständig beschrieben ist.

Das Vorherstehende gilt nur für den Fall, daß der Prozeß vollständig zufällig ist (keine deterministischen Komponenten enthält).

Müssen zur vollständigen Beschreibung zwei oder mehr vorhergehende Werte berücksichtigt werden, so ergeben sich die MARKOFF-Prozesse höherer Ordnung.

Im Falle stationärer MARKOFF-Prozesse wird aus der Beziehung (4.28) zunächst;

$$w_n(x_n; t_n/x_1, \ldots, x_{n-1}; t_1, \ldots, t_{n-1}) = w_n(x_n; t_n + \tau/x_1, x_2, \ldots, x_{n-1};$$
$$t_1 + \tau, \ldots, t_{n-1} + \tau)$$

und für $\tau = - t_{n-1}$ und $\Delta t_n = t_n - t_{n-1}$ erhält man:

$$w_n(x_n; t_n/x_1, \ldots, x_{n-1}; t_1, \ldots, t_{n-1}) = w_2(x_n; t_n - t_{n-1}/x_{n-1}) = w_2(x_n; \Delta t_n/x_{n-1}).$$

Aus der Beziehung (4.29) wird

$$w_n(x_1, x_2, \ldots, x_n; t_1. t_2, \ldots, t_n) = w_1(x_1) \prod_{k=2}^{n} w_2(x_k; \Delta t_k/x_{k-1}) \quad (4.30)$$

wobei nur noch die Zeitdifferenzen Δt_k maßgebend sind, dagegen die Werte t_1, $t_2, \ldots, t_n$ keinen Einfluß besitzen.

4.6.3. Ergodische Prozesse

Um das Problem der Informationsübertragung behandeln zu können, müssen unbedingt Methoden der Wahrscheinlichkeitsrechnung angewendet werden; dagegen stehen praktisch nicht alle möglichen Realisierungen $\xi(t)$, sondern nur eine spezielle Realisierung $\xi^{(k)}(t)$ zur Verfügung. Aus diesen speziellen Realisierungen können nur zeitliche Mittelwerte erhalten werden (s. Abschnitt 4.3.2.).

Für die Anwendungen ist der Zusammenhang wichtig, der zwischen den a priori theoretisch auf Grund der Wahrscheinlichkeit abgeleiteten Werten und den nachträglich im Versuch erhaltenen entsprechenden Werten, die sich durch Betrachtung einer speziellen Realisierung ergeben, besteht. Mit anderen Worten interessiert der Zusammenhang zwischen den statistischen und zeitlichen Mittelwerten.

Eine Menge von Signalen wird *ergodisch* genannt, wenn ihre statistischen Mittelwerte mit den zeitlichen Mittelwerten übereinstimmen. Die Bedingung, die ein Signal $\xi^{(k)}(t)$ erfüllen muß, damit es der oben genannten Menge angehört, wird Ergoden-Hypothese genannt.

Es werde die Menge $\xi(t)$ der möglichen Realisierungen eines Signals (Abb. 4.7) betrachtet, von der angenommen werden kann, daß sie gleichzeitig von identischen und unabhängigen Quellen erzeugt wird.

Jede dieser Realisierungen kann in diskreter Form sowohl im Zeitbereich als auch im Amplitudenbereich dargestellt werden.

Im Zeitbereich betrachtet man $\xi^{(k)}(n\,\Delta t)$, wobei die kontinuierliche Veränderliche t durch eine diskrete Veränderliche $n\,\Delta t$ ersetzt wurde.

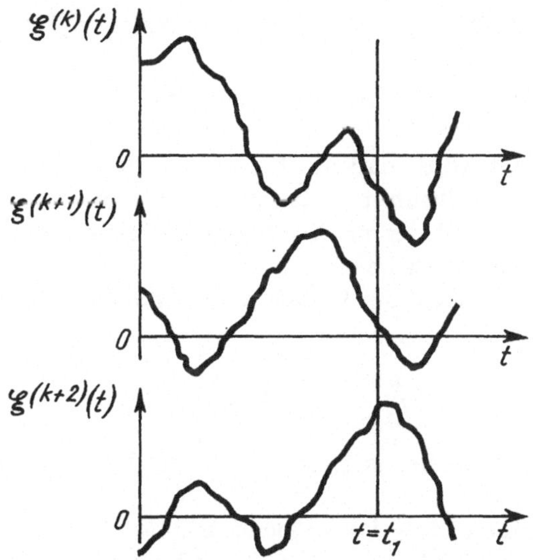

Abb. 4.7. Darstellung der Realisierungen eines zufälligen Signals

Im Amplitudenbereich im Zeitpunkt t_1 werden die kontinuierlichen Werte x der zufälligen Veränderlichen $\xi^{(k)}(t_1)$ durch diskrete Werte ersetzt und zwar: $x_m = m\,\Delta x$.

Es sei vorausgesetzt, daß das Signal eine begrenzte Amplitude vom Werte a hat $(-a < x < +a)$, und im Zeitpunkte t_1 werde eine genügend große Zahl N von möglichen Realisierungen betrachtet.

Von den auf diese Weise erhaltenen N Ordinaten sei vorausgesetzt, daß N_1 Ordinaten den Wert Δx, N_2 Ordinaten den Wert $2\,\Delta x$ und N_m Ordinaten den Wert $m\,\Delta x$ besitzen usw. und

$$N_1 + N_2 + \cdots = N$$

ist.

Der arithmetische Mittelwert dieser Ordinaten ist

$$\frac{1}{N}\sum_{m=-\frac{a}{\Delta x}}^{m=\frac{a}{\Delta x}} x_m\,N_m = \sum_{m=-\frac{a}{\Delta x}}^{m=\frac{a}{\Delta x}} x_m \left(\frac{N_m}{N}\cdot\frac{1}{\Delta x}\right)\Delta x\,. \tag{4.31}$$

Wenn $\Delta x \to 0$, so geht x_m gegen die kontinuierliche Veränderliche x und wenn $N \to \infty$, also alle möglichen Realisierungen betrachtet werden, so wird aus dem Verhältnis $\dfrac{N_m}{N} \cdot \dfrac{1}{\Delta x}$:

$$\lim_{\substack{N \to \infty \\ \Delta x \to 0}} \frac{N_m}{N} \cdot \frac{1}{\Delta x} = w(x;\, t_1) \,, \tag{4.32}$$

wobei $w(x,\, t_1)$ die Wahrscheinlichkeitsdichte ist.

In diesem Fall strebt der arithmetische Mittelwert gegen den statistischen Mittelwert:

$$\overline{\xi(t_1)} = \int\limits_{-\infty}^{+\infty} x\, w(x;\, t_1)\, dx \,.$$

Wenn vorausgesetzt wird, daß die Menge der Ordinaten in einem anderen willkürlich gewählten Zeitpunkt t_j dieselben Elemente x_m, jedoch in anderer Ordnung, enthält, so wird der arithmetische Mittelwert bzw. der statistische Mittelwert den gleichen Wert haben.

In diesem Fall ist die Zahl der Ordinaten N_m, unabhängig vom Zeitpunkt t_j, die gleiche und daher ist

$$\lim_{\substack{N \to \infty \\ \Delta x \to 0}} \frac{N_m}{N} \cdot \frac{1}{\Delta x} = w(x) \,. \tag{4.33}$$

Die Wahrscheinlichkeitsdichte hängt nicht von der Zeit ab, der Vorgang ist also stationär.

Im Falle der Hypothese, daß sich die gleichen Ordinaten x_m in jeder der speziellen Realisierungen von $\xi(t)$ finden und nur ihre Reihenfolge abweicht, ergibt die Bildung des Mittelwertes der Ordinaten jeder Realisierung längs der Zeitachse den gleichen Wert, wie die Bildung des Mittelwertes über der Menge der möglichen Realisierungen zu einem bestimmten beliebigen Zeitpunkt. In diesem Fall spricht man von einem ergodischen Prozeß.

Es werde der Mittelwert einer speziellen Realisierung $\xi^{(k)}(n\, \Delta t)$ im Intervall $2\, T$ betrachtet:

$$\frac{\displaystyle\sum_{n=-\frac{T}{\Delta t}}^{n=\frac{T}{\Delta t}} \xi^{(k)}\,(n\, \Delta t)}{\dfrac{2\, T}{\Delta t}} = \frac{1}{2\, T} \sum_{n=-\frac{T}{\Delta t}}^{n=\frac{T}{\Delta t}} \xi^{(k)}(n\, \Delta t) \cdot \Delta t \,. \tag{4.34}$$

Beim Grenzübergang $\Delta t \to 0$ geht die diskrete Veränderliche $n\, \Delta t$ in die kontinuierliche Veränderliche t über und für $T \to \infty$ erhält man den Zeitmittelwert

$$\lim_{T \to \infty} \frac{1}{2\, T} \int\limits_{-T}^{T} \xi^{(k)}(t)\, dt = \lim_{T \to \infty} \frac{1}{2\, T} \int\limits_{-T}^{T} \xi^{(j)}(t)\, dt = \lim_{T \to \infty} \frac{1}{2\, T} \int\limits_{-T}^{T} x(t)\, dt \,, \tag{4.35}$$

für jedes j und k, weil die Mittelwerte der gleichen Elemente, nur in verschiedener Reihenfolge, gebildet werden.

Da sowohl bei der Bildung des Scharmittelwertes als auch bei der Bildung des Zeitmittelwertes die gleichen Elemente, jedoch in anderer Reihenfolge, vorkommen, ergibt sich, daß die zwei Mittelwerte gleich sind:

$$\int\limits_{-\infty}^{+\infty} x\, w(x)\, dx = \lim_{T \to \infty} \frac{1}{2\,T} \int\limits_{-T}^{+T} x(t)\, dt \tag{4.36}$$

oder

$$\overline{\xi(t)} = \widetilde{\xi^{(k)}(t)}\,.$$

Diese Beziehung definiert einen *ergodischen* Prozeß.

Sie muß im Sinne der Konvergenz in Wahrscheinlichkeit verstanden werden und zwar

$$\lim_{T \to \infty} P\,\{\,|\overline{\xi(t)} - \widetilde{\xi_T^{(k)}(t)}| < \varepsilon\} = 1\,,$$

für beliebige Werte von $\varepsilon > 0$, wobei

$$\widetilde{\xi_T^{(k)}(t)} = \frac{1}{2\,T} \int\limits_{-T}^{+T} \xi^{(k)}(t)\, dt$$

ist.

Dieses Ergebnis bleibt auch dann gültig, wenn man es auf eine Funktion des Signals $F[x(t)]$ bezieht, also

$$\int\limits_{-\infty}^{+\infty} F(x)\, w(x)\, dx = \lim_{T \to \infty} \frac{1}{2\,T} \int\limits_{-T}^{+T} F[x(t)]\, dt\,. \tag{4.37}$$

Speziell, wenn $F(x) = x^2$ ist, ergibt sich

$$\overline{[\xi(t)]^2} = \widetilde{[\xi^{(k)}(t)]^2}\,;$$

der quadratische statistische Mittelwert ist also dem quadratischen Zeitmittelwert gleich.

Genauso kann gezeigt werden, daß

$$\overline{\xi(t_1)\,\xi(t_2)} = \widetilde{\xi^{(k)}(t_1 + t)\,\xi^{(k)}(t_2 + t)}\,; \tag{4.38}$$

die statistische Autokorrelationsfunktion ist also der zeitlichen Autokorrelationsfunktion gleich und

$$\overline{\xi(t_1)\,\eta(t_2)} = \widetilde{\xi^{(k)}(t)\,\eta^{(k)}(t)}\,; \tag{4.39}$$

die statistische Kreuzkorrelationsfunktion ist der zeitlichen Kreuzkorrelationsfunktion gleich.

Die Stationaritätsbedingung im strengen Sinne muß erfüllt sein, damit der Vorgang ergodisch ist, denn im entgegengesetzten Fall haben im allgemeinen die Scharmittelwerte zu verschiedenen Zeitpunkten t_1, t_2, ... verschiedene Werte, die dem Zeitmittelwert nicht gleichgesetzt werden können. Die Stationaritätsbedingung im strengen Sinne ist jedoch nicht hinreichend.

Als Beispiel sei der stationäre Prozeß

$$\eta(t) = \cos{(\xi\, t + \varphi)}$$

betrachtet, wobei ξ und φ zufällige unabhängige Veränderliche sind und ξ eine beliebige Verteilung, dagegen φ eine uniforme, im Intervall $[0, 2\pi]$ definierte Verteilung besitzt.

Der statistische Mittelwert ist

$$\overline{\eta(t)} = \int\limits_{-\infty}^{+\infty}\int\limits_{0}^{2\pi} [\cos x\, t \cos f - \sin x\, t \sin f]\, w(x)\, \frac{1}{2\pi}\, dx\, df =$$

$$= \frac{1}{2\pi}\int\limits_{-\infty}^{+\infty} \cos x\, t\, w(x)\, dx \int\limits_{0}^{2\pi} \cos f\, df - \frac{1}{2\pi}\int\limits_{-\infty}^{+\infty} \sin x\, t\, w(x)\, dx \int\limits_{0}^{2\pi} \sin f\, df$$

aber

$$\int\limits_{0}^{2\pi} \cos f\, df = \int\limits_{0}^{2\pi} \sin f\, df = 0\,,$$

daher

$$\overline{\eta(t)} = 0\,.$$

Der zeitliche Mittelwert ist

$$\widetilde{\widetilde{\eta(t)}} = \lim_{T\to\infty}\frac{1}{T}\int\limits_{0}^{T} \cos{[\xi^{(k)}\, t + \varphi^{(k)}]}\, dt = 0;$$

daher ist

$$\overline{\eta(t)} = \widetilde{\widetilde{\eta(t)}}\,,$$

weil der Prozeß ergodisch ist.

Betrachtet man nun den Prozeß

$$\eta(t) = \xi(t) + \zeta\,,$$

wobei $\xi(t)$ einen stationären ergodischen Prozeß und ζ eine zufällige Veränderliche darstellt.

Es ist offensichtlich, daß dieser Prozeß stationär ist; er ist jedoch nicht ergodisch:

$$\overline{\eta(t)} = \overline{\xi(t)} + \overline{\zeta} = x_0 + z_0\,,$$

wobei x_0 und z_0 statistische Mittelwerte sind, während

$$\widetilde{\widetilde{\eta(t)}} = \widetilde{\widetilde{\xi(t)}} + \zeta = x_0 + \zeta$$

ist.

Der Prozeß ist also nur dann ergodisch, wenn ζ konstant ist.

In Abb. 4.8 ist die Klassifizierung der bisher behandelten Prozesse dargestellt.

In der Tab. 4.2. sind die Mittelwerte für zufällige Signale gegeben.

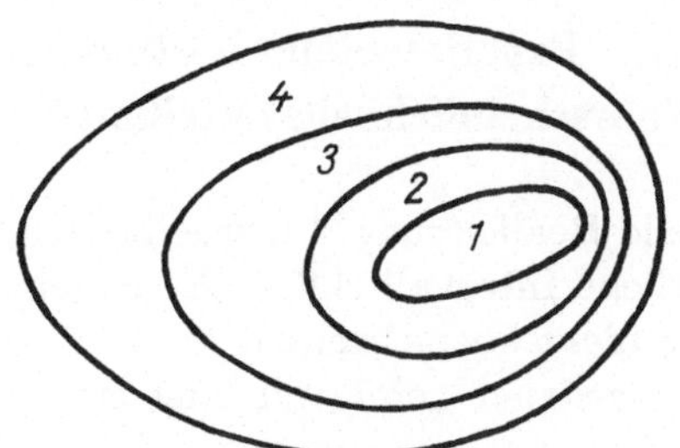

Abb. 4.8. Klassifizierung zufälliger Prozesse
1 — ergodischer Prozeß; *2* — stationärer Prozeß im strengen Sinne; *3* — stationärer Prozeß;
4 — stochastischer Prozeß

Tabelle 4.2. Zufällige Signale

Lfd. Nr.	Typ der Mittelwerte	Typ des Prozesses	Statitischer Mittelwert	Zeitlicher Mittelwert
1.	Mittelwert	Nicht stationär	$\overline{\xi(t_1)} = \int\limits_{-\infty}^{+\infty} x_1\, w_1(x_1;\, t_1)\, dx_1$	$\widetilde{\overline{\xi^{(k)}(t)}} =$ $= \lim\limits_{T \to \infty} \dfrac{1}{T} \int\limits_{-T/2}^{+T/2} \xi^{(k)}(t)\, dt$
		Stationär	$\overline{\xi(t + \tau)} = \overline{\xi(t)}$ für jedes τ	
		Ergodisch	$\overline{\xi(t)} = \widetilde{\overline{\xi^{(k)}(t)}}$ für jedes k	
2.	Quadratischer Mittelwert	Nicht stationär	$\overline{\xi^2(t_1)}$	$[\widetilde{\overline{\xi^{(k)}(t)}}]^2$
		Stationär	$\overline{\xi^2(t + \tau)} = \overline{\xi^2(t)}$, für jedes τ	
		Ergodisch	$\overline{\xi^2(t)} = [\widetilde{\overline{\xi^{(k)}(t)}}]^2$ für jedes k	
3.	Autokovarianzfunktion. Autokorrelationsfunktion (Mittelwert null)	Nicht stationär	$K_{\xi\xi}(t_1, t_2) = \overline{\xi(t_1)\,\xi(t_2)}$	$R_{\xi\xi}^{(k)}(t_2 - t_1) =$ $= \widetilde{\overline{\xi^{(k)}(t_1 + t)\,\xi^{(k)}(t_2 + t)}}$
		Stationär	$\overline{\xi(t_1)\,\xi(t_2)} = K_{\xi\xi}(t_2 - t_1)$	
		Ergodisch	$K_{\xi\xi}(t_2 - t_1) = R_{\xi\xi}^{(k)}(t_2 - t_1)$ für jedes k	
4.	Kreuzkovarianzfunktion Kreuzkorrelationsfunktion (Mittelwert gleich Null)	Nicht stationär	$K_{\xi\eta}(t_1, t_2) = \overline{\xi(t_1)\,\eta(t_2)}$	$R_{\xi\eta}^{(k)}(t_2 - t_1) =$ $= \widetilde{\overline{\xi^{(k)}(t_1 + t)\,\eta^{(k)}(t_2 + t)}}$
		Stationär	$\overline{\xi(t_1)\,\eta(t_2)} = K_{\xi\eta}(t_2 - t_1)$	
		Ergodisch	$K_{\xi\eta}(t_2 - t_1) = R_{\xi\eta}^{(k)}(t_2 - t_1)$, für jedes k	

4.7. Experimentelle Bestimmung
der Wahrscheinlichkeitsverteilungsfunktion

Es werde eine spezielle Realisierung des ergodischen Signals $\xi^{(k)}(t)$ (Abb. 4.9) betrachtet und das zeitliche Intervall $\Delta T = \sum_i \Delta t_i$ gemessen, in dem das Signal einen gegebenen Wert x nicht überschreitet.

Wenn die Beobachtungsdauer genügend lang ist, so drückt das Verhältnis

$$\frac{\sum_i \Delta t_i}{T} \approx F(x) \tag{4.40}$$

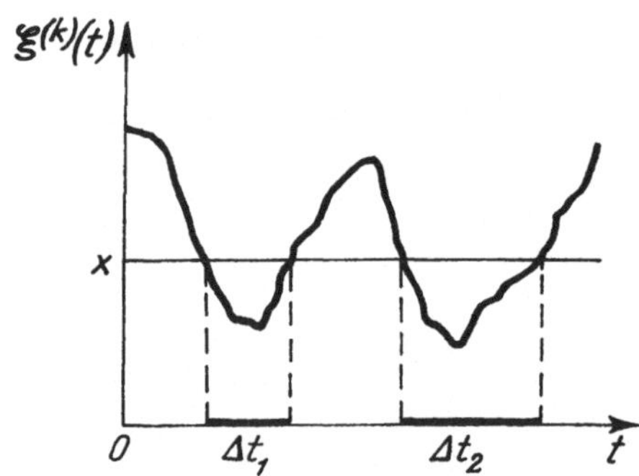

Abb. 4.9. Bestimmung der Wahrscheinlichkeitsverteilungsfunktion durch einen zeitlichen Mittelwert

angenähert die Wahrscheinlichkeit dafür aus, daß das Signal den Wert x nicht überschreitet. In diesem Fall ergibt sich die Wahrscheinlichkeit als ein zeitlicher Mittelwert.

Wenn die Beobachtungsdauer T in Intervalle von genügend großer Dauer τ eingeteilt wird (Abb. 4.10), so daß die Endwerte desselben unabhängig sind, so kann jeder Teil τ als eine spezielle Realisierung des Prozesses betrachtet werden.

Für einen bestimmten Zeitpunkt t_1 bzw. $t_1 + \tau$, $t_1 + 2\tau$, ... sei M die Zahl der Realisierungen mit Werten kleiner als x und N die Zahl aller Realisierungen.

Wenn N genügend groß ist, so drückt das Verhältnis $\frac{M}{N}$ angenähert die Wahrscheinlichkeit dafür aus, daß das Signal im Zeitpunkt t_1 den Wert x nicht überschreitet:

$$\frac{M}{N} \approx F(x; t_1) \, . \tag{4.41}$$

In diesem Fall ergibt sich die Wahrscheinlichkeit $F(x)$ als ein Scharmittel.

Wenn das Signal stationär ist, so ist: $F(x; t_1) = F(x)$. Für den Fall ergodischer Signale, für die $\overline{\xi(t)} = \widetilde{\xi(t)}$ ist, kann die Verteilungsfunktion $F(x)$ nach der Beziehung (4.40) bestimmt werden.

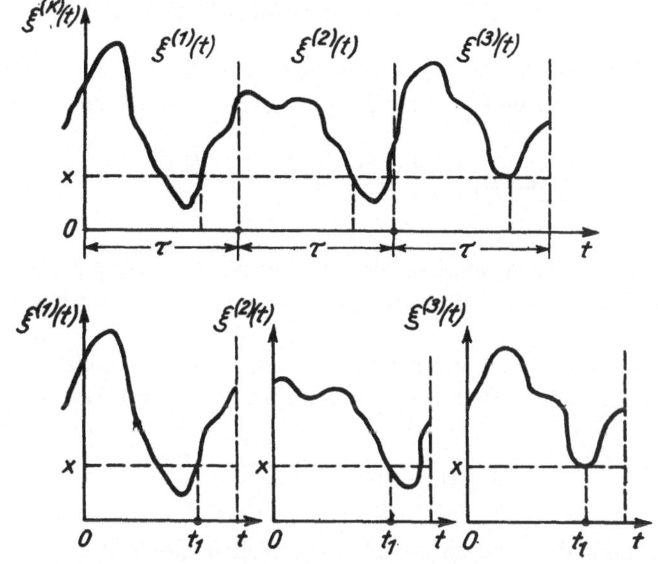

Abb. 4.10. Bestimmung der Wahrscheinlichkeitsverteilungsfunktion
durch einen statistischen Mittelwert

4.8. Stetigkeit zufälliger Signale

Der Begriff der Konvergenz kann von den zufälligen Folgen auf die stochastischen Prozesse ausgedehnt werden.

Ein zufälliges Signal wird im Zeitpunkt t ein stetiges Signal im Sinne des quadratischen Mittels genannt, wenn

$$\lim_{\tau \to 0} m_1 \left\{ |\xi(t+\tau) - \xi(t)|^2 \right\} = 0 \tag{4.42}$$

ist.

Indem man weiter entwickelt, erhält man

$$m_1 \left\{ |\xi(t+\tau) - \xi(t)|^2 \right\} = \overline{\xi^2(t+\tau)} - \overline{2\,\xi(t+\tau)\,\xi(t)} + \overline{\xi^2(t)} \,.$$

Im Falle stationärer Prozesse wird

$$m_1 \left\{ |\xi(t+\tau) - \xi(t)|^2 \right\} = 2 \left[\overline{\xi^2(t)} - \overline{\xi(t+\tau)\,\xi(t)} \right] = 2 \left[B(0) - B(\tau) \right] .$$

Aus der Beziehung (4.42) wird daher

$$\lim_{\tau \to 0} \left[B(0) - B(\tau) \right] = 0 \,; \tag{4.43}$$

die Autokorrelationsfunktion muß also im Punkt $\tau = 0$ eine stetige Funktion sein. Dieses ist eine notwendige und hinreichende Bedingung dafür, daß der Prozeß im Zeitpunkt t stetig ist.

Umgekehrt kann gesagt werden, daß die Korrelationsfunktion eines zufälligen stationären stetigen Signals eine stetige Funktion ist.

12*

4.9. Differentiation zufälliger Signale

Das zufällige Signal $\xi(t)$ ist im Zeitpunkt t im Sinne des quadratischen Mittels differenzierbar, wenn eine Funktion $\xi'(t)$ besteht, die Ableitung genannt wird, so daß

$$\lim_{\tau \to 0} m_1 \left\{ \left| \frac{\xi(t+\tau) - \xi(t)}{\tau} - \xi'(t) \right|^2 \right\} = 0 \qquad (4.44)$$

ist.

Die statistischen Eigenschaften der Ableitung $\xi'(t)$ werden aus den statistischen Eigenschaften der Differenz von $\xi(t+\tau) - \xi(t)$ durch Grenzübergang erhalten.

Für den Fall, daß man sich auf eine spezielle Realisierung $\xi^{(k)}(t)$ bezieht, hat die Ableitung die gleiche Bedeutung wie im Fälle deterministischer Funktionen und zwar:

$$[\xi^{(k)}(t)]' = \lim_{\tau \to 0} \frac{\xi^{(k)}(t+\tau) - \xi^{(k)}(t)}{\tau} . \qquad (4.45)$$

Betrachtet man das Ensemble aller möglichen Realisierungen, so wird die Ableitung des zufälligen Signals eine zufällige Funktion, die durch die Beziehung (4.44) definiert ist.

4.10. Integration zufälliger Signale

Bezieht man sich auf eine spezielle Realisierung $\xi^{(k)}(t)$, so kann die Integration des Signals im deterministischen Sinne ausgelegt werden:

$$\eta^{(k)} = \int\limits_a^b \xi^{(k)}(t) \, dt , \qquad (4.46)$$

und der Wert des Integrals hängt von k bzw. von der betrachteten speziellen Realisierung ab.

Betrachtet man das Ensemble aller möglichen Realisierungen, so wird der Integralwert eine zufällige Veränderliche η, die mit der Wahrscheinlichkeit des Eintretens von $\xi^{(1)}(t)$, $\xi^{(2)}(t) \ldots$ die Werte $\eta^{(1)}$, $\eta^{(2)}, \ldots$ annehmen kann; in diesem Fall hat man

$$\eta = \int\limits_a^b \xi(t) \, dt .$$

Wenn

$$\int\limits_a^b m_1 \left\{ |\xi(t)| \right\} dt < \infty \qquad (4.47)$$

ist, so sind mit Ausnahme einer Menge der Wahrscheinlichkeit Null alle Beobachtungen $\xi^{(k)}(t)$ absolut integrierbar:

$$\int\limits_a^b |\xi^{(k)}(t)| \, dt < \infty$$

für jedes k und

$$m_1 \left\{ \int_a^b \xi(t)\, dt \right\} = \int_a^b m_1\{\xi(t)\}\, dt \tag{4.48}$$

für jeden endlichen oder unendlichen Wert von a und b.

Im Falle stationärer Signale wird die Integrabilitätsbedingung (4.47) zu

$$\overline{\xi(t)} \cdot (b - a) < \infty\,,$$

woraus folgt, daß für ein unendliches Intervall

$$\overline{\xi(t)} = 0$$

sein muß.

4.11. Leistungsspektraldichte und Theorem von Wiener-Chintschin

Die im Falle deterministischer Funktionen angewandte harmonische Analyse kann auf zufällige Signale nicht direkt angewendet werden, weil in diesem allgemeinen Fall

$$\int_{-\infty}^{+\infty} |\xi^{(k)}(t)|\, dt \to \infty\,. \tag{4.49}$$

Jedoch auch hier kann der Begriff der Leistungsspektraldichte eingeführt werden.

Um die harmonische Analyse auch für zufällige Signale, für die die übliche Entwicklung nicht gültig ist, erweitern zu können, wird zu Beginn ein begrenztes Signal $\xi_T^{(k)}(t)$ betrachtet, das durch folgende Beziehungen bestimmt ist:

$$\left. \begin{aligned} \xi_T^{(k)}(t) &= \xi^{(k)}(t) \quad &&\text{für} \quad |t| \leq \frac{T}{2}\,; \\[2mm] \xi_T^{(k)}(t) &= 0 \quad &&\text{für} \quad |t| > \frac{T}{2}\,. \end{aligned} \right\} \tag{4.50}$$

Die mittlere Leistung des begrenzten Signals ist

$$P_T^{(k)} = \frac{E_T^{(k)}}{T} = \frac{1}{T} \int_{-T/2}^{+T/2} [\xi^{(k)}(t)]^2\, dt = \frac{1}{T} \int_{-\infty}^{+\infty} [\xi_T^{(k)}(t)]^2\, dt\,.$$

Wenn man mit $X_T^{(k)}(\omega)$ die Fourier-Transformierte des begrenzten Signals bezeichnet, ergibt sich

$$P_T^{(k)} = \frac{1}{T} \int_{-\infty}^{+\infty} \xi_T^{(k)}(t)\, \frac{1}{2\pi} \int_{-\infty}^{+\infty} X_T^{(k)}(\omega)\, e^{j\omega t}\, d\omega\, dt,$$

und da $\xi_T^{(k)}$ absolut summierbar ist, erhält man durch Änderung der Integrationsfolge

$$P_T^{(k)} = \frac{1}{2\pi} \cdot \frac{1}{T} \int_{-\infty}^{+\infty} X_T^{(k)}(\omega)\, \overset{*}{X}_T^{(k)}(\omega)\, d\omega = \frac{1}{2\pi} \int_{-\infty}^{+\infty} \frac{|X_T^{(k)}(\omega)|^2}{T}\, d\omega\,.$$

Die Leistungsspektraldichte des begrenzten Signals wird durch folgende Beziehung bestimmt:

$$q_T^{(k)}(\omega) = \frac{|X_T^{(k)}(\omega)|^2}{T} \, . \tag{4.51}$$

In diesem Fall geht jede Information über die Phase in $q_T^{(k)}(\omega)$ verloren.
Die mittlere Leistung ist

$$P_T^{(k)} = \frac{1}{2\pi} \int\limits_{-\infty}^{+\infty} q_T^{(k)}(\omega) \, d\omega \, . \tag{4.52}$$

Da $|X_T^{(k)}(\omega)|^2$ eine gerade Funktion von ω ist, kann die Leistungsspektraldichte im Bereich nichtnegativer Frequenzen durch folgende Beziehung ausgedrückt werden:

$$p_T^{(k)}(\omega) = \frac{2\,|X_T^{(k)}(\omega)|^2}{T} = 2\,q_T^{(k)}(\omega) \, , \quad \text{für} \quad \omega \geqq 0 \, . \tag{4.53}$$

Wenn das Signal von unbegrenzter Dauer ist, kann die Existenz folgenden Grenzwertes angenommen werden:

$$P^{(k)} = \lim_{T\to\infty} P_T^{(k)} = \lim_{T\to\infty} \frac{1}{2\pi} \int\limits_{-\infty}^{+\infty} q_T^{(k)}(\omega) \, d\omega \, . \tag{4.54}$$

Diese Annahme ist dadurch begründet, daß das Signal immer von begrenzter Leistung ist.

Um den Begriff der Leistungsspektraldichte auch auf zufällige Signale zu verallgemeinern, muß die Menge aller möglichen Realisierungen betrachtet und der Mittelwert bestimmt werden:

$$q_T(\omega) = m_1 \left\{ \frac{|X_T^{(k)}(\omega)|^2}{T} \right\} = \frac{1}{T}\, m_1 \left\{ X_T^{(k)}(\omega)\, \overset{*}{X}_T^{(k)}(\omega) \right\} \tag{4.55}$$

oder

$$q_T(\omega) = \frac{1}{T}\, m_1 \left\{ \int\limits_{-T/2}^{+T/2} \int\limits_{-T/2}^{+T/2} \xi_T^{(k)}(t_1)\, \xi_T^{(k)}(t_2)\, e^{-j\,\omega(t_1 - t_2)}\, dt_1\, dt_2 \right\} ;$$

daher ist

$$q_T(\omega) = \frac{1}{T} \int\limits_{-T/2}^{+T/2} \int\limits_{-T/2}^{+T/2} \overline{\xi_T(t_1)\, \xi_T(t_2)}\, e^{-j\,\omega(t_1 - t_2)}\, dt_1\, dt_2 \, . \tag{4.56}$$

Es ergibt sich

$$q_T(\omega) = \frac{1}{T} \int\limits_{-T/2}^{+T/2} \int\limits_{-T/2}^{+T/2} B_T(t_1,\, t_2)\, e^{-j\,\omega(t_1 - t_2)}\, dt_1\, dt_2 \, , \tag{4.57}$$

wobei

$$B_T(t_1,\, t_2) = \overline{\xi_T(t_1)\, \xi_T(t_2)}$$

ist.

Für ein Signal, das in weitem Sinn stationär ist, hat man

$$q_T(\omega) = \frac{1}{T} \int\limits_{-T/2}^{+T/2} \int\limits_{-T/2}^{+T/2} B_T\,(t_1 - t_2)\, e^{-j\,\omega(t_1 - t_2)}\, dt_1\, dt_2$$

und indem man $t_1 = t_2 + \tau$ setzt, erhält man

$$q_T(\omega) = \frac{1}{T} \int\limits_{-T/2}^{+T/2} B_T(\tau)\, e^{-j\,\omega\tau}\, d\tau \int\limits_{-T/2}^{+T/2} dt_2 = \int\limits_{-T/2}^{+T/2} B_T(\tau)\, e^{-j\,\omega\tau}\, d\tau\;.$$

Durch Grenzübergang für $T \to \infty$ ergibt sich

$$\lim_{T\to\infty} q_T(\omega) = q(\omega) = \int\limits_{-\infty}^{+\infty} B(\tau)\, e^{-j\,\omega\tau}\, d\tau\;; \tag{4.58}$$

die Leistungsspektraldichte ist also die FOURIER-Transformierte der Autokorrelationsfunktion:

$$\left.\begin{aligned} q(\omega) &= \mathfrak{F}\{\,B(\tau)\,\}\;; \\ B(\tau) &= \mathfrak{F}^{-1}\{\,q(\omega)\,\}\;, \end{aligned}\right\} \tag{4.59}$$

und da $B(\tau) = B(-\,\tau)$ ist, wird aus den Gleichungen (4.59)

$$\left.\begin{aligned} q(\omega) &= 2 \int\limits_{0}^{\infty} B(\tau)\, \cos \omega\, \tau\, d\tau\;; \\ B(\tau) &= \frac{1}{\pi} \int\limits_{0}^{\infty} q(\omega)\, \cos \omega\, \tau\, d\omega\;. \end{aligned}\right\} \tag{4.60}$$

Die Beziehungen (4.59) sind unter dem Namen *Theorem von* WIENER-CHINTSCHIN *für zufällige Prozesse* bekannt.

Aus den Beziehungen (4.55) und (4.58) ergibt sich, daß die Leistungsspektraldichte in entsprechender Weise als Funktion des statistischen Mittelwertes definiert werden kann, und zwar

$$q(\omega) = \lim_{T\to\infty} q_T(\omega) = \lim_{T\to\infty} \overline{q_T^{(k)}(\omega)} = \lim_{T\to\infty} \frac{\overline{|X_T^{(k)}(\omega)|^2}}{T}\;, \tag{4.61}$$

wobei der statistische Mittelwert vor dem Grenzübergang gebildet werden muß.

Der Begriff der Spektraldichte kann auch auf gemischte Vorgänge (mit deterministischen Komponenten) ausgedehnt werden. Bei Bestimmung des Mittelwertes führen die deterministischen periodischen Größen die δ-Funktionen in die Ausdrücke für die Leistungsspektraldichten ein.

Um die Leistung der Komponenten des Signals mit einer Winkelfrequenz kleiner als ω zu bestimmen, definiert man die Spektralverteilungsfunktion der Leistung:

$$D(\omega) = \frac{1}{2\pi} \int\limits_{-\infty}^{\omega} q(u)\, du\;. \tag{4.62}$$

Im Falle zufälliger ergodischer Signale ist $B(\tau) = R(\tau)$, wobei $R(\tau)$ die zeitliche Autokorrelationsfunktion ist. Für ergodische Signale ist

$$\left.\begin{aligned} q(\omega) &= \mathfrak{F}\{R(\tau)\} = 2 \int\limits_0^\infty R(\tau) \cos \omega\,\tau\, d\tau\,; \\[2mm] R(\tau) &= \mathfrak{F}^{-1}\{q(\omega)\} = \frac{1}{\pi} \int\limits_0^\infty q(\omega) \cos \omega\,\tau\, d\omega\,. \end{aligned}\right\} \tag{4.63}$$

Neben der für den gesamten Frequenzbereich definierten Leistungsspektraldichte $q(\omega)$ ist es zweckmäßig, die Leistungsspektraldichte $p(\omega)$ nur für nichtnegative Frequenzen zu definieren:

$$p(\omega) = 2\,q(\omega)\,u(\omega)\,,$$

wobei $u(\omega)$ die Einheitssprungfunktion ist.

Zur Vereinfachung wird im folgenden an Stelle der oben angegebenen Beziehung geschrieben:

$$p(\omega) = 2\,q(\omega)\,.$$

Mit Obigem ergibt sich

$$p(\omega) = 2\,q(\omega) = 4 \int\limits_0^\infty B(\tau) \cos \omega\,\tau\, d\tau$$

und

$$B(\tau) = \frac{1}{2\pi} \int\limits_0^\infty p(\omega) \cos \omega\,\tau\, d\omega\,.$$

Eine Zusammenfassung der in den Abschnitten 3.2.2. und 3.3.4. getroffenen Feststellungen führt zu folgenden Korrespondenzen:

— Für periodische Signale

$$\begin{aligned} s(t) &\leftrightarrow C(n\,\omega_0) \\ \downarrow\quad &\quad\ \downarrow \\ r(\tau) &\leftrightarrow P(n\,\omega_0)\,. \end{aligned}$$

— Für nichtperiodische Signale

$$\begin{aligned} s(t) &\leftrightarrow S(j\,\omega) \\ \downarrow\quad &\qquad \downarrow \\ k(\tau) &\leftrightarrow e(\omega)\,. \end{aligned}$$

— Für zufällige Signale

$$\begin{aligned} &\xi(t) \\ &\downarrow \\ B(\tau) &\leftrightarrow q(\omega)\,. \end{aligned}$$

4.12. Leistungsspektraldichte und Autokorrelationsfunktion der Ableitung des Signals

Das durch Ableitung des im weiten Sinne stationären Signals $\xi(t)$ erhaltene Signal $\zeta(t)$ ist

$$\zeta(t) = \frac{d\xi(t)}{dt} \, .$$

Nach der Beziehung (4.55) ist die Leistungsspektraldichte des Signals $\xi(t)$

$$q(\omega) = \lim_{T \to \infty} m_1 \left\{ \frac{|X_T^{(k)}(\omega)|^2}{T} \right\} \, .$$

Betrachtet man die Spektraldichte des begrenzten Signals $\zeta_T^{(k)}(t)$:

$$Z_T^{(k)}(\omega) = j \, \omega \, X_T^{(k)}(\omega) \, , \tag{4.64}$$

so kann die Leistungsspektraldichte des Signals $\zeta(t)$ wie folgt geschrieben werden:

$$q_\zeta(\omega) = \lim_{T \to \infty} m_1 \left\{ \frac{|Z_T^{(k)}(\omega)|^2}{T} \right\} = \lim_{T \to \infty} \left\{ m_1 \frac{|j \, \omega \, X_T^{(k)}(\omega)|^2}{T} \right\} ;$$

$$q_\zeta(\omega) = \lim_{T \to \infty} \omega^2 \, m_1 \left\{ \frac{|X_T^{(k)}(\omega)|^2}{T} \right\} = \omega^2 \, q(\omega) \, .$$

Die Leistungsspektraldichte der Abgeleiteten des Signals ist daher

$$q_\zeta(\omega) = \omega^2 \, q(\omega) \, . \tag{4.65}$$

Die Autokorrelationsfunktion des Signals $\xi(t)$ ist

$$B_\xi(\tau) = \frac{1}{2\pi} \int\limits_{-\infty}^{+\infty} q(\omega) \, e^{j \omega \tau} \, d\omega \, .$$

Da das Integral gleichmäßig konvergiert, kann geschrieben werden

$$B_\xi''(\tau) = \frac{d^2 B_\xi(\tau)}{d\tau^2} = \frac{1}{2\pi} \int\limits_{-\infty}^{+\infty} (j \, \omega)^2 \, q(\omega) \, e^{j \omega \tau} \, d\omega ;$$

$$B_\xi''(\tau) = -\frac{1}{2\pi} \int\limits_{-\infty}^{+\infty} q_\zeta(\omega) \, e^{j \omega \tau} \, d\omega = - B_\zeta(\tau) \, . \tag{4.66}$$

Es ist daher die Autokorrelationsfunktion des abgeleiteten Signals $\zeta(t)$ gleich der negativen zweiten Ableitung der Autokorrelationsfunktion des Signals $\xi(t)$. Die mittlere Leistung der Abgeleiteten des Signals ist

$$B_\zeta(0) = - B_\xi''(0) = \frac{1}{2\pi} \int\limits_{-\infty}^{+\infty} \omega^2 \, q(\omega) \, d\omega \, .$$

Da für $\tau = 0$ die Korrelationsfunktion ihren Maximalwert erreicht, ergibt sich

$$B''_\xi(0) < 0 \; .$$

Da die mittlere Leistung des abgeleiteten Signals $\zeta(t)$ begrenzt ist, folgt daraus, daß das Integral $\int\limits_{-\infty}^{+\infty} \omega^2\, q(\omega)\, d\omega$ immer beschränkt ist und daher das Leistungsspektrum des im weiten Sinne stationären Signals $\xi(t)$ bei hohen Frequenzen rascher abfällt als $\dfrac{1}{\omega^2}$.

Umgekehrt, wenn der stationäre Prozeß ein Leistungsspektrum besitzt, das bei hohen Frequenzen rascher abfällt als $\dfrac{1}{\omega^2}$, so kann der Vorgang differenziert werden. Damit ergibt sich die notwendige und hinreichende Bedingung dafür, daß das stationäre Signal $\xi(t)$ differenziert werden kann, wie folgt: die zweite Ableitung der Autokorrelationsfunktion $B''(\tau)$ muß im Ursprung beschränkt sein.

4.13. Leistungsspektraldichte und Autokorrelationsfunktion des Integrals des Signals

Es sei das zufällige stationäre Signal $\xi(t)$ und sein Integral gegeben:

$$\eta(t) = \int\limits_0^t \xi(\tau)\, d\tau \; .$$

Die Leistungsspektraldichte von $\eta(t)$ ist

$$q_\eta(\omega) = \lim_{T\to\infty} m_1 \left\{ \frac{|Y_T^{(k)}(\omega)|^2}{T} \right\} = \lim_{T\to\infty} m_1 \left\{ \frac{\left| \frac{1}{j\,\omega}\, X_T^{(k)}(\omega) \right|^2}{T} \right\} \; ;$$

$$q_\eta(\omega) = \frac{1}{\omega^2} \lim_{T\to\infty} m_1 \left\{ \frac{|X_T^{(k)}(\omega)|^2}{T} \right\} \; ,$$

oder

$$q_\eta(\omega) = \frac{1}{\omega^2}\, q(\omega) \; . \tag{4.67}$$

Damit $q_\eta(\omega)$ für $\omega \to 0$ existiert, muß $q(0) = 0$ sein bzw.

$$\int\limits_{-\infty}^{+\infty} B_\xi(\tau)\, d\tau = 0 \; ,$$

d. h., das Signal $\xi(t)$ darf keine Gleichkomponente haben.

Wenn durch $B_\eta(\tau)$ die Autokorrelationsfunktion von $\eta(t)$ bezeichnet wird

$$B_\eta(\tau) = \frac{1}{2\pi} \int\limits_{-\infty}^{+\infty} q_\eta(\omega)\, e^{j\,\omega\tau}\, d\omega \; ,$$

so ergibt sich mit der Beziehung (4.67)

$$B_\xi(\tau) = \frac{1}{2\pi} \int\limits_{-\infty}^{+\infty} \omega^2 \, q_\eta(\omega) \, e^{j\omega\tau} \, d\omega = - \, B_\eta''(\tau);$$

und man erhält

$$B_\xi(\tau) = - \, B_\eta''(\tau) \, . \tag{4.68}$$

Die Streuung des Integrals des Signals $\xi(t)$ ist

$$B_\eta(0) = \frac{1}{2\pi} \int\limits_{-\infty}^{+\infty} q_\eta(\omega) \, d\omega = \frac{1}{2\pi} \int\limits_{-\infty}^{+\infty} \frac{1}{\omega^2} \, q(\omega) \, d\omega$$

und da die mittlere Leistung des Signals $\eta(t)$ beschränkt sein muß, ergibt sich

$$B_\eta(0) < \infty \, .$$

Dieses ist die Bedingung dafür, daß der Vorgang $\xi(t)$ integrierbar ist, und sie wird erfüllt, wenn die mittlere Leistung des Signals $\xi(t)$ beschränkt ist, d. h. wenn gilt

$$\int\limits_{-\infty}^{+\infty} q(\omega) \, d\omega < \infty \, .$$

4.14. Leistungsspektraldichte gemischter Signale

Es sei das Signal

$$\eta(t) = \xi(t) + s(t) \tag{4.69}$$

gegeben, wobei $\xi(t)$ ein zufälliges und $s(t)$ ein periodisches Signal ist.

Wenn $q_\xi(\omega)$ die Leistungsspektraldichte des zufälligen Signals ist, und wenn die Leistungsspektraldichte des periodischen Signals nach der Beziehung (3.42)

$$q(\omega) = 2\pi \sum_{n=-\infty}^{\infty} C_n^2 \, \delta \, (\omega - n \, \omega_0) \tag{4.70}$$

ist, so wird die Leistungsspektraldichte der Summe

$$q_\eta(\omega) = q_\xi(\omega) + 2\pi \sum_{n=-\infty}^{\infty} C_n^2 \, \delta \, (\omega - n \, \omega_0) \, . \tag{4.71}$$

4.15. Eigenschaften der Autokorrelationsfunktion

Es sei der Fall ergodischer Signale betrachtet, für den die zeitliche Autokorrelationsfunktion der statistischen Autokorrelationsfunktion gleich ist

$$B(\tau) = R\,(\tau) = R\,(t_2 - t_1) = \overline{\xi(t_1) \cdot \xi(t_2)} = \overline{\widetilde{\xi^{(k)}\,(t_1 + t)} \cdot \widetilde{\xi^{(k)}\,(t_2 + t)}} \, . \tag{4.72}$$

1. Vorausgesetzt, daß das Signal keine deterministischen (periodischen) Komponenten enthält und $\tau \to \infty$ geht, wird die Verbindung zwischen den zufälligen

Veränderlichen $\xi(t_1)$ und $\xi(t_2)$ immer schwächer und für sehr großes τ werden sie unabhängig.

In diesem Falle ist

$$\overline{\xi(t_1) \cdot \xi(t_2)} = \overline{\xi(t_1)} \cdot \overline{\xi(t_2)} = a^2 \,, \quad \text{für} \quad t_2 - t_1 = \tau \to \infty \,,$$

wobei a der Mittelwert ist.

Daher wird

$$\lim_{\tau \to \infty} R(\tau) = a^2$$

oder

$$a = \sqrt{R(\infty)} \,. \tag{4.73}$$

Wenn $\tau \to \infty$, nähert sich $R(\tau)$ asymptotisch dem Wert a^2, sei es monoton oder durch Schwingungen um den Wert a^2 herum (Abb. 4.11).

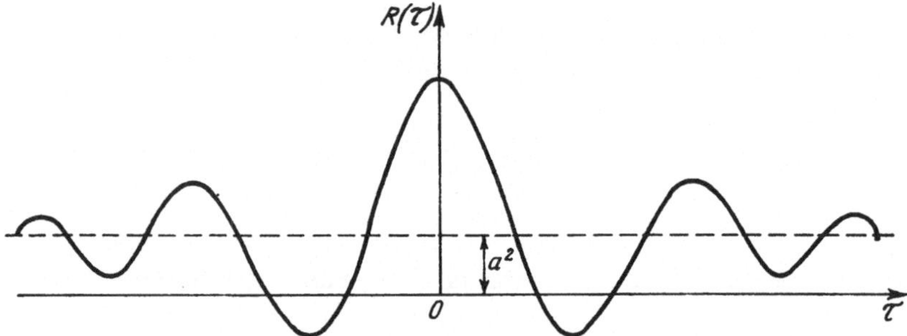

Abb. 4.11. Verhalten der Autokorrelationsfunktion für $\tau \to \infty$

2. Aus der Beziehung (4.63) ergibt sich für $\tau = 0$

$$R(0) = \frac{1}{\pi} \int\limits_0^\infty q(\omega)\, d\omega = P \,.$$

Daher ist der Wert der Autokorrelationsfunktion im Ursprung gleich der Leistung des Signals.

Andererseits ist

$$\lim_{\tau \to 0} R(\tau) = \overline{\xi^2(t)} = m_2\{\xi(t)\} = R(0) \,,$$

und die Streuung

$$\sigma^2 = m_2\{\xi(t)\} - a^2 = R(0) - a^2 \,.$$

Daher ist

$$\sigma^2 = R(0) - R(\infty) \,. \tag{4.74}$$

3. Aus der Beziehung (4.63) ergibt sich

$$R(\tau) = R(-\tau)$$

d. h., die Autokorrelationsfunktion ist eine gerade Funktion.

4. Der Wert der Autokorrelationsfunktion im Ursprung $R(0)$ kann von keinem Wert für $\tau \neq 0$ übertroffen werden:

$$R(0) \geqq |R(\tau)| \ .$$

Zur Erläuterung dieser Beziehung betrachtet man das Anfangsmoment zweiter Ordnung:

$$m_1\{[\xi(t) \pm \xi(t + \tau)]^2\} = 2\,R(0) \pm 2\,R(\tau) \geqq 0\ .$$

woraus folgt

$$R(0) \geqq |R(\tau)| \ . \tag{4.75}$$

Auf Grund dieser Eigenschaften können bei bekannter Autokorrelationsfunktion (Abb. 4.12) die Gesamtleistung des Signals $R(0)$, der Mittelwert $\sqrt{R(\infty)}$ und die Streuung $\sigma^2 = R(0) - R(\infty)$ errechnet werden.

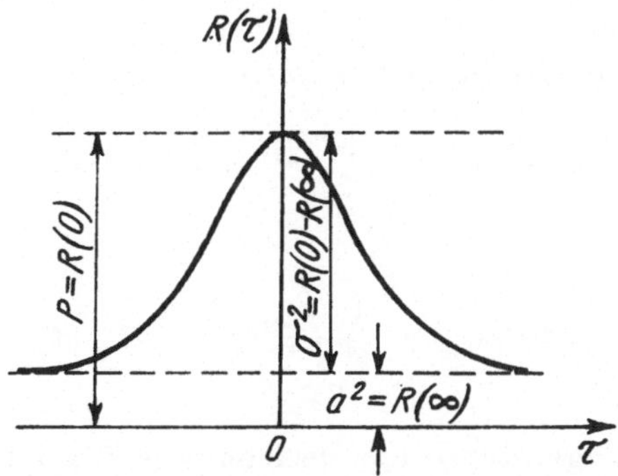

Abb. 4.12. Bestimmung der Gesamtleistung, des Mittelwertes und der Streuung eines Signals mit Hilfe der Autokorrelationsfunktion

Nimmt man die FOURIER-Transformierte der Autokorrelationsfunktion, so erhält man die Leistungsspektraldichte:

$$q(\omega) = 2 \int\limits_0^\infty R(\tau) \cos \omega\,\tau\,d\tau \ .$$

Wenn das Signal periodische Komponenten enthält, so besitzt die Autokorrelationsfunktion, wie in Abb. 4.13 gezeigt ist, zwei Terme, einen aperiodischen, der der zufälligen Komponente entspricht, und einen periodischen, der den periodischen Komponenten entspricht.

Im Falle GAUSSscher Signale sind bei bekannter Korrelationsfunktion die statistischen Eigenschaften des Signals bestimmt, da in diesem Fall die Wahrscheinlichkeitsdichte wie folgt lautet:

$$w(x) = \frac{1}{\sqrt{2\,\pi\,\sigma^2}}\,e^{-\frac{(x-a)^2}{2\,\sigma^2}} \ ,$$

wobei σ^2 und a aus der Korrelationsfunktion bestimmt werden. Auch die Wahrscheinlichkeitsdichte zweiter und höherer Ordnung ist bei Kenntnis der Korrelationsfunktion eines GAUSS-Prozesses bestimmbar.

4.16. Zufällige periodische Signale

Ein zufälliges Signal $\xi(t)$, das stationär in weitem Sinn ist, wird periodisches Signal genannt, wenn seine Autokorrelationsfunktion $R(\tau)$ eine periodische Funktion mit der Periodendauer T ist. Daraus ergibt sich, daß die zufälligen periodischen Veränderlichen $\xi(t)$ und $\xi(t + T)$ mit der Wahrscheinlichkeit 1 für jedes t gleich sind.

Es wird vorausgesetzt, daß die Gleichkomponente gleich Null ist. Wenn alle Realisierungen $\xi^{(k)}(t)$ des periodischen Signals (mit Ausnahme einer Menge mit der Wahrscheinlichkeit Null) periodisch sind, so ist das Signal periodisch in dem oben erläuterten Sinne.

In diesem Fall kann geschrieben werden

$$\xi^{(k)}(t) = \sum_{n=-\infty}^{+\infty} \gamma^{(k)}(n\,\omega_0)\, e^{jn\,\omega_0 t} \tag{4.76}$$

und

$$\gamma^{(k)}(n\,\omega_0) = \frac{1}{T} \int_0^T \xi^{(k)}(t)\, e^{-jn\,\omega_0 t}\, dt\,, \tag{4.77}$$

wo $\gamma(n\,\omega_0)$ eine zufällige, durch die Beziehung (4.77) definierte Veränderliche für jede Realisierung des Signals $\xi(t)$ ist.

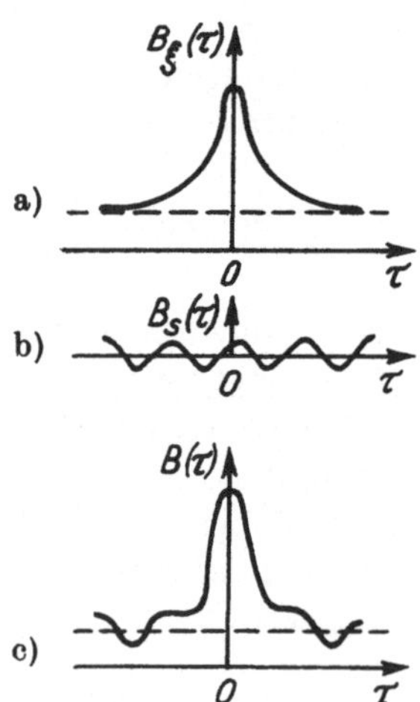

Abb. 4.13. Darstellung der Autokorrelationsfunktion eines gemischten Signals

Für die Menge der möglichen Realisierungen bzw. für $\xi(t)$ kann geschrieben werden

$$\xi(t) = \text{l.i.m.} \sum_{n=-N}^{N} \gamma(n\,\omega_0)\, e^{jn\omega_0 t}, \qquad (4.78)$$

wobei l. i. m. ein Grenzwert im Sinne des quadratischen Mittels ist.

Diese Entwicklung ist derjenigen für deterministische periodische Signale ähnlich mit dem Unterschied, daß die Koeffizienten der FOURIER-Reihenentwicklung zufällige Veränderliche und nicht Zahlen sind:

$$\gamma(n\,\omega_0) = \frac{1}{T} \int_0^T \xi(t)\, e^{-jn\omega_0 t}\, dt .$$

Ein besonders wichtiger Fall der Reihenentwicklung der zufälligen Signale ergibt sich, wenn neben der Orthogonalität der Zeitfunktion auch die (statistische) Orthogonalität der Koeffizienten auftritt, und zwar wenn

und
$$\left.\begin{aligned} m_1\{\gamma(n\,\omega_0) \cdot \overset{*}{\gamma}(m\,\omega_0)\} &= 0, && \text{für} \quad n \neq m \\[2mm] m_1\{\gamma(n\,\omega_0) \cdot \overset{*}{\gamma}(m\,\omega_0)\} &= \text{const} && \text{für} \quad n = m \end{aligned}\right\} \qquad (4.79)$$

ist.

Im Fall zufälliger periodischer Signale sind die Koeffizienten der Serienentwicklung nicht korreliert (statistisch orthogonal).

Tatsächlich ist

$$m_1\{\gamma(n\,\omega_0)\overset{*}{\gamma}(m\,\omega_0)\} = \frac{1}{T^2}\, m_1\left\{\int_0^T\int_0^T \xi(t_1)\,\xi(t_2)\, e^{-jn\omega_0 t_1}\, e^{jn\omega_0 t_2}\, dt_1\, dt_2\right\} =$$

$$= \frac{1}{T^2}\int_0^T\int_0^T B(t_1 - t_2)\, e^{j\omega_0(mt_2 - nt_1)}\, dt_1\, dt_2 . \qquad (4.80)$$

Da das Signal periodisch ist, ist die Autokorrelationsfunktion auch periodisch und kann daher in folgender Form geschrieben werden:

$$B(\tau) = \sum_{k=-\infty}^{+\infty} b_k\, e^{jk\omega_0\tau} . \qquad (4.81)$$

Durch Einsetzen in die Beziehung (4.80) ergibt sich

$$m_1\{\gamma(n\,\omega_0)\overset{*}{\gamma}(m\,\omega_0)\} = \frac{1}{T^2}\int_0^T\int_0^T \sum_{k=-\infty}^{+\infty} b_k\, e^{jk\omega_0(t_1 - t_2)}\, e^{j\omega_0(mt_2 - nt_1)}\, dt_1\, dt_2 =$$

$$= \frac{1}{T^2}\sum_{k=-\infty}^{+\infty} b_k \int_0^T e^{j\omega_0(k-n)t_1}\, dt_1 \int_0^T e^{j\omega_0(m-k)t_2}\, dt_2 .$$

Folglich ist

$$m_1\{\gamma\,(n\,\omega_0)\,\overset{*}{\gamma}\,(m\,\omega_0)\} = b_n\,, \quad \text{wenn} \quad n = m = k;$$
$$m_1\{\gamma\,(n\,\omega_0)\,\overset{*}{\gamma}\,(m\,\omega_0)\} = 0\,, \quad \text{wenn} \quad n \neq m\,. \qquad (4.82)$$

Aus der Beziehung (4.82) ergibt sich, daß die Koeffizienten der FOURIER-Reihenentwicklung der Autokorrelationsfunktion gleich den Anfangsmomenten zweiter Ordnung der gleichrangigen Koeffizienten der FOURIER-Reihenentwicklung des Signals $\xi(t)$ sind, also

$$b_n = m_1\{\,|\gamma\,(n\,\omega_0)|^2\,\} \qquad (4.83)$$

ist.

Die Leistungsspektraldichte des periodischen Signals $\xi(t)$ ist

$$q(\omega) = \int\limits_{-\infty}^{+\infty} B(\tau)\, e^{-j\,\omega\,\tau}\, d\tau = \int\limits_{-\infty}^{+\infty} \sum\limits_{n=-\infty}^{+\infty} b_n\, e^{j(n\,\omega_0 - \omega)\,\tau}\, d\tau :$$

$$q(\omega) = 2\,\pi \sum\limits_{n=-\infty}^{+\infty} b_n\, \delta\,(\omega - n\,\omega_0)\,. \qquad (4.84)$$

Die Gesamtleistung des Signals ist

$$P = \frac{1}{2\,\pi} \int\limits_{-\infty}^{+\infty} q(\omega)\, d\omega = \sum\limits_{n=-\infty}^{+\infty} b_n = B(0)\,. \qquad (4.85)$$

4.17. Orthogonale Reihenentwicklung nichtperiodischer zufälliger Signale

4.17.1. Reihenentwicklung nach FOURIER

Ein zufälliges nichtperiodisches Signal $\xi(t)$, das im weiten Sinne stationär ist, kann für ein zeitlich beschränktes Intervall $a \leq t \leq b$ in eine FOURIER-Reihe entwickelt werden, wobei die Reihenentwicklung das Signal nur in dem angegebenen Intervall darstellt. Außerhalb des Intervalls wird das Signal durch die Reihenentwicklung wie im Falle deterministischer Signale periodisch fortgesetzt und stimmt mit dem tatsächlichen Signal nicht überein.

Im Inneren des Intervalles ist

$$\xi(t) = \lim\limits_{N\to\infty} \sum\limits_{n=-N}^{N} \gamma\,(n\,\omega_0)\, e^{j\,n\,\omega_0\,t}\,. \qquad (4.86)$$

Nur im Falle periodischer Signale sind die Koeffizienten nicht korreliert. Im Falle eines nichtperiodischen Signals besteht eine Korrelation zwischen den Koeffizienten.

Bei einigen Anwendungen wird folgende Entwicklung bevorzugt:

$$\xi(t) = \lim\limits_{N\to\infty} \left[\frac{\alpha_0}{2} + \sum\limits_{n=1}^{N} (\alpha_n \cos n\,\omega_0\,t + \beta_n \sin n\,\omega_0\,t) \right], \qquad (4.87)$$

wobei

$$\omega_0 = \frac{2\,\pi}{b-a} = \frac{2\,\pi}{T}\,,$$

und

$$\left.\begin{array}{l} \alpha_n = \dfrac{2}{T} \displaystyle\int\limits_{-T/2}^{+T/2} \xi(t)\,\cos n\,\omega_0\,t\,dt\;; \\[4ex] \beta_n = \dfrac{2}{T} \displaystyle\int\limits_{-T/2}^{+T/2} \xi(t)\,\sin n\,\omega_0\,t\,dt \end{array}\right\} \tag{4.88}$$

sind.

Die vorstehende Entwicklung kann auch noch in folgender Form geschrieben werden:

$$\xi(t) = \underset{N\to\infty}{\text{l.i.m.}} \left[\frac{\alpha_0}{2} + \sum_{n=1}^{N} A_n \cos\left(n\,\omega_0\,t + \Phi_n\right)\right], \tag{4.89}$$

wobei

$$A_n = \sqrt{\alpha_n^2 + \beta_n^2}$$

und

$$\Phi_n = \text{arc}\,\tan\left(-\frac{\beta_n}{\alpha_n}\right) \tag{4.90}$$

ist.

Wenn die Dauer des Signals T wächst, wächst auch die Korrelation zwischen den Koeffizienten der Entwicklung nach den Beziehungen (4.86), (4.87) oder (4.89), und an der Grenze $T \to \infty$ sind die Koeffizienten korreliert.

Ebenso wie bei periodischen Signalen kann die in periodische Komponenten entwickelte Autokorrelationsfunktion definiert werden, wobei die Entwicklung jedoch nur im begrenzten Intervall $T = b - a$ gültig ist.

4.17.2. Reihenentwicklung in Spaltfunktionen

Vorausgesetzt, daß das zufällige in weitem Sinne stationäre Signal eine auf die Frequenz W begrenzte Bandbreite besitzt, ergibt sich laut Abtasttheorem

$$\xi^{(k)}(t) = \sum_{n=-\infty}^{+\infty} \xi^{(k)}\left(\frac{n}{2\,W}\right) \frac{\sin 2\,\pi\,W\left(t - \dfrac{n}{2\,W}\right)}{2\,\pi\,W\left(t - \dfrac{n}{2\,W}\right)}. \tag{4.91}$$

Betrachtet man die Menge aller möglichen Realisierungen, so kann geschrieben werden

$$\xi(t) = \underset{N\to\infty}{\text{l.i.m.}} \sum_{n=-N}^{N} \xi\left(\frac{n}{2\,W}\right) \frac{\sin 2\,\pi\,W\left(t - \dfrac{n}{2\,W}\right)}{2\,\pi\,W\left(t - \dfrac{n}{2\,W}\right)}, \tag{4.92}$$

wobei $\xi\left(\dfrac{n}{2\,W}\right)$ eine zufällige Veränderliche mit dem Mittelwert 0 ist:

$$\overline{\xi(t)} = 0\,.$$

Da vorausgesetzt wurde, daß das Signal auf den Frequenzbereich $(0,\,W)$ begrenzt ist, ergibt sich, daß auch die Leistungsspektraldichte auf den Frequenzbereich $(0,\,W)$ begrenzt sein wird, und es kann demzufolge das Abtasttheorem auf ihre FOURIER-Transformierte bzw. auf die Autokorrelationsfunktion angewendet werden:

$$B(t) = \sum_{m=-\infty}^{+\infty} B\left(\frac{m}{2\,W}\right) \frac{\sin 2\,\pi\,W\left(t - \dfrac{m}{2\,W}\right)}{2\,\pi\,W\left(t - \dfrac{m}{2\,W}\right)}\,. \tag{4.93}$$

Die Leistungsspektraldichte ist die FOURIER-Transformierte der Autokorrelationsfunktion; unter Berücksichtigung der Beziehung (3.133) ergibt sich

$$q(\omega) = \frac{1}{2\,W}\sum_{m=-\infty}^{+\infty} B\left(\frac{m}{2\,W}\right) e^{\,j\,\omega\frac{m}{2\,W}} = \frac{1}{2\,W}\left[B(0) + 2\sum_{m=1}^{\infty} B\left(\frac{m}{2\,W}\right)\cos\frac{m}{2\,W}\,\omega\right]. \tag{4.94}$$

4.17.3. Reihenentwicklung mit unkorrelierten Koeffizienten

Manchmal ist es nützlich, statt der Beziehung (4.86) eine Reihenentwicklung der zufälligen Signale zu finden, bei der die Koeffizienten unkorreliert sind. Diese kann in der Form

$$\xi(t) = \operatorname*{l.i.m.}_{N\to\infty} \sum_{n=-N}^{+N} \xi_i\,\Phi_i(t) \quad \text{für} \quad 0 \leqq t \leqq T \tag{4.95}$$

ausgedrückt werden, wobei

$$\int_0^T \Phi_i(t)\,\Phi_j(t) = \begin{cases} 0 & \text{für} \quad i \neq j; \\ 1 & \text{für} \quad i = j \end{cases} \tag{4.96}$$

ist und

$$\xi_i = \int_0^T \xi(t)\,\Phi_i(t)\,dt \tag{4.97}$$

die unkorrelierten Koeffizienten sind, für die

$$m_1\{\xi_i\,\xi_j\} = \begin{cases} 0 & \text{für} \quad i \neq j \\ \lambda_i & \text{für} \quad i = j \end{cases} \tag{4.98}$$

gilt. Der Einfachheit halber wird angenommen, daß für alle Indizes i $\overline{\xi} = 0$ ist.
Führt man die Beziehung (4.97) in die Beziehung (4.98) ein, so erhält man

$$m_1\left\{\int_0^T \xi(t)\,\Phi_i(t)\,dt \int_0^T \xi(u)\,\Phi_j(u)\,du\right\} = \begin{cases} 0 & \text{für} \quad i \neq j; \\ \lambda_i & \text{für} \quad i = j\,, \end{cases} \tag{4.99}$$

oder, nachdem man die Mittelung durchgeführt hat

$$\int\limits_0^T \Phi_i(t)\, dt \int\limits_0^T K(t,u)\, \Phi_j(u)\, du = \begin{cases} 0 & \text{für} \quad i \neq j; \\ \lambda_i & \text{für} \quad i = j. \end{cases} \qquad (4.100)$$

Damit die Gleichung (4.100) für alle Indizes i und j besteht, ist es notwendig und hinreichend, daß

$$\int\limits_0^T K(t,u)\, \Phi_j(u)\, du = \lambda_j\, \Phi_j(t) \qquad (4.101)$$

ist, da in diesem Fall die Beziehung (4.100) in die Beziehung (4.96), die für alle Indizes i und j gültig ist, übergeht.

Die Funktionen $\Phi_j(t)$ werden Eigenfunktionen, die Zahlen λ_j Eigenwerte und die Kovarianz $K(t,u)$ wird Kern der Integralgleichung genannt.

Die Lösungen der Integralgleichung (4.101) bestimmen die orthonormierten Funktionen $\Phi_j(t)$, die die Darstellung (4.95) des zufälligen Signals $\xi(t)$, dessen Kovarianz $K(t,u)$ ist, mit unkorrelierten Koeffizienten ermöglichen.

Wenn $\xi(t)$ ein weißes Rauschen ist, so ist die entsprechende Autokorrelationsfunktion

$$K(t,u) = \sigma^2\, \delta\,(t-u)\,.$$

Führt man diesen Wert in die Beziehung (4.101) ein, so erhält man

$$\sigma^2 \int\limits_0^T \delta\,(t-u)\, \Phi_j(u)\, du = \lambda_j\, \Phi_j(t)\,; \qquad (4.102)$$

das weiße Rauschen kann folglich in jeden beliebigen Satz von orthogonalen Funktionen entwickelt werden.

4.18. Schmalbandige Signale

Man nennt ein Signal $\xi(t)$ schmalbandig, bei dem die Leistungsspektraldichte $q(\omega)$ um die Frequenzen $+\,\omega_0$ und $-\,\omega_0$ herum konzentriert ist (Abb. 4.14), wobei die Bandbreite $\Delta\omega$ kleiner als ω_0 ist.

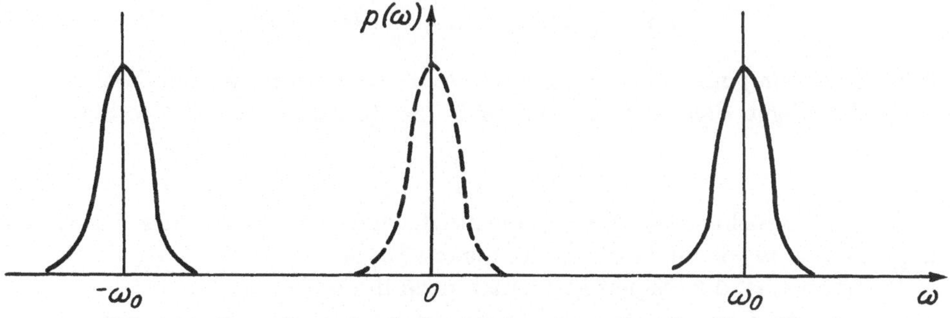

Abb. 4.14. Darstellung der Spektraldichte eines schmalbandigen Signals

13*

Um den Ausdruck für ein schmalbandiges Signal $\xi(t)$ zu finden, wird das zufällige Signal $\gamma(t)$ betrachtet, dessen Leistungsspektraldichte die Bedingung

$$\frac{1}{4} g\,(\omega + \omega_0) + \frac{1}{4} g\,(\omega - \omega_0) = q(\omega) \qquad (4.103)$$

erfüllt; aus dieser ergibt sich, daß $g(\omega)$ das Bild von $q(\omega)$ bezogen auf die Achse $\omega = 0$ darstellt und daß die Leistung des Signals $\gamma(t)$ doppelt so groß wie die Leistung des Signals $\xi(t)$ ist.

Nach der Beziehung (4.61) erhält man für die Leistungsspektraldichte

$$g(\omega) = \lim_{T \to \infty} \frac{\overline{\left|G_T^{(K)}(\omega)\right|^2}}{T}\,, \qquad (4.104)$$

wobei $G_T^K(\omega)$ die FOURIER-Transformierte des begrenzten Signals $\gamma_T^{(k)}(t)$ darstellt.

Man errechnet das Faltungsprodukt

$$X_T^{(K)}(\omega) = G_T^{(K)}(\omega) * D(\omega) = \mathfrak{F}\left\{\gamma_T^{(K)}(t)\cos(\omega_0 t + \varphi)\right., \qquad (4.105)$$

wobei

$$D(\omega) = \mathfrak{F}\left\{\cos(\omega_0 t + \varphi)\right\} = \pi\left[e^{-j\varphi}\,\delta(\omega + \omega_0) + e^{j\varphi}\,\delta(\omega - \omega_0)\right]$$

ist.

Es ergibt sich

$$X_T^{(k)}(\omega) = \frac{1}{2\pi} \int\limits_{-\infty}^{+\infty} D(\Omega)\,G_T^{(K)}(\omega - \Omega)\,d\Omega =$$

$$= \frac{1}{2}\,e^{-j\varphi}\,G_T^{(K)}(\omega + \omega_0) + \frac{1}{2}\,e^{j\varphi}\,G_T^{(K)}(\omega - \omega_0)$$

und, wenn man berücksichtigt, daß $G_T^{(K)}(\omega + \omega_0)\,G_T^{(K)}(\omega - \omega_0) = 0$ ist:

$$r(\omega) = \lim_{T \to \infty} \frac{X_T^{(K)}(\omega)\,\overset{*k}{X}_T(\omega)}{T} = \lim_{T \to \infty} \frac{\dfrac{1}{4}\left|G_T^{(K)}(\omega + \omega_0)\right|^2 + \dfrac{1}{4}\left|G_T^{(K)}(\omega - \omega_0)\right|^2}{T}\,.$$

Nach Grenzübergang ergibt sich unter Berücksichtigung der Beziehung (4.104)

$$r(\omega) = \frac{1}{4}\,g\,(\omega + \omega_0) + \frac{1}{4}\,g\,(\omega - \omega_0)\,, \qquad (4.106)$$

folglich ist $r(\omega)$ mit $q(\omega)$ gleich und stellt die Leistungsspektraldichte eines schmalbandigen Signals und zwar nach der Beziehung (4.105) des Signals

$$\xi(t) = \gamma(t)\cos(\omega_0 t + \varphi) \qquad (4.107)$$

dar.

Aus der Beziehung (4.107) ist ersichtlich, daß die Leistung des Signals $\gamma(t)$ doppelt so groß wie die Leistung des Signals $\xi(t)$ ist.

Das schmalbandige Signal kann auch noch in der Form

$$\xi(t) = \alpha(t)\cos\omega_0 t + \beta(t)\sin\omega_0 t \qquad (4.108)$$

geschrieben werden, wobei

$$\sqrt{\alpha^2(t) + \beta^2(t)} = \gamma(t)$$

und

$$\arctan\left[-\frac{\beta(t)}{\eta(t)}\right] = \varphi(t)$$

sind.

Die Autokorrelationsfunktion des Signals $\xi(t)$ läßt sich folgendermaßen ableiten:

$$B(\tau) = \frac{1}{2\pi}\int\limits_{-\infty}^{+\infty} q(\omega) \cos \omega\,\tau\,d\omega = \frac{1}{8\pi}\int\limits_{-\infty}^{+\infty} [g\,(\omega + \omega_0) + g\,(w - \omega_0)] \cos \omega\,\tau\,d\omega$$

oder

$$B(\tau) = \frac{1}{8\pi}\int\limits_{-\infty}^{+\infty} g(\omega) \cos (\omega - \omega_0)\,\tau\,d\omega + \frac{1}{8\pi}\int\limits_{-\infty}^{+\infty} g(\omega) \cos (\omega + \omega_0)\,\tau\,d\omega$$

oder

$$B(\tau) = \frac{1}{4\pi}\int\limits_{-\infty}^{+\infty} g(\omega) \cos \omega\,\tau \cos \omega_0\,\tau\,d\omega = \frac{1}{2} B_\gamma(\tau) \cos \omega_0\,\tau\,, \qquad (4.109)$$

wobei $B_\gamma(\tau)$ die Autokorrelationsfunktion des Signals $\gamma(t)$ darstellt.

Berücksichtigt man die Eigenschaften der Fourier-Transformierten, so ergibt sich, daß die Korrelationsfunktion auf der Zeitachse um so ausgedehnter ist, je schmaler das Spektrum des Signals ist.

4.19. Breitbandige Signale

Betrachtet man nun das andere Extrem: das Leistungsspektrum des Signals ist auf einen großen Frequenzbereich ausgedehnt und wird bis zur Frequenz ω_0 als konstant angenommen (Abb. 4.15):

$$p(\omega) = N_0 \quad \text{für} \quad 0 < \omega < \omega_0.$$
$$p(\omega) \approx 0 \quad \text{für} \quad \omega > \omega_0$$

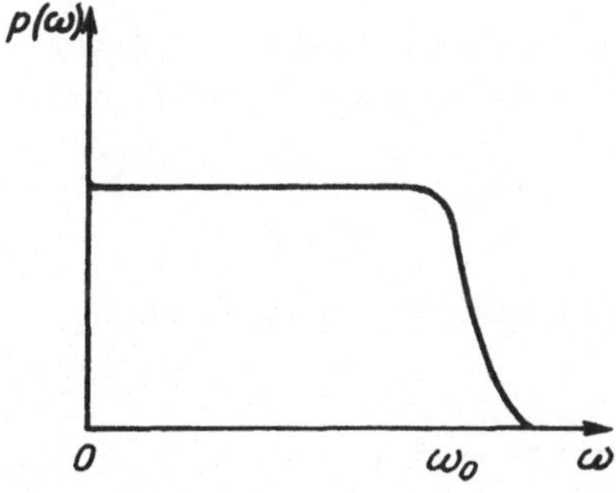

Abb. 4.15. Darstellung der Spektraldichte eines breitbandigen Signals

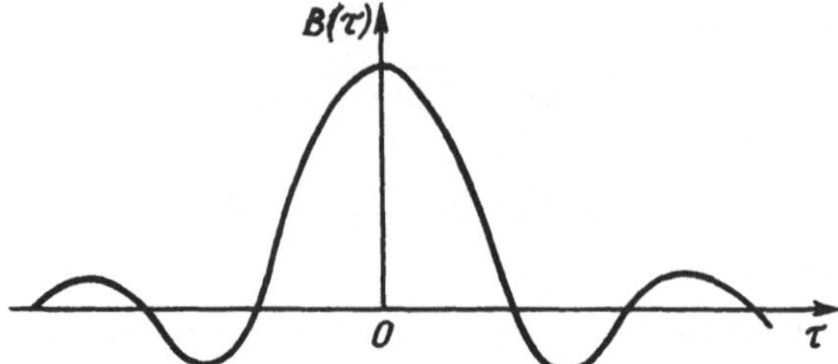

Abb. 4.16. Darstellung der Autokorrelationsfunktion eines breitbandigen Signals

Die Autokorrelationsfunktion wird (Abb. 4.16)

$$B(\omega) = \frac{\omega_0}{2\pi} N_0 \frac{\sin \omega_0 \tau}{\omega_0 \tau} = B(0) \frac{\sin \omega_0 \tau}{\omega_0 \tau} \, . \tag{4.110}$$

Betrachtet man den idealisierten Fall, der *weißes Rauschen* genannt wird und für den $\omega_0 \rightarrow \infty$, so hat man

$$q(\omega) = \frac{1}{2} N_0 \ \text{für jedes} \ \omega \ (-\infty < \omega < +\infty) \, ,$$

und es ergibt sich daher

$$B(\tau) = \frac{N_0}{2} \cdot \frac{1}{2\pi} \int\limits_{-\infty}^{+\infty} e^{j\,\omega\tau} \, d\omega = \frac{N_0}{2} \delta(\tau) \, . \tag{4.111}$$

Im Falle des weißen Rauschens sind also die Werte $\xi(t_1)$ und $\xi(t_2)$ nicht korreliert, wenn sie auch noch so nahe nebeneinander liegen.

Aus der Beziehung (4.104) kann der Ausdruck für den Korrelationskoeffizienten wie folgt erhalten werden:

$$\varrho(\tau) = \frac{B(\tau)}{\sigma^2} = \frac{B(\tau)}{B(0)} = \frac{\sin \omega_0 \tau}{\omega_0 \tau} \, .$$

Im Falle des weißen Rauschens erhält man $\varrho(0) = 1$ und $\varrho(\tau) = 0$, wenn $\tau \neq 0$ ist, was sich aus der vorhergehenden Beziehung durch den Grenzübergang $\omega_0 \rightarrow \infty$ ergibt.

4.20. Gauss-Signal

Ein in weitem Sinne stationäres Signal $\xi(t)$ wird ein Gausssches Signal genannt, wenn die Wahrscheinlichkeitsdichte in einem beliebigen Augenblick

$$w_1(x) = \frac{1}{\sqrt{2\pi\sigma^2}} e^{-\frac{(x-a)^2}{2\sigma^2}} \tag{4.112}$$

und die Wahrscheinlichkeitsdichte zweiter Ordnung

$$w_2(x_1, x_2; \tau) = \frac{1}{2\pi\sigma^2 \sqrt{1-\varrho^2(\tau)}} e^{-\frac{(x_1-a)^2 - 2\varrho(\tau)(x_1-a)(x_2-a) + (x_2-a)^2}{2\sigma^2[1-\varrho^2(\tau)]}}$$

$$\tag{4.113}$$

ist, wobei

$\tau = t_2 - t_1$ die Zeitdifferenz zwischen den Zeitpunkten, in denen die Werte des Signals berechnet werden;

$a =$ der Mittelwert des Signals;

$\sigma^2 =$ die Dispersion;

$\varrho(\tau) = \dfrac{B(\tau)}{\sigma^2}\cdot$ der Korrelationskoeffizient oder die normierte Kovarianz ist.

Wenn $\varrho(\tau) = 0$ für $\tau \neq 0$ und $\varrho(0) = 1$ ist, dann hat man:

$$w_2(x_1, x_2; \tau) = \frac{1}{\sqrt{2\pi\sigma^2}}\, e^{-\frac{(x_1-a)^2}{2\sigma^2}}\, \frac{1}{\sqrt{2\pi\sigma^2}}\, e^{-\frac{(x_2-a)^2}{2\sigma^2}}\ . \tag{4.114}$$

es sind also die Werte x_1 des Signals im Zeitpunkt t_1 statistisch unabhängig von den Werten x_2 im Zeitpunkt $t_2 = t_1 + \tau$. In diesem Fall ist das Leistungsspektrum des Signals konstant:

$$p(\omega) = N_0\,,$$

und die Korrelationsfunktion ist

$$B(\tau) = \frac{1}{2} N_0\, \delta(\tau)\ .$$

Da in den Koeffizienten für die Bestimmung der Wahrscheinlichkeitsdichte n-ten Grades des GAUSsschen Signals keine Momente höherer als zweiter Ordnung auftreten — eine Verallgemeinerung der Beziehung (4.113) — ergibt sich, daß ein GAUSssches Signal, das im weiten Sinne stationär ist, auch im strengen Sinne stationär ist.

4.21. Schmalbandiges GAUSS-Signal

Betrachtet man ein stationäres GAUSssches Signal, dessen Mittelwert gleich Null, dessen Band schmal und dessen Energie um die Winkelfrequenz ω_0 herum konzentriert ist, so kann auf Grund der Beziehungen (4.97) und (4.98) geschrieben werden:

$$\xi(t) = \alpha(t) \cos \omega_0 t + \beta(t) \sin \omega_0 t$$

oder

$$\xi(t) = \gamma(t) \cos [\omega_0 t + \varphi(t)]$$

und da

$$\overline{\xi(t)} = 0$$

ist, ergibt sich

$$\overline{\alpha(t)} = \overline{\beta(t)} = 0\ . \tag{4.115}$$

Die Wahrscheinlichkeitsdichte zweiter Ordnung des schmalbandigen GAUSsschen Rauschens ist

$$w_2(x_1, x_2; \tau) = \frac{1}{2\pi\sigma^2\,\sqrt{1 - \varrho^2(\tau)}}\, e^{-\frac{x_1^2 - 2\varrho(\tau)\,x_1 x_2 + x_2^2}{2\sigma^2\,[1-\varrho^2(\tau)]}}\ , \tag{4.116}$$

wobei $\varrho(\tau)$ um so langsamer abklingt, je schmaler das Band des Signals ist.

5. SIGNALRAUM UND SIGNAL-FLUSS-DIAGRAMME

Aus dem Abtasttheorem oder aus der FOURIER-Reihenentwicklung ergibt sich, daß die Signale in einem Raum mit einer unendlichen Zahl von Dimensionen oder näherungsweise in einem Raum mit einer endlichen Zahl von Dimensionen dargestellt werden können.

Der Übergang von einem Raum zum anderen wird mit Hilfe eines Funktionaloperators verwirklicht.

In der Praxis ist der Fall der linearen Funktionaloperatoren von besonderer Bedeutung.

Wenn der Operator linear ist, können die entsprechenden linearen Transformationen mit Hilfe von Signal-Flußdiagrammen sehr bequem durchgeführt werden.

5.1. Vektorräume

Ein sehr nützliches mathematisches Hilfsmittel ist die Theorie der Vektorräume. Mit ihr können auf einfache Weise einige allgemeine Aspekte, die speziell bei der Übertragung von Informationen von Interesse sind, dargestellt werden.

Es werden nur die für die Anwendung benötigten Grundbegriffe dargestellt und nicht auf mathematische Details eingegangen. Ein Vektorraum kann folgendermaßen definiert werden:

Eine Menge E wird Vektor oder linearer Raum bezüglich der Menge K der reellen oder komplexen Zahlen genannt, wenn sie folgende Bedingungen erfüllt:

1. Jedem Elementepaar $x, y \in E$ entspricht ein Element $x + y \in E$ (Abgeschlossenheit),

es gilt

$$(x + y) + z = x + (y + z) \tag{5.1}$$

d. h., die Operation, die durch $+$ bezeichnet und Addition genannt wird, ist assoziativ;

es gilt

$$x + y = y + x \tag{5.2}$$

d. h., die Addition ist kommutativ;

es existiert ein Element $0 \in E$, für das

$$0 + x = x + 0 = x \tag{5.3}$$

für jeden Wert $x \in E$ ist (Nullelement);
es existiert ein Element $- x \in E$, für das

$$x + (- x) = (- x) + x = 0 \tag{5.4}$$

für jeden Wert $x \in E$ ist (Inverses Element).
(Auf Grund der Beziehung (5.2) bilden die Elemente eine kommutative oder ABELsche Gruppe unter Addition.)

2. Für jeden Wert $x \in E$ und $a \in K$ ist ein Element $a x \in E$ definiert, so daß sich folgende Beziehungen ergeben:

$$a (x + y) = a x + ay; \quad \text{für} \quad (a \in K; \; x, \; y \in E); \tag{5.5}$$

$$(a + b) x = a x + b x; \quad \text{für} \quad (a, b \in K; x \in E); \tag{5.6}$$

$$a (b x) = (a b) x; \tag{5.7}$$

$$1 x = x . \tag{5.8}$$

Da sich aus den Bedingungen 1. und 2. ergibt, daß für $a, b \in K$ und $x, y \in E$ die Beziehung

$$a x + b y \in E \tag{5.9}$$

besteht, wird der Raum linear genannt.

Wenn K mit der Menge der reellen Zahl übereinstimmt, wird der Vektorraum E reell genannt. Wenn K mit der Menge der komplexen Zahlen übereinstimmt, wird der Vektorraum E komplex genannt.

Aus den Bedingungen 1. und 2. ergeben sich folgende Eigenschaften:

$$0.x = 0 \quad \text{für jeden Wert} \quad x \in E; \tag{5.10}$$

(Das erste Element Null ist in der Menge K enthalten, während das zweite im Raum E enthalten ist).

$$a.x = 0 \quad \text{und} \quad a \neq 0 \quad \text{bedingt} \quad x = 0; \tag{5.11}$$

$$a.x = 0 \quad \text{und} \quad x \neq 0 \quad \text{bedingt} \quad a = 0. \tag{5.12}$$

Es ist leicht ersichtlich, daß Vektoren bzw. Zeiger die Bedingungen 1. und 2. erfüllen, deshalb die Bezeichnung Vektorraum.

Unter der Bedingung der Kompatibilität mit der algebraischen Struktur des Vektorraumes können topologische Strukturen in Vektorräume eingeführt werden.

Eine besondere Art von topologischen Räumen wird von den metrischen Räumen gebildet, die mit Hilfe einer Distanz definiert werden.

Man sagt, daß die Menge E ein metrischer Raum ist, wenn für jedes Elementepaar $x, y \in E$ eine einzige reelle Zahl $d(x, y)$, die Distanz, existiert, die folgende Bedingungen erfüllt:

1. $d(x, y) \geq 0;$ \tag{5.13}

und $d(x, y) = 0$ ist mit $x = y$ äquivalent.

2. $d(x, y) \leq d(x, z) + d(y, z)$ (Dreiecksungleichung) \tag{5.14}

für alle Werte $x, y, z \in E$.

3. $d(x, y) = d(y, x)$. (5.15)

Mit Hilfe einer Funktion, die reelle Werte annimmt, kann eine besondere topologische Struktur eingeführt werden, und man erhält normierte Vektorräume.

Man sagt, daß ein Vektorraum normiert ist, wenn jedem Element $x \in E$ eine reelle Zahl $||x||$ entspricht, die Norm des Elements genannt wird und folgende Bedingungen erfüllt:

$$||x|| \geqq 0 , \quad \text{und} \quad ||x|| = 0 \quad \text{bedingt } x = 0 ; \tag{5.16}$$

$$||x + y|| \leqq ||x|| + ||y|| \qquad \text{für } (x, y) \in E ; \tag{5.17}$$

$$||a\, x|| = |a| \cdot ||x|| \qquad \text{für } (a \in K,\ x \in E) . \tag{5.18}$$

Der normierte Vektorraum E wird ein metrischer Raum, wenn die Distanz zwischen den Elementen $x, y \in E$ folgendermaßen definiert wird:

$$d(x, y) = ||x - y|| .$$

5.1.1. HILBERT-Raum L_2

Der Raum L_2 wird von allen Funktionen summierbarer Quadrate gebildet.
Eine Funktion $f(t)$ wird eine Funktion summierbarer Quadrate genannt, wenn

$$\int_a^b f^2(t)\, dt < + \infty \tag{5.19}$$

ist.
Laut Definition ist die Norm der Funktion $f(t)$

$$||f|| = \sqrt{\int_a^b f^2(t)\, dt} . \tag{5.20}$$

Die Analogie zwischen der Norm einer Funktion und dem absoluten Wert einer reellen oder komplexen Zahl ist leicht ersichtlich. In der Analysis wurde der absolute Wert deshalb eingeführt, um die Messung der Distanz auf einer reellen Geraden

$$d(x, y) = |x - y|$$

zu ermöglichen.
Auf dieselbe Weise kann im Raum L_2 die Distanz zwischen den Punkten $x = f(t)$ und $y = g(t)$ mit Hilfe der Norm als

$$d(x, y) = ||f - g|| \tag{5.21}$$

definiert werden.
Durch Einführung dieser Definition, wird der Raum L_2 ein metrischer Raum und wird der HILBERTsche Raum genannt.
Eine Folge $\{f_n\}$ von Punkten des HILBERTschen Raumes wird CAUCHY-Folge genannt, wenn für jedes $\varepsilon > 0$ eine Zahl N existiert, so daß für $n > N$

und $m > N$ die Beziehung

$$\|f_n - f_m\| < \varepsilon \tag{5.22}$$

besteht.

In der Theorie der HILBERTschen Räume wird folgender Satz bewiesen: Wenn eine Folge $\{f_n\}$ eine CHAUCHY-Folge ist, so besitzt sie einen Grenzwert, und es gilt für jedes $n > N$ die Beziehung

$$\|f_n - f\| \leqq \varepsilon . \tag{5.23}$$

Diese Eigenschaft wird Vollständigkeit genannt.

Orthogonale Systeme.

Zwei Funktionen $f(t)$ und $g(t)$ sind orthogonal, wenn

$$\int\limits_a^b f(t)\, g(t)\, dt = 0 \tag{5.24}$$

ist.

Eine über dem Segment $[a, b]$ definierte Funktion ist normiert, wenn

$$\int\limits_a^b f^2(t)\, dt = 1 \tag{5.25}$$

ist.

Ein System von über dem Segment $[a, b]$ definierten Funktionen $v_1(t)$, $v_2(t), \ldots, v_n(t), \ldots$ bildet ein orthonormiertes System, wenn:

$$\int\limits_a^b v_i(t)\, v_k(t)\, dt = \begin{cases} 1, & \text{für} \quad i = k; \\ 0, & \text{für} \quad i \neq k \end{cases} \tag{5.26}$$

ist.

Es ist leicht ersichtlich, daß jedes orthogonale System im Raum L_2 enthalten ist.

Es sei $\{v_k(t)\}$ ein orthonormiertes System und $f(t)$ eine beliebige Funktion im Raum L_2. Die Zahlen

$$C_k = \int\limits_a^b f(t)\, v_k(t)\, dt \tag{5.27}$$

werden FOURIER-Koeffizienten der Funktion $f(t)$ im System $\{v_k(t)\}$ genannt.

Die Reihe

$$f(t) = \sum_{k=1}^\infty C_k\, v_k(t) \tag{5.28}$$

wird FOURIER-Reihe der Funktion $f(t)$ bezüglich des Systems $\{v_k(t)\}$ genannt.

Ein orthogonales System $\{v_k(t)\}$ wird abgeschlossen genannt, wenn für jede in L_2 enthaltene Funktion die Beziehung

$$\|f\|^2 = \sum_{k=1}^\infty C_k^2 \tag{5.29}$$

gilt.

Ein System von über einem Segment $[a, b]$ definierten Funktionen, die in L_2 enthalten sind, wird vollständig genannt, wenn in L_2 keine von Null verschiedene Funktion existiert, die gegenüber allen Funktionen $\{v_k(t)\}$ orthogonal ist.

Damit ein orthogonales System $\{v_k(t)\}$ vollständig ist, ist es notwendig und hinreichend, daß es abgeschlossen ist.

5.1.2. EUKLIDischer Raum R_n

In diesem Raum ist jeder Punkt M durch n Zahlen bestimmt $M(a_1, a_2, \ldots, a_n)$. Wenn jedem Punkt ein Lagevektor f entspricht, dann sind die Koordinaten des Punktes M durch die Projektionen von f auf die Koordinatenachsen gegeben. Darum können die Zahlen $(a_1, \ldots, a_n)$ entweder als ein Punkt M im Raum, oder als ein Vektor f, betrachtet werden. Dieser letztere Gesichtspunkt ist viel umfassender, da für Vektoren Operationen existieren, die für Punkte nicht definiert werden können, wie z. B.: die Summe zweier Vektoren $f(a_1, a_2, \ldots, a_n)$ und $g(b_1, b_2, \ldots, b_n)$ kann als ein Vektor

$$f + g = (a_1 + b_1, a_2, + b_2, \ldots, a_n + b_n)$$

ausgedrückt werden, während die Multiplikation des Vektors f mit der Konstanten k folgenden Ausdruck hat:

$$k f = (k a_1, \ldots, k a_2, \ldots, k a_n) ,$$

Die Länge oder die Norm des Vektors $f = (a_1, a_2, \ldots, a_n)$ ist die Zahl

$$\|f\| = \sqrt{\sum_{k=1}^{n} a_n^2} ; \tag{5.30}$$

für den Fall $n = 2$ führt diese Beziehung auf den Satz von PYTHAGORAS.

Aus der Beziehung (5.30) ergibt sich, daß die Koordinaten des Raumes R_n orthogonal sind.

Das skalare Produkt zweier Vektoren $f \in R_n$ und $g \in R_n$ kann auch für einen Raum mit n Dimensionen verallgemeinert werden; in diesem Fall kann aber die Definition nicht vom Winkel ausgehen, sondern man definiert dieses Produkt durch die Beziehung

$$f \cdot g = \sum_{k=1}^{n} a_k b_k . \tag{5.31}$$

Der Winkel Θ zwischen den zwei Vektoren kann mit Hilfe des skalaren Produktes durch folgende Beziehung definiert werden:

$$\cos \Theta = \frac{f g}{\|f\| \cdot \|g\|} \quad (0 \leqq \Theta \leqq \pi) . \tag{5.32}$$

Diese Definition hat Sinn, da

$$|f \cdot g| \leqq \|f\| \cdot \|g\| \tag{5.33}$$

ist.

Aus den oben angegebenen Definitionen ergibt sich, daß die Orthogonalität zweier Vektoren durch die Beziehung

$$f \cdot g = \sum_{k=1}^{n} a_k b_k = 0 \qquad (5.34)$$

definiert werden kann.

5.1.3. Raum l_2

Der Verallgemeinerungsvorgang, der von einem Raum mit 1, 2, 3 Dimensionen zu einem Raum mit n Dimensionen führt, kann weiter fortgesetzt werden, und man kommt auf natürliche Weise zum Begriff des Raumes mit einer unendlichen Zahl von Dimensionen $R \infty$, der mit l_2 bezeichnet wird.

In diesem Fall hat der Vektor f eine unendliche Zahl von Komponenten:

$$f = (a_1, a_2, \ldots) \,.$$

Die Länge oder die Norm des Vektors ist

$$\|f\| = \sqrt{\sum_{k=1}^{\infty} a_k^2} < + \infty \,. \qquad (5.35)$$

Das skalare Produkt der Vektoren f und g ist

$$f \cdot g = \sum_{k=1}^{\infty} a_k b_k \,. \qquad (5.36)$$

Zwischen den Räumen L_2 und l_2 besteht ein fester Zusammenhang. Aus den Beziehungen (5.28) und (5.29) ergibt sich, daß die Komponenten eines Vektors im Raum l_2 die FOURIER-Koeffizienten einer gewissen Funktion im Raum L_2 sind. Aus diesem Grund wird auch l_2 HILBERTscher Raum genannt.

5.2. Darstellung der Signale

5.2.1. Darstellung der Signale im Raum R_n

Die Signale, die physikalische Vorgänge (Ströme, Spannungen usw.) darstellen, haben begrenzte Energie und können also als Vektoren im Raum l_2 dargestellt werden. Die Komponenten des Signalvektors sind die FOURIER-Koeffizienten der Reihenentwicklung. Bei den meisten Anwendungen genügt es, eine endliche Zahl von Gliedern der Entwicklung (5.28) zu berücksichtigen und daher das Signal im Raum R_n darzustellen.

Wenn die Bandbreite des Signals begrenzt ist und wenn mit W die höchste Frequenz aus dem Spektrum und mit T die Dauer des Signals bezeichnet wird, so kann das Signal mit Hilfe von $2\,T\,W$ Ordinaten bestimmt werden. Also ist für die Darstellung des Signals ein Raum mit $2T\mathrm{W}$ Dimensionen notwendig. Das Signal kann als Funktion der Ordinaten in den Abtastpunkten folgendermaßen ausgedrückt werden:

$$s(t) = \sum_{k=1}^{2\,T\,W} s\left(\frac{k}{2\,W}\right) \frac{\sin 2\,\pi\,W\left(t - \dfrac{k}{2\,W}\right)}{2\,\pi\,W\left(t - \dfrac{k}{2\,W}\right)}\,. \tag{5.37}$$

Die Zahlen $s\left(\dfrac{k}{2\,W}\right)$ sind die Komponenten des Signals $s(t)$ im Euklidischen Raum mit $n = 2\,T\,W$ Dimensionen.

Die Länge des Vektors $s(t)$ ist

$$||s|| = \sqrt{\sum_{k=1}^{n} s^2\left(\frac{k}{2\,W}\right)} \tag{5.38}$$

und das Quadrat der Länge ist

$$||s||^2 = \sum_{k=1}^{n} s^2\left(\frac{k}{2\,W}\right).$$

Es wurde aber gezeigt, daß die Energie des Signals von der Dauer T

$$E_T = \frac{1}{2\,W} \sum_{k=1}^{n} s^2\left(\frac{k}{2\,W}\right)$$

ist und daher

$$||s||^2 = 2\,W\,E_T\,. \tag{5.39}$$

Wenn die mittlere Leistung des Signals durch P bezeichnet wird, ergibt sich

$$||s||^2 = 2\,W\,T\,P$$

oder

$$||s|| = \sqrt{2\,W\,T\,P}\,, \tag{5.40}$$

die Länge des Vektors $s(t)$ ist also der Quadratwurzel der Signalleistung proportional. Es ergibt sich also, daß alle Signale, die die gleiche mittlere Leistung haben, durch Lagevektoren der Punkte einer n-dimensionalen Kugel, deren Mittelpunkt mit dem Nullpunkt der Koordinatenachsen übereinstimmt und deren Halbmesser gleich $\sqrt{2\,W\,T\,P}$ ist, dargestellt werden können.

Zwei oder mehrere Signale werden nach dem Additionssatz für Vektoren addiert. Wie vorher festgestellt wurde, erhält man durch Addition zweier Signale $x(t)$ und $y(t)$, deren Komponenten $(a_1, a_2, \ldots, a_n)$ und $(b_1, b_2, \ldots, b_n)$ sind, ein Signal

$$z = x + y\,.$$

Der Vektor z hat die Komponenten $c_k = a_k + b_k$, und es gilt

$$||z||^2 = \sum_{k=1}^{n} c_k^2 = \sum_{k=1}^{n} (a_k + b_k)^2 = \sum_{k=1}^{n} (a_k^2 + b_k^2) + 2\sum_{k=1}^{n} a_k\,b_k\,. \tag{5.41}$$

Wenn die Signale unabhängig sind, sind ihre quadratischen Effekte additiv. In diesem Fall ist

$$\|z\|^2 = \sum_{k=1}^{n} (a_k^2 + b_k^2) = \|x\|^2 + \|y\|^2 \qquad (5.42)$$

und

$$\sum_{k=1}^{n} a_k b_k = 0 . \qquad (5.42)$$

Gemäß dieser Beziehung sind dann die Vektoren $x(t)$ und $y(t)$ orthogonal.

Im allgemeinen können unabhängige Signale durch orthogonale Vektoren dargestellt werden.

Ähnlich kann das Signal auch im Frequenzbereich dargestellt werden. In diesem Fall sind die Komponenten des Signals die Ordinaten der Spektraldichte $S(\omega)$ in den Abtastpunkten. Wie gezeigt wurde, werden diese Ordinaten $S\left(\dfrac{2\pi}{T}k\right)$, nach Multiplikation mit $\dfrac{1}{T}$, gleich den FOURIER-Koeffizienten der im Zeitbereich entwickelten Funktion $s(t)$, also sind die zwei Darstellungen äquivalent.

Die vorstehenden Betrachtungen sind sowohl für deterministische als auch für zufällige Signale gültig. Im Fall der zufälligen Signale stellt jeder Punkt aus dem Signalraum eine spezielle Realisierung des zufälligen Signals dar.

5.2.2. Wahrscheinlichkeitsdichte im Raum R_n

Es sei $s(t)$ ein zufälliges Signal, das im Raum R_n durch einen Vektor dargestellt ist, der n unabhängige Komponenten $s\left(\dfrac{2}{k\,W}\right)$ hat; jede Komponente wird als eine zufällige Veränderliche betrachtet. Diese Komponenten bezeichnet man mit

$$\xi_k = s\left(\frac{k}{2\,W}\right)$$

und nimmt an, daß ihre Verteilung eine Normalverteilung mit dem Mittelwert Null und mit der Dispersion σ^2 ist

$$w(x_k) = \frac{1}{\sqrt{2\pi\sigma^2}} e^{-\frac{x_k^2}{2\sigma^2}} .$$

Die Wahrscheinlichkeit dafür, daß sich die Spitze des Vektors $s(t)$ innerhalb des Raumelements

$$dv = dx_1 \, dx_1 \cdots dx_n$$

um den Punkt $Q(x_1, x_2, \ldots, x_n)$ befindet, ist

$$dp = w(x_1, x_2, \ldots, x_n) \, dx_1 \, dx_2 \cdots dx_n = \frac{1}{(\sqrt{2\pi\sigma^2})^n} \prod_{k=1}^{n} e^{-\frac{x_k^2}{2\sigma^2}} dv .$$

Unter Berücksichtigung der Beziehung (5.40) erhält man mit der Bezeichnung

$$\|s\|^2 = \sum_{k=1}^{n} x_k^2\,,$$

$$dp = \frac{1}{(\sqrt{2\,\pi\,\sigma^2})^n}\, e^{-\frac{\|s\|^2}{2\,\sigma^2}}\, dv = \frac{1}{(\sqrt{2\,\pi\,\sigma^2})^n}\, e^{-\frac{2\,W\,T\,P}{2\,\sigma^2}}\, dv$$

und für die räumliche Wahrscheinlichkeitsdichte

$$\frac{dp}{dv} = \frac{1}{(\sqrt{2\,\pi\,\sigma^2})^n}\, e^{-\frac{2\,W\,T\,P}{2\,\sigma^2}}\,. \tag{5.44}$$

Aus dieser Beziehung ergibt sich, daß alle Richtungen des Vektors $s(t)$ gleich wahrscheinlich sind.

5.3. Funktionaloperator

Der Funktionaloperator ist eine Verallgemeinerung des Begriffes der Funktion. Es wird in Erinnerung gebracht, daß die Funktion eine Korrespondenz zwischen Zahlen, die Funktionale eine Korrespondenz zwischen einer Menge, deren Elemente Funktionen sind und einer Menge deren Elemente Zahlen sind, und der Operator eine Korrespondenz zwischen zwei Mengen von Funktionen herstellt.

Also stellt der Funktionaloperator eine Korrespondenz zwischen den Elementen (Signalen) x eines Raumes X und den Elementen (Signalen) y eines anderen Raumes Y her. Er kennzeichnet ein System, das die Transformation des Signals $x(t)$ am Eingang in das Signal $y(t)$ am Ausgang durchführt.

Man bezeichnet mit Ψ den Operator, der die Transformation vom Raum X zum Raum Y ermöglicht, während der Operator, der die Rücktransformation vom Raum Y zum Raum X gewährleistet, mit Ψ^{-1} bezeichnet wird.

Der Operator ist linear, wenn er folgende Eigenschaften besitzt:
1. Additivität:

$$\Psi\,(x_1 + x_2) = \Psi(x_1) + \Psi(x_2)\,. \tag{5.45}$$

2. Homogenität:

$$\Psi\,(\lambda\,x) = \lambda\,\Psi(x)\,. \tag{5.46}$$

Es sei ein beliebiger Vektor (Signal) $x = (a_1, a_2, \ldots, a_n)$ im Raum R_n und ein linearer Operator Ψ gegeben, der die Transformation des Vektors x in den Vektor $y = (b_1, b_2, \ldots, b_n)$ gemäß folgender Beziehungen

$$
\begin{aligned}
b_1 &= \Psi_{11}\,a_1 + \Psi_{12}\,a_2 + \cdots + \Psi_{1n}\,a_n\,; \\
b_2 &= \Psi_{21}\,a_1 + \Psi_{22}\,a_2 + \cdots + \Psi_{2n}\,a_n: \\
&\cdot\cdot\cdot\cdot\cdot\cdot\cdot\cdot\cdot\cdot\cdot\cdot\cdot\cdot\cdot\cdot \\
b_n &= \Psi_{n1}\,a_1 + \Psi_{n2}\,a_2 + \cdots + \Psi_{nn}\,a_n\,,
\end{aligned}
\tag{5.47}
$$

oder in abgekürzter Form

$$b_i = \sum_{k=1}^{n} \Psi_{ik}\, a_k \qquad (i = 1, 2, \ldots, n)\,, \tag{5.48}$$

ermöglicht.

Der lineare Operator Ψ kann als ein Tensor zweiter Ordnung betrachtet werden, dessen Komponenten eine Matrix mit n Reihen und n Spalten bilden:

$$\Psi = \begin{bmatrix} \Psi_{11} & \Psi_{12} & \cdots & \Psi_{1n} \\ \Psi_{21} & \Psi_{22} & \cdots & \Psi_{2n} \\ \cdots & \cdots & \cdots & \cdots \\ \Psi_{n1} & \Psi_{n2} & \cdots & \Psi_{nn} \end{bmatrix}. \tag{5.49}$$

Das Gleichungssystem (5.47) kann auch in der Form

$$\begin{aligned} b_1 &= \Psi_1\, x; \\ b_2 &= \Psi_2\, x; \\ &\cdots \cdots \\ b_n &= \Psi_n\, x \end{aligned} \tag{5.50}$$

geschrieben werden, wo Ψ_k ein Vektor mit den Komponenten $(\Psi_{k1}, \Psi_{k2}, \ldots, \Psi_{kn})$ und das Produkt mit dem Vektor x skalar ist.

Wenn die Vektoren $\Psi_1, \Psi_2, \ldots, \Psi_n$ untereinander orthogonal sind, sagt man, daß der Operator Ψ auch orthogonal ist.

Die von einem orthogonalen Operator bewirkte Transformation ist mit einer Drehung der Koordinatenachsen um ihren Nullpunkt äquivalent.

In der Abb. 5.1 ist eine solche Transformation im Raum R_2 dargestellt, die durch die Beziehungen

$$\begin{aligned} b_1 &= \Psi_1\, x; \\ b_2 &= \Psi_2\, x \end{aligned}$$

bestimmt ist.

Die Transformation, die aus dem Zeitbereich in den Frequenzbereich führt, ist eine lineare orthogonale Transformation, weil sie mit einer Drehung der Koordinatenachsen um ihren Nullpunkt äquivalent ist.

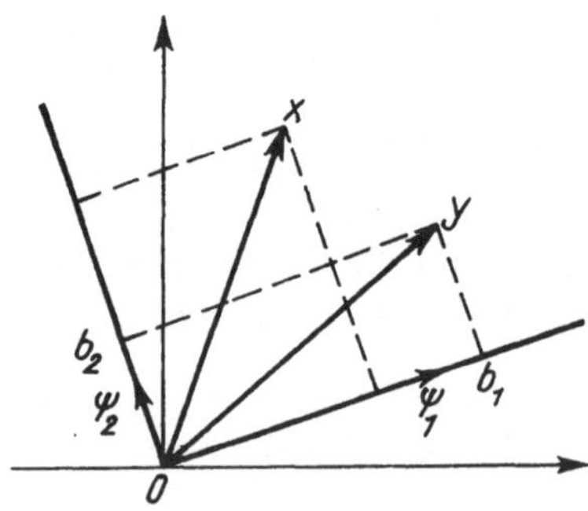

Abb. 5.1. Darstellung einer orthogonalen Transformation im Raum R_2

Der Durchgang des Signals durch ein ideales Filter ist eine lineare Transformation, die man sich leicht im Frequenzbereich vorstellen kann. Der Operator Ψ bewirkt eine Transformation des Raumes R_n des Eingangssignals in einen Unterraum R_m des Ausgangssignals ($m < n$). Je kleiner die Durchlaßbandbreite des Filters ist, um so kleiner ist die Zahl der Dimensionen des Unterraumes R_m. In der Abb. 5.2 ist als Beispiel der Fall $n = 2$, $m = 1$ angegeben.

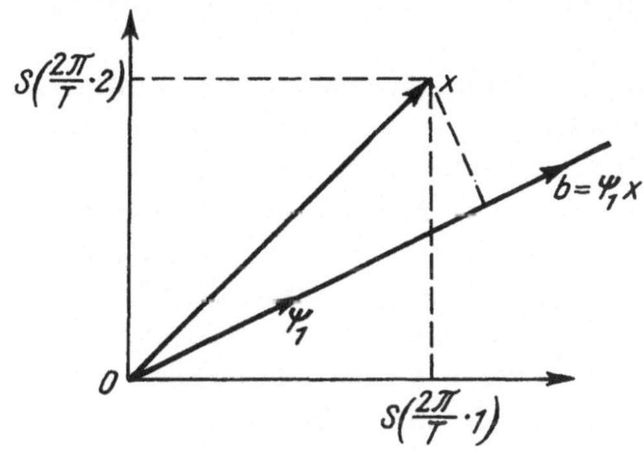

Abb. 5.2. Darstellung einer Transformation vom Raum R_2 in den Raum R_1

Es wird angenommen, daß das Signal im Frequenzbereich von zwei Parametern, und zwar von den Werten der Spektraldichte $S(\omega)$ in den Abtastpunkten $n = 1$ und $n = 2$ bzw. $S\left(\frac{2\,\pi}{T}\cdot 1\right)$ und $S\left(\frac{2\,\pi}{T}\cdot 2\right)$ bestimmt ist. Das Eingangssignal x wird durch den im Frequenzbereich definierten Operator Ψ in das Ausgangssignal y umgewandelt, das wegen der Filterung nur eine Komponente $y = b$ besitzt, wobei $b = \Psi_1\,x$ ist. Bei Anwendungen ist die Zahl der Ordinaten des Eingangs- und Ausgangssignals viel größer; dieses Beispiel wurde nur deshalb gegeben, um die Wirkungsweise eines Operators im Frequenzbereich (Filter) zu veranschaulichen.

Bei vielen Anwendungen kommen außer den linearen Operatoren auch parametrische oder nichtlineare Operatoren vor.

Im Fall der parametrischen Operatoren sind die Komponenten des Operators Ψ Zeitfunktionen.

Im Fall der nichtlinearen Operatoren, sind die Komponenten des Operators Ψ Funktionen der Komponenten des Signals.

5.4. Signal-Flußdiagramme

Wie vorher gezeigt wurde, kann das Verhalten eines Systems durch einen Operator beschrieben werden, der die Transformation des Eingangssignals in das Ausgangssignal bewirkt.

Wenn der Operator linear ist, kann der Durchgang des Signals durch das System mit Hilfe von Signal-Flußdiagrammen einfach anschaulich gemacht werden.

14*

Die Theorie der Signal-Flußdiagramme, bzw. die Theorie der Graphen, ist eine selbständige mathematische Theorie, aus der nur diejenigen Fragen behandelt werden, die für das Studium der Übertragungssysteme von Bedeutung sind.

Eine symbolische Darstellung der Beziehungen, die zwischen einer Zahl von Veränderlichen bestehen, wird Flußdiagramm oder Graph genannt. Wenn diese Beziehungen linear sind, stellt der Graph ein System linearer algebraischer Gleichungen dar und wird linear genannt.

Der Vorteil dieser Darstellung besteht darin, daß die Lösung des Systems nach Besichtigung des Graphen anhand sehr einfacher Regeln erfolgen kann.

In der Folge werden nur die linearen Graphen studiert.

Ein Netz, das aus gerichteten Zweigen besteht, die in den sogenannten Knotenpunkten zusammengeschaltet sind, und das eindeutig ein System linearer Gleichungen bestimmt, wird Graph genannt (Abb. 5.3.).

Der Zweig $j\,k$ hat den Anfangspunkt im Knotenpunkt j, den Endpunkt im Knotenpunkt k, die Richtung von j zu k wird durch einen Pfeil angedeutet.

Jedem Zweig ist eine Größe zugeordnet, die Transmittanz des Zweiges genannt und die mit t_{jk} (oder mit a, b, c usw.) bezeichnet wird, und jedem Knotenpunkt j ist eine Größe x_j zugeordnet, die Signal des Knotenpunktes genannt wird.

Die Größen x_j sind die Veränderlichen des Systems.

Die verschiedenen Signale in den Knotenpunkten können durch Beziehungen der Form

$$x_k = \sum_j x_j t_{jk}, \quad \text{für} \quad k = 1, 2, 3, \ldots \tag{5.51}$$

ausgedrückt werden.

Aus der Beziehung (5.51) ergibt sich, daß das durch den Knotenpunkt k dargestellte Signal x_k als Summe aller Transmittanzen t_{jk} definiert ist, wobei die Transmittanzen durch im Knotenpunkt konvergierende Zweige dargestellt sind und jede mit dem Signal des Anfangsknotenpunktes multipliziert wird.

Dabei muß betont werden, daß die divergierenden Zweige des Knotenpunktes k das Signal im Knotenpunkt nicht beeinflussen.

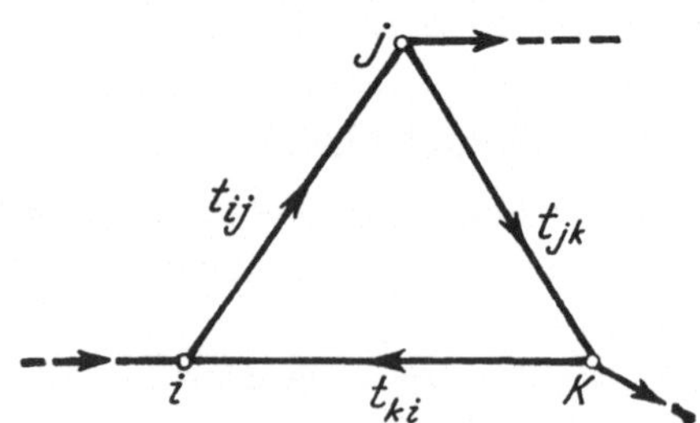

Abb. 5.3. Orientierter Graph

Der Vereinfachung halber werden im folgenden die Benennungen Knotenpunkt und dem Knotenpunkt zugeordnetes Signal sowie auch Zweig und dem Zweig zugeordnete Transmittanz als äquivalent angenommen.

Ein Knotenpunkt, in dem alle Zweige divergierend sind, wird Eingangsknotenpunkt (bzw. Eingangssignal) oder Quellenknotenpunkt genannt (der Knotenpunkt 1 in der Abb. 5.4).

Ein Knotenpunkt, in dem alle Zweige konvergierend sind, wird Ausgangsknotenpunkt genannt (Knotenpunkt 3 in Abb. 5.4.).

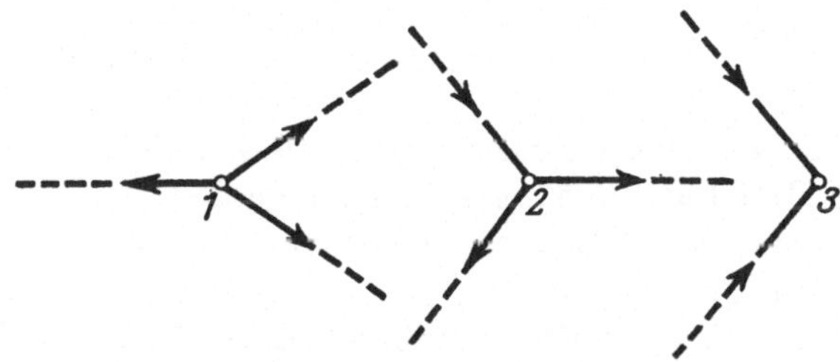

Abb. 5.4. Knotenpunkte

1 — am Eingang; *2* — gewöhnliche ;*3* — am Ausgang

Die anderen Knotenpunkte, in denen sowohl konvergierende als auch divergierende Zweige zusammengeschaltet sind, werden gewöhnliche Knotenpunkte, oder einfach Knotenpunkte genannt (Knotenpunkt 2 in Abb. 5.4).

Die Eingangsknotenpunkte stellen die unabhängigen Veränderlichen des Systems dar, während die anderen Knotenpunkte die abhängigen Veränderlichen darstellen.

Um einen Graph zu zeichnen, werden die linearen Gleichungen, die die Verbindungen zwischen den Veränderlichen, die in der Aufgabe erscheinen, herstellen, in Form von Ursache und Wirkung geschrieben. Das bedeutet, daß jede Veränderliche ein einziges mal als Wirkung aller anderen Veränderlichen, die als Ursache betrachtet werden, explizit ausgedrückt wird.

Die Formulierung der Gleichungen als kausale Verbindung ist für eine Reihe von Aufgaben sehr nützlich. Die auf diese Weise geschriebenen Gleichungen können leicht durch Prüfung des darstellenden Flußdiagramms gelöst werden.

Als Beispiel wird eine Aufgabe betrachtet, in der fünf Veränderliche vorkommen, von denen zwei unabhängig sind. Die unabhängigen Veränderlichen werden durch x_1 und x_2 bezeichnet, die abhängigen durch x_3, x_4, x_5. Die Beziehungen zwischen diesen Veränderlichen seien durch das folgende Gleichungssystem gegeben:

$$\left.\begin{aligned}
a_{11}\,x_1 + a_{12}\,x_2 + a_{13}\,x_3 + a_{14}\,x_4 + a_{15}\,x_5 &= 0 \\
a_{21}\,x_1 + a_{24}\,x_4 &= 0; \\
a_{32}\,x_2 + a_{34}\,x_4 + a_{35}\,x_5 &= 0\,.
\end{aligned}\right\} \qquad (5.52)$$

Eventuelle Konstanten können als unabhängige Veränderliche, die feste Werte annehmen, betrachtet werden.

Das Gleichungssystem (5.52) kann in kausaler Form geschrieben werden, in der die abhängigen Veränderlichen x_3, x_4, x_5 sind.

Durch Bezeichnungsänderung der Koeffizienten ergibt sich aus dem Gleichungssystem (5.52)

$$\left.\begin{aligned}
x_3 &= a\,x_1 + g\,x_2 + c\,x_4 + e\,x_5; \\
x_4 &= b\,x_1; \\
x_5 &= f\,x_2 + d\,x_4,
\end{aligned}\right\} \tag{5.53}$$

wobei

$$a = -\frac{a_{11}}{a_{13}}; \quad g = -\frac{a_{12}}{a_{13}} \quad \text{usw. ist.}$$

Im allgemeinen können die Beziehungen zwischen den Veränderlichen direkt in der Form der Beziehung (5.53) geschrieben werden.

Das Gleichungssystem (5.53) ermöglicht das Zeichnen des entsprechenden Graphen (Abb. 5.5).

Oft kann der Graph auch direkt anhand einer Ersatzschaltung oder einer schematischen Darstellung gezeichnet werden, ohne daß man das Gleichungssystem in explizierter Form anschreiben muß.

Es sei weiter angenommen, daß man sich für das Signal x_3 interessiert. Da das System linear ist, können die Wirkungen der zwei Ursachen (x_1 und x_2) einzeln betrachtet werden und man erhält die Gesamtwirkung als Summe der partiellen Wirkungen. Wenn man erst $x_2 = 0$ und dann $x_1 = 0$ setzt, so erhält man die in der Abb. 5.6 dargestellten Graphen, die zu den partiellen Wirkungen x_3' und x_3'' führen, aus denen die Gesamtwirkung

$$x_3 = x_3' + x_3''$$

abgeleitet werden kann.

Die Diagramme aus der Abb. 5.6. sind einfacher als die aus der Abb. 5.5, jedoch nicht genügend einfach, um direkt die kausale Verknüpfung zu veranschaulichen.

Mit Hilfe einiger Äquivalenzen und Transformationsregeln kann das Diagramm vereinfacht werden.

Dazu ist es notwendig, einige Äquivalenzen und Transformationsregeln zu kennen.

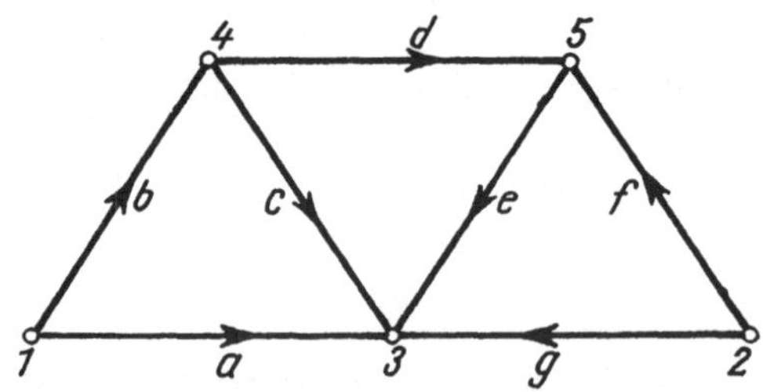

Abb. 5.5. Graph, dem Gleichungssystem der Beziehung (5.53) zugeordnet

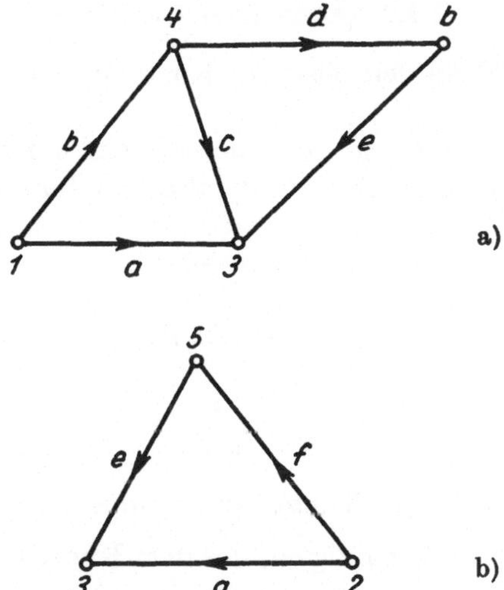

Abb. 5.6. Veranschaulichung der Überlagerung der Wirkungen für den Graph aus Abb. 5.5

a) der $x_2 = 0$ entsprechende Graph; b) der $x_1 = 0$ entsprechende Graph

5.4.1. Elementare Äquivalenzen

Die Äquivalenzen der Addition, Multiplikation, Distribution und Faktorisierung sind in der Abb. 5.7 angegeben.

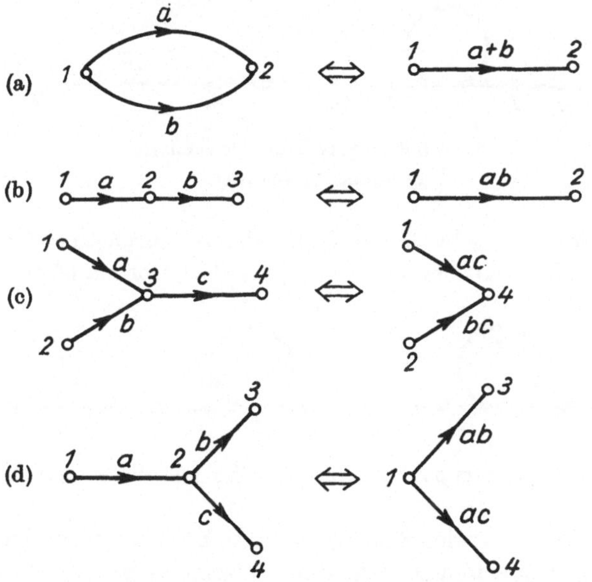

Abb. 5.7. Elementare Äquivalenzen

a) Addition; b) Multiplikation; c) Distribution; d) Faktorisierung

5.4.2. Äquivalenz von Schleifen

Ein Zweig, der sich in dem gleichen Knotenpunkt schließt (Abb. 5.8), wird Schleife genannt.

Wenn man mit y das Signal im Knotenpunkt der Schleife bezeichnet und dieses Signal der Summe der Signale, die dem Knotenpunkt zufließen gleich ist, so ergibt sich

$$y = x + t\,y$$

und daraus

$$x = (1 - t)\,y$$

oder

$$y = \frac{1}{1 - t}\,x\,. \tag{5.54}$$

Das Ausgangssignal aus dem Knotenpunkt mit Schleife ist also gleich dem mit $\frac{1}{1-t}$ multiplizierten äußeren Signal, das dem Knotenpunkt zufließt.

Diese Tatsache führt zu der in Abb. 5.8b dargestellten Äquivalenz.

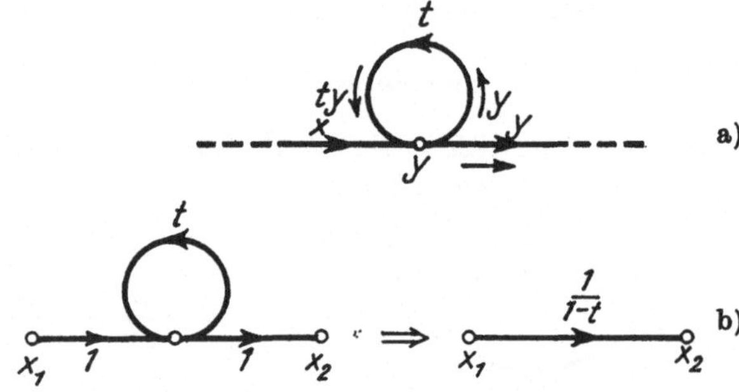

Abb. 5.8. Äquivalenz der Schleife
a) Signale; b) Äquivalenz

Der Knotenpunkt der Schleife kann auch in zwei durch einen Zweig der Transmittanz 1 verbundene Knotenpunkte aufgespaltet werden (Abb. 5.9).

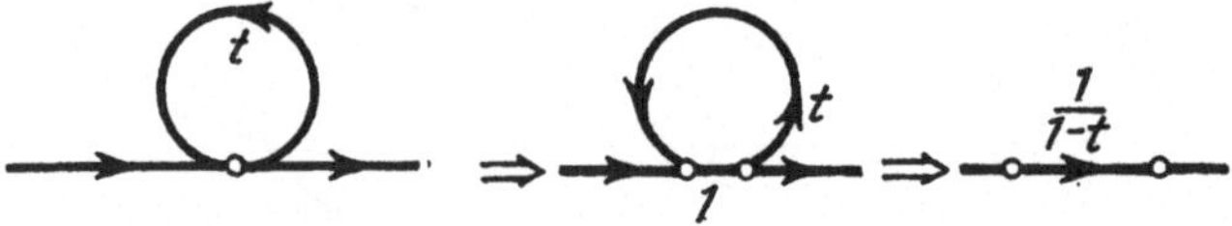

Abb. 5.9. Spaltung des Knotenpunktes einer Schleife und die entsprechende Äquivalenz

Wenn im Knotenpunkt der Schleife mehrere Zweige verbunden sind, können diese in konvergierende und divergierende Zweige eingeteilt werden, und man erhält auf Grund der vorhergehenden Äquivalenz die in der Abb. 5.10 dargestellte Äquivalenz.

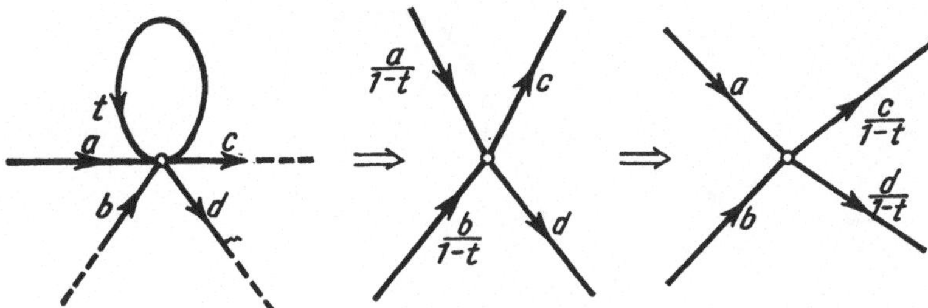

Abb. 5.10. Äquivalenz eines Systems von Zweigen, die an einen Knotenpunkt mit Schleife
gebunden sind

5.4.3. Absorption der Knotenpunkte

Wenn die Wirkung eines Knotenpunktes in den neuen Werten der Transmittanz mit berücksichtigt ist, kann, wie im vorstehenden gezeigt wurde, der
betreffende Knotenpunkt beseitigt werden (Abb. 5.11).

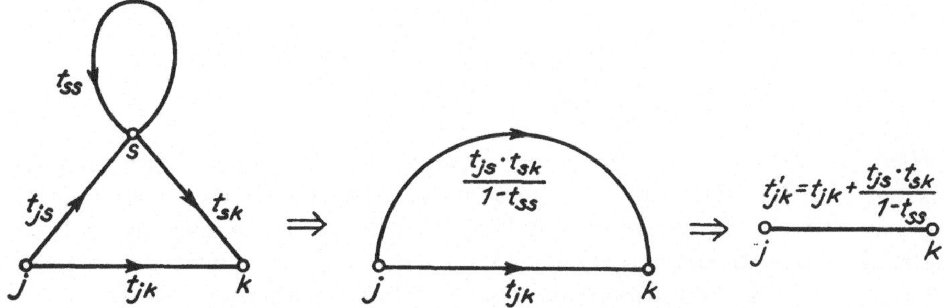

Abb. 5.11. Die Absorption eines Knotenpunktes

Die Absorption eines Knotenpunktes entspricht der Elimination der betreffenden Veränderlichen durch Substitution im zugeordneten Gleichungssystem.

Der Graph, der nach Absorption eines oder mehrerer Knotenpunkte entsteht,
wird residualer Graph genannt. In dem residualen Graph sind die Wirkungen
aller durch den absorbierten Knotenpunkt des originalen Graphen übertragenen
Signale mit berücksichtigt.

5.4.4. Reduktion der Graphen

Mit Hilfe der elementaren Äquivalenzen können der Reihe nach alle Knotenpunkte eines Graphen, die sich zwischen einem Eingangs- und einem Ausgangsknotenpunkt befinden, absorbiert werden.

In den Abb. 5.12a und 5.12b sind die Ergebnisse der Anwendung dieser
Operationen an den Zwischenknotenpunkten der in den Abb. 5.6a und 5.6b
dargestellten Graphen angegeben.

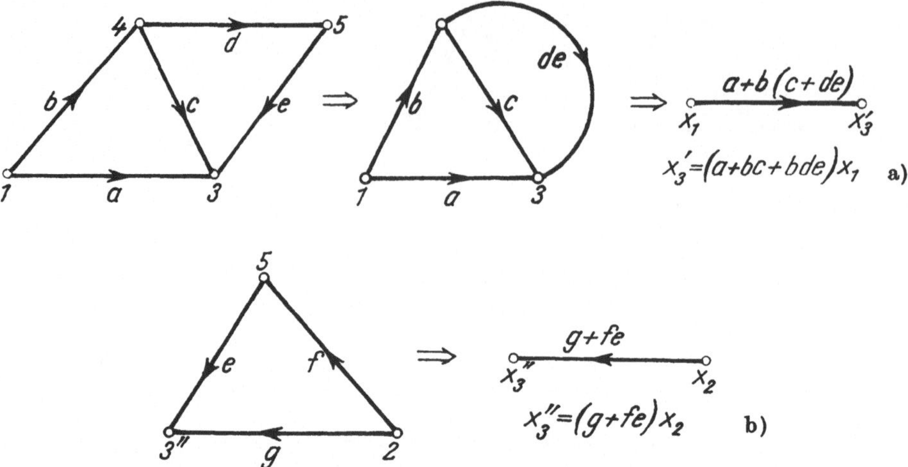

Abb. 5.12. Reduktion eines Graphen
a) Graph aus der Abb. 5.6a; b) Graph aus der Abb. 5.6b

Aus den partiellen Lösungen x_3' und x_3'' ergibt sich die Endlösung:

$$x_3 = x_3' + x_3'' = (a + b\,c + b\,de)\,x_1 + (g + e\,f)\,x_2 . \tag{5.55}$$

Wenn man die oben angegebenen Äquivalenzen kennt, so kann man diese Lösung nach Inspektion des Diagramms der Abb. 5.5 direkt anschreiben.

Dieser einfache Fall wurde zur Erläuterung der Methode dargestellt; bei der Einfachheit des Gleichungssystems (5.53) hätte man die durch die Beziehung (5.55) gegebene Lösung direkt aus den Gleichungen ableiten können.

5.4.5. Allgemeine Signal-Flußdiagramme

Neben den speziellen Verfahren, die auf Grund der elementaren Äquivalenzen die Beziehungen zwischen interessierenden Signalen aus dem Flußdiagramm ableiten, gibt es auch ein allgemeines Verfahren, das diese Ableitung ermöglicht.

Um dieses Verfahren zu erläutern, werden einige Definitionen eingeführt.

5.4.6. Transmittanz des Graphen

Man definiert allgemein für einen Graph mit beliebiger Struktur die Transmittanz T_{jk} des Graphen als das Signal, das am Knotenpunkt k dann erscheint, wenn im Knotenpunkt j von außen ein Signal Eins eingespeist wird (Abb. 5.13) bzw.

$$T_{jk} = \frac{x_k}{x_j} .$$

Im besonderen Fall können die Knotenpunkte j und k Eingangs- und Ausgangsknotenpunkte sein.

Wenn das der Fall ist, brauchen äußere Knotenpunkte nicht mehr eingeführt zu werden.

Durch Absorption aller Knotenpunkte kann der Graph auf einen einzigen Zweig mit zwei äußeren Knotenpunkten reduziert werden. Die Transmittanz dieses Zweiges ist T_{jk} (Abb. 5.13 b).

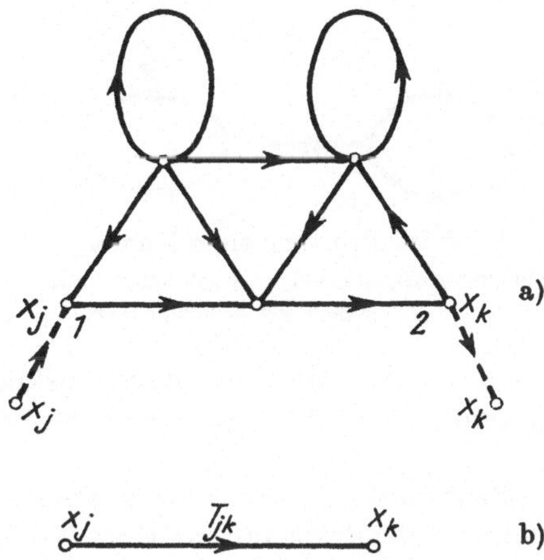

Abb. 5.13. Signale zur Definition der Transmittanz eines Graphen
a) Originalgraph; b) Residualer Graph; *1* — Eingangsknotenpunkt; *2* — Ausgangsknotenpunkt

5.4.7. Bahn und Masche

Die Bahn ist eine Folge von Zweigen, die von einem Knotenpunkt zum anderen im Sinne der Pfeile durchlaufen werden. Auf einer offenen Bahn tritt ein bestimmter Knotenpunkt nur einmal auf.

Die Transmittanz der Bahn ist das Produkt der Transmittanzen der Zweige, die diese Bahn bilden. Diese Transmittanz wird mit B bezeichnet.

Die Masche ist eine geschlossene Bahn, längs der ein bestimmter Knotenpunkt nur einmal auftritt.

Die Transmittanz der Masche ist das Produkt der Transmittanzen der Zweige, die die Masche bilden. Diese Transmittanz wird mit M bezeichnet.

Im folgenden werden die Benennungen: Bahn und Transmittanz der Bahn, sowie Masche und Transmittanz der Masche als äquivalent betrachtet.

5.4.8. Aufspaltung eines Knotenpunktes

Durch Aufspalten eines Knotenpunktes (Abb. 5.14) bilden sich zwei Knotenpunkte, nämlich ein Eingangs- und ein Ausgangsknotenpunkt.

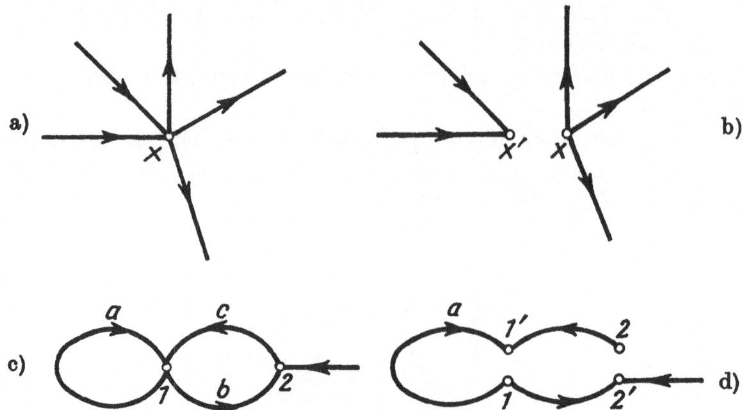

Abb. 5.14. Spaltung eines Knotenpunktes

a) Originalknotenpunkt; b) Gespalteter Knotenpunkt; c) Graph mit mehreren Knotenpunkten; d) Derselbe Graph
mit gespalteten Knotenpunkten

Alle konvergierenden Zweige sind im Ausgangsknotenpunkt verbunden,
während die divergierenden Zweige im Eingangsknotenpunkt verbunden sind.

5.4.9. Maschentransmittanz eines Knotenpunktes
und Maschentransmittanz eines Zweiges

Die Maschentransmittanz τ_1 eines Knotenpunktes ist gleich dem in diesen
Knotenpunkt zurückkehrenden Signal, wenn das Ausgangssignal des Knotenpunktes gleich Eins ist. Man versteht unter einem in den Knotenpunkt zurückkehrenden Signal das Signal, das vom abgespalteten Eingangsknotenpunkt zum
abgespalteten Ausgangsknotenpunkt gelangt, und unter dem Ausgangssignal
aus dem Knotenpunkt das dem abgespalteten Eingangsknotenpunkt entsprechende Signal.

Zum Beispiel ist die Maschentransmittanz des Knotenpunktes 1 der Abb. 5.15:

$$\tau_1 = \frac{x_1'}{x_1} = a + \frac{b\,c}{1-d}.$$

Die neue Transmittanz τ_k ist gleich der Transmittanz, die zwischen dem neuen
Paar der durch Spaltung des Knotenpunktes k entstandenen Eingangs- und
Ausgangsknotenpunkte entsteht.

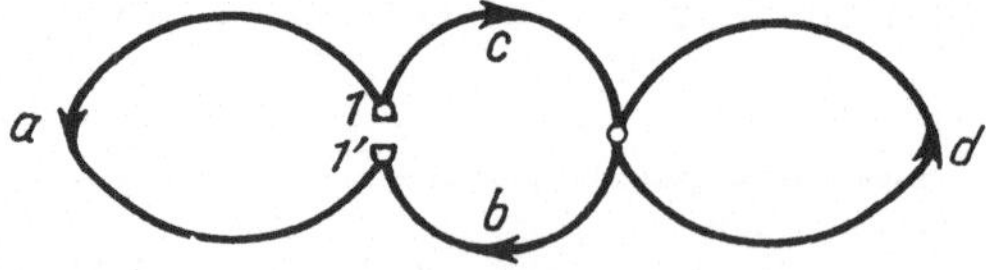

Abb. 5.15. Spaltung eines Knotenpunktes zur Definition der Transmittanz der entsprechenden Masche

Wenn durch Einführung eines Knotenpunktes ein Zweig in zwei seriell verbundene Zweige umgewandelt wird und wenn das Produkt der entsprechenden Transmittanzen gleich der Transmittanz des Originalzweiges ist, so handelt es sich um einen inneren Knotenpunkt.

Laut Definition ist die Maschentransmittanz des Zweiges gleich der Maschentransmittanz des inneren Knotenpunktes.

5.4.10. Determinante des Graphen

Die Graphendeterminante wird folgendermaßen definiert:

$$\Delta = (1 - \tau_1')\,(1 - \tau_2')\cdots(1 - \tau_n')\,, \tag{5.56}$$

worin τ_k' die Maschentransmittanz des Knotenpunktes k darstellt, wenn die Knotenpunkte $k + 1$, $k + 2$, ..., n gespaltet sind.

Da τ_k' nur aus einem Teil des Graphen, nämlich aus dem von den ersten k Knotenpunkten gebildeten Teil errechnet wird, wird die Größe τ_k' auch noch partielle Maschentransmittanz des Knotenpunktes k genannt.

Sie ist gleich der Transmittanz der eigenen Masche, die sich durch Absorption der Knotenpunkte 1, 2, ..., $k - 1$ im Knotenpunkt k ergibt.

Obwohl die Werte τ_k' von der Numerierungsfolge der Knotenpunkte des Graphen abhängig sind, kann man durch Errechnung der Graphendeterminante für verschiedene Numerierungsfolgen leicht prüfen, daß der Wert der Determinante nicht von dieser Folge abhängig ist.

Um die Berechnung der Transmittanzen, die in der Determinante Δ erscheinen, zu erläutern, wird der Graph der Abb. 5.16 betrachtet.

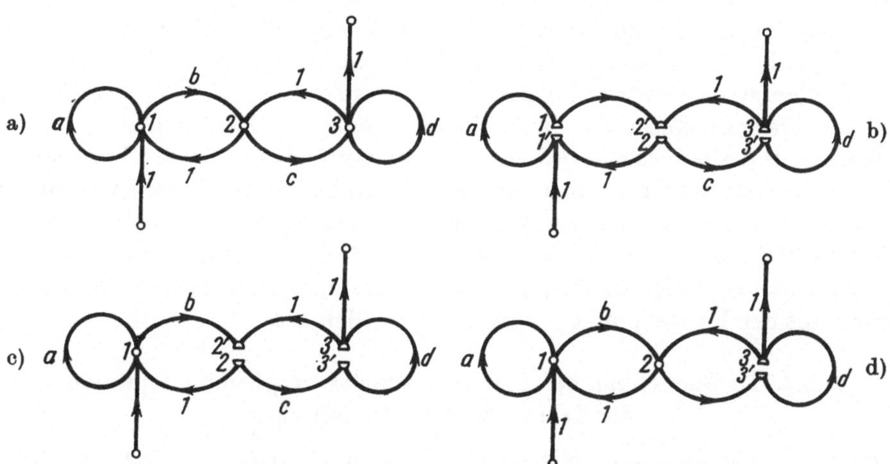

Abb. 5.16. Bestimmung der Maschentransmittanzen der Knotenpunkte eines Graphen
a) Originalgraph; b) Graph zur Bestimmung von τ_1'; c) dgl. von τ_2'; d) dgl. von τ_3'

Die Werte der Maschentransmittanzen der Knotenpunkte 1, 2, 3 können leicht aus der Abbildung errechnet werden und betragen

$$\tau_1' = a \; ;$$

$$\tau_2' = \frac{b}{1 - a} \; ;$$

$$\tau_3' = d + \frac{c}{1 - \dfrac{b}{1 - a}} \; .$$

Nachfolgend wird die Abhängigkeit der Größe τ_n' von den Transmittanzen der im Knotenpunkt n verbundenen Zweige untersucht.

Durch Spaltung des Knotenpunktes n (Abb. 5.17) erhält man den Eingangsknotenpunkt n und den Ausgangsknotenpunkt n'. Zwei Zweige werden konfluente Zweige genannt, wenn sie denselben Anfangsknotenpunkt oder denselben Endknotenpunkt besitzen. Zum Beispiel sind die Zweige a und b sowie auch die Zweige c und d der Abb. 5.17 konfluent.

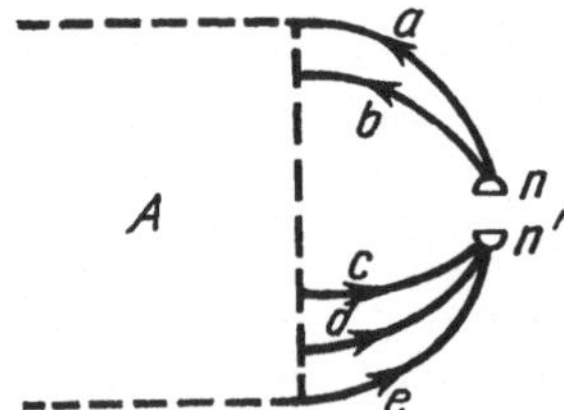

Abb. 5.17. Konfluente Zweige eines Graphen

Aus dem Absorptionsvorgang der Knotenpunkte ist ersichtlich, daß die Transmittanz τ_n' eine lineare Funktion der Transmittanz der im Punkt n verbundenen Zweige ist und daß die Produkte der Transmittanzen zweier im Knotenpunkt n konfluenter Zweige nicht vorkommen können.

Außerdem stellt man fest, daß die Transmittanzen $\tau_1', \tau_2', \ldots, \tau_{n-1}'$ unabhängig von den Transmittanzen der im Punkt n verbundenen Zweige sind.

Man kann deshalb sagen, daß die Determinante Δ eine lineare Funktion der Transmittanzen der Graphenzweige ist und daß im Ausdruck der Determinante Produkte der Transmittanzen konfluenter Zweige nicht erscheinen können. Die Linearität ist eine Folge der Tatsache, daß die Determinante Δ nicht von der Numerierungsfolge abhängig ist, und also der Reihe nach jeder Knotenpunkte als der Knotenpunkt n betrachtet werden kann.

5.4.11. Darstellung der Determinante des Graphen als Funktion der Transmittanzen der Maschen

Wenn eine oder mehrere Transmittanzen in der Determinante gleich Null gesetzt werden, so erhält man eine neue Determinate $\overline{\Delta}$. Dieses ist die Determinante des Graphen, die aus dem Originalgraph durch Streichen eines oder mehrerer

Zweige (die den gleich Null gesetzten Transmittanzen entsprechen) erhalten
wird. Der auf diese Weise erhaltene Graph wird Untergraph genannt. Es ergibt
sich, daß jedes Glied von $\overline{\varDelta}$ auch Glied von $\varDelta$ ist, und folglich wird die Menge
aller Untergraphen alle Glieder von $\varDelta$ enthalten. Dieselbe Eigenschaft besitzt
auch eine beschränktere Menge, nämlich die Menge nichtkonfluenter Untergraphen.

Da kein Glied von $\varDelta$ Produkt von Transmittanzen konfluenter Zweige ist,
ergibt sich, daß die Determinante $\overline{\overline{\varDelta}}$ der Menge nichtkonfluenter Graphen dieselben Glieder, wie die Determinante $\varDelta$ enthält. Also können die Glieder der
Determinante $\varDelta$ durch Kenntnis der Glieder der Determinante $\overline{\overline{\varDelta}}$ bestimmt
werden.

Definitionsgemäß enthält ein nichtkonfluenter Untergraph nur offene Maschen oder Bahnen, die sich nicht berühren. Ein Beispiel ist in Abb. 5.18 dargestellt.

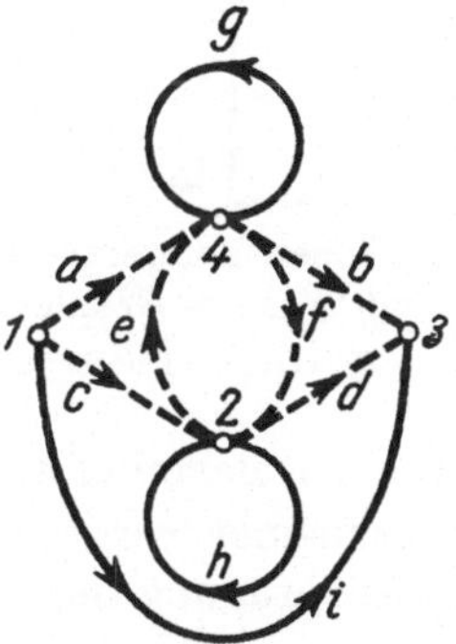

Abb. 5.18. Nichtkonfluente Untergraphen

Die Determinante nichtkonfluenter Untergraphen kann leicht errechnet
werden, da einige der Größen τ_k' gleich Null werden, während andere gleich den
Transmittanzen M_k der Maschen des Untergraphs sind. Es ergibt sich also, daß
die Determinante $\overline{\overline{\varDelta}}$ nichtkonfluenter Untergraphen nur aus Gliedern der Produkte von Maschen besteht, die sich nicht berühren. Zur Berechnung von $\varDelta$
müssen alle Glieder der Menge nichtkonfluenter Graphen, oder anders gesagt,
muß die Menge aller Maschen, die sich nicht berühren und die im Originalgraph
enthalten sind, berücksichtigt werden.

Danach kann die Graphendeterminante folgendermaßen ausgedrückt werden:

$$\varDelta = [(1 - M_1)(1 - M_2) \cdots (1 - M_m)]^* , \qquad (5.57)$$

wobei das Sternchen andeuten soll, daß diejenigen Glieder entfernt werden
müssen, die Produkte von Transmittanzen oder Maschen, die sich berühren,
enthalten.

Die Beziehung (5.57) kann auch in der äquivalenten Form

$$\Delta = 1 - \Sigma M_i + \Sigma \prod_2 M_i - \Sigma \prod_3 M_i + \cdots + (-1)^r \Sigma \prod_r M_i$$

$$(5.58)$$

ausgedrückt werden, worin nur die Transmittanzen der Maschen, die sich nicht berühren, vorkommen.

5.4.12. Allgemeine Darstellung der Transmittanz des Graphen

Es soll wie in Abschnitt 5.4.6. die Transmittanz des Graphen zwischen den Knotenpunkten j und k bestimmt werden. Dazu wird ein äußerer Knotenpunkt, der $(n + 1)$-te, hinzugefügt, der durch zwei Zweige mit den Knotenpunkten j und k verbunden ist (Abb. 5.19).

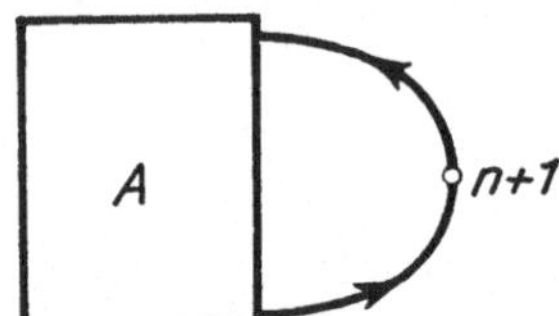

Abb. 5.19. Einführung eines zusätzlichen Knotenpunktes für die Berechnung der Transmittanz des Graphen

A — die ersten n Knotenpunkte

Auf diese Weise erhält man einen neuen Graph mit $(n + 1)$ Knotenpunkten, dessen Determinante mit Δ' bezeichnet werden soll.

Der neue Graph, der nach Hinzufügung des Knotenpunktes $n + 1$ entsteht, besitzt eine Maschenzahl, die um p größer als die Maschenzahl des Originalgraphen ist.

Nach der Beziehung (5.57) kann die Determinante des Graphen wie folgt ausgedrückt werden:

$$\Delta' = [(1 - M_1)(1 - M_2) \cdots (1 - M_m)(1 - M_{m+1}) \cdots (1 - M_{m+p})]^* ,$$

oder, wenn man $m + 1 = k$ setzt:

$$\Delta' = \{(1 - M_1)(1 - M_2) \cdots (1 - M_m)[1 - \Sigma M_k + \Sigma \prod_2 M_k + \cdots]\}^* .$$

Da die Glieder, die Produkte der Form $\prod M_k$ enthalten, gleich Null werden (die Maschen M_k berühren sich, da sie den Knotenpunkt $n + 1$ passieren), ergibt sich

$$\Delta' = [(1 - M_1)(1 - M_2) \cdots (1 - M_m)(1 - \Sigma M_k)]^* ,$$

oder

$$\Delta' = \Delta - \Sigma M_k \Delta_k , \qquad (5.59)$$

wobei Δ_k die Determinante ist, die dem Teil des Graphen entspricht, der die neuentstandenen Maschen M_k nicht berührt.

Wenn der Knotenpunkt $n + 1$ aufgespaltet wird und man mit T die Maschentransmittanz τ'_{n+1} dieses Knotenpunktes bezeichnet, ergibt sich unter Berücksichtigung der Beziehung (5.56):

$$\Delta' = \Delta (1 - T) . \tag{5.60}$$

Durch Einsetzen in die Beziehung (5.59) entsteht

$$T = \frac{1}{\Delta} \Sigma\, M_k \Delta_k . \tag{5.61}$$

Da die Masche M_k durch Aufspaltung des Knotenpunktes $n + 1$ unterbrochen wird, wird aus der Transmittanz M_k die Transmittanz der Bahn k zwischen dem aufgespalteten Eingangsknotenpunkt und dem aufgespalteten Ausgangsknotenpunkt und kann infolgedessen als $B_k = M_k$ bezeichnet werden.

Mit dieser Bezeichnung kann die Beziehung (5.61) folgendermaßen geschrieben werden:

$$T = \frac{1}{\Delta} \Sigma\, B_k \Delta_k , \tag{5.62}$$

hierin ist

T — die Transmittanz des Graphen zwischen dem Eingangs- und dem Ausgangsknotenpunkt (siehe Abschnitt 5.4.6.);

B_k — die Transmittanz der Bahn k zwischen dem Eingangs- und dem Ausgangsknotenpunkt;

Δ — die Determinante des Graphen;

Δ_k — die Determinante von dem Teil des Graphen, der die Bahn k nicht berührt (auch Kofaktor der Bahn k genannt).

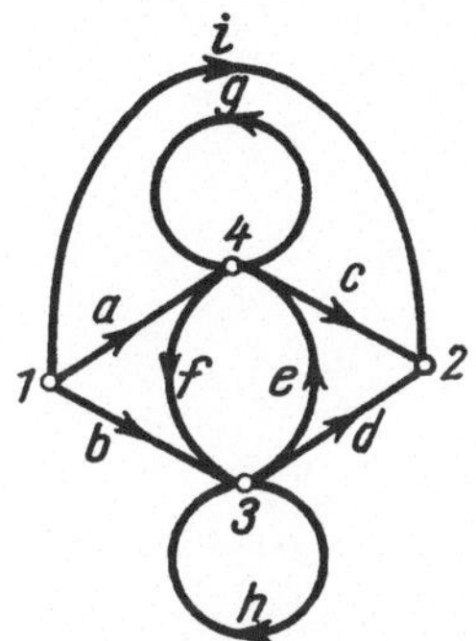

Abb. 5.20. Beispiel zur Berechnung der Transmittanz eines Graphen

Um die Anwendungsmöglichkeiten der Beziehung (5.62) zu erläutern, wird der Graph der Abb. 5.20 betrachtet.

Für diesen Graph hat man

$$B_1 = b\,d; \qquad\qquad \Delta_1 = 1 - g;$$
$$B_2 = a\,c; \qquad\qquad \Delta_2 = 1 - h;$$

$$B_3 = b\,e\,c; \qquad\qquad \Delta_3 = 1;$$
$$B_4 = a\,f\,d; \qquad\qquad \Delta_4 = 1;$$
$$B_5 = i; \qquad\qquad \Delta_5 = 1 - (g + ef + h) + hg;$$
$$\Delta = 1 - (g + ef + h) + hg\,.$$

$$T = \frac{(1-g)\,b\,d + (1-h)\,a\,c + b\,e\,c + a\,f\,d + i\,[1 - (g + ef + h) + g\,h]}{1 - g - ef - h + g\,h}\,.$$

In einigen Fällen wird die Berechnung einfacher, wenn statt der Beziehung (5.62) die äquivalente Beziehung

$$T = \frac{[(B_1 + B_2 + \cdots + B_k)\,(1 - M_1)\,(1 - M_2) \cdots (1 - M_m)]^*}{[(1 - M_1)\,(1 - M_2) \cdots (1 - M_m)]^*} \qquad (5.63)$$

verwendet wird; das Sternchen bedeutet, daß die Glieder weggelassen werden müssen, die Produkte von Maschen oder Bahnen, die sich nicht berühren, enthalten.

6. LINEARE STATIONÄRE SYSTEME

Die linearen stationären Systeme spielen bei den Problemen der Informationsübertragung eine sehr wichtige Rolle. Den Grund dafür bildet die Tatsache, daß diese Systeme mit einem ziemlich einfachen mathematischen Apparat untersucht werden können und daß eine weite Klasse von praktischen Systemen durch lineare Systeme angenähert werden kann.

6.1. Beschreibung linearer stationärer Systeme

In den verschiedenen Elementen des Übertragungskanals von der Nachrichtenquelle bis zum Nachrichtenempfänger werden die Signale einer Reihe von Transformationen unterworfen. In der Folge wird als *System* entweder die Gesamtheit oder einzelne Elemente des Übertragungskanals bezeichnet.

Im allgemeinen wandelt ein System ein Eingangssignal $x(t)$ in ein Ausgangssignal $y(t)$ um. Jedem System kann also ein Funktionaloperator zugeordnet werden, der den Raum X des Eingangssignals $x(t)$ in den Raum Y des Ausgangssignals $y(t)$ transformiert.

Wenn der Operator linear ist, so ist auch das entsprechende System linear. Wenn der Operator parametrisch oder nichtlinear ist, ist auch das System parametrisch oder nichtlinear.

Im folgenden wird mit Ψ der Operator bezeichnet, der ein beliebiges gegebenes System charakterisiert.

Wenn mit $x(t)$ das Eingangssignal und mit $y(t)$ das Ausgangssignal bezeichnet wird, so gilt

$$\Psi\{x(t)\} = y(t) \, . \tag{6.1}$$

Der Operator Ψ, bzw. das System ist linear, wenn

$$\Psi\{x_1(t) + x_2(t)\} = y_1(t) + y_2(t) \tag{6.2}$$
$$(\text{Überlagerungssatz})$$

und

$$\Psi\{\lambda\, x(t)\} = \lambda\, \Psi\{x(t)\} \quad (\lambda = \text{konstant}) \tag{6.3}$$

ist.

Die Beziehung (6.2) besagt, daß die Antwort des linearen Systems auf eine Summe von Signalen gleich der Summe der Antworten ist, die man erhalten hätte, wenn das System mit jedem Signal einzeln beaufschlagt worden wäre.

15*

Die Beziehung (6.3) besagt, daß auch das Ausgangssignal λ-mal größer wird, wenn das Eingangssignal λ-mal vergrößert wird.

Der Operator Ψ bzw. das System wird zeitinvariant genannt, wenn

$$\Psi\left\{x\left(t+\tau\right)\right\} = y\left(t+\tau\right) \tag{6.4}$$

ist, d. h., daß die durch die Beziehung (6.4) gegebene Transformation nicht von der Zeit abhängt (im Gegensatz zu linearen zeitabhängigen bzw. parametrischen Systemen).

In diesem Kapitel werden nur die linearen zeitinvarianten Systeme behandelt.

Es wird erst einmal vereinfachend angenommen, daß das Eingangssignal durch eine endliche Summe von Komponenten dargestellt werden kann

$$x(t) = \sum_{k=1}^{n} a_k \, v_k(t) \, , \tag{6.5}$$

wobei $v_k(t)$ ein System orthonormierter Funktionen bildet.

Es wird ebenfalls angenommen, daß der dem System zugeordnete Operator bekannt und durch die Matrix

$$\Psi = \begin{bmatrix} \Psi_{11} & \Psi_{12} \ldots \Psi_{1n} \\ \Psi_{21} & \Psi_{22} \ldots \Psi_{2n} \\ \cdot \cdot \cdot \cdot \cdot \cdot \cdot \cdot \cdot \cdot \\ \cdot \cdot \cdot \cdot \cdot \cdot \cdot \cdot \cdot \cdot \\ \Psi_{n1} & \Psi_{n2} \ldots \Psi_{nn} \end{bmatrix} \tag{6.6}$$

gegeben ist.

Ebenso wie das Eingangssignal kann auch das Ausgangssignal bei bekannten Koeffizienten in der Form

$$y(t) = \sum_{k=1}^{n} b_k \, v_k(t) \tag{6.7}$$

dargestellt werden.

Die Koeffizienten b_k ergeben sich aus dem Gleichungssystem

$$\left. \begin{aligned} &\Psi_{11} \, a_1 + \Psi_{12} \, a_2 + , \cdots , + \Psi_{1n} \, a_n = b_1 \, ; \\ &\Psi_{21} \, a_1 + \Psi_{22} \, a_2 + , \cdots , + \Psi_{2n} \, a_n = b_2 \, ; \\ &\cdot \cdot \cdot \cdot \cdot \cdot \cdot \cdot \cdot \cdot \cdot \cdot \cdot \cdot \cdot \cdot \cdot \cdot \cdot \cdot \cdot \cdot \\ &\cdot \cdot \cdot \cdot \cdot \cdot \cdot \cdot \cdot \cdot \cdot \cdot \cdot \cdot \cdot \cdot \cdot \cdot \cdot \cdot \cdot \cdot \\ &\Psi_{n1} \, a_1 + \Psi_{n2} \, a_2 + , \cdots , + \Psi_{nn} \, a_n = b_n \, . \end{aligned} \right\} \tag{6.8}$$

Wegen der Linearität des Systems, gekennzeichnet durch die Beziehungen (6.2) und (6.3), kann die Antwort auf jede Komponente des Eingangssignals getrennt berechnet und die gesamte Antwort durch Summierung der einzelnen Antworten erhalten werden.

Einem System können mehrere, untereinander äquivalente Operatoren zugeordnet werden. Die Struktur des Operators muß der Art und Weise, in der die Synthese des Signals durchgeführt wird, entsprechen.

Es werden zwei Fälle betrachtet, die auch im Kapitel 3 behandelt wurden und zwar:

1. die Synthese des Signals wird mit Hilfe von Exponentialfunktionen durchgeführt (der Operator ist im Bereich der komplexen Frequenz bestimmt);

2. die Synthese des Signals wird mit Hilfe von DIRACschen δ-Funktionen durchgeführt (der Operator ist im Zeitbereich bestimmt).

6.1.1. Bestimmung des Operators Ψ im Frequenzbereich

Es wird angenommen, daß die Funktionen $v_k(t)$ die Form

$$v_k(t) = e^{k\,p_0\,t}$$

haben, also daß das Signal aus exponentiellen Komponenten zusammengesetzt ist.

Da der Operator voraussetzungsgemäß linear und zeitinvariant ist, werden für $i \neq k$ alle Elemente $\Psi_{ik} = 0$ und es ist

$$\Psi = \begin{bmatrix} \Psi_{11} & 0 & \cdots 0 \\ 0 & \Psi_{22} & \cdots 0 \\ \cdot & \cdot \cdot \cdot \cdot \cdot \cdot & \cdot \\ 0 & 0 & \cdots \Psi_{nn} \end{bmatrix}.$$

Wenn die Elemente Ψ_{ik} außerhalb der Hauptdiagonale nicht gleich Null wären, würde das bedeuten, daß z. B. ein Eingangssignal $a_1\,e^{p_0\,t}$ durch die Elemente Ψ_{21}, $\Psi_{31}, \ldots, \Psi_{n1}$ auch Ausgangssignale der komplexen Frequenzen $2\,p_0$, $3\,p_0, \ldots$, $n\,p_0$ erzeugen würde. Dies ist bei einem linearen System, d. h. bei einem System, für das der Überlagerungssatz (6.2) gilt, nur dann der Fall, wenn der Operator bzw. das System zeitvariant, d. h. parametrisch ist. Bei nichtlinearen Systemen ist eine gliedweise Anwendung des Operators auf die einzelnen Komponenten des Signals unzulässig, da hierfür die Beziehung (6.2) nicht gilt.

Für ein lineares zeitinvariantes System kann deshalb das Gleichungssystem 6.8 im vorliegenden Fall in der Form

$$\Psi_{kk}\,a_k = b_k, \quad \text{für} \quad k = 1, 2, \ldots, n \tag{6.9}$$

geschrieben werden.

Die Komponente Ψ_{kk} des Operators ist von der physikalischen Struktur des Systems bestimmt und ergibt für die Transformation der Amplitude eines exponentiellen Signals mit der komplexen Frequenz $k\,p_0$ beim Durchgang durch das System die Beziehung (6.9). Diese Komponente wird Übertragungsfaktor des Systems genannt und mit

$$\Psi_{kk} = \Psi_k = H(k\,p_0) \tag{6.10}$$

bezeichnet.

Durch Einsetzen in die Beziehung (6.9) ergibt sich

$$b_k = H(k\,p_0)\,a_k. \tag{6.11}$$

Wenn dieser Ausdruck in die Beziehung (6.7) eingeführt wird, so kann man für den Fall exponentieller Signalkomponenten schreiben

$$y(t) = \sum_{k=1}^{n} H(k\,p_0)\,a_k\,e^{k p_0 t}\,.\tag{6.12}$$

Es ist ersichtlich, daß die Antwort des Systems bestimmt werden kann, wenn die Übertragungsfaktoren $H(k\,p_0)$ für alle Werte k von $k = 1$ bis $k = n$ bekannt sind.

Wenn anstatt der Darstellung des Signals in Form einer endlichen Summe nach der Beziehung (6.5) eine Darstellung in Form eines Integrals nach der Beziehung (3.71) verwendet würde, so könnte das Signal $x(t)$ folgendermaßen ausgedrückt werden:

$$x(t) = \frac{1}{2\,\pi\,j} \int\limits_{\sigma_0 - j\infty}^{\sigma_0 + j\infty} X(p)\,e^{p t}\,dp\,,\tag{6.13}$$

wobei

$$X(p) = \int\limits_{-\infty}^{+\infty} x(t)\,e^{-p t}\,dt\tag{6.14}$$

ist.

Die Beziehung (6.13) ist unter dem Namen MELLIN-FOURIERsche Umkehrformel bekannt.

In diesem Fall erhält man durch einen dem in Abschnitt 3.1. ähnlichen Grenzübergang für $k \to \infty$ und $k\,p_0 \to p$ aus der Beziehung (6.11) die Beziehung

$$Y(p) = H(p)\,X(p)\,.\tag{6.15}$$

Das Ausgangssignal $y(t)$ kann in folgender, der Beziehung (6.13) ähnlichen Form geschrieben werden:

$$y(t) = \frac{1}{2\,\pi\,j} \int\limits_{\sigma_1 - j\infty}^{\sigma_1 + j\infty} Y(p)\,e^{p t}\,dp\,,\tag{6.16}$$

woraus sich durch Einführung der Beziehung (6.15) der Ausdruck

$$y(t) = \frac{1}{2\,\pi\,j} \int\limits_{\sigma_1 - j\infty}^{\sigma_1 + j\infty} H(p)\,X(p)\,e^{p t}\,dp\tag{6.17}$$

ergibt.

Die Beziehung (6.17) ermöglicht die Berechnung der Antwort des Systems, wenn das Eingangssignal und die Funktion $H(p)$, auch Übertragungsfunktion des Systems genannt, bekannt sind.

Später werden noch die Bedingungen erläutert, die die Funktion $H(p)$ erfüllen muß, um die Konvergenz des Integrals (6.17) zu sichern.

6.1.2. Bestimmung des Operators Ψ im Zeitbereich

Wie im Kapitel 3 gezeigt wurde, kann statt der Darstellung nach Beziehung (6.5) eine Darstellung in der Form

$$x(t) = \int\limits_{-\infty}^{+\infty} x(\tau)\,\delta\,(t - \tau)\,d\tau \tag{6.18}$$

angewendet werden, worin die Summe durch ein Integral, der veränderliche Index k durch τ, a_k durch $x(\tau)\,d\tau$ und $v_k(t)$ durch $\delta\,(t - \tau)$ ersetzt sind.

Auf ähnliche Weise erhält man

$$y(t) = \int\limits_{-\infty}^{+\infty} y(\tau)\,\delta\,(t - \tau)\,d\tau \;. \tag{6.19}$$

Die Transformationsbeziehung (6.9) wird damit zu

$$\Psi(\tau)\,x(\tau) = y(\tau)\;. \tag{6.20}$$

Wenn man beide Seiten mit $\delta\,(t - \tau)$ multipliziert, so erhält man

$$\Psi(\tau)\,\delta\,(t - \tau)\,x(\tau) = y(\tau)\,\delta\,(t - \tau)\;. \tag{6.21}$$

Führt man noch die Bezeichnung

$$\Psi(\tau)\,\delta\,(t - \tau) = h\,(t - \tau) \tag{6.22}$$

ein, so wird die Beziehung (6.21) zu

$$y(\tau)\,\delta\,(t - \tau) = h\,(t - \tau)\,x(\tau)$$

und man erhält durch Einführen in die Beziehung (6.19)

$$y(t) = \int\limits_{-\infty}^{+\infty} x(\tau)\,h\,(t - \tau)\,d\tau \;; \tag{6.23}$$

oder

$$y(t) = \int\limits_{-\infty}^{+\infty} x\,(t - \tau)\,h(\tau)\,d\tau \;, \tag{6.24}$$

indem man $t - \tau = \tau'$ setzt und den Strich wegläßt.

Die Funktion $h(t)$ charakterisiert das Übertragungssystem im Zeitbereich und wird Gewichtsfunktion genannt, weil sie im Integral (6.23) die Werte des Eingangssignals wichtet.

Eine andere Deutung der Funktion $h(t)$ erhält man, wenn der Eingang des Systems mit dem DIRACschen δ-Impuls beaufschlagt wird. Nach der Beziehung (6.24) erhält man für die entsprechende Antwort

$$y(t) = \int\limits_{-\infty}^{+\infty} \delta\,(t - \tau)\,h(\tau)\,d\tau = h(t)\;, \tag{6.25}$$

also ist $h(t)$ die Antwort eines Systems auf die DIRACsche δ-Funktion (Impulsantwort).

Es kann auch eine Deutung der Faltungsintegrale der Beziehungen (6.23) und (6.24), — aus Gründen, die weiter unten erläutert werden — auch Superpositionsintegrale genannt, in folgender Weise gegeben werden; wie gezeigt wurde, kann das Signal $x(t)$ als eine Folge von Rechteckimpulsen betrachtet werden, deren Dauer $d\tau$ unendlich klein und deren Inhalt $x(\tau)\,d\tau$ ist ($x(\tau)$ ist die Amplitude der Impulse). Da die Antwort des Systems auf einen DIRACschen δ-Impuls (dessen Integral gleich Eins ist) $h(t)$ ist, ergibt sich, daß die Antwort auf Impulse mit dem Inhalt $x(\tau)\,d\tau\;h(t-\tau)\,x(\tau)\,d\tau$ ist.

Es wird angenommen, daß der Eingang des Systems zum Zeitpunkt τ mit einem Impuls der Amplitude $x(\tau)$ beaufschlagt wird, so wie es in Abb. 6.1 dargestellt ist.

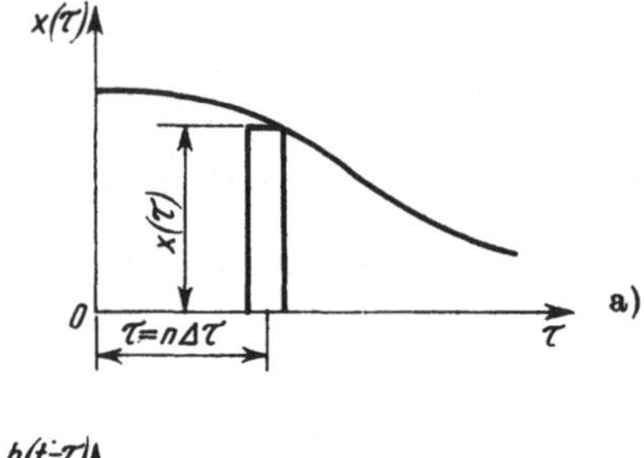

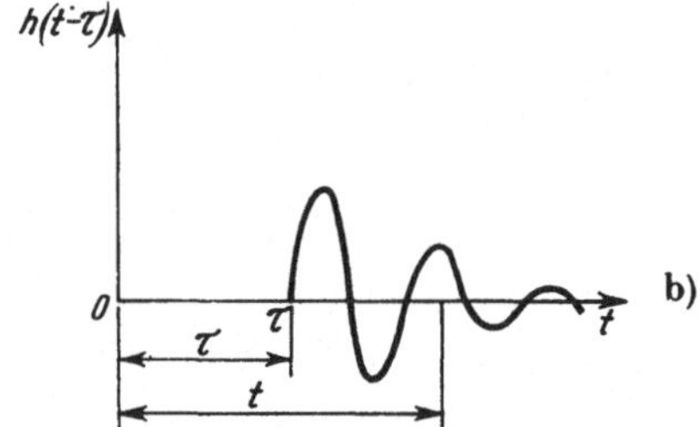

Abb. 6.1. Darstellung des Faltungsintegrals
a) Signal, das zum Zeitpunkt τ am Eingang des Systems angebracht wird; b) Die Gewichtsfunktion $h(t-\tau)$

Die Antwort auf diesen Impuls ist

$$x(\tau)\,h(t-\tau)\,d\tau\,,$$

wobei mit t die Zeit bezeichnet wird, in der die Antwort ausgewertet wird, während mit τ die Zeit bezeichnet wird, zu der der Impuls angelegt wird. Da das Eingangssignal aus einer unendlichen Zahl elementarer Impulse besteht, die längs der Achse τ kontinuierlich verteilt sind, kann man durch Summierung bzw. Integration der Glieder $x(\tau)\,h(t-\tau)$ die Wirkung der Gesamtheit dieser elementaren Impulse erhalten und zwar

$$y(t)=\int\limits_{-\infty}^{+\infty}x(\tau)\,h(t-\tau)\,d\tau\,.$$

Wenn man entsprechend Abb. 6.2 mit $t - \tau$ den Zeitpunkt bezeichnet, in dem die elementaren Impulse angelegt werden, so wird die Antwort durch Summierung bzw. Integration der Glieder $x\,(t - \tau)\,h\,(\tau)\,d\tau$ erhalten und kann folgendermaßen ausgedrückt werden:

$$y(t) = \int\limits_{-\infty}^{+\infty} x\,(t - \tau)\,h(\tau)\,d\tau\,.$$

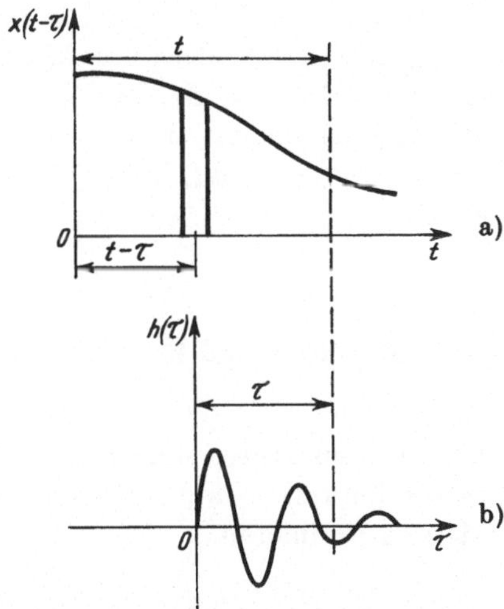

Abb. 6.2. Darstellung des Faltungsintegrals
a) Signal, das zum Zeitpunkt $t - \tau$ am Eingang des Systems angebracht wird; b) Die Gewichtsfunktion $h(\tau)$

Da sowohl $H(p)$ als auch $h(t)$ dasselbe System kennzeichnen, ist $h(t)$ durch Kenntnis von $H(p)$ eindeutig bestimmt und umgekehrt.

Es wurde gezeigt, daß die mit der Beziehung (6.24) errechnete Antwort auf den DIRACschen δ-Impuls gleich $h(t)$ ist. Zu dem gleichen Ergebnis muß man durch Anwendung der Beziehungen (6.14), (6.15) und (6.17) gelangen und zwar, wenn

$$x(t) = \delta(t)$$

ist, so ergibt sich für die ganze komplexe Ebene p aus der Beziehung (6.14)

$$D(p) = \int\limits_{-\infty}^{+\infty} \delta(t)\,e^{-p\,t}\,dt = 1$$

und aus der Beziehung (6.17)

$$y(t) = h(t) = \frac{1}{2\,\pi\,j} \int\limits_{\sigma_1-j\infty}^{\sigma_1+j\infty} H(p)\,D(p)\,e^{p\,t}\,dp\,,$$

woraus

$$h(t) = \frac{1}{2\,\pi\,j} \int\limits_{\sigma_1-j\infty}^{\sigma_1+j\infty} H(p)\,e^{p\,t}\,dp \qquad (6.26)$$

entsteht und wo sich σ_1 in dem Streifen befindet, in dem $H(p)$ definiert ist.

Für die Werte $\sigma_1 = \mathrm{Re}\{p\}$, für die das Integral der Beziehung (6.27) konvergiert, ergibt die Rücktransformation

$$H(p) = \int\limits_{-\infty}^{+\infty} h(t)\, e^{-pt}\, dt\,. \qquad (6.27)$$

Damit kann behauptet werden, daß die Impulsantwort $h(t)$ und die Übertragungsfunktion $H(p)$ des Systems Paare von LAPLACE-Transformierten sind. Das System ist vollständig durch Kenntnis von $h(t)$ oder durch Kenntnis von $H(p)$ und dessen Definitionsbereich bzw. des Bereichs, in dem das Integral (6.27) konvergiert, bestimmt. Außerhalb des Konvergenzbereichs kann $H(p)$ ein System darstellen, das von dem durch $h(t)$ in der Beziehung (6.26) dargestellten System verschieden ist.

6.2. Stabilität und Realisierbarkeit

Für lineare Systeme mit konstanten Parametern besteht die Möglichkeit, die Stabilität und Realisierbarkeit in äquivalenter Form sowohl im Zeit- als auch im Frequenzbereich zu definieren.

6.2.1. Stabile Systeme

Ein System, in dem einem begrenzten Eingangssignal ein begrenztes Ausgangssignal entspricht, wird stabiles System genannt.

1. Im Zeitbereich ist die hinreichende und notwendige Bedingung für die Stabilität des Systems die absolute Integrierbarkeit der Gewichtsfunktion

$$\int\limits_{-\infty}^{+\infty} |h(t)|\, dt < +\infty\,. \qquad (6.28)$$

Es ergibt sich daraus, daß die Impulsantwort mit der Zeit abklingen muß.

Um diese Behauptung zu erläutern, wird angenommen, daß das Eingangssignal begrenzt ist

$$|x(t)| \leqq A < +\infty\,. \qquad (6.29)$$

Man erhält für das Ausgangssignal

$$y(t) = \int\limits_{-\infty}^{+\infty} x\,(t-\tau)\, h(\tau)\, d\tau \qquad (6.30)$$

und

$$|y(t)| = |\int\limits_{-\infty}^{+\infty} x\,(t-\tau)\, h(\tau)\, d\tau| \leqq \int\limits_{-\infty}^{+\infty} |x\,(t-\tau)|\, |h(\tau)|\, d\tau \leqq A \int\limits_{-\infty}^{+\infty} |h(\tau)|\, d\tau\,.$$

$$(6.31)$$

Wenn also bei begrenztem Eingangssignal

$$\int_{-\infty}^{+\infty} |h(t)|\, dt < +\infty$$

gilt, dann ist auch $y(t)$ begrenzt und zwar

$$|y(t)| \leqq B < +\infty\,. \tag{6.32}$$

2. Die durch die Beziehung (6.28) gegebene Stabilitätsbedingung kann auch im Frequenzbereich ausgedrückt werden; dementsprechend muß die Übertragungsfunktion $H(p)$ wenigstens die imaginäre Achse $\sigma = 0$ $(p = j\,\omega)$ im Konvergenzbereich enthalten. Tatsächlich wird mit

$$H(p) = \int_{-\infty}^{+\infty} h(t)\, e^{-p\,t}\, dt\,,$$

$$|H(p)| \leq \int_{-\infty}^{+\infty} |h(t)|\, |e^{-p\,t}|\, dt = \int_{-\infty}^{+\infty} |h(t)|\, e^{-\sigma\, t}\, dt\,, \tag{6.33}$$

und für $\sigma = 0$ erhält man

$$|H(j\,\omega)| \leqq \int_{-\infty}^{+\infty} |h(t)|\, dt < +\infty\,. \tag{6.34}$$

Wenn also die Bedingung (6.28) erfüllt ist, so ist auch die imaginäre Achse im Konvergenzbereich von $H(p)$ enthalten.

6.2.2. Realisierbare Systeme

Ein System wird realisierbar genannt, wenn das Ausgangssignal zeitlich nicht vor dem Eingangssignal erscheint. In diesem Fall wird nur der Begriff der Kausalität und die Tatsache des einseitig gerichteten Zeitablaufes berücksichtigt. (Es wird nicht die Aufgabe gestellt, das System aus gewissen Elementen aufzubauen.)

1. Im Zeitbereich sagt man, daß ein System dann realisierbar ist, wenn

$$h(t) = 0 \quad \text{für} \quad t < 0 \tag{6.35}$$

ist.

Da $h(t)$ die Antwort auf den zur Zeit $t = 0$ am Eingang angelegten Einheitsimpuls $x(t) = \delta(t)$ ist, besagt die Beziehung (6.35), daß die Wirkung der Ursache nicht vorausgehen kann.

2. Die Bedingung, daß ein System realisierbar ist, lautet im Frequenzbereich folgendermaßen: Die Übertragungsfunktion $H(p)$ muß als Konvergenzbereich den Teil der komplexen Ebene besitzen, für den Re $\{p\} > \sigma_0$ ist, wobei σ_0 eine endliche Zahl darstellt.

In diesem Falle befinden sich die Singularitäten von $H(p)$ links der Geraden $p = \sigma_0 + j\,\omega$ (Abb. 6.3), so daß für alle Werte $t < 0$

$$h(t) = \frac{1}{2\,\pi\,j} \int_{\sigma_0 - j\infty}^{\sigma_0 + j\infty} H(p)\, e^{p\,t}\, dp \tag{6.36}$$

gleich Null ist.

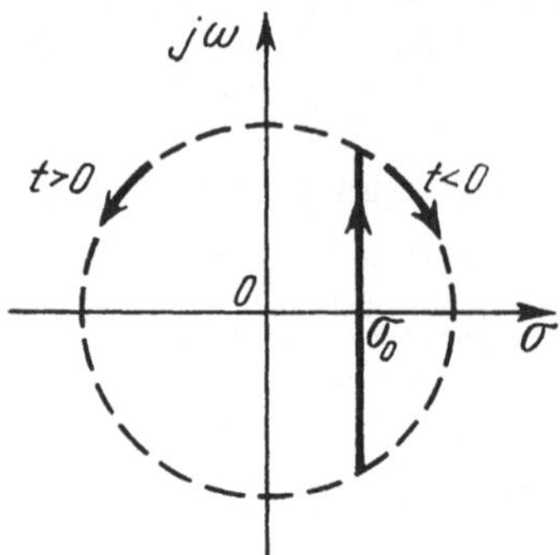

Abb. 6.3. Komplexe Ebene für die Definition der Realisierbarkeit einer Übertragungsfunktion im Frequenzbereich

6.2.3. Physikalisch realisierbare Systeme

Die vorher definierten Begriffe der Stabilität und Realisierbarkeit sind unabhängig. Wenn ein stabiles System auch realisierbar ist, so wird es physikalisch
realisierbar genannt.

Ein physikalisch realisierbares System kann aus passiven Elementen syntheti-
siert werden, doch kann es auch aktive Elemente wie z.B. Verstärker enthalten,
wenn diese nur die Dämpfung verringern, ohne positive Rückkopplungen oder
nichtlineare Effekte einzuführen.

Die Bedingungen, die ein physikalisch realisierbares System erfüllen muß, sind
die folgenden:

1. Im Zeitbereich:

$$\int_{-\infty}^{+\infty} |h(t)\,dt| < +\infty \tag{6.37}$$

und

$$h(t) = 0 \quad \text{für} \quad t < 0; \tag{6.38}$$

2. Im Frequenzbereich: die Funktion $H(p)$ muß über die ganze rechte Hälfte
der komplexen Ebene (Re $\{p\} \geqq 0$) konvergieren, also muß die Funktion $H(p)$
in der rechten Ebene (Re $\{p\} > 0$) analytisch sein und keine Singularitäten auf
der imaginären Achse besitzen.

Ein äquivalentes Kriterium, nachdem man feststellen kann, ob eine Übertragungsfunktion $H(\omega)$ physikalisch realisierbar ist, ist das PALEY-WIENER
Kriterium, welches behauptet, daß für

$$I = \int_{-\infty}^{+\infty} \frac{|\log |H(j\,\omega)||\,d\omega}{1 + \omega^2} < +\infty \tag{6.39}$$

$|H(j\,\omega)|$ den Betrag einer Übertragungsfunktion eines physikalisch realisierbaren Systems darstellt.

Wenn $I < + \infty$ ist, dann kann $|H(j\,\omega)|^2 = H(j\,\omega)\,\overset{*}{H}(j\,\omega)$ gesetzt werden und es ist möglich, $H(j\,\omega)$ so auszuwählen, daß $H(p)$ keine Pole in der rechten Hälfte ($\mathrm{Re}\{p\} < 0$) der komplexen Ebene besitzt.

6.3. Bestimmung der Übertragungsfunktion aus der Lage der Pole und Nullstellen

Eine weite Klasse von Systemen, nämlich diejenigen, die mit konzentrierten Elementen realisiert werden, besitzen als Übertragungsfunktion eine rationale Funktion von p und zwar:

$$H(p) = A\,\frac{p^m + a_{m-1}\,p^{m-1} + \cdots + a_1\,p + a_0}{p^n + b_{n-1}\,p^{n-1} + \cdots + b_1\,p + b_0}, \tag{6.40}$$

wobei die Koeffizienten reelle Zahlen sind.

Wenn man die Pole und die Nullstellen der Übertragungsfunktion (die auch Vielfache sein können) kennt, so kann man schreiben:

$$H(p) = A\,\frac{(p - z_1)(p - z_2)\cdots(p - z_m)}{(p - p_1)(p - p_2)\cdots(p - p_n)}. \tag{6.41}$$

Da die Beziehungen (6.40) und (6.41) die gleiche Funktion darstellen, erhält man die Beziehungen (VIETAscher Wurzelsatz)

$$-a_{m-1} = \sum_{k=1}^{m} z_k\,;$$
$$-b_{n-1} = \sum_{k=1}^{n} p_k\,.$$

Auf ähnliche Weise können a_{m-2}, b_{m-2} usw. bestimmt werden. Endlich erhält man

$$a_0 = (-1)^m z_1\,z_2\cdots z_m\,,$$
$$b_0 = (-1)^n p_1\,p_2\cdots p_n\,.$$

Da die Koeffizienten a_k und b_k reell sind, müssen die komplexen Nullstellen und Pole in konjugierten Paaren erscheinen.

Die durch die Beziehung (6.41) gegebene Übertragungsfunktion $H(p)$ hat eine sehr allgemeine Form, da m und n beliebig groß sein können; folglich kann $H(p)$ mit einer beliebigen Genauigkeit jede analytische konjugierte[1]) Funktion approximieren.

Durch Entwicklung der in der Beziehung (6.41) gegebenen Übertragungsfunktion $H(p)$ in Partialbrüche erhält man

$$H(p) = C_k\,p^k + C_{k-1}\,p^{k-1} + \cdots + C_2\,p^2 + C_1\,p + C_0 +$$
$$+ \frac{A_1}{p - p_1} + \frac{A_2}{p - p_2} + \cdots + \frac{A_i}{(p - p_i)^r} + \cdots. \tag{6.42}$$

---

[1]) Die komplexen Pole und Nullstellen einer analytischen konjugierten Funktion müssen konjugiert sein.

In dieser Entwicklung kommen drei Typen von Gliedern vor und zwar:

1. Die Glieder des Typs $C_k\, p^k$, die bei Dauerbetrieb für ein Eingangssignal der Form $e^{j\,\omega\,t}$ ein Ausgangssignal der Form $(j\,\omega)^k\, C_k\, e^{j\,\omega\,t}$ bewirken.

Die Antwort $(j\,\omega)^k\, C_k\, e^{j\,\omega\,t}$ wächst mit steigendem ω gegen Unendlich, was mit der physikalischen Realität im Widerspruch steht, da ein Eingangssignal von begrenzter Amplitude in einem stabilen System kein Ausgangssignal von unendlicher Amplitude hervorrufen kann.

Dies bedeutet, daß die Glieder, die eine solche Antwort geben, gleich Null sein müssen: $C_1 = C_2 = \cdots C_k = 0$ bzw. die Zahl der Nullstellen muß kleiner oder höchstens gleich der Zahl der Pole sein ($m \leqq n$).

In idealisierten Fällen darf die Zahl der Nullstellen um eins (aber nur um eins) größer als die Zahl der Pole sein. Voraussetzung hierzu ist, daß die Speisequelle einen unendlich kleinen oder unendlich großen Innenwiderstand besitzt bzw. daß die Quelle eine unendliche Leistung liefern kann.

2. Die Glieder des Typs $\dfrac{A_r}{p - p_r}$ ergeben eine Einschwingantwort der Form

$$y_r(t) = B\, e^{p_r t} = B\, e^{\,(\sigma_r + j\,\omega_r)\,t}\,,$$

entsprechend der Beziehung

$$H_r(p) = \frac{Y_r(p)}{X(p)} = \frac{A_r}{p - p_r}\,,$$

oder

$$p\, Y_r(p) - p_r\, Y_r(p) = A_r\, X(p)\,. \qquad (6.43)$$

Wenn p als ein Differentiationsoperator betrachtet wird, so kann man schreiben

$$\frac{d}{dt}\, y_r(t) - p_r\, y_r(t) = A_r\, x(t)\,,$$

wovon man zur charakteristischen Gleichung

$$\lambda - p_r = 0$$

bzw. zur Lösung des Einschwingsvorganges

$$y_r(t) = B\, e^{p_r t} = B\, e^{\,(\sigma_r + j\,\omega_r)\,t} \qquad (6.44)$$

gelangt.

Wenn $\sigma_r > 0$ ist, ist das System nicht stabil, da sich ein Ausgangssignal, das exponentiell mit der Zeit anwächst, ergibt, ohne daß irgendein Eingangssignal gegeben ist.

Wenn $\sigma_r = 0$ ist, besitzt der Einschwingvorgang eine konstante Amplitude und das System — da es sich in einem Grenzzustand befindet — kann konventionell als stabil oder nichtstabil betrachtet werden. Wenn man die durch die Beziehung (6.28) gegebene Definition der Stabilität annimmt, entspricht dieser Zustand einem nichtstabilen System.

Wenn $\sigma_r < 0$ ist, so klingt der Einschwingvorgang exponentiell mit der Zeit ab und man sagt, daß das System stabil ist.

Wenn die Übertragungsfunktion $H(p)$ in der rechten Hälfte der komplexen Ebene mehrere Pole hat, so wird das System Schwingungen von mehreren Frequenzen erzeugen, wobei die Schwingungsfrequenz durch den imaginären Teil des Poles gegeben und die Anklinggeschwindigkeit der Schwingungen dem reellen Teil des Poles proportional ist.

3. Die Glieder des Typs $\dfrac{A_i}{(p - p_i)^r}$ geben eine Einschwingantwort der Form

$$y_i(t) = (c_0 + c_1\,t + c_2\,t^2 + \cdots + c_{r-1}\,t^{r-1})\,e^{p_i t}\,, \tag{6.45}$$

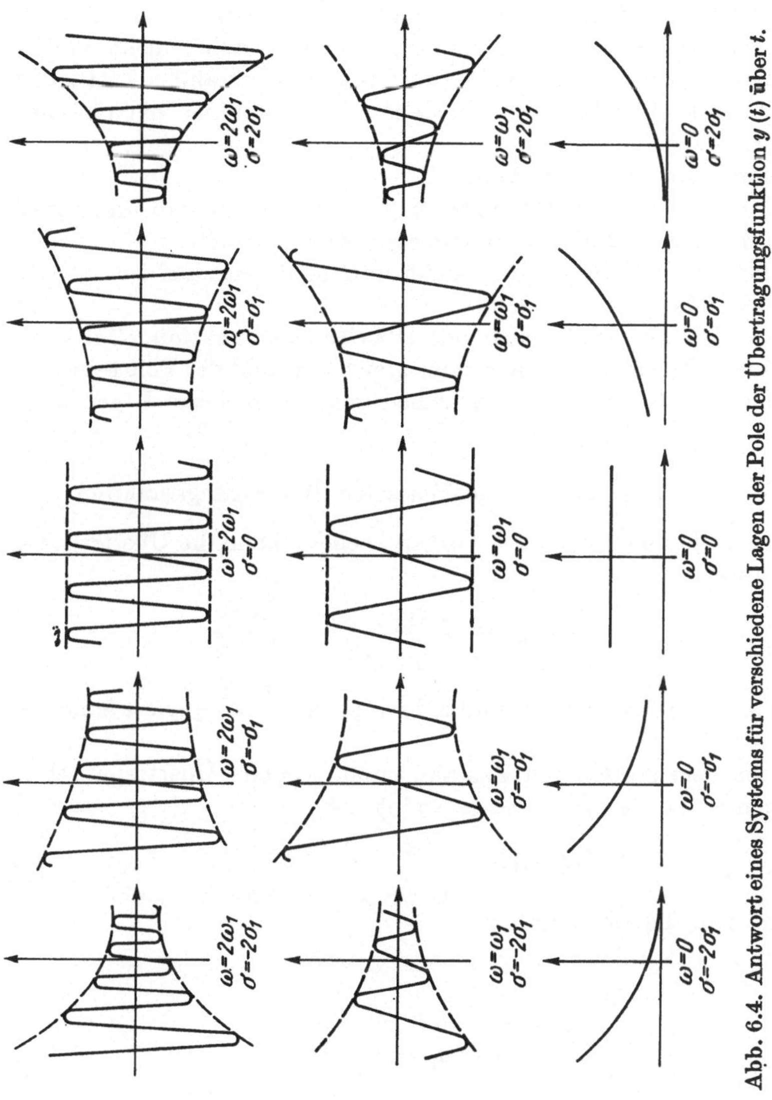

Abb. 6.4. Antwort eines Systems für verschiedene Lagen der Pole der Übertragungsfunktion $y(t)$ über t.

die eine Lösung der Gleichung

$$(p - p_i)^r \, Y_i(p) = A_i \, X(p) \tag{6.46}$$

ist, aus der man dann, wenn p als ein Differentiationsoperator betrachtet wird, die charakteristische Gleichung

$$(\lambda - p_i)^r = 0$$

ableiten kann.

Im Unterschied zum vorigen Fall wird in diesem Fall das Einschwingsignal für $r \geqq 2$ mit der Zeit auch dann unendlich wachsen, wenn sich der mehrfache Pol auf der imaginären Achse befindet bzw., wenn $\sigma_i = 0$ ist. Folglich kann bei Anwesenheit vielfacher Pole auf der imaginären Achse nicht mehr von einem Grenzfall zwischen einem stabilen und einem nichtstabilen Zustand gesprochen werden, da leicht ersichtlich ist, daß es sich um einen nichtstabilen Zustand handelt.

Es kann also behauptet werden:

— Die Pole der Übertragungsfunktion $H(p)$ eines stabilen Systems müssen sich in der linken Hälfte der komplexen Ebene befinden,

— die Pole der Übertragungsfunktion $H(p)$, die sich auf der imaginären Achse befinden, müssen einfach sein,

— die Zahl der Nullstellen der Übertragungsfunktion $H(p)$ eines stabilen Systems muß kleiner oder höchstens gleich der Zahl der Pole sein.

In der Abb. 6.4 ist das Einschwingsignal für mehrere Lagen der Pole dargestellt.

6.3.1. Betrag und Phase der Übertragungsfunktion

Unter Berücksichtigung des Vorhergehenden kann die Übertragungsfunktion in der Form

$$H(p) = A \, \frac{(p - z_1)(p - \overset{*}{z_1}) \cdots}{(p - p_1)(p - \overset{*}{p_1}) \cdots}, \tag{6.47}$$

geschrieben werden, worin z_1 und $\overset{*}{z_1}$ bzw. p_1 und $\overset{*}{p_1}$ konjugiert komplexe Größen sind.

Um die dem stationären Zustand entsprechende Übertragungsfunktion zu errechnen, setzt man $p = j\,\omega$; es ergibt sich

$$H(j\,\omega) = A \, \frac{(j\,\omega - z_1)(j\,\omega - \overset{*}{z_1}) \cdots}{(j\,\omega - p_1)(j\,\omega - \overset{*}{p_1}) \cdots}. \tag{6.48}$$

Wenn man die Bezeichnungen

$$\begin{aligned}
j\,\omega - z_1 &= Z_1 \, e^{j\alpha_1}; \\
j\,\omega - \overset{*}{z_1} &= Z_1' \, e^{j\alpha_1'}; \\
j\,\omega - p_1 &= P_1 \, e^{j\beta_1}; \\
j\,\omega - \overset{*}{p_1} &= P_1' \, e^{j\beta_1'}
\end{aligned} \tag{6.49}$$

einführt, so erhält man

$$H(j\,\omega) = A\,\frac{Z_1\,Z_1'\cdots}{P_1\,P_1'\cdots}\,e^{j\,(\alpha_1+\alpha_1'+\cdots,\,-\beta_1-\beta_1'\cdots)} = |H\,(j\,\omega)|\,e^{j\,\Phi}\,, \qquad (6.50)$$

wobei $A\,\dfrac{Z_1\,Z_1'\cdots}{P_1\,P_1'\cdots}$ der Betrag und Φ die Phase der Übertragungsfunktion sind.

In Abb. 6.5 ist der Fall mit zwei Polen und zwei Nullstellen dargestellt.

Wenn sich die Nullstellen in der linken Hälfte der komplexen Ebene befinden, besitzt die Phase der Übertragungsfunktion einen minimalen Wert

$$\Phi = \alpha_1 + \alpha_1' - \beta_1 - \beta_1'\,.$$

Es handelt sich in diesem Fall um eine Übertragungsfunktion minimaler Phase.

Wenn sich aber die Nullstellen in den Punkten z_{1s} und $\overset{*}{z}_{1s}$ befinden würden, die symmetrisch zu z_1 und $\overset{*}{z}_1$ bezüglich der imaginären Achse sind, so würde der Betrag der Übertragungsfunktion derselbe bleiben, und die Phase wäre

$$\Phi = 2\,\pi - \alpha_1 - \alpha_1' - \beta_1 - \beta_1'\,. \qquad (6.51)$$

In diesem Fall handelt es sich um eine Übertragungsfunktion nichtminimaler Phase.

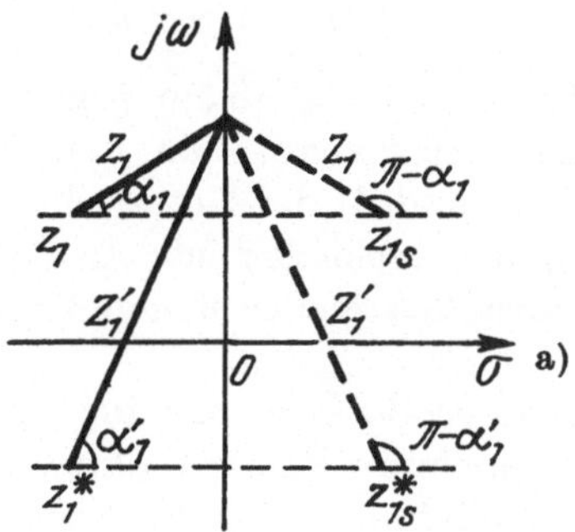

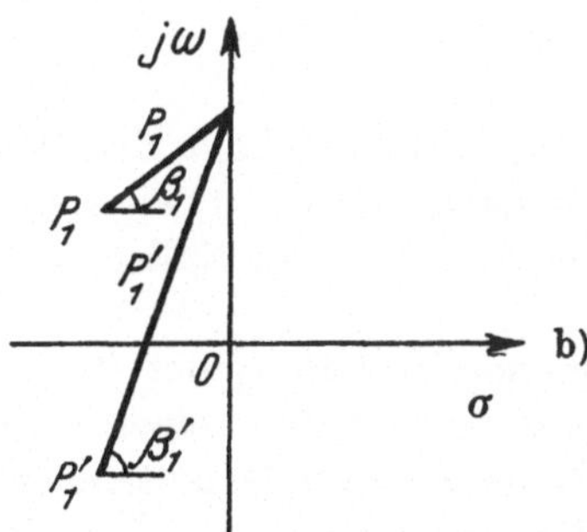

Abb. 6.5. Darstellung einer Übertragungsfunktion in der komplexen Ebene

a) Lage der Nullstellen; b) Lage der Pole

6.3.2. Klassifikation der Übertragungsfunktion nach Lage der Pole und Nullstellen

Die Übertragungsfunktion $H(p)$ ist dann vollständig bestimmt, wenn die Lage der Pole und der Nullstellen bekannt ist. Diese Tatsache ergibt sich aus der Beziehung (6.47), die, wenn die Lage der Pole p_k und der Nullstellen z_i bekannt ist, die Funktion $H(p)$ bis auf eine multiplikative Konstante bestimmt.

Als Beispiel werde eine Übertragungsfunktion betrachtet, für die die Verteilung der Pole und Nullstellen in Abb. 6.6 dargestellt ist.

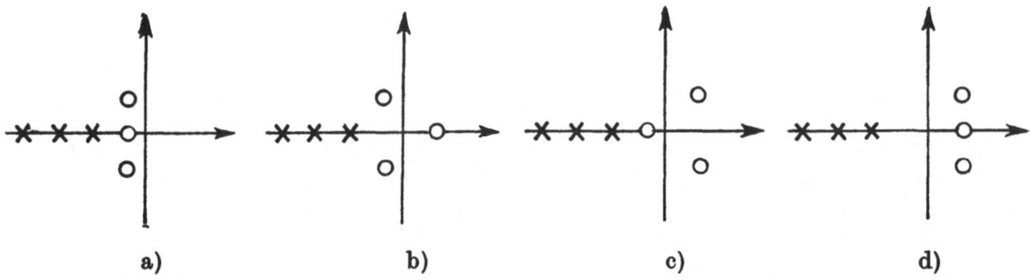

a)   b)   c)   d)

Abb. 6.6. Darstellung einer Übertragungsfunktionen $j\,\omega$ über σ in der komplexen Ebene
a) Übertragungsfunktion von minimaler Phase, b, c, d) Übertragungsfunktion von nicht minimaler Phase;
x — Pol; 0 — Nullstelle

Wenn man den in der Beziehung (6.50) gegebenen Ausdruck der Übertragungsfunktion betrachtet, so erkennt man, daß für alle vier der in Abb. 6.6 dargestellten Fälle a), b), c) und d) der Betrag der Übertragungsfunktion der gleiche, die Phase hingegen verschieden ist. In der Abb. 6.6a ist die Phase minimal, da sich alle Nullstellen in der linken Hälfte der komplexen Ebene befinden.

Aus dem vorhergehenden ergibt sich, daß für eine gewisse Betragsfunktion der Übertragungsfunktion mehrere Phasenfunktionen existieren. Ist aber die Übertragungsfunktion von minimaler Phase, so besteht eine eindeutige Korrespondenz zwischen Betrag und Phase; der Betrag ist also durch Kenntnis der Phase bestimmt und umgekehrt. Aus diesem Grunde wurde in der Fachliteratur den Netzwerken minimaler Phase eine besondere Aufmerksamkeit gewidmet.

Wenn man berücksichtigt, daß die Lage der Pole und der Nullstellen die Übertragungsfunktion eindeutig bestimmt, so können die Übertragungsfunktionen nach der Verteilung der Pole und Nullstellen — wie in Abb. 6.7 gezeigt ist — eingeteilt werden.

Im Zusammenhang mit der Verteilung der Pole und Nullstellen stellt man fest, daß die Wirkung einer Nullstelle und eines Poles sich gegenseitig kompensieren, wenn sie übereinstimmen und unbedeutend sind für Frequenzen (Punkte auf der Achse $j\,\omega$), für die die Entfernung bis zur Nullstelle oder bis zum Pol dieselbe (bzw. viel größer als die Entfernung zwischen der Nullstelle und dem Pol) ist.

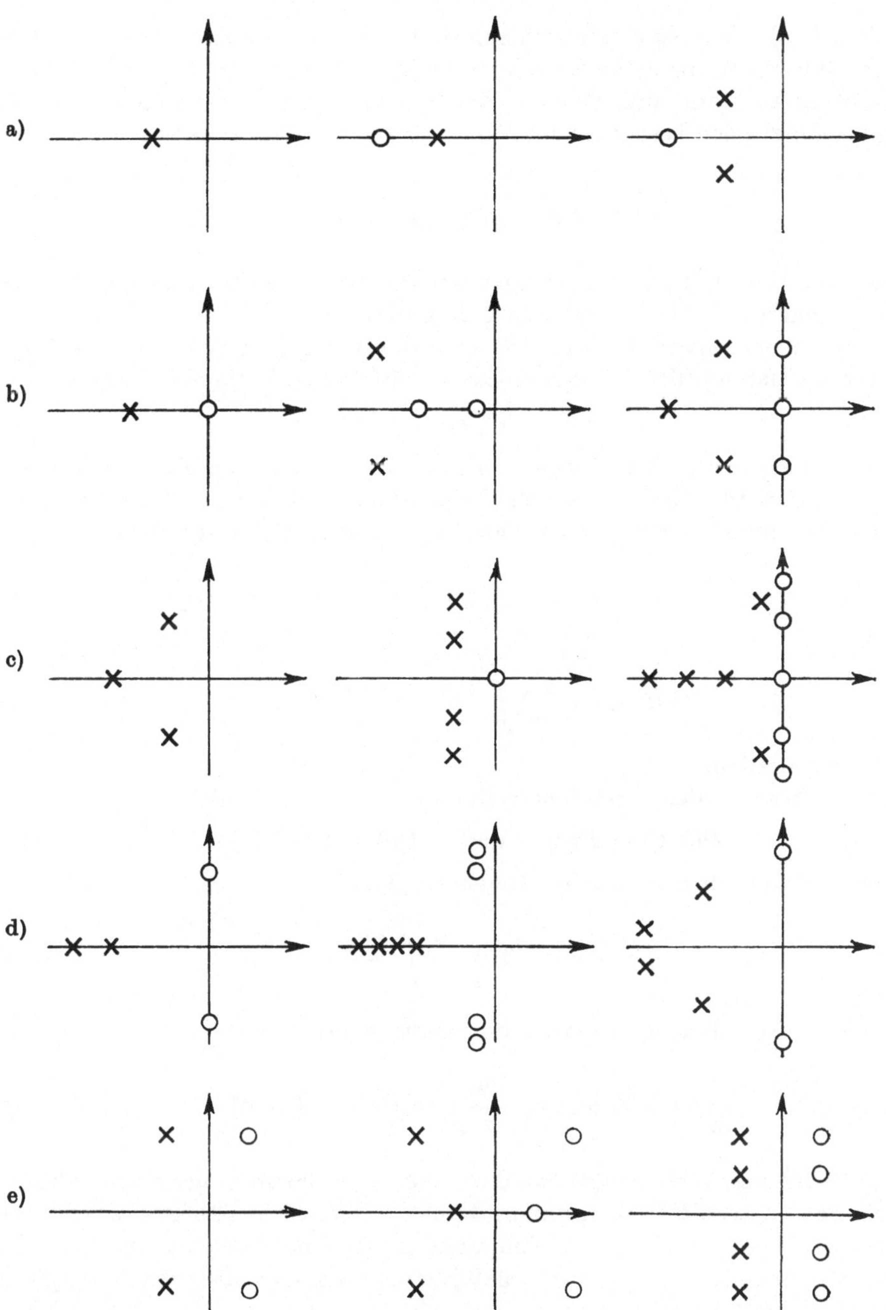

Abb. 6.7. Klassifikation der Übertragungsfunktion $j\,\omega$ über σ nach Lage der Pole und Nullstellen

a) Tiefpaß-Übertragungsfunktionen; b) Hochpaß-Übertragungsfunktionen; c) Bandpaß-Übertragungsfunktionen; d) Bandsperre-Übertragungsfunktionen; e) Allpaß-Übertragungsfunktionen; x-Pol; 0 — Nullstelle

16*

Die Allpaß-Übertragungsfunktionen sind von nichtminimaler Phase und besitzen Nullstellen, die symmetrisch zu den Polen liegen. In diesem Fall bleibt der Betrag konstant, während die Phase veränderlich ist, so daß diese Übertragungsfunktionen besonders zur Verbesserung von Phasenkennlinien geeignet sind.

6.4. Sätze von Bode

Die Sätze von Bode stellen integrale Beziehungen zwischen dem reellen und dem imaginären Teil der Übertragungsfunktion her.

Es werde eine physikalisch realisierbare Übertragungsfunktion $H(p)$ betrachtet, für die man auf der Frequenzachse $\sigma = 0 \, (p = j\,\omega)$ schreiben kann

$$H(j\,\omega) = U(0, \omega) + j\,V(0, \omega)\,, \tag{6.52}$$

wobei $U(0, \omega)$ den reellen Teil und $V(0, \omega)$ den imaginären Teil der Übertragungsfunktion $H(p)$ auf der reellen Frequenzachse darstellen. Für diese Funktionen kann die Hilbert-Transformierte (s. Anhang II) in der Form

$$U(0, \omega) = U(0, \infty) - \frac{2}{\pi} \int_0^\infty \frac{v\,V(0, v) - \omega\,V(0, \omega)}{v^2 - \omega^2}\,dv\,, \tag{6.53}$$

$$V(0, \omega) = \frac{2\,\omega}{\pi} \int_0^\infty \frac{U(0, v) - U(0, \omega)}{v^2 - \omega^2}\,dv \tag{6.54}$$

angegeben werden.

In der Folge werden vereinfachte Bezeichnungen verwendet:

$$U(0, 0) = U(0) \quad \text{und} \quad U(0, \infty) = U(\infty)\,.$$

Für $\omega = 0$ erhält man aus der Beziehung (6.53)

$$U(\infty) - U(0) = \frac{2}{\pi} \int_0^\infty \frac{V(0, v)}{v}\,dv\,, \tag{6.55}$$

und für $\omega \to \infty$ erhält man aus der Beziehung (6.54)

$$\lim_{\omega \to \infty} \omega V(0, \omega) = -\frac{2}{\pi} \int_0^\infty [U(0, v) - U(\infty)]\,dv\,. \tag{6.56}$$

Die Beziehung (6.55) besagt, daß die gesamte Fläche unter der Kurve, die den imaginären Teil von $H(j\,\omega)$, dividiert durch ω, darstellt, der Differenz der Werte des reellen Teiles von $H(j\,\omega)$ im Nullpunkt und im Unendlichen proportional ist.

Die Beziehung (6.55) wird zweckmäßiger in einem logarithmischen Frequenzmaßstab dargestellt und zwar

$$w = \ln \frac{v}{v_0} = \ln \frac{\omega}{\omega_0}, \tag{6.57}$$

wobei v_0 bzw. ω_0 eine Bezugsfrequenz darstellt.

Durch Differentiation der Beziehung (6.57) erhält man

$$dw = \frac{dv}{v} , \tag{6.58}$$

und die Beziehung (6.55) wird damit zu

$$\int\limits_0^\infty V(0, v) \, dw = \frac{\pi}{2} [U(\infty) - U(0)] ,$$

oder

$$\int\limits_0^\infty \mathrm{Im} \, \{H(j\,\omega)\} \, dw = \frac{\pi}{2} [\mathrm{Re} \, \{H(j\,\omega)\}_{\omega=\infty} - \mathrm{Re} \, \{H(j\,\omega)\}_{\omega=0}] . \tag{6.59}$$

Aus Gründen, die später erläutert werden, wird diese Beziehung Satz der Phasenfläche genannt.

Die Funktion $H(j\,\omega)$ kann auch in Exponentialform geschrieben werden:

$$H(j\,\omega) = |H(j\,\omega)| \, e^{j\,\Phi(\omega)} . \tag{6.60}$$

Üblicherweise bezeichnet man

$$\alpha(\omega) = \ln |H(j\,\omega)| , \tag{6.61}$$

wobei $\alpha(\omega)$ Dämpfung genannt und in Neper ausgedrückt wird.

Nach Einsetzen in die Beziehung (6.60) erhält man

$$H(j\,\omega) = e^{\alpha(\omega)} \, e^{j\,\Phi(\omega)} . \tag{6.62}$$

Durch die Beziehung

$$G(p) = \ln H(p) \tag{6.63}$$

kann eine neue Funktion $G(p)$ definiert werden, und auf Grund der Beziehung (6.62) kann man schreiben

$$G(j\,\omega) = \ln H(j\,\omega) = \alpha(\omega) + j\,\Phi(\omega) \pm j\,2\,k\,\pi . \tag{6.64}$$

Die Funktion $G(p)$ ist physikalisch realisierbar, wenn sie:
— eindeutig in der rechten Hälfte der komplexen Ebene ist, bzw. das Glied $2\,k\,\pi$ aus der Beziehung (6.64) nicht berücksichtigt wird (Hauptwert);
— keine Pole in der rechten Hälfte der komplexen Ebene besitzt.

Man stellt fest, daß die Funktion $G(p)$ dieselben Singularitäten wie $H(p)$ besitzt. Darüber hinaus besitzt $G(p) = \ln H(p)$ Pole in den Nullstellen von $H(p)$. Es ergibt sich daraus, daß die vorigen Sätze nur dann auf die Funktion $G(p) = {}= \ln H(p)$ angewendet werden können, wenn $H(p)$ keine Nullstellen in der rechten Hälfte der komplexen Ebene besitzt bzw. wenn $H(p)$ eine Übertragungsfunktion minimaler Phase ist.

Unter diesen Umständen kann der Ausdruck

$$G(j\,\omega) = \alpha(\omega) + j\,\Phi(\omega) \tag{6.65}$$

an Stelle $H(j\,\omega)$ in die Beziehung (6.59) eingeführt werden, und man erhält einen neuen Ausdruck für den Satz der Phasenfläche und zwar

$$\int\limits_0^\infty \Phi(\omega)\,dw = \frac{\pi}{2}\,[\alpha(\infty) - \alpha(0)]\,. \tag{6.66}$$

Diese Beziehung besagt, daß die mit $\dfrac{\pi}{2}$ multiplizierte Differenz zwischen der Dämpfung (in Neper ausgedrückt) für die Frequenz Unendlich und Null gleich der Fläche ist, die von der Phasenfunktion über der logarithmischen Frequenzachse eingeschlossen wird.

Führt man die Funktion $G(j\,\omega)$ in die Beziehung (6.56) ein, so erhält man

$$\int\limits_0^\infty [\alpha(\omega) - \alpha(\infty)]\,d\omega = -\frac{\pi}{2}\,\lim_{\omega \to \infty} [\omega\,\Phi(\omega)]\,, \tag{6.67}$$

worin im Gegensatz zu der vorigen Beziehung der logarithmische Frequenzmaßstab nicht eingeführt ist.

Die Beziehung (6.67) wird Satz der Dämpfungsfläche genannt. Das Integral in der Beziehung (6.67) ist nur dann beschränkt, wenn $\Phi(\omega)$ mit $\omega \to \infty$ gegen Null geht. Wenn $\Phi(\omega)$ nicht gegen Null geht, so ist das Integral unendlich. Wenn $H(p)$ eine Nullstelle im Unendlichen besitzt, so ist $\alpha(\infty) = -\infty$ und die von der Dämpfungskurve bestimmte Fläche ist unendlich. Wenn die Dämpfung $\alpha(\infty)$ begrenzt ist, so ist für Systeme minimaler Phase die Phase bei der Frequenz Unendlich gleich Null (das Integral der Beziehung (6.67) konvergiert.)

6.5. Dämpfung und Phase der Übertragungsfunktion

Wie vorher gezeigt wurde, kann die Übertragungsfunktion $H\,(j\,\omega)$ in exponentieller Form geschrieben werden:

$$H\,(j\,\omega) = |H\,(j\,\omega)|\,e^{j\,\Phi(\omega)} = A(\omega)\,e^{j\,\Phi(\omega)}\,, \tag{6.68}$$

wobei $A(\omega)$ den Betrag und $\Phi(\omega)$ die Phase der Übertragungsfunktion darstellt.
Die Dämpfung der Übertragungsfunktion ist

$$\alpha(\omega) = \ln A(\omega)\,. \tag{6.69}$$

Wenn $H(p)$ eine Übertragungsfunktion minimaler Phase ist, dann ist die Funktion

$$G\,(j\,\omega) = \ln H\,(j\,\omega) = \alpha(\omega) + j\,\Phi(\omega) \tag{6.70}$$

in der rechten Halbebene analytisch und man kann die HILBERT-Transformation (s. Anhang II)

$$\Phi(\omega) = \frac{1}{\pi}\int\limits_{-\infty}^{+\infty} \frac{\alpha(v)}{v - \omega}\,dv \tag{6.71}$$

angeben.

Aus der Beziehung (6.71) ergibt sich, daß bei bekannter Dämpfung $\alpha(\omega)$ einer Übertragungsfunktion minimaler Phase auch die Phase $\Phi(\omega)$ eindeutig bestimmt ist.

Wenn die physikalisch realisierbare Übertragungsfunktion $H(p)$ von minimaler Phase ist, so ergibt sich, daß auch $G(p) = \ln H(p)$ bzw. $- G(p) = - \ln H(p) = \ln \dfrac{1}{H(p)}$ und damit auch die Reziproke $\dfrac{1}{H(p)}$ der Übertragungsfunktion physikalisch realisierbar ist. Anders ausgedrückt, ist $H(p)$ in der rechten Halbebene frei von Polen und Nullstellen, so ist auch die reziproke Übertragungsfunktion $\dfrac{1}{H(p)}$ frei von Nullstellen und Polen und damit ein physikalisch realisierbares Minimalphasensystem.

Die hinreichende und notwendige Bedingung dafür, daß eine Übertragungsfunktion mit dem Amplitudenverlauf $A(\omega)$ physikalisch realisierbar ist, war durch die PALEY-WIENER-Beziehung (6.39)

$$\int\limits_{-\infty}^{+\infty} \frac{|\log A(\omega)|}{1 + \omega^2}\, d\omega < +\infty \tag{6.72}$$

gegeben.

Aus der Beziehung (6.72) ergibt sich, daß der absolute Wert der Dämpfung nicht in einem Frequenzband, sondern nur für diskrete Frequenzwerte unendlich sein kann.

Im folgenden werden als Beispiel eine Reihe von Filtern vom Gesichtspunkt der Korrespondenz zwischen den Filtercharakteristiken und der physikalischen Realisierbarkeit analysiert.

6.5.1. Ideales Tiefpaßfilter

Aus dem vorhergehenden ergibt sich, daß ein idealisierter Tiefpaß mit linearem Phasengang (Abb. 6.8) nicht physikalisch realisierbar ist, da die durch die Beziehung (6.72) gegebene Bedingung nicht erfüllt ist.

Das Filter ist nicht wegen der steilen Flanken nicht realisierbar, sondern weil die Amplitudencharakteristik gleich Null wird. Wenn die Amplitudencharak-

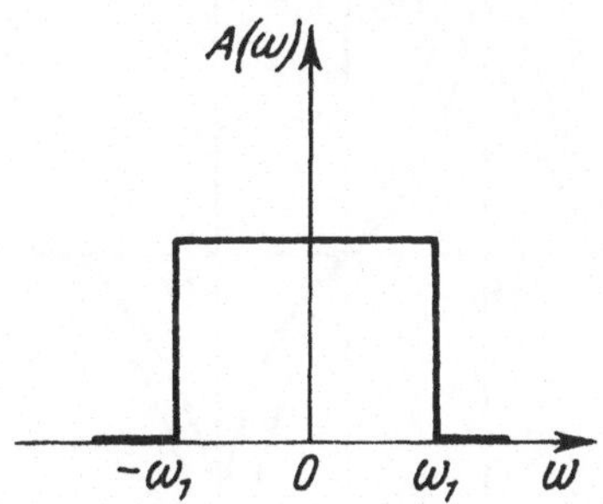

Abb. 6.8. Amplitudencharakteristik eines idealen nichtrealisierbaren Tiefpasses

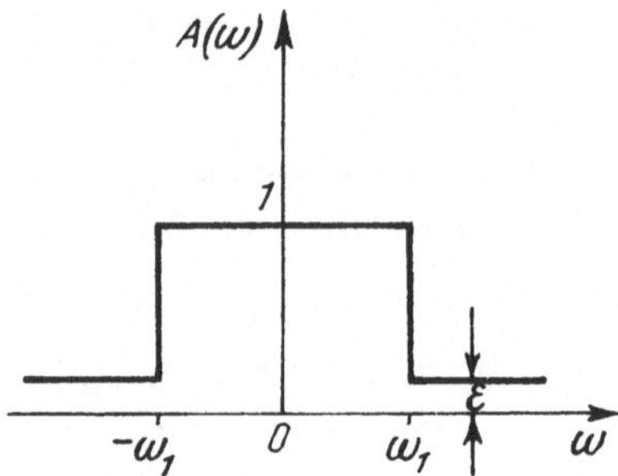

Abb. 6.9. Amplitudencharakteristik eines realisierbaren Tiefpasses

teristik nicht bis auf Null abfallen würde (Abb. 6.9), so würde das betreffende Filter realisierbar sein, wie klein auch immer ε wäre.

In diesem Falle könnte die Phase des Filters (Abb. 6.10) nach der Beziehung (6.71) folgendermaßen ausgedrückt werden:

$$\Phi(\omega) = -\frac{1}{\pi} |\ln \varepsilon| \ln \left| \frac{\omega_1 + \omega}{\omega_1 - \omega} \right|. \tag{6.73}$$

Aus der Beziehung (6.73) ist ersichtlich, daß für $\varepsilon = 0$ $\Phi(\omega)$ unendlich wird.

Auf diese Weise kann die Nichtrealisierbarkeit mathematisch dadurch ausgedrückt werden, daß einer nicht realisierbaren Amplitudencharakteristik eine unendliche Phase entspricht.

Man kann annehmen, daß eine nichtrealisierbare Amplitudencharakteristik durch eine unendliche Kette von realisierbaren Filtern erhalten werden kann. Aus dem vorigen Beispiel ist leicht ersichtlich, daß aus einer unendlichen Kette von Filtern mit einer in der Abb. 6.9 angegebenen Charakteristik eine in der Abb. 6.9 dargestellte Charakteristik erhalten werden kann, weil $\varepsilon < 1$ und $\lim_{n \to \infty} \varepsilon^n = 0$ ist. Realisierbarkeit bedeutet also genauer exakte Realisierbarkeit mit endlichem Aufwand.

Von einem anderen Gesichtspunkt betrachtet, entspricht der im Falle nicht-realisierbarer Amplitudencharakteristiken unendliche Wert der Phase der

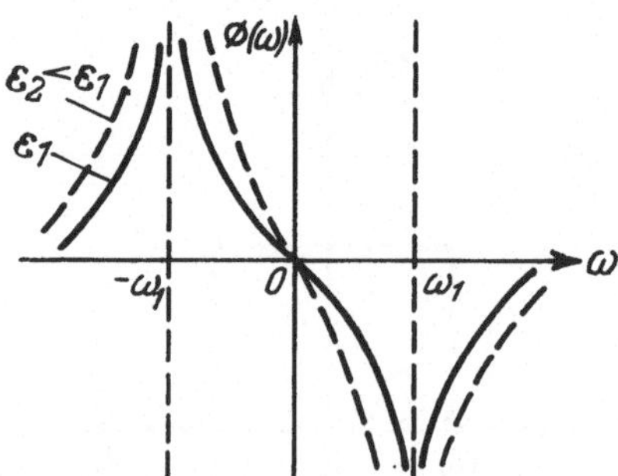

Abb. 6.10. Phasencharakteristik eines realisierbaren Tiefpasses

Notwendigkeit, daß die Wirkung nach der Ursache erfolgt. In diesem Fall ist die Verzögerung des Signals so groß (unendlich groß), daß das Ausgangssignal nicht vor dem Eingangssignal erscheint.

6.5.2. Gausssches-Filter

Ein anderes idealisiertes, bei theoretischen Untersuchungen angewendetes Filter ist das GAUSSsche Filter mit linearem Phasengang (Abb. 6.11). In diesem Fall ist

$$A(\omega) = e^{-k\,\omega^2}\,. \tag{6.74}$$

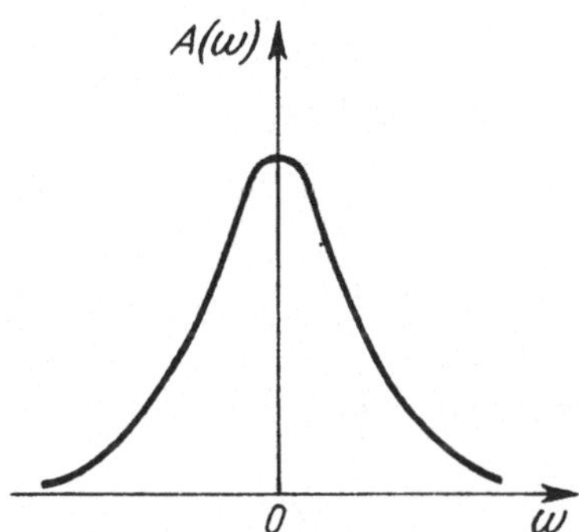

Abb. 6.11. Amplitudencharakteristik eines GAUSSschen Filters

Dieses Filter ist nicht realisierbar, da die Dämpfung $|\alpha(\omega)| = k\,\omega^2$ zu schnell mit der Frequenz wächst, so daß das durch die Beziehung (6.72) gegebene Integral divergiert. Die Phase, die der Charakteristik $A(\omega)$ entspricht und die durch die HILBERT-Transformierte gegeben ist, ist unendlich.

Das GAUSSsche Filter kann durch eine große Zahl von hintereinander geschalteten RC-Gliedern angenähert werden, so wie in Abb. 6.12 gezeigt wird.

Die Übertragungsfunktion dieses Systems ist

$$H_n(j\,\omega) = K\,(1 + j\,\omega\,RC)^{-n} \tag{6.75}$$

wobei n die Zahl von Stufen bzw. von RC-Gliedern und K eine Konstante, die gleich Eins angenommen wird, darstellen.

Es ist also

$$H_n(j\,\omega) = (1 + j\,\omega\,RC)^{-n}\,. \tag{6.76}$$

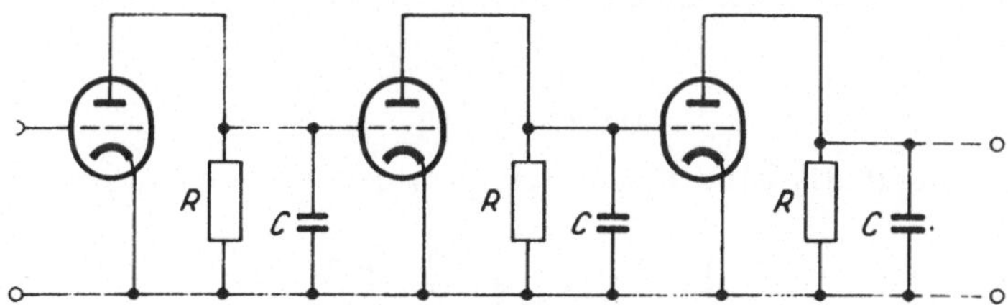

Abb. 6.12. System, das die Charakteristik eines GAUSSschen Filters annähert

und man erhält für die entsprechende Amplitudencharakteristik

$$|H_n(j\,\omega)| = A_n(\omega) = [1 + (\omega\,RC)^2]^{-\frac{n}{2}}. \tag{6.77}$$

Wenn durch ω_1 die Frequenz bezeichnet wird (Bandbreite), bei der sich eine Dämpfung von 3 dB ergibt, so hat man

$$\frac{1}{\sqrt{2}} = [1 + (\omega_1\,RC)^2]^{-\frac{n}{2}},$$

woraus sich ergibt

$$\tau = RC = \frac{1}{\omega_1}(2^{\frac{1}{n}} - 1)^{\frac{1}{2}}. \tag{6.78}$$

Näherungsweise kann man schreiben

$$2^{\frac{1}{n}} - 1 \approx \frac{1}{n}\ln 2. \tag{6.79}$$

Unter Berücksichtigung von (6.78) und (6.79) wird aus Beziehung (6.76)

$$H_n(j\,\omega) = \left(1 + j\,\frac{\omega}{\omega_1}\sqrt{\frac{\ln 2}{n}}\right)^{-n} \tag{6.80}$$

und die Amplitude

$$A_n(\omega) = \left(1 + \frac{\omega^2}{\omega_1^2}\cdot\frac{\ln 2}{n}\right)^{-\frac{n}{2}}. \tag{6.81}$$

Aus der Beziehung (6.80) ergibt sich, daß die Phase

$$\Phi_n(\omega) = n\,\mathrm{arc\,tan}\,\frac{\omega}{\omega_1}\sqrt{\frac{\ln 2}{n}} \tag{6.82}$$

ist.

Wenn man die Bedingung stellt, daß auch das GAUSSsche Filter für $\omega = \omega_1$ eine Dämpfung von 3 dB besitzen soll, so erhält man aus der Beziehung (6.74)

$$\frac{1}{\sqrt{2}} = e^{-k\,\omega_1^2},$$

woraus sich ergibt

$$k = \frac{1}{\omega_1^2}\cdot\frac{\ln 2}{2}.$$

Durch Einsetzen in die Beziehung (6.74) entsteht

$$A(\omega) = e^{-\frac{\omega^2}{\omega_1^2}\cdot\frac{\ln 2}{2}}. \tag{6.83}$$

Die Beziehung (6.81) kann folgendermaßen geschrieben werden:

$$A_n(\omega) = \left[\left(1 + \frac{\omega^2}{\omega_1^2}\frac{\ln 2}{n}\right)^{\frac{\omega_1^2}{\omega^2}\cdot\frac{n}{\ln 2}}\right]^{-\frac{\omega^2}{\omega_1^2}\cdot\frac{\ln 2}{2}}, \tag{6.84}$$

woraus sich ergibt, daß

$$\lim_{n \to \infty} A_n(\omega) = A(\omega) = e^{-\frac{\omega^2}{\omega_1^2} \cdot \frac{\ln 2}{2}} \tag{6.85}$$

ist; also strebt die Amplitude der Übertragungsfunktion $H_n(j\,\omega)$ gegen die Amplitude des idealisierten GAUSSschen Filters, während die Phase $\Phi_n(\omega)$ mit n unendlich wächst.

In den Anwendungen kann das GAUSSsche Filter mit einer verhältnismäßig kleinen Zahl von RC-Gliedern angenähert werden.

6.5.3. Filter mit der Amplitudencharakteristik

$$\left|\frac{\sin \omega \tau}{\omega \tau}\right| \quad \text{und} \quad \frac{\sin^2 \omega \tau}{(\omega \tau)^2}$$

Die Amplitudencharakteristiken (Abb. 6.13):

$$A_1(\omega) = \left|\frac{\sin \omega \tau}{\omega \tau}\right| \tag{6.86}$$

und

$$A_2(\omega) = \frac{\sin^2 \omega \tau}{(\omega \tau)^2} \tag{6.87}$$

erfüllen das PALEY-WIENER-Kriterium.

Die entsprechenden Phasengänge sind linear: $\Phi_1(\omega) = \omega \tau$ und $\Phi_2(\omega) = 2\,\omega \tau$, so daß die Übertragungsfunktionen folgendermaßen ausgedrückt werden können:

$$H_1(j\,\omega) = \left|\frac{\sin \omega \tau}{\omega \tau}\right| e^{j\,\omega \tau} \tag{6.88}$$

und

$$H_2(j\,\omega) = \frac{\sin^2 \omega \tau}{(\omega \tau)^2} e^{2j\,\omega \tau} . \tag{6.89}$$

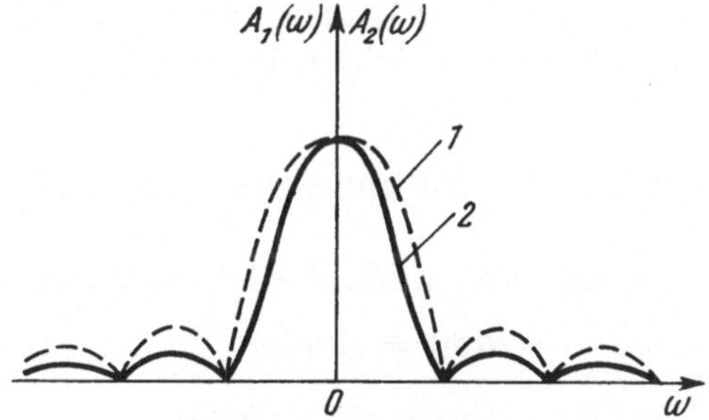

Abb. 6.13. Amplitudencharakteristik einiger Filter

$$1 - A_1(\omega) = \left|\frac{\sin \omega \tau}{\omega \tau}\right|$$

$$2 -- A_2(\omega) = \frac{\sin^2 \omega \tau}{(\omega \tau)^2}$$

Obwohl $A_1(\omega)$ und $A_2(\omega)$ das PALEY-WIENER-Kriterium erfüllen, bedeutet das nicht, daß diese Funktionen mit ihrer unendlichen Zahl von Bögen exakt mit einer endlichen Zahl von Widerständen, Spulen und Kondensatoren realisiert werden können. Durch eine Folge von Filtern, die aus konzentrierten Elementen bestehen, können jedoch die Funktionen $A_1(\omega)$ und $A_2(\omega)$ mit einem beliebig kleinen Fehler angenähert werden (Abb. 6.14).

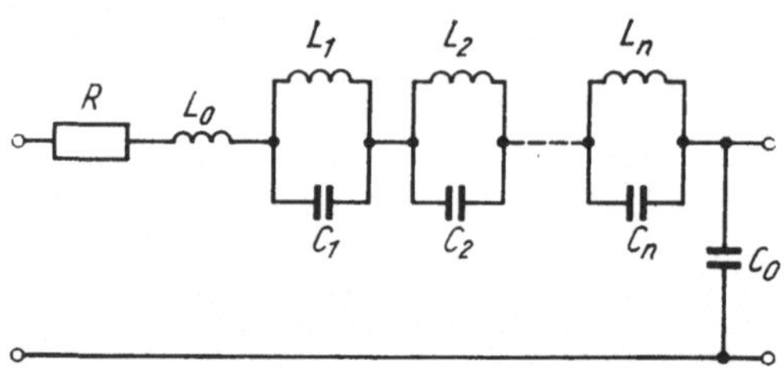

Abb. 6.14. System, das die Amplitudencharakteristik der Abb. 6.13 annähert

Zum Unterschied zu den vorigen Fällen, für die das Paley-WIENER-Kriterium nicht erfüllt war, konvergiert in diesem Fall die Phase gegen ω bzw $2\,\omega$ so, wie die Zahl der Glieder wächst.

Die Funktionen $H_1(j\,\omega)$ und $H_2(j\,\omega)$ können exakt mit einer endlichen Zahl von Leitungen mit verteilten Parametern realisiert werden.

Somit kann man sagen, daß die Amplitudencharakteristiken, die das PALEY-WIENER-Kriterium erfüllen, entweder näherungsweise mit Hilfe einer endlichen Zahl von R, L, C-Gliedern, oder exakt mit Hilfe einer unendlichen Zahl von R, L, C-Gliedern (bzw. einer endlichen Zahl von Leitungen mit verteilten Parametern) realisiert werden können.

Die Amplitudencharakteristiken, die nicht das PALEY-WIENER-Kriterium erfüllen, können nicht exakt realisiert werden, aber mit beliebiger Genauigkeit über jedem begrenzten Frequenzintervall angenähert werden. Je besser die Annäherung ist, um so größer ist die Laufzeit durch das Filter (die Phase wächst bis ins Unendliche, je größer die Zahl der Glieder ist).

6.6. Laufzeit und Gruppenlaufzeit

Am Eingang des Systems, das durch die Übertragungsfunktion

$$H(\omega) = A(\omega)\,e^{j\,\Phi(\omega)}$$

gekennzeichnet ist, wird ein sinusförmiges Signal

$$x(t) = e^{j\,\omega_0 t} \tag{6.90}$$

angelegt.

Die Antwort des Systems ist

$$y(t) = H(\omega_0)\,e^{j\,\omega_0 t} = A(\omega_0)\,e^{j[\omega_0 t + \Phi(\omega_0)]}\,, \tag{6.91}$$

oder

$$y(t) = A(\omega_0)\, e^{\,j\omega_0\left[t + \frac{\Phi(\omega_0)}{\omega_0}\right]}. \tag{6.92}$$

Aus der Beziehung (6.92) ergibt sich, daß das Ausgangssignal gegenüber dem Eingangssignal um

$$t_l = -\frac{\Phi(\omega_0)}{\omega_0} \tag{6.93}$$

verzögert wird.

Die Zeit t_l wird Laufzeit genannt und bezieht sich auf die Verzögerung, die das System bewirkt, wenn am Eingang ein sinusförmiges Signal angelegt wird.

Wenn das Signal ein kontinuierliches Spektrum besitzt, so wird jede Komponente, aber nicht um den gleichen Wert, verzögert.

In diesem Fall kann die Laufzeit nicht mehr so einfach wie im vorigen Fall definiert werden, da die ungleiche Verzögerung der verschiedenen Komponenten eine Änderung der Form des Ausgangssignals gegenüber dem Eingangssignal verursacht.

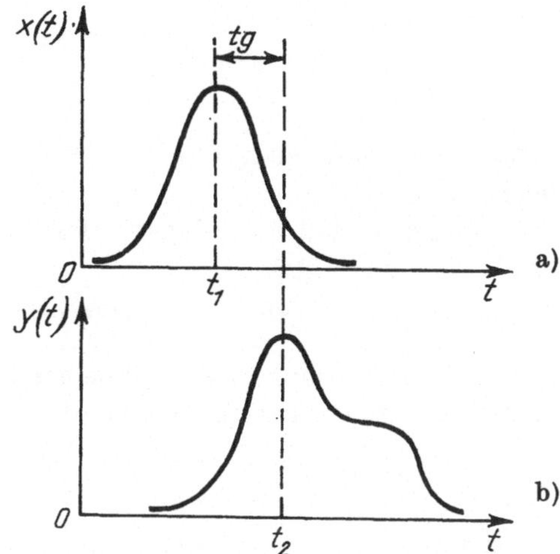

Abb. 6.15. Definition der Gruppenlaufzeit
a) Eingangssignal; b) Ausgangssignal

In diesem Fall kann als Laufzeit die Differenz definiert werden, die zwischen der Zeit t_2, die der Lokalisierung des Ausgangssignals und der Zeit t_1, die der Lokalisierung des Eingangssignals entspricht, (Abb. 6.15) besteht

$$t_g = t_2 - t_1. \tag{6.94}$$

Diese Laufzeit wird Gruppenlaufzeit genannt.

Es sei $x(t)$ das Eingangssignal, $X(\omega) = |X(\omega)|\, e^{j\varphi(\omega)}$ das entsprechende Spektrum und $H(j\,\omega) = A(\omega)\, e^{j\Phi(\omega)}$ die Übertragungsfunktion des Systems.

Das Ausgangssignal wird

$$y(t) = \frac{1}{2\pi} \int\limits_{-\infty}^{+\infty} A(\omega)\, |X(\omega)|\, e^{j[\omega t + \varphi(\omega) + \Phi(\omega)]}\, d\omega \; . \tag{6.95}$$

Nach dem Prinzip der stationären Phase wird die Zeit t_2 der Lokalisierung des Ausgangssignals durch die Beziehung

$$\frac{d}{d\omega}[\omega t + \varphi(\omega) + \Phi(\omega)] = 0$$

ausgedrückt, woraus sich ergibt

$$t_2 = - \frac{d\varphi(\omega)}{d\omega} - \frac{d\Phi(\omega)}{d\omega} \; . \tag{6.96}$$

Da aber $-\dfrac{d\varphi(\omega)}{d\omega}$ die Zeit t_1 der Lokalisierung des Eingangssignals ist

$$t_1 = - \frac{d\varphi(\omega)}{d\omega} \; , \tag{6.97}$$

ergibt sich, daß die Gruppenlaufzeit

$$t_g = - \frac{d\Phi(\omega)}{d\omega} \; , \tag{6.98}$$

also gleich der Ableitung der Phasencharakteristik bezüglich der Frequenz mit umgekehrtem Vorzeichen ist.

Als Beispiel sei angenommen, daß am Eingang des Systems mit der Übertragungsfunktion $A(\omega)\, e^{j\,\Phi(\omega)}$ das Signal:

$$x(t)\, e^{j\,\omega_0 t} + e^{j(\omega_0 + \Delta\omega)t} = (1 + e^{j\Delta\omega t})\, e^{j\,\omega_0 t}$$

angelegt wird, das durch Überlagerung zweier sinusförmiger Signale mit dicht benachbarten Frequenzen entsteht. Die Hüllkurve dieses Signals ist

$$E(t) = |1 + e^{j\,\Delta\omega t}|$$

und das Spektrum

$$X(\omega) = 2\pi\, [\delta\,(\omega - \omega_0) + \delta\,(\omega - \omega_0 - \Delta\omega)] \; .$$

Die Zeit der Lokalisierung des Eingangssignals ist $t_1 = 0$, da zu dieser Zeit das Signal den Maximalwert, der gleich 2 ist, erreicht.

Das Ausgangssignal ist

$$y(t) = \frac{1}{2\pi} \int\limits_{0}^{+\infty} 2\pi\, [\delta\,(\omega - \omega_0) + \delta\,(\omega - \omega_0 - \Delta\omega)]\, A(\omega)\, e^{j\,\Phi(\omega)}\, e^{j\,\omega t} d\omega \; ,$$

oder

$$y(t) = A(\omega_0)\, e^{j\Phi(\omega_0)}\, e^{j\,\omega_0 t} + A\,(\omega_0 + \Delta\omega)\, e^{j\,\Phi(\omega_0 + \Delta\omega)}\, e^{j(\omega_0 + \Delta\omega)t} \; .$$

Wenn $\Delta\omega$ sehr klein ist und gegen Null geht, so kann man schreiben

$$A\,(\omega_0 + \Delta\omega) \approx A(\omega_0)$$

und

$$\Phi\left(\omega_0 + \Delta\omega\right) \approx \Phi(\omega_0) + \Delta\omega \left(\frac{d\Phi}{d\omega}\right)_{\omega\,=\,\omega_0} + \cdots \approx$$

$$\approx \Phi(\omega_0) + \Delta\omega \left(\frac{d\Phi}{d\omega}\right)_{\omega\,=\,\omega_0} = \Phi(\omega_0) - \Delta\omega\, t_g \,.$$

Durch Einsetzen in den Ausdruck von $y(t)$ erhält man

$$y(t) = A(\omega_0) \left[1 + e^{j\,\Delta\omega(t-t_g)}\right] e^{j[\omega_0 t + \Phi(\omega_0)]} \,.$$

Die Hüllkurve des Ausgangssignals ist

$$A(\omega_0) \left|1 + e^{j\,\Delta\omega(t-t_g)}\right| = A(\omega_0)\, E\,(t - t_g) \,.$$

also ist die Gruppenlaufzeit in diesem Fall gleich der Zeit, mit der die Hüllkurve des Signals verzögert wird.

6.7. Ideale, nichtverzerrende Systeme

Man sagt, daß ein lineares Übertragungssystem, das durch die Übertragungsfunktion $H(\omega)$ gekennzeichnet ist, keine linearen Verzerrungen bewirkt, wenn das Ausgangssignal aus dem Eingangssignal durch Multiplikation mit einer beliebigen Konstante K und Verzögerung um eine beliebige Zeit τ erhalten werden kann und zwar

$$y(t) = K\, x\,(t - \tau) \,, \tag{6.99}$$

wobei $x(t)$ das Eingangssignal und $y(t)$ die Antwort des Systems ist.

Das Spektrum der Antwort ist

$$Y(\omega) = \int\limits_{-\infty}^{+\infty} y(t)\, e^{-j\,\omega t}\, dt$$

oder

$$Y(\omega) = K \int\limits_{-\infty}^{+\infty} x\,(t - \tau)\, e^{-j\,\omega t}\, dt$$

bzw.

$$Y(\omega) = K\, e^{-j\,\omega\tau}\, X(\omega) \,, \tag{6.100}$$

wobei $X(\omega)$ das Spektrum des Eingangssignals ist.

Zwischen den Spektren des Ausgangs- und des Eingangssignals besteht die Beziehung

$$Y(\omega) = H(\omega)\, X(\omega) \,. \tag{6.101}$$

Aus den Beziehungen (6.100) und (6.101) ergibt sich

$$H(\omega) = K\, e^{-j\,\omega\tau} \,, \tag{6.102}$$

also muß die Übertragungsfunktion eines Systems, das keine linearen Verzerrungen bewirkt, eine konstante Amplitudencharakteristik und einen linearen Phasengang mit der Frequenz besitzen.

6.8. Ideale Filter

Obwohl sich die idealen Filter beträchtlich von den realen Filtern unterscheiden, kann das Studium ihrer Antworten doch zu allgemeinen Schlußfolgerungen führen, die auch für die realen Filter gültig sind.

6.8.1. Idealer Tiefpaß

Es wird ein ideales Filter betrachtet, dessen Übertragungsfunktion:

$$H(\omega) = A(\omega)\, e^{j\Phi(\omega)}$$

ist, wobei für die Amplitudencharakteristik die Beziehungen:

$$A(\omega) = A \quad \text{für} \quad |\omega| \leqq \omega_1; \tag{6.103}$$
$$A(\omega) = 0 \quad \text{für} \quad \omega_1 < |\omega|$$

gelten und wo ω_1 die Grenzfrequenz des Filters darstellt.

Die Phasencharakteristik

$$\Phi(\omega) = -\omega\tau \tag{6.104}$$

hat einen linearen Verlauf bezüglich der Frequenz.

Diese Charakteristiken sind in Abb. 6.16 dargestellt.

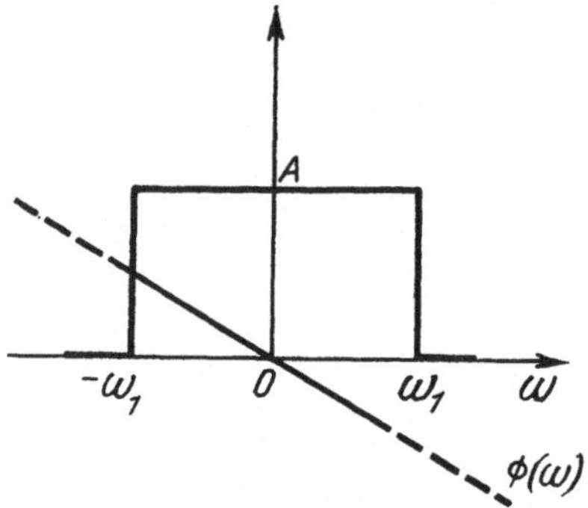

Abb. 6.16. Amplitudencharakteristik $A(\omega)$ und Phasencharakteristik $\Phi(\omega)$ eines idealen Tiefpasses

1. Wenn am Eingang des Filters der DIRACsche δ-Impuls angelegt wird, ist die Antwort die FOURIER-Transformierte der Übertragungsfunktion

$$H(\omega) = A\, e^{-j\omega\tau} \quad \text{für} \quad |\omega| \leqq \omega_1$$
$$H(\omega) = 0 \quad \text{für} \quad \omega_1 < |\omega|$$

bzw.

$$y(t) = h(t) = \frac{A}{2\pi} \int\limits_{-\omega_1}^{+\omega_1} e^{j\omega(t-\tau)}\, d\omega$$

oder

$$h(t) = A\,\frac{\omega_1}{\pi} \cdot \frac{\sin \omega_1 (t-\tau)}{\omega_1 (t-\tau)}. \tag{6.105}$$

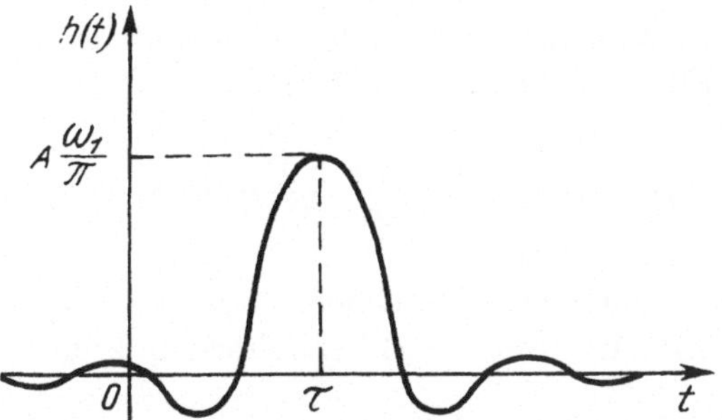

Abb. 6.17. Antwort des idealen Tiefpasses auf den Einheitsimpuls

In Abb. 6.17 ist die Impulsantwort des idealen Filters dargestellt.

Es ist ersichtlich, daß mit größerer Laufzeit τ die vorauseilende Antwort kleiner wird und das ideale Filter sich um so mehr einem physikalisch realisierbaren Filter nähert. Aus der Beziehung (6.105) ergibt sich, daß die Antwort symmetrisch bezüglich $t = \tau$ ist.

2. Wenn am Eingang des Filters die Einheitssprungfunktion

$$u(t) = \int\limits_{-\infty}^{t} \delta(x)\, dx$$

(Abb. 6.18) angelegt wird, so erhält man die entsprechende Antwort durch Integration der Beziehung (6.105) (das Filter ist ein lineares System).

Zu dem gleichen Ergebnis gelangt man mit Hilfe des Faltungsintegrals:

$$y(t) = \int\limits_{-\infty}^{+\infty} h(x)\, u(t-x)\, dx\,,$$

und da

$$u(t-x) = 0 \quad \text{für} \quad x > t;$$
$$u(t-x) = 1 \quad \text{für} \quad x < t$$

ist, kann man schreiben

$$y(t) = \int\limits_{-\infty}^{t} h(x)\, dx\,. \tag{6.106}$$

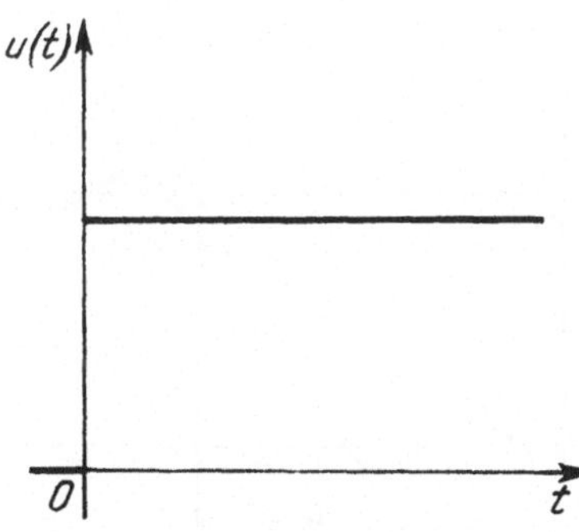

Abb. 6.18. Einheitssprungfunktion

Wenn man in die Beziehung (6.106) den Ausdruck der Gewichtsfunktion aus der Beziehung (6.105) einführt, so erhält man

$$y(t) = \frac{A}{\pi} \int\limits_{-\infty}^{t} \frac{\sin \omega_1 (x - \tau)}{\omega_1 (x - \tau)} d \left[\omega_1 (x - \tau)\right] . \tag{6.107}$$

Dieser Ausdruck nimmt eine einfachere Form an, wenn man die Funktion *Integralsinus* einführt, die durch $Si\,(t)$ bezeichnet und durch die Beziehung

$$\mathrm{Si}\,(t) = \int\limits_{0}^{t} \frac{\sin x}{x} dx \tag{6.108}$$

definiert ist.

Der Ausdruck von $y(t)$ aus der Beziehung (6.107) wird

$$y(t) = \frac{A}{\pi} \Bigg\{ \int\limits_{-\infty}^{0} \frac{\sin \omega_1 (x - \tau)}{\omega_1 (x - \tau)} d \left[\omega_1 (x - \tau)\right]$$
$$+ \int\limits_{0}^{t} \frac{\sin \omega_1 (x - \tau)}{\omega_1 (x - \tau)} d \left[\omega_1 (x - \tau)\right] \Bigg\} .$$

Wenn man die Beziehung (6.108) einführt, so ergibt sich

$$y(t) = \frac{A}{\pi} \left\{ \frac{\pi}{2} + \mathrm{Si}\left[\omega_1 (t - \tau)\right] \right\} . \tag{6.109}$$

Wie im vorigen Fall ergibt sich, daß die vorauseilende Antwort um so kleiner ist, je größer die Laufzeit τ ist (Abb. 6.19).

Aus der Beziehung (6.109) ergibt sich, daß die Antwort symmetrisch bezüglich $t = \tau$ ist.

Die Steilheit im Punkt $t = \tau$ ist

$$\frac{dy(t)}{dt} \bigg|_{t=\tau} = \frac{A \, \omega_1}{\pi} . \tag{6.110}$$

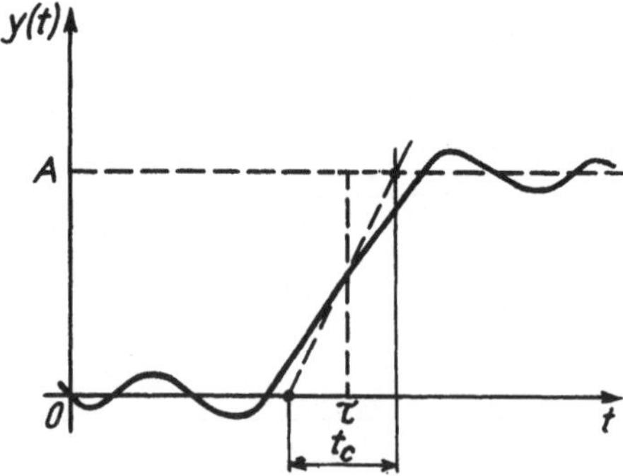

Abb. 6.19. Antwort eines idealen Tiefpasses auf ein Einheitssprung-Signal

Wenn der ansteigende Teil der Antwort durch eine Gerade angenähert wird, so kann man einen ungefähren Wert für die Anstiegszeit t_a des Signals erhalten:

$$t_a = \frac{\pi}{\omega_1} = \frac{1}{2f_1}.$$ (6.111)

Wenn die Grenzfrequenz f_1 des Filters bekannt ist, so kann man aus der Beziehung (6.111) einen Näherungswert für die Anstiegszeit des Signals errechnen. Man stellt fest, daß die Anstiegszeit umgekehrt proportional zur Bandbreite des Filters ist.

3. Wenn am Eingang des Filters ein Rechteckimpuls der Dauer α (Abb. 6.20) angelegt wird, so erhält man die entsprechende Antwort, indem man annimmt, daß der Rechteckimpuls aus zwei gegenseitig um α verzögerte Sprungfunktionen besteht:

$$x(t) = u(t) - u(t - \alpha).$$

Mit der Beziehung (6.109) ergibt sich für die Antwort

$$y(t) = \frac{A}{\pi}\left\{\mathrm{Si}\left[\omega_1(t - \tau)\right] - \mathrm{Si}\left[\omega_1(t - \tau - \alpha)\right]\right\}.$$ (6.112)

Ist der Eingangsimpuls bezüglich des Ursprungs symmetrisch (Abb. 6.20 b), so ist die entsprechende Antwort

$$y(t) = \frac{A}{\pi}\left\{\mathrm{Si}\left[\omega_1\left(t - \tau + \frac{\alpha}{2}\right)\right] - \mathrm{Si}\left[\omega_1\left(t - \tau - \frac{\alpha}{2}\right)\right]\right\}.$$ (6.113)

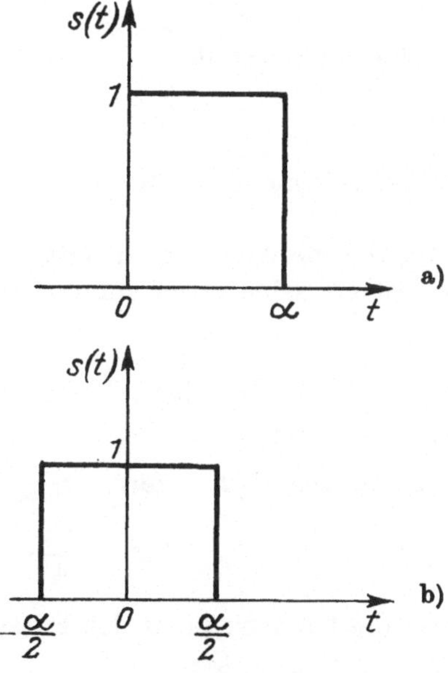

Abb. 6.20. Rechteckimpuls

a) nichtsymmetrischer Impuls; b) bezüglich des Ursprungs symmetrischer Impuls

17*

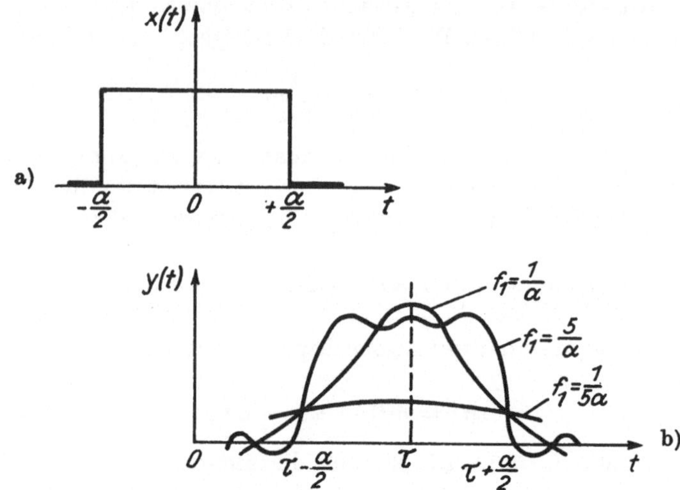

Abb. 6.21. Antwort eines idealen Tiefpasses auf einen bezüglich des Ursprungs symmetrischen Rechteckimpuls

a) Eingangssignal; b) Ausgangssignal

Diese Antwort ist in Abb. 6.21 für verschiedene Grenzfrequenzen des Filters angegeben.

Wenn die Grenzfrequenz des Filters

$$f_1 = \frac{5}{\alpha}$$

ist, so hat die Antwort eine Anstiegszeit

$$t_a = \frac{\alpha}{10}$$

und das Ausgangssignal besitzt eine Form, die der Form des Eingangssignals sehr nahe kommt.

Bei Anwendungen, für die die Anwesenheit oder Abwesenheit des Impulses von größerem Interesse ist als seine Form, nimmt man für die Bandbreite des Filters den Wert

$$f_1 = \frac{1}{\alpha}. \tag{6.114}$$

4. Wenn am Eingang ein Signal

$$s(t) = \cos^2 \omega_0 t \quad \text{für} \quad |t| \leqq \frac{T_0}{4}$$

$$s(t) = 0 \quad \text{für} \quad \frac{T_0}{4} < |t|$$

angelegt wird und wenn die Grenzfrequenz des Filters

$$\omega_1 = 2\,\omega_0 \tag{6.115}$$

beträgt, ist die Antwort praktisch nicht verzerrt.

6.8.2. Idealer Bandpaß

Die Übertragungsfunktion des Filters ist durch die Beziehung

$$H(j\,\omega) = A(\omega)\,e^{j\,\Phi(\omega)}$$

gegeben, wobei für die Amplitudencharakteristik

$$\begin{aligned}
A(\omega) &= A && \text{für} && \omega_1 \leqq |\omega| \leqq \omega_2 \\
A(\omega) &= 0 && \text{für} && |\omega| < \omega_1,\ \omega_2 < |\omega|
\end{aligned} \tag{6.116}$$

gilt; ω_1 und ω_2 stellen die Grenzfrequenzen des Filters dar.
Die Phasencharakteristik ist durch die Beziehung

$$\Phi(\omega) = -(\omega - \omega_0)\,\tau \quad \text{für} \quad \omega_1 \leqq \omega \leqq \omega_2$$

und

$$\Phi(\omega) = -(\omega + \omega_0)\,\tau \quad \text{für} \quad -\omega_2 \leqq \omega \leqq -\omega_1 \tag{6.117}$$

gegeben und hat also um die Mittenfrequenz ω_0 des Filters einen linearen Verlauf,
wobei

$$\omega_0 = \frac{\omega_1 + \omega_2}{2}.$$

Diese Charakteristiken sind in der Abb. 6.22 dargestellt.

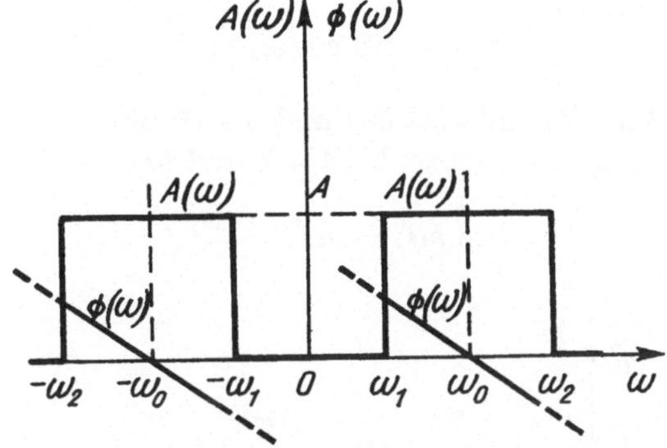

Abb. 6.22. Amplitudencharakteristik $A(\omega)$ und Phasencharakteristik $\Phi(\omega)$
eines idealen Bandpasses

Wenn am Eingang dieses Filters der DIRACsche δ-Impuls $\delta(t)$ angelegt wird,
so erhält man für die entsprechende Antwort:

$$y(t) = h(t) = \frac{A}{2\,\pi} \int\limits_{-\omega_2}^{-\omega_1} e^{-j(\omega + \omega_0)\tau}\, e^{j\,\omega t}\, d\omega +$$

$$+ \frac{A}{2\,\pi} \int\limits_{\omega_1}^{\omega_2} e^{-j(\omega - \omega_0)\tau}\, e^{j\,\omega t}\, d\omega.$$

Durch Integration ergibt sich

$$h(t) = \frac{A}{\pi\,(t-\tau)}\left\{\sin\left[\omega_2\,(t-\tau) + \omega_0\,\tau\right] - \sin\left[\omega_1\,(t-\tau) + \omega_0\,\tau\right]\right\},$$

$$(6.118)$$

oder, nachdem man die Differenz der Sinusfunktionen durch Produkte ersetzt hat,

$$h(t) = \frac{2A}{\pi\,(t-\tau)}\sin\left[\frac{\omega_2 - \omega_1}{2}(t-\tau)\right]\cos\left[\frac{\omega_2 + \omega_1}{2}(t-\tau) + \omega_0\,\tau\right]$$

oder

$$h(t) = \frac{2A}{\pi\,(t-\tau)}\sin\left[\frac{\omega_2 - \omega_1}{2}(t-\tau)\right]\cos\omega_0\,t\;. \qquad (6.119)$$

Wenn die Hüllkurve von $h(t)$ durch $g(t)$ bezeichnet wird, erhält man

$$g(t) = \frac{2A}{\pi\,(t-\tau)}\sin\left[\frac{\omega_2 - \omega_1}{2}(t-\tau)\right] \qquad (6.120)$$

oder

$$g(t) = A\,\frac{\omega_2 - \omega_1}{\pi}\,\frac{\sin\left[\dfrac{\omega_2 - \omega_1}{2}(t-\tau)\right]}{\dfrac{\omega_2 - \omega_1}{2}(t-\tau)}\;, \qquad (6.121)$$

und man kann schreiben

$$h(t) = g(t)\,\cos\omega_0\,t\;. \qquad (6.122)$$

In der Abb. 6.23 ist die Antwort $h(t)$ und die Hüllkurve $g(t)$ dargestellt. Das Maximum der Antwort liegt bei $t = \tau$ und hat den Wert

$$\lim_{t\to\tau} h(t) = A\,\frac{\omega_2 - \omega_1}{\pi}\;. \qquad (6.123)$$

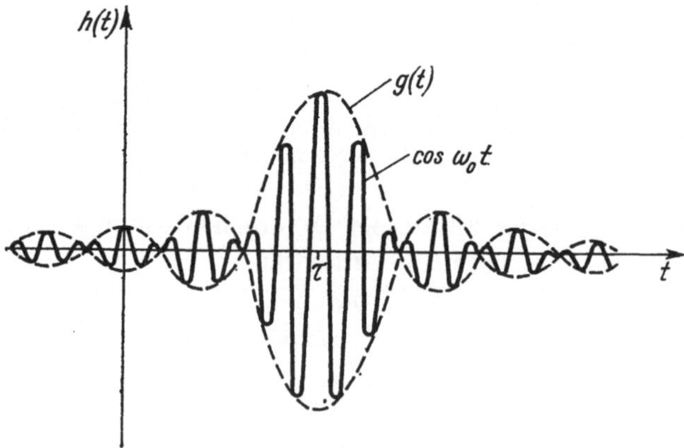

Abb. 6.23. Antwort des idealen Bandpasses auf den Einheitsimpuls

6.8.3. *RC*-Filter

Es wird zu Beginn die in Abb. 6.24 dargestellte Form des RC-Filters betrachtet.

Die Übertragungsfunktion dieses Filters ist

$$H_1(p) = \frac{1}{1 + p\,RC} \qquad (6.124)$$

bzw. für reelle Frequenzen

$$H_1(\omega) = \frac{1}{1 + j\,\omega\,RC} \qquad (6.125)$$

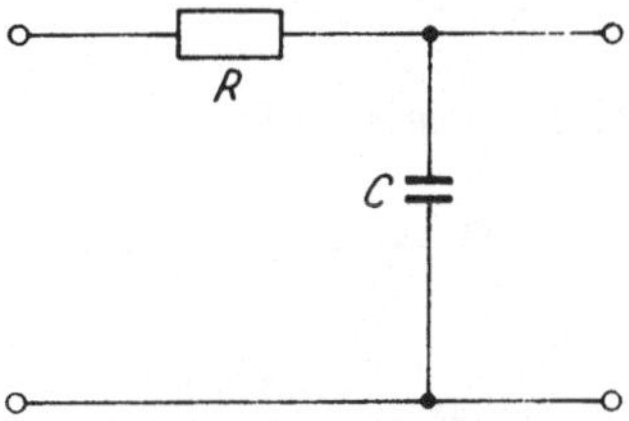

Abb. 6.24. *RC*-Filter

Die Impulsantwort ist

$$h_1(t) = \frac{1}{2\,\pi\,j} \int_{-j\infty}^{+j\infty} H_1(p)\,e^{pt}\,dp = \frac{1}{RC}\,\frac{1}{2\,\pi\,j} \int_{-j\infty}^{+j\infty} \frac{e^{pt}}{p + \dfrac{1}{RC}}\,dp \qquad (6.126)$$

und wenn man berücksichtigt, daß das Residuum des Integranden gleich $e^{-\frac{t}{RC}}$ ist, so ergibt sich

$$\int_{-j\infty}^{+j\infty} \frac{e^{pt}}{p + \dfrac{1}{RC}}\,dp = 2\,\pi\,j\,e^{-\frac{t}{RC}}\,;$$

und daher

$$h_1(t) = \frac{1}{R\,C}\,e^{-\frac{t}{RC}}. \qquad (6.127)$$

In Abb. 6.25 ist die Impulsantwort des RC-Filters dargestellt.

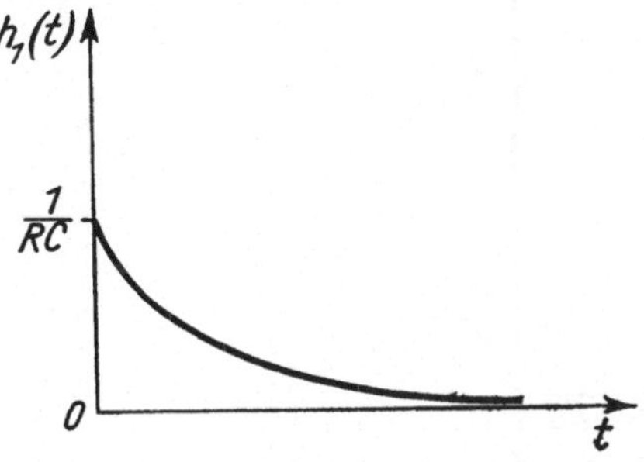

Abb. 6.25. Antwort des RC-Filters auf den Einheitsimpuls

Es wird jetzt das in Abb. 6.26 dargestellte Filter betrachtet.

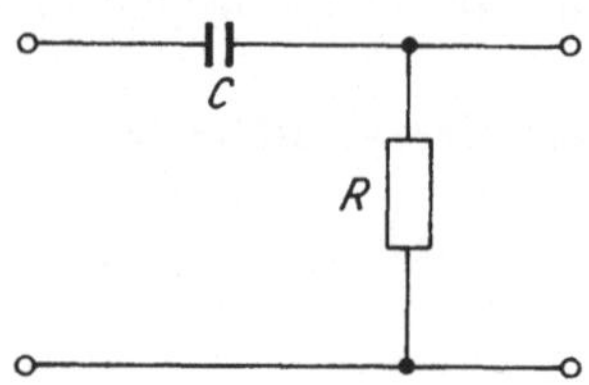

Abb. 6.26. CR-Filter

Die Übertragungsfunktion dieses Filters ist

$$H_2(p) = \frac{RC\,p}{1 + RC\,p} \tag{6.128}$$

bzw. für reelle Frequenzen

$$H_2(\omega) = \frac{j\,\omega\,RC}{1 + j\,\omega\,RC}\,. \tag{6.129}$$

Die Impulsantwort ist

$$h_2(t) = \frac{1}{2\,\pi\,j} \int\limits_{-j\infty}^{+j\infty} H_2(p)\,e^{pt}\,dp = \frac{1}{2\,\pi\,j} \int\limits_{-j\infty}^{+j\infty} \frac{p\,e^{pt}}{p + \dfrac{1}{RC}}\,dp\,. \tag{6.130}$$

Aus den Beziehungen (6.130) und (6.126) ist ersichtlich, daß $h_2(t)$ gleich der Ableitung von $RC\,h_1(t)$ ist

$$h_2(t) = RC\,\frac{d}{dt}\,h_1(t)\,. \tag{6.131}$$

Da für $t < 0$ $h_1(t) = 0$ ist, kann man schreiben:

$$h_1(t) = u(t)\,\frac{1}{RC}\,e^{-\frac{t}{RC}\,t} \tag{6.132}$$

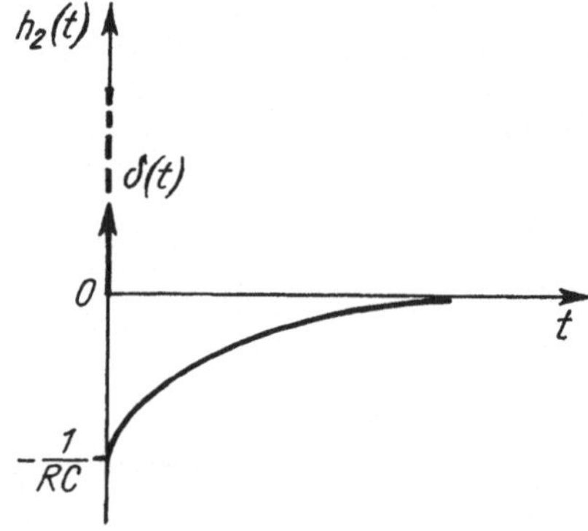

Abb. 6.27. Antwort des CR-Filters auf den Einheitsimpuls

wobei $u(t)$ die Einheitssprungfunktion ist. Setzt man die Beziehung (6.132) in die Beziehung (6.131) ein, erhält man:

$$h_2(t) = \delta(t) - \frac{1}{R\,C}\, e^{-\frac{t}{R\,C}}. \tag{6.133}$$

In Abb. 6.27 ist die Impulsantwort des CR-Filters dargestellt.

Im Moment des Anlegens des DIRACschen δ-Impulses, also zur Zeit $t = 0$, ist der Kondensator entladen und die gesamte angelegte Spannung erscheint am Ausgang (δ-Impuls). Der Kondensator C lädt sich (bei vorausgesetzter Impedanz Null der Quelle) augenblicklich auf, und für $t > 0$ fängt seine exponentielle Entladung an.

6.8.4. Mittelwertbildendes Filter

Wie in den vorigen Kapiteln gezeigt wurde, ist der Mittelwert eines Signals $s(t)$ von unendlicher Dauer durch die Beziehung

$$\widetilde{\widetilde{s(t)}} = \lim_{T \to \infty} \frac{1}{2\,T} \int_{-T}^{+T} s(t)\, dt \tag{6.134}$$

bestimmt.

Dieser Mittelwert kann nicht gemessen werden, da dafür definitionsgemäß eine Mittelung über ein unendliches Zeitintervall durchgeführt werden müßte.

Wenn man das Signal $s(t)$ am Eingang eines den Mittelwert bildenden Filters (Abb. 6.28) anlegt, so erhält man einen Wert, der $\widetilde{\widetilde{s(t)}}$ annähert und den man mit $s_M(t)$ bezeichnet.

Die in der Abb. 6.29 dargestellte Impulsantwort dieses Filters ist:

$$\left.\begin{aligned} h_T(t) &= \frac{1}{T}, &\quad \text{für} \quad & 0 < t < T; \\ h_T(t) &= 0, &\quad \text{für} \quad & t < 0; T < t. \end{aligned}\right\} \tag{6.135}$$

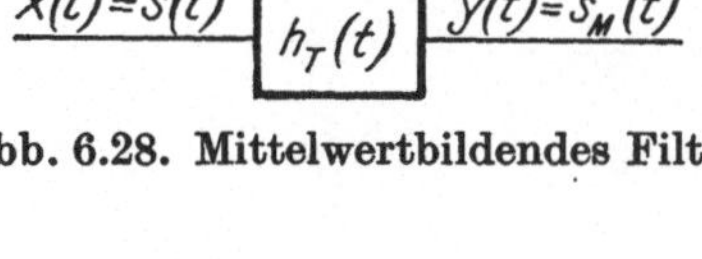

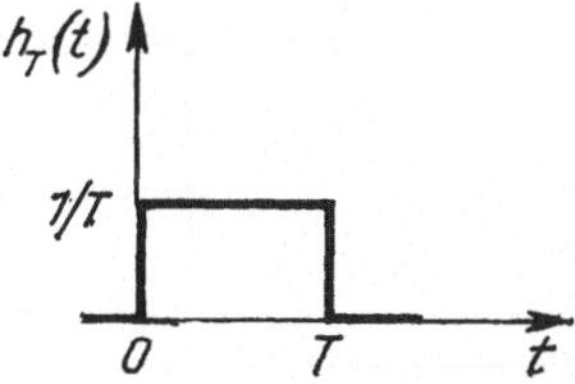

Abb. 6.28. Mittelwertbildendes Filter

Abb. 6.29. Impulsantwort des den Mittelwert bildenden Filters

Wenn das Eingangssignal am Filter $x(t) = s(t)$ ist, so kann das Ausgangssignal mit Hilfe des Faltungsintegrals folgendermaßen ausgerechnet werden:

$$y(t) = s_M(t) = \int\limits_{-\infty}^{+\infty} s(\tau)\, h_T\,(t - \tau)\, d\tau \, , \tag{6.136}$$

oder, wenn man die Beziehung (6.135) berücksichtigt, ist

$$h_T\,(t - \tau) = 0 \quad \text{für} \quad \tau < t - T; \quad t < \tau$$

und es ergibt sich

$$y(t) = s_M(t) = \frac{1}{T} \int\limits_{t-T}^{t} s(\tau)\, d\tau \, . \tag{6.137}$$

Aus der Beziehung (6.137) ergibt sich, daß das Filter eine Mittelung über das Zeitintervall T durchführt. Der erhaltene Mittelwert ist aber eine Zeitfunktion, weil er im allgemeinen von dem Zeitpunkt abhängt, bis zu dem die Mittelung durchgeführt wurde. Wenn jedoch T genügend groß ist, so wird dieser Mittelwert $s_M(t)$ in den meisten Fällen beinahe konstant und gleich dem wahren Mittelwert $s(t)$ sein.

Die Übertragungsfunktion des den Mittelwert bildenden Filters ist

$$H_T(\omega) = \int\limits_{0}^{T} h_T(t)\, e^{-j\,\omega\,t}\, dt$$

oder

$$H_T(\omega) = \frac{1 - e^{-j\,\omega\,T}}{j\,\omega\,T} \, . \tag{6.138}$$

Ein Filter mit der Impulsantwort nach Abb. 6.29 bzw. der Übertragungsfunktion nach Beziehung (6.138) wird auch idealer Integrator genannt und läßt sich mit einem Operationsverstärker der Analogrechentechnik, als Integrator geschaltet, realisieren. Mit passiven Bauelementen wird es in erster Näherung durch ein RC-Filter nach Abb. 6.30 approximiert.

Die Impulsantwort dieses Filters ist (Abb. 6.31)

$$\left.\begin{aligned} h(t) &= \frac{1}{RC}\, e^{-\frac{t}{RC}} \quad &&\text{für} \quad && t < 0 \, , \\ h(t) &= 0 \quad &&\text{für} \quad && t < 0 \, . \end{aligned}\right\} \tag{6.139}$$

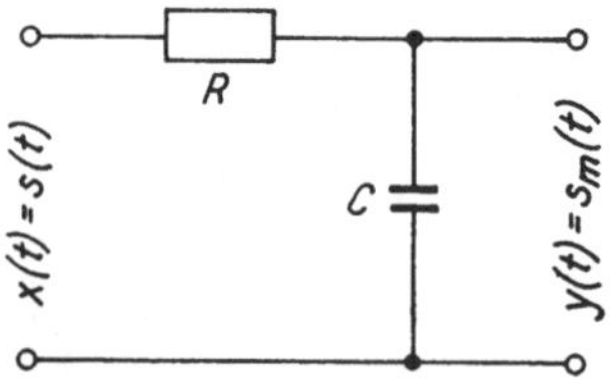

Abb. 6.30. *RC*-Filter, das ein den Mittelwert bildendes Filter annähert

Wenn man die Zeitkonstante mit $T = RC$ bezeichnet, so ergibt sich

$$h(t) = \frac{1}{T}\, e^{-\frac{1}{T}\,t}, \tag{6.140}$$

und die Antwort des Filters auf das Eingangssignal $x(t) = s(t)$ wird

$$y(t) = s_m(t) = \int\limits_{-\infty}^{+\infty} s(\tau)\, h\,(t - \tau)\, d\tau$$

oder, da

$$h(t) = 0 \quad \text{für} \quad t < 0$$

ist, und unter Berücksichtigung der Beziehung (6.140) erhält man

$$y(t) = s_m(t) = \frac{1}{T} \int\limits_{-\infty}^{t} s(\tau)\, e^{-\frac{t-\tau}{T}}\, d\tau . \tag{6.141}$$

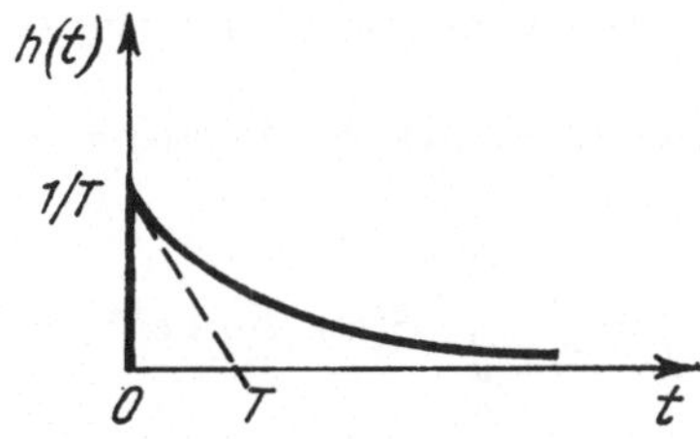

Abb. 6.31. Impulsantwort des RC-Filters der Abb. 6.30

Das durch die Beziehung (6.141) gegebene Signal $s_m(t)$ ist ein gewichteter Mittelwert, in dem die nähere Vergangenheit (τ nahe von t) eine viel größere Rolle als die entfernte Vergangenheit spielt.

Das Signal $s_m(t)$ ist zeitabhängig, doch nähert es sich für große Werte von T dem wahren Mittelwert $\widetilde{\widetilde{s(t)}}$.

6.8.5. Angepaßtes Filter

Das an eine bestimmte Signalform $x(t) = s(t)$ angepaßte Filter oder kurz, das angepaßte Filter, spielt bei den Problemen des Empfangs von sehr schwachen Signalen eine besonders wichtige Rolle.

Die Impulsantwort des angepaßten Filters ist gleich dem Spiegelbild des Signals (Abb. 6.32) und zwar

$$h(t) = K\, s\,[-(t - \tau_0)], \tag{6.142}$$

wobei K und τ_0 konstante Größen sind. Der Einfachheit halber wird im folgenden $K = 1$ angenommen.

Die Übertragungsfunktion dieses Filters ist

$$H(\omega) = \int\limits_{-\infty}^{+\infty} s\,[-(t - \tau_0)]\, e^{-j\omega t}\, dt = e^{-j\omega\tau_0}\, \overset{*}{S}(\omega), \tag{6.143}$$

wobei $\overset{*}{S}(\omega)$ die Konjugierte der Spektraldichte $S(\omega)$ des Signals darstellt.

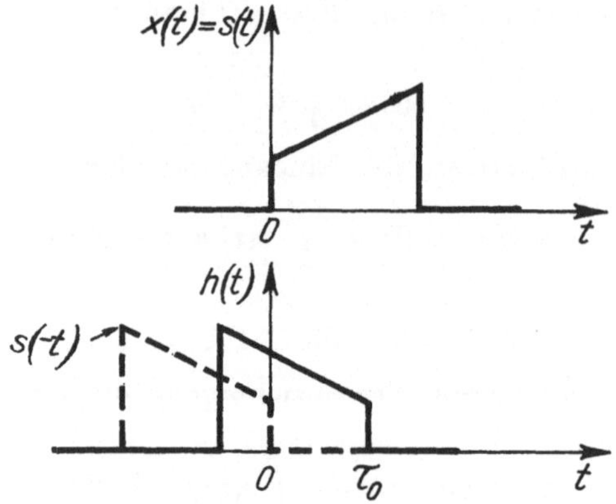

Abb. 6.32. Angepaßtes Filter
a) Eingangssignal; b) Impulsantwort

Wenn am Eingang dieses Filters das Signal $x(t) = s(t)$ angelegt wird, so erhält man am Ausgang das Signal

$$y(t) = \frac{1}{2\pi} \int_{-\infty}^{+\infty} S(\omega)\, H(\omega)\, e^{j\omega t}\, d\omega \,, \tag{6.144}$$

oder, wenn die Beziehung (6.143) berücksichtigt wird;

$$y(t) = \frac{1}{2\pi} \int_{-\infty}^{+\infty} S(\omega)\, \overset{*}{S}(\omega)\, e^{j\omega(t-\tau)}\, d\omega \,. \tag{6.145}$$

Die Antwort $y(t)$ hat für $t = \tau_0$ einen maximalen Wert

$$y(\tau_0) = \frac{1}{2\pi} \int_{-\infty}^{+\infty} |S(\omega)|^2\, d\omega \,, \tag{6.146}$$

der proportional der Energie des Signals $s(t)$ ist.

Dieser maximale Wert dés Ausgangssignals $y(t)$ ist von τ_0 unabhängig. Die Zeit τ_0, in welcher der Maximalwert erscheint, kann durch Phasenänderungen der Übertragungsfunktion beliebig ausgewählt werden, jedoch so, daß sich eine physikalisch realisierbare, d. h. für $t < 0$ verschwindende Impulsantwort ergibt.

Wenn das Signal $s(t)$ eine gerade Funktion

$$s(t) = s(-t)$$

ist, so hat man

$$h(t) = s(t - \tau_0) \,, \tag{6.147}$$

die Impulsantwort des an ein symmetrisches Signal angepaßten Filters ist also die verzögerte Wiederholung des betreffenden Signals.

Wenn man am Eingang eines angepaßten Filters das Signal $s(t)$ anlegt, so erhält man am Ausgang

$$y(t) = \int\limits_{-\infty}^{+\infty} h(\tau)\, s\,(t - \tau)\, d\tau\,. \tag{6.148}$$

Unter Berücksichtigung der Beziehung (6.147) ergibt sich

$$y(t) = \int\limits_{-\infty}^{\infty} s\,[-\,(\tau - \tau_0)]\, s\,(t - \tau)\, d\tau = \int\limits_{-\infty}^{+\infty} s\,(\tau_0 - \tau)\, s\,(t - \tau)\, d\tau\,. \tag{6.149}$$

Der Ausdruck

$$R\,(t - \tau_0) = \int\limits_{-\infty}^{+\infty} s\,(\tau_0 - \tau)\, s\,(t - \tau)\, d\tau \tag{6.150}$$

stellt die Autokorrelationsfunktion des Signals $s(t)$ dar.

Also ist in diesem Fall die erhaltene Antwort der Autokorrelationsfunktion des Signals $s(t)$ proportional und zwar

$$y(t) = R\,(t - \tau_0)\,.$$

Wenn man die Eigenschaften der Autokorrelationsfunktion berücksichtigt, ist ersichtlich, daß sich der maximale Wert von $y(t)$ für $t = \tau_0$ ergibt.

Aus Vorstehendem folgt, daß das angepaßte Filter als Autokorrelator verwendet werden kann.

Wenn man am Eingang des gleichen Filters das Signal $x(t) = f(t)$ anlegt, ist die entsprechende Antwort

$$y(t) = \int\limits_{-\infty}^{+\infty} h(\tau)\, f\,(t - \tau)\, d\tau\,, \tag{6.151}$$

oder

$$y(t) = \int\limits_{-\infty}^{+\infty} s\,(\tau_0 - \tau)\, f\,(t - \tau)\, d\tau\,. \tag{6.152}$$

Der Ausdruck

$$R_{fs}\,(t - \tau_0) = \int\limits_{-\infty}^{+\infty} s\,(\tau_0 - \tau)\, f\,(t - \tau)\, d\tau \tag{6.153}$$

stellt die Kreuzkorrelationsfunktion zwischen den Signalen $f(t)$ und $s(t)$ dar; deswegen kann das angepaßte Filter auch als Korrelator verwendet werden.

Im allgemeinen ist das angepaßte Filter nicht realisierbar, es kann aber durch realisierbare Filter angenähert werden.

Damit das angepaßte Filter realisierbar wird, muß die Impulsantwort

$$h(t) = s\,[-\,(t - \tau_0)] \tag{6.154}$$

gleich Null für $t < 0$ sein:

$$h(t) = 0\,, \quad \text{für} \quad t < 0\,.$$

Dies ist möglich, wenn, wie in Abb. 6.33 gezeigt,

$$s(t) = 0 \quad \text{für} \quad t > \tau_0$$

ist.

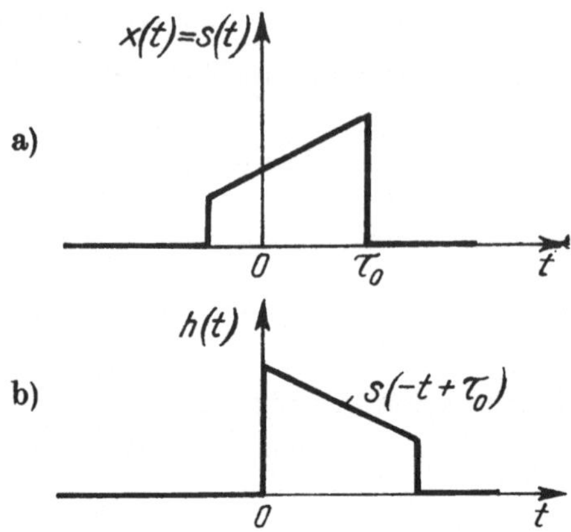

Abb. 6.33. Physikalisch realisierbares angepaßtes Filter
a) Eingangssignal; b) Impulsantwort

6.8.5.1. Das Kammfilter

Das Kammfilter ist ein an ein periodisches Signal angepaßtes Filter.

Es wird angenommen, daß das periodische Signal aus Rechteckimpulsen von sehr kurzer Dauer besteht, die sich mit der Periode T wiederholen. Dieses Signal kann durch eine Folge von DIRACschen δ-Impulsen, wie folgt, angenähert werden (Abb. 6.34):

$$x(t) = s(t) = \sum_{k=-\infty}^{k=n-1} \delta(t - kT), \tag{6.155}$$

wobei $n = \dfrac{\tau_0}{T}$ die Zahl der Impulse ist, die sich im Intervall $(0, \tau_0)$ befinden. Die Summierung erfolgt nur bis $k = n - 1$ damit die Bedingung

$$s(t) = 0 \quad \text{für} \quad t > \tau_0$$

erfüllt ist.

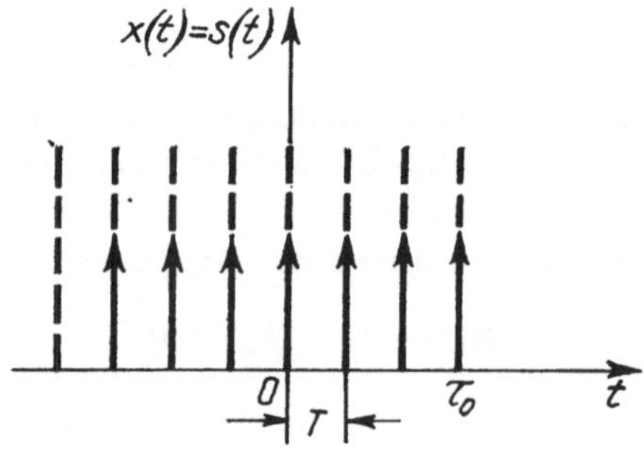

Abb. 6.34. Periodisches Signal, aus einer Folge von δ-Impulsen gebildet

Die Erfüllung dieser Bedingung sichert die Realisierbarkeit des Filters.
Die Übertragungsfunktion des Filters ist nach der Beziehung (6.143)

$$H(\omega) = e^{-j\,\omega\,\tau_0}\,\overset{*}{S}(\omega)\,,\tag{6.156}$$

wobei $\overset{*}{S}(\omega)$ die Konjugierte der Spektraldichte des Signals $s(t)$ ist und zwar

$$\overset{*}{S}(\omega) = \int\limits_{-\infty}^{+\infty} s(t)\,e^{j\,\omega\,t}\,dt = \int\limits_{-\infty}^{+\infty}\sum_{k=-\infty}^{k=n-1}\delta\,(t-k\,T)\,e^{j\,\omega\,t}\,dt\tag{6.157}$$

oder nach Änderung der Reihenfolge von Summation und Integration

$$\overset{*}{S}(\omega) = \sum_{k=-\infty}^{k=n-1}\int\limits_{-\infty}^{+\infty}\delta\,(t-k\,T)\,e^{j\,\omega\,t}\,dt = \sum_{k=-\infty}^{k=n-1}e^{j\,k\,\omega\,T}\,.\tag{6.158}$$

Die Summe der Beziehung (6.158) kann auch folgendermaßen geschrieben
werden:

$$\overset{*}{S}(\omega) = \sum_{k=-\infty}^{k=n-1}e^{j\,k\,\omega\,T} = \sum_{k=0}^{\infty}e^{-j\,k\,\omega\,T} + \sum_{k=1}^{n-1}e^{j\,k\,\omega\,T}\,.\tag{6.159}$$

Wenn man den Ausdruck der Summe einer geometrischen Reihe berücksichtigt, so ergibt sich für das erste Glied

$$\sum_{k=0}^{\infty}e^{-j\,k\,\omega\,T} = \frac{1}{1-e^{-j\,\omega\,T}}\tag{6.160}$$

und für das zweite Glied

$$\sum_{k=1}^{n-1}e^{j\,k\,\omega\,T} = \frac{e^{j\,(n-1)\,\omega\,T}-1}{1-e^{-j\,\omega\,T}}\,.\tag{6.161}$$

Wenn man die Ausdrücke (6.160) und (6.161) in die Beziehung (6.159) einführt.
so erhält man

$$\overset{*}{S}(\omega) = \frac{e^{j\,(n-1)\,\omega\,T}}{1-e^{-j\,\omega\,T}} = \frac{e^{j\,n\,\omega\,T}\ e^{-j\,\frac{1}{2}\,\omega\,T}}{e^{j\,\frac{1}{2}\,\omega\,T}-e^{-j\,\frac{1}{2}\,\omega\,T}}\,.\tag{6.162}$$

Wenn man berücksichtigt, daß $n\,\omega\,T = \omega\,\tau_0$ ist, so ergibt sich

$$\overset{*}{S}(\omega) = e^{j\,\omega\,\tau_0}\cdot\frac{e^{-j\left(\frac{1}{2}\,\omega\,T+\frac{\pi}{2}\right)}}{2\sin\frac{1}{2}\,\omega\,T}\,.\tag{6.163}$$

Durch Einführung der Beziehung (6.163) in die Beziehung (6.156) erhält man
die Übertragungsfunktion des Kammfilters

$$H(\omega) = \frac{1}{2\sin\frac{1}{2}\,\omega\,T}\,e^{-j\,\frac{1}{2}\,(\omega\,T+\pi)}\,.\tag{6.164}$$

Der Betrag der Übertragungsfunktion (Abb. 6.35) ist

$$|H(\omega)| = \frac{1}{2\left|\sin \dfrac{1}{2}\,\omega\,T\right|} \cdot \qquad (6.165)$$

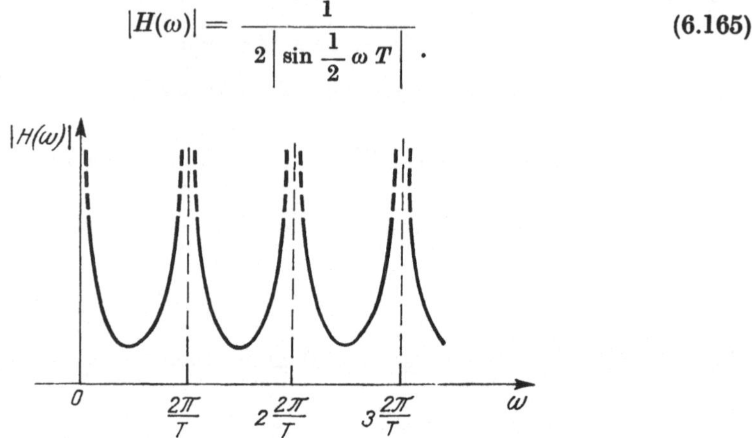

Abb. 6.35. Amplitudencharakteristik des Kammfilters

Praktisch sind die Werte des Betrags der Übertragungsfunktion für Vielfache von $\omega_0 = \dfrac{2\pi}{T}$ begrenzt, aber sehr groß, so daß das Passieren der Komponenten des periodischen Signals mit der Grundfrequenz ω_0 begünstigt wird, während das Rauschen, das sich zwischen diesen Komponenten befindet, vermindert wird.

6.8.6. Wirkung der Nichtlinearität der Phase auf das übertragene Signal

Jedes Signal $s(t)$, das bei $t = 0$ anfängt, kann als eine Summe zweier bezüglich des Ursprungs symmetrischer Signale betrachtet werden, eines mit gerader Symmetrie:

$$s_0(t) = s_0(-t)$$

und ein anderes mit ungerader Symmetrie:

$$s_1(t) = -s_1(-t)\,,$$

so daß (Abb. 6.36)

$$s(t) = s_0(t) + s_1(t) \qquad (6.166)$$

ist.

Wenn das Signal zu einem beliebigen Zeitpunkt $t = t_0$ anfängt, so kann man wieder durch die Substitution $t' = t - t_0$ zum vorigen Fall gelangen.

Wenn das Übertragungssystem einen linearen Phasengang $\Phi(\omega)$ besitzt, wird die Antwort auf ein symmetrisches Eingangssignal auch ein symmetrisches Signal sein, (das von gerader oder ungerader Symmetrie bezüglich eines beliebigen Punktes auf der Zeitachse bzw. des Ursprungs ist) wie auch immer die Amplitudencharakteristik $A(\omega)$ ist.

Diese Behauptung kann folgendermaßen erläutert werden:

1. Wenn $s(t)$ eine gerade Funktion ist, so ist auch

$$S(\omega) = \int\limits_{-\infty}^{+\infty} s(t)\, e^{-j\omega t}\, dt = 2 \int\limits_{0}^{+\infty} s(t)\, \cos \omega t\, dt \qquad (6.167)$$

eine reelle (weil $s(t)$ reell ist) und gerade (weil $S(\omega) = S(-\omega)$ ist) Funktion von ω.

Andererseits ist auch $A(\omega)$ als Betrag der Übertragungsfunktion eine gerade Funktion. Wenn also $s(t)$ eine gerade Funktion ist, ist auch $A(\omega)\, S(\omega)$ eine gerade Funktion von ω.

2. Wenn $s(t)$ eine ungerade Funktion ist, so ist auch

$$S(\omega) = -\,2j \int\limits_{0}^{+\infty} s(t)\, \sin \omega t\, dt \qquad (6.168)$$

eine ungerade Funktion von ω. Also ist für eine ungerade Funktion $s(t)$ auch $A(\omega)\, S(\omega)$ ungerade.

Die Antwort des Systems ist

$$y(t) = \frac{1}{2\pi} \int\limits_{-\infty}^{+\infty} A(\omega)\, S(\omega)\, e^{j\Phi(\omega)}\, e^{j\omega t}\, d\omega \qquad (6.169)$$

oder

$$y(t) = \frac{1}{2\pi} \int\limits_{-\infty}^{+\infty} A(\omega)\, S(\omega)\, \cos\left[\omega t + \Phi(\omega)\right] d\omega +$$
$$+\,j\frac{1}{2\pi} \int\limits_{-\infty}^{+\infty} A(\omega)\, S(\omega)\, \sin\left[\omega t + \Phi(\omega)\right] d\omega\,. \qquad (6.170)$$

Wenn angenommen wird, daß der Phasengang linear ist und zwar

$$\Phi(\omega) = -\,\tau\,\omega\,,$$

so ergibt sich

$$y(t) = \frac{1}{2\pi} \int\limits_{-\infty}^{+\infty} A(\omega)\, S(\omega)\, \cos \omega\,(t-\tau)\, d\omega +$$
$$+\,\frac{j}{2\pi} \int\limits_{-\infty}^{+\infty} A(\omega)\, S(\omega)\, \sin \omega\,(t-\tau)\, d\omega\,. \qquad (6.171)$$

Wenn $s(t)$ eine gerade Funktion ist, so ist das Produkt $A(\omega) \cdot S(\omega)$ auch eine gerade Funktion, und aus der Beziehung (6.171) wird

$$y(t) = \frac{1}{2\pi} \int\limits_{-\infty}^{+\infty} A(\omega)\, S(\omega)\, \cos \omega\,(t-\tau)\, d\omega\,, \qquad (6.172)$$

also ist $y(t)$ eine gerade Zeitfunktion, die bezüglich $t = \tau$ symmetrisch ist.

18 Spătaru

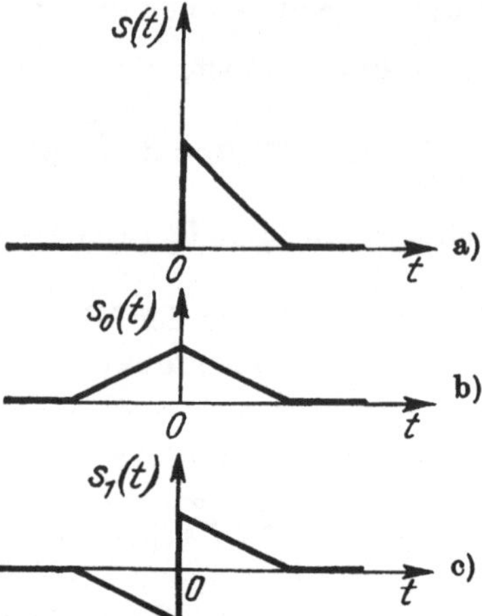

Abb. 6.36. Darstellung eines Signals als Summe zweier symmetrischer Signale
a) ursprüngliches Signal; b) Signal mit gerader Symmetrie; c) Signal mit ungerader Symmetrie

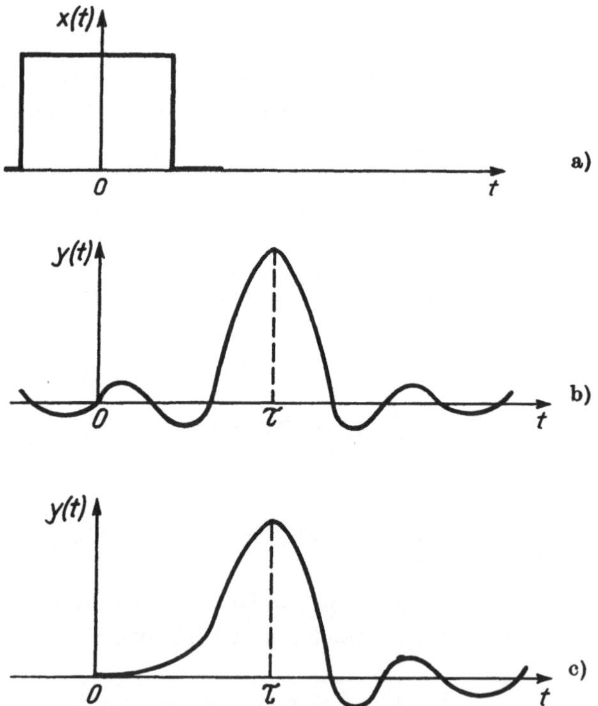

Abb. 6.37. Verhalten eines Systems bei Erregung durch einen Reckteckimpuls
a) Eingangssignal; b) (symmetrische) Antwort im Fall eines linearen Phasenganges; c) (nichtsymmetrische) Antwort im Falle eines nichtlinearen Phasenganges

Wenn $s(t)$ eine ungerade Funktion ist, so ist das Produkt $A(\omega) \cdot S(\omega)$ auch eine ungerade Funktion und aus der Beziehung (6.171) wird

$$y(t) = \frac{j}{2\pi} \int\limits_{-\infty}^{+\infty} A(\omega)\, S(\omega) \sin \omega\, (t - \tau)\, d\omega\,, \qquad (6.173)$$

also ist $y(t)$ eine ungerade Funktion, die bezüglich $t = \tau$ symmetrisch ist.

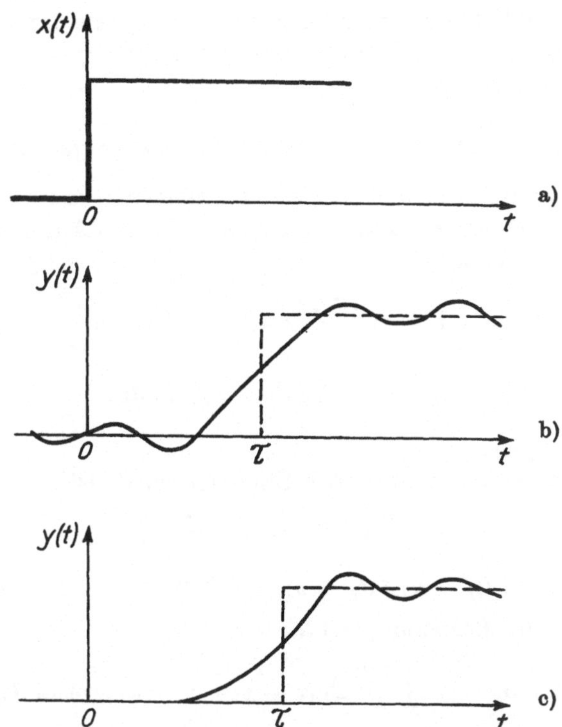

Abb. 6.38. Verhalten eines Systems bei Erregung durch Sprungfunktion

a) Eingangssignal; b) (symmetrische) Antwort, im Fall eines linearen Phasenganges; c) (nichtsymmetrische) Antwort im Fall eines nichtlinearen Phasenganges

Es bestätigt sich also, daß im Fall eines linearen Phasenganges $\Phi(\omega)$ der Übertragungsfunktion, wie auch immer die Amplitudencharakteristik $A(\omega)$ ist, die Antwort auf ein symmetrisches Eingangssignal auch symmetrisch ist. Die Symmetrie ist gerade, wenn das Eingangssignal von gerader Symmetrie ist, und ungerade, wenn das Eingangssignal von ungerader Symmetrie ist.

Umgekehrt, wenn am Eingang eines Systems ein symmetrisches Signal angelegt wird (Abb. 6.37 und 6.38) und die Antwort nicht symmetrisch ist, so bedeutet das, daß der Phasengang der Übertragungsfunktion nicht linear ist.

18*

6.9. Übertragung zufälliger Signale durch lineare Systeme

Wenn am Eingang eines linearen Systems ein zufälliges Signal $\xi(t)$ angelegt wird, so erscheint am Ausgang des Systems auch ein zufälliges Signal

$$\eta(t) = \int\limits_{-\infty}^{+\infty} \xi\,(t - \tau)\,h(\tau)\,d\tau\,, \tag{6.174}$$

wobei $h(t)$ die Impulsantwort des Systems ist.

Mit Hilfe dieser Beziehung können die Autokorrelationsfunktion und die Leistungsspektraldichte des zufälligen Ausgangssignals dann bestimmt werden, wenn die Autokorrelationsfunktion und die Leistungsspektraldichte des Eingangssignals bekannt sind.

6.9.1. Autokorrelationsfunktion des Ausgangssignals

Wenn das Signal $\xi(t)$ in weitem Sinne stationär ist, so ist auch das Signal $\eta(t)$ in weitem Sinne stationär, und es ergibt sich für die Autokorrelationsfunktion des Ausgangssignals $\eta(t)$

$$B_\eta\,(\tau) = m_1\,\{\eta(t_1)\,\eta(t_2)\} = m_1\{\int\limits_{-\infty}^{+\infty} \xi\,(t_1 - u)\,h(u)\,du \int\limits_{-\infty}^{+\infty} \xi\,(t_2 - v)\,h(v)\,dv\} =$$

$$= \int\limits_{-\infty}^{+\infty}\int\limits_{-\infty}^{+\infty} h(u)\,h(v)\,m_1\,\{\xi\,(t_1 - u)\,\xi\,(t_2 - v)\}\,du\,dv\,. \tag{6.175}$$

wobei $\tau = t_2 - t_1$ ist.

Die Autokorrelationsfunktion des Eingangssignals ist

$$B_\xi(\tau) = m_1\,\{\xi(t_1)\,\xi(t_2)\} \tag{6.176}$$

also

$$m_1\,\{\xi\,(t_1 - u)\,\xi\,(t_2 - v)\} = B_\xi\,(t_2 - t_1 - v + u)\,, \tag{6.177}$$

womit man aus der Beziehung (6.175)

$$B_\eta(\tau) = \int\limits_{-\infty}^{+\infty}\int\limits_{-\infty}^{+\infty} B_\xi\,(\tau - v + u)\,h(u)\,h(v)\,du\,dv \tag{6.178}$$

erhält.

Die Beziehung (6.178) ermöglicht die Berechnung der Korrelationsfunktion $B_\eta(\tau)$ des Signals $\eta(t)$ am Ausgang eines Systems, dessen Impulsantwort $h(t)$ ist, wenn die Autokorrelationsfunktion $B_\xi(\tau)$ des in weitem Sinne stationären Eingangssignals bekannt ist.

6.9.2. Leistungsspektraldichte des Ausgangssignals

Die Leistungsspektraldichte des Ausgangssignals ist die FOURIER-Transformierte der Autokorrelationsfunktion und zwar

$$q_\eta(\omega) = \int\limits_{-\infty}^{+\infty} B_\eta(\tau)\,e^{-j\,\omega\tau}\,d\tau\,. \tag{6.179}$$

Wenn man die Beziehung (6.178) in die Beziehung (6.179) einführt, so erhält man

$$q_\eta(\omega) = \int\limits_{-\infty}^{+\infty} \int\limits_{-\infty}^{+\infty} \int\limits_{-\infty}^{+\infty} h(u)\, h(v)\, B_\xi\,(\tau - v + u)\, e^{-j\,\omega\tau}\, du\, dv\, d\tau\ . \qquad (6.180)$$

Nach der Substitution $\Theta = \tau - v + u$ kann die Beziehung (6.180) in der Form

$$q_\eta(\omega) = \int\limits_{-\infty}^{+\infty} h(u)\, e^{j\,\omega u}\, du \int\limits_{-\infty}^{+\infty} h(v)\, e^{-j\,\omega v}\, dv \int\limits_{-\infty}^{+\infty} B_\xi(\Theta)\, e^{-j\,\omega\,\Theta}\, d\Theta \qquad (6.181)$$

geschrieben werden.

Aber

$$H\,(-j\,\omega) = \int\limits_{-\infty}^{+\infty} h(u)\, e^{+j\,\omega u}\, du\ ;$$

$$H\,(+j\,\omega) = \int\limits_{-\infty}^{+\infty} h(v)\, e^{-j\,\omega v}\, dv \qquad\qquad (6.182)$$

und

$$q_\xi(\omega) = \int\limits_{-\infty}^{+\infty} B_\xi(\Theta)\, e^{-j\,\omega\,\Theta}\, d\Theta\ , \qquad\qquad (6.183)$$

wobei $H\,(j\,\omega)$ die Übertragungsfunktion des Systems und $q_\xi(\omega)$ die Leistungsspektraldichte des Eingangssignals $\xi(t)$ darstellen.

Wenn man die Beziehungen (6.182) und (6.183) berücksichtigt, so ergibt sich

$$q_\eta(\omega) = H\,(j\,\omega)\, H\,(-j\,\omega)\, q_\xi\,(\omega)$$

oder

$$q_\eta(\omega) = |H(j\,\omega)|^2\, q_\xi(w) = A^2(\omega)\, q_\xi(\omega)\ . \qquad (6.184)$$

Die Beziehung (6.184) gibt den Zusammenhang zwischen der Leistungsspektraldichte $q_\xi(\omega)$ des Eingangssignals und der Leistungsspektraldichte $q_\eta(\omega)$ des Ausgangssignals dann, wenn die Amplitudencharakteristik $A(\omega)$ der Übertragungsfunktion $H(j\,\omega)$ des Systems bekannt ist.

Wenn $q(\omega)$ und $A(\omega)$ bekannt sind, so kann aus der Beziehung

$$B_\eta(\tau) = \frac{1}{2\,\pi} \int\limits_{-\infty}^{+\infty} q_\eta(\omega)\, e^{j\,\omega\tau}\, d\omega \qquad\qquad (6.185)$$

und der Beziehung (6.184)

$$B_\eta(\tau) = \frac{1}{2\,\pi} \int\limits_{-\infty}^{+\infty} A^2(\omega)\, q_\xi(\omega)\, e^{j\,\omega\tau}\, d\omega \qquad\qquad (6.186)$$

die Korrelationsfunktion des Ausgangssignals bestimmt werden.

Wenn das lineare System physikalisch realisierbar ist, so dürfen die Integrale, in denen die Impulsantwort vorkommt, nur für positive Werte der Veränderlichen ausgewertet werden.

Wenn das stationäre Signal $\xi(t)$ zur Zeit $t = 0$ am Eingang angelegt wird, so ergeben sich Einschwingvorgänge, die dazu führen, daß $\eta(t)$ nicht mehr stationär ist; folglich sind in Anwesenheit von Einschwingerscheinungen die oben angegebenen Beziehungen nicht mehr gültig.

6.9.3. Übertragung von weißem Rauschen durch lineare Systeme

Besonders wichtig für die Anwendungen ist der Fall, wenn am Eingang eines linearen Systems weißes Rauschen angelegt wird. In diesem Fall ist die Leistungsspektraldichte am Eingang konstant und zwar

$$q_\xi(\omega) = \frac{1}{2}\,N_0\,, \tag{6.187}$$

während die Leistungsspektraldichte am Ausgang

$$q_\eta(\omega) = \frac{1}{2}\,N_0\,A^2(\omega) \tag{6.188}$$

ist.

Mit Hilfe dieses Ausdruckes kann nach der Beziehung (6.186) die Korrelationsfunktion des Ausgangssignals berechnet werden:

$$B_\eta(\tau) = \frac{1}{2\pi}\,\frac{N_0}{2}\int\limits_{-\infty}^{+\infty} A^2(\omega)\,e^{j\,\omega\tau}\,d\omega\,. \tag{6.189}$$

Wenn man andererseits berücksichtigt, daß die Autokorrelationsfunktion des weißen Rauschens die δ-Funktion ist und zwar

$$B(\tau) = \frac{1}{2}\,N_0\,\delta(\tau) \tag{6.190}$$

und diesen Ausdruck in die Beziehung (6.178) einführt, so ergibt sich die Autokorrelationsfunktion am Ausgang zu

$$B_\eta(\tau) = \frac{N_0}{2}\int\limits_{-\infty}^{+\infty} h(u)\,du \int\limits_{-\infty}^{+\infty} \delta\,(\tau - v + u)\,h(v)\,dv$$

oder

$$B_\eta(\tau) = \frac{N_0}{2}\int\limits_{-\infty}^{+\infty} h(u)\,h\,(u + \tau)\,du\,. \tag{6.191}$$

Wenn also am Eingang weißes Rauschen angelegt wird, so ist die Autokorrelationsfunktion am Ausgang proportional der Funktion

$$\varrho(\tau) = \int\limits_{-\infty}^{+\infty} h(u)\,h\,(u + \tau)\,du\,, \tag{6.192}$$

die infolge der Ähnlichkeit mit der Autokorrelationsfunktion *Autokorrelationsfunktion des Filters* genannt wird.

Die FOURIER-Transformierte der Autokorrelationsfunktion des Filters ist

$$\mathfrak{F}\left\{\varrho(t)\right\} = \int\limits_{-\infty}^{+\infty} \varrho(t)\, e^{-j\,\omega t}\, dt = \int\limits_{-\infty}^{+\infty} \int\limits_{-\infty}^{+\infty} h\,(u+t)\, e^{-j\,\omega t}\, h(u)\, du\, dt\,,$$

woraus sich mit der Substitution $t = v - u$

$$\mathfrak{F}\left\{\varrho(t)\right\} = \int\limits_{-\infty}^{+\infty} h(v)\, e^{-j\,\omega v}\, dv \int\limits_{-\infty}^{+\infty} h(u)\, e^{j\,\omega u}\, du =$$

$$= H(\omega)\, H\,(-\,\omega) = |\,H(\omega)|^2 \tag{6.193}$$

ergibt; also sind $|H(\omega)|^2$ und $\varrho(t)$ FOURIER-Paare.

6.9.3.1. Übertragung weißen Rauschens durch den idealen Tiefpaß

In diesem Fall ist die Leistungsspektraldichte am Ausgang (Abb. 6.39)

$$q_{\eta}(\omega) = \frac{1}{2}\, N_0\, A^2 \quad \text{für} \quad |\omega| < \omega_1\,,$$

$$q_n(\omega) = 0 \qquad\qquad \text{für} \quad |\omega| > \omega_1\,, \tag{6.194}$$

wobei ω_1 die Grenzfrequenz des Filters darstellt.

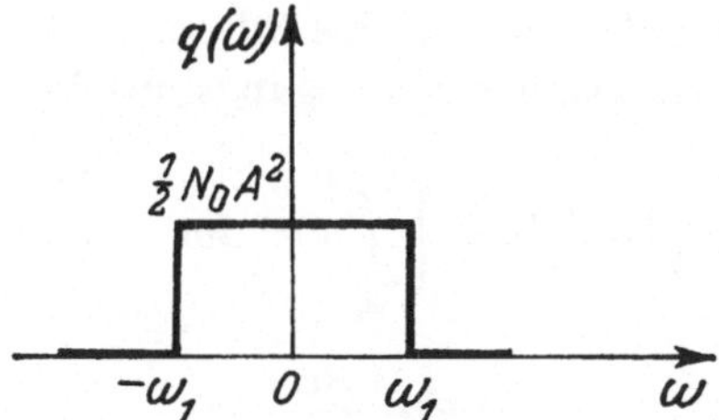

Abb. 6.39. Darstellung der Leistungsspektraldichte am Ausgang eines idealen Tiefpasses, an dessen Eingang weißes Rauschen angelegt wird

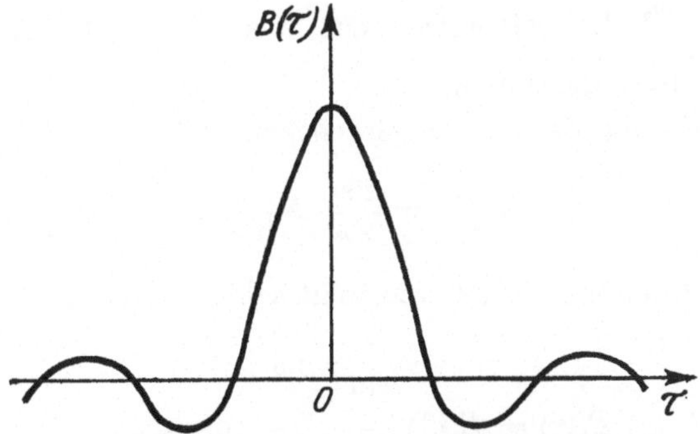

Abb. 6.40. Darstellung der Autokorrelationsfunktion am Ausgang eines idealen Tiefpasses, an dessen Eingang weißes Rauschen angelegt wird

Die Autokorrelationsfunktion des Ausgangsrauschens ist (Abb. 6.40)

$$B_\eta(\tau) = \frac{1}{2\pi} \frac{N_0}{2} A^2 \int\limits_{-\omega_1}^{+\omega_1} e^{j\omega\tau}\, d\omega = \frac{\omega_1}{2\pi} N_0 A^2 \frac{\sin \omega_1 \tau}{\omega_1 \tau} \,. \qquad (6.195)$$

Die mittlere Leistung des Ausgangsrauschens ist

$$B_\eta(0) = \frac{\omega_1}{2\pi} N_0 A^2 \,, \qquad (6.196)$$

womit die Beziehung (6.195) folgendermaßen geschrieben werden kann

$$B_\eta(\tau) = B_\eta(0) \frac{\sin \omega_1 \tau}{\omega_1 \tau} \,. \qquad (6.197)$$

6.9.3.2. Übertragung weißen Rauschens durch den idealen Bandpaß

In diesem Fall ist die Leistungsspektraldichte am Ausgang (Abb. 6.41)

$$\begin{cases} q_\eta(\omega) = \dfrac{1}{2} N_0 A^2 & \text{für} \quad \omega_1 < |\omega| < \omega_2; \\[2mm] q_\eta(\omega) = 0 & \text{für} \quad |\omega| < \omega_1; \omega_2 < |\omega|\,, \end{cases} \qquad (6.198)$$

wobei ω_1 und ω_2 die Grenzfrequenzen des Filters darstellen.

Die Autokorrelationsfunktion des Ausgangsrauschens ist (Abb. 6.42)

$$B_\eta(\tau) = \frac{1}{2\pi} \frac{N_0}{2} A^2 \left[\int\limits_{-\omega_2}^{-\omega_1} e^{j\omega\tau}\, d\omega + \int\limits_{\omega_1}^{\omega_2} e^{j\omega\tau}\, d\omega \right] =$$

$$= \frac{\Delta\omega}{2\pi} N_0 A^2 \frac{\sin \dfrac{\tau\, \Delta\omega}{2}}{\dfrac{\tau\, \Delta\omega}{2}} \cos \omega_0 \tau \,, \qquad (6.199)$$

wobei $\omega_0 = \dfrac{\omega_1 + \omega_2}{2}$ die Mittenfrequenz des Filters und $\Delta\omega = \omega_2 - \omega_1$ die Bandbreite des Filters darstellen.

Die mittlere Leistung des Ausgangsrauschens ist

$$B_\eta(0) = \frac{\Delta\omega}{2\pi} N_0 A^2 \,, \qquad (6.200)$$

womit man die Beziehung (6.199) wie folgt schreiben kann:

$$B_\eta(\tau) = B_\eta(0) \frac{\sin \dfrac{\tau\, \Delta\omega}{2}}{\dfrac{\tau\, \Delta\omega}{2}} \cos \omega_0 \tau \,. \qquad (6.201)$$

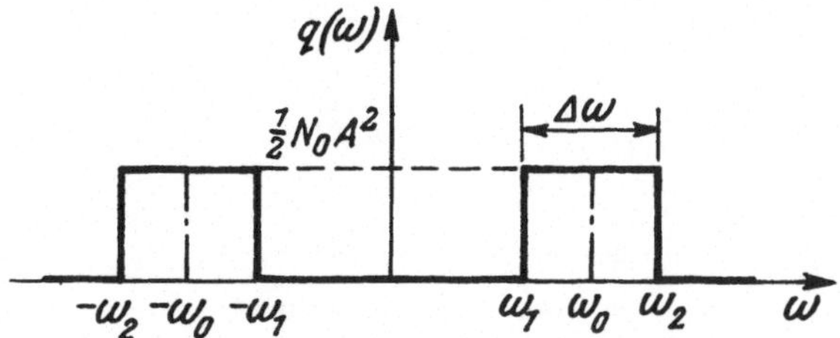

Abb. 6.41. Darstellung der Leistungsspektraldichte am Ausgang eines idealen Bandpasses, an dessen Eingang weißes Rauschen angelegt wird

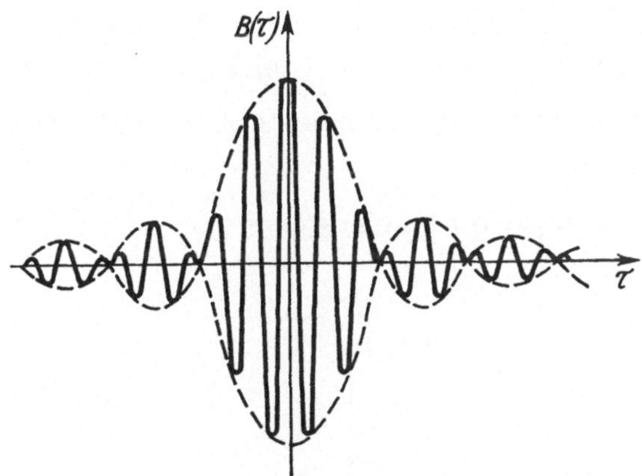

Abb. 6.42. Darstellung der Autokorrelationsfunktion am Ausgang eines idealen Bandpasses, an dessen Eingang weißes Rauschen angelegt wird

6.9.3.3. Übertragung weißen Rauschens durch das RC-Filter

Es werden zwei Fälle untersucht.

1. Im Falle des RC-Filters (Abb. 6.43) ist die Leistungsspektraldichte am Ausgang bei weißem Rauschen am Eingang

$$q_1(\omega) = \frac{1}{2} N_0 \, |H_1(\omega)|^2 \,, \tag{6.202}$$

wobei $|H_1(\omega)|^2$ durch die Beziehung (6.125) mit

$$|H_1(\omega)|^2 = \frac{1}{1 + (RC\,\omega)^2} \tag{6.203}$$

gegeben ist.

Wenn man in die Beziehung (6.202) den Ausdruck (6.203) einsetzt, so ergibt sich (Abb. 6.44)

$$q_1(\omega) = \frac{N_0}{2} \, \frac{1}{1 + (RC\,\omega)^2} \,. \tag{6.204}$$

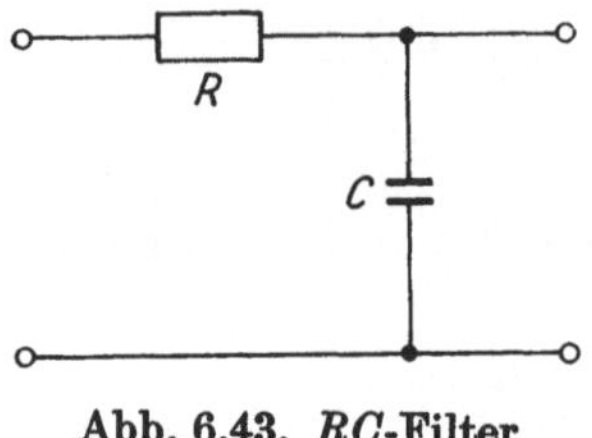

Abb. 6.43. RC-Filter

Die Autokorrelationsfunktion des Ausgangsrauschens ist

$$B_1(\tau) = \frac{1}{2\pi} \int\limits_{-\infty}^{+\infty} q_1(\omega)\, e^{j\,\omega\tau}\, d\omega = \frac{N_0}{2}\, \frac{1}{2\pi j} \int\limits_{-\infty}^{+\infty} H_1(p)\, H_1(-p)\, e^{p\tau}\, dp\,. \quad (6.205)$$

Die Pole des Integranden sind $p_1 = \dfrac{1}{RC}$ und $p_2 = -\dfrac{1}{RC}$, folglich erhält man für $\tau > 0$ (der Integrationsweg befindet sich in der linken Halbebene der Abb. 6.45)

$$\int\limits_{-\infty}^{+\infty} H_1(p)\, H_1(-p)\, e^{p\tau}\, dp = 2\pi j \cdot \frac{1}{2\,RC}\, e^{-\frac{\tau}{RC}}$$

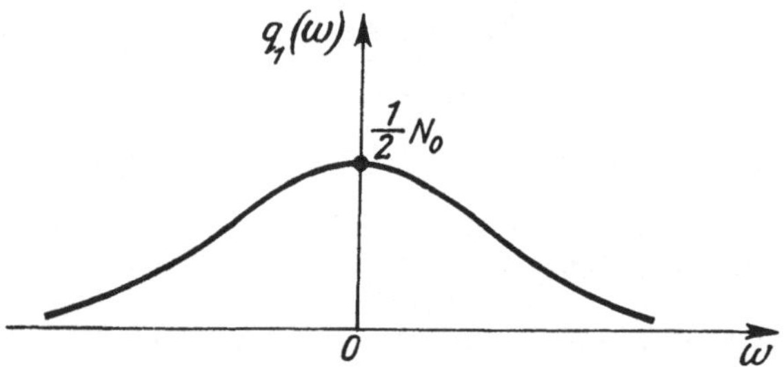

Abb. 6.44. Darstellung der Leistungsspektraldichte am Ausgang des RC-Filters
der Abb. 6.43

während man für $\tau < 0$

$$\int\limits_{-\infty}^{+\infty} H_1(p)\, H_1(-p)\, e^{p\tau}\, dp = 2\pi j\, \frac{1}{2\,RC}\, e^{\frac{\tau}{RC}}$$

erhält.

Nach Einsetzen in die Beziehung (6.205) ergibt sich

$$B_1(\tau) = \frac{N_0}{2} \cdot \frac{1}{2\,RC} \cdot e^{-\frac{|\tau|}{RC}}\,. \qquad (6.206)$$

In der Abb. 6.46 ist die Autokorrelationsfunktion am Ausgang des RC-Filters dargestellt, wenn am Eingang weißes Rauschen angelegt ist.

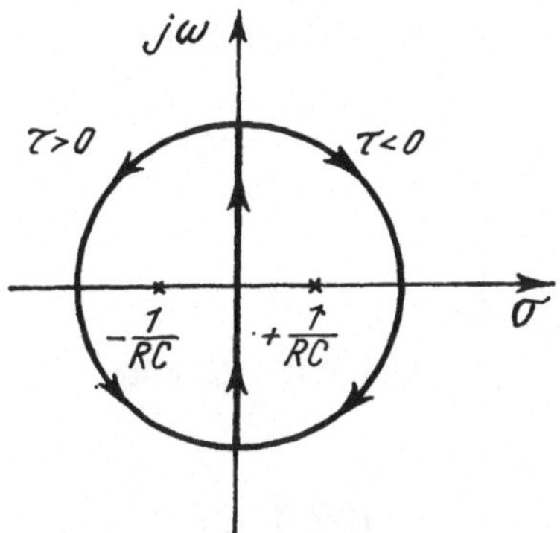

Abb. 6.45. Integrationsweg in der komplexen Ebene zur Auswertung der Autokorrelationsfunktion nach der Beziehung (6.205)

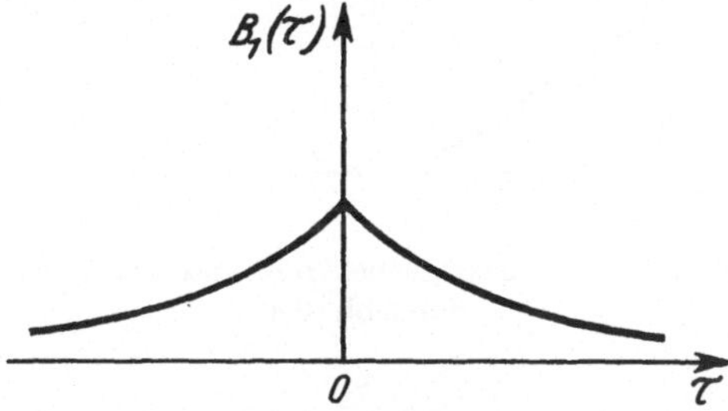

Abb. 6.46. Darstellung der Autokorrelationsfunktion am Ausgang des RC-Filters
der Abb. 6.43

Die mittlere Leistung des Ausgangsrauschens ist

$$B_1(0) = \frac{N_0}{2} \cdot \frac{1}{2\,RC}, \tag{6.207}$$

wobei die Beziehung (6.206) wie folgt geschrieben werden kann

$$B_1(\tau) = B_1(0)\, e^{-\frac{|\tau|}{RC}}. \tag{6.208}$$

2. Im Fall des CR-Filters (Abb. 6.47) ist die Leistungsspektraldichte am Ausgang bei weißem Rauschen am Eingang

$$q_2(\omega) = \frac{1}{2}\,N_0\,|H_2(\omega)|^2\,, \tag{6.209}$$

wobei $|H_2(\omega)|^2$ durch die Beziehung (6.129) mit

$$|H_2(\omega)|^2 = \frac{(\omega\,RC)^2}{1 + (\omega\,RC)^2} \tag{6.210}$$

gegeben ist.

Wenn man den Ausdruck (6.210) in die Beziehung (6.209) einführt, so ergibt sich für die Leistungsspektraldichte am Ausgang (Abb. 6.48)

$$q_2(\omega) = \frac{N_0}{2} \cdot \frac{(\omega\,RC)^2}{1 + (\omega\,RC)^2}. \tag{6.211}$$

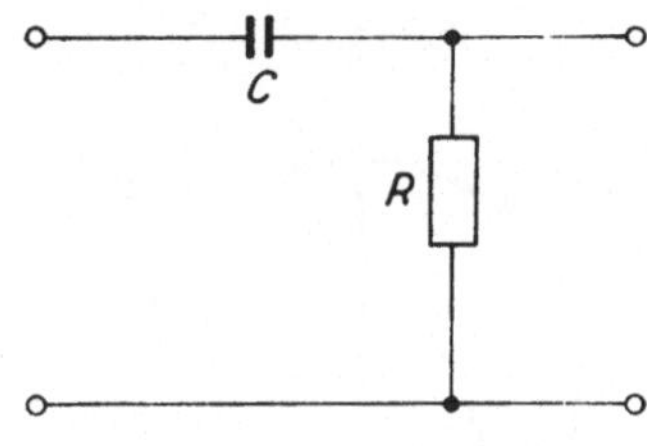

Abb. 6.47. CR-Filter

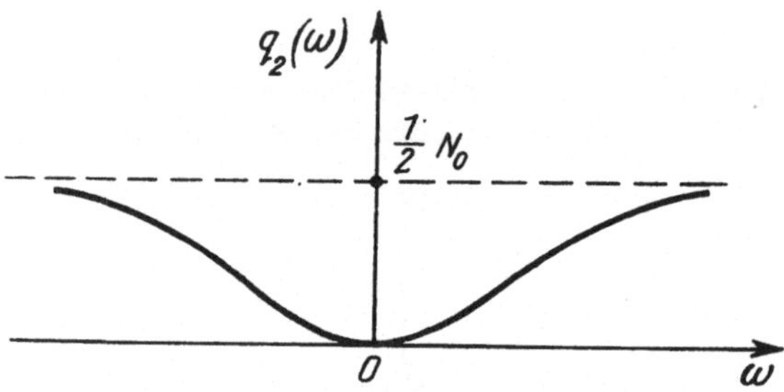

Abb. 6.48. Darstellung der Leistungsspektraldichte am Ausgang des CR-Filters
der Abb. 6.47

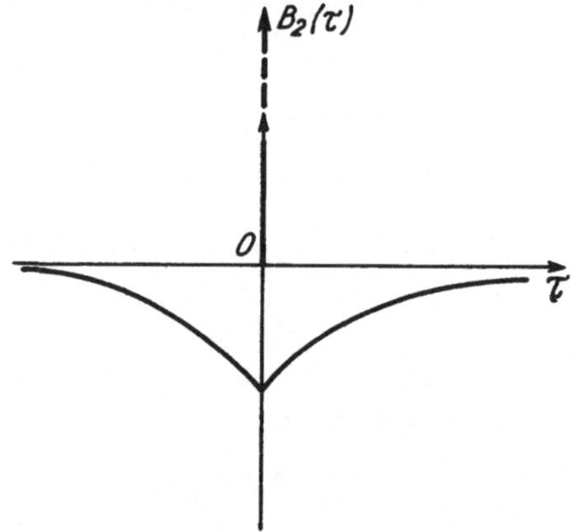

Abb. 6.49. Darstellung der Autokorrelationsfunktion am Ausgang des CR-Filters
der Abb. 6.47

Die Autokorrelationsfunktion des Ausgangsrauschens (Abb. 6.49) kann wie im
vorigen Fall bestimmt werden und ist

$$B_2(\tau) = \frac{N_0}{2}\left[\delta(\tau) - \frac{1}{2\,R\,C}e^{-\frac{|\tau|}{R\,C}}\right], \qquad (6.212)$$

Die mittlere Leistung des Ausgangsrauschens ist unendlich

$$B_2(0) = \frac{N_0}{2}\,\delta(0)\,,$$

da die Spektraldichte der Ausgangsleistung gegen N_0 strebt, wenn ω gegen Unendlich geht.

6.9.4. Rauschersatzbandbreite

In einigen Berechnungen wird der reale Bandpaß durch einen idealen Bandpaß ersetzt, dessen Bandbreite $\Delta\omega$ (Abb. 6,50) durch die Beziehung

$$2\,\Delta\omega\,A^2(\omega_0) = \int\limits_{-\infty}^{+\infty} A^2(\omega)\,d\omega = 2\int\limits_{0}^{+\infty} A^2(\omega)\,d\omega \tag{6.213}$$

gegeben ist.

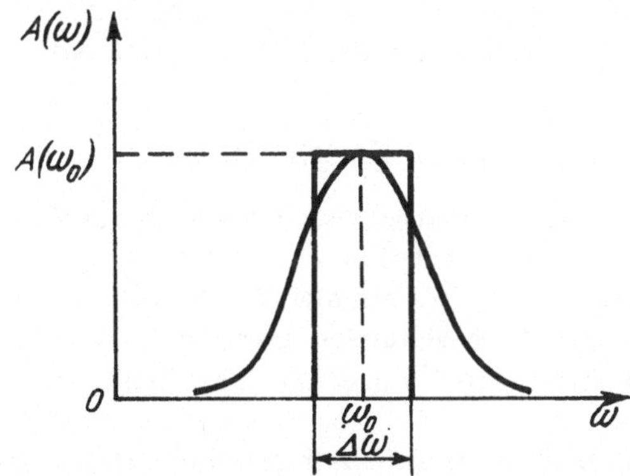

Abb. 6.50. Darstellung der Rauschersatzbandbreite

Wenn am Eingang weißes Rauschen angelegt wird, so kann man die Leistungsspektraldichte $q(\omega)$ am Ausgang des Filters dadurch errechnen, daß man die

Beziehung (6.213) mit der Leistungsspektraldichte $\dfrac{1}{2}\,N_0$ des weißen Rauschens

multipliziert:

$$2\,\Delta\omega\,q(\omega_0) = \int\limits_{-\infty}^{+\infty} q(\omega)\,d\omega = 2\int\limits_{0}^{+\infty} q(\omega)\,d\omega\,. \tag{6.214}$$

Das Integral der Beziehung (6.214) ist gleich der mit $2\,\pi$ multiplizierten mittleren Leistung des Ausgangssignals.

Aus der Beziehung (6.213) ist ersichtlich, daß die Bandbreite $\Delta\omega$ als die
Bandbreite eines idealen Filters mit einer Amplitudencharakteristik $A(\omega)|_{\text{Max}} =
= A(\omega_0)$ definiert wird.

Das Rauschen am Ausgang dieses Filters hat die gleiche mittlere Leistung wie
am Ausgang des realen Filters mit der Amplitudencharakteristik $A(\omega)$.

Die Bandbreite $\Delta\omega$ ist

$$\Delta\omega = \frac{\displaystyle\int\limits_{0}^{\infty} A^2(\omega)\,d\omega}{A^2(\omega_0)} \tag{6.215}$$

oder

$$\Delta\omega = \frac{\int\limits_{0}^{+\infty} q(\omega)\, d\omega}{q(\omega_0)} \qquad (6.216)$$

oder

$$\Delta\omega = \frac{2\,\pi\, B(0)}{N_0\, A^2(\omega_0)}\,, \qquad (6.217)$$

wobei $B(0)$ die Korrelationsfunktion für $\tau = 0$ bzw. die mittlere Leistung des Ausgangssignals ist.

Diese Definition der Bandbreite — auch *Rauschbandbreite* genannt — ist im allgemeinen verschieden von der Definition, die einer Dämpfung von $3dB$ entspricht, aber bei vielen praktischen Anwendungen sind die Differenzen nicht groß, so daß die zwei Definitionen als nahezu äquivalent angenommen werden können.

6.9.5. Korrelationsdauer

Beim Durchgang weißen Rauschens (dessen Autokorrelationsfunktion die Diracsche δ-Funktion ist) durch lineare Schaltungen werden um so größere Einschränkungen eingeführt, je schmaler die Bandbreite der Schaltungen ist. Im Grenzfall einer unendlich schmalen Bandbreite würde die Schaltung nur eine einzige Komponente durchlassen und das Signal würde seinen zufälligen Charakter verlieren.

Als Maß der von einer linearen Schaltung eingeführten Einschränkung wird die *Korrelationsdauer* definiert.

Analog zum vorigen Fall wird die Korrelationsdauer τ_0 durch die Beziehung

$$2\,\tau_0\, B(0) = \int\limits_{-\infty}^{+\infty} B(\tau)\, d\tau = 2 \int\limits_{0}^{+\infty} B(\tau)\, d\tau \qquad (6.218)$$

definiert; τ_0 bestimmt also eine Fläche, die der von der Korrelationsfunktion bestimmten Fläche (Abb. 6.51) gleich ist.

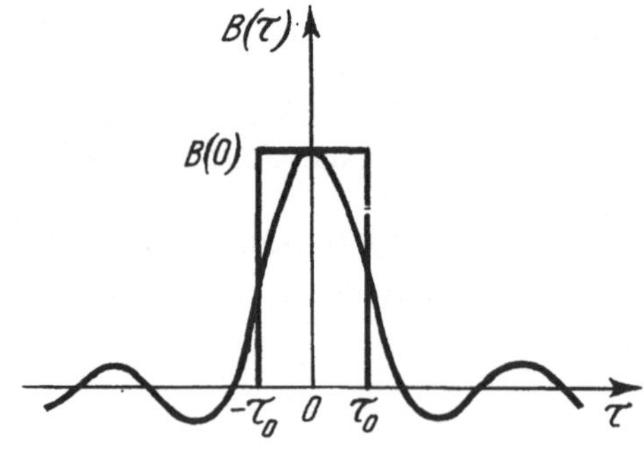

Abb. 6.51. Darstellung der Korrelationsdauer

Aus der Beziehung (6.128) ergibt sich

$$\tau_0 = \frac{\int\limits_{0}^{+\infty} B(\tau)\, d\tau}{B(0)}\,.\qquad(6.219)$$

Für den Fall des idealen Tiefpasses ergibt sich durch Einführen des Ausdruckes (6.197) in die Beziehung (6.219)

$$\tau_0 = \int\limits_{0}^{+\infty} \frac{\sin \omega_1 \tau}{\tau\,\omega_1}\, d\tau = \frac{1}{\omega_1}\,\mathrm{Si}\,(\infty) = \frac{\pi}{2\,\omega_1} = \frac{1}{4\,f_1}\,,\qquad(6.220)$$

wobei f_1 die Bandbreite des Filters ist.

Im Fall des idealen Bandpasses kann die Korrelationsdauer in einer ähnlichen Weise definiert werden, indem man in die Beziehung (6.219) statt $B(\tau)$ die durch den Ausdruck (6.201) gegebene Hüllkurve einsetzt. In diesem Fall ergibt sich

$$\tau_0 = \int\limits_{0}^{+\infty} \frac{\sin \dfrac{\tau\,\Delta\omega}{2}}{\dfrac{\tau\,\Delta\omega}{2}}\, d\tau = \frac{2}{\Delta\omega}\,\mathrm{Si}\,(\infty) = \frac{\pi}{\Delta\omega} = \frac{1}{2\,\Delta f}\,,\qquad(6.221)$$

wobei Δf die Bandbreite des Bandpasses ist.

Die Korrelationsdauer τ_0 ist ein Maß für die Einschränkung, die das Übertragungssystem auf das Signal ausübt. Je kleiner die Bandbreite (bzw. f_1 oder Δf) ist, um so größer ist die Einschränkung und folglich um so größer die Korrelationsdauer.

6.9.6. Übertragung GAUSSscher Signale durch lineare Systeme

Im Falle GAUSSscher Signale kann neben der Leistungsspektraldichte und der Autokorrelationsfunktion auch leicht die Wahrscheinlichkeitsdichte $w(y)$ des Ausgangssignals bestimmt werden. Das ist deshalb möglich, da das Signal am Ausgang eines linearen Systems, wenn am Eingang ein GAUSSsches Signal angelegt wird, ebenfalls eine GAUSSsche Wahrscheinlichkeitsverteilung besitzt.

Diese Behauptung kann wie folgt erläutert werden: Man schreibt das Faltungsintegral für eine spezielle Realisierung $\xi^{(k)}(t)$ des Signals $\xi(t)$ und zwar

$$\eta^{(k)}(t) = \int\limits_{-\infty}^{+\infty} \xi^{(k)}(\tau)\, h\,(t - \tau)\, d\tau\,.$$

Tastet man das Signal durch Multiplikation mit der DIRACschen δ-Funktion ab, so ergibt sich

$$\eta^{(k)}(t)\, \delta\,(t - n\,T) = \delta\,(t - n\,T) \cdot \int\limits_{-\infty}^{+\infty} \xi^{(k)}\,(\tau)\, h\,(t - \tau)\, d\tau\,,$$

und nach Integration

$$\eta^{(k)}\,(n\,T) = \int\limits_{-\infty}^{+\infty} \xi^{(k)}(\tau)\, h\,(n\,T - \tau)\, d\tau\,.\qquad(6.222)$$

Das Eingangssignal kann in folgender Form geschrieben werden:

$$\xi^{(k)}(\tau) = \sum_{n=-\infty}^{+\infty} \xi^{(k)}(n\,T) \frac{\sin 2\pi W(\tau - n\,T)}{2\pi W(\tau - n\,T)} = \sum_{n=-\infty}^{+\infty} \xi^{(k)}(n\,T)\, s_n(\tau - n\,T) ,$$

$$(6.223)$$

wobei $T = \dfrac{1}{2\,W}$ die Abtastperiode bzw. W die höchste Frequenz im Spektrum des Eingangssignals ist.

Wenn man den Ausdruck (6.223) in die Beziehung (6.222) einführt, so erhält man

$$\eta^{(k)}(n\,T) = \sum_{n=-\infty}^{+\infty} \xi^{(k)}(n\,T) \int_{-\infty}^{+\infty} s_n(\tau - n\,T)\, h(n\,T - \tau)\, d\tau . \qquad (6.224)$$

Bezeichnet man

$$F(n\,T) = \int_{-\infty}^{+\infty} s_n(\tau - n\,T)\, h(n\,T - \tau)\, d\tau , \qquad (6.225)$$

so ergibt sich

$$\eta^{(k)}(n\,T) = \sum_{n=-\infty}^{+\infty} F(n\,T)\, \xi^{(k)}(n\,T) , \qquad (6.226)$$

wobei die $F(n\,T)$ als Gewichtskoeffizienten betrachtet werden können.

Wenn $\xi(n\,T)$ eine GAUSSsche Verteilung besitzt, so ergibt sich aus der Beziehung (6.226) auch für $\eta(n\,T)$ eine GAUSSsche Verteilung, da die Verteilung einer Summe von GAUSSschen zufälligen Veränderlichen auch eine GAUSSsche Verteilung ist, die den Mittelwert $a_y = \sum_i a_i$ und die Dispersion $\sigma_y^2 = \sum_i \sigma_i^2$ hat (a_i und σ_i sind der Mittelwert bzw. die Dispersion der Glieder der Summe).

Es ist also

$$w(y) = \frac{1}{\sqrt{2\pi\,\sigma_y^2}}\, e^{-\frac{(y-a_y)^2}{2\sigma_y^2}} , \qquad (6.227)$$

wobei der Mittelwert und die Dispersion des Ausgangssignals z. B. aus der Kenntnis der Korrelationsfunktion $B(\tau)$ am Ausgang bestimmt werden können

$$\left.\begin{aligned} a &= \sqrt{B(\infty)} , \\ \sigma^2 &= B(0) - B(\infty) . \end{aligned}\right\} \qquad (6.228)$$

6.9.7. Messung der Korrelationsfunktion

Die Kreuzkorrelationsfunktion zweier Signale $s_1(t)$ und $s_2(t)$ ist durch den Mittelwert:

$$R_{12}(\tau) = \overline{s_1(t)\, s_2(t - \tau)} \qquad (6.229)$$

bestimmt.

Dieser Mittelungsvorgang kann näherungsweise mit der in Abb. 6.52 dargestellten Schaltung durchgeführt werden.

Wenn das den Mittelwert bildende Filter eine Charakteristik wie in Abb. 6.29 besitzt, so erhält man am Ausgang des Filters

$$R_{T12}'(\tau, t) = \frac{1}{T} \int_{t-T}^{t} s_1(u)\, s_2\,(u - \tau)\, du\;.\qquad(6.230)$$

Je länger die Mittelungszeit T ist, um so mehr nähert sich $R_{T12}(\tau, t)$ der Kreuzkorrelationsfunktion $R_{12}(\tau)$.

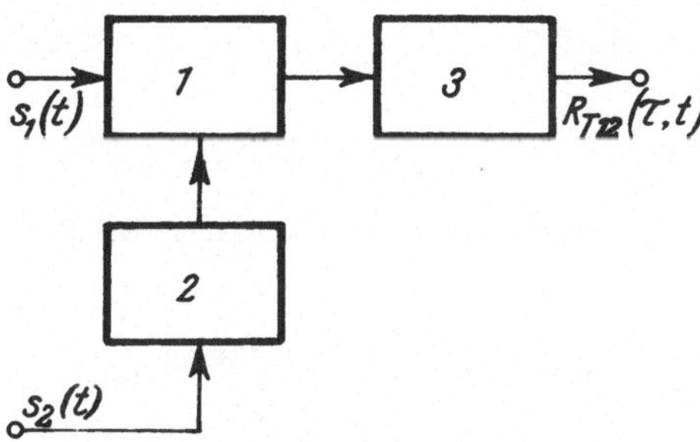

Abb. 6.52. Blockschema einer Einrichtung zur Erzeugung der Kreuzkorrelationsfunktion zweier Signale

1 — Multiplikation; *2* — Verzögerung mit τ; *3* — Mittelwertbildendes Filter

Die Autokorrelationsfunktion kann nach dem Schema der Abb. 6.53 auf die gleiche Weise erhalten werden, indem man $s_1(t) = s_2(t) = s(t)$ setzt. Am Ausgang des den Mittelwert bildenden Filters erhält man

$$R_T(\tau, t) = \frac{1}{T} \int_{t-T}^{t} s(u)\, s\,(u - \tau)\, du\;.\qquad(6.231)$$

Je größer die Mittelungszeit T ist, um so mehr nähert sich $R_T(\tau, t)$ der Autokorrelationsfunktion $R(\tau) = \overline{s(t) \cdot s\,(t - \tau)}$.

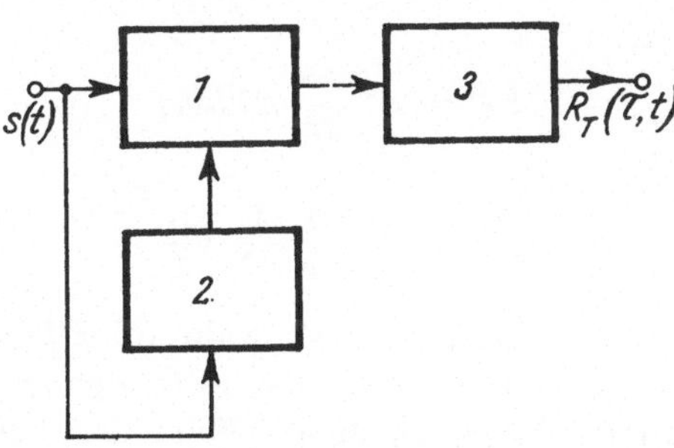

Abb. 6.53. Blockschema einer Einrichtung zur Erzeugung der Autokorrelationsfunktion

1 — Multiplikation; *2* — Verzögerung mit τ; *3* — Mittelwertbildendes Filter

6.9.8. Messung der Leistungsspektraldichte

Es wird angenommen, daß am Eingang eines Filters mit sehr kleinem Durchlaßband $\Delta\omega$ eine bestimmte Zeit T das Signal $\xi^{(k)}(t)$ bzw. das zeitbegrenzte Signal $\xi_T^{(k)}(t)$ angelegt wird.

Man bezeichnet durch $X_T^{(k)}(\omega)$ die Spektraldichte dieses zeitbegrenzten Signals.

Es wird angenommen, daß der Betrag der Übertragungsfunktion des Filters konstant und gleich A im Bereich von ω_1 bis $\omega_1 + \Delta\omega$ ist (idealer Bandpaß). Die Spektraldichte am Ausgang des Filters wird

und

$$\left.\begin{aligned} Y_T^{(k)}(\omega) &= A\,\mathrm{e}^{j\varphi(\omega)}\,X_T^{(k)}(\omega) \quad \text{für} \quad \omega_1 < \omega < \omega_1 + \Delta\omega \\[2mm] Y_T^{(k)}(\omega) &= 0\,, \quad \text{für} \quad \omega < \omega_1;\ \omega_1 + \Delta\omega < \omega\,. \end{aligned}\right\} \tag{6.232}$$

Die mittlere Leistung des Signals über das Intervall T am Ausgang des Filters ist

$$P_T^{(k)} = \frac{1}{2\pi} \int\limits_0^\infty 2\,\frac{|Y_T^{(k)}(\omega)|^2}{T}\,d\omega \tag{6.233}$$

oder

$$P_T^{(k)} = \frac{A^2}{2\pi} \int\limits_{\omega_1}^{\omega_1+\Delta\omega} 2\,\frac{|X_T^{(k)}(\omega)|^2}{T}\,d\omega \tag{6.234}$$

und kann in folgender Form angenähert werden

$$P_T^{(k)} \approx A^2\,\frac{\Delta\omega}{2\pi} \cdot \frac{2\,|X_T^{(k)}(\omega_0)|^2}{T}\,, \tag{6.235}$$

wobei ω_0 die Mittenfrequenz des Filters ist.

Wenn man mit

$$p_T^{(k)}(\omega_0) = \frac{2\,|X_T^{(k)}(\omega_0)|^2}{T} \tag{6.236}$$

die Leistungspektraldichte des zeitbegrenzten Signals für die Frequenz $\omega = \omega_0$ bezeichnet, so ergibt sich

$$P_T^{(k)} = A^2\,\frac{\Delta\omega}{2\pi}\,p_T^{(k)}(\omega_0) \tag{6.237}$$

oder

$$p_T^{(k)}(\omega_0) = \frac{2\pi}{\Delta\omega}\,\frac{1}{A^2}\,P_T^{(k)}\,, \tag{6.238}$$

wobei $\Delta\omega$, ω_0, A^2 bekannte Größen sind, während $P_T^{(k)}$ die mittlere Leistung über ein Intervall T ist, die am Ausgang des Filters gemessen werden kann.

Der in der Beziehung (6.238) gegebene Wert der Leistungsspektraldichte $p_T^{(k)}(\omega_0)$ des zeitbegrenzten Signals nähert sich um so mehr dem Werte der Leistungsspektraldichte $p^{(k)}(\omega_0)$ des nichtbegrenzten Signals, je größer T wird.

Wenn bei wachsendem T $p_T^{(k)}(\omega_0)$ nicht gegen einen Grenzwert strebt (man erhält schwankende Werte), so muß P_T in mehreren Zeitintervallen T gemessen werden; man kommt zu den Ergebnissen $P_T^{(1)}$, $P_T^{(2)}$, ..., $P_T^{(n)}$, deren Mittelwert

$$P_T = \overline{P_T^{(k)}} \approx \frac{1}{n} \sum_{k=1}^{n} P_T^{(k)} \tag{6.239}$$

ist.

In diesem Fall hat die Leistungsspektraldichte für die Frequenz ω_0 den ungefähren Wert

$$p(\omega_0) \approx \frac{2\pi}{\Delta\omega} \cdot \frac{1}{A^2} P_T, \tag{6.240}$$

der gegen $p(\omega_0)$ strebt, je größer T wird.

Durch Veränderung der Mittenfrequenz des Bandfilters bei konstanter Bandbreite erhält man die Leistungsspektraldichte des Signals $\xi(t)$ als Funktion der Frequenz.

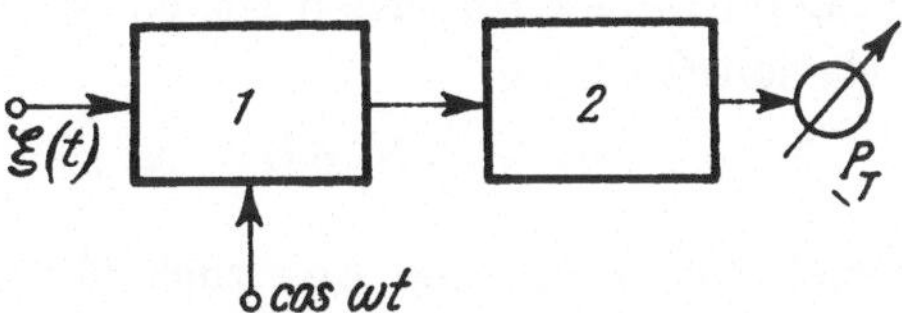

Abb. 6.54. Blockschema einer Einrichtung zur Messung der Leistungsspektraldichte
1 — Multiplikation; 2 — Schmalbandiges Filter

Praktisch geht man so vor, daß man mit Hilfe eines lokalen Oscillators, dessen Frequenz in den Grenzen von $\omega = \omega_1 - \omega_s$ bis $\omega = \omega_1$ veränderlich ist $\left(\omega_1\right.$ ist die feste Mittenfrequenz des Bandfilters und ω_s ist die höchste Frequenz im Spektrum des Signals $s(t)\left.\right)$, eine variable Frequenzumsetzung durchführt (Abb. 6.54).

6.9.9. Bestimmung der Impulsantwort eines linearen Systems durch Kreuzkorrelation

Es sei $R_{sr}(\tau)$ die Kreuzkorrelationsfunktion zwischen dem Signal $s(t)$ am Eingang und dem Signal $r(t)$ am Ausgang eines linearen Systems, bzw.

$$R_{sr}(\tau) = \lim_{T\to\infty} \frac{1}{2T} \int_{-T}^{+T} s(t)\, r\,(t+\tau)\, dt\,. \tag{6.241}$$

Wenn man die Antwort durch ein Faltungsintegral ausdrückt, so erhält man

$$R_{sr}(\tau) = \lim_{T\to\infty} \frac{1}{2T} \int_{-T}^{+T} s(t)\, dt \int_{-\infty}^{+\infty} h(u)\, s\,(t+\tau-u)\, du\,. \tag{6.242}$$

19*

Durch Änderung der Integrationsreihenfolge ergibt sich

$$R_{sr}(\tau) = \int\limits_{-\infty}^{+\infty} h(u)\ du\ \lim_{T\to\infty} \frac{1}{2\,T} \int\limits_{-T}^{+T} s(t)\ s\,(t+\tau-u)\,dt\,, \qquad (6.243)$$

und wenn man

$$\lim_{T\to\infty} \frac{1}{2\,T} \int\limits_{-T}^{+T} s(t)\ s\,(t+\tau-u)\,dt = R_{ss}\,(\tau-u) \qquad (6.244)$$

in die Beziehung (6.243) einsetzt, so ergibt sich

$$R_{sr}(\tau) = \int\limits_{-\infty}^{+\infty} h(u)\ R_{ss}\,(\tau-u)\,du\,. \qquad (6.245)$$

Demnach ist die Kreuzkorrelationsfunktion zwischen dem Ausgangs- und dem Eingangssignal gleich der Faltung der Impulsantwort mit der Autokorrelationsfunktion des Eingangssignals.

Wenn das Eingangssignal weißes Rauschen ist, so ist die dem Eingang entsprechende Autokorrelationsfunktion

$$R_{ss}\,(\tau-u) = \frac{1}{2}\,N_0\,\delta\,(\tau-u)\,. \qquad (6.246)$$

Wenn man in der Beziehung (6.245) den Ausdruck (6.246) einsetzt, so erhält man

$$R_{sr}(\tau) = \frac{1}{2}\,N_0\,h(\tau)\,. \qquad (6.247)$$

Wenn also am Eingang weißes Rauschen angelegt wird, so ist die Kreuzkorrelationsfunktion zwischen dem Eingang und dem Ausgang der Gewichtsfunktion des Systems direkt proportional.

Diese Tatsache führt zu einem neuen Verfahren für die Messung der Impulsantwort nach dem in Abb. 6.55 dargestellten Schema.

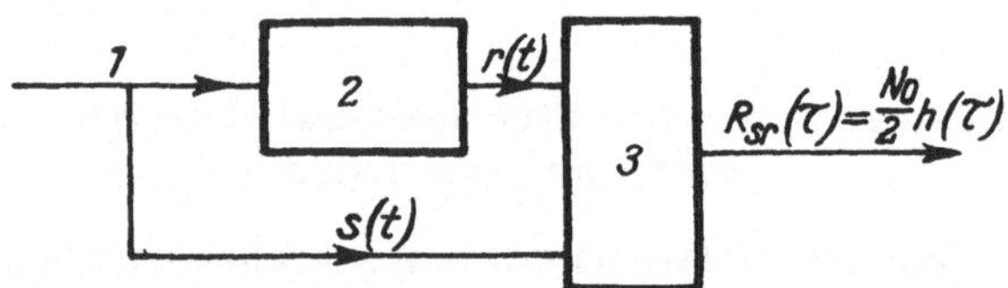

Abb. 6.55. Bestimmung der Impulsantwort eines linearen Systems durch Kreuzkorrelation
1 — Weißes Rauschen; 2 — Lineares System; 3 — Korrelator

Der Ausgang des Korrelators ist $h(\tau)$ proportional.

Der Vorteil dieses Verfahrens im Vergleich zu klassischen Verfahren (punktweise Messung der Übertragungsfunktion oder Eingabe eines kurzen Impulses und Registrierung der Antwort) besteht darin, daß die Form der auf diese Weise erhaltenen Impulsantwort nicht von den Störungen beeinflußt wird, die von innen oder von außen in das System eingeführt werden, so lange diese Störungen nicht vom Eingangssignal abhängig sind.

7. LINEARE ZEITVARIABLE SYSTEME

Die linearen zeitvariablen Systeme spielen u. a. bei den Problemen der Informationsübertragung eine wichtige Rolle, die das Verfahren der Quantisierung im Zeitbereich benützen.

Im folgenden werden die wichtigsten Probleme der linearen zeitvariablen Systeme analysiert.

7.1. Beschreibung linearer zeitvariabler Systeme

Man betrachtet ein System, für das zwischen dem Eingangssignal $x(t)$ und dem Ausgangssignal $y(t)$ folgende Beziehung besteht:

$$y(t) = \Psi \{ x(t) \} . \tag{7.1.}$$

Das System ist *linear*, wenn der kennzeichnende Operator Ψ die Beziehung

$$\Psi\{ a_1 x_1(t) + a_2 x_2(t) \} = a_1 \Psi\{ x_1(t) \} + a_2 \Psi\{ x_2(t) \} \tag{7.2}$$

erfüllt, wobei a_1 und a_2 beliebige Konstanten sind.

Das lineare System ist *zeitvariabel* (nicht zeitinvariant oder nichtstationär), wenn

$$\Psi \{ x (t + \tau) \} \neq y (t + \tau) \tag{7.3}$$

gilt.

Im Falle zeitvariabler Systeme sind ein oder mehrere Parameter mit der Zeit veränderlich; deshalb werden diese Systeme auch parametrische Systeme genannt.

Wie bei linearen zeitinvarianten Systemen kann der Operator entweder im Zeitbereich oder im Frequenzbereich bestimmt werden.

7.1.1. Impulsantwort

Im Fall zeitvariabler Systeme ist die Impulsantwort sowohl vom Zeitpunkt des Anlegens des Signals als auch von der Zeit, zu der die Antwort ausgewertet wird, abhängig.

Folglich wird die Impulsantwort eine Funktion von zwei Veränderlichen sein und zwar, erstens der Zeit, zu der die Antwort ausgewertet wird und zweitens der Verzögerungszeit, d. h. der Zeit, die zwischen dem Moment, in dem der Impuls angelegt wurde und dem Moment der Auswertung vergangen ist. Die Impulsantwort wird in diesem Falle durch $h(t, \tau)$ bezeichnet.

Für physikalisch realisierbare Systeme gilt

$$h(t, \tau) = 0 \quad \text{für} \quad \tau < 0 \, . \tag{7.4}$$

Wenn am Eingang des Systems ein Signal $x(t)$ angelegt wird, so erhält man das Ausgangssignal mit Hilfe des Faltungsintegrals

$$y(t) = \int\limits_{-\infty}^{+\infty} h(t, \tau) \, x\,(t - \tau) \, d\tau \, . \tag{7.5}$$

Die Beziehung (7.5) stellt den allgemeinsten Fall eines linearen Systems dar, in dem die Parameter des Systems einen beliebigen Zeitverlauf haben, der in der Funktion $h(t, \tau)$ enthalten ist. Wenn das System zeitinvariant ist, dann ist $h(t, \tau) = h(\tau)$ und die Beziehung (7.5) geht in die Beziehung (6.24) über.

Für Anwendungen sind folgende Spezialfälle von besonderem Interesse: Systeme mit trennbarer Gewichtsfunktion und Systeme mit periodischer Gewichtsfunktion (periodisch veränderliche Parameter).

7.1.1.1. Systeme mit trennbarer Gewichtsfunktion

Die Gewichtsfunktion hat die Form

$$h(t, \tau) = f(t) \, \delta(\tau) \, . \tag{7.6}$$

Wenn man die Beziehung (7.6) in die Beziehung (7.5) einführt, so erhält man in diesem Fall

$$y(t) = \int\limits_{-\infty}^{+\infty} f(t) \, \delta(\tau) \, x\,(t - \tau) \, d\tau = f(t) \, x(t) \, . \tag{7.7}$$

Die durch die Beziehung (7.6) gegebene Impulsantwort charakterisiert also eine Schaltung zur Multiplikation des Eingangssignals $x(t)$ mit der Funktion $f(t)$. Dieser Fall tritt wie in Abb. 7.1a dargestellt ist, für ein System mit unendlich großer Bandbreite und mit einer veränderlichen zeitabhängigen Verstärkung $\alpha = f(t)$, z. B. einem Spannungsteiler mit zeitvariablem Teilerverhältnis, ein.

Bei Anwendungen wird im allgemeinen die Multiplikationsschaltung mit einem vor- oder nachgeschalteten Filter benützt, wie in den Abb. 7.1b und 7.1c gezeigt.

Im ersten Fall (Abb. 7.1b) durchläuft das Eingangssignal $x(t)$ ein lineares Filter mit konstanten Parametern mit der Gewichtsfunktion $g(t)$ und wird anschließend mit $f(t)$ multipliziert, um das Ausgangssignal $y(t)$ zu erzeugen.

In diesem Fall ist die Gewichtsfunktion des Systems

$$h(t, \tau) = g(\tau) \, f(t) \, , \tag{7.8}$$

also das Produkt zwischen $f(t)$ und der Antwort $g(\tau)$ des Systems auf den DIRAC-schen δ-Impuls $\delta(\tau)$, der zur Zeit $t - \tau$ am Eingang angelegt wurde.

Im zweiten Fall (Abb. 7.1c) ist die Gewichtsfunktion des Systems

$$h(t, \tau) = g(\tau) f(t - \tau) \,. \tag{7.9}$$

In diesem Fall ist das Spektrum des Ausgangssignals $y(t)$ durch Frequenzgang des Filters mit der Gewichtsfunktion $g(t)$ begrenzt.

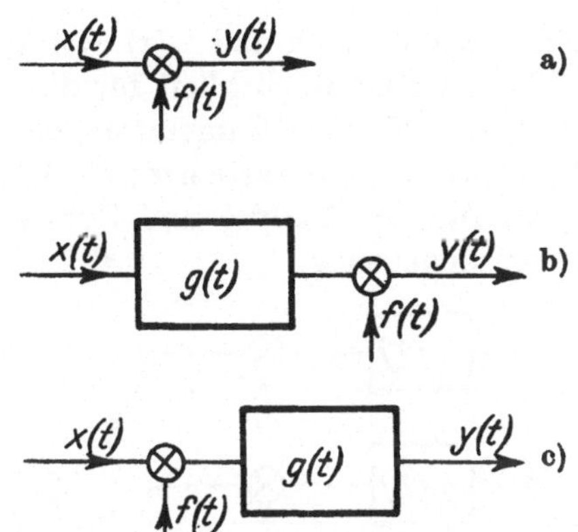

Abb. 7.1. Lineares zeitvariables System mit trennbarer Gewichtsfunktion

a) Multiplikator; b) Multiplikator, vor dem sich ein lineares Filter befindet; c) Multiplikator, dem ein lineares Filter folgt

Das in der Abb. 7.1c dargestellte System wird bei der Amplitudenmodulation verwendet, wobei im Falle der Modulation $x(t)$ den Träger und $f(t)$ die Nachricht oder umgekehrt darstellen und das Ausgangsfilter ein Bandpaß ist.

Im Fall der (multiplikativen) Demodulation ist $x(t)$ das empfangene Signal, $f(t)$ der lokale Träger und das Ausgangsfilter ein Tiefpaß.

7.1.1.2. Systeme mit periodischer Gewichtsfunktion

In diesem Falle verläuft die Gewichtsfunktion nach einer periodischen Zeit-funktion, was eine FOURIER-Reihenentwicklung ermöglicht:

$$h(t, \tau) = \sum_{k=-\infty}^{k=+\infty} h_k(\tau)\, e^{jk\,\omega_0 t} \,, \tag{7.10}$$

wobei ω_0 die Grundfrequenz der Veränderung von $h(t, \tau)$ ist, und die FOURIER-Koeffizienten Funktionen von τ sind.

Wenn man den durch die Beziehung (7.10) gegebenen Ausdruck der Gewichts-funktion $h(t, \tau)$ in die Beziehung (7.5) einsetzt, so erhält man

$$y(t) = \sum_{k=-\infty}^{+\infty} e^{jk\,\omega_0 t} \int_{-\infty}^{+\infty} h_k(\tau)\, x(t - \tau)\, d\tau \,. \tag{7.11}$$

Jedes Glied dieser Summe kann als Antwort eines linearen zeitinvarianten Systems betrachtet werden, die mit einer periodischen exponentiellen Funktion multipliziert wurde.

Wenn man die Glieder paarweise gruppiert, so erhält man reelle Impulsantworten und harmonische Funktionen anstatt der exponentiellen Funktionen:

$$y(t) = \int\limits_{-\infty}^{+\infty} h_0(\tau)\, x\,(t - \tau)\, d\tau + 2 \sum_{k=1}^{\infty} \cos k\, \omega_0\, t \left[\int\limits_{-\infty}^{+\infty} h_k(\tau)\, x\,(t - \tau)\, d\tau \right],$$

$$(7.12)$$

wobei $h_k(\tau)$ reelle Zeitfunktionen sind und $h_k(\tau) = h_{-k}(\tau)$ ist.

Die Beziehung (7.12) gibt eine Möglichkeit für die Realisierung des linearen zeitvariablen Systems mit Hilfe eines Summators, einigen Multiplikatoren und von einigen linearen zeitinvarianten Systemen, wie in Abb. 7.2 gezeigt.

Diese Darstellung ist für die Analyse und Synthese linearer zeitvariabler Systeme von besonderer Bedeutung.

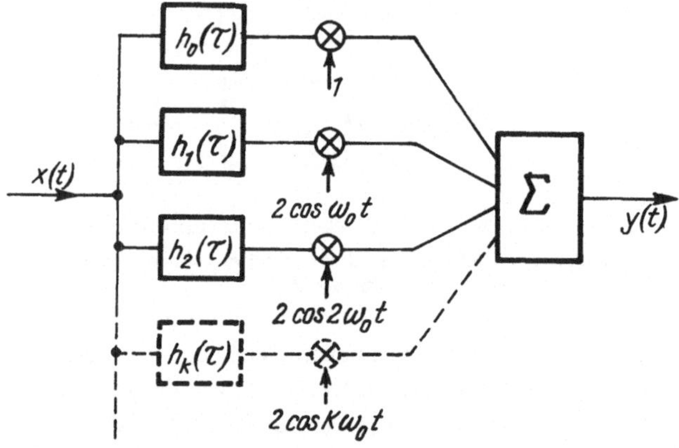

Abb. 7.2. Lineares zeitvariables System mit periodischer Gewichtsfunktion

7.1.2. Übertragungsfunktion zeitvariabler Systeme

Im Falle linearer zeitvariabler Systeme hängt auch die Übertragungsfunktion von der Zeit ab

$$H(\omega, t) = \int\limits_{-\infty}^{+\infty} h(t, \tau)\, e^{-j\,\omega\tau}\, d\tau \,. \tag{7.13}$$

Wenn am Eingang des Systems das Signal $x(t) = e^{j\,\omega_0 t}$ angelegt wird, so erhält man am Ausgang

$$y(t) = H(\omega_0, t)\, e^{j\,\omega_0 t} = A(t)\, e^{j\,\omega_0 t} \,. \tag{7.14}$$

Wenn das System zeitinvariant wäre, würde die Amplitude $A(t)$ konstant sein.

Da das System aber zeitvariabel ist, ist auch die Amplitude des Ausgangssignals zeitvariabel und demnach wird das Spektrum des Ausgangssignals des linearen zeitvariablen Systems auch Komponenten enthalten, die im Spektrum des Eingangssignals nicht anwesend waren.

Um die Antwort $y(t)$ des linearen zeitvariablen Systems auf ein Eingangs-signal $x(t)$ zu errechnen, muß in der Beziehung (7.5) $x\,(t-\tau)$ durch das entsprechende FOURIER-Integral

$$x\,(t-\tau) = \frac{1}{2\,\pi} \int\limits_{-\infty}^{+\infty} X(\omega)\,e^{j\,\omega(t-\tau)}\,d\omega \tag{7.15}$$

dargestellt werden.

Wenn man den Ausdruck (7.15) in die Beziehung (7.5) einführt, so erhält man

$$y(t) = \frac{1}{2\,\pi} \int\limits_{-\infty}^{+\infty} h(t,\tau) \int\limits_{-\infty}^{+\infty} X(\omega)\,e^{j\,\omega(t-\tau)}\,d\omega\,d\tau \tag{7.16}$$

oder, indem man Beziehung (7.13) berücksichtigt

$$y(t) = \frac{1}{2\,\pi} \int\limits_{-\infty}^{+\infty} X(\omega)\,H(\omega,t)\,e^{j\,\omega t}\,d\omega\ . \tag{7.17}$$

Aus dieser Beziehung darf nicht die Folgerung gezogen werden, daß $X(\omega) \times H(\omega, t)$ identisch mit $Y(\omega)$ ist, da der Ausdruck $X(\omega) \cdot H(\omega, t)$ sowohl eine Funktion der Frequenz als auch eine Funktion der Zeit ist.

Man kann aber eine Funktion $Y(\omega, t)$ durch die Beziehung

$$Y(\omega, t) = X(\omega)\,H(\omega, t) \tag{7.18}$$

definieren.

Mit dieser Definition wird aus der Beziehung (7.17)

$$y(t) = \frac{1}{2\,\pi} \int\limits_{-\infty}^{+\infty} Y(\omega, t)\,e^{j\,\omega t}\,d\omega\ . \tag{7.19}$$

Statt der durch die Beziehung (7.13) gegebenen Übertragungsfunktion, die sowohl von der Frequenz als auch von der Zeit abhängt, ist es in manchen Fällen nützlicher, eine von zwei Frequenzen abhängige Übertragungsfunktion zu verwenden. Diese kann erhalten werden, indem man die FOURIER-Transformierte der Funktion $H(\omega, t)$, die als Zeitfunktion betrachtet wird, berechnet:

$$\mathfrak{F}\,\{H(\omega, t)\} = \int\limits_{-\infty}^{+\infty} H(\omega, t)\,e^{-j\,\nu t}\,dt\ . \tag{7.20}$$

Um die Veränderlichen besser hervorzuheben, werden folgende Bezeichnungen eingeführt:

$$t_1 = \tau\,; \qquad \omega_1 = \omega\,;$$
$$t_2 = t \qquad \omega_2 = \nu\ .$$

Mit diesen Bezeichnungen kann die Beziehung (7.20) wie folgt geschrieben werden:

$$H_2(\omega_1, \omega_2) = \int\limits_{-\infty}^{+\infty} \int\limits_{-\infty}^{+\infty} h(t_1, t_2)\,e^{-j\,\omega_1 t_1}\,e^{-j\,\omega_2 t_2}\,dt_1\,dt_2\ . \tag{7.21}$$

Die Frequenz ω_1 ist mit dem Zeitverlauf des Eingangssignals und die Frequenz ω_2 mit dem Zeitverlauf der Parameter des Übertragungssystems verbunden.

Um die Antwort eines linearen zeitvariablen Systems zu berechnen, muß eine bifrequente Spektraldichte des Ausgangssignals durch die Beziehung

$$Y_{22}(\omega_1, \omega_2) = X(\omega_1)\, H_2(\omega_1, \omega_2) \tag{7.22}$$

definiert werden.

In diesem Fall wird die Antwort durch die Beziehung

$$y(t) = \frac{1}{(2\,\pi)^2} \int\limits_{-\infty}^{+\infty} \int\limits_{-\infty}^{+\infty} Y_{22}(\omega_1, \omega_2)\, e^{j\,\omega_1 t}\, e^{j\,\omega_2 t}\, d\omega_1\, d\omega_2 \tag{7.23}$$

gegeben.

Tatsächlich erhält man mit der Rücktransformation des durch die Beziehung (7.20) gegebenen Ausdruckes

$$H(\omega_1, t_2) = \frac{1}{2\,\pi} \int\limits_{-\infty}^{+\infty} H_2(\omega_1, \omega_2)\, e^{j\,\omega_2 t_2}\, d\omega_2 \tag{7.24}$$

durch Einsetzen in die Beziehung (7.17)

$$y(t) = y(t_2) = \frac{1}{(2\,\pi)^2} \int\limits_{-\infty}^{+\infty} X(\omega_1)\, e^{j\,\omega_1 t_2}\, d\omega_1 \int\limits_{-\infty}^{+\infty} H_2(\omega_1, \omega_2)\, e^{j\,\omega_2 t_2}\, d\omega_2 \tag{7.25}$$

oder

$$y(t) = \frac{1}{(2\,\pi)^2} \int\limits_{-\infty}^{+\infty} \int\limits_{-\infty}^{+\infty} X(\omega_1)\, H_2(\omega_1, \omega_2)\, e^{j\,\omega_1 t}\, e^{j\,\omega_2 t}\, d\omega_1\, d\omega_2 \,. \tag{7.26}$$

Wenn man die Definition (7.22) berücksichtigt, so ergibt sich gerade die Beziehung (7.23).

7.2. Diskrete lineare zeitvariable Systeme

Es sei ein lineares zeitvariables System, dessen Gewichtsfunktion

$$h(t, \tau) = \delta_T(t)\, \delta(\tau) \tag{7.27}$$

ist, gegeben, wobei $\delta_T(t)$ die durch die Beziehung (3.55) definierte periodische δ-Funktion ist.

In diesem Fall erhält man mit der Beziehung (7.5) oder (7.7) für das Ausgangssignal

$$y(t) = x(t)\, \delta_T'(t) \,, \tag{7.28}$$

d. h. das Ausgangssignal ist das abgetastete Eingangssignal.

Die linearen zeitvariablen Systeme, die abgetastete Signale verarbeiten, werden lineare zeitvariable diskrete Systeme oder Abtastsysteme genannt.

Im folgenden wird für ein Signal, das durch Abtastung des Signals $x(t)$ erhalten wird, die Bezeichnung

$$x^*(t) = x(t)\,\delta_T(t) = \sum_{n=-\infty}^{+\infty} x(t)\,\delta\,(t - n\,T) \qquad (7.29)$$

verwendet.

Eine Möglichkeit, mit einer sehr einfachen Vorrichtung abgetastete Signale zu erhalten, ist folgende:

Gegeben sei eine Stromquelle, die das Signal $x(t)$ liefert, und ein parallel liegender Schalter entsprechend Abb. 7.3.

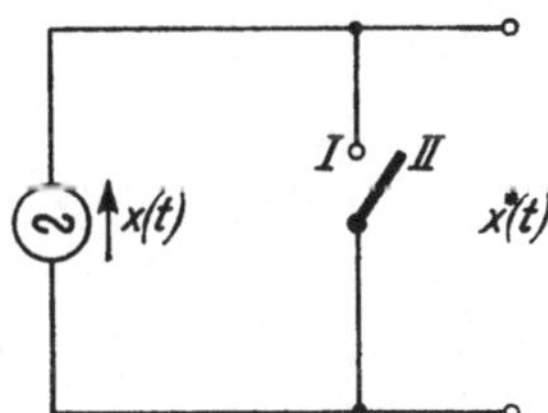

Abb. 7.3. Vorrichtung zur Abtastung des Signals $x(t)$

Der Schalter besitzt zwei Stellungen; in der Stellung I ist die Leitfähigkeit unendlich, in der Stellung II ist sie gleich Null.

Wenn das Eingangssignal $x(t)$ von einer konstanten Stromquelle erzeugt wird, so wird am Ausgang ein Signal $x^*(t)$ erscheinen, das gleich Null ist, wenn der Schalter sich in der Stellung I befindet und gleich $x(t)$ ist, wenn der Schalter sich in der Stellung II befindet.

Dies läßt sich auch an Hand des in Abb. 7.4b dargestellten Graphen veranschaulichen: die Transmittanz zwischen den Knotenpunkten 2 und 3 ist gleich Null, wenn sich der Schalter in der Stellung I befindet und ist unendlich, wenn er sich in der Stellung II befindet.

Wenn der Schalter in gleichen Zeitintervallen T betätigt wird und in der Stellung unendlicher Transmittanz nur zu den Zeitpunkten $t = n\,T$ (n ganz) verbleibt, so besteht das Ausgangssignal $x^*(t)$ aus einer Summe von δ-Funktionen, die mit den den Punkten $t = n\,T$ entsprechenden Werten der Eingangsfunktion multipliziert sind. Es findet also, wie in Abb. 7.5 dargestellt ist, eine Abtastung statt.

Der beschriebene Schalter wird im folgenden kurz Schalter S genannt.

Ein lineares zeitvariables diskretes System wird aus einem linearen kontinuierlichen System gebildet, dem ein oder mehrere Schalter S hinzugefügt sind.

Es wird zuerst der Fall untersucht, in dem sich sowohl am Eingang als auch am Ausgang des linearen Systems ein Schalter S befindet (Abb. 7.6), so daß auch das Ausgangssignal ein abgetastetes Signal $y^*(t)$ ist.

Zweitens wird der Fall betrachtet, in dem sich ein einziger Schalter S am Eingang (Abb. 7.7) befindet, also die Antwort ein kontinuierliches Signal $y(t)$ ist.

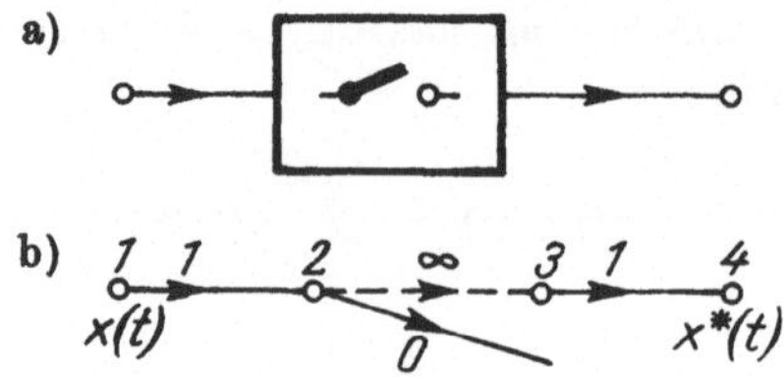

Abb. 7.4. Schalter S

a) symbolische Darstellung; b) entsprechender Graph

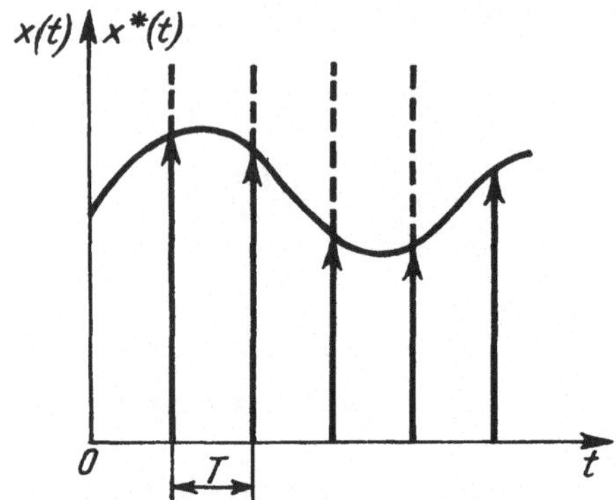

Abb. 7.5. Abgetastetes Signal

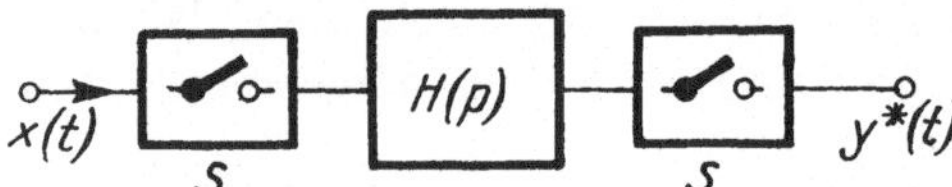

Abb. 7.6. System mit Abtastung am Eingang und am Ausgang

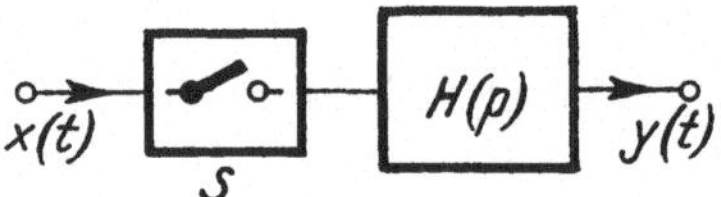

Abb. 7.7. System mit Abtastung am Eingang

7.2.1. $\mathcal{Z}$-Transformation

Die Operatorenrechnung auf der Grundlage der LAPLACE-Transformation kann auch auf den Fall der abgetasteten Signale erweitert werden.

Dies kann durch Verallgemeinerung des Integrals, das die Transformation definiert, erreicht werden, indem es durch ein STIELTJES-Integral ersetzt wird.

Anstatt der LAPLACE-Transformierten, die durch die Beziehung

$$\mathcal{L}\left\{x(t)\right\} = \int\limits_{0}^{+\infty} x(t)\, e^{-pt}\, dt\,, \tag{7.30}$$

(die voraussetzt, daß $x = 0$ für $t < 0$ ist) definiert ist, wird eine andere Transformierte eingeführt, die mit Hilfe eines STIELTJES-Integrals definiert werden kann und zwar

$$\mathfrak{L}^* \{x(t)\} = \int\limits_0^{+\infty} x(t)\, e^{-pt}\, dg(t) \qquad (7.31)$$

Das STIELTJES-Integral existiert für stetige Funktionen dann, wenn die Funktion, bezüglich der die Integration erfolgt, monoton ist.

Die Tatsache, daß der letzteren die Stetigkeitsbedingung nicht vorgeschrieben wird, ermöglicht die Erweiterung des Anwendbarkeitsbereiches der Operatorenrechnung.

Wenn man diese Funktion gleich t oder gleich einer stetigen (und differenzierbaren) Funktion von t wählt, so bedeutet das eine Rückkehr zur LAPLACE-Transformierten der gegebenen Funktion oder zur LAPLACE-Transformierten der mit $g'(t)$ multiplizierten Funktion.

Die Funktion $g(t)$, die etwas Neues bringen kann, muß also unter den diskontinuierlichen (unstetigen) monotonen Funktionen gesucht werden. Es wird die Treppenfunktion (Abb. 7.8) ausgewählt:

$$g(t) = \sum_{n=0}^{\infty} u\,(t - n\,T)\,, \qquad (7.32)$$

wobei $u(t)$ die Einheitssprungfunktion ist.

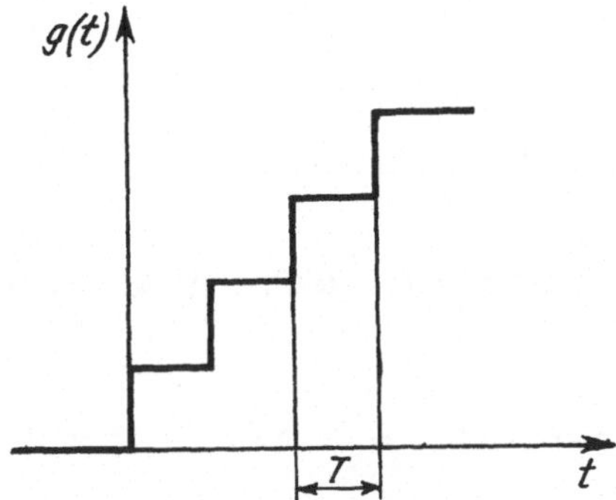

Abb. 7.8. Die durch die Beziehung (7.32) gegebene Treppenfunktion

Durch formale Ableitung ergibt sich

$$\frac{dg(t)}{dt} = \sum_{n=0}^{\infty} \delta\,(t - n\,T)\,. \qquad (7.33)$$

Wenn man den Ausdruck (7.33) in die Beziehung (7.31) einführt, so erhält man

$$\mathfrak{L}^* \{x(t)\} = \sum_{n=0}^{\infty} x\,(n\,T)\, e^{-npT}\,. \qquad (7.34)$$

Gewöhnlich bezeichnet man

$$z = e^{pT} , \qquad (7.35)$$

und es ist

$$\mathcal{L}^{*}\{x(t)\} = \mathfrak{Z}\{x(t)\} = \sum_{n=0}^{\infty} x(nT)\, z^{-n} = X^{*}(z) . \qquad (7.36)$$

Die Transformation (7.36) gibt die $\mathfrak{Z}$-Transformierte von $x(t)$ an. In einigen Fällen ist es nützlich, daß die Reihe (7.36) absolut konvergiert bzw.

$$\sum_{n=0}^{\infty} |x(nT)\, z^{-n}| < \infty . \qquad (7.37)$$

Der Betrag von z^{-n} ist $e^{-nT\sigma}$, und wenn die Bedingung (7.37) für einen gewissen Wert $\sigma = \sigma_0$ erfüllt ist, so ist sie auch für alle Werte $\sigma > \sigma_0$ erfüllt.

Die Bedingung der absoluten Konvergenz beschränkt die Menge der Funktionen, für die das STIELTJES-Integral definiert ist, auf die Funktionen für die

$$\int_{0}^{\infty} |x(t)|\, e^{-\sigma t}\, dg(t) < \infty \qquad (7.38)$$

gilt.

Diese Einschränkung vermindert aber nicht die Nützlichkeit der Transformation.

Wenn in die Beziehung (7.38) der Ausdruck (7.33) eingeführt wird, so erhält man die Beziehung (7.37).

Wenn man den Ausdruck des mit der periodischen δ-Funktion abgetasteten Signals

$$x^{*}(t) = \sum_{n=0}^{\infty} x(t)\, \delta\,(t - nT)$$

in die durch die Beziehung (7.30) gegebene LAPLACE-Transformierte einführt, so erhält man

$$\mathcal{L}\{x^{*}(t)\} = \sum_{n=0}^{\infty} \int_{0}^{\infty} x(t)\, \delta\,(t - nT)\, e^{-pt}\, dt = \sum_{n=0}^{\infty} x(nT)\, e^{-pnT}$$

oder

$$\mathcal{L}\{x^{*}(t)\} = \sum_{n=0}^{\infty} x(nT)\, z^{-n} = X^{*}(z) , \qquad (7.39)$$

also ist die $\mathfrak{Z}$-Transformierte des Signals $x(t)$ gleich der LAPLACE-Transformierten des abgetasteten Signals $x^{*}(t)$ und zwar

$$\mathfrak{Z}\{x(t)\} = \mathcal{L}^{*}\{x(t)\} = \mathcal{L}\{x^{*}(t)\} . \qquad (7.40)$$

7.2.2. $\mathfrak{Z}$-Rücktransformation

Die in der Beziehung (7.36) gegebene Reihenentwicklung von $X^{*}(z)$:

$$X^{*}(z) = x(0) + x(T)\, z^{-1} + x(2T)\, z^{-2} + \cdots + x(nT)\, z^{-n} + \cdots \qquad (7.41)$$

ist eigentlich die LAURENT-Reihenentwicklung von $X^{*}(z)$ um den singulären Punkt $z = 0$. Der Koeffizient des Gliedes der Ordnung n ist durch das Integral

(Residuensatz)

$$x\,(n\,T) = \frac{1}{2\,\pi\,j} \oint_{c} X^{*}(z)\; z^{n-1}\, dz \tag{7.42}$$

gegeben, wobei der Integrationsweg C ein Kreis mit dem Zentrum im Ursprung und mit einem Radius größer als $e^{\sigma_{0}T}$ ist.

Aus der Beziehung (7.42) ist ersichtlich, daß die Rücktransformation nicht zur ursprünglichen Funktion $x(t)$, sondern zu ihren diskreten Werten $x\,(n\,T)$ ($n = 0, 1, 2, \ldots$) führt.

Symbolisch kann die Beziehung (7.42) folgendermaßen geschrieben werden:

$$\mathfrak{Z}^{-1}\{X^{*}(z)\} = x\,(n\,T)\,. \tag{7.43}$$

7.2.3. Beziehungen zwischen der LAPLACE -und der $\mathfrak{Z}$-Transformation

Man schreibt die LAPLACE-Rücktransformierte

$$x\,(t) = \frac{1}{2\,\pi\,j} \oint_{\Gamma} X(p)\; e^{p\,t}\, dp\,, \tag{7.44}$$

wobei der Weg Γ alle Pole von $X(p)$ enthält; $X(p)$ ist eine meromorphe (nur Pole als Singularitäten besitzende) Funktion.

Wenn man die Substitutionen: $t = n\,T$ und $p = s$ macht, so ergibt sich

$$x(n\,T) = \frac{1}{2\,\pi\,j} \int_{\Gamma} X(s)\; e^{s\,n\,T}\, ds\,. \tag{7.45}$$

Durch Einsetzen des Ausdruckes (7.45) in die Beziehung (7.34) erhält man

$$\mathfrak{L}^{*}\{x(t)\} = X^{*}(z) = \sum_{n=0}^{\infty} e^{-n\,p\,T}\, \frac{1}{2\,\pi\,j} \int_{\Gamma} X(s)\; e^{s\,n\,T}\, ds$$

oder

$$X^{*}(z) = \frac{1}{2\,\pi\,j} \sum_{n=0}^{\infty} \int_{\Gamma} X(s)\; e^{(s-p)\,n\,T}\, ds\,. \tag{7.46}$$

Da sowohl die Reihe als auch das Integral konvergent sind, kann die Reihenfolge der Summation und Integration vertauscht werden:

$$X^{*}(z) = \frac{1}{2\,\pi\,j} \int_{\Gamma} X(s) \sum_{n=0}^{\infty} e^{(s-p)\,n\,T}\, ds\,, \tag{7.47}$$

und wenn $\left|e^{(s-p)\,n\,T}\right| < 1$ ist, d. h. wenn die Bedingung $Re\,s < Re\,p$ erfüllt ist, kann für die Summe der Reihe

$$\sum_{n=0}^{\infty} e^{(s-p)\,n\,T} = \frac{1}{1 - e^{(s-p)\,T}} \tag{7.48}$$

geschrieben werden.

Wenn man den erhaltenen Ausdruck in die Beziehung (7.47) einsetzt, ergibt sich

$$X^*(z) = \frac{1}{2\pi j} \int_\Gamma \frac{X(s)}{1 - e^{(s-p)T}}\, ds \,, \qquad (7.49)$$

wobei der Integrationsweg Γ auf einer zur imaginären Achse parallelen Geraden und einem Halbkreis mit unendlichem Radius verläuft (Abb. 7.9).

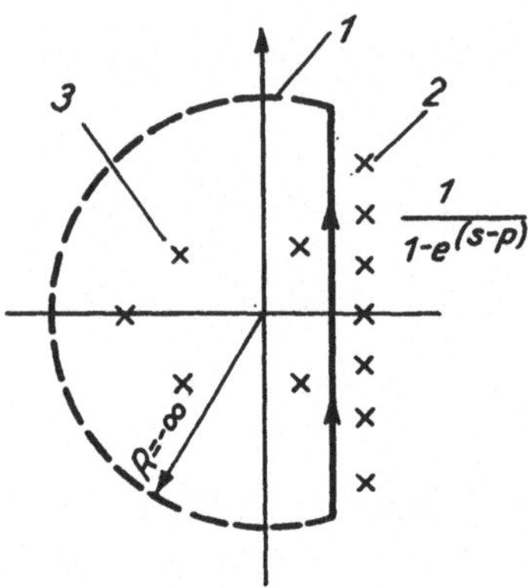

Abb. 7.9. Integrationsweg der Beziehung (7.49)

1 — Die *s*-Ebene; *2* — Die Pole von $\dfrac{1}{1 - e^{(s-p)T}}$; *3* — Die Pole von $X(s)$

Die Bedingung $Re\ s < Re\ p$ ist mit der Bedingung äquivalent, daß der Weg Γ alle Pole von $X(s)$ einschließen und alle Pole von $\dfrac{1}{1 - e^{(s-p)T}}$ ausschließen soll.

Wenn man berücksichtigt, daß die LAPLACE-Transformierte der periodischen δ-Funktion

$$\mathfrak{L}\{\delta_T(t)\} = \sum_{n=0}^{\infty} e^{-pnT} = \frac{1}{1 - e^{-pT}} = \varDelta_T(p) \qquad (7.50)$$

ist, so ergibt sich, daß die Beziehung (7.49) den Faltungssatz aus der Theorie der LAPLACE-Transformierten darstellt:

$$X^*(z) = \mathfrak{L}\{x(t) \cdot \delta_T(t)\} = X(p) * \varDelta_T(p)\,. \qquad (7.51)$$

Die Beziehung (7.49) ist für die Berechnung der Korrespondenzen zwischen $X^*(z)$ und $X(p)$ sehr nützlich.

Gewöhnlich wird das Integral der Beziehung (7.49) mit Hilfe des Residuensatzes berechnet.

In der Tab. 7.1 sind die Korrespondenzen für einige einfache Funktionen gegeben.

Tabelle 7.1. Korrespondenzen zwischen Signalen, LAPLACE- und $\mathfrak{Z}$-Transformierten

$x(t)$	$X(p)$	$x(nT)$	$X^*(z)$
$u(t)$	$\dfrac{1}{p}$	$u(nT)$	$\dfrac{z}{z-1}$
$e^{-\alpha t}$	$\dfrac{1}{p+\alpha}$	$e^{-\alpha nT}$	$\dfrac{z}{z-e^{-\alpha T}}$
$\sin\beta t$	$\dfrac{\beta}{p^2+\beta^2}$	$\sin\beta nT$	$\dfrac{z\sin\beta T}{z^2-2z\cos\beta T+1}$
$e^{-\alpha t}\sin\beta t$	$\dfrac{\beta}{(p+\alpha)^2+\beta^2}$	$e^{-\alpha nT}\sin\beta nT$	$\dfrac{z\,e^{+\alpha T}\sin\beta T}{z^2 e^{2\alpha T}-2z\,e^{\alpha T}\cdot\cos\beta T+1}$
$e^{-\alpha t}\cos\beta t$	$\dfrac{p}{(p+\alpha)^2+\beta^2}$	$e^{-\alpha nT}\cos\beta nT$	$\dfrac{(z\,e^{\alpha T}-\cos\beta T)\,z\,e^{\alpha T}}{z^2 e^{2\alpha T}-2z\,e^{\alpha T}\cdot\cos\beta T+1}$

7.2.4. Einige Eigenschaften der $\mathfrak{Z}$-Transformation

Aus dem Vorhergehenden können leicht folgende Eigenschaften der $\mathfrak{Z}$-Transformierten abgeleitet werden, die für den Fall, daß die Anfangsbedingungen gleich Null sind, gültig sind:

$$1.\ \mathfrak{Z}\{e^{-\alpha t}\,x(t)\}=X^*(z\,e^{\alpha T})\,,\tag{7.52}$$

$$2.\ \mathfrak{Z}\{x(t-T)\}=\frac{1}{z}X^*(z)\,.\tag{7.53}$$

Die erste Eigenschaft trägt den Namen *Dämpfungssatz*, während die zweite *Verschiebungssatz* genannt wird.

Der Verschiebungssatz kann verallgemeinert werden, man erhält

$$\mathfrak{Z}\{x(t-aT)\}=z^{-a}\left[X^*(z)+\sum_{m=1}^{a}x(-mT)\,z^m\right]\tag{7.54}$$

und

$$\mathfrak{Z}\{x(t+aT)\}=z^{a}\left[X^*(z)-\sum_{m=0}^{a-1}x(mT)\,z^{-m}\right].\tag{7.55}$$

7.2.5. Diskrete Übertragungsfunktion $H(z)$

Es sei ein lineares System mit der Übertragungsfunktion $H(p)$, an dessen Eingang und Ausgang je ein Schalter S zugefügt wird (Abb. 7.10).

Es wird angenommen, daß das System realisierbar ist, bzw. $h(t)=0$ für $t<0$ ist.

20 Spätaru

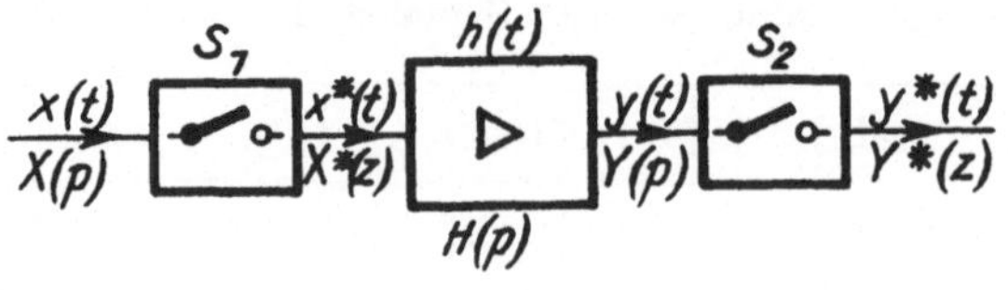

Abb. 7.10. Lineares System, vor und nach dem sich ein Schalter S befindet

Die abgetastete Antwort ist

$$y^*(t) = y(t)\, \delta_T(t) = \sum_{m=0}^{\infty} y(m\,T)\, \delta\,(t - m\,T)\,, \qquad (7.56)$$

und vor der Abtastung (vor S_2)

$$y(t) = \int_0^{\infty} h(\tau)\, x^*\,(t - \tau)\, d\tau = \sum_{n=0}^{\infty} \int_0^{\infty} h(\tau)\, x\,(t - \tau)\, \delta\,(t - \tau - n\,T)\, d\tau$$

oder

$$y(t) = \sum_{n=0}^{\infty} h\,(t - n\,T)\, x\,(n\,T)\,. \qquad (7.57)$$

Durch Einsetzen dieses Ausdruckes in die Beziehung (7.56) erhält man

$$y^*(t) = \sum_{m=0}^{\infty} \sum_{n=0}^{\infty} x\,(n\,T)\, h\,(t - n\,T)\, \delta\,(t - m\,T)\,. \qquad (7.58)$$

Wenn man auf die Beziehung (7.58) die LAPLACE-Transformation anwendet, so erhält man die $\mathfrak{Z}$-Transformierte des Ausgangssignals

$$Y^*(z) = \mathfrak{L}\{y^*(t)\} = \sum_{m=0}^{\infty} \sum_{n=0}^{\infty} x(n\,T) \int_0^{\infty} h\,(t - n\,T)\, \delta\,(t - m\,T)\, e^{-p\,t}\, dt$$

oder

$$Y^*(z) = \sum_{n=0}^{\infty} x\,(n\,T) \sum_{m=0}^{\infty} h\,(m\,T - n\,T)\, e^{-p\,m\,T}\,, \qquad (7.59)$$

die auch noch in der Form

$$Y^*(z) = \sum_{n=0}^{\infty} x(n\,T)\, e^{-p\,n\,T} \sum_{m=0}^{\infty} h\,(m\,T - n\,T)\, e^{-p\,(m-n)\,T} \qquad (7.60)$$

geschrieben werden kann.

Wenn man $m - n = k$ und $z = e^{p\,T}$ setzt, so erhält man

$$Y^*(z) = \sum_{n=0}^{\infty} x\,(n\,T)\, z^{-n} \sum_{k=0}^{\infty} h\,(k\,T)\, z^{-k}\,. \qquad (7.61)$$

Nach der Beziehung (7.39) ergibt sich

$$Y^*(z) = X^*(z)\, H^*(z)\,, \qquad (7.62)$$

wobei

$$H^*(z) = \sum_{k=0}^{\infty} h\,(k\,T)\, z^{-k} = \mathfrak{L}\{h^*(t)\} \qquad (7.63)$$

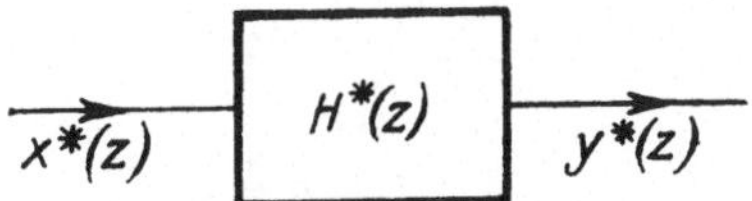

Abb. 7.11. Diskretes System

die $\mathfrak{Z}$-Transformierte der Gewichtsfunktion $h(t)$ darstellt.

Unter Berücksichtigung der Beziehung (7.62) kann das diskrete System der Abb. 7.10 symbolisch wie in Abb. 7.11 dargestellt werden.

Folglich kann bei bekannten $\mathfrak{Z}$-Transformierten des Eingangssignals und der Gewichtsfunktion die $\mathfrak{Z}$-Transformierte des Ausgangssignals mit der Beziehung (7.62) berechnet werden. Durch Anwendung der Rücktransformierten

$$y(n\,T) = \frac{1}{2\,\pi\,j} \oint_{\Gamma} Y^*(z)\,z^{n-1}\,dz \tag{7.64}$$

können die diskreten Werte der Antwort im Zeitbereich bestimmt werden, wobei der Integrationsweg Γ den Ursprung und alle Singularitäten von $Y^*(z)$ umschließt.

Das Integral der Beziehung (7.64) kann mit Hilfe des Residuensatzes ausgewertet werden; man erhält

$$y(n\,T) = \frac{1}{2\,\pi\,j} \oint_{\Gamma} Y^*(z)\,z^{n-1}\,dz = \Sigma\ \mathrm{Res}\ F(z)\,, \tag{7.65}$$

wobei $\mathrm{Res}\ F(z)$ die Residuen der Funktion $F(z) = Y^*(z)\,z^{n-1}$ für die im Inneren des Weges Γ befindlichen Pole darstellt (Abb. 7.12).

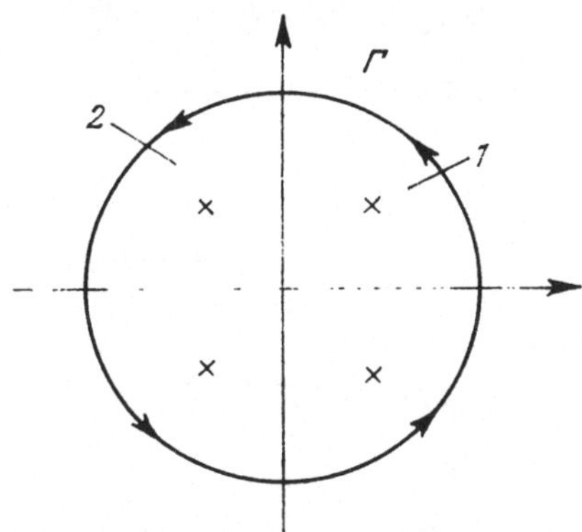

Abb. 7.12. Integrationsweg der Beziehung (7.64)

1 — Die z-Ebene; *2* — Die Pole von $Y^*(z)$

Beispiel: Es wird das lineare System betrachtet, das aus einem RC-Filter besteht (Abb. 7.13).

Wenn man $\alpha = \dfrac{1}{RC}$ setzt, so erhält man

$$H(p) = \frac{1}{1 + RC\,p} = \alpha\,\frac{1}{p + \alpha} \tag{7.66}$$

20*

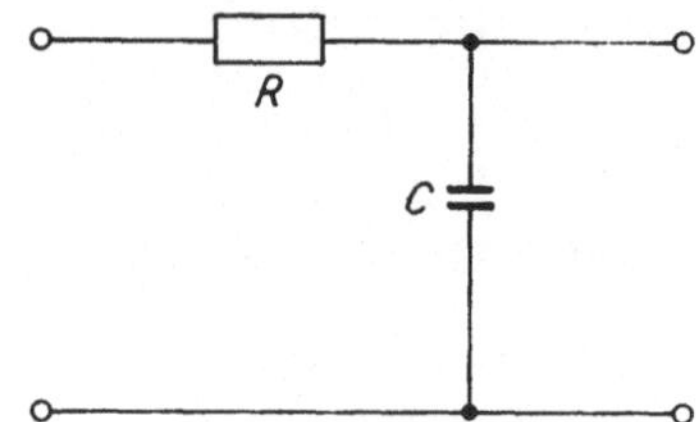

Abb. 7.13. Schema eines RC-Filters

bzw.

$$H^*(z) = \frac{\alpha z}{z - e^{-\alpha T}}. \tag{7.67}$$

Es wird angenommen, daß am Eingang des diskreten Systems die Einheitssprungfunktion angelegt wird.

In diesem Falle ist

$$x(t) = u(t)$$

und

$$X^*(z) = \frac{z}{z - 1}. \tag{7.68}$$

Die $\mathfrak{Z}$-Transformierte des Ausgangssignals lautet

$$Y^*(z) = \frac{\alpha z}{z - e^{-\alpha T}} \cdot \frac{z}{z - 1}. \tag{7.69}$$

Zur Berechnung der diskreten Werte der Antwort im Zeitbereich verwendet man die Beziehung (7.65)

$$y(n\,T) = \frac{1}{2\,\pi\,j} \oint_{\Gamma} \frac{\alpha z^2}{(z - 1)(z - e^{-\alpha T})}\, z^{n-1}\, dz. \tag{7.70}$$

Die Summe der Residuen in den Punkten $z = 1$ und $z = e^{-\alpha T}$ ist

$$\frac{1 - e^{-\alpha T (n+1)}}{1 - e^{-\alpha T}}.$$

Also hat man

$$y(n\,T) = \alpha \frac{1 - e^{-\alpha T (n+1)}}{1 - e^{-\alpha T}}. \tag{7.71}$$

Für $n = 0$ ergibt sich $y(0) = \alpha$,

für $n = 1$:

$$y(T) = \alpha \frac{1 - e^{-2\alpha T}}{1 - e^{-\alpha T}},$$

usw.

7.2.6. Modifizierte $\mathfrak{Z}$-Transformation

Wie gezeigt wurde, gibt die $\mathfrak{Z}$-Rücktransformierte die Antwort nur in Form diskreter Werte in den Abtastpunkten und nicht in Form einer kontinuierlichen Zeitfunktion. Deshalb wurde am Ausgang der fiktive Schalter S_2 eingeführt, damit klar ersichtlich ist, daß die Antwort nur für die Abtastpunkte erhalten wird.

Da aber im allgemeinen bei diskreten Systemen die Antwort eine kontinuierliche Zeitfunktion und nur das Eingangssignal abgetastet ist, ergibt sich die Notwendigkeit dafür, eine Übertragungsfunktion zu finden, die die Verknüpfung zwischen dem kontinuierlichen Ausgangssignal und dem abgetasteten Eingangssignal bestimmt.

Die bereits angegebene Beziehung (7.57)

$$y(t) = \sum_{n=0}^{\infty} h\,(t - n\,T)\,x(n\,T)$$

ist nicht anwendbar, da hierbei das Ausgangssignal in Form einer unendlichen Summe ausgedrückt wird.

Die gesuchte Übertragungsfunktion kann bestimmt werden, indem man annimmt, daß in das kontinuierliche System mit der Übertragungsfunktion $H(p)$ (Abb. 7.14) eine fiktive Verzögerung $\alpha\,T = (1 - m)\,T$ eingeführt wird, deren Werte sich zwischen 0 und T befinden können.

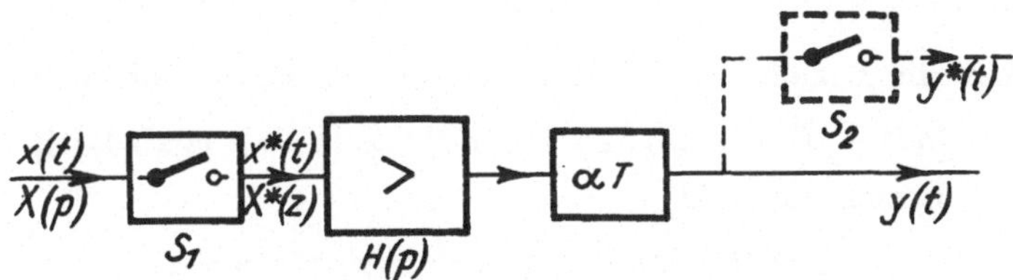

Abb. 7.14. Diskretes System mit Verzögerungsglied

Wie im vorigen Fall kann angenommen werden, daß sich am Ausgang ein fiktiver Schalter S_2 befindet, so daß die diskreten Werte von $y(t)$ in den Abtastmomenten erhalten werden.

$H^*(z)$ als die $\mathfrak{Z}$-Transformierte der Gewichtsfunktion ergibt die Verknüpfung zwischen dem abgetasteten Ausgangssignal und dem abgetasteten Eingangssignal.

Wenn die Verzögerung $\alpha\,T$ zwischen 0 und T variiert, kann am Ausgang nach dem Schalter S_2 jeder Wert von $y^*(t)$ erzeugt werden, der sich zwischen den diskreten Abtastpunkten befindet, bzw. kann man $y(t)$ für jeden Wert von t bestimmen.

Durch Anwendung dieses Kunstgriffes kann man eine neue Übertragungsfunktion definieren, die eine Funktion von z und der Verzögerung $\alpha\,T = (1 - m)\,T$ ist, wobei $0 < m \leq 1$ ist.

Wenn man die Verzögerung $\alpha\,T = (1 - m)\,T$ in den Ausdruck der Gewichtsfunktion einführt, so geht die Beziehung

$$H^*(z) = \mathfrak{L}\{h^*(t)\} = \mathfrak{L}\{h(t)\,\delta_T(t)\}$$

in die Beziehung

$$H^*(z, m) = \mathfrak{L}\{h\,(t - \alpha\,T)\,\delta_T(t)\} \tag{7.72}$$

über.

Diese neue Übertragungsfunktion ist zwar Funktion von z und $\alpha = 1 - m$, jedoch der Einfachheit der Bezeichnungen halber wird

$$H^*(z, 1 - m) = H^*(z, m)$$

geschrieben.

Die LAPLACE-Transformierte der Beziehung (7.72) kann auch folgendermaßen ausgedrückt werden:

$$\mathfrak{L}\left\{h\left(t - T + m\,T\right)\delta_T(t)\right\} = e^{-p\,T}\,\mathfrak{L}\left\{h\left(t + m\,T\right)\delta_T\left(t + T\right)\right\}. \qquad (7.73)$$

Aber

$$h\left(t + m\,T\right)\delta_T\left(t + T\right) = h\left(t + m\,T\right)\sum_{n=0}^{\infty}\delta\left(t - n\,T + T\right) =$$

$$= h\left(t + m\,T\right)\left[\delta\left(t + T\right) + \delta(t) + \delta\left(t - T\right), \ldots,\right] =$$

$$= h\left(t + m\,T\right)\left[\delta(t) + \delta\left(t - T\right) + , \ldots,\right] = h\left(t - m\,T\right)\delta_T(t), \qquad (7.74)$$

da $h\left(t + m\,T\right) = 0$ für $t < -\,m\,T$ und $0 < m \leqq 1$ ist.

Wenn man die Beziehung (7.74) berücksichtigt, so wird die Beziehung (7.73)

$$\mathfrak{L}\left\{h\left(t - T + m\,T\right)\delta_T(t)\right\} = e^{-p\,T}\,\mathfrak{L}\left\{h\left(t + m\,T\right)\delta_T(t)\right\}, \qquad (7.75)$$

wobei wie in Beziehung (7.51)

$$\mathfrak{L}\left\{h\left(t + m\,T\right)\delta_T(t)\right\} = H(p)\,e^{m\,p\,t} * \varDelta_T(p)$$

gesetzt wird.

Aus Obigem ergibt sich

$$H^*(z, m) = e^{-p\,T}\,\frac{1}{2\,\pi\,j}\int_\Gamma \frac{H(s)\,e^{m\,T\,s}}{1 - e^{(s-p)\,T}}\,ds \qquad (7.76)$$

oder

$$H^*(z, m) = z^{-1}\,\sum \operatorname{Res}\left\{\frac{H(s)\,e^{m\,T\,s}}{1 - e^{s\,T}\,z^{-1}}\right\}. \qquad (7.77)$$

Für $m = 1$ erhält man die nichtmodifizierte $\mathfrak{Z}$-Transformierte.

Im Falle des Schemas der Abb. 7.14 ist die modifizierte $\mathfrak{Z}$-Transformierte der Antwort

$$\mathfrak{Z}_m\left\{y(t)\right\} = X^*(z)\,H^*(z, m) = Y^*(z, m). \qquad (7.78)$$

7.2.7. Modifizierte $\mathfrak{Z}$-Rücktransformation

Da m beim Integrationsvorgang eine konstante Größe ist, kann ähnlich der Beziehung (7.64)

$$y[(n, m)\,T] = \frac{1}{2\,\pi\,j}\oint_\Gamma Y^*(z, m)\,z^{n-1}\,dz \qquad (7.79)$$

geschrieben werden, wobei der Integrationsweg Γ den Ursprung und alle Singularitäten der Funktion $Y^*(z, m)$ in der z-Ebene umfaßt.

Auf diese Weise wird die Antwort eine Funktion von zwei Veränderlichen, eine (n), die nur ganze Werte annimmt, und die zweite (m), die kontinuierlich zwischen 0 und 1 verläuft und auf diese Weise die Erzeugung der Werte von $y(t)$, die sich zwischen den Abtastpunkten befinden, ermöglicht.

Die Verbindung zwischen t und n ist durch die Beziehung

$$t = (n - 1 + m)\, T \tag{7.80}$$

gegeben.

Beispiel: Es wird das vorige Beispiel des RC-Filters fortgeführt.

Die modifizierte $\mathfrak{Z}$-Transformierte der Übertragungsfunktion ist durch die Beziehung (7.77) gegeben

$$H^*(z, m) = \alpha\, \frac{e^{-m\alpha T}}{z - e^{-\alpha T}}. \tag{7.81}$$

Die modifizierte $\mathfrak{Z}_m$-Transformierte der Antwort ist

$$Y^*(z, m) = \alpha\, \frac{z}{z - 1} \cdot \frac{e^{-m\alpha T}}{z - e^{-\alpha T}} \tag{7.82}$$

und die Antwort im Zeitbereich ist

$$y[(n, m)\, T] = \frac{1}{2\,\pi\,j} \oint_\Gamma \alpha\, \frac{z}{z - 1} \cdot \frac{e^{-m\alpha T}}{z - e^{-\alpha T}}\, z^{n-1}\, dz \tag{7.83}$$

oder

$$y[(n, m)\, T] = \frac{1}{2\,\pi\,j}\, \alpha\, e^{-m\alpha T} \oint_\Gamma \frac{z^n\, dz}{(z - 1)\,(z - e^{-\alpha T})}. \tag{7.84}$$

Die Summe der Residuen für die Singularitäten $z = 1$ und $z = e^{-\alpha T}$ ist

$$\frac{1 - e^{-\alpha T n}}{1 - e^{-\alpha T}},$$

und die entsprechende Antwort ist

$$y[(n, m)\, T] = \alpha\, e^{-\alpha m T}\, \frac{1 - e^{-\alpha T n}}{1 - e^{-\alpha T}} \tag{7.85}$$

für $t = (n - 1 + m)\, T$.

Da die Antwort in den Abtastpunkten diskontinuierlich ist, muß der Wert der Antwort für $t = 0_+$ durch einen Grenzübergang für $m \to 0$ und $n \to 1$ berechnet werden, und man erhält

$$y(0_+) = \alpha;$$

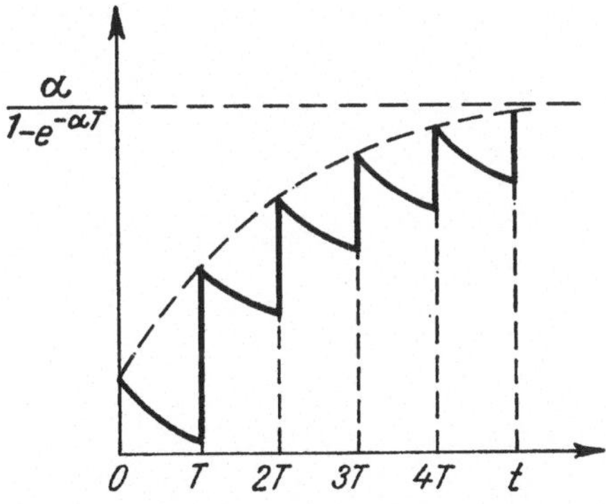

Abb. 7.15. Graphische Darstellung der durch die Beziehung (7.85) gegebenen Funktion

für $t = 0_-$ erhält man durch einen Grenzübergang für $m \to 1$ und $n \to 0$

$$y(0_-) = 0 \; .$$

Für $t = T_+$ wird der Grenzübergang für $m \to 0$, $n \to 2$ durchgeführt, und man erhält

$$y(T_+) = \frac{1 - e^{-2\alpha T}}{1 - e^{-\alpha T}}$$

usw.

Es ist nützlich, diese Ergebnisse mit den vorigen zu vergleichen, die mit Hilfe der Beziehung (7.71) erhalten wurden und die als Werte für O_+, T_+, $2\,T_+$ usw. betrachtet werden müssen.

Die graphische Darstellung der Beziehung (7.85) ist in Abb. 7.15 gegeben. Die maximalen Werte am Ausgang streben asymptotisch gegen den Wert $\dfrac{\alpha}{1 - e^{-\alpha T}}$.

8. NICHTLINEARE SYSTEME

Die Analyse der nichtlinearen Systeme ist eine sehr komplizierte Aufgabe. Deshalb werden in dem Fall, daß die Nichtlinearitäten des Systems unbedeutend sind, die nichtlinearen Systeme durch lineare Systeme angenähert. Nur dann, wenn die Nichtlinearität die Hauptrolle spielt (wie z.B. im Fall der Gleichrichtung), werden die Verfahren für die Analyse nichtlinearer Systeme an gewendet.

8.1. Klassifikation nichtlinearer Systeme

Um die Analyse nichtlinearer Systeme zu erleichtern, werden sie in drei Klassen eingeteilt:
— nichtlineare Systeme ohne Speicherelemente;
— nichtlineare trennbare Systeme mit Speicherelementen;
— nichtlineare untrennbare Systeme mit Speicherelementen.

8.1.1. Nichtlineare Systeme ohne Speicherelemente

Da für nichtlineare Systeme das sonst so leistungsfähige Überlagerungsprinzip nicht mehr gilt, bringt auch die Zerlegung des Eingangssignals in eine Summe von Einzelkomponenten im Zeit- oder Spektralbereich keine Vorteile. Es läßt sich kein linearer Operator mehr angeben, der, angewandt auf die einzelnen Komponenten, zum gleichen Ergebnis führt, wie, wenn er auf das Gesamtsignal angewandt würde. Wird das nichtlineare System durch den (nichtlinearen) Operator

$$y(t) = \Psi\{x(t)\} \tag{8.1}$$

gekennzeichnet, so gilt

$$\Psi\{a_1 x_1(t) + a_2 x_2(t)\} \neq a_1 \Psi\{x_1(t)\} + a_2 \Psi\{x_2(t)\} . \tag{8.2}$$

Besitzt das nichtlineare System keine Speicherelemente, so gilt

$$y(a\,t) = \Psi\{x(a\,t)\}; \tag{8.3}$$

wenn man $a = 0$ setzt, verschwindet die Zeitabhängigkeit der Abbildung und der Operator stellt nur eine funktionelle Verknüpfung der Amplituden des

Eingangs- und Ausgangssignals dar, d. h. das nichtlineare System ohne Speicherelemente kann durch eine Funktion oder Kennlinie, die im statischen wie im dynamischen Fall gleich ist, beschrieben werden.

Der Funktionaloperator nach Beziehung (8.1) entartet wegen Beziehung (8.3) also zur funktionellen Beziehung

$$y = \Psi\{x\} = g(x) \,, \tag{8.4}$$

wobei $g(x)$ die Nichtlinearität und damit das System vollständig charakterisiert (Abb. 8.1).

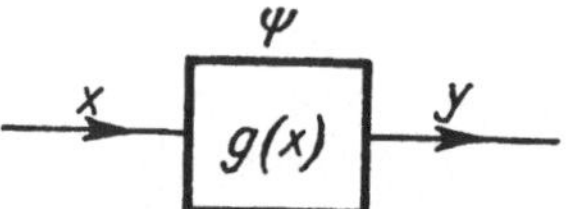

Abb. 8.1. Darstellung eines nichtlinearen Systems ohne Speicherelemente

Die Funktion $g(x)$ kann durch das Polynom

$$y = g(x) = a_0 + a_1 x + a_2 x^2 + \cdots + a_n x^n \tag{8.5}$$

um so besser angenähert werden, je größer n wird.

8.1.2. Nichtlineare trennbare Systeme mit Speicherelementen

Man kann annehmen, daß die nichtlinearen trennbaren Systeme mit Speicherelementen aus einem linearen System mit Speicherelementen am Eingang, dem ein nichtlineares System ohne Speicherelemente und wieder ein lineares System mit Speicherelementen folgt, gebildet sind (Abb. 8.2).

In diesem Fall können die Speicherelemente des nichtlinearen Systems in Form zweier linearer Systeme, eines am Eingang und eines am Ausgang, getrennt werden.

Man kann das Ausgangssignal $y(t)$ des Systems berechnen, indem man jedes der drei Elemente einzeln betrachtet und zwar

$$z(t) = \int\limits_{-\infty}^{+\infty} h(\tau)\, x\,(t - \tau)\, d\tau = \int\limits_{-\infty}^{+\infty} h\,(t - \tau)\, x(\tau)\, d\tau \,, \tag{8.6}$$

weiter nach der Beziehung (8.5)

$$w(t) = a_0 + a_1 z(t) + a_2 z^2(t) + \cdots + a_n z^n(t) \tag{8.7}$$

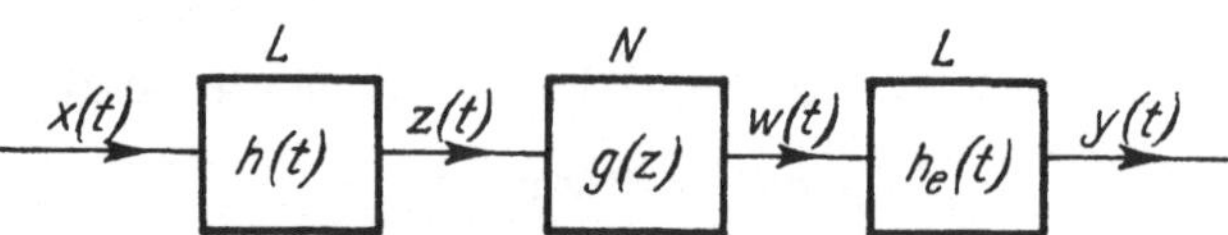

Abb. 8.2. Struktur eines trennbaren nichtlinearen Systems mit Speicherelementen
L — lineares System; N — nichtlineares System

und am Ausgang

$$y(t) = \int\limits_{-\infty}^{+\infty} h_e(t - \tau)\, w(\tau)\, d\tau \, . \tag{8.8}$$

In diesem Modell spielt bezüglich des Speicherelementes des nichtlinearen Systems das lineare Eingangssystem die wichtigste Rolle; das lineare Ausgangssystem kann im nachfolgenden System eingeschlossen werden.

8.1.3. Nichtlineare untrennbare Systeme mit Speicherelementen

Alle angewandten nichtlinearen Systeme sind in strengem Sinne untrennbare Systeme mit Speicherelementen. In einigen Fällen kann jedoch angenommen werden, daß die Speicherelemente, bzw. die linearen Elemente von den nichtlinearen getrennt werden können, so daß dadurch die mathematischen Beziehungen, wie gezeigt wurde, viel einfacher werden.

Im allgemeinen Fall kann, wie in Abb. 8.3 dargestellt ist, ein nichtlineares System durch eine Reihe von einfacheren nichtlinearen Systemen mit verschiedenen Ordnungen der Nichtlinearität angenähert werden.

Wie aus Abb. 8.3c ersichtlich ist, besteht das Teilsystem der Ordnung k aus einem linearen Teil mit der entsprechenden Gewichtsfunktion und aus einem nichtlinearen, zur k-ten Potenz erhobenen Teil ohne Speicherelement.

Die Summe aller Teilantworten $y_k(t)$ bildet die Antwort des nichtlinearen Systems $y(t)$.

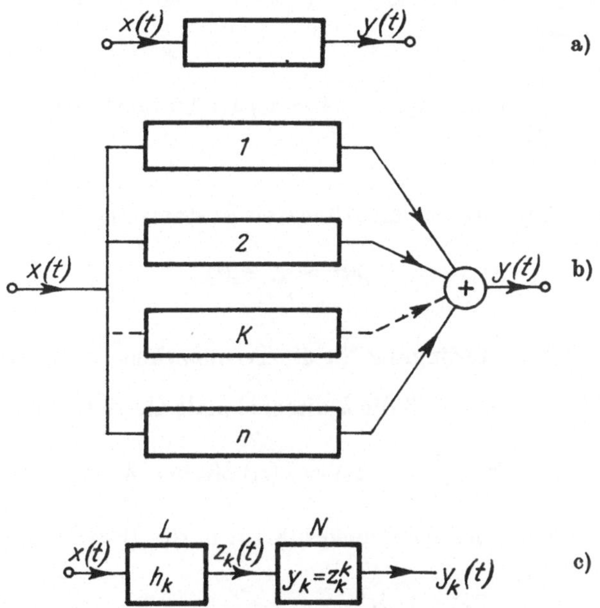

Abb. 8.3. Darstellung eines nichtlinearen Systems durch eine Reihe von nichtlinearen Systemen

a) das ursprüngliche nichtlineare System; b) die nichtlinearen Teilsysteme der Ordnungen 1, 2, ... k ... n; c) das nichtlineare Teilsystem der Ordnung k

8.2. Beschreibung des nichtlinearen Systems im Zeitbereich

Das System erster Ordnung (Abb. 8.3) ist ein lineares System, und nach der Beziehung (8.6) kann man schreiben

$$y_1(t) = \int\limits_{-\infty}^{+\infty} h_1(\tau_1)\, x\,(t - \tau_1)\, d\tau_1 = \int\limits_{-\infty}^{+\infty} h_1\,(t - \tau_1)\, x(\tau_1)\, d\tau_1\,, \tag{8.9}$$

also ist das Ausgangssignal die Faltung des Eingangssignals mit der Gewichtsfunktion $h_1(t)$.

Das System zweiter Ordnung ist ein quadratisches System und ist durch eine Gewichtsfunktion $h_2(t_1, t_2)$ zweiter Ordnung gekennzeichnet:

$$y_2(t) = \int\limits_{-\infty}^{+\infty} \int\limits_{-\infty}^{+\infty} h_2(\tau_1, \tau_2)\, x\,(t - \tau_1)\, x\,(t - \tau_2)\, d\tau_1\, d\tau_2 =$$

$$= \int\limits_{-\infty}^{+\infty} \int\limits_{-\infty}^{+\infty} h_2\,(t - \tau_1, t - \tau_2)\, x(\tau_1)\ x(\tau_2)\, d\tau_1\, d\tau_2\,, \tag{8.10}$$

also ist das Ausgangssignal die zweidimensionale Faltung des Eingangssignals mit der Gewichtsfunktion $h_2(t_1, t_2)$.

Für das System der Ordnung k kann man schreiben:

$$y_k(t) = \underbrace{\int\limits_{-\infty}^{+\infty} \cdots \int\limits_{-\infty}^{+\infty}}_{k} h_k(\tau_1, \ldots, \tau_k)\, x\,(t - \tau_1)\, x\,(t - \tau_2) \cdots x\,(t - \tau_k)\, d\tau_1\, d\tau_2 \cdots d\tau_k =$$

$$= \underbrace{\int\limits_{-\infty}^{+\infty} \cdots \int\limits_{-\infty}^{+\infty}}_{k} h_k\,(t - \tau_1, \ldots, t - \tau_k)\, x(\tau_1)\, x(\tau_2) \cdots x(\tau_k)\, d\tau_1\, d\tau_2 \cdots d\tau_k$$

$$\tag{8.11}$$

Die gesamte Antwort des nichtlinearen Systems ist

$$y(t) \approx \sum_{k=1}^{n} y_k(t)\,. \tag{8.12}$$

8.2.1. Bedingung für die Trennbarkeit des Systems

Es wird angenommen, daß die k-dimensionale Gewichtsfunktion trennbar ist, also daß

$$h_k(\tau_1, \tau_2, \ldots, \tau_k) = h(\tau_1)\, h(\tau_2) \cdots h(\tau_k) \tag{8.13}$$

ist.

Durch Einführung des Ausdruckes (8.13) in die Beziehung (8.11) erhält man in diesem Fall:

$$y_k(t) = \underbrace{\int\limits_{-\infty}^{+\infty} \cdots \int\limits_{-\infty}^{+\infty}}_{k} h(\tau_1)\, x\,(t - \tau_1)\, h(\tau_2)\, x\,(t - \tau_2) \cdots$$

$$\times\, h(\tau_k)\, x\,(t - \tau_k)\, d\tau_1\, d\tau_2 \cdots d\tau_k \tag{8.14}$$

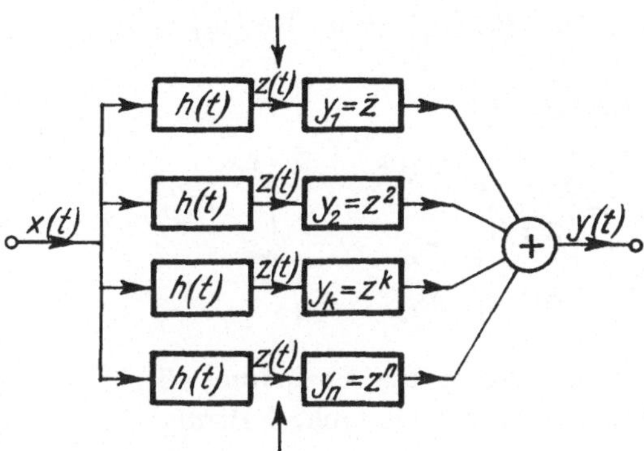

Abb. 8.4. Darstellung eines nichtlinearen Systems durch trennbare nichtlineare Teilsysteme

Abb. 8.5. Darstellung eines nichtlinearen trennbaren Systems

oder

$$y_k(t) = \Big[\int\limits_{-\infty}^{+\infty} h(\tau)\, x\,(t-\tau)\, d\tau \Big]^k . \tag{8.15}$$

Aber das Integral

$$\int\limits_{-\infty}^{+\infty} h(\tau)\, x\,(t-\tau)\, d\tau = z(t) \tag{8.16}$$

stellt das Signal am Ausgang eines linearen Systems dar, das durch die Gewichts-funktion $h(t)$ gekennzeichnet ist.

Man kann also sagen, daß bei Erfüllung der Bedingung (8.13) das System trennbar ist und daß es gemäß den Beziehungen (8.15) und (8.16) in der in Abb. 8.4 angegebenen Form dargestellt werden kann. Die in der Abb. 8.4 gege-bene Darstellung ist mit der Darstellung in der Abb. 8.5 äquivalent, wobei die nichtlineare Transformation $g(z)$ durch die Beziehung (8.7) gegeben ist.

8.3. Beschreibung des nichtlinearen Systems im Frequenzbereich

Das im Zeitbereich durch die k-dimensionale Funktion

$$h_k(t_1, t_2, \ldots, t_k) \tag{8.17}$$

gekennzeichnete System ist im Frequenzbereich durch die k-dimensionale LAPLACE-Transformierte

$$H(p_1, p_2, \ldots, p_k) = \underbrace{\int\limits_{-\infty}^{+\infty} \cdots \int\limits_{-\infty}^{+\infty}}_{k} h_k(t_1, t_2, \ldots, t_k)\, e^{-p_1 t_1}\, e^{-p_2 t_2} \ldots$$

$$e^{-p_k t_k}\, dt_1\, dt_2 \cdots dt_k \tag{8.18}$$

gekennzeichnet, die für $\mathrm{Re}\,\{p_1\} = \sigma_1.\,\mathrm{Re}\,\{p_2\} = \sigma_2,\ldots,\mathrm{Re}\,\{p_k\} = \sigma_k$ konvergiert.

Die Rücktransformierte ist

$$h_k(t_1, t_2, \ldots, t_k) = \left(\frac{1}{2\,\pi\,j}\right)^k \int\limits_{\sigma_1-j\infty}^{\sigma_1+j\infty} \cdots \int\limits_{\sigma_k-j\infty}^{\sigma_k+j\infty} H(p_1, p_2, \ldots, p_k)\, e^{p_1 t_1}\, e^{p_2 t_2} \cdots$$

$$e^{p_k t_k}\, dp_1\, dp_2 \cdots dp_k\,. \tag{8.19}$$

Um die Antwort des durch die Beziehung (8.18) oder (8.19) bestimmten Systems zu berechnen, wird die vielfache Faltung

$$y_{kk}(t_1, t_2, \ldots, t_k) = \underbrace{\int\limits_{-\infty}^{+\infty} \cdots \int\limits_{-\infty}^{+\infty}}_{k} h_k(\tau_1, \tau_2, \ldots, \tau_k)\, x\,(t_1 - \tau_1)\, x\,(t_2 - \tau_2) \cdots$$

$$x\,(t_k - \tau_k)\, d\tau_1\, d\tau_2 \cdots d\tau_k \tag{8.20}$$

verwendet, der die Multiplikation der Transformierten entspricht:

$$Y_{kk}(p_1, p_2, \ldots, p_k) = H(p_1, p_2, \ldots, p_k)\, X(p_1)\, X(p_2) \cdots X(p_k)\,. \tag{8.21}$$

Durch Berücksichtigung der Beziehung (8.11) wird ersichtlich, daß die Antwort des Systems durch die Beziehung (8.20) gegeben ist, in der $t_1 = t_2 = \cdots = = t_k = t$ gesetzt wird, so daß:

$$y_k(t) = y_{kk}\,(t, t, \ldots, t)$$

wird.

Um die Antwort eines nichtlinearen Systems zu bestimmen, das durch die k-dimensionale Übertragungsfunktion:

$$H(p_1, p_2, \ldots, p_k)$$

gekennzeichnet ist, muß die LAPLACE-Darstellung des Eingangssignals

$$X(p) = \int\limits_{-\infty}^{+\infty} x(t)\, e^{-p t}\, dt \tag{8.22}$$

bekannt sein.

Durch Einführung des Ausdruckes (8.22) in die Beziehung (8.21) erhält man:

$$Y_{kk}(p_1, p_2, \ldots, p_k)$$

und aus der entsprechenden Umkehrformel

$$y_{kk}(t_1, t_2, \ldots, t_k) = \left(\frac{1}{2\,\pi\,j}\right)^k \int\limits_{\sigma_1-j\infty}^{\sigma_1+j\infty} \cdots \int\limits_{\sigma_k-j\infty}^{\sigma_k+j\infty} \times$$

$$\times\, Y_{kk}(p_1\,p_2, \ldots, p_k)\, e^{p_1 t_1}\, e^{p_2 t_2} \cdots e^{p_k t_k}\, dp_1\, dp_2 \cdots dp_k\,. \tag{8.23}$$

Die Antwort des Systems ergibt sich, wenn man $t_1 = t_2 = \cdots = t_k = t$ einsetzt, in folgender Form:

$$y_k(t) = \left(\frac{1}{2\,\pi\,j}\right)^k \int\limits_{\sigma_1-j\infty}^{\sigma_1+j\infty} \cdots \int\limits_{\sigma_k-j\infty}^{\sigma_k+j\infty} \times$$

$$\times\, Y_{kk}(p_1\,p_2\,,\ldots,p_k)\, e^{(p_1+p_2+\cdots+p_k)t}\, dp_1\, dp_2 \cdots dp_k\,. \tag{8.24}$$

Die gesamte Antwort wird

$$y(t) = \sum_{k=1}^{n} y_k(t)\,,$$

wobei $y_k(t)$ durch die Beziehung (8.24) gegeben ist.

8.4. Übertragung zufälliger Signale durch nichtlineare Systeme

Im allgemeinen Falle nichtlinearer Systeme ist die Aufgabe der Bestimmung der Wahrscheinlichkeitsdichte des Ausgangssignals aus der Wahrscheinlichkeitsdichte des Eingangssignal sehr schwierig. (Bereits bei linearen Systemen war nur im Falle eines GAUSS-Prozesses eine einfache Lösung möglich.) Im allgemeinen genügt es, wenn man die Korrelationsfunktion und die Leistungsspektraldichte am Ausgang des nichtlinearen Systems berechnen kann, wenn die Korrelationsfunktion und die Leistungsspektraldichte des Eingangssignals bekannt sind. Auch in diesem Falle sind die mathematischen Schwierigkeiten beträchtlich und der Einfachheit halber nimmt man an, daß das nichtlineare System trennbar ist. Unter dieser Voraussetzung bleibt nur noch die Aufgabe der nichtlinearen Transformation ohne Speicherelement zu lösen (Abb. 8.2), da die Wirkung der linearen Transformationen im Abschnitt 6 untersucht wurde.

8.4.1. Direktes Verfahren

Man nimmt an, daß das nichtlineare System kein Speicherelement besitzt und daß es durch die Transformation

$$\eta(t) = g[\xi(t)] \tag{8.25}$$

gekennzeichnet ist, wobei

$\xi(t)$ das zufällige Signal am Eingang des nichtlinearen Systems,

$\eta(t)$ das zufällige Signal am Ausgang des nichtlinearen Systems und

$g(x)$ eine eindeutige Funktion von x darstellen.

Wenn man einen beliebigen Zeitpunkt betrachtet, so gehen die zufälligen Eingangs- und Ausgangssignale in die zufälligen Veränderlichen

$$\xi(t_1) = \xi_1$$

und   (8.26)

$$\eta(t_1) = \eta_1$$

über.

Mit diesen Bezeichnungen wird aus der Beziehung (8.25)

$$\eta_1 = g(\xi_1) \, .$$ (8.27)

Die durch die Beziehung (8.27) gegebene nichtlineare Transformation ermöglicht die Bestimmung der Wahrscheinlichkeitsdichte erster Ordnung $W_1(y_1)$ am Ausgang dann, wenn die Wahrscheinlichkeitsdichte $w_1(x_1)$ am Eingang bekannt ist

$$W_1(y_1) = w_1(x_1) \left| \frac{dx_1}{dy_1} \right| \, .$$ (8.28)

Mit Hilfe der Beziehung (8.28) können die Momente der zufälligen Veränderlichen η_1 errechnet werden.

1. Der Mittelwert ergibt sich aus der Beziehung

$$m_1 \{\eta_1\} = \int\limits_{-\infty}^{+\infty} g(x_1) \, w_1(x_1) \, dx_1 \, .$$ (8.29)

2. Der quadratische Mittelwert hat den Ausdruck

$$m_2 \{\eta_1\} = \int\limits_{-\infty}^{+\infty} g^2(x_1) \, w_1(x_1) \, dx_1 \, .$$ (8.30)

3. Die Autokorrelationsfunktion (bzw. das gemischte Anfangsmoment zweiter Ordnung) ist

$$B_{yy}(t_1, t_2) = \overline{\eta(t_1) \cdot \eta(t_2)} = \overline{\eta_1 \cdot \eta_2}$$

bzw.

$$B_{yy}(t_1, t_2) = \int\limits_{-\infty}^{+\infty} \int\limits_{-\infty}^{+\infty} g(x_1) \, g(x_2) \, w_2(x_1, x_2; t_1, t_2) \, dx_1 \, dx_2 \, .$$ (8.31)

Wenn das Signal in weitem Sinne stationär ist, erhält man mit $\tau = t_2 - t_1$

$$B_{yy}(\tau) = \int\limits_{-\infty}^{+\infty} \int\limits_{-\infty}^{+\infty} g(x_1) \, g(x_2) \, w_2(x_1, x_2; \tau) \, dx_1 \, dx_2 \, .$$ (8.32)

Das direkte Verfahren ist in einfachen Fällen leicht anwendbar, in komplizierten Fällen ergeben sich jedoch Schwierigkeiten, so daß andere Verfahren zweckmäßiger sind.

Zur Veranschaulichung des direkten Verfahrens wird der Fall des linearen Gleichrichters betrachtet.

8.4.1.1. Linearer Gleichrichter

Der lineare Gleichrichter ohne Speicherelement ist ein nichtlineares Element (Abb. 8.6), das durch die Transformation

$$\left. \begin{array}{llll} y = a\,x\,, & \text{für} & x \geq 0 \\ y = 0 & \text{für} & x < 0 \end{array} \right\}$$ (8.33)

gekennzeichnet ist.

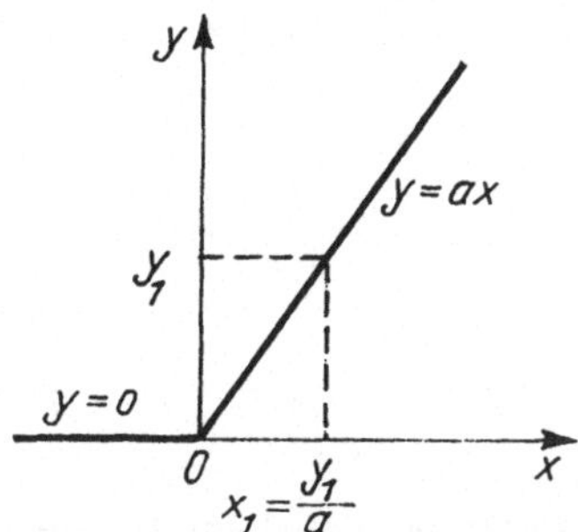

Abb. 8.6. Kennlinie eines linearen Gleichrichters

Im allgemeinen folgt auf den linearen Gleichrichter ohne Speicherelement ein Tiefpaß oder ein den Mittelwert bildendes Filter, deren Wirkungen aber getrennt nach den Ausführungen in Abschnitt 6 behandelt werden.

Die Verteilungsfunktion der Wahrscheinlichkeit für das Ausgangssignal ist

$$\left.\begin{aligned} F(y_1) &= P\,(\eta_1 \leqq y_1) = P\left(\xi_1 \leqq \frac{y_1}{a}\right) && \text{für} && y_1 \geqq 0\,; \\ F(y_1) &= P\,(\eta_1 \leqq y_1) = 0 && \text{für} && y_1 < 0\,. \end{aligned}\right\} \tag{8.34}$$

Die Wahrscheinlichkeit $P\left(\xi_1 \leqq \dfrac{y_1}{a}\right)$ kann auch in der Form

$$P\left(\xi_1 \leqq \frac{y_1}{a}\right) = P\,(\xi_1 < 0) + P\left(0 \leqq \xi_1 \leqq \frac{y_1}{a}\right) \tag{8.35}$$

oder in der Form

$$P\left(\xi_1 \leqq \frac{y_1}{a}\right) = P\,(\xi_1 < 0) + \int\limits_{0}^{\frac{y_1}{a}} w_1(x)\,dx \tag{8.36}$$

geschrieben werden.

Wenn man die Beziehung (8.36) betrachtet, so kann man mit Hilfe der Einheitssprungfunktion $u(y_1)$ einen einzigen Ausdruck für die Verteilungsfunktion der zufälligen Veränderlichen η_1 erhalten, der sowohl für positive als auch für negative Werte des Arguments gültig ist (Abb. 8.7), und zwar

$$F(y_1) = P\,(\xi_1 < 0)\,u(y_1) + \int\limits_{-\infty}^{\frac{y_1}{a}} w_1(x_1) \cdot u(y_1)\,dx_1\,. \tag{8.37}$$

Die Wahrscheinlichkeitsdichte des Ausgangssignals ist

$$W_1(y_1) = \frac{dF(y_1)}{dy_1} = P\,(\xi_1 < 0)\,\delta(y_1) + \frac{1}{a}\,w_1\left(\frac{y_1}{a}\right)u(y_1)\,. \tag{8.38}$$

Zur Berechnung der Momente führt man den Ausdruck (8.33) in die Beziehungen (8.29), (8.30) und (8.31) ein und erhält:

21 Spǎtaru

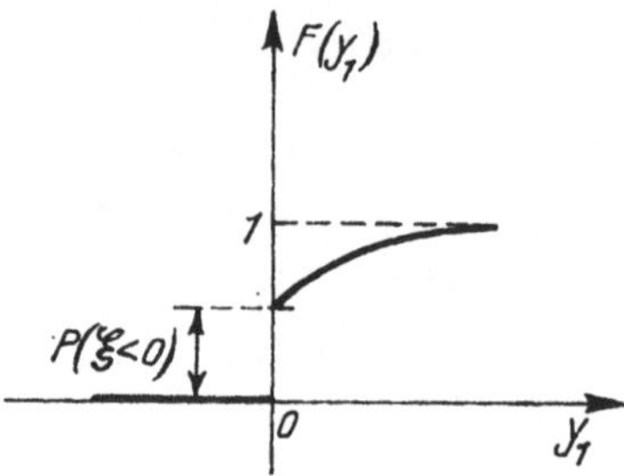

Abb. 8.7. Verteilungsfunktion für das Signal am Ausgang eines linearen Gleichrichters

1. Den Mittelwert des Ausgangssignals:

$$m_1\{\eta_1\} = a \int\limits_0^{+\infty} x_1 \, w_1(x_1) \, dx_1 \, . \tag{8.39}$$

2. Den quadratischen Mittelwert des Ausgangssignals:

$$m_2\{\eta_1\} = a^2 \int\limits_0^{+\infty} x_1^2 \, w_1(x_1) \, dx_1 \, . \tag{8.40}$$

Wenn $w_1(x_1)$ eine gerade Funktion ist, nämlich wenn $w_1(x_1) = w_1(-x_1)$ ist, so wird aus der Beziehung (8.40)

$$m_2\{\eta_1\} = \frac{1}{2} a^2 \int\limits_{-\infty}^{+\infty} x_1^2 \, w_1(x_1) \, dx_1 = \frac{1}{2} a^2 \, m_2\{\xi_1\} \, . \tag{8.41}$$

3. Die Autokorrelationsfunktion des Ausgangssignals ist

$$B_{yy}(t_1, t_2) = a^2 \int\limits_0^{+\infty} \int\limits_0^{+\infty} x_1 \, x_2 \, w_2(x_1, x_2; t_1, t_2) \, dx_1 \, dx_2 \, . \tag{8.42}$$

Wenn das Eingangssignal in weitem Sinne stationär ist, so wird die Autokorrelationsfunktion

$$B_{yy}(\tau) = a^2 \int\limits_0^{+\infty} \int\limits_0^{+\infty} x_1 \, x_2 \, w_2(x_1, x_2; \tau) \, dx_1 \, dx_2 \, . \tag{8.43}$$

Gausssches Eingangssignal. Wenn das Eingangssignal gaußisch ist und den Mittelwert Null besitzt, so erhält man nach der Beziehung (8.38) für die Wahrscheinlichkeitsdichte am Ausgang (Abb. 8.8)

$$W_1(y_1) = \frac{1}{2} \, \delta(y_1) + \frac{u(y_1)}{a \sqrt{2\pi\sigma_x^2}} \, e^{-\frac{y_1^2}{2 a^2 \sigma_x^2}} \, . \tag{8.44}$$

wobei σ_x^2 die Dispersion des Eingangssignals ist.

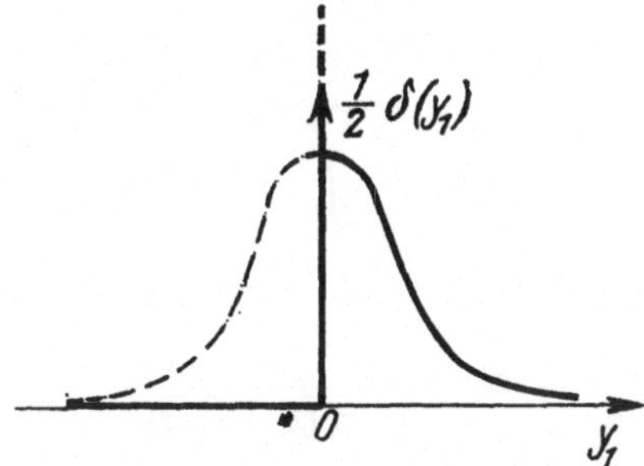

Abb. 8.8. Darstellung der Wahrscheinlichkeitsdichte für das Signal am Ausgang eines linearen Gleichrichters für den Fall eines Gaussschen Eingangssignals

1. Der Mittelwert des Signals am Ausgang ist

$$m_1\{\eta_1\} = \frac{a}{\sqrt{2\,\pi\,\sigma_x^2}} \int\limits_0^{+\infty} x_1\, e^{-\frac{x_1^2}{2\,\sigma_x^2}}\, dx_1 \tag{8.45}$$

oder

$$m_1\{\eta_1\} = \frac{a\,\sigma_x}{\sqrt{2\,\pi}} \int\limits_0^{+\infty} e^{-\frac{x_1^2}{2\,\sigma_x^2}}\, d\left(\frac{x_1^2}{2\,\sigma_x^2}\right), \tag{8.46}$$

woraus sich ergibt

$$m_1\{\eta_1\} = \frac{a\,\sigma_x}{\sqrt{2\,\pi}}\,. \tag{8.47}$$

2. Nach der Beziehung (8.41) erhält man, da $w_1(x_1)$ eine gerade Funktion ist, für den quadratischen Mittelwert

$$m_2\{\eta_1\} = \frac{a^2\,\sigma_x^2}{2}\,. \tag{8.48}$$

Die Dispersion des Signals am Ausgang ist

$$\sigma_y^2 = m_2\{\eta_1\} - m_1^2\{\eta_1\} \tag{8.49}$$

bzw.

$$\sigma_y^2 = \frac{a^2\,\sigma_x^2}{2} - \frac{a^2\,\sigma_x^2}{2\,\pi} = \frac{1}{2}\left(1 - \frac{1}{\pi}\right) a^2\,\sigma_x^2 \approx 0{,}34\,a^2\,\sigma_x^2\,. \tag{8.50}$$

3. Die Autokorrelationsfunktion des Signals am Ausgang kann aus der Beziehung (8.43) abgeleitet werden, in die man die Wahrscheinlichkeitsdichte zweiter Ordnung der Normalverteilung

$$w_2(x_1,\,x_2;\,\tau) = \frac{1}{2\,\pi\,\sigma_x^2\,\sqrt{1 - \varrho_x^2(\tau)}}\, e^{-\frac{x_1^2 - 2\,\varrho_x(\tau)\,x_1 x_2 + x_2^2}{2\,\sigma_x^2\,[1 - \varrho_x^2(\tau)]}} \tag{8.51}$$

einführt, wobei

$$\varrho_x(\tau) = \frac{R_x(\tau)}{\sigma_x^2} \tag{8.52}$$

der Korrelationskoeffizient des Eingangssignals ist.

21*

Durch Einführung des Ausdruckes (8.51) in die Beziehung (8.43) erhält man

$$B_{yy}(\tau) = \frac{a^2}{2\,\pi\,\sigma_x^2\,\sqrt{1 - \varrho_x^2(\tau)}} \int\limits_0^{+\infty} \int\limits_0^{+\infty} x_1\,x_2\,e^{-\frac{x_1^2 - 2\,\varrho_x(\tau)\,x_1\,x_2 + x_2^2}{2\,\sigma_x^2\,[1 - \varrho_x^2(\tau)]}}\,dx_1\,dx_2 \ . \tag{8.53}$$

Zur Auswertung des Integrals (8.53) wird die Substitution

$$u = \frac{x}{\sqrt{2\,\sigma_x^2\,[1 - \varrho_x^2(\tau)]}} \tag{8.54}$$

gemacht, mit der aus der Beziehung (8.53)

$$B_{yy}(\tau) = \frac{2}{\pi}\,a^2\,\sigma_x^2\,[1 - \varrho_x^2(\tau)]^{3/2} \int\limits_0^{+\infty} \int\limits_0^{+\infty} u_1\,u_2\,e^{-u_1^2 - u_2^2 + 2\,\varrho_x(\tau)\,u_1\,u_2}\,du_1\,du_2 \tag{8.55}$$

erhalten wird.

Zur Auswertung des Integrals (8.55) geht man zu Polarkoordinaten $u_1 = = r \sin \varphi$ und $u_2 = r \cos \varphi$ über, und nach Integration zuerst bezüglich r und nachher bezüglich φ von 0 bis $\pi/2$ erhält man

$$B_{yy}(\tau) = \frac{a^2\,\sigma_x^2}{2\,\pi}\,\left\{\sqrt{1 - \varrho_x^2(\tau)} + \varrho_x(\tau)\,\text{arc cos}\,[-\varrho_x(\tau)]\right\} \ . \tag{8.56}$$

4. Die Leistungsspektraldichte des Ausgangssignals $q_y(\omega)$ kann durch Berechnung der FOURIER-Transformierten der Korrelationsfunktion erhalten werden:

$$q_y(\omega) = \mathfrak{F}\{B_{yy}(\tau)\} \ . \tag{8.57}$$

Um die Ausführung der durch die Beziehung (8.57) gegebenen FOURIER-Transformation zu erleichtern, wird $B_{yy}(\tau)$ in Form einer Potenzreihe ausgedrückt. Zu diesem Zweck werden die Entwicklungen

$$\text{arc cos}\,(-\varrho) = \frac{\pi}{2} + \varrho + \frac{\varrho^3}{2\cdot 3} + \cdots \qquad \text{für} \quad |\varrho| \leqq 1 \tag{8.58}$$

und

$$\sqrt{1 - \varrho^2} = 1 - \frac{\varrho^2}{2} - \frac{\varrho^4}{2\cdot 4} - \cdots \qquad \text{für} \quad |\varrho| \leqq 1 \tag{8.59}$$

verwendet, von denen nur die ersten zwei Glieder berücksichtigt werden, da $\varrho \ll 1$ ist und die Glieder höherer Ordnungen vernachlässigt werden können. Durch Einführung in die Beziehung (8.56) erhält man

$$B_{yy}(\tau) = \frac{a^2\,\sigma_x^2}{2\,\pi} + \frac{a^2}{4}\,B_x(\tau) + \frac{a^2}{4\,\pi\,\sigma_x^2}\,B_x^2(\tau) \ . \tag{8.60}$$

Wenn man die FOURIER-Transformierte der durch Ausdruck (8.60) gegebenen Autokorrelationsfunktion berechnet, so erhält man nach der Beziehung (8.57) die Leistungsspektraldichte des Ausgangssignals:

$$q_y(\omega) = \frac{a^2\,\sigma_x^2}{2\,\pi}\,\delta(\omega) + \frac{a^2}{4}\,q_x(\omega) + \frac{a^2}{4\,\pi\,\sigma_x^2} \int\limits_{-\infty}^{+\infty} q_x(\Omega)\,q_x(\omega - \Omega)\,d\Omega \ , \tag{8.61}$$

wobei $q_x(\omega)$ die Leistungsspektraldichte des Eingangssignals ist.

Wenn das Eingangssignal eine Leistungsspektraldichte besitzt, die konstant innerhalb des Frequenzbandes B_ω und gleich Null außerhalb desselben ist (Abb. 8.9), so ergibt sich

$$q_x(\omega) = A \quad \text{für} \quad \omega_0 - \frac{B_\omega}{2} \leqq |\omega| \leqq \omega_0 + \frac{B_\omega}{2} \ ; \ \left.\begin{matrix} \\ \\ \\ \\ \end{matrix}\right\}$$

$$q_x(\omega) = 0 \quad \text{für} \quad |\omega| < \omega_0 - \frac{B_\omega}{2} \ ; \quad \omega_0 + \frac{B_\omega}{2} < |\omega| \ . \tag{8.62}$$

In diesem Fall ist $\sigma_x^2 = \frac{1}{\pi} A\, B_\omega$ und die Leistungsspektraldichte des Ausgangssignals wird

$$q_y(\omega) = \frac{a^2 A B_\omega}{2\pi^2}\, \delta(\omega) + \frac{a^2}{4}\, q_x(\omega) + q_{x1}(\omega) + q_{x2}(\omega) \ , \tag{8.63}$$

wobei

$$q_{x1}(\omega) = \frac{a^2 A}{4\pi}\left(1 - \frac{|\omega|}{B_\omega}\right) \quad \text{für} \quad 0 \leqq |\omega| \leqq B_\omega \ ; \ \left.\begin{matrix} \\ \\ \end{matrix}\right\}$$

$$q_{x1}(\omega) = 0 \quad \text{für} \quad |\omega| > B_\omega \tag{8.64}$$

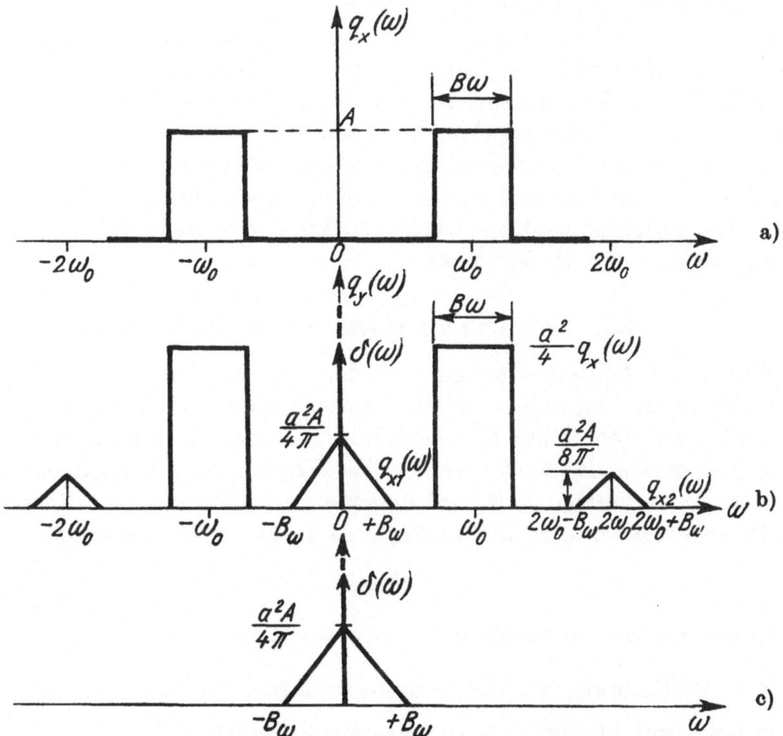

Abb. 8.9. Übertragung zufälliger Signale durch einen linearen Gleichrichter

a) Leistungsspektraldichte des Eingangssignals; b) Leistungsspektraldichte des Ausgangssignals; c) Leistungsspektraldichte am Ausgang eines Tiefpasses, der dem linearen Gleichrichter nachgeschaltet wird

und

$$q_{x\,2}(\omega) = \frac{a^2\,A}{8\,\pi}\left(1 - \left|\frac{|\omega| - 2\,\omega_0}{B_\omega}\right|\right) \quad \text{für} \quad 2\,\omega_0 - B_\omega \leqq |\omega| \leqq 2\,\omega_0 + B_\omega;$$

$$q_{x\,2}(\omega) = 0 \quad \text{für} \quad |\omega| < 2\,\omega_0 - B_\omega;\ 2\,\omega_0 + B_\omega < |\omega|$$

$$(8.65)$$

ist.

Wenn am Ausgang des linearen Gleichrichters ohne Speicherelement ein idealer Tiefpaß mit der Übertragungsfunktion

$$H(\omega) = e^{-j\,\omega\tau} \quad \text{für} \quad |\omega| \leqq B_\omega$$

und

$$H(\omega) = 0 \qquad \text{für} \quad |\omega| > B_\omega \qquad\qquad (8.66)$$

nachgeschaltet wird, so erhält man für die Leistungsspektraldichte am Ausgang des Filters $H(\omega)$ (Abb. 8.9 c)

$$q(\omega) = \frac{a^2\,A\,B_\omega}{2\,\pi^2}\,\delta(\omega) + q_{x\,1}(\omega)\,. \qquad\qquad (8.67)$$

Wie sich aus der Abb. 8.9 ergibt, erscheinen im Falle des linearen Gleichrichters Spektralkomponenten bei niederen Frequenzen, im Band des Eingangssignals (B_ω um die Frequenz ω_0) und um die Frequenz $2\,\omega_0$. Wenn aus den Ausdrücken (8.58) und (8.59) je drei Glieder berücksichtigt werden, so erscheinen im Ausdruck der Leistungsspektraldichte zusätzliche Komponenten um die vorher erwähnten Frequenzen und auch um die Frequenz $3\,\omega_0$.

Im Fall eines quadratischen Gleichrichters erscheinen Spektralkomponenten bei niederen Frequenzen und um die Frequenz $2\,\omega_0$, aber zum Unterschied vom linearen Gleichrichter erscheinen keine Spektralkomponenten im Band des Eingangssignals bzw. um die Frequenz ω_0.

8.4.2. Verfahren der charakteristischen Funktionen

In Fällen, die komplizierter sind als der Vorhergehende und wo die Verteilung nicht normal ist, können große Schwierigkeiten bei Auswertung des Integrals (8.31) auftreten. Diese Schwierigkeiten können einigermaßen überwunden werden, indem man das Verfahren der charakteristischen Funktionen anwendet. Wie auch im vorherigen Fall wird angenommen, daß das nichtlineare System keine Speicherelemente besitzt und daß es durch die Transformation

$$\eta = g(\xi)\,, \qquad\qquad (8.68)$$

wobei g eine eindeutige Funktion ist, gekennzeichnet wird.

8.4.2.1. Bestimmung der Übertragungsfunktion des nichtlinearen Systems

Wenn $g(x)$ eine absolut integrierbare Funktion ist

$$\int\limits_{-\infty}^{+\infty} |g(x)|\,dx < +\infty\,, \qquad\qquad (8.69)$$

dann existiert die FOURIER-Transformierte

$$G(v) = \int\limits_{-\infty}^{+\infty} g(x)\, e^{-jvx}\, dx \; . \tag{8.70}$$

Die Funktion $G(v)$ wird Übertragungsfunktion des nichtlinearen Systems genannt.

Oft ist die Transformationsfunktion $g(x)$ nicht absolut integrierbar (linearer oder quadratischer Gleichrichter), folglich besitzt sie keine FOURIER-Transformierte.

Jedoch kann die Definition der Übertragungsfunktion auch auf diese Fälle ausgedehnt werden. Dafür wird angenommen, daß

$$\text{und} \qquad \begin{aligned} g(x) &= 0\,, & \text{für} \quad & x \leqq 0 \\ |g(x)| &\leqq M_0\, e^{-u_0 x} & \text{für} \quad & x > 0 \end{aligned} \Big\} \tag{8.71}$$

ist, wobei M_0 und u_0 positive Konstanten sind.

Die Funktion

$$g_M(x) = g(x)\, e^{ux} \tag{8.72}$$

(wo $u > u_0$ ist) ist absolut integrierbar für $x \geqq 0$, da

$$|g_M(x)| \leqq M_0\, e^{(u_0 - u)x} \tag{8.73}$$

ist.

Folglich besitzt $g_M(x)$ die FOURIER-Transformierte

$$G_M(v) = \int\limits_{-\infty}^{+\infty} g_M(x)\, e^{-jvx}\, dx \; . \tag{8.74}$$

die durch Einsetzen der Beziehung (8.72) in (8.74) zu

$$G_M(v) = \int\limits_{-\infty}^{+\infty} g(x)\, e^{-(u+jv)x}\, dx \tag{8.75}$$

wird und aus der nach Einführung der komplexen Veränderlichen $z = u + j\,v$ die LAPLACE-Transformierte

$$G_M(v) = G(z) = \int\limits_{-\infty}^{+\infty} g(x)\, e^{-zx}\, dx \tag{8.76}$$

gebildet werden kann; wie gezeigt wurde, existiert das Integral (8.76) für $u = \sigma > u_0$.

Die LAPLACE-Rücktransformierte ist

$$g(x) = \frac{1}{2\pi j} \int\limits_{\sigma - j\infty}^{\sigma + j\infty} G(z)\, e^{zx}\, dz \; . \tag{8.77}$$

Die obigen Transformationen waren möglich, da die Beziehung (8.73) für $x \geqq 0$ besteht. Die Bedingung $g(x) = 0$ für $x < 0$ spielt die Hauptrolle für die

Existenz der Beziehungen (8.77) und (8.76). Nach Beziehung (8.76) ist also die Übertragungsfunktion $G(z)$ durch die einseitige LAPLACE-Transformierte de finiert:

$$G(z) = \int\limits_0^{+\infty} g(x)\, e^{-zx}\, dx \,, \tag{8.78}$$

und die Antwort des nichtlinearen Systems kann aus der Beziehung (8.77) er-halten werden.

In den Fällen, in denen die nichtlineare Transformation für $x < 0$ nicht gleich Null wird, kann man annehmen, daß

$$\left. \begin{aligned} |g(x)| &\leq M_1\, e^{u_1 x} && \text{für} && x > 0; \\ |g(x)| &\leq M_2\, e^{-u_2 x} && \text{für} && x < 0 \end{aligned} \right\} \tag{8.79}$$

ist, wobei M_1, M_2, u_1, u_2 positive Konstanten sind.

In diesem Fall können die Transformationen

$$\left. \begin{aligned} g_+(x) &= g(x) && \text{für} && x > 0\,; \\ g_+(x) &= 0 && \text{für} && x \leq 0 \end{aligned} \right\} \tag{8.80}$$

und

$$\left. \begin{aligned} g_-(x) &= g(x) && \text{für} && x < 0\,; \\ g_-(x) &= 0 && \text{für} && x \geq 0 \end{aligned} \right. \tag{8.81}$$

definiert werden.

Aus diesen Definitionen ergibt sich

$$g(x) = g_+(x) + g_-(x) \,. \tag{8.82}$$

Für die durch die Beziehungen (8.80) und (8.81) gegebenen Transformationen $g_+(x)$ und $g_-(x)$ können, wie im vorhergehenden Fall, Übertragungsfunktionen definiert werden, die durch die einseitige LAPLACE-Transformierte wie folgt gegeben sind:

$$G_+(z) = \int\limits_0^{+\infty} g_+(x)\, e^{-zx}\, dx \tag{8.83}$$

konvergent für $u = \sigma_1 > u_1$ und

$$G_-(z) = \int\limits_0^{+\infty} g_-(x)\, e^{-zx}\, dx \tag{8.84}$$

konvergent für $u = \sigma_2 < u_2$.

In der Abb. 8.10 ist der Konvergenzbereich für $G_+(z)$ und $G_-(z)$ für den Fall, in dem $u_1 > u_2$ ist, angegeben.

Wenn man durch C_+ den Weg, den die Gerade $z = \sigma_1 + j\,v$, und durch C_- den Weg, den die Gerade $z = \sigma_2 + j\,v$ bildet, bezeichnet und die Beziehungen (8.77) und (8.82) berücksichtigt, so erhält man den vollständigen Ausdruck der nichtlinearen Transformation $g(x)$ durch

$$g(x) = \frac{1}{2\pi j} \int\limits_{C_+} G_+(z)\, e^{zx}\, dz + \frac{1}{2\pi j} \int\limits_{C_-} G_-(z)\, e^{zx}\, dz \,. \tag{8.85}$$

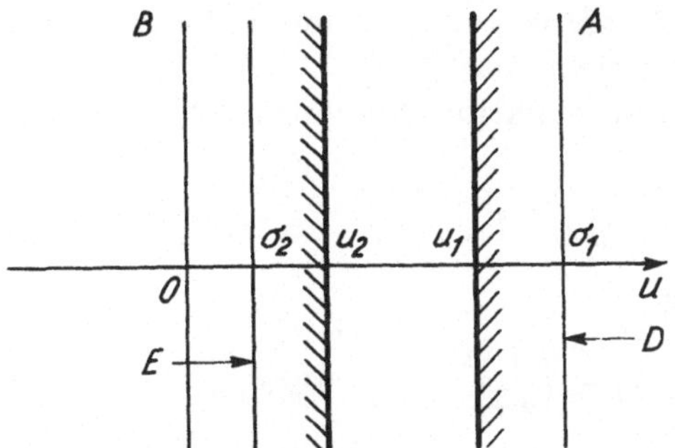

Abb. 8.10. Darstellung des Konvergenzbereiches für die Funktion $G_+(z)$ und $G_-(z)$ für den Fall, daß $u_1 > u_2$ ist

A — Konvergenzbereich für $G_+(z)$; B — Konvergenzbereich für $G_-(z)$; D — Integrationsweg C_+; E — Integrationsweg C_-

Wenn sich die Konvergenzbereiche von $G_+(z)$ und $G_-(z)$ überlappen, d. h.. wenn $u_2 > u_1$ ist (Abb. 8.11), kann man einen Integrationsweg C auswählen. der von der Geraden $z = \sigma + j\,v$ gebildet wird, wobei $u_1 < \sigma < u_2$ ist und auf dem die beiden Transformierten $G_+(x)$ und $G_-(x)$ konvergent sind, so daß die Übertragungsfunktion $G(z)$ durch die zweiseitige LAPLACE-Transformierte

$$G(z) = G_+(z) + G_-(z) = \int\limits_{-\infty}^{+\infty} g(x)\, e^{-zx}\, dx \qquad (8.86)$$

gegeben ist. die für $u = \sigma$ konvergiert und wobei

$$g(x) = \frac{1}{2\,\pi\,j} \int\limits_{C} G(z)\, e^{zx}\, dz \qquad (8.87)$$

ist.

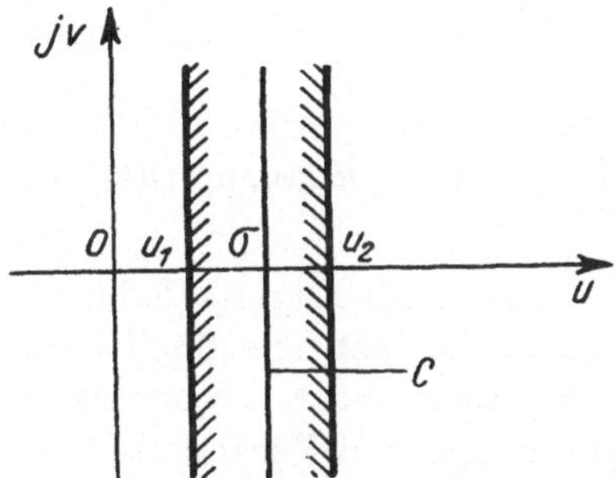

Abb. 8.11. Darstellung des Konvergenzbereiches für die Funktionen $G_+(z)$ und $G_-(z)$ für den Fall, daß $u_1 < u_2$ ist

8.4.2.2. Bestimmung der Autokorrelationsfunktion des Ausgangssignals

Wie gezeigt wurde, ist die Autokorrelationsfunktion für ein in weitem Sinne stationäres Ausgangssignal:

$$B_{yy}(\tau) = \int\limits_{-\infty}^{+\infty} \int\limits_{-\infty}^{+\infty} g(x_1)\, g(x_2)\, w_2\,(x_1,\, x_2;\, \tau)\, dx_1\, dx_2 \,. \qquad (8.88)$$

Die Autokorrelationsfunktion kann mit Hilfe der charakteristischen Funktionen einfach ausgedrückt werden.

Die charakteristische Funktion (Abschnitt 2.9) zweiter Ordnung ist durch die Beziehung

$$\Phi_x(v_1, v_2) = \int\limits_{-\infty}^{\infty} \int\limits_{-\infty}^{+\infty} w_2(x_1, x_2; \tau)\, e^{j(v_1 x_1 + v_2 x_2)}\, dx_1\, dx_2 \tag{8.89}$$

mit der Umkehrung

$$w_2(x_1, x_2; \tau) = \left(\frac{1}{2\pi}\right)^2 \int\limits_{-\infty}^{+\infty} \int\limits_{-\infty}^{+\infty} \Phi_x(v_1, v_2)\, e^{-j(v_1 x_1 + v_2 x_2)}\, dv_1\, dv_2 \tag{8.90}$$

gegeben.

Durch Einführung des Ausdruckes (8.90) in die Beziehung (8.88) und Änderung der Integrationsreihenfolge erhält man

$$B_{yy}(\tau) = \left(\frac{1}{2\pi}\right)^2 \int\limits_{-\infty}^{+\infty} \int\limits_{-\infty}^{+\infty} \Phi_x(v_1, v_2) \int\limits_{-\infty}^{+\infty} g(x_1)\, e^{-j v_1 x_1}\, dx_1 \int\limits_{-\infty}^{+\infty} g(x_2)\, e^{-j v_2 x_2}\, dx_2\, dv_1\, dv_2 \,.$$

$$\tag{8.91}$$

Wenn aber die Bedingung (8.69) erfüllt ist, so erhält man entsprechend der Beziehung (8.70)

$$G(v_1) = \int\limits_{-\infty}^{+\infty} g(x_1)\, e^{-j v_1 x_1}\, dx_1 \tag{8.92}$$

und

$$G(v_2) = \int\limits_{-\infty}^{+\infty} g(x_2)\, e^{-j v_2 x_2}\, dx_2 \,. \tag{8.93}$$

Durch Einführung der Ausdrücke (8.92) und (8.93) in die Beziehung (8.91) erhält man die für das Verfahren der charakteristischen Funktionen grundlegende Beziehung

$$B_{yy}(\tau) = \left(\frac{1}{2\pi}\right)^2 \int\limits_{-\infty}^{+\infty} \int\limits_{-\infty}^{+\infty} \Phi_x(v_1, v_2)\, G(v_1)\, G(v_2)\, dv_1\, dv_2 \,. \tag{8.94}$$

In den Fällen, in denen $g(x)$ die Bedingung (8.69) nicht erfüllt, besteht, wie in Abschnitt 8.4.3.2. gezeigt wurde, doch eine Möglichkeit zur Definition der Übertragungsfunktion $G(z)$ eines nichtlinearen Systems ohne Speicherelement. Zu diesem Zweck werden die komplexen Veränderlichen

$$z_1 = u_1 + j\, v_1$$

und

$$z_2 = u_2 + j\, v_2$$

eingeführt, wodurch die Beziehung (8.94) zu

$$B_{yy}(\tau) = \left(\frac{1}{2\pi j}\right)^2 \int\limits_{C} G(z_1) \int\limits_{C} G(z_2)\, \Phi_x(z_1, z_2)\, dz_1\, dz_2 \tag{8.95}$$

wird.

Diese Beziehung bietet die Möglichkeit zur Berechnung der Autokorrelationsfunktion am Ausgang des nichtlinearen Systems, wenn die Übertragungsfunktion $G(z)$ des nichtlinearen Systems und die charakteristische Funktion der Wahrscheinlichkeitsverteilung des Eingangssignals bekannt sind.

8.4.2.3. Autokorrelationsfunktion des Ausgangssignals, wenn am Eingang Signal und Störung anliegen

Es wird angenommen, daß am Eingang des nichtlinearen Systems das Nutzsignal $s(t)$ und die Störung $p(t)$ anliegen, so daß

$$x(t) = s(t) + p(t) \tag{8.96}$$

ist.

Wenn man annimmt, daß Signal und Störung unabhängige Prozesse sind, kann die charakteristische Funktion in Produktform

$$\Phi_x(z_1, z_2) = \Phi_s(z_1, z_2)\, \Phi_p(z_1, z_2) \tag{8.97}$$

geschrieben werden, wobei $\Phi_s(z_1, z_2)$ die charakteristische Funktion der Verteilung des Signals und $\Phi_p(z_1, z_2)$ die charakteristische Funktion der Verteilung der Störung darstellen.

Durch Einführung des Ausdruckes (8.97) in die Beziehung (8.95) ergibt sich

$$B_{yy}(\tau) = \left(\frac{1}{2\,\pi\,j}\right)^2 \int_C G(z_1) \int_C G(z_2)\, \Phi_s(z_1, z_2)\, \Phi_p(z_1, z_2)\, dz_1\, dz_2 \,. \tag{8.98}$$

Im Folgenden wird für eine Reihe von wichtigen Fällen die Ausgangsautokorrelationsfunktion nach der Beziehung (8.98) bestimmt.

1. Gausssches Rauschen und ein beliebiges Signal

Die Störung besitzt eine normale Verteilung mit dem Mittelwert Null; durch Verallgemeinerung der Beziehung (2.155) ergibt sich unter Berücksichtigung von $z = u + j\,v$ der Ausdruck

$$\Phi_p(z_1, z_2) = e^{+\frac{\sigma^2}{2}(z_1^2 + 2\varrho_p z_1 z_2 + z_2^2)} \tag{8.99}$$

der charakteristischen Funktion, wobei

σ^2 — die Dispersion des Rauschens und

$\varrho_p = \dfrac{B_p(\tau)}{\sigma^2}$ den Korrelationskoeffizienten des Rauschens darstellen.

Durch Einführung des Ausdruckes (8.99) in die Beziehung (8.98) erhält man

$$B_{yy}(\tau) = \left(\frac{1}{2\,\pi\,j}\right)^2 \int_C G(z_1)\, e^{-\frac{\sigma^2 z_1^2}{2}} \int_C G(z_2)\, e^{-\frac{\sigma^2 z_2^2}{2}}\, e^{\sigma^2 \varrho_p z_1 z_2}\, \Phi_s(z_1, z_2)\, dz_1\, dz_2 \,. \tag{8.100}$$

Durch Reihenentwicklung der Funktion

$$e^{\sigma^2 \varrho_p z_1 z_2} = \sum_{k=0}^{\infty} \frac{\sigma^{2k}\, \varrho_p^k\, z_1^k\, z_2^k}{k!} \tag{8.101}$$

und Einsetzen des Ausdruckes (8.101) in die Beziehung (8.100) erhält man

$$B_{yy}(\tau) = \sum_{k=0}^{\infty} \frac{\sigma^{2k}\, \varrho_p^k(\tau)}{(2\,\pi\,j)^2\, k!} \int\limits_C G(z_1)\, z_1^k\, e^{\frac{\sigma^2 z_1^2}{2}} \int\limits_C G(z_2)\, z_2^k\, e^{\frac{\sigma^2 z_2^2}{2}} \, \Phi_s(z_1, z_2)\, dz_1\, dz_2 \,. \qquad (8.102)$$

Aus den gegebenen statistischen Eigenschaften des Eingangssignals bestimmt man die charakteristische Funktion $\Phi(z_1, z_2)$; damit, mit den Parametern σ^2 und $\varrho(\tau)$ der GAUSSschen Störung und der Übertragungsfunktion $G(z)$ läßt sich nach der Beziehung (8.102) die Autokorrelationsfunktion des Ausgangssignals ermitteln.

2. GAUSSsches Rauschen und sinusförmiges moduliertes Signal

Es wird angenommen, daß das Eingangssignal

$$s(t) = \alpha(t)\, \cos\,(\omega_0\, t + \varphi) \qquad (8.103)$$

ist, wobei

ω_0 eine Konstante,

$\alpha(t)$ eine stationäre zufällige Funktion,

φ eine zufällige Veränderliche mit einer uniformen Verteilung zwischen 0 und $2\,\pi$ ist.

Analog zur Definition der charakteristischen Funktion erster Ordnung nach Beziehung (2.135) erhält man für die charakteristische Funktion zweiter Ordnung mit $z = u + j\,v$

$$\Phi_s(z_1, z_2) = \overline{e^{z_1 s(t_1) + z_2 s(t_2)}} \,. \qquad (8.104)$$

Wenn man die Bezeichnungen

$$\Theta_1 = \omega_0\, t_1 + \varphi; \qquad (8.105)$$

$$\Theta_2 = \omega_0\, t_2 + \varphi; \qquad (8.106)$$

$$\left.\begin{aligned} s(t_1) &= \alpha_1 \cos\, \Theta_1; \\ s(t_2) &= \alpha_2 \cos\, \Theta_2 \end{aligned}\right\} \qquad (8.107)$$

in die Beziehung (8.104) einsetzt, erhält man

$$\Phi_s(z_1, z_2) = \overline{e^{z_1 \alpha_1 \cos\, \Theta_1 + z_2 \alpha_2 \cos\, \Theta_2}} \,. \qquad (8.108)$$

Nach der Beziehung (12.22) ist

$$e^{j\,x\cos\Theta} = \sum_{n=-\infty}^{+\infty} j^n\, J_n(x)\, e^{j\,n\,\Theta} \qquad (8.109)$$

(JACOBI-ANGERsche Formel) oder indem man $j\,x = z$ setzt

$$e^{z\cos\Theta} = \sum_{n=-\infty}^{+\infty} j^n\, J_n\,(-\,j\,z)\, e^{j\,n\Theta} \,. \qquad (8.110)$$

Durch Einführung der modifizierten BESSEL-Funktion

$$I_n(z) = I_{-n}(z) = (-1)^n\, I_n(-z) = j^{-n}\, J_n\,(j\,z) \tag{8.111}$$

kann man schreiben

$$J_n\,(-j\,z) = (-j)^n\, I_n(z)\,. \tag{8.112}$$

Damit wird aus Beziehung (8.110)

$$e^{z\cos\Theta} = \sum_{n=-\infty}^{+\infty} I_n(z)\, e^{jn\,\Theta}\,. \tag{8.113}$$

Unter Berücksichtigung von (8.111) erhält man daraus

$$e^{z\cos\Theta} = \sum_{n=0}^{+\infty} \varepsilon_n\, I_n(z)\, \cos n\,\Theta \tag{8.114}$$

wobei ε_n die NEUMANNschen Zahlen sind, die durch die Beziehungen

$$\varepsilon_n = 1 \quad \text{für} \quad n = 0$$
$$\varepsilon_n = 2 \quad \text{für} \quad n = 1, 2, \ldots$$

definiert sind.

Die charakteristische Funktion der Beziehung (8.108) kann mit Hilfe der Beziehung (8.114) in der Form

$$\Phi_s(z_1, z_2) = \sum_{n=0}^{\infty} \sum_{m=0}^{\infty} \varepsilon_n\, \varepsilon_m\, \overline{I_n\,(z_1\,\alpha_1)\, I_m\,(z_2\,\alpha_2)}\; \overline{\cos n\,\Theta_1 \cos m\,\Theta_2} \tag{8.115}$$

ausgedrückt werden, wobei vorausgesetzt wurde, daß die zufälligen Veränderlichen α_1, α_2 und Θ_1, Θ_2 unabhängig sind.

Der Mittelwert des Produktes von Kreisfunktionen ist

$$\overline{\cos n\,\Theta_1 \cos m\,\Theta_2} = \overline{\cos n\,(\omega_0\,t_1 + \varphi)\, \cos m\,(\omega_0\,t_2 + \varphi)} =$$
$$= \begin{cases} 0 & \text{für} \quad n \neq m\,; \\[2mm] \dfrac{1}{\varepsilon_n}\cos n\,\omega_0\,(t_1 - t_2) & \text{für} \quad n = m\,. \end{cases} \tag{8.116}$$

Durch Einführung der Beziehung (8.116) in die Beziehung (8.115) ergibt sich

$$\Phi_s(z_1, z_2) = \sum_{n=0}^{\infty} \varepsilon_n\, \overline{I_n\,(z_1\,\alpha_1)\, I_n\,(z_2\,\alpha_2)}\, \cos n\,\omega_0\,\tau \tag{8.117}$$

wobei $\tau = t_1 - t_2$ ist.

Die Autokorrelationsfunktion am Ausgang des nichtlinearen Systems wird durch Einführung des Ausdruckes (8.117) in die Beziehung (8.102) erhalten und ist

$$B_{yy}(\tau) =$$
$$= \sum_{n=0}^{+\infty} \sum_{k=0}^{+\infty} \frac{\sigma^2{}^k\, \varrho_p^k\, \varepsilon_n \cos n\,\omega_0\,\tau}{(2\,\pi\,j)^2\, k!} \int_C G(z_1)\, z_1^k\, I_n\,(z_1\,\alpha_1)\, e^{\frac{\sigma^2 z_1^2}{2}}\, dz_1 \int_C G(z_2)\, z_2^k\, I_n\,(z_2\,\alpha_2)\, e^{\frac{\sigma^2 z_2^2}{2}}\, dz\,.$$

$$\tag{8.118}$$

Wenn man die Bezeichnungen

$$h_{n\,k}(t_1) = \frac{1}{2\,\pi\,j} \int\limits_{C} G(z_1)\, z_1^k\, I_n(z_1\,\alpha_1)\, e^{\frac{\sigma^2 z_1^2}{2}}\, dz_1 \; ; \tag{8.119}$$

$$h_{n\,k}(t_2) = \frac{1}{2\,\pi\,j} \int\limits_{C} G(z_2)\, z_2^k\, I_n(z_2\,\alpha_2)\, e^{\frac{\sigma^2 z_2^2}{2}}\, dz_2 \; , \tag{8.120}$$

$$B_p^k(\tau) = \sigma^{2\,k}\, \varrho_p^k \tag{8.121}$$

und

$$B_{n\,k}(\tau) = \overline{h_{n\,k}(t_1) \cdot h_{n\,k}(t_2)} \tag{8.122}$$

einführt und in die Beziehung (8.118) einsetzt, so ergibt sich

$$B_{yy}(\tau) = \sum_{n=0}^{+\infty} \sum_{k=0}^{+\infty} \frac{\varepsilon_n}{k!} B_{n\,k}(\tau)\, B_p^k(\tau)\, \cos n\, \omega_0\, \tau \; . \tag{8.123}$$

Die nichtlineare Kennlinie des Systems und die Amplitudenverteilung des Signals wird in der durch die Beziehung (8.123) gegebenen Autokorrelationsfunktion durch Vermittlung der Funktion $B_{n\,k}(\tau)$ zum Ausdruck gebracht.

In dem Spezialfall, daß das Signal gleich Null ist, sind auch die Funktionen $h_{n\,k}(t_1)$ und $h_{n\,k}(t_2)$ gleich Null, mit Ausnahme der Funktion $h_{o\,k}$, die, da $\alpha_1 = \alpha_2 = 0$ ist, nicht mehr von der Zeit abhängt und sich reduziert auf

$$h_{o\,k} = \frac{1}{2\,\pi\,j} \int\limits_{C} G(z_1)\, z_1^k\, e^{\frac{\sigma^2 z_1^2}{2}}\, dz_1 \; ; \tag{8.124}$$

damit wird

$$B_{o\,k}(\tau) = h_{o\,k}^2 \; . \tag{8.125}$$

Durch Einführung in die Beziehung (8.123) erhält man

$$B_{yy}(\tau) = \sum_{k=0}^{+\infty} \frac{B_p^k(\tau)}{k!}\, h_{0\,k}^2 \; . \tag{8.126}$$

Dies ist die Autokorrelationsfunktion am Ausgang des nichtlinearen Systems $y = g(x)$, das am Eingang mit GAUSSschem Rauschen beaufschlagt wird.

3. GAUSSsches Rauschen und unmoduliertes sinusförmiges Signal

In diesem Fall werden die zufälligen Veränderlichen α_1 und α_2 konstante Größen: $\alpha_1 = \alpha_2 = \alpha_0$ und

$$B_{n\,k}(\tau) = h_{n\,k}^2 \; . \tag{8.127}$$

Durch Einführung in die Beziehung (8.123) ergibt sich

$$B_{yy}(\tau) = \sum_{n=0}^{+\infty} \sum_{k=0}^{+\infty} \frac{\varepsilon_n\, h_{n\,k}^2}{k!}\, B_p^k(\tau)\, \cos n\, \omega_0\, \tau \; . \tag{8.128}$$

Durch Entwicklung der Beziehung (8.128) erhält man

$$B_{yy}(\tau) = h_{00}^2 + 2 \sum_{n=1}^{+\infty} h_{n0}^2 \cos n\,\omega_0\,\tau + \sum_{k=1}^{+\infty} \frac{h_{0k}^2}{k!}\,B_p^k(\tau) + $$

$$+ 2 \sum_{n=1}^{+\infty} \sum_{k=1}^{+\infty} \frac{h_{nk}^2}{k!}\,B_p^k(\tau)\,\cos n\,\omega_0\,\tau\;. \tag{8.129}$$

Das erste Glied der Beziehung (8.129) entspricht der Gleichstromkomponente am Ausgang.

Die Glieder mit den Indizes $n \geq 1$ und $k = 0$ entsprechen den Wechselstromkomponenten des Ausgangssignals und entstehen aus der Wechselwirkung des Eingangssignals mit sich selbst.

Die Glieder mit den Indizes $k \leq 1$ und $n = 0$ entstehen aus der Wechselwirkung des Eingangsrauschens mit sich selbst.

Die Glieder mit den Indizes $n \geq 1$, $k \geq 1$ entstehen aus der Wechselwirkung des Eingangsrauschens mit dem Eingangssignal.

Das Signal am Ausgang des nichtlinearen Systems kann in der Form

$$y(t) = \bar{y} + \sum_{n=1}^{+\infty} A_n \cos\,(n\,\omega_0\,t + \varphi_n) + \eta(t) \tag{8.130}$$

ausgedrückt werden, wobei $\bar{y}$ den Mittelwert des Ausgangssignals $\sum_{n=1}^{+\infty} A_n \cos\,(n\,\omega_0\,t + \varphi_n)$ die perodischen Komponenten des Ausgangssignals und $\eta(t)$ die Störung darstellen.

Die Autokorrelationsfunktion des Signals $y(t)$, das als ergodisch betrachtet wird, kann in der Form

$$R_y(\tau) = B_y(\tau) = \bar{y}^2 + \frac{1}{2} \sum_{n=1}^{+\infty} A_n^2 \cos n\,\omega_0\,\tau + B_\eta\,(\tau) \tag{8.131}$$

ausgedrückt werden, wobei $B_\eta(\tau)$ die Autokorrelationsfunktion von $\eta(t)$ bzw. der Störung ist.

Aus dem Vergleich der Beziehungen (8.131) und (8.129) ergibt sich

$$\bar{y} = h_{00}; \tag{8.132}$$

$$A_n = 2\,h_{n0} \quad \text{für} \quad n \geq 1 \tag{8.133}$$

und

$$B_\eta(\tau) = R_{p \times p}(\tau) + R_{s \times p}(\tau)\;, \tag{8.134}$$

wobei

$$B_{p \times p}(\tau) = \sum_{k=1}^{+\infty} \frac{h_{0k}^2}{k!}\,B_p^k(\tau) \tag{8.135}$$

den Teil des Ausgangsrauschens darstellt, der aus der Wechselwirkung des Rauschens mit sich selbst entsteht und

$$B_{s \times p}(\tau) = 2 \sum_{n=1}^{+\infty} \sum_{k=1}^{+\infty} \frac{h_{nk}^2}{k!}\,B_p^k(\tau)\,\cos n\,\omega_0\,\tau \tag{8.136}$$

den Teil des Ausgangsrauschens darstellt, der aus der Wechselwirkung des Eingangssignals mit dem Eingangsrauschen entsteht.

Zu den vorherigen Bezeichnungen wird auch noch eine Bezeichnung für die Autokorrelationsfunktion der Signalkomponenten des Ausgangs eingeführt und zwar

$$R_{s \times s}(\tau) = \overline{y^2} + \frac{1}{2} \sum_{n=1}^{+\infty} A_n^2 \cos n\, \omega_0\, \tau \,. \qquad (8.137)$$

Wenn man den Beziehungen (8.131), (8.134), (8.135), (8.136) und (8.137) Rechnung trägt, so erhält man

$$B_y(\tau) = B_{s \times s}(\tau) + B_{p \times p}(\tau) + B_{s \times p}(\tau) \,. \qquad (8.138)$$

Dieses Ergebnis, das unter der Voraussetzung eines stationären Eingangsrauschens und eines unmodulierten Signals abgeleitet wurde, kann auch für nichtstationäres Rauschen und modulierte Signale erweitert werden und zwar

$$B_y(t_1, t_2) = B_{s \times s}(t_1, t_2) + B_{p \times p}(t_1, t_2) + B_{s \times p}(t_1, t_2) \,, \qquad (8.139)$$

wobei

$$B_{s \times s}(t_1, t_2) = \sum_{n=0}^{+\infty} \varepsilon_n\, B_{n0}(t_1, t_2) \cos n\, \omega_0\, \tau; \qquad (8.140)$$

$$B_{p \times p}(t_1, t_2) = \sum_{k=1}^{+\infty} \frac{1}{k!}\, B_{0k}(t_1, t_2)\, B_p^k(t_1, t_2) \qquad (8.141)$$

und

$$B_{s \times p}(t_1, t_2) = 2 \sum_{n=1}^{+\infty} \sum_{k=1}^{+\infty} B_{nk}(t_1, t_2)\, B_p^k(t_1, t_2) \cos n\, \omega_0\, \tau \,. \qquad (8.142)$$

Am Ausgang des nichtlinearen Systems wird im allgemeinen ein Filter angeschaltet, das die Komponenten des Ausgangssignals heraussiebt, die der beabsichtigten Anwendung des nichtlinearen Systems entsprechen. Zum Beispiel wird, wenn das nichtlineare System als Gleichrichter angewendet wird, die Gleichstromkomponente abgesondert; dann interessiert aus der Summe, die durch die Beziehung (8.140) gegeben ist, für das Nutzsignal nur das Glied

$$B_{s \times s}(t_1, t_2) = B_{00}(t_1, t_2) \,.$$

Wenn das nichtlineare Element als nichtlinearer selektiver Verstärker (Klasse C) angewendet wird, so interessiert nur das Glied

$$B_{s \times s}(t_1, t_2) = 2\, B_{10}(t_1, t_2) \cos \omega_0\, \tau \,.$$

Wenn das nichtlineare Element als Vervielfacher der Ordnung m verwendet wird, so interessiert nur das Glied

$$B_{s \times s}(t_1, t_2) = 2\, B_{m0}(t_1, t_2) \cos m\, \omega_0\, \tau \,.$$

4. Leistungsspektraldichte am Ausgang

Wenn man annimmt, daß das Signal und das Rauschen stationäre Vorgänge sind, so kann man die Leistungsspektraldichte am Ausgang des nichtlinearen

Systems erhalten, indem man die FOURIER-Transformierte der von der Beziehung (8.138) gegebenen Autokorrelationsfunktion ausrechnet und zwar

$$q_y(\omega) = \int\limits_{-\infty}^{+\infty} B_y(\tau)\, e^{-j\omega\tau}\, d\tau\ . \tag{8.143}$$

Man bezeichnet

$$q_{s\times s}(\omega) = \int\limits_{-\infty}^{+\infty} B_{s\times s}(\tau)\, e^{-j\omega\tau}\, d\tau\ ; \tag{8.144}$$

$$q_{p\times p}(\omega) = \int\limits_{-\infty}^{+\infty} B_{p\times p}(\tau)\, e^{-j\omega\tau}\, d\tau \tag{8.145}$$

und

$$q_{s\times p}(\omega) = \int\limits_{-\infty}^{+\infty} B_{s\times p}(\tau)\, e^{-j\omega\tau}\, d\tau\ . \tag{8.146}$$

Mit der Beziehung (8.138) wird

$$q_y(\omega) = q_{s\times s}(\omega) + q_{p\times p}(\omega) + q_{s\times p}(\omega)\ . \tag{8.147}$$

Um tatsächlich die Autokorrelationsfunktion und die Leistungsspektraldichte zu errechnen, muß erstens die Funktion h_{nk} nach der Beziehung (8.119) bestimmt werden, wofür die Übertragungsfunktion und einige Parameter des Signals und des Rauschens bekannt sein müssen. Wie man aus den Beziehungen (8.119), (8.122) und (8.123) sieht, ist die Aufgabe der praktischen Bestimmung der Autokorrelationsfunktion sogar für die einfachsten nichtlinearen Systeme sehr kompliziert. Diesbezügliche Lösungen findet man im Schrifttum, z. B. in Davenport-Root und in Middleton.

9. STÖRUNGEN

Beim Übertragungsvorgang treten neben dem Nutzsignal auch unerwünschte Signale auf, die Störungen genannt werden.

In einigen Fällen können diese Störungen beim Empfang vollständig beseitigt werden, meistens ist das aber nicht möglich; in diesen Fällen wird eine Verminderung ihrer Wirkungen angestrebt.

Die Mittel, die man zur Verminderung der Störungswirkungen verwendet, sind sowohl von der Art der Störung als auch von den Eigenschaften des Nutzsignals abhängig.

Für eine Klassifikation der Störungen ist die Einführung des mit der (Kreuz)-Korrelation eng verwandten Begriffs der Kohärenz zweckmäßig. Es seien zwei Signale, $s_1(t)$ und $s_2(t)$ gegeben; wenn durch Kenntnis von $s_1(t)$ (bzw. der Ordinaten in den Abtastpunkten) auch Informationen über $s_2(t)$ erhalten werden können, so sind die Signale $s_1(t)$ und $s_2(t)$ wenigstens teilweise abhängig. Diese Abhängigkeit zwischen den Werten der Signale in den Abtastpunkten soll als Kohärenz bezeichnet werden. (Besteht eine lineare Abhängigkeit, so fällt der Begriff der Kohärenz mit dem der Korrelation zusammen.)

Zwei Signale sind inkohärent, wenn zwischen ihnen kein Zusammenhang besteht, also wenn sie vollständig unabhängig sind. Die inkohärenten Signale sind orthogonal, d. h., das Integral ihres Produktes über ein endliches oder unendliches Zeitintervall bzw. ihre Kreuzkorrelationsfunktion für $\tau = 0$ ist Null; der reziproke Satz ist aber nicht immer gültig (es existieren orthogonale Signale, die untereinander abhängig sind, wie zum Beispiel $\sin \omega_0 t$ und $\cos \omega_0 t$).

Der Begriff der Kohärenz, der eigentlich aus der Optik stammt, ist auch für die nachrichtentechnischen Anwendungen sehr wichtig. Damit z. B. eine Gegenkopplung wirksam sein soll, muß in einem Verstärker eine Kohärenz zwischen dem Gegenkopplungssignal und dem Eingangssignal bestehen. Damit man eine Verminderung der Störung erhält, müssen die Seitenbandkomponenten eines modulierten Signals kohärent sein.

Andererseits bietet die Inkohärenz zwischen Signal und Störung die Möglichkeit, durch verschiedene Verfahren eine Verbesserung des Störabstandes auf der Empfangsseite zu erzielen.

Wenn zwei Signale teilweise oder vollständig kohärent sind, so werden die kohärenten Komponenten von der gleichen Quelle erzeugt.

9.1. Klassifikation der Störungen

Die Störungen können in zwei große Klassen eingeteilt werden: Additive Störungen und multiplikative Störungen.

Im ersten Fall wird die Störung zu dem Signal addiert

$$r(t) = s(t) + n(t) , \qquad (9.1)$$

wobei

$n(t)$ — die Störung,

$s(t)$ — das Nutzsignal,

$r(t)$ — das empfangene, durch die Störungen verformte Signal ist.

Die Mehrzahl der Störungen, die bei verschiedenen Anwendungen auftreten, gehören zur Klasse der additiven Störungen.

Im zweiten Fall wird das Signal mit der Störung multipliziert

$$r(t) = s(t) \cdot n(t) . \qquad (9.2)$$

Die multiplikativen Störungen treten dann auf, wenn ein oder mehrere Parameter des Übertragungskanals sich unerwünscht mit der Zeit verändern.

In diesem Fall ist $n(t)$ eine durch die Störung verursachte Zeitfunktion, die das Signal $s(t)$ unerwünscht modifiziert.

Wenn die Veränderungen von $n(t)$ langsam im Vergleich zu den Veränderungen von $s(t)$ sind, dann nennt man die entsprechende Störung Schwund (Fading).

In Kanälen mit multiplikativen Störungen erscheinen im allgemeinen auch additive Störungen. In diesem Fall wird das Problem sehr kompliziert, und deshalb behandelt man die Wirkungen der zwei Arten von Störungen gewöhnlich getrennt.

9.1.1. Klassifikation der additiven Störungen

Die additiven Störungen können in drei Kategorien eingeteilt werden: Rauschen, Nebensprechen und Verzerrungen.

1. Als Rauschen werden diejenigen Störungen bezeichnet, die mit keinem der übertragenen Nutzsignale kohärent sind und durch zufällige Zeitprozesse gebildet werden.

— Das ergodische Rauschen entstammt von Störungen, die durch ergodische Prozesse dargestellt werden können. Sie sind stationär und im Mittel voraussagbar, nicht aber im Einzelnen.

— Das Gaußsche Rauschen ist ein ergodisches Rauschen, das in jedem Zeitpunkt eine normale Wahrscheinlichkeitsverteilung mit der gleichen Dispersion σ^2 hat.

Das Gaußsche Rauschen wird auch noch thermisches oder Fluktuationsrauschen genannt.

Das Gaußsche Rauschen kann eine konstante Leistungsspektraldichte besitzen und wird in diesem Falle weißes Rauschen genannt. Hängt die Leistungs-

22*

spektraldichte des GAUSSschen Rauschens von der Frequenz ab, so spricht man von farbigem[2]) Rauschen.

— Das nichtgaußsche Rauschen besitzt eine Wahrscheinlichkeitsverteilung, die nicht normal ist.

Auch bei nichtgaußschem Rauschen spricht man bei konstanter Leistungsspektraldichte von *weißem* Rauschen und bei frequenzabhängiger Leistungsspektraldichte von *farbigem* Rauschen.

Für das ergodische Rauschen kann also folgende Klassifikation erfolgen:

$$
\text{Ergodisches Rauschen}
\begin{cases}
\text{GAUSSsches} & \begin{cases} \text{weißes} \\ \text{farbiges} \end{cases} \\
\text{(Fluktuations)-Rauschen} & \\
\text{nichtgausssches Rauschen} & \begin{cases} \text{weißes} \\ \text{farbiges} \end{cases}
\end{cases}
$$

— Das nichtergodische Rauschen wird von Störungen gebildet, die nicht stationär sind oder nicht durch Wahrscheinlichkeitsgesetze gekennzeichnet werden können. Man unterscheidet:

— regelmäßiges nichtergodisches Rauschen, das durch periodische Zeitfunktionen dargestellt werden kann. In diese Kategorie können eingeschlossen werden: Das Netzbrummen, die Störschwingungen der Verstärker, die von den Zündvorrichtungen der Verbrennungsmotoren verursachten Störungen usw. (im angelsächsischen auch *man made noise* genannt);

— unregelmäßiges nichtergodisches Rauschen, das unvoraussagbar auftritt. In diese Kategorie kann man die von atmosphärischen Entladungen oder von zufälligem Ausgleich elektrischer Ladungen verursachten Störungen einschließen.

Für das nichtergodische Rauschen kann also folgende Klassifikation vorgenommen werden:

$$
\text{Nichtergodisches Rauschen}
\begin{cases}
\text{regelmäßiges} \\
\text{unregelmäßiges}
\end{cases}
$$

2. Als Nebensprechen werden diejenigen Störungen bezeichnet, die aus Nutzsignalen anderer Kanäle stammen.

— Das verständliche Nebensprechen ist eine Störung, die stark kohärent mit den Nutzsignalen anderer Kanäle ist. Es stellt ein in nicht zu großem Maße verzerrtes Abbild der Nutzsignale anderer Kanäle dar.

— Das unverständliche Nebensprechen ist ebenfalls mit den Nutzsignalen anderer Kanäle kohärent, entsteht aber aus denselben nach starker Verzerrung.

3. Als Verzerrungen werden diejenigen Störungen bezeichnet, die mit dem Nutzsignal des betrachteten Kanals kohärent sind.

— Die reversiblen Verzerrungen sind Störungen, die mit dem Nutzsignal kohärent sind und die (wenigstens theoretisch) dadurch beseitigt werden können, daß das Signal durch einen Entzerrer geleitet wird. Sie erscheinen als Folge

---

[2]) Die Bezeichnung *weiß* und *farbig* sind in Analogie zu der Lichtstrahlung entstanden, bei der dem weißen Licht ein konstantes Spektrum und dem farbigen Licht ein frequenzabhängiges Spektrum entspricht.

reversibler Transformationen, denen das Signal unterworfen ist. Da zu solchen Transformationen voraussetzungsgemäß immer eine Rücktransformation existiert, können diese Verzerrungen durch eine Rücktransformation beseitigt werden. In diese Kategorie fallen die durch lineare Systeme mit konstanten Parametern bewirkten linearen Amplituden- und Phasenverzerrungen; die durch lineare zeitvariable Systeme mit nach einem bekannten deterministischen Gesetz sich ändernden Parametern verursachten Verzerrungen, wie Störamplitudenmodulation, Frequenzversetzung, Störphasenhub; schließlich die durch nichtlineare speicherlose Systeme mit eindeutiger Umkehrung verursachten nichtlinearen Verzerrungen, wie bei der Momentanwertkompandierung.

— Die nichtreversiblen Verzerrungen sind Störungen, die durch eine nichtlineare Transformation bewirkt werden, für die keine oder keine eindeutige Rücktransformierte im gesamten Definitionsbereich angegeben werden kann. Von solcher Art sind z. B. die durch Begrenzung oder durch Gleichrichtung bewirkten nichtlinearen Amplitudenverzerrungen; aber auch die in linearen Systemen entstehenden Verzerrungen, die durch zufällige Reflexionen entstehen oder von einer zufälligen Veränderung eines beliebigen Parameters des Übertragungskanals herrühren, sind infolge der Undeterminiertheit der Ursache nicht reversibel.

— Die Störungen können also folgendermaßen klassifiziert werden:

$$
\text{Störungen}
\begin{cases}
\text{Rauschen}
\begin{cases}
\text{ergodisches}
\begin{cases}
\text{gaußsches} \\
\text{nichtgaußsches}
\end{cases} \\[2pt]
\text{nichtergodisches}
\begin{cases}
\text{regelmäßiges} \\
\text{unregelmäßiges}
\end{cases}
\end{cases} \\[10pt]
\text{Übersprechen}
\begin{cases}
\text{verständliches} \\
\text{unverständliches}
\end{cases} \\[6pt]
\text{Verzerrungen}
\begin{cases}
\text{reversible} \\
\text{nichtreversible}
\end{cases}
\end{cases}
$$

Eine andere Klassifikationsmöglichkeit ist folgende:

$$
\text{Störungen}
\begin{cases}
\begin{matrix}\text{inkohärente} \\ \text{(Rauschen)}\end{matrix}
\begin{cases}
\text{ergodisches Rauschen} \\
\text{nichtergodisches Rauschen}
\end{cases}
\begin{cases}
\text{regelmäßiges} \\
\text{unregelmäßiges}
\end{cases} \\[14pt]
\text{kohärente}
\begin{cases}
\text{Verzerrungen}
\begin{cases}
\text{reversible} \\
\text{nichtreversible}
\end{cases} \\[6pt]
\text{Nebensprechen}
\begin{cases}
\text{verständliches} \\
\text{unverständliches}
\end{cases}
\end{cases}
\end{cases}
$$

In den folgenden Abschnitten werden nur die Störungen untersucht, die von Impulsen und Fluktuationen verursacht werden. Die anderen Störungen sind weniger interessant, da ihre Wirkungen ziemlich leicht durch einfache Verfahren (Filterung, Entkopplung, Kompensation, Linearisierung usw.) beseitigt werden können.

9.1.2. Störungsfreie ideale Kanäle

Die wichtigsten Parameter eines Übertragungskanals sind

1. Die Kennlinie Amplitude–Amplitude bzw. die Darstellung der Amplitude des (sinusförmigen) Ausgangssignals als Funktion der Amplitude des (sinusförmigen) Eingangssignals (bei linearen Systemen eine durch den Ursprung gehende Gerade).

2. Die Amplitudencharakteristik bzw. die Darstellung der Amplitude des (sinusförmigen) Signals am Ausgang als Funktion der Frequenz des (sinusförmigen) Eingangssignals konstanter Amplitude.

3. Die Phasencharakteristik bzw. die Darstellung der Phase des (sinusförmigen) Ausgangssignals als Funktion der Frequenz des (sinusförmigen) Eingangssignals.

9.1.2.1. Die Kennlinie Amplitude–Amplitude

Die Kennlinie Amplitude–Amplitude kann in allgemeiner Form folgendermaßen ausgedrückt werden:

$$u_2 = a_0 + a_1 u_1 + a_2 u_1^2 + \cdots + a_n u_1^n \, , \qquad (9.3)$$

wobei

u_2 — das Ausgangssignal,

u_1 — das Eingangssignal ist und

a_k — konstante Koeffizienten sind, deren Wert und Vorzeichen von der Form der Kennlinie bestimmt werden.

Wie ersichtlich, stellt a_0 ein Ausgangssignal dar, daß einem Eingangssignal Null entspricht, d. h., daß a_0 ein störendes, mit dem Nutzsignal inkohärentes Signal ist.

Die Glieder höherer als erster Ordnung in der Beziehung (9.3) bewirken kohärente Störungen in Form von nichtlinearen Verzerrungen.

Für Störungsfreiheit müssen alle Koeffizienten der Beziehung (9.3). ausgenommen a_1, gleich Null sein und zwar

$$a_k = 0 \, , \quad \text{für} \quad k = 0, 2, 3 \ldots , n \, . \qquad (9.4)$$

In diesem Fall wird aus der Beziehung (9.3)

$$u_2 = a_1 u_1 \, . \qquad (9.5)$$

9.1.2.2. Die Phasen- und Amplitudencharakteristik eines idealen Kanals ohne Störungen

Die Phasen- und Amplitudencharakteristik müssen die im Abschnitt 6.7. erläuterten Bedingungen erfüllen, und zwar

$$H(\omega) = Ke^{-j\omega\tau} \, , \qquad (9.6)$$

es muß also die Amplitudencharakteristik konstant und die Phasencharakteristik proportional mit der Frequenz verlaufen.

Die Beziehungen (9.5) (Freiheit von Rauschstörungen und nichtlinearen Verzerrungen) und (9.6) (Freiheit von linearen Verzerrungen) stellen die Bedingungen dar, die ein idealer ungestörter Kanal erfüllen muß.

9.2. Impulsrauschen

Das Impulsrauschen ist dadurch gekennzeichnet, daß die Quellen dieses Rauschens die Energie nicht kontinuierlich, sondern in Stößen sehr kleiner Dauer liefern. Die entstandenen Impulse haben verschiedene Formen, doch können sie durch Rechteckimpulse angenähert werden (Abb. 9.1).

Wenn die Dauer τ des Impulses genügend klein ist, so daß $\dfrac{2\pi}{\tau}$ viel größer als das Durchlaßband $\Delta\omega$ des Empfängers ist, kann man annehmen, daß in diesem Band das Spektrum des Impulses konstant ist. Unter diesen Umständen kann der Rechteckimpuls, der die Störung annähert, durch einen δ-Impuls ersetzt werden, dessen Inhalt die gleiche Energie im Durchlaßband $\Delta\omega$ liefert, wie der Rechteckimpuls.

Betrachtet man das Spektrum des Rechteckimpulses in Abb. 9.1b, so kann man daraus die Schlußfolgerung ziehen, daß bei sehr hohen Frequenzen die Intensität der Impulsstörungen stark abnimmt, so daß für ultrahohe Frequenzen (über 150 MHz) diese Störungen praktisch nicht mehr berücksichtigt werden müssen.

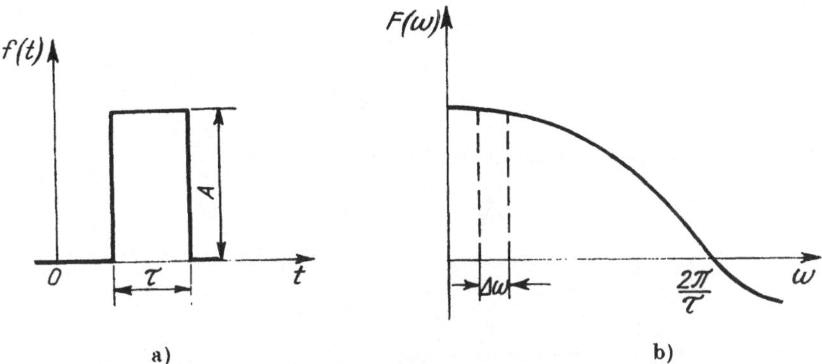

Abb. 9.1. Annäherung der störenden Impulse durch Rechteckimpulse
a) der Impuls; b) die Spektraldichte

Um die statistischen Eigenschaften des Impulsrauschens bestimmen zu können, muß man die Wahrscheinlichkeitsverteilung der Dauer der Impulse und der Zeitintervalle zwischen zwei aufeinanderfolgenden Impulsen kennen. In den meisten Fällen, die für die Anwendungen von Interesse sind, sind diese Verteilungen jedoch nicht bekannt.

9.2.1. Darstellung des Impulsrauschens

Wie gezeigt wurde, können die störenden Impulse durch δ-Funktionen dargestellt werden, genauer durch δ-Funktionen mit dem Inhalt η, die in den Zeitpunkten $t = \xi$ erscheinen

$$\zeta(t) = \eta\, \delta\,(t - \xi)\,, \tag{9.7}$$

wobei η und ξ zufällige Veränderliche sind.

Das Spektrum des durch die Beziehung (9.7) dargestellten Impulses ist konstant und erstreckt sich über die ganze Frequenzachse. Das Übertragungssystem ist aber nur durch den Teil des Spektrums gestört, der in das Durchlaßband des Systems fällt. Im Zusammenhang damit müssen zwei Fälle betrachtet werden:

1. Der Eingang des Empfängers ist einem Tiefpaß äquivalent. In diesem Fall ergibt sich für die Störung am Ausgang des Filters mit den Ergebnissen aus Abschnitt 6.8.1. der Ausdruck

$$\zeta(t) = \eta\, A\, \frac{\omega_1}{\pi} \cdot \frac{\sin \omega_1\,(t - \tau - \xi)}{\omega_1\,(t - \tau - \xi)}\,, \tag{9.8}$$

wobei

A der Betrag der Übertragungsfunktion des Filters,

ω_1 die Grenzfrequenz des Filters und

τ die Laufzeit des Filters ist.

Vom praktischen Standpunkt aus ist der hohe Spitzenwert des Impulsrauschens (Abb. 9.2) besonders störend.

Der maximale Wert der durch die Beziehung (9.8) gegebenen Störung ergibt sich für

$$t = \xi + \tau$$

und ist

$$\zeta_M = \eta\, A\, \frac{\omega_1}{\pi} \tag{9.9}$$

und der entsprechende quadratische Mittelwert ist

$$\overline{\zeta_M^2} = \overline{\eta^2} \cdot A^2\, \frac{\omega_1^2}{\pi^2}\,, \tag{9.10}$$

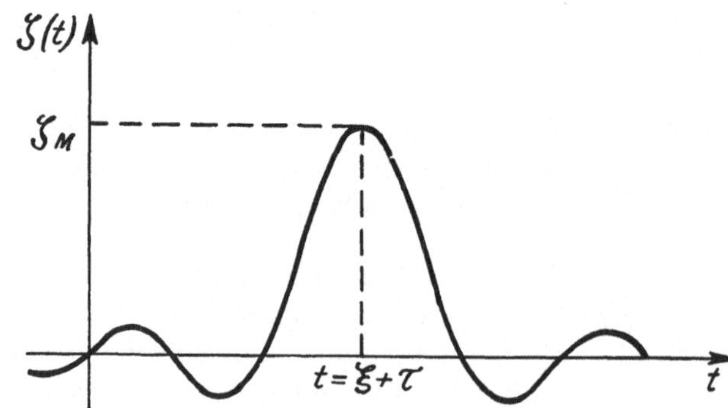

Abb. 9.2. Antwort eines Tiefpasses auf einen störenden Impuls

wobei $\overline{\eta^2}$ den quadratischen Mittelwert des Inhaltes der störenden Impulse darstellt.

2. Der Eingang des Empfängers ist einem Bandpaß äquivalent. Auf Grund der Ergebnisse aus Abschnitt 6.8.2. erhält man in diesem Fall für das Signal am Ausgang des Filters den Ausdruck

$$\zeta(t) = \eta\, A\, \frac{\omega_2 - \omega_1}{\pi} \cdot \frac{\sin \dfrac{\omega_2 - \omega_1}{2}(t - \tau - \xi)}{\dfrac{\omega_2 - \omega_1}{2}(t - \tau - \xi)}\, \cos \omega_0\,(t - \xi)\,, \qquad (9.11)$$

wobei

ω_2 die obere Grenzfrequenz des Filters,

ω_1 die untere Grenzfrequenz des Filters,

$\omega_0 = \dfrac{\omega_2 - \omega_1}{2}$ die Mittenfrequenz des Filters ist.

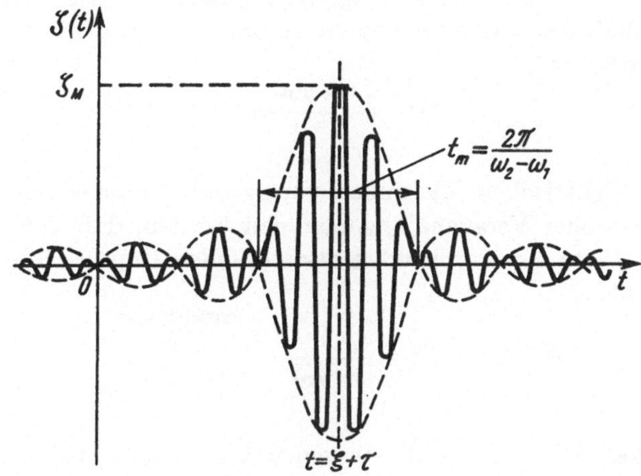

Abb. 9.3. Antwort eines Bandpasses auf einen störenden Impuls

Der maximale Wert der durch die Beziehung (9.11) gegebenen Störung (Abb. 9.3) erscheint bei

$$t = \xi + \tau$$

und ist

$$\zeta_M = \eta\, A\, \frac{\omega_2 - \omega_1}{\pi}\,, \qquad (9.12)$$

daraus ergibt sich der quadratische Mittelwert

$$\overline{\zeta_M^2} = \overline{\eta^2}\, A^2\, \frac{(\omega_2 - \omega_1)^2}{\pi^2}\,. \qquad (9.13)$$

9.2.2. Allgemeine Eigenschaften des Impulsrauschens

Wie gezeigt wurde, liefern die Quellen des Impulsrauschens ihre Energie in sehr kurzen Zeitintervallen. Deswegen kann angenommen werden, daß das entsprechende Spektrum konstant ist und sich über den größten Teil der Frequenzachse erstreckt. In diesem Falle sind die Spektralkomponenten des Rauschens kohärent und zwischen ihnen bestehen solche Phasenbeziehungen, daß ihre Resultante, ein kleines Zeitintervall um den Zeitpunkt $t = \xi$ ausgenommen, gleich Null ist.

Wie aus den Beziehungen (9.9) und (9.12) ersichtlich ist, ist infolge der Kohärenz der Spektralkomponenten der maximale Wert der Störung dem Durchlaßband des Empfängers proportional.

Das ist eine kennzeichnende Eigenschaft des Impulsrauschens.

Für gewisse einzelne Fälle können auch statistische Eigenschaften des Impulsrauschens bestimmt werden.

Wenn die störenden Impulse untereinander unabhängig sind und wenn die Wahrscheinlichkeit des Auftretens eines Impulses im kurzen Zeitintervall Δt gleich $\nu\,\Delta t$ ist, wobei ν die mittlere Folgefrequenz der Impulse darstellt, so ist die Wahrscheinlichkeit des Auftretens von m Impulsen im Zeitintervall T durch die Poissonsche Verteilung

$$P(m) = \frac{(\nu\,T)^m}{m!}\,e^{-\nu\,T} \tag{9.14}$$

gegeben.

Für das von elektrischen Maschinen verursachte Impulsrauschen kann auf Grund experimenteller Versuche angenommen werden, daß sich für die in dB ausgedrückten Werte der Amplituden der störenden Impulse folgende Normalverteilung ergibt:

$$W\,(20\,\log\,V) = \frac{1}{\sqrt{2\,\pi\,\sigma^2}}\,e^{-\frac{(20\,\log\,V - \mu)^2}{2\,\sigma^2}}, \tag{9.15}$$

worin

$$\mu = m_1\,\{20\,\log\,V\}\; - \text{der in dB ausgedrückte Mittelwert der Amplituden,}$$
$$\sigma\; - \text{die Standardabweichung der in dB ausgedrückten Amplituden ist.}$$

9.3. Fluktuationsrauschen

Das Fluktuationsrauschen ist in allen Situationen anwesend und spielt deshalb bei den Problemen der Informationsübertragung die bedeutendste Rolle. Das Fluktuationsrauschen, thermisches Rauschen oder sogenanntes Gausssches Rauschen, entsteht durch Summierung einer großen Anzahl von unabhängigen Störungen, wobei die Wirkung jeder einzelnen Komponente im Verhältnis zur gesamten Wirkung vernachlässigbar klein ist.

In diesem Falle besitzt entsprechend dem Zentralen Grenzwertsatz die resultierende Störung eine GAUSSsche Verteilung.

9.3.1. Darstellung des Fluktuationsrauschens

Es kann angenommen werden, daß das Fluktuationsrauschen durch Summierung einer großen Anzahl von Störungen entsteht, die von sehr kurzer Dauer sind und die ganz zufällig auftreten.

Das ist der Fall beim thermischen Rauschen in Widerständen, beim Schrotrauschen in Elektronenröhren, beim Rauschen in Halbleitern usw. Die Einzelimpulse können verschiedene Formen haben; da ihre Dauer aber sehr klein ist, können sie durch δ-Impulse mit einem sehr kleinen Inhalt $\Delta\eta$ ersetzt werden.

Das gesamte Rauschen kann in Form einer Summe von δ-Impulsen mit sehr kleinem Inhalt wie folgt ausgedrückt werden:

$$\zeta(t) = \sum_k \Delta\eta_k \, \delta\,(t - \xi_k) \tag{9.16}$$

wobei die einzelnen Impulse unabhängig sind und die Wirkung jedes einzelnen Impulses im Vergleich zur gesamten Wirkung vernachlässigbar ist (anders ausgedrückt, existiert kein dominanter Impuls).

Da jede Komponente eine zufällige Veränderliche ist, die mit derselben Wahrscheinlichkeit sowohl positive als auch negative Werte annehmen kann, wird außerdem angenommen, daß der Mittelwert jeder Komponente gleich Null ist

$$\overline{\Delta\eta_k \, \delta\,(t - \xi_k)} = 0\,. \tag{9.17}$$

Der Mittelwert wird über die Menge aller möglichen Werte von $\Delta\eta_k$ gebildet.

Die Annahme, daß der Mittelwert gleich Null ist, stellt keine Beschränkung der Allgemeinheit dar, da die Mittelwerte im störenden Vorgang nicht erscheinen.

Unter diesen Voraussetzungen kann entsprechend dem Zentralen Grenzwertsatz behauptet werden, daß das resultierende Rauschen eine GAUSSsche Verteilung mit dem Mittelwert Null besitzt.

Wenn man berücksichtigt, daß das Fluktuationsrauschen als Summe von δ-Impulsen dargestellt wurde, so kann man schlußfolgern, daß es ein konstantes Amplitudenspektrum besitzt.

Da die Zeitpunkte ξ_k, zu denen die elementaren Impulse erscheinen, nicht vorzugsweise in einem bestimmten Zeitintervall gruppiert sondern uniform verteilt sind, ergibt sich, daß die Phase der gesamten Störung eine uniforme Verteilung zwischen 0 und 2π besitzt (die Phase kann mit der gleichen Wahrscheinlichkeit jeden Wert zwischen 0 und 2π annehmen).

Da $\Delta\eta_k$ sehr klein ist, obwohl die Zahl der summierten Komponenten sehr groß ist, wird (auch aus physikalischen Gründen) die Leistungsspektraldichte begrenzt sein.

Das durch die Beziehung (9.16) gegebene Fluktuationsrauschen stellt nicht das reale Rauschen dar, das die Übertragung stört, sondern eine idealisierte Rauschquelle, die ein Rauschen mit unendlicher Bandbreite liefert. In realen Fällen ist die Bandbreite begrenzt; um die verursachte Störung zu bestimmen, muß die Antwort des Filters berechnet werden, an dessen Eingang das durch die Beziehung (9.16) gegebene Rauschen $\zeta(t)$ angelegt ist.

Im folgenden wird ein Filter mit genügend schmaler Bandbreite betrachtet, innerhalb der das Rauschleistungsspektrum praktisch als konstant angesehen werden kann, so daß die realen störenden Impulse durch δ-Impulse angenähert werden können. Durch Parallelschaltung solcher Schmalband-Filter kann jede Art von Filtern erhalten werden.

Die Antwort eines Bandpasses auf einen δ-Impuls ist durch die Beziehung (9.11) gegeben, die in der Form

$$\zeta_k(t) = \Delta\eta_k\, a\,(t - \xi_k)\cos\omega_0\,(t - \xi_k) \tag{9.18}$$

geschrieben werden kann, wobei die Abkürzung

$$a\,(t - \xi_k) = A\,\frac{\omega_2 - \omega_1}{\pi}\cdot\frac{\sin\left[\dfrac{\omega_2 - \omega_1}{2}\right](t - \tau - \xi_k)\Big]}{\dfrac{\omega_2 - \omega_1}{2}(t - \tau - \xi_k)} \tag{9.19}$$

verwendet wurde.

Die Antwort des Systems (in dem man das Rauschen untersucht) auf die durch die Beziehung (9.16) gegebene Folge von δ-Impulsen ist

$$\zeta(t) = \sum_k \zeta_k(t) = \sum_k \Delta\eta_k\, a\,(t - \xi_k)\cos\omega_0\,(t - \xi_k) \tag{9.20}$$

oder

$$\zeta(t) = \sum_k \Delta\eta_k\, a\,(t - \xi_k)\cos(\omega_0\,t + \varphi_k)\,, \tag{9.21}$$

wobei $\varphi_k = -\,\omega_0\,\xi_k$ eine zufällige Veränderliche ist, die eine uniforme Verteilung zwischen 0 und $2\,\pi$ besitzt, da ξ_k eine gleichmäßige Verteilung in der Zeit hat.

Die Beziehung (9.21) kann auch noch wie folgt geschrieben werden:

$$\zeta(t) = \sum_k \Delta\eta_k\, a\,(t - \xi_k)\cos\varphi_k\cos\omega_0\,t - \sum_k \Delta\eta_k\, a\,(t - \xi_k)\sin\varphi_k\sin\omega_0\,t\,. \tag{9.22}$$

Wenn man die Bezeichnungen

$$\alpha(t) = \sum_k \Delta\eta_k\, a\,(t - \xi_k)\cos\varphi_k \tag{9.23}$$

und

$$\beta(t) = -\sum_k \Delta\eta_k\, a\,(t - \xi_k)\sin\varphi_k \tag{9.24}$$

einführt und sie in die Beziehung (9.22) einsetzt, so ergibt sich

$$\zeta(t) = \alpha(t)\cos\omega_0\,t + \beta(t)\sin\omega_0\,t\,, \tag{9.25}$$

wobei $\alpha(t)$ und $\beta(t)$ zufällige Funktionen sind.

Die Beziehung (9.25) gibt eine analytische Darstellung des Fluktuationsrauschens. Sie kann auch noch in folgender Form geschrieben werden:

$$\zeta(t) = \gamma(t)\cos\left[\omega_0\, t + \varphi(t)\right], \tag{9.26}$$

wobei

$$\gamma(t) = \sqrt{\alpha^2(t) + \beta^2(t)} \tag{9.27}$$

die Hüllkurve des Rauschens und

$$\varphi(t) = \text{arc tan}\left[-\frac{\beta(t)}{\alpha(t)}\right] \tag{9.28}$$

der Phasenwinkel des Rauschens sind.

Wenn man die Beziehungen (9.23) und (9.24) betrachtet, wie auch die Tatsache, daß $a(t)$ sich im Vergleich zu $\cos w_0 t$ langsam verändert, kann man die Schlußfolgerung ziehen, daß die zufälligen Funktionen $\alpha(t)$, $\beta(t)$ und $\gamma(t)$ ebenfalls langsam veränderlich bezüglich $\cos \omega_0 t$ sind.

Eine andere, äquivalente Darstellung des Fluktuationsrauschens kann erhalten werden, indem man annimmt, daß der Bandpaß aus einer großen Zahl von schmalbandigen parallelgeschalteten Filtern gebildet ist (Abb. 9.4).

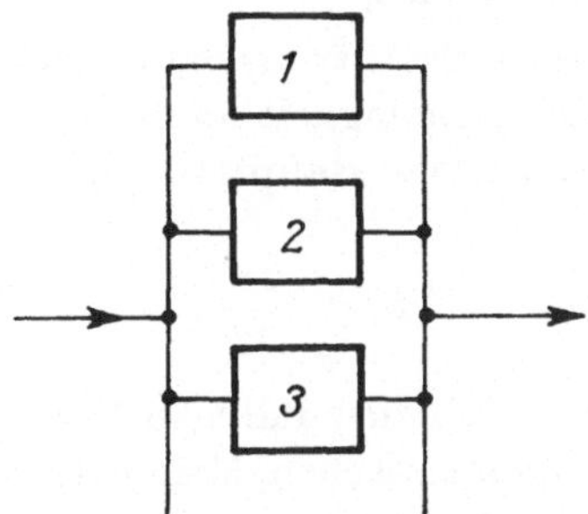

Abb. 9.4. Synthese eines Filters durch parallel geschaltete Bandpässe *1, 2, ... k ...*

Man bezeichnet mit

$$\omega_n = \omega_0 + n\,\Delta\omega \tag{9.29}$$

die Mittenfrequenz jedes elementaren Filters, wobei

ω_0 — die Mittenfrequenz des resultierenden Filters,
$\Delta\omega$ — die Bandbreite eines elementaren Filters,
n — eine ganze, positive oder negative Zahl ist.

Wenn man mit $\Delta\zeta(t)$ die Antwort eines elementaren Filters bezeichnet, so erhält man nach der Beziehung (9.21)

$$\Delta\zeta(t) = \sum_k \Delta\eta_k\, a\,(t - \xi_k) \cos\,(\omega_n t + \varphi_k)\,. \tag{9.30}$$

Da der Phasenwinkel φ_k eine uniforme Verteilung besitzt, wird φ_k den gleichen Wert für jeden Index k annehmen; folglich kann er durch φ_n bezeichnet werden und man erhält für die Beziehung (9.30)

$$\varDelta\zeta(t) = A_n \cos (\omega_n t + \varphi_n) , \tag{9.31}$$

wobei

$$A_n = \sum_k \varDelta\eta_k\, a\, (t - \xi_k) \tag{9.32}$$

ist.

Da $\varDelta\omega$ sehr klein ist, ergibt sich aus der Beziehung (9.19), indem man $\omega_2 - \omega_1$ durch $\varDelta\omega$ ersetzt

$$a\, (t - \xi_k) \approx A \frac{\varDelta\omega}{\pi} . \tag{9.33}$$

Wenn man diesen Ausdruck in die Beziehung (9.32) einführt, so erhält man

$$A_n = A \frac{\varDelta\omega}{\pi} \sum_k \varDelta\eta_k , \tag{9.34}$$

d. h., die Amplitude A_n ist also bei diesem extrem schmalbandigen Rauschen von der Zeit unabhängig.

Die Zahl der Komponenten, die in der Beziehung (9.34) summiert werden müssen, ist gleich der Zahl der Impulse am Eingang des Filters, deren Antworten sich am Ausgang überlagern.

Genau betrachtet ergaben sich Antworten, die sich auf der ganzen Zeitachse überlagern. Mit genügender Genauigkeit kann man annehmen, daß die Dauer der Antwort gleich der Dauer des Hauptmaximums ist (siehe Abb. 9.3), und zwar

$$t_m = \frac{2\,\pi}{\varDelta\omega} . \tag{9.35}$$

Wenn man berücksichtigt, daß die zufälligen Veränderlichen $\varDelta\eta_k$ unabhängig sind, ergibt sich für den quadratischen Mittelwert der durch die Beziehung (9.34) gegebenen Amplitude A_n

$$\overline{A_n^2} = A^2 \frac{(\varDelta\omega)^2}{\pi^2} \sum_k \overline{\varDelta\eta_k^2} . \tag{9.36}$$

Wenn man mit ν die mittlere Frequenz des Auftretens der Impulse bezeichnet. so erhält man für die mittlere Zahl der Impulse, die während der Dauer t_m auftreten, den Ausdruck

$$m = \nu\, t_m = \nu \frac{2\,\pi}{\varDelta\omega} . \tag{9.37}$$

Da angenommen werden kann, daß der quadratische Mittelwert für alle Impulse der gleiche ist, ergibt sich

$$\overline{\varDelta\eta_k^2} = \overline{\varDelta\eta^2} , \tag{9.38}$$

und die Summe in der Beziehung (9.31) wird

$$\sum_k \overline{\varDelta\eta_k^2} = m\, \overline{\varDelta\eta^2} = \nu \frac{2\,\pi}{\varDelta\omega} \overline{\varDelta\eta^2} . \tag{9.39}$$

Wenn man den Ausdruck (9.39) in die Beziehung (9.36) einsetzt, so erhält man

$$\overline{A_n^2} = \frac{2}{\pi} A^2 \, v \, \overline{\Delta\eta^2} \, \Delta\omega \, . \tag{9.40}$$

Verwendet man die Abkürzung

$$z_0 = \frac{1}{\pi} A^2 \, v \, \overline{\Delta\eta^2} \tag{9.41}$$

und führt sie in die Beziehung (9.40) ein, so ergibt sich

$$\overline{A_n^2} = 2 \, z_0 \, \Delta\omega \, . \tag{9.42}$$

Der quadratische Mittelwert des durch die Beziehung (9.31) gegebenen Rauschens am Ausgang des Filters bzw. der quadrierte Effektivwert ist

$$P_n = \overline{[\zeta(t)]^2} = E_{\text{eff}}^2 = \frac{1}{2} \overline{A_n^2} = z_0 \, \Delta\omega \, . \tag{9.43}$$

Nimmt man an, daß der Lastwiderstand gleich der Einheit ist, so ist das Quadrat des Effektivwertes des Rauschens gleich der mittleren Leistung. Aus der Beziehung (9.43) ergibt sich, daß $2 \pi z_0$ die für positive Frequenzen definierte Leistungsspektraldichte des Fluktuationsrauschens am Ausgang des idealen Bandpasses der Bandbreite $\Delta\omega$ ist.

Wenn die Übertragungsfunktionen der parallelgeschalteten Filter nicht denselben Betrag besitzen, so kann man damit ein Filter mit einer beliebigen Amplitudencharakteristik synthetisieren. In diesem Falle nimmt die Amplitude A für jedes Filter der Bandbreite $\Delta\omega$ verschiedene Werte an; dies trifft nach der Beziehung (9.40) damit auch für z_0 zu, so daß z_0 dementsprechend frequenzabhängig wird.

In diesem Fall erhält man die Leistung am Ausgang des Filters durch Summierung der durch die Beziehung (9.43) gegebenen Leistungen. bzw. mit dem Grenzübergang $\Delta\omega \to d\omega$ erhält man den Ausdruck

$$P = \int_{\omega_1}^{\omega_2} z_0(\omega) \, d\omega \, . \tag{9.44}$$

9.3.2. Statistische Eigenschaften des Fluktuationsrauschens

Rückkehrend zur Beziehung (9.21) kann diese in der Form

$$\zeta(t) = \sum_k a_k \cos(\omega_0 t + \varphi_k) \tag{9.45}$$

geschrieben werden, wobei

$$a_k = \Delta\eta_k \, a \, (t - \xi_k)$$

ist.

Durch Berücksichtigung der Beziehung (9.26) erhält man

$$\gamma(t) \cos[\omega_0 t + \varphi(t)] = \sum_k a_k \cos(\omega_0 t + \varphi_k) \, . \tag{9.46}$$

Die Beziehung (9.46) kann auch noch in der Form

$$\gamma(t)\, e^{j\varphi(t)} = \sum_k a_k\, e^{j\varphi_k} = \sum_k \vec{a}_k \tag{9.47}$$

geschrieben werden.

Folglich ist $\gamma(t)$ eine Summe von Zeigern (Abb. 9.5).

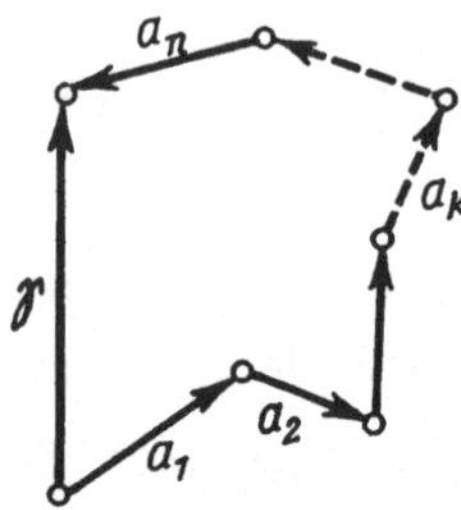

Abb. 9.5. Darstellung der Störung als Summe von Zeigern

Diese Zeiger haben zufällige Phasen und Amplituden und man kann nach den Feststellungen aus Abschnitt 2.10.1. die Schlußfolgerung ziehen, daß die Hüllkurve $\gamma(t)$ des Fluktuationsrauschens eine RAYLEIGH-Verteilung besitzt. Die Amplitudenverteilung hat die Form

$$w_\varrho(\varrho) = \frac{2\varrho}{\sigma_\varrho^2}\, e^{-\frac{\varrho^2}{\sigma_\varrho^2}}, \tag{9.48}$$

wo bei ϱ ein beliebiger Wert von $\gamma(t)$ und $\sigma_\varrho^2 = \sigma^2$ die Dispersion bzw. das Quadrat des Effektivwertes des Rauschens ist (denn das Fluktuationsrauschen ist ein ergodischer Vorgang).

Die Phasenverteilung ist

$$w_\varphi(\varphi) = \frac{1}{2\,\pi}. \tag{9.49}$$

Als Folge des Zentralen Grenzwertsatzes ist die Verteilung der momentanen Werte des Fluktuationsrauschens auch eine GAUSSsche Verteilung, und zwar

$$w(z) = \frac{1}{\sqrt{2\pi\sigma^2}}\, e^{-\frac{z^2}{2\sigma^2}}, \tag{9.50}$$

wobei der Mittelwert gleich Null und die Dispersion σ^2 gleich dem Quadrat des Effektivwertes des Rauschens ist.

Wenn die Spektraldichte z_0 des Fluktuationsrauschens konstant ist, so handelt es sich um *weißes* Rauschen. Wenn die Spektraldichte von der Frequenz abhängt, handelt es sich um *farbiges* Rauschen. Als Folge des Durchganges des weißen Rauschens durch ein Filter mit einer frequenzabhängigen Amplitudencharakteristik, kann man farbiges Rauschen erhalten.

Wenn die Werte des Rauschens nach Durchlaufen eines Tiefpaßfilters in den entsprechend dem Probensatz gewählten Abtastpunkten unabhängig sind, so ist die Leistungsspektraldichte im Durchlaßbereich konstant, und es handelt sich um ein in diesem Frequenzband weißes Rauschen.

Diese Schlußfolgerung kann folgendermaßen begründet werden: Sind die Werte des Rauschens in nahe beieinanderliegenden Zeitpunkten unabhängig, so ist die Autokorrelationsfunktion zu dieser Zeitdifferenz bereits Null, so daß sie durch eine δ-Funktion angenähert werden kann. Ist die Autokorrelationsfunktion eine δ-Funktion, so ist ihre FOURIER-Transformierte, d. h. die Leistungsspektraldichte des Rauschens, eine konstante Größe.

Wenn wie im Falle des farbigen Rauschens, die Leistungsspektraldichte nicht konstant ist, so ist ihre FOURIER-Rücktransformierte, d. h. die Autokorrelationsfunktion, keine δ-Funktion, sondern eine beliebige andere Funktion. Folglich wird zwischen den benachbarten Werten des Rauschens eine Korrelation bestehen, so daß dies Werte nicht mehr unabhängig sind.

Da das farbige Rauschen aus weißem Rauschen nach Durchlaufen eines Filters entsteht, dessen Amplitudencharakteristik frequenzabhängig ist, ergibt sich, daß solche Filter eine Korrelation bzw. eine Abhängigkeit zwischen benachbarten Werten des Rauschens einführen.

Praktisch brauchen nur die Werte des Signals in den Abtastpunkten betrachtet zu werden. Da eigentlich kein Rauschen mit unendlicher Bandbreite existiert, werden auch keine Korrelationsfunktionen in Form von δ-Funktionen existieren, bzw. werden dicht benachbarte Werte des Rauschens. nicht unabhängig sein.

Wenn nur die Ordinaten des Rauschens in den Abtastpunkten betrachtet werden, so kann man behaupten, daß diese Werte nicht korreliert sind, wenn die Leistungsspektraldichte im entsprechenden Durchlaßbereich konstant ist. Innerhalb der Abtastintervalle wird zwischen den Werten des Rauschens jedoch eine Korrelation bestehen. Je schmaler die Bandbreite des Filters wird, um so größer werden die Abtastintervalle, und um so größer die Intervalle, in denen eine Korrelation zwischen den Werten des Rauschens besteht; jedoch zwischen den Werten an den Grenzen der Intervalle bzw. zwischen den Werten in den Abtastpunkten wird die Korrelation gleich Null. Wenn die Amplitudencharakteristik des Filter nicht konstant mit der Frequenz verläuft, so wird auch eine Abhängigkeit zwischen den Werten des Rauschens in den Abtastpunkten eingeführt.

9.3.3. Spitzenwert des Fluktuationsrauschens

Für verschiedene Anwendungen ist es wichtig, einen Spitzenwert des Fluktuationsrauschens zu bestimmen. Da dieses Rauschen einen zufälligen Charakter hat, wird die Definition des Spitzenwertes ziemlich willkürlich sein. Wenn die Wahrscheinlichkeit dafür, daß der Wert V überschritten ist, einen sehr kleinen Wert p_v annimmt, so kann V als Spitzenwert des Fluktuationsrauschens

wobei

$$G_1 = \frac{1}{R_1} \,;$$

$$G_2 = \frac{1}{R_2} \,;$$

$$G = \frac{1}{R_1} + \frac{1}{R_2} = \frac{1}{R}$$

ist.

Die quadrierte Rauschspannung an den Klemmen der zwei Widerstände ist

$$E^2 = R^2 \, I^2 = R^2 \, 4 \, k \, T \, G \, (f_2 - f_1) = 4 \, k \, T \, R \, (f_2 - f_1) \,.$$

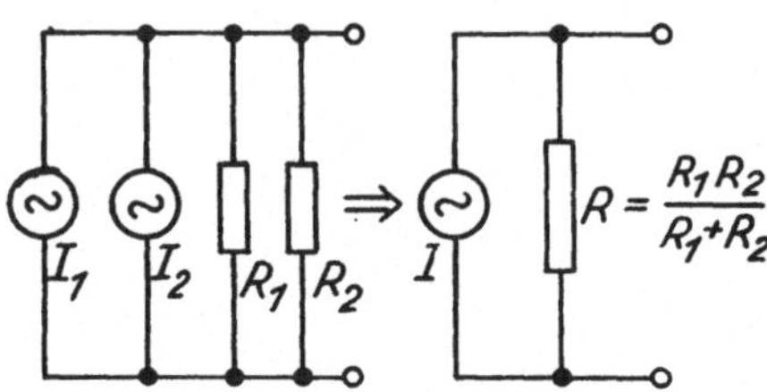

Abb. 9.8. Rauschersatzschaltung für zwei parallel geschaltete Widerstände

Wenn zwischen den Klemmen, an denen die Rauschspannung bestimmt werden soll, auch Blindwiderstände erscheinen (Abb. 9.9), muß man das Rauschen für jedes unendlich kleine Frequenzband df errechnen und anschließend die Resultate quadratisch summieren.

Wenn sich zwischen den Punkten A und B die Impedanz

$$Z_{AB} = R_{AB} + j \, X_{AB}$$

ergibt, wobei R_{AB} und X_{AB} von der Frequenz abhängige Funktionen sind, so erhält man für die Rauschspannungsersatzquelle im Frequenzband $f_2 - f_1$ den Ausdruck

$$E_{AB}^2 = 4 \, k \, T \int\limits_{f_1}^{f_2} R_{AB} \, df \,. \tag{9.61}$$

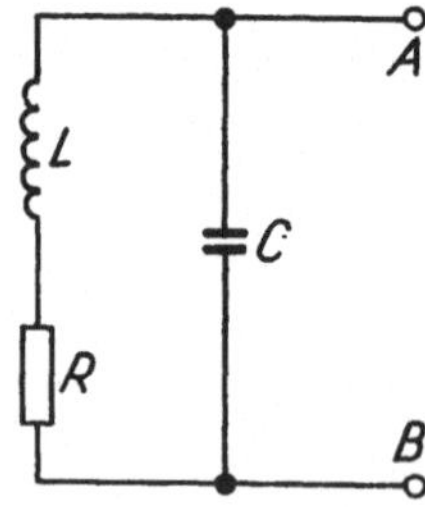

Abb. 9.9. Rauschender Resonanzkreis

Im allgemeinen sind Quellen des thermischen Rauschens alle diejenigen Elemente, die Energie zerstreuen, wie z. B. die Widerstände, die irreversibel die elektrische Energie in Wärme umwandeln, oder die Antennen, die Energie ausstrahlen, ohne daß diese in den Stromkreis zurückkehren kann.

9.3.5. Rauschfaktor

Das Rauschen, das die Übertragung der Information stört, wird im allgemeinen im Übertragungskanal oder in den ersten Stufen des Empfängers verursacht, wo der Pegel des Nutzsignals klein ist. Das dem Empfänger eigene Rauschen wird vom thermischen Rauschen der Widerstände, vom Schrotrauschen der Elektronenröhren und vom Rauschen der verwendeten Halbleiterelemente verursacht.

Das Rauschen der Elektronenröhren und der Halbleiterelemente ist ein *farbiges* GAUSSsches Rauschen. Wenn die Bandbreite des Empfängers verhältnismäßig klein ist, kann dieses Rauschen als weißes Rauschen betrachtet werden.

Die Möglichkeit des Empfangs sehr schwacher Signale ist durch das Rauschen begrenzt. In Abwesenheit des Rauschens könnten ohne prinzipielle Schwierigkeiten beliebig große Verstärkungen realisiert werden, so daß man beliebig schwache Signale empfangen könnte. In diesem Falle würde die Empfindlichkeit des Empfängers nur von seiner Verstärkung abhängen. In Fällen, in denen das Signal viel größer als das dem Empfänger eigene Rauschen ist, ist tatsächlich die Verstärkung ein Maß für die Empfindlichkeit des Empfängers (z. B. bei den gewöhnlichen Empfängern für LW, MW, KW, bei denen die äußeren Störungen die sinnvolle Verstärkung begrenzen).

Aus ökonomischen Gründen arbeitet man beim Senden im allgemeinen mit möglichst kleinen Leistungen, so daß beim Empfang alle Maßnahmen getroffen werden müssen, daß der Empfänger imstande ist, auch die schwächsten Signale zu empfangen.

Je kleiner das eigene Rauschen des Empfängers ist, um so schwächere Signale wird er empfangen können. Der Empfänger wird also um so empfindlicher sein, je kleiner sein eigenes Rauschen ist.

Wenn das eigene Rauschen größer als das Signal ist, so kann das Signal im allgemeinen nicht empfangen werden, wie groß die Verstärkung des Empfängers auch immer ist.

Es wird angenommen, daß an den Eingang des Empfängers die Signalquelle (Antenne oder Übertragungskabel, Abb. 9.10a) angelegt wird, die in Form einer Ersatzquelle mit dem Innenwiderstand R_i und der konstanten Spannung S dargestellt werden kann.

Um die maximale Leistung im Empfänger zu erhalten, muß der Innenwiderstand des Empfängers gleich dem Innenwiderstand der Quelle sein und zwar:
$R = R_i$.

gegeben, da im Ausdruck (9.68) auch das Rauschen $k\,T\,A_2\,(f_2 - f_1)$ enthalten ist, das außerhalb des Empfängers entsteht.

Die Beziehung (9.69) kann auch noch in der Form:

$$P_{22} = k\,T\,(F_2 - 1)\,A_2\,(f_2 - f_1)$$

geschrieben werden.

Nach Einführung des Ausdruckes (9.69) in die Beziehung (9.68) erhält man:

$$P_2 = k\,T\,F_1\,A_1\,A_2\,(f_2 - f_1) + k\,T\,(F_2 - 1)\,A_2\,(f_2 - f_1)\,. \tag{9.70}$$

Diese Leistung kann auch direkt bestimmt werden, wenn man einen gesamten Rauschfaktor F wie folgt definiert:

$$P_2 = k\,T\,F\,A_1\,A_2\,(f_2 - f_1)\,. \tag{9.71}$$

Aus den Beziehungen (9.71) und (9.70) ergibt sich

$$F = F_1 + \frac{F_2 - 1}{A_1}\,. \tag{9.72}$$

Wenn die Verstärkung A_1 genügend groß ist, ist der gesamte Rauschfaktor ungefähr gleich dem Rauschfaktor der ersten Stufe. Die Beziehung (9.72) zeigt, daß zur Verminderung des gesamten Rauschfaktors vor allem der Rauschfaktor F_1 der ersten Stufe vermindert werden muß.

Die Beziehung (9.72) kann leicht auf den Fall einer größeren Zahl von Verstärkerstufen erweitert werden:

$$F = F_1 + \frac{F_2 - 1}{A_1} + \frac{F_3 - 1}{A_1 A_2} + \cdots + \frac{F_n - 1}{A_1 A_2 \cdots A_{n-1}}\,. \tag{9.73}$$

9.3.6. Quasi-GAUSSsches Rauschen

Nach dem Zentralen Grenzwertsatz ist die Summe vieler unabhängiger beliebiger zufälliger Prozesse im Grenzfall gaußisch verteilt. Dies gibt die Berechtigung zu der Annahme, auch nichtgaußische Prozesse näherungsweise als GAUSS-Prozesse zu betrachten. Das GAUSSsche Rauschen besitzt als einziger kontinuierlicher zufälliger Prozeß die Eigenschaft, beim Durchgang durch lineare Systeme invariant bezüglich seiner Verteilungsfunktion, also wieder ein GAUSS-Prozeß zu sein. Nichtgaußsche Prozesse, wie z.B. das Impulsrauschen, werden auf Grund des Zentralen Grenzwertsatzes nach Durchlaufen schmalbandiger Filter quasi-GAUSS-Prozesse.

Die Summenverteilung von frequenzgeschachtelten Sprachsignalen in der Trägerfrequenztelefonie besitzt auf Grund des Zentralen Grenzwertsatzes ebenfalls eine quasi-GAUSSsche Verteilung. Deshalb ist es in der Praxis vielfach berechtigt, alle auftretenden zufälligen Vorgänge in erster Näherung als quasi-GAUSSsches Rauschen zu betrachten und die hierfür erhaltenen Ergebnisse auf die zu untersuchenden Probleme mit einem im allgemeinen vernachlässigbaren Fehler zu übertragen.

10. MODULATION

Für die Übertragung von Nachrichten in einem bestimmten Medium ist es im allgemeinen notwendig, dieselben für die Ausbreitung im betreffenden Medium durch eine Umformung (Signalwandlung) geeignet zu machen. Die Umwandlung des Signals, die hauptsächlich zur Anpassung an das Übertragungsmedium des Kanals oder zur Ermöglichung vielfacher Übertragungen durchgeführt wird, wird Modulation genannt. Die Modulation ist in vielen Fällen unabdingbar. So ist z. B. für die Übertragung der Information durch elektromagnetische Wellen eine Verschiebung des Nachrichtenspektrums gegen höhere Frequenzen, die sich mit entsprechenden Antennen abstrahlen lassen, notwendig. Diese Verschiebung kann durch Modulation erhalten werden.

Wenn durch das gleiche Medium (Kabel oder freier Raum) mehrere Nachrichten gleichzeitig zu übertragen sind, werden Modulationsverfahren (mit Frequenz- oder Zeitschachtelung (multiplex)) angewendet, durch die man beim Empfang leicht trennbare Signale erhalten kann.

Durch Modulation versucht man auch, in gewissem Maße einen Schutz gegen Störungen bzw. eine Verbesserung des Signal/Rauschabstandes zu erhalten. In dieser Richtung sind jedoch die Möglichkeiten der Modulation ziemlich eingeschränkt.

Demnach kann man durch Modulation folgendes erreichen:
— eine Anpassung an ein gegebenes Übertragungsmedium,
— Vielfachübertragungen,
— eine Vergrößerung der Stabilität bei Störungen.

Mathematisch betrachtet, stellt die Modulation eine eindeutige Abbildung des Raums der Nachricht auf den Raum des Signals dar, bzw. bei bereits vorliegenden Signalen eine Abbildung der Signalräume.

Für die meisten Modulationsvorgänge bildet die Verwendung einer Trägerschwingung oder kurz, eines Trägers, die Grundlage. Ein Träger ist ein Signal mit folgenden Eigenschaften:
— es kann von anderen Träger-Signalen getrennt und unterschieden werden,
— es besitzt Parameter, die im Rhythmus der Nachricht verändert werden können, wodurch die Übertragung der Information erreicht wird.

Nach der Natur der Träger können zwei Modulationsarten unterschieden werden und zwar:
— Modulation mit sinusförmigem Träger,
— Modulation mit pulsförmigem Träger.

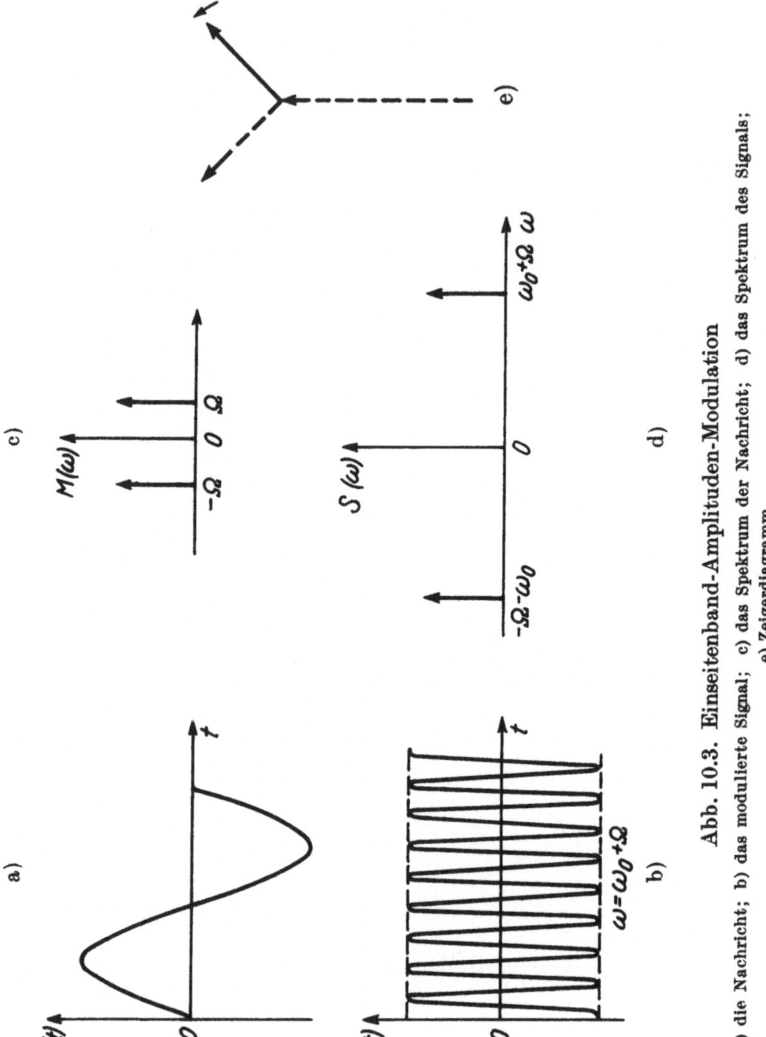

Abb. 10.3. Einseitenband-Amplituden-Modulation

a) die Nachricht; b) das modulierte Signal; c) das Spektrum der Nachricht; d) das Spektrum des Signals; e) Zeigerdiagramm

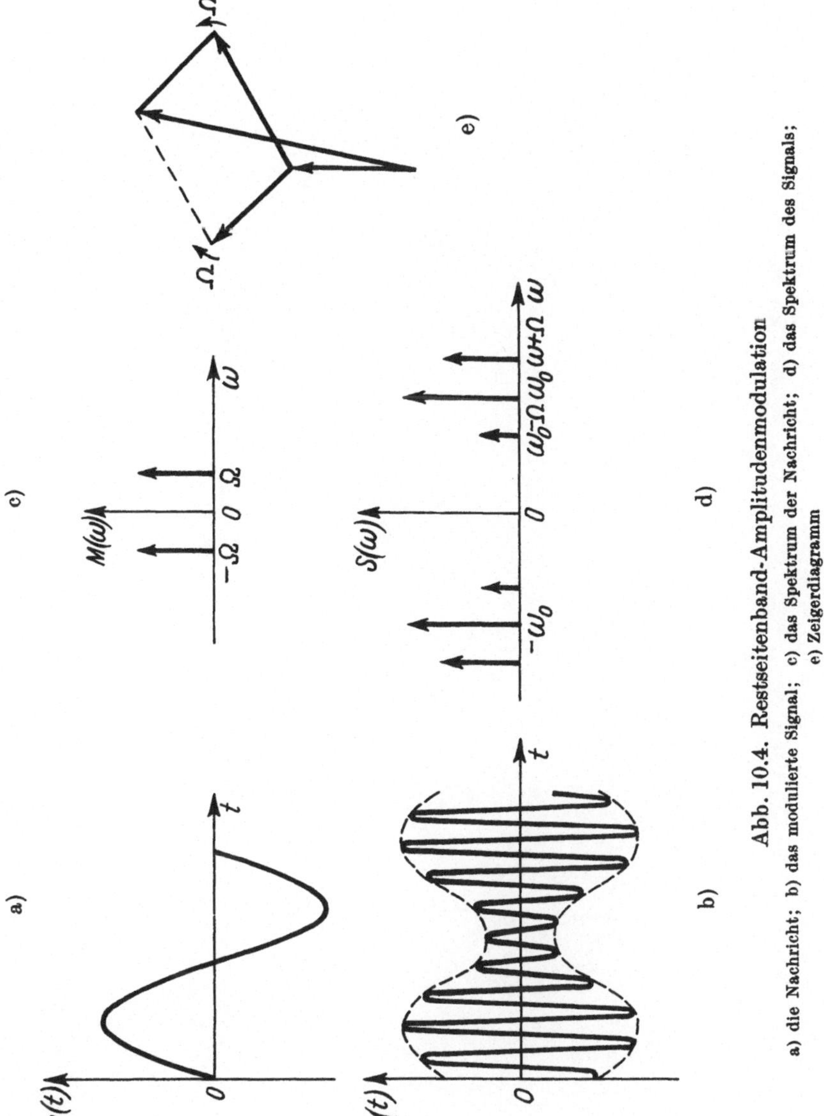

Abb. 10.4. Restseitenband-Amplitudenmodulation
a) die Nachricht; b) das modulierte Signal; c) das Spektrum der Nachricht; d) das Spektrum des Signals; e) Zeigerdiagramm

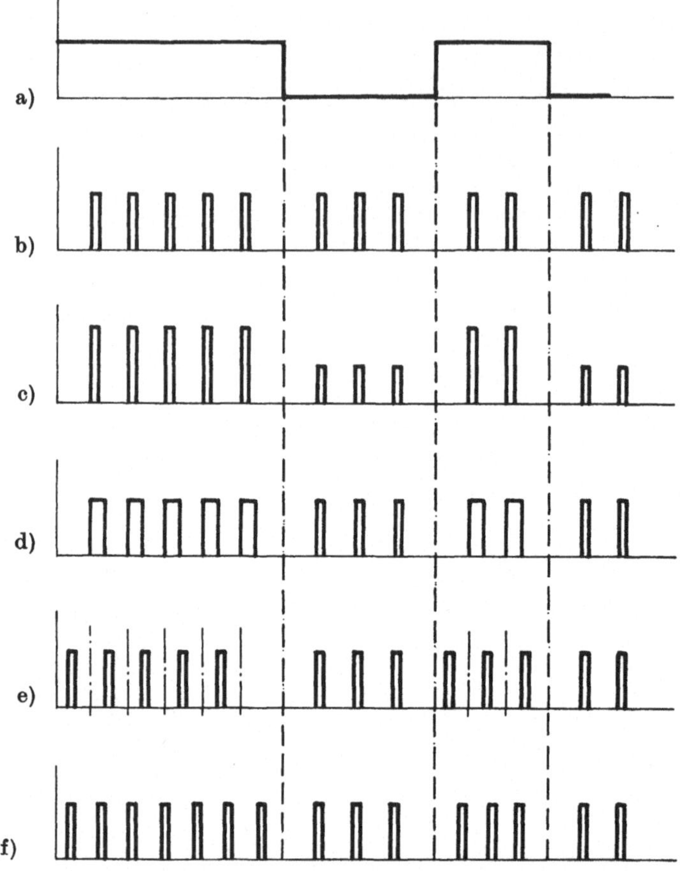

Abb. 10.8. Impulsmodulation ohne Quantisierung
a) modulierendes Signal; b) unmodulierte Impulse; c) amplitudenmodulierte Impulse; d) dauermodulierte Impulse; e) phasenmodulierte Impulse; f) frequenzmodulierte Impulse

Zur Übertragung durch den Kanal wird im allgemeinen die Pulslagemodulation verwendet. Die Gründe dafür sind folgende:

— der Mittelwert der Leistung des ausgesendeten Signals ist während des Modulationsvorganges konstant (ein Umstand, der für die Sendetechnik sehr günstig ist),

— die Impulse können zwecks Verminderung der Störungseffekte durch Begrenzer geführt werden.

Die Pulsamplituden- oder Pulsdauermodulation wird sowohl beim Senden als auch beim Empfang als zwischenstufige Modulation verwendet, da ihre Modulations- und Demodulationsvorgänge sehr einfach sind.

Bei einigen Übertragungssystemen, die besonders bei Fernmessungen verwendet werden, wird das ausgesendete Signal nicht mehr in ein pulslagemoduliertes Signal umgewandelt, sondern direkt als amplituden- oder dauermoduliertes Signal übertragen.

10.2.2. Impulsmodulation mit Quantisierung

In diesem Fall wird das Signal außer der Abtastung (Quantisierung im Zeit-bereich) auch in der Amplitude quantisiert.

Die Quantisierung der Signalamplituden in den Abtastzeitpunkten führt zu einer Näherung des Signals, die sich beim Empfang als Quantisierungsrauschen bemerkbar macht.

Je größer die Zahl der verwendeten Quantisierungsstufen ist (wobei der Spitzenwert der Amplitude begrenzt ist), um so besser ist die Wiedergabe des Signals und um so kleiner das Quantisierungsrauschen (bzw. um so kleiner der Fehler) Abb. 10.9.

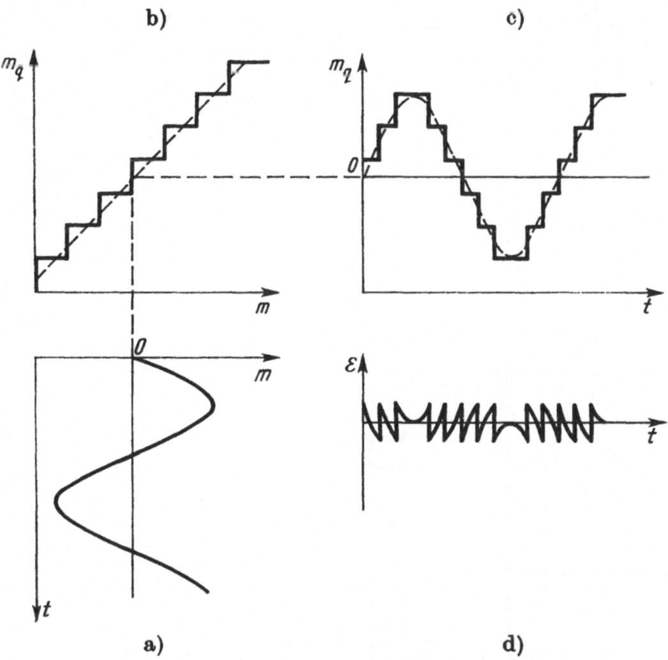

Abb. 10.9. Quantisierung einer Nachricht
a) ursprüngliche Nachricht; b) Quantisierungskennlinie; c) quantisierte Nachricht; d) Quantisierungsfehler

Die abgetasteten Ordinaten der Nachricht $m\left(\dfrac{n}{2W}\right)$ sind quantisiert, d. h. sie enthalten eine ganze Zahl von Quantisierungsstufen.

Diese Tatsache ermöglicht die Übertragung dieser Ordinaten nicht durch proportionale Veränderung eines Parameters des Trägerimpulses, sondern durch Übertragung binärer Zahlen. Im binären System werden zwei Symbole für die Ziffern verwendet und zwar 1 und 0. Diesen Symbolen entspricht die Anwesen-heit oder Abwesenheit eines Impulses (Abb. 10.10).

Da die jeder diskreten Ordinate entsprechende Information als eine Kodezahl übertragen wird, nennt man das Modulationsverfahren Pulskodemodulation oder kurz PCM.

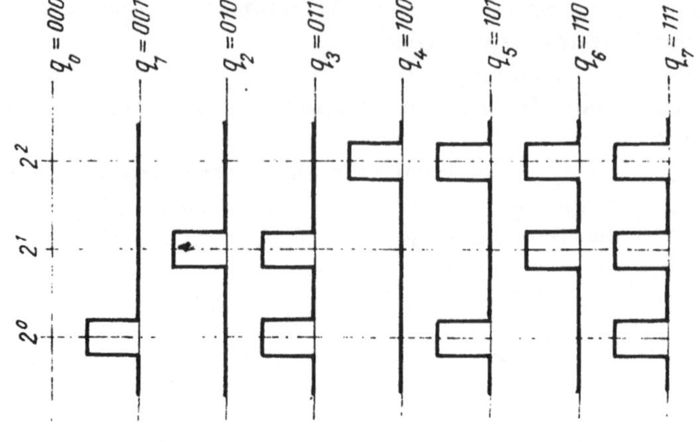

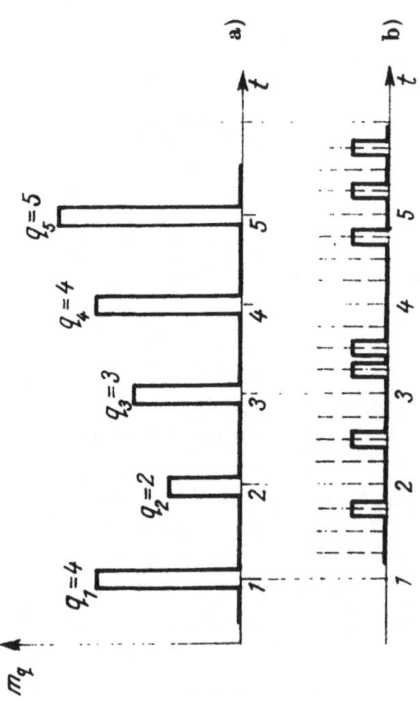

Abb. 10.10. Pulskodemodulation

a) quantisierte Abtast-Ordinaten, bei denen die Zahl der Quanten im dezimalen System ausgedrückt ist; b) binär ausgedrückte Zahl der Quanten; c) binärer Kode

Sie hat den großen Vorteil, daß es für einen richtigen Empfang der gesendeten Zahlen (bzw. der Werte der abgetasteten Ordinaten) genügt, die Anwesenheit oder Abwesenheit der Trägerimpulse richtig festzustellen, was sehr leicht möglich ist, wenn der Störungspegel die Amplitude der Impulse nicht überschreitet.

Bei der Übertragung über sehr lange Strecken, wo die Einführung von Relaisstationen (die aufs neue die Signale empfangen, verstärken und senden) notwendig ist, hat die PCM den Vorteil, daß sie nicht zur Kumulierung des Rauschens führt. Diese Tatsache ist für die PCM kennzeichnend und wird durch die vollständige Wiederherstellung der Kodeimpulse in jeder Relaisstation (auch Repeater genannt) erreicht.

10.3. Störungsstabilität

Um eine verallgemeinerte Berechnung der Störungsstabilität durchzuführen, wird eine Nachricht $m(t)$ mit dem Mittelwert Null, die durch einen Punkt M bzw. einen Vektor $\vec{M}$ in dem $2\,WT$-dimensionalen Raum der Nachricht dargestellt wird, betrachtet.

Der Modulationsvorgang kann durch einen Operator Ψ_S, der den Raum der Nachricht in den $2\,W_E T$-dimensionalen Raum des gesendeten Signals umwandelt (wobei W_E die Bandbreite des Signalspektrums bzw. die Bandbreite des Empfängers ist), beschrieben werden. Der Punkt S bzw. der Vektor $\vec{S}$ (Abb. 10.11) stellt das der Nachricht $m(t)$ entsprechende Signal $s(t)$ dar.

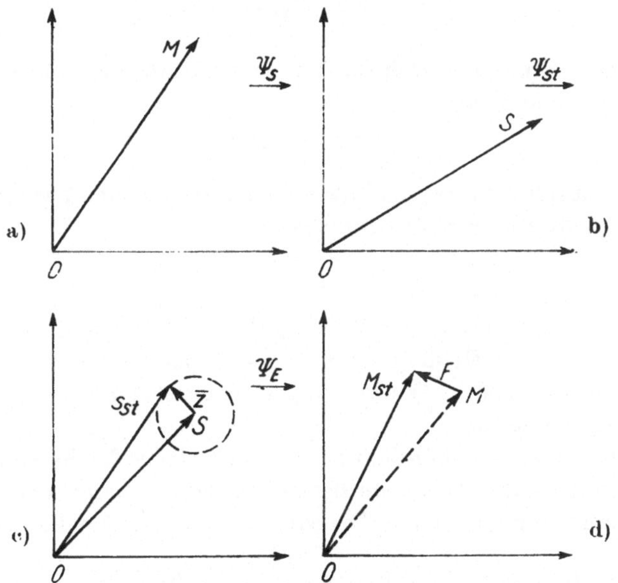

Abb. 10.11. Übertragung einer Nachricht
a) Raum der Nachrichten; b) Raum der ausgesendeten Signale; c) Raum der empfangenen Signale; d) Raum der empfangenen Nachrichten

24*

Im Übertragungsvorgang treten Störungen auf, die sich zum Signal addieren, so daß der die Summe von Signal und Störung darstellende Punkt S_{st} wird. Da die Störung einen zufälligen Charakter hat, und da man annimmt, daß sie unabhängig vom Signal ist, kann die Lage dieses Punktes nicht exakt bestimmt werden, sondern es kann nur die Wahrscheinlichkeit dafür angegeben werden, daß dieser Punkt S_{st} sich in einem gewissen Gebiet befindet (wobei die Voraussetzung gemacht wird, daß die statistischen Eigenschaften der Störung bekannt sind).

Die von den Störungen hervorgerufenen Veränderungen des dem gesendeten Signal entsprechenden Vektors können als Wirkung eines Operators Ψ_{st} von zufälligem Charakter betrachtet werden.

Der Empfänger führt die Transformation Ψ_E aus dem Raum des empfangenen Signals in den Raum der empfangenen Nachricht durch.

Infolge der Wirkung der Störungen, weicht die empfangene Nachricht M_{st} von der ausgesendeten Nachricht $\vec{M}$ ab.

Bei den meisten bis heute verwendeten Empfängern ist der Operator Ψ_E gleich dem inversen Sendeoperator

$$\Psi_E = \Psi_S^{-1} \, .$$

Diese Wahl des Operators Ψ_E stellt nur für den Fall eine optimale Lösung dar, für den die Störungen Null sind.

Es wird durch $\vec{F}$ der Fehler-Vektor

$$\vec{F} = \vec{M}_{st} - \vec{M} \tag{10.1}$$

bezeichnet.

Dieser Vektor entsteht durch die Transformation, die vom Operator Ψ_E bewirkt wird, aus dem Vektor

$$\vec{Z} = \vec{S}_{st} - \vec{S} \, . \tag{10.2}$$

Wenn man durch $2\,F_0$ den kleinsten Abstand zwischen zwei Nachrichten bezeichnet, so stellt die Wahrscheinlichkeit

$$p = P \, \{ |\vec{F}| < F_0 \} \tag{10.3}$$

ein Maß für die Genauigkeit der Wiedergabe der Nachricht dar.

Die Genauigkeit der Wiedergabe ist um so größer, je größer p ist. Man sagt, daß das System für größere Werte von p störungsstabiler ist. Also ist p ein Maß für die Störungsstabilität.

Um die Beziehung zu erhalten, die die Auswertung der Störungsstabilität ermöglicht, wird die Zahl der unterscheidbaren Signale berechnet, die das System übertragen kann und die gleich der Zahl der von der Quelle gelieferten Nachrichten ist.

Um die Zahl der von der Quelle während der Zeit T gelieferten Nachrichten zu berechnen, nimmt man an, daß die Nachrichten quantisiert sind und daß die Zahl der Quantisierungsstufen gleich Q ist. Wenn angenommen wird, daß diese

Q Quantisierungsstufen gleichwahrscheinlich sind, so ergibt sich für die Gesamtzahl der Nachrichten der Ausdruck

$$K_m = Q^{2\,W\,T}\,, \tag{10.4}$$

wobei W die höchste Frequenz des Nachrichtenspektrums ist.

Infolge der Transformation Ψ_S entsprechen den K_m Nachrichten K_m Signale im Signalraum.

Man setzt voraus, daß die K_m Signale ungefähr die gleiche Leistung besitzen (wenn T genügend groß ist, kann die Zahl der Nachrichten, die eine vom Mittelwert stark abweichende Leistung haben, vernachlässigt werden).

In diesem Fall kann man annehmen, daß die K_m Signale auf einer n-dimensionalen Kugel mit dem Radius:

$$R = \sqrt{2\,W_E\,T\,P}\,, \tag{10.5}$$

gleichmäßig verteilt sind, wobei mit P die mittlere Leistung des Signals und mit W_E die nach dem Modulationsvorgang vom Signal in Anspruch genommene Bandbreite bezeichnet wird.

Da im Übertragungsvorgang auch Störungen erscheinen, die als unabhängig vom Signal betrachtet werden, wird der Vektor der Störungen orthogonal zum Vektor des Signals (Abb. 10.12).

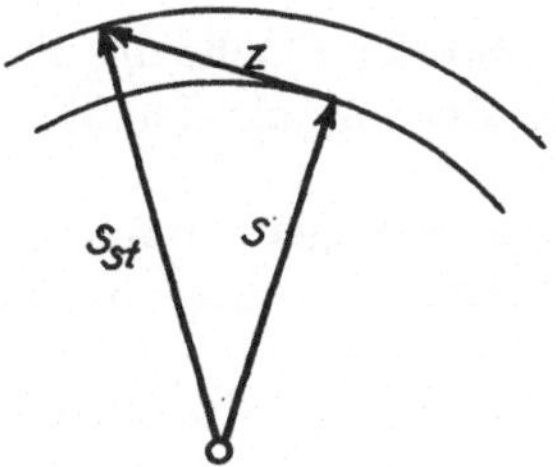

Abb. 10.12. Darstellung eines Signals und einer Störung

Wenn die mittlere Leistung der Störungen konstant ist, wird sich der Endpunkt des entsprechenden Vektors auf einem Kreis mit dem Radius

$$\varrho = \sqrt{2\,W_E\,T\,P_{st}} \tag{10.6}$$

befinden, wobei P_{st} die mittlere Leistung der Störungen ist.

Dieser Kreis befindet sich in einer Ebene, die senkrecht zum Vektor des Signals ist und hat als Mittelpunkt die Spitze dieses Vektors.

Die maximal zulässigen Störungen können bestimmt werden, indem man solche Kreise für jedes übertragene Signal konstruiert und ihre Radien solange vergrößert, bis sie sich untereinander berühren (Abb. 10.13).

In diesem Fall ist der Radius der Kreise

$$r = \sqrt{2\,W_E\,T\,N}\,, \tag{10.7}$$

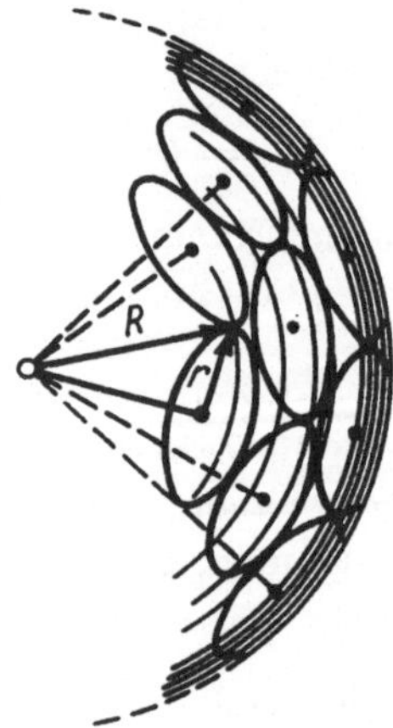

Abb. 10.13. Bestimmung der größtmöglichen Zahl der Signale, die beim Empfang unterschieden werden können

wobei N den maximal zulässigen Wert der mittleren Leistung der Störungen darstellt, so daß beim Empfang die Signale noch getrennt werden können.

Wenn die nichtbedeckten Teile der Kugel vernachlässigt werden, so kann man annehmen, daß die Zahl der Kreise von dem Verhältnis zwischen der Fläche der Kugel vom Radius $\sqrt{R^2 + r^2}$ und der Fläche des Kreises vom Radius r abhängt; man hat also für die Zahl K_m der Signale den Wert

$$K_m = \frac{\text{Fläche der Kugel vom Radius } \sqrt{R^2 + r^2}}{\text{Fläche des Kreises vom Radius } r} \, . \tag{10.8}$$

Im n-dimensionalen Raum ist die Fläche einer Kugel vom Radius R

$$S = \frac{\pi^{\frac{n}{2}} \cdot n}{\Gamma\left(\frac{n}{2} + 1\right)} \cdot R^{n-1} \tag{10.9}$$

und die Fläche des Kreises vom Radius r

$$A = \frac{\pi^{\frac{n-1}{2}}}{\Gamma\left(\frac{n+1}{2}\right)} \cdot r^{n-1} \, , \tag{10.10}$$

wobei die in beiden Beziehungen auftretende Funktion Γ die Gamma-Funktion

$$\Gamma(n) = \int\limits_0^{+\infty} t^{n-1} \, e^{-t} \, dt \tag{10.11}$$

ist.

Wenn in der Beziehung (10.8) die von den Beziehungen (10.9) und (10.10) gegebenen Ausdrücke der Flächen eingesetzt werden, so erhält man

$$K_m = \frac{\dfrac{\pi^{\frac{n}{2}} \cdot n}{\Gamma\left(\dfrac{n}{2}+1\right)} \cdot (R^2 + r^2)^{\frac{n-1}{2}}}{\pi^{\frac{n-1}{2}} \cdot \dfrac{r^{n-1}}{\Gamma\left(\dfrac{n+1}{2}\right)}} = \sqrt{\pi} \cdot n \cdot \frac{\Gamma\left(\dfrac{n}{2}+\dfrac{1}{2}\right)}{\Gamma\left(\dfrac{n}{2}+1\right)} \left[1 + \left(\frac{R}{r}\right)^2\right]^{\frac{n-1}{2}} \tag{10.12}$$

Es kann gezeigt werden, daß für große Werte von n die Beziehung

$$\sqrt{\pi} \cdot n \, \frac{\Gamma\left(\dfrac{n}{2}+\dfrac{1}{2}\right)}{\Gamma\left(\dfrac{n}{2}+1\right)} \approx \sqrt{2\pi n} \tag{10.13}$$

gilt.

Wenn man die Beziehung (10.13) in (10.12) einsetzt und die Beziehungen (10.5) und (10.7) berücksichtigt, so ergibt sich

$$K_m = \sqrt{2\pi n}\left[1 + \left(\frac{R}{r}\right)^2\right]^{\frac{n}{2}} = \sqrt{4\pi W_E T}\left(1 + \frac{P}{N}\right)^{W_E T}. \tag{10.14}$$

Aus dieser Beziehung kann der maximal zulässige Wert der mittleren Leistung der Störungen abgeleitet werden, und zwar

$$N = \frac{P}{\left(\dfrac{K_m}{\sqrt{4\pi W_E T}}\right)^{\frac{1}{W_E T}} - 1}. \tag{10.15}$$

Wenn anstatt K_m der durch die Beziehung (10.4) gegebene Ausdruck eingesetzt wird, so erhält man

$$N = \frac{P}{C\,Q^{\frac{2W}{W_E}} - 1}, \tag{10.16}$$

wobei die Abkürzung

$$C = (4\pi W_E T)^{-\frac{1}{2W_E T}}$$

eingeführt wurde.

Für große Werte von $W_E T$ ist $C \approx 1$ und aus der Beziehung (10.16) wird

$$N = \frac{P}{Q^{\frac{2W}{W_E}} - 1}. \tag{10.17}$$

Wenn man annimmt, daß das Signal von Rauschen überlagert wird, das unabhängig vom Signal ist, so kann dieses Signal beim Empfang von anderen

Signalen getrennt werden, solange sich der Endpunkt des Vektors $\vec{S}_{st}$ innerhalb des Kreises vom Radius r befindet. Je kleiner $\vec{Z}$ ist, um so näher wird das Signal $\vec{S}_{st}$ an $\vec{S}$ bzw. nach der Transformation Ψ_E, die Nachricht $\vec{M}_{st}$ an M liegen.

Wenn beim Empfang durch die Transformation Ψ_E der Abstand r in F_0 und $|\vec{Z}|$ in $|\vec{F}|$ umgewandelt werden, dann wird aus der Beziehung (10.3)

$$p = P\{\varrho < r\} = F(r),\qquad(10.18)$$

wobei $F(r)$ die Verteilungsfunktion der Veränderlichen ϱ ist und von der Natur der Störungen bestimmt wird.

Wenn es sich um ein Gausssches Rauschen mit dem Mittelwert Null und mit der Dispersion σ^2 handelt, so wird die Veränderliche ϱ eine Rayleigh-Verteilung besitzen, deren Wahrscheinlichkeitsdichte (siehe Abschnitt 2.7.4.)

$$w(r) = \frac{2\,r}{\sigma^2}\,e^{-\frac{r^2}{\sigma^2}}$$

ist.

Die entsprechende Verteilungsfunktion ist

$$F(r) = \int_0^r \frac{2\,u}{\sigma^2}\,e^{-\frac{u^2}{\sigma^2}}\,du = 1 - e^{-\frac{r^2}{\sigma^2}}.\qquad(10.19)$$

Wenn man den durch die Beziehung (10.7) gegebenen Ausdruck für r und den durch die Beziehung (10.17) gegebenen Ausdruck für N einsetzt, so ergibt sich

$$p = F(r) = 1 - e^{-\frac{P}{\sigma^2}\cdot\frac{2\,W_E\,T}{Q^{\frac{2\,W}{W_E}} - 1}}.\qquad(10.20)$$

Wie gezeigt wurde, stellt p die Wahrscheinlichkeit dafür dar, daß das übertragene Signal unter Wirkung der Störungen nicht mit einem anderen Signal verwechselt werden kann. Je größer p ist, um so größer ist die Störungsstabilität des Systems.

Aus der Beziehung (10.20) ergibt sich für die monotonwachsende Funktion $F(r)$, daß die Störungsstabilität um so größer ist:

1. Je größer die Leistung P des Signals ist;
2. Je kleiner die Leistung σ^2 des Rauschens ist;
3. Je kleiner die Anzahl der zur Quantisierung verwendeten Stufen ist;
4. Je größer die Bandbreite W_E ist;
5. Je größer die Übertragungsdauer T ist.

Die Vergrößerung der Bandbreite kann jedoch mit Vorteil nur bis zu einer gewissen Grenze vorgenommen werden, da auch die Leistung des Rauschens mit der Bandbreite zunimmt und zwar:

$$\sigma^2 = \int z_0(\omega)\, d\omega \, ,$$

wobei sich das Integral über die Bandbreite des Empfängers erstreckt.

Im Falle des weißen Rauschens ist

$$\sigma^2 = 2\,\pi\,W_E\,z_0 \, .$$

Die Beziehung (10.20) kann sowohl auf kontinuierliche als auch auf diskrete Signale angewendet werden.

Im Falle kontinuierlicher Signale muß Q genügend groß gewählt werden, so daß man das erhaltene Quantisierungsrauschen vernachlässigen kann.

Nach den Angaben des Punktes 4 besitzen Systeme, die mit Frequenzmodulation arbeiten, eine gute Störungsstabilität.

Nach den Angaben des Punktes 3 kann man mit Systemen, die mit PCM arbeiten, eine gute Störungsstabilität erhalten.

Wenn man durch P_e die Leistung der Nachricht und durch σ_e^2 die Leistung des Rauschens am Ausgang des Empfängers bezeichnet und wenn man annimmt, daß auch das Ausgangsrauschen gaußisch ist, so ergibt sich für die Wahrscheinlichkeit p die Beziehung

$$p = 1 - e^{-\frac{P_e}{\sigma_e^2} \cdot \frac{2\,W\,T}{Q^2-1}} \, . \tag{10.21}$$

Im Falle der Einseitenband-Amplitudenmodulation (ESB-AM) ist am Eingang $W_E = W$ und aus der Beziehung (10.20) wird

$$p = 1 - e^{-\frac{P}{\sigma^2} \cdot \frac{2\,W\,T}{Q^2-1}} \, . \tag{10.22}$$

Folglich ist für den Fall der ESB-AM der Störabstand am Eingang gleich dem Störabstand am Ausgang $\dfrac{P_e}{\sigma_e^2}$.

Bei anderen Modulationsverfahren ist mit $W_E > W$ auch der Störabstand am Ausgang des Empfängers größer als der Störabstand am Eingang.

Diese allgemeine Darstellung erläutert im Prinzip den Mechanismus der Vergrößerung der Störungsstabilität für die klassischen Empfangsmethoden, bei denen der Empfangsoperator der inverse Sendeoperator ist.

Wenn der Empfangsoperator Ψ_E auf anderer Basis gebildet wird, so kann man die Forderung nach einer maximalen Wahrscheinlichkeit p bzw. eines minimalen Fehlers $q = 1 - p$ stellen. Einen nach diesem Prinzip arbeitenden Empfänger nennt man einen optimalen Empfänger.

Als Maß für die Störungsstabilität werden für verschiedene Anwendungen folgende Größen gewählt:

1. Für den Fall der diskreten Systeme — die Wahrscheinlichkeit des Fehlers eines Symbols: $q = 1 - p$.

2. Für den Fall der kontinuierlichen Systeme — das Verhältnis zwischen der Leistung des Signals und dem Rauschen am Ausgang des Kanals [dieses Verhältnis ist mit der Wahrscheinlichkeit p durch die Beziehung (10.21) verbunden].

Die größtmögliche Störungsstabilität, die nur unter idealen Voraussetzungen erreichbar ist, wird potentielle Störungsstabilität genannt. Ein Vergleich zwischen der realen und potentiellen Störungsstabilität ermöglicht eine Beurteilung der Wirksamkeit des betrachteten Systems.

11. LINEARE MODULATION

Die Amplitudenmodulation der Signale wird durch einen Operator definiert, der den Übergang vom Raum der Nachricht in den Raum des Signals festlegt. Der Operator kann im Zeit- oder im Frequenzbereich definiert werden.

11.1. Definition eines Modulationsoperators im Zeitbereich

Die Behandlung der linearen Modulation kann durch Einführung eines Operators $\mathfrak{T}_1$ systematisiert werden, der die Korrespondenz zwischen der Menge der Nachrichten am Eingang des Modulators und der Menge der Signale am Ausgang der modulierten Stufe bestimmt.

Der Operator $\mathfrak{T}_1$ legt also die Abbildung des Raums der Nachricht, in dem irgendeine Nachricht $m(t)$ durch einen Punkt dargestellt ist, auf den Raum des Signals, wo ein Signal $s(t)$ ebenfalls durch einen Punkt (oder Vektor) dargestellt ist, fest.

Im Zeitbereich ist der Operator $\mathfrak{T}_1$ durch folgende Beziehung bestimmt:

$$\mathfrak{T}_1\{ \ \} = \{ \ \} \cos (\omega_1 t + \varphi_1) \, . \tag{11.1}$$

11.1.1. Amplitudenmodulation (AM)

Führt man die Transformation der Nachricht $A_1 + m(t)$ durch, so erhält man

$$s_p(t) = \mathfrak{T}_1 \{A_1 + m(t)\} = \{A_1 + m(t)\} \cos (\omega_1 t + \varphi_1) \, . \tag{11.2}$$

Wenn $A_1 + m(t) \geqq 0$ bzw. $|m(t)| \leqq A_1$ gilt, stellt die Beziehung (11.2) ein amplitudenmoduliertes Signal mit beiden Seitenbändern und nicht unterdrücktem Träger dar.

11.1.1.1. Amplitudenmodulation mit unterdrücktem oder teilweise gedämpften Träger

Die übertragene Information bleibt unverändert, wenn der Nachricht $m(t)$ eine Konstante beigefügt wird. Wird diese Konstante mit A_1 bezeichnet, so erhält man

$$m'(t) = m(t) - A_1$$

und eingesetzt in Gleichung (11.2) ergibt sich

$$s(t) = m(t) \cos (\omega_1 t + \varphi_1) \, . \tag{11.3}$$

Die Signale $s_p/(t)$ und $s(t)$ enthalten die gleiche Information, also ist vom Standpunkt der Informationsübertragung die Anwesenheit des Trägers nicht erforderlich. In einfacheren Systemen überträgt man jedoch auch den Träger, um einfachere Demodulationsverfahren anwenden zu können.

In der Beziehung (11.3), in der die Amplitude des Trägers Null ist, gibt es keine Beschränkung des Wertes $m(t)$.

Wie aus der Beziehung (11.3) ersichtlich ist, entsteht das mit unterdrücktem Träger amplitudenmodulierte Signal durch Anwendung des Operators $\mathfrak{T}_1$ auf $m(t)$

$$\mathfrak{T}_1\{m(t)\} = m(t) \cos (\omega_1 t + \varphi_1) \, . \tag{11.4}$$

Zwischen den oben behandelten Fällen steht die Amplitudenmodulation mit teilweise gedämpftem Träger, die man durch Anwendung des Operators $\mathfrak{T}_1$ auf die Nachricht $a_1 + m(t)$ erhält

$$s(t) = \mathfrak{T}_1 \{a_1 + m(t)\} = [a_1 + m(t)] \cos (\omega_1 t + \varphi_1) \, , \tag{11.5}$$

wobei $a_1 + m(t)$ keinen Beschränkungen unterworfen ist.

11.1.2. Definition eines Modulationsoperators im Frequenzbereich

In Analogie zu dem im Abschnitt 11.1.1. behandelten Fall kann man einen anderen Operator $\mathfrak{R}_1$ bestimmen, der die Korrespondenz zwischen den Punkten des Raumes, in dem das Spektrum der Nachricht $M(\omega)$ dargestellt ist, und den Punkten des Raumes, in dem das Spektrum $S(\omega)$ des Signals dargestellt ist, herstellt. Für diesen Fall ist

$$\mathfrak{R}_1 \{M(\omega)\} = S(\omega) \, . \tag{11.6}$$

Die Beziehung zwischen den Operatoren $\mathfrak{T}_1$ und $\mathfrak{R}_1$ ergibt sich durch Anwendung der FOURIER-Transformation auf (11.1)

$$\mathfrak{F}\{\mathfrak{T}_1\{ \ \}\} = \mathfrak{F} \{\{ \ \} \cos (\omega_1 t + \varphi_1)\} \, . \tag{11.7}$$

Also ist

$$\mathfrak{R}_1\{M(\omega)\} = \mathfrak{F}\{\mathfrak{T}_1\{ m(t)\}\} = S(\omega) \, , \tag{11.8}$$

wobei $M(\omega)$ die FOURIER-Transformierte von $m(t)$ und $S(\omega)$ die FOURIER-Transformierte von $s(t)$ ist.

Um die Transformationen, die der Operator $\mathfrak{R}_1$ durchführt, anschaulich zu machen, berechnet man die FOURIER-Transformierte in der Beziehung (11.7).

Man bezeichnet mit $C(\omega)$ die Trägerspektraldichte

$$C(\omega) = \mathfrak{F} \{\cos (\omega_1 t + \varphi_1)\} = \pi \left[e^{j \varphi_1} \delta (\omega - \omega_1) + e^{-j \varphi_1} \delta (\omega + \omega_1)\right] \, . \tag{11.9}$$

Aus dem Faltungssatz folgt:

$$S(\omega) = \mathfrak{F}\{s(t)\} = \mathfrak{F}\{m(t)\cos(\omega_1 t + \varphi_1)\} = \frac{1}{2\pi}\int_{-\infty}^{+\infty} M(\lambda)\,C(\omega - \lambda)\,d\lambda:$$

mit (11.9) erhält man

$$S(\omega) = \frac{1}{2}\int_{-\infty}^{+\infty} M(\lambda)\left[e^{j\varphi_1}\delta(\omega - \omega_1 - \lambda) + e^{-j\varphi_1}\delta(\omega + \omega_1 - \lambda)\right]d\lambda$$

und

$$S(\omega) = \frac{1}{2}e^{j\varphi_1}M(\omega - \omega_1) + \frac{1}{2}e^{-j\varphi_1}M(\omega + \omega_1). \tag{11.10}$$

Schließlich ist dies unter Berücksichtigung der Beziehung (11.6) gleich

$$\mathfrak{R}_1\{M(\omega)\} = \frac{1}{2}e^{j\varphi_1}M(\omega - \omega_1) + \frac{1}{2}e^{-j\varphi_1}M(\omega + \omega_1). \tag{11.11}$$

Aus der Beziehung (11.11) geht hervor, daß die Anwendung der Transformation $\mathfrak{R}_1$ eine Translation der Spektraldichte $M(\omega)$ auf der Frequenzachse um ω_1 nach rechts, eine Phasendrehung um $+\varphi_1$ und eine Multiplikation mit $\frac{1}{2}$, sowie eine Translation der Spektraldichte $M(\omega)$ um ω_1 nach links, eine Phasendrehung um $-\varphi_1$ und eine Multiplikation mit $\frac{1}{2}$ bewirkt.

Die Transformation $\mathfrak{R}_1$ ergibt die spektrale Bedeutung der Transformation $\mathfrak{T}_1\{\ \}$ im Zeitbereich.

Der durch den Operator $\mathfrak{T}_1$ beschriebene Modulationsvorgang kann in einem Multiplikator mit zwei Eingängen durchgeführt werden (Abb. 11.1).

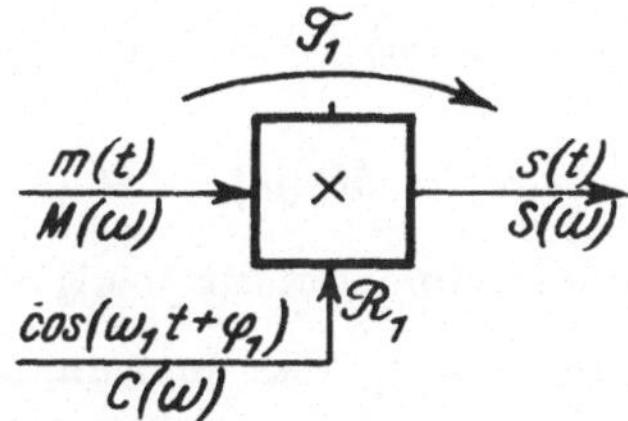

Abb. 11.1. Multiplikator zur Realisierung der Modulation

An einem Eingang wird die Nachricht $m(t)$ oder $A_1 + m(t)$, am anderen Eingang wird der Träger $\cos(\omega_1 t + \varphi_1)$ angelegt, und am Ausgang wird das modulierte Signal $s(t)$ erhalten. Um die Nachricht durch einfache Spitzengleichrichtung ohne Verzerrungen wiedergewinnen zu können, muß $\omega_1 \gg 2\,\Omega_M$ sein, wobei Ω_M die größte Frequenz aus dem Spektrum der Nachricht darstellt. Um keine Überlappung des Spektrums der Nachricht $M(\omega)$ mit dem Spektrum des modulierten Signals $S(\omega)$ zu erhalten, genügt die Einhaltung der Bedingung $\omega_1 > 2\,\Omega_M$ wie beim Abtasttheorem bzw. bei der Modulation eines pulsförmigen Trägers.

Von Fall zu Fall wird man die Darstellung des Signals im Zeit- oder im Frequenzbereich anwenden. Die Darstellung im Frequenzbereich bzw. die Anwendung des Operators $\Re_1$ ist in dem Falle zweckmäßig, in dem das Signal weiteren linearen Operationen im Frequenzbereich (Filterung) unterzogen wird. In Abb. (11.2) ist die Transformation $\Re_1\{M(\omega)\}$ dargestellt.

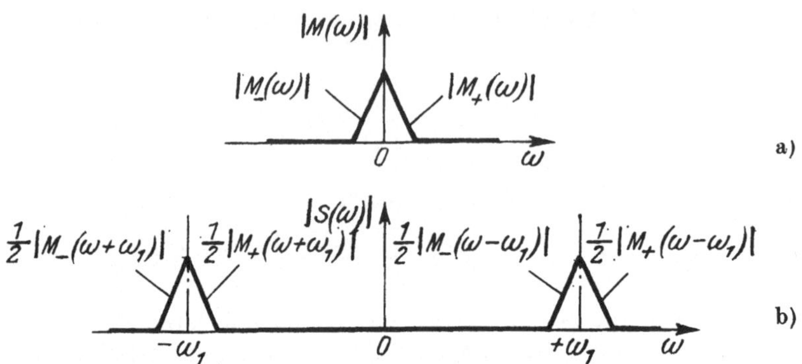

Abb. 11.2. Darstellung der Transformation $\Re_1\{M(\omega)\}$

a) das Spektrum der Nachricht; b) das Spektrum des modulierten Signals

Mit $M_+(\omega)$ werden die Werte der Funktion $M(\omega)$ für $\omega > 0$ und mit $M_-(\omega)$ die Werte für $\omega < 0$ bezeichnet, d. h.

$$
\left.
\begin{aligned}
M_+(\omega) &= M(\omega) && \text{für} && \omega > 0; \\
M_+(\omega) &= 0 && \text{für} && \omega < 0; \\
M_-(\omega) &= 0 && \text{für} && \omega > 0; \\
M_-(\omega) &= M(\omega) && \text{für} && \omega < 0.
\end{aligned}
\right\}
\tag{11.12}
$$

Das heißt,

$$
M(\omega) = M_+(\omega) + M_-(\omega) .
\tag{11.13}
$$

Es entsteht damit durch die Modulation für positive Frequenzen ein sogenanntes *oberes Seitenband* $\frac{1}{2}\,|M_+\,(\omega - \omega_1)|$, das dem um ω_1 verschobenen Spektrum $|M_+(\omega)|$ der Nachricht entspricht, und ein *unteres Seitenband* $\frac{1}{2}\,|M_-\,(\omega - \omega_1)|$, das dem oberen Seitenband gleicht, nur daß die Frequenz in umgekehrter Richtung verläuft (sogenannte *Kehrlage*).

11.1.3. Darstellung linear modulierter Signale im Frequenzbereich

Im folgenden wird die Spektraldichte des amplitudenmodulierten Signals mit Träger und beiden Seitenbändern (AM), des amplitudenmodulierten Signals mit unterdrücktem Träger und des amplitudenmodulierten Signals mit nur einem Seitenband (ESB-AM) bestimmt.

11.1.3.1. Das Spektrum des AM-Signals

In diesem Fall muß nach Abschnitt 11.1.1. die Transformation der Nachricht $A_1 + m(t)$ durchgeführt werden; das Spektrum des Signals wird laut (11.8)

$$S_p(\omega) = \Re_1 \left\{ \mathfrak{F} \left\{ A_1 + m(t) \right\} \right\} \tag{11.14}$$

bzw.

$$S_p(\omega) = \Re_1 \left\{ \mathfrak{F}\{ A_1 \} + \mathfrak{F}\{ m(t) \} \right\},$$

mit

$$\mathfrak{F}\{A_1\} = 2\,\pi\,A_1\,\delta(\omega)$$
$$\mathfrak{F}\{m(t)\} = M(\omega).$$

Man erhält aus (11.14) unter Berücksichtigung der Beziehung (11.11), die die Wirkung des Operators $\Re_1$ darstellt,

$$S_p(\omega) = \pi\,A_1 \left[e^{j\varphi_1}\,\delta\,(\omega - \omega_1) + e^{-j\varphi_1}\,\delta\,(\omega + \omega_1) \right]$$
$$+ \frac{1}{2} \left[e^{j\varphi_1}\,M\,(\omega - \omega_1) + e^{-j\varphi_1}\,M\,(\omega + \omega_1) \right]. \tag{11.15}$$

Die graphische Darstellung der Beziehung (11.15) in Abb. 11.3 ist die gleiche wie in Abb. 11.2 mit dem Unterschied, daß in den Punkten ω_1 und $-\omega_1$ zusätzlich die δ-Funktion zu berücksichtigen ist, die den Träger repräsentiert.

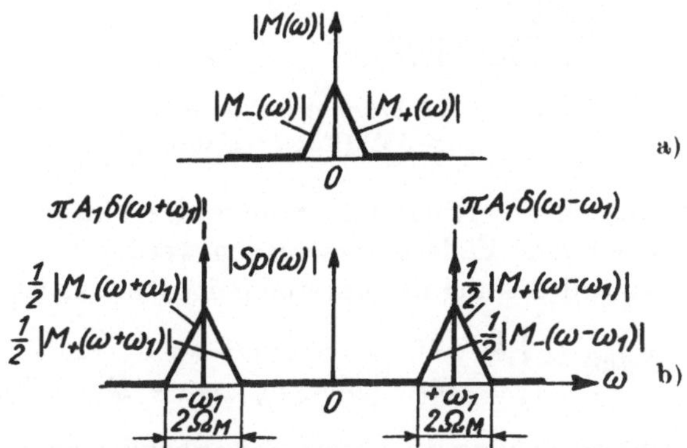

Abb. 11.3. Darstellung des amplitudenmodulierten (AM) Signals
a) das Spektrum der Nachricht; b) das Spektrum des modulierten Signals

Bezeichnet man mit Ω_M die größte Frequenz des Nachrichtenspektrums, so ist die Bandbreite des Signals $s_p(t)$ gleich $2\,\Omega_M$ mit einer symmetrischen Verteilung in bezug auf die Trägerfrequenz ω_1 (bzw. $-\omega_1$).

11.1.3.2. Spektrum des amplitudenmodulierten Signals mit unterdrücktem Träger

Das Spektrum $S(\omega)$ des amplitudenmodulierten Signals mit unterdrücktem Träger kann aus dem vorhergehenden Fall abgeleitet werden, indem man A_1 in

(11.15) gleich Null setzt

$$S(\omega) = \frac{1}{2} e^{j\varphi_1} M(\omega - \omega_1) + \frac{1}{2} e^{-j\varphi_1} M(\omega + \omega_1) . \qquad (11.16)$$

Die Bandbreite ist ebenfalls $2\,\Omega_M$ und das Spektrum ist symmetrisch in bezug auf die Trägerfrequenz ω_1 (bzw. $-\omega_1$).

Das Spektrum $S(\omega)$ folgt aus der Definition des Operators $\Re_1\{\ \}$

$$\Re_1\{M(\omega)\} = S(\omega)$$

und ist in Abb. 11.2 dargestellt.

11.1.3.3. Spektrum des ESB-AM-Signals

Wenn das amplitudenmodulierte Signal mit beiden Seitenbändern und unterdrücktem Träger durch ein Filter — das das Seitenband oberhalb oder unterhalb der Frequenz ω_1 unterdrückt — geleitet wird, so erhält man ein einseitenbandamplitudenmoduliertes Signal (Abb. 11.4).

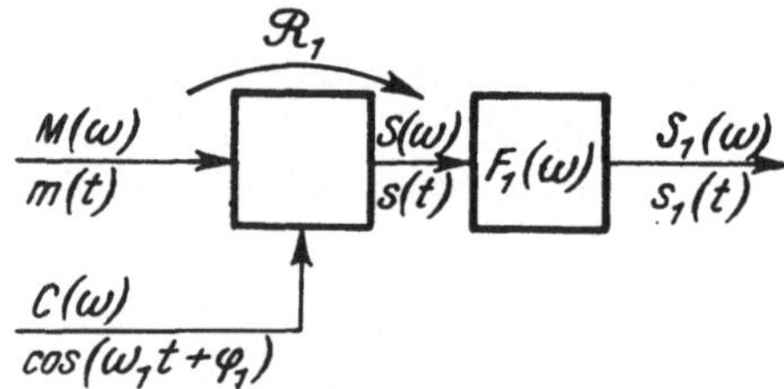

Abb. 11.4. System für die Durchführung der Einseitenband-Amplitudenmodulation (ESB-AM) (Filterverfahren)

Bei Idealisierung der Übertragungskennlinie des Filters, das ein Seitenband unterdrückt, können zwei Fälle unterschieden werden:

Im Falle der Unterdrückung des unteren Seitenbandes ist

$$F_1(\omega) = \begin{cases} 1 & \text{für} \quad \omega_1 < |\omega| < \omega_1 + \Omega_M \\ 0 & \text{für} \quad |\omega| < \omega_1; \ \omega_1 + \Omega_M < |\omega| . \end{cases} \qquad (11.17)$$

Im Falle der Unterdrückung des oberen Seitenbandes hat man

$$F_1(\omega) = \begin{cases} 1 & \text{für} \quad \omega_1 - \Omega_M < |\omega| < \omega_1 \\ 0 & \text{für} \quad |\omega| < \omega_1 - \Omega_M; \ \omega_1 < |\omega| . \end{cases} \qquad (11.18)$$

Mit (11.12) und (11.13) erhält man für die Spektraldichte im Falle der Unterdrückung des unteren Seitenbandes (Abb. 11.5 c)

$$S_{1+}(\omega) = \frac{1}{2} e^{j\varphi_1} M_+(\omega - \omega_1) + \frac{1}{2} e^{-j\varphi_1} M_-(\omega + \omega_1) , \qquad (11.19)$$

und im Falle der Unterdrückung des oberen Seitenbandes (Abb. 11.5 e)

$$S_{1-}(\omega) = \frac{1}{2} e^{j\varphi_1} M_-(\omega - \omega_1) + \frac{1}{2} e^{-j\varphi_1} M_+(\omega + \omega_1) . \qquad (11.20)$$

Im Falle der Übertragung mit einem einzigen Seitenband ist die Bandbreite gleich Ω_M. Das ist die kleinste Bandbreite, die in einem amplitudenmodulierten System erhalten werden kann, soweit das System nicht die statistischen Eigenschaften der Nachricht bzw. deren Redundanz ausnutzt.

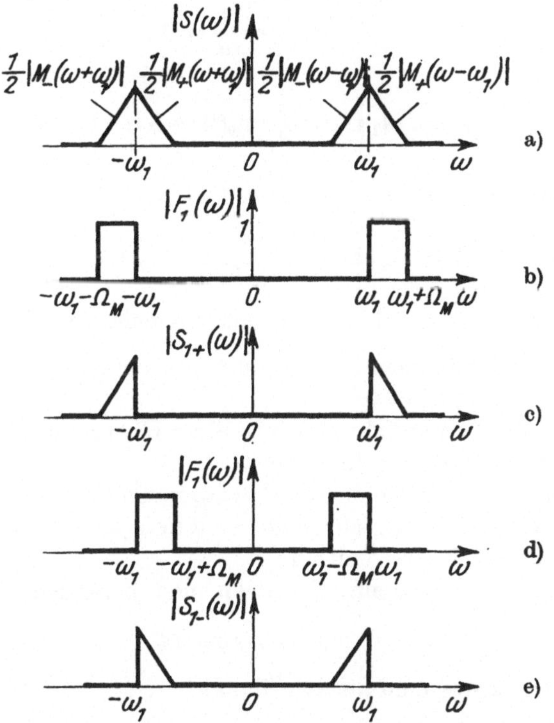

Abb. 11.5. Darstellung des einseitenbandamplitudenmodulierten Signals (ESB-AM)
a) das Spektrum des mit unterdrücktem Träger amplitudenmodulierten Signals am Ausgang des Modulators; b) Frequenzcharakteristik des Filters, das das untere Seitenband unterdrückt; c) das Spektrum des (ESB-AM) Signals mit oberem Seitenband; d) Frequenzkennlinie des Filters, das das obere Seitenband unterdrückt; e) das Spektrum des (ESB-AM) Signals mit unterem Seitenband

11.1.4. Die Darstellung linear modulierter Signale im Zeitbereich

Im folgenden werden die Darstellungen im Zeitbereich angegeben, die für Amplitudenmodulation mit Träger und beiden Seitenbändern (AM) und für Amplitudenmodulation mit unterdrücktem Träger direkt bestimmbar sind. Im Falle der Einseitenbandamplitudenmodulation wird die inverse FOURIER-Transformation des betreffenden Systems angewendet.

11.1.4.1. Amplitudenmodulation (AM)

Aus der Definition dieses Modulationsvorganges nach (11.2) ergibt sich:

$$
\begin{aligned}
s_p(t) &= [A_1 + m(t)] \cos(\omega_1 t + \varphi_1)\,, \quad &\text{für} \quad A_1 + m(t) > 0 \\
s_p(t) &= 0 \quad &\text{für} \quad A_1 + m(t) \leqq 0\,.
\end{aligned}
\tag{11.21}
$$

Wenn man mit $-a$ den größten negativen Momentanwert von $m(t)$ bezeichnet also

$$m(t_0) = -a \qquad (11.22)$$

und mit $m_0(t)$ den Ausdruck

$$m_0(t) = \frac{1}{a}\, m(t)\,, \qquad (11.23)$$

so ergibt sich

$$s_p(t) = A_1\left[1 + \frac{a}{A_1}\, m_0(t)\right]\cos(\omega_1 t + \varphi_1)\,.$$

Bezeichnet man mit $\alpha = \dfrac{a}{A_1}$, so ergibt sich

$$s_p(t) = A_1\left[1 + \alpha\, m_0(t)\right]\cos(\omega_1 t + \varphi_1)\,. \qquad (11.24)$$

Der Ausdruck $\alpha = \dfrac{a}{A_1}$ wird Modulationsgrad genannt. Wenn $\alpha = 1$ ist, spricht man von einer vollständigen oder hundertprozentigen Modulation. In diesem Falle ist für $t = t_0$: $s_p(t_0) = 0$.

Für Werte von $\alpha > 1$ spricht man von einer Übermodulation; in diesem Falle ist die übertragene Information verzerrt.

Obiges trifft für den allgemeinsten Fall zu, in dem die positiven und negativen Spitzenwerte der Nachricht nicht gleich sind und jeden Wert annehmen können (z. B. kann einer der Werte Null sein).

Im speziellen Falle eines sinusförmigen modulierenden Signals

$$m(t) = a \cos \Omega t \qquad (11.25)$$

wird der Ausdruck des modulierten Signals

$$s_p(t) = A\,(1 + \alpha \cos \Omega t)\cos(\omega_1 t + \varphi_1) = A\cos(\omega_1 t + \varphi_1)$$

$$+ A\,\frac{\alpha}{2}\cos[(\omega_1 + \Omega)\,t + \varphi_1] + A\,\frac{\alpha}{2}\cos[(\omega_1 - \Omega)\,t + \varphi_1]\,.$$

$$(11.26)$$

11.1.4.2. Amplitudenmodulation mit unterdrücktem Träger

Wenn im Ausdruck (11.21) $A_1 = 0$ gesetzt und die Einschränkung $A_1 + m(t) \geqq 0$ aufgehoben wird, erhält man den Ausdruck des amplitudenmodulierten Signals mit unterdrücktem Träger

$$s(t) = m(t)\cos(\omega_1 t + \varphi_1)\,, \qquad (11.27)$$

oder

$$s(t) = a\, m_0(t)\cos(\omega_1 t + \varphi_1)\,. \qquad (11.28)$$

In diesem Falle tritt keine Übermodulation auf; der Parameter a kann im obigen Ausdruck jeden Wert annehmen, ohne daß die übertragene Information verzerrt wird.

Für

$$m(t) = a \cos \Omega t$$

erhält man

$$s(t) = a \cos \Omega t \cos (\omega_1 t + \varphi_1)$$

$$= \frac{a}{2} \cos \left[(\omega_1 + \Omega) t + \varphi_1 \right] + \frac{a}{2} \cos \left[(\omega_1 - \Omega) t + \varphi_1 \right].$$

11.1.4.3. Einseitenbandamplitudenmodulation (ESB-AM)

Um in diesem Falle den Ausdruck für das Signal zu ermitteln, muß die inverse FOURIER-Transformation des betreffenden Spektrums berechnet werden, das bereits durch den Ausdruck (11.19) oder (11.20) gegeben war.

In diesem Falle ist

$$s_1(t) = \frac{1}{2\pi} \int\limits_{-\infty}^{+\infty} S_1(\omega)\, e^{j\omega t}\, d\omega. \tag{11.29}$$

Unter der Voraussetzung, daß das obere Seitenband übertragen werden soll, ergab sich nach der Beziehung (11.19) das Spektrum des Signals zu

$$S_{1+}(\omega) = \frac{1}{2} e^{j\varphi_1} M_+ (\omega - \omega_1) + \frac{1}{2} e^{-j\varphi_1} M_- (\omega + \omega_1).$$

Bezeichnet man mit Ω_M die höchste Frequenz im Spektrum $M(\omega)$ der Nachricht, so erhält man

$$s_1(t) = \frac{e^{j\varphi_1}}{4\pi} \int\limits_{\omega_1}^{\omega_1 + \Omega_M} M(\omega - \omega_1)\, e^{j\omega t}\, d\omega + \frac{e^{-j\varphi_1}}{4\pi} \int\limits_{-\omega_1 - \Omega_M}^{-\omega_1} M(\omega + \omega_1)\, e^{j\omega t}\, d\omega. \tag{11.30}$$

Wenn in diesen Ausdruck eine Substitution der Veränderlichen in der Form $\omega - \omega_1 \to \omega$ und $\omega + \omega_1 \to \omega$ vorgenommen wird, erhält man

$$s_1(t) = \frac{e^{j(\omega_1 t + \varphi_1)}}{4\pi} \int\limits_{0}^{\Omega_M} M(\omega)\, e^{j\omega t}\, d\omega + \frac{e^{-j(\omega_1 t + \varphi_1)}}{4\pi} \int\limits_{-\Omega_M}^{0} M(\omega)\, e^{j\omega t}\, d\omega,$$

oder

$$s_1(t) = \frac{1}{2} \cos (\omega_1 t + \varphi_1) \left[\frac{1}{2\pi} \int\limits_{0}^{\Omega_M} M(\omega)\, e^{j\omega t}\, d\omega + \frac{1}{2\pi} \int\limits_{-\Omega_M}^{0} M(\omega)\, e^{j\omega t}\, d\omega \right.$$

$$\left. + \frac{1}{2} j \sin (\omega_1 t + \varphi_1) \left[\frac{1}{2\pi} \int\limits_{0}^{\Omega_M} M(\omega)\, e^{j\omega t}\, d\omega - \frac{1}{2\pi} \int\limits_{-\Omega_M}^{0} M(\omega)\, e^{j\omega t}\, d\omega \right].$$

25*

Da $M(\omega) = 0$ für $|\omega| > \Omega_M$ ist, können die Integralgrenzen Unendlich gewählt werden und es ergibt sich

$$s_1(t) = \frac{1}{2} \cos(\omega_1 t + \varphi_1) \left[\frac{1}{2\pi} \int_0^\infty M(\omega)\, e^{j\omega t}\, d\omega + \frac{1}{2\pi} \int_{-\infty}^0 M(\omega)\, e^{j\omega t}\, d\omega \right]$$

$$+ \frac{1}{2} \sin(\omega_1 t + \varphi_1) \left[\frac{1}{2\pi} \int_0^\infty j\, M(\omega)\, e^{j\omega t}\, d\omega + \frac{1}{2\pi} \int_{-\infty}^0 - j\, M(\omega)\, e^{j\omega t}\, d\omega \right].$$

Wenn man die Spektraldichte $N(\omega)$ einführt, die durch folgende Ausdrücke bestimmt ist:

$$\begin{aligned} N(\omega) &= j\, M(\omega) & \text{für} \quad \omega > 0 \\ N(\omega) &= - j\, M(\omega) & \text{für} \quad \omega < 0\,, \end{aligned} \qquad (11.31)$$

so ergibt sich

$$s_1(t) = \frac{1}{2} \cos(\omega_1 t + \varphi_1) \cdot \frac{1}{2\pi} \int_{-\infty}^{+\infty} M(\omega)\, e^{j\omega t}\, d\omega$$

$$+ \frac{1}{2} \sin(\omega_1 t + \varphi_1) \cdot \frac{1}{2\pi} \int_{-\infty}^{+\infty} N(\omega)\, e^{j\omega t}\, d\omega\,, \qquad (11.32)$$

oder

$$s_1(t) = \frac{1}{2} m(t) \cos(\omega_1 t + \varphi_1) + \frac{1}{2} n(t) \sin(\omega_1 t + \varphi_1)\,, \qquad (11.33)$$

wobei

$$n(t) = \frac{1}{2\pi} \int_{-\infty}^{+\infty} N(\omega)\, e^{j\omega t}\, d\omega \qquad (11.34)$$

ist.

Wenn man die Ausdrücke (11.31) betrachtet, so ist $n(t)$ die HILBERT-Transformierte der Nachricht (s. Anhang II: HILBERT-Transformation)

$$n(t) = \mathfrak{H}\{m(t)\}\,. \qquad (11.35)$$

Eingeführt in den Ausdruck (11.33) ergibt sich

$$s_1(t) = \frac{1}{2} m(t) \cos(\omega_1 t + \varphi_1) + \frac{1}{2} \mathfrak{H}\{m(t)\} \sin(\omega_1 t + \varphi_1)\,. \qquad (11.36)$$

Im Falle der Übertragung des unteren Seitenbandes erhält man durch eine ähnliche Ableitung

$$s_1(t) = \frac{1}{2} m(t) \cos(\omega_1 t + \varphi_1) - \frac{1}{2} \mathfrak{H}\{m(t)\} \sin(\omega_1 t + \varphi_1)\,. \qquad (11.37)$$

Durch Addition der Beziehungen (11.36) und (11.37) entsteht

$$s(t) = m(t) \cos(\omega_1 t + \varphi_1)\,,$$

also der Ausdruck eines AM Signals mit unterdrücktem Träger.

Im Spezialfall eines sinusförmigen modulierenden Signals

$$m(t) = \cos \Omega t$$

erhält man

$$n(t) = \mathfrak{H}\{\cos \Omega t\} = -\sin \Omega t.$$

Damit wird für den Fall des unterdrückten unteren Seitenbandes

$$s_1(t) = \frac{1}{2} \cos \Omega t \cos (\omega_1 t + \varphi_1) - \frac{1}{2} \sin \Omega t \sin (\omega_1 t + \varphi_1),$$

oder

$$s_1(t) = \frac{1}{2} \cos [(\omega_1 + \Omega) t + \varphi_1],$$

man erhält also eine einzige Komponente der Frequenz $\omega_1 + \Omega$.

Im Falle der Unterdrückung des oberen Seitenbandes ist

$$s_1(t) = \frac{1}{2} \cos [(\omega_1 - \Omega) t + \varphi_1],$$

es entsteht also eine einzige Komponente der Frequenz $\omega_1 - \Omega$.

11.2. Modulatoren

11.2.1. Modulatoren für Amplitudenmodulation (AM)

Die für die Erzeugung der Amplitudenmodulation verwendeten Modulatoren können in zwei Klassen eingeteilt werden:

1. Modulatoren mit linearer Übertragungskennlinie und zeitvariablen Parametern, die von einem Schaltvorgang gesteuert werden, der unabhängig von der am Eingang angelegten Nachricht ist.
2. Modulatoren mit nichtlinearer Übertragungskennlinie.

In Verbindung damit ist zu betonen, daß bei einem linearen System die Antwort, die einer Summe von Eingangssignalen entspricht, der Summe der Antworten der einzeln angelegten Signale gleich ist.

Ein solches System wird mathematisch durch eine lineare inhomogene Differentialgleichung beschrieben.

Besitzt das System konstante Koeffizienten, so erzeugt es keine Frequenzen, die verschieden von denen des Eingangssignals sind und kann also nicht als Modulator verwendet werden.

Wenn in ein lineares analoges System auch ein digitaler Schaltkreis einbezogen wird, der den Übergang von einem linearen Zustand in einen anderen bewirkt, und zwar unabhängig von der angelegten Nachricht, wie z. B. ein einfacher Ein-Aus-Schalter, so entspricht das System den Linearitätsbedingungen und kann durch eine lineare Differentialgleichung mit zeitvariablen Koeffizienten — von dem Schaltvorgang abhängig — beschrieben werden.

In diesem Fall ist das System, wie im Kapitel 7 dargelegt, linear mit zeitvariablen Parametern, wobei sich die Parameter beliebig, nichtperiodisch oder periodisch, kontinuierlich oder diskret ändern können. Solch ein System erzeugt neue Frequenzen und kann als Modulator verwendet werden.

Ein nichtlineares System wird durch nichtlineare Differentialgleichungen beschrieben. Es kann neue Frequenzen erzeugen und als Modulator verwendet werden.

11.2.1.1. Modulator mit linearer Übertragungskennlinie und zeitvariablen Parametern

Unter diese Kategorie von Modulatoren fällt z. B. ein Verstärker mit veränderlichem Verstärkungsfaktor, an dessen Eingang der Träger angelegt und die Verstärkung durch das modulierende Signal gesteuert wird, wie in Abb. 11.6 dargestellt.

Zu diesem Zwecke kann die Schaltung nach Abb. 11.7 verwendet werden. Bekanntlich kann die Steilheit einer Transistorverstärkerstufe in Emitterschaltung als die Größe definiert werden, die die Änderung des Kollektorstromes bei Änderung der Basis-Emitter-Spannung angibt. Diese Steilheit ändert sich beinahe linear in Abhängigkeit vom Emitterstrom.

In Abwesenheit des Signals ist in einer gegebenen Schaltung sowohl der Strom als auch die Steilheit S_0 des Transistors durch die Vorspannung $- E_0$ des Emitters definiert.

In Anwesenheit des modulierenden Signals wird die Steilheit

$$S = S_0 \left[1 + m(t)\right] .$$

(11.38)

Wenn am Eingang dieser Schaltung ein Träger

$$u_1 = U_1 \cos \omega_1 t$$

angelegt wird, so wird eine Kollektor-Amplitudenmodulation bewirkt, und es ergibt sich

$$i_c = S\, u_1 = S_0\, U_1\, (1 + m(t)]\cos \omega_1 t .$$

(11.39)

Um geringere Verzerrungen, bedingt durch nicht strenge Gültigkeit von Beziehung (11.38) zu erhalten, verwendet man eine symmetrische Schaltung, die in Abb. 11.8 dargestellt ist.

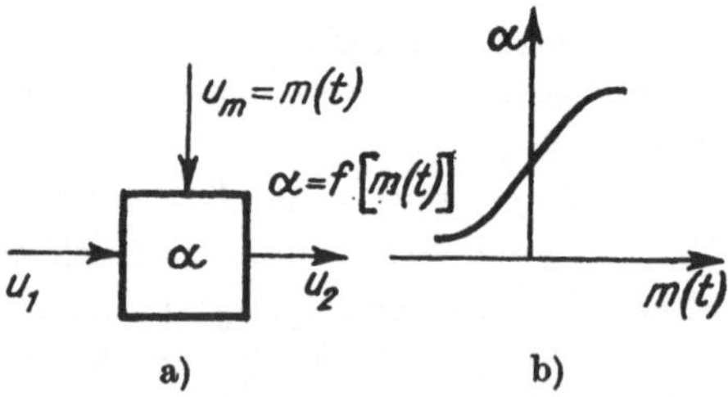

Abb. 11.6. Modulator mit linearer Übertragungskennlinie und zeitvariablen Parametern
a) symbolische Darstellung; b) Verlauf der Verstärkung mit dem modulierenden Signal

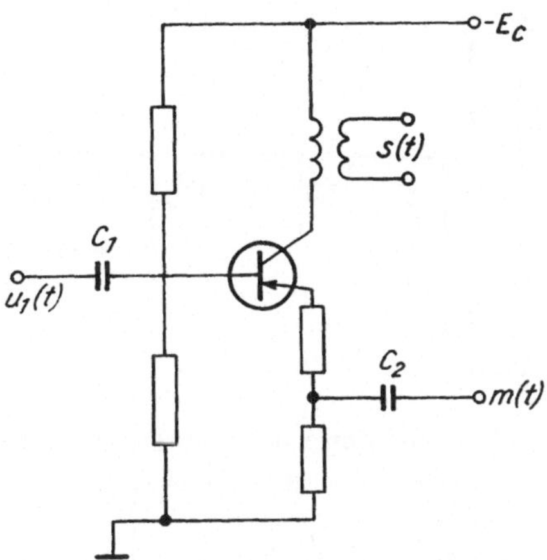

Abb. 11.7. Modulator mit Transistor

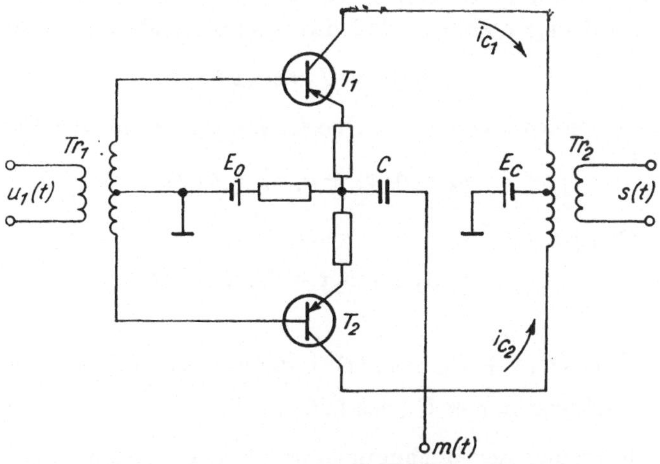

Abb. 11.8. Symmetrischer Modulator für AM

In diesem Falle ist

$$i_c = i_{c_1} - i_{c_2} = S_0\,U_1\,[1 + m(t)]\cos\omega_1 t + S_0\,U_1\,[1 + m(t)]\cos\omega_1 t \qquad (11.40)$$
$$= 2\,S_0\,U_1\,[1 + m(t)]\cos\omega_1 t \;.$$

11.2.1.2. Modulator mit nichtlinearer Übertragungskennlinie

Es sei ein nichtlineares Element mit einer Übertragungskennlinie

$$u_e = a_1\,u_i + a_2\,u_i^2 + a_3\,u_i^3 + \cdots \qquad (11.41)$$

gegeben.

Am Eingang des Systems wird ein Signal, das aus der Summe von Träger und modulierendem Signal (der Nachricht) besteht, angelegt. Am Ausgang des

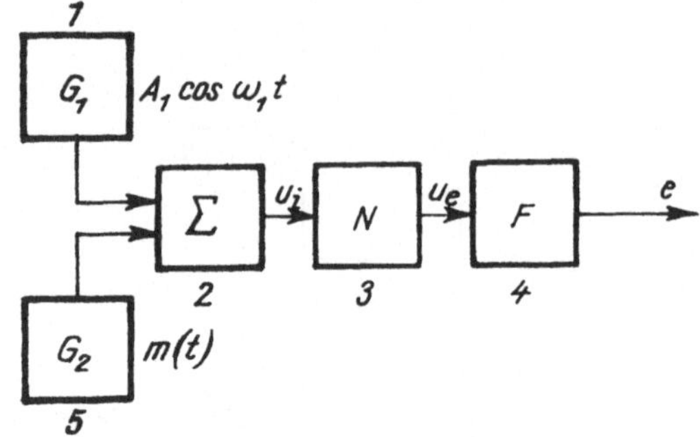

Abb. 11.9. Modulator mit nichtlinearem Element
1 — Träger; *2* — Summator; *3* — nichtlineares Element; *4* — Filter; *5* — Nachricht

Systems ist ein Filter angebracht, das nur die Komponenten durchläßt, die erwünscht sind (Abb. 11.9).

Um die Untersuchung zu vereinfachen und die wichtigsten Vorgänge hervorzuheben, wird angenommen, daß das modulierende Signal sinusförmig ist

$$m(t) = U_m \cos \Omega t$$

und daß das nichtlineare Glied eine Übertragungskennlinie der Form

$$u_e = a_1 u_i + a_2 u_i^2 + a_3 u_i^2 \tag{11.42}$$

besitzt.

In diesem Fall ist

$$u_i = A_1 \cos \omega_1 t + U_m \cos \Omega t ,$$

und

$$u_e = a_1 (A_1 \cos \omega_1 t + U_m \cos \Omega t) + a_2 (A_1 \cos \omega_1 t + U_m \cos \Omega t)^2 +$$
$$+ a_3 (A_1 \cos \omega_1 t + U_m \cos \Omega t)^3 .$$

Nach Durchführung der Rechnungen erhält man die entsprechenden Spektralkomponenten. Für das Spektrum positiver Frequenzen sind die Ergebnisse in Abb. 11.10 wiedergegeben.

Wie ersichtlich, führt das Glied dritter Ordnung in der Nähe der Trägerfrequenz Komponenten, z. B. der Frequenz $\omega_1 + 2\Omega$ ein, die im eingangs behandelten Spektrum des amplitudenmodulierten Signals nicht auftreten.

Um also keine unerwünschten Spektralkomponenten bzw. Verzerrungen zu erhalten, darf die Nichtlinearität der Übertragungskennlinie nur von zweiter Ordnung sein. In diesem Falle muß, wie aus Abb. 11.10 ersichtlich, die Trägerfrequenz hinreichend groß sein, um mit einem Filter die Komponenten, die das amplitudenmodulierte Signal bilden, trennen zu können

$$\omega_1 > 3 \Omega_M .$$

Dieses Prinzip ist schematisch in Abb. 11.11 dargestellt.

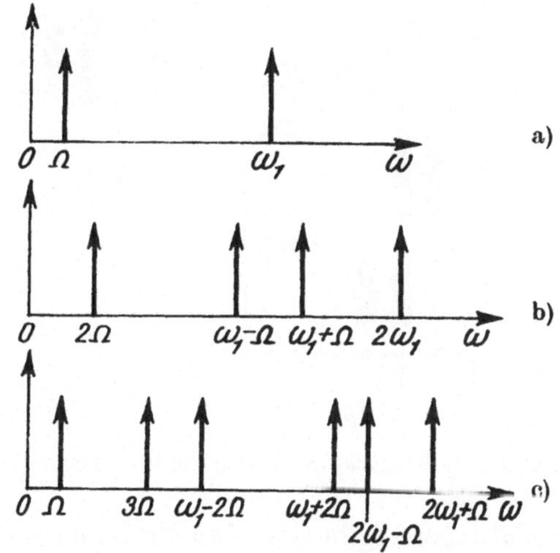

Abb. 11.10. Das Spektrum des Signals am Ausgang eines nichtlinearen Elementes mit Kennlinie dritter Ordnung

a) Beitrag des Gliedes ersten Grades: $a_1(A_1 \cos \omega_1 t + U_m \cos \Omega t)$; b) Beitrag des Gliedes zweiten Grades: $a_2(A_1 \cos \omega_1 t + U_m \cos \Omega t)^2$; c) Beitrag des Gliedes dritten Grades: $a_3(A_1 \cos \omega_1 t + U_m \cos \Omega t)^3$

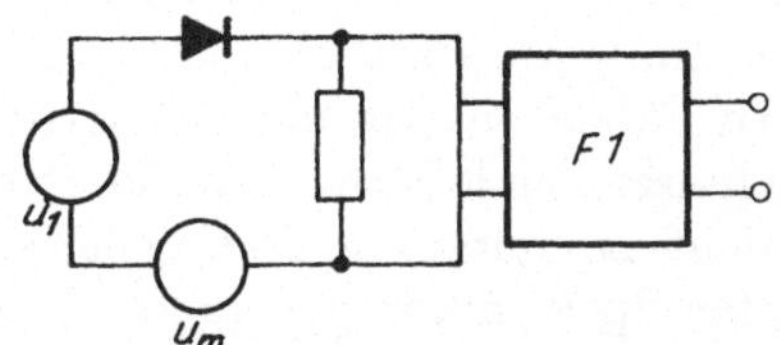

Abb. 11.11. Filterung eines Signals am Ausgang eines Modulators mit nichtlinearen Elementen

Fl — Bandpaß

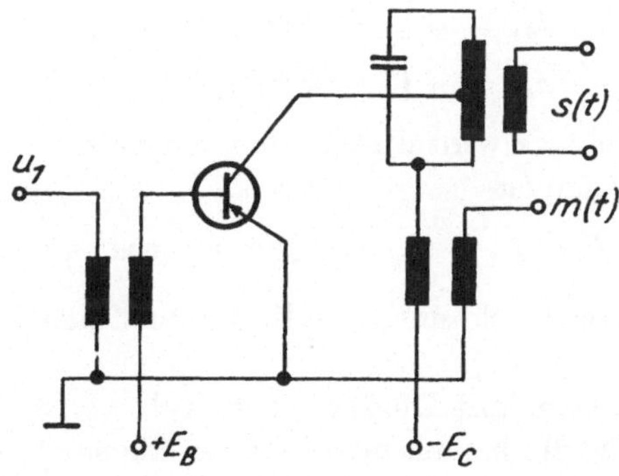

Abb. 11.12. Modulator mit Transistor-Verstärker im C-Betrieb für Kollektormodulation

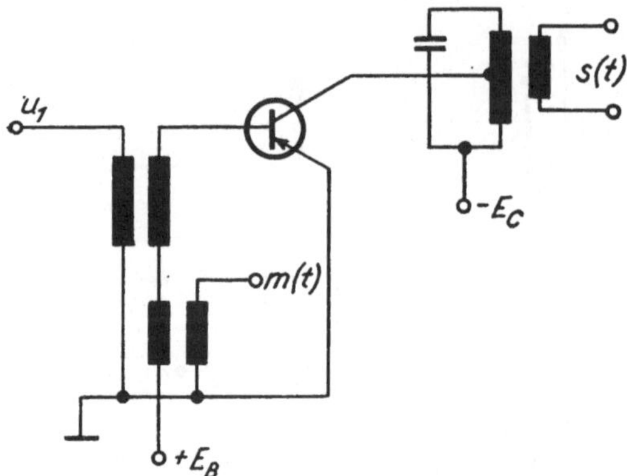

Abb. 11.13. Modulator mit Transistor-Verstärker im C-Betrieb für Basismodulation

Aus obigen Betrachtungen ergibt sich, daß die Diode eine quadratische Kennlinie besitzen muß. Der Nachteil dieses Systems besteht darin, daß sich die zwei Signalquellen gegenseitig beeinflussen.

Bei anderen Modulatoren wird das nichtlineare Glied aus einem Hochfrequenzverstärker (mit selektiven Kreisen), der nichtlinear im C-Betrieb arbeitet, gebildet.

Die nichtlineare Betriebsart kann durch Änderung der Kollektorspannung (Abb. 11.12) oder der Spannung am Basiskreis (Abb. 11.13) modifiziert werden.

In allen obengenannten Fällen müssen die selektiven Kreise, die der modulierten Stufe folgen, eine hinreichende Bandbreite besitzen, um die gewünschten Spektralkomponenten nicht zu dämpfen und gleichzeitig genügend selektiv sein, um die unerwünschten Spektralkomponenten zu beseitigen.

11.2.2. Modulatoren für Amplitudenmodulation mit unterdrücktem Träger

Um die Trägerfrequenz zu unterdrücken, verwendet man Gegentaktmodulatoren. In Abb. 11.14 ist ein Gegentaktmodulator mit Transistoren dargestellt.

In diesem Fall ist

$$i_{c1} = A \left[1 + \alpha \, m(t) \right] \cos \omega_1 t \,, \tag{11.43}$$

$$i_{c2} = A \left[1 - \alpha \, m(t) \right] \cos \omega_1 t \,. \tag{11.44}$$

Der Kreis des Kollektors wird durch einen Strom erregt, der gleich der Differenz dieser zwei Ströme ist

$$i_c = i_{c1} - i_{c2} = 2 \, A \, \alpha \, m(t) \cos \omega_1 t; \tag{11.45}$$

man erhält also den Ausdruck eines amplitudenmodulierten Signals mit unterdrücktem Träger.

Ein Gegentaktmodulator mit Dioden ist in Abb. 11.15 dargestellt.

Die Kennlinie ist für die beiden nichtlinearen Elemente die gleiche

$$e = f(u) = a_1 \, u + a_2 \, u^2 \,. \tag{11.46}$$

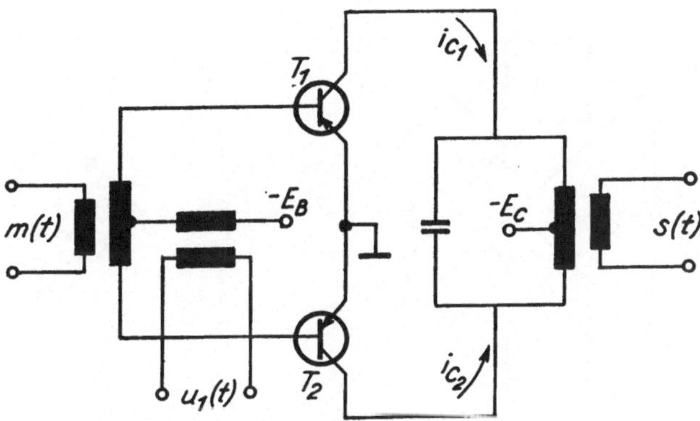

Abb. 11.14. Transistor-Gegentaktmodulator für AM mit unterdrücktem Träger

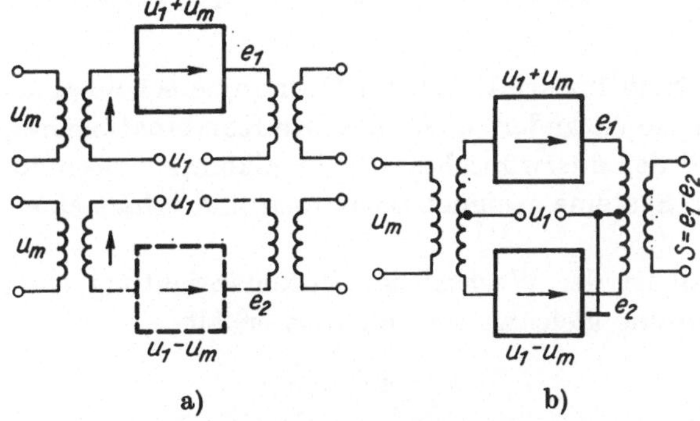

a)   b)

Abb. 11.15. Gegentaktmodulator für AM mit unterdrücktem Träger
mit nichtlinearen Elementen

a) zwei unsymmetrische Modulatoren; b) symmetrischer Gegentaktmodulator, der durch Vereinigung der in
Abb. 11.15 a dargestellten Einzelmodulatoren erhalten wird

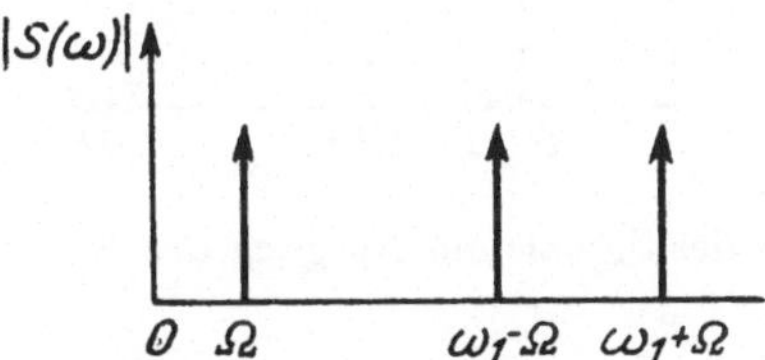

Abb. 11.16. Das Spektrum des Signals beim Austritt aus dem Gegentaktmodulator der
Abb. 11.15 b

Am Ausgang erhält man das Signal

$$e_1 - e_2 = a_1 (u_1 + u_m) + a_2 (u_1 + u_m)^2 - a_1 (u_1 - u_m) - a_2 (u_1 - u_m)^2 , \quad (11.47)$$

$$e_1 - e_2 = 2 a_1 u_m + 4 a_2 u_1 u_m . \quad (11.48)$$

Das Spektrum des Signals ist in Abb. 11.16 dargestellt.

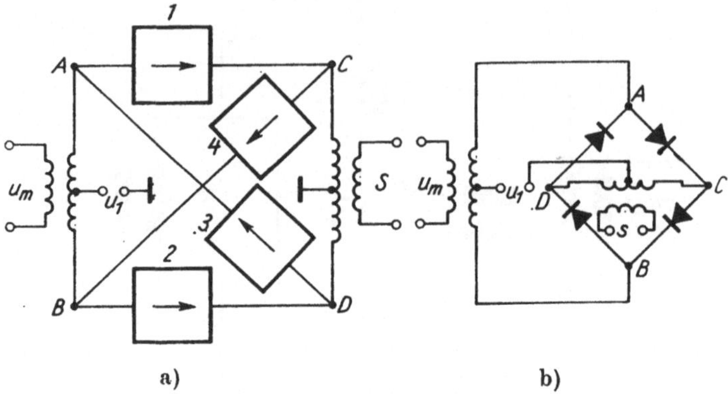

Abb. 11.17. Ringmodulator

a) Modulator, der durch Vereinigung zweier Gegentaktmodulatoren der Abb. 11.15 b erhalten wurde; b) Der Abb. 11.17a gleichwertige Darstellung in Ringform

Im Fall einer Nichtlinearität höherer Ordnung erscheinen auch Harmonische höherer Ordnung sowie andere unerwünschte Kombinationsfrequenzen.

Um einen Teil der unerwünschten Spektralkomponenten zu beseitigen, fügt man zwei solche Systeme geeignet zusammen und erhält einen Ringmodulator (Abb. 11.17).

In diesem Fall ist der Wechsel der Durchlaßrichtung einem Umpolen der angelegten Spannung gleichwertig und man erhält

$$s = 8\, a_2\, u_1\, u_m\,. \tag{11.49}$$

Das Spektrum ist in Abb. 11.18 dargestellt.

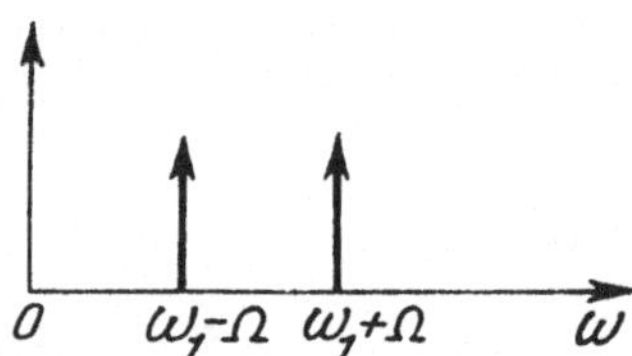

Abb. 11.18. Das Spektrum des Signals am Ausgang des Ringmodulators der Abb. 11.17b

11.2.3. Modulatoren für ESB-AM

Wie in Abschnitt 11.1.3.3. dargelegt, erhält man ein einseitenbandamplitudenmoduliertes Signal, wenn man ein amplitudenmoduliertes Signal mit beiden Seitenbändern und unterdrücktem Träger, wie es durch die Gegentaktmodulatoren des vorigen Abschnittes erhalten wurde, durch ein Filter schickt, das das unerwünschte Seitenband unterdrückt (Filterverfahren). Ein anderes Verfahren (Kompensations- oder Phasendrehverfahren) erhält man aus der Darstellung des Signals im Zeitbereich, die nach Abschnitt 11.1.4.3. für den Fall der Übertragung des oberen Seitenbandes folgende war:

$$s_1(t) = \frac{1}{2}\,m(t)\,\cos\,(\omega_1 t + \varphi_1) + \frac{1}{2}\,n(t)\,\sin\,(\omega_1 t + \varphi_1)\,, \qquad (11.50)$$

wobei

$$n(t) = \mathfrak{H}\{m(t)\} \qquad (11.51)$$

ist.

Die Funktion $n(t)$ wird mit Hilfe eines Phasendrehgliedes realisiert, das die Phase breitbandig um $\frac{\pi}{2}$ verschiebt und den Übertragungsfaktor

$$H(\omega) = j\,\frac{\omega}{|\omega|} = e^{j\frac{\pi}{2}}\,\frac{\omega}{|\omega|} \qquad (11.52)$$

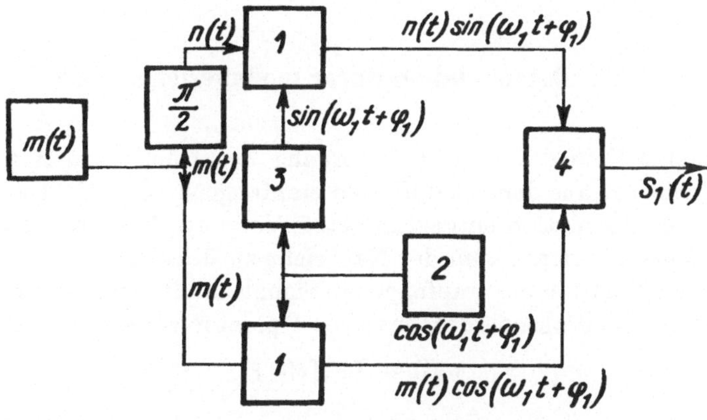

Abb. 11.19. Blockschema eines Modulators für ESB-AM (Phasendreh-Verfahren)

1 — Gegentaktmodulator; *2* — Trägergenerator; *3* — schmalbandiger Phasenschieber um $\pi/2$; *4* — Summator; $\pi/2$ — breitbandiger Phasenschieber um $\pi/2$

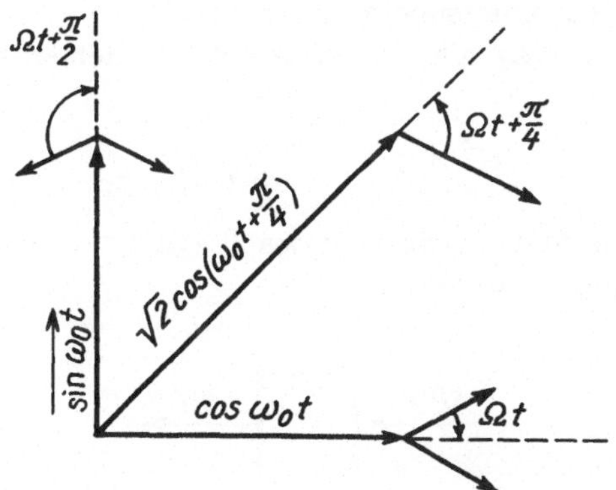

Abb. 11.20. Zeigerdiagramm zum Modulator der Abb. 11.19

besitzt, so daß

$$N(\omega) = + j\, M(\omega) \quad \text{für} \quad \omega > 0 \ \Bigg\} \qquad (11.53)$$
$$N(\omega) = - j\, M(\omega) \quad \text{für} \quad \omega < 0\,,$$

also genau die HILBERT-Transformierte ergibt.

So ein Netzwerk ist physikalisch nicht realisierbar, kann aber näherungsweise realisiert werden. Die Prinzipschaltung des Modulators ist in Abb. 11.19 angegeben.

Wenn $m(t) = \cos \Omega\, t$ ist, dann ist $n(t) = -\sin \Omega\, t = \cos\left(\Omega\, t + \dfrac{\pi}{2}\right)$; das entsprechende Zeigerdiagramm ist in Abb. 11.20 wiedergegeben, man erkennt daraus, daß die Zeiger eines Seitenbandes der beiden um $\dfrac{\pi}{2}$ verschobenen Träger eine Phasendifferenz von π besitzen und sich kompensieren.

11.3. Demodulation linear modulierter Signale

Man nennt Demodulation den Vorgang der Rückgewinnung der übertragenen Nachricht aus dem modulierten empfangenen Signal. Die Demodulation ist der der Modulation entgegengesetzte Vorgang, durch den man aus dem Raum des Signals in den Raum der Nachricht zurückkehrt.

Für die Demodulation des empfangenen Signals müßte man einen zu dem entsprechenden Modulationsoperator inversen Operator verwenden (Abb. 11.21)

$$m(t) = \mathfrak{T}^{-1}_{-1}\{s(t)\}\,, \qquad (11.54)$$

wobei

$$s(t) = \mathfrak{T}_1\{m(t)\}$$

die Modulationsoperation darstellt und damit für den inversen Operator

$$\mathfrak{T}^{-1}_1\, \mathfrak{T}_1 = \mathfrak{J} \qquad (11.55)$$

gelten muß mit $\mathfrak{J}$ als Einheitsoperator (Identität).

Praktisch ist dieser Weg sehr beschwerlich, da der entsprechende Operator folgende Form besitzt:

$$\mathfrak{T}^{-1}_1\, \{\ \} = \{\ \}\, \frac{1}{\cos(\omega_1 t + \varphi_1)} \qquad (11.56)$$

und eine sehr genaue Synchronisation des Trägers verlangt, da andernfalls beträchtliche Verzerrungen auftreten.

Abb. 11.21. Demodulator

Deswegen werden andere Demodulationsverfahren verwendet, und zwar die Hüllkurvendemodulation (Einhüllendengleichrichtung) und die Produktdemodulation.

11.3.1. Hüllkurvendemodulation

Die Hüllkurvendemodulation ist das einfachste Demodulationsverfahren und kann angewendet werden, wenn die Hüllkurve des modulierten Signals proportional der Nachricht ist.

Der Demodulationsvorgang ist in diesem Falle nichtlinear und man erhält eine Spannung, die sich proportional der Hüllkurve des Signals, d. h. den Spitzenwerten des modulierten Trägers, verändert.

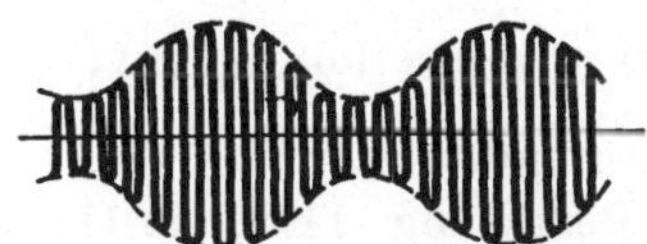

Abb. 11.22. Linear moduliertes Signal

Im Falle der Amplitudenmodulation mit Träger und beiden Seitenbändern (AM) kann man die Hüllkurvendemodulation unmittelbar anwenden, da die Hüllkurve sich entsprechend dem Ausdruck $A_1 + m(t)$ verändert und man die Nachricht $m(t)$ durch Unterdrückung der Gleichstromkomponente erhalten kann.

Wenn man einen Hüllkurvendemodulator im Falle der Amplitudenmodulation mit unterdrücktem Träger verwenden will, muß man beim Empfang einen lokalen Träger hinzufügen, der die gleiche Frequenz und Phase wie der unterdrückte Träger besitzt (kleine Abweichungen der Phase erzeugen keine störenden Verzerrungen).

Im Falle der Einseitenbandamplitudenmodulation (ESB-AM) kann die Nachricht durch Hüllkurvendemodulation ebenfalls nur dann rückgewonnen werden, wenn beim Empfang ein lokaler Träger hinzugefügt wird; die Verzerrungen sind um so kleiner, je kleiner die Abweichung der neuerzeugten Trägerfrequenz von der bei der Sendung unterdrückten Trägerfrequenz ist und je größer die Amplitude des lokalen Trägers gegenüber dem empfangenen Signal ist.

Wie in Abschnitt 11.1.4.3. gezeigt wurde, läßt sich das einseitenbandamplitudenmodulierte Signal in der Form

$$s_1(t) = m(t) \cos(\omega_1 t + \varphi_1) - \mathfrak{H}\{m(t)\} \sin(\omega_1 t + \varphi_1)$$

darstellen.

Wenn beim Empfang ein lokaler Träger

$$p(t) = A \cos(\omega_1 t + \varphi_1) \tag{11.57}$$

addiert wird, erhält man

$$s_p(t) = [A + m(t)] \cos(\omega_1 t + \varphi_1) - \mathfrak{H}\{m(t)\} \sin(\omega_1 t + \varphi_1). \tag{11.58}$$

Wenn

$$A + m(t) \gg \mathfrak{H}\{m(t)\} \tag{11.59}$$

ist, so kann man das zweite Glied vernachlässigen und man erhält

$$s_p(t) \approx [A + m(t)] \cos(\omega_1 t + \varphi_1) \, .$$

Die Ungleichung (11.59) kann durch Vergrößerung der Amplitude des lokalen Trägers erzwungen werden.

Die Verzerrungen, die in diesem Falle auftreten, werden von den Komponenten in Quadratur hervorgerufen; sie können aber vernachlässigt werden, wenn die Ungleichung (11.59) befriedigt wird.

Wenn der lokale Träger mit dem ausgesendeten Träger nicht synchron ist

$$p(t) = A \cos[(\omega_1 + \Delta\omega) t + \varphi] \, , \tag{11.60}$$

treten beachtliche Verzerrungen auf.

Durch Einführung der Beziehung (11.60) in (11.58) und indem zur Vereinfachung $\varphi_1 = 0$ angenommen wird, erhält man

$$s_p(t) = A \cos[(\omega_1 + \Delta\omega) t + \varphi] + m(t) \cos \omega_1 t - \mathfrak{H}\{m(t)\} \sin \omega_1 t$$

und mit der Substitution

$$\Delta \omega t + \varphi = \Phi$$

entsteht

$$s_p(t) = [A \cos \Phi + m(t)] \cos \omega_1 t - [A \sin \Phi + \mathfrak{H}\{m(t)\}] \sin \omega_1 t \, .$$

In diesem Ausdruck bezeichnet man

$$\left. \begin{aligned} \alpha(t) &= A \cos \Phi + m(t) \, ; \\ \beta(t) &= A \sin \Phi + \mathfrak{H}\{m(t)\} \, . \end{aligned} \right\} \tag{11.61}$$

Die Hüllkurve von $s_p(t)$ wird damit

$$\gamma(t) = \sqrt{[\alpha(t)]^2 + [\beta(t)]^2} \, . \tag{11.62}$$

Wenn $A \gg m(t)$ und $A \gg \mathfrak{H}\{m(t)\}$ ist, so kann man unter Vernachlässigung der quadratischen Glieder schreiben:

$$\gamma(t) \approx A \sqrt{1 + 2 \frac{m(t)}{A} \cos \Phi + 2 \frac{\mathfrak{H}\{m(t)\}}{A} \sin \Phi} \tag{11.63}$$

und indem man die Wurzel annähert, entsteht

$$\gamma(t) \approx A \left[1 + \frac{m(t)}{A} \cos \Phi + \frac{\mathfrak{H}\{m(t)\}}{A} \sin \Phi \right] . \tag{11.64}$$

Wenn $\Delta\omega = 0$, also wenn die lokale Trägerfrequenz gleich der ausgesendeten Trägerfrequenz ist, aber eine kleine Phasenabweichung zwischen den zwei Trägerfrequenzen existiert, erhält man den Ausdruck

$$\gamma(t) = A \left[1 + \frac{m(t)}{A} \cos \Delta\varphi + \frac{\mathfrak{H}\{m(t)\}}{A} \sin \Delta\varphi \right] \tag{11.65}$$

aus dem ersichtlich ist, daß die von den Komponenten in Quadratur erzeugten Verzerrungen vernachlässigt werden können.

Wenn die Phasenabweichung größer ist oder wenn $\Delta\omega \neq 0$ ist, so kann die Komponente in Quadratur nicht mehr vernachlässigt werden. Sind die Verzerrungen, die von dieser Komponente verursacht werden, zulässig (z. B. bei Sprach-Signalen), so wird der Wert $\Delta\omega$ von der Verschiebung des Spektrums $M(\omega)$ mit $\Delta\omega$ begrenzt, wobei die Nachricht mit $\cos \Delta\omega\, t$ multipliziert erscheint.

11.3.2. Produkt-Demodulation

Im Falle der Amplitudenmodulation mit unterdrücktem Träger oder der ESB-AM können die Nachteile der Hüllkurvendemodulation beseitigt werden, wenn die Demodulation mit Hilfe einer neuen Modulation durchgeführt wird, die mit derjenigen des Senders identisch ist und der ein Filter folgt.

Es wird angenommen, daß im Sender eine Modulation erfolgte, die dem Schema der Abb. 11.23 entspricht.

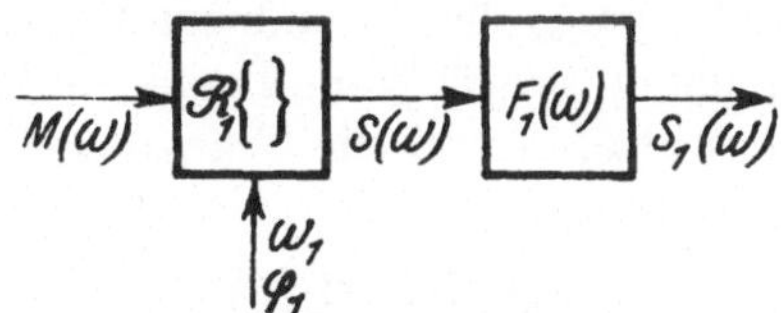

Abb. 11.23. Darstellung der Transformation bei der Sendung (Modulation)

Entsprechend der Filtercharakteristik $F_1(\omega)$ wird ein Ausgangssignal mit beiden Seitenbändern oder nur mit einem Seitenband erhalten.

Die beim Empfang durchgeführten Operationen sind in Abb. 11.24 schematisch dargestellt.

Mit ω_0 und φ_0 werden die Frequenz und die Phase des lokalen Trägers bezeichnet.

Durch Anwendung des Operators $\Re_0$ und anschließend des Filteroperators $F_0(\omega)$ auf das empfangene Signal, dessen Spektrum mit $S_1(\omega)$ bezeichnet wird, erhält man

$$N(\omega) = \Re_0\{\, S_1(\omega)\,\}\, F_0(\omega) . \tag{11.66}$$

Es sei daran erinnert, daß die Transformierte $\Re_0$ ihr Äquivalent in $\mathfrak{T}_0$ besitzt, d. h. der Multiplikation des empfangenen Signals $s(t)$ mit der lokalen Trägerfrequenz $\cos (\omega_0\, t + \varphi_0)$.

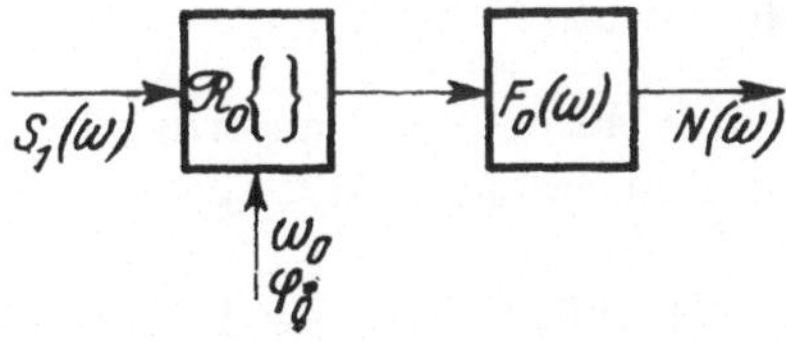

Abb. 11.24. Darstellung der Transformation beim Empfang (Demodulation)

26   Spătaru

Es wird vorausgesetzt, daß das Filter $F_0(\omega)$ ein ideales Tiefpaßfilter ohne Laufzeit ist.

In diesem Fall ergibt sich

$$F_0(\omega) = \begin{cases} 2, & \text{für} \quad -\Omega_0 \leqq \omega \leqq \Omega_0 \; ; \\ 0, & \text{für} \quad \omega < -\Omega_0; \; \omega > \Omega_0 \; . \end{cases} \qquad (11.67)$$

Der Betrag der Übertragungsfunktion wird mit 2 angenommen, um den Koeffizienten der demodulierten Nachricht gleich 1 zu erhalten, wie im folgenden erläutert wird.

In der Beziehung (11.67) ist Ω_0 die Grenzfrequenz des Filters, die der Beziehung

$$\Omega_M \leqq \Omega_0 \leqq \omega_1 - \Omega_M \qquad (11.68)$$

genügen muß, wobei Ω_M die höchste Frequenz aus dem Spektrum der Nachricht darstellt, während ω_1 die Trägerfrequenz ist.

Zu Beginn wird der Fall behandelt, in dem $F_1(\omega) = 1$ für alle Werte ω (d. h. es gibt kein Filter am Ausgang des Modulators) und $\omega_1 = \omega_0$, $\varphi_1 = \varphi_0$ ist (Amplitudenmodulation mit unterdrücktem Träger und beiden Seitenbändern.)

In diesem Fall ist $S_1(\omega) = S(\omega)$ und die Transformationen bei der Sendung und beim Empfang sind identisch

$$\Re_0\{\ \} = \Re_1\{\ \} \; .$$

Nach der Definition des Operators $\Re_0$ kann geschrieben werden:

$$\Re_0\{S(\omega)\} = \frac{1}{2}\left[e^{j\varphi_1} S(\omega - \omega_1) + e^{-j\varphi_1} S(\omega + \omega_1)\right] \; . \qquad (11.69)$$

Aber laut Beziehung (11.11) ist:

$$S(\omega) = \frac{1}{2}\left[e^{j\varphi_1} M(\omega - \omega_1) + e^{-j\varphi_1} M(\omega + \omega_1)\right] \; .$$

Durch Einführung des Ausdruckes für $S(\omega)$ in (11.69) folgt

$$\Re_0\{S(\omega)\} = \frac{1}{4}\left\{e^{j2\varphi_1} M(\omega - 2\omega_1) + 2 M(\omega) + e^{-j2\varphi_1} M(\omega + 2\omega_1)\right\} \; .$$

$$(11.70)$$

Wenn die Grenzfrequenz des Filters $F_0(\omega)$ die Bedingung (11.68) erfüllt, so erhält man am Ausgang des Filters:

$$N(\omega) = \Re_0\{S(\omega)\} \, F_0(\omega) = M(\omega) \; , \qquad (11.71)$$

da die höheren Komponenten durch $F_0(\omega)$ unterdrückt werden.

In Abb. 11.25 sind die Translations- und Filteroperationen $\Re_0$ bzw. $F_0(\omega)$ dargestellt.

Aus der Beziehung (11.71) folgt, daß die Rückgewinnung der Nachricht $n(t) = m(t)$ ohne Verzerrungen erfolgt.

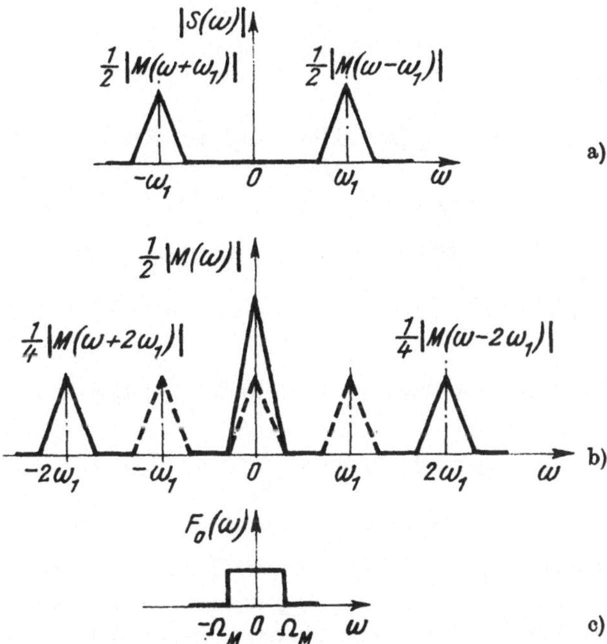

Abb. 11.25. Darstellung der Transformationen der Spektren bei der Demodulation
a) das Spektrum des modulierten Signals; b) das Spektrum des Signals bei Eintritt in das Filter;
c) Filtercharakteristik

Im allgemeinen Falle, in dem die Transformation $\mathfrak{R}_0$ beim Empfang mit der Transformation $\mathfrak{R}_1$ bei der Sendung als Folge der Ungleichheit der Frequenz oder der Phase des im Sender und des im Empfänger erzeugten Trägers nicht identisch ist, entspricht die demodulierte Nachricht dem Ausdruck

$$N(\omega) = \mathfrak{R}_0\{S_1(\omega)\}\, F_0(\omega)\,, \tag{11.72}$$

wobei

$$S_1(\omega) = S(\omega)\, F_1(\omega)$$

ist.

Dabei nimmt man an, daß am Ausgang des Modulators ein Filter $F_1(\omega)$ existiert, mit dessen Hilfe man amplitudenmodulierte Signale mit einem Seitenband oder mit teilweise gedämpftem Seitenband (Restseitenband) erhalten kann.

Im folgenden werden zwei Fälle untersucht, und zwar Übertragung beider Seitenbänder und Übertragung eines Seitenbandes.

11.3.2.1. Übertragung mit beiden Seitenbändern und unterdrückter Trägerfrequenz

In diesem Fall ist

$$F_1(\omega) = 1 \quad \text{für jedes } \omega$$

26*

und daher

$$S_1(\omega) = S(\omega) \, .$$

Beim Empfang ergibt sich

$$\Re_0\{S(\omega)\} = \frac{1}{2}\left[e^{j\varphi_0}\, S\,(\omega - \omega_0) + e^{-j\varphi_0}\, S\,(\omega + \omega_0)\right] \, . \qquad (11.73)$$

Unter Berücksichtigung der Beziehung (11.11) erhält man:

$$\Re_0\{S(\omega)\} = \frac{1}{4}\left[e^{j\varphi_0}\, e^{j\varphi_1}\, M\,(\omega - \omega_1 - \omega_0) + e^{j\varphi_0}\, e^{-j\varphi_1}\, M\,(\omega + \omega_1 - \omega_0)\right.$$

$$\left. + e^{-j\varphi_0}\, e^{j\varphi_1} \cdot M\,(\omega - \omega_1 + \omega_0) + e^{-j\varphi_0}\, e^{-j\varphi_1}\, M\,(\omega + \omega_1 + \omega_0)\right] \, .$$

$$(11.74)$$

Berücksichtigt man die Wirkung des Filters $F_0(\omega)$, das die höheren Komponenten beseitigt, so entsteht

$$N(\omega) = F_0(\omega) \cdot \Re_0\{S(\omega)\} = \frac{1}{2}\left[e^{j(\varphi_0 - \varphi_1)}\, M\,(\omega + \omega_1 - \omega_0)\right.$$

$$\left. + e^{-j(\varphi_0 - \varphi_1)}\, M\,(\omega - \omega_1 + \omega_0)\right] \, .$$

Bezeichnet man mit $\omega_\Delta = \omega_0 - \omega_1$ die Differenz zwischen den Trägerfrequenzen des Senders und des Empfängers und mit $\varphi_\Delta = \varphi_0 - \varphi_1$ die Differenz zwischen den Phasen der Trägerfrequenzen, so erhält man

$$N(\omega) = \frac{1}{2}\left[e^{j\varphi_\Delta}\, M\,(\omega - \omega_\Delta) + e^{-j\varphi_\Delta}\, M\,(\omega + \omega_\Delta)\right] \, , \qquad (11.75)$$

oder, indem man in den Zeitbereich übergeht bzw. die FOURIER-Transformation auf beide Glieder anwendet,

$$n(t) = \frac{1}{2}\left[e^{j\varphi_\Delta}\, e^{j\omega_\Delta t}\, m(t) + e^{-j\varphi_\Delta}\, e^{-j\omega_\Delta t}\, m(t)\right] \, ,$$

$$n(t) = m(t) \cos\,(\omega_\Delta t + \varphi_\Delta) \, ,$$

oder

$$n(t) = m(t) \cos\,[(\omega_0 - \omega_1)\, t + \varphi_0 - \varphi_1] \, . \qquad (11.76)$$

In Auswertung des Ausdrucks (11.76) können folgende Fälle unterschieden werden:

1. Wenn $\omega_0 = \omega_1$ und $\varphi_0 = \varphi_1$ ist, so folgt $n(t) = m(t)$. In diesem Falle erfolgt eine synchrone Demodulation bzw. Gleichrichtung. Die Nachricht wird ohne Verzerrungen rückgewonnen.

2. Wenn $\omega_0 = \omega_1$ und $\varphi_0 \neq \varphi_1$ ist, so ergibt sich $n(t) = m(t) \cos\,(\varphi_0 - \varphi_1)$. Auch in diesem Fall erfolgt die Übertragung ohne Verzerrungen, aber die demodulierte Nachricht ist kleiner als im vorigen Falle.

3. Wenn $\omega_0 = \omega_1$ und $\varphi_0 - \varphi_1 = (2\,k + 1)\dfrac{\pi}{2}$, wobei k eine ganze Zahl ist, so ergibt sich $n(t) = 0$.
Ist die Phasenverschiebung zwischen den Trägerfrequenzen bei Sendung und Empfang ein ungerades Vielfaches vn $\pi/2$, so ist das Signal am Ausgang des

Modulators gleich Null. Diese Eigenschaft kann nützlich sein, da sie die Übertragung zweier Kanäle auf der gleichen Frequenz oder die Beseitigung eines unerwünschten Signals gleicher Frequenz mit dem gewünschten auf der Empfangsseite ermöglicht.

11.3.2.2. Einseitenband-Übertragung (ESB-AM)

In diesem Falle unterdrückt das Filter $F_1(\omega)$ bei der Sendung eines der beiden Seitenbänder. Es sei vorausgesetzt, daß das untere Seitenband beseitigt wird

$$S_1(\omega) = \frac{1}{2}\left[e^{j\,\varphi_1} M_+\,(\omega - \omega_1) + e^{-j\,\varphi_1} M_-(\omega + \omega_1)\right]. \tag{11.77}$$

Beim Empfang wird die Transformation

$$\Re_0\{S_1(\omega)\} - \frac{1}{4}\left[e^{j\varphi_0}\,e^{j\varphi_1} M_+\,(\omega - \omega_1 - \omega_0) + e^{j\varphi_0}\,e^{-j\varphi_1} M_-\,(\omega + \omega_1 - \omega_0)\right.$$
$$\left. + e^{-j\varphi_0}\,e^{j\varphi_1} M_+(\omega - \omega_1 + \omega_0) + e^{-j\varphi_0}\,e^{-j\varphi_1} M_-(\omega + \omega_1 + \omega_0)\right|$$

durchgeführt.

Als Folge der Wirkung des Filters $F_0(\omega)$ entsteht

$$N(\omega) = F_0(\omega)\,\Re_0\{S_1(\omega)\} = \frac{1}{2}\left[e^{j(\varphi_0 - \varphi_1)} M_-\,(\omega + \omega_1 - \omega_0)\right.$$
$$\left. + e^{-j(\varphi_0 - \varphi_1)} M_+\,(\omega - \omega_1 + \omega_0)\right]$$

und mit demselben Bezeichnungen

$$N(\omega) = \frac{1}{2}\left[e^{j\varphi_\varDelta} M_-\,(\omega - \omega_\varDelta) + e^{-j\varphi_\varDelta} M_+\,(\omega + \omega_\varDelta)\right]. \tag{11.78}$$

In Analogie zu den Beziehungen (11.20) und (11.37) erhält man

$$n(t) = \frac{1}{2}\,m(t)\cos(\omega_\varDelta t + \varphi_\varDelta) - \frac{1}{2}\,\mathfrak{H}\{m(t)\}\sin(\omega_\varDelta t + \varphi_\varDelta). \tag{11.79}$$

Dieser ist der allgemeine Ausdruck eines durch Produktdemodulation demodulierten ESB-AM-Signals.

Wenn man das untere Seitenband übertragen hätte, wäre der Ausdruck für die Nachricht nach der Demodulation folgender gewesen:

$$n(t) = \frac{1}{2}\,m(t)\cos(\omega_\varDelta t + \varphi_\varDelta) + \frac{1}{2}\,\mathfrak{H}\{m(t)\}\sin(\omega_\varDelta t + \varphi_\varDelta). \tag{11.80}$$

Aus den Beziehungen (11.79) und (11.80) ergibt sich, daß die Übertragung des oberen oder unteren Seitenbandes den Wechsel des Vorzeichens der Komponente in Quadratur zur Folge hat.

Addiert man das durch Übertragung mit dem oberen Seitenband erhaltene demodulierte Signal zu dem durch Übertragung mit dem unteren Seitenband erhaltene, so entsteht das der Übertragung mit beiden Seitenbändern entsprechende demodulierte Signal, das durch die Beziehung (11.76) gegeben war.

Aus den Beziehungen (11.79) und (11.80) ist ersichtlich, daß im allgemeinen Fall, wenn $\omega_\Delta \neq 0$ ist, bedeutende Verzerrungen entstehen, da die übertragene Nachricht nach der Demodulation mit $\cos(\omega_\Delta t + \varphi_\Delta)$ multipliziert erscheint und die Komponente in Quadratur anwesend ist.

Im speziellen Falle, wenn $\omega_\Delta = 0$, aber $\varphi_\Delta \neq 0$ ist, geht die Beziehung (11.79) über in

$$n(t) = \frac{1}{2}\, m(t) \cos \varphi_\Delta - \frac{1}{2} \mathfrak{H}\{m(t)\} \sin \varphi_\Delta \,. \tag{11.81}$$

In diesem Falle werden die Verzerrungen nur von den Komponenten in Quadratur erzeugt.

Bei der Übertragung von Sprache und Musik auf Grund der Phasenunempfindlichkeit des Ohrs kann man annehmen, daß der Ausdruck, der die HILBERT-Transformierte der Nachricht enthält, keine vom Ohr wahrnehmbaren Verzerrungen verursacht, da er keine neuen Frequenzen (d. h. Frequenzen, die sich nicht im Spektrum von $m(t)$ befinden) einführt.

Ist jedoch die formgetreue Wiedergabe der übertragenen Nachricht notwendig, so erzeugt die HILBERT-Transformierte Verzerrungen, da sich im allgemeinen $\mathfrak{H}\{m(t)\}$ sehr von $m(t)$ unterscheidet. Um die Verzerrungen zu beseitigen, ist eine synchrone Demodulation notwendig, bei der $\omega_\Delta = 0$ und $\varphi_\Delta = 0$ sind.

11.4. Demodulatoren

Die Demodulatoren sind Einrichtungen, die die Demodulation durchführen Die Demodulatoren für lineare Modulation können in zwei Klassen eingeteilt werden: Hüllkurven- und Produktdemodulatoren.

11.4.1. Hüllkurvendemodulatoren

Der Hüllkurvendemodulator ist der Demodulator einfachster Art. Er kann für Amplitudenmodulation mit beiden Seitenbändern und Trägerfrequenz (AM) verwendet werden für den Fall, daß $\omega_1 \gg \Omega_M$ ist, da die Bedingung

$$\frac{2\pi}{\omega_1} < \tau < \frac{2\pi}{\Omega_M} \tag{11.82}$$

erfüllt sein muß, wobei $\tau = RC$ ist (siehe Abb. 11.26).

Bis auf die Forderung an die Zeitkonstante ist er mit einem Spitzenwertgleichrichter identisch.

Bei Amplitudenmodulation mit unterdrücktem Träger muß im Empfänger vor der Demodulation die lokale Trägerfrequenz zugefügt werden (mit derselben Frequenz und Phase wie beim Sender).

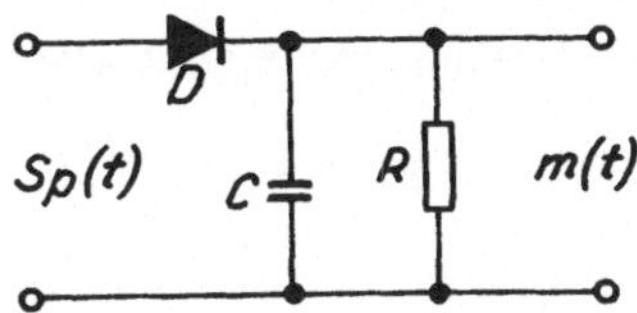

Abb. 11.26. Hüllkurvendemodulator

Bei ESB-AM kann man die Hüllkurvendemodulation verwenden, wenn die im Empfänger erzeugte Trägerfrequenz eine viel größere Amplitude als das empfangene Signal besitzt, und wenn sie von entsprechender Frequenz ist.

Auch andere Gleichrichterschaltungen, die ein dem Spitzenwert proportionales Ausgangssignal liefern, können als Hüllkurvendemodulator verwendet werden.

11.4.2. Produktdemodulatoren

Im Falle der Produktdemodulation wird ein neuer Modulationsvorgang mit einem Signal, das die gleiche Frequenz wie die Trägerfrequenz besitzt, mit anschließender Filterung durchgeführt, der den Bedingungen von Abschnitt 11.3. entspricht Die Schaltung eines Produktdemodulators ist damit der eines Produktmodulators gleich.

11.5. Störungen in Systemen mit linearer Modulation

Zuerst werden die Überlagerungsstörungen und anschließend die Störungen durch Rauschen behandelt.

11.5.1. Überlagerungsstörungen in Systemen mit linearer Modulation

Zur Vereinfachung der Analyse nimmt man an, daß sowohl das überlagerte als auch das Nutzsignal nicht moduliert sind; die Beziehungen können jedoch ohne prinzipielle Schwierigkeiten auch auf modulierte Signale ausgedehnt werden. Es werden zwei Fälle betrachtet, und zwar die Hüllkurven- und die Produktdemodulation.

11.5.1.1. Überlagerungsstörungen in Systemen mit linearer Modulation bei Hüllkurvendemodulation

Man bezeichnet das Nutzsignal mit

$$s_1(t) = A_1\, e^{j\,\omega_1 t}\,, \tag{11.83}$$

und das störende Signal mit

$$s_2(t) = A_2\, e^{j\,\omega_2 t}\,. \tag{11.84}$$

Am Eingang des Demodulators wird die Summe der zwei Signale angelegt:

$$s(t) = s_1(t) + s_2(t) = A_1\, e^{j\,\omega_1 t} + A_2\, e^{j\,\omega_2 t} = A_1\, e^{j\,\omega_1 t}\left[1 + \frac{A_2}{A_1} e^{j(\omega_2 - \omega_1)t}\right]. \tag{11.85}$$

Man nimmt an, daß das überlagerte Signal kleiner als das Nutzsignal, also

$$a = \frac{A_2}{A_1} < 1$$

ist.

Die Abweichung zwischen den zwei Frequenzen wird mit $\omega_\Delta = \omega_2 - \omega_1$ bezeichnet.

Mit diesen Abkürzungen ergibt sich aus der Beziehung (11.85)

$$s(t) = A_1\, e^{j\,\omega_1 t}\, [1 + a\, e^{j\,\omega_\Delta t}]\,. \tag{11.86}$$

Der in der Klammer enthaltene Ausdruck wird durch den Vektor OP dargestellt, dessen Betrag (Abb. 11.27):

$$OP = \sqrt{1 + a^2 + 2\,a\,\cos\omega_\Delta t} \tag{11.87}$$

und dessen Winkel

$$\Theta = \operatorname{arc\,tan}\frac{a\,\sin\omega_\Delta t}{1 + a\,\cos\omega_\Delta t} \tag{11.88}$$

ist.

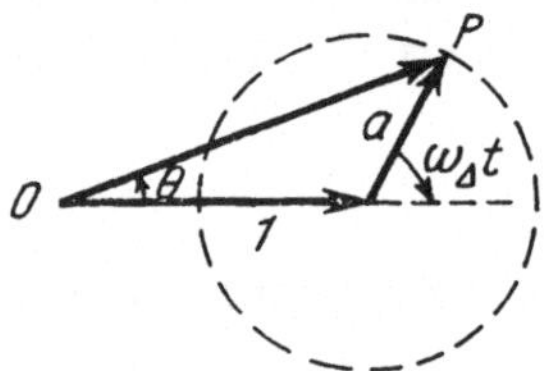

Abb. 11.27. Zeigerdiagramm für den Fall der Überlagerung zweier Signale

Durch Einführung in (11.86) entsteht

$$s(t) = A_1 \sqrt{1 + a^2 + 2\,a\,\cos\omega_\Delta t}\; e^{j(\omega_1 t + \Theta)}\,.$$

Die Amplitude der Summe $s(t)$ der Signale ist

$$A(t) = A_1 \sqrt{1 + a^2 + 2\,a\,\cos\omega_\Delta t}\;. \tag{11.89}$$

Durch eine Reihenentwicklung erhält man

$$A(t) = A_1 \sum_{n=0}^{\infty} C_n \cos n\,\omega_\Delta t\,, \tag{11.90}$$

wo

$$C_0 = 1 + \frac{a^2}{4} + ,\ldots;$$

$$C_1 = a\left(1 - \frac{a^2}{8} - ,\ldots\right);$$

$$C_2 = -\frac{a^2}{4}\left(1 - \frac{a^2}{4} - ,\ldots\right)$$

ist. Der Ausdruck (11.90) kann durch

$$A(t) = A_1\left(1 + \frac{a^2}{4}\right) + A_1\, a\left(1 - \frac{a^2}{8}\right)\cos \omega_\varDelta\, t - A_1\frac{a^2}{4}\left(1 - \frac{a^2}{4}\right)\cos 2\,\omega_\varDelta\, t + ,\ldots$$

$$(11.91)$$

angenähert werden.

Aus der Beziehung (11.91) ergibt sich, daß die Gleichstromkomponente am meisten von der Amplitude A_1 des stärkeren Signals abhängt, und die Wechselstromgrundkomponente mit der Frequenz $\alpha_\varDelta = \omega_2 - \omega_1$ am meisten von der Amplitude A_2 des schwächeren Signals abhängig ist.

Wenn die Grenzfrequenz des Filters am Ausgang des Demodulators gleich $\varOmega_M$ ist, wird der Demodulator alle Oberschwingungen von $\omega_\varDelta$, die innerhalb der Bandbreite $\varOmega_M$ liegen, wiedergeben.

Die Entwicklung nach (11.91) kann auch auf den quasistationären Zustand ausgedehnt werden, wenn die zwei Signale s_1 und s_2 moduliert sind, aber die Änderungen von A_1 und A_2 klein (so daß immer $a < 1$) und langsam gegenüber $\cos \omega_\varDelta t$ sind (so daß die Entwicklung nach (11.90) gültig bleibt).

In diesem Falle verändert sich das erste Glied $A_1\left(1 + \frac{a^2}{4}\right)$ der Entwicklung von $A(t)$ im Modulationstakt des stärkeren Signals A_1 und weist Verzerrungen und Nebensprechen auf, die vom schwächeren Signal A_2 durch den Faktor $\frac{a^2}{4}$ verursacht werden.

Wenn die Frequenz des Signals s_2 von derjenigen des Signals s_1 genügend abweicht, so daß

$$|\omega_1 - \omega_2| > \varOmega_M$$

ist, so erscheinen die Grundkomponente und ihre Oberschwingungen nicht mehr am Ausgang. In diesem Falle bleibt nur noch der Ausdruck

$$A_1\left(1 + \frac{a^2}{4}\right) = A_1 + \frac{a^2\, A_1}{4} = A_1 + \frac{a\, A_2}{4},$$

aus dem sich ergibt, daß das größere Signal A_1 überwiegt $\left(\text{da } \frac{a}{4} < 1 \text{ ist}\right)$, und man sagt, daß es den Übertragungskanal beherrscht.

Dieser Vorgang wird Einfangen genannt. Folglich kann man sagen, daß bei der Amplitudenmodulation mit Hüllkurvendemodulation das stärkere Signal den Kanal beherrscht, wenn die Abweichung zwischen den Frequenzen der zwei empfangenen Signale größer als die Bandbreite des Demodulatorfilters ist.

Ist $\omega_\varDelta < \varOmega_M$, so läßt das Filter am Ausgang des Demodulators auch die Grundkomponente $A_2\left(1 - \frac{a^2}{8}\right)\cos \omega_\varDelta\, t$ und evtl. auch deren Oberschwingungen durch, so daß der Einfangvorgang nicht mehr erfolgt.

Der Störabstand

Es wird angenommen, daß das Signal/Rausch-Verhältnis viel kleiner als Eins ist, was den üblichen Fall darstellt.

Wenn $a \ll 1$ ist, so kann der Ausdruck der Hüllkurve folgendermaßen genähert:

$$A(t) = A_1 \sqrt{1 + a^2 + 2\,a\cos\omega_A t} \approx A_1 \sqrt{1 + 2\,a\cos\omega_A t}$$
$$\approx A_1 (1 + a\cos\omega_A t)$$

und als

$$A(t) \approx A_1 + A_2 \cos\omega_A t \qquad (11.92)$$

geschrieben werden.

Im allgemeinen Falle, wenn beide Signale moduliert sind, wird die Amplitude des Signals $s_1(t)$ gleich $A_1 + m(t)$ und des Signals $s_2(t)$ gleich $A_2 + n(t)$ sein, wobei A_1 und A_2 die Amplituden der Träger der zwei Signale, und $m(t)$ und $n(t)$ die entsprechenden Nachrichten, der Beschränkung

$$\frac{A_2 + n(t)}{A_1 + m(t)} \ll 1$$

unterworfen sind.

In diesem Fall entsteht folgender Ausdruck für die Hüllkurve:

$$A(t) = A_1 + m(t) + A_2 \cos\omega_A t + n(t)\cos\omega_A t . \qquad (11.93)$$

Da das Filter des Demodulators die Gleichstromkomponente beseitigt, ergibt sich für den Störabstand

$$\left(\frac{S}{P}\right) = \frac{\widetilde{m^2(t)}}{\overline{[A_2 + n(t)]^2 \cos^2 \omega_A t}} . \qquad (11.94)$$

Berücksichtigt man, daß $n(t)$ von $\cos\omega_A t$ unabhängig ist und daß $\widetilde{n(t)} = 0$ ist, so erhält man

$$\overline{[A_2 + n(t)]^2 \cos^2 \omega_A t} = \overline{A_2^2 \cos^2 \omega_A t + 2 A_2 n(t) \cos^2 \omega_A t + n^2(t) \cos^2 \omega_A t}$$
$$= \frac{1}{2} A_2^2 + \frac{1}{2} \widetilde{n^2(t)} .$$

Setzt man dieses Ergebnis in die Beziehung (11.94) ein, so entsteht

$$\left(\frac{S}{P}\right) = 2\,\frac{\widetilde{m^2(t)}}{A_2^2 + \widetilde{n^2(t)}} . \qquad (11.95)$$

Wenn das störende Signal nicht moduliert ist, wird $n(t) = 0$ und

$$\left(\frac{S}{P}\right) = 2\,\frac{\widetilde{m^2(t)}}{A_2^2} .$$

Im Fall einer Modulation mit sinusförmiger Nachricht

$$m(t) = M \cos\Omega t,$$

ergibt sich

$$\left(\frac{S}{P}\right) = \frac{M^2}{A_2^2} = \left(\frac{M}{A_1}\right)^2 \left(\frac{A_1}{A_2}\right)^2 = \alpha^2 \left(\frac{A_1}{A_2}\right)^2 , \qquad (11.96)$$

wobei $\alpha = \dfrac{M}{A_1}$ der Modulationsgrad ist.

Nimmt man an, daß der Träger des störenden Signals die gleiche Frequenz
wie der des Nutzsignals hat, aber daß zwischen ihnen eine Phasenverschiebung φ
besteht, so ergibt sich in diesem Fall unter Annahme, daß $a \ll 1$ ist, die Hüllkurve

$$A(t) = A_1 + A_2 \cos \varphi \, . \tag{11.97}$$

Sind beide Signale moduliert, so erhält man

$$A(t) = A_1 + m(t) + [A_2 + n(t)] \cos \varphi \tag{11.98}$$

mit einen Störabstand

$$\left(\frac{S}{P}\right) = \frac{\widetilde{\widetilde{m^2(t)}}}{\widetilde{n^2(t)}\,\cos^2 \varphi} \, . \tag{11.99}$$

Für $\varphi = \dfrac{\pi}{2}$ tritt keine Störung auf (der Störabstand wird unendlich groß).

Denn wird ein Vektor $A_2 \, e^{j\pi/2}$ dem zu ihm senkrecht liegenden Vektor A_1 addiert, so ändert sich die resultierende Amplitude nur in sehr geringem Maße
$(a \ll 1)$.

Wie aus (11.99) ersichtlich ist, ergibt sich die größte Störung bei $\varphi = 0$.

11.5.1.2. Überlagerungsstörungen in Systemen mit linearer Modulation bei Produktdemodulation

Hier besteht im Falle zweier Signale s_1 und s_2, die symmetrische Seitenbänder
besitzen, die Möglichkeit, beim Empfang eines der beiden zu unterdrücken,
wobei das andere Signal ohne Verzerrungen erhalten werden kann.

Es wird angenommen, daß die zwei Signale

$$\begin{aligned} s_1(t) &= \mathfrak{T}_1\{\, m_1(t)\,\} \\ s_2(t) &= \mathfrak{T}_2\{\, m_2(t)\,\} \end{aligned} \tag{11.100}$$

sind, bzw.

$$\begin{aligned} S_1(\omega) &= \mathfrak{R}_1\{M_1(\omega)\} \\ S_2(\omega) &= \mathfrak{R}_2\{M_2(\omega)\} \, . \end{aligned} \tag{11.101}$$

Nach der Produktdemodulation mit dem lokalen Träger $\cos(\omega_0 t + \varphi_0)$
ergibt sich nach der Beziehung (11.76)

$$\begin{aligned} n_1(t) &= m_1(t) \cos\left[(\omega_0 - \omega_1)\, t + \varphi_0 - \varphi_1)\right] \, ; \\ n_2(t) &= m_2(t) \cos\left[(\omega_0 - \omega_2)\, t + \varphi_0 - \varphi_2)\right] . \end{aligned} \tag{11.102}$$

Wenn man beim Empfang die Beseitigung eines der Signale beabsichtigt,
z. B. $n_2(t)$, so stellt man die Frequenz und die Phase des Empfängeroszillators so
ein, daß

$$\omega_0 = \omega_2$$

und $\varphi_0 - \varphi_2 = (2\,k + 1)\,\dfrac{\pi}{2}$ werden, wobei k eine ganze Zahl ist.

In diesem Fall ergibt sich aus der Beziehung (11.102) $n_2(t) = 0$.

Bezüglich des Signals $n_1(t)$ können folgende Annahmen gemacht werden

1. $\omega_1 = \omega_0$ und $\varphi_1 = \varphi_0$.

In diesem Fall ergibt sich nach (11.102) $n_1(t) = m_1(t)$, d. h. man erhält die ursprüngliche Nachricht ohne Verzerrungen.

2. $\omega_1 = \omega_0$ aber $\varphi_1 \neq \varphi_0$ und $\varphi_0 = (2\,k + 1)\dfrac{\pi}{2} + \varphi_2$.

Aus (11.102) ergibt sich

$$n_1(t) = m_1(t)\cos(\varphi_0 - \varphi_1)\,.$$

Wenn $n_2(t)$ ein störendes Signal mit einer beliebigen Phase φ_2 ist, und angenommen wird, daß $\varphi_0 = \varphi_2 + (2\,k + 1)\dfrac{\pi}{2}$ ist, so ist es sehr unwahrscheinlich, daß auch $\cos(\varphi_0 - \varphi_1) = \cos\left[\varphi_2 - \varphi_1 + 2\,(k + 1)\dfrac{\pi}{2}\right] = \sin(\varphi_2 - \varphi_1)$ gleich Null wird, da $s_1(t)$ und $s_2(t)$ unkohärente Signale sind.

Also kann die Nachricht $m_1(t)$ zurückgewonnen werden, weil $n_1(t) \neq 0$ ist.

3. $\omega_1 \neq \omega_2 = \omega_0$ und $\varphi_1 \neq \varphi_0 = \varphi_2 + (2\,k + 1)\dfrac{\pi}{2}$.

Auch in diesem Fall kann die Nachricht $m_1(t)$ durch Filterung eines Seitenbandes (Abb. 11.28) unter der Bedingung, daß

$$\frac{\Omega_M}{2} \leqq |\omega_0 - \omega_1| \leqq \Omega_0$$

zurückgewonnen werden, wobei Ω_0 die Grenzfrequenz des Filters $F_0(\omega)$ am Modulatorausgang darstellt. Der größte Wert, den diese Frequenz annehmen kann, ist

$$\Omega_0 = \omega_1 - \Omega_M$$

und ist dadurch begrenzt, daß bei höheren Frequenzen Komponenten aus den Bändern um die Trägerfrequenz ω_1 erscheinen.

Um in diesem Falle die Nachricht für größtmögliche Frequenzabweichungen $|\omega_1 - \omega_0|$ zurückgewinnen zu können, muß die Grenzfrequenz des Filters den höchstmöglichen Wert erhalten.

Also ist

$$\Omega_0 = \omega_1 - \Omega_M\,.$$

Setzt man

$$\omega_\Delta = \omega_0 - \omega_1 \quad \text{und} \quad \varphi_\Delta = \varphi_0 - \varphi_1$$

und führt diese Bezeichnungen in die Beziehung (11.102) ein, so entsteht

$$n_1(t) = m_1(t)\cos(\omega_\Delta\,t + \varphi_\Delta)\,. \tag{11.103}$$

Um die Nachricht $m_1(t)$ zurückzugewinnen, müssen die in Abb. 11.29 angegebenen linearen Transformationen durchgeführt werden und zwar: eine Filterung $F_{11}(\omega)$, um das verschobene Spektrum der Nachricht zu gewinnen, eine Modulation mit dem Träger $\cos(\omega_\Delta\,t + \varphi_\Delta)$ bzw. $\Re_\Delta\{N(\omega)\}$, anschließend eine neue Filterung $F_0(\omega)$, um die höher als Ω_M liegenden Frequenzkomponenten zu beseitigen, so wie das schematisch in Abb. 11.29 gezeigt wird.

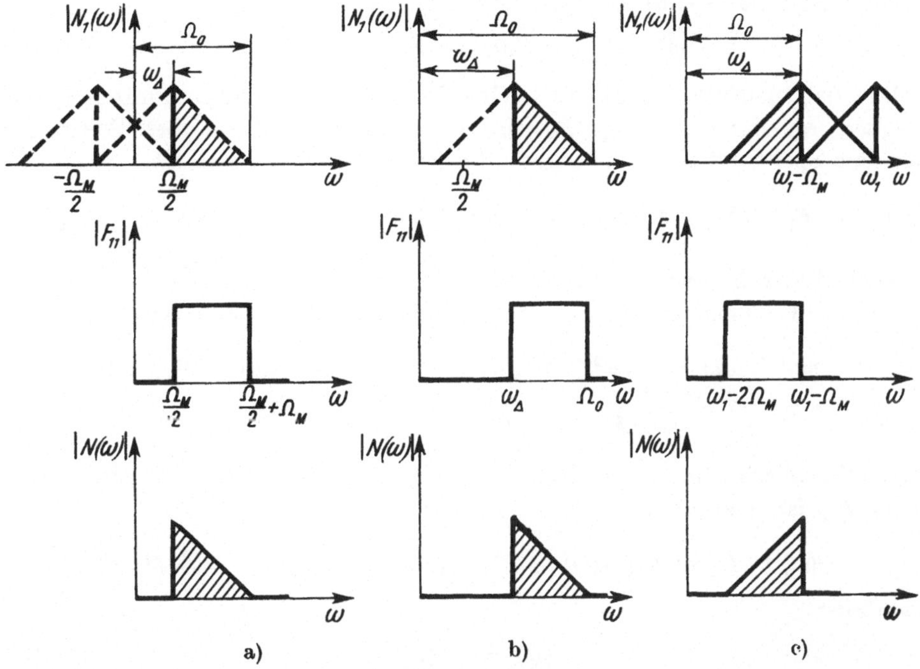

Abb. 11.28. Demodulation bei AM mit Produktdemodulator zur Beseitigung
von Überlagerungen

a) unterer Grenzfall $\omega_\Delta = 1/2\ \Omega_M$; b) mittlerer Fall $1/2\ \Omega_M < \omega_\Delta < \Omega_M$; c) oberer Grenzfall $\omega_\Delta = \omega_1 - \Omega_M$

Um den Ausdruck für die Nachricht nach dieser Folge von Transformationen
zu erhalten, ist zu beachten, daß die Beziehung (11.103) durch die Transformation

$$n_1(t) = \mathfrak{T}_\Delta\{ m_1(t) \} \tag{11.104}$$

bzw.

$$N_1(\omega) = \mathfrak{R}_\Delta\{ M_1(\omega) \} \tag{11.105}$$

bestimmt ist, wobei

$$\mathfrak{R}_\Delta\{ M_1(\omega) \} = \frac{1}{2}\, [e^{j\varphi_\Delta}\, M_1(\omega - \omega_\Delta) + e^{-j\varphi_\Delta}\, M_1(\omega + \omega_\Delta)]$$

ist.

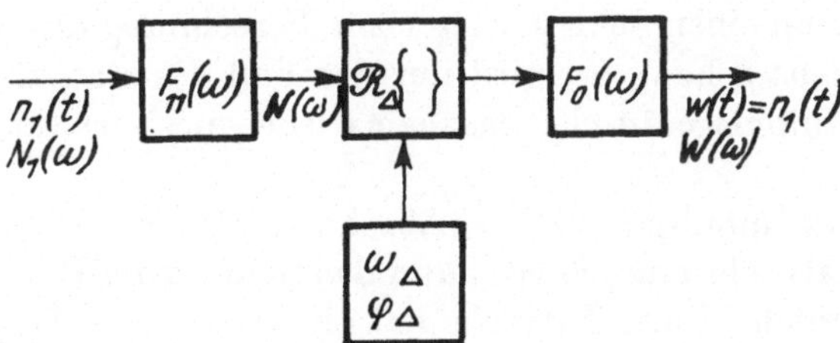

Abb. 11.29. Blockschema des Produktdemodulators für Beseitigung von Überlagerungen

Nach dem Bandpaßfilter $F_{11}(\omega)$ entsteht

$$N(\omega) = F_{11}(\omega)\, N_1(\omega) = F_{11}(\omega)\, \Re_A\{\,M_1(\omega)\,\}\ . \qquad (11.106)$$

Das Bandpaßfilter $F_{11}(\omega)$ besitzt eine Bandbreite Ω_M und eine untere Grenzfrequenz ω_A oder $\omega_A - \Omega_M$. Es wird angenommen, daß das obere Seitenband aus dem Spektrum $N_1(\omega)$ zurückerhalten wird. In diesem Fall ist

$$N(\omega) = F_{11}(\omega)\, \Re_A\{\,M_1(\omega)\,\} = \frac{1}{2}\,[e^{j\varphi_A}\, M_{1+}(\omega - \omega_A) + e^{-j\varphi_A}\, M_{1-}(\omega + \omega_A)]\ .$$

Nach dieser Filterung wird ein Modulationsvorgang $\Re_A\{N(\omega)\}$ mit einem Träger der Frequenz ω_A und der Phase φ_A durchgeführt; man erhält

$$\Re_A\{N(\omega)\} = \frac{1}{4}\,[e^{j2\varphi_A}\, M_{1+}(\omega - 2\,\omega_A) + M_{1-}(\omega) + M_{1+}(\omega)$$
$$+ M_{1-}(\omega + 2\,\omega_A)\cdot e^{-j2\varphi_A}]\ ,$$

Das Signal wird durch das Tiefpaßfilter $F_0(\omega)$ geleitet, dessen Grenzfrequenz gleich Ω_M ist; man erhält:

$$Q(\omega) = F_0(\omega)\, \Re_A\{N(\omega)\} = \frac{1}{2}\,[M_{1-}(\omega) + M_{1+}(\omega)] = \frac{1}{2}\, M_1(\omega)$$

und daher

$$q(t) = \frac{1}{2}\, m_1(t)\ , \qquad (11.107)$$

d. h., auch in diesem Falle kann durch eine gewisse Komplizierung des Empfängers und unter der Bedingung, daß $m_2(t)$ nicht am Ausgang erscheint, die gewünschte Nachricht $m_1(t)$ zurückgewonnen werden.

Man kann also behaupten, daß die Produktdemodulation bezüglich der Verringerung der von unerwünschten Signalen erzeugten störenden Effekte vorteilhafter als die Hüllkurvendemodulation ist.

Die Produktdemodulation besitzt im Gegensatz zur Hüllkurvendemodulation die Eigenschaft des Einfangens jedes der beiden Signale, unabhängig von ihrer relativen Amplitude (durch entsprechende Einstellung der Frequenz und der Phase des lokalen Trägers).

11.5.2. Rauschen in Systemen mit linearer Modulation

Auf Grund obiger Betrachtungen über die Wirkung der Überlagerungsstörungen kann man einen Schritt weiter zur Berechnung des Störabstandes im Falle des Rauschens gehen. Es wird nur der Fall des statistischen Rauschens betrachtet, da Impulsgeräusche mathematisch nicht so einfach behandelt werden können.

Da die Form des Impulsgeräusches (Abschnitt 9.2) der Form des amplitudenmodulierten Signals sehr ähnlich ist, kann das Signal vom Rauschen nur schwer unterschieden werden. Diese Tatsache hat eine besondere Empfindlichkeit der Amplitudenmodulation gegenüber Impulsgeräuschen zur Folge.

Um den störenden Effekt der Impulse zu vermindern, werden verschiedene Verfahren angewendet, wie z. B. die Begrenzung des Signals.

11.5.2.1. Rauschen bei Hüllkurvendemodulation

Wie erläutert wurde (Beziehung (9.26)), entspricht das statistische Rauschen geringer Bandbreite (das praktisch von Interesse ist) bezüglich der Mittenfrequenz der Form

$$z(t) = V(t) \cdot [\cos \omega_2 t + \Theta(t)] , \qquad (11.108)$$

wobei $V(t)$ und $\Theta(t)$ langsam veränderliche zufällige Funktionen sind.

Der Ausdruck des Nutzsignals ist

$$s_p(t) = [A_1 + m(t)] \cos \omega_1 t . \qquad (11.109)$$

Es wird angenommen, daß das Rauschen viel kleiner als das Signal ist, so daß die Ergebnisse von Abschnitt 11.5.1. auf das Nutzsignal $[A_1 + m(t)]\, e^{j \omega_1 t}$ und das störende Signal $V(t)\, e^{j[\omega_1 t + \Theta(t)]}$ anwendbar sind, wobei $\Theta(t)$ eine zufällige Funktion mit einer uniformen Verteilung $\dfrac{1}{2\pi}$ ist.

Unter der Voraussetzung, daß

$$V(t) \ll A_1 + m(t) \qquad (11.110)$$

ist, erhält man

$$a = \frac{V(t)}{A_1 + m(t)} \ll 1 .$$

Damit ist die Hüllkurve, die sich durch Überlagerung des Signals mit dem Rauschen ergibt, laut (11.92)

$$A(t) = A_1 + m(t) + V(t) \cos [(\omega_2 - \omega_1) t + \Theta] . \qquad (11.111)$$

Es wird angenommen, daß die Demodulationkonstante gleich Eins ist, daß die Gleichspannung am Ausgang des Demodulators abgeblockt wird und daß sich die Trägerfrequenz des Nutzsignals in der Mitte des Durchlaßbereichs des Empfängers befindet ($\omega_2 = \omega_1$).

In diesem Fall lautet das demodulierte Signal

$$n(t) = m(t) + V(t) \cos \Theta = m(t) + u(t) . \qquad (11.112).$$

Die Leistung des Signals (am Lastwiderstand Eins) ist

$$\overline{m^2(t)} ,$$

während die Leistung der Störung $u(t)$

$$\overline{u^2(t)} = \overline{V^2(t)}\,\overline{\cos^2 \Theta} = \overline{V^2(t)}\,\overline{\cos^2 \Theta} \qquad (11.113)$$

ist, da $V(t)$ eine von Θ unabhängige zufällige Größe ist.

Da die Vorgänge ergodisch sind, ist statistischer und zeitlicher Mittelwert gleich

$$\overline{\cos^2 \Theta} = \overline{\cos^2 \Theta} = \int\limits_{-\pi}^{+\pi} \cos^2 \Theta \, \frac{d\Theta}{2\pi} = \frac{1}{2}$$

und daher ist der Mittelwert der Leistung des Ausgangsrauschens gleich $\dfrac{1}{2}\,\overline{V^2(t)}$

d. h. bei hinreichend großem Nutzsignal, d. h. bei Erfüllung der Ungleichung (11.110), gleich dem Mittelwert der Leistung des Eingangsrauschens.

Dieser Mittelwert ist

$$\overline{z^2(t)} = \overline{V^2(t)\cos^2(\omega_2 t + \Theta)} = \overline{V^2(t)\,[\cos\omega_2 t \cos\Theta - \sin\omega_2 t \sin\Theta]^2}$$

$$= \overline{V^2(t)\left[\cos^2\omega_2 t \cos^2\Theta + \sin^2\omega_2 t \sin^2\Theta - \frac{1}{2}\sin 2\,\omega_2 t \sin 2\,\Theta\right]}$$

$$= \overline{V^2(t)}\left[\frac{1}{2}\cdot\frac{1}{2} + \frac{1}{2}\cdot\frac{1}{2} - \frac{1}{2}\cdot 0\cdot 0\right] = \frac{1}{2}\,\overline{V^2(t)} = \overline{u^2(t)}\,.$$

Wenn man berücksichtigt, daß $u(t)$ aus dem Rauschen im Durchlaßbereich des Eingangsfilters resultiert (Abb. 11.30), folgt:

$$\overline{z^2(t)} = \overline{u^2(t)} = \frac{1}{2\pi}\int\limits_{\omega_1-\Omega_M}^{\omega_1+\Omega_M} N(\omega)\,d\omega\,.$$

wobei $N(\omega)$ die Leistungsspektraldichte des Eingangsrauschens (für positive Frequenzen definiert) ist.

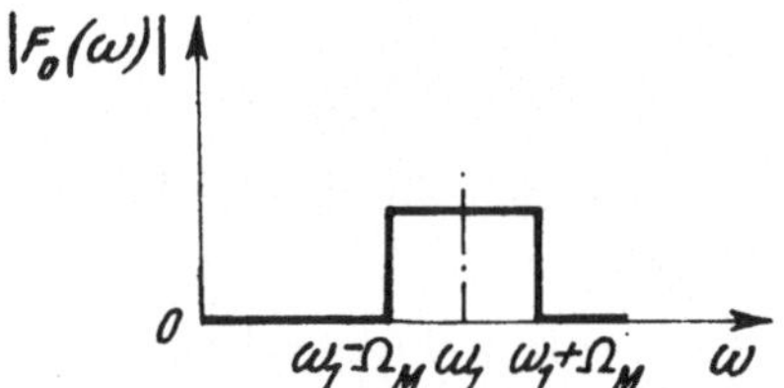

Abb. 11.30. Frequenzband des Rauschens für den Fall der AM

Da im allgemeinen die Spektraldichte $N(\omega)$ symmetrisch bezüglich der Mittenfrequenz ω_1 ist, entsteht nach einer Verschiebung nach niederen Frequenzen

$$\overline{u^2(t)} = \frac{2}{2\pi}\int\limits_{0}^{\Omega_M} N(\omega + \omega_1)\,d\omega\,. \tag{11.114}$$

Der Störabstand am Ausgang ist damit

$$\left(\frac{S}{R}\right)_{\text{Ausgang}} = \frac{\overline{m^2(t)}}{\dfrac{2}{2\pi}\displaystyle\int\limits_{0}^{\Omega_M} N(\omega + \omega_1)\,d\omega}\,. \tag{11.115}$$

Im Falle des weißen Rauschens ist die Spektraldichte konstant: $N(\omega + \omega_1) = N_0 = 2\pi z_0$ und

$$\left(\frac{S}{R}\right)_{\text{Ausgang}} = \frac{\overline{m^2(t)}}{2\,\Omega_M z_0}\,. \tag{11.116}$$

Im Fall einer sinusförmig verlaufenden Nachricht $m(t) = M \cos \Omega t = \alpha A_1 \cos \Omega t$, wobei α der Modulationsgrad ist, entsteht

$$\left(\frac{S}{R}\right)_{\text{Ausgang}} = \frac{\frac{1}{2} M^2}{2 \Omega_M z_0} = \frac{\alpha^2 A_1^2}{4 \Omega_M z_0} . \qquad (11.117)$$

In Fall $\alpha = 1$ ergibt sich daraus

$$\left(\frac{S}{R}\right)_{\text{Ausgang}} = \frac{A_1^2}{4 \Omega_M z_0} .$$

Der Störabstand am Eingang ist

$$\left(\frac{S}{R}\right)_{\text{Eingang}} = \frac{\widetilde{s_p^2(t)}}{2 \Omega_M z_0} = \frac{\frac{1}{2} A_1^2 + \widetilde{A_1} \widetilde{\widetilde{m(t)}} + \frac{1}{2} \widetilde{\widetilde{m^2(t)}}}{2 \Omega_M z_0} .$$

Wenn der Mittelwert der Nachricht gleich Null ist, $\widetilde{\widetilde{m(t)}} = 0$, so entsteht

$$\left(\frac{S}{R}\right)_{\text{Eingang}} = \frac{1}{2} \frac{A_1^2 + \widetilde{\widetilde{m^2(t)}}}{2 \Omega_M z_0} . \qquad (11.118)$$

Wenn man mit ϱ den Verbesserungsfaktor des Störabstandes am Ausgang gegenüber dem Störabstand am Eingang bezeichnet

$$\left(\frac{S}{R}\right)_{\text{Ausgang}} = \varrho \left(\frac{S}{R}\right)_{\text{Eingang}} \qquad (11.119)$$

erhält man aus den Beziehungen (11.116) und (11.118)

$$\varrho = 2 \frac{\widetilde{\widetilde{m^2(t)}}}{A_1^2 + \widetilde{\widetilde{m^2(t)}}} . \qquad (11.120)$$

Für sinusförmiges Signal und $\alpha = 1$ entsteht $\varrho = \frac{2}{3}$.

Wenn sich $V(t)$ $A_1 + m(t)$ nähert oder sogar überschreitet, sind obige Beziehungen nicht mehr gültig, das Geräusch wird sehr groß und das Signal kann nicht mehr zurückgewonnen werden.

Wie bei allen nichtlinearen Demodulatoren tritt ein Schwellwerteffekt auf. Wenn die Amplitude des Nutzsignals die Hüllkurve des Rauschens überschreitet, erscheint ein das Signal enthaltendes Glied, das größer wird, als die Glieder der gegenseitigen Wirkung der Rauschkomponenten und die Glieder der gegenseitigen Wirkung zwischen Signal und Rauschen.

11.5.2.2. Rauschen bei Produktdemodulation

Es werden die Fälle des amplitudenmodulierten Signals mit Träger und beiden Seitenbändern (AM), des mit unterdrücktem Träger und des einseitenband-amplitudenmodulierten Signals (ESB-AM) behandelt.

In allen diesen Fällen wird die Demodulation mit Produktdemodulatoren durchgeführt.

1. Das AM-Signal

Am Eingang liegt das Signal

$$s_p(t) = [A_1 + m(t)] \cos (\omega_1 t + \varphi_1)$$

mit $A_1 + m(t) \geqq 0$ und das Geräusch

$$z(t) = V(t) \cos [\omega_1 t + \Theta(t)] ,$$

da angenommen wird, daß sich die Trägerfrequenz in der Mitte des Durchlaßbereichs des vor dem Modulator liegenden Filters befindet.

Nach der Demodulation der Summe $s_p(t) + z(t)$ mit dem lokalen Träger
$\cos (\omega_1 t + \varphi_0)$ und Beseitigung der Gleichspannungskomponente erhält man

$$n(t) = m(t) \cos (\varphi_0 - \varphi_1) + V(t) \cos [\varphi_0 - \Theta(t)] . \qquad (11.121)$$

Unter Berücksichtigung des Ausdrucks für die Leistung des weißen Rauschens
aus dem vorhergehenden Abschnitt wird

$$\left(\frac{S}{R} \right)_{\text{Eingang}} = \frac{\widetilde{\widetilde{m^2(t)}} \cos^2 (\varphi_0 - \varphi_1)}{2 \, \Omega_M z_0} , \qquad (11.122)$$

während der Störabstand am Eingang derselbe ist, wie im vorigen Falle

$$\left(\frac{S}{R} \right)_{\text{Eingang}} = \frac{1}{2} \frac{A_1^2 + \widetilde{\widetilde{m^2(t)}}}{2 \, \Omega_M z_0} , \qquad (11.123)$$

und man erhält den Verbesserungsfaktor

$$\varrho = 2 \frac{\widetilde{\widetilde{m^2(t)}}}{A_1^2 + \widetilde{\widetilde{m^2(t)}}} \cos^2 (\varphi_0 - \varphi_1) . \qquad (11.124)$$

Für $\alpha = 1$, entsteht $\varrho = \dfrac{2}{3} \cos^2 (\varphi_0 - \varphi_1)$.

Die Ergebnisse sind also schlechter als im Falle der Hüllkurvendemodulation,
wenn $\varphi_0 \neq \varphi_1$ ist.

2. AM-Signal mit unterdrücktem Träger

Das Signal am Eingang ist

$$s(t) = m(t) \cos (\omega_1 t + \varphi_1) \qquad (11.125)$$

und das Geräusch am Eingang

$$z(t) = V(t) \cos [\omega_1 t + \Theta(t)] . \qquad (11.126)$$

Wenn der Träger des lokalen Demodulators gleich $\cos (\omega_1 t + \varphi_0)$ ist, erhält
man nach Demodulation der Summe $s(t) + z(t)$

$$n(t) = m(t) \cos (\varphi_0 - \varphi_1) + V(t) \cos [\varphi_0 - \Theta(t)] . \qquad (11.127)$$

Der Störabstand am Ausgang ist (im Falle weißen Rauschens)

$$\left(\frac{S}{R} \right)_{\text{Ausgang}} = \frac{\widetilde{\widetilde{m^2(t)}} \cos^2 (\varphi_0 - \varphi_1)}{2 \, \Omega_M z_0} . \qquad (11.128)$$

Der Störabstand ist am größten, wenn die Phase des lokalen Oszillators mit der Phase des Sendeoszillators zusammenfällt.

Unter der Annahme, daß die Bandbreite aller Kreise vor dem Modulator gleich $2\,\Omega_M$ ist, beträgt der Störabstand am Eingang:

$$\left(\frac{S}{R}\right)_{\text{Eingang}} = \frac{\overline{\widetilde{m^2(t)}\,\widetilde{\cos^2\left(\omega_1 t + \varphi_1\right)}}}{2\,\Omega_M\,z_0} = \frac{\dfrac{1}{2}\,\widetilde{\widetilde{m^2(t)}}}{2\,\Omega_M\,z_0}, \tag{11.129}$$

während der Verbesserungsfaktor

$$\varrho = 2\cos^2\left(\varphi_0 - \varphi_1\right) \tag{11.130}$$

ist.

Der maximale Wert wird erreicht, wenn $\varphi_0 = \varphi_1$ ist, dabei entsteht eine 3 dB-Verbesserung des Störabstandes am Ausgang im Vergleich zum Störabstand am Eingang.

3. ESB-AM-Signal

Angenommen, daß die Modulation mit dem Träger $\cos\left(\omega_1 t + \varphi_1\right)$ vorgenommen wird, und daß beim Empfang die Demodulation mit einem lokalen Träger der gleichen Phase und Frequenz erfolgt (Synchrondemodulation zur Vermeidung von Verzerrungen, die von den Komponenten in Quadratur bewirkt werden), so entsteht gemäß (11.79) oder (11.80)

$$n(t) = \frac{1}{2}\,m(t) \tag{11.131}$$

und die Leistung des Signals am Ausgang wird

$$\widetilde{\widetilde{n^2(t)}} = \frac{1}{4}\,\widetilde{\widetilde{m^2(t)}}\,. \tag{11.132}$$

In diesem Fall ist zu berücksichtigen, daß die Bandbreite des Kanals vor der Demodulation gleich Ω_M ist; damit ist die Störleistung des weißen Rauschens in diesem Band

$$\Omega_M\,z_0\,. \tag{11.133}$$

Am Ausgang wird die gleiche Rauschleistung auftreten, da nur eine Verschiebung des Rauschspektrums gegen niedere Frequenzen erfolgt.

Nach der Demodulation ist also der Störabstand

$$\left(\frac{S}{R}\right)_{\text{Ausgang}} = \frac{\dfrac{1}{4}\,\widetilde{\widetilde{m^2(t)}}}{\Omega_M\,z_0}\,. \tag{11.134}$$

Die Leistung des Signals vor der Demodulation kann aus dem Ausdruck des AM-Signals mit unterdrücktem Träger berechnet werden; da nur ein Seitenband übertragen wird, ist die Leistung nur halb so groß. Damit wird die Leistung des modulierten Signals gleich der Leistung des demodulierten Signals bzw. $\dfrac{1}{4}\,\widetilde{\widetilde{m^2(t)}}$.

27*

Es folgt dann:

$$\left(\frac{S}{R}\right)_{\text{Eingang}} = \left(\frac{S}{R}\right)_{\text{Ausgang}}. \tag{11.135}$$

In diesem Falle ist also $\varrho = 1$.

Schlußfolgerungen:

1. Bei Ableitung der Beziehungen für den Störabstand in Produktdemodulatoren wurden keine Voraussetzungen über das Verhältnis des Spitzenwertes des Signals zum Rauschen gemacht.

Im Gegensatz zur Hüllkurvendemodulation, bei der die angegebenen Beziehungen für den Störabstand nur in dem Falle gültig sind, wenn das Geräusch viel kleiner als das Signal ist, sind bei den Produktdemodulatoren die Beziehungen für jeden Wert des Störabstandes am Eingang gültig.

2. Der größte Verbesserungsfaktor wird im Falle des AM-Signals mit unterdrücktem Träger erreicht, wenn $\varphi_0 = \varphi_1$ ist. Der Wert für ϱ ist dabei $\varrho = 2$.

Im Fall der ESB-AM ist der Verbesserungsfaktor $\varrho = 1$.

Im Fall der AM hängt der Verbesserungsfaktor von der Form der Nachricht ab. Für eine sinusförmige Nachricht mit einem Modulationsgrad von $100^0/_0$ erhält man $\varrho = \dfrac{2}{3}$; hingegen, wenn die Nachricht aus Rechteckimpulsen besteht, für die $\widetilde{\widetilde{m^2(t)}} = A_1^2$ ist, so erreicht ϱ den Maximalwert für diese Übertragungsart. d. h. $\varrho = 1$.

3. Um verschiedene Modulationsarten bezüglich des Störabstandes zu vergleichen, muß man in allen Fällen vom gleichen Spitzenwert des Eingangssignals, d. h. der gleichen Spitzensendeleistung, ausgehen.

Für diesen Vergleich wird der spezielle Fall sinusförmiger Modulation $m(t) = M \cos \Omega t$ herangezogen.

1. AM-Signal

Das AM-Signal ist .

$$s_p(t) = A\,(1 + \alpha \cos \Omega t) \cos(\omega_1 t + \varphi_1),$$

bzw.

$$s_p(t) = (A + M \cos \Omega t) \cos(\omega_1 t + \varphi_1)$$

und der Störabstand am Ausgang ist für $\varphi_0 = \varphi_1$, $(\alpha = 1)$ nach der Beziehung (11.117)

$$\left(\frac{S}{R}\right)_{\text{Ausgang}} = \frac{\dfrac{1}{2}\,M^2}{2\,\Omega_M\,z_0} = \frac{1}{4}\,\frac{M^2}{\Omega_M\,z_0} = \frac{1}{4}\,\frac{A^2}{\Omega_M\,z_0}. \tag{11.136}$$

Der Spitzenwert des Signals für $\alpha = 1$ ist $2\,A$.

2. AM-Signal mit unterdrücktem Träger

Hier ist das Signal

$$s(t) = M \cos \Omega t \cos(\omega_1 t + \varphi_1)$$

und der Störabstand am Ausgang ist für $\varphi_0 = \varphi_1$ nach der Beziehung (11.128)

$$\left(\frac{S}{R}\right)_{\text{Ausgang}} = \frac{\dfrac{1}{2} M^2}{2\,\Omega_M\,z_0} = \frac{1}{4}\,\frac{M^2}{\Omega_M\,z_0} = \frac{A^2}{\Omega_M\,z_0}\,,$$

wobei $M = 2\,A$ ist, damit der gleiche Spitzenwert wie im vorhergehenden Fall erhalten wird.

3. ESB-AM-Signal

Das ESB-AM-Signal ist

$$s(t) = \frac{1}{2}\,M \cos\left[(\omega_1 - \Omega)\,t + \varphi_1\right],$$

und der Störabstand ist nach der Beziehung (11.134)

$$\left(\frac{S}{R}\right)_{\text{Ausgang}} = \frac{1}{4}\,\frac{\dfrac{1}{2} M^2}{\Omega_M\,z_0} = \frac{1}{8}\,\frac{M^2}{\Omega_M\,z_0} = 2\,\frac{A^2}{\Omega_M\,z_0}\,,$$

wobei $\frac{1}{2}\,M = 2\,A$ ist, damit der gleiche Spitzenwert wie in den vorhergehenden Fällen erhalten wird.

Folglich ist der Störabstand bei AM mit unterdrücktem Träger viermal so groß wie im AM-Falle und bei der ESB-AM achtmal so groß wie im AM-Falle, und zwar

$$\left(\frac{S}{R}\right)_{\text{Ausgang}_{\text{AM mit unterdrücktem Träger}}} = 4\left(\frac{S}{R}\right)_{\text{Ausgang AM}}$$

$$\left(\frac{S}{R}\right)_{\text{Ausgang}_{\text{EBS-AM}}} = 8\left(\frac{S}{R}\right)_{\text{Ausgang}_{\text{AM}}}.$$

11.6. Antwort linearer Systeme auf amplitudenmodulierte Signale

In vielen Fällen kann man die Antwort eines linearen Systems auf ein linear moduliertes trägerfrequentes Signal einfacher durch Transformation in den Niederfrequenzbereich erhalten.

Dazu wird ein Bandpaßfilter betrachtet, dessen Übertragungsfunktion gleich $H_B(p)$ ist, an dessen Eingang ein Signal der Form

$$s(t) = m(t)\,e^{j\,\omega_0 t}$$

angelegt wird.

Es wird angenommen, daß die Trägerfrequenz ω_0 gleich der Mittenfrequenz des Bandpaßfilters ist.

Die operatorische Darstellung des am Eingang angelegten Signals ist

$$S(p) = \mathfrak{L}\{s(t)\} = \mathfrak{L}\{m(t)\,e^{j\,\omega_0 t}\} = M\,(p - j\,\omega_0)\,,$$

während die operatorische Darstellung des Signals am Ausgang

$$S(p)\,H_B(p)$$

ist.

Die Antwort des Systems kann durch Anwendung der RIEMANN-MELLIN-Umkehrformel erhalten werden.

$$r(t) = \mathfrak{L}^{-1}\{S(p)\,H_B(p)\} = \frac{1}{2\pi j}\int_{\sigma_0-j\infty}^{\sigma_0+j\infty} S(p)\,H_B(p)\,e^{pt}\,dp$$

und

$$r(t) = \frac{1}{2\pi j}\int_{\sigma_0-j\infty}^{\sigma_0+j\infty} M(p-j\,\omega_0)\,H_B(p)\,e^{pt}\,dp\ .$$

Wenn $q = p - j\,\omega_0$ gesetzt wird, ergibt sich

$$r(t) = e^{j\,\omega_0 t}\left[\frac{1}{2\pi j}\int_{\sigma_0-j\infty}^{\sigma_0+j\infty} M(q)\,H_B(q+j\,\omega_0)\,e^{qt}\,dq\ .\right] \tag{11.137}$$

Hierin tritt der Ausdruck $H_B(q+j\,\omega_0)$ auf, der eigentlich die um ω_0 nach links verschobene Übertragungsfunktion $H_B(q)$ des Bandpasses darstellt. Also ist $H_B(q+j\,\omega_0)$ das Tiefpaßanalogon zu $H_B(q)$.

Man bezeichnet die Übertragungsfunktion dieses analogen Filters mit $H_T(q)$; wobei

$$H_B(q+j\,\omega_0) = H_T(q)\ . \tag{11.138}$$

Mit dieser Bezeichnung und Umbenennung der Veränderlichen in p lautet der Ausdruck aus der Klammer der Beziehung (11.137)

$$n(t) = \frac{1}{2\pi j}\int_{\sigma_0-j\infty}^{\sigma_0+j\infty} M(p)\,H_T(p)\,e^{pt}\,dp\ . \tag{11.139}$$

Dieser Ausdruck stellt die Antwort des Tiefpaßfilters $H_T(p)$ auf die Anregung $m(t)$ dar.

Also ist

$$r(t) = n(t)\,e^{j\,\omega_0 t}\ . \tag{11.140}$$

Die Antwort eines Bandpaßfilters auf linear moduliertes trägerfrequentes Signal $s(t)$ kann durch Berechnung der Antwort des analogen Tiefpaßfilters auf die Anregung $m(t)$ erhalten werden, die die Hüllkurve des Signals $s(t)$ darstellt.

Dieses Ergebnis gilt allgemein. Es kann auch im Falle, daß $m(t)$ komplex ist, angewendet werden, d. h. dann, wenn sowohl Amplituden- als auch Phasenmodulation vorliegt.

Im allgemeinen Fall ist $n(t)$ eine komplexe Zeitfunktion. Wenn aber $m(t)$ reell und $H_B(p)$ symmetrisch bezüglich der Mittenfrequenz ist (der Betrag mit gerader und die Phase mit ungerader Symmetrie), während die Trägerfrequenz

ω_0 gleich der Mittenfrequenz ist, dann ist $n(t)$ reell. Wenn man mit $h_B(t)$ die Antwort des Bandpaßfilters $H_B(p)$ auf den Impuls $\delta(t)$ und mit $h_T(t)$ die Antwort des analogen Tiefpaßfilters $H_T(p)$ auf den gleichen Impuls bezeichnet, so erhält man die Beziehung zwischen den zwei Antworten

$$H_B(j\,\omega) = H_T(j\,\omega - j\,\omega_0) + H_T(j\,\omega + j\,\omega_0)\,, \qquad (11.141)$$

da

$$H_T(j\,\omega - j\,\omega_0) = 0 \quad \text{für} \quad \omega < 0 \qquad (11.142)$$

$$H_T(j\,\omega + j\,\omega_0) = 0 \quad \text{für} \quad \omega > 0\,.$$

Also ist

$$h_B(t) = h_T(t)\,e^{j\,\omega_0 t} + \overset{*}{h}_T(t)\,e^{-j\,\omega_0 t} = 2\,Re\,[h(t)\,e^{j\,\omega_0 t}]$$

oder

$$h_B(t) = 2\,h_T(t)\,\cos\,\omega_0\,t\,. \qquad (11.143)$$

Wenn $H_B(j\,\omega)$ nicht geradesymmetrisch bezüglich ω_0 wäre, so würde $h_B(t)$ komplex sein.

11.6.1. Verzerrungen linear modulierter Signale beim Durchgang durch lineare Filter

Diese Verzerrungen können in allgemeiner Form dadurch berechnet werden, daß man die Antwort des Filters auf ein linear moduliertes Signal mit dem angelegten Signal vergleicht.

Im folgenden werden Signale (AM mit und ohne Träger) behandelt, die gegenüber der Trägerfrequenz ein symmetrisches Spektrum besitzen, und es werden die Verzerrungen, die bei Störung dieser Symmetrie auftreten, untersucht.

Symmetrische und antisymmetrische Spektralkomponenten

Ist $A_0\,\cos\,\omega_0\,t$ der Träger, so wird das Paar der Seitenbandkomponenten (Abb. 11.31)

$$\left.\begin{array}{l} A_1\,\cos\,[(\omega_0 + \omega_m)\,t + \varphi_1]\,; \\ A_2\,\cos\,[(\omega_0 - \omega_m)\,t + \varphi_2] \end{array}\right\} \qquad (11.144)$$

als symmetrisch bezeichnet, wenn

$$A_1 = A_2\,, \quad \varphi_1 = -\,\varphi_2 \qquad (11.145)$$

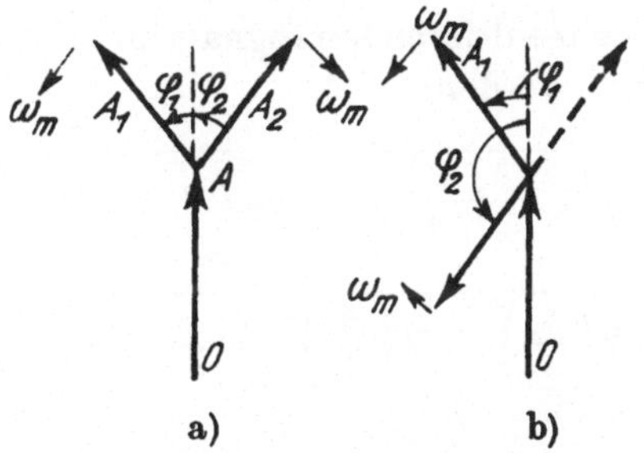

Abb. 11.31. Zeigerdiagramm für einen Träger
a) ein symmetrisches Komponentenpaar; b) ein antisymmetrisches Komponentenpaar

und als antisymmetrisch, wenn

$$A_1 = A_2, \quad \varphi_1 = -\varphi_2 + \pi \tag{11.146}$$

ist.

1. Die Überlagerung des Trägers mit einem Paar symmetrischer Seitenbandkomponenten ergibt ein amplitudenmoduliertes Signal

$$s(t) = A_0 \cos \omega_0 t + A_1 \cos \left[(\omega_0 + \omega_m) t + \varphi_1\right] + A_1 \cos \left[(\omega_0 - \omega_m) t - \varphi_1\right] :$$

$$s(t) = A_0 \cos \omega_0 t + 2 A_1 \cos (\omega_m t + \varphi_1) \cos \omega_0 t ;$$

$$s(t) = A_0 \left[1 + \frac{2 A_1}{A_1} \cos (\omega_m t + \varphi_1)\right] \cos \omega_0 t . \tag{11.147}$$

Aus der zweiten Beziehung ist ersichtlich, daß das letzte Glied eine Komponente in gleicher Phase mit der Trägerfrequenz darstellt und daß aus der Summe der Trägerfrequenz mit dieser Komponente ein amplitudenmoduliertes Signal entsteht.

2. Die Überlagerung der Trägerfrequenz mit einem Paar antisymmetrischer Seitenbandkomponenten erzeugt ein amplituden- und phasenmoduliertes Signal

$$s(t) = A_0 \cos \omega_0 t + A_1 \cos \left[(\omega_0 + \omega_m) t + \varphi_1\right] -$$

$$- A_1 \cos \left[(\omega_0 - \omega_m) t - \varphi_1\right]$$

$$s(t) = A_0 \cos \omega_0 t - 2 A_1 \sin (\omega_m t + \varphi_1) \sin \omega_0 t . \tag{11.148}$$

Die antisymmetrischen Seitenbandkomponenten erzeugen eine Komponente in Quadratur mit dem Träger. In diesem Falle wird das resultierende Signal sowohl in Amplitude als auch in Phase moduliert (Abb. 11.32).

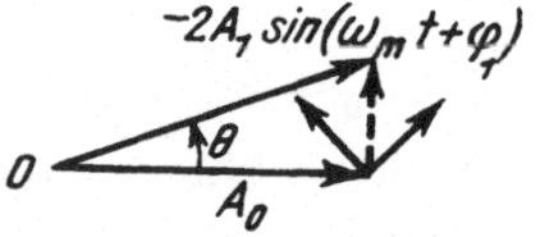

Abb. 11.32. Zeigerdiagramm für einen Träger
und ein antisymmetrisches Komponentenpaar

Um die Hüllkurve des resultierenden Signals zu erhalten, muß die Amplitude dieses Signals berechnet werden:

$$s(t) = A_0 \sqrt{1 + 4 \frac{A_1^2}{A_0^2} \sin^2 (\omega_m t + \varphi_1)} \cos (\omega_0 t + \Theta)$$

$$s(t) = A_0 \sqrt{1 + 2 \left(\frac{A_1}{A_0}\right)^2 - 2 \left(\frac{A_1}{A_0}\right)^2 \cos 2 (\omega_m t + \varphi_1)} \cos (\omega_0 t + \Theta)$$

$$\tag{11.149}$$

$$\tan \Theta = 2 \frac{A_1}{A_0} \sin (\omega_m t + \varphi_1) . \tag{11.150}$$

Die Amplitude des resultierenden Signals ist

$$A(t) = A_0 \sqrt{1 + 2\left(\frac{A_1}{A_0}\right)^2 - 2\left(\frac{A_1}{A_0}\right)^2 \cos 2\,(\omega_m\, t + \varphi_1)} = \sum_{n=0}^{\infty} C_n \cos 2\,n\,\omega_m\, t\,.$$

$$(11.151)$$

eine periodische Zeitfunktion mit der Grundfrequenz $2\,\omega_m$, also die Komponente in Quadratur bewirkt Verzerrungen mit geraden Oberschwingungen.

Da der Winkel Θ mit der Modulationsfrequenz ω_m veränderlich ist, entsteht eine Phasenmodulation des Trägers. Dies erfolgt im Falle symmetrischer Seitenbandkomponenten nicht.

Wenn $A_0 \gg A_1$ ist, so ensteht eine Phasenmodulation mit übersehbaren Verzerrungen, da

$$\Theta \approx 2\,\frac{A_1}{A_0}\sin\,(\omega_m\, t + \varphi_1)$$

ist.

3. Jede unsymmetrische Verteilung der Seitenbänder kann als eine Summe symmetrischer und antisymmetrischer Seitenbandkomponenten betrachtet werden.

Dazu wird ein Paar unsymmetrischer Seitenbandkomponenten betrachtet:

$$B_1 \cos\,[(\omega_0 + \omega_m)\, t + \Theta_1]$$

$$B_2 \cos\,[(\omega_0 - \omega_m)\, t - \Theta_2]\,,$$

wobei B_1, B_2 bzw. Θ_1, Θ_2 beliebige Werte besitzen (Abb. 11.33); im Spezialfall können B_1 oder B_2 gleich Null sein.

Die Summe dieser Komponenten wird als ein Paar symmetrischer und ein Paar antisymmetrischer Komponenten dargestellt

$$B_1 \cos\,[(\omega_0 + \omega_m)\, t + \Theta_1] + B_2 \cos\,[(\omega_0 - \omega_m)\, t - \Theta_2] = A_s \cos\,[(\omega_0 +$$

$$+\ \omega_m)\, t + \varphi_s] + A_s \cos\,[(\omega_0 - \omega_m)\, t - \varphi_s] + A_a \cos\,[(\omega_0 + \omega_m)\, t + \varphi_a]\ -$$

$$-\ A_a \cos\,[(\omega_0 - \omega_m)\, t - \varphi_a]$$

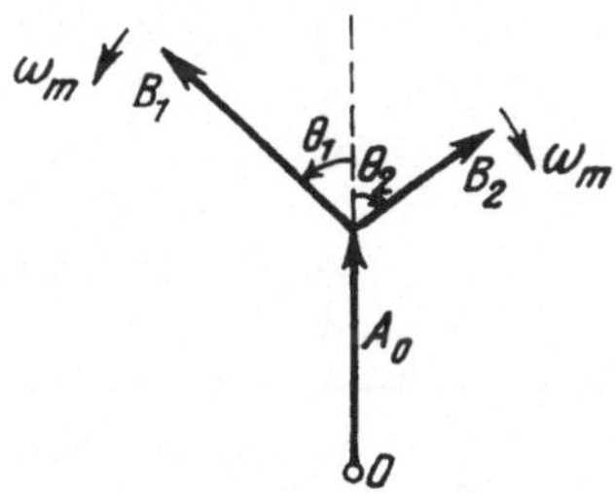

Abb. 11.33. Zeigerdiagramm für einen Träger
und ein nichtsymmetrisches Komponentenpaar

und daher

$$[B_1 \cos(\omega_m t + \Theta_1) + B_2 \cos(\omega_m t + \Theta_2)] \cos \omega_0 t +$$
$$+ [- B_1 \sin(\omega_m t + \Theta_1) + B_2 \sin(\omega_m t + \Theta_2)] \sin \omega_0 t =$$
$$= 2 A_s \cos(\omega_m t + \varphi_s) \cos \omega_0 t + 2 A_a \sin(\omega_m t + \varphi_a) \sin \omega_0 t \ .$$

Man erhält

$$\left. \begin{aligned}
A_s &= \frac{1}{2} \sqrt{B_1^2 + B_2^2 + 2 B_1 B_2 \cos(\Theta_2 - \Theta_1)} \\[2mm]
\tan \varphi_s &= \frac{B_2 \sin \Theta_2 + B_1 \sin \Theta_1}{B_2 \cos \Theta_2 + B_1 \cos \Theta_1}, \\[2mm]
A_a &= \frac{1}{2} \sqrt{B_1^2 + B_2^2 - 2 B_1 B_2 \cos(\Theta_2 - \Theta_1)} \\[2mm]
\tan \varphi_a &= \frac{B_1 \sin \Theta_1 - B_2 \sin \Theta_2}{B_1 \cos \Theta_1 - B_2 \cos \Theta_2} \ .
\end{aligned} \right\} \qquad (11.152)$$

In Abhängigkeit von den Parametern der unsymmetrischen Seitenband-komponenten können immer die Parameter der entsprechenden symmetrischen und antisymmetrischen Komponenten bestimmt werden.

Man kann annehmen, daß in fast allen praktischen Fällen die Phase der Seitenbandkomponenten linear mit der Frequenz verläuft.

In diesem Fall ist

$$\Theta_1 = \Theta_2 = \Theta$$

und die Beziehung (11.152) geht in

$$A_s = \frac{1}{2}(B_1 + B_2);$$

$$A_a = \frac{1}{2}(B_1 - B_2) \qquad (11.153)$$

über und $\varphi_s = \varphi_a = \Theta$.

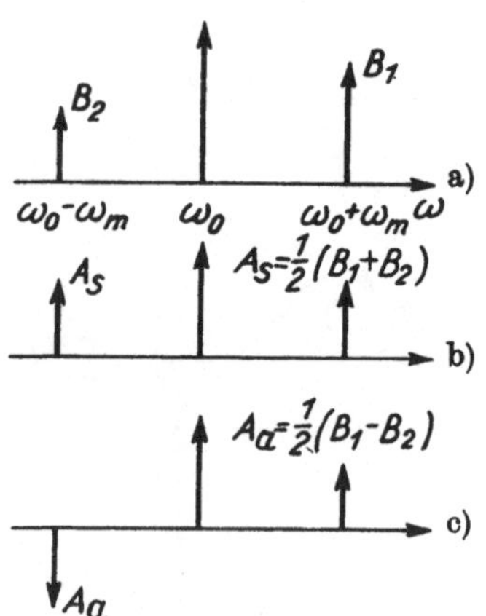

Abb. 11.34. Seitenbandverteilung und ihre Zerlegung

Damit kann eine unsymmetrische Verteilung, wie in Abb. 11.34, in symmetrische und antisymmetrische Komponenten zerlegt werden.

Mit den angegebenen Beziehungen können A_s, A_a, φ_s, φ_a für jedes Paar von Seitenbandkomponenten eines Spektrums, die um $\pm\,\omega_m$ von der Trägerfrequenz verschoben sind, berechnet werden (Abb. 11.35).

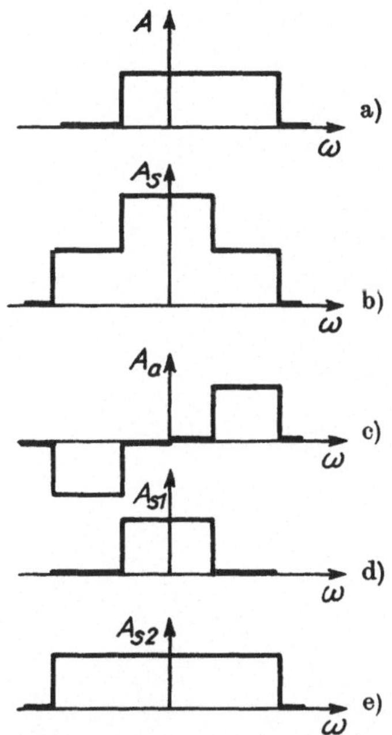

Abb. 11.35. Darstellung eines nichtsymmetrischen Spektrums

a) Ausgangsspektrum; b) symmetrischer Teil; c) antisymmetrischer Teil; d und e) symmetrische Komponenten, die den symmetrischen Teil der Abb. 11.35b erzeugen

Die antisymmetrischen Komponenten bzw. die durch deren Summierung erhaltene Komponente in Quadratur, erzeugen Verzerrungen sowohl im Falle der Hüllkurven- als auch im Falle der Produktdemodulation.

Es gibt aber trotzdem einige Fälle (Fernsehen), in denen man ein Seitenband teilweise dämpft und damit von der Komponente in Quadratur erzeugte Verzerrungen einführt, um andererseits eine Verringerung der Bandbreite des Signalspektrums zu erhalten.

12. EXPONENTIELLE MODULATION

Zum Unterschied zu der linearen Modulation, bei der der Träger mit dem zur ersten Potenz erhobenen modulierenden Signal multipliziert wird, treten bei der nichtlinearen Modulation Produkte zwischen dem Träger und verschiedenen Potenzen des modulierenden Signals auf. Aus Gründen, die später erläutert werden, ist die exponentielle Modulation (EM) eine in der Praxis häufig verwendete nichtlineare Transformation.

12.1. Darstellung exponential modulierter Signale (EM)

In diesem Fall wird der Träger $E_0\, e^{j\omega_0 t}$ mit $e^{jk_\varphi m(t)}$ oder $e^{\,jk_f \int_0^t m(\xi)\,d\xi}$ multipliziert, wobei der Exponent linear mit der Nachricht $m(t)$ oder mit dessen Integral verläuft, während k_φ und k_f die Konstanten der entsprechenden Modulatoren darstellen. Im folgenden wird angenommen, daß $k_\varphi = k_f = 1$ ist. Man erhält also

$$s(t) = E_0\, e^{j\,m(t)} \cdot e^{j\,\omega_0 t} = E_0\, e^{j\,[\omega_0 t + m(t)]} \tag{12.1}$$

oder

$$s(t) = E_0\, e^{\,j\int_0^t m(\xi)\,d\xi}\, e^{j\omega_0 t} = E_0\, e^{\,j\left[\omega_0 t + \int_0^t m(\xi)\,d\xi\right]}, \tag{12.2}$$

Ausdrücke, die sich in der allgemeinen Form

$$s(t) = E_0\, e^{j\,\psi(t)} \tag{12.3}$$

darstellen lassen.

12.1.1. Begriff der Momentanfrequenz

Der Begriff der Frequenz kann von Funktionen, bei denen die Phase linear mit der Zeit verläuft, wie z. B.

$$e(t) = E\, e^{j\omega t},$$

auf Funktionen der Form

$$s(t) = E_0\, e^{j\psi(t)}$$

erweitert werden.

Wenn in einem kleinen Zeitintervall Δt die Funktionen $s(t)$ und $e(t)$ um den Wert t herum ungefähr gleich sind, so kann man sagen, daß die momentane Frequenz der Funktion $s(t)$ gleich der Frequenz ω der Funktion $e(t)$ ist.

Anders ausgedrückt sind die Funktionen $e(t)$ und $s(t)$ ungefähr gleich, wenn ihre Amplituden gleich sind ($E = E_0$) und die ersten zwei Glieder ihrer TAYLOR-Entwicklungen die gleichen Werte besitzen.

Mit

$$\left.\begin{aligned} s\,(t + \Delta t) &= s(t) + \frac{1}{1!}\,\Delta t\, s'(t) + , \ldots \\[2mm] e\,(t + \Delta t) &= e(t) + \frac{1}{1!}\,\Delta t\, e'(t) + , \ldots \end{aligned}\right\} \tag{12.4}$$

kann man obige Bedingung folgendermaßen formulieren:

$$\left.\begin{aligned} E &= E_0 \\ e(t) &= s(t) \\ e'(t) &= s'(t) \end{aligned}\right\} \tag{12.5}$$

und es gibt sich für einen bestimmten Wert von t:

$$E_0\, e^{j\psi(t)} = E_0\, e^{j\omega t}\;;$$

$$j\,\psi'(t)\, E_0\, e^{j\psi(t)} = j\,\omega\, E_0\, e^{j\omega t}\,.$$

Man erhält also

$$\omega = \psi'(t) \tag{12.6}$$

d. h. momentane Frequenz ist gleich der Ableitung der Phase.

Wie beim analytischen Signal gezeigt wurde, kann die Definition der momentanen Frequenz auch auf den allgemeinen Fall $s(t) = E(t)\, e^{j\psi(t)}$ erweitert werden.

Die für die momentane Frequenz gegebene Definition ist relativ willkürlich. Wenn man die Bedingung

$$e(t) = s(t)\;;$$

$$e'(t) = s'(t);$$

$$e''(t) = s''(t)$$

gestellt hätte, so hätte man für ω den Ausdruck

$$\omega = \sqrt{[s'(t)]^2 + \overline{s''(t)\,\tan s(t)}}$$

erhalten, der zu imaginären oder unendlichen Werten für ω geführt hätte, so daß eine solche Definition nicht akzeptabel ist.

Da die Definition der momentanen Frequenz relativ willkürlich ist, kann es geschehen, daß einige Ergebnisse, die für sinusförmige Funktionen erhalten werden, nicht ohne Einschränkungen für den Fall gültig sind, wenn man ω durch $\psi'(t)$ ersetzt.

Wie eingangs gesagt, treten im Falle der exponentiellen Modulation Produkte zwischen dem Träger und der zu verschiedenen Potenzen erhobenen Nachricht auf. Diese Tatsache wird daraus ersichtlich, indem man setzt

$$\psi(t) = \omega_0\, t + \Phi(t)$$

und

$$s(t) = E_0\, e^{j\,\omega_0 t}\, e^{j\,\Phi(t)}\,.$$

Durch Reihenentwicklung erhält man

$$s(t) = E_0\, e^{j\,\omega_0 t}\left[1 + j\,\Phi(t) - \frac{1}{2}\,\Phi^2(t) - j\,\frac{1}{3}\,\Phi^3(t) + ,\ldots\right], \qquad (12.7)$$

wobei die übertragene Nachricht in $\Phi(t)$ enthalten ist.

Wenn $|\Phi(t)| \ll 1$ ist, so geht die exponentielle Modulation in eine lineare Modulation über

$$s(t) \approx E_0\, e^{j\,\omega_0 t}\left[1 + j\,\Phi(t)\right]. \qquad (12.8)$$

Zum Unterschied zu der üblichen linearen Modulation erscheint in diesem Fall eine Komponente in Quadratur statt einer Komponente mit der gleichen Phase (Abb. 12.1).

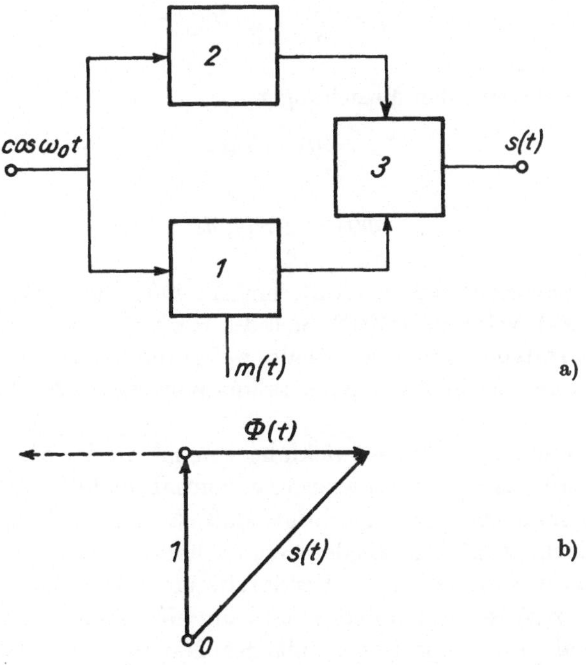

Abb. 12.1. Winkelmodulation

a) Blockschema eines Modulators für EM: *1* — Gegentaktmodulator; *2* — Phasenschieber um $\pi/2$; *3* — Summator;
b) Zeigerdiagramm

Aus der Beziehung (12.8) läßt sich ein Verfahren für eine Phasenmodulation ableiten und zwar: mit einem Gegentaktmodulator unterdrückt man den Träger, der nach Drehung seiner Phase um $\frac{\pi}{2}$ wieder zugefügt wird.

Im allgemeinen Fall, in dem über $\Phi(t)$ gar keine Voraussetzungen gemacht werden können, muß zur Bestimmung von $s(t)$ eine unendliche Zahl von Gliedern berücksichtigt werden. Praktisch kann man $s(t)$ mit jeder gewünschten Genauigkeit annähern, wenn man nur eine endliche Zahl von Gliedern berücksichtigt. Dies ist deshalb zulässig, da die Reihenentwicklung von $e^{j\Phi}$ in der Form mit Restglied

$$e^{j\Phi} = \sum_{n=0}^{N} \frac{(j\,\Phi)^n}{n!} + \frac{(j\,\Phi)^{N+1}}{(N+1)!}\, e^{\eta(j\,\Phi)}, \tag{12.9}$$

geschrieben werden kann, wobei $0 < |\eta| < 1$ ist.

Vernachlässigt man den Rest, so erhält man

$$e^{j\Phi} \approx \sum_{n=0}^{N} \frac{(j\,\Phi)^n}{n!} = \sum_{n=0}^{N} \frac{j^n}{n!}\, \Phi^n, \tag{12.10}$$

wobei der Fehler gleich oder kleiner als

$$\varepsilon_M = \frac{1}{(N+1)!}\, |\Phi|_{\text{Max}}^{N+1} \tag{12.11}$$

ist.

Da $\Phi(t)$ entsprechend den Beziehungen

$$\Phi(t) = m(t),$$

oder

$$\Phi(t) = \int_0^t m(\xi)\, d\xi \tag{12.12}$$

linear mit der Nachricht $m(t)$ verläuft, enthält $\Phi(t)$ alle Spektralkomponenten der Nachricht $m(t)$, während $[\Phi(t)]^n$ auch die Harmonischen und die Kombinationen der Spektralkomponenten enthält, wobei die höchste Frequenz von der n-ten Harmonischen der höchsten Spektralkomponente der Nachricht dargestellt wird.

Es folgt also aus der Reihenentwicklung von $s(t)$, in der die Zahl der Glieder unendlich ist, daß das Spektrum eines exponential modulierten Signals unendlich ist. Wenn man aber berücksichtigt, daß $s(t)$ mit beliebiger Genauigkeit durch eine endliche Zahl von Gliedern angenähert werden kann, so kann man annehmen, daß auch die benötigte Bandbreite einen begrenzten Wert hat.

Wenn $\Phi(t) = m(t)$ ist, so handelt es sich um eine Phasenmodulation, da die Phase des Signals $s(t)$ proportional mit der Nachricht verläuft; wenn aber $\Phi(t) = \int_0^t m(\xi)\, d\xi$ ist, so handelt es sich um eine Frequenzmodulation, da die momentane Frequenz ω des Signals $s(t)$ proportional mit der Nachricht verläuft.

Im Falle der Phasenmodulation (PM) ist

$$\Psi(t) = \omega_0\, t + m(t)$$

und

$$s_\varphi(t) = E_0\, e^{j\,[\omega_0 t + m(t)]}\,.$$ (12.13)

Für den Fall der Frequenzmodulation (FM) hat man

$$\omega_m = \omega_0 + m(t)$$

und

$$s_f(t) = E_0\, e^{\,j\left[\omega_0 t + \int\limits_0^t m(\xi)\,d\xi\right]}\,.$$ (12.14)

12.1.2. Spektrum des mit einer sinusförmigen Nachricht exponential modulierten Signals

Es wird der einfachste Fall betrachtet. in dem

$$m(t) = M\cos\Omega\, t$$ (12.15)

und $\Omega \ll \omega_0$ ist.

Wenn man mit

$$\Delta\varphi = M$$

den maximalen Phasenhub und mit

$$\Delta\omega = M$$

den maximalen Frequenzhub bezeichnet, so werden die Ausdrücke der PM- und FM-Signale

$$s_\varphi(t) = E_0\, e^{j\,[\omega_0 t + \Delta\varphi\cos\Omega t]}$$ (12.16)

und

$$s_f(t) = E_0\, e^{\,j\left[\omega_0 t + \frac{\Delta\omega}{\Omega}\sin\Omega t\right]}\,.$$ (12.17)

Durch Einführung des Modulationsindexes β, der für den ersten Fall den Wert $\beta = \Delta\varphi$ und für den zweiten Fall den Wert $\beta = \dfrac{\Delta\omega}{\Omega}$ hat, erhält man

$$s_\varphi(t) = E_0\, e^{j\,[\omega_0 t + \beta\cos\Omega t]}\,,$$ (12.18)

$$s_f(t) = E_0\, e^{j\,[\omega_0 t + \beta\sin\Omega t]}\,,$$ (12.19)

Ausdrücke, die sich in der allgemeinen Form

$$s(t) = E_0\, e^{j\,\omega_0 t}\, e^{j\beta\sin\Theta}$$ (12.20)

darstellen lassen.

Mit der die BESSEL-Funktionen erzeugenden Funktion

$$e^{\frac{x}{2}\left(z-\frac{1}{z}\right)} = \sum_{n=-\infty}^{+\infty} J_n(x)\, z^n$$ (12.21)

28 Spătaru

in die man $z = r^{j\Theta}$ einsetzt, erhält man

$$e^{jx\sin\theta} = \sum_{n=-\infty}^{+\infty} J_n(x)\, e^{j\Theta n} \,. \tag{12.22}$$

Wenn man $x = \beta$ setzt, so ergibt sich für das exponential modulierte Signal der Ausdruck

$$s(t) = E_0 \sum_{n=-\infty}^{+\infty} J_n(\beta)\, e^{j(\omega_0 t + n\Theta)} \,, \tag{12.23}$$

wobei $J_n(\beta)$ die BESSEL-Funktion erster Art und n-ter Ordnung des Arguments β darstellt (Abb. 12.2.).

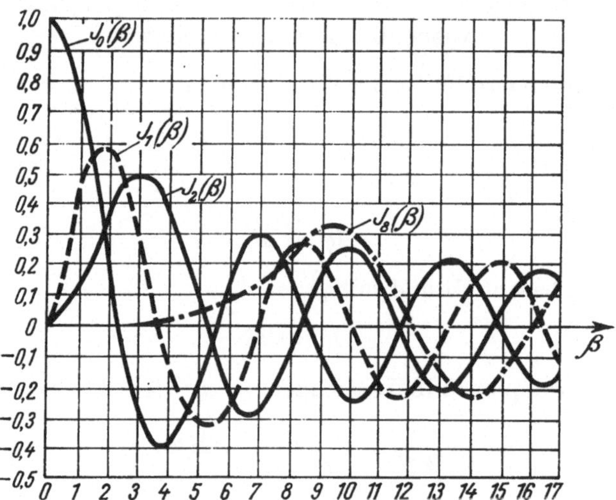

Abb. 12.2. BESSEL-Funktionen $J_n(\beta)$

Das Spektrum $S(\omega)$ des Signals $s(t)$ ist

$$S(\omega) = \int_{-\infty}^{+\infty} s(t)\, e^{-j\omega t}\, dt = E_0 \int_{-\infty}^{+\infty} \sum_{n=-\infty}^{+\infty} J_n(\beta)\, e^{j(\omega_0 t + n\Theta)}\, e^{-j\omega t}\, dt$$

oder

$$S(\omega) = E_0 \sum_{n=-\infty}^{+\infty} J_n(\beta) \int_{-\infty}^{+\infty} e^{j(\omega_0 - \omega)t}\, e^{jn\Theta}\, dt \,.$$

Für die zwei Fälle nach Beziehung (12.18) und (12.19) erhält man

1. Im Fall der PM, wobei $\Theta = \Omega\, t + \dfrac{\pi}{2}$ ist

$$s_\varphi(t) = E_0 \sum_{n=-\infty}^{+\infty} J_n(\beta)\, e^{j\left[(\omega_0 + n\,\Omega)t + n\frac{\pi}{2}\right]} \tag{12.24}$$

und

$$S_\varphi(\omega) = E_0 \sum_{n=-\infty}^{+\infty} J_n(\beta) \int_{-\infty}^{+\infty} e^{j(\omega_0 + n\,\Omega - \omega)t}\, e^{j\frac{n\pi}{2}}\, dt =$$

$$= 2\,\pi\,E_0 \sum_{n=-\infty}^{+\infty} e^{jn\frac{\pi}{2}}\, J_n(\beta)\, \delta\,(\omega - \omega_0 - n\,\Omega)\,.$$

2. Im Fall der FM, wobei $\Theta = \Omega\,t$ ist

$$s_f(t) = E_0 \sum_{n=-\infty}^{+\infty} J_n(\beta)\, e^{j(\omega_0 + n\,\Omega)t} \tag{12.25}$$

und

$$S_f(\omega) = E_0 \sum_{n=-\infty}^{+\infty} J_n(\beta) \int_{-\infty}^{+\infty} e^{j(\omega_0 + n\,\Omega - \omega)t}\, dt =$$

$$= 2\,\pi\,E_0 \sum_{n=-\infty}^{+\infty} J_n(\beta)\, \delta\,(\omega - \omega_0 - n\,\Omega)\,.$$

12.1.3. Mittlere Leistung des exponential modulierten Signals

Aus der FOURIER-Reihendarstellung des sinusförmig exponential modulierten Signals ergibt sich

$$P = \lim_{T\to\infty} \frac{1}{T} \int_0^T s^2(t)\, dt = \frac{E_0^2}{2} \sum_{n=-\infty}^{+\infty} J_n^2(\beta) = \frac{E_0^2}{2} \tag{12.26}$$

da

$$\sum_{n=-\infty}^{+\infty} J_n^2(\beta) = 1$$

ist.

Die mittlere Leistung des exponential modulierten Signals ist also konstant, unabhängig von dem Modulationsindex β und gleich der Leistung des unmodulierten Trägers.

Bei Modulation mit sich veränderndem β tritt eine Leistungsverteilung zwischen dem Träger mit der Amplitude $J_0(\beta)$ und den Seitenbandkomponenten auf, so daß die gesamte Leistung konstant und gleich dem Wert $\frac{E_0^2}{2}$ bleibt. Dies ist eine ganz verschiedene Situation zum Falle der AM, bei der die Leistung der Seitenbandkomponenten vom Modulator bzw. vom modulierenden Signal aufgebracht wurde.

12.1.4. Bandbreite der exponential modulierten Signale

Genau genommen ist die vom exponential modulierten Signal in Anspruch genommene Bandbreite unendlich groß. Wenn man berücksichtigt, daß für $\frac{n}{\beta} > 1$ die BESSEL-Funktionen $J_n(\beta)$ monoton mit n gegen Null abklingen und

28*

zwar um so schneller, je größer β ist (Abb. 12.3), so können die Komponenten, für die $\dfrac{n}{\beta}$ große Werte annimmt, vernachlässigt werden, und man kann eine endliche Bandbreite definieren, die alle Komponenten enthält, die wesentlich zur Leistung des Signals beitragen.

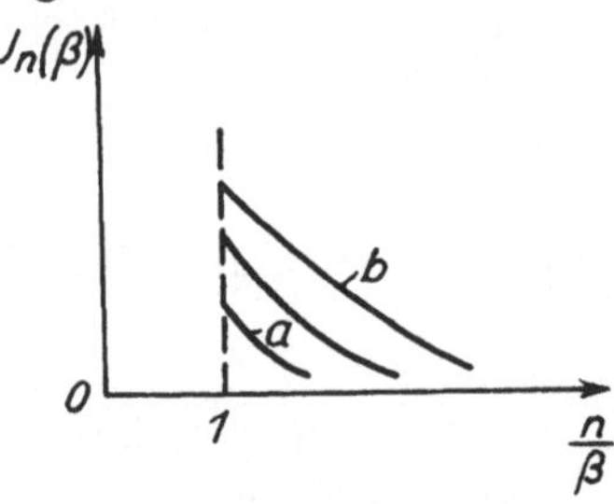

Abb. 12.3. Verlauf der Funktion $J_n(\beta)$ mit $\dfrac{n}{\beta}$

a) Große Werte von β *b)* kleine Werte von β

Es werden zwei Extremfälle betrachtet und zwar:

1. Im ersten Fall wird β sehr groß gemacht, indem man bei der Frequenzmodulation $\Delta\omega$ konstant hält und Ω verkleinert oder bei der Phasenmodulation $\Delta\varphi$ vergrößert. Wenn $\beta \to \infty$, klingen für $\dfrac{n}{\beta} \gg 1$ nach Abb 12.3 alle Komponenten $J_n(\beta)$ gegen Null ab. Die Zahl der von Null verschiedenen Komponenten ist für $\beta \to \infty$ durch die Beziehung $\dfrac{n}{\beta} = 1$ gegeben.

Man erhält daraus für die Bandbreite im Fall der Frequenzmodulation den Ausdruck

$$B = 2\,n\,\Omega = 2\,\Delta\omega; \qquad (12.27)$$

wenn also β sehr stark wächst und $\Delta\omega$ konstant bleibt, liegen alle Komponenten des Signals innerhalb des Frequenzbandes $B = 2\,\Delta\omega$, wobei B von der Modulationsfrequenz Ω nicht abhängt.

2. Im zweiten Fall wird angenommen, daß β sehr klein ist, so daß der Ausdruck des exponential modulierten Signals durch die Beziehung

$$s(t) = E_0\,e^{j\,\omega_0 t}\,[1 + j\,\Phi(t)]$$

näherungsweise gegeben ist, in der

$$\Phi(t) = \beta \sin\Theta = \beta \sin(\Omega\,t + \varphi_m)$$

ist, wobei für FM $\varphi_m = 0$ und für PM $\varphi_m = \dfrac{\pi}{2}$ ist.

Das entsprechende Signal besitzt zwei Seitenbandkomponenten, die um die Frequenz Ω von der Trägerfrequenz ω_0 entfernt sind, so daß seine Bandbreite

$$B = 2\,\Omega \qquad (12.28)$$

ist.

Zwischen diesen Extremfällen, und zwar zwischen dem Fall, in dem β sehr groß ist und dem Fall, in dem β sehr klein ist, kann die Bandbreite dadurch berechnet werden, daß man die Zahl der Komponenten, die wesentlich zur Leistung des Signals beitragen, bestimmt. Für einen beliebigen Wert von β ist die Bandbreite durch die Beziehung

$$B = 2\,N\,\Omega \tag{12.29}$$

gegeben, wobei N die Ordnung der höchsten Seitenbandkomponente darstellt, die durch die Beziehung:

$$\sum_{n=-N}^{n=N} J_n^2(\beta) = J_0^2(\beta) + 2 \sum_{n=1}^{n=N} J_n^2(\beta) = 0{,}99 \tag{12.30}$$

bestimmt werden kann; man stellt also die Bedingung, daß die Komponenten bis zur Ordnung N $99^0/_0$ der Leistung des Signals umfassen sollen.

Aus der Beziehung (12.30) ergibt sich

$$2 \sum_{n=N+1}^{n=\infty} J_n^2(\beta) = 0{,}01 \ . \tag{12.31}$$

Die Bedingung (12.31) ist ungefähr erfüllt, wenn

$$N = \beta + 1$$

ist.

Man erhält also für die Bandbreite den Ausdruck

$$B = 2\,(\beta + 1)\,\Omega = 2\,(\Delta\omega + \Omega) \tag{12.32}$$

12.1.5. Spektrum eines exponential modulierten Signals für eine aus einer Summe von sinusförmigen Schwingungen bestehende Nachricht

Es werden zwei Fälle betrachtet.

1. Die Nachricht ist durch die Beziehung

$$m(t) = \sum_{k=1}^{M} a_k \cos\,(\Omega_k\,t + \varphi_k) \tag{12.33}$$

gegeben bzw.

$$\Phi(t) = \sum_{k=1}^{M} \beta_k \sin\,\Theta_k\,, \tag{12.34}$$

wobei

$$\Theta_k = \Omega_k\,t + \varphi_k \quad \text{für FM}$$

und

$$\Theta_k = \Omega_k\,t + \varphi_k + \frac{\pi}{2} \quad \text{für PM}$$

ist.

Setzt man den Ausdruck von $\Phi(t)$ ein, so ergibt sich

$$s(t) = E_0\,e^{j\,\omega_0 t}\,e^{\,j \sum_{k=1}^{M} \beta_k \sin\Theta_k} \tag{12.35}$$

oder

$$s(t) = E_0\,e^{j\,\omega_0 t}\,\prod_{k=1}^{M} \left[\sum_{n_k=-\infty}^{+\infty} J_{n_k}(\beta_k)\,e^{j\,n_k\,\Theta_k} \right]. \tag{12.36}$$

Bei Betrachtung dieses Ausdruckes erkennt man, daß in diesem Fall das Spektrum des exponential modulierten Signals äußerst kompliziert ist, da neben den Harmonischen der Modulationsfrequenzen auch alle möglichen Kombinationen der Form $\pm\, n_1\, \Omega_1 \pm n_2\, \Omega_2 \pm \cdots$ erscheinen, wobei $n_1, n_2, \ldots$, beliebige ganze Zahlen sein können. Im allgemeinen ist in diesem Falle das Spektrum des Signals bezüglich der Trägerfrequenz nicht symmetrisch. Im Spektrum des exponential modulierten Signals (EM) treten sowohl symmetrische wie auch antisymmetrische Komponenten auf. Wenn eine komplexe Modulation erfolgt, so kann die für eine gewisse Frequenz resultierende Komponente durch Summierung symmetrischer und antisymmetrischer Komponenten erhalten werden, so daß für verschiedene Frequenzen auch nichtsymmetrische resultierende Komponenten auftreten können.

Eine beliebige Seitenbandkomponente aus der Beziehung (12.36) hat die Amplitude

$$A = J_{n_1}(\beta_1)\, J_{n_2}(\beta_2) \cdots J_{n_M}(\beta_M) \tag{12.37}$$

und liegt bei der Frequenz $\omega_0 \pm \Omega$ mit

$$\Omega = n_1\, \Omega_1 + n_2\, \Omega_2 + \cdots + n_M\, \Omega_M\,. \tag{12.38}$$

Als maximaler Wert für die Indizes n_k der Beziehung (12.37) kann annähernd der Wert

$$n_k = \beta_k + 1 \tag{12.39}$$

angenommen werden.

Für Indizes, die größer als n_k sind, können die entsprechenden Amplituden vernachlässigt werden.

Da die durch die Beziehung (12.39) gegebenen Indizes n_k die größten sind, die berücksichtigt werden müssen, kann man näherungsweise annehmen, daß die Bandbreite B den Wert

$$B = 2 \sum_{k=1}^{M} n_k\, \Omega_k = 2 \sum_{k=1}^{M} (\beta_k + 1)\, \Omega_k = \sum_{k=1}^{M} B_k \tag{12.40}$$

annimmt; die Bandbreite ist also ungefähr gleich der Summe der Bandbreiten, die dem Fall entsprechen, in dem dem Träger der Reihe nach alle Komponenten der Nachricht aufmoduliert werden. Die Näherung ist um so besser, je kleiner der Frequenzunterschied zwischen den verschiedenen Komponenten der Nachricht ist.

2. Für den Fall, in dem $m(t)$ bzw. $\Phi(t)$ eine periodische Funktion ist und die Frequenzen $\Omega_1, \Omega_2, \ldots \Omega_M$ harmonisch sind, kann man das Spektrum auf eine andere Weise erhalten. Es sei

$$s(t) = E_0\, e^{j\,\omega_0 t}\, e^{j\,\Phi(t)}\,,$$

wobei $e^{j\,\Phi(t)}$ eine periodische Funktion mit der gleichen Periode wie $\Phi(t)$ darstellt. Durch FOURIER-Reihenentwicklung ergibt sich

$$e^{j\,\Phi(t)} = \sum_{n=-\infty}^{+\infty} C_n\, e^{j\,n\,\Omega_1 t}\,, \tag{12.41}$$

wobei Ω_1 die Grundfrequenz von $\Phi(t)$ ist. Aus der Reihenentwicklung läßt sich die Bandbreite bestimmen, da die Multiplikation von $e^{j\Phi(t)}$ mit $e^{j\omega_0 t}$ nur eine Verschiebung des Spektrums um ω_0 darstellt. Nach Berechnung der Koeffizienten der FOURIER-Entwicklung und nach Bestimmung des kleinsten Wertes $n = n_{\min}$, für den die Koeffizienten $|C_n|$ vernachlässigt werden können, ergibt sich die vom Signal in Anspruch genommene Bandbreite zu

$$B = 2\,n_{\min}\,\Omega_1\,. \tag{12.42}$$

12.1.6. Spektrum eines exponential modulierten Signals für eine aus einer Rechteckimpulsfolge bestehende Nachricht

Bei verschiedenen Anwendungen wir z. B. Fernsehen, Pulsmodulation mit frequenzmoduliertem Träger, Telegrafie usw. müssen Signale in Form von Impulsen übertragen werden. Es wird der einfachste Fall einer Frequenzmodulation mit periodischen Rechteckimpulsen (Abb. 12.4) untersucht (Frequenzumtastung).

Der Frequenzhub sei $\Delta\omega$, die Folgefrequenz Ω und damit der eigentlich nur für sinusförmige Modulation definierte Modulationsindex $\beta = \dfrac{\Delta\omega}{\Omega}$.

Wenn man annimmt, daß das modulierende Signal $m(t)$ wie in Abb. 12.4a gezeigt verläuft, so erhält man für $\Phi(t)$ den Ausdruck (Abb. 12.4b)

$$\Phi(t) = \int\limits_0^t m(\xi)\,d\xi\,.$$

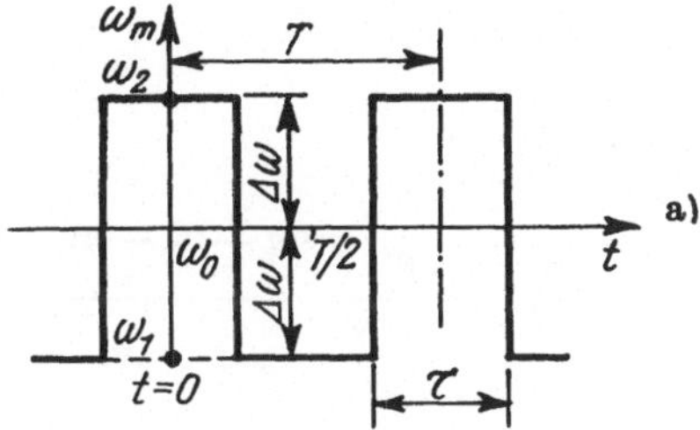

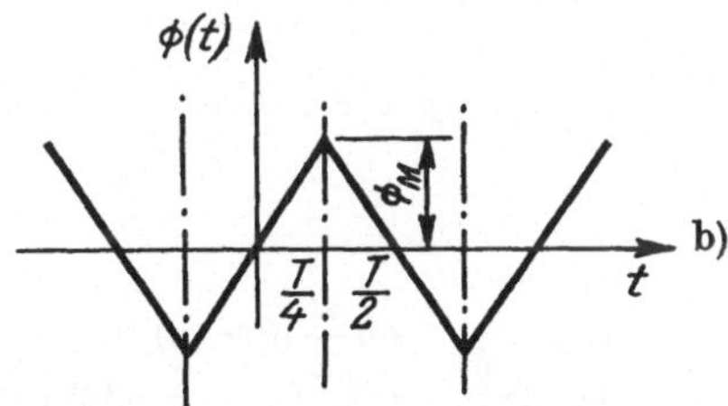

Abb. 12.4. Frequenzmodulation mit reckteckförmigen Impulsen

a) Verlauf der Frequenz; b) Verlauf der Phase

Mit

$$m(t) = \Delta\omega, \quad \text{für} \quad -\frac{T}{4} < t < \frac{T}{4}\,;$$
$$m(t) = -\Delta\omega\,, \quad \text{für} \quad \frac{T}{4} < t < \frac{3\,T}{4} \qquad (12.43)$$

ergibt sich

$$\Phi(t) = \beta\,\Omega\,t\,, \quad \text{für} \quad -\frac{T}{4} < t < \frac{T}{4}$$
$$\Phi(t) = \pi\,\beta - \beta\,\Omega\,t, \quad \text{für} \quad \frac{T}{4} < t < \frac{3\,T}{4}\,. \qquad (12.44)$$

Das modulierte Signal ist

$$s(t) = E_0\, e^{j\,\omega_0 t}\, e^{j\,\Phi(t)}\,.$$

Durch Reihenentwicklung der periodischen Funktion

$$e^{j\,\Phi(t)} = \sum_{n=-\infty}^{+\infty} C_n\, e^{j n\,\Omega t}\,, \qquad (12.45)$$

die die Periode $T = \dfrac{2\,\pi}{\Omega}$ besitzt, erhält man die Koeffizienten:

$$C_n = \frac{\Phi_M \sin\left(\Phi_M - n\,\dfrac{\pi}{2}\right)}{\Phi_M - n\,\dfrac{\pi}{2}} \cdot \frac{1}{\Phi_M + n\,\dfrac{\pi}{2}}\,,$$

wobei $\Phi_M = \beta\,\Omega\,\dfrac{T}{4} = \dfrac{\pi}{2}\cdot\beta$ ist.

Nach Einsetzen erhält man

$$C_n = \frac{\beta}{\beta + n} \cdot \frac{\sin\dfrac{\pi}{2}(\beta - n)}{\dfrac{\pi}{2}(\beta - n)}\,. \qquad (12.46)$$

Folglich ist

$$s(t) = E_0\, e^{j\,\omega_0 t} \sum_{n=-\infty}^{+\infty} \frac{\beta}{\beta + n} \cdot \frac{\sin\dfrac{\pi}{2}(\beta - n)}{\dfrac{\pi}{2}(\beta - n)} \cdot e^{j n\,\Omega t}$$

und

$$\text{Im}\,\{s(t)\} = E_0 \sum_{n=-\infty}^{+\infty} \frac{\beta}{\beta + n}\, \frac{\sin\dfrac{\pi}{2}(\beta - n)}{\dfrac{\pi}{2}(\beta - n)}\, \sin(\omega_0 t + n\,\Omega t)\,. \qquad (12.47)$$

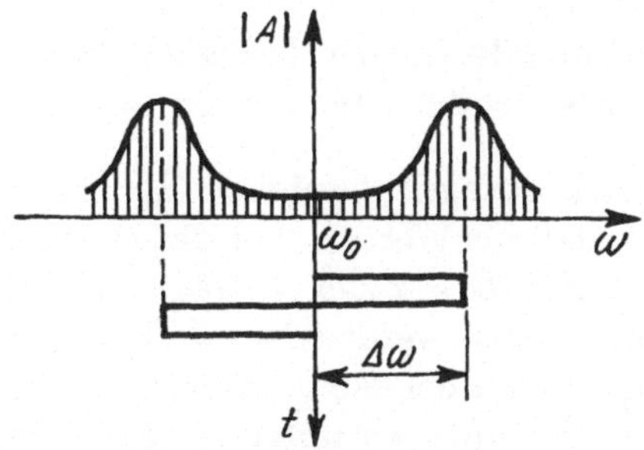

Abb. 12.5. Das Spektrum des FM-Signals bei großem Frequenzhub

Wie aus dieser Beziehung ersichtlich ist, sind die Seitenbandkomponenten symmetrisch bezüglich des Trägers und die größten Amplituden treten für diejenigen Komponenten auf, für die $n = \beta$ ist. Die Frequenz dieser Komponenten ist also $\omega_0 \pm n\,\Omega = \omega_0 \pm \beta\,\Omega = \omega_0 \pm \Delta\omega$ und die Energie ist im Spektrum um die Frequenzen $\omega_0 + \Delta\omega$ herum konzentriert, so daß in dieser Umgebung ein beinahe stationärer Zustand eintritt. Dieses Ergebnis hat allgemeineren Charakter und kann folgendermaßen formuliert werden: Es besteht eine Korrespondenz zwischen den relativen Amplituden der Komponenten aus dem Spektrum des Signals und der Dauer, in der sich die Momentanfrequenz des Signals in der Umgebung dieser Komponenten befindet.

Wenn die Nachricht symmetrisch bezüglich der Zeitachse ist bzw. wenn die Momentanfrequenz symmetrisch bezüglich der Trägerfrequenz ist, so ist auch die Verteilung der Amplituden im Spektrum symmetrisch bezüglich der Trägerfrequenz (Abb. 12.5).

Wenn $\beta \ll 1$ bzw. $\Omega \gg \Delta\omega$ ist, so konzentriert sich die Energie nicht mehr um die Frequenzen $\omega_0 \pm \Delta\omega$, sondern, so wie auch im Falle der Amplitudenmodulation, um das erste Paar von Seitenbändern (Abb. 12.6).

Aus den obigen Betrachtungen ergibt sich, daß die Bandbreite auch im Falle rechteckförmiger Nachrichten ungefähr den Wert

$$B = 2\,(\beta + 1)\,\Omega \tag{12.48}$$

hat.

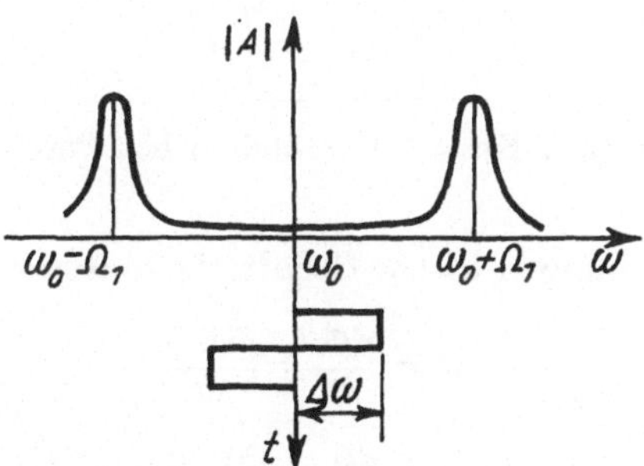

Abb. 12.6. Das Spektrum des FM-Signals bei kleinem Frequenzhub

12.1.7. Schlußfolgerungen bezüglich der Bandbreite exponential modulierter Signale

Aus den obigen Betrachtungen bezüglich der Bandbreite kann man die Schlußfolgerung ziehen, daß für Werte $\beta > 1$ des Modulationsindexes die Bandbreite für den Fall der FM $B = 2\,\Delta\omega$ beträgt und als unabhängig von der Modulationsfrequenz angesehen werden kann. Für den Fall der PM dagegen ist die Bandbreite proportional der Modulationsfrequenz: $B = 2\,\Delta\varphi\,\Omega$. Dieser Umstand ist wichtig für eine gute Ausnutzung der verfügbaren Bandbreite. In den vom Signalspektrum nicht oder nur schwach belegten Bereichen der verfügbaren Bandbreite überwiegt das das ganze Band belegende Rauschen. Näher wird auf diese Fragen in Abschnitt 12.5. eingegangen.

12.2. Modulatoren für exponentielle Modulation

Modulatoren für die exponentielle Modulation erzeugen das modulierte Signal aus einem unmodulierten Träger, dessen Parameter Frequenz oder Phase durch das modulierende Signal verändert wird. Wie bei der linearen Modulation realisiert der Modulator eine Abbildung des Raums der Nachricht in den Raum des Signals, wobei der entsprechende Operator aber nichtlinear ist.

Modulatoren für exponentielle Modulation (EM) können durch aktive parametrische Systeme (frequenzvariable Oszillatoren) oder näherungsweise für kleinen Modulationsindex durch passive lineare Systeme mit variablen Parametern (Phasendreher) realisiert werden, wobei die Parameter Funktionen des modulierenden Signals sind. Das einfachste System für beide Fälle ist ein einfacher Schwingkreis mit variabler Induktivität L oder Kapazität C (Abb. 12.7), der den Resonanzkreis eines Oszillators oder eines Verstärkers bildet.

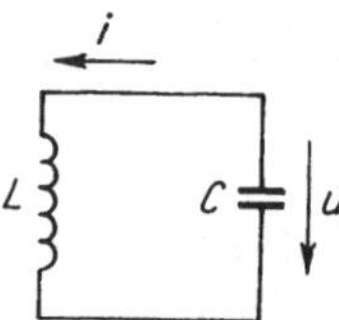

Abb. 12.7. Kreis mit veränderlichen Parametern

Die Differentialgleichungen dieser Schaltung lauten

$$u = \frac{d\Phi}{dt} = \frac{d(L\,i)}{dt}$$

$$-i = \frac{dQ}{dt} = \frac{d(C\,u)}{dt}.$$

Es werden zwei Fälle untersucht:

1. L zeitvariabel und C konstant

$$- i = C \frac{du}{dt} = C \frac{d^2\Phi}{dt^2} \quad \text{und} \quad \Phi = L\, i$$

$$\frac{d^2\Phi}{dt^2} + \frac{1}{L(t)\, C}\, \Phi = 0$$

2. C zeitvariabel und L konstant

$$u = L \frac{di}{dt} = - L \frac{d^2Q}{dt^2} \quad \text{und} \quad u = \frac{Q}{C(t)}$$

$$\frac{d^2Q}{dt^2} + \frac{1}{L\, C(t)}\, Q = 0 \; .$$

In beiden Fällen erhält man eine MATHIEUsche Differentialgleichung

$$\frac{d^2x}{dt^2} + \omega^2(t)\, x = 0 \; , \quad \text{wobei} \quad \omega^2 = \frac{1}{L\, C} \tag{12.49}$$

ist.

Wenn sich $\omega^2(t)$ langsam mit der Zeit verändert und nur wenig vom Mittelwert abweicht, kann man folgende Näherungslösung für die Gleichung (12.49) erhalten:

$$x = x_0 \cos\left[\int\limits_0^t \omega(t)\, dt\right], \tag{12.50}$$

die dem Ausdruck für ein frequenzmoduliertes Signal entspricht.

Für die zwei Fälle ergibt sich

$$1. \quad x = \Phi, \quad u = \frac{d\Phi}{dt} = - x_0\, \omega(t) \sin\left[\int\limits_0^t \omega(t)\, dt\right] \approx - x_0\, \omega_0 \sin\left[\int\limits_0^t \omega(t)\, dt\right];$$

$$2. \quad x = Q, \quad u = \frac{1}{C(t)}\, Q \approx \frac{x_0}{C_0} \cos\left[\int\limits_0^t \omega(t)\, dt\right].$$

Die Momentanfrequenz ist für beide Fälle die gleiche, und zwar die Ableitung des Phasenwinkels

$$\omega_m = \psi' = \omega(t) \; . \tag{12.51}$$

Der Frequenzhub für die zwei Fälle kann erhalten werden, indem man von den Gleichungen

$$\omega = \frac{1}{\sqrt{L\, C}} \quad \text{und} \quad \omega_0 = \frac{1}{\sqrt{L_0\, C_0}}$$

ausgeht.

Daraus ergibt sich

$$\ln \omega = - \frac{1}{2} \ln L - \frac{1}{2} \ln C \; .$$

Nach Ableitung erhält man

$$\frac{d\omega}{\omega} = -\frac{1}{2}\frac{dL}{L} - \frac{1}{2}\frac{dC}{C},$$

woraus man die Differenzengleichung

$$\frac{\Delta\omega}{\omega_0} = -\frac{1}{2}\left(\frac{\Delta L}{L_0} + \frac{\Delta C}{C_0}\right), \tag{12.52}$$

erhalten kann.

Für die zwei Fälle erhält man daraus näherungsweise:

$$1.\ \Delta C = 0\,, \quad \Delta\omega = -\frac{1}{2}\frac{\Delta L}{L_0}\cdot\omega_0 = -\frac{1}{2}\frac{\Delta L}{L_0}\cdot\frac{1}{\sqrt{L_0\,C_0}}\,;$$

$$2.\ \Delta L = 0\,. \quad \Delta\omega = -\frac{1}{2}\frac{\Delta C}{C_0}\cdot\omega_0 = -\frac{1}{2}\frac{\Delta C}{C_0}\cdot\frac{1}{\sqrt{L_0\,C_0}}\,.$$

12.2.1. Modulatoren mit Reaktanztransistoren

Bei einem Transistor mit Gegenkopplungszweig kann man durch Veränderung der Vorspannung an der Basis des Transistors im Rhythmus des Signals eine veränderliche Ausgangsreaktanz erzielen. Wird der Reaktanztransistor parallel zum Schwingkreis eines Oszillators geschaltet, so kann man eine Frequenzmodulation des Oszillators erreichen.

Im folgenden wird angenommen, daß die Betriebsfrequenz der Schaltung kleiner als die Grenzfrequenz f_β des Transistors in Emitterschaltung ist, so daß mit guter Näherung die Parameter des Transistors als reelle Größen betrachtet werden können.

Der Ersatzvierpol des Transistors kann durch die Leitwertmatrix

$$\|y\| = \begin{Vmatrix} y_{11} & y_{12} \\ y_{21} & y_{22} \end{Vmatrix}$$

definiert werden, wobei y_{11}, y_{12}, y_{21}, und y_{22} die Leitwertparameter des Transistors sind.

Wenn man durch die Matrix

$$\|Y\| = \begin{Vmatrix} Y_{11} & Y_{12} \\ Y_{21} & Y_{22} \end{Vmatrix}$$

den Gegenkopplungsvierpol definiert, so ergibt sich für die Leitwertmatrix des Vierpols, die infolge der Parallelschaltung des Transistors und des Gegenkopplungsvierpols entsteht, folgender Ausdruck:

$$\|y + Y\| = \begin{Vmatrix} y_{11} + Y_{11} & y_{12} + Y_{12} \\ y_{21} + Y_{21} & y_{22} + Y_{22} \end{Vmatrix}.$$

Für die Spannungen und die Ströme am Eingang und am Ausgang des resultierenden Vierpols bestehen folgende Gleichungen:

$$I_1 = (y_{11} + Y_{11})\,U_1 + (y_{12} + Y_{12})\,U_2\,,$$
$$I_2 = (y_{21} + Y_{21})\,U_1 + (y_{22} + Y_{22})\,U_2\,.$$

Indem man $I_1 = 0$ annimmt und U_1 aus den zwei oben angegebenen Gleichungen eliminiert, erhält man für den Ausgangsleitwert des am Ausgang gespeisten Transistors

$$Y_a = \left|\frac{I_2}{U_2}\right|_{I_1=0} = y_{22} + Y_{22} - \frac{(y_{12} + Y_{12})(y_{21} + Y_{21})}{y_{11} + Y_{11}} \,.$$

Für den Fall eines einfachen Gegenkopplungszweiges, der aus einem Phasenschieber mit zwei Impedanzen Z_1 und Z_2 besteht (Abb. 12.8), erhält man für den Ausgangsleitwert des Vierpols und Umrechnung in h-Parameter

$$Y_a = \frac{1}{Z_1 + Z_2} \cdot \frac{h_{11} + Z_2 + (h_{11} h_{22} - h_{12} h_{21})(Z_1 + Z_2) + h_{22} Z_1 Z_2 + (h_{21} - h_{12}) Z_2}{h_{11} + \dfrac{Z_1 Z_2}{Z_1 + Z_2}}.$$

$$(12.53)$$

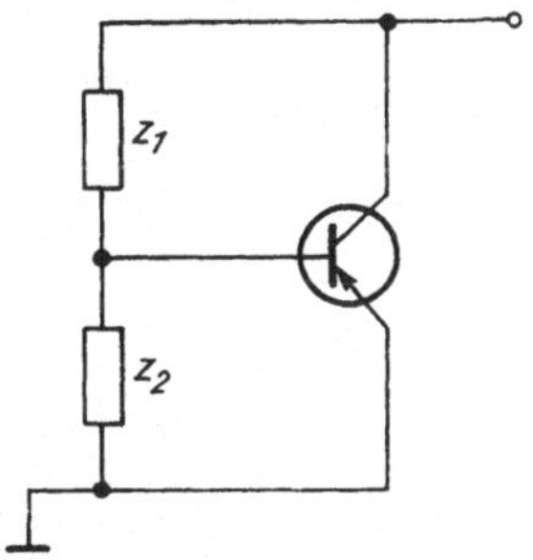

Abb. 12.8. Reaktanztransistorschaltung mit einfachem Gegenkopplungszweig, der aus einem Phasenschieber mit zwei Impedanzen besteht

Wenn man berücksichtigt, daß $h_{21} \gg h_{12}$ ist und daß die Bedingungen

$$|Z_2| \ll |Z_1|, \qquad h_{12}\left(\frac{Z_1}{Z_2} + 1\right) \ll 1 \qquad \text{und} \qquad |Z_2| \ll h_{11}$$

erfüllt sind, so wird aus der Beziehung (12.53)

$$Y_a \approx \frac{1}{Z_1} + h_{22} + \frac{h_{21}}{h_{11}} \cdot \frac{Z_2}{Z_1} \,. \qquad (12.54)$$

Der Stromverstärkungsfaktor des Transistors bei kurzgeschlossenem Ausgang $h_{21} = \beta$ verändert sich wenig mit dem Emitterstrom, hingegen verläuft die Eingangsimpedanz des Transistors bei kurzgeschlossenem Ausgang h_{11} umgekehrt proportional zum Emitterstrom. Das Verhältnis $S = \dfrac{h_{21}}{h_{11}}$ verläuft also proportional mit dem Emitterstrom und auch mit dem Basisstrom.

Wenn man als Impedanzen des Gegenkopplungszweiges einen Widerstand und einen Blindwiderstand auswählt, so ergibt der Reaktanztransistor an seinem Ausgang einen Leitwert, der einen reaktiven Teil hat, der durch eine vom modulierenden Signal bewirkte Veränderung des Arbeitspunktes des Transistors variiert werden kann.

Dieser veränderliche Teil der Reaktanz

$$Y_v = S\frac{Z_2}{Z_1} \tag{12.55}$$

ändert seinen Wert und seine Art entsprechend den vier Möglichkeiten, die der Paarung von Z_1 und Z_2 zur Verfügung stehen; die Ergebnisse sind in Tab. 12.1 zusammengestellt.

12.2.2. Frequenzmodulierte Oszillatoren

Die Schaltung eines frequenzmodulierten Oszillators mit Reaktenztransistor ist in Abb. 12.9 dargestellt.

Tabelle 12.1.

Nr.	Prinzipschaltung	Zeigerdiagramm	Veränderlicher Teil des Leitwertes	Ersatzparameter
1	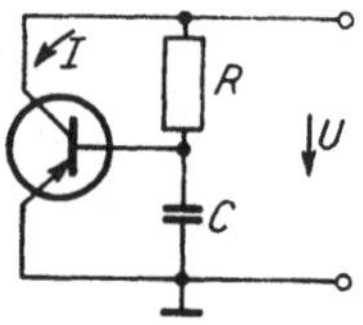	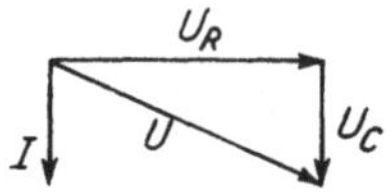	$Y_v = \dfrac{1}{j\,\omega}\cdot\dfrac{S}{C\,R}$	$L_e = \dfrac{C\,R}{S}$ $\Delta L = -\dfrac{C\,R}{S_0^2}\,\Delta S$
2	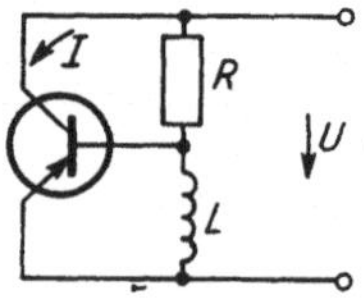	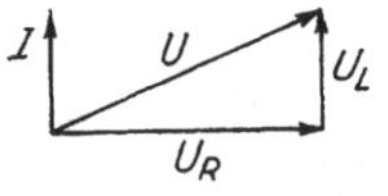	$Y_v = j\,\omega\,\dfrac{L\,S}{R}$	$C_e = \dfrac{L\,S}{R}$ $\Delta C = \dfrac{L}{R}\,\Delta S$
3	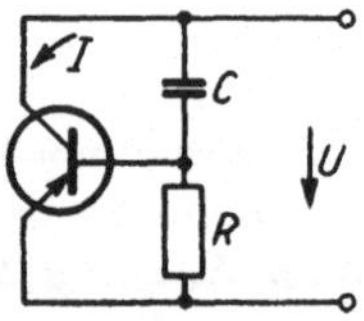	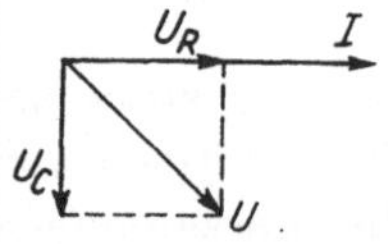	$Y_v = j\,\omega\,C\,R\,S$	$C_e = C\,R\,S$ $\Delta C = C\,R\,\Delta S$
4	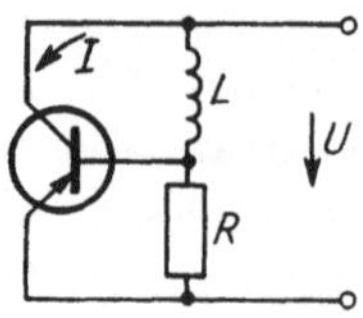	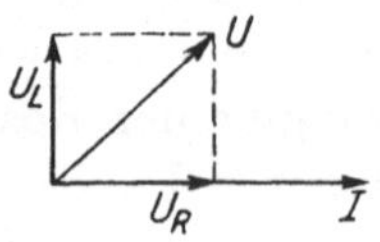	$Y_v = \dfrac{1}{j\,\omega}\,\dfrac{R\,S}{L}$	$L_e = \dfrac{L}{R\,S}$ $\Delta L_e = -\dfrac{L}{S_0^2\,R}\,\Delta S$

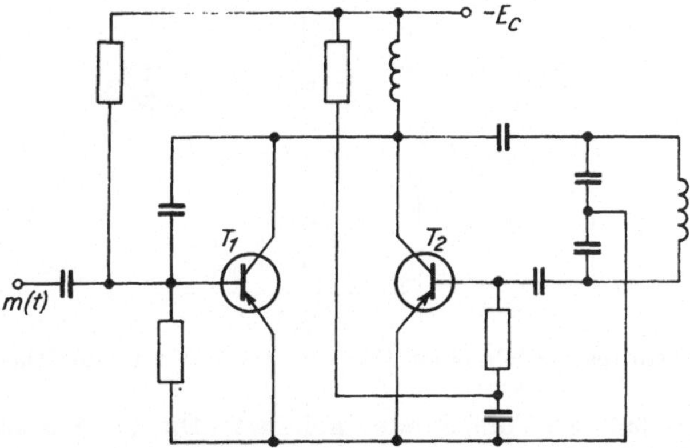

Abb. 12.9. Prinzipschaltbild eines FM-Oszillators mit Reaktanztransistor

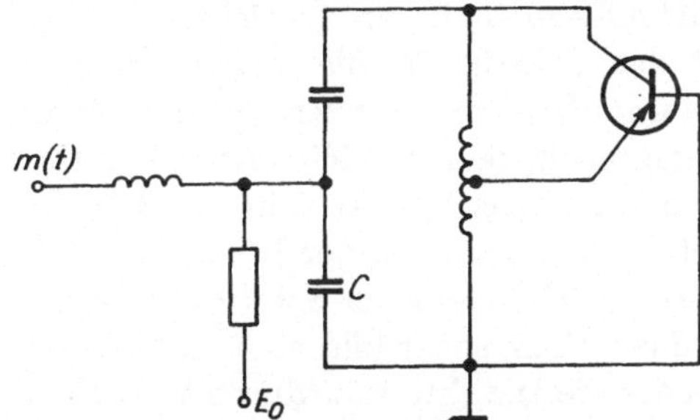

Abb. 12.10. Prinzipschaltbild eines FM-Oszillators mit veränderlicher Kapazität

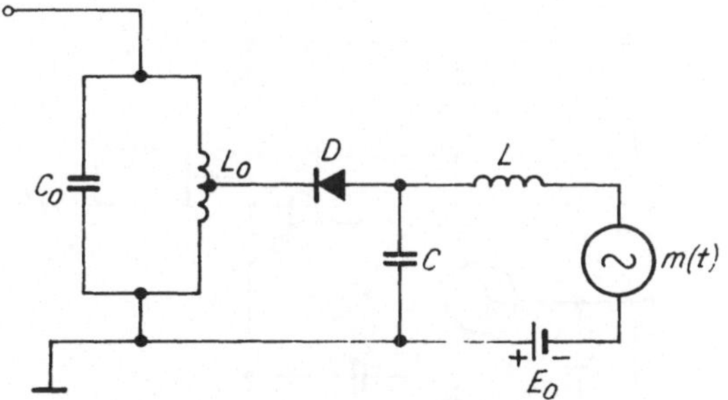

Abb. 12.11. Prinzipschaltbild eines FM-Oszillators mit in Sperrichtung
vorgespannterHalbleiter-Diode

Der Transistor T_1 arbeitet als Reaktanztransistor und liefert an seinen Klemmen eine kapazitive Reaktanz, die im Rhythmus des modulierenden Signals verändert werden kann und die Frequenz des mit dem Transistor T_2 realisierten Oszillators verändert.

In Abb. 12.10 ist das Prinzipschaltbild eines Oszillators dargestellt, der einen Kondensator C verwendet, dessen Dielektrizitätskonstante von der an seinen

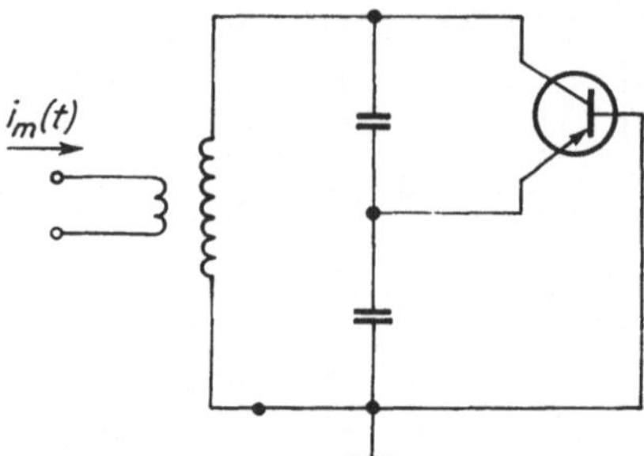

Abb. 12.12. Prinzipschaltbild eines FM-Oszillators mit veränderlicher Induktivität

Klemmen angebrachten Vorspannung abhängt. Die Vorspannung E_0 legt den stationären Wert der Vorspannung und damit die Mittenfrequenz der erzeugten Schwingungen fest, während das modulierende Signal $m(t)$ die Veränderung der Frequenz um die Mittenfrequenz herum bewirkt.

In Abb. 12.11 ist das Prinzip für die Veränderung der Resonanzfrequenz eines Schwingkreises mit Hilfe von in Sperrichtung vorgespannter Dioden dargestellt. Die Vorspannung E_0 legt den Mittelwert der Diodenvorspannung und damit den stationären Wert ihrer Sperrschichtkapazität fest. Das modulierende Signal $m(t)$ verändert die Vorspannung der Diode bzw. ihre Sperrschichtkapazität und damit die Resonanzfrequenz des Schwingkreises.

In Abb. 12.12 ist das Prinzipschaltbild eines Oszillators dargestellt, der eine Spule verwendet, bei der die Induktivität (durch Veränderung der Permeabilität des verwendeten magnetischen Materials) über den Magnetisierungsstrom durch die Nachricht verändert werden kann.

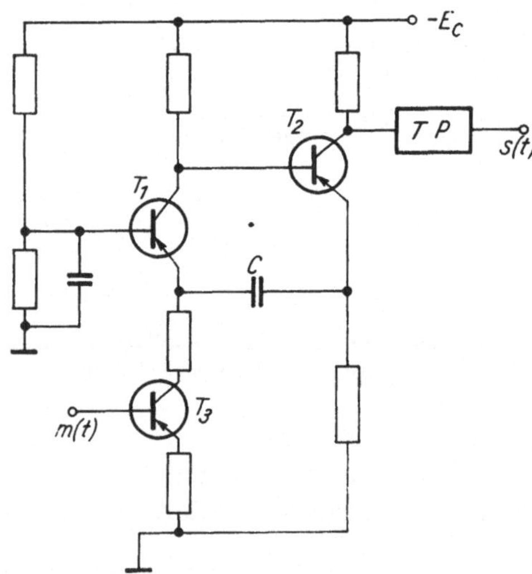

Abb. 12.13. Prinzipschaltbild eines FM-Oszillators mit astabiler Kippschaltung
mit Emitterkopplung

Zur Erzeugung frequenzmodulierter Signale kann auch eine astabile Kipp-schaltung (Multivibrator) mit Emitterkopplung verwendet werden (Abb. 12.13).

Die Dauer der Leit- und Sperrzustände der Transistoren T_1 und T_2 sind durch den Wert des Emitterwiderstandes bestimmt. Einer der Emitterwiderstände ist ein Emitterfolger, dessen Ausgangsimpedanz von dem an der Basis des Transistors T_3 angebrachten modulierenden Signal gesteuert werden kann. Auf diese Weise kann man mit Hilfe des modulierenden Signals $m(t)$ die Frequenz der am Ausgang der Schaltung gelieferten Impulse steuern. Der am Ausgang angebrachte Tiefpaß unterdrückt die höheren Harmonischen, die infolge der Kippvorgänge, die in der Schaltung erfolgen, auftreten.

12.3. Antwort linearer Systeme auf exponential modulierte Signale

Es sei $h(t)$ die Gewichtsfunktion (Impulsantwort) eines linearen Übertragungs-systems, das als physikalisch realisierbar (also realisierbar und stabil) betrachtet wird. Realisierbar bedeutet, daß

$$h(t) = 0 \quad \text{für} \quad t < 0$$

ist, wodurch die Kausalität und der einseitig gerichtete Zeitablauf berücksich-tigt sind. Stabil bedeutet, daß

$$\int\limits_{-\infty}^{+\infty} |h(t)| \, dt < \infty$$

ist.

Es sei $x(t)$ das Eingangssignal, für das angenommen wird, daß $x(t) = 0$ für $t < 0$ ist.

Nach dem Faltungssatz erhält man für das Ausgangssignal $y(t)$

$$y(t) = \int\limits_0^\infty h(\tau)\, x\,(t-\tau)\, d\tau \, . \tag{12.56}$$

Wenn $x(t)$ exponential moduliert ist

$$x(t) = e^{\,j\,[\omega_0 t + \Phi(t)]}, \tag{12.57}$$

ist die entsprechende Momentanfrequenz

$$\omega = \omega_0 + \frac{d\Phi}{dt} = \omega_0 + \Phi'(t) \, . \tag{12.58}$$

Zur Berechnung der Antwort des Systems wird durch die Beziehung

$$y(t) = G\,(j\,\omega,\, t)\, x(t) \, , \tag{12.59}$$

die analog zu der Beziehung

$$u_2(t) = U_2\, e^{j\,\omega_0 t} = G\,(j\,\omega_0)\, U_1\, e^{j\,\omega_0 t} = G\,(j\,\omega_0)\, u_1(t)$$

ist, eine verallgemeinerte Übertragungsfunktion definiert.

Man hat also

$$G\,(j\,\omega,\,t) = \frac{y(t)}{x(t)}\,.$$

Wenn man die Beziehungen (12.56) und (12.57) einsetzt, so erhält man

$$G\,(j\,\omega,\,t) = \frac{\int\limits_0^\infty h(\tau)\,x\,(t-\tau)\,d\tau}{x(t)}$$

oder

$$G(j\,\omega,\,t) = \int\limits_0^\infty h(\tau)\,e^{-j\,\omega\tau}\cdot e^{j\,\omega\tau}\cdot e^{j\,[\omega_0(t-\tau)+\Phi(t-\tau)]}\,e^{-j\,[\omega_0 t+\Phi(t)]}\,d\tau$$

und weiter, nachdem man statt $j\,\omega\,\tau$ den Ausdruck $j\,[\omega_0 + \Phi'(t)]\,\tau$ einsetzt,

$$G(j\,\omega,\,t) = \int\limits_0^\infty h(\tau)\,e^{j\,[\Phi(t-\tau)-\Phi(t)+\tau\,\Phi'(t)]}\,e^{-j\,\omega\tau}\,d\tau\,. \qquad (12.60)$$

Zur Abkürzung wird die Bezeichnung

$$f(t,\,\tau) = e^{j\,[\Phi(t-\tau)-\Phi(t)+\tau\,\Phi'(t)]} \qquad (12.61)$$

eingeführt.

Wenn $\Phi(t)$ für jeden Wert von t eine differenzierbare Funktion ist, wird auch die Funktion $f(t,\,\tau)$ für jeden Wert von t eine differenzierbare Funktion sein, die in eine Potenzreihe in τ entwickelt werden kann

$$f(t,\,\tau) = f(t,\,0) + \frac{\tau}{1!}f'(t,\,0) + \frac{\tau^2}{2!}f''(t,\,0) + ,\ldots, = \sum_{n=0}^\infty A_n(t)\,(-\,\tau)^n\,,$$

$$\qquad (12.62)$$

wobei

$$A_0(t) = f(t,\,0) = 1$$

$$A_1(t) = -\,f'(t,\,0) = 0$$

$$A_2(t) = \frac{1}{2}f''(t,\,0) = j\,\frac{1}{2}\,\Phi''(t)\,.$$

Da die Reihe (12.62) gleichmäßig und absolut konvergent ist, wird auch die Reihe

$$\sum_{n=0}^\infty A_n(t)\,(-\,\tau)^n\,h(\tau)\,e^{-j\,\omega\tau}$$

gleichmäßig konvergent sein, so daß eine gliedweise Integration erfolgen kann

$$G(j\,\omega,\,t) = \int\limits_0^\infty \sum_{n=0}^\infty A_n(t)\,(-\,\tau)^n\,h(\tau)\,e^{-j\,\omega\tau}\,d\tau\,;$$

$$G(j\,\omega,\,t) = \sum_{n=0}^\infty A_n(t)\int\limits_0^\infty (-\,\tau)^n\,h(\tau)\,e^{-j\,\omega\tau}\,d\tau\,. \qquad (12.63)$$

Wenn man mit $H(j\omega)$ die Übertragungsfunktion (die FOURIER-Transformierte der Gewichtsfunktion) bezeichnet, so ergibt sich

$$H(j\omega) = \int\limits_{-\infty}^{+\infty} h(\tau)\, e^{-j\omega\tau}\, d\tau = \int\limits_{0}^{\infty} h(\tau)\, e^{-j\omega\tau}\, d\tau\,, \tag{12.64}$$

da $h(\tau) = 0$ für $\tau < 0$ ist.

Man stellt fest, daß die Integrale der Beziehung (12.63) gerade die Ableitungen n-ter Ordnung der Funktion $H(j\omega)$ bezüglich $j\omega$ sind, und zwar

$$\int\limits_{0}^{\infty} (-\tau)^n\, h(]\tau)\, e^{-j\omega\tau}\, d\tau = \frac{d^n H(j\omega)}{d(j\omega)^n}\,. \tag{12.65}$$

Aus den Beziehungen (12.63) und (12.65) ergibt sich

$$G(j\omega, t) = \sum_{n=0}^{\infty} A_n(t)\, \frac{d^n H(j\omega)}{d(j\omega)^n}\,. \tag{12.66}$$

Wenn aus diesem Ausdruck nur die Glieder bis zur zweiten Ordnung berücksichtigt werden, erhält man

$$G(j\omega, t) \approx H(j\omega) + j\,\frac{1}{2}\,\frac{d^2\Phi(t)}{dt^2}\cdot\frac{d^2 H(j\omega)}{d(j\omega)^2}\,. \tag{12.67}$$

Wenn man berücksichtigt, daß $\dfrac{d^2\Phi}{dt^2} = \dfrac{d\omega}{dt}$ ist, ergibt sich schließlich

$$G(j\omega, t) \approx H(j\omega) + j\,\frac{1}{2}\,\frac{d\omega}{dt}\,\frac{d^2 H(j\omega)}{d(j\omega)^2}\,. \tag{12.68}$$

Die Größe $H(j\omega)$ wird quasistationäre Übertragungsfunktion genannt und wird dadurch erhalten, daß man im Ausdruck der Übertragungsfunktion die unveränderliche Frequenz durch die während des Modulationsvorganges veränderliche Frequenz ersetzt. Man kann diese stationäre Übertragungsfunktion zur Bestimmung der Antwort des Systems nur dann verwenden, wenn die Glieder der Beziehung (12.66) für $n \geq 2$ vernachlässigt werden können. In diesem Fall spricht man von einem quasistationären Betrieb.

12.3.1. Idealer Diskriminator

Es werden die Bedingungen untersucht, unter denen aus einem frequenzmodulierten Signal die Nachricht $m(t)$ ohne Verzerrungen rückgewonnen werden kann.

Die Funktion $H(j\omega)$ kann in der Form

$$H(j\omega) = \varrho(\omega)\, e^{j\varphi(\omega)} \tag{12.69}$$

geschrieben werden.

Stellt man die Bedingungen

$$\varrho'(\omega) = \text{konstant und } \varphi(\omega) = \varphi(\omega_0) = \text{konstant,}$$

so ergibt sich für $n \geqq 2$

$$\frac{d^n H(j\,\omega)}{d\omega^n} = 0\;.$$

Man erhält also

$$G(j\,\omega,\,t) = H(j\,\omega) = H\left[j\left(\omega_0 + m(t)\right)\right].$$

Nach Reihenentwicklung um den Punkt ω_0 erhält man

$$G(j\,\omega,\,t) = H(j\,\omega_0) + j\,m(t)\,H'(j\,\omega_0)\,,$$

wobei

$$H'(j\,\omega_0) = \left.\frac{dH(j\,\omega)}{d(j\,\omega)}\right|_{\omega=\omega_0} = -\,j\left.\frac{dH(j\,\omega)}{d\omega}\right|_{\omega=\omega_0} = -\,j\,\varrho'(\omega_0)\,e^{j\,\varphi(\omega_0)}$$

ist.

Also ergibt sich

$$H(j\,\omega) = G(j\,\omega,\,t) = \varrho(\omega_0)\,e^{j\,\varphi(\omega_0)} + m(t)\,\varrho'(\omega_0)\,e^{j\,\varphi(\omega_0)}\;;$$

$$H(j\,\omega) = G(j\,\omega,\,t) = \varrho(\omega_0)\,e^{j\,\varphi(\omega_0)}\left[1 + m(t)\,\frac{\varrho'(\omega_0)}{\varrho(\omega_0)}\right]. \qquad (12.70)$$

Für diesen Fall lautet die Antwort des Systems:

$$y(t) = H(j\,\omega)\,e^{j\left[\omega_0 t + \int\limits_0^t m(\xi)\,d\xi\right]} = \varrho(\omega_0)\left[1 + m(t)\,\frac{\varrho'(\omega_0)}{\varrho(\omega_0)}\right]e^{j\left[\omega_0 t + \int\limits_0^t m(\xi)\,d\xi + \varphi(\omega_0)\right]},$$

$$(12.71)$$

es erscheint also ein Signal, das sowohl in Frequenz als auch in Amplitude moduliert ist.

Wenn $y(t)$ an den Eingang eines linearen Gleichrichters angelegt wird, der für Frequenzmodulation nicht empfindlich ist, so erhält man an dessen Ausgang ein Signal, das mit der Amplitude von $y(t)$ bzw. mit $m(t)$ direkt proportional verläuft; anders ausgedrückt, man kann das modulierende Signal ohne jede Verzerrung rückgewinnen.

Der ideale Diskriminator muß also folgende Bedingungen erfüllen:

$$\varrho'(\omega) = \text{const} \quad \text{und} \quad \varphi(\omega) = \text{const}\,.$$

Am Ausgang des idealen Diskriminators erhält man also ein Signal, dessen Hüllkurve direkt proportional mit der Momentanfrequenz des Eingangssignals verläuft.

In der Praxis sind diese Bedingungen nicht völlig erfüllt, sie werden jedoch angestrebt.

Um die vom Übertragungssystem zwischen zwei beliebigen Punkten (ausgenommen den Fall, daß diese Punkte Endpunkte sind) entstehenden Verzerrungen zu berechnen, wird ein idealer Demodulator angenommen bzw. wird jedesmal die Momentanfrequenz im entsprechenden Punkt ausgewertet.

12.3.2. Begrenzer

Zur Rückgewinnung der in einem frequenzmodulierten Signal enthaltenen Nachricht werden Frequenzdemodulatoren verwendet, die aus einem Begrenzer und einem Diskriminator bestehen.

Da der Diskriminator eine Signalwandlung von einem frequenzmodulierten in ein frequenz- und amplitudenmoduliertes Signal durchführt, bei dem nur die Amplitudenmodulation weiter verarbeitet wird, muß dafür gesorgt werden, daß das frequenzmodulierte Signal am Eingang frei von störender Amplitudenmodulation ist. Diese Aufgabe übernimmt der Begrenzer, der damit entscheidend zur Störungsunterdrückung beiträgt und gleichzeitig eine bei AM erforderliche automatische Verstärkungsregelung im Empfänger für unterschiedlich starke Signale bei EM erübrigt.

Die Begrenzerschaltungen können mit Halbleiterdioden, Röhren und Transistoren realisiert werden. In Abb. 12.14 ist die Kennlinie Amplitude—Amplitude für einen idealen Bregrenzer dargestellt.

In Abb. 12.15 ist das Prinzipschaltbild eines Begrenzers mit Halbleiterdioden dargestellt.

Der Schwingkreis LC ist auf die Mittenfrequenz des frequenzmodulierten Signals abgestimmt. Die Dioden D_1 und D_2 sind in Sperrichtung mit Hilfe der Spannungsquellen E_1 und E_2 vorgespannt. Diese Quellen bestimmen die Begrenzungsschwellen des Signals in beiden Richtungen.

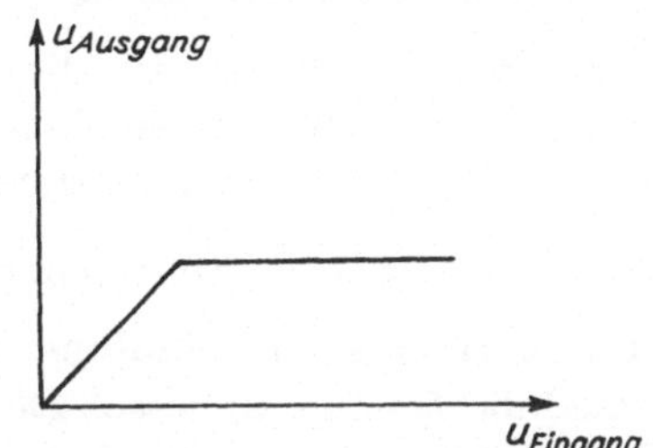

Abb. 12.14. Kennlinie Amplitude—Amplitude für einen idealen Begrenzer

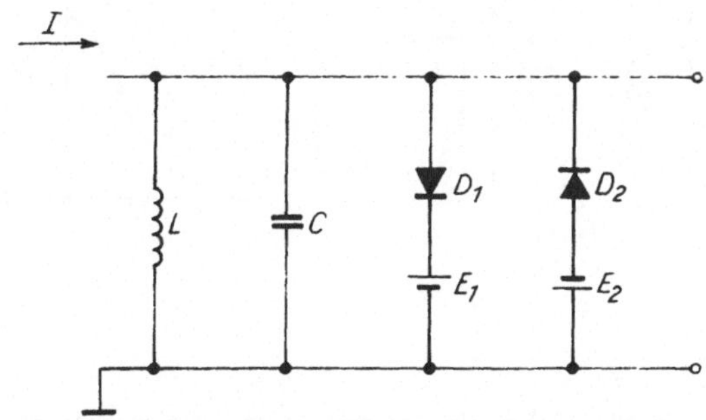

Abb. 12.15. Prinzipschaltbild eines Begrenzers mit Halbleiter-Dioden

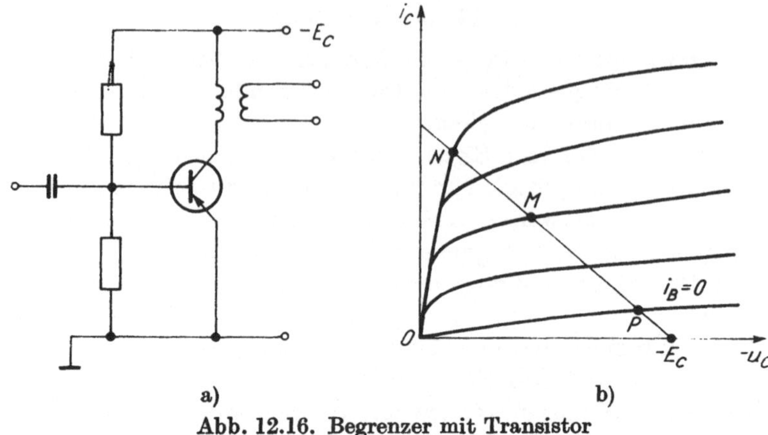

Abb. 12.16. Begrenzer mit Transistor
a) Prinzipschaltbild; b) die Kennlinie i_C, $-u_C$

Das Prinzipschaltbild eines Begrenzers mit Transistoren ist in Abb. 12.16a dargestellt. Der Arbeitspunkt des Transistors kann sich nur zwischen dem Punkt N, in dem die Sättigung des Transistors eintritt, und dem Punkt P in dem der Transistor gesperrt ist, bewegen (Abb. 12.16b).

Wählt man den Arbeitspunkt in der Mitte der Lastgeraden, so wird das Signal auf der gleichen Höhe in beiden Richtungen begrenzt.

12.3.3. Diskriminatoren

Die Diskriminatoren sind Einrichtungen, die die zur Modulation inverse Transformation realisieren. Sie ermöglichen die Realisierung des Überganges aus dem Raum des Signals in den Raum der Nachricht.

12.3.3.1. Diskriminator mit verstimmtem Schwingkreis

Dieser Diskriminator realisiert eine Umwandlung des frequenzmodulierten Signals in ein amplitudenmoduliertes Signal, dessen Demodulation anschließend durch einen Hüllkurvendemodulator (Spitzengleichrichter) erfolgt (Abb. 12.17).

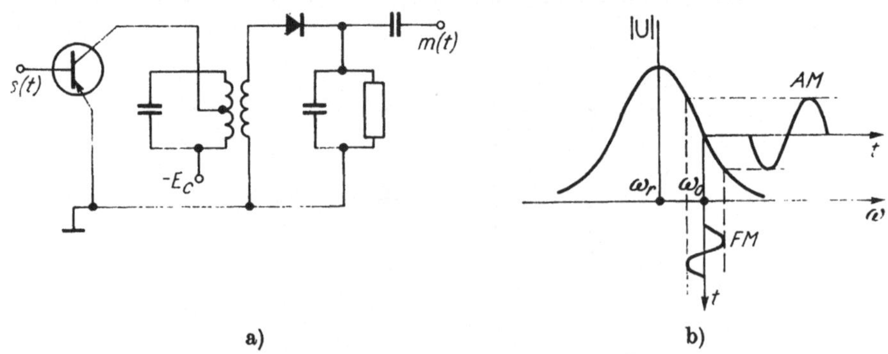

Abb. 12.17. Diskriminator mit verstimmtem Schwingkreis
a) Prinzipschaltbild; b) Frequenzcharakteristik

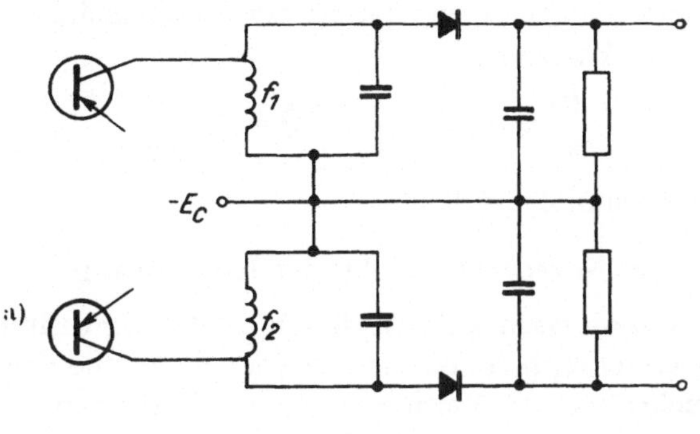

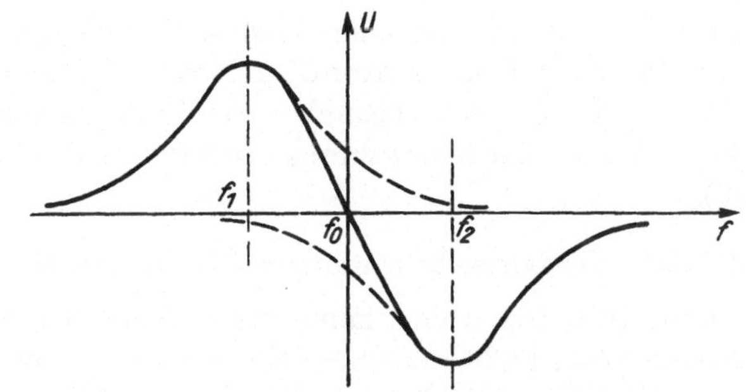

Abb. 12.18. Gegentakt-Amplitudendiskriminator
a) Prinzipschaltbild; b) Frequenzcharakteristik

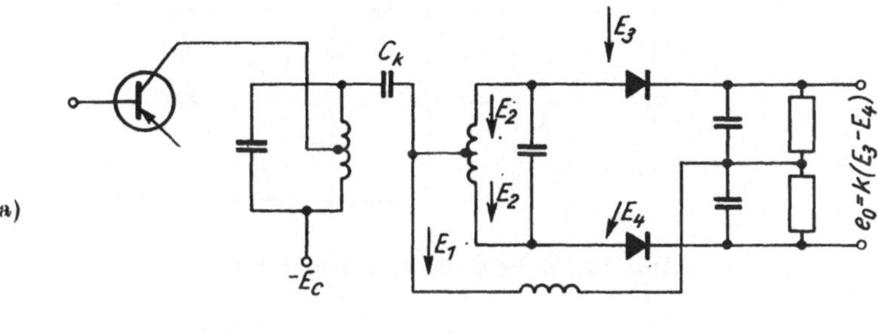

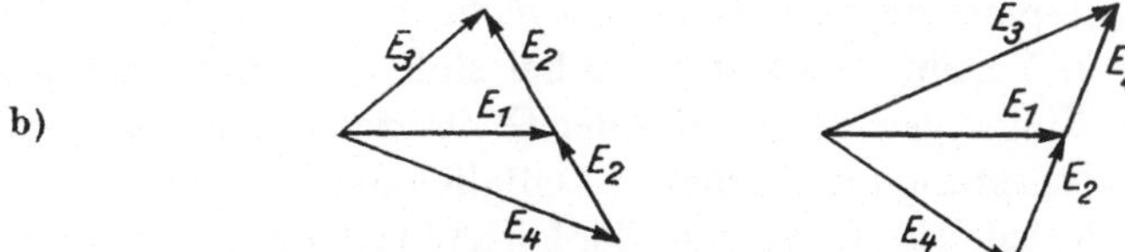

Abb. 12.19. Phasendiskriminator
a) Prinzipschaltbild; b) Zeigerdiagramm

Die Frequenz ω_0 muß sich im Wendepunkt der Resonanzkurve des Kreises befinden und damit die Beziehung

$$x = \frac{2\,\Delta\omega}{\omega_r}\,Q = \frac{2\,(\omega_0 - \omega_r)}{\omega_r}\,Q = \pm\frac{1}{\sqrt{2}}$$

(x = normierte Verstimmung) erfüllen.

12.3.3.2. Gegentakt-Amplitudendiskriminator

Ein solcher Diskriminator ist in Abb. 12.18 dargestellt. Er besitzt zwei gegeneinander verstimmte unverkoppelte Kreise und ermöglicht eine Erweiterung des linearen Arbeitsbereiches und die Verminderung der Verzerrungen.

12.3.3.3. Phasendiskriminator (RIEGGER-Kreis)

Dieser Diskriminator besteht aus einem induktiv gekoppelten Bandfilter, bei dem zusätzlich, durch den Kondensator C_K galvanisch getrennt, vom Primärkreis die im Resonanzfall um 90° gegenüber der Sekundärspannung E_2 verschobene Spannung E_1 in die Mittelanzapfung des Sekundärkreises eingekoppelt wird (Abb. 12.19).

12.3.3.4. Verhältnisdiskriminator (Ratio-Detektor)

Als hochfrequente Grundschaltung kann beim Verhältnisgleichrichter der Gegentakt- oder wie in Abb. 12.20, der Phasendiskriminator, verwendet werden; jedoch sind die Dioden so gepolt, daß sie gleichstrommäßig in einem gemein-

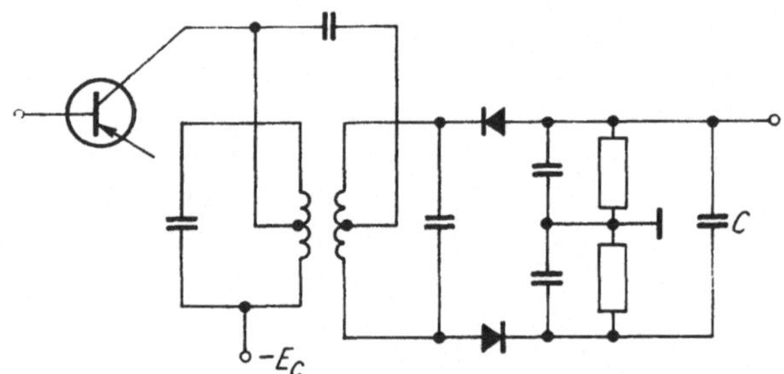

Abb. 12.20. Verhältnisdiskriminator

samen Stromkreis in Reihe liegen. Durch den großen Ladekondensator C wird die Summe der Richtspannungen praktisch konstant gehalten und eine Amplitudenmodulation in Verbindung mit einer bei sinkender Eingangsspannung durch Erhöhung des Eingangswiderstandes der Gleichrichterschaltung erfolgenden geringeren Kreisdämpfung unterdrückt. Lediglich das Verhältnis der beiden Richtspannungen ändert sich im Rhythmus der Differenz der frequenzabhängigen Amplituden der resultierenden hochfrequenten Spannungen an den Dioden (Abb. 12.20).

12.4. Quasistationärer Betrieb

Bei vielen Anwendungen verändert sich das Signal genügend langsam, so daß die Glieder höherer Ordnung als $n = 0$ in den Beziehungen (12.66) bzw. (12.67) vernachlässigt werden können. Diese Tatsache führt zu einer wesentlichen Vereinfachung der Berechnungen. Darum ist es wichtig zu wissen, wann eine quasistationäre Behandlung zulässig ist bzw. die Beziehung

$$G(j\,\omega, t) = H(j\,\omega) \tag{12.72}$$

gilt.

Die Beziehung (12.72) ist dann gültig, wenn

$$|H(j\,\omega)| \gg \left| \frac{1}{2} \frac{d\omega}{dt} \frac{d^2 H(j\,\omega)}{d\omega^2} \right| \tag{12.73}$$

ist.

Für den einfachen Fall sinusförmiger Modulation und idealer Übertragungsfunktion läßt sich die Ungleichung (12.73) vereinfachen; für davon abweichende Voraussetzungen wird angenommen, daß das Ergebnis noch näherungsweise gültig ist.

Wenn

$$\omega = \omega_0 + \Delta\omega \cos \Omega\, t \tag{12.74}$$

ist, dann ergibt sich

$$\frac{d\omega}{dt} = -\,\Omega\,\Delta\omega \sin \Omega\, t$$

und

$$\left| \frac{d\omega}{dt} \right| \leqq \Omega\,\Delta\omega\,,$$

so daß die Bedingung (12.73) in

$$2 \left| \frac{H(j\,\omega)}{H''(j\,\omega)} \right| \gg \Omega\,\Delta\omega \tag{12.75}$$

übergeht.

Annähernd kann man annehmen, daß im Variationsbereich von ω der Betrag der Übertragungsfunktion ungefähr konstant ist ($\varrho(\omega) = \text{const}$) und daß der Phasenwinkel linear mit der Frequenz verläuft ($\varphi'(\omega) = \varphi'(\omega_0) = \text{const}$).

In diesem Fall ist

$$H''(j\,\omega) \approx -\,\varrho\,\varphi'^2(\omega_0)\, e^{j\,\varphi(\omega)} = -\,\varrho\,\tau_0^2\, e^{j\,\varphi(\omega)}$$

und, indem man durch $\tau_0 = -\dfrac{d\varphi}{d\omega}$ die Laufzeit für den Fall eines linearen Verlaufes der Phase bezüglich der Frequenz bezeichnet, ergibt sich

$$\left| \frac{H(j\,\omega)}{H''(j\,\omega)} \right| = \left| \frac{\varrho\, e^{j\,\varphi(\omega)}}{\varrho\,\tau_0^2\, e^{j\,\varphi(\omega)}} \right| = \frac{1}{\tau_0^2}\,,$$

so daß aus Beziehung (12.75) die einfache Beziehung

$$\Omega\,\Delta\omega \ll \frac{2}{\tau_0^2} \tag{12.76}$$

wird.

Die Beziehung (12.76) muß unbedingt erfüllt sein, damit das System als in quasistationärem Betrieb befindlich angesehen werden kann. Diese Bedingung zeigt, daß in diesem Fall die Veränderungen der Frequenz von der Trägheit des Systems begrenzt werden.

12.4.1. Berechnung der Verzerrungen im Fall eines quasistationären Betriebes

Wie gezeigt wurde, ist in diesem Fall

$$G(j\,\omega, t) = H(j\,\omega) = \varrho(\omega)\,e^{j\varphi(\omega)} \tag{12.77}$$

und die Antwort auf das frequenzmodulierte Signal

$$x(t) = e^{j\,[\omega_0 t + \varPhi(t)]} = e^{j\int_0^t \omega(\xi)\,d\xi}$$

ist

$$y(t) = \varrho(\omega)\,e^{j\left[\int_0^t \omega(\xi)\,d\xi + \varphi(\omega)\right]}. \tag{12.78}$$

Die Momentanfrequenz von $y(t)$ ist

$$\omega_m = \omega + \frac{d\varphi(\omega)}{d\omega} \cdot \frac{d\omega}{dt},$$

wobei $\dfrac{d\varphi}{d\omega} = -\tau$ die Gruppenlaufzeit darstellt.

Man hat also

$$\omega_m = \omega - \tau\frac{d\omega}{dt}. \tag{12.79}$$

Es wird der Spezialfall sinusförmiger Modulation mit der Momentanfrequenz am Eingang des Systems

$$\omega = \omega_0 + \Delta\omega \cos \Omega\,t$$

betrachtet.

Für diesen Fall ist

$$\omega_m = \omega_0 + \Delta\omega \cos \Omega\,t + \tau\,\Omega\,\Delta\omega \sin \Omega\,t \tag{12.80}$$

oder

$$\omega_m = \omega_0 + \Delta\omega\,(\cos \Omega\,t + \tau\,\Omega \sin \Omega\,t).$$

Um am Ausgang des Systems die gleiche Momentanfrequenz wie am Eingang zu erhalten, ist es notwendig, daß

$$\tau\,\Omega \ll 1,$$
$$\tau_0\,\Omega \ll 1 \tag{12.81}$$

ist.

Zusammen mit der Beziehung (12.76) führt die Beziehung (12.81) zu einem quasistationären Betrieb.

Wenn die Laufzeit konstant ist, treten keine nichtlinearen Verzerrungen auf und nach der Beziehung (12.81) können die linearen Verzerrungen vernachlässigt werden.

Wenn die Laufzeit nicht konstant ist, treten nichtlineare Verzerrungen auf, die berücksichtigt werden müssen, da diese auch bereits bei kleinen Werten sehr störend wirken.

Folglich genügt es, daß τ konstant ist bzw. daß die Phase der Übertragungsfunktion mit der Frequenz linear verläuft, damit keine störenden Verzerrungen auftreten. Die Veränderungen von $\varrho(\omega)$ in Abhängigkeit von der Momentanfrequenz werden durch den Amplitudenbegrenzer beseitigt.

12.4.1.1. Berechnung der Verzerrungen, die durch die Frequenzabhängigkeit der Gruppenlaufzeit verursacht werden

Im allgemeinen verläuft die Gruppenlaufzeit um die Mittenfrequenz nach folgendem parabolischen Gesetz (Abb. 12.21):

$$\tau = \tau_0 + k\,(\omega - \omega_0)^2 \,, \tag{12.82}$$

so daß man für den Fall des maximalen Frequenzhubes $(\varDelta\omega_M)$

$$\tau_0 - \varDelta\tau_M = \tau_0 + k\,(\varDelta\omega_M)^2$$

erhält, woraus sich

$$k = -\,\frac{\varDelta\tau_M}{(\varDelta\omega_M)^2}$$

ergibt; mit der bei der Frequenzmodulation gültigen Gleichung

$$\omega - \omega_0 = m(t)$$

erhält man schließlich

$$\tau = \tau_0 - \frac{\varDelta\tau_M}{(\varDelta\omega_M)^2} \cdot m^2(t) \,. \tag{12.83}$$

Durch Einführung in die Beziehung (12.79) ergibt sich für die Momentanfrequenz der Ausdruck

$$\omega_m = \omega_0 + m(t) - \left[\tau_0 - \frac{\varDelta\tau_M}{(\varDelta\omega_M)^2}\,m^2(t)\right]\frac{dm(t)}{dt} \,, \tag{12.84}$$

aus dem ersichtlich ist, daß das letzte Glied nichtlineare Verzerrungen einführt.

Wenn der Spezialfall

$$m(t) = \varDelta\omega_M \sin \varOmega\, t$$

betrachtet wird, erhält man

$$\omega_m = \omega_0 + \varDelta\omega_M \sin \varOmega\, t - \varOmega\,\tau_0\,\varDelta\omega_M \cos \varOmega\, t + \varDelta\tau_M\,\varOmega\,\varDelta\omega_M \sin^2 \varOmega\, t \cos \varOmega\, t$$

und da

$$\varDelta\omega_M\,\varOmega\,\varDelta\tau_M \sin^2 \varOmega\, t \cos \varOmega\, t = \frac{\varOmega\,\varDelta\omega_M\,\varDelta\tau_M}{4}\,[\cos \varOmega\, t - \cos 3\,\varOmega\, t]$$

ist, treten Verzerrungen auf, die von der 3-ten Harmonischen verursacht werden, deren Amplitude

$$\frac{\varOmega\,\varDelta\omega_M\,\varDelta\tau_M}{4}$$

ist, während die Amplitude der Grundfrequenz $\varDelta\omega_M$ beträgt.

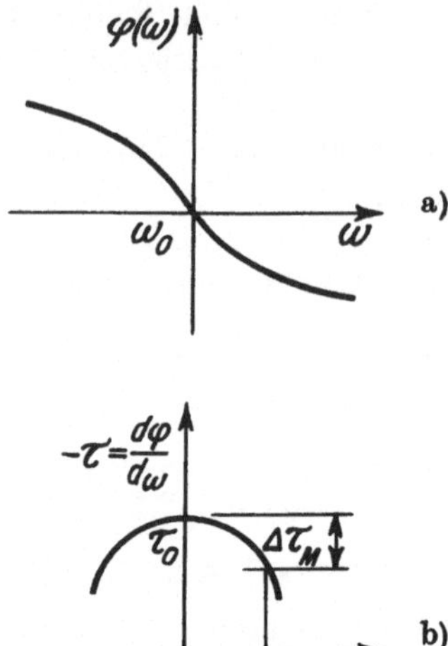

Abb. 12.21. Frequenzverlauf
a) der Phase; b) der Gruppenlaufzeit

Da die anderen Glieder vernachlässigbar sind, ergibt sich für den quasi-stationären Klirrfaktor der Ausdruck

$$k_3 \approx \frac{U_3}{U_1} \approx \frac{\Omega \, \Delta\tau_M}{4} \; . \tag{12.85}$$

12.4.1.2. Berechnung der Verzerrungen, die durch nicht vollständige, frequenzabhängige Begrenzung verursacht werden

Wenn am Ausgang des Begrenzers die Spannung nicht konstant bleibt, wenn sich die Eingangsspannung oder die Momentanfrequenz ändern, so ergeben sich Verzerrungen am Ausgang des Diskriminators.

Im folgenden wird angenommen, daß das Ausgangssignal des Begrenzers auch bei sehr großen Amplitudenänderungen des Eingangssignals konstant bleibt (diese Bedingung kann durch Kettenschaltung zweier Begrenzer erfüllt werden); jedoch bei Frequenzänderungen des Eingangssignals ergeben sich am Ausgang Amplitudenänderungen, die durch frequenzabhängige Änderungen der Lastimpedanz des Begrenzers verursacht werden.

Es wird angenommen, daß die Lastimpedanz des Begrenzers bzw. die Amplitude des Ausgangssignals quadratisch mit der Frequenz verläuft (Abb. 12.22):

$$A = A_0 - \frac{\Delta A_M}{(\Delta\omega_M)^2} \, m^2(t) \; . \tag{12.86}$$

Am Ausgang des Begrenzers ist das Signal $Am(t)$ proportional, so daß

$$Am(t) = A_0 \, m(t) - \frac{\Delta A_M}{(\Delta\omega_M)^2} \, m^3(t) \; . \tag{12.87}$$

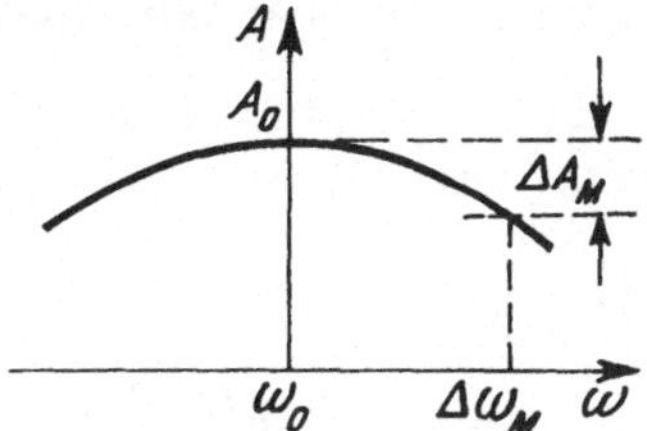

Abb. 12.22. Verlauf der Amplitude mit der Frequenz

Für den Sonderfall

$$m(t) = \Delta\omega_M \sin \Omega t$$

erhält man unter Berücksichtigung von

$$\sin^3 \Omega t = \frac{3}{4} \sin \Omega t - \frac{1}{4} \sin 3 \Omega t$$

den Ausdruck

$$Am(t) = A_0 \, \Delta\omega_M \sin \Omega t - \frac{3}{4} \Delta A_M \, \Delta\omega_M \sin \Omega t + \frac{1}{4} \Delta A_M \, \Delta\omega_M \sin 3 \Omega t ,$$

aus dem ersichtlich ist, daß nichtlineare Verzerrungen durch die Harmonische dritter Ordnung auftreten, deren Amplitude

$$\frac{1}{4} \Delta A_M \, \Delta\omega_M$$

beträgt, wobei die Amplitude der Grundkomponente $A_0 \, \Delta\omega_M$ ist.

Der Klirrfaktor hat damit den Wert

$$k_3 = \frac{1}{4} \frac{\Delta A_M}{A_0} . \tag{12.88}$$

Anmerkung. Wenn die Übertragungsfunktion Nichtlinearitäten der Form

$$y = a \, x^n$$

aufweist, also

$$y = a \, E_0^n \, e^{\,j\left[n\,\omega_0\,t + n \int_0^t m(\xi)\,d\xi\right]}$$

ist, wird die Nachricht nicht verzerrt, sondern das Spektrum des frequenzmodulierten Signals wird auf die n-te Harmonische verschoben; gleichzeitig ver-n-facht sich der Frequenzhub.

12.5. Störungen in Systemen mit exponentieller Modulation

Zunächst wird der Fall der Störungen betrachtet, die von Überlagerungen erzeugt werden, danach der Fall von Störungen, die vom Fluktuationsrauschen verursacht werden.

12.5.1. Überlagerungen in Systemen mit exponentieller Modulation

Es wird angenommen, daß am Eingang des Empfängers zwei frequenzmodulierte Signale anliegen, deren Momentanfrequenzen mit $\omega_1(t)$ und $\omega_2(t)$ bezeichnet werden.

Es seien die zwei Signale

$$s_2(t) = A_1\, e^{\,j \int\limits_0^t \omega_1(\xi)\, d\xi}\;;\qquad\qquad (12.89)$$

$$s_2(t) = A_2\, e^{\,j \int\limits_0^t \omega_2(\xi)\, d\xi}\;.\qquad\qquad (12.90)$$

Weiter wird angenommen, daß das Nutzsignal $s_1(t)$ größer als das störende Signal $s_2(t)$ bzw. daß $A_1 > A_2$ ist.

Das Signal am Eingang des Demodulators lautet damit (Abb. 12.23)

$$s(t) = s_1(t) + s_2(t) = A_1\, e^{\,j \int\limits_0^t \omega_1(\xi)\, d\xi} + A_2\, e^{\,j \int\limits_0^t \omega_2(\xi)\, d\xi}\;;$$

$$s(t) = A_1\, e^{\,j \int\limits_0^t \omega_1(\xi)\, d\xi} \left[1 + \frac{A_2}{A_1}\, e^{\,j \int\limits_0^t [\omega_2(\xi) - \omega_1(\xi)]\, d\xi} \right].\qquad (12.91)$$

Wenn man die Bezeichnungen $\omega_\Delta(t) = \omega_2(t) - \omega_1(t)$ und $a = \dfrac{A_2}{A_1}$ einführt, ergibt sich

$$s(t) = A_1\, e^{\,j \int\limits_0^t \omega_1(\xi)\, d\xi} \left[1 + a\, e^{\,j \int\limits_0^t \omega_\Delta(\xi)\, d\xi} \right]\qquad (12.92)$$

oder

$$s(t) = A_1 \sqrt{1 + a^2 + 2\, a \cos\alpha}\; e^{j\varphi}\, e^{\,j \int\limits_0^t \omega_1(\xi)\, d\xi}\;,\qquad (12.93)$$

wobei

$$\alpha = \int\limits_0^t \omega_\Delta(\xi)\, d\xi$$

und

$$\varphi = \arctan \frac{a \sin\alpha}{1 + a \cos\alpha}$$

ist.

Für die Phase von $s(t)$ kann man statt (12.93)

$$\Psi(t) = \int\limits_0^t \omega_1(\xi)\, d\xi + \varphi = \omega_{10}\, t + \Phi_1(t) + \varphi \qquad (12.94)$$

schreiben, wobei man mit ω_{10} die Trägerfrequenz des Signals $s_1(t)$ und durch $\Phi_1(t)$ den veränderlichen Anteil, der die Information enthält, bezeichnet.

Die Momentanfrequenz von $s(t)$ ist damit

$$\omega_m(t) = \omega_1(t) + \frac{d\varphi}{dt} = \omega_{10} + \Omega_1(t) + \frac{d\varphi}{dt}\,,\qquad (12.95)$$

wobei $\Omega_1(t) = \dfrac{d\Phi_1}{dt}$ gesetzt wurde.

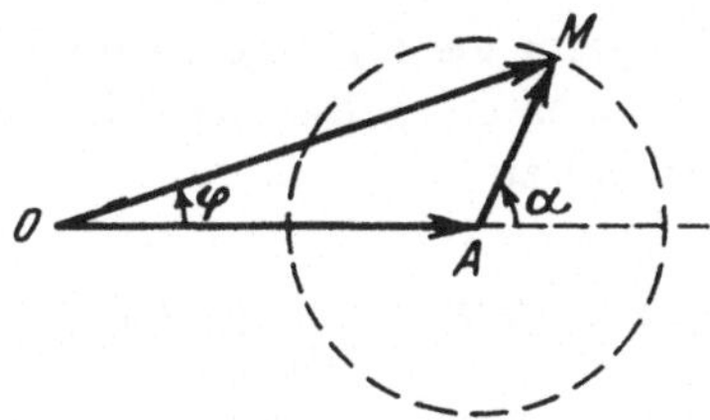

Abb. 12.23. Zeigerdiagramm für den Fall der Überlagerung zweier Signale. OA stellt das Signal $s_1(t)$, AM das Signal $s_2(t)$ und OM das resultierende Signal dar

Führt man die Ableitung des Ausdrucks für φ ein, ergibt sich

$$\omega_m(t) = \omega_{10} + \Omega_1(t) + a\,\omega_{\varLambda}(t)\,\frac{\cos\alpha + a}{1 + 2\,a\,\cos\alpha + a^2}\,. \tag{12.96}$$

Für den Fall unmodulierter Signale $s_1(t)$ und $s_2(t)$ bzw. für $\Omega_1(t) = 0$ und $\omega_{\varLambda} = $ const ist

$$\omega_m(t) = \omega_{10} + \frac{d\varphi}{dt}\,.$$

Berechnet man den Mittelwert der resultierenden Momentanfrequenz $\omega_m(t)$, so erhält man

$$\widetilde{\omega_m(t)} = \lim_{T\to\infty}\frac{1}{T}\int\limits_0^T \omega_m(t)\,dt = \omega_{10} + \lim_{T\to\infty}\frac{1}{T}\,[\varphi]_0^T\,,$$

oder

$$\widetilde{\omega_m(t)} = \omega_{10} + \lim_{T\to\infty}\frac{\varphi(T) - \varphi(0)}{T} = \omega_{10}\,. \tag{12.97}$$

Es ergibt sich also, daß der Mittelwert der resultierenden Momentanfrequenz gleich der Frequenz des kräftigsten Signals ist.

Für den Sonderfall, in dem das Nutzsignal viel größer als das störende Signal ist, ist $a \ll 1$, und aus den Beziehungen (12.94) und (12.95) wird

$$\Psi(t) = \omega_{10}\,t + \Phi_1(t) + a\sin\alpha\;; \tag{12.98}$$

$$\omega_m(t) = \omega_{10} + \Omega_1(t) + a\,\omega_{\varLambda}(t)\cos\alpha\,. \tag{12.99}$$

Der Amplitudenbegrenzer beseitigt die Amplitudenmodulation, die in dem Ausdruck (12.93) von $s(t)$ vorkommt (im folgenden wird angenommen, daß die Begrenzungsschwelle des Begrenzers stets erreicht ist, also daß die Begrenzung ideal ist).

Das Signal am Ausgang des Demodulators ist der Momentanphase oder der Momentanfrequenz proportional, je nachdem, ob ein Phasen- bzw. Frequenzmodulator verwendet wird. Die Gleichstromkomponente sowie auch die Komponenten mit höherer Frequenz als Ω_M (Ω_M ist die höchste Frequenz im Spektrum der Nachricht) sind durch ein Filter beseitigt, so daß sich das Ausgangssignal aus (12.98) bzw. (12.99) zu

$$n_\varphi(t) = \Phi_1(t) + \frac{A_2}{A_1} \sin \int\limits_0^t \omega_\Delta(\xi)\, d\xi \tag{12.100}$$

für den Fall der Phasenmodulation (PM) und

$$n_f(t) = \Omega_1(t) + \omega_\Delta(t)\, \frac{A_2}{A_1} \cos \int\limits_0^t \omega_\Delta(\xi)\, d\xi \tag{12.101}$$

für den Fall der Frequenzmodulation (FM) ergibt.

Daraus ist ersichtlich, daß die Glieder, die am Ausgang Störungen verursachen, proportional mit $\dfrac{A_2}{A_1}$ und bei der Frequenzmodulation auch mit ω_Δ sind.

Für den Fall, daß der Frequenzhub jeder der zwei Signale kleiner als die Differenz zwischen den zwei Trägerfrequenzen ω_{10} und ω_{20} ist, kann man annähernd schreiben

$$\omega_\Delta \leqq \omega_{20} - \omega_{10}\,.$$

Für diesen Fall wird aus den Beziehungen (12.100) und (12.101)

$$n_\varphi(t) = \Phi_1(t) + \frac{A_2}{A_1} \sin\,(\omega_{20} - \omega_{10})\, t \tag{12.102}$$

und

$$n_f(t) = \Omega_1(t) + (\omega_{20} - \omega_{10})\, \frac{A_2}{A_1} \cos\,(\omega_{20} - \omega_{10})\, t\,, \tag{12.103}$$

wobei die störenden Anteile $\dfrac{A_2}{A_1} \sin\,(\omega_{20} - \omega_{10})\, t$ und $(\omega_{20} - \omega_{10})\, \dfrac{A_2}{A_1} \cos(\omega_{20} - \omega_{10})\, t$ betragen. Die Störungen, die von Signalen verursacht werden, für die $\omega_{20} - \omega_{10} > \Omega_M$ ist, brauchen nicht berücksichtigt zu werden, da sie von dem Filter des Demodulators beseitigt werden. Die Beziehungen (12.102) und (12.103) sind also für den Fall gültig, daß $\Delta\omega \leqq \omega_{20} - \omega_{10} \leqq \Omega_M$ ist.

Bei der Phasenmodulation (PM) hängt also der maximale Wert der Störung nicht von der Differenz zwischen den Frequenzen der Signale, die sich überlagern, sondern nur von dem Verhältnis ihrer Amplituden ab.

Bei der Frequenzmodulation (FM) ist der maximale Wert der Störung sowohl von dem Verhältnis der Amplituden als auch von der Differenz zwischen den Frequenzen der zwei Signale abhängig und steigt damit linear mit der Frequenz an.

Um für die zwei Fälle den Störabstand zu berechnen, wird angenommen, daß für PM $\Phi_1(t) = m(t)$ und für FM $\Omega_1(t) = m(t)$ ist.

Man erhält für den Störabstand:

1. Bei der Phasenmodulation

$$\left(\frac{S}{P}\right)_{\Phi} = \frac{\widetilde{m^2(t)}}{\frac{1}{2}\,a^2} = 2\,\frac{A_1^2}{A_2^2}\,\widetilde{m^2(t)}\,,\qquad(12.104)$$

für den Fall sinusförmiger Modulation

$$m(t) = \Delta\Phi\,\cos\Omega\,t$$

wird daraus

$$\left(\frac{S}{P}\right)_{\Phi} = (\Delta\Phi)^2\,\frac{A_1^2}{A_2^2} = \beta_{\Phi}^2\,\frac{A_1^2}{A_2^2}\,,\qquad(12.105)$$

wobei $\beta_{\Phi} = \Delta\Phi$ ist.

2. Bei der Frequenzmodulation

$$\left(\frac{S}{P}\right)_{F} = \frac{\widetilde{m^2(t)}}{\frac{1}{2}\,(\omega_{20} - \omega_{10})^2\,a^2} = 2\,\frac{\widetilde{m^2(t)}}{\Omega_{\Delta}^2}\,\frac{A_1^2}{A_2^2}\,,\qquad(12.106)$$

wobei $\Omega_{\Delta} = \omega_{20} - \omega_{10}$ ist und die ungünstigste Situation bei $\Omega_{\Delta} = \Omega_M$ eintritt. Für den Fall sinusförmiger Modulation ergibt sich

$$m(t) = \Delta\omega\,\cos\Omega\,t$$

$$\left(\frac{S}{P}\right)_{F} = \frac{(\Delta\omega)^2}{\Omega_{\Delta}^2}\cdot\frac{A_1^2}{A_2^2} = \beta_F^2\,\frac{A_1^2}{A_2^2}\cdot\frac{\Omega^2}{\Omega_{\Delta}^2}\,,\qquad(12.107)$$

wobei

$$\beta_F = \frac{\Delta\omega}{\Omega}$$

ist.

Die vorhergehenden Beziehungen wurden unter der Voraussetzung, daß $\Delta\omega < \Omega_{\Delta}$ ist, abgeleitet. Sie sind ungefähr auch für den Fall $\Delta\omega > \Omega_{\Delta}$ gültig. Um aber in diesem Fall ein genaues Ergebnis zu erhalten, müßte von den Beziehungen (12.100) und (12.101) ausgegangen werden. Da jedoch zur Berechnung der Störleistung der quadratische Mittelwert gebildet wird, der von den veränderlichen Gliedern im Ausdruck von ω_{Δ} relativ unabhängig ist, können die Beziehungen (12.106) und (12.107) auch für $\Delta\omega > \Omega_{\Delta}$ als ungefähr gültig angenommen werden.

Bei der gleichen Bandbreite, die der höchsten Modulationsfrequenz $\Omega = \Omega_M$ entspricht, erhält man für gleichen Modulationsindex $\beta = \Delta\Phi = \dfrac{\Delta\omega}{\Omega_M}$ aus den Beziehungen (12.105) und (12.107):

1. $\left(\dfrac{S}{P}\right)_{\Phi} = \beta^2\,\dfrac{A_1^2}{A_2^2}\,A^2$ für Phasenmodulation (PM) .$\qquad(12.108)$

2. $\left(\dfrac{S}{P}\right)_{F} = \beta^2\,\dfrac{A_1^2}{A_2^2}\left(\dfrac{\Omega_M}{\Omega_{\Delta}}\right)^2$ für Frequenzmodulation (FM).$\qquad(12.109)$

Im ungünstigsten Falle, in dem die Differenz zwischen den zwei Träger-frequenzen $\Omega_{\varDelta} = \omega_{20} - \omega_{10} = \Omega_M$ beträgt, erhält man also bei gleichem Modulationsindex den gleichen Störabstand sowohl für FM als auch für PM.

Wenn hingegen $\Omega_{\varDelta} < \Omega_M$ ist, wird der Störabstand bei FM größer als bei PM. Diese Tatsache stellt einen wesentlichen Vorteil der Frequenzmodulation im Vergleich zur Phasenmodulation dar.

Aus dem Vorhergehenden ersieht man, daß für $a > 1$ die zwei Signale ihre Rollen vertauschen. Das stärkere Signal wird empfangen. Dieser Einfang-effekt ist bei der exponentiellen Modulation viel ausgeprägter als bei der linearen Modulation.

Für den Fall der linearen Modulation war der Störabstand

$$\left(\frac{S}{P}\right)_{\mathrm{AM}} = \frac{A_1^2}{A_2^2}.$$

Wenn man Übertragungssysteme mit AM, FM und PM vergleicht, so ergibt sich, daß ein Übertragungssystem mit FM den besten Störabstand gewähr-leistet.

Aus der Beziehung (12.107) ergibt sich, daß für kleine Werte von β_F auch der Störabstand $\left(\frac{S}{P}\right)_F$ klein ist. Für hohe Frequenzen des modulierenden Signals ist selbst bei konstantem Frequenzhub $\varDelta\omega$ entsprechend $\beta_F = \Sigma \frac{\varDelta\omega}{\Omega}$ der Modula-tionsindex und damit der Störabstand kleiner, abgesehen davon, daß die Amplituden im Spektrum des modulierenden Signals und damit der Frequenz-hub bei praktischen Signalen nach hohen Frequenzen abfallen. Zur Uniformi-sierung des Störabstandes im Übertragungsband erfolgt auf der Sendeseite eine Amplitudenanhebung der hohen Frequenzen, so daß beim Empfang der gleiche Störabstand im ganzen Band erhalten wird. Dieser Vorgang wird Preemphasis, Vorverzerrung oder Akzentuierung genannt und durch eine Schaltung nach Abb. 12.24a realisiert.

In Abb. 12.24b ist eine typische Preemphasis-Charakteristik dargestellt. Zur Gewinnung der Nachricht muß im Empfänger eine Entzerrung durchgeführt werden, Deemphasis oder Deakzentuierung genannt, die durch ein RC-Glied realisiert wird (Abb. 12.25a). In Abb. 12.25b ist eine typische Deemphasis-Charakteristik dargestellt, die mit der Charakteristik im Sender korrespondiert.

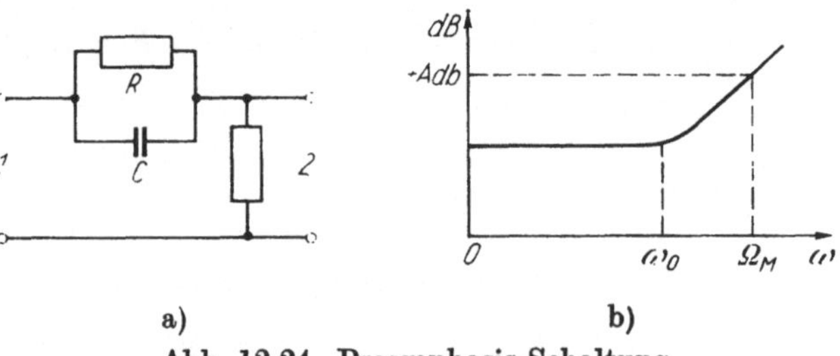

Abb. 12.24. Preemphasis-Schaltung

a) Prinzipschaltbild; b) Frequenzcharakteristik *1* — modulierendes Signal; *2* — Signal nach der Preemphasis

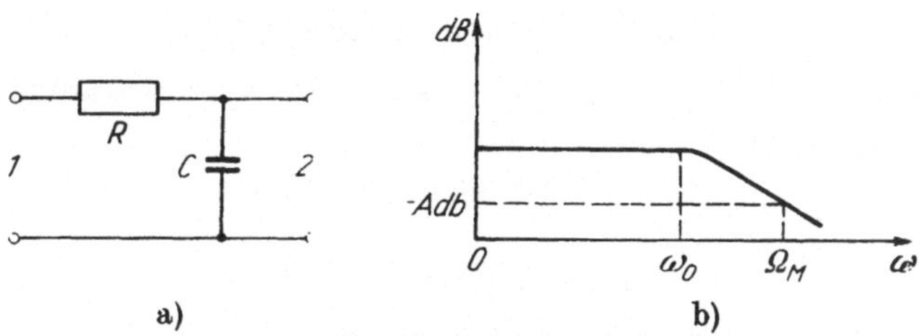

Abb. 12.25. Deemphasis-Schaltung

a) Prinzipschaltbild; b) Frequenzcharakteristik *1* — demoduliertes Signal mit Preemphasis; *2* — Signal mit Deemphasis

Wenn man berücksichtigt, daß in den meisten Fällen die Leistungsspektraldichte der Nachricht nach höheren Frequenzen abklingt, so kann man auf der Sendeseite eine Preemphasis einführen, die die Amplituden nach hohen Frequenzen anhebt, ohne daß dadurch eine wesentliche Erhöhung des Spitzenwertes des Signals auftritt, die den Modulator übersteuern könnte.

Beim Empfang wird ein umgekehrter Vorgang, also eine Deemphasis durchgeführt, so daß die Nachricht mit ursprünglichem Frequenzverlauf erhalten wird.

Gleichzeitig werden durch die Deemphasis alle störenden Komponenten höherer Frequenz gedämpft und dadurch der Störabstand verbessert.

Dieses Verfahren zur Verbesserung des Störabstandes ist für FM sehr geeignet, da in diesem Fall, entsprechend Beziehung (12.103), die von der Trägerfrequenz stark abweichenden Störungen bzw. die Störungen, die nach der Demodulation höhere Frequenzen ergeben, stärker stören.

12.5.2. Rauschen in Systemen mit exponentieller Modulation

Im folgenden wird der Störabstand für den Fall des Impulsrauschens und für den Fall des Fluktuationsrauschens ermittelt.

12.5.2.1. Impulsrauschen

Für den Fall, daß die Eingangskreise des Empfängers bzw. die Schaltkreise bis zum Demodulator symmetrische Kennlinien bezüglich der Mittenfrequenz ω_0 haben, kann eine Impulsstörung durch eine Zeitfunktion der Form

$$V(t) \cos \omega_0 t$$

angenähert werden.

Wenn die Mittenfrequenz des Demodulators ω_0 und der Begrenzer ideal ist, tritt am Ausgang des Demodulators keine Störung auf.

Am Ausgang des Demodulators tritt eine Störung dann auf, wenn die oben angegebenen Bedingungen nicht erfüllt sind. Die Tatsache, daß ein realer Begrenzer von einem idealen Begrenzer abweicht, bildet den wichtigsten Grund für das Auftreten von Impulsstörungen am Ausgang des Demodulators.

30*

12.5.2.2. Fluktuationsrauschen

Wie in Abschnitt 9.3.1. gezeigt wurde, kann das schmalbandige Fluktuationsrauschen in der Form

$$z(t) = V(t) \cos \left[\omega_0\, t + \Theta(t)\right],\qquad (12.110)$$

oder

$$z(t) = V(t)\, e^{j[\omega_0 t + \Theta(t)]},\qquad (12.111)$$

dargestellt werden, während für das Signal der Ausdruck

$$s(t) = E_0\, e^{j[\omega_0 t + \Phi(t)]}\qquad (12.112)$$

gilt (es wird angenommen, daß die Mittenfrequenz des Durchlaßbereichs des Empfängers mit der Trägerfrequenz des Nutzsignals übereinstimmt).

Wenn $E_0 \gg V(t)$ ist, können die Ergebnisse für den Fall der Überlagerung zweier Signale angewendet werden, und man erhält entsprechend der Beziehung (12.98) für die Momentanphase des resultierenden Signals

$$\Psi_s(t) = \omega_0\, t + \Phi(t) + \frac{V(t)}{E_0} \sin\left[\Theta(t) - \Phi(t)\right].\qquad (12.113)$$

Wenn das Rauschen viel größer als das Signal gewesen wäre, so hätte man

$$\Psi_z(t) = \omega_0\, t + \Theta(t) + \frac{E_0}{V(t)} \sin\left[\Phi(t) - \Theta(t)\right]\qquad (12.114)$$

erhalten.

Im ersten Fall enthält der dominierende Anteil des Ausdrucks die Nachricht und wird von $\Phi(t)$ gebildet, während im zweiten Fall der dominierende Anteil von der Phase $\Theta(t)$ des Rauschens dargestellt wird. Wenn das Signal größer als das Rauschen ist, wird das Signal vom Empfänger eingefangen, dagegen, wenn das Rauschen größer als das Signal ist, das Rauschen.

Es tritt also ein Schwellwerteffekt auf: Das Signal muß einen gewissen Schwellwert überschreiten, um vom Empfänger eingefangen zu werden.

Die Beziehung (12.113) kann für PM auch in der Form

$$\Psi_s(t) = \omega_0\, t + \Phi(t) + \frac{u(t)}{E_0} = \omega_0 t + m(t) + \frac{u(t)}{E_0}\qquad (12.115)$$

geschrieben werden, während für FM die Momentanfrequenz

$$\omega_m(t) = \omega_0 + \Phi'(t) + \frac{u'(t)}{E_0} = \omega_0 + m(t) + \frac{u'(t)}{E_0}\qquad (12.116)$$

ist, wobei

$$u(t) = V(t) \sin\left[\Theta(t) - \Phi(t)\right]$$

ist.

1. Für den Fall der PM ist der Störabstand am Ausgang

$$\left(\frac{S}{R}\right)_\Phi = \frac{\overline{m^2(t)}}{\overline{u_e^2(t)}},\qquad (12.117)$$

wobei $u_e(t)$ das Rauschen am Ausgang des Filters des Demodulators darstellt.

Nach Abschnitt 11.5.2.1. kann man schreiben

$$\widetilde{z^2(t)} = \widetilde{u^2(t)} = \frac{1}{2\,\pi} \int\limits_{\omega_\bullet - \frac{B}{2}}^{\omega_\bullet + \frac{B}{2}} N(\omega)\, d\omega \;,$$

wobei

$N(\omega)$ — die Leistungsspektraldichte des Eingangsrauschens;

B — die Bandbreite des Empfängers (bis zum Eingang in den Demodulator) darstellen.

Wenn man berücksichtigt, daß $N(\omega)$ symmetrisch zur Mittenfrequenz des Durchlaßbereiches verläuft, erhält man

$$\widetilde{z^2(t)} = \widetilde{u^2(t)} = \frac{2}{2\,\pi} \int\limits_{0}^{B/2} N(\omega + \omega_0)\, d\omega \;.$$

Nach der Demodulation beträgt das Rauschen vor dem Filter des Demodulators $(1/E_0)\, u(t)$, so daß sich für die Leistungsspektraldichte des Rauschens nach der Demodulation

$$p_e(\omega) = \frac{2}{E_0^2}\, N(\omega + \omega_0)$$

ergibt.

Nach dem Filter des Demodulators erhält man die Rauschleistung

$$\widetilde{u_e^2(t)} = \frac{1}{2\,\pi} \int\limits_{0}^{\Omega_M} p_e(\omega)\, d\omega = \frac{1}{E_0^2}\,\frac{2}{2\,\pi} \int\limits_{0}^{\Omega_M} N(\omega + \omega_0)\, d\omega \;.$$

Nach Einsetzen in die Beziehung (12.117) erhält man

$$\left(\frac{S}{R}\right)_\Phi = E_0^2\, \frac{\widetilde{m^2(t)}}{\dfrac{2}{2\,\pi} \displaystyle\int\limits_{0}^{\Omega_M} N(\omega + \omega_0)\, d\omega} \;;$$

für den Fall des weißen Rauschens ist

$$N(\omega + \omega_0) = N_0 = 2\,\pi\, z_0 \;;$$

so daß:

$$\left(\frac{S}{R}\right)_\Phi = \frac{E_0^2}{2\,\Omega_M\, z_0}\, \widetilde{m^2(t)} \tag{12.118}$$

wird; für eine sinusförmige Nachricht

$$m(t) = \Delta\Phi \cos \Omega\, t$$

ergibt sich

$$\left(\frac{S}{R}\right)_\Phi = \frac{E_0^2\, (\Delta\Phi)^2}{4\,\Omega_M\, z_0} = \beta_\Phi^2\, \frac{E_0^2}{4\,\Omega_M\, z_0} \;. \tag{12.119}$$

2. Für den Fall der FM ist

$$\omega_m(t) = \omega_0 + m(t) + \frac{u'(t)}{E_0} .$$

Der Störabstand hat den Wert

$$\left(\frac{S}{R}\right)_F = \frac{\widetilde{\widetilde{m^2(t)}}}{[u_e'(t)]^2} , \qquad (12.120)$$

wobei $u_e'(t)$ das Rauschen am Ausgang des Filters des Demodulators darstellt.
Da die Leistungsspektraldichte von $u_e(t)$

$$p_e(\omega) = \frac{2}{E_0^2} N(\omega + \omega_0)$$

ist, ist nach Abschnitt 4.12. die Leistungsspektraldichte der ersten Ableitung
$u_e'(t)$

$$\omega^2 p_e(\omega) = \frac{2\,\omega^2}{E_0^2} N(\omega + \omega_0) .$$

Die Rauschleistung am Ausgang des Filters des Demodulators ist

$$\widetilde{\widetilde{[u_e'(t)]^2}} = \frac{2}{2\,\pi\,E_0^2} \int_0^{\Omega_M} \omega^2 N(\omega + \omega_0)\, d\omega .$$

Durch Einsetzen in die Beziehung (12.120) ergibt sich

$$\left(\frac{S}{R}\right)_F = E_0^2 \frac{\widetilde{\widetilde{m^2(t)}}}{\dfrac{2}{2\,\pi} \displaystyle\int_0^{\Omega_M} \omega^2 N(\omega + \omega_0)\, d\omega} . \qquad (12.121)$$

Für den Fall des weißen Rauschens ist

$$N(\omega + \omega_0) = N_0 = 2\,\pi\,z_0$$

und

$$\frac{2}{2\,\pi} \int_0^{\Omega_M} \omega^2 N(\omega + \omega_0)\, d\omega = z_0 \frac{2}{3} \Omega_M^3 .$$

Man erhält also

$$\left(\frac{S}{R}\right)_F = \frac{3}{2} E_0^2 \frac{\widetilde{\widetilde{m^2(t)}}}{z_0\,\Omega_M^3} . \qquad (12.122)$$

Für den Fall sinusförmiger Modulation

$$m(t) = \Delta\omega \cos \Omega t$$

erhält man

$$\left(\frac{S}{R}\right)_F = 3\left(\frac{\Delta\omega}{\Omega_M}\right)^2 \frac{E_0^2}{4\,\Omega_M z_0} = 3\,\beta_F^2 \frac{E_0^2}{4\,\Omega_M z_0} . \qquad (12.123)$$

Wenn man die erhaltenen Störabstände mit dem Störabstand für den Fall der Amplitudenmodulation (AM) bei der gleichen Leistung des Trägers $A^2 = E_0^2$ und der gleichen Bandbreite Ω_M:

$$\left(\frac{S}{R}\right)_{\mathrm{AM}} = \frac{E_0^2}{4\,\Omega_M\,z_0}$$

vergleicht, so ergibt sich

$$\frac{\left(\dfrac{S}{R}\right)_\Phi}{\left(\dfrac{S}{R}\right)_{\mathrm{AM}}} = (\varDelta\,\Phi)^2 = \beta_\Phi^2 \tag{12.124}$$

und

$$\frac{\left(\dfrac{S}{R}\right)_F}{\left(\dfrac{S}{R}\right)_{\mathrm{AM}}} = 3\,\beta_F^2\,. \tag{12.125}$$

Da in den Beziehungen (12.124) und (12.125) β_Φ und β_F auch größer als Eins sein können, ergibt sich, daß der Störabstand am Ausgang für den Fall der exponentiellen Modulation größer als für den der linearen Modulation ist. Diese Tatsache ist sehr wichtig und stellt einen wesentlichen Vorteil der exponentiellen Modulation dar.

Wenn man den durch die Beziehung (11.119) definierten Verbesserungsfaktor ϱ berechnet, der für den Fall der AM die Werte

$$\varrho_{\mathrm{ESB\text{-}AM}} = 1;$$

$$\varrho_{AM}\ \text{mit unterdrücktem Träger} = 2;$$

$$\varrho_{\mathrm{AM}} = \frac{2}{3}$$

ergab, so erhält man für den Fall der exponentiellen Modulation

$$\varrho_\Phi = \frac{\left(\dfrac{S}{R}\right)_\Phi}{\left(\dfrac{S}{R}\right)_{\mathrm{Eingang}}} = \frac{\beta_\Phi^2\,\dfrac{E_0^2}{4\,\Omega_M\,z_0}}{\dfrac{1}{2}\,\dfrac{E_0^2}{B\,z_0}} = 2\,\beta_\Phi^2\,\frac{B}{4\,\Omega_M} \approx 2\,\beta_\Phi^2\,\frac{2\,(\beta_\Phi+1)\,\Omega_M}{4\,\Omega_M}$$

$$\varrho_\Phi \approx \beta_\Phi^2\,(\beta_\Phi+1) \tag{12.126}$$

und

$$\varrho_F = \frac{\left(\dfrac{S}{R}\right)_F}{\left(\dfrac{S}{R}\right)_{\mathrm{Eingang}}} = \frac{3\,\beta_F^2\,\dfrac{E_0^2}{4\,\Omega_M\,z_0}}{\dfrac{1}{2}\,\dfrac{E_0^2}{B\,z_0}} = 6\,\beta_F^2\,\frac{B}{4\,\Omega_M} = 3\,\beta_F^2\,(\beta_F+1)\,.$$

$$\tag{12.127}$$

Aus diesen Beziehungen ist ersichtlich, daß für die gleiche Bandbreite ($\beta_\Phi = \beta_F$) die Frequenzmodulation einen dreimal größeren Verbesserungsfaktor als die Phasenmodulation besitzt.

Die vorstehenden Beziehungen wurden unter der Voraussetzung abgeleitet, daß das Eingangssignal viel größer als das Rauschen ist.

Wenn man den Störabstand am Ausgang des Demodulators für FM als Funktion des Störabstandes am Ausgang des Demodulators für AM darstellt, so erhält man die in Abb. 12.26 wiedergegebene Kurve.

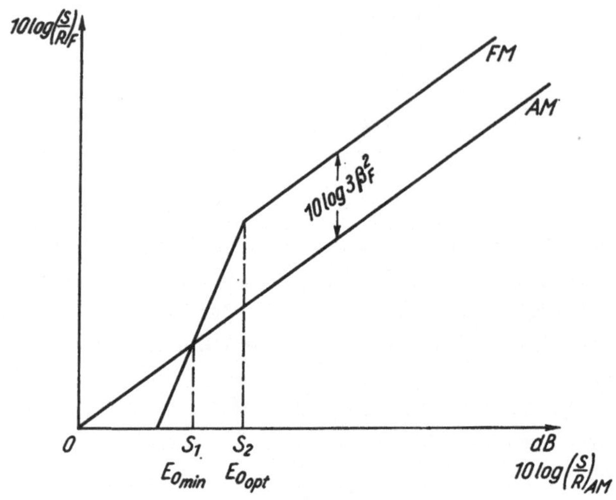

Abb. 12.26. Störabstand bei FM und AM

Wird am Eingang des Empfängers kein Signal angelegt, so erhält man am Ausgang des Demodulators nur das Fluktuationsrauschen. Wird ein sinusförmiges Signal angelegt, dessen Amplitude E_0 laufend wächst, so bemerkt man nichts, bis ein gewisses Niveau (Schwelle S_1 in Abb. 12.26) erreicht wird; wenn aber E_0 die Einfangschwelle E_{0min} erreicht, ändert sich die Art des Ausgangsrauschens, das infolge der Wechselwirkung zwischen dem Signal und der Störung ein Impulsrauschen wird (Schwelle S_1); wenn man E_0 über diesen Wert erhöht, so klingt das Rauschen sehr schnell ab, bis der Wert E_{0opt} erreicht wird, (E_{0opt} beträgt einige dB mehr als E_{0min}), der die zweite Verbesserungsschwelle (S_2) darstellt, nach der ($E_0 > E_{0opt}$) das Rauschen viel langsamer abklingt.

Die abgeleiteten Ausdrücke für die Störabstände gelten oberhalb der zweiten Verbesserungsschwelle; oberhalb der ersten Verbesserungsschwelle gelten sie nur grob.

Für Werte des Signals, die unterhalb der zweiten Schwelle S_2 liegen, kann man einen Korrekturfaktor einführen:

$$\left(\frac{S}{R}\right)_\Phi = \beta_\Phi^2 \left(1 - \frac{E_{pt}}{E_0}\right)^2 \left(\frac{S}{R}\right)_{AM} \qquad (12.128)$$

und

$$\left(\frac{S}{R}\right)_F = 3\,\beta_F^2 \left(1 - \frac{E_{pt}}{E_0}\right)^2 \left(\frac{S}{R}\right)_{AM}, \qquad (12.129)$$

wobei E_{pt}^2 die gesamte Rauschleistung ist (für weißes Rauschen ist $E_{pt}^2 = B\,z_0$).
Damit wird

$$10 \log\left(\frac{S}{R}\right)_F = 10 \log\left(\frac{S}{R}\right)_{AM} + 10 \log 3\,\beta_F^2 + 20 \log\left(1 - \frac{E_{pt}}{E_0}\right);$$

da $1 - \dfrac{E_{pt}}{E_0} < 1$ ist, ist das letzte Glied negativ.

Die erste Verbesserungsschwelle ist etwa dann erreicht, wenn der Spitzenwert des Signals gleich dem im Kapitel 9 (*Störungen*) bestimmten Spitzenwert des Rauschen ist, bzw. wenn

$$E_0 = E_{0\,\min} = 4 \sqrt{\frac{1}{2\,\pi} \int\limits_{-B/2}^{+B/2} N\,(\omega + \omega_0)\,d\omega} = 4\,\sigma \qquad (12.130)$$

ist; für den Fall des weißen Rauschens ist $N\,(\omega + \omega_0) = N_0 = 2\,\pi\,z_0$ und es ergibt sich

$$E_{0\,\min} = 4 \sqrt{B\,z_0},$$

wobei B die Bandbreite der Kreise, die sich vor dem Demodulator befinden, darstellt.

Im allgemeinen ist die Empfindlichkeit F des Empfängers in kT Einheiten angegeben.

Die Rauschleistung pro Einheit der Bandbreite ist

$$F\,kT = N_0 = 2\,\pi\,z_0.$$

Also ist die minimal notwendige Signaleingangsleistung

$$P_{\min} = \frac{1}{2}\,E_{0\,\min}^2 = 8\,B\,z_0 = 8\,F\,kT\,\frac{B}{2\,\pi} = 8\,F\,kT\,B_f. \qquad (12.131)$$

13. PULSMODULATION

Die theoretische Grundlage der Pulsmodulation ist das Abtasttheorem.

Bei der Pulsmodulation ist der *Träger* eine Folge von Impulsen, die im allgemeinen rechteckförmig oder trapezförmig sind und für theoretische Analysen meist als δ-Impulse angenommen werden.

13.1. Abtastung der Signale

Im folgenden werden die zur Abtastung angewendeten Funktionen beschrieben und Darstellungen der mit diesen Funktionen abgetasteten Nachrichten im Zeit- und Frequenzbereich gegeben.

13.1.1. Abtastsignale

In der Analyse abgetasteter Signale werden folgende Abtastsignale verwendet: die periodische δ-Funktion und die periodische rechteckförmige Funktion.

13.1.1.1. Periodische δ-Funktion mit dem Mittelwert a

Die periodische δ-Funktion (Abb. 13.1) stellt eine Idealisierung der Abtastfunktion dar, die zur Erläuterung der allgemeinen Eigenschaften der abgetasteten Signale dient.

Die periodische δ-Funktion lautet

$$\delta_T(t) = \sum_{n=-\infty}^{+\infty} \delta\,(t - n\,T)\,. \tag{13.1}$$

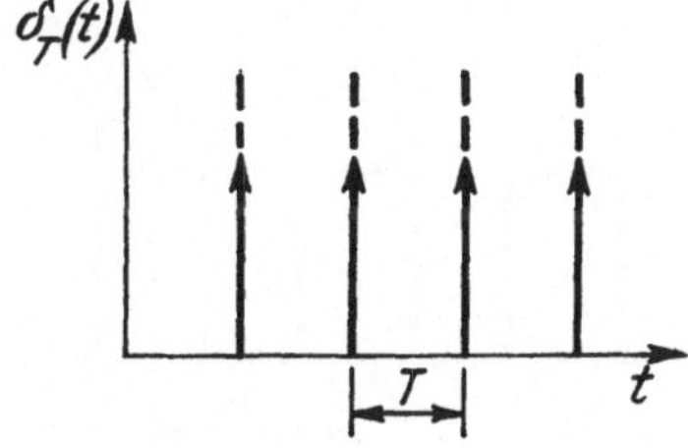

Abb. 13.1. Periodische DIRACsche δ-Funktion (DIRAC-Impulsfolge)

Zur Erläuterung der Rolle des Mittelwertes des Abtastsignals wird angenommen, daß der Mittelwert des Abtastsignals den Wert a besitzt, also das Abtastsignal folgendermaßen ausgedrückt werden kann:

$$\delta_p(t) = a\, T\, \delta_T(t) = a\, T \sum_{n=-\infty}^{+\infty} \delta\,(t - n\,T)\,. \tag{13.2}$$

Nach Reihenentwicklung der Funktion $\delta_p(t)$ erhält man

$$\delta_p(t) = \sum_{n=-\infty}^{+\infty} C_n\, e^{j n \omega_0 t}\,, \tag{13.3}$$

wobei

$$C_n = \frac{1}{T} \int_{-\frac{T}{2}}^{+\frac{T}{2}} \delta_p(t)\, e^{-j n \omega_0 t}\, dt = a \tag{13.4}$$

und

$$\omega_0 = \frac{2\,\pi}{T}$$

ist.

Durch Einsetzen der Beziehung (13.4) in die Beziehung (13.3) erhält man

$$\delta_p(t) = a \sum_{n=-\infty}^{+\infty} e^{j n \omega_0 t} \tag{13.5}$$

oder

$$\delta_p(t) = a \left(1 + 2 \sum_{n=1}^{\infty} \cos n\, \omega_0\, t\right). \tag{13.6}$$

13.1.1.2. Rechteckförmige periodische Funktion

Die rechteckförmige periodische Abtastfunktion (Abb. 13.2) ist in Tab. 3.1 wiedergegeben. Nach einigen einfachen Umformungen ergibt sich

$$e_T(t) = a \sum_{n=-\infty}^{+\infty} \frac{\sin n\, \omega_0\, \frac{\tau}{2}}{n\, \omega_0\, \frac{\tau}{2}} \cos n\, \omega_0\, t = a \left(1 + 2 \sum_{n=1}^{\infty} \frac{\sin n\, \omega_0\, \frac{\tau}{2}}{n\, \omega_0\, \frac{\tau}{2}} \cos n\, \omega_0\, t\right),$$

$$\tag{13.7}$$

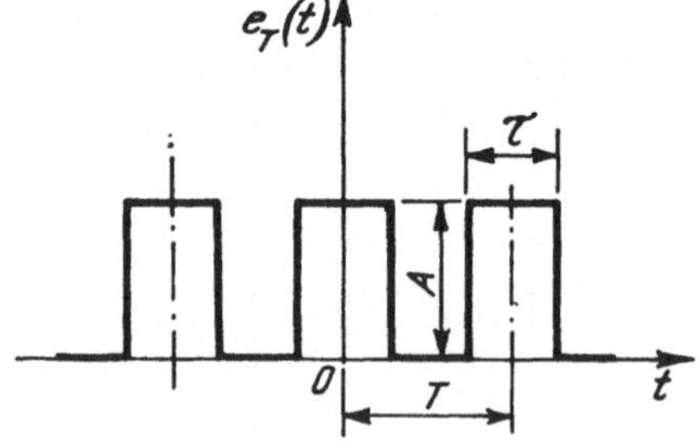

Abb. 13.2. Rechteckförmige periodische Funktion (Rechteckimpulsfolge)

wobei

$$a = A \frac{\tau}{T} \tag{13.8}$$

ist.

Aus dem Vergleich der Beziehungen (13.7) und (13.6) ergibt sich, wenn man den Mittelwert a konstant hält:

$$\lim_{\tau \to 0} e_T(t) = \delta_p(t) \,. \tag{13.9}$$

13.1.2. Darstellung von mit der DIRACschen δ-Funktion abgetasteten Signalen

Im folgenden wird die Darstellung der abgetasteten Signale sowohl im Zeit- als auch im Frequenzbereich angegeben.

13.1.2.1. Mit der δ-Funktion abgetastete Nachricht im Zeitbereich

In Abb. 13.3 ist eine schematische Darstellung der Abtast-, Übertragungs- und Demodulationsvorgänge gegeben.

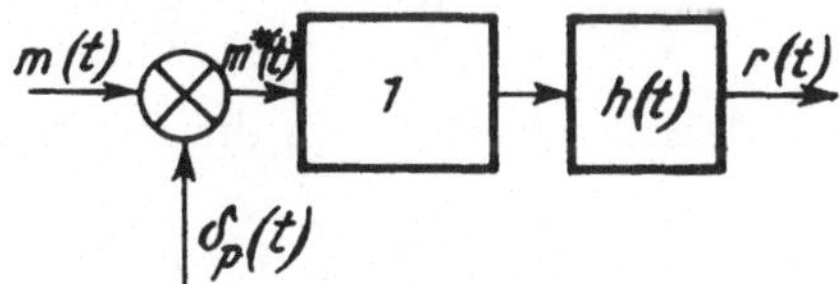

Abb. 13.3. Darstellung der Abtast-, Übertragungs- und Demodulationsoperationen
einer Nachricht
1 — Übertragungskanal

Es wird angenommen, daß es sich um einen idealen, nichtverzerrenden Kanal handelt.

Im folgenden wird mit $m^*(t)$ die durch die periodische δ-Funktion abgetastete Nachricht bezeichnet:

$$m^*(t) = m(t)\, \delta_p(t) = a\,T \sum_{n=-\infty}^{+\infty} m(t)\, \delta\,(t - n\,T) \,. \tag{13.10}$$

Wenn man mit $h(t)$ die Impulsantwort des Demodulatorfilters und mit $r(t)$ die Antwort dieses Filters auf das Eingangssignal $m^*(t)$ bezeichnet, so ergibt sich

$$r(t) = \int_{-\infty}^{+\infty} m^*(\lambda)\, h\,(t - \lambda)\, d\lambda \tag{13.11}$$

oder nach Einsetzen der Beziehung (13.10) in die Beziehung (13.11)

$$r(t) = a\,T \sum_{n=-\infty}^{+\infty} \int_{-\infty}^{+\infty} m(\lambda)\, \delta\,(\lambda - n\,T)\, h\,(t - \lambda)\, d\lambda \,,$$

woraus sich

$$r(t) = a\,T \sum_{n=-\infty}^{+\infty} m\,(n\,T)\, h\,(t - n\,T) \tag{13.12}$$

ergibt.

Wenn man annimmt, daß $h(t)$ die Gewichtsfunktion eines idealen Tiefpasses (Abb. 13.4) darstellt, dessen Grenzfrequenz die Hälfte der Abtastfrequenz beträgt:

$$\frac{1}{2}\,\omega_0 = \frac{\pi}{T}\,,$$

so kann die Übertragungsfunktion des idealen Tiefpasses folgendermaßen ausgedrückt werden:

$$\left.\begin{aligned} H(\omega) &= e^{-j\,\omega\,\Theta} \quad &&\text{für} \quad |\omega| \leqq \frac{\omega_0}{2}\,; \\ H(\omega) &= 0 \quad &&\text{für} \quad |\omega| > \frac{\omega_0}{2}\,. \end{aligned}\right\} \qquad (13.13)$$

Wie in Abschnitt 6.8.1. gezeigt wurde, ist die Impulsantwort dieses Filters

$$h(t) = \frac{1}{T}\cdot\frac{\sin\frac{1}{2}\,\omega_0\,(t-\Theta)}{\frac{1}{2}\,\omega_0\,(t-\Theta)} = \frac{1}{T}\cdot\frac{\sin\frac{\pi}{T}\,(t-\Theta)}{\frac{\pi}{T}\,(t-\Theta)}\,. \qquad (13.14)$$

Durch Einführung der Beziehung (13.14) in die Beziehung (13.12) ergibt sich

$$r(t) = a \sum_{n=-\infty}^{+\infty} m\,(n\,T)\frac{\sin\frac{\pi}{T}\,(t-n\,T-\Theta)}{(t-n\,T-\Theta)}\,. \qquad (13.15)$$

Im Zusammenhang mit diesem Ausdruck müssen mehrere Fälle betrachtet werden und zwar

1. Die Abtastperiode T ist gleich der Hälfte der Periode der Komponente mit der höchsten Frequenz W aus dem Spektrum der Nachricht

$$T = \frac{1}{2\,W}\,.$$

Für diesen Fall wird aus der durch die Beziehung (13.15) gegebenen Antwort

$$r(t) = a \sum_{n=-\infty}^{+\infty} m\left(\frac{n}{2\,W}\right)\frac{\sin 2\,\pi\,W\left(t-\frac{n}{2\,W}-\Theta\right)}{2\,\pi\,W\left(t-\frac{n}{2\,W}-\Theta\right)} = am(t-\Theta)\,. \qquad (13.16)$$

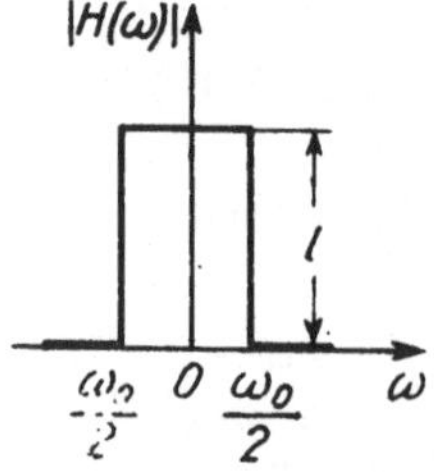

Abb. 13.4. Frequenzcharakteristik eines idealen Tiefpasses

Nach dem Abtasttheorem erhält man in diesem Fall am Ausgang des Filters die unverzerrte Nachricht, die um Θ verzögert und mit a (dem Mittelwert des Abtastsignals) multipliziert ist.

2. Wenn

$$T < \frac{1}{2\,W}$$

ist, so erhält man auch die unverzerrte Nachricht, jedoch treten einige überflüssige Abtastordinaten auf.

3. Wenn

$$T > \frac{1}{2\,W}$$

ist, so ist die Zahl der Abtastordinaten kleiner als die zur Bestimmung von $m(t)$ notwendige Zahl und es wird also

$$r(t) \neq am(t - \Theta)$$

ausgenommen die Abtastpunkte, in denen die zwei Signale gleich sind:

$$r(n\,T) = am(n\,T - \Theta)\,. \tag{13.17}$$

13.1.2.2. Mit der δ-Funktion abgetastete Nachricht im Frequenzbereich

Das Spektrum des abgetasteten Signals $m^*(t)$ wird mit $M^*(\omega)$ bezeichnet. Diese Funktion ist nicht mit der Konjugierten des Spektrums des Signals $m(t)$ zu verwechseln, die im folgenden nicht auftritt.

Das Spektrum des abgetasteten Signals $m^*(t)$ ist die FOURIER-Transformierte des Ausdruckes (13.10)

$$M^*(\omega) = \mathfrak{F}\{m^*(t)\} = a\,T \int\limits_{-\infty}^{+\infty} m(t) \sum_{n=-\infty}^{+\infty} \delta\,(t - n\,T)\,e^{-j\,\omega t}\,dt\,;$$

nach Vertauschen der Reihenfolge von Summation und Integration erhält man

$$M^*(\omega) = a\,T \sum_{n=-\infty}^{+\infty} m\,(n\,T)\,e^{-j\,n\,T\,\omega}\,. \tag{13.18}$$

Die Funktion $M^*(\omega)$ ist eine periodische Funktion bezüglich der Veränderlichen ω, die sich im Abstand $\omega_0 = 2\,\pi/T$ wiederholt.

In Abb. 13.5 ist ein dreieckförmiges Spektrum dargestellt. Diese Darstellung soll im folgenden allgemein als Symbol für ein in einem begrenzten Frequenzbereich definiertes Spektrum verwendet werden.

Da außerhalb des Intervalls

$$-2\,\pi\,W \leqq \omega \leqq 2\,\pi\,W$$

das Spektrum des Signals $m(t)$ gleich Null ist, kann es periodisch fortgesetzt und in eine FOURIER-Reihe entwickelt werden; man erhält entsprechend der

Beziehung (3.140)

$$M(\omega) = \frac{1}{2\,W} \sum_{n=-\infty}^{+\infty} m\left(\frac{n}{2\,W}\right) e^{-j\frac{n}{2\,W}\,\omega}. \qquad (13.19)$$

Die durch die Beziehung (13.19) gegebene Funktion $M(\omega)$ ist periodisch und wiederholt sich im Abstand $4\,\pi\,W$ (Abb. 13.6); die Beziehung (13.19) stellt in dem Intervall

$$-\,2\,\pi\,W < \omega < 2\,\pi\,W$$

das Spektrum von $m(t)$ dar.

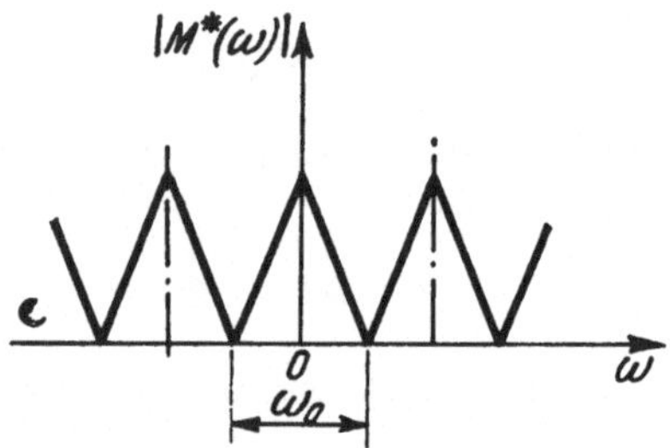

Abb. 13.5. Darstellung des Spektrums einer abgetasteten Nachricht

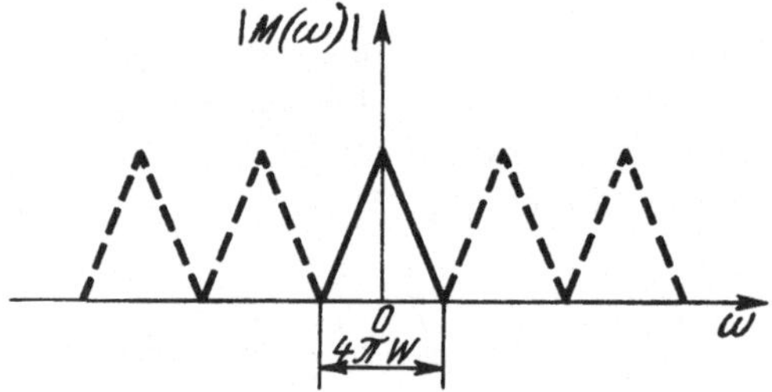

Abb. 13.6. Rückgewinnung der Nachricht für den Fall $T = \dfrac{1}{2\,W}$

Aus dem Vergleich der Beziehungen (13.18) und (13.19) ergibt sich folgendes:

1. Wenn $4\,\pi\,W = \dfrac{2\,\pi}{T}$, bzw. $T = \dfrac{1}{2\,W}$ ist, so ergibt sich

$$M^*(\omega) = a \sum_{n=-\infty}^{+\infty} M(\omega - n\,\omega_0) \qquad (13.20)$$

während man für $|\omega| < 2\,\pi\,W$

$$M^*(\omega) = a\,M(\omega)$$

erhält.

Damit erhält man nach Durchgang des Spektrums $M^*(\omega)$ durch das durch die Beziehung (13.13) definierte Filter des Demodulators das Spektrum

$$M^*(\omega) \cdot H(\omega) = a\,M(\omega)\,e^{-j\,\omega\,\Theta} \qquad (13.21)$$

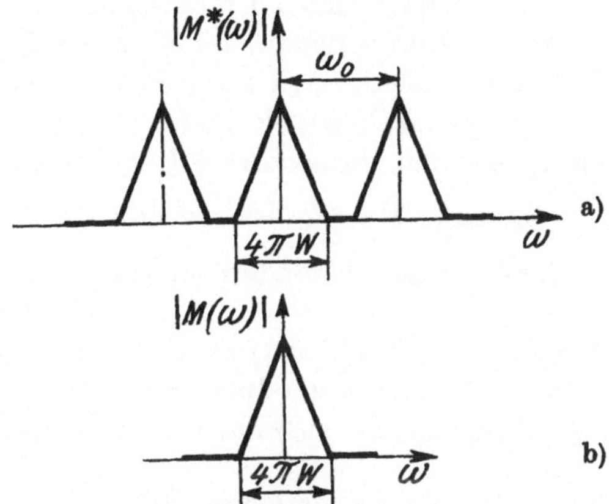

Abb. 13.7. Rückgewinnung der Nachricht für den Fall $T < \dfrac{1}{2\,W}$

a) Spektrum am Eingang des Filters; b) Spektrum der Nachricht am Ausgang des Filters

dem die Nachricht

$$a\,m\,(t - \Theta)$$

entspricht; in diesem Fall wird die Nachricht ohne Verzerrungen rückgewonnen.

2. Wenn $4\,\pi\,W < \omega_0$ bzw. $T < \dfrac{1}{2\,W}$ ist, so erscheinen im Spektrum $M^*(\omega)$ freie Intervalle, wie Abb. 13.7 zeigt.

Mit Hilfe des durch die Beziehung (13.13) definierten Filters kann man wie im vorhergehenden Falle die Nachricht extrahieren.

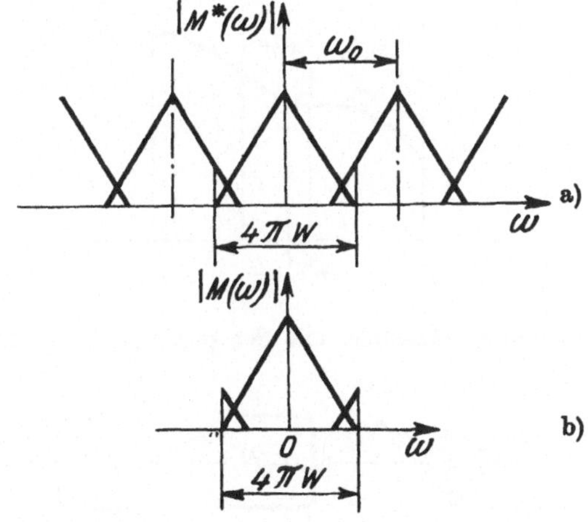

Abb. 13.8. Rückgewinnung der Nachricht für den Fall $T > \dfrac{1}{2\,W}$

a Spektrum am Eingang des Filters;
b Spektrum der Nachricht am Ausgang des Filters

In diesem Fall ist der Frequenzbereich nicht rationell ausgenützt, da Intervalle auftreten, in denen die Komponenten der Nachricht gleich Null sind. Wenn diese Intervalle nicht zu groß sind, ist dies von Nutzen, da man ein nichtideales Filter, dessen Amplitudencharakteristik nicht unendlich steil oberhalb der Grenzfrequenz abfällt, bzw. ein einfacheres Filter, verwenden kann.

3. Wenn $4\pi W > \omega_0$, bzw. $T > \dfrac{1}{2W}$ ist, so enthält $M^*(\omega)$ nicht mehr getrennt verschobene Spektren $M(\omega)$, sondern überlagerte verschobene Spektren $M(\omega)$ (Abb. 13.8).

In diesem Fall kann die Nachricht $m(t)$ nicht mehr unverzerrt erhalten werden. Am Ausgang des Filters des Demodulators erhält man ein Signal $r(t)$, das verschieden von $m(t)$ ist ($r(t)$ ist mit $m(t)$ nur in den Abtastpunkten gleich).

13.1.3. Darstellung von mit der periodischen rechteckförmigen Funktion abgetasteten Signalen

Bei vielen Anwendungen wird die Abtastung mit der periodischen rechteckförmigen Funktion $e_T(t)$ vorgenommen.

Der Ausdruck für die mit der Funktion $e_T(t)$ (Abb. 13.9) abgetastete Nachricht kann dadurch erhalten werden, indem man annimmt, daß die mit der δ-Funktion abgetastete Nacheicht $m^*(t)$, wie in Abb. 13 10, ein Formfilter mit rechteckförmiger Gewichtsfunktion $h_f(t)$ (Abb 13.11) durchläuft bzw. die Impulse auf die Breite τ gedehnt werden. Die Amplitude des Rechteckimpulses ist der Amplitude der Nachricht zum Zeitpunkt der Vorderflanke des Rechteckimpulses proportional. Bei einer anderen, später behandelten Form (Ab-

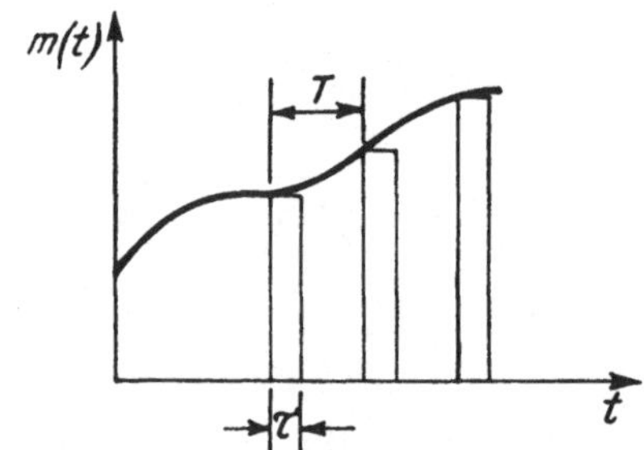

Abb. 13.9. Abtastung einer Nachricht mit der periodischen rechteckförmigen Funktion

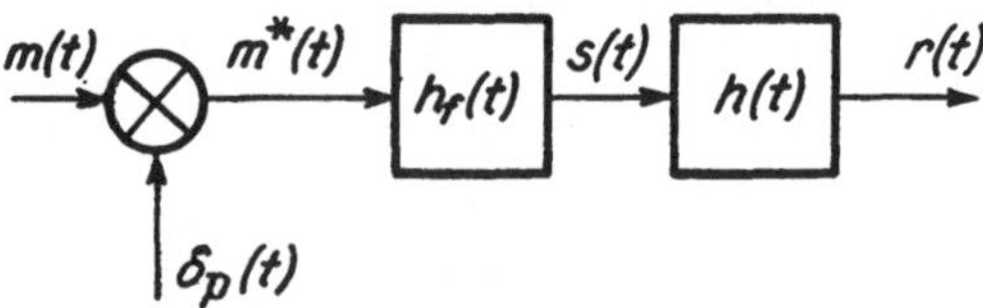

Abb. 13.10. Darstellung des Abtastvorganges mit der periodischen rechteckförmigen Funktion, ausgehend von der Abtastung mit der periodischen δ-Funktion

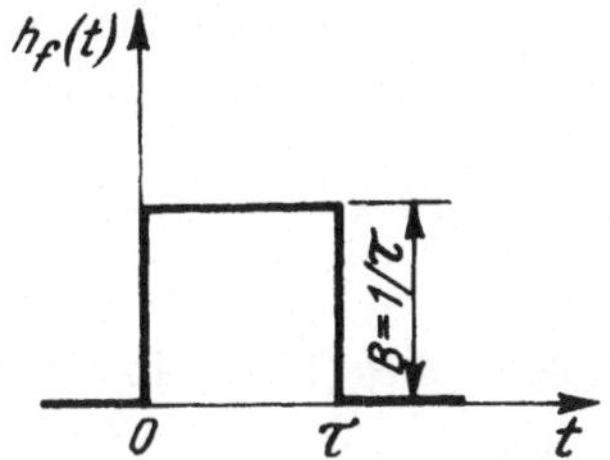

Abb. 13.11. Gewichtsfunktion des Formfilters

schnitt 13.2) der Abtastung mit rechteckförmigen Impulsen ist das Impulsdach nicht flach, sondern proportional der abgetasteten Nachricht während der Abtastdauer.

13.1.3.1. Mit der Funktion $e_T(t)$ abgetastete Nachricht im Zeitbereich

Die Gewichtsfunktion (Abb. 13.11) des Filters, das die Rechtimpulse formt, ist

$$\left.\begin{aligned}
h_f(t) &= B = \frac{1}{\tau} \qquad && \text{für} \qquad 0 \leqq t \leqq \tau; \\
h_f(t) &= 0 && \text{für} \qquad t < 0; t > \tau .
\end{aligned}\right\} \tag{13.22}$$

Wenn am Eingang des Formfilters die mit der δ-Funktion abgetastete Nachricht angelegt wird, erhält man am Ausgang das Signal

$$s(t) = \int\limits_{-\infty}^{+\infty} m^*(\lambda)\, h_f(t - \lambda)\, d\lambda = a\,T \int\limits_{-\infty}^{+\infty} \sum_{n=-\infty}^{+\infty} m(\lambda)\, \delta(\lambda - n\,T)\, h_f(t - \lambda)\, d\lambda$$

oder

$$s(t) = a\,T \sum_{n=-\infty}^{+\infty} m(n\,T)\, h_f(t - n\,T) . \tag{13.23}$$

Nach Demodulation bzw. am Ausgang des Tiefpasses erhält man

$$r(t) = \int\limits_{-\infty}^{+\infty} s(\lambda)\, h(t - \lambda)\, d\lambda = a\,T \sum_{n=-\infty}^{+\infty} m(n\,T) \int\limits_{-\infty}^{+\infty} h_f(\lambda - n\,T)\, h(t - \lambda)\, d\lambda .$$

Auf Grund der Beziehung (13.22) kann man schreiben

$$h_f(\lambda - n\,T) = B = \frac{1}{\tau} \qquad \text{für} \qquad 0 \leqq \lambda - n\,T \leqq \tau;$$

$$h_f(\lambda - n\,T) = 0 \qquad \text{für} \qquad \lambda - n\,T < 0; \tau < \lambda - n\,T ,$$

so daß die Integrationsgrenzen durch die Ausdrücke

$$\lambda \geqq n\,T \qquad \text{und} \qquad \lambda \leqq \tau + n\,T$$

gegeben sind, und daher

$$r(t) = \frac{a\,T}{\tau} \sum_{n=-\infty}^{+\infty} m(n\,T) \int\limits_{n\,T}^{n\,T+\tau} h(t - \lambda)\, d\lambda . \tag{13.24}$$

31*

Innerhalb des Intervalls $(n\,T,\ n\,T + \tau)$ befindet sich ein Punkt $t_n = n\,T + \sigma_n\tau$, für den $0 < \sigma_n < 1$ ist und von n abhängt, so daß die Beziehung

$$\int\limits_{nT}^{nT+\tau} h\,(t - \lambda)\,d\lambda = \tau\,h\,(t - n\,T - \sigma_n\tau) \tag{13.25}$$

besteht.

Durch Einführung des Ausdruckes (13.25) in die Beziehung (13.24) erhält man

$$r(t) = a\,T\sum_{n=-\infty}^{+\infty} m\,(n\,T)\,h\,(t - n\,T - \sigma_n\tau)\,. \tag{13.26}$$

Wie im vorigen Fall wird angenommen, daß die Impulsantwort $h(t)$ des Filters vom Ausgang durch die Beziehung (13.14) gegeben ist.

Wenn $T = \dfrac{1}{2\,W}$ ist, erhält man das Ausgangssignal

$$r(t) = a\sum_{n=-\infty}^{+\infty} m\left(\frac{n}{2\,W}\right)\frac{\sin 2\,\pi\,W\left(t - \dfrac{n}{2\,W} - \Theta - \sigma_n\tau\right)}{2\,\pi\,W\left(t - \dfrac{n}{2\,W} - \Theta - \sigma_n\tau\right)}\,. \tag{13.27}$$

Durch Vergleich der Beziehungen (13.27) und (13.15) ergibt sich, daß in diesem Fall das Ausgangssignal $r(t)$ vom Eingangssignal $m(t)$ im System verschieden ist, weil σ_n von n abhängig ist.

Wenn die Dauer der Abtastimpulse unendlich klein gemacht wird bzw. wenn $\tau \to 0$, so wird aus der Beziehung (13.27)

$$r(t) = a\,m\,(t - \Theta)\,,$$

man erhält also wieder das Ergebnis, das für den Fall der Abtastung mit δ-Funktionen erhalten wurde.

Wenn τ genügend klein ist, kann in der Beziehung (13.27) der Anteil $\sigma_n\tau$, der Verzerrungen bewirkt, vernachlässigt werden. Die durch die endliche Dauer τ der Abtastimpulse bewirkten Verzerrungen können am besten durch eine Analyse im Frequenzbereich charakterisiert werden.

13.1.3.2. Mit der Funktion $e_T(t)$ abgetastete Nachricht im Frequenzbereich

Um den Ausdruck für die mit der rechteckförmigen Funktion $e_T(t)$ abgetastete Nachricht im Frequenzbereich zu erhalten, müssen die Frequenzcharakteristiken des Formfilters und des Demodulationsfilters angegeben werden (Abb. 13.12).

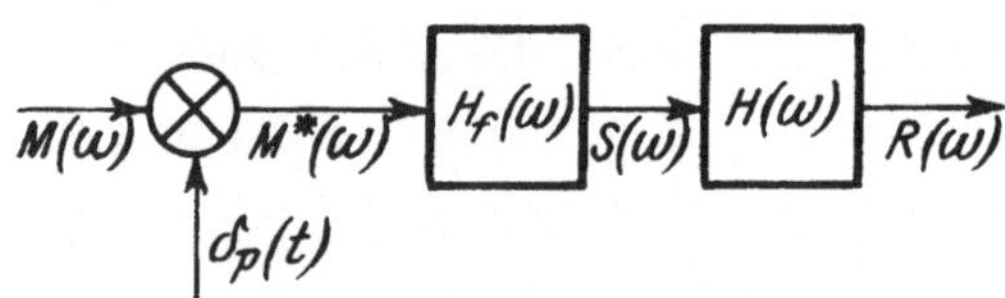

Abb. 13.12. Darstellung des Abtastvorganges mit der periodischen rechteckförmigen Funktion im Frequenzbereich

Die Übertragungsfunktion des Formfilters ist

$$H_f(\omega) = \int\limits_{-\infty}^{+\infty} h_f(t)\, e^{-j\omega t}\, dt = \frac{1}{\tau} \int\limits_{0}^{\tau} e^{-j\omega t}\, dt\,,$$

die auch in der Form

$$H_f(\omega) = \frac{\sin \omega\, \dfrac{\tau}{2}}{\omega\, \dfrac{\tau}{2}}\, e^{-j\omega\, \frac{\tau}{2}} \tag{13.28}$$

geschrieben werden kann.

Das Spektrum des abgetasteten Signals am Ausgang des Formfilters ist

$$S(\omega) = M^*(\omega)\, H_f(\omega)\,,$$

während das Spektrum des Signals am Ausgang des Tiefpasses des Demodulators den Ausdruck

$$R(\omega) = S(\omega)\, H(\omega) = M^*(\omega)\, H_f(\omega)\, H(\omega) \tag{13.29}$$

besitzt.

Wenn $T = \dfrac{1}{2\,W}$ ist, erhält man nach der Beziehung (13.21)

$$R(\omega) = a\, M(\omega)\, e^{-j\omega\,\Theta} \cdot H_f(\omega)\,. \tag{13.30}$$

Aus der Beziehung (13.30) ergibt sich, daß das Signal am Ausgang des Demodulators lineare Verzerrungen besitzt, die äquivalent der Verzerrungen sind, die man erhält, wenn die Nachricht $a\, m\, (t - \Theta)$ das Formfilter $H_f(\omega)$ durchläuft.

Nach der Beziehung (13.28) bewirkt das Formfilter eine Verzögerung, die den Wert $\dfrac{\tau}{2}$ hat und eine Veränderung des Spektrums der Nachricht, die durch die Amplitudencharakteristik (Abb. 13.13)

$$|H_f(\omega)| = \left| \frac{\sin \omega\, \dfrac{\tau}{2}}{\omega\, \dfrac{\tau}{2}} \right|$$

gegeben ist.

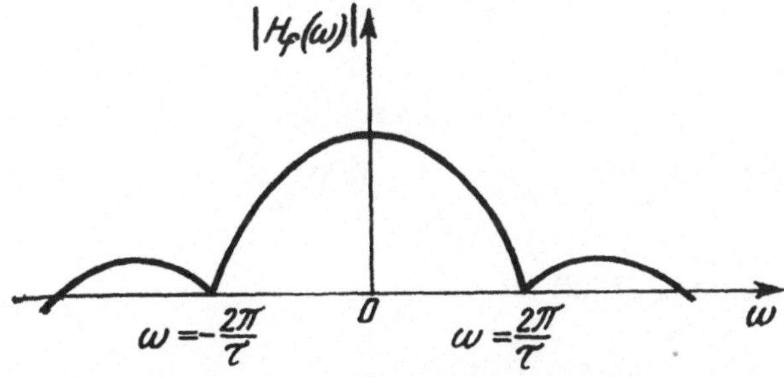

Abb. 13.13. Übertragungsfaktor des Formfilters

Wenn $\tau \to 0$, so ergibt sich, daß $|H_f(\omega)| \to 1$, also die Nachricht nicht verzerrt wird.

Wenn τ genügend klein ist bzw. wenn

$$2\,\pi\,W \ll \frac{2\,\pi}{\tau},$$

also

$$\tau \ll \frac{1}{W}$$

ist, so sind die von der Abtastung mit Rechteckimpulsen der Dauer τ bewirkten Verzerrungen vernachlässigbar.

Die vom Formfilter $H_f(\omega)$ verursachte Verzerrung der Nachricht wird Apertureffekt genannt. Durch einen nachgeschalteten Vierpol mit zu $|H_f(\omega)|$ reziproker Amplitudencharakteristik lassen sich die linearen Amplitudenverzerrungen rückgängig machen.

13.1.4. Quadratischer Mittelwert der diskreten Ordinaten einer Nachricht

Im folgenden wird der quadratische Mittelwert der diskreten Ordinaten $m(n\,T)$ ausgewertet, wobei der allgemeine Fall, bei dem T einen beliebigen Wert hat, betrachtet wird.

Da mit $n \to \infty$ der arithmetische Mittelwert gegen den Scharmittelwert konvergiert, kann man

$$\overline{m^2(n\,T)} = \lim_{N\to\infty} \frac{1}{2\,N} \sum_{n=-\infty}^{+\infty} m^2(n\,T) \tag{13.31}$$

und für $n < N$

$$m^2(n\,T) = \int_{-\infty}^{+\infty} m^2(t)\,\delta(t - n\,T)\,dt = \int_{-N\,T}^{+N\,T} m^2(t)\,\delta(t - n\,T)\,dt \tag{13.32}$$

schreiben.

Wenn man in den Ausdruck (13.31) die Beziehung (13.32) einführt, so erhält man

$$\overline{m^2(n\,T)} = \lim_{N\to\infty} \frac{1}{2\,N} \sum_{n=-N}^{n=+N} \int_{-N\,T}^{+N\,T} m^2(t)\,\delta(t - n\,T)\,dt$$

bzw.

$$\overline{m^2(n\,T)} = \lim_{N\to\infty} \frac{T}{2\,N\,T} \int_{-N\,T}^{+N\,T} m^2(t) \sum_{n=-N}^{+N} \delta(t - n\,T)\,dt . \tag{13.33}$$

Nach der Beziehung (13.2) ist

$$\lim_{N\to\infty} T \sum_{n=-N}^{N} \delta(t - n\,T) = \frac{1}{a}\,\delta_p(t) , \tag{13.34}$$

so daß man das zweite Glied der Beziehung (13.33) als zeitlichen Mittelwert des Produktes $\dfrac{1}{a}\, m^2(t)\, \delta_p(t)$ betrachten kann, also

$$\overline{m^2(n\,T)} = \frac{1}{a}\, \widetilde{\widetilde{m^2(t)}} \cdot \widetilde{\widetilde{\delta_p(t)}} \tag{13.35}$$

ist.

Führt man den Ausdruck (13.6) in die Beziehung (13.35) ein, so erhält man

$$\overline{m^2(n\,T)} = \widetilde{\widetilde{m^2(t)}} + 2 \sum_{n=1}^{\infty} \widetilde{\widetilde{m^2(t)\cos n\,\omega_0\,t}} \,. \tag{13.36}$$

Wenn die Nachricht $m(t)$ keine diskreten Komponenten enthält, kann man annehmen, daß $m^2(t)$ und $\cos n\,\omega_0\,t$ unabhängig sind und folglich

$$\widetilde{\widetilde{m^2(t)\cos n\,\omega_0\,t}} - \widetilde{\widetilde{m^2(t)}} \cdot \widetilde{\widetilde{\cos n\,\omega_0\,t}} = 0 \tag{13.37}$$

ist.

Wenn die Nachricht diskrete Komponenten enthält, so muß deren Frequenz inkommensurabel mit der Abtastfrequenz ω_0 sein.

Mit der Beziehung (13.37) wird aus der Beziehung (13.36)

$$\overline{m^2(n\,T)} = \widetilde{\widetilde{m^2(t)}} \,, \tag{13.38}$$

die Leistung der Nachricht ist also dem Scharmittel der diskreten Werte $m^2(n\,T)$ im Abstand T gleich, wobei der Parameter T jeden endlichen Wert annehmen kann.

Wie durch die Beziehung (13.17) gezeigt wurde, gilt für jeden Wert der Abtastperiode T die Beziehung

$$r\,(n\,T) = a\,m\,(n\,T - \Theta)\,.$$

woraus sich

$$\overline{r^2(n\,T)} = a^2\,\overline{m^2(n\,T)} \tag{13.39}$$

und nach der Beziehung (13.38)

$$\overline{r^2(n\,T)} = \widetilde{\widetilde{r^2(t)}} \tag{13.40}$$

ergibt. Unabhängig von dem Wert der Abtastperiode T führen die Beziehungen (13.39) und (13.40) zu

$$\widetilde{\widetilde{r^2(t)}} = \widetilde{\widetilde{a^2\,m^2(t)}} \,, \tag{13.41}$$

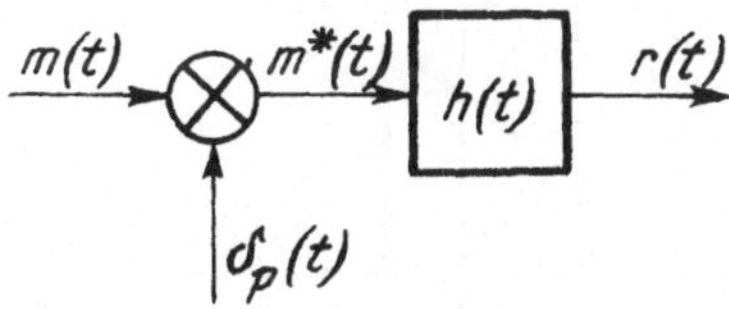

Abb. 13.14. Darstellung der Einrichtung zur Abtastung und Demodulation

folglich ist die Leistung des Signals am Ausgang des Filters des Demodulators, dessen Grenzfrequenz $\frac{\pi}{T}$ beträgt (Abb. 13.14), gleich der mit a^2 multiplizierten Leistung des abgetasteten Signals.

Dieses Ergebnis ist für die Bestimmung des Störabstandes sehr nützlich und gilt unter denselben Bedingungen wie die Beziehung (13.38).

13.1.5. Gleichmäßige Abtastung und natürliche Abtastung

Im folgenden werden die zwei wichtigsten Abtastverfahren und zwar das gleichmäßige und das natürliche betrachtet.

13.1.5.1. Gleichmäßige (uniforme) Abtastung

In diesem Fall wird die Abtastung in äquidistanten Zeitpunkten

$$t = n\,T$$

vorgenommen.

Führt man die Abtastung mit einer rechteckförmigen Funktion durch, so können folgende Fälle unterschieden werden:

1. Fall der Amplitudenmodulation (Abb. 13.15):

$$A = k\,m\,(n\,T) \tag{13.42}$$

wobei k eine konstante Größe ist.

2. Fall der Dauermodulation (Abb. 13.16):

$$\tau = k\,m\,(n\,T) \tag{13.43}$$

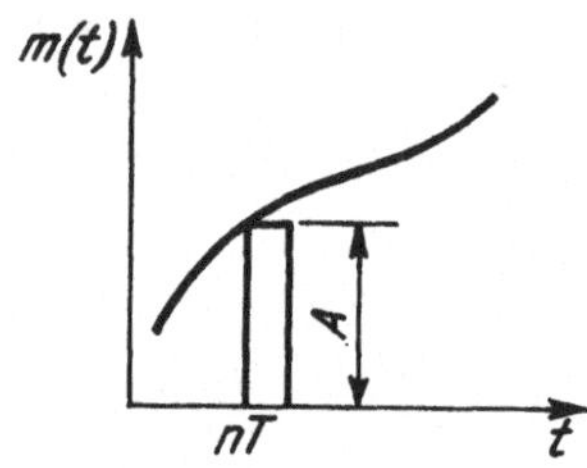

Abb. 13.15. Gleichmäßige Abtastung bei PAM

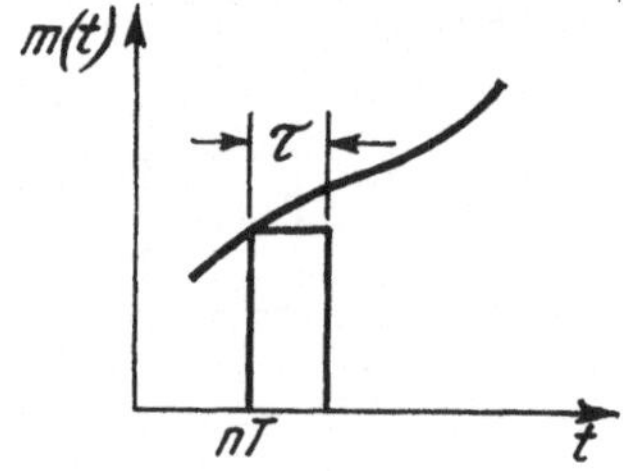

Abb. 13.16. Gleichmäßige Abtastung bei PDM

3. Fall der Phasenmodulation (Lagemodulation) (Abb. 13.17):

$$p = k\, m(n\, T) \, . \qquad (13.44)$$

Wenn man allgemein mit λ den modulierten Parameter bezeichnet, so hat man

$$\lambda = k\, m(n\, T) \, . \qquad (13.45)$$

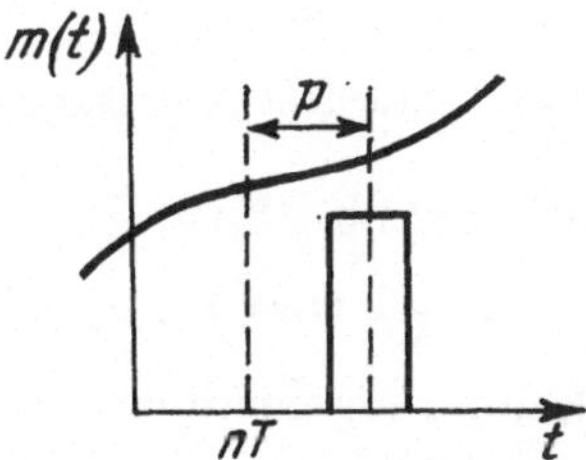

Abb. 13.17. Gleichmäßige Abtastung bei PPM

13.1.5.2. Natürliche Abtastung

In diesem Fall ist der modulierte Parameter mit dem Wert des Signals im Zeitpunkt der Auswertung gleich.

Es können folgende Fälle unterschieden werden:

1. Fall der Amplitudenmodulation (Abb. 13.18):

$$A = k\, m\, (n\, T + \mu) \, , \qquad (13.46)$$

wobei die Auswertung im Zeitpunkt $n\, T + \mu$ durchgeführt wird, wobei $\mu < \tau$ ist.

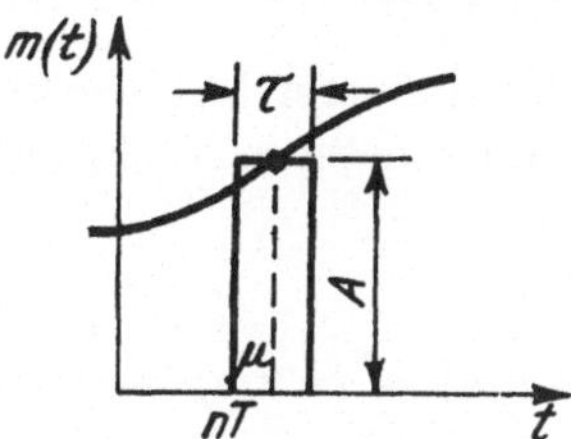

Abb. 13.18. Natürliche Abtastung bei PAM

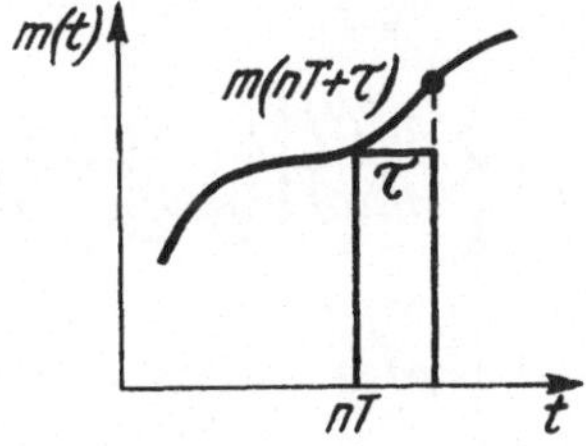

Abb. 13.19. Natürliche Abtastung bei PDM

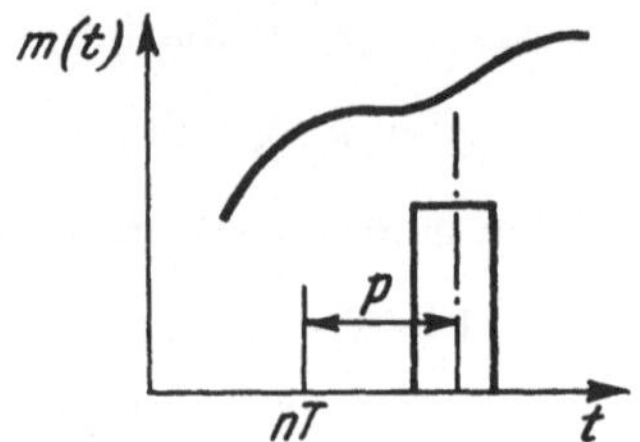

Abb. 13.20. Natürliche Abtastung bei PPM

2. Fall der Dauermodulation (Abb. 13.19):

$$\tau = k\, m\, (n\, T + \tau)\, . \tag{13.47}$$

3. Fall der Phasenmodulation (Lagemodulation) (Abb. 13.20):

$$p = k\, m\, (n\, T + p)\, . \tag{13.48}$$

13.2. Spektrum der amplitudenmodulierten Impulse (PAM)

Im folgenden wird angenommen, daß die Abtastung mit der Frequenz $\omega_0 = 4\,\pi\,W$ durchgeführt wird, so daß die abgetastete Nachricht ohne Verzerrungen rückgewonnen werden kann. Es wird ebenfalls angenommen, daß die Abtastung mit der rechteckförmigen periodischen Funktion erfolgt.

13.2.1. Spektrum der amplitudenmodulierter Impulse im Falle gleichmäßiger Abtastung (PAM)

Das Spektrum amplitudenmodulierter Impulse kann nach Durchgang der mit der periodischen δ-Funktion abgetasteten Nachricht durch ein Formfilter erhalten werden (Abb. 13.21).

Man erhält in diesem Fall

$$S(\omega) = M^*(\omega)\, H_f(\omega)\, . \tag{13.49}$$

Nach der Beziehung (13.20) kann man schreiben

$$M^*(\omega) = a \sum_{n=-\infty}^{+\infty} M\,(\omega - n\,\omega_0)\, . \tag{13.50}$$

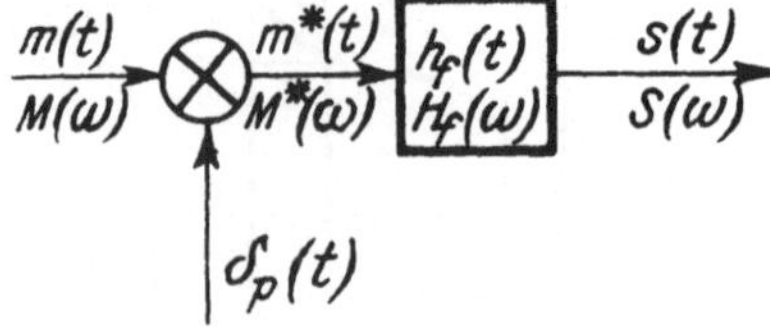

Abb. 13.21. Darstellung der Operationen der gleichmäßigen Abtastung und Formung im Falle der PAM

wobei für $|\omega| > \dfrac{1}{2}\,\omega_0$, $M(\omega) = 0$ ist.

Nach Einsetzen der Ausdrücke (13.50) und (13.28) in die Beziehung (13.49) erhält man

$$S(\omega) = a\,\frac{\sin \omega \dfrac{\tau}{2}}{\omega \dfrac{\tau}{2}}\,e^{-j\omega\frac{\tau}{2}}\sum_{n=-\infty}^{+\infty} M(\omega - n\,\omega_0)\,. \qquad (13.51)$$

In Abb. 13.22 ist eine Darstellung für den Betrag des Spektrums $S(\omega)$ der amplitudenmodulierten Impulse gegeben.

Praktisch können die Komponenten mit höherer Frequenz als $\dfrac{2\,\pi}{\tau}$ vernachlässigt werden, so daß die belegte Bandbreite den Wert

$$B = \frac{2\,\pi}{\tau} \qquad (13.52)$$

hat und die Bandbreite also nicht von der Nachricht, sondern von der Dauer der Abtastimpulse abhängt.

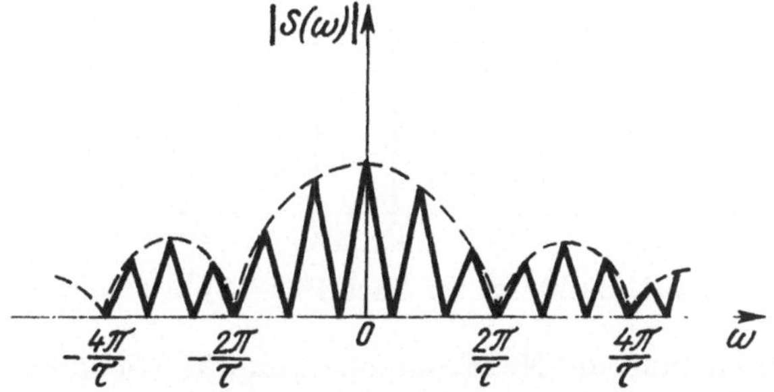

Abb. 13.22. Spektrum amplitudenmodulierter Impulse

Für nichtnegative Frequenzen kann der Betrag des durch die Beziehung (13.51) gegebenen Spektrums folgendermaßen geschrieben werden:

$$|S^+(\omega)| = 2\,a\,\varepsilon(\omega)\left|\frac{\sin \dfrac{\omega\tau}{2}}{\dfrac{\omega\tau}{2}}\sum_{n=0}^{+\infty} M(\omega - n\,\omega_0)\right|\,, \qquad (13.53)$$

wobei:

$$\varepsilon(\omega) = \begin{cases} 1 & \text{für} \quad \omega > 0\,, \\ \dfrac{1}{2} & \text{für} \quad \omega = 0\,, \\ 0 & \text{für} \quad \omega < 0 \end{cases}$$

ist.

13.3.1.1. Spektrum einer gleichmäßig abgetasteten sinusförmigen Nachricht (PAM)

Es wird angenommen, daß die Nachricht

$$m(t) = 1 + \alpha \cos \Omega\,t$$

bzw.

$$m(t) = 1 + \frac{\alpha}{2}(e^{+j\Omega t} + e^{-j\Omega t}) \tag{13.54}$$

ist, wobei $0 \leqq \alpha \leqq 1$; das entsprechende Spektrum (Abb. 13.23) lautet

$$M(\omega) = 2\pi \left[\delta(\omega) + \frac{\alpha}{2}\delta(\omega - \Omega) + \delta(\omega + \Omega) \right]. \tag{13.55}$$

Durch Einführung der Beziehung (13.55) in (13.53) ergibt sich

$$|S^+(\omega)| = 4\pi a \left| \frac{\sin \frac{\omega\tau}{2}}{\frac{\omega\tau}{2}} \right| \sum_{n=0}^{\infty} \left[\delta(\omega - n\omega_0) + \frac{\alpha}{2}\delta(\omega - n\omega_0 - \Omega) + \right.$$

$$\left. + \frac{\alpha}{2}\delta(\omega - n\omega_0 + \Omega) \right] \varepsilon(\omega). \tag{13.56}$$

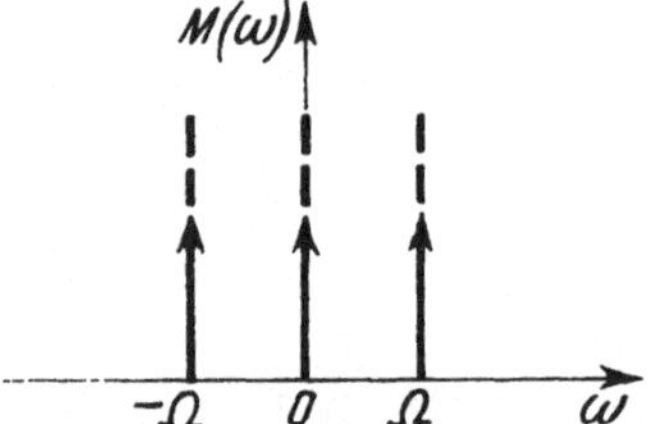

Abb. 13.23. Spektrum der Nachricht $m(t) = 1 + \alpha \cos \Omega t$

Für $n = 0$ erhält man die Nutzkomponenten (die Niederfrequenzkomponenten können durch den Tiefpaß des Demodulators abgetrennt werden)

$$|S^+(\omega)|_{n=0} = 2\pi \, 2a \left| \frac{\sin \omega \frac{\tau}{2}}{\frac{\omega\tau}{2}} \right| \left[\delta(\omega) + \frac{\alpha}{2}\delta(\omega - \Omega) \right] \varepsilon(\omega), \tag{13.57}$$

wobei berücksichtigt wurde, daß für $\omega \geqq 0$

$$\delta(\omega + \Omega) = 0$$

ist.

Nachfolgend werden verschiedene Komponenten berechnet. Diese kann man erhalten, indem man die Koeffizienten der Deltafunktionen, die bei den betrachteten Frequenzen erscheinen, durch 2π dividiert. Berücksichtigt man die Beziehung (3.39), so kann man schreiben

$$|S^+(\omega)| = 2\pi \cdot \left| 2\varepsilon(\omega) \sum_{n=0}^{\infty} C(n\omega_0)\,\delta(\omega - n\omega_0) \right|.$$

wobei

$$2\varepsilon(\omega) \mid C(n\omega_0) \mid = C_n$$

ist.

1. Die Gleichstromkomponente C_0 kann aus der Spektraldichte (13.57) erhalten werden, indem man $\omega = 0$ setzt; folglich ist

$$|S^+(0)|_{n=0} = 2\,\pi \cdot a \cdot 2\,[\delta(\omega)]_{\omega=0}\,\varepsilon(0) = 2\,\pi \cdot C_0\,[\delta(\omega)]_{\omega=0}$$

woraus sich

$$C_0 = a \tag{13.58}$$

ergibt.

2. Die Komponente C_Ω der Frequenz Ω kann erhalten werden, indem man in der Beziehung (13.57) $\omega = \Omega$ setzt:

$$|S^+(\Omega)|_{n=0} = 2\,\pi \cdot a\,\alpha \left|\frac{\sin\Omega\dfrac{\tau}{2}}{\dfrac{\Omega\tau}{2}}\right| [\delta(\omega - \Omega)]_{\omega=\Omega}\,,$$

so daß man

$$C_\Omega = a\,\alpha \left|\frac{\sin\dfrac{\Omega\tau}{2}}{\Omega\dfrac{\tau}{2}}\right|. \tag{13.59}$$

erhält. Wenn $\tau \ll \dfrac{2\,\pi}{\Omega_{\text{Max}}}$ ist, so kann man $C_\Omega \approx a\,\alpha$ annehmen.

3. Die Komponente $C_{k\,\Omega}$, deren Frequenz eine Harmonische der Nachrichtenfrequenz ist, kann erhalten werden, indem man in der Beziehung (13.57) $\omega = k\Omega$ setzt:

$$|S(k\,\Omega)|_{n=0} = 0$$

bzw.

$$C_{k\,\Omega} = 0\,, \tag{13.60}$$

da für $|k| \geqq 2\ \delta(k\,\Omega) = 0$ und $\delta(k\,\Omega - \Omega) = 0$ für jeden Wert Ω ist.

4. Die Komponente $C_{n\,\omega_0}$, deren Frequenz ein Vielfaches der Abtastfrequenz ist, kann erhalten werden, indem man $\omega = n\,\omega_0$ in die Beziehung (13.56) einsetzt:

$$|S^+(n\,\omega_0)| = 2\,\pi\,2\,a \left|\frac{\sin n\,\omega_0\dfrac{\tau}{2}}{n\,\omega_0\dfrac{\tau}{2}}\right| [\delta(\omega - n\,\omega_0)]_{\omega=n\,\omega_0}\,,$$

woraus sich

$$C_{n\,\omega_0} = 2\,a \left|\frac{\sin n\,\omega_0\dfrac{\tau}{2}}{n\,\omega_0\dfrac{\tau}{2}}\right| \tag{13.61}$$

ergibt.

5. Die Komponenten $C_{n\,\omega_0+\Omega}$, deren Frequenz $n\,\omega_0 + \Omega$ ist, können ebenfalls aus der Beziehung (13.56) erhalten werden:

$$|S^+(n\,\omega_0 + \Omega)| = 2\,\pi \cdot \alpha\,a \left| \frac{\sin (n\,\omega_0 + \Omega)\,\dfrac{\tau}{2}}{(n\,\omega_0 + \Omega)\,\dfrac{\tau}{2}} \right| \{\delta\,[\omega - (n\,\omega_0 + \Omega)]\}_{\omega = n\,\omega_0 + \Omega}\,,$$

so daß

$$C_{n\,\omega_0+\Omega} = \alpha\,a \left| \frac{\sin (n\,\omega_0 + \Omega)\,\dfrac{\tau}{2}}{(n\,\omega_0 + \Omega)\,\dfrac{\tau}{2}} \right| \tag{13.62}$$

ist.

6. Die Komponente $C_{n\,\omega_0+k\,\Omega}$, deren Frequenz $n\,\omega_0 + k\,\Omega$ ist, ergibt sich aus der Beziehung (13.56) wie folgt:

$$C_{n\,\omega_0+k\,\Omega} = 0 \quad \text{für} \quad |k| \leqq 2\,.$$

13.2.2. Spektrum amplitudenmodulierter Impulse im Falle der natürlichen Abtastung (PAM)

In diesem Fall ergibt sich die Abtastung infolge der Multiplikation mit einem Rechteckimpuls (Abb. 13.24)

$$s(t) = m(t) \cdot e_T(t)\,. \tag{13.63}$$

Die Impulsdächer sind nicht mehr flach, sondern verlaufen wie die Nachricht. Die Abtastung entspricht einem Schalter, der periodisch für die Zeit τ geschlossen wird.

Nach Einführung der Beziehung (13.7) in die Beziehung (13.63) erhält man

$$s(t) = a \sum_{n=-\infty}^{+\infty} \frac{\sin n\,\omega_0\,\dfrac{\tau}{2}}{n\,\omega_0\,\dfrac{\tau}{2}}\,m(t) \cos n\,\omega_0\,t\,. \tag{13.64}$$

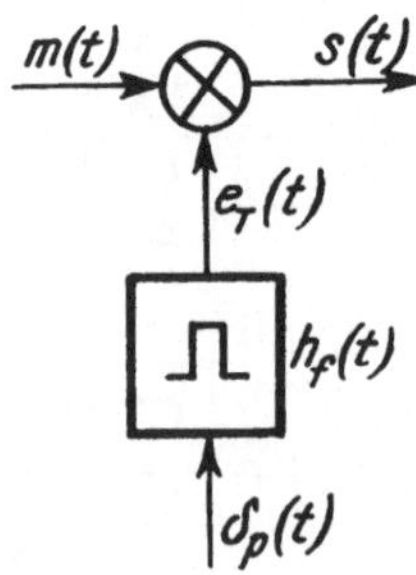

Abb. 13.24. Darstellung des natürlichen Abtastvorganges im Falle der PAM

Berücksichtigt man die Beziehungen (11.7) und (11.11), so erhält man für das Spektrum des Signals $s(t)$ (Abb. 13.25)

$$S(\omega) = \frac{1}{2} a \sum_{n=-\infty}^{+\infty} \frac{\sin n\,\omega_0\,\dfrac{\tau}{2}}{n\,\omega_0\,\dfrac{\tau}{2}} \left[M(\omega - n\,\omega_0) + M(\omega + n\,\omega_0)\right]. \quad (13.65)$$

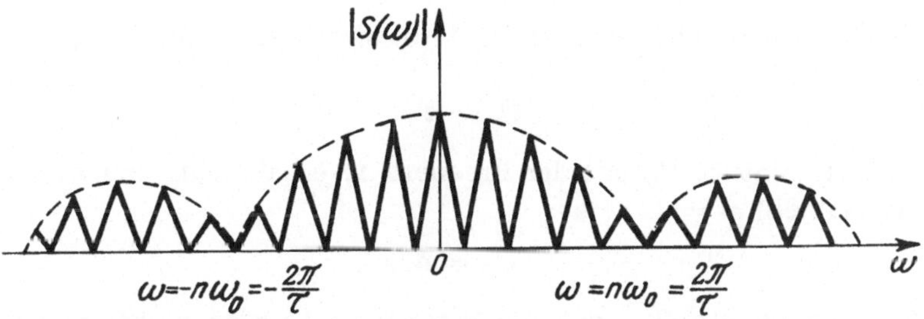

Abb. 13.25. Spektrum amplitudenmodulierter Impulse im Falle natürlicher Abtastung

Die Apertur- bzw. Spaltfunktion bewertet hierbei die oberen und unteren Seitenbandkomponenten mit der gleichen Amplitude, wie die Harmonischen der Abtastfrequenz.

Für nichtnegative Frequenzen ergibt sich für den Betrag des durch die Beziehung (13.65) gegebenen Spektrums folgender Ausdruck:

$$|S^+(\omega)| = 2a \left| \sum_{n=0}^{+\infty} \frac{\sin n\,\omega_0\,\dfrac{\tau}{2}}{n\,\omega_0\,\dfrac{\tau}{2}} M(\omega - n\,\omega_0) \right| \varepsilon(\omega). \quad (13.66)$$

13.2.2.1. Spektrum einer natürlich abgetasteten sinusförmigen Nachricht (PAM)

Es wird angenommen, daß die Nachricht

$$m(t) = 1 + \alpha \cos \Omega t, \quad \text{mit} \quad 0 \leq \alpha \leq 1$$

ist.

Das Spektrum dieser Nachricht lautet

$$M(\omega) = 2\pi \left[\delta(\omega) + \frac{\alpha}{2} \delta(\omega - \Omega) + \frac{\alpha}{2} \delta(\omega + \Omega) \right].$$

Nach Einsetzen in die Beziehung (13.66) ergibt sich

$$|S^+(\omega)| = 4\pi a \left| \sum_{n=0}^{+\infty} \frac{\sin n\,\omega_0\,\dfrac{\tau}{2}}{n\,\omega_0\,\dfrac{\tau}{2}} \right| \left[\delta(\omega - n\,\omega_0) + \frac{\alpha}{2} \delta(\omega - n\,\omega_0 - \Omega) + \right.$$

$$\left. + \frac{\alpha}{2} \delta(\omega - n\,\omega_0 + \Omega) \right] \varepsilon(\omega). \quad (13.67)$$

Für $n = 0$ erhält man die Nutzkomponenten

$$|S^+(\omega)|_{n=0} = 2\,\pi\,2\,a\left[\delta(\omega) + \frac{\alpha}{2}\,\delta\,(\omega - \Omega)\right]\varepsilon(\omega)\,, \qquad (13.68)$$

da für jeden Wert $\omega \geqq 0$ $\delta\,(\omega + \Omega) = 0$ ist.

Im folgenden werden die verschiedenen Komponenten berechnet, indem man die durch $2\,\pi$ dividierten Koeffizienten der δ-Funktionen ermittelt.

1. Die Gleichstromkomponente C_0 ergibt sich, indem man in der Beziehung (13.68) $\omega = 0$ setzt:

$$C_0 = a\,. \qquad (13.69)$$

2. Die Komponente C_Ω mit der Frequenz Ω erhält man, indem man in der Beziehung (13.68) $\omega = \Omega$ setzt:

$$C_\Omega = a\,\alpha\,. \qquad (13.70)$$

3. Die Komponente $C_{k\,\Omega}$ mit der Frequenz $k\,\Omega$ wird durch Einsetzen von $\omega = k\,\Omega$ in die Beziehung (13.68) erhalten:

$$C_{k\,\Omega} = 0 \quad \text{für} \quad k \geqq 2\,. \qquad (13.71)$$

4. Die Komponente $C_{n\,\omega_0}$, deren Frequenz $n\,\omega_0$ ist, ergibt sich, indem man $\omega = n\,\omega_0$ in die Beziehung (13.67) einsetzt:

$$C_{n\,\omega_0} = 2\,a\left|\frac{\sin n\,\omega_0\,\dfrac{\tau}{2}}{n\,\omega_0\,\dfrac{\tau}{2}}\right|\,. \qquad (13.72)$$

5. Die Komponente $C_{n\,\omega_0 + \Omega}$, deren Frequenz $n\,\omega_0 + \Omega$ beträgt, ergibt sich nach Einsetzen von $\omega = n\,\omega_0 + \Omega$ in die Beziehung (13.67):

$$C_{n\,\omega_0 + \Omega} = a\,\alpha\left|\frac{\sin n\,\omega_0\,\dfrac{\tau}{2}}{n\,\omega_0\,\dfrac{\tau}{2}}\right|\,. \qquad (13.73)$$

6. Die Komponente $C_{n\,\omega_0 + k\,\Omega}$ mit der Frequenz $n\,\omega_0 + k\,\Omega$ erhält man, indem man $\omega = n\,\omega_0 + k\,\Omega$ in die Beziehung (13.67) einsetzt:

$$C_{n\,\omega_0 + k\,\Omega} = 0 \quad \text{für} \quad k \geqq 2\,. \qquad (13.74)$$

13.3. Spektrum der mit einer sinusförmigen Nachricht phasenmodulierten Impulse (PPM)

Im folgenden werden die Spektren phasenmodulierter Impulse für den Sonderfall einer sinusförmigen Nachricht berechnet.

13.3.1. Spektrum der phasenmodulierten Impulse
im Falle gleichmäßiger Abtastung (PPM)

Es wird angenommen, daß zuerst eine Abtastung mit phasenmodulierten δ-Impulsen erfolgt, die anschließend durch ein Formfilter geführt werden (Abb. 13.26).

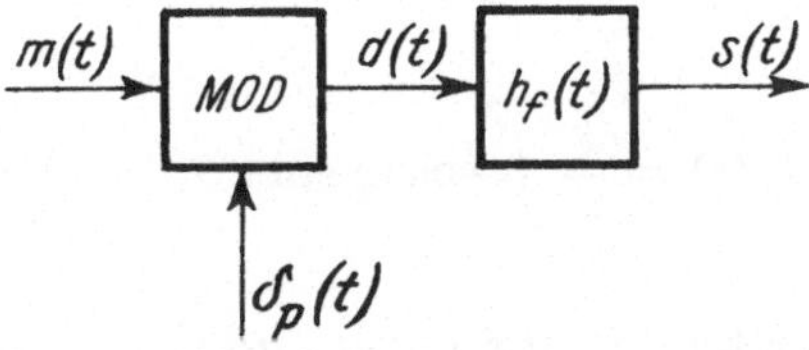

Abb. 13.26. Darstellung des natürlichen Abtastvorganges und der Formung
im Falle der PPM

MOD — Modulator

Es wird vorausgesetzt, daß die Nachricht sinusförmig verläuft:

$$m(t) = \alpha \sin \Omega t \, .$$

Im Fall der gleichmäßigen Abtastung verändert die Nachricht $m(t)$ die Lage der Abtastimpulse (Abb. 13.27) um den Betrag

$$\Delta p \sin \Omega n T \, ,$$

wobei $\Delta p = k \alpha$ ist und k eine Konstante des Modulators darstellt, die der Einfachheit halber gleich Eins ($k = 1$) angenommen werden kann. Damit keine Überlagerungen der modulierten Impulse auftreten, wird die Bedingung $\Delta p < \dfrac{T}{2}$ gestellt.

Am Ausgang des Modulators erscheint das Signal

$$d(t) = a T \sum_{n=-\infty}^{+\infty} \delta (t - n T + \Delta p \sin \Omega n T) \, . \tag{13.75}$$

Die Spektraldichte der phasenmodulierten δ-Impulse ist

$$D(\omega) = a T \sum_{n=-\infty}^{+\infty} \int_{-\infty}^{+\infty} \delta (t - n T + \Delta p \sin \Omega n T) e^{-j\omega t} \, dt \, ,$$

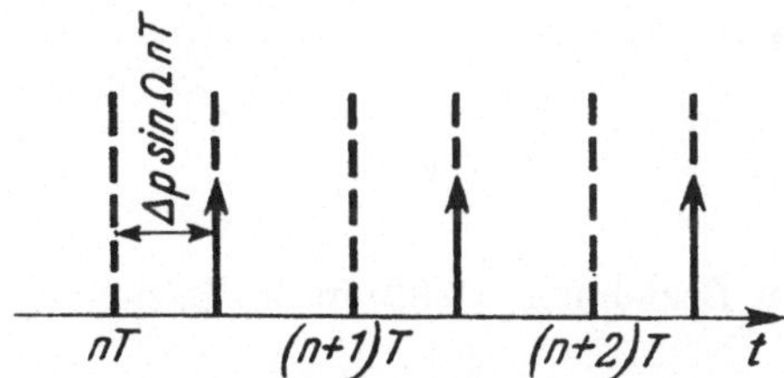

Abb. 13.27. Veränderung der Lage der Impulse im Falle gleichmäßiger Abtastung
bei der PPM

bzw.

$$D(\omega) = a\,T \sum_{n=-\infty}^{+\infty} e^{-j\,\omega(n\,T - \varDelta p\,\sin\,\Omega\,n\,t)}\,. \tag{13.76}$$

Es ist

$$e^{j\,\omega\,\varDelta p\,\sin\,\Omega\,n\,T} = \sum_{m=-\infty}^{+\infty} J_m\,(\omega\,\varDelta p)\,e^{j\,m\,n\,\Omega\,T}\,, \tag{13.77}$$

wobei

$$J_m(\varrho) = \frac{1}{\pi} \int_0^{\pi} \cos\,(\varrho\,\sin\,x - m\,x)\,dx \tag{13.78}$$

die BESSEL-Funktion erster Art und m-ter Ordnung darstellt.

Indem man den Ausdruck (13.78) in die Beziehung (13.76) einsetzt, erhält man

$$D(\omega) = a\,T \sum_{n=-\infty}^{+\infty} \sum_{m=-\infty}^{+\infty} J_m\,(\omega\,\varDelta p)\,e^{-j\,\omega\,n\,T}\,e^{j\,m\,n\,\Omega\,T}$$

oder

$$D(\omega) = a\,T \sum_n \sum_m J_m\,(\omega\,\varDelta p)\,e^{j(m\,\Omega - \omega)n\,T}\,, \tag{13.79}$$

was auch in der Form

$$D(\omega) = a\,T \sum_m J_m\,(\omega\,\varDelta p) \sum_n e^{j(m\,\Omega - \omega)n\,T} \tag{13.80}$$

geschrieben werden kann.

Es wird eine periodische Hilfsfunktion $F(u)$ betrachtet, die die Periode ω_0 hat und durch die Beziehung

$$F(u) = \sum_n \delta\,(u - n\,\omega_0) \tag{13.81}$$

gegeben ist; nach FOURIER-Reihenentwicklung erhält man

$$F(u) = \sum_n C_n\,e^{j\,n\frac{2\,\pi}{\omega_0}u}\,, \tag{13.82}$$

wobei

$$C_n = \frac{1}{\omega_0} \int_{-\omega_0/2}^{+\omega_0/2} F(u)\,e^{-j\,n\frac{2\,\pi}{\omega_0}u}\,du = \frac{1}{\omega_0} \int_{-\omega_0/2}^{+\omega_0/2} \delta(u)\,e^{-j\,n\frac{2\,\pi}{\omega_0}u}\,du\,,$$

oder

$$C_n = \frac{1}{\omega_0} \tag{13.83}$$

ist.

Nach Einsetzen der Beziehung (13.83) in die Beziehung (13.82) erhält man

$$F(u) = \sum_n \frac{1}{\omega_0}\,e^{j\,n\frac{2\,\pi}{\omega_0}u}\,. \tag{13.84}$$

Wenn man $u = m \Omega - \omega$ und $\omega_0 = \dfrac{2\pi}{T}$ setzt, so ergibt sich aus den Beziehungen (13.81) und (13.84)

$$F(m \Omega - \omega) = \sum_m \delta(m \Omega - \omega - n \omega_0) = \frac{T}{2\pi} \sum_n e^{j(m\Omega - \omega)nT}$$

und weiter

$$\sum_n e^{j(m\Omega - \omega)nT} = \frac{2\pi}{T} \sum_n \delta(m\Omega - \omega - n\omega_0) . \tag{13.85}$$

Indem man die Beziehung (13.85) in die Beziehung (13.80) einführt, erhält man folgenden Ausdruck für das Spektrum $D(\omega)$ der periodischen phasenmodulierten δ-Funktion

$$D(\omega) = 2\pi a \sum_m \sum_n J_m(\omega \Delta p) \delta(m\Omega - \omega - n\omega_0) \tag{13.86}$$

Um rechteckförmige phasenmodulierte Impulse zu erhalten, werden die δ-Impulse durch das Formfilter $H_f(\omega)$ geführt. Am Ausgang des Filters erhält man das Spektrum

$$S(\omega) = D(\omega) H_f(\omega) .$$

bzw.

$$S(\omega) = 2\pi \cdot a \frac{\sin \omega \dfrac{\tau}{2}}{\omega \dfrac{\tau}{2}} e^{j\omega \frac{\tau}{2}} \sum_m \sum_n J_m(\omega \Delta p) \delta(m\Omega - \omega - n\omega_0) , \tag{13.87}$$

und wenn man die Beziehung

$$J_{-m}(-\varrho) = J_m(\varrho)$$

berücksichtigt, ergibt sich für nichtnegative Frequenzen

$$|S^+(\omega)| = 2\pi \cdot 2a \left| \frac{\sin \omega \dfrac{\tau}{2}}{\omega \dfrac{\tau}{2}} \sum_m \sum_n J_m(\omega \Delta p) \delta(m\Omega - \omega - n\omega_0) \right| \varepsilon(\omega). \tag{13.88}$$

Aus dieser Beziehung können die Werte der verschiedenen Spektralkomponenten dadurch bestimmt werden, indem man die Koeffizienten der δ-Funktionen der Beziehung (13.88), deren Argumente gleich Null sind, durch 2π dividiert.

Wie im Falle der Amplitudenmodulation wird angenommen, daß die Frequenz Ω der Nachricht und die Abtastfrequenz ω_0 inkommensurabel sind.

Im folgenden werden verschiedene Komponenten berechnet.

1. Die Gleichstromkomponente läßt sich ableiten, indem man in der Beziehung (13.88) $\omega = 0$ setzt:

$$|S^+(0)| = 2\pi \cdot 2a \sum_m J_m(0) \sum_n \delta(m\Omega - n\omega_0) \varepsilon(0) ,$$

jedoch ist $\sum_n \delta(m\Omega - n\omega_0)$ nur für $m = 0$ und $n = 0$ verschieden von Null.

32*

Indem man diese Werte in den Ausdruck von $|S^+(0)|$ einführt, ergibt sich

$$|S^+(0)| = 2\,\pi \cdot a\,J_0(0)\,[\delta\,(m\,\Omega - n\,\omega_0)]_{\substack{m=0\\n=0}}$$

und schließlich, da $J_0(0) = 1$ ist

$$C_0 = a\ .$$

2. Die Komponente C_Ω, deren Frequenz gleich der Nachrichtenfrequenz Ω ist, wird erhalten, indem man in die Beziehung (13.88) $\omega = \Omega$ einsetzt:

$$|S^+(\Omega)| = 2\,\pi\,2\,a\,\left|\frac{\sin\,\Omega\,\dfrac{\tau}{2}}{\Omega\,\dfrac{\tau}{2}}\,\sum_m J_m\,(\Omega\,\Delta p)\,\sum_n \delta\,(m\,\Omega - \Omega - n\,\omega_0)\right|\ ;$$

das Argument der δ-Funktion ist nur dann gleich Null, wenn $m = 1$ und $n = 0$ ist, so daß sich

$$|S^+(\Omega)| = 2\,\pi\,2\,a\,\left|\frac{\sin\,\Omega\,\dfrac{\tau}{2}}{\Omega\,\dfrac{\tau}{2}}\,J_1\,(\Omega\,\Delta p)\right|\,[\delta\,(m\,\Omega - \Omega - n\,\omega_0)]_{\substack{m=1\\n=0}}$$

und

$$C_\Omega = 2\,a\,\left|\frac{\sin\,\Omega\,\dfrac{\tau}{2}}{\Omega\,\dfrac{\tau}{2}}\,J_1\,(\Omega\,\Delta p)\right|\ ; \qquad (13.89)$$

ergibt.

Wenn $\Omega\,\Delta p \ll 1$ ist, kann man schreiben

$$J_1(\Omega\,\Delta p) \simeq \frac{1}{2}\,\Omega\,\Delta p\ ,$$

und es ergibt sich

$$C_\Omega = a\,\Omega\,\Delta p\,\left|\frac{\sin\,\Omega\,\dfrac{\tau}{2}}{\Omega\,\dfrac{\tau}{2}}\right| \simeq a\,\Omega\,\Delta p\ . \qquad (13.90)$$

Da Δp einen sehr kleinen Wert hat, ist auch der Wert der Nutzkomponente C_Ω klein und es ist wie bei der Pulsamplitudenmodulation nicht zweckmäßig, bei der Demodulation nur einen Tiefpaß zu verwenden; um so mehr, da nach der Filterung eine lineare Frequenzkorrektur eingeführt werden müßte.

3. Die Komponente $C_{k\,\Omega}$, deren Frequenz $k\Omega$ ein Vielfaches der Nachrichtenfrequenz ist, kann erhalten werden, indem man $\omega = k\,\Omega$ in die Beziehung (3.88) einsetzt:

$$|S^+(k\,\Omega)| = 2\,\pi \cdot 2\,a\,\left|\frac{\sin\,k\,\Omega\,\dfrac{\tau}{2}}{k\,\Omega\,\dfrac{\tau}{2}}\,\sum_m J_m\,(k\,\Omega\,\Delta p)\,\sum_n \delta\,(m\,\Omega - k\,\Omega - n\,\omega_0)\right|\ ;$$

das Argument der δ-Funktion wird gleich Null für $m = k$ und $n = 0$, so daß

$$|S^+(k\,\Omega)| = 2\,\pi \cdot 2\,a \left| \frac{\sin k\,\Omega\,\dfrac{\tau}{2}}{k\,\Omega\,\dfrac{\tau}{2}} J_k(k\,\Omega\,\Delta p) \right| \left[\delta\,(m\,\Omega - k\,\Omega - n\,\omega_0)\right]_{\substack{m=k \\ n=0}}$$

und

$$C_{k\,\Omega} = 2\,a \left| \frac{\sin k\,\Omega\,\dfrac{\tau}{2}}{k\,\Omega\,\dfrac{\tau}{2}} J_k\,(k\,\Omega\,\Delta p) \right| \tag{13.91}$$

wird.

Da $\Omega\Delta p \ll 1$ und da sich die Werte von $J_k(\varrho)$ bei wachsendem k verringern, können die Komponenten $C_{k\,\Omega}$ vernachlässigt werden, so daß die Modulation als lineare Modulation betrachtet werden kann.

4. Die Komponente $C_{k\,\omega_0}$, deren Frequenz $k\,\omega_0$ ein Vielfaches der Abtastfrequenz ist, kann erhalten werden, in dem man in die Beziehung (13.88) $\omega = k\,\omega_0$ einsetzt:

$$|S^+\,(k\,\omega_0)| = 2\,\pi\,2\,a \left| \frac{\sin k\,\omega_0\,\dfrac{\tau}{2}}{k\,\omega_0\,\dfrac{\tau}{2}} \sum_m J_m\,(k\,\omega_0\,\Delta p) \sum_n \delta\,(m\,\Omega - k\,\omega_0 - n\,\omega_0)\right| ;$$

das Argument der δ-Funktion wird gleich Null für $m = 0$, $k = -n$ und daher wird

$$|S^+(k\,\omega_0)| = 2\,\pi \cdot 2\,a \left| \frac{\sin k\,\omega_0\,\dfrac{\tau}{2}}{k\,\omega_0\,\dfrac{\tau}{2}} J_0\,(k\,\omega_0\,\Delta p) \right| \left[\delta\,(m\,\Omega - k\,\omega_0 - n\,\omega_0)\right]_{\substack{m=0 \\ k=-n}}$$

und

$$C_{k\,\omega_0} = 2\,a \left| \frac{\sin k\,\omega_0\,\dfrac{\tau}{2}}{k\,\omega_0\,\dfrac{\tau}{2}} J_0\,(k\,\omega_0\,\Delta p) \right| . \tag{13.92}$$

5. Die Komponente $C_{k\,\omega_0 + l\,\Omega}$, deren Frequenz $\omega = k\,\omega_0 + l\,\Omega$ beträgt, wird aus der Beziehung

$$|S^+\,(k\,\omega_0 + l\,\omega)| = 2\,\pi \cdot 2\,a \left| \frac{\sin (k\,\omega_0 + l\,\Omega)\,\dfrac{\tau}{2}}{(k\,\omega_0 + l\,\Omega)\,\dfrac{\tau}{2}} \sum_m J_m\,[(k\,\omega_0 + l\,\Omega)\,\Delta p] \times \right.$$

$$\left. \times \sum_n \delta\,(m\,\Omega - k\,\omega_0 - l\,\Omega - n\,\omega_0)\right|$$

erhalten, in welcher das Argument der δ-Funktion für $k = -n$ und $m = l$ gleich Null wird

$$|S^+ (k\,\omega_0 + l\,\Omega)| = 2\,\pi \cdot 2\,a \left| \frac{\sin (k\,\omega_0 + l\,\Omega)\dfrac{\tau}{2}}{(k\,\omega_0 + l\,\Omega)\dfrac{\tau}{2}}\, J_1\,[(k\,\omega_0 + l\,\Omega)\,\varDelta p] \right| \times$$

$$\times\,[\delta\,(m\,\Omega - k\,\omega_0 - l\,\Omega - n\,\omega_0)]_{\substack{k=-n,\\ m=l}}\,,$$

woraus sich

$$C_{k\,\omega_0 + l\,\Omega} = 2\,a \left| \frac{\sin (k\,\omega_0 + l\,\Omega)\dfrac{\tau}{2}}{(k\,\omega_0 + l\,\Omega)\dfrac{\tau}{2}}\, J_1\,[(k\,\omega_0 + l\,\Omega)\,\varDelta p] \right| \qquad (13.93)$$

ergibt.

13.3.2. Spektrum der phasenmodulierten Impulse im Falle natürlicher Abtastung (PPM)

In diesem Falle kann das Problem leichter im Zeitbereich gelöst werden.

Wie im vorigen Fall wird angenommen, daß phasenmodulierte Impulse unendlich kleiner Dauer durch ein Formfilter geführt werden, um rechteckförmige phasenmodulierte Impulse der Dauer τ zu erhalten.

Die phasenmodulierten δ-Impulse können durch Ableitung einer Summe von phasenmodulierten Einheitssprungfunktionen erhalten werden:

$$i(t) = \frac{d}{dt} \sum_n u(\Theta_n)\,, \qquad (13.94)$$

wobei $u(\Theta_n)$ die Einheitssprungfunktion darstellt.

Die Nachricht ist sinusförmig:

$$m(t) = \alpha \sin \Omega\,t\,,$$

wobei $\varDelta p = \alpha$ die Phasenabweichung der Impulse darstellt. Der Zeitpunkt, zu dem sie erscheinen, ist durch $\Theta_n = 0$ gegeben mit

$$\Theta_n = t - n\,T + \varDelta p \sin \Omega\,t\,. \qquad (13.95)$$

Der Zeitpunkt, in dem $\Theta_n = 0$ wird, ist

$$t_n = n\,T - \varDelta p \sin \Omega\,t_n\,. \qquad (13.96)$$

Es ergibt sich aus der Beziehung (13.96), daß in diesem Fall eine natürliche Abtastung erfolgt, da der Zeitpunkt, zu dem die Impulse erscheinen, mit dem Zeitpunkt t_n übereinstimmt, in dem man die Nachricht auswertet. Wenn man in diesem Fall $p = t_n - n\,T$ einsetzt, so erhält die Beziehung (13.96) die Form der Beziehung (13.48), die die natürliche Abtastung definiert.

Die durch die Beziehung (13.94) gegebene Folge von δ-Impulsen kann in der Form

$$i(t) = a\,T \sum_n{}' \frac{du(\Theta_n)}{d\Theta_n}\,\frac{d\Theta_n}{dt} \tag{13.97}$$

geschrieben werden; da aber

$$\frac{du(\Theta_n)}{d\Theta_n} = \delta(\Theta_n)\,,$$

erhält man

$$i(t) = a\,T \sum_n \delta(\Theta_n)\,\frac{d\Theta_n}{dt}\,, \tag{13.98}$$

oder nach Einsetzen der Beziehung (3.95) in die Beziehung (13.98)

$$i(t) = a\,T \sum_n \delta\left(t - n\,T + \Delta p \sin\Omega\,t\right)(1 + \Omega\,\Delta p \cos\Omega\,t)\,. \tag{13.99}$$

Wenn man die Beziehungen (13.2) und (13.5) berücksichtigt, wird die Beziehung (13.99) zu

$$i(t) = a\,(1 + \Omega\,\Delta p \cos\Omega\,t) \sum_n e^{jn\,\omega_0(t + \Delta p \sin\Omega\,t)} \tag{13.100}$$

und nach Einsetzen der Beziehung (13.77) ergibt sich

$$i(t) = a\,(1 + \Omega\,\Delta p \cos\Omega\,t) \sum_n e^{jn\omega_0 t} \sum_m J_m\,(n\,\omega_0\,\Delta p)\,e^{jm\Omega t} \tag{13.101}$$

oder

$$i(t) = a \sum_n{}' \sum_m{}' J_m\,(n\,\omega_0\,\Delta p) \left\{ e^{j(n\,\omega_0 + m\Omega)t} + \frac{\Omega\Delta p}{2}\,e^{j[n\,\omega_0 + (m-1)\Omega]t} + \right.$$

$$\left. + \frac{\Omega\Delta p}{2}\,e^{j[n\,\omega_0 + (m+1)\Omega]t} \right\}\,. \tag{13.102}$$

Die Spektraldichte von $i(t)$ ist

$$I(\omega) = 2\,\pi \cdot a \sum_n \sum_m J_m\,(n\,\omega_0\,\Delta p) \left\{ \delta\,(\omega - n\,\omega_0 - m\,\Omega) + \right.$$

$$+ \frac{1}{2}\,\Omega\,\Delta p\,\delta\,[\omega - n\,\omega_0 - (m-1)\,\Omega] +$$

$$\left. + \frac{1}{2}\,\Omega\,\Delta p\,\delta\,[\omega - n\,\omega_0 - (m+1)\,\Omega] \right\}\,. \tag{13.103}$$

Wenn die Abtastung mit rechteckförmigen Impulsen der Dauer τ erfolgt, erhält man den Ausdruck des Signals im Zeitbereich oder im Frequenzbereich dadurch, daß man die δ-Impulse durch ein Formfilter mit der Übertragungsfunktion

$$H_f(\omega) = \frac{\sin\omega\,\dfrac{\tau}{2}}{\omega\,\dfrac{\tau}{2}}\,e^{-j\omega\frac{\tau}{2}} \tag{13.104}$$

führt.

Wenn am Eingang des Formfilters das durch die Beziehung (13.102) gegebene Signal angelegt wird, erhält man

$$q(t) = a \sum_n \sum_m J_m(n\,\omega_0\,\Delta p) \left\{ \frac{\sin(n\,\omega_0 + m\,\Omega)\frac{\tau}{2}}{(n\,\omega_0 + m\,\Omega)\frac{\tau}{2}} e^{\,j(n\,\omega_0 + m\,\Omega)\left(t - \frac{\tau}{2}\right)} + \right.$$

$$+ \frac{\Omega\Delta p}{2} \frac{\sin[n\,\omega_0 + (m-1)\,\Omega]\frac{\tau}{2}}{[n\,\omega_0 + (m-1)\,\Omega]\frac{\tau}{2}} e^{\,j[n\,\omega_0 + (m-1)\,\Omega]\left(t - \frac{\tau}{2}\right)} +$$

$$\left. + \frac{\Omega\Delta p}{2} \frac{\sin[n\,\omega_0 + (m+1)\,\Omega]\frac{\tau}{2}}{[n\,\omega_0 + (m+1)\,\Omega]\frac{\tau}{2}} e^{\,j[n\,\omega_0 + (m+1)\,\Omega]\left(t - \frac{\tau}{2}\right)} \right\} \qquad (13.105)$$

und aus den Beziehungen (13.103) und (13.104) die entsprechende Spektraldichte $Q(\omega)$ der phasenmodulierten rechteckförmigen Impulse

$$Q(\omega) = 2\,\pi \cdot a \frac{\sin\omega\frac{\tau}{2}}{\omega\frac{\tau}{2}} e^{-j\omega\frac{\tau}{2}} \sum_n \sum_m J_m(n\,\omega_0\,\Delta p) \left\{ \delta(\omega - n\,\omega_0 - m\,\Omega) + \right.$$

$$\left. + \frac{1}{2}\Omega\,\Delta p\,\delta[\omega - n\,\omega_0 - (m-1)\,\Omega] + \frac{1}{2}\Omega\,\Delta p\,\delta[\omega - n\,\omega_0 - (m+1)\,\Omega] \right\}. $$
$$(13.106)$$

Für nichtnegative Frequenzen ergibt sich

$$|Q^+(\omega)| = 2\,\pi \cdot 2\,a \left| \frac{\sin\omega\frac{\tau}{2}}{\omega\frac{\tau}{2}} \sum_n \sum_m J_m(n\,\omega_0\,\Delta p) \left\{ \delta(\omega - n\,\omega_0 - m\,\Omega) + \right. \right.$$

$$\left. \left. + \frac{1}{2}\Omega\,\Delta p\,\delta[\omega - n\,\omega_0 - (m-1)\,\Omega] + \frac{1}{2}\Omega\,\Delta p\,\delta[\omega - n\,\omega_0 - (m+1)\,\Omega] \right\} \right| \varepsilon(\omega).$$
$$(13.107)$$

Die Beziehung (13.107) ermöglicht die Bestimmung der verschiedenen Komponenten.

1. Die Gleichstromkomponente ergibt sich, indem man in die Beziehung (13.107) $\omega = 0$, $\Omega = 0$ einsetzt. Man erhält

$$C_0 = a. \qquad (13.108)$$

2. Die Komponente C_Ω, deren Frequenz gleich der Frequenz der Nachricht ist, ergibt sich, indem man in der Beziehung (13.107) $\omega = \Omega$, $n = 0$, $m = 0$

setzt und da $J_0(0) = 1$ und für $m > 0$, $J_m(0) = 0$ ist, erhält man den Ausdruck

$$C_\Omega = a\,\Omega\,\Delta p\,\left|\frac{\sin\Omega\,\dfrac{\tau}{2}}{\Omega\,\dfrac{\tau}{2}}\right|. \tag{13.109}$$

Wie im vorigen Fall hat C_Ω einen kleinen Wert, so daß es nicht ratsam ist, eine Demodulation durch Filterung durchzuführen; um so mehr, da auch, wie im vorigen Fall, nach der Filterung eine Frequenzkorrektur notwendig wäre.

3. Die Komponente $C_{m\Omega}$, deren Frequenz ein Vielfaches der Nachrichtenfrequenz ist, wird erhalten, indem man in die Beziehung (13.107) $\omega = m\,\Omega$ und $n = 0$ einsetzt:

$$C_{m\Omega} = 0 \tag{13.110}$$

da für $m > 1$, $J_m(0) = 0$ ist (im Gegensatz zum vorigen Fall, wo diese Beziehung nur näherungsweise galt.).

4. Die Komponente $C_{n\,\omega_0}$, deren Frequenz ein Vielfaches der Abtastfrequenz ω_0 ist, ergibt sich durch Einsetzen von $\omega = n\,\omega_0$ und $m = 0$ in die Beziehung (13.107)

$$C_{n\,\omega_0} = 2\,a\,\left|J_0\,(n\,\omega_0\,\Delta p)\,\frac{\sin n\,\omega_0\,\dfrac{\tau}{2}}{n\,\omega_0\,\dfrac{\tau}{2}}\right|, \tag{13.111}$$

da die Komponenten, die den Werten $m = 1$ und $m = -1$ entsprechen, gleich Null werden, weil

$$J_1\,(n\,\omega_0\,\Delta p) + J_{-1}\,(n\,\omega_0\,\Delta p) = 0$$

ist.

5. Die Komponente $C_{n\,\omega_0\pm m\Omega}$, deren Frequenz $\omega = n\,\omega_0 + m\,\Omega$ beträgt, wird erhalten, indem man im ersten Glied des Ausdruckes (13.107) m durch m, im zweiten Glied m durch $m + 1$ und im dritten Glied m durch $m-1$ ersetzt:

$$C_{n\,\omega_0+m\Omega} = 2\,a\,\left|\frac{\sin\,(n\,\omega_0 + m\,\Omega)\,\dfrac{\tau}{2}}{(n\,\omega_0 + m\,\Omega)\,\dfrac{\tau}{2}}\left[J_m\,(n\,\omega_0\,\Delta p) + \frac{1}{2}\,\Omega\,\Delta p\,J_{m+1}\,(n\,\omega_0\,\Delta p) + \right.\right.$$

$$\left.\left. + \frac{1}{2}\,\Omega\,\Delta p\,J_{m-1}\,(n\,\omega_0\,\Delta p)\right]\right|$$

und indem man die Beziehung

$$J_{m+1}(x) + J_{m-1}(x) = \frac{2\,m}{x}\,J_m(x)$$

berücksichtigt, erhält man

$$\frac{1}{2}\,\Omega\,\Delta p\,[J_{m+1}\,(n\,\omega_0\,\Delta p) + J_{m-1}\,(n\,\omega_0\,\Delta p)] = \frac{m\,\Omega\,\Delta p}{n\,\omega_0\,\Delta p}\,J_m\,(n\,\omega_0\,\Delta p)$$

und

$$C_{n\omega_0+m\Omega} = 2\,a\left|\frac{\sin\left(n\,\omega_0 + m\,\Omega\right)\dfrac{\tau}{2}}{n\,\omega_0\,\dfrac{\tau}{2}}\,J_m\left(n\,\omega_0\,\Delta p\right)\right|. \tag{13.112}$$

13.4. Spektrum der mit einer sinusförmigen Nachricht dauermodulierten Impulse (PDM)

Die dauermodulierten Impulse können durch Integration zweier δ-Impulsfolgen entstehen, zwischen denen ein Zeitabstand τ_0 besteht, der gleich der Dauer der Impulse bei Abwesenheit der Modulation ist. Eine der δ-Impulsfolgen ist phasenmoduliert, die zweite ist nicht moduliert (Abb. 13.28).

Die dauermodulierten Impulse erhält man nach Durchführung der in Abb. 13.29 angegebenen Operationen.

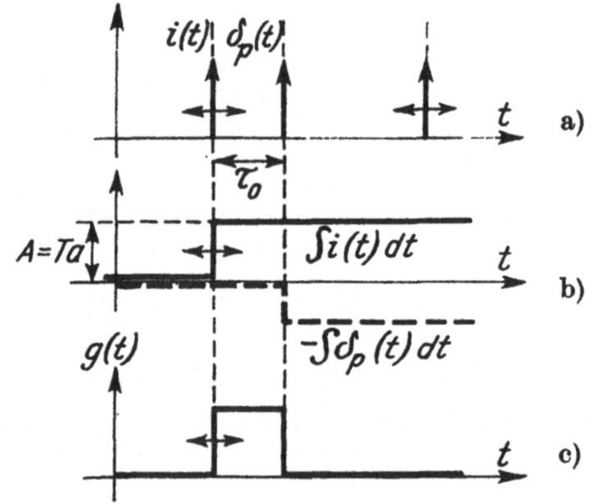

Abb. 13.28. Erzeugung dauermodulierter Impulse

a) die zwei δ-Impulsfolgen, von denen eine — $i(t)$ — phasenmoduliert und die andere — $\delta p(t)$ — nicht moduliert ist.
b) Folge von integrierten δ-Impulsen; c) dauermodulierte Impulse

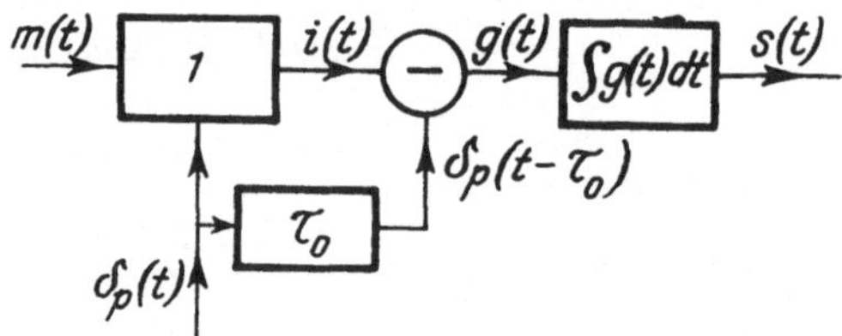

Abb. 13.29. System zur Erzeugung dauermodulierter Impulse

1 — Phasenmodulator

Es sei $\delta_p(t)$ die Folge der nichtmodulierten δ-Impulse und $i(t)$ die Folge der phasenmodulierten δ-Impulse.

Führt man die Bezeichnung

$$g(t) = i(t) - \delta_p\,(t - \tau_0) \qquad (13.113)$$

ein, so ergibt sich der Ausdruck des dauermodulierten Signals zu

$$s(t) = \int\limits_{-\infty}^{t} g(t)\,dt\;. \qquad (13.114)$$

Wenn man mit $I(\omega)$ das Spektrum von $i(t)$, mit $\Delta(\omega)$ das Spektrum von $\delta_p\,(t - \tau_0)$ und mit $G(\omega)$ das Spektrum von $g(t)$ bezeichnet, erhält man für das Spektrum des Signals $s(t)$

$$S(\omega) = \frac{1}{j\,\omega}\,G(\omega) = \frac{1}{j\,\omega}\,[I(\omega) - \Delta(\omega)]\;, \qquad (13.115)$$

wobei $\Delta(\omega) = \int\limits_{-\infty}^{+\infty} \delta_p\,(t\ - \tau_0)\,e^{-j\,\omega t}\,dt$ ist.

Wenn man die Beziehung (13.5) berücksichtigt, in der t durch ω und ω_0 durch T ersetzt wird, so ergibt sich

$$\Delta(\omega) = 2\,\pi\,a\,e^{-j\,\omega\tau_0} \sum_{n=-\infty}^{+\infty} \delta\,(\omega - n\,\omega_0)\;. \qquad (13.116)$$

13.4.1. Spektrum der dauermodulierten Impulse im Falle gleichmäßiger Abtastung (PDM)

In diesem Fall ist die Dauer der Impulse dem Wert der Nachricht in den äquidistanten Abtastpunkten proportional:

$$\tau = \tau_0 - \Delta\tau \sin \Omega\,n\,T\;, \qquad (13.117)$$

wobei angenommen wurde, daß die Nachricht sinusförmig:

$$m(t) = \alpha \sin \Omega\,t\;,$$

und $\alpha = \Delta\tau$ ist.

Nach der Beziehung (13.86) ist das Spektrum $I(\omega)$

$$I(\omega) = 2\,\pi\,a \sum_m \sum_n J_m\,(\omega\,\Delta\tau)\,\delta\,(m\,\Omega - \omega - n\,\omega_0)\;. \qquad (13.118)$$

Indem man die Beziehungen (13.118) und (13.116) in die Beziehung (13.115) einsetzt, erhält man

$$S(\omega) = 2\,\pi\,\frac{a}{j\,\omega} \sum_m \sum_n \left\{ J_m\,(\omega\,\Delta\tau)\,\delta\,(m\,\Omega - \omega - n\,\omega_0) - \right.$$
$$\left. - e^{-j\,\omega\tau_0} \sum_n \delta\,(\omega - n\,\omega_0) \right\}\;. \qquad (13.119)$$

Da der Spitzenwert A der Impulse $s(t)$ gleich dem Inhalt eines δ-Impulses ist, ergibt sich

$$A = a\,T\,.$$

Nach Einsetzen in die Beziehung (13.119) erhält man für nur positive Frequenzen

$$|S^+(\omega)| = 2\,\pi\left|\frac{2}{\omega}\,\frac{A}{T}\left\{\sum_m \sum_n J_m\,(\omega\,\varDelta\tau)\,\delta\,(m\,\varOmega - \omega - n\,\omega_0) - \right.\right.$$
$$\left.\left. - e^{-j\,\omega\tau_0}\sum_n \delta\,(\omega - n\,\omega_0)\right\}\right|\varepsilon(\omega)\,. \qquad (13.120)$$

Aus dieser Beziehung können die verschiedenen Komponenten des Signals $s(t)$ berechnet werden:

1. Die Gleichstromkomponente C_0 ergibt sich, indem man in der Beziehung (13.120) $\omega = 0$, $n = 0$ und $m = 0$ setzt:

$$C_0 = \lim_{\omega \to 0} \frac{A}{T}\left|\frac{J_0\,(\omega\,\varDelta\tau) - e^{-j\,\omega\tau_0}}{\omega}\right| = \frac{A\,\tau_0}{T}\,. \qquad (13.121)$$

2. Die Komponente $C_\varOmega$, deren Frequenz gleich der Frequenz der Nachricht ist, erhält man, indem man in der Beziehung (13.120) $\omega = \varOmega$, $m = 1$, $n = 0$ setzt:

$$C_\varOmega = 2\,\frac{A}{T}\,\frac{|J_1\,(\varOmega\,\varDelta\tau)|}{\varOmega\,\varDelta\tau}\,\varDelta\tau \qquad (13.122)$$

und für $\varOmega\,\varDelta\tau \ll 1$ erhält man

$$C_\varOmega \simeq \frac{A}{T}\,\varDelta\tau\,. \qquad (13.123)$$

Dieser Wert ist ungefähr $\dfrac{1}{\varOmega\tau_0}$ -mal größer als der für die Phasenmodulation erhaltene Wert — Beziehung (13.90).

Da die Komponente $C_\varOmega$ genügend groß ist, kann die Demodulation mit Hilfe eines Tiefpasses erfolgen.

3. Die Komponente $C_{m\varOmega}$, deren Frequenz $m\,\varOmega$ beträgt, erhält man durch Einsetzen von $\omega = m\,\varOmega$, und $n = 0$ in die Beziehung (13.120):

$$C_{m\varOmega} = 2\,\frac{A}{T}\,\frac{|J_m\,(m\,\varOmega\,\varDelta\tau)|}{m\,\varOmega\,\varDelta\tau}\,\varDelta\tau\,. \qquad (13.124)$$

4. Die Komponente $C_{n\,\omega_0}$, deren Frequenz ein Vielfaches der Abtastfrequenz ist, ergibt sich, wenn man $\omega = n\,\omega_0$, und $m = 0$ in die Beziehung (13.120) einsetzt:

$$C_{n\,\omega_0} = 2\,\frac{A}{T}\,\frac{\sqrt{1 - 2\,(\cos n\,\omega_0\tau_0)\,J_0\,(n\,\omega_0\,\varDelta\tau) + J_0^2\,(n\,\omega_0\,\varDelta\tau)}}{n\,\omega_0}\,. \qquad (13.125)$$

5. Die Komponente $C_{n\,\omega_0 + m\,\varOmega}$ ergibt sich, wenn man in die Beziehung (13.120) $\omega = n\,\omega_0 + m\,\varOmega$ einsetzt

$$C_{n\,\omega_0 + m\,\varOmega} = 2\,\frac{A}{T}\,\frac{|J_m\,[(n\,\omega_0 + m\,\varOmega)\,\varDelta\tau]|}{(n\,\omega_0 + m\,\varOmega)\,\varDelta\tau}\,\varDelta\tau\,. \qquad (13.126$$

13.4.2. Spektrum der dauermodulierten Impulse im Falle natürlicher Abtastung (PDM)

In diesem Fall ist die Dauer der Impulse dem Wert der Nachricht im Zeitpunkt der Auswertung proportional:

$$\tau = \tau_0 - \Delta\tau \sin \Omega t \,. \tag{13.127}$$

wobei angenommen wurde, daß die Nachricht sinusförmig

$$m(t) = \alpha \sin \Omega t \,,$$

und $\alpha = \Delta\tau$ ist.

Das Spektrum des Signals ist durch die Beziehung (13.115) gegeben

$$S(\omega) = \frac{1}{j\,\omega}\left[I(\omega) - \Delta(\omega)\right], \tag{13.128}$$

wobei $I(\omega)$ durch die Beziehung (13.103) und $\Delta(\omega)$ durch die Beziehung (13.116) gegeben sind.

Indem man die Beziehungen (13.103) und (13.116) in die Beziehung (13.128) einsetzt, erhält man

$$S(\omega) = 2\,\pi \frac{1}{j\,\omega} \frac{A}{T}\left\{\sum_n \sum_m J_m\left(n\,\omega_0\,\Delta\tau\right)\left[\left[\delta\left(\omega - n\,\omega_0 - m\,\Omega\right) + \right.\right.\right.$$
$$\left.\left. + \frac{1}{2}\,\Omega\,\Delta\tau\,\delta\left[\omega - n\,\omega_0 - (m-1)\,\Omega\right] + \frac{1}{2}\,\Omega\,\Delta\tau\,\delta\left[\omega - n\,\omega_0 - (m+1)\,\Omega\right]\right]\right] -$$
$$\left. - e^{-j\,\omega\tau_0} \sum_n \delta\left(\omega - n\,\omega_0\right)\right\} \tag{13.129}$$

oder für nur positive Frequenzen

$$|S^+(\omega)| = 2\,\pi\left|\frac{2}{\omega}\frac{A}{T}\left\{\sum_n \sum_m J_m\left(n\,\omega_0\,\Delta\tau\right)\left[\delta\left(\omega - n\,\omega_0 - m\,\Omega\right) + \right.\right.\right.$$
$$\left.\left. + \frac{1}{2}\,\Omega\,\Delta\tau\,\delta\left[\omega - n\,\omega_0 - (m-1)\,\Omega\right] + \frac{1}{2}\,\Omega\,\Delta\tau\,\delta\left[\omega - n\,\omega_0 - (m+1)\,\Omega\right]\right] -$$
$$\left. - e^{-j\,\omega\tau_0} \sum_n \delta\left(\omega - n\,\omega_0\right)\right\}\right|\,\varepsilon(\omega)\,. \tag{13.130}$$

Aus dieser Beziehung lassen sich die Komponenten des Signals $s(t)$ folgendermaßen bestimmen:

1. Die Gleichstromkomponente C_0 entsteht, indem man $\omega = 0$, $n = 0$ und $m = 0$ in die Beziehung (13.130) einsetzt, so daß

$$C_0 = \lim_{\omega\to 0} \frac{A}{T}\left|\frac{J_0(0) - e^{-j\,\omega\tau_0}}{\omega}\right| = \frac{A\,\tau_0}{T} \tag{13.131}$$

wird.

2. Die Komponente C_Ω, deren Frequenz gleich der Frequenz der Nachricht ist, ergibt sich, indem man $\omega = \Omega$ und bzw. $m = 1$, $m = 2$. $m = 0$ im ersten,

zweiten und dritten Glied der Beziehung (13.130) einsetzt, wie folgt:

$$C_\Omega = \frac{2}{\Omega}\,\frac{A}{T}\left[J_1(0) + \frac{1}{2}\,\Omega\,\varDelta\tau\,J_2(0) + \frac{1}{2}\,\Omega\,\varDelta\tau\,J_0(0)\right]$$

oder

$$C_\Omega = \frac{A}{T}\,\varDelta\tau\;. \qquad\qquad (13.132)$$

Wie im vorigen Fall der regelmäßigen Abtastung, kann auch in diesem Fall die Demodulation mit Hilfe eines Tiefpasses durchgeführt werden.

3. Die Komponente $C_{m\Omega}$, deren Frequenz ein Vielfaches der Nachrichtenfrequenz ist, kann erhalten werden, indem man $\omega = m\,\Omega$, $m \geqq 2$ und $n = 0$ in die Beziehung (13.120) einsetzt, wodurch, da für $m \geqq 1$ $J_m(0) = 0$ ist, auch

$$C_{m\Omega} = 0 \qquad\qquad (13.133)$$

wird.

Im Unterschied zum Fall der regelmäßigen Abtastung sind in diesem Falle die Harmonischen der Nachrichtenfrequenz gleich Null, so daß im Falle der natürlichen Abtastung bei Demodulation durch einen Tiefpaß keine nichtlinearen Verzerrungen auftreten.

4. Die Komponente $C_{n\omega_0}$, deren Frequenz ein Vielfaches der Abtastfrequenz ist, ergibt sich, wenn man $\omega = n\,\omega_0$ und $m = 0$ in die Beziehung (13.130) einsetzt und zwar ist

$$C_{n\omega_0} = 2\,\frac{A}{T}\,\frac{\sqrt{1 - 2\,J_0(n\,\omega_0\,\varDelta\tau)\cos n\,\omega_0\,\tau_0 + J_0^2(n\,\omega_0\,\varDelta\tau)}}{n\,\omega_0}\;. \qquad (13.134)$$

5. Die Komponente $C_{n\omega_0 + m\Omega}$, deren Frequenz $\omega = n\,\omega_0 + m\,\Omega$ beträgt, entsteht aus der Beziehung (13.130)

$$C_{n\omega_0 + m\Omega} = 2\,\frac{A}{T}\,\frac{|J_m(n\,\omega_0\,\varDelta\tau)|}{n\,\omega_0\,\varDelta\tau}\,\varDelta\tau\;. \qquad (13.135)$$

Die Komponenten, deren Frequenz $\omega = n\,\omega_0 - m\,\Omega$ ist, können erhalten werden, indem man in den Beziehungen, die $C_{n\omega_0 + m\Omega}$ ergeben, Ω durch $-\,\Omega$ ersetzt.

13.5. Schlußfolgerungen

In Tabelle (13.1) sind die verschiedenen Spektralkomponenten für alle bisher untersuchten Fälle angegeben, wobei die Voraussetzung gemachtwurde, daß die Abtastfrequenz gleich oder größer als das Doppelte der höchsten Frequenz aus dem Spektrum der Nachricht ist.

1. Wenn angenommen wird, daß die Demodulation mit Hilfe eines Tiefpasses erfolgt, können folgende Eigenschaften der Pulsamplitudenmodulation (PAM) angegeben werden:

— die harmonischen Verzerrungen sind sowohl im Falle der natürlichen als auch im Falle der gleichmäßigen Abtastung gleich Null, da

$$C_{m\Omega} = 0$$

ist;

— bei gleichmäßiger Abtastung mit anschließend gedehnten Impulsen treten lineare Verzerrungen auf, die aber vernachlässigbar sind, wenn

$$\tau \ll \frac{2}{\Omega_{\text{MAX}}}$$

ist;

— die nichtharmonischen Verzerrungen bzw. diejenigen Verzerrungen, die von den Seitenbandkomponenten verursacht werden und um die Abtastfrequenz ω_0 auftreten, sind ebenfalls Null, da

$$C_{\omega_0 - m\Omega} = 0 \text{ ist, wenn } m \geqq 2 .$$

Die zwei Abtastarten können als äquivalent betrachtet werden. Praktisch wird meist die natürliche Abtastung vorgezogen, da sie leichter durch einen Schalter ohne Impulsdehnung realisiert werden kann und keine linearen Verzerrungen aufweist.

2. Die Pulsphasenmodulation (PPM) hat folgende Eigenschaften:

— die harmonischen Verzerrungen verschwinden nur für den Fall der natürlichen Abtastung;

— die Komponente der Frequenz der Nachricht ist für beide Abtastarten klein, weshalb die Demodulation durch Filterung nicht vorteilhaft ist;

— da um die Abtastfrequenz ω_0 eine große Zahl von Seitenbandkomponenten auftreten, die in das Durchlaßband des Demodulatorfilters fallen, entstehen in beiden Fällen nichtharmonische Verzerrungen (Abb. 13.30).

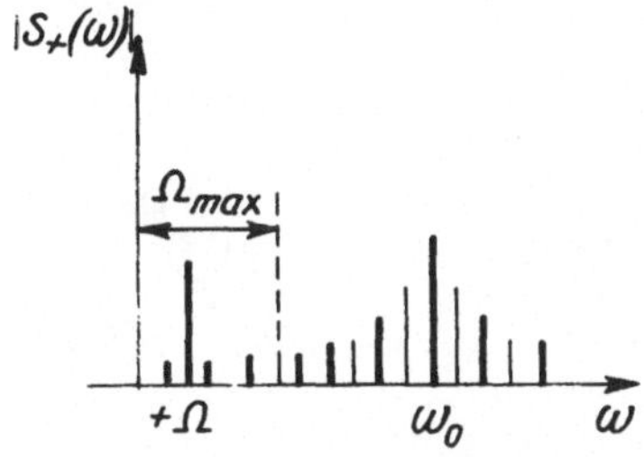

Abb. 13.30. Spektrum phasenmodulierter Impulse

Da die Übertragung der Signale durch phasenmodulierte Impulse viele Vorteile bietet (konstante mittlere Leistung, großer Störabstand usw.), wird diese Modulationsart sehr oft verwendet.

Für Multiplex-Übertragungen kann der Aufwand der Anlage dadurch vermindert werden, daß erst für jeden Kanal eine Pulsamplitudenmodulation durchgeführt wird, die zeitgeschachtelt durch einen gemeinsamen Wandler in eine Pulsphasenmodulation umgeformt wird.

Tabelle 13.1. Spektralkomponenten bei Pulsmodulation

Art der Modulation	Art der Abtastung	Gleichstromkomponente $\omega = 0$	Komponente mit der Frequenz der Nachricht $\omega = \Omega$	Komponenten mit der Frequenz der Harmonischen der Nachrichtenfrequenz $\omega = m\,\Omega$, $m \geqq 2$
Amplitudenmodulation (PAM)	Gleichmäßige	$\dfrac{A\,\tau}{T} = a$	$\alpha\,\dfrac{A\,\tau}{T}\,\dfrac{\sin \Omega\,\frac{\tau}{2}}{\Omega\,\frac{\tau}{2}}$	0
	Natürliche	$\dfrac{A\,\tau}{T} = a$	$\alpha\,\dfrac{A\,\tau}{T}$	0
Phasenmodulation (PPM)	Gleichmäßige	$\dfrac{A\,\tau}{T} = a$	$2\,\dfrac{A\,\tau}{T}\,\dfrac{\sin \Omega\,\frac{\tau}{2}}{\Omega\,\frac{\tau}{2}}\,J_1(\Omega\,\Delta p)$	$2\,\dfrac{A\,\tau}{T}\,\dfrac{\sin m\,\Omega\,\frac{\tau}{2}}{m\,\Omega\,\frac{\tau}{2}} \times {}\\ {}\times J_m(m\,\Omega\,\Delta p)$
	Natürliche	$\dfrac{A\,\tau}{T} = a$	$\Delta p\,\Omega\,\dfrac{A\,\tau}{T}\,\dfrac{\sin \Omega\,\frac{\tau}{2}}{\Omega\,\frac{\tau}{2}}$	0
Dauermodulation (PDM)	Gleichmäßige	$\dfrac{A\,\tau_0}{T} = a$	$2\,\dfrac{A}{T}\,\dfrac{J_1(\Omega\,\Delta\tau)}{\Omega}$	$2\,\dfrac{A}{T}\,\dfrac{J_m(m\,\Omega\,\Delta\tau)}{m\,\Omega}$
	Natürliche	$\dfrac{A\,\tau_0}{T} = a$	$\Delta\tau\,\dfrac{A}{T}$	0

Komponenten mit der Frequenz der Harmonischen der Abtastfrequenz $\omega = n\,\omega_0$	Komponenten um die Abtastfrequenz $\omega = n\,\omega_0 \pm m\,\Omega$	Nachricht
$2\,\dfrac{A\,\tau}{T}\,\dfrac{\sin n\,\omega_0\,\dfrac{\tau}{2}}{n\,\omega_0\,\dfrac{\tau}{2}}$	$m = 1$ $\alpha\,\dfrac{A\,\tau}{T}\,\dfrac{\sin (n\,\omega_0 \pm \Omega)\,\dfrac{\tau}{2}}{(n\,\omega_0 \pm \Omega)\,\dfrac{\tau}{2}}$ $m \geqq 2 \qquad 0$	$1 + \alpha \cos \Omega\,t$ $0 \leqq \alpha \leqq 1$
$2\,\dfrac{A\,\tau}{T}\,\dfrac{\sin n\,\omega_0\,\dfrac{\tau}{2}}{n\,\omega_0\,\dfrac{\tau}{2}}$	$m = 1$ $\alpha\,\dfrac{A\,\tau}{T}\,\dfrac{\sin n\,\omega_0\,\dfrac{\tau}{2}}{n\,\omega_0\,\dfrac{\tau}{2}}$ $m \geqq 2 \qquad 0$	$1 + \alpha \cos \Omega\,t$
$2\,\dfrac{A\,\tau}{T}\,\dfrac{\sin n\,\omega_0\,\dfrac{\tau}{2}}{n\,\omega_0\,\dfrac{\tau}{2}}\,J_0\,(n\,\omega_0\,\Delta p)$	$2\,\dfrac{A\,\tau}{T}\,\dfrac{\sin (n\,\omega_0 \pm m\,\Omega)\,\dfrac{\tau}{2}}{(n\,\omega_0 \pm m\,\Omega)\,\dfrac{\tau}{2}} \times$ $\times\,J_{\pm m}\,[(n\,\omega_0 \pm m\,\Omega)\,\Delta p]$	$\Delta p \sin \Omega\,t$
$2\,\dfrac{A\,\tau}{T}\,\dfrac{\sin n\,\omega_0\,\dfrac{\tau}{2}}{n\,\omega_0\,\dfrac{\tau}{2}}\,J_0\,(n\,\omega_0\,\Delta p)$	$2\,\dfrac{A\,\tau}{T}\,\dfrac{\sin (n\,\omega_0 \pm m\,\Omega)\,\dfrac{\tau}{2}}{n\,\omega_0\,\dfrac{\tau}{2}} \times$ $\times\,J_m\,(n\,\omega_0\,\Delta p)$	$\Delta p \sin \Omega\,t$
$\dfrac{2\,A}{T}\,\dfrac{\sqrt{1 - 2\cos n\,\omega_0\,\tau\,J_0\,(n\,\omega_0\,\Delta\tau) + J_0^2\,(n\,\omega_0\,\Delta\tau)}}{n\,\omega_0}$	$\dfrac{2\,A}{T}\,\dfrac{J_m\,[(n\,\omega_0 \pm m\,\Omega)\,\Delta\tau]}{n\,\omega_0 \pm m\,\Omega}$	$\Delta\tau \sin \Omega\,t$
$\dfrac{2\,A}{T}\,\dfrac{\sqrt{1 - 2\cos n\,\omega_0\,\tau\,J_0\,(n\,\omega_0\,\Delta\tau) + J_0^2\,(n\,\omega_0\,\Delta\tau)}}{n\,\omega_0}$	$2\,\dfrac{A}{T}\,\dfrac{J_m\,(n\,\omega_0\,\Delta\tau)}{n\,\omega_0}$	$\Delta\tau \sin \Omega\,t$

33   Spătaru

Beim Empfang wird der entgegengesetzte Vorgang durchgeführt, indem die phasenmodulierten Impulse in amplitudenmodulierte Impulse umgeformt, anschließend entschachtelt und durch Tiefpässe demoduliert werden.

Die Umwandlung der phasenmodulierten Impulse in amplitudenmodulierte Impulse hat den Vorteil, daß wenigstens theoretisch keine harmonischen Verzerrungen (die von den in das Durchlaßband des Filters fallenden Harmonischen der Komponenten der Nachricht verursacht werden) und auch keine nichtharmonischen Verzerrungen (die durch die im Durchlaßband des Filters vorhandenen Seitenbandkomponenten, die um die Abtastfrequenz auftreten, hervorgerufen werden) auftreten (s. Tab. 13.1).

3. Die Pulsdauermodulation (PDM) hat folgende Eigenschaften:

— die harmonischen Verzerrungen verschwinden nur für den Fall der natürlichen Abtastung;

— die Komponente der Frequenz der Nachricht ist genügend groß, so daß die Demodulation durch einen Tiefpaß erfolgen kann;

— in beiden Abtastarten treten nichtharmonische Verzerrungen auf.

Die mittlere Leistung des pulsdauermodulierten Signals verändert sich mit der Nachricht. Doch in weniger anspruchsvollen Systemen kann auch eine Übertragung mit dauermodulierten Impulsen verwendet werden, die leichter erzeugt werden können und die die gleichen Eigenschaften bezüglich der Störungsstabilität besitzen, wie die phasenmodulierten Impulse.

4. Wenn die modulierten Impulse nicht rechteckförmig sind, erhält man das gesuchte Spektrum des Signals nach Durchgang rechteckförmiger Impulse (oder δ-Impulse) durch ein entsprechendes Formfilter.

13.6. Modulatoren für Pulsmodulation

Die Möglichkeiten, die zur Erzeugung der verschiedenen Pulsmodulationen zur Verfügung stehen, sind sehr mannigfaltig. Im folgenden werden kurz zusammengefaßt nur einige Prinzipschaltbilder von Modulatoren angegeben.

13.6.1. Modulatoren für PAM

In Abb. 13.31 ist eine unipolare Torschaltung für die Abtastung dargestellt, die aus einem Summator und einem Verstärker mit einem Transistor besteht.

Das Signal zur Abtastung verläuft zwischen zwei Niveaus. An seinem oberen Niveau ist der Transistor gesperrt und es erscheint kein Signal am Ausgang der Stufe. An seinem unteren Niveau befindet sich der Arbeitspunkt des Transistors im linearen Gebiet seiner Kennlinie und das Eingangssignal erscheint verstärkt am Ausgang der Stufe.

In Abb. 13.32 ist eine bipolare Torschaltung dargestellt.

Bei Anwesenheit des Abtastimpulses $e_T(t)$ öffnen sich die Dioden D_1 und D_2 und die Nachricht erscheint am Ausgang am Lastwiderstand R_s im Punkt 2.

Bei Abwesenheit des Abtastimpulses sind die Dioden D_1 und D_2 infolge der Vorspannung, die sich an den Klemmen der zwei RC-Glieder einstellt, gesperrt.

Am Ausgang im Punkt 2 ergeben sich bipolar amplitudenmodulierte Impulse nach dem Prinzip der natürlichen Abtastung.

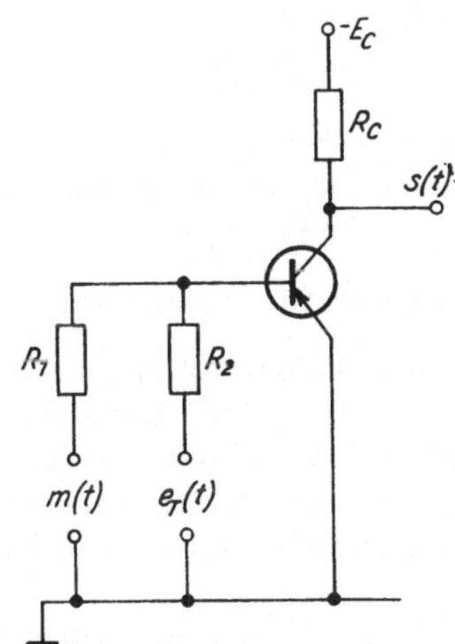

Abb. 13.31. Prinzipschaltbild eines Modulators für PAM

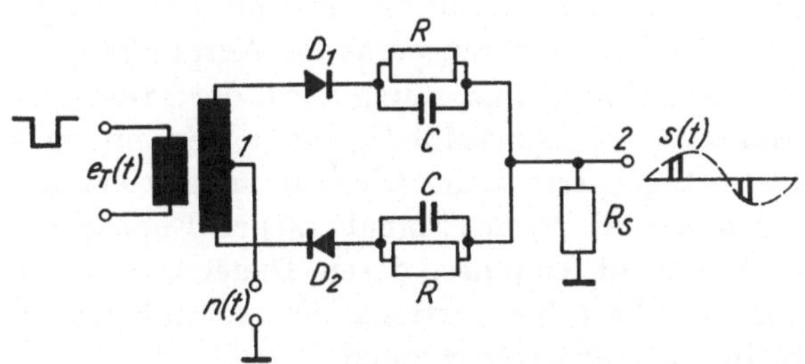

Abb. 13.32. Prinzipschaltbild einer bipolaren Torschaltung zur Amplitudenmodulation von Impulsen

In Abb. 13.33 ist ein Schema mit drei Dioden, D_1, D_2 und D_3, dargestellt, die ebenfalls eine Torschaltung bilden.

Bei Abwesenheit des Abtastimpulses ist wegen der Vorspannung $- E$ die Diode D_3 geöffnet, während wegen der Vorspannungen $- E_1$ und $- E_2$ die Dioden D_1 und D_2 gesperrt sind. Bei Anliegen eines negativen Abtastimpulses gerät die Diode D_3 in den Sperrzustand, während die Dioden D_1 und D_2 leitfähig werden; am Ausgang bzw. im Punkt 2 erscheint ein negativer Impuls, der der Differenz $E_1 - E_2$ und der Nachricht $m(t)$ proportional ist.

Es entsteht also eine unipolare Pulsamplitudenmodulation mit natürlicher Abtastung.

33*

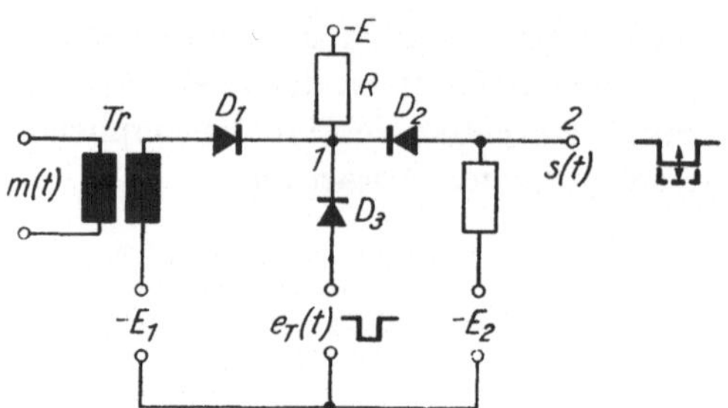

Abb. 13.33. Prinzipschaltbild einer Torschaltung mit drei Dioden zur Amplitudenmodulierung von Impulsen

13.6.2. Modulatoren für Pulsdauermodulation (PDM)

Eine PDM mit natürlicher Abtastung kann mit Hilfe einer Komparatorschaltung erhalten werden, wie sie in Abb. 13.34 dargestellt ist.

In Abwesenheit des Signals bewirkt die vom Teiler R_1, R_2 bestimmte Vorspannung den Leitzustand des Transistors T_2 und den Sperrzustand des Transistors T_1. Der Kondensator C ist mit der in der Abbildung angegebenen Polung geladen.

An der Basis des Transistors T_2 wird eine Spannung angelegt, die sich im Rhythmus der Nachricht verändert; in derselben Weise verläuft auch die gemeinsame Emitterspannung. An der Basis des Transistors T_1 wird ein periodisches Signal $e_i(t)$ angelegt, das linear abfällt und in Abb. 13.35 dargestellt ist.

Für den Fall idealer Transistoren gerät im Zeitpunkt t_1, in dem das Signal gleich der gemeinsamen Emitterspannung wird, der Transistor T_1 in den Sättigungszustand, während der Transistor T_2 von der Spannung, mit der der Kondensator C geladen ist, gesperrt wird. Die Öffnung des Transistors T_2 erfolgt im Zeitpunkt t_2, in dem der Abfall des Signals $e_i(t)$ zu Ende geht.

Diese Schaltung erzeugt Impulse, deren Dauer $\tau = t_2 - t_1$ dem Wert der Nachricht $m(t)$ im Punkt t_1 proportional ist, so daß natürliche abgetastete dauermodulierte Impulse erhalten werden.

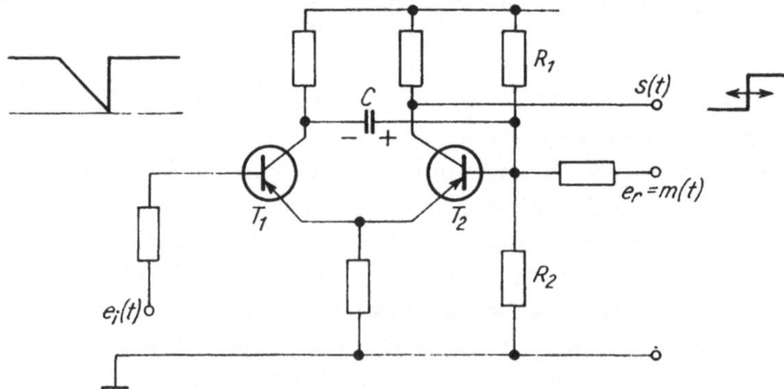

Abb. 13.34. Prinzipschaltbild eines Modulators für PDM

Für die Umwandlung der Amplitudenmodulation in Dauermodulation kann die in Abb. 13.36 dargestellte Schaltung verwendet werden. In Abwesenheit des Signals ist der Transistor T_2 im Sättigungszustand, während der Arbeitspunkt des Transistors T_1 sich im linearen Gebiet der Kennlinien befindet; der Kondensator ist mit der in Abb. 13.36 gezeigten Polung mit einer Spannung geladen, die gleich der Spannung zwischen dem Kollektor und dem Emitter des Transistors T_1 ist.

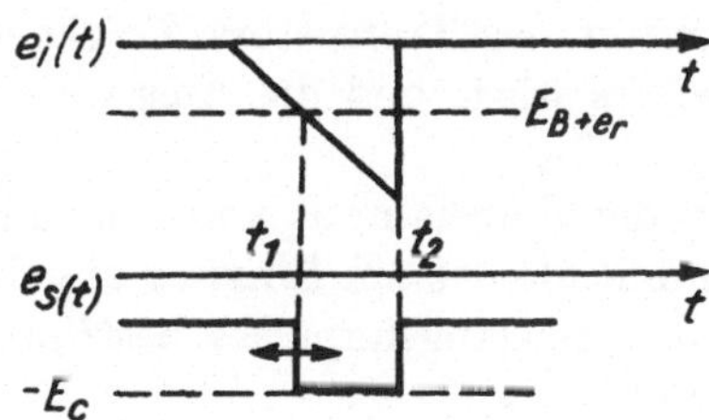

Abb. 13.35. Verlauf der Spannungen in Abb. 13.34

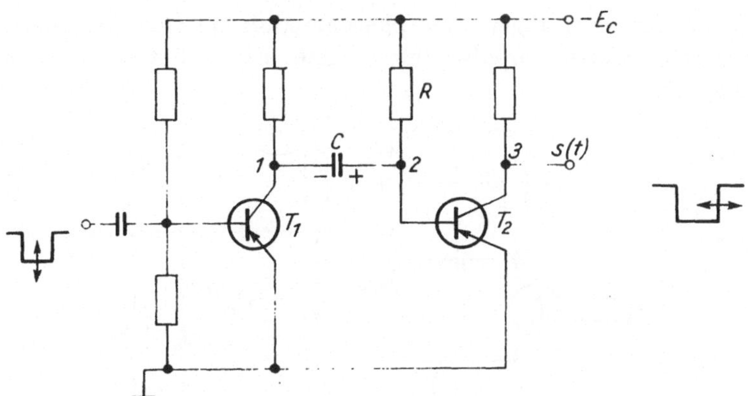

Abb. 13.36. Prinzipschaltbild eines PAM-PDM-Wandlers

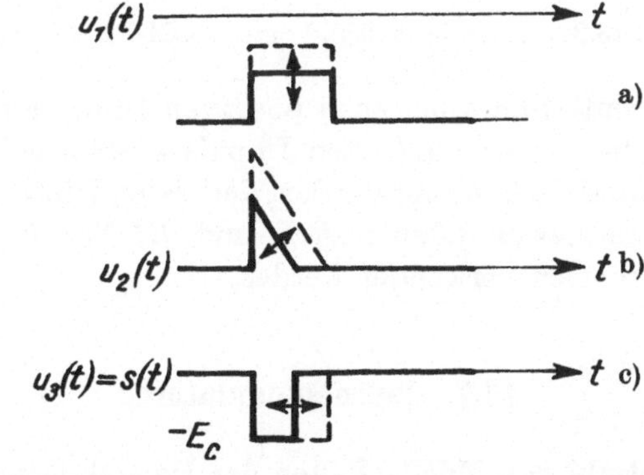

Abb. 13.37. Verlauf der Spannungen in Abb. 13.36

a) Spannung im Punkt *1*; b) Spannung im Punkt *2*; c) Spannung im Punkt *3*

Wenn am Eingang der Schaltung ein amplitudenmodulierter Impuls erscheint, so wächst das Potential am Kollektor des Transistors T_1 und der Transistor T_2 wird von der Summe des Spannungsabfalles des Transistors und der Spannung am Kondensator gesperrt; von diesem Zeitpunkt angefangen, wird der Kondensator C durch den Widerstand R entladen (Abb. 13.37).

Wenn man annimmt, daß es sich um ideale Transistoren handelt, so gerät der Transistor T_2 dann in den Sättigungszustand, wenn die Spannung zwischen dem Kollektor und dem Emitter des Transistors T_2 gleich der Spannung an den Klemmen des Kondensators wird, und die Ausgangsspannung wird aufs neue gleich Null.

Der Zeitpunkt, zu dem der Transistor T_2 von neuem in den Sättigungszustand gerät, hängt von der Amplitude des am Eingang angelegten Signals ab, das die Lage der Hinterflanke des Ausgangsimpulses bestimmt, so daß eine einseitige Dauermodulation entsteht.

13.6.3. Modulatoren für Pulsphasenmodulation (PPM)

Man kann natürlich abgetastete phasenmodulierte Impulse erhalten, indem man dauermodulierte Impulse durch eine RC-Differenzierschaltung führt (Abb. 13.38).

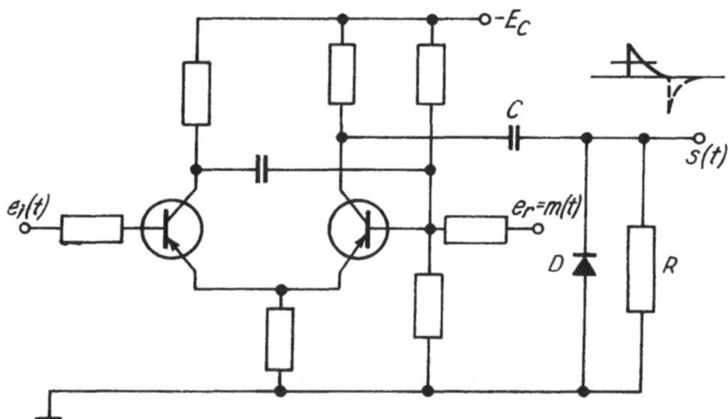

Abb. 13.38. Prinzipschaltbild eines PDM-PPM-Wandlers

Die durch Differentiation erhaltenen positiven Impulse entsprechen der beweglichen Flanke des dauermodulierten Impulses, während die negativen Impulse, die von der Diode D beseitigt werden, der festen Hinterflanke entsprechen.

Für diese Differentiation können RC- und RL-Schaltungen oder kurzgeschlossene Laufzeitketten verwendet werden.

13.7. Pulsdemodulatoren

Es gibt eine Vielzahl von Möglichkeiten der Demodulation der Impulse. Im folgenden werden einige Demodulationsschaltungen behandelt.

13.7.1. Demodulatoren für PAM

Zur Demodulation amplitudenmodulierter Impulse kann ein Tiefpaß mit der Grenzfrequenz $\frac{\omega_0}{2}$ (ω_0 ist die Abtastfrequenz) verwendet werden (Abb. 13.39).

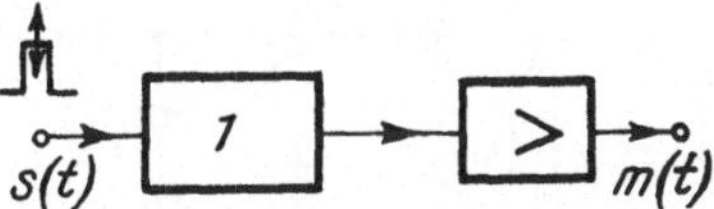

Abb. 13.39. Blockschema eines Systems zur Demodulation
von amplitudenmodulierten Impulsen

1 — Tiefpaß

Da die Signal-Komponenten, deren Frequenzen gleich der Nachrichtenfrequenz sind, sehr kleine Werte besitzen, muß nach der Filterung eine genügend große Verstärkung erfolgen, was nachteilig ist.

Eine wirksamere Demodulation erfolgt mit Hilfe der in Abb. 13.40 dargestellten Schaltung, die die amplitudenmodulierten Impulse in ein treppenförmiges Signal umwandelt, das die Nachricht ziemlich genau wiedergibt.

An der Klemme 1 wird das amplitudenmodulierte Signal angelegt und an den Klemmen des Übertragers Tr die mit den modulierten Impulsen synchronen Impulse $e_T(t)$. Der Impuls $e_T(t)$ öffnet die Dioden D_1 und D_2 und ermöglicht die Ladung des Kondensators C_0 mit einer Spannung, die den Wert des amplitudenmodulierten Impulses, der synchron mit ihm erscheint, besitzt.

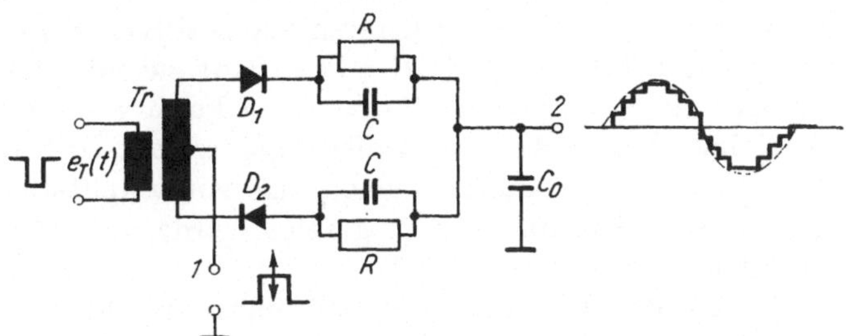

Abb. 13.40. Prinzipschaltbild eines Demodulators für PAM

Bis zum Auftreten des nächsten Impulses bleibt der Kondensator C_0 mit diesem Wert der Spannung geladen, wodurch eine Treppenspannung erzeugt wird, die die Nachricht ziemlich gut annähert. (Allerdings treten starke lineare Verzerrungen auf, die entsprechend korrigiert werden müssen.)

13.7.2. Demodulatoren für PDM

Wie im Falle der Amplitudenmodulation der Impulse kann die Demodulation mit Hilfe eines Tiefpasses erfolgen. Die Demodulation kann aber auch durch Umwandlung in Amplitudenmodulation durchgeführt werden. Das Prinzipschaltbild einer Vorrichtung zur Umwandlung der Dauermodulation in Amplitudenmodulation ist in Abb. 13.41 dargestellt, wobei der Verlauf der entsprechenden Signale in Abb. 13.42 wiedergegeben ist.

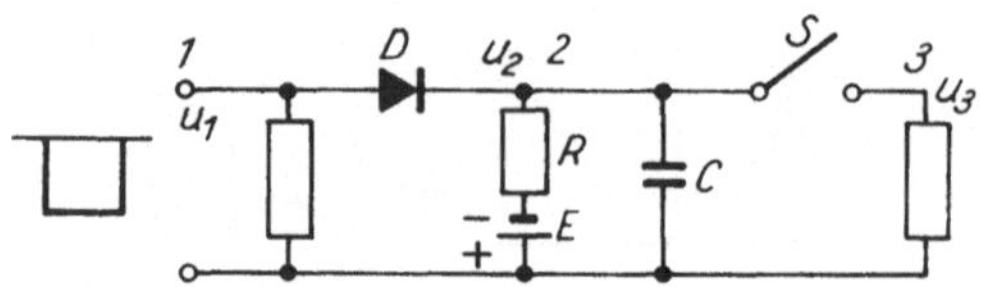

Abb. 13.41. Prinzipschaltbild eines PDM — PAM-Wandlers

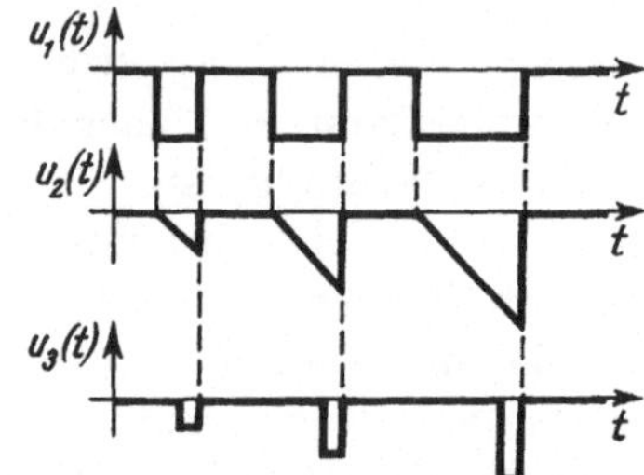

Abb. 13.42. Verlauf der Signale in Abb. 13.41

Während die Diode D von dem negativen Sprung des dauermodulierten Eingangsimpulses gesperrt ist, wird der Kondensator C beinahe linear durch den großen Widerstand R geladen. Bei Auftreten der positiven Flanke des dauermodulierten Impulses leitet die Diode D und entlädt augenblicklich den Kondensator C, so daß die Spannung im Punkt 2 die Form von Sägezähnen verschiedener Größe hat. Durch Abtastung dieses Signals mit Hilfe des elektronischen Schalters S entsteht im Punkt 3 eine Folge von amplitudenmodulierten Impulsen, die, wie im Abschnitt 13.7.1. gezeigt wurde, mit besserem Effekt demoduliert werden können.

Zur Verminderung der Wirkung von Störungen durchlaufen die dauermodulierten Impulse, bevor sie demoduliert werden, einen Begrenzer.

13.7.3. Demodulatoren für PPM

Wie gezeigt wurde, ist es in diesem Falle nicht zweckmäßig, eine Demodulation direkt durch Filterung vorzunehmen.

Zur Demodulation erfolgt eine Umwandlung in Dauermodulation.

Das Prinzipschaltbild eines Umwandlers (bistabiles Flip-Flop) ist in Abb. 13.43 dargestellt, während in Abb. 13.44 der entsprechende Verlauf der Signale angegeben ist.

Die phasenmodulierten Impulse u_1 werden an der Basis des Transistors T_1 angelegt; an der Basis des Transistors T_2 werden die Impulse u_2 zugeführt, die

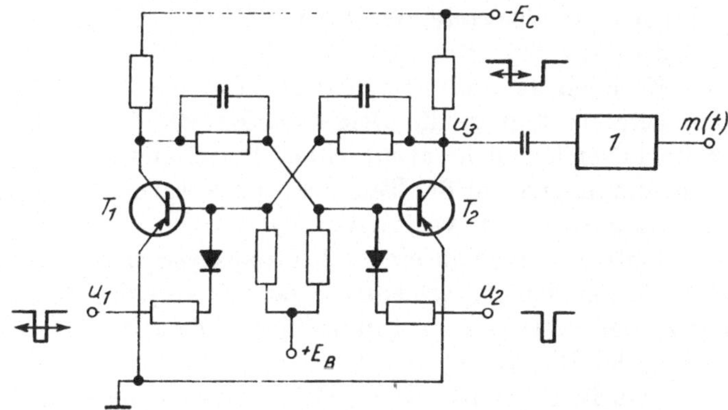

Abb. 13.43. Prinzipschaltbild eines PPM-PDM-Wandlers

1 — Tiefpaß

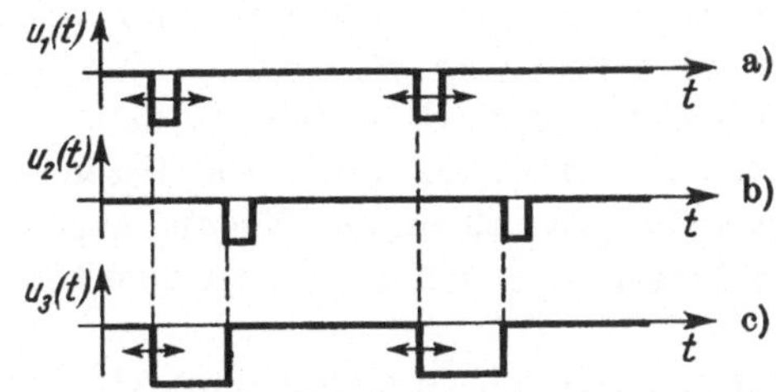

Abb. 13.44. Verlauf der Signale in Abb. 13.43

die gleiche Frequenz wie die Nachrichtenimpulse haben, aber um einen Abstand verschoben sind, der dem Mittelwert der Dauer der phasenmodulierten Impulse proportional ist.

Die Impulse u_1 sperren den Transistor T_2, wobei die Ausgangsspannung gleich $- E_c$ wird. Die lokalen Impulse u_2 bringen den Transistor T_2 in den Sättigungszustand, wobei die Ausgangsspannung beinahe Null wird. Man erhält auf diese Weise phasenmodulierte Impulse, deren Hinterflanke fest liegt und deren Lage der Vorderflanke von der Lage des modulierten Impulses bestimmt ist.

13.8. Störabstand in Systemen mit PAM

Die Pulsmodulation kann entweder zur direkten Übertragung von Informationen oder als Zwischenstufe beim Modulationsvorgang verwendet werden.

Im ersten Fall erhält der Empfänger ein Videosignal, das aus den modulierten Impulsen besteht; im zweiten Fall bei trägerfrequenter Übertragung wird ein Sinusträger, der in der Amplitude oder in der Frequenz mit diesen Impulsen moduliert ist, empfangen. In letzterem Fall finden im Empfänger zwei Demodulationsvorgänge statt, der erste, der das Videosignal und ein zweiter, der die Nachricht wiedergibt. Das Problem der Demodulation von Sinusträgern wurde in den Kapiteln 11 und 12 erläutert. Im folgenden wird die zweite Demodulation betrachtet, d. h. die Demodulation, die die Nachricht wiedergibt. Wenn im folgenden nicht ausdrücklich etwas anderes angegeben wird, wird unter dem Empfänger nur der Teil, der vom Ausgang des ersten Demodulators bis zum Ausgang reicht, verstanden.

Damit der Empfänger auch in einem Multiplexsystem funktionieren kann, wird er außerhalb der dem Kanal entsprechenden Impulszeiten gesperrt und empfängt nur zu den vorgesehenen Impulszeiten. Diese Betriebsweise führt zu einer Austastung der Eingangsstörimpulse.

Durch Synchronisierungseinrichtigungen des Empfängers wird diese Auftastung synchron mit der Abtastfrequenz der gesendeten Nachricht durchgeführt.

Um einige Ergebnisse, die sendeseitig für den Fall idealer Abtastung (mit δ-Funktionen) erhalten wurden, anwenden zu können, wird auch für den Empfänger ein idealer Abtastvorgang definiert.

Der Empfänger bewirkt eine ideale Abtastung dann, wenn er sich nur zu bestimmten Zeitpunkten $n\,T$ öffnet, und wenn er in diesen Zeitpunkten eine unendlich große Verstärkung hat, so daß ein am Eingang angelegtes Signal der Amplitude Eins durch die Abtastung in ein Signal mit dem Mittelwert b umgewandelt wird.

Diese ideale Abtastung kann als Grenzfall einer Abtastung angesehen werden, bei der der Empfänger im Zeitintervall τ geöffnet ist, wobei die Verstärkung den Wert G hat.

Der Mittelwert der Abtastfunktion im Empfänger ist

$$b = \frac{\tau\,G}{T}. \tag{13.136}$$

Wenn $\tau \to 0$, so muß $G \to \infty$, damit der Mittelwert konstant gehalten werden kann.

In Abb. 13.45 ist der Fall der Abtastung im Empfänger dargestellt, wenn am Eingang ein Signal der Amplitude Eins angelegt wird und der Mittelwert des abgetasteten Signals den Wert b besitzt.

Wenn das Eingangssignal aus einer Folge von Rechteckimpulsen der Dauer τ, der Amplitude A und der Periode T besteht, erhält man am Ausgang ebenfalls ein rechteckförmiges Signal der gleichen Dauer τ, der gleichen Periode T (unter

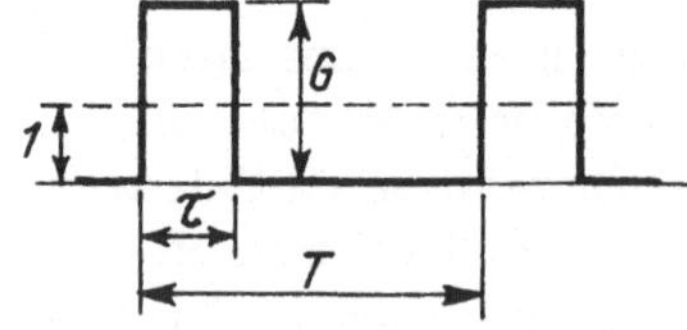

Abb. 13.45. Darstellung des Abtastvorganges im Empfänger

Voraussetzung eines Synchronismus) mit dem Mittelwert

$$A\,b = A\,\frac{\tau\,G}{T}\,. \tag{.13.137}$$

Ohne den allgemeinen Charakter der folgenden Ergebnisse einzuschränken, kann zur Bestimmung des Störabstandes angenommen werden. daß $A = 1$ und $G = 1$ ist.

13.8.1. Störabstand im Falle idealer Abtastung im Empfänger (PAM)

Es wird angenommen, daß das System linear ist und daß die Störungen additiv sind. In diesem Fall kann die Leistung der Nachricht am Ausgang, in Abwesenheit der Störungen, getrennt bestimmt werden und anschließend die Leistung der Störungen am Ausgang in Abwesenheit des Nutzsignals berechnet werden. Das Verhältnis dieser zwei Leistungen ergibt den gesuchten Störabstand.

Es sei $\eta(t)$ die Störung am Eingang des Empfängers. Nach der idealen Abtastung, die im Empfänger erfolgt, entsteht nach der Demodulation. bzw. nach Durchgang durch den Tiefpaß mit der Grenzfrequenz $\frac{\omega_0}{2}$ ein Signal $z(t)$. dessen mittlere Leistung nach der Beziehung (13.41)

$$\widetilde{z^2(t)} = b^2\,\widetilde{\eta^2(t)} \tag{13.138}$$

ist, wobei b den Mittelwert der Abtastfunktion im Empfänger darstellt.

Diese Beziehung gilt unabhängig von der Bandbreite, die von der Störung $\eta(t)$ in Anspruch genommen wird; es ist

$$\widetilde{\eta^2(t)} = \frac{1}{2\pi}\int_0^{\omega_s} N(\omega)\,d\omega\,, \tag{13.139}$$

wobei $N(\omega)$ die für positive Frequenzen definierte Leistungsspektraldichte der Eingangsstörung und ω_s die Bandbreite des Empfängers (bzw. die höchste Frequenz aus dem Spektrum des pulsmodulierten Signals) ist.

Es wird angenommen, daß am Eingang des Empfängers das amplitudenmodulierte Signal (Abb. 13.46) anliegt, das zu den Zeitpunkten $n\,T$ ideal abgetastet wird.

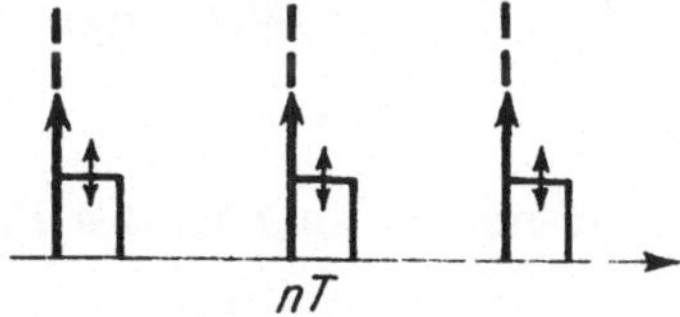

Abb. 13.46. Darstellung des idealen Abtastvorganges im Empfänger

Es sei das Eingangssignal

$$s(t) = m(t)\, e_T(t)\,,$$

wobei $e_T(t)$ die Abtastfunktion bei der Sendung ist. Im Empfänger findet eine ideale Abtastung (Abb. 13.47) mit der Funktion

$$\delta_R(t) = b\,T\sum_n \delta\,(t - n\,T)$$

statt, deren Mittelwert gleich b ist.

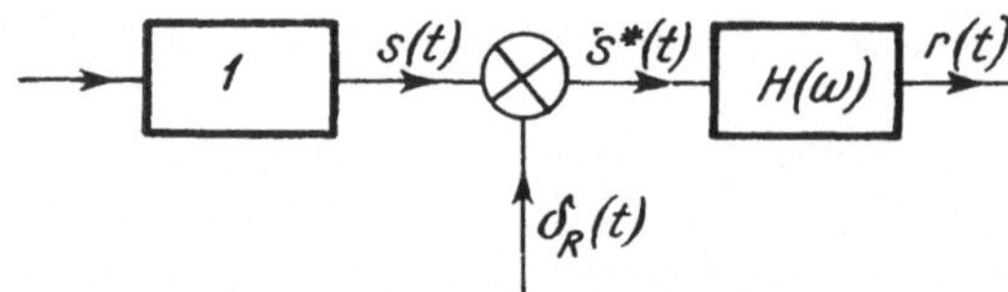

Abb. 13.47. Realisierung des idealen Abtastvorganges im Empfänger
1 – Hochfrequenzteil des Empfängers

Der Ausdruck des abgetasteten Signals im Empfänger ist

$$s^*(t) = m(t)\, e_T(t)\, \delta_R(t) = m(t)\, e_T(t)\, b\, T\sum_n \delta\,(t - n\,T)$$

oder

$$s^*(t) = T\, b\, e_T\,(n\,T)\sum_n m\,(n\,T)\,\delta\,(t - n\,T).$$

Wenn man annimmt, daß $e_T\,(n\,T) = 1$ ist, so ergibt sich

$$s^*(t) = T\, b\sum_n m\,(n\,T)\,\delta\,(t - n\,T)\,. \tag{13.140}$$

Zur Bestimmung des Signals am Ausgang des Filters des Demodulators, wenn am Eingang des Filters das Signal $s^*(t)$ angelegt wird, wird die Analogie zwischen den Beziehungen (13.140) und (13.10) berücksichtigt und mit (13.16) erhält man

$$r(t) = b\, m\,(t\ \ - \varTheta)\,, \tag{13.141}$$

woraus

$$\widetilde{\widetilde{r^2(t)}} = b^2\,\widetilde{\widetilde{m^2(t)}} \tag{13.142}$$

entsteht.

Berücksichtigt man die Beziehung (13.41), die den Zusammenhang zwischen dem Signal vor der Abtastung und dem Signal am Ausgang des Filters des Demodulators angibt, erhält man

$$\widetilde{\widetilde{r^2(t)}} = b^2\,\widetilde{\widetilde{s^2(t)}}\,. \tag{13.143}$$

Aus den Beziehungen (13.142) und (13.143) ergibt sich:

$$\widetilde{\widetilde{s^2(t)}} = \widetilde{\widetilde{m^2(t)}}\,. \tag{13.144}$$

Man erhält für den Störabstand am Eingang des Empfängers

$$\left(\frac{S}{R}\right)_{\mathrm{Eingang}} = \frac{\widetilde{\widetilde{s^2(t)}}}{\widetilde{\widetilde{\eta^2(t)}}}\,,$$

o der indem man die Beziehung (13.144) berücksichtigt

$$\left(\frac{S}{R}\right)_{\text{Eingang}} = \frac{\widetilde{\widetilde{m^2(t)}}}{\widetilde{\widetilde{\eta^2(t)}}}\,.\tag{13.145}$$

Am Ausgang des Demodulators beträgt der Störabstand

$$\left(\frac{S}{R}\right)_{\text{Ausgang}} = \frac{\widetilde{\widetilde{r^2(t)}}}{\widetilde{\widetilde{z^2(t)}}}\,,\tag{13.146}$$

wobei $\widetilde{\widetilde{z^2(t)}}$ die Rauschleistung nach dem Filter des Demodulators ist.

Nach der Beziehung (13.138) ist diese Leistung gleich der mit b^2 multiplizierten Rauschleistung am Eingang.

Aus den Beziehungen (13.138) und (13.142) ergibt sich, daß

$$\left(\frac{S}{R}\right)_{\text{Ausgang}} = \frac{\widetilde{\widetilde{r^2(t)}}}{\widetilde{\widetilde{z^2(t)}}} = \frac{\widetilde{\widetilde{b^2}}\,\widetilde{\widetilde{m^2(t)}}}{\widetilde{\widetilde{b^2}}\,\widetilde{\widetilde{\eta^2(t)}}} = \left(\frac{S}{R}\right)_{\text{Eingang}}\tag{13.147}$$

ist, d. h., der Störabstand am Ausgang ist gleich dem Störabstand am Eingang.

Dieser Sachverhalt ergibt sich dadurch, daß das Ausgangsrauschen, obwohl es in einem kleineren Frequenzband von 0 bis $\frac{\omega_0}{2}$ ausgewertet wird, infolge der Anteile, die durch die Überlagerung der Komponenten des getasteten Rauschens erzeugt werden und in das Durchlaßband des Demodulators fallen, größer ist.

Um zu verfolgen, wie die Abtastung das Rauschen am Ausgang des Filters des Demodulators vergrößert, ist in Abb. 13.48 das Leistungsspektrum des ge-

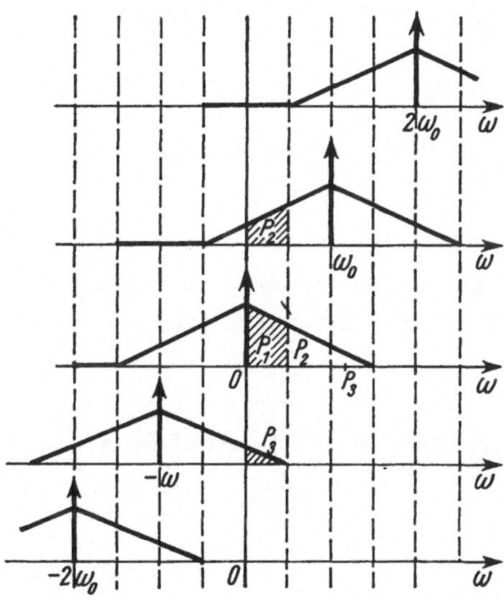

Abb. 13.48. Darstellung der Komponenten des Leistungsspektrums des abgetasteten Rauschens, bzw. der Leistungsspektraldichte $\frac{1}{2}\,N^*(\omega)$

tasteten Rauschens und zwar

$$N^*(\omega) = b^2 \sum_n N(\omega - n\,\omega_0) \qquad (13.148)$$

dargestellt, wobei $N(\omega)$ die Leistungsspektraldichte des Rauschens ist. Das Rauschen am Ausgang des Filters des Demodulators beträgt

$$\widetilde{\widetilde{z^2(t)}} = \frac{1}{2\,\pi} \int_0^{\frac{1}{2}\omega_0} N^*(\omega)\,d\omega \qquad (13.149)$$

und wird durch Berücksichtigung der Beziehung (13.48) zu

$$\widetilde{\widetilde{z^2(t)}} = \frac{b^2}{2\,\pi} \sum_n \int_0^{\frac{1}{2}\omega_0} N(\omega - n\,\omega_0)\,d\omega \qquad (13.150)$$

oder

$$\widetilde{\widetilde{z^2(t)}} = \frac{b^2}{2\,\pi} \int_0^{\frac{1}{2}\omega_0} N(\omega)\,d\omega + \frac{b^2}{2\,\pi} \int_0^{+\frac{1}{2}\omega_0} N(\omega - \omega_0)\,d\omega +$$

$$+ \frac{b^2}{2\,\pi} \int_0^{+\frac{1}{2}\omega_0} N(\omega + \omega_0)\,d\omega + \frac{b^2}{2\,\pi} \int_0^{+\frac{1}{2}\omega_0} N(\omega - 2\,\omega_0)\,d\omega +$$

$$+ \frac{b^2}{2\,\pi} \int_0^{+\frac{1}{2}\omega_0} N(\omega + 2\,\omega_0)\,d\omega + ,\ldots$$

Nach den Substitutionen
$\omega' = \omega - \omega_0$, bzw. $\omega' = \omega + \omega_0$, $\omega' = \omega - 2\,\omega_0$, $\omega' = \omega + 2\,\omega_0, \ldots$
und nach Beseitigung des Striches ergibt sich

$$\widetilde{\widetilde{z^2(t)}} = \frac{b^2}{2\,\pi} \int_0^{+\frac{1}{2}\omega_0} N(\omega)\,d\omega + \frac{b^2}{2\,\pi} \int_{+\frac{1}{2}\omega_0}^{+\omega_0} N(\omega)\,d\omega + \frac{b^2}{2\,\pi} \int_{+\omega_0}^{+\frac{3}{2}\omega_0} N(\omega)\,d\omega + \cdots$$

$$(13.151)$$

oder

$$\widetilde{\widetilde{z^2(t)}} = \frac{b^2}{2\,\pi} \int_0^{\omega_0} N(\omega)\,d\omega . \qquad (13.152)$$

Ein Vergleich der Beziehungen (13.152) und (13.139) ergibt, daß das Rauschen
am Ausgang des Filters des Demodulators gleich dem mit b^2 multiplizierten
Rauschen am Eingang des Empfängers ist. Das Anwachsen des Rauschens am
Ausgang des Filters des Demodulators tritt infolge der Abtastung, die im Empfänger durchgeführt wird und die die Spektraldichte $N(\omega)$ in die Spektraldichte $N*(\omega)$ umwandelt, auf.

Im Falle idealer Abtastung ergibt sich aus den Beziehungen (13.147) und
(13.152) für den Störabstand der Ausdruck

$$\left(\frac{S}{R}\right)_{\text{Ausgang}} = \frac{\widetilde{\widetilde{m^2(t)}}}{\dfrac{1}{2\pi}\displaystyle\int_0^{\omega_s} N(\omega)\,d\omega}. \tag{13.153}$$

13.8.2. Störabstand im Falle gleichmäßiger Abtastung (PAM)

Wie vorher gezeigt wurde, kann man eine gleichmäßige Abtastung erhalten,
indem man von einer idealen Abtastung ausgeht. Zu diesem Zwecke wird das
ideal abgetastete Signal durch ein Formfilter (Abb. 13.49) geleitet, das Rechteckimpulse der Dauer τ liefert.

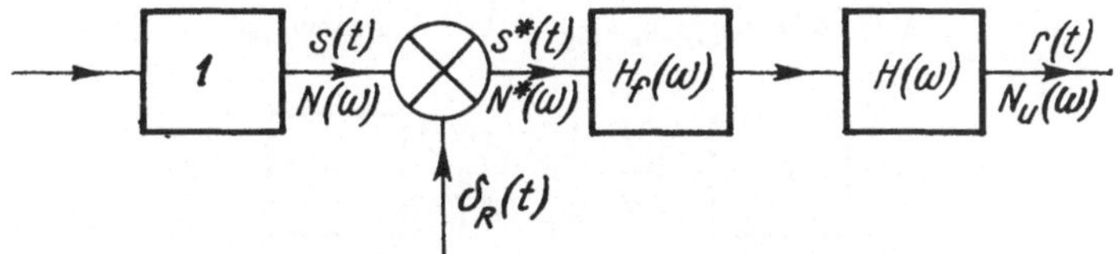

Abb. 13.49. Realisierung der gleichmäßigen Abtastung
1 — Hochfrequenzteil des Empfängers

Die Leistungsspektraldichte des Rauschens am Ausgang ist

$$N_u(\omega) = |H(\omega)|^2\, N*(\omega)\, |H_f(\omega)|^2 \tag{13.154}$$

wobei $H(\omega)$ den Betrag der Übertragungsfunktion des Tiefpasses des Demodulators und

$$|H_f(\omega)| = \left|\frac{\sin \omega \dfrac{\tau}{2}}{\omega \dfrac{\tau}{2}}\right|$$

den Betrag der Übertragungsfunktion des Formfilters darstellen.
Das Rauschen am Ausgang ist

$$\widetilde{\widetilde{z_u^2(t)}} = \frac{1}{2\pi}\int_0^{+\infty} N_u(\omega)\,d\omega = \frac{1}{2\pi}\int_0^{+\frac{1}{2}\omega_s} N*(\omega)\,|H_f(\omega)|^2\,d\omega\;; \tag{13.155}$$

da im Durchlaßband $\left(\text{von } 0 \text{ bis } \dfrac{1}{2}\,\omega_0\right)$ die Funktion $|H_f(\omega)|^2$ nahezu konstant und gleich Eins ist und da $\omega_0 \dfrac{\tau}{2}$ sehr klein ist, wird aus der Beziehung (13.155)

$$\widetilde{z_u^2(t)} = \frac{1}{2\pi} \int\limits_0^{+\frac{1}{2}\omega_0} N^*(\omega)\,d\omega\,.\tag{13.156}$$

Aus den Beziehungen (13.155) und (13.149) ergibt sich, daß

$$\widetilde{z_u^2(t)} = \widetilde{z^2(t)}\tag{13.157}$$

ist, also das Rauschen im Falle der gleichmäßigen Abtastung gleich dem Rauschen im Falle idealer Abtastung ist.

Mit der gleichen Beweisführung erhält man für den Fall der Nachricht

$$\widetilde{m_u^2(t)} = \widetilde{m^2(t)}\,.\tag{13.158}$$

Aus den Beziehungen (13.157) und (13.158) folgt, daß der Störabstand für den Fall gleichmäßiger Abtastung $\left(\dfrac{S}{R}\right)_{\text{Ausgang}}$ gleich dem Störabstand für den Fall idealer Abtastung ist und zwar

$$\left(\frac{S}{R}\right)_{\text{Ausgang}_{\text{gleichmäßig}}} = \left(\frac{S}{R}\right)_{\text{Ausgang}_{\text{ideal}}}\,.\tag{13.159}$$

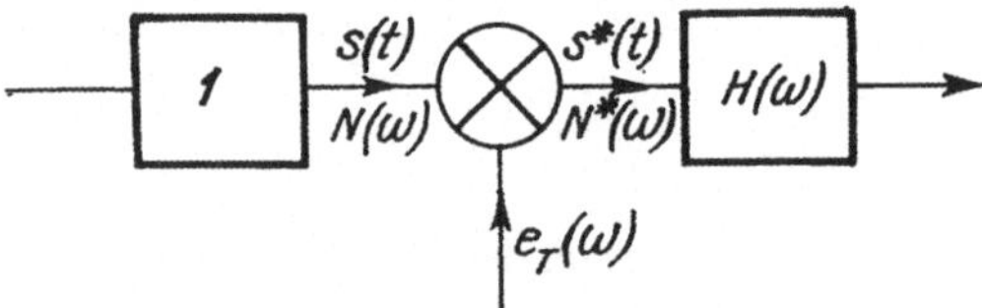

Abb. 13.50. Realisierung der natürlichen Abtastung
1 — Hochfrequenzteil des Empfängers

13.8.3. Störabstand im Falle natürlicher Abtastung (PAM)

Die natürliche Abtastung ergibt sich durch eine periodische Öffnung und Sperrung des Empfängers mit der Frequenz ω_0 für die Dauer τ (Abb. 13.50).

Nach der Beziehung (13.137) ist der Mittelwert des Abtastsignals

$$\frac{AG\tau}{T} = \frac{\tau}{T} = b\,.\tag{13.160}$$

Auf Grund der im Abschnitt 13.2.2. erhaltenen Ergebnisse kann man den Ausdruck für die Leistungsspektraldichte des natürlich getasteten Rauschens folgendermaßen schreiben:

$$N^*(\omega) = b^2 \sum_{n=-\infty}^{+\infty} \left(\frac{\sin n\,\omega_0\,\dfrac{\tau}{2}}{n\,\omega_0\,\dfrac{\tau}{2}}\right)^2 N(\omega - n\,\omega_0)\,.\tag{13.161}$$

Die Rauschleistung am Ausgang aus dem Filter des Demodulators ist

$$\widetilde{\widetilde{z^2(t)}} = \frac{1}{2\pi} \int\limits_{0}^{+\frac{1}{2}\omega_0} N^*(\omega)\, d\omega \ . \tag{13.162}$$

Nach Einsetzen der Beziehung (13.161) in die Beziehung (13.162) erhält man

$$\widetilde{\widetilde{z^2(t)}} = \frac{b^2}{2\pi} \int\limits_{0}^{+\frac{1}{2}\omega_0} \sum_{n} \left(\frac{\sin n\,\omega_0\,\frac{\tau}{2}}{n\,\omega_0\,\frac{\tau}{2}} \right)^{\!2} N\,(\omega - n\,\omega_0)\, d\omega \ . \tag{13.163}$$

Indem man ähnlich wie bei den Beziehungen (13.150) und (13.151) verfährt, erhält man

$$\widetilde{\widetilde{z^2(t)}} = \frac{b^2}{2\pi} \int\limits_{0}^{\frac{1}{2}\omega_0} N(\omega)\, d\omega + \frac{b^2}{2\pi} \int\limits_{+\frac{1}{2}\omega_0}^{+\omega_0} \left(\frac{\sin \omega_0\,\frac{\tau}{2}}{w_0\,\frac{\tau}{2}} \right)^{\!2} N(\omega)\, d\omega + \cdots$$

oder angenähert

$$\widetilde{\widetilde{z^2(t)}} = \frac{b^2}{2\pi} \int\limits_{0}^{\omega_s} \left(\frac{\sin \omega\,\frac{\tau}{2}}{\omega\,\frac{\tau}{2}} \right)^{\!2} N(\omega)\, d\omega \ . \tag{13.164}$$

Die Signalleistung am Ausgang aus dem Filter des Demodulators ist

$$\widetilde{\widetilde{r^2(t)}} = b^2\, \widetilde{\widetilde{m^2(t)}} \ .$$

Im Fall der natürlichen Abtastung hat der Störabstand den Wert

$$\left(\frac{S}{R} \right)_{\!\text{Ausgang}_{\text{natürlich}}} = \frac{\widetilde{\widetilde{r^2(t)}}}{\widetilde{\widetilde{z^2(t)}}} = \frac{\widetilde{\widetilde{m^2(t)}}}{\dfrac{1}{2\pi} \int\limits_{0}^{\omega_s} \left(\dfrac{\sin \omega\,\frac{\tau}{2}}{\omega\,\frac{\tau}{2}} \right)^{\!2} N(\omega)\, d\omega} \ . \tag{13.165}$$

Da aber

$$\int\limits_{0}^{\omega_s} \left(\frac{\sin \omega\,\frac{\tau}{2}}{\omega\,\frac{\tau}{2}} \right)^{\!2} N(\omega)\, d\omega < \int\limits_{0}^{\omega_s} N(\omega)\, d\omega \tag{13.166}$$

ist, ergibt sich unter Berücksichtigung der Beziehungen (13.165), (13.153) und
(13.166)

$$\left(\frac{S}{R}\right)_{\text{Ausgang}_{\text{natürlich}}} > \left(\frac{S}{R}\right)_{\text{Ausgang}_{\text{ideal}}} ; \tag{13.167}$$

der Störabstand im Falle der natürlichen Abtastung im Empfänger ist also
größer als der Störabstand im Falle idealer Abtastung.

Damit kann man sagen. daß beim Empfang die vorteilhafteste Abtastung die
natürliche Abtastung ist, da sie einen größeren Störabstand im Vergleich zur
gleichmäßigen Abtastung liefert und sie auch einfacher zu realisieren ist.

13.8.3.1. Störabstand im Falle von Überlagerungen (PAM)

Es wird angenommen, daß nach der ersten Demodulation das störende Signal
sinusförmig und zwar

$$\eta(t) = A \cos \Omega_0 t \tag{13.168}$$

ist.

Für $\omega > 0$ ist die Leistungsspektraldichte dieser Störung

$$N(\omega) = 2\pi \frac{1}{2} A^2 \delta(\omega - \Omega_0) . \tag{13.169}$$

Nach Einführung der Beziehung (13.169) in (13.165) ergibt sich

$$\left(\frac{S}{R}\right)_{PAM} = \frac{\widetilde{\widetilde{m^2(t)}}}{\frac{1}{2}\int_0^{\omega_s}\left(\frac{\sin\omega\frac{\tau}{2}}{\omega\frac{\tau}{2}}\right)^2 A^2\delta(\omega-\Omega_0)\,d\omega} = 2\frac{\widetilde{\widetilde{m^2(t)}}}{A^2\left(\frac{\sin\Omega_0\frac{\tau}{2}}{\Omega_0\frac{\tau}{2}}\right)^2} .$$

$$\tag{13.170}$$

Da nur Störungen, deren Frequenz $\Omega_0 < \frac{1}{2}\omega_0$ ist, das Filter des Demodulators passieren können, beträgt der maximale Wert von Ω_0 höchstens $\frac{1}{2}\omega_0$. Aber

auch für diese Frequenz ist die Funktion $\left(\dfrac{\sin\Omega_0\frac{\tau}{2}}{\Omega_0\frac{\tau}{2}}\right)^2$ noch ungefähr gleich

Eins, so daß man schreiben kann

$$\left(\frac{S}{R}\right)_{PAM} = 2\frac{\widetilde{\widetilde{m^2(t)}}}{A^2} . \tag{13.171}$$

Wenn man annimmt, daß die Nachricht sinusförmig verläuft, also

$$m(t) = 1 + \alpha \cos \Omega t$$

ist, und wenn man nur die Wechselstromkomponente berücksichtigt, ergibt sich

$$\left(\frac{S}{R}\right)_{PAM} = \frac{\alpha^2}{A^2}.$$ (13.172)

Für den Fall, daß der Empfänger einen Hochfrequenzteil hat, kann die Überlagerung auch im Hochfrequenzspektrum auftreten und ist

$$\eta_e(t) = A \cos(\omega_p + \Omega_0)\, t\,,$$

wobei ω_p die Frequenz des Sinusträgers darstellt.

Wenn die erste Demodulation eine Amplitudendemodulation ist, so ist entsprechend der Beziehung (11.92) die Störung am Ausgang des Demodulators

$$\eta_a(t) = A \cos \Omega_0\, t\,,$$

und für den Störabstand erhält man den Ausdruck

$$\left(\frac{S}{R}\right)_{\substack{PAM \\ AM}} = \frac{\alpha^2}{A^2}\,;$$ (13.173)

der Störabstand ist also der gleiche wie im Falle einer einzigen Demodulation.

Wenn die erste Demodulation eine Frequenzdemodulation ist, ist entsprechend der Beziehung (12.103) die Störung am Ausgang des ersten Demodulators

$$\eta_a(t) = \Omega_0 \frac{A}{E_0} \cos \Omega_0\, t\,,$$

wobei E_0 die Amplitude des frequenzmodulierten Trägers ist.

Der Störabstand hat den Wert

$$\left(\frac{S}{R}\right)_{\substack{PAM \\ FM}} = \alpha^2 \left(\frac{E_0}{A}\right)^2 \frac{1}{\Omega_0^2}.$$ (13.174)

Für diesen Fall ist die Störung um so größer, je größer Ω_0 ist $\Big($es muß aber die Bedingung $\Omega_0 \leqq \frac{1}{2}\, \omega_0$ erfüllt werden$\Big)$.

13.8.3.2. Störabstand im Falle weißen Rauschens (PAM-AM)

Für den Fall eines Empfängers mit einer einzigen Demodulation (PAM) kann man annehmen, daß die Leistungsspektraldichte am Eingang des Empfängers konstant mit der Frequenz verläuft:

$$N(\omega) = \text{const}.$$ (13.175)

Wenn der Empfänger einen Hochfrequenzteil mit Demodulator für AM besitzt, hat das Rauschen am Ausgang aus dem ersten Demodulator auch ein konstantes Spektrum

$$N(\omega) = 2\, N_0 = 4\, \pi\, z_0\,,$$ (13.176)

wobei N_0 die Leistungsspektraldichte am Eingang des Hochfrequenzteiles darstellt.

34*

Führt man die Beziehung (13.176) in die Beziehung (13.165) ein, so erhält man

$$\left(\frac{S}{R}\right)_{\substack{PAM \\ AM}} = \frac{\widetilde{\widetilde{m^2(t)}}}{2\,z_0 \displaystyle\int_0^{\omega_s} \left(\frac{\sin\omega\,\dfrac{\tau}{2}}{\omega\,\dfrac{\tau}{2}}\right)^2 d\omega}. \tag{13.177}$$

Das Integral im Nenner kann auch in der Form

$$\int_0^{\omega_s} \left(\frac{\sin\omega\,\dfrac{\tau}{2}}{\omega\,\dfrac{\tau}{2}}\right)^2 d\omega = \frac{2}{\tau}\int_0^{\omega_s\frac{\tau}{2}} \frac{\sin^2 x}{x^2}\,dx \tag{13.178}$$

geschrieben werden, oder da $\omega_s\dfrac{\tau}{2} = \pi$ (das Signal belegt das gesamte Durchlaßband des Empfängers), hat man angenähert

$$\frac{2}{\tau}\int_0^{\pi} \frac{\sin^2 x}{x^2}\,dx \approx \frac{2}{\tau}\int_0^{+\infty} \frac{\sin^2 x}{x^2}\,dx = \frac{2}{\tau}\cdot\frac{\pi}{2} = \frac{\pi}{\tau} \tag{13.179}$$

und folglich

$$\int_0^{\omega_s} \left(\frac{\sin\omega\,\dfrac{\tau}{2}}{\omega\,\dfrac{\tau}{2}}\right)^2 d\omega \approx \frac{\pi}{\tau}. \tag{13.180}$$

Nach Einführung der Beziehung (13.180) in (13.177) erhält man

$$\left(\frac{S}{R}\right)_{\substack{PAM \\ AM}} = \frac{\widetilde{\widetilde{m^2(t)}}}{2\,\pi\,z_0}\,\tau = \frac{1}{\pi}\,\omega_s\,\tau\,\frac{\widetilde{\widetilde{m^2(t)}}}{\widetilde{\widetilde{\eta^2(t)}}}, \tag{13.181}$$

oder, da $\omega_s\,\tau = 2\,\pi$ ist, wird

$$\left(\frac{S}{R}\right)_{\substack{PAM \\ AM}} = 2\,\frac{\widetilde{\widetilde{m^2(t)}}}{\widetilde{\widetilde{\eta^2(t)}}} = \frac{\tau}{\pi}\,\frac{\widetilde{\widetilde{m^2(t)}}}{2\,z_0} = \frac{\tau}{N_0}\,\widetilde{\widetilde{m^2(t)}}. \tag{13.182}$$

Ein Vergleich mit der Beziehung (13.147) ergibt, daß für den Fall der natürlichen Abtastung bei Anwesenheit weißen Rauschens der Störabstand zweimal größer als für den Fall der idealen Abtastung ist.

Aus der Beziehung (13.182) ergibt sich, daß der Störabstand proportional der Dauer der Impulse und umgekehrt proportional der Bandbreite $f_s = \dfrac{1}{\tau}$ des Empfängers ist.

Für den Fall einer Amplitudenmodulation mit dem Sinusträger Eins ergibt sich nach der Beziehung (11.116) für den Störabstand nach einer Hüllkurvendemodulation:

$$\left(\frac{S}{R}\right)_{AM} = \frac{\widetilde{m^2(t)}}{2\,\Omega_M\,z_0}\,, \qquad (13.183)$$

wobei Ω_M die höchste Frequenz aus dem Spektrum der Nachricht nämlich

$$\Omega_M = \frac{1}{2}\,\omega_0 = \frac{2\,\pi}{2\,T} = \frac{\pi}{T} \qquad (13.184)$$

ist.

Aus den Beziehungen (13.182), (13.183) und (13.184) ergibt sich

$$\left(\frac{S}{R}\right)_{\substack{PAM \\ AM}} = \frac{\tau}{T}\left(\frac{S}{R}\right)_{AM}\,. \qquad (13.185)$$

Bei dem gleichen Spitzenwert der Träger ist der Störabstand für den Fall der PAM $\dfrac{T}{\tau}$-mal kleiner als für den Fall der AM.

Wenn aber die beiden mittleren Leistungen gleich sind, sind auch die Störabstände gleich.

13.8.3.3. Störabstand im Fall eines dreieckförmigen Rauschens (PAM-FM)

Für den Fall, daß der erste Demodulator ein Frequenzdemodulator ist, erhält man an seinem Ausgang ein *dreieckförmiges* Rauschen. Nach den Ergebnissen bei der Frequenzmodulation (s. Abschnitt 12.5.2.2.) ist die Leistungsspektraldichte

$$N(\omega) = \omega^2 \frac{2\,N_0}{E_0^2} = \omega^2\,k\,, \qquad (13.186)$$

wobei

E_0 — die Amplitude des frequenzmodulierten Trägers ist, dem ein PAM-Signal aufmoduliert wird und die gleich Eins angenommen wird $(E_0 = 1)$;

N_0 — die Leistungsspektraldichte des weißen Rauschens am Eingang des Hochfrequenzteiles des Empfängers ist;

$$k = \frac{2\,N_0}{E_0^2} = 2\,N_0 \text{ ist.}$$

Wie im vorigen Fall, wo das Ausgangsrauschen von den beiden Seitenbändern, die sich um den Träger herum bilden, gegeben ist, erscheint in der Beziehung (13.186) die Leistungsspektraldichte N_0 mit Zwei multipliziert.

Führt man die Beziehung (13.186) in die Beziehung (13.165) ein und berücksichtigt, daß das demodulierte Signal dem Frequenzhub $\Delta\omega$ proportional ist, so erhält man

$$\left(\frac{S}{R}\right)_{\substack{PAM\\FM}} = \frac{(\Delta\omega)^2\;\widetilde{\widetilde{m^2(t)}}}{\dfrac{1}{2\pi}\displaystyle\int_0^{\omega_s}\left(\dfrac{\sin\omega\dfrac{\tau}{2}}{\omega\dfrac{\tau}{2}}\right)^2\omega^2 k\,d\omega} = \frac{(\Delta\omega)^2\;\widetilde{\widetilde{m^2(t)}}}{\dfrac{k}{2\pi}\left(\dfrac{2}{\tau}\right)^3\displaystyle\int_0^\pi\sin^2\omega\dfrac{\tau}{2}\,d\left(\omega\dfrac{\tau}{2}\right)}.$$

wobei $\Delta\omega$ den Frequenzhub darstellt, der $e_T(t) = 1$ entspricht, so daß

$$\left(\frac{S}{R}\right)_{\substack{PAM\\FM}} = \frac{\tau^3}{2k}\,\widetilde{\widetilde{m^2(t)}}\,(\Delta\omega)^2 \tag{13.187}$$

ist.

Bei dreieckförmigem Rauschen, also für den Fall der Übertragung der Impulse durch Frequenzmodulation, ist der Störabstand der dritten Potenz der Impulsdauer proportional. In diesem Fall ist es ratsam, das Videoband so stark wie möglich zu begrenzen bzw. mit Impulsen möglichst großer Dauer zu arbeiten.

13.8.3.4. Vergleich zwischen der Übertragung der PAM durch AM oder FM

Die Übertragung amplitudenmodulierter Impulse durch ein System mit FM ist bezüglich des Störabstandes vorteilhafter als eine Übertragung durch ein System mit AM.

Um die Verbesserung des Störabstandes für den Fall der Übertragung durch FM im Vergleich zur Übertragung durch AM zu veranschaulichen, betrachtet man das Verhältnis zwischen den Beziehungen (13.187) und (13.182). Man erhält

$$\left(\frac{S}{R}\right)_{\substack{PAM\\FM}} = \pi^2\left(\frac{\Delta\omega}{\omega_s}\right)^2\left(\frac{S}{R}\right)_{\substack{PAM\\AM}}, \tag{13.188}$$

wobei

$\Delta\omega$ — der Frequenzhub ist, der dem Spitzenwert $e_T(t) = 1$ des Abtastsignals entspricht;

ω_s — die höchste Frequenz aus dem Spektrum des abgetasteten Signals ist $\left(\omega_s = \dfrac{2\pi}{\tau}\right)$.

Für beide Fälle wurde angenommen, daß die Amplitude des Sinusträgers gleich Eins ist.

Um eine wesentliche Verbesserung des Störabstandes zu erzielen, muß man mit großen Werten des Frequenzhubes arbeiten. Folglich sind im Hochfrequenzteil des Empfängers große Bandbreiten zu verwenden, so daß sie vergleichbar mit der FM-Verbesserungsschwelle sind, wobei im Videofrequenzteil die Bandbreite auf ein Minimum reduziert wird. Auf diese Weise kann man am Ausgang einen großen Störabstand erhalten.

13.9. Störabstand in Systemen mit Pulsphasen- oder Pulsdauermodulation (PPM oder PDM)

In beiden Fällen (PPM oder PDM) ist die Behandlung gleich, da das Rauschen eine Ungewißheit der Flankenlage des phasenmodulierten oder dauermodulierten Impulses verursacht. Die Demodulation phasenmodulierter Impulse erfolgt im allgemeinen durch Umwandlung in Dauermodulation und anschließende Filterung.

In beiden Fällen ist der Störabstand nach der Demodulation der gleiche.

Da aber bei der PPM und PDM nichtlineare Vorgänge, wie z. B. die Begrenzung der Impulse, auftreten, kann man nicht die gleichen Verfahren wie im Falle der PAM anwenden.

Es werde ein Impuls (Abb. 13.51) betrachtet, der vor der Begrenzung die Amplitude A und die Anstiegszeit ε hat.

Der Zeitpunkt t_a für das Auftreten des Impulses entspricht einem Niveau gleich $\dfrac{A}{2}$.

Bei Abwesenheit der Modulation wiederholen sich diese Zeitpunkte in regelmäßigen Abständen T:

$$t_a = t_n .$$

Praktisch wird das durch eine zweiseitige Begrenzung des Signals um das Niveau $\dfrac{A}{2}$ herum realisiert, so daß man dadurch einen Streifen aus dem betreffenden Signal, bzw. da die Breite des Streifens sehr klein ist, einen Rechteckimpuls erhält (Abb. 13.52).

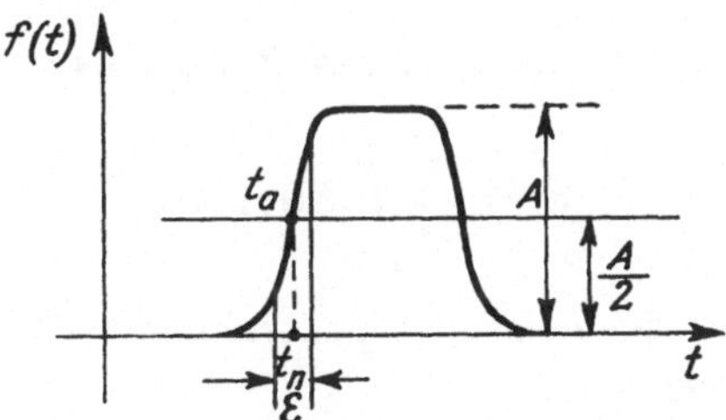

Abb. 13.51. Phasenmodulierter Impuls

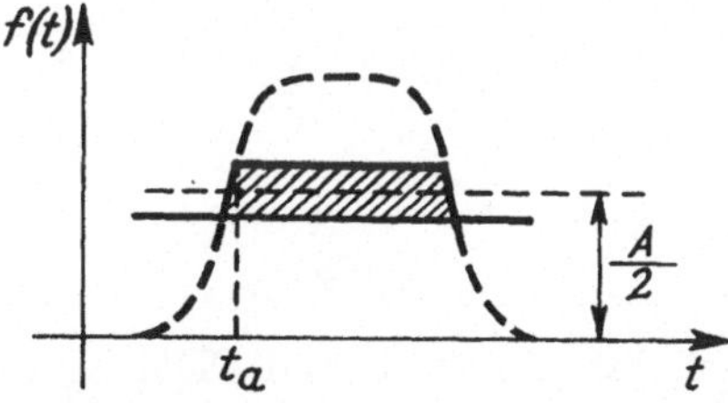

Abb. 13.52. Zweiseitige Begrenzung phasenmodulierter Impulse

Die Lage der Flanken dieser Rechteckimpulse ist vom Signal und vom Rauschen bestimmt.

Sind diese Impulse moduliert, so sind die Zeitpunkte, zu denen sie erscheinen, der Nachricht proportional:

$$t_a = t_n + m(t) \tag{13.189}$$

und für den Fall einer sinusförmigen Nachricht ist

$$t_a = t_n + \Delta p \sin \Omega t . \tag{13.190}$$

Da die Modulation linear ist, werden die durch die Störungen und die durch die Nachricht verursachten Verschiebungen getrennt behandelt.

Man nimmt an, daß das Rauschen nach Abschnitt 9.3.1. die Form

$$\eta(t) = \sum_n V_n \cos (\omega_n t + \varphi_n) \tag{13.191}$$

besitzt und zu dem aus dauer- oder phasenmodulierten Impulsen bestehenden Signal $s(t)$ addiert wird und folglich

$$f(t) = s(t) + \eta(t) \tag{13.192}$$

ergibt.

Die Schnittpunkte von $f(t)$ mit der Geraden $f(t) = \dfrac{A}{2}$ bestimmen die Zeitpunkte t_a, die in Abwesenheit der Störungen durch die Beziehung (13.190) gegeben sind.

Damit keine zu großen Abweichungen des Wertes t_a von dem durch die Beziehung (13.190) gegebenen Wert auftreten, bzw. keine großen Störungen auftreten, darf in Abwesenheit der Impulse der Spitzenwert der Störung das Niveau $\dfrac{A}{2}$ nicht überschreiten.

Wenn man mit σ den Effektivwert des Rauschens

$$\sigma^2 = \frac{1}{2\pi} \int_0^{\omega_s} N(\omega)\, d\omega$$

bezeichnet, wobei $N(\omega)$ die Leistungsspektraldichte des Rauschens ist, erhält man für den Spitzenwert

$$V_s = 4\,\sigma .$$

Die Bedingung dafür, daß der Spitzenwert der Störung das Niveau $\dfrac{A}{2}$ nicht überschreitet, ist

$$V_s < \frac{A}{2}$$

oder

$$\sigma < \frac{A}{8} . \tag{13.193}$$

Diese Bedingung zeigt, daß die PPM- und PDM-Systeme ebenso wie die EM-Systeme eine durch die Beziehung (13.193) gegebene Schwelle besitzen; die

Spitzenleistung (A^2) des Signals muß also 64-mal größer als die effektive Leistung der Störungen sein.

Wesentliche Störungen treten auch in dem Fall auf, wenn $f(t)$ im Schnittpunkt mit der Geraden $\frac{A}{2}$ abfällt (Abb. 13.53).

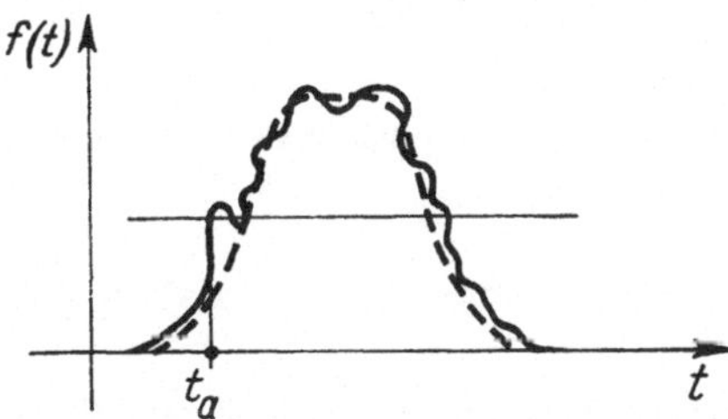

Abb. 13.53. Störungen, die eine negative Steilheit bewirken

Diese Situation tritt auf, wenn die hochfrequenten Komponenten des Rauschspektrums große Werte haben.

Es wird deshalb aus dem Spektrum des Rauschens die Komponente mit der höchsten Frequenz ω_M betrachtet und dem Signal in einem Bereich, in dem das Signal linear ansteigt,

$$s(t) = \frac{A}{\varepsilon}\,t$$

überlagert:

$$f(t) = \frac{A}{\varepsilon}\,t + a_M \cos \omega_M\,t\,.$$

Stellt man die Bedingung, daß in diesem Bereich der Funktion $f(t)$ die Steilheit positiv sein soll, erhält man

$$\frac{df}{dt} = \frac{A}{\varepsilon} - \omega_M\,a_M \sin \omega_M\,t > 0$$

und daher

$$\omega_M < \frac{A}{\varepsilon\,a_M}\,. \tag{13.194}$$

Mit anderen Worten muß die Bandbreite des Empfängers so klein wie möglich sein bzw. einen Wert besitzen, der zu einer Anstiegszeit ε führt.

Angenommen, daß beide durch die Beziehungen (13.193) und (13.194) gegebenen Bedingungen erfüllt sind, so ist der Zeitpunkt, zu dem $f(t)$ das Niveau $\frac{A}{2}$ erreicht (Abb. 13.54)

$$t_a = t_n - \Delta\tau$$

(wobei $\Delta\tau$ die Verschiebung der Impulsflanke darstellt, die durch das Rauschen verursacht wird):

$$f\,(t_n - \Delta\tau) = \frac{A}{2}$$

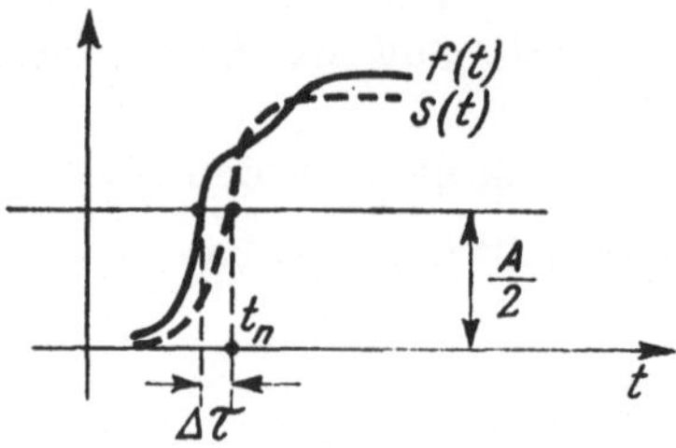

Abb. 13.54. Verschiebung der Impulsflanke unter dem Einfluß von Störungen

oder

$$s\,(t_n - \varDelta\tau) + \eta\,(t_n - \varDelta\tau) = \frac{A}{2}\,.$$

Wenn man voraussetzt, daß $|\varDelta\tau| < \dfrac{\varepsilon}{2}$ ist, da $\sigma < \dfrac{A}{8}$ ist, kann man nur den linearen Teil von $s(t)$

$$s\,(t_n - \varDelta\tau) = \frac{A}{\varepsilon}\,(t_n - \varDelta\tau)$$

berücksichtigen und erhält

$$\frac{A}{\varepsilon}\,(t_n - \varDelta\tau) + \eta\,(t_n - \varDelta\tau) = \frac{A}{2}\,, \tag{13.195}$$

oder, da $\dfrac{A}{\varepsilon}\,t_n = \dfrac{A}{2}$ ist, wird

$$\varDelta\tau\,\frac{A}{\varepsilon} = \eta\,(t_n - \varDelta\tau)\,. \tag{13.196}$$

Das entsprechende quadratische Mittel ist durch die Beziehung

$$\overline{(\varDelta\tau)^2}\,\frac{A^2}{\varepsilon^2} = \overline{\eta^2\,(t_n - \varDelta\tau)} = \overline{\eta^2(t_n)} = \overline{\eta^2(t)}$$

gegeben, woraus

$$\overline{(\varDelta\tau)^2} = \frac{\varepsilon^2}{A^2}\,\overline{\eta^2(t)} \tag{13.197}$$

folgt.

Der Störabstand am Ausgang ist durch das Verhältnis zwischen der quadratischen mittleren Abweichung, die durch die Nachricht bewirkt ist und der quadratischen mittleren Abweichung, die von der Störung verursacht ist, gegeben:

$$\left(\frac{S}{R}\right) = \frac{\overline{m^2(t)}}{\overline{(\varDelta\tau)^2}} = \frac{A^2}{\varepsilon^2}\cdot\frac{\overline{m^2(t)}}{\overline{\eta^2(t)}}\,, \tag{13.198}$$

wobei $m(t)$ die durch die Nachricht verursachte Abweichung der Impulsflanke ist (es wurde angenommen, daß die Konstante des Modulators gleich Eins ist) und

$$\overline{\eta^2(t)} = \frac{1}{2\pi}\int\limits_{0}^{+\omega_s} N(\omega)\,d\omega = \sigma^2$$

ist.

Man erhält daher

$$\left(\frac{S}{R}\right) = \frac{A^2}{\varepsilon^2} \cdot \frac{\widetilde{\widetilde{m^2(t)}}}{\sigma^2} \; . \tag{13.199}$$

Für den Fall einer sinusförmigen Nachricht ergibt sich

$$m(t) = \Delta p \sin \Omega t$$

und folglich

$$\left(\frac{S}{R}\right) = \frac{A^2}{2\,\sigma^2}\left(\frac{\Delta p}{\varepsilon}\right)^2 \; . \tag{13.200}$$

Je kleiner die Anstiegszeit ε ist, um so größer wird der Störabstand, eine Schlußfolgerung, die dem physikalischen Sachverhalt entspricht, da für $\varepsilon = 0$ die Wirkung der Störungen auch gleich Null ist; andererseits hat eine kleinere Anstiegszeit ε eine größere Bandbreite zur Voraussetzung, die bei konstanter Rauschleistungsdichte eine größere Rauschleistung σ^2 nach sich zieht.

13.9.1. Störabstand im Falle weißen Rauschens (PPM-AM)

Es wird angenommen, daß am Eingang weißes Rauschen anliegt. In diesem Fall ist $N(\omega) = 2\,N_0$ und

$$\sigma^2 = \frac{2}{2\,\pi}\,N_0\,\omega_s \; . \tag{13.201}$$

Der Durchlaßbereich wird durch die Beziehung

$$W_s = \frac{\omega_s}{2\,\pi} = \frac{1}{2\,\varepsilon} \tag{13.202}$$

bestimmt.

Wenn man in die Beziehung (13.200) die Beziehungen (13.201) und (13.202) einsetzt, erhält man

$$\left(\frac{S}{R}\right)_{\substack{PPM \\ AM}} = \frac{A^2\,W_s}{N_0}\,(\Delta p)^2 = \frac{1}{2\,\pi}\,\frac{A^2\,W_s}{N_0}\,(\Delta p)^2 \; . \tag{13.203}$$

Vom Standpunkt des Störabstandes aus gesehen, würde es vorteilhaft sein, mit möglichst großen Bandbreiten W_s bzw. mit möglichst kleinen Anstiegszeiten ε zu arbeiten.

Doch aus anderen praktischen Gründen wird eine Kompromißlösung gewählt, bei der die Anstiegszeit ungefähr 0,5 μs beträgt.

Für den Fall der PPM und PDM existiert eine Verbesserungsschwelle; wie im Falle der Frequenzmodulation kann durch Vergrößerung der Bandbreite eine Verbesserung des Störabstandes bewirkt werden.

13.9.2. Störabstand im Fall eines dreieckförmigen Rauschens (PPM-FM)

In diesem Fall ist die Rauschleistung

$$\sigma^2 = \frac{1}{2\,\pi}\int\limits_0^{\omega_s} N(\omega)\,d\omega \tag{13.204}$$

und

$$N(\omega) = \frac{2\,N_0}{A^2}\,\omega^2\,, \tag{13.205}$$

wobei A die Amplitude des frequenzmodulierten Sinusträgers darstellt, die den gleichen Wert wie im Falle der AM besitzt.

Führt man die Beziehung (13.205) in die Beziehung (13.204) ein, erhält man

$$\sigma^2 = \frac{1}{\pi}\,\frac{N_0\,\omega_s^3}{3\,A^2}\,. \tag{13.206}$$

Da die phasenmodulierten Impulse durch Frequenzmodulation übertragen werden, ist am Ausgang des Diskriminators der Spitzenwert der Impulse dem entsprechenden Frequenzhub $\Delta\omega$ gleich (dabei wurde angenommen, daß die Konstante des Modulators gleich Eins ist).

Berücksichtigt man diese Tatsache, so ergibt sich für den durch die Beziehung (13.200) gegebenen Störabstand der Ausdruck:

$$\left(\frac{S}{R}\right)_{\substack{PPM\\FM}} = \frac{(\Delta\omega)^2}{2\,\sigma^2}\left(\frac{\Delta p}{\varepsilon}\right)^2 \tag{13.207}$$

der nach Einsetzen der Beziehung (13.206) und nach einigen Umformungen in

$$\left(\frac{S}{R}\right)_{\substack{PPM\\FM}} = 3\left(\frac{\Delta\omega}{\omega_s}\right)^2 \frac{\omega_s\,A^2\,(\Delta p)^2}{2\,\pi\,N_0} \tag{13.208}$$

übergeht.

13.9.3. Vergleich zwischen der Übertragung von PPM oder PDM durch Amplituden- oder Frequenzmodulation

Wie im vorigen Fall ergibt sich auch für den Fall der Übertragung von PPM oder PDM durch Frequenzmodulation eine wesentliche Verbesserung des Störabstandes im Vergleich zur Übertragung durch Amplitudenmodulation.

Um die durch die Frequenzmodulation bewirkte Verbesserung des Störabstandes zu veranschaulichen, wird das Verhältnis zwischen den Beziehungen (13.208) und (13.203) betrachtet:

$$\left(\frac{S}{R}\right)_{\substack{PPM\\FM}} = 3\left(\frac{\Delta\omega}{\omega_s}\right)^2 \left(\frac{S}{R}\right)_{\substack{PPM\\AM}}\,. \tag{13.209}$$

Die Verbesserung ist um so größer, je größer der Frequenzhub ist. Wie im vorigen Fall muß die Bandbreite des Hochfrequenzteiles groß sein (es muß wenigstens die Verbesserungsschwelle für FM erreicht werden) und das Videofrequenzband muß ebenfalls genügend groß sein (die Bandbreite muß das Erreichen der Verbesserungsschwelle für PPM oder PDM ermöglichen, oder sie wird aus anderen praktischen Gründen begrenzt).

Es ist bemerkenswert, daß für den Fall der PPM oder PDM der Störabstand mit der Bandbreite ω_s wächst, wie sich aus der Beziehung (13.203) und aus der Beziehung (13.208), in der der Modulationsindex $\dfrac{\Delta\omega}{\omega_s}$ konstant gehalten werden muß, ergibt.

13.9.4. Vergleich zwischen PPM und PDM

Obwohl die zwei Modulationsarten vom Standpunkt des Störabstandes gleichwertig sind, besitzt die Phasenmodulation einige Vorteile und zwar:

1. Die Dauer der Impulse und folglich auch die mittlere Leistung während des Modulationsvorganges sind konstant; ein Umstand, der für den Fall der Übertragung durch AM vorteilhaft ist.

2. Die Dauer der phasenmodulierten Impulse kann kürzer als die Dauer der dauermodulierten Impulse gemacht werden, da bei PDM die Dauer wenigstens zweimal größer als die Verschiebung der modulierten Flanke sein muß. Aus diesem Grunde ist bei der gleichen mittleren Leistung der Spitzenwert phasenmodulierter Impulse größer, und es kann daher ein größerer Störabstand erhalten werden.

In einfacheren Vorrichtungen wird jedoch der einfacheren Realisierbarkeit wegen die PDM bevorzugt.

13.10. Pulskodemodulation (PCM)

Die Pulskodemodulation unterscheidet sich im wesentlichen dadurch von den anderen Pulsmodulationsverfahren, daß die Ordinaten in den Abtastpunkten nicht exakt, sondern nur näherungsweise übertragen werden, wobei der Näherungsfehler beliebig klein gemacht werden kann. Diese Näherung ergibt sich dadurch, daß eine Nachricht, die in den Abtastpunkten jeden Wert annehmen kann, durch eine Nachricht ersetzt wird, die nur diskrete Werte annehmen kann. Diese Substitution ermöglicht eine kodierte Übertragung der Nachricht.

13.10.1. Gleichmäßige Quantisierung

Der Umstand, daß bei der PCM statt der Nachricht $m(t)$ eine ihr nur ungefähr gleiche Nachricht übertragen wird, bewirkt beim Empfang ein Rauschen, das Quantisierungsrauschen genannt wird.

Die Nachricht $m(t)$ kann als eine Funktion ihrer Abtastordinaten wie folgt ausgedrückt werden (Abtasttheorem):

$$m(t) = \sum_{k=-\infty}^{+\infty} m\left(\frac{k}{2\,W}\right) \frac{\sin 2\,\pi\,W\left(t - \dfrac{k}{2\,W}\right)}{2\,\pi\,W\left(t - \dfrac{k}{2\,W}\right)}. \tag{13.210}$$

wobei W die höchste Frequenz aus dem Spektrum der Nachricht ist.

Bei der Übertragung durch PCM wird die Nachricht $m(t)$ durch die Nachricht $m_q(t)$ ersetzt, die durch

$$m_q(t) = \sum_{k=-\infty}^{+\infty} m_q\left(\frac{k}{2\,W}\right) \frac{\sin 2\,\pi\,W\left(t - \dfrac{k}{2\,W}\right)}{2\,\pi\,W\left(t - \dfrac{k}{2\,W}\right)} \tag{13.211}$$

beschrieben wird.

Die Ordinaten $m_q\left(\dfrac{k}{2\,W}\right)$ (Abb. 13.55) unterscheiden sich von den Ordinaten $m\left(\dfrac{k}{2\,W}\right)$ höchstens um $\dfrac{1}{2}q$; folglich ist

$$m_q\left(\frac{k}{2\,W}\right) = m\left(\frac{k}{2\,W}\right) + \Theta_k\,q\,, \tag{13.212}$$

wobei Θ_k eine zufällige Veränderliche ist, die Werte zwischen $-\dfrac{1}{2}$ und $+\dfrac{1}{2}$ annehmen kann (Abb. 13.55).

Da die Quantisierungsstufen q im allgemeinen klein im Vergleich zum Spitzenwert des Signals sind, kann näherungsweise angenommen werden, daß die Wahrscheinlichkeitsverteilung der zufälligen Veränderlichen Θ_k im Intervall $\left(-\dfrac{1}{2}, \dfrac{1}{2}\right)$ konstant ist und nicht von den statistischen Eigenschaften des Signals und auch nicht vom Index k abhängt.

In diesem Fall hat die Wahrscheinlichkeitsdichte der zufälligen Veränderlichen Θ_k die Werte (Abb. 13.56)

$$\left.\begin{aligned} w(\Theta) &= 1\,, \quad \text{für} \quad |\Theta| < \frac{1}{2}\,, \\ w(\Theta) &= 0\,, \quad \text{für} \quad |\Theta| > \frac{1}{2}\,. \end{aligned}\right\} \tag{13.213}$$

Wenn man die Beziehung (13.212) in die Beziehung (13.211) einsetzt, erhält man

$$m_q(t) = \sum_{k} \left[m\left(\frac{k}{2\,W}\right) + \Theta_k\,q\right] \frac{\sin 2\,\pi\,W\left(t - \dfrac{k}{2\,W}\right)}{2\,\pi\,W\left(t - \dfrac{k}{2\,W}\right)}\,. \tag{13.214}$$

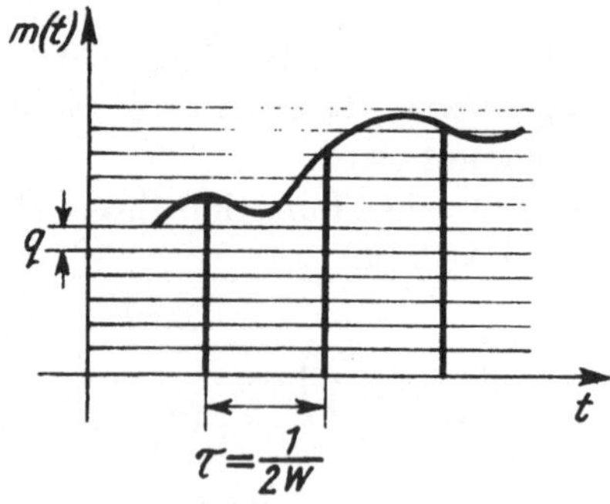

Abb. 13.55. Quantisierung des Signals

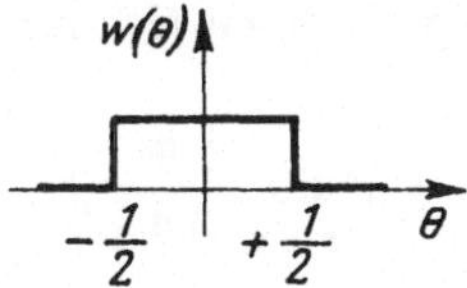

Abb. 13.56. Wahrscheinlichkeitsdichte der zufälligen Veränderlichen Θ_k

Führt man die Bezeichnung

$$s_k(t) = \frac{\sin 2\pi W\left(t - \dfrac{k}{2W}\right)}{2\pi W\left(t - \dfrac{k}{2W}\right)} \tag{13.215}$$

ein, so ergibt sich unter Berücksichtigung der Beziehung (13.210)

$$m_q(t) = m(t) + q \sum_k \Theta_k\, s_k(t) \tag{13.216}$$

oder, indem man den Fehler mit

$$e(t) = q \sum_k \Theta_k\, s_k(t) \tag{13.217}$$

bezeichnet, wird

$$m_q(t) = m(t) + e(t) . \tag{13.218}$$

Für den Fall eines idealen Kanals (der nicht verzerrt und nicht gestört ist) wird das Signal $m_q(t)$ unverändert empfangen, infolgedessen wird nach der Beziehung (13.218) das durch das Signal $e(t)$ gestörte Signal $m(t)$ empfangen; deswegen wird das Signal $e(t)$ Quantisierungsrauschen genannt.

Die mittlere Leistung des Quantisierungsrauschens ist

$$\widetilde{e^2(t)} = q^2 \, \widetilde{\sum_k \Theta_k\, s_k(t) \sum_j \Theta_j\, s_j(t)} \tag{13.219}$$

bzw.

$$\widetilde{e^2(t)} = q^2 \lim_{T\to\infty} \frac{1}{2T} \sum_k \sum_j \Theta_k \Theta_j \int\limits_{-T}^{+T} s_k(t)\, s_j(t)\, dt . \tag{13.220}$$

Infolge der Orthogonalitätseigenschaft der Spaltfunktionen ergibt sich

$$\int\limits_{-\infty}^{+\infty} s_k(t)\, s_j(t)\, dt = \begin{cases} \dfrac{1}{2W}, & \text{für} \quad k = j; \\[2ex] 0, & \text{für} \quad k \neq j. \end{cases} \tag{13.221}$$

Die Dauer $2T$, über die in der Beziehung (13.220) gemittelt wird, kann in der Form

$$2T = 2n\tau = 2n\,\frac{1}{2W} \tag{13.222}$$

geschrieben werden, wobei n nur ganze positive Werte annimmt.

Berücksichtigt man die Beziehungen (13.221) und (13.222), so wird aus der Beziehung (13.220)

$$\widetilde{\widetilde{e^2(t)}} = q^2 \lim_{n \to \infty} \frac{2\,W}{2\,n} \sum_{k=-n}^{+n} \Theta_k^2 \frac{1}{2\,W}$$

oder

$$\widetilde{\widetilde{e^2(t)}} = q^2 \lim_{n \to \infty} \frac{1}{2\,n} \sum_{k=-n}^{+n} \Theta_k^2 \,. \tag{13.223}$$

Aber $\lim\limits_{n \to \infty} \dfrac{1}{2\,n} \sum\limits_{k=-n}^{+n} \Theta_k^2$ stellt das zentrale Moment zweiter Ordnung der zufälligen Veränderlichen Θ_k dar:

$$\lim_{n \to \infty} \frac{1}{2\,n} \sum_{k=-n}^{+n} \Theta_k^2 = m_1\{\Theta_k^2\} = m_2\{\Theta_k\} \,. \tag{13.224}$$

Unter Berücksichtigung der Beziehung (13.213) erhält man

$$m_2\{\Theta_k\} = \int_{-\infty}^{+\infty} \Theta_k^2\, w(\Theta_k)\, d\Theta_k = \int_{-\frac{1}{2}}^{+\frac{1}{2}} \Theta_k^2\, d\Theta_k = \frac{1}{12} \,. \tag{13.225}$$

Setzt man diesen Wert in die Beziehung (13.223) ein, so erhält man die Leistung des Quantisierungsrauschens

$$\widetilde{\widetilde{e^2(t)}} = \frac{1}{12}\, q^2 \,. \tag{13.226}$$

Der Quantisierungsstörabstand ist

$$\left(\frac{S}{R}\right)_q = \frac{\widetilde{\widetilde{m^2(t)}}}{\widetilde{\widetilde{e^2(t)}}} = 12\, \frac{\widetilde{\widetilde{m^2(t)}}}{q^2} \,. \tag{13.227}$$

Wenn der Spitzenwert der Nachricht V ist und

$$- V \leqq m(t) \leqq V \tag{13.228}$$

ist, wird die Zahl der Quantisierungsstufen

$$N = \frac{2\,V}{q} \,. \tag{13.229}$$

Nach Einsetzen dieser Zahl in die Beziehung (13.227) erhält man

$$\left(\frac{S}{R}\right)_q = 3\, N^2\, \frac{\widetilde{\widetilde{m^2(t)}}}{V^2} \,. \tag{13.230}$$

Wenn man mit C^2 das Verhältnis zwischen der Spitzenleistung und der mittleren Leistung der Nachricht bezeichnet:

$$C^2 = \frac{V^2}{\widetilde{\widetilde{m^2(t)}}} \tag{13.231}$$

und diesen Ausdruck in die Beziehung (13.230) einsetzt, so ergibt sich

$$\left(\frac{S}{R}\right)_q = \frac{3\,N^2}{C^2}\,.$$

(13.232)

Aus der Beziehung (13.232) ergibt sich, daß von allen Nachrichten, die den gleichen Spitzenwert V besitzen (der im allgemeinen vom Kanal bestimmt ist) und mit der gleichen Zahl N von Stufen quantisiert sind, diejenige Nachricht den größten Störabstand gewährleistet, die den kleinsten Wert C aufweist.

Ein kleiner Wert von C bedeutet, daß der Effektivwert des Signals sehr nahe beim Spitzenwert liegt.

In den meisten Fällen besteht jedoch eine große Differenz zwischen dem Spitzenwert und dem Effektivwert der Nachricht, ein Umstand, der im Falle gleichmäßiger Quantisierung zu einem kleinen Störabstand führt.

13.10.2. Exponentielle Quantisierung

Für den Fall der Nachrichten, bei denen eine große Differenz zwischen dem Spitzenwert und dem Effektivwert besteht, kann durch ungleichmäßige Quantisierung eine Verbesserung des Störabstandes erzielt werden, wobei für kleine Niveaus kleine Quanten und für große Niveaus große Quanten verwendet werden. Man erhält dadurch eine Verbesserung des Störabstandes, da für kleine Niveaus, die sehr wahrscheinlich sind, die Quanten klein sind, während für große Niveaus, die weniger wahrscheinlich sind, die Quanten groß sind. Je größer der Wert C ist, der das Verhältnis zwischen dem Spitzenwert und dem Effektivwert der Nachricht darstellt, um so mehr ist die Wahrscheinlichkeitsdichte gegen kleinere Werte der Nachricht konzentriert.

Eine ungleichmäßige Quantisierung, mit kleinen Quanten bei kleinen Niveaus und großen Quanten bei hohen Niveaus, kann durch eine logarithmische Pressung (Abb 13.57) der Nachricht erreicht werden, der eine gleichstufige Quantisierung und eine exponentielle Dehnung (Abb. 13.58) der quantisierten Nachricht folgt (im allgemeinen wird die Dehnung beim Empfang durchgeführt).

Die Kennlinie des logarithmischen Pressers (Kompanderkennlinie) ist für positive Werte der Eingangsnachricht

$$s = k \log\left(1 + \frac{\mu\,m}{V}\right),$$

(13.233)

wobei

μ — der Kompressionsgrad;

m — das Eingangssignal;

s — das Ausgangssignal;

V — der Spitzenwert des Eingangssignals;

k — eine Konstante ist.

Um die Konstante k zu bestimmen, wird die Bedingung gestellt, daß die maximalen Werte des Eingangssignals den maximalen Werten des gepreßten Ausgangssignals gleich sein sollen: $s = V$ und $m = V$. Für diesen Fall ist die

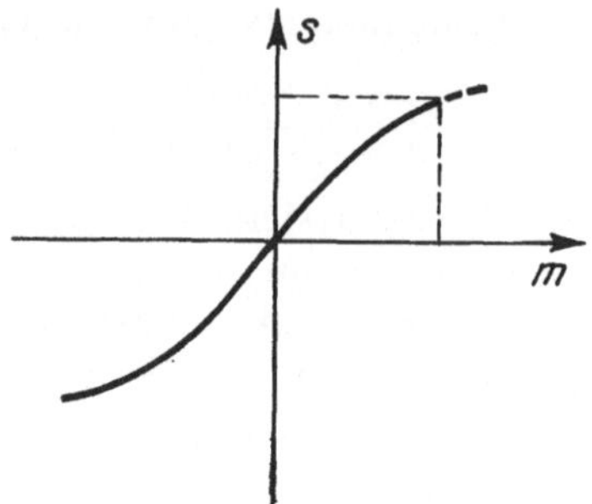

Abb. 13.57. Logarithmische Pressung

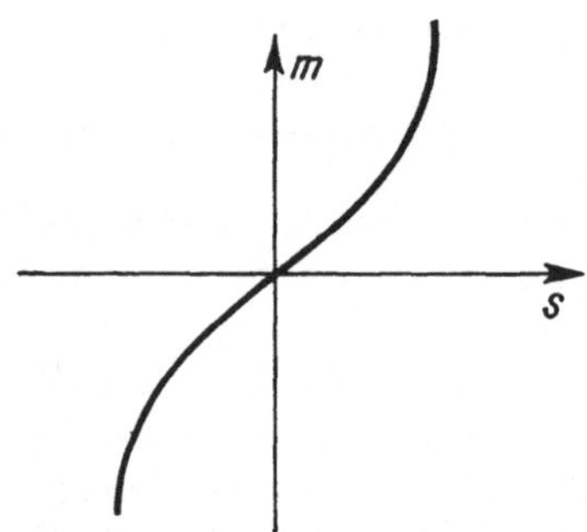

Abb. 13.58. Exponentielle Dehnung

Kennlinie des Pressers

$$s = \frac{V}{\log(1+\mu)}\,\log\left(1 + \frac{\mu m}{V}\right). \tag{13.234}$$

Das Signal $s(t)$ am Ausgang des Pressers ist gleichmäßig gestuft; beim Empfang wird eine Dehnung des Signals durchgeführt (Abb. 13.58).

$$m_q = \frac{V}{\mu}\left[e^{\frac{1}{V}\log(1+\mu)s_q} - 1\right], \tag{13.235}$$

wobei m_q das exponential quantisierte Signal am Ausgang des Dehners und s_q das gepreßte gleichmäßig gestufte Signal, am Eingang des Dehners darstellen.

Um das Verhältnis zwischen den Quanten am Eingang und am Ausgang des Kompanders zu bestimmen, differenziert man die Beziehung (13.234)

$$ds = \frac{\mu}{\log(1+\mu)} \cdot \frac{1}{1 + \dfrac{\mu\, m}{V}}\,dm, \tag{13.236}$$

woraus man durch Übergang zu endlichen Differenzen den Ausdruck

$$\Delta m = \frac{\log(1+\mu)}{\mu}\left(1 + \frac{\mu}{V}\,m\right)\Delta s \tag{13.237}$$

erhält.

Zur Berechnung der mittleren Leistung des Quantisierungsrauschens am Ausgang des Kompanders wird der quadratische Mittelwert

$$\overline{(\widetilde{\Delta \widetilde{m}})^2} = \frac{\log^2(1+\mu)}{\mu^2}\overline{\left(\widetilde{1+\frac{\mu}{V}\widetilde{m}}\right)^2}\,\overline{(\widetilde{\Delta \widetilde{s}})^2} \qquad (13.238)$$

gebildet, wobei Δs das Rauschen ist, das infolge der gleichmäßigen Quantisierung auftritt und dessen quadratischer Mittelwert durch die Beziehung (13.226)

$$\overline{(\widetilde{\Delta \widetilde{s}})^2} = \frac{1}{12}q^2 = \frac{1}{3}\frac{V^2}{N^2} \qquad (13.239)$$

gegeben ist.

Wenn man mit $\sigma_m^2 = \overline{\widetilde{m}^2(t)}$ die mittlere Leistung der Nachricht bezeichnet und wenn man annimmt, daß der Mittelwert des Signals $\overline{\widetilde{m(t)}} = 0$ ist, so ergibt sich

$$\overline{\left(\widetilde{1+\frac{\mu}{V}\widetilde{m}}\right)^2} = 1 + \frac{\mu^2}{V^2}\sigma_m^2\,. \qquad (13.240)$$

Setzt man diese Werte in die Beziehung (13.238) ein, so ergibt sich

$$\overline{(\widetilde{\Delta \widetilde{m}})^2} = \frac{\sigma^2 m}{3\,N^2}\frac{\log^2(1+\mu)}{\mu^2}(C^2+\mu^2)\,, \qquad (13.241)$$

wobei

$$C^2 = \frac{V^2}{\sigma_m^2}$$

ist.

Für den Fall der exponentiellen Quantisierung erhält man damit den Störabstand

$$\left(\frac{S}{R}\right)_e = \frac{\overline{\widetilde{m}^2(t)}}{\overline{(\widetilde{\Delta \widetilde{m}})^2}} = 3\,N^2\frac{\mu^2}{\log^2(1+\mu)}\cdot\frac{1}{C^2+\mu^2}\,. \qquad (13.242)$$

In dem Fall, daß die Pressung, bzw. $\mu = 0$ ist, geht die Beziehung (13.242) in die Beziehung (13.232) über.

Bezeichnet man mit ϱ das Verhältnis zwischen den Störabständen für den Fall der gleichmäßigen und der exponentiellen Quantisierung, so erhält man

$$\varrho = \frac{\left(\dfrac{S}{R}\right)_q}{\left(\dfrac{S}{R}\right)_e} = \left(\frac{1}{C^2}+\frac{1}{\mu^2}\right)\log^2(1+\mu)\,. \qquad (13.243)$$

Der Verlauf von ϱ als Funktion des Pressungsfaktors μ und mit C als Parameter ist in Abb. 13.59 dargestellt.

Die Verbesserung des Störabstandes, die für den Fall der exponentiellen Quantisierung im Vergleich zu dem Fall der gleichmäßigen Quantisierung eintritt, ist um so größer, je kleiner ϱ ist. Für einen gegebenen Wert C besitzt ϱ

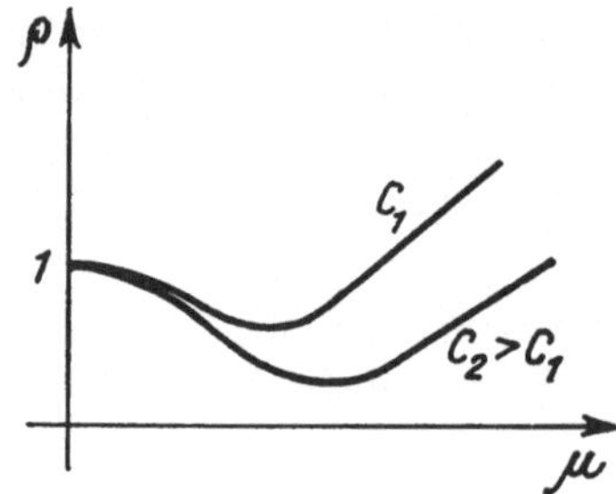

Abb. 13.59. Verlauf von ϱ als Funktion des Pressungsfaktors, mit C als Parameter

einen minimalen Wert, wenn

$$C^2 = \frac{\mu^2}{\dfrac{1+\mu}{\mu}\log(1+\mu) - 1} \qquad (13.244)$$

ist.

Aus der Beziehung (13.243) ist ersichtlich, daß die Verbesserung des Störabstandes für den Fall der exponentiellen Quantisierung um so bedeutender ist, je größer C^2 ist. Diese Tatsache kann dadurch erklärt werden, daß bei Nachrichten mit großen Werten für C die dem Spitzenwert naheliegenden Werte sehr unwahrscheinlich sind und demzufolge große Quanten seltener verwendet werden.

Für kleine Werte von C ist die gleichmäßige Quantisierung vorteilhafter, da sie leichter praktisch realisiert werden kann.

Durch den Pressungsvorgang erfolgt eine Verminderung von C, die auch die Verwendung einer gleichmäßigen Stufung des gepreßten Signals zur Realisierung der exponentiellen Quantisierung rechtfertigt.

13.10.3. Realisierung der gleichmäßigen Quantisierung

Es existieren verschiedene Verfahren für die Realisierung einer gleichmäßigen Quantisierung. Eine Möglichkeit dafür ist in Abb. 13.60 angegeben, wobei der durch die unterbrochene Linie umrandete Bereich den Analog-Digital-Wandler enthält.

Die Nachricht $m(t)$ wird am Eingang an eine Torschaltung angelegt, die entsprechend der Abb. 13.61 die Abtastung durchführt.

Die Abtastung erfolgt mit der Frequenz $f_0 = 2\,W$, wobei W die höchste Frequenz des Spektrums der Nachricht ist, die gleich der Grenzfrequenz des Tiefpasses ist. Der Kondensator C wird periodisch auf den Wert $m\left(\dfrac{k}{2\,W}\right)$ aufgeladen und durch die Klemmstufe entladen.

Im Analog-Digital-Wandler wird die lineare Zeitbasis ZB periodisch mit der Frequenz f_0 ausgelöst. Zu dem Zeitpunkt, in dem die linear ansteigende Spannung den Wert der Bezugsspannung E_0 erreicht, erzeugt der Komparator 3 einen Impuls, der den Flip-Flop 6 in die Stellung *Start* umkippt und damit die Tor-

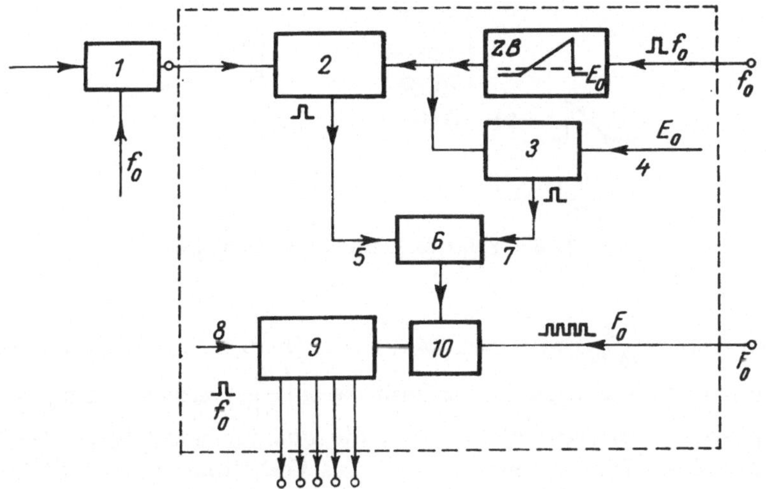

Abb. 13.60. Analog-Digital-Wandler

1 — Eingangstor; *2* — Komparator K_1; *3* — Komparator K_2; *4* — Bezugsspannung; *5* — Stop-Signal;
6 — Bistabile Kippschaltung; *7* — Start-Signal; *8* — Nullstellsignal; *9* — Dualzähler; *10* — Tor des Zählers

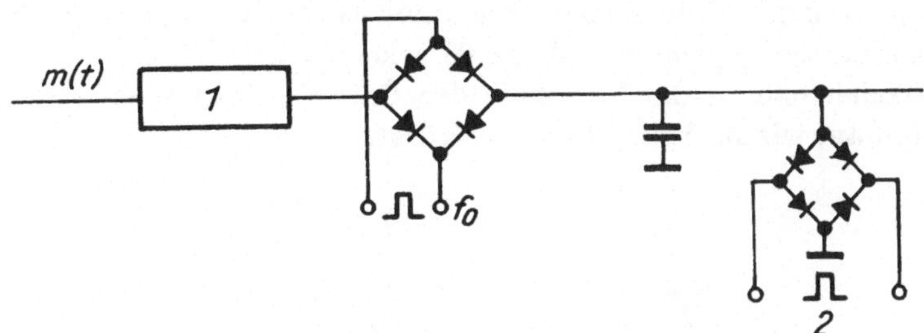

Abb. 13.61. Torschaltung zur Realisierung der Abtastung

1 — Tiefpaß; *2* — Steuerimpulse für die Klemmschaltung

schaltung 10 öffnet. Durch das geöffnete Tor 10 gelangen an den Eingang des Dualzählers 9 Impulse, deren Frequenz F_0 beträgt und die solange gezählt werden, wie das Tor geöffnet bleibt.

Zu dem Zeitpunkt, in dem die linear ansteigende Spannung den Wert $m\left(\dfrac{k}{2\,W}\right)$ erreicht, erzeugt der Komparator 3 einen Impuls, der den Flip-Flop 6 in die Stellung *Stop* umkippt und damit das Tor 10 sperrt. Das Prinzipschaltbild des Komparators ist in Abb. 13.62 angegeben.

Da der Zeitabstand zwischen dem Zeitpunkt, in dem der Vergleich anfängt (bzw. das Tor 10 geöffnet wird) und dem Zeitpunkt, in dem der Vergleich endet (bzw. das Tor 10 gesperrt wird) dem Wert $m\left(\dfrac{k}{2\,W}\right)$ proportional ist, folgt, daß die Zahl der vom Zähler gezählten Impulse ein Maß dieses Wertes darstellt.

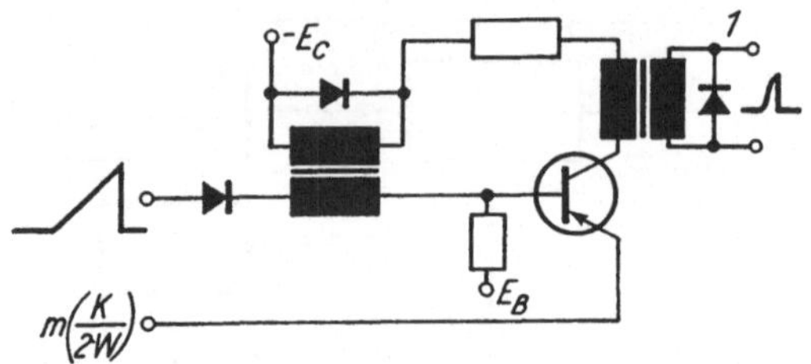

Abb. 13.62. Prinzipschaltbild des Komparators
1 — Ausgang

Für jeden Wert $m\left(\dfrac{k}{2\,W}\right)$ wird vom Zähler eine Dualzahl gezählt, die der Anzahl von Quanten entspricht, die in der Ordinate $m\left(\dfrac{k}{2\,W}\right)$ enthalten sind. Je höher die Frequenz F_0 ist, desto kleiner sind die Quanten und folglich das Quantisierungsrauschen. Die Frequenz F_0 stellt das Verhältnis zwischen der Zahl von Quantisierungsstufen und der Zeit, in der der Vergleich erfolgt, dar.

13.10.4. Ralisierung der exponentiellen Quantisierung

Die gewünschte Kennlinie der Pressung kann mit Hilfe von Halbleiterdioden angenähert werden. Eine einzige Diode nähert die Kennlinie der Pressung im ersten Quadranten an, wie in Abb. 13.63 gezeigt ist.

Zwei Dioden nähern die Kennlinie der Pressung im ersten und im dritten Quadranten an, wie in Abb. 13.64 gezeigt ist.

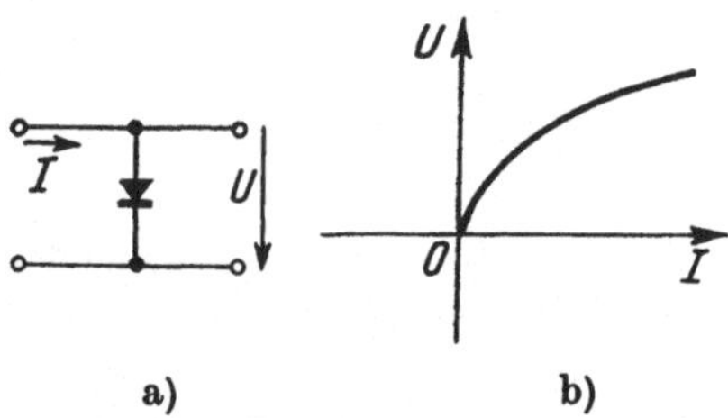

a)   b)

Abb. 13.63. Presserschaltung mit einer Diode
a) Prinzipschaltbild; b) U-I-Kennlinie

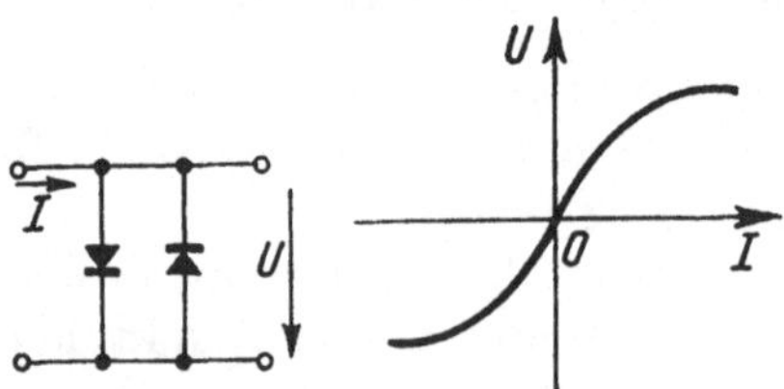

Abb. 13.64. Presser mit zwei Dioden
a) Prinzipschaltbild; b) U-I-Kennlinie

Da die Diodenkennlinien von Exemplar zu Exemplar streuen, wird ein Paar von Dioden ausgesucht, bei dem die Kennlinien im Bereich mittlerer Ströme übereinstimmen; zum Feinabgleich sind Justierungswiderstände vorgesehen, wie in Abb. 13.65 dargestellt ist.

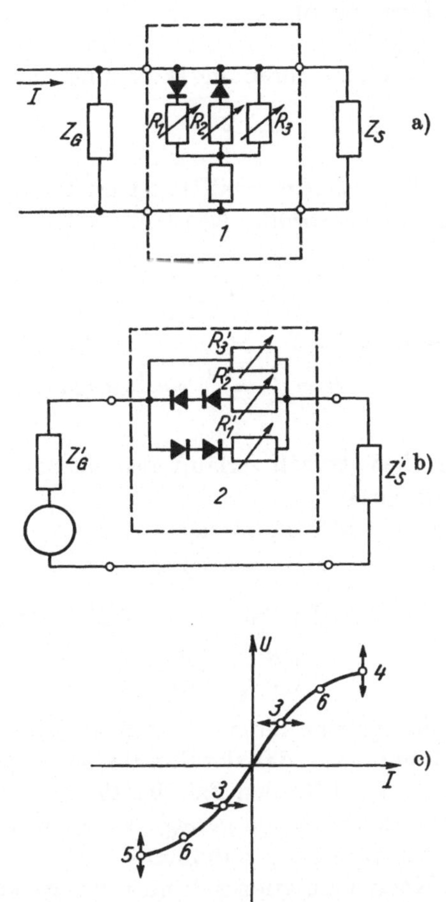

Abb. 13.65. Kompander-Schaltung mit Abgleichelementen

a) Schema des Pressers; b) Schema des Dehners; c) realisierte Kennlinie; 1 — Presser; 2 — Dehner; 3 — Abgleich mit R_3; 4 — Abgleich mit R_1; 5 — Abgleich mit R_2; 6 — Abgleich durch Aussuchen von gleichen Diodenpaaren

Der Presser muß von einem Generator mit konstantem Strom (bzw. mit großem Innenwiderstand Z_G) gespeist werden und auf einem großen Lastwiderstand Z_S arbeiten.

Der Dehner muß von einem Generator mit konstanter Spannung (bzw. mit kleinem Widerstand Z_G') gespeist werden und auf einem kleinen Lastwiderstand Z_S' arbeiten.

13.10.5. Bandbreite der pulskodemodulierten Signale

Es wird angenommen, daß die Nachricht $m(t)$ in N Stufen quantisiert ist und daß die Übertragung durch Impulse gleicher Amplitude und gleicher Dauer erfolgt (es wird also nur eine der zwei Informationen Anwesenheit oder Abwesenheit des Impulses übertragen).

Die Zahl n der Impulse, mit der man die den N Stufen entsprechenden N Kodewörter bilden kann, ist durch die Beziehung

$$2^n = N$$

gegeben.

Wenn man mit T das Zeitintervall bezeichnet, das der Übertragung einer Ordinate der Nachricht zugeordnet ist (Abb. 13.66), erhält man für die Dauer eines Impulses

$$\tau = \frac{T}{n}$$

wobei die belegte Bandbreite

$$B = \frac{1}{\tau} = \frac{n}{T} = \frac{1}{T} \log_2 N \tag{13.245}$$

beträgt.

Für ein gegebenes Zeitintervall verläuft also die Bandbreite proportional dem Logarithmus der Stufenzahl.

Aus der Beziehung (13.245) ergibt sich

$$N = 2^{TB} .$$

Setzt man diesen Wert in die Beziehung (13.232) ein, so erhält man

$$\left(\frac{S}{R}\right)_q = \frac{3}{C^2} 2^{2\,TB} . \tag{13.246}$$

Diese Beziehung bringt eine für die Kodemodulation charakteristische Tatsache zum Ausdruck und zwar, daß der Störabstand exponentiell mit der Bandbreite verläuft. Wie sowohl für den Fall der Frequenzmodulation als auch für den Fall der Pulsphasenmodulation gezeigt wurde, wächst bei diesen der Störabstand nur proportional mit der Bandbreite.

Praktisch ist bei Kodemodulationssystemen das gesamte Rauschen nur vom Quantisierungsrauschen verursacht (die Übertragungsfehler der Kodewörter sind im allgemeinen sehr selten). Aus diesem Grunde stellt der exponentielle

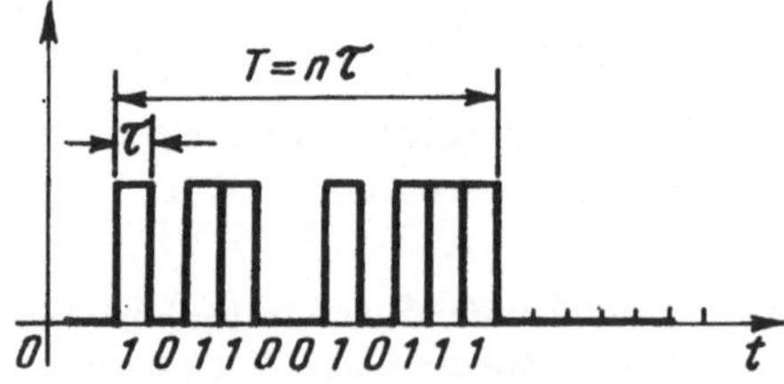

Abb. 13.66. Impulse eines Kodewortes

Verlauf des Quantisierungsstörabstandes mit der Bandbreite einen wesentlichen Vorteil der Kodemodulation im Vergleich zu anderen Modulationssystemen dar.

13.10.6. Realisierung der Pulskodemodulation

Die Kodemodulation kann mit Hilfe von konventionellen Schaltungen oder mit speziellen Kodierungsröhren realisiert werden.

13.10.6.1. Realisierung der Pulskodemodulation mit Hilfe konventioneller Schaltungen

In Abb. 13.67 ist das Blockschema eines Übertragungssystems mit Pulskodemodulation dargestellt.

Im Sender erfolgt nach der Abtastung die A/D-Wandlung z. B. durch Quantisierung nach dem beschriebenen Zählverfahren; anschließend wird eine Parallel-Serien-Umwandlung und eine Serienübertragung der Dualzahl durchgeführt.

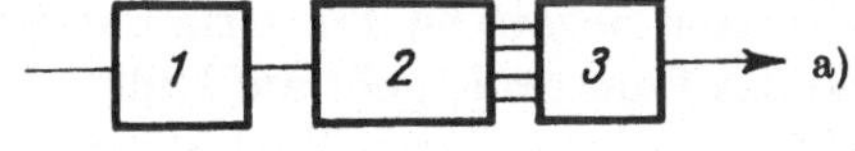

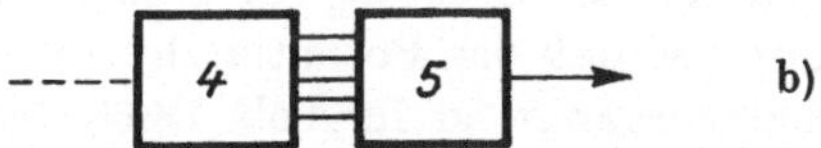

Abb. 13.67. Übertragungssystem mit Pulskodemodulation

a) Sendereinrichtungen; b) Empfängereinrichtung; *1* — Tor; *2* — Analog-Digital-Wandler; *3* — Parallel-Serien-Wandler; *4* — Serien-Parallel-Wandler; *5* — Digital-Analog-Wandler

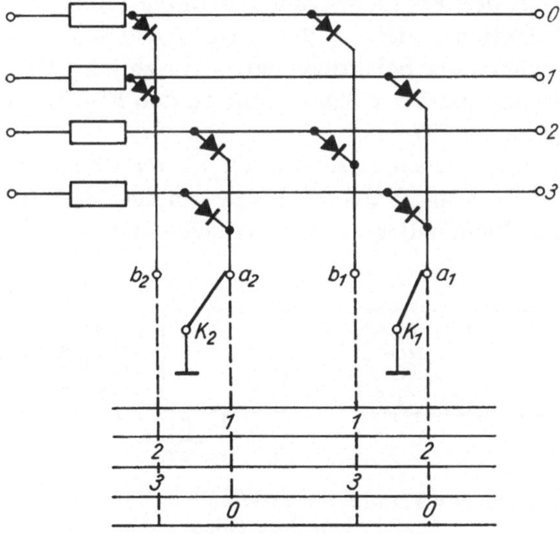

Abb. 13.68. Selektionsmatrix

Die Parallel-Serien-Umwandlung erfolgt durch die in Abb. 13.68 dargestellte Selektionsmatrix.

Die Schalter K_1 und K_2 bestehen aus den bistabilen Kippstufen B_1 und B_2, die von Triggerimpulsen umgekippt werden (Abb. 13.69).

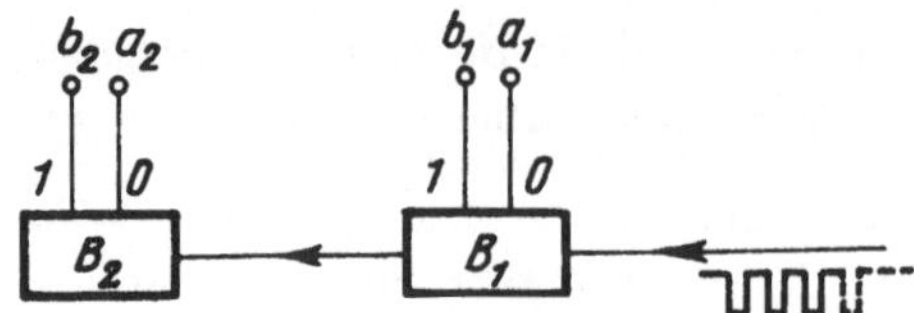

Abb. 13.69. Getriggerte bistabile Kippschaltungen

Es wird angenommen, daß sich anfangs die bistabilen Kippschaltungen B_1 und B_2 in einem Zustand befinden, in dem der binären 0 eine sehr kleine Ausgangsspannung entspricht, so daß die Punkte a_1 und a_2 als geerdet betrachtet werden können.

Bei Erscheinen des ersten negativen Triggerimpulses kippt die erste Stufe B_1 um und das Potential des Punktes b_1 geht auf Null, während die Stufe B_2 einen positiven Impuls erhält, der aber ihren Zustand nicht ändert. Beim zweiten Triggerimpuls kippt die Stufe B_1 wieder um und das Potential des Punktes a_1 geht auf Null, während auf die Stufe B_2 ein negativer Impuls übertragen wird, der diese Stufe umkippt, so daß das Potential des Punktes b_2 gleich Null wird.

Die Folge der Schaltvorgänge ist in Abb. 13.68 dargestellt. Bei Erscheinen des ersten Impulses wird die erste Leitung geöffnet, während alle anderen kurzgeschlossen sind. Bei Erscheinen des zweiten Impulses wird die zweite Leitung geöffnet usw.

Zur Realisierung der Parallel-Serien-Wandlung (Abb. 13.70) werden an die Eingänge der Selektionsmatrix 1 die Ausgänge des Dualzählers 3 angelegt, während die Ausgänge der Selektionsmatrix durch ein Oder-Glied 2 verknüpft sind, das am Ausgang jedes der Signale, die an den Eingängen angelegt werden, zusammenfaßt (Abb. 13.71).

In Abb. 13.72 ist der zeitliche Ablauf der Umwandlungsvorgänge dargestellt.

Der Impuls der Ordnung 0 aus der Folge von Impulsen der Frequenz f_0 (Abtastfrequenz) bewirkt den Beginn des Vergleichs und den Beginn der Zählung

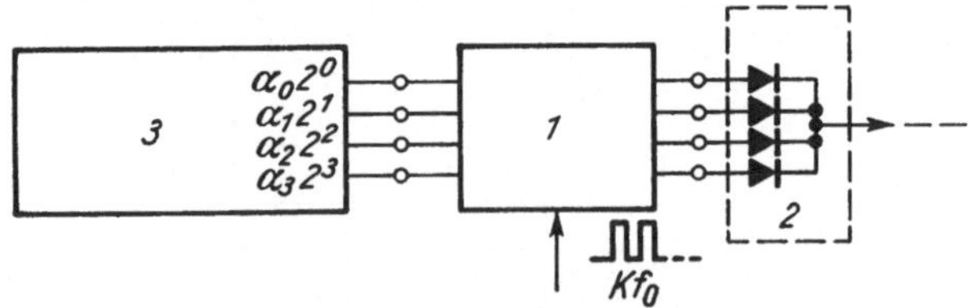

Abb. 13.70. Realisierung des Parallel-Serien-Wandlers durch eine Selektionsmatrix und ein Oder-Glied

1 — Selektionsmatrix; *2* — Oder-Glied; *3* — Dual-Zähler

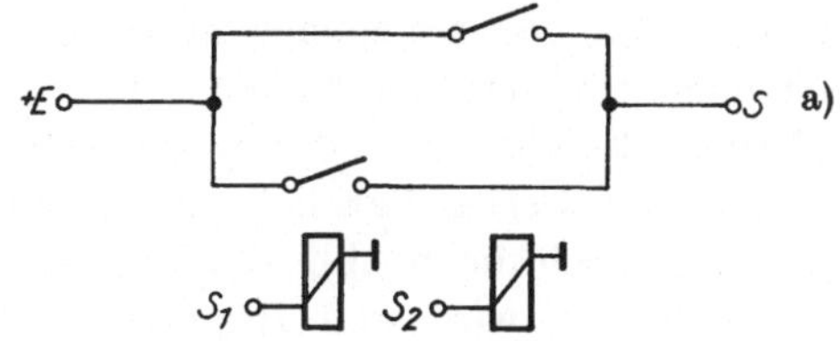

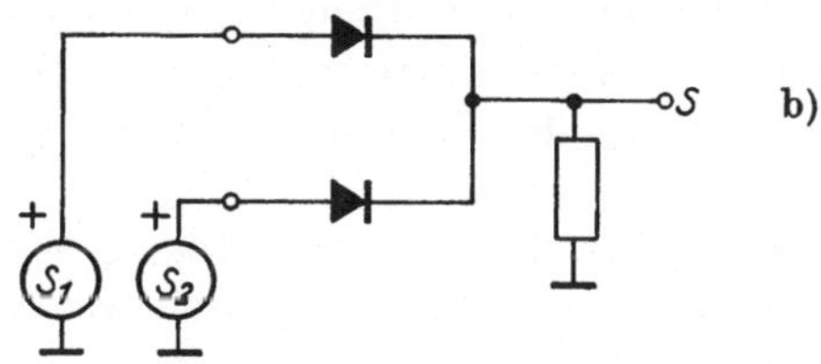

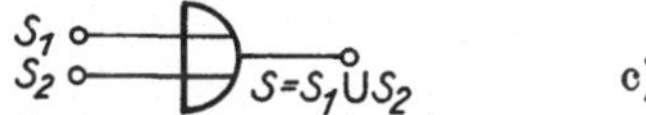

Abb. 13.71. Logisches Oder-Glied
a) Veranschaulichung des Prinzips; b) Realisierung mit Dioden; c) Symbolische Darstellung

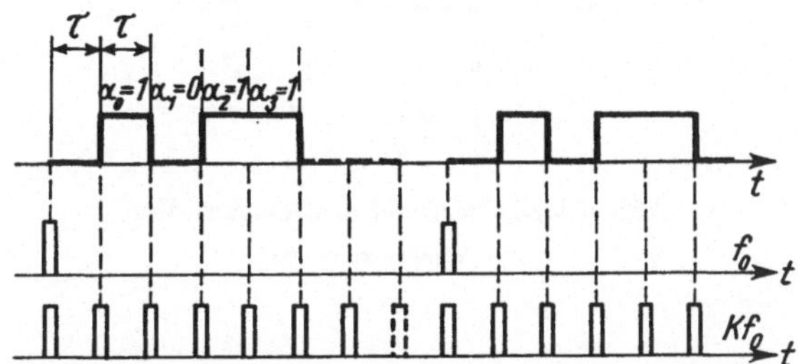

Abb. 13.72. Impulse am Ausgang des Parallel-Serien-Wandlers
f_0 — Frequenz der Impulse, die den Vergleichszyklus steuern; $k f_0$ — Frequenz der Steuerimpulse, die der Selektionsmatrix des Parallel-Serien-Wandlers zugeführt werden

der Zahl N_m im Dualzähler

$$N_m = \alpha_0\, 2^0 + \alpha_1\, 2^1 + \alpha_2\, 2^2 + \cdots + \alpha_p\, 2^p \,. \tag{13.247}$$

Hierin sind die α_0, α_1, ... eine der Zahlen 0 oder 1, wobei N_m die Zahl der Quantisierungsstufen darstellt, die der im betreffenden Zeitpunkt analysierten Ordinate entspricht.

Nach dem Zeitintervall τ, das zur Zählung der größten Quantenzahl notwendig ist, folgt eine sukzessive Abfrage des Dualzählers durch den Parallel-Serien-Umwandler, der mit der Frequenz $K f_0$ der Reihe nach die Ziffern $\alpha_0 2^0$, $\alpha_1 2^1$ usw. liefert.

Außer den Impulsen, die die von der Nachricht herrührende Information enthalten, werden auch noch Impulse übertragen, die die Synchronisierung des Empfängers gewährleisten, die aber nicht dargestellt sind.

Im Empfänger wird eine Serien-Parallel-Umwandlung der empfangenen Impulse durchgeführt, die durch die in Abb. 13.73 dargestellte Selektionsmatrix erfolgt; diese Selektionsmatrix wird von Impulsen getriggert, deren Folgefrequenz ebenfalls Kf_0 beträgt und die die gleiche Phase wie die Triggerimpulse der Selektionsmatrix des Senders besitzen.

Nach der Serien-Parallel-Umwandlung und Einschreiben der Ziffern in einen Speicher, der in Abb. 13.73 schematisch durch Kondensatoren dargestellt ist, erfolgt die Umwandlung der digitalen Information in eine analoge Information.

In Abb. 13.74 ist schematisch ein Digital-Analog-Wandler dargestellt.

Die Spannungen verschiedener Speicherstufen werden mittels Und-Gliedern (Abb. 13.75) einem Widerstandsnetzwerk zugeführt, das mit unterschiedlichen

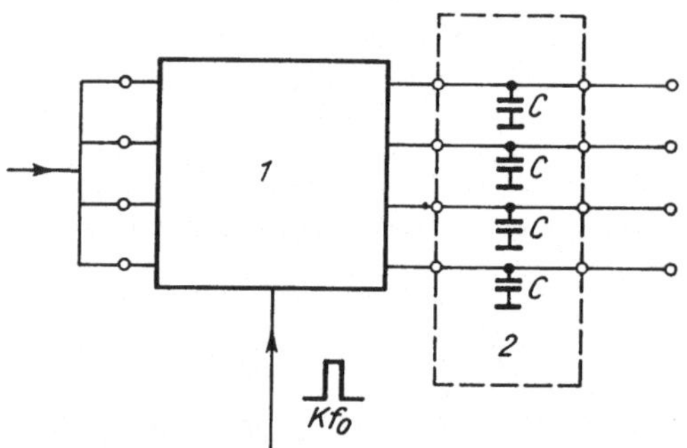

Abb. 13.73. Serien-Parallel-Wandler
1 — Selektionsmatrix

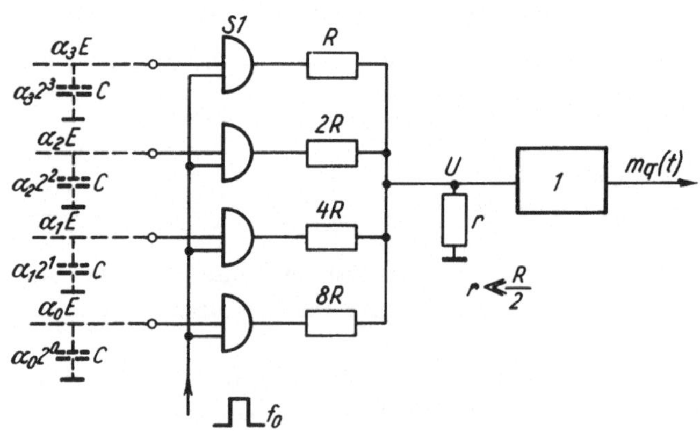

Abb. 13.74. Digital-Analog-Wandler
1 — Tiefpaß

Gewichten entsprechend der Ordnung der Speicherstufe den Anteil an der Ausgangsspannung bestimmt; wenn $r \ll \dfrac{R}{2}$ ist, erhält man für die Ausgangsspannung

$$U = \left(\frac{\alpha_3 E}{R} + \frac{\alpha_2 E}{2\,R} + \frac{\alpha_1 E}{4\,R} + \frac{\alpha_0 E}{8\,R} \right) r = E\,\frac{r}{8\,R}\,(\alpha_3\,2^3 + \alpha_2\,2^2 + \alpha_1\,2^1 + \alpha_0\,2^0)\,.$$

$$(13.248)$$

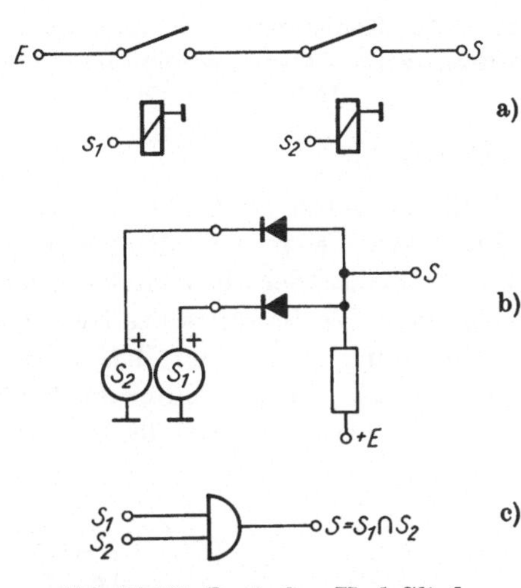

Abb. 13.75. Logisches Und-Glied

a) Veranschaulichung des Prinzips; b) Realisierung mit Dioden; c) Symbolische Darstellung

Die Spannung U ist dem quantisierten Wert der Ordinate $m\left(\dfrac{k}{2\,W}\right)$ direkt proportional und stellt eine Folge amplitudenmodulierter Impulse dar, deren Demodulation durch Filterung erfolgt.

13,10.6.2. Realisierung der Pulskodemodulation mit Hilfe von Kodierungsröhren

Für Nachrichten, die sehr hohe Frequenzen enthalten, treten bei der Verwirklichung des Kodierungsschemas mit konventionellen Elementen Schwierigkeiten auf. Für diesen Fall bevorzugt man die Verwendung spezieller elektronischer Kodierungsröhren und zwar Röhren mit Serien-Ausgang und Röhren mit Parallel-Ausgang.

1. Röhren mit Serien-Ausgang

In dem in Abb. 13.76 dargestellten Fall wird die abgetastete Nachricht der Vertikalablenkelektrode zugeführt, während an die Horizontalablenkelektrode eine Sägezahnspannung angelegt wird. Der Elektronenstrahl tastet eine Kodierungsplatte ab, in der entsprechend dem verwendeten Kode Ausschnitte vorgesehen sind. Bei Durchgang des Strahles durch die Ausschnitte erscheint ein Signal am Ausgang der Röhre.

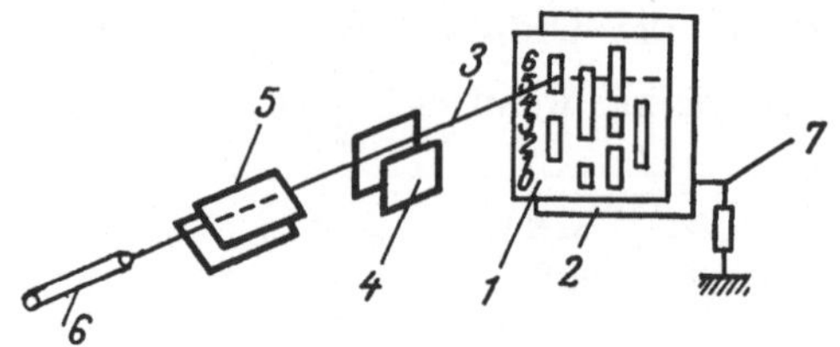

Abb. 13.76. Kodierungsröhre mit Serien-Ausgang

— Kodierungsplatte; *2* — Auffangplatte; *3* — Elektronenstrahl; *4* und *5* — Ablenkelektroden; *6* — Elektronenkanone; *7* — Ausgang

2. Röhren mit Parallel-Ausgang

In diesem Fall (Abb 13.77) treten die Elektronen in Form eines sehr flachen
Bandes aus, dessen Breite der Länge eines Kodewortes entspricht und gleich
dem Teil der Kodierungsplatte ist, der abgetastet werden muß.

Die vertikale Verschiebung des Bandstrahles ist der an der Vertikalablenkelektrode angelegten Spannung bzw. dem Betrag der Ordinaten $m(k/2\,W)$
proportional. Die Auffangplatte, die sich hinter der Kodierungsplatte befindet,
ist in n Streifen eingeteilt, wobei n der Zahl der Symbole 0 und 1 eines Kodewortes entspricht.

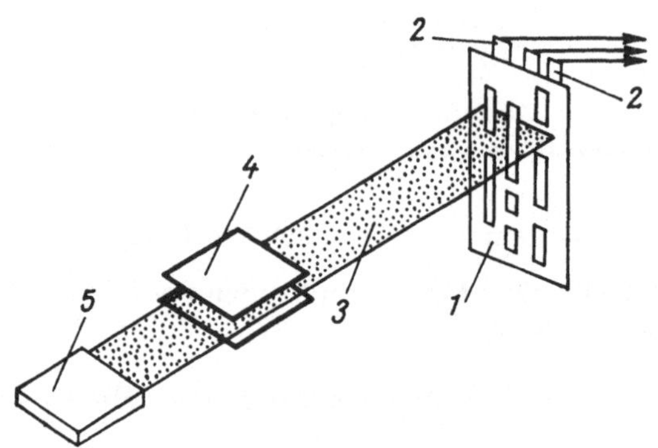

Abb. 13.77. Kodierungsröhre mit Parallel-Ausgang

1 — Kodierungsplatte; *2* — Auffangplatten; *3* — Bandstrahl- *4* — Ablenkelektroden; *5* — Elektronenkanone

3. Kodes, die bei PCM verwendet werden

Der binäre Kode (der die Quantisierungsstufen durch Dualzahlen darstellt)
kann sehr leicht durch Bildung der gewichteten Summe der Ziffern dekodiert
werden, um das der Kodekombination entsprechende Quantisierungsniveau zu
erhalten. Der binäre Kode hat den Nachteil, daß bei seiner Erzeugung wesentliche Kodierungsfehler auftreten können.

In Abb. 13.78 ist eine Kodierungsplatte für den Fall des binären Kodes und
für den Fall des binären reflektierten Kodes, auch GRAY-Kode genannt, dargestellt.

Als Beispiel wird das 15-te Niveau betrachtet. Unter normalen Bedingungen erhält man für diesen Fall (die Ablesung der Kodierungsplatte erfolgt von rechts nach links) die Zahl:

$$0 \quad 1 \quad 1 \quad 1 \quad 1 \, .$$

Wenn aber eine zufällige Verschiebung des Elektronenstrahles, wie in Abb. 13.78 punktiert dargestellt ist, auftritt, erscheint die Zahl:

$$1 \quad 1 \quad 1 \quad 1 \quad 1 \, ,$$

die dem 31-ten Niveau entspricht. Es wird daher anstatt des 15-ten Niveaus das 31-te Niveau übertragen, so daß ein großer Fehler entsteht.

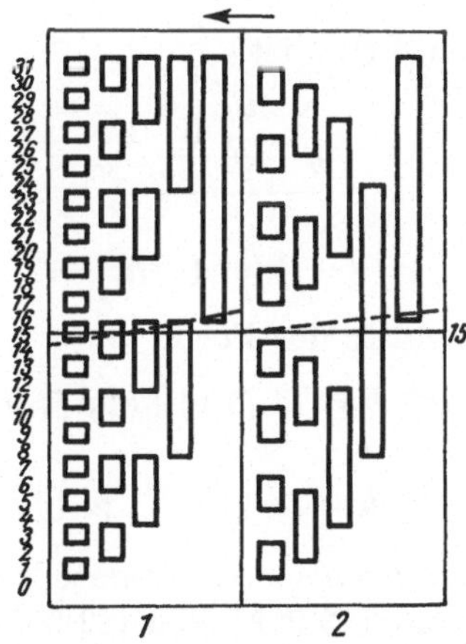

Abb. 13.78. Kodierungsplatte für den Dualzahlenkode und den GRAY-Kode

1 — Dualzahlenkode; *2* — GRAY-Kode

Im Falle des binären reflektierten Kodes kann das nicht geschehen, da hier der Übergang von einem Niveau zum anderen durch Veränderung nur einer einzigen Ziffer der Kodezahl erfolgt.

Aus der Abb. 13.78 werden die vielfachen Symmetrien ersichtlich, die dem Kode auch den Namen *binärer reflektierter Kode* gegeben haben, sowie die Art und Weise, in der er gebildet wird.

Beim Empfang wird zur Dekodierung eine Umwandlung des binären reflektierten Kodes in den binären Kode durchgeführt. Diese Umwandlung erfolgt mit Hilfe von modulo-2-Addierstufen.

4. Modulo-2-Addition

Die modulo-2-Addition liefert Ergebnisse, die nur durch die zwei Zahlen 0 und 1 ausgedrückt werden. Man kann die Regeln, nach denen die modulo-2-Addition erfolgt, ableiten, indem man von folgenden Definitionen der BOOLEschen Algebra ausgeht:

— die Konjunktion $a \cap b$ ist

$$
\begin{array}{c|cc}
{}_b\diagdown{}^a & 0 & 1 \\
\hline
0 & 0 & 0 \\
1 & 0 & 1
\end{array}
$$

(13.249)

— die Disjunktion $a \cup b$ ist

$$
\begin{array}{c|cc}
{}_b\diagdown{}^a & 0 & 1 \\
\hline
0 & 0 & 1 \\
1 & 1 & 1
\end{array}
$$

(13.250)

— die modulo-2-Addition $a \oplus b$ ist

$$
\begin{array}{c|cc}
{}_b\diagdown{}^a & 0 & 1 \\
\hline
0 & 0 & 1 \\
1 & 1 & 0
\end{array}
$$

(13.251)

Diese binäre Addition kann in der Form

$$a \oplus b = (a \cap \bar{b}) \cup (\bar{a} \cap b)$$

(13.252)

oder

$$a \oplus b = (a \cup b) \cap (\overline{a \cup b})$$

(13.253)

geschrieben werden, wobei $\bar{a}$ das negierte a darstellt (ist $a = 1$, so ist $\bar{a} = 0$).

Setzt man in die Beziehung (13.252) oder (13.253) statt a und b die Werte 0 und 1 ein, so erhält man die durch die Beziehung (13.251) gegebene Regel der modulo-2-Addition.

Die modulo-2-Addition kann durch das in Abb. 13.79 dargestellte Schema realisiert werden, das die durch die Beziehung (13.252) gegebenen logischen Operationen durchführt.

Die logischen Oder- und Und-Glieder sind in den Abb. 13.71 und 13.75 dargestellt, während das Negationsglied in Abb. 13.80 dargestellt ist.

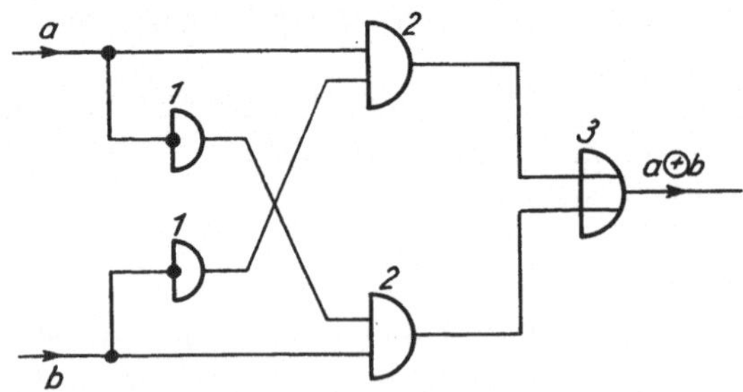

Abb. 13.79. Logische Verknüpfung zur Realisierung der modulo-2-Addition
1 — Negationsglied; *2* — Und-Glied; *3* — Oder-Glied

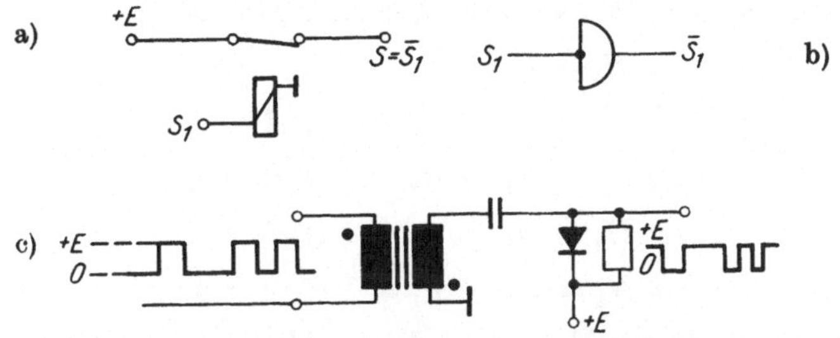

Abb. 13.80. Logisches Negationsglied

a) Veranschaulichung des Prinzips; b) Realisierung der Schaltung (dynamisch); c) symbolische Darstellung

5. Umwandlung des binären reflektierten Kodes in einen binären Kode (Umwandlung des GRAY-Kodes in den Dualzahlenkode)

Der im Sender zur Verminderung der Kodierungsfehler angewendete binäre reflektierte Kode wird im Empfänger in einen leicht dekodierbaren binären Kode umgewandelt.

Um den Übergang vom GRAY-Kode zum Dualzahlenkode zu veranschaulichen, wird ein Kodewort mit vier Stellen betrachtet. Diese Stellen werden mit $N_4 N_3 N_2 N_1$ beim Dualzahlenkode und mit $R_4 R_3 R_2 R_1$ beim GRAY-Kode bezeichnet, wobei in beiden Fällen die vierte Stelle der höchsten Ordnung entspricht.

Zwischen den Ziffern der zwei Kodes bestehen folgende Beziehungen:

$$\left.\begin{aligned}
N_4 &= R_4 \\
N_3 &= R_4 \oplus R_3 \\
N_2 &= R_4 \oplus R_3 \oplus R_2 \\
N_1 &= R_4 \oplus R_3 \oplus R_2 \oplus R_1
\end{aligned}\right\} \tag{13.254}$$

oder

$$\left.\begin{aligned}
N_4 &= R_4 \\
N_3 &= N_4 \oplus R_3 \\
N_2 &= N_3 \oplus R_2 \\
N_1 &= N_2 \oplus R_1
\end{aligned}\right\} \tag{13.255}$$

die auch in der allgemeinen Form

$$N_p = \sum_{\nu=p}^{n}{}_{\mathrm{mod}\,2}\, R_\nu = N_{p+1} \oplus R_p \quad \text{für} \quad p = 1,\dots n \tag{13.256}$$

ausgedrückt werden können, wobei n die höchste Ordnung und $N_{n+1} = 0$ ist.

Als Beispiel wird das 15-te Niveau aus der Abb. 13.78 betrachtet. Im GRAY-Kode entspricht diesem Niveau das Kodewort: 01000, für das $R_5 = 0$, $R_4 = 1$,

$R_3 = 0$, $R_2 = 0$, $R_1 = 0$ ist. Nach der Beziehung (13.256) ergibt sich

$$N_5 = R_5 = 0 \qquad\qquad = 0$$
$$N_4 = N_5 \oplus R_4 = 0 \oplus 1 = 1$$
$$N_3 = N_4 \oplus R_3 = 1 \oplus 0 = 1$$
$$N_2 = N_3 \oplus R_2 = 1 \oplus 0 = 1$$
$$N_1 = N_2 \oplus R_1 = 1 \oplus 0 = 1 \,,$$

also entspricht dem 15-ten Niveau im Dualzahlenkode das Kodewort 01111.

Die inverse Transformation vom Dualzahlenkode zum GRAY-Kode erfolgt mit Hilfe der Beziehung (13.256), in der man beiden Gliedern modulo-2 N_{p+1} addiert und berücksichtigt, daß $N_{p+1} \oplus N_{p+1} = 0$ und $R_p \oplus 0 = R_p$ ist. Man erhält

$$R_p = N_{p+1} \oplus N_p \quad \text{für} \quad p = 1, \ldots n \,. \tag{13.257}$$

Wendet man diese Beziehung auf den vorherigen Fall an, so erhält man

$$R_5 = N_5 = 0 \qquad\qquad = 0$$
$$R_4 = N_5 \oplus N_4 = 0 \oplus 1 = 1$$
$$R_3 = N_4 \oplus N_3 = 1 \oplus 1 = 0$$
$$R_2 = N_3 \oplus N_2 = 1 \oplus 1 = 0$$
$$R_1 = N_2 \oplus N_1 = 1 \oplus 1 = 0.$$

Die durch die Beziehung (13.256) und (13.257) gegebenen Transformationen können parallel durch modulo-2-Additionsschaltungen realisiert werden, deren Grundschaltung in Abb. 13.79 dargestellt ist. Die serielle Realisierung der Transformation ist besonders einfach; sie erfolgt durch ein um eine Taktzeit verzögerndes D-Flip-Flop und eine modulo-2-Addierstufe, die entsprechend den Beziehungen (13.256) bzw. (13.257) verbunden werden. Die Transformation nach der Beziehung (13.256) entspricht einer digitalen Integrationsoperation und nach der Beziehung (13.257) einer digitalen Differentiationsoperation.

13.10.7. Rauschen, verursacht durch Übertragungsfehler

Infolge der Störungen verwechselt der Empfänger manchmal die Ziffer 0 mit der Ziffer 1 oder umgekehrt. Das Kodewort, in dem ein solcher Fehler vorkommt, wird falsch dekodiert; dadurch tritt ein analoger Fehler in der diskreten Ordinate $m\left(\dfrac{k}{2W}\right)$ auf, die diesem Kodewort entspricht.

Um das durch digitale Fehler verursachte Rauschen zu bestimmen, wird zuerst die Warscheinlichkeit für das Auftreten eines digitalen Fehlers berechnet.

Es wird vorausgesetzt. daß die Störungen von Fluktuationsrauschen, dessen mittlere Leistung σ^2 beträgt, verursacht werden.

Man bezeichnet mit A den Spitzenwert des Impulses, der die Ziffer 1 darstellt (Abb. 13.81).

Überschreitet das Rauschen den Wert $\dfrac{A}{2}$, so können Fehler auftreten und zwar, wenn das Rauschen größer als $\dfrac{A}{2}$ ist, so kann die Ziffer 0 mit der Ziffer 1 verwechselt werden, während, wenn das Rauschen kleiner als $-\dfrac{A}{2}$ ist, die Ziffer mit der Ziffer 0 verwechselt werden kann.

Die Wahrscheinlichkeit dafür, daß das Rauschen den Wert $\dfrac{A}{2}$ überschreitet, ist

$$P = \int\limits_{A/2}^{+\infty} p(x)\, dx \tag{13.258}$$

wobei $p(x)$ die Wahrscheinlichkeitsdichte des Fluktuationsrauschens darstellt:

$$p(x) = \frac{1}{\sqrt{2\,\pi\,\sigma^2}}\, e^{-\frac{x^2}{2\sigma^2}}. \tag{13.259}$$

Bezeichnet man mit ϱ das Verhältnis

$$\varrho = \frac{A}{2\,\sigma}, \tag{13.260}$$

so kann die Beziehung (13.258) in der Form

$$P = \int\limits_{\varrho\sigma}^{+\infty} p(x)\, dx = \frac{1}{\sqrt{2\,\pi}} \int\limits_{\varrho\sigma}^{+\infty} e^{-\frac{x^2}{2\sigma^2}}\, d\left(\frac{x}{\sigma}\right) = \frac{1}{\sqrt{2\,\pi}} \int\limits_{\varrho}^{+\infty} e^{-\frac{u^2}{2}}\, du$$

oder

$$P = 1 - F(\varrho) \tag{13.261}$$

geschrieben werden, wobei $F(\varrho)$ die Verteilungsfunktion der Gauss-Verteilung für das Argument $\varrho = \dfrac{A}{2\,\sigma}$ darstellt.

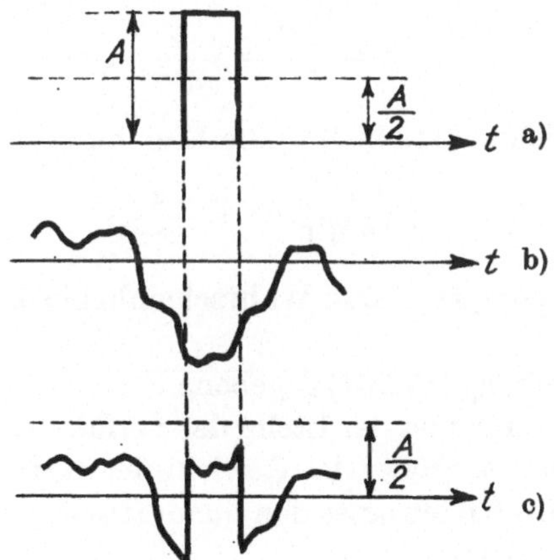

Abb. 13.81. Einfluß des Rauschens auf die Kodeimpulse

a — Kodeimpuls in Abwesenheit des Rauschesn; b — Rauschen; c — Summierung des Impulses mit dem Rauschen

36*

Unter normalen Umständen hat ϱ genügend große Werte, so daß die Wahrscheinlichkeit P für das Auftreten eines Fehlers klein ist.

Für den Fall des Fluktuationsrauschens ist die Wahrscheinlichkeit dafür, daß in einem Kodewert zwei Fehler auftreten, sehr klein und wird im folgenden deshalb nicht berücksichtigt.

Man nimmt an, daß in einem Kodewort nur ein Fehler auftritt und daß die entsprechende Wahrscheinlichkeit P ist.

Bei der PCM sind die Ordinaten der Nachricht ungefähr der nächstliegenden Quantenzahl gleich. Für einen Dualzahlenkode hat man

$$m\left(\frac{k}{2\,W}\right) \cong (\alpha_{n-1}\, 2^{n-1} + \alpha_{n-2}\, 2^{n-2} + \cdots + \alpha_j\, 2^j + \cdots + \alpha_0\, 2^0)\, q \; ; \quad (13.262)$$

wird eine der Ziffern (α_j) falsch übertragen, erhält man nach der Dekodierung die Ordinate

$$m'\left(\frac{k}{2\,W}\right) \cong (\alpha_{n-1}\, 2^{n-1} + \alpha_{n-2}\, 2^{n-2} + \cdots + \overline{\alpha_j}\, 2^j + \cdots + \alpha_0\, 2^0)\, q \, , \quad (13.263)$$

wobei $\overline{\alpha_j} = 0$, wenn $\alpha_j = 1$ und $\overline{\alpha_j} = 1$, wenn $\alpha_j = 0$ ist.

Nach der Demodulation entsteht der analoge Fehler

$$e\left(\frac{k}{2\,W}\right) = m\left(\frac{k}{2\,W}\right) - m'\left(\frac{k}{2\,W}\right) = (\alpha_j - \overline{\alpha_j})\, 2^j\, q \qquad (13.264)$$

und da

$$|\alpha_j - \overline{\alpha_j}| = +1$$

ist, ergibt sich

$$\left|e\left(\frac{k}{2\,W}\right)\right| = 2^j\, q \, . \qquad (13.265)$$

Wenn das Signal von Spitze zu Spitze $2\,V$ beträgt, so ist der Wert eines Quants

$$q = \frac{2\,V}{2^n} = \frac{V}{2^{n-1}} \, . \qquad (13.266)$$

Setzt man die Beziehung (13.266) in die Beziehung (13.265) ein, so erhält man

$$\left|e\left(\frac{k}{2\,W}\right)\right| = V\,\frac{2^j}{2^{n-1}} \, . \qquad (13.267)$$

Die diesem Fehler entsprechende Wahrscheinlichkeit ist durch die Beziehung (13.261) gegeben.

Der durch die Beziehung (13.267) gegebene Fehler ist nicht von der Ordnung k der Ordinate, sondern nur von der Stelle der verfälschten Ziffer abhängig. Der Fehler ist um so größer, je größer das Gewicht der verfälschten Ziffer ist. Wenn man für alle Stellen des Kodewortes den quadratischen Mittelwert berechnet, so erhält man

$$\overline{e^2} = V^2 \sum_{j=0}^{n-1} \frac{2^{2j}}{2^{2(n-1)}}\, P = V^2\, \frac{P}{2^{2(n-1)}} \sum_{j=0}^{n-1} 2^{2j} \, ,$$

ein Ausdruck, der nach Summierung

$$\overline{e^2} = 4\,V^2\,P\,\frac{2^{2n} - 1}{3 \cdot 2^{2n}} \tag{13.268}$$

ergibt.

Bezeichnet man mit $N = 2^n$ die Gesamtzahl der Quanten und führt diesen Ausdruck in die Beziehung (13.268) ein, erhält man

$$\overline{e^2} = 4\,V^2\,P\,\frac{N^2 - 1}{3 \cdot N^2}\,. \tag{13.269}$$

Wie der Quantisierungsfehler macht sich auch dieser Fehler als Rauschen bemerkbar.

Nach Dekodierung beträgt der entsprechende Störabstand

$$\left(\frac{S}{R}\right)_c - \frac{\widetilde{\widetilde{m^2(t)}}}{\overline{e^2}} = \frac{\widetilde{\widetilde{m^2(t)}}}{V^2} \cdot \frac{3\,N^2}{4\,P\,(N^2 - 1)}\,, \tag{13.270}$$

oder, indem man mit C das Verhältnis

$$C^2 = \frac{V^2}{\widetilde{\widetilde{m^2(t)}}}$$

bezeichnet, erhält man

$$\left(\frac{S}{R}\right)_c = \frac{1}{C^2} \cdot \frac{3\,N^2}{4\,P\,(N^2 - 1)}\,. \tag{13.271}$$

Wenn man berücksichtigt, daß im allgemeinen $N^2 \gg 1$ ist, so erhält man

$$\left(\frac{S}{R}\right)_c \approx \frac{1}{C^2} \cdot \frac{3}{4\,P}\,. \tag{13.272}$$

Setzt man die Beziehung (13.261) in die Beziehung (13.272) ein, so ergibt sich

$$\left(\frac{S}{R}\right)_c \approx \frac{1}{C^2}\,\frac{3}{4\,[1 - F(\varrho)]}\,, \tag{13.273}$$

wobei

$\varrho = \dfrac{A}{2\,\sigma}$ ein normierter Parameter;

A — die Amplitude der Kodeimpulse;

σ — der Effektivwert des Rauschens,

und

$$F(\varrho) = \frac{1}{\sqrt{2\,\pi}} \int\limits_{-\infty}^{\varrho} e^{-\frac{\varrho^2}{2}}\,d\varrho$$

ist.

Die Beziehung (13.273) ergibt den Störabstand für den Fall eines einzigen Fehlers im Kodewort bei Kodierung im Dualzahlenkode.

Durch Verwendung von anderen Kodes kann der Störabstand über den durch die Beziehung (13.273) gegebenen Wert hinaus vergrößert werden.

(Das Problem der Kodierung wird im zweiten Band ausführlich behandelt.)

13.10.8. Gesamter Störabstand

Da das Quantisierungsrauschen und das von Übertragungsfehlern verursachte Rauschen unabhängige Vorgänge sind, erhält man nach der Dekodierung die gesamte Rauschleistung als Summe der Leistungen des Quantisierungsrauschens und des von den Übertragungsfehlern verursachten Rauschens.

Nach den Beziehungen (13.226) und (13.269) beträgt somit die gesamte Rauschleistung

$$\sigma_t^2 = \frac{1}{12}\, q^2 + 4\ V^2 P \frac{N^2 - 1}{3\,N^2},$$

oder, da $q = \dfrac{2\,V}{N}$ und $N^2 \gg 1$ ist

$$\sigma_t^2 = \frac{V^2}{3} \cdot \frac{1 + 4\,P\,N^2}{N^2}. \tag{13.274}$$

Wenn man den Fall einer gleichmäßigen Stufung voraussetzt und annimmt, daß in einem im Dualzahlenkode ausgedrückten Kodewort nur ein Fehler vorkommt, so erhält man für den gesamten Störabstand den Ausdruck

$$\left(\frac{S}{R}\right)_t = \frac{1}{C^2} \frac{3\,N^2}{1 + 4\,N^2\,[1 - F(\varrho)]}. \tag{13.275}$$

13.10.9. Deltamodulation (Differentielle Modulation)

Die differentielle Modulation ist eine besondere Art der Kodemodulation, bei der einstellige Kodewörter, die nur aus den zwei Symbolen 0 oder 1 bestehen, verwendet werden. Diese Kodewörter übertragen nicht wie im vorigen Fall den Wert einer Ordinate der Nachricht, sondern liefern nur das Vorzeichen für das Anwachsen $\varDelta m(t)$ der Nachricht. Deswegen wird diese Modulationsart als differentielle Modulation oder als Deltamodulation bezeichnet.

Wie bei allen Kodemodulationssystemen wird die kontinuierliche Nachricht $m(t)$ durch eine Nachricht $g(t)$ ersetzt, die treppenartig verläuft und diskrete Werte annimmt, die die Werte der Nachricht $m(t)$ annähern. Infolge Annäherung tritt ein Quantisierungsrauschen auf.

Das Signal $g(t)$ kann in der Form

$$g(t) = g_0 + \sum_{n=0}^{+\infty} \varDelta_n\, u\,(t - n\,\tau) \tag{13.276}$$

ausgedrückt werden, wobei
$u(t)$ die Einheitssprungfunktion;

g_0 — eine Konstante;

$\varDelta_n = \pm\,\varDelta$ ist; für jeden Wert von n kann $\varDelta n$ entweder den Wert $+\,\varDelta$ oder den Wert $-\,\varDelta$ annehmen.

Zu den Zeitpunkten $n\,\tau$ erfolgt ein Vergleich der zwei Nachrichten:
Ist

$$m\,(n\,\tau) > g\,(n\,\tau),$$

so ist das Vorzeichen von Δ_n positiv, folglich hat man

$$\Delta_n = + \Delta\,.$$

Wenn

$$m\,(n\,\tau) < g\,(n\,\tau)$$

ist, so wird das Vorzeichen von Δ_n negativ, also hat man

$$\Delta_n = - \Delta\,.$$

Berücksichtigt man diese Regeln, so wird die Nachricht $g(t)$ fortwährend der Nachricht $m(t)$ zugeordnet, und es erfolgt keine Summierung der gemachten Fehler (Abb. 13.82).

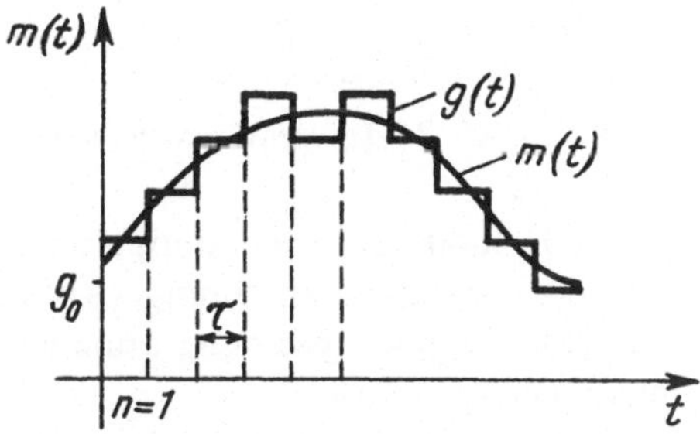

Abb. 13.82. Annäherung der Nachricht $m(t)$ durch die Funktion $g(t)$ bei Systemen mit Deltamodulation

Um diese Zuordnung zu verwirklichen oder anders gesagt, um den periodischen Vergleich mit der ursprünglichen Nachricht zu ermöglichen, muß im Sender die Nachricht $g(t)$ zur Verfügung stehen.

Zu diesem Zwecke wird im Sender ein Dekoder vorgesehen, der die Nachricht $g(t)$ wiedergibt (Abb. 13.83).

Einer Addierstufe, die von Impulsen kurzer Dauer, die sich im Zeitintervall τ wiederholen, gesteuert ist, werden die Nachrichten $m(t)$ und $g(t)$ zugeführt, wobei sich am Ausgang die Differenz

$$d = m\,(n\,\tau) - g\,(n\,\tau)$$

ergibt.

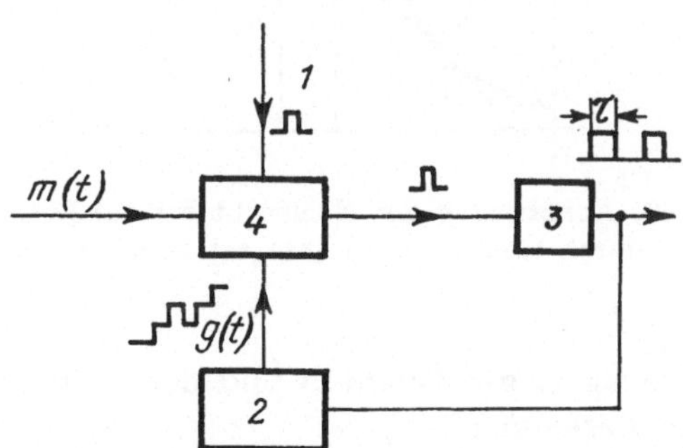

Abb. 13.83. Sendeeinrichtung für das Deltamodulationssystem
1 — Steuerimpuls; *2* — Dekoder; *3* — Monostabile Kippschaltung; *4* — Addierstufe

Ist diese Differenz positiv, so kippt die monostabile Kippschaltung (3) um und an ihrem Ausgang tritt ein Impuls der Dauer τ auf.

Ist diese Differenz d negativ, so kann der negative Impuls, der am Ausgang der Addierstufe 4 erscheint, die monostabile Kippschaltung 3 nicht umkippen, und es erscheint an ihrem Ausgang kein Signal.

Für die Dekodierung genügt es, daß die Impulse am Ausgang der Stufe 3 einer RC-Integrationsschaltung zugeführt werden (Abb. 13.84).

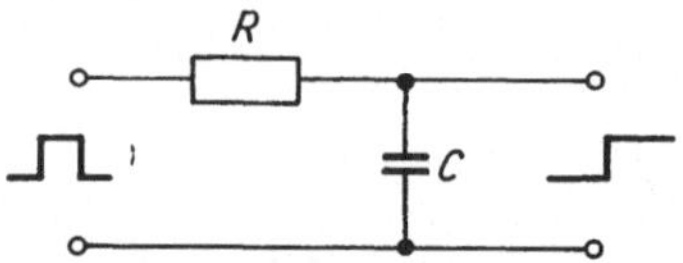

Abb. 13.84. RC-Integrationsschaltung

Im Empfänger kann ein Demodulator mit doppelter Integration verwendet werden (Abb. 13.85), der eine Ausgangsspannung (Abb. 13.86) liefert, die die Nachricht $m(t)$ besser als eine Treppenspannung annähert und daher zu einem kleineren Quantisierungsrauschen führt.

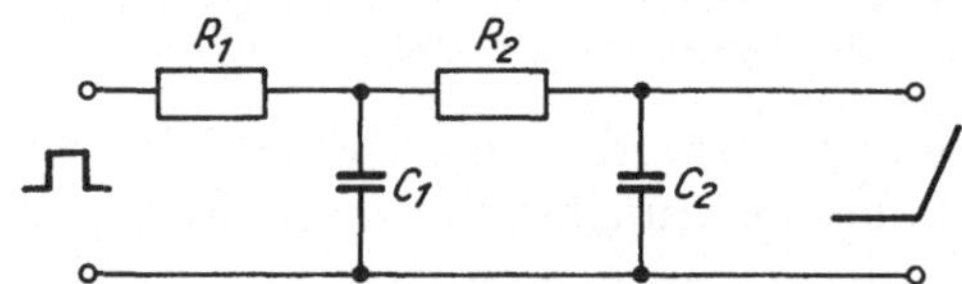

Abb. 13.85. RC-Schaltung mit doppelter Integration

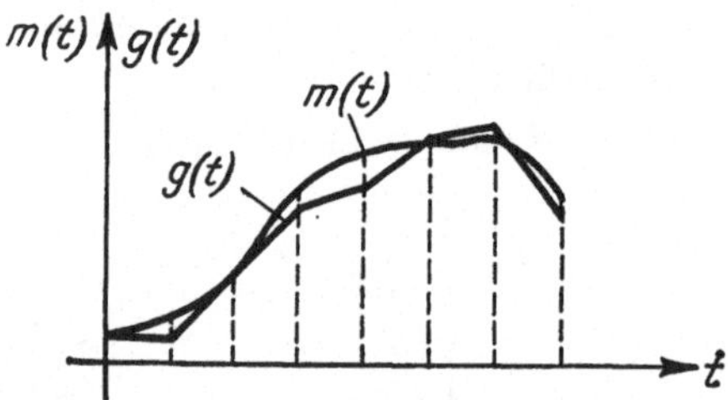

Abb. 13.86. Annäherung der Nachricht bei der Demodulation
durch eine doppelte Integrationsschaltung

Zwischen dem Betrag Δ der Quanten und dem zum Vergleich benötigten Intervall τ muß die Beziehung

$$\left|\frac{dm(t)}{dt}\right|_{\text{Max}} \leqq \frac{\Delta}{\tau} \tag{13.277}$$

bestehen, die gewährleistet, daß auch die schnellsten Veränderungen der Nachricht $m(t)$ durch die Funktion $g(t)$ angenähert werden können.

Ist die Beziehung (13.277) nicht erfüllt, so kann die Situation, die in Abb. 13.87 dargestellt ist, eintreten, in der die Nachricht $g(t)$ in einem größeren Intervall nicht mehr der Nachricht $m(t)$ zugeordnet werden kann.

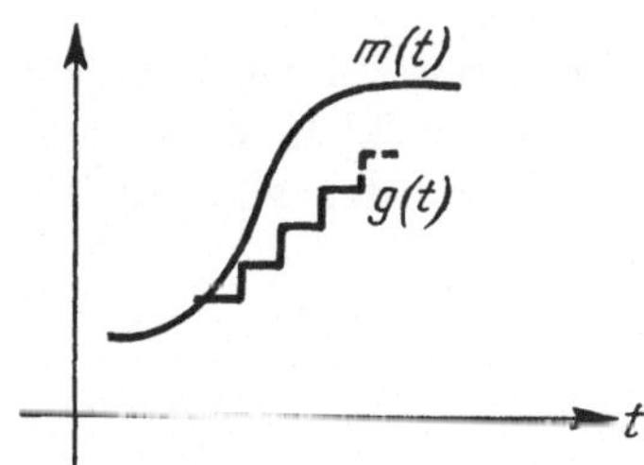

Abb. 13.87. Die Nachricht $m(t)$ und die Funktion $g(t)$
bei Nichterfüllung der Beziehung (13.277)

Die Beziehung (13.277) ist sehr einschränkend und führt zu sehr hohen erforderlichen Abtastfrequenzen. Im allgemeinen sind große Werte der Ableitung weniger wahrscheinlich. Unter Berücksichtigung der statistischen Struktur des Signals kann man die Beziehung (13.277) durch die Beziehung

$$\left[\overline{\frac{d\widetilde{m}(t)}{dt}}\right]^2 \leq \frac{\Delta^2}{\tau^2} \tag{13.278}$$

ersetzen.

Wenn $p(\omega)$ die Leistungsspektraldichte der Nachricht darstellt, so beträgt die Leistungsspektraldichte der Ableitung $\omega^2\, p(\omega)$, und man kann

$$\left[\overline{\frac{d\widetilde{m}(t)}{dt}}\right]^2 = \frac{1}{2\,\pi} \int\limits_0^{\Omega_M} \omega^2\, p(\omega)\, d\omega \tag{13.279}$$

schreiben, wobei Ω_M die höchste Frequenz des Spektrums der Nachricht ist.

Setzt man die Beziehung (13.279) in die Beziehung (13.278) ein, so erhält man

$$\frac{\Delta^2}{\tau^2} \geq \frac{1}{2\,\pi} \int\limits_0^{\Omega_M} \omega^2\, p(\omega)\, d\omega \ . \tag{13.280}$$

Für den Fall, daß die Leistungsspektraldichte der Nachricht konstant und zwar $p(\omega) = N_0$ ist, erhält man

$$\frac{\Delta}{\tau} \geq \sqrt{\frac{N_0\, \Omega_M^3}{3 \cdot 2\,\pi}}, \tag{13.281}$$

oder, wenn man mit P die Gesamtleistung der Nachricht

$$P = \frac{N_0}{2\,\pi}\,\Omega_M$$

bezeichnet, so ergibt sich

$$\frac{\Delta}{\tau} \geqq \Omega_M \sqrt{\frac{P}{3}}. \tag{13.282}$$

Der Wert von Δ wird durch das zulässige Quantisierungsrauschen begrenzt. Damit das Quantisierungsrauschen klein wird, müssen sowohl Δ als auch auf Grund der Beziehung (13.282) die Intervalle τ klein sein.

14. MULTIPLEXÜBERTRAGUNG

(Übertragung durch orthogonale Signale)

Unter Multiplexübertragung versteht man die Möglichkeit der Realisierung von mehreren Übertragungskanälen in einer Übertragungsleitung.

Dazu müssen die modulierten Signale verschiedener Kanäle bestimmte Bedingungen erfüllen, die ihre Trennung nach der Übertragung durch eine gemeinsame Übertragungsleitung ermöglichen.

Zwei oder mehrere Signale können getrennt werden, wenn sie paarweise orthogonal sind, d. h. wenn

$$\int\limits_{-\infty}^{+\infty} s_k(t)\, s_j(t)\, dt = \begin{cases} C, & \text{für} \quad k = j\,; \\ 0, & \text{für} \quad k \neq j \end{cases} \qquad (14.1)$$

oder

$$\int\limits_{-\infty}^{+\infty} S_k(\omega)\, S_j(\omega)\, d\omega = \begin{cases} C, & \text{für} \quad k = j\,; \\ 0, & \text{für} \quad k \neq j \end{cases} \qquad (14.2)$$

ist.

Die durch die Beziehungen (14.1) und (14.2) gegebenen Bedingungen sind äquivalent, d. h., wenn die Signale die Bedingung (14.1) erfüllen, so erfüllen sie auch die Bedingung (14.2) und zwar deshalb, weil die Transformation vom Signalraum im Zeitbereich in den Signalraum im Frequenzbereich orthogonal ist.

Die Multiplexübertragungssysteme können in drei Klassen eingeteilt werden:

a) Phasenmultiplexsysteme, die auch Systeme mit Modulation in Quadratur genannt werden;

b) Frequenzmultiplexsysteme;

c) Zeitmultiplexsysteme.

Mit dem orthogonalen Funktionssystem der WALSH-Funktionen hat sich in jüngster Zeit noch ein weiteres Multiplexverfahren, genannt Sequenzmultiplex, in die Nachrichtentechnik eingeführt.

Eine andere Einteilung ist folgende:

— synchrone Systeme,
— asynchrone Systeme.

Bei den synchronen Systemen besteht ein Synchronismus zwischen den Signalparametern Phase, Frequenz oder Zeittakt des Senders und des Empfängers; die Synchronisierung erfolgt durch spezielle Synchronisierungssignale. Wenn die

Information über die Kanalnummer bzw. Kanalreihenfolge nicht durch ein starres Zuordnungsschema zwischen Sender und Empfänger gegeben, sondern frei adressierbar ist, so spricht man von Adresskodesystemen.

Im folgenden werden nur synchrone Systeme behandelt.

14.1. Phasenmultiplex-Systeme

Phasenmultiplexsysteme können gleichzeitig zwei Nachrichten übertragen. Beide Nachrichten werden durch Amplitudenmodulation (mit beiden Seitenbändern) je einem sinusförmigen Träger beaufschlagt, wobei zwischen den Trägern der beiden Nachrichten eine Phasendifferenz von 90° besteht. Im allgemeinen wird die Übertragung mit unterdrücktem Träger durchgeführt. Anwendung findet dieses Verfahren beispielsweise beim Farbfernsehen zur Übertragung der Chrominanzsignale.

In Abb. 14.1. ist ein solches Übertragungssystem dargestellt.

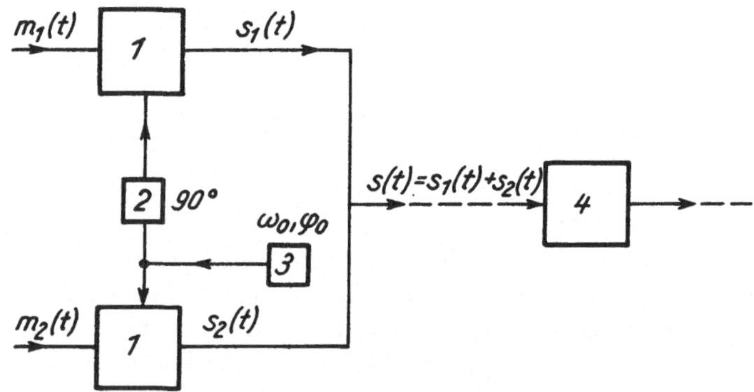

Abb. 14.1. Senderteil eines Phasenmultiplexsystems

1 — Gegentaktmodulator; 2 — Phasenschieber um 90°; 3 — Sinusoszillator mit der Frequenz f_0 und der Phase φ_0; 4 — Bandpaß

Das Signal am Ausgang des ersten Gegentaktmodulators ist

$$s_1(t) = m_1(t) \cos(\omega_0 t + \varphi_0) \, , \tag{14.3}$$

während das Signal am Ausgang des zweiten Gegentaktmodulators

$$s_2(t) = m_2(t) \cos\left(\omega_0 t + \varphi_0 + \frac{\pi}{2}\right) \tag{14.4}$$

ist.

Die Signale $s_1(t)$ und $s_2(t)$ sind untereinander orthogonal. Sie erfüllen die Bedingung (14.1), wenn die Nachrichtenspektren $m_1(t)$ und $m_2(t)$ keine Komponenten höher als der Trägerfrequenz ω_0 haben, d. h. wenn

$$M_1(\omega) = 0 \quad \text{für} \quad |\omega| > \omega_0$$

und

$$M_2(\omega) = 0 \quad \text{für} \quad |\omega| > \omega_0 \tag{14.5}$$

ist.

Die Orthogonalität der Signale $s_1(t)$ und $s_2(t)$ ergibt sich aus folgenden Beziehungen:

$$\int\limits_{-\infty}^{+\infty} s_1(t)\, s_2(t)\, dt = \int\limits_{-\infty}^{+\infty} m_1(t)\, m_2(t)\, \cos(\omega_0 t + \varphi_0)\, \sin(\omega_0 t + \varphi_0)\, dt \tag{14.6}$$

bzw.

$$\int\limits_{-\infty}^{+\infty} s_1(t)\, s_2(t)\, dt = \frac{1}{2} \int\limits_{-\infty}^{+\infty} m_1(t)\, m_2(t)\, \sin(2\,\omega_0 t + 2\,\varphi_0)\, dt \; . \tag{14.7}$$

Wenn man die Bezeichnungen

$$m(t) = m_2(t)\, \sin(2\,\omega_0\, t + 2\,\varphi_1) \tag{14.8}$$

und

$$M(\omega) = j\,\frac{1}{2}\, e^{j 2 \varphi_0}\, M_2(\omega - 2\,\omega_0) + j\,\frac{1}{2}\, e^{-j 2 \varphi_0}\, M_2(\omega + 2\,\omega_0) \tag{14.9}$$

einführt, ergibt sich nach dem Faltungssatz

$$\int\limits_{-\infty}^{+\infty} m_1(t)\, m(t)\, e^{-j \omega t}\, dt = \frac{1}{2\pi} \int\limits_{-\infty}^{+\infty} M_1(\Omega)\, M(\omega - \Omega)\, d\Omega \; , \tag{14.10}$$

woraus man für $\omega = 0$ die Beziehung

$$\int\limits_{-\infty}^{+\infty} s_1(t)\, s_2(t)\, dt = \frac{1}{2} \int\limits_{-\infty}^{+\infty} m_1(t)\, m(t)\, dt = \frac{1}{4\pi} \int\limits_{-\infty}^{+\infty} M_1(\Omega)\, M(-\Omega)\, d\Omega \tag{14.11}$$

erhält, die durch Einsetzen der Beziehung (14.9) in

$$\int\limits_{-\infty}^{+\infty} s_1(t)\, s_2(t)\, dt = \frac{j}{8\pi} \int\limits_{-\infty}^{+\infty} [e^{j 2 \varphi_0}\, M_1(\Omega)\, M_2(-\Omega - 2\,\omega_0)$$
$$+\, e^{-j 2 \varphi_0}\, M_1(\Omega)\, M_2(-\Omega + 2\,\omega_0)]\, d\Omega \tag{14.12}$$

übergeht.

Aus den Beziehungen (14.5) ergibt sich, daß sich die Spektren $M_1(\Omega)$ und $M_2(-\Omega - 2\,\omega_0)$ bzw. $M_2(-\Omega + 2\,\omega_0)$ nicht überlagern (Abb. 14.2), weswegen das Integral der rechten Seite gleich Null ist

$$\int\limits_{-\infty}^{+\infty} s_1(t)\, s_2(t)\, dt = 0 \; , \tag{14.13}$$

d. h., die Signale $s_1(t)$ und $s_2(t)$ sind orthogonal.

Um im Empfänger die Signale $s_1(t)$ und $s_2(t)$ aus der Summe $s(t)$ der Signale trennen zu können, ist es notwendig, daß der lokale Oszillator O_R mit dem des

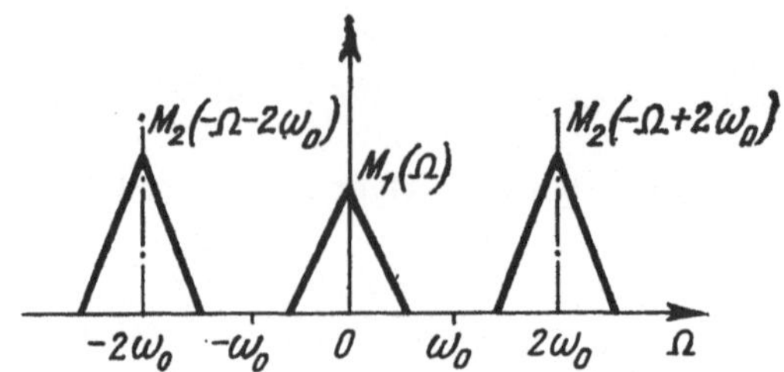

Abb. 14.2. Darstellung der Spektren in Beziehung (14.12)

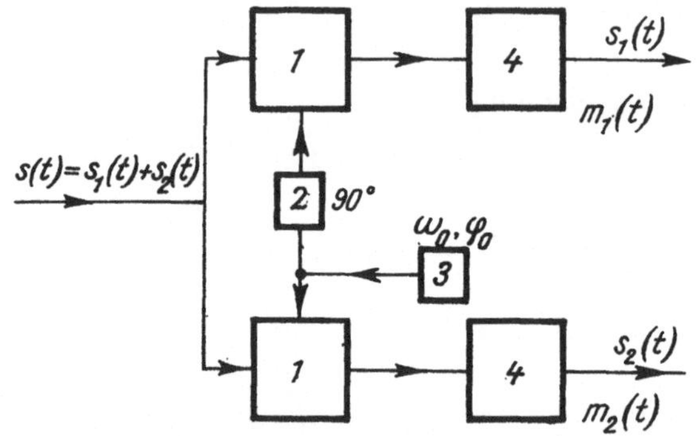

Abb. 14.3. Empfangsteil eines Phasenmultiplexsystems

1 — Gegentaktmodulator; *2* — Phasenschieber um 90°; *3* — Sinusoszillator mit der Frequenz f_0 und der Phase φ_0;
4 — Tiefpaß

Senders synchronisiert wird (d. h. er muß dieselbe Frequenz ω_0 und dieselbe Phase φ_0 haben (Abb. 14.3)).

Führt man eine erneute Modulation durch, der eine Filterung durch einen Tiefpaß folgt, so erhält man entsprechend Kapitel 11 die Nachrichten $m_1(t)$ und $m_2(t)$.

Der Störabstand wird so berechnet, als ob die beiden Nachrichten $m_1(t)$ und $m_2(t)$ durch verschiedene Übertragungswege übertragen werden.

14.1.1. Übersprechen zwischen Kanälen

Im folgenden werden einige Probleme des Übersprechens von einem Kanal zum anderen, die durch nichtlineare Verzerrungen in den Multiplexeinrichtungen oder lineare Verzerrungen des gemeinsamen Übertragungskanals entstehen, behandelt.

Auf die durch parasitäre Kopplungen zwischen den Kanälen in der Multiplexeinrichtung oder zwischen mehreren nebeneinander verlaufenden Übertragungswegen in einem Kabel entstehenden Störungen in Gestalt des verständlichen oder unverständlichen Nebensprechens wird nicht eingegangen.

Wenn die Spektren der beiden Nachrichten symmetrisch übertragen werden, so entsteht kein Übersprechen zwischen den Kanälen, sondern nur eine Verzerrung, die durch die symmetrische Dämpfung der beiden Seitenbänder gegeben ist.

Wenn jedoch die Seitenbänder nicht symmetrisch übertragen werden, so entsteht zwischen den beiden Kanälen ein Übersprechen.

Man setzt voraus, daß sich der Übertragungsweg wie ein Bandpaß mit der Übertragungsfunktion $H(\omega)$ verhält, der einen Teil des Spektrums der Nachrichten $m_1(t)$ und $m_2(t)$ beschneidet.

Es wird mit $\omega_0 + \Omega_M$ die obere Grenzfrequenz (wobei Ω_M die höchste Frequenz des Spektrums der Nachrichten $m_1(t)$ und $m_2(t)$ ist) und mit $\omega_0 - \Omega_T$ die untere Grenzfrequenz des Filters bezeichnet mit der Voraussetzung

$$\Omega_T < \Omega_M,$$

das heißt, daß das Filter einen Teil des Spektrums der beiden Nachrichten abschneidet (Abb. 14.4). Jede der übertragenen Nachrichten kann als Summe von zwei Signalen betrachtet werden; das eine enthält nur Komponenten mit kleinerer Frequenz als Ω_T und das andere nur Komponenten mit größerer Frequenz als Ω_T:

$$m_1(t) = m_1'(t) + m_1''(t)$$

und

$$m_2(t) = m_2'(t) + m_2''(t) , \qquad (14.14)$$

bzw.

$$M_1(\omega) = M_1'(\omega) + M_1''(\omega)$$

und

$$M_2(\omega) = M_2'(\omega) + M_2''(\omega) . \qquad (14.15)$$

Die Signale $m_1'(t)$ und $m_2'(t)$ werden mit beiden Seitenbändern übertragen, die Signale $m_1''(t)$ und $m_2''(t)$ werden infolge der Wirkung des Bandpasses nur mit einem einzigen Seitenband übertragen (das obere Band im Beispiel der Abb. 14.4).

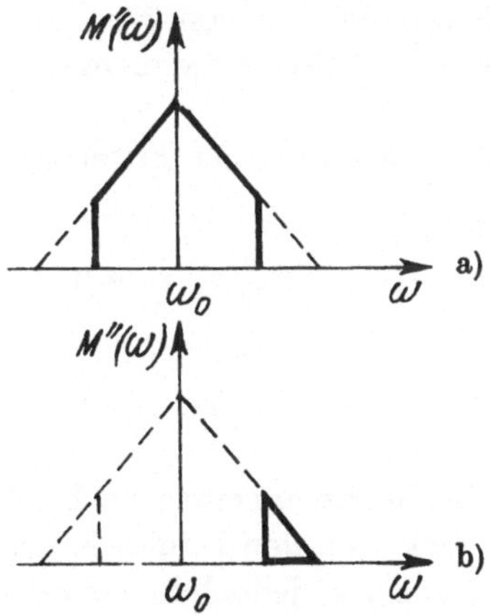

Abb. 14.4. Darstellung der Wirkung eines unsymmetrischen Bandpasses auf die Spektren der Nachrichten

Wenn man die Beziehungen (11.76) und (11.79), die Produktdemodulation für AM mit unterdrücktem Träger betreffend, heranzieht, so erhält man für das Signal am Ausgang des ersten Demodulators

$$q_1(t) = m_1'(t) + \frac{1}{2}\, m_1''(t) - \frac{1}{2}\, \mathfrak{H}\{m_2''(t)\} \tag{14.16}$$

und am Ausgang des zweiten Demodulators

$$q_2(t) = m_2'(t) + \frac{1}{2}\, m_2''(t) - \frac{1}{2}\, \mathfrak{H}\{m_1''(t)\}\ . \tag{14.17}$$

Daraus ergibt sich, daß bei einem Übertragungssystem mit unsymmetrischer Übertragungskennlinie $H(\omega)$ Komponenten des Übersprechens zwischen den beiden Kanälen entstehen, die durch die HILBERT-Transformierten $\mathfrak{H}\{m_2''(t)\}$ und $\mathfrak{H}\{m_1''(t)\}$ gegeben sind. Diese Übersprechkomponenten verzerren die Nachrichten. Außer diesen Verzerrungen treten noch andere Verzerrungen auf, da die Übertragung der Komponenten mit höherer Frequenz als Ω_T nur mit halber Amplitude erfolgt.

Setzt man jetzt voraus. daß das Filter mit der Übertragungsfunktion $H(\omega)$ einen Teil des Spektrums nur eines Signals beseitigt und die Komponenten des anderen Signals kleiner als Ω_T sind, so daß dieses Signal unverändert bleibt, erhält man mit $m_2''(t) = 0$ aus den Beziehungen (14.16) und (14.17)

$$q_1(t) = m_1'(t) + \frac{1}{2}\, m_1''(t)\ ; \tag{14.18}$$

$$q_2(t) = m_2'(t) - \frac{1}{2}\, \mathfrak{H}\{m_1''(t)\}\ . \tag{14.19}$$

Da am Ausgang der Demodulatoren Tiefpaßfilter liegen, die die Komponenten von höherer Frequenz als die höchste Frequenz des Spektrums der Nachricht beseitigen, werden die Komponenten von $\mathfrak{H}\{m_1''(t)\}$ beseitigt, da sie die gleiche Frequenz wie $m_1''(t)$ bzw. eine höhere Frequenz als die Grenzfrequenz Ω_T der Nachricht $q_2(t)$ besitzen.

Berücksichtigt man diese Wirkung der Filter in den synchronen Demodulatoren, so ergibt sich

$$q_1(t) = m_1'(t) + \frac{1}{2}\, m_1''(t) = m_1(t) - \frac{1}{2}\, m_1''(t) \tag{14.20}$$

und

$$q_2(t) = m_2'(t) = m_2(t). \tag{14.21}$$

Für den Fall, daß nur das Spektrum einer Nachricht unsymmetrisch gedämpft ist, ergibt sich also, daß zwischen den beiden Kanälen kein Übersprechen entsteht, die breitbandigere Nachricht jedoch linear verzerrt ist, da die Übertragung dieser Nachricht unter teilweiser Dämpfung eines Seitenbandes (Restseitenband) mit anschließender synchroner Demodulation erfolgt.

14.1.2. Synchronisierung

Die Synchronisierung eines lokalen Oszillators im Empfänger kann mit Hilfe eines Taktsignals durchgeführt werden, das durch Übertragung eines der Unterträger mit verringertem Wert erhalten wird Der verringerte Unterträger wird durch Filterung beim Empfang erhalten und für die Synchronisierung des Oszillators der synchronen Demodulatoren verwendet.

14.2. Frequenzmultiplex-Systeme

In diesem Falle bestehen zwischen den Nachrichtenspektren verschiedener Kanäle Orthogonalitätsbeziehungen von der in (14.2) ausgedrückten Form, wobei die Spektren auf der Frequenzachse gesonderte Bereiche belegen, ohne sich zu überlagern.

Es gibt mehrere Typen von Frequenzmultiplexsystemen:

a) Das AM-System, in dem jede Nachricht einem Unterträger in der Amplitude aufmoduliert wird (Abb. 14.5);

b) das AM-System mit unterdrücktem Träger, in dem jede Nachricht einem Unterträger in der Amplitude aufmoduliert wird, jedoch wird der Unterträger unterdrückt (Abb. 14.6);

c) das ESB-AM-System, in dem jede Nachricht einem Unterträger in der Amplitude aufmoduliert wird, wobei der Unterträger unterdrückt und eines der beiden Seitenbänder durch Filter beseitigt werden (Abb. 14.7). Nach diesem Frequenzmultiplexverfahren arbeitet die Mehrzahl der Trägerfrequenzsysteme der Übertragungstechnik.

d) Das FM-System, in dem jede Nachricht einem Unterträger in der Frequenz aufmoduliert wird (Abb. 14.8).

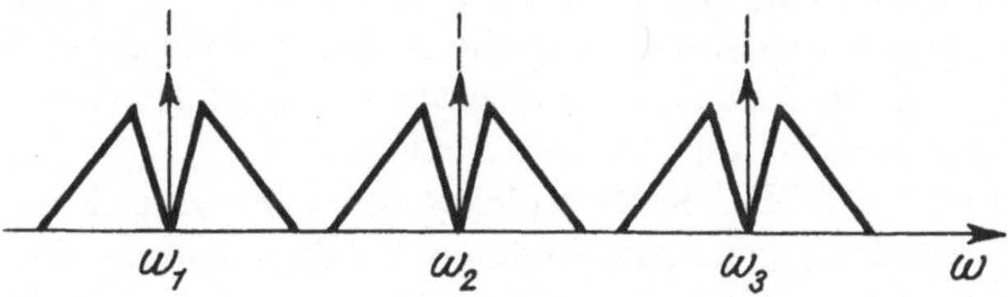

Abb. 14.5. Spektrale Darstellung des Multiplexsignals eines AM-Systems

Abb. 14.6. Spektrale Darstellung des Multiplexsignals eines AM-Systems
mit unterdrücktem Träger

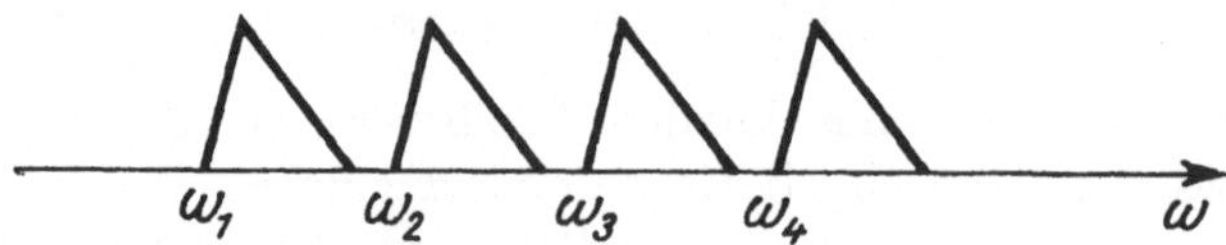

Abb. 14.7. Spektrale Darstellung des Multiplexsignals eines ESB-AM-Systems

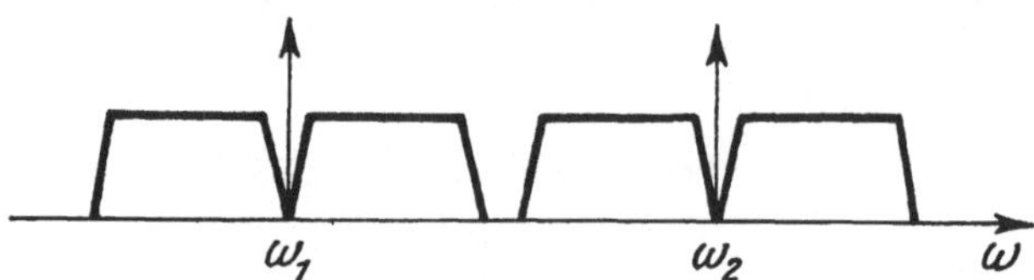

Abb. 14.8. Spektrale Darstellung des Multiplexsignals eines FM-Systems

Die nach einer der obigen Verfahren modulierte und geschachtelte Gruppe von Kanälen kann entweder direkt (bei Kabelübertragung) oder nach einer weiteren Modulation eines Trägers in der Amplitude oder der Frequenz (bei Funkübertragung) übertragen werden. Um das Übersprechen zwischen den Kanälen und das Rauschen zu verringern, wird die zweite Modulation im allgemeinen als Frequenzmodulation durchgeführt.

Im folgenden werden behandelt:

— Das System mit Einseitenband-Amplitudenmodulation (ESB-AM), bei dem die Übertragung der Gruppe von Kanälen durch Frequenzmodulation (FM) erfolgt und das abgekürzt ESB-AM-FM genannt werden soll und

— das System mit Frequenzmodulation sowohl der Unterträger als auch des Trägers, das abgekürzt FM-FM genannt werden soll.

14.2.1. Das ESB-AM-System

Das ESB-AM-Multiplexsystem hat gegenüber anderen Systemen den Vorteil, daß es bei einer gegebenen Bandbreite die größtmögliche Anzahl von Kanälen übertragen kann. Es ist jedoch komplizierter als die anderen Systeme, denn es benötigt Filter zur Beseitigung der Seitenbänder.

In Abb. 14.9 ist ein ESB-AM-Multiplexsystem schematisch dargestellt.

Die Gegentaktmodulatoren transponieren bei der Sendung die Nachrichtenspektren auf die gewünschten Frequenzen und unterdrücken die Unterträger.

Die Unterträger werden von Oszillatoren mit großer Frequenzstabilität erzeugt. Die Beseitigung der unerwünschten Seitenbänder erfolgt mit Hilfe von Bandpaßfiltern.

Beim Empfang werden durch Bandpässe die Signale der verschiedenen Kanäle ausgefiltert, und durch Gegentaktmodulatoren werden die Nachrichtenspektren der verschiedenen Kanäle wieder auf die ursprünglichen Frequenzen rücktransponiert.

Wenn das Multiplexsystem für die formgetreue Übertragung von Nachrichten bestimmt ist, so ist es notwendig, daß die Oszillatoren beim Empfang dieselbe

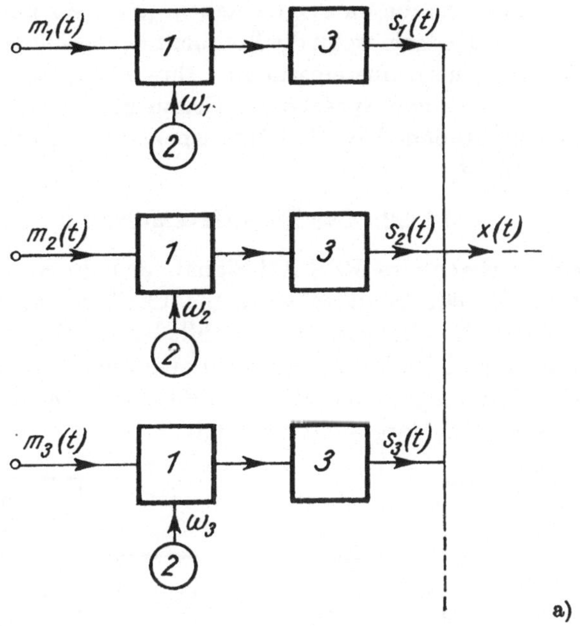

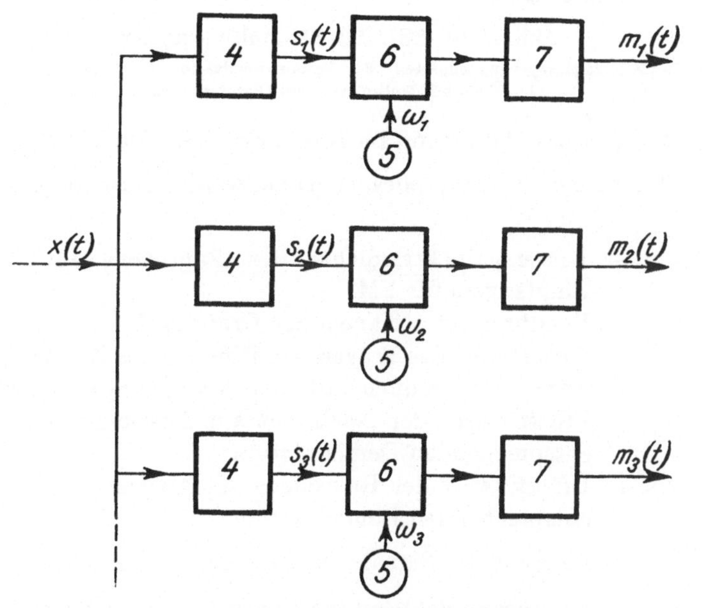

Abb. 14.9. ESB-AM-Multiplexsystem

a) Senderteil; b) Empfangsteil; *1, 6* — Gegentaktmodulatoren; *2, 5* — Oszillatoren zur Erzeugung der Unterträger; *3, 4* Bandpässe; *7* — Tiefpaß

37*

Frequenz und Phase wie die im Sender haben. Für den Fall der Übertragung von Sprache genügt es jedoch, wenn die Frequenz der Oszillatoren beim Empfang mit der im Sender nahezu übereinstimmt. Ihre Phasen können beliebig sein, da bei der Übertragung von Sprache auf Grund der Phasenunempfindlichkeit des Ohres das Amplituden- bzw. Leistungsspektrum und nicht die Form des Signals maßgebend ist.

14.2.2. Das ESB-AM-FM-System

Das frequenzgeschachtelte ESB-AM-Signal, das durch Addition aller frequenzgestaffelten Kanäle gebildet wird, moduliert bei diesem System (Abb. 14.10) die Frequenz eines Trägers, der anschließend z. B. durch ein Richtfunksystem übertragen wird. Im Empfänger wird eine Frequenzdemodulation durchgeführt, der eine Trennung der Kanäle durch Filter und eine Amplitudendemodulation, wie in Abb. 14.9b dargestellt ist, folgt.

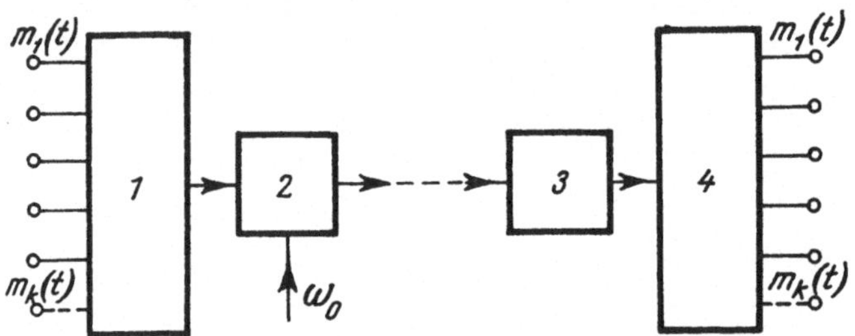

Abb. 14.10. ESB-AM-FM-Multiplexsystem

1 — ESB-AM-Multiplexsystem (Senderteil); *2* — Frequenzmodulator; *3* — Frequenzdemodulator; *4* — ESB-AM-Multiplexsystem (Empfangsteil)

14.2.2.1. Der Störabstand im Kanal des ESB-AM-FM-Systems

Zur Berechnung des Störabstandes im Kanal werden folgende Bezeichnungen eingeführt:

$N_0 = 2\,\pi\,z_0$ — Leistungsspektraldichte des Rauschens am Eingang des Empfängers für FM;

$\delta\omega_k$ — Bandbreite des Kanals der Ordnung k;

E_0 — Spitzenwert des Trägers am Eingang des Empfängers für FM;

$\Delta\omega_k$ — maximaler Frequenzhub, der dem Kanal k zugewiesen ist;

V_k — Effektivwert der Nachricht am Ausgang des dem Kanal k entsprechenden Demodulators;

U_k — Effektivwert des Rauschens am Ausgang des dem Kanal k entsprechenden Demodulators;

$P_{se} = \dfrac{E_0^2}{2}$ — Leistung des Signals am Eingang des Empfängers;

B_ω — Bandbreite des Empfängers (bzw. des Zwischenfrequenzverstärkers);

$P_{re} = z_0\,B_\omega$ — Leistung des Rauschens am Eingang in den Empfänger.

Nach den Ergebnissen des Abschnittes 12.5.2.2. wird die Leistung des Rauschens im Kanal k (bzw. im Frequenzband von ω_k bis $\omega_k + \delta\omega_k$ (siehe Abb. 14.11)

$$U_k^2 = 2\,\frac{z_0}{E_0^2} \int\limits_{\omega_k}^{\omega_k + \delta\omega_k} \Omega^2\, d\Omega \tag{14.22}$$

sein, wobei sowohl der Lastwiderstand als auch die Konstante des Diskriminators gleich Eins sind.

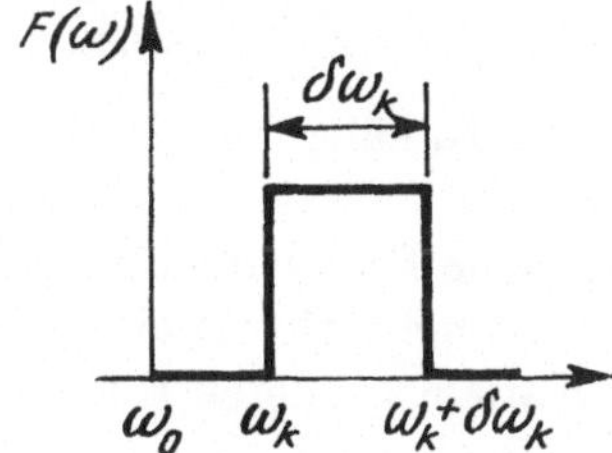

Abb. 14.11. Darstellung des Frequenzbandes, für das die Berechnung des Rauschens erfolgt

Wertet man das Integral der Beziehung (14.22) aus, so ergibt sich

$$U_k^2 = 2\,\frac{z_0}{E_0^2}\,\frac{1}{3}\left[(\omega_k + \delta\omega_k)^3 - \omega_k^3\right] \tag{14.23}$$

oder

$$U_k^2 = 2\,\frac{z_0}{E_0^2}\,\omega_k^2 \left[1 + \frac{\delta\omega_k}{\omega_k} + \frac{1}{3}\left(\frac{\delta\omega_k}{\omega_k}\right)^2\right]\delta\omega_k\,. \tag{14.24}$$

Im allgemeinen ist die Bandbreite $\delta\omega_k$ viel kleiner als die Frequenz des Unterträgers

$$\frac{\delta\omega_k}{\omega_k} \ll 1\,. \tag{14.25}$$

Damit wird aus der Beziehung (14.24)

$$U_k^2 = 2\,\frac{z_0}{E_0^2}\,\omega_k^2\,\delta\omega_k\,. \tag{14.26}$$

Die Leistung der Nachricht im Kanal k ist

$$V_k^2 = (\varDelta\omega_k)^2\,\widetilde{\widetilde{m_k^2(t)}}\,. \tag{14.27}$$

Der Störabstand im Kanal k ist

$$\left(\frac{S}{R}\right)_k = \frac{V_k^2}{U_k^2} = \frac{E_0^2}{2\,z_0\,\delta\omega_k}\left(\frac{\varDelta\omega_k}{\omega_k}\right)^2\,\widetilde{\widetilde{m_k^2(t)}}\,. \tag{14.28}$$

oder

$$\left(\frac{S}{R}\right)_k = \left(\frac{\varDelta\omega_k}{\omega_k}\right)^2\,\frac{B_\omega}{\delta\omega_k}\,\frac{P_{se}}{P_{re}}\,\widetilde{\widetilde{m_k^2(t)}}\,. \tag{14.29}$$

Wenn vorausgesetzt wird, daß die Nachricht sinusförmig ist

$$m_k(t) = \cos\Omega_k t\,,$$

so ergibt sich

$$\widetilde{\widetilde{m_k^2(t)}} = \frac{1}{2}$$

und durch Einführung des Modulationsindexes

$$\beta_k = \frac{\varDelta \omega_k}{\omega_k},$$

wird aus der Beziehung (14.29)

$$\left(\frac{S}{R}\right)_k = \frac{1}{2}\beta_k^2 \frac{B_\omega}{\delta \omega_k} \frac{P_{se}}{P_{re}}. \tag{14.32}$$

Im allgemeinen haben die Kanäle die gleiche Bandbreite: $\delta \omega_k = \delta \omega$ für jedes k.

Wenn jedem Kanal der gleiche Frequenzhub $\varDelta \omega_k = \varDelta \omega$ zugewiesen wird, so ergibt sich, daß das Rauschen nicht gleichmäßig in allen Kanälen verteilt ist und besonders die oberen Kanäle größeres Rauschen besitzen, weil für diese Kanäle β_k kleiner ist.

Um in allen Kanälen den gleichen Störabstand zu haben, muß β_k für jeden Kanal konstant gehalten werden. Bei praktischen Anwendungen ist es bequemer, wenn mit dem gleichen Frequenzhub bzw. mit den gleichen Eingangsstufen gearbeitet wird.

Wenn der Frequenzhub $\varDelta \omega_k$, der jedem Kanal zugewiesen ist, bekannt ist, verwendet man für die Berechnung der Bandbreite B_ω die im Abschnitt 12.1.5. bestimmten Beziehungen, und zwar:

$$B_\omega = \sum_{k=1}^{n} B_k . \tag{14.33}$$

wobei B_k die Bandbreite ist, die der Kanal k in Abwesenheit der Nachricht in den anderen Kanälen belegt und zwar

$$B_k = 2\,(\beta_k + 1)\,\omega_k = 2\,(\varDelta \omega_k + \omega_k)\,. \tag{14.34}$$

Wenn $\beta_k \gg 1$ ist, so ist die Bandbreite B_k

$$B_k = 2\,\varDelta \omega_k\,, \tag{14.35}$$

wobei $\varDelta \omega_k$ als Spitzenwert des Frequenzhubes im Kanal k betrachtet wird.

Da alle Nachrichten den gleichen Spitzenwert $\varDelta \omega_k = \varDelta \omega_0$ bzw. $B_k = B_0 = 2\,\varDelta \omega_0$ besitzen. wird aus der Beziehung (14.33)

$$B_\omega = n\,B_0 = 2\,n\,\varDelta \omega_0\,. \tag{14.36}$$

Diese Beziehung setzt voraus, daß alle n Nachrichten zur gleichen Zeit den Spitzenwert erreichen, weshalb in dem Ausdruck für die Gesamtbandbreite die n Frequenzhube addiert wurden. Für kleine Werte von n ist diese Hypothese gültig. Für große Werte von n ist die Wahrscheinlichkeit dafür, daß die Nachrichten in allen n Kanälen zur gleichen Zeit ihre Spitzenwerte erreichen, sehr klein und daher ist die Wahrscheinlichkeit dafür, daß das Spektrum der Nachricht die ganze Bandbreite B_ω, die in Beziehung (14.36) gegeben ist, belegt, sehr klein. Folglich ist es für großes n nicht notwendig, eine so große Bandbreite anzunehmen.

Die Bandbreite kann in diesem Falle bestimmt werden, indem man vom Spitzenwert des gesamten Frequenzhubes ausgeht.

Der Spitzenwert der Nachricht bzw. des Frequenzhubes in einem Kanal ist

$$\Delta\omega_k = \Phi_v\,\sigma_k\,, \qquad (14.37)$$

wobei

Φ_v der Spitzenfaktor und

$\sigma_k = \sqrt{\overline{m_k^2(t)}}$ der Effektivwert der Nachricht $(|m_k(t)| \ll 1)$ am Eingang des FM-Modulators ist.

Der Spitzenwert des Multiplexsignals (Abb. 14.9)

$$x(t) = \sum_{k=1}^{n} s_k(t)$$

ist

$$\Delta\omega = \Phi_v\,\sigma\,, \qquad (14.38)$$

wobei σ der Effektivwert des Multiplexsignals ist.

Setzt man voraus, daß alle Nachrichten die gleiche mittlere Leistung $(\sigma_k^2 = \sigma_0^2)$ und die gleichen statistischen Eigenschaften besitzen und unabhängig sind, so wird der gesamte maximale Hub der Summe der n Nachrichten (laut Abschnitt 2.9.3.)

$$\Delta\omega = \Phi_v\,\sigma_0\,\sqrt{n}\,. \qquad (14.39)$$

Aus den Beziehungen (14.39) und (14.37) ergibt sich

$$\Delta\omega = \sqrt{n}\,\Delta\omega_0$$

und damit für die Bandbreite nur

$$B_\omega = 2\,\sqrt{n}\,\Delta\omega_0\,. \qquad (14.40)$$

14.2.2.2. Übersprechen im ESB-AM-FM-System

Die Ursachen des Übersprechens in Multiplexsystemen sind sehr komplex. Abgesehen vom Nebensprechen, das von parasitärer Kopplung der Kanäle herrührt, tritt im ESB-AM-FM-System Übersprechen, das von nichtlinearen Verzerrungen des Signals während des Übertragungsvorganges herrührt, auf.

Wenn man annimmt, daß die Nachricht in einem beliebigen Kanal aus einer Summe von Sinuskomponenten besteht, so ergibt sich, daß jede nichtlineare Verzerrung der Nachricht zur Verbreiterung des entsprechenden Spektrums führt. In diesem Fall kann das Spektrum einer verzerrten Nachricht aus einem Kanal in den Frequenzbereich, der anderen Kanälen zugeordnet ist, eindringen und Übersprechen hervorrufen.

Es gibt zwei Arten von Verzerrungen, die zu Übersprechen führen und zwar: Verzerrungen, die infolge der Nichtlinearität der Amplitudencharakteristik

(FM-Modulation, FM-Demodulation, Begrenzung) und Verzerrungen, die infolge der Nichtlinearität der Phasencharakteristik (Frequenzverlauf der Laufzeit, Reflexionen) auftreten.

Zur Auswertung der Störungen erster Art wird von der Beziehung

$$y = x + a_2\,x^2 + a_3\,x^3 + \cdots \tag{14.41}$$

ausgegangen, wobei x das Signal am Eingang des Frequenzmodulators und y das Signal am Ausgang des Frequenzdemodulators darstellen; die Koeffizienten $a_2, a_3, \ldots, a_n$ kennzeichnen die Nichtlinearität erster Art des gesamten Systems.

Nach der Beziehung (14.41) erhält man folgenden Ausdruck für die Verzerrungen erster Art:

$$y_1 = y_a = a_2\,x^2 + a_3\,x^3 + \cdots \tag{14.42}$$

Für die Auswertung der Verzerrungen zweiter Art geht man nach Abschnitt 12.4.1. von der Beziehung

$$\omega_e = \omega + \frac{d\varphi(\omega)}{d\omega}\,\frac{d\omega}{dt} = \omega + \tau(\omega)\,\frac{d\omega}{dt} \tag{14.43}$$

aus, wobei ω die Momentanfrequenz am Eingang des Systems (die x proportional ist), ω_e die Momentanfrequenz am Ausgang des Systems (die y proportional ist) und $\tau(\omega)$ die Laufzeit darstellen.

Nimmt man die Proportionalitätskoeffizienten gleich Eins an, so ergibt sich

$$\omega_e = y \quad \text{und} \quad \omega = x$$

und folglich

$$y = x + \tau(x)\,\frac{dx}{dt}\,. \tag{14.44}$$

Die Laufzeit $\tau(x)$ kann durch die Beziehung

$$\tau(x) = c_1\,x + c_2\,x^2 + c_3\,x^3 + \cdots.$$

angenähert werden, oder indem man die Bezeichnung

$$c_k = (k + 1)\,b_{k+1}$$

einführt, erhält man

$$\tau(x) = 2\,b_2\,x + 3\,b_3\,x^2 + \cdots = \frac{d}{dx}(b_2\,x^2 + b_3\,x^3 + \cdots)\,. \tag{14.45}$$

Nach Einsetzen in die Beziehung (14.44) ergibt sich

$$y = x + \frac{d}{dt}(b_2\,x^2 + b_3\,x^3 + \cdots)\,. \tag{14.46}$$

Aus der Beziehung (14.46) ergibt sich für die Verzerrungen zweiter Art folgender Ausdruck:

$$y_2 = \frac{d}{dt}(b_2\,x^2 + b_3\,x^3 + \cdots)\,, \tag{14.47}$$

der mit der Bezeichnung

$$y_b = b_2\,x^2 + b_3\,x^3 + \cdots \tag{14.48}$$

zu

$$y_2 = \frac{dy_b}{dt} \qquad (14.49)$$

wird.

Aus dem Vergleich der Beziehungen (14.47) und (14.42) ist ersichtlich, daß die Verzerrungen erster Art mit den Verzerrungen zweiter Art in Quadratur sind. Folglich kann man annehmen, daß die gesamte Leistung der Verzerrungen aus der Summe der einzelnen Leistungen besteht.

Das gleiche gilt auch für die Leistungsspektraldichte und zwar hat man

$$p_t(\omega) = p_1(\omega) + p_2(\omega) \qquad (14.50)$$

wobei

$p_1(\omega) = p_a(\omega)$ die Leistungsspektraldichte der Verzerrungen erster Art;

$p_2(\omega)$ — die Leistungsspektraldichte der Verzerrungen zweiter Art;

$p_t(\omega)$ — die gesamte Leistungsspektraldichte der Verzerrungen darstellt.

Neben diesen Bezeichnungen wird auch noch die Bezeichnung $p_b(\omega)$ für die Leistungsspektraldichte der durch die Beziehung (14.48) gegebenen Verzerrungen eingeführt, die infolge der Ersetzung der Koeffizienten $a_2, a_3, \ldots, a_n$ in dem Ausdruck $p_a(\omega)$ durch die Koeffizienten $b_2, b_3, \ldots, b_n$ erhalten wird.

Wenn man berücksichtigt, daß die Verzerrungen zweiter Art durch die Beziehung (14.49)

$$y_2 = \frac{dy_b}{dt}$$

gegeben sind, so kann man nach Abschnitt 4.12 die Beziehung

$$p_2(\omega) = \omega^2 \, p_b(\omega) \qquad (14.51)$$

schreiben, wodurch

$$p_t(\omega) = p_a(\omega) + \omega^2 \, p_b(\omega) \qquad (14.52)$$

wird.

Um die Leistungsspektraldichte der Verzerrungen erster Art zu bestimmen, wird die Autokorrelationsfunktion dieser Verzerrungen betrachtet, die folgendermaßen ausgedrückt werden kann:

$$R_y(\tau) = \overline{y_a(t_1) \, y_a\,(t_1 - \tau)} \; ; \qquad (14.53)$$

wobei

$$y_a(t_1) = a_2 \, x^2(t_1) + a_3 \, x^3(t_1) + \cdots$$

und

$$y_a\,(t_1 - \tau) = a_2 \, x^2\,(t_1 - \tau) + a_3 \, x^3\,(t_1 - \tau) + \cdots$$

ist.

Bezeichnet man mit

$$x_1 = x(t_1) \; ; \quad y_a(t_1) = Y(x_1)$$

und

$$x_2 = x\,(t_1 - \tau) \; ; \quad y_a(t_1 - \tau) = Y(x_2) \, ,$$

so ergibt sich

$$R_y(\tau) = \overline{y_a(t_1)\, y_a(t_1 - \tau)} = \int\limits_{-\infty}^{+\infty} \int\limits_{-\infty}^{+\infty} Y(x_1)\, Y(x_2)\, w_2(x_1, x_2)\, dx_1\, dx_2 ,$$

$$(14.54)$$

wobei $w_2(x_1, x_2)$ die Wahrscheinlichkeitsdichte zweiter Ordnung der zufälligen Veränderlichen x_1 und x_2 darstellt.

Setzt man voraus, daß das Signal $x(t)$ eine Normalverteilung besitzt und zwar

$$w_2(x_1, x_2) = \frac{1}{2\,\pi\,\sqrt{(1 - \varrho^2)\,\sigma^2}}\, e^{-\frac{x_1^2 + x_2^2 - 2\varrho\,x_1 x_2}{2(1 - \varrho^2)\,\sigma^2}} ,$$

$$(14.55)$$

wobei

σ^2 — die Dispersion darstellt (die, falls der Vorgang $x(t)$ ergodisch ist, dem Quadrat des Effektivwertes gleich ist);

ϱ — der Korrelationskoeffizient der zufälligen Veränderlichen x_1 und x_2 ist.

Führt man die Beziehung (14.55) in die Beziehung (14.54) ein und berücksichtigt nur die ersten zwei Glieder der Reihenentwicklung der Signale $y_a(t_1)$ und $y_a(t_1 - \tau)$, so erhält man

$$R_y(\tau) = a_2^2\, R_x^2(0) + 9\, a_3^2\, R_x(0)\, R_x(\tau) + 2\, a_2^2\, R_x^2(\tau) + 6\, a_3^2\, R_x^3(\tau) , \quad (14.56)$$

wobei

$$R(\tau) = \overline{x(t)\, x(t - \tau)} \tag{13.57}$$

die Autokorrelationsfunktion des Multiplexsignals $x(t)$ darstellt.

Nach dem WIENER-CHINTSCHIN-Theorem stellt die FOURIER-Transformierte der durch die Beziehung (14.56) gegebenen Korrelationsfunktion die Leistungsspektraldichte der Verzerrungen dar.

Vom Standpunkt des Übersprechens aus gesehen sind nicht alle Glieder der Beziehung (14.56) von Interesse. Das erste Glied entspricht einer *Delta*-Spektraldichte im Nullpunkt (also einer Gleichstromkomponente) und interessiert folglich nicht. Das zweite Glied enthält die mit einer Konstanten multiplizierte Autokorrelationsfunktion des Multiplexsignals und entspricht also den Verzerrungen, die stark kohärent mit den Nachrichten jedes Kanals sind, bzw. entspricht den Verzerrungen dieser Nachrichten.

In diesem Falle gehen die Verzerrungskomponenten eines Kanals nicht auf andere Kanäle über.

Das dritte und das vierte Glied entsprechen den Verzerrungen, die Übersprechen verursachen. Diesem Übersprechen entspricht folgende Autokorrelationsfunktion:

$$R_{\ddot{u}}(\tau) = 2a_2^2\, R_x^2(\tau) + 6a_3^2\, R_x^3(\tau) . \tag{14.58}$$

Die FOURIER-Transformierte dieser Autokorrelationsfunktion gibt die Leistungsspektraldichte des Übersprechens erster Art und ist

$$p_1(\omega) = p_a(\omega) = 4 \int\limits_{0}^{+\infty} R_{\ddot{u}}(\tau)\, \cos \omega\, \tau\, d\tau \tag{14.59}$$

oder

$$p_1(\omega) = 8\,a_2^2 \int\limits_0^{+\infty} R_x^2(\tau)\,\cos\omega\,\tau\,d\tau + 24\,a_3^2 \int\limits_0^{+\infty} R_x^3(\tau)\,\cos\omega\tau\,d\tau\;. \qquad (14.60)$$

Aus der Beziehung (14.60) läßt sich sofort die Leistungsspektraldichte des Übersprechens zweiter Art wie folgt ableiten:

$$p_2(\omega) = \omega^2\,p_b(\omega) = \omega^2 \left[8\,b_2^2 \int\limits_0^{+\infty} R_x^2(\tau)\,\cos\omega\,\tau\,d\tau + \right.$$

$$\left. + 24\,b_3^2 \int\limits_0^{+\infty} R_x^3(\tau)\,\cos\omega\tau\,d\tau \right]. \qquad (14.61)$$

Die gesamte Leistungsspektraldichte des Übersprechens ist

$$p_t(\omega) = 8\,(a_2^2 + \omega^2\,b_2^2) \int\limits_0^{+\infty} R_x^2(\tau)\,\cos\omega\,\tau\,d\tau +$$

$$+ 24\,(a_3^2 + \omega^2\,b_3^2) \int\limits_0^{+\infty} R_x^3(\tau)\,\cos\omega\,\tau\,d\tau\;. \qquad (14.62)$$

Die im Kanal k, dem das Frequenzband von ω_k bis ω_{k+1} entspricht, durch Übersprechen bewirkte Störleistung ist

$$P_k = \frac{1}{2\,\pi} \int\limits_{\omega_k}^{\omega_{k+1}} p_t(\omega)\,d\omega\;, \qquad (14.63)$$

wobei der entsprechende Störabstand für den Kanal k

$$\left(\frac{S}{R}\right)_{\substack{\text{Diaph}\\k}} = (\Delta\omega_k)^2\,\frac{\widetilde{\widetilde{m_k^2(t)}}}{P_k} = (\Delta\omega_k)^2\;\frac{\widetilde{\widetilde{m_k^2(t)}}}{\dfrac{1}{2\,\pi} \displaystyle\int\limits_{\omega_k}^{\omega_k+\delta\omega_k} p_t(\omega)\,d\omega} \qquad (14.64)$$

ist.

Um die Leistungsspektraldichte $p_t(\omega)$ berechnen zu können, müssen die Korrelationsfunktion $R_x(\tau)$ des Multiplexsignals $x(t)$ und die Koeffizienten a_2, a_3, b_2, b_3 bekannt sein.

Der Ausdruck für das Multiplexsignal ist

$$x(t) = \sum_{k=1}^{n} s_k(t)\;, \qquad (14.65)$$

wobei $s_k(t)$ die Signale verschiedener Kanäle sind, die durch Übertragung der Nachrichten $m_k(t)$ bei höheren Frequenzen (siehe Abb. 14.9) entstehen.

Nimmt man an, daß alle Nachrichten $m_k(t)$ die gleiche mittlere Leistung und die gleichen statistischen Eigenschaften haben und daß sie unabhängig sind, so ergibt sich

$$p_x(\omega) = \sum_{k=1}^{n} p_m\,(\omega - \omega_k)\,, \tag{14.66}$$

wobei

$p_x(\omega)$ — die Leistungsspektraldichte des Multiplexsignals $x(t)$;

$p_m(\omega)$ — die Leistungsspektraldichte der Nachricht darstellt, (sie ist die gleiche für alle Kanäle).

Wenn man also die Leistungsspektraldichte $p_m(\omega)$ der Nachricht kennt, kennt man auch die Leistungsspektraldichte $p_x(\omega)$ des Multiplexisgnals und kann damit die Autokorrelationsfunktion $R_x(\tau)$ folgendermaßen bestimmen:

$$R_x(\tau) = 4 \int\limits_{0}^{+\infty} p_x(\omega)\,\cos\,\omega\,\tau\,d\omega\,. \tag{14.67}$$

Aus der Beziehung (14.62) wird nun $p_t(\omega)$ und anschließend aus der Beziehung (14.64) der dem Übersprechen entsprechende Störabstand berechnet.

Wie gezeigt, muß man zur Auswertung des Übersprechens die Koeffizienten a_2, a_3, b_2, b_3 kennen. Diese Koeffizienten können durch mehrere Methoden bestimmt werden. Die einfachste Methode ist die folgende: am Eingang legt man ein sinusförmiges Signal mit bekannter Amplitude und Frequenz an. Unter diesen Bedingungen mißt man am Ausgang die Amplituden der zweiten und der dritten Harmonischen. Macht man zwei solcher Messungen, eine bei niederen Frequenzen (bei denen das Übersprechen erster Art bedeutend ist) und eine zweite bei hohen Frequenzen (bei denen dagegen das Übersprechen zweiter Art bedeutend ist), so kann man die zwei Koeffizientenpaare, a_2, a_3 und b_2, b_3 bestimmen.

Legt man am Eingang des Systems das sinusförmige Signal

$$x(t) = V \sin\,\omega\,t \tag{14.68}$$

an, so erhält man am Ausgang, indem die Glieder höherer Ordnungen als drei vernachlässigt werden, das Signal

$$y(t) = a_1\,V \sin\,\omega\,t - \frac{a_2}{2}\,V^2 \cos 2\,\omega\,t - \frac{a_3}{4}\,V^3 \sin 3\,\omega\,t +$$

$$+\,\omega\,b_2\,V^2 \sin 2\,\omega\,t - \omega\,\frac{3}{4}\,b_3\,V^3 \cos 3\,\omega\,t\,. \tag{14.69}$$

Ist $\omega = \omega_m$ eine niedrige Frequenz, so hat man annähernd

$$y(t) \simeq a_1\,V \sin\,\omega_m\,t - \frac{a_2}{2}\,V^2 \cos 2\,\omega_m\,t - \frac{a_3}{4}\,V^3 \sin 3\,\omega_m\,t\,. \tag{14.70}$$

Ist $\omega = \omega_M$ eine hohe Frequenz, so kann man annähernd

$$y(t) \simeq a_1\,V \sin\,\omega_M\,t + \omega_M\,b_2\,V^2 \sin 2\,\omega_M\,t - \omega_M\,\frac{3}{4}\,b_3\,V^3 \cos 3\,\omega_M\,t \tag{14.71}$$

setzen.

Mißt man die Amplitude der zweiten und der dritten Harmonischen, so erhält man

$$a_2 = 2\,\frac{\Delta V_{2m}}{V^2}\,;\tag{14.72}$$

$$a_3 = 4\,\frac{\Delta V_{3m}}{V^3}\,,\tag{14.73}$$

wobei ΔV_{2m} und ΔV_{3m} die Amplituden der zweiten und der dritten Harmonischen sind, wenn es sich um die niedrige Frequenz ω_m handelt und

$$b_2 = \frac{\Delta V_{2M}}{\omega_M\,V^2}\,;\tag{14.74}$$

$$b_3 = \frac{4}{3}\,\frac{\Delta V_{3M}}{\omega_M\,V^3}\,,\tag{14.75}$$

wobei ΔV_{2M} und ΔV_{3M} die Amplituden der zweiten und der dritten Harmonischen sind, wenn das Eingangssignal die hohe Frequenz ω_M besitzt.

14.2.3. FM-FM-System

Wenn Nachrichten formgetreu ohne Synchronisation des Empfängers und mit großem Störabstand frequenzgeschachtelt übertragen werden sollen und genügend Bandbreite zur Verfügung steht, kann man eine doppelte Frequenzmodulation verwenden. Im FM-FM-System ist jeder Unterträger frequenzmoduliert und mit der Summe aller frequenzgestaffelten frequenzmodulierten Unterträger wird eine Frequenzmodulation des Trägers durchgeführt (Abb. 14.12).

Nach Demodulation der Kanalgruppe erfolgt durch Bandpässe die Trennung der Kanäle und anschließend die Demodulation jedes einzelnen Kanals.

Die von den n Kanälen belegte Bandbreite ist beim FM-FM-System viel größer als beim ESB-AM-FM-System, jedoch ist der Störabstand größer.

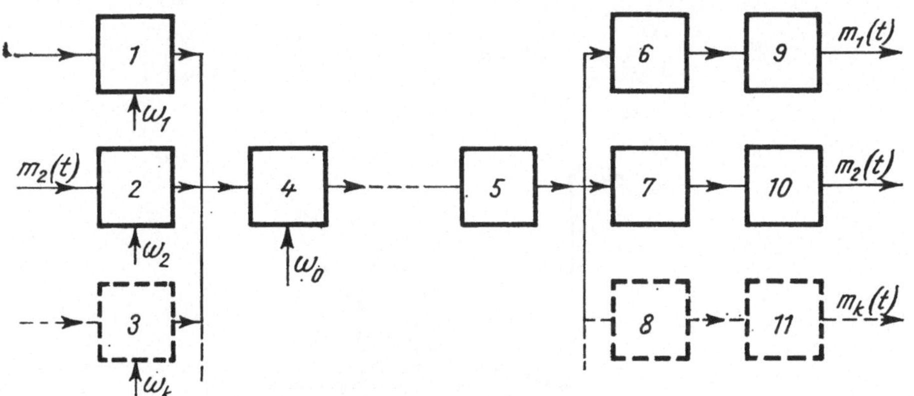

Abb. 14.12. FM-FM-Multiplexsystem

1, 2, 3 — Kanal-Frequenzmodulatoren; *4* — Gruppen-Frequenzmodulator; *5* — Gruppen-Frequenzdemodulator; *6, 7. 8*-Bandpässe; *9, 10, 11* — Kanal-Frequenzdemodulator

14.2.3.1. Störabstand in einem Kanal beim FM-FM-System

Wenn man annimmt, daß die Störung von Fluktuationsrauschen am Eingang des Demodulators der Kanalgruppe verursacht wird, so erhält man nach Abschnitt 12.5.2.2. für den Störabstand eines Kanals

$$\left(\frac{S}{R}\right)_k = 3 \left(\frac{\delta\,\omega_k}{\Omega_{M_k}}\right)^2 \left(\frac{B_{\omega_k}}{\Omega_{M_k}}\right) \widetilde{\widetilde{m_k^2(t)}} \left(\frac{S}{R}\right)_{ek} \tag{14.76}$$

wobei

$\delta\omega_k$ — der maximale Frequenzhub des Unterträgers ω_k des Kanals k;

Ω_{M_k} — die höchste Frequenz aus dem Spektrum der Nachricht $m_k(t)$;

B_{ω_k} — die Bandbreite des Bandpasses zur Trennung des Kanals k;

$\left(\dfrac{S}{R}\right)_k$ — der Störabstand in dem Kanal k;

$\left(\dfrac{S}{R}\right)_{ek}$ — der Störabstand am Eingang des Kanaldemodulators ist.

Am Eingang des Demodulators k liegt das Rauschen, das aus dem Gruppendemodulator nach Durchgang durch den Bandpaß kommt (Abb. 14.13).

Die Leistungsspektraldichte des Rauschens am Ausgang des Gruppendemodulators ist

$$p(\omega) = 2\,N_0\,\frac{\omega^2}{E_0^2}. \tag{14.77}$$

wobei

$N_0 = 2\,\pi\,z_0$ die Leistungsspektraldichte des weißen Rauschens am Eingang des Gruppendemodulators und

E_0 — die Amplitude des Trägers ist.

Am Ausgang des Bandpasses mit der Bandbreite B_{ω_k} erscheint die Rauschleistung

$$P_{ek} = \frac{2N_0}{2\,\pi\,E_0^2} \int\limits_{\omega_k-\frac{B_{\omega_k}}{2}}^{\omega_k+\frac{B_{\omega_k}}{2}} \omega^2\,d\omega = \frac{2\,z_0}{E_0^2}\,\omega_k^2\,B_{\omega_k}\left[1+\left(\frac{B_{\omega_k}}{6\,\omega_k}\right)^2\right]. \tag{14.78}$$

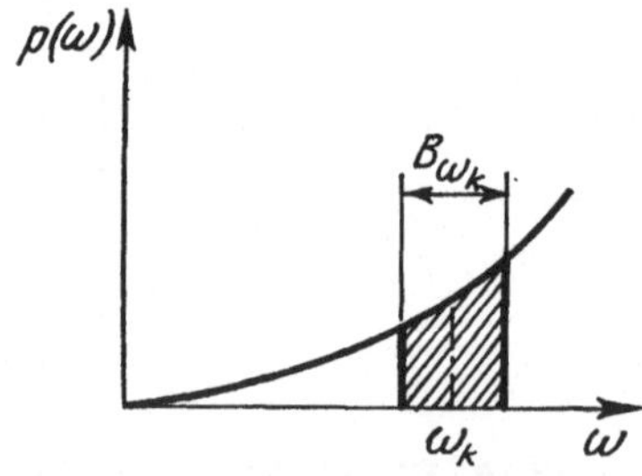

Abb. 14.13. Darstellung der Leistungsspektraldichte des Rauschens am Eingang eines Kanal-Frequenzdemodulators

Nimmt man an, daß $B_{\omega_k} \ll 6\,\omega_k$ ist, ergibt sich

$$P_{ek} \simeq \frac{2\,z_0}{E_0^2}\,\omega_k^2\,B_{\omega_k}\,. \tag{14.79}$$

Die Leistung des Nutzsignals am Eingang des Kanaldemodulators ist

$$S_{ek} = \frac{1}{2}\,(\varDelta\omega_k)^2\,, \tag{14.80}$$

wobei

$\varDelta\omega_k$ — den maximalen Frequenzhub darstellt, der dem Kanal k zugewiesen ist.

Mit den Beziehungen (14.80) und (14.79) ergibt sich für den Störabstand am Eingang des Kanaldemodulators k

$$\left(\frac{S}{R}\right)_{ek} = \left(\frac{\varDelta\omega_k}{\omega_k}\right)^2 \frac{E_0^2}{4\,z_0\,B_{\omega_k}}\,. \tag{14.81}$$

Setzt man die Beziehung (14.81) in die Beziehung (14.76) ein, so erhält man

$$\left(\frac{S}{R}\right)_k = 3\,\widetilde{m_k^2(t)}\left(\frac{\delta\omega_k}{\Omega_{M_k}}\right)^2 \left(\frac{\varDelta\omega_k}{\omega_k}\right)^2 \left(\frac{B_\omega}{2\,\Omega_{M_k}}\right)^{\frac{1}{2}} \frac{E_0^2}{z_0\,B_\omega}\,, \tag{14.82}$$

oder

$$\left(\frac{S}{R}\right)_k = 3\,\widetilde{m_k^2(t)}\,\beta_\varDelta^2\,\beta_\delta^2\left(\frac{B_\omega}{2\,\Omega_{M_k}}\right)\left(\frac{S}{R}\right)_e \tag{14.83}$$

wobei

$\beta_\delta = \dfrac{\delta\omega_k}{\Omega_{M_k}}$ — der Modulationsindex des Unterträgers ω_k;

$\beta_\varDelta = \dfrac{\varDelta\omega_k}{\omega_k}$ — der Modulationsindex des Trägers ω_0;

B_ω — die Bandbreite am Eingang in den Gruppendemodulator;

$\left(\dfrac{S}{R}\right)_e$ — der Störabstand am Eingang in den Gruppendemodulator ist.

14.3. Zeitmultiplex-Systeme

Bei den Zeitmultiplexsystemen ist das Signal eines Kanals nur in den diesem Kanal zugewiesenen Zeitintervallen verschieden von Null, folglich ist die Orthogonalitätsbedingung (14.1.) erfüllt. Gemeinsam ist allen Zeitmultiplexsystemen, daß sie frequenzbeschränkte Signale nur zu diskreten Zeitpunkten entsprechend dem Probensatz übertragen.

Die Zeitmultiplexsysteme können in zwei Gruppen eingeteilt werden und zwar:

analoge Systeme, (kontinuierliche Signalamplitudenwerte),
digitale Systeme (gequantelte bzw. diskrete Signalamplitudenwerte).

In die Gruppe der analogen Systeme fallen die Systeme mit Pulsamplituden-, Pulsphasen- und Pulsdauermodulation.

In die Gruppe der digitalen Systeme fallen die Systeme mit Pulskodemodulation.

14.3.1. Analoge Multiplex-Systeme

Die analogen Zeitmultiplexübertragungssysteme verwenden die Amplituden-, Phasen- oder Dauermodulation. Bei einfacheren Systemen werden die PAM und die PDM verwendet, während in komplexen Systemen wegen der Vorteile gegenüber anderen Modulationsverfahren die PPM verwendet wird.

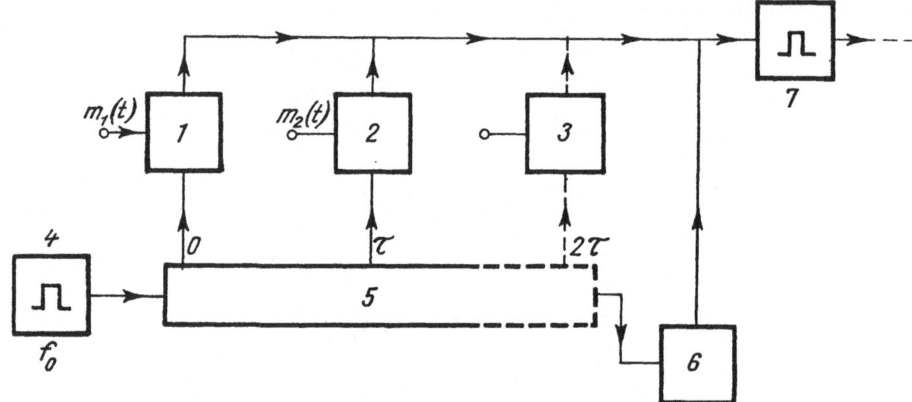

Abb. 14.14. Zeitmultiplex-Übertragungssystem

1, 2, 3 — Kanalmodulatoren; *4* — Taktgenerator; *5* — Verzögerungsleitung; *6* — Generator zur Erzeugung der Synchronisierungsimpulse; *7* — Formfilter

In Abb. 14.14 ist eine schematische Darstellung eines Zeitmultiplexsystems angegeben, ohne dabei die Art der Pulsmodulation anzugeben.

Der Taktgenerator 4 erzeugt rechteckförmige Abtastimpulse mit der Frequenz f_0. Diese Impulse werden einem Verzögerungsglied 5 zugeführt und aus diesem nach entsprechender Verzögerung abgenommen, um die Zeitstaffelung der Kanäle zu steuern (Abb. 14.15).

Ist die Abtastperiode $T_0 = \dfrac{1}{f_0}$ und hat man $n + 1$ Kanäle (ein Kanal ist für den Synchronisierungsimpuls vorgesehen), so beträgt das einem Kanal zuge-

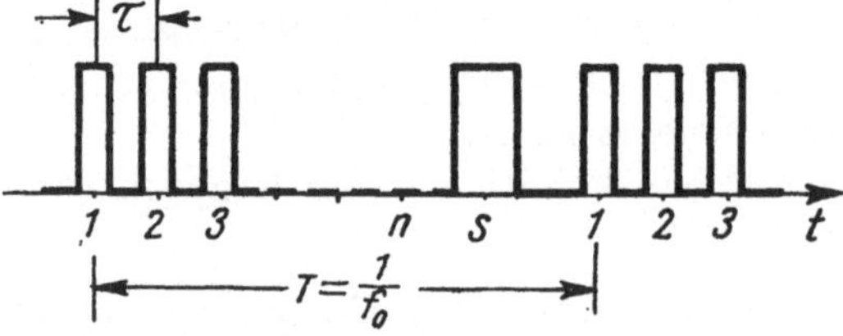

Abb. 14.15. Pulsfolge am Ausgang des in Abb. 14.14 dargestellten Systems

wiesene Zeitintervall

$$\tau = \frac{T}{n+1}.$$

Die Verzögerungen zwischen den aufeinanderfolgenden Anzapfungen der Verzögerungsleitung müssen gleich τ sein, um die gewünschte Folge der Kanäle zu gewährleisten. Als Modulatoren, die die Amplituden-, Dauer- oder Phasenmodulation der verzögerten Impulse durchführen, kommen die im Abschnitt 13.6. beschriebenen Modulatoren zur Anwendung.

Nach Summierung der modulierten Impulse wird auch der vom Synchronisierungsgenerator 6 erzeugte Synchronisierungsimpuls zugefügt. Die Formung der Impulse erfolgt durch das Formfilter 7.

Die auf diese Weise geformten Impulse werden entweder einem Träger aufmoduliert oder direkt übertragen.

Im Empfänger (Abb. 14.16) wird der Synchronisierungsimpuls durch eine Trennstufe (4) extrahiert und zur Synchronisierung des lokalen Taktgenerators (5) verwendet, der die gleiche Frequenz f_0 wie der Oszillator des Senders hat, so daß bei Erscheinen des ersten Impulses vom Modulator 1 am Ausgang der Verzögerungsleitung des Empfängers ein Impuls für den ersten Demodulator (1) auftritt. Auf diese Weise erfolgt die Trennung der Kanäle. Als Demodulatoren können die im Abschnitt 13.7 beschriebenen Schaltungen verwendet werden.

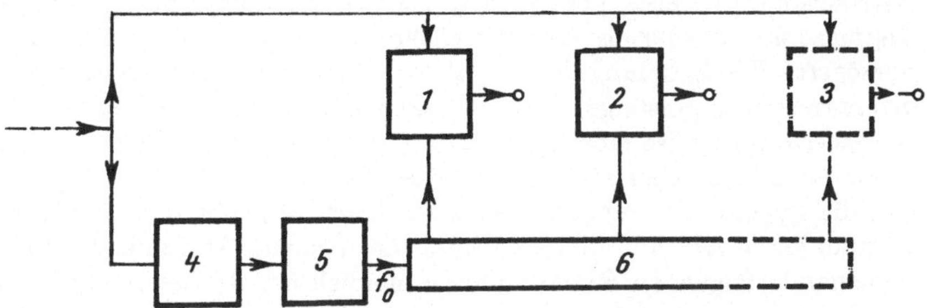

Abb. 14.16. Empfangsteil eines Zeitmultiplexsystems

1, 2, 3 — Demodulatoren; *4* — Synchronisierungsabtrennstufe; *5* — Taktgenerator; *6* — Verzögerungsleitung

14.3.1.1. Synchronisierung

In den Zeitmultiplexsystemen spielt die Synchronisierung eine wichtige Rolle. Der Synchronlauf der Taktgeneratoren von Empfänger und Sender wird durch die übertragenen Synchronisierungsimpulse gewährleistet. Um beim Empfang leicht abgetrennt werden zu können, müssen sich die Synchronisierungsimpulse von den Impulsen der anderen Kanäle wesentlich unterscheiden. Die Synchronisierungsimpulse können eine größere Dauer als die Kanalimpulse besitzen, sie können aus einem Doppelimpuls bestehen oder sie können eine Form haben, die von der Form der Kanalimpulse verschieden ist. Im allgemeinen werden als Synchronisierungsimpulse nicht Impulse mit größerer Amplitude verwendet, da der maximal zulässige Amplitudenwert im Kanal

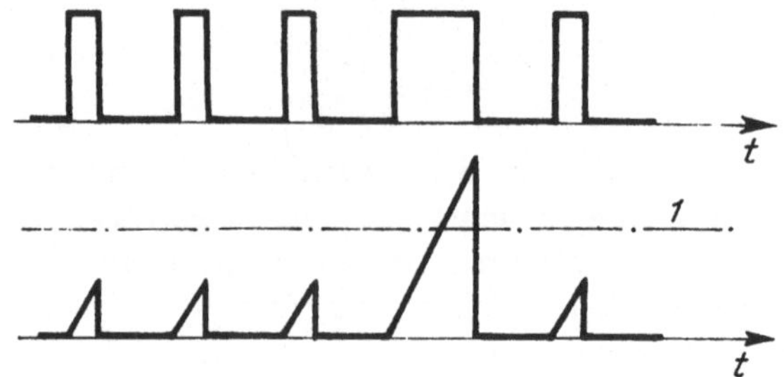

Abb. 14.17. Abtrennung der Synchronisierungsimpulse durch Integration und Begrenzung

von der zulässigen Leistung der verwendeten Transistoren oder Röhren begrenzt ist und dann die Amplitude der Kanalimpulse vermindert werden müßte.

Die Abtrennung der Impulse mit größerer Dauer kann durch Integration und Amplitudenselektion erfolgen (Abb. 14.17).

Durch Integration der Kanalimpulse, die eine kleinere Dauer haben, ergeben sich dreieckförmige Impulse mit einer kleineren Amplitude als der Amplitude des integrierten Synchronisierungsimpulses, der den Begrenzungspegel überschreitet und selektiert wird.

Eine andere Möglichkeit ist in Abb. 14.18 dargestellt: durch eine Verzögezögerungsleitung, (die eine Verzögerung besitzt, die größer als die Dauer der Kanalimpulse und kleiner als die der Synchronisierungsimpulse ist) erhält man eine verzögerte Wiederholung der Impulsfolge. Summiert man diese Folge mit der unverzögerten Impulsfolge, so erhält man während der Dauer, in der sich die Synchronisierungsimpulse überlagern, einen Impuls mit größerer Amplitude, der durch einen Begrenzer selektiert werden kann.

Wenn die Synchronisierungsimpulse aus einem Doppelimpuls gebildet werden, so muß deren Abstand kleiner sein als der kleinste Abstand, der zwischen zwei aufeinanderfolgenden Kanalimpulsen möglich ist. In diesem Fall können die Synchronisierungsimpulse mit den Kanalimpulsen nicht verwechselt werden. Diese Art der Synchronisierung wird besonders bei Systemen mit Puls-

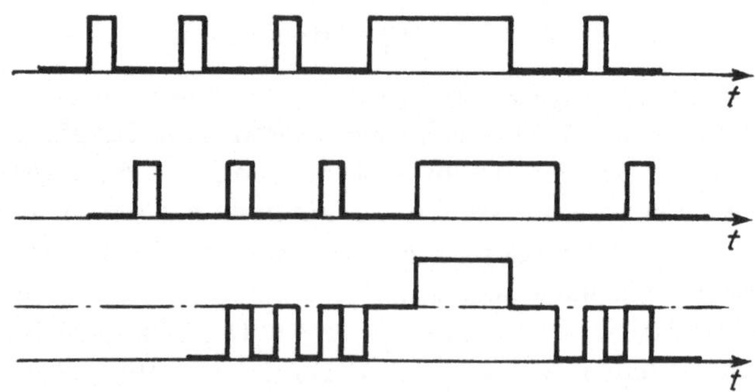

Abb. 14.18. Abtrennung der Synchronisierungsimpulse durch Verzögerung
und Summierung

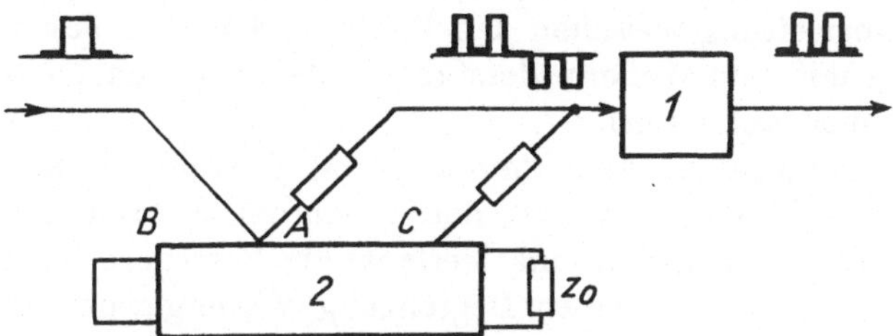

Abb. 14.19. Bildung der Synchronisierungsimpulse durch eine Verzögerungsleitung und einen Begrenzer

1 — Begrenzer; *2* — Verzögerungsleitung

phasenmodulation verwendet und hat den Vorteil, daß nur Impulse mit der gleichen Dauer auftreten.

Die aus zwei benachbarten Impulsen gebildeten Synchronisierungsimpulse können nach dem in Abb. 14.19 gezeigten Verfahren erzeugt werden. Im Punkt A der Verzögerungsleitung wird ein Impuls angelegt, dessen Dauer größer ist und der im Punkt B reflektiert wird (im Punkt B ist die Verzögerungsleitung kurzgeschlossen); ist α die Verzögerungszeit von A bis B und zurück nach A, so erhält man infolge der Summierung des direkten und des reflektierten Impulses zwei verschieden gepolte Impulse der Dauer α (Abb. 14.20).

Diese Impulse erscheinen in Punkt A und werden mit den Impulsen summiert, die in C erscheinen und um Θ verzögert sind, wobei Θ die Verzögerung ist, die

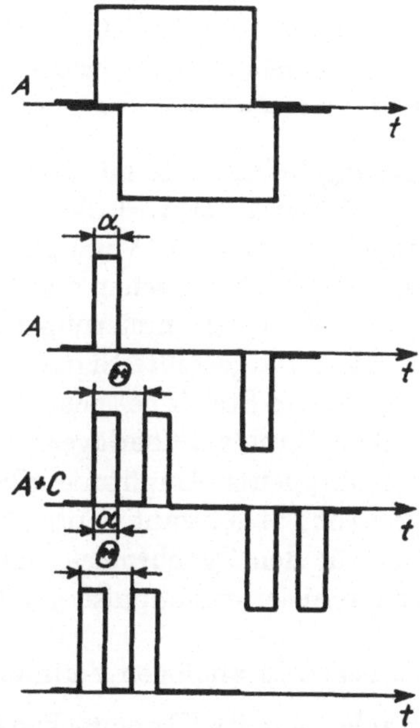

Abb. 14.20. Form der Impulse in verschiedenen Punkten der Abb. 14.19

die Verzögerungsleitung zwischen den Punkten A und C besitzt (im Punkt C ist die Leitung mit dem Wellenwiderstand z_0 abgeschlossen, so daß im Punkt C keine Reflexionen auftreten).

Die Summe der Impulse vom Punkt A und C stellt, nachdem die negativ gepolten Impulse beseitigt wurden, den Synchronisierungsimpuls dar.

Im Empfänger kann durch eine leerlaufende Verzögerungsleitung der Synchronisierungsimpuls nach einer Begrenzung wiedergewonnen werden (Abb. 14.21).

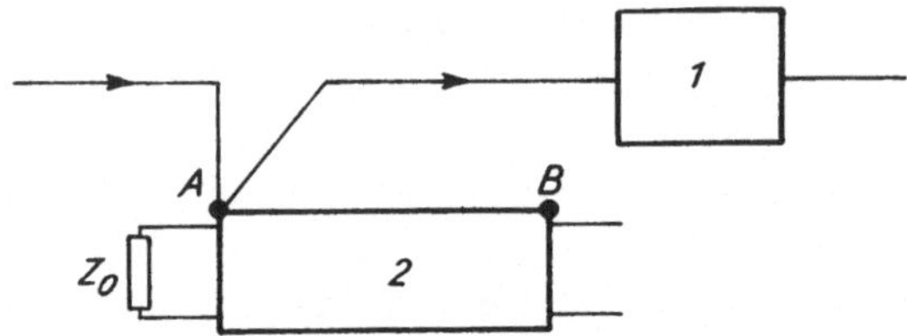

Abb. 14.21. Abtrennschaltung für die nach Abb. 14.19 gebildeten Synchronisierungsimpulse

1 — Verzögerungsleitung; *2* — Begrenzer

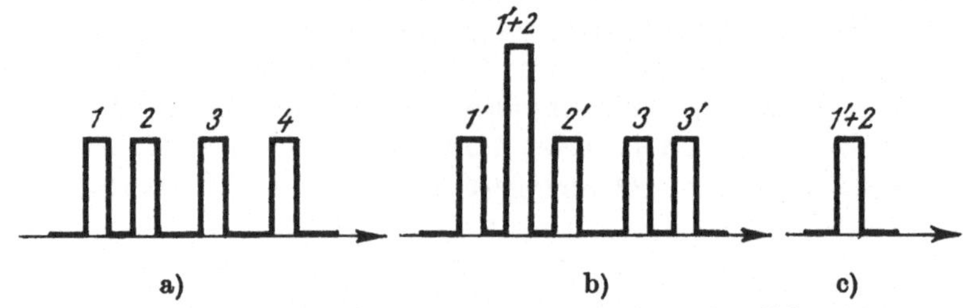

Abb. 14.22. Impulse in verschiedenen Punkten der Abb. 14.21

a) Eingangsimpulse; b) Impulse im Punkt A; c) Impulse am Ausgang des Begrenzers

Im Punkt A der Verzögerungsleitung (die mit dem Wellenwiderstand z_0 in A abgeschlossen ist und die in B leerläuft) wird die Folge von Kanal- und Synchronisierungsimpulsen angelegt. Ist die Verzögerung von A nach B und zurück nach A gleich dem Intervall Θ zwischen den beiden Synchronisierungsimpulsen, erhält man im Punkt A nach Summierung des direkten und des reflektierten Signals das in Abb. 14.22 dargestellte Signal. In dieser Abbildung sind die reflektierten Impulse mit einem Strich bezeichnet. Es ist leicht ersichtlich, daß sich der Impuls 1 mit dem Impuls 2 überlagert, da die Verzögerung gleich Θ ist, und einen Impuls mit doppelter Amplitude gibt, der leicht von den anderen Impulsen durch Begrenzung abgetrennt werden kann. Es ist zu bemerken, daß diese Überlagerung nur für den Synchronisierungsimpuls auftreten kann, so daß keine falschen Synchronisierungsimpulse gebildet werden können.

14.3.1.2. Übersprechen in analogen Zeitmultiplexsystemen

In Systemen mit Pulsmodulation tritt Übersprechen infolge von Verzerrungen der in Amplitude, Dauer oder Phase modulierten Impulse auf. Werden die

Impulse eines Kanals so verzerrt, daß das Signal die dem betreffenden Kanal zugewiesenen Zeitintervalle überschreitet, tritt Übersprechen auf.

Das Übersprechen kann in zwei Gruppen eingeteilt werden:

— Übersprechen, das infolge Dämpfung der niedrigen Frequenzen des Multiplexsignals auftritt und als allgemeines Übersprechen bezeichnet wird und

— Übersprechen, das infolge Dämpfung der hohen Frequenzen des Multiplexsignals auftritt und als Nachbarkanalübersprechen bezeichnet wird.

1. Allgemeines Übersprechen für den Fall der PAM

Es wird eine niederfrequente sinusförmige Nachricht:

$$m(t) = 1 + \alpha \cos \Omega t \quad \text{mit} \quad \Omega \ll \Omega_M \tag{14.84}$$

und die durch die Beziehung (13.7) gegebene rechteckförmige Abtastfunktion

$$e_T(t) = a \left(1 + 2 \sum_{n=1}^{\infty} \frac{\sin n \omega_0 \frac{\tau}{2}}{n \omega_0 \frac{\tau}{2}} \cos n \omega_0 t \right) \tag{14.85}$$

betrachtet.

Das natürlich abgetastete Signal ergibt sich aus der Multiplikation der Nachricht mit der Abtastfunktion

$$s(t) = m(t)\, e_T(t) = a \left[1 + \alpha \cos \Omega t + 2\,(1 + \alpha \cos \Omega t) \sum_{n=1}^{\infty} \frac{\sin n \omega_0 \frac{\tau}{2}}{n \omega_0 \frac{\tau}{2}} \cos n \omega_0 t \right] \tag{14.86}$$

Das Spektrum des Signals $s(t)$ besteht aus den Komponenten niedriger Frequenz

$$1 + \alpha \cos \Omega t$$

und aus den Komponenten hoher Frequenz

$$(1 + \alpha \cos \Omega t) \sum_{n=1}^{\infty} \frac{\sin n \omega_0 \frac{\tau}{2}}{n \omega_0 \frac{\tau}{2}} \cos n \omega_0 t \, ,$$

die um die Harmonischen der Abtastfrequenz gruppiert sind (Abb. 14.23).

Beim Durchgang durch ein Filter, das die niedrigen Frequenzen dämpft (die Gleichstromkomponente wird nicht berücksichtigt, da sie jederzeit wiederhergestellt werden kann), ergibt sich statt der Komponente $\alpha \cos \Omega t$ die Kompo-

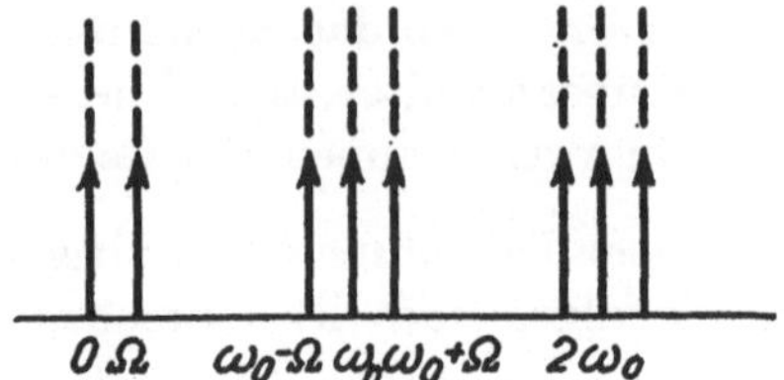

Abb. 14.23. Darstellung des Spektrums des getasteten Signals $s(t)$

nente $k\alpha \cos\Omega t$, wobei $k < 1$ ist, und man erhält für das übertragene Signal

$$s_d(t) = a\left[1 + k\alpha\cos\Omega t + 2(1+\alpha\cos\Omega t)\sum_{n=1}^{\infty}\frac{\sin n\,\omega_0\frac{\tau}{2}}{n\,\omega_0\frac{\tau}{2}}\cos n\,\omega_0 t\right] \qquad (14.87)$$

oder

$$s_d(t) = s(t) - a(1-k)\alpha\cos\Omega t. \qquad (14.88)$$

Aus dieser Beziehung ist leicht ersichtlich, daß sich dem Nutzsignal $s(t)$ ein störendes Signal

$$s_{st}(t) = a(1-k)\alpha\cos\Omega t \qquad (14.89)$$

überlagert, das sich über die ganze Zeitachse erstreckt, folglich alle Kanäle stört und ein verständliches Übersprechen in allen Kanälen verursacht. Das Übersprechen ist verständlich, da, wie aus der Beziehung (14.89) folgt, das störende Signal dem Modulationsgrad α proportional ist.

Dieses Übersprechen tritt auf, wenn das Multiplexsignal CR-Glieder durchläuft (Abb. 14.24), deren Zeitkonstante RC zu klein ist.

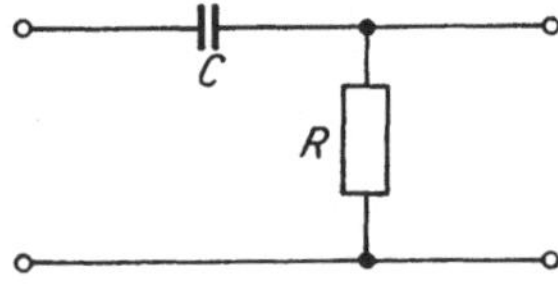

Abb. 14.24. CR-Filter

Wenn man berücksichtigt, daß in jedem Kanal ein störendes Signal erscheint, das die durch die Beziehung (14.89) gegebene Form hat, so wird die Summe aller störenden Signale alle Kanäle beeinflussen und der Störabstand (Übersprechabstand) kann nach den Ausführungen in Abschnitt 13.8. berechnet werden.

2. Nachbarkanalübersprechen für den Fall der PAM

Diese Art von Übersprechen beeinflußt nicht alle, sondern nur die Nachbarkanäle, da die Form des Kanalimpulses so verändert ist, daß das Signal eines Kanals auch in den den Nachbarkanälen zugewiesenen Zeitintervallen wesentliche Anteile hat (Abb. 14.25).

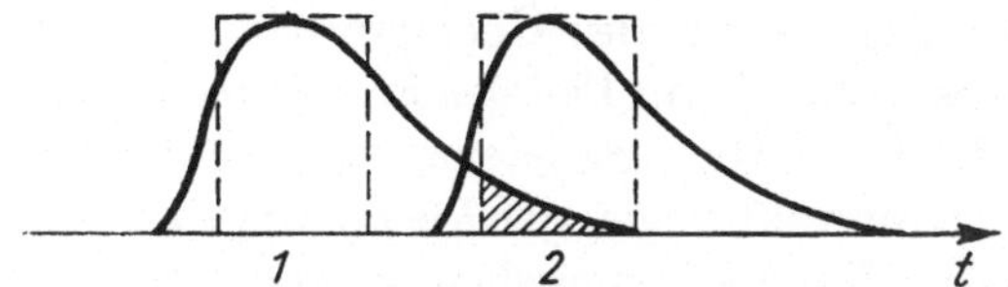

Abb. 14.25. Überlagerung der Signale von Nachbarkanälen im Fall
des Nachbarkanalnebensprechens

1 — Kanal k; 2— Kanal $k + 1$

Solche Situationen treten beim Durchgang des Multiplexsignals durch Tiefpässe und besonders durch RC-Tiefpässe auf (Abb. 14.26), die in der Verstär-
kungskette unvermeidlich sind.

Auch in diesem Fall handelt es sich um verständliches Übersprechen; der
Störabstand (Übersprechabstand) kann nach den Ausführungen in Abschnitt
13.8. berechnet werden, wobei die Leistung des störenden Signals in Abhängigkeit von den realen Schaltungen, die das Übersprechen verursachen, bestimmt
wird. In Wirklichkeit sind diese Schaltungen viel komplizierter, als die in Abb.
14.26 dargestellte Schaltung.

3. Allgemeines Übersprechen bei PPM und PDM

Es kann gezeigt werden, daß, wie bei der PAM, die Dämpfung der Komponenten niedriger Frequenz des Spektrums des Multiplexsignals zu allgemeinem
Übersprechen führt. Bei PPM sind die Komponenten niedriger Frequenz viel
kleiner als bei PAM oder PDM; infolgedessen beeinflußt diese Art von Übersprechen Kanäle mit PPM in geringerem Maß.

Außerdem ist bei PPM und PDM die Wirkung dieser Amplitudenstörungen
viel kleiner (siehe Abschnitt 13.9.) als bei PAM; deshalb ist hier das allgemeine
Übersprechen unbedeutend.

Vom Standpunkt des allgemeinen Übersprechens aus gesehen, weist die PPM
die meisten Vorteile auf.

4. Nachbarkanalübersprechen bei PPM und PDM

Das Restsignal des vorigen Kanals verändert entweder die Lage des Impulses
für den Fall der PPM oder die Dauer des Impulses für den Fall der PDM, wodurch ein örtlich begrenztes verständliches Übersprechen in den benachbarten
Kanälen auftritt. Da die Störungsstabilität der PPM- und PDM-Systeme größer
ist, ist auch das Nachbarkanalübersprechen nicht so bedeutend wie bei PAM.

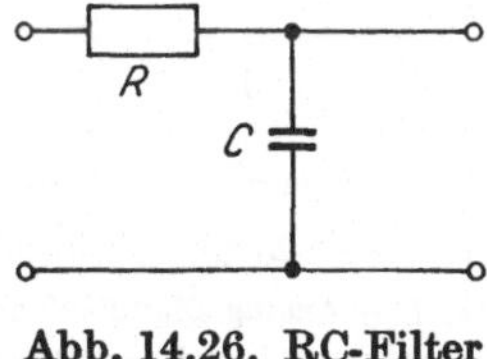

Abb. 14.26. RC-Filter

Eine vorteilhafte Eigenschaft des Übersprechens bei Zeitmultiplexsystemen besteht darin, daß es nicht wie im Fall der Frequenzmultiplexsysteme durch die Nichtlinearitäten des Übertragungssystems verursacht wird. Das Übersprechen ist aber verständlich (obwohl wegen der Verzerrungen die Verständlichkeit sehr gering ist), was als ein Nachteil angesehen werden kann. Da das Übersprechen bei Zeitmultiplexsystemen ziemlich einfach vermindert werden kann, bildet es kein wesentliches Problem.

14.3.2. Digitale Multiplex-Systeme

Das Prinzipschaltbild eines digitalen Multiplexsystems ist in Abb. 14.27 und 14.31 dargestellt.

Die Nachrichten verschiedener Kanäle werden den Torschaltungen 1 zugeführt, die in ihrem Aufbau Abb. 13.61 entsprechen.

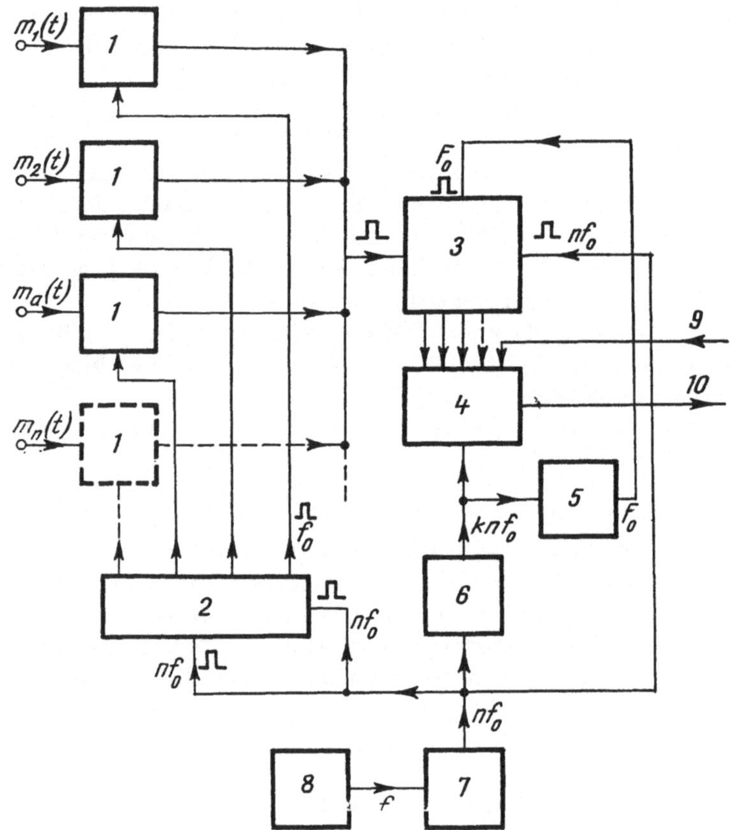

Abb. 14.27. Digitales Multiplexübertragungssystem

1 — Torschaltungen; *2* — Verteiler; *3* — Analog-Digital-Wandler; *4* — Parallel-Serien-Wandler; *5, 6, 7* — Frequenzmultiplikatoren; *8* — Taktgenerator; *9* — Synchronisierungsimpuls; *10* — Multiplexausgang

Die Torschaltungen der verschiedenen Kanäle werden der Reihe nach durch
einen Verteiler geöffnet, der aus einer Selektionsmatrix (Abb. 14.28) gebildet
wird, die von Impulsen der Frequenz $n f_0$ gesteuert wird, wobei n die Anzahl der
Kanäle und f_0 die Abtastfrequenz ist (die Abtastfrequenz ist gleich der zwei-
fachen höchsten Frequenz des Spektrums der Nachricht). An den Eingang des
Verteilers (Abb. 14.28) werden Impulse der Folgefrequenz $n f_0$ angelegt, aus
denen der Reihe nach Impulse der Folgefrequenz f_0 ausgewählt werden, die die
Torschaltungen öffnen.

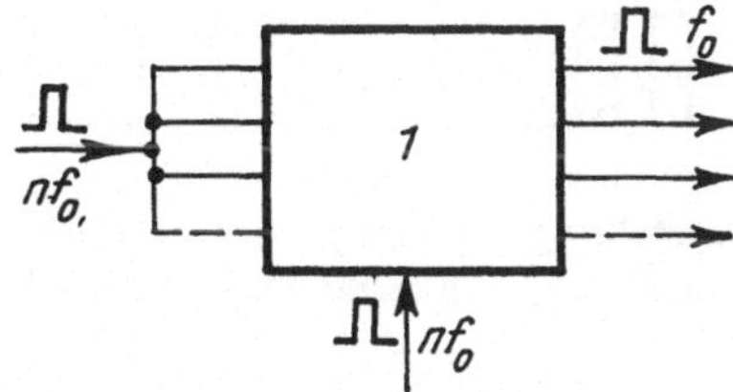

Abb. 14.28. Verteilerschaltung zur Steuerung der Torschaltungen im Sender
1 — Selektionsmatrix

Die abgetasteten Ordinaten der Nachrichten verschiedener Kanäle gelangen
der Reihe nach an den Analog-Digital-Wandler, der die Form der Abb. 13.60
besitzen kann und dessen Zeitbasis von Impulsen der Frequenz $n f_0$ ausgelöst
wird. Auf diese Weise erfolgt der Vergleich aller Ordinaten der aufeinanderfolgenden Kanäle.

Der maximale Betrag Θ_M der Vergleichszeit entspricht dem Spitzenwert der
Nachricht.

Die während des Vergleichszeitintervalls Θ an den Zähler angelegten Impulse haben eine Folgefrequenz

$$F_0 = \frac{N}{\Theta_M},$$

wobei N die Zahl der Quantisierungsstufen darstellt, die dem Spitzenwert der
Nachricht bzw. der maximalen Vergleichszeit Θ_M entspricht.

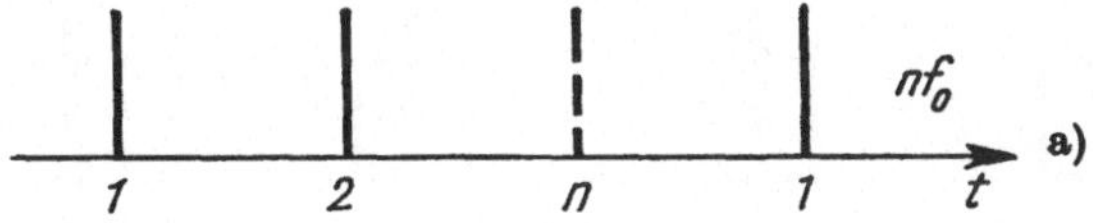
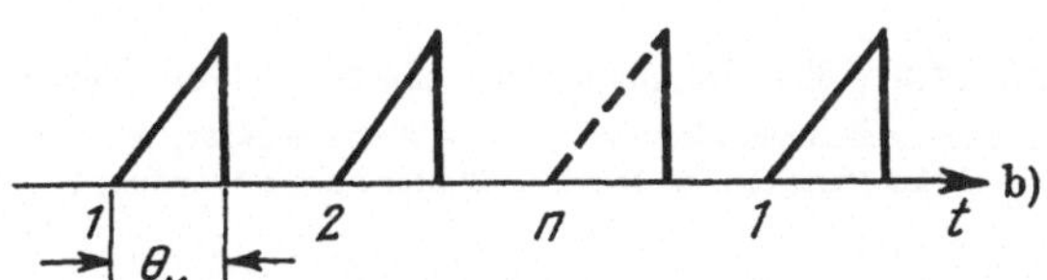

Abb. 14.29. Darstellung der Signale des Analog-Digital-Wandlers
a) Ordinaten der Nachrichten verschiedener Kanäle; b) Signal der Zeitbasis des Wandlers

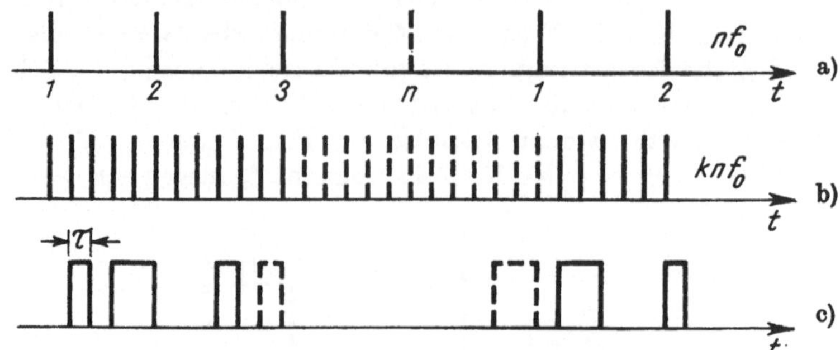

Abb. 14.30. Darstellung der Signale des Parallel-Serien-Wandlers

a) Steuerimpulse mit der Folgefrequenz $n\,f_0$; b) Steuerimpulse mit der Folgefrequenz $k\,n\,f_0$; c) Kanalimpulse

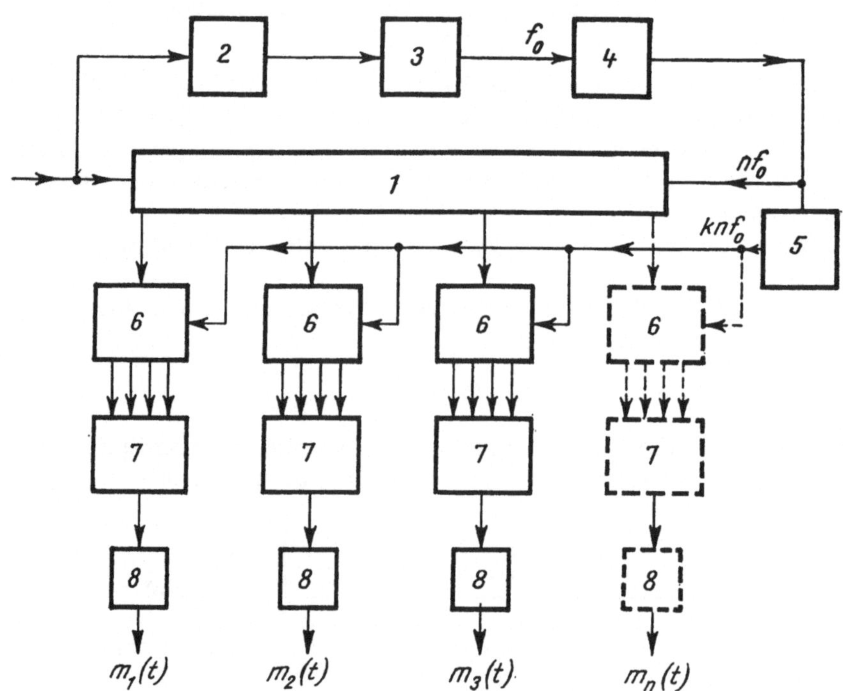

Abb. 14.31. Empfangsteil eines digitalen Multiplexsystems

1 — Verteiler; 2 — Synchronisierungsabtrennstufe; 3 — Taktgenerator; 4, 5 — Frequenzmultiplikatoren;
6 — Serien-Parallel-Wandler; 7 — Digital-Analog-Wandler; 8 — Filter

Nach dem Zeitintervall Θ_M erscheint am Ausgang des Analog-Digital-Wandlers die der betreffenden Ordinate entsprechende Dual-Zahl.

Der Parallel-Serien-Wandler kann von der in der Abb. 13.68 oder 13.70 dargestellten Form sein, wobei die Frequenz der Steuerimpulse (Triggerimpulse) $k\,n\,f_0$ beträgt; k stellt die Zahl der Zeitintervalle der Dauer $\tau < \Theta_M$ dar, die zur Übertragung der Kanalimpulse und evtl. der Synchronisierungsimpulse notwendig ist (Abb. 14.30).

Die Steuerimpulse verschiedener Frequenz werden durch aufeinanderfolgende Multiplikation der vom Taktgenerator (8) erzeugten Impulse der Frequenz f_0 erhalten (Abb. 14.27), wobei die Frequenzstabilität des Taktgenerators sehr hoch sein muß. (Üblich ist auch der umgekehrte Weg, bei dem der Taktgenerator mit der höchsten auftretenden Frequenz arbeitet und die anderen Steuerimpulse durch Teilung erzeugt werden.)

Im Empfänger (Abb. 14.31) werden in der Trennstufe (2) die Synchronisierungsimpulse abgetrennt, die den Synchronismus der Steuerimpulse zwischen Empfänger und Sender gewährleisten.

Die Kanalimpulse werden an den Verteiler (1) (Abb. 14.32) angelegt, der die Kanäle trennt.

Der Verteiler wird von Impulsen gesteuert, deren Folgefrequenz gleich $n\,f_0$ ist und die synchron mit den Steuerimpulsen des Senders verlaufen.

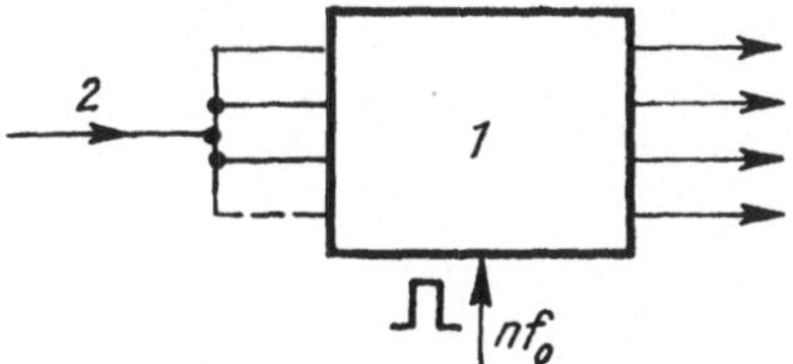

Abb. 14.32. Verteiler des Empfangsteils

1 — Selektionsmatrix; *2* — Kanalimpulse

Die getrennten Kanalimpulse werden an den Eingang von Parallel-Serien-Wandlern angelegt, die von der in Abb. 13.73 angegebenen Form sein können. Am Ausgang der Parallel-Serien-Wandler liegen Digital-Analog-Wandler, die von der in Abb. 13.74 dargestellten Form sein können und die nach Filterung die mit Quantisierungsfehlern behafteten ursprünglichen Nachrichten wiedergeben. (Eine andere übliche Form des Empfängers ist die direkte Umkehrung des Senders in Abb. 14.27 mit einem gemeinsamen Parallel-Serien-Wandler und Digital-Analog-Wandler, nach dem erst die Auftrennung des PAM-Multiplex-Signals auf die einzelnen Kanäle durch gestaffelt betätigte Tore erfolgt; die getrennten PAM-Signale der Kanäle werden dann durch Kanaltiefpässe demoduliert.)

15. MASS DER INFORMATION IN DISKRETEN SIGNALEN

Das Maß der Information stellt ein Maß der Ungewißheit über ein Ereignissystem dar, bzw. ein Maß für die Auswahl eines Ereignisses aus einer Menge verschiedener möglicher Ereignisse durch einen zufälligen Mechanismus.

Dieses Maß bezieht sich nicht auf den subjektiven Wert der Information. Es handelt sich um ein objektives Maß bezüglich der Ungewißheit, den Mechanismus betreffend, durch den ein Ereignis aus der Menge der möglichen Ereignisse realisiert wird.

15.1. Maß der Information im diskreten Fall

Es wird die diskrete und endliche Menge aller möglichen Ereignisse betrachtet, die endliches Schema, Merkmalsraum oder endliches Ereignisfeld genannt wird und durch die Matrix

$$[X] = [x_1, x_2, \ldots, x_n] \tag{15.1}$$

bezeichnet wird, wobei

$$\bigcup_{i=1}^{n} x_i = E$$

ist, und E das sichere Ereignis darstellt.

Jedem Element der Menge (15.1) wird eine Wahrscheinlichkeit zugeordnet, die durch die Matrix

$$[P] = [p(x_1), p(x_2), \ldots, p(x_n)] \tag{15.2}$$

gegeben ist, wobei

$$\sum_{i=1}^{n} p(x_i) = 1 \tag{15.3}$$

ist.

Das Maß der Ungewißheit $U(x_i)$ für das Eintreten des Ereignisses x_i ist eine Funktion der Wahrscheinlichkeit a priori $p(x_i) = p_i$ dafür, daß dieses Ereignis eintritt, und zwar

$$U(x_i) = F(p_i) \tag{15.4}$$

und stellt die Ungewißheit a priori für das Eintreten des Ereignisses x_i dar.

Tritt das Ereignis x_i ein, so ist die Ungewißheit beseitigt und man kann sagen, daß man eine Information $i(x_i)$ ·über das Eintreten von x_i erhält. Diese kann entweder als

— Information über x_i, die durch das Eintreten von x_i erhalten wurde, oder als

— Verminderung der Ungewißheit über x_i nach Eintreten von x_i betrachtet werden.

Aus der Beziehung (15.4) ergibt sich, daß

$$i(x_i) = U(x_i) = F(p_i) \tag{15.5}$$

ist.

Im oben erwähnten Sinn ist die Information ein Maß der Ungewißheit.

Man nimmt an, daß beim Beobachtungsvorgang der Ereignisse x_i auch Störungen auftreten. In diesem Fall besteht zwischen dem eingetretenen Ereignis x_i und dem wahrgenommenen Ereignis y_j nicht immer eine Korrespondenz; manchmal kann das wahrgenommene Ereignis y_j von dem eingetretenen Ereignis x_i verschieden sein, andernfalls sind sie nicht verschieden; alles ist von der zufälligen Einwirkung der Störungen abhängig.

Man bezeichnet mit

$$[Y] = [y_1, y_2, \ldots, y_m] \tag{15.6}$$

die Menge der beobachteten Ereignisse.

Das Maß der Ungewißheit $U(x_i/y_j)$ für das Eintreten des Ereignisses x_i, wenn das (beobachtete) Ereignis y_j eintritt, ist eine Funktion $F[p(x_i/y_j)]$ der von y_j bedingten Wahrscheinlichkeit von x_i, und zwar

$$U(x_i/y_j) = F[p(x_i/y_j)] \,.$$

Diese Funktion stellt die Ungewißheit a posteriori dafür dar, daß das Ereignis x_i beim Auftreten des Ereignisses y_j eintritt; anders gesagt, nach Wahrnehmung des Ereignisses y_j verbleibt noch immer eine Ungewißheit über das in Wirklichkeit eingetretene Ereignis. Diese Ungewißheit wird durch die Störungen eingeführt. In Abwesenheit der Störungen ist die Wahrscheinlichkeit dafür, daß, wenn man das Ereignis y_j wahrnimmt, das Ereignis x_i eingetreten ist, gleich Eins.

In diesem Fall ist $U(x_i/y_j)$ offenbar eine Funktion der bedingten Wahrscheinlichkeiten

$$p(x_i/y_j) = \frac{p(x_i, y_j)}{p(y_j)} = \frac{p(x_i)\, p(y_j/x_i)}{p(y_j)} \tag{15.7}$$

und zwar

$$U(x_i/y_j) = F[p(x_i/y_j)] = F\left[\frac{p(x_i, y_j)}{p(y_j)}\right] = F\left[\frac{p(x_i)\, p(y_j/x_i)}{p(y_j)}\right]. \tag{15.8}$$

Aus den Beziehungen (15.4) und (15.8) kann die Information bestimmt werden, die über x_i durch Wahrnehmung von y_j erhalten werden kann. Diese Information stellt die Verminderung der Ungewißheit über das Eintreten von

x_i aus dem ursprünglichen Zustand, bevor y_j wahrgenommen wurde, bis zum Endzustand, in dem y_j wahrgenommen wurde, dar und ist

$$i(x_i; y_j) = U(x_i) - U(x_i/y_j) \,. \tag{15.9}$$

Sie stellt die Ungewißheit a priori über x_i dar, von der die Ungewißheit a posteriori über x_i abgezogen wird, die nach Wahrnehmung von y_j verbleibt. In einer äquivalenten Darstellung ist $i(x_i/y_j)$ entweder:

— die Information, die durch Wahrnehmung von y_j über x_i erhalten wurde, oder

— die Verminderung der Ungewißheit über x_i durch Wahrnehmung von y_j.

Wenn keine Störungen vorkommen und x_i auftritt, so bemerkt man $y_j = x_i$ und $U(x_i/y_j) = 0$, da keine Ungewißheit a posteriori über x_i verbleibt, wenn $y_j = x_i$ wahrgenommen wurde. In diesem Fall geht die Beziehung (15.9) in

$$i(x_i; x_i) = U(x_i) \tag{15.10}$$

über, man erhält also die Beziehung (15.5).

Ist die Einwirkung der Störungen so kräftig, daß zwischen dem erhaltenen Ereignis y_j und dem eingetretenen Ereignis x_i kein Zusammenhang besteht, so sind diese Ereignisse unabhängig. In diesem Fall gilt die Beziehung

$$U(x_i/y_j) = F[p(x_i/y_j)] = F[p(x_i)] = U(x_i) \,, \tag{15.11}$$

wobei aus der Beziehung (15.9)

$$i(x_i; y_j) = 0 \tag{15.12}$$

abgeleitet werden kann; folglich erhält man durch Wahrnehmung von y_j gar keine Information über x_i. Für den allgemeinen Fall erhält man unter Berücksichtigung der Beziehungen (15.8) und (15.9)

$$i(x_i; y_j) = F[p(x_i)] - F[p(x_i/y_j)] \,. \tag{15.13}$$

15.1.1. Bestimmung der Funktion U

Die Funktion U kann aus einer großen Klasse von Funktionen ausgewählt werden, jedoch sind nur wenige dieser Funktionen für Anwendungen interessant.

Eine wesentliche Bedingung, die von der Funktion U erfüllt werden muß, ist die Bedingung, daß sie additiv sein soll, da bei Anwendungen entsprechend dem der Information gegebenen Sinne, die Information additiv sein muß, Besteht das Ereignis x_i aus den unabhängigen Ereignissen x_{i1} und x_{i2} bzw. ist

$$x_i = x_{i1} \cap x_{i2} \,, \tag{15.14}$$

so erhält man unter der Annahme, daß die Information additiv ist

$$i(x_i) = i(x_{i1}) + i(x_{i2}) \tag{15.15}$$

oder

$$U(x_i) = U(x_{i1}) + U(x_{i2}) \,. \tag{15.16}$$

Es ergibt sich

$$F[p(x_i)] = F[p(x_{i1})] + F[p(x_{i2})] ,\qquad(15.17)$$

oder da die Ereignisse x_{i1} und x_{i2} unabhängig sind:

$$F[p(x_{i1}) \cdot p(x_{i2})] = F[p(x_{i1})] + F[p(x_{i2})] .\qquad(15.18)$$

Diese Funktionengleichung hat die Lösung

$$F(p) = - \lambda \log p ,\qquad(15.19)$$

wobei λ eine positive Konstante ist.

Führt man die Beziehung (15.19) in die Beziehung (15.15) ein, so erhält man

$$i(x_i) = - \lambda \log p(x_i) .\qquad(15.20)$$

Führt man die Beziehung (15.19) in die Beziehung (15.13) ein, die auch die Wirkungen der Störungen berücksichtigt, so erhält man

$$i(x_i; y_j) = - \lambda \log p(x_i) + \lambda \log p(x_i/y_j)\qquad(15.21)$$

oder

$$i(x_i; y_j) = \lambda \log \frac{p(x_i/y_j)}{p(x_i)} .\qquad(15.22)$$

Die durch die Beziehung (15.20) gegebene Information wird auch die dem Ereignis (Zustand) x_i zugeordnete Information genannt, dagegen wird die durch die Beziehung (15.22) gegebene Information die den Ereignissen x_i und y_j zugeordnete übertragene Information genannt (bzw. die Information, die durch Eintreten des Ereignisses x_i und Wahrnehmung des Ereignisses y_j erhalten werden kann).

15.1.2. Maßeinheit der Information

Wie gezeigt wurde, ist die Information ein Maß der Ungewißheit für die Auswahl aus einer Menge von möglichen Ereignissen. Die einfachste Auswahl ist die Auswahl aus zwei Ereignissen. Deshalb wurde vereinbart, daß als Maßeinheit der Information diejenige Information gewählt werden soll, die durch Eintreten eines Ereignisses aus zwei gleichwahrscheinlichen Ereignissen erhalten werden kann.

Das endliche Schema für diesen Fall ist

$$\left.\begin{aligned}[X] &= [x_1, x_2] , \\ [P] &= \left[\frac{1}{2}, \frac{1}{2}\right].\end{aligned}\right\}\qquad(15.23)$$

Nach der Beziehung (15.20) erhält man

$$i(x_1) = i(x_2) = - \lambda \log \frac{1}{2} = 1 .\qquad(15.24)$$

Wählt man die Basis des Logarithmus gleich Zwei, so wird die Konstante λ gleich Eins:

$$i(x_1) = i(x_2) = \log 2 = 1 \text{ bit} . \tag{15.25}$$

Die auf diese Weise definierte Einheit wird bit genannt. Für diesen Fall geht die Beziehung (15.20) in

$$i(x_i) = - \log p(x_i) \tag{15.26}$$

und die Beziehung (15.22) in

$$i(x_i; y_j) = \log \frac{p\,(x_i/y_j)}{p(x_i)} \tag{15.27}$$

über.

Manchmal ist es bequemer, die Basis des Logarithmus gleich e oder gleich Zehn zu wählen. In diesen Fällen erhält man andere Einheiten und zwar

$$\ln e = 1 \text{ natürliche Einheit} = 1 \text{ nit} ,$$

$$\log 10 = 1 \text{ dezimale Einheit} = 1 \text{ dit} .$$

Die Beziehungen zwischen den drei Maßeinheiten können mit Hilfe der Transformationsformel

$$\log_a b \log_b x = \log_a x$$

erhalten werden:

$$\left.\begin{aligned}
1 \text{ nit} &= \log_2 e = \frac{1}{\ln 2} = 1{,}44 \text{ bit} , \\
1 \text{ dit} &= \log_2 10 = \frac{1}{\log_{10} 2} = 3{,}32 \text{ bit} .
\end{aligned}\right\} \tag{15.28}$$

Im folgenden wird, wenn nicht ausdrücklich anders festgelegt, angenommen, daß die Basis des Logarithmus gleich Zwei ist, d. h., die angenommene Maßeinheit der Information ist das bit.

15.2. Diskrete Quellen

Quellen, die diskrete Nachrichten (z.B. Signale mit endlichen diskreten Amplitudenwerten zu diskreten Zeitpunkten) liefern, werden diskrete Quellen genannt. Wenn z.B. ein Text über einen Fernschreiber übertragen wird, entspricht jedem Buchstaben eine Impulsfolge. Wenn eine abgetastete und quantisierte Nachricht übertragen wird, so können damit auch Impulse mit verschiedenen Amplituden wie bei der PCM übertragen werden usw.

Im Zusammenhang mit den diskreten Quellen, bzw. mit den digitalen Übertragungssystemen, wird folgende Terminologie angewendet:

Diskrete Nachrichtenquelle wird eine Folge von zufälligen Veränderlichen ξ_{t0}, $\xi_{t1}, \ldots$ genannt, wobei jeder zufälligen Veränderlichen eine endliche Menge von Beobachtungsergebnissen $x_0, x_1, \ldots x_n$ entspricht.

39 Spătaru

Symbol oder *Buchstabe* wird ein fundamentales nicht reduzierbares Element genannt, das eine Information bzw. ein Beobachtungsergebnis der Nachrichtenquelle enthält.

So werden z. B. beim Morse-Kode vier Symbole verwendet (Abb. 15.1).

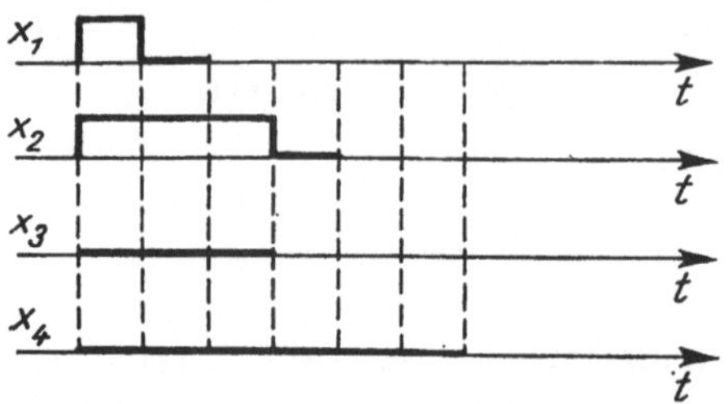

Abb. 15.1. Die im Morse-Kode verwendeten Symbole

x_1 — Punkt; x_2 — Strich; x_3 — Buchstabenzwischenraum; x_4 — Wortzwischenraum

Das Symbol x_1 (Punkt) wird aus einem Impuls der Dauer τ und einer Pause der Dauer τ gebildet. Das Symbol x_2 (Strich) wird aus einem Impuls der Dauer 3τ und einer Pause der Dauer τ gebildet. Das Symbol x_3 (Buchstabenzwischenraum) wird aus einer Pause der Dauer 3τ gebildet, während das Symbol x_4 (Wortzwischenraum) aus einer Pause der Dauer 6τ gebildet wird.

Im Fall einer abgetasteten Nachricht, die in n Stufen quantisiert wird (Abb. 15.2), hat man $n + 1$ Symbole. Das Symbol x_0 stellt das Niveau Null dar, das Symbol x_1 ist ein Impuls, dessen Amplitude gleich einem Quant ist, das Symbol x_k besitzt eine Amplitude, die k Quanten gleich ist usw.

Die vollständige Menge der Symbole (Buchstaben) wird *Alphabet* genannt.

Für den Fall des Morse-Kodes besteht das Alphabet aus vier Buchstaben, während für den Fall der in n Stufen quantisierten Nachricht das Alphabet aus $n + 1$ Buchstaben besteht.

Eine endliche Folge von Symbolen wird *Wort* genannt (als Sonderfall kann das Wort auch nur aus einem einzigen Buchstaben bestehen).

Die vollständige Menge aller Wörter, die mit Hilfe eines bestimmten Alphabetes gebildet werden können, wird *Sprache* genannt.

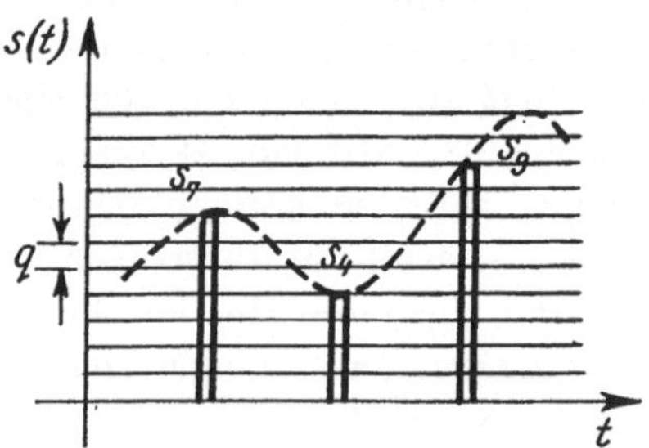

Abb. 15.2. Die im Falle einer abgetasteten und quantisierten Nachricht verwendeten Symbole

Die Festlegung einer Korrespondenz zwischen den Wörtern zweier Sprachen, bzw. zwischen den aus verschiedenen Alphabeten gebildeten Wörtern, wird *Kodierung* oder *Verschlüsselung* genannt.

Die der Kodierung (Verschlüsselung) entgegengesetzte Transformation wird *Dekodierung* bzw. *Entschlüsselung* genannt.

Diskrete Quelle ohne Gedächtnis wird eine Quelle genannt, bei der die Wahrscheinlichkeit für das Erscheinen eines Symbols nicht von den anderen Symbolen abhängt.

Diskrete Quelle mit Gedächtnis wird eine Quelle genannt, bei der die Wahrscheinlichkeit für das Erscheinen eines Symbols von dem vorigen Symbol oder, falls das Gedächtnis der Quelle größer ist, von einer Reihe von Symbolen abhängt (MARKOFF-Quelle).

Stationäre Quelle wird eine Quelle genannt, für die die Wahrscheinlichkeit verschiedener Symbole nicht vom Nullpunkt der Zeit, sondern nur von der relativen Lage der Symbole abhängt.

Genauer kann man sagen, daß eine Quelle stationär ist, wenn

$$P\{\xi_{t0} = x_i, \xi_{t1} = x_k, \ldots\} = P\{\xi_{t0+\tau} = x_i, \xi_{t1+\tau} = x_k, \ldots\} \qquad (15.29)$$

für jeden beliebigen Wert τ ist (τ ist eine Verschiebung längs der Zeitachse).

Aus der Beziehung (15.29) ergibt sich, daß die Wahrscheinlichkeit einer beliebigen Folge von Symbolen invariant bezüglich einer Verschiebung längs der Zeitachse ist.

Ergodische Quelle wird eine Quelle genannt, die stationär ist, ein begrenztes Gedächtnis hat und nur typische Symbol-Folgen liefert. Man nennt typische Folge einer diskreten Quelle ohne Gedächtnis eine Folge, die $n_1 = n\,p_1$ Symbole x_1, $n_2 = n\,p_2$ Symbole x_2 usw. enthält, wobei n eine sehr große Zahl, die gegen Unendlich geht und p_i die Wahrscheinlichkeit für das Erscheinen des Symbols x_i darstellt. Die Menge typischer Folgen besitzt eine Wahrscheinlichkeit, die sowohl von Null als auch von 1 verschieden ist, die aber für wachsende Werte von n gegen 1 geht.

Die Wahrscheinlichkeit der untypischen Folgen bzw. der Folgen, die eine andere Zusammensetzung als $n_1 = n\,p_1$ Symbole x_1, $n_2 = n\,p_2$ Symbole x_2 usw. haben, geht gegen Null, wenn n ins Unendliche wächst.

Anders gesagt, kann man behaupten, daß mit $n \to \infty$ die relativen Häufigkeiten verschiedener Symbole, die einer bestimmten Folge entsprechen, gegen feste Grenzwerte $p_1, p_2 \ldots p_k$ streben, die unabhängig von der betrachteten Folge sind. Der Grenzwert in Wahrscheinlichkeit muß so verstanden werden, daß auch Folgen existieren, für die die obige Behauptung falsch ist, doch strebt die Wahrscheinlichkeit dieser Gruppe von Folgen gegen Null.

Zu denselben Werten für die Wahrscheinlichkeiten der Symbole kann man gelangen, wenn man n gleiche Quellen betrachtet und zu einem gewissen Zeitpunkt die Quellen abzählt, die das Symbol x_1(n_1-mal), das Symbol x_2(n_2-mal) usw. liefern. Wenn $n \to \infty$, so streben die relativen Häufigkeiten $\dfrac{n_1}{n}, \dfrac{n_2}{n} \ldots$ gegen die Wahrscheinlichkeiten $p_1, p_2 \ldots$

Aus den obigen Betrachtungen ergibt sich, daß die Ergodizität eine Gleichheit des Mittelwertes für eine eingetretene Folge mit den Mittelwerten für die Menge aller möglichen Folgen voraussetzt.

Auf die gleiche Weise können typische Folgen auch für den Fall von Quellen mit endlichem Gedächtnis gebildet werden, wobei die Gruppen von Symbolen betrachtet werden, über die sich das Gedächtnis der Quelle erstreckt.

Quelle mit steuerbarem Informationsfluß wird eine Quelle genannt, die infolge einer äußeren Anregung Nachrichten liefert, ohne daß innere Einschränkungen bezüglich der Zeit, zu der die Nachrichten geliefert werden, vorhanden sind.

In diese Kategorie kann die Quelle eines Telegrafiesystems für Textübertragung eingeschlossen werden, da in diesem Fall keine Einschränkungen bezüglich der Zeit, zu der die aufeinanderfolgenden Buchstaben übertragen werden, existieren.

Quelle mit nichtsteuerbarem Informationsfluß wird eine Quelle genannt, die Nachrichten mit einem gewissen Informationsfluß, der eine Eigenschaft der Quelle selbst ist, liefert. In diese Kategorie kann eine Quelle eingeschlossen werden, die die quantisierten Abtastordinaten einer Nachricht liefert. Diese Ordinaten treten in genau bestimmten Zeitintervallen auf, die gleich $\dfrac{1}{2\,W}$ sind (wobei W die höchste Frequenz der Nachricht ist).

15.2.1. Einschränkungslose diskrete Quelle

Es wird angenommen, daß das Alphabet der Quelle k Symbole: $x_1, x_2, \ldots, x_k$ besitzt, die von verschiedener Dauer $\tau_1, \tau_2, \ldots, \tau_k$ sind und die jede beliebige Stellung in der Folge einnehmen können.

Es wird die Aufgabe gestellt, die Anzahl der Folgen der Dauer T auszurechnen, die mit diesen Symbolen gebildet werden können.

Diese Anzahl wird mit $N(T)$ bezeichnet. Die Anzahl der Folgen der Dauer $T - \tau_j$ ist $N(T - \tau_j)$. Wenn jeder dieser Folgen der Dauer $T - \tau_j$ das Symbol x_j zugefügt wird, so erhält man eine Folge der Dauer T. Folglich ist die Zahl der Folgen der Dauer T:

$$N(T) = N(T - \tau_1) + N(T - \tau_2) + \cdots + N(T - \tau_k)\,, \qquad (15.30)$$

wobei die Glieder der rechten Seite der Beziehung (15.30), deren Argument nicht negativ ist, gleich Eins, hingegen die Glieder, deren Argument negativ ist, gleich Null sind.

Zur Lösung der Differenzengleichung (15.30) wird angenommen, daß eine Lösung in der Form:

$$N(T) = C_1\, r_1^T + C_2\, r_2^T + \cdots + C_n\, r_n^T \qquad (15.31)$$

existiert, wobei C_i und r_i Konstanten sind, die bestimmt werden müssen.

Nach der Beziehung (15.31) ist:

$$N(T - \tau_j) = C_1\, r_1^{(T-\tau_j)} + C_2\, r_2^{(T-\tau_j)} + \cdots + C_n\, r_n^{(T-\tau_j)}\,. \qquad (15.32)$$

Führt man die Beziehung (15.32) in die Beziehung (15.30) ein, so ergibt sich:

$$C_1\, r_1{}^T\, (1 - r_1{}^{-\tau_1} - r_1{}^{-\tau_2} - \cdots - r_1{}^{-\tau_k}) +$$
$$+\, C_2\, r_2{}^T\, (1 - r_2{}^{-\tau_1} - r_2{}^{-\tau_2} - \cdots - r_2{}^{-\tau_k}) +$$
$$+\, \cdots \cdots \cdots \cdots \cdots \cdots \cdots \cdots + \qquad\qquad (15.33)$$
$$+\, C_n\, r_n^T\, (1 - r_n{}^{-\tau_1} - r_n{}^{-\tau_2} - \cdots - r_n{}^{-\tau_k}) = 0\, .$$

Aus der Beziehung (15.33) ergibt sich, daß $r_1, r_2, \ldots, r_n$ die Wurzeln der Gleichung

$$1 - r^{-\tau_1} - r^{-\tau_2} - \cdots - r^{-\tau_k} = 0\, , \qquad\qquad (15.34)$$

während $C_1, C_2, \ldots, C_n$ beliebige Konstanten sind.

Für alle positiven Werte von T muß die Zahl $N(T)$ positiv und reell sein. Für große Werte von T kann die Gleichung (15.31) näherungsweise in der Form

$$N(T) = C_i\, r_i^T = A\, W^T \qquad\qquad (15.35)$$

geschrieben werden, wobei $r_i = W$ die größte reelle und positive Wurzel der Gleichung (15.34) darstellt und die Konstante C_i mit A bezeichnet wird.

Für hinreichend große Werte von T können die anderen Glieder der Beziehung (15.31) im Vergleich zum Glied $A\, W^T$ vernachlässigt werden.

Dieses Ergebnis ist sehr wichtig, da es zeigt, daß die Zahl der Folgen der Dauer T, die mit k Symbolen gebildet werden können, exponentiell mit T verläuft, wenn T große Werte annimmt.

Bei Ableitung dieses Resultates wurde angenommen, daß jedes Symbol jede beliebige Stellung in der Reihe der Dauer T einnehmen kann.

Wenn alle Symbole die gleiche Dauer besitzen, bzw. wenn $\tau_1 = \tau_2 = \cdots = \tau_k = \tau$ ist, so ist die gesamte Zahl der Reihen der Dauer T:

$$N(T) = k^{\frac{T}{\tau}} = (k^{\frac{1}{\tau}})^T\, . \qquad\qquad (15.36)$$

15.2.2. Diskrete Quelle mit festen Einschränkungen

In einigen Fällen können die verschiedenen Symbole nicht ohne Einschränkung auftreten, da gewisse verbotene Folgen, die feste Einschränkungen genannt werden, existieren. Für den Fall des MORSE-Kodes zum Beispiel kann ein Punkt oder ein Strich in jeder Stellung der Folge erscheinen, der Zwischenraum zwischen Buchstaben oder Wörtern kann jedoch nur nach einem Punkt oder einem Strich auftreten (Abb. 15.3).

Die festen Einschränkungen können durch Angabe einer Anzahl von Zuständen, die die Quelle annehmen kann, spezifiziert werden. So besitzt z.B. die Quelle, die die Symbole des MORSE-Kodes liefert, zwei Zustände. Im ersten Zustand kann jedes Symbol geliefert werden, dagegen kann die Quelle im zweiten Zustand nur einen Punkt oder Strich liefern. Die Quelle befindet sich im Zustand 1, wenn das zuletzt gelieferte Symbol ein Punkt oder ein Strich ist. Die Quelle befindet sich im Zustand 2, wenn das zuletzt gelieferte Symbol den Buchstaben- oder Wortzwischenraum darstellt.

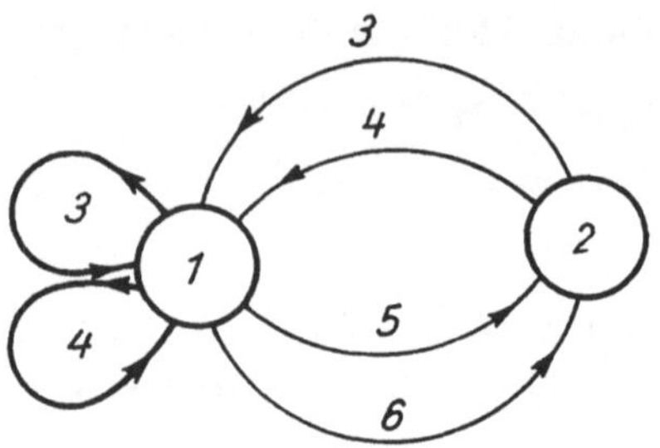

Abb. 15.3. Zustände des MORSE-Kodes

1 — Zustand 1; 2 — Zustand 2; 3 — Punkt (x_1); 4 — Strich (x_2); 5 — Buchstabenzwischenraum (x_3);
6 — Wortzwischenraum (x_4)

Wie aus dem obigen Beispiel ersichtlich ist, geben die festen Einschränkungen
diejenigen Folgen an, die erlaubt bzw. verboten sind.

Zur Verallgemeinerung wird angenommen, daß die Quelle ein Alphabet besitzt, das aus k Symbolen $x_1, x_2, \ldots, x_k$ gebildet ist, und l Zustände besitzt.

Man bezeichnet mit $N_i(T)$ die Anzahl der verschiedenen Folgen der Dauer T,
die im Zustand i enden. Mit dieser Bezeichnung hat man:

$$N_j(T) = \sum_i \left[\sum_s N_i \left(T - \tau_{ij}^{(s)}\right)\right], \tag{15.37}$$

wobei $\tau_{ij}^{(1)}, \tau_{ij}^{(2)}, \ldots, \tau_{ij}^{(s)}$ die Dauer der Symbole darstellen, die im Zustand i erscheinen können und zum Zustand j führen. Die Summe über s erstreckt sich
auf alle Symbole, die aus dem Zustand i zum Zustand j führen, während die
Summe über i sich auf alle möglichen Zustände $i = 1, 2, \ldots l$ erstreckt.

Die Beziehungen (15.37) stellen ein lineares System von endlichen Differenzengleichungen dar. Wenn man wie im vorigen Fall, in dem die Gleichung (15.30)
gelöst wurde, verfährt, kann man zeigen, daß für hinreichend große Werte von T
die Lösungen des Systems (15.37) die Form

$$N_j(T) = A_j\, W^T \tag{15.38}$$

haben, wobei

W — eine Konstante für alle Zustände j ist;

A_j — ein Konstante darstellt, die sich von Zustand zu Zustand verändert.

Zur Bestimmung der Konstanten W setzt man die Beziehung (15.38) in die
Beziehung (15.37) ein und erhält

$$A_j W^T = \sum_i \left[\sum_s A_i\, W^{\left(T - \tau_{ij}^{(s)}\right)}\right] = \sum_i A_i \sum_s W^{\left(T - \tau_{ij}^{(s)}\right)}. \tag{15.39}$$

Dividiert man beide Glieder durch W^T, so erhält man

$$A_j = \sum_i A_i \sum_s W^{-\tau_{ij}^{(s)}}. \tag{15.40}$$

Man führt die Bezeichnung

$$A_j = \sum_i A_i\, \delta_{ij} \tag{15.41}$$

ein, wobei

$$\left.\begin{aligned} \delta_{ij} &= 1 \quad \text{für} \quad i = j \\ \delta_{ij} &= 0 \quad \text{für} \quad i \neq j \end{aligned}\right\} \tag{15.42}$$

ist.

Mit der Beziehung (15.41) geht die Beziehung (15.40) in

$$\sum_i A_i \sum_s W^{-\tau_{ij}^{(s)}} - \sum_i A_i\, \delta_{ij} = 0 \tag{15.43}$$

oder

$$\sum_i A_i \left[\sum_s W^{-\tau_{ij}^{(s)}} - \delta_{ij} \right] = 0 \tag{15.44}$$

über.

Die Beziehung (15.44), in der $i, j = 1, 2, \ldots, l$ ist, stellt bezüglich der Unbekannten A_k ein System linearer und homogener Gleichungen dar. Das System hat Lösungen, die verschieden von Null sind, nur für den Fall, in dem die Determinante der Koeffizienten gleich Null ist:

$$\begin{vmatrix} \sum_s W^{-\tau_{11}^{(s)}} - 1 & \sum_s W^{-\tau_{21}^{(s)}} \ldots \\[2ex] \sum_s W^{-\tau_{12}^{(s)}} & \sum_s W^{-\tau_{22}^{(s)}} - 1 \ldots \\[1ex] \cdots\cdots\cdots\cdots\cdots\cdots\cdots\cdots \\[1ex] \sum_s W^{-\tau_{1l}^{(s)}} & \sum_s W^{-\tau_{2l}^{(s)}} \ldots \sum_s W^{-\tau_{ll}^{(s)}} - 1 \end{vmatrix} = 0 \, . \tag{15.45}$$

Wenn in die Beziehung (15.38) die größte reelle Wurzel der Gleichung (15.45) eingeführt wird, so erhält man die Lösung der Gleichung (15.37).

Die gesamte Zahl der Folgen der Dauer T ist

$$N(T) = \sum_j N_j(T) \,, \tag{15.46}$$

oder, indem man Beziehung (15.38) berücksichtigt, ergibt sich

$$N(T) = W^T \sum_j A_j \,, \tag{15.47}$$

wobei W die größte reelle Wurzel der Gleichung (15.45) darstellt.

Führt man die Bezeichnung ein:

$$A = \sum_j A_j \,, \tag{15.48}$$

so erhält man

$$N(T) = A\, W^T \,, \tag{15.49}$$

also auch für den Fall fester Einschränkungen verläuft die Zahl der Folgen exponentiell mit der Dauer T.

Die Werte von A und von W der Beziehung (15.49) sind aber im allgemeinen verschieden von den entsprechenden Werten der Beziehung (15.35).

15.2.3. Diskrete Quelle mit Wahrscheinlichkeits-Einschränkungen

Wie gezeigt wurde, geben die festen Einschränkungen an, was möglich und was unmöglich ist. Wenn aber nicht die verbotenen und die nichtverbotenen Folgen, sondern nur die Wahrscheinlichkeiten der Folgen oder der Symbole angegeben sind, so sagt man, daß es sich um Wahrscheinlichkeits-Einschränkungen handelt.

Auch in diesem Fall können die Einschränkungen durch Angabe der Zustände, in denen sich die Quelle befindet, bestimmt werden. In einem bestimmten Zustand kann die Quelle jedes Symbol mit einer bestimmten Wahrscheinlichkeit liefern, die sich im allgemeinen von Zustand zu Zustand verändert (MARKOFF-Quelle).

Allgemein kann gesagt werden, daß der Zustand die Vergangenheit einer Folge von Symbolen darstellt und daß diese Vergangenheit durch Veränderung der Wahrscheinlichkeiten der Symbole sowohl die Gegenwart als auch die Zukunft beeinflußt. Die Wahrscheinlichkeits-Einschränkungen sind charakteristisch für Sprachen. Zum Beispiel ist in der rumänischen Sprache die Wahrscheinlichkeit dafür, daß nach dem Buchstaben s der Buchstabe z folgt sehr gering, dagegen die Wahrscheinlichkeit dafür, daß nach dem Buchstaben a der Buchstabe u folgt, viel größer.

Wenn der Satz der Wahrscheinlichkeiten verschiedener Symbole nicht von der Zeit und nicht von der Lage des Symbols, bzw. von der Vergangenheit der Folge abhängt, spricht man von einer stationären Quelle ohne Gedächtnis. In diesem Fall besitzt die Quelle nur einen einzigen Zustand, von dem alle Symbole mit dem gleichen Wahrscheinlichkeitssatz ausgehen.

Im folgenden wird, wenn keine entgegengesetzten Aussagen gemacht werden, angenommen, daß es sich um eine ergodische Quelle ohne Gedächtnis handelt (BERNOULLI-Quelle).

Es wird angenommen, daß die Quelle die Symbole

$$[X] = [x_1, x_2, \ldots, x_k] \tag{15.50}$$

mit den Wahrscheinlichkeiten

$$[P] = [p_1, p_2, \ldots, p_k] \tag{15.51}$$

liefert.

Die Dauer (Länge) der Symbole ist

$$[\tau] = [\tau_1, \tau_2, \ldots, \tau_k] . \tag{15.52}$$

Es wird eine Folge von n Symbolen betrachtet, wobei n eine sehr große Zahl ist. Die Dauer T einer solchen Folge ist

$$T = n_1 \tau_1 + n_2 \tau_2 + \cdots + n_k \tau_k , \tag{15.53}$$

wobei n_i die Zahl der Symbole x_i ist, die während der Dauer T erscheinen und

$$\sum_i n_i = n \qquad (15.54)$$

ist.

Wenn n sehr groß ist, hat man annähernd

$$\bar{\tau} = \frac{T}{n} = \sum_i \tau_i p_i , \qquad (15.55)$$

wobei $\sum_i \tau_i p_i$ die mittlere Dauer eines Symbols darstellt:

$$\bar{\tau} = \sum_i \tau_i p_i . \qquad (15.56)$$

Die Wahrscheinlichkeit für das Auftreten einer typischen Folge von n Symbolen ist

$$p_n = p_1^{n_1} \cdot p_2^{n_2} \cdots p_k^{n_k} . \qquad (15.57)$$

Bezeichnet man mit

$$N(T) = N_n \qquad (15.58)$$

die Zahl von typischen Folgen der Dauer T, die aus n Symbolen gebildet sind, so hat man

$$N(T) = N_n = \frac{1}{p_n} = p_1^{-n p_1} \cdot p_2^{-n p_2} \cdots p_k^{-n p_k} \qquad (15.59)$$

oder

$$N_n = [p_1^{-p_1} \cdot p_2^{-p_2} \cdots p^{-p_k}]^n . \qquad (15.60)$$

Da $n = \dfrac{T}{\bar{\tau}}$ ist, ergibt sich

$$N(T) = [p_1^{-p_1} \cdot p_2^{-p_2} \cdots p_k^{-p_k}]^{\frac{T}{\bar{\tau}}} . \qquad (15.61)$$

Bezeichnet man mit

$$W = (p_1^{-p_1} \cdot p_2^{-p_2} \cdots p_k^{-p_k})^{\frac{1}{\bar{\tau}}} , \qquad (15.62)$$

so erhält man

$$N(T) = W^T , \qquad (15.63)$$

wobei W eine Konstante ist.

Aus der Beziehung (15.63) ergibt sich, daß auch für den Fall der Wahrscheinlichkeits-Einschränkungen die Anzahl der Folgen der Länge T exponentiell mit T wächst (W hat aber im allgemeinen einen anderen Wert als in allen vorigen Fällen).

15.3. Entropie

Es wird angenommen, daß die Quelle eine Folge von Nachrichten liefert, wobei jede Nachricht eine sehr große Länge T besitzt. Wenn man voraussetzt, daß die mittlere Dauer $\bar{\tau}$ der verwendeten Symbole gleich Eins ist, so ergibt sich, daß $T = n$ ist, wobei n die mittlere Zahl von Symbolen darstellt, die in einer

Nachricht der Dauer T auftreten. Da vorausgesetzt wurde, daß die Quelle ergodisch ist, hat jede Folge (die durch X_n bezeichnet wird) die gleiche Wahrscheinlichkeit p_n.

Nach den Feststellungen aus Abschnitt 15.1. ist die Information, die durch Eintritt von X_n erhalten wird, für jede Folge von n Symbolen die gleiche und hat nach der Beziehung (15.26) den Wert

$$I(X_n) = -\log p(X_n) \,. \tag{15.64}$$

Nach der Beziehung (15.59) besitzt eine ergodische Folge der Dauer T die Wahrscheinlichkeit

$$p(X_n) = p_n = [p_1^{p_1} \cdot p_2^{p_2} \cdots p_k^{p_k}]^n \,. \tag{15.65}$$

Führt man (15.65) in (15.64) ein, erhält man

$$I(X_n) = -n \sum_{i=1}^{k} p_i \log p_i \,, \tag{15.66}$$

ein Ausdruck, der die Information angibt, die in der Folge X_n der Dauer $T = n$ Symbole enthalten ist.

Der Mittelwert der Information pro Symbol wird *Entropie* genannt und lautet

$$H(X) = \frac{I(X_n)}{n} \,. \tag{15.67}$$

Führt man (15.66) in (15.67) ein, erhält man für die Entropie

$$H(X) = -\sum_{i=1}^{k} p_i \log p_i \,. \tag{15.68}$$

Geht man zur Beziehung (15.26) für den Fall eines einzigen Symbols zurück

$$i(x_i) = -\log p_i \,, \tag{15.69}$$

so sieht man, daß $H(X)$ gerade den Mittelwert von $i(x_i)$, bzw. den Mittelwert der Information pro Symbol darstellt.

$$H(X) = \sum_{i=1}^{k} i(x_i)\, p_i \,, \tag{15.70}$$

wobei sich die Summation über alle möglichen Symbole erstreckt.

Aus der Beziehung (15.70) folgt, daß $H(X)$ die mittlere Information des Feldes von unvereinbaren Ereignissen

$$\begin{aligned}
[X] &= [x_1, x_2, \ldots, x_k] \,, \\
[P] &= [p_1, p_2, \ldots, p_k]
\end{aligned} \tag{15.71}$$

darstellt, die auch in der Form

$$H(X) = H(p_1, p_2, \ldots, p_k) = -\sum_{i=1}^{k} p_i \log p_i \tag{15.72}$$

geschrieben werden kann.

Aus der Definition der Information $i(x_i)$ ergibt sich, daß $H(X)$ ein Maß der mittleren Ungewißheit oder der mittleren Unbestimmtheit des durch die Beziehung (15.71) definierten Ereignisfeldes X darstellt.

Dieses ist ein Gesichtspunkt allgemeineren Charakters, der mit dem endlichen Schema (15.71) verbunden ist, das im speziellen Fall die Symbole einer Quelle darstellen kann, wobei $H(X)$ die Entropie der Quelle ist.

15.3.1. Eigenschaften der Entropie

Die Entropie hat folgende Eigenschaften:

1. Die Kontinuität. Die Entropie $H(p_1, p_2, \ldots p_k)$ ist eine stetige Funktion jeder unabhängigen Veränderlichen p_i im halboffenen Intervall (0,1].

Mit der Normierungsbedingung

$$\sum_{i=1}^{k} p_i = 1 \tag{15.73}$$

kann man für die Entropie

$$- H(p_1, p_2, \ldots, p_k) = p_1 \log p_1 + p_2 \log p_2 + \cdots + p_{k-1} \log p_{k-1} +$$

$$+ (1 - p_1 - p_2 - \cdots - p_{k-1}) \log (1 - p_1 - p_2 - \cdots - p_{k-1}) \tag{15.74}$$

schreiben, in dem nur Veränderliche vorkommen, die im Intervall (0,1] stetig sind. Da der Logarithmus einer stetigen Funktion auch eine stetige Funktion ist, so ist H, als Summe von stetigen Funktionen auch eine stetige Funktion.

2. Die Symmetrie. Es ist leicht ersichtlich, daß die durch Beziehung (15.72) definierte Entropie eine symmetrische Funktion in bezug auf alle Veränderlichen p_i ist.

3. Die Additivität. Aus der Weise, in der die Information definiert wurde, ergibt sich, daß die Entropie eine additive Funktion ist.

Es wird das Feld unabhängiger Ereignisse

$$[X] = [x_1, x_2, \ldots, x_{k-1}, x_k] , \tag{15.75}$$

$$[P] = [p_1, p_2, \ldots, p_{k-1}, p_k] \tag{15.76}$$

betrachtet.

Das Ereignis x_k wird folgendermaßen in unvereinbare Ereignisse gespaltet:

$$x_k = y_1 \cup y_2 \cup \cdots \cup y_l, \tag{15.77}$$

denen die Wahrscheinlichkeiten

$$q_1, q_2, \ldots, q_l$$

entsprechen.

Da die Ereignisse y_j unvereinbar sind, ergibt sich

$$p_k = \sum_{j=1}^{l} q_j . \tag{15.78}$$

Auf diese Weise wurde ein neues Ereignisfeld

$$[X, Y] = [x_1, x_2, \ldots, x_{k-1}, y_1, y_2, \ldots, y_l], \qquad (15.79)$$

$$[P] = [p_1, p_2, \ldots, p_{k-1}, q_1, q_2, \ldots, q_l] \qquad (15.80)$$

gebildet.

Die Entropie dieses Feldes ist

$$H(X, Y) = H(p_1, p_2, \ldots, p_{k-1}, q_1, q_2, \ldots, q_l) = - \sum_{i=1}^{k-1} p_i \log p_i - \sum_{j=1}^{l} q_j \log q_j .$$
$$(15.81)$$

Diese Beziehung kann auch noch folgendermaßen geschrieben werden:

$$H(p_1, p_2, \ldots, p_{k-1}, q_1, q_2, \ldots, q_l) = - \sum_{i=1}^{k} p_i \log p_i + p_k \log p_k - \sum_{j=1}^{l} q_j \log q_j .$$
$$(15.82)$$

Es besteht jedoch die Beziehung

$$p_k \log p_k - \sum_{j=1}^{l} q_j \log q_j = - p_k \sum_{j=1}^{l} \frac{q_j}{p_k} \log \frac{q_j}{p_k} = p_k H\left(\frac{q_1}{p_k}, \frac{q_2}{p_k}, \ldots, \frac{q_l}{p_k}\right).$$
$$(15.83)$$

Führt man die Beziehung (15.83) in die Beziehung (15.82) ein, so ergibt sich

$$H(p_1, p_2, \ldots, p_{k-1}, q_1, q_2, \ldots, q_l) = H(p_1, p_2, \ldots, p_{k-1}, p_k) +$$
$$+ p_k H\left(\frac{q_1}{p_k}, \frac{q_2}{p_k}, \ldots, \frac{q_l}{p_k}\right). \qquad (15.84)$$

Da die Entropie eine nur positive Funktion ist, entsteht

$$H(p_1, p_2, \ldots, p_{k-1}, q_1, q_2, \ldots, q_l) \geqq H(p_1, p_2, \ldots, p_{k-1}, p_k) . \qquad (15.85)$$

Aus der Beziehung (15.85) ist ersichtlich, daß sich durch Spaltung des Ereignisses x_k in die Ereignisse $y_1, y_2, \ldots, y_i$, die Entropie nicht verringern kann, sondern im allgemeinen wächst.

4. Die Entropie $H(X)$ hat einen Maximalwert für $p_1 = p_2 = \cdots = p_k$.

Der Maximalwert der Funktion

$$H(X) = - \sum_{i=1}^{k} p_i \log p_i , \qquad (15.86)$$

deren Veränderliche durch die Nebenbedingung

$$\sum_{i=1}^{k} p_i - 1 = 0 \qquad (15.87)$$

verbunden sind, ist gleich dem Maximalwert der Funktion

$$\Phi = - \sum_{i=1}^{k} p_i \log p_i + \lambda \left(\sum_{i=1}^{k} p_i - 1\right), \qquad (15.88)$$

wobei λ eine Konstante ist (Multiplikator von LAGRANGE) und die Veränderlichen p_i als unabhängig angenommen werden.

Die Werte p_i, für die Φ den Maximalwert erreicht, können aus den Bedingungen

$$\frac{\partial \Phi}{\partial p_i} = 0, \quad \text{für} \quad i = 1, 2, \ldots, k \tag{15.89}$$

bestimmt werden, die auch in der Form

$$\frac{\partial \Phi}{\partial p_i} = -\log p_i - \log e + \lambda = 0 \tag{15.90}$$

und

$$\frac{\partial \Phi}{\partial p_j} = -\log p_j - \log e + \lambda = 0$$

geschrieben werden kann, woraus sich ergibt, daß

$$\log p_j = \log p_i \tag{15.91}$$

bzw. daß

$$p_j = p_i$$

ist.

Da der Index j alle Werte annehmen kann, ergibt sich, daß nur für

$$p_1 = p_2 = \cdots = p_k = \frac{1}{k} \tag{15.92}$$

$H(X)$ den Maximalwert annimmt.

Diese Tatsache ist anschaulich sehr leicht zu interpretieren, da die mittlere Ungewißheit für den Fall gleichwahrscheinlicher Zustände des Systems am größten ist, da in diesem Fall sehr schwer vorauszusagen ist, welcher Zustand eintreten wird.

Als Beispiel wird der Spezialfall eines Systems mit zwei Zuständen betrachtet:

$$H(X) = H(p_1, p_2) = -p_1 \log p_1 - p_2 \log p_2\,, \tag{15.93}$$

wobei

$$p_2 = 1 - p_1 \tag{15.94}$$

ist.

In der Abb. 15.4 ist $H(p_1, 1 - p_1)$ in Abhängigkeit von p_1 dargestellt.

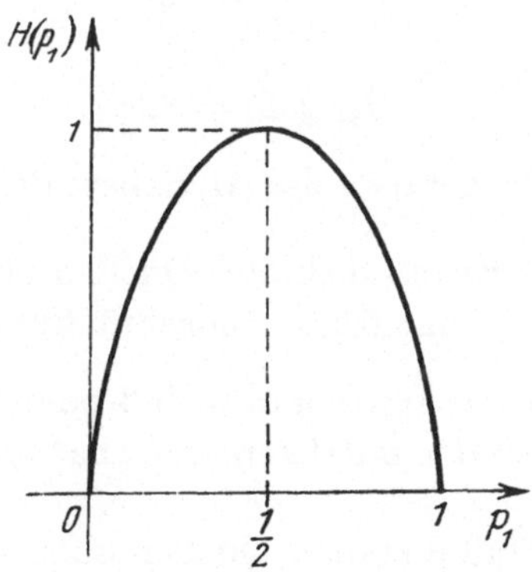

Abb. 15.4. Verlauf der Entropie eines Feldes mit zwei Ereignissen

Wenn $p_1 = 0$ ist, ergibt sich, daß $p_2 = 1$ und beide Glieder gleich Null sind; damit ist $H(X) = 0$. Für diesen Fall ist die Ungewißheit a priori gleich Null, da man sicher weiß, daß das Ereignis x_2 eintreten wird, und folglich die Information gleich Null ist. Dasselbe geschieht auch, wenn $p_2 = 0$ bzw. $p_1 = 1$ ist.

Die Ungewißheit ist maximal für den Fall, in dem $p_1 = p_2 = \dfrac{1}{2}$ ist. Für diesen Fall erhält man die Maßeinheit der Information: 1 bit.

15.3.2. Informationsfluß und Redundanz der Quelle

Für einige Fälle ist es zweckmäßig, den Begriff der Information auch mit der Zeit zu verbinden.

Für diesen Fall wird der Informationsfluß (oder die Informationsgeschwindigkeit) als Produkt zwischen der Entropie der Quelle (dem Mittelwert der Information pro Symbol) und der mittleren Folgefrequenz der Symbole definiert.

Wenn die mittlere Dauer eines Symbols entsprechend der Beziehung (15.56) gleich $\bar{\tau}$ ist, erhält man für den Informationsfluß der Quelle

$$H_t(X) = \frac{H(X)}{\bar{\tau}}, \tag{15.95}$$

wobei der Informationsfluß in bit pro Sekunde ausgedrückt wird.

Wenn $\bar{\tau} = 1$ angenommen wird, werden die Zahlenwerte von $H_t(X)$ und $H(X)$ gleich.

Um die Abweichung der Entropie einer Quelle von ihrem maximal möglichen Wert zu kennzeichnen, wird die Redundanz als Differenz zwischen dem maximal möglichen Wert der Entropie der Quelle und ihrem tatsächlichen Wert definiert:

$$R_q = H_{\mathrm{Max}}(X) - H(X). \tag{15.96}$$

Die auf die maximale Entropie bezogene Redundanz wird relative Redundanz genannt:

$$\varrho_q = 1 - \frac{H(X)}{H_{\mathrm{Max}}(X)}, \tag{15.97}$$

wobei

$$H_{\mathrm{Max}}(X) = H(n)$$

ist, und n die Zahl der Buchstaben des Alphabets der Quelle darstellt.

15.3.2.1. Informationsfluß diskreter Quellen ohne Einschränkungen oder mit festen Einschränkungen

Wie gezeigt wurde, ist der Informationsfluß oder die Informationsgeschwindigkeit einer Quelle gleich der mittleren Information pro Zeiteinheit und wird mit H_t bezeichnet.

Um den Informationsfluß diskreter Quellen ohne Einschränkungen oder mit festen Einschränkungen zu berechnen, werden die Beziehungen (15.35) und

(15.49) betrachtet, die die Gesamtzahl der Folgen der Dauer T angeben:

$$N(T) = A \, W^T \, , \tag{15.98}$$

wobei

A eine beliebige Konstante ist;
W eine Konstante ist, deren Wert aus der Gleichung (15.34) oder (15.45) abgeleitet werden kann.

Wenn $T \to \infty$, so kann man annehmen, daß mit einer Wahrscheinlichkeit, die gegen Eins geht, die Zahl $N(T)$ gleich der Zahl der typischen Folgen ist (die Wahrscheinlichkeit der untypischen Folgen geht gegen Null).

Wenn $N(T)$ die Zahl der typischen Folgen darstellt und wenn jede typische Folge die gleiche Wahrscheinlichkeit besitzt, ist die Information, die durch Empfang einer solchen Folge erhalten wird, dem Logarithmus der Gesamtzahl der Folgen gleich, während die mittlere Information pro Zeiteinheit

$$H_t = \lim_{T \to \infty} \frac{1}{T} \log N(T) \tag{15.99}$$

ist, wobei H_t den Informationsfluß oder die Informationsgeschwindigkeit der Quelle darstellt.

Führt man die Beziehung (15.98) in die Beziehung (15.99) ein, so erhält man

$$H_t = \lim_{T \to \infty} \frac{1}{T} (T \log W + \log A) \, , \tag{15.100}$$

woraus

$$H_t = \log W \tag{15.101}$$

wird.

15.3.2.2. Informationsfluß der Quelle mit Wahrscheinlichkeits-Einschränkungen

Für diesen Fall ist die Gesamtzahl der typischen Folgen durch die Beziehung (15.63) gegeben:

$$N(T) = W^T \tag{15.102}$$

wobei

$$W = (p_1^{-p_1} \cdot p_2^{-p_2} \cdots p_k^{-p_k})^{\frac{1}{\tau}} \tag{15.103}$$

ist.

Der Informationsfluß ist

$$H_t = \lim_{T \to \infty} \frac{1}{T} \log N(T) = \log W \tag{15.104}$$

oder, indem man die Beziehung (15.103) in die Beziehung (15.104) einführt;

$$H_t = -\frac{1}{\tau} \sum_{i=1}^{k} p_i \log p_i \, . \tag{15.105}$$

Es muß hierbei betont werden, daß in der Beziehung (15.104) zur Grenze für $T \to \infty$ übergegangen wurde, damit $N(T)$ in Wahrscheinlichkeit gegen die Zahl der typischen Folgen strebt, da nur diese Folgen die gleiche Wahrscheinlichkeit besitzen und folglich der Logarithmus ihrer Zahl die in der Folge enthaltene Information ergibt.

15.3.3. Primärquellen und Sekundärquellen

Im Vorgang der Informationsübertragung existiert immer eine ursprüngliche Quelle und eine End-Senke.

Die ursprüngliche Informations-Quelle kann aus einer Menge von Lauten, von Bildern, von Werten der Temperatur in einem Automatisierungsvorgang usw. gebildet werden. Mit Hilfe von Wandlern wird eine Korrespondenz zwischen den Elementen der erwähnten Mengen und bestimmten Signalen festgelegt, die Nachrichten genannt wurden. Der Ausgang der Wandler wird als Primärquelle bezeichnet.

Die von den Primärquellen gelieferten Nachrichten hängen nicht von dem Übertragungsvorgang ab. Die Eigenschaften der Primärquellen werden als bekannt angenommen und sind bei dem Entwurf der Übertragungsverfahren zu berücksichtigen.

Wenn die Nachrichten bzw. die Symbole einer diskreten Quelle $[X_1]$ in Symbole einer anderen diskreten Quelle $[X_2]$ umgewandelt werden, kann diese Menge als eine neue Quelle betrachtet werden und wird Sekundärquelle genannt. Wenn die Rücktransformation bzw. die Transformation, die von der Menge $[X_2]$ zur Menge $[X_1]$ führt, existiert, besitzt die Sekundärquelle die gleiche Entropie wie die Primärquelle $(H_2 = H_1)$. Andernfalls ist die Entropie der Sekundärquelle geringer $(H_2 < H_1)$.

Der Begriff der Sekundärquelle ist im Zusammenhang mit der redundanzfreien Kodierung zweckmäßig. Die Kodierung stellt den Übergang von der gegebenen Primärquelle zur Sekundärquelle dar.

15.4. Diskrete Kanäle

Zwischen der Informationsquelle und der Senke (dem Beobachter) existiert ein Medium, durch das die Information übertragen werden muß.

Das Medium zusammen mit den für die Übertragung notwendigen Geräten werden Kanal genannt. Diese Definition schließt auch Medien mit Speicherelementen ein, die in Rechenanlagen verwendet werden.

Der Kanal führt eine Transformation des Raumes der Symbole am Eingang des Kanals in den Raum der Symbole am Ausgang des Kanals durch.

Wenn der Raum am Eingang und der Raum am Ausgang diskret sind, handelt es sich um einen diskreten Kanal.

Wenn die Eingangs- und Ausgangsräume kontinuierlich sind, handelt es sich um einen kontinuierlichen Kanal.

Wenn einer der Räume kontinuierlich und der andere diskret ist, handelt es sich um einen diskret-kontinuierlichen oder kontinuierlich-diskreten Kanal.

Wenn die Übertragung durch den Kanal stetig ist, handelt es sich um einen zeitlich kontinuierlichen Kanal.

Wenn die Übertragung zu diskreten Zeitpunkten stattfindet, handelt es sich um einen zeitlich diskreten Kanal.

Der Kanal hat kein Speichervermögen, wenn die Umwandlung des Symbols x am Eingang in das Symbol y am Ausgang nicht von den vorher erfolgten Symbolumwandlungen abhängt (Gedächtnisloser Kanal).

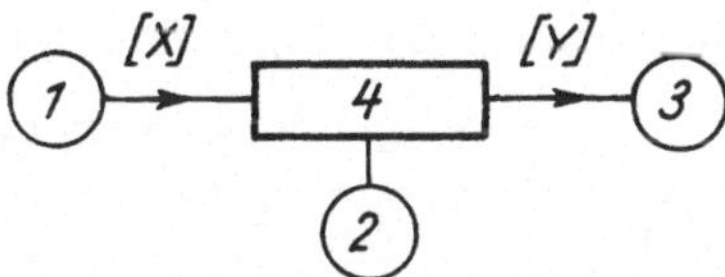

Abb. 15.5. Schematische Darstellung eines Übertragungssystems

1 — Quelle (Sender); *2* — Kanal; *3* — Störungsquelle; *4* — Senke (Empfänger)

Wenn die Transformation unabhängig von der Wahl des Nullpunktes der Zeit ist, ist der Kanal stationär.

In der Abb. 15.5 ist die schematische Darstellung eines Übertragungssystems angegeben, das aus Nachrichtenquelle, Kanal, Nachrichtensenke und Störungsquelle besteht.

Im folgenden werden Kanäle ohne Speicherelemente (Gedächtnis) behandelt.

15.4.1. Entropie am Eingang und am Ausgang des Kanals

Man bezeichnet durch $[X]$ die Gesamtmenge aller Symbole, die von dem Kanal übertragen werden können (bzw. die Menge, die von seinen Geräten gebildet werden kann).

Für den Fall eines Telegrafiekanals mit MORSE-Kode zum Beispiel muß die Apparatur vier Symbole übertragen und zwar: x_1 (Punkt), x_2 (Strich), x_3 (Buchstabenzwischenraum) und x_4 (Wortzwischenraum).

Wenn man annimmt, daß es sich um n Symbole handelt, besteht der Raum Ω_x der Symbole (Alphabet) am Eingang des Kanals aus

$$[X] = [x_1, x_2, \ldots, x_n] . \tag{15.106}$$

Es wird angenommen, daß jedes Symbol x_i mit der Wahrscheinlichkeit p_i erscheint

$$[P_x] = [p(x_1), p(x_2), \ldots, p(x_n)] . \tag{15.107}$$

Die Wahrscheinlichkeiten $[P]$ sind keine Eigenschaften des Kanals, von ihnen hängt jedoch die durch den Kanal übertragene Information ab.

Die optimalen Werte dieser Wahrscheinlichkeiten und die Kriterien, nach denen dieses Optimum bestimmt wird, werden im folgenden erläutert.

Die Gesamtmenge der Symbole am Ausgang des Kanals (der Raum Ω_y) ist

$$[Y] = [y_1, y_2, \ldots, y_m], \qquad (15.108)$$

während die Wahrscheinlichkeiten der Symbole

$$[P_y] = [p(y_1), p(y_2), \ldots, p(y_m)] \qquad (15.109)$$

sind.

Infolge der Störungen kann der Raum Ω_y vom Raum Ω_x verschieden sein, so wie auch die Wahrscheinlichkeitkeiten $[P_y]$ am Ausgang von den Wahrscheinlichkeiten $[P_x]$ am Eingang verschieden sein können.

Wenn man sowohl den Eingangsraum Ω_x als auch den Ausgangsraum Ω_y betrachtet, kann ein Produkt-Raum $\Omega_x \cdot \Omega_y$ definiert werden:

$$[X \cdot Y] = \begin{bmatrix} x_1\,y_1 & x_1\,y_2 \cdots x_1\,y_m \\ x_2\,y_1 & x_2\,y_2 \cdots x_2\,y_m \\ \cdots\cdots\cdots\cdots \\ x_n\,y_1 & x_n\,y_2 \cdots x_n\,y_m \end{bmatrix}, \qquad (15.110)$$

wobei durch das Produkt $x_i\,y_j$ die Konjunktion $x_i \cap y_j$ bzw. das Eintreten sowohl des Ereignisses x_i als auch des Ereignisses y_j bezeichnet wurde.

Es werden keine Voraussetzungen bezüglich der Abhängigkeit oder Unabhängigkeit der Ereignisse x_i und y_j gemacht.

Es wird angenommen, daß dem endlichen Schema (15.110) das endliche Schema von Wahrscheinlichkeiten

$$[P(X, Y)] = \begin{bmatrix} p(x_1, y_1) & p(x_1, y_2) \cdots p(x_1, y_m) \\ p(x_2, y_1) & p(x_2, y_2) \cdots p(x_2, y_m) \\ \cdots\cdots\cdots\cdots\cdots\cdots \\ p(x_n, y_1) & p(x_n, y_2) \cdots p(x_n, y_m) \end{bmatrix} \qquad (15.111)$$

entspricht.

Aus diesem Schema können die Wahrscheinlichkeiten:

$$p(x_i) = P\{x_i, y_1 \cup x_i, y_2 \cup \cdots \cup x_i, y_m\},$$

woraus

$$p(x_i) = \sum_{j=1}^{m} p(x_i, y_j) \qquad (15.112)$$

entsteht, oder

$$p(y_j) = P\{x_1, y_j \cup x_2, y_j \cup \cdots \cup x_n, y_j\},$$

woraus

$$p(y_j) = \sum_{i=1}^{n} p(x_i, y_j) \qquad (15.113)$$

entsteht, abgeleitet werden.

Aus den obigen Betrachtungen ergibt sich, daß für den Fall diskreter Kanäle drei Ereignisfelder definiert werden können und zwar:

— das Ereignisfeld am Eingang des Kanals, durch die Beziehungen (15.106) und (15.107);

— das Ereignisfeld am Ausgang des Kanals durch die Beziehungen (15.108) und (15.109),

— das verbundene Ereignisfeld (Verbund-Ereignisfeld) von Eingang und Ausgang durch die Beziehungen (15.110) und (15.111).

Jedem dieser Ereignisfelder entspricht eine Entropie und zwar:

$H(X)$ — die Entropie des Ereignisfeldes am Eingang des Kanals,

$H(Y)$ — die Entropie des Ereignisfeldes am Ausgang des Kanals,

$H(X, Y)$ — die Entropie des Verbund-Ereignisfeldes Eingang-Ausgang.

Die Ausdrücke für diese Entropien sind folgende:

$$H(X) = - \sum_{i=1}^{n} p(x_i) \log p(x_i) \tag{15.114}$$

$$H(Y) = - \sum_{j=1}^{m} p(y_j) \log p(y_j) \tag{15.115}$$

und

$$H(X, Y) = - \sum_{i=1}^{n} \sum_{j=1}^{m} p(x_i, y_j) \log p(x_i, y_j) . \tag{15.116}$$

wobei $H(X, Y)$ die Verbundentropie, $H(X)$ die Entropie von X und $H(Y)$ die Entropie von Y darstellen.

15.4.2. Bedingte Entropie

Wenn die Ereignisse am Ausgang des Kanals bekannt sind, verbleibt infolge der Störungen doch eine Ungewißheit über das Ereignisfeld am Eingang. Der Mittelwert dieser Ungewißheit wird die durch das Feld Y bedingte Entropie des Ereignisfeldes X genannt, und wird durch $H(X/Y)$ bezeichnet.

Zur Bestimmung der bedingten Entropie $H(X/Y)$ wird folgende Betrachtung angestellt:

Wenn am Ausgang des Kanals das Symbol y_j erscheint, besteht eine Ungewißheit bezüglich des am Eingang des Kanals angelegten Symbols. Dieses Symbol kann x_1, oder x_2, oder jedes der Symbole am Eingang sein (Abb. 15.6).

Die Wahrscheinlichkeit dafür, daß am Eingang des Kanals das Symbol x_i dann auftritt, wenn am Ausgang des Kanals das Symbol y_j erscheint, ist

$$p(x_i/y_j) = \frac{p(x_i, y_j)}{p(y_j)} . \tag{15.117}$$

Die dem Empfang des Symbols y_j zugeordnete Entropie ist

$$H(X/y_j) = - \sum_{i=1}^{n} p(x_i/y_j) \log p(x_i/y_j) . \tag{15.118}$$

Der für alle möglichen Werte von y_j errechnete Mittelwert dieser Entropie ist

$$H(X/Y) = \sum_{j=1}^{m} p(y_j) H(X/y_j) , \tag{15.119}$$

40*

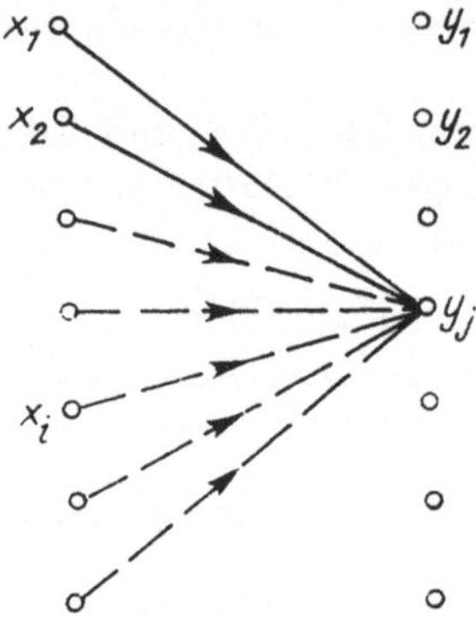

Abb. 15.6. Äquivokation bezüglich des Eingangssymbols, wenn das Symbol y_j empfangen wird

oder, indem man die Beziehung (15.118) in die Beziehung (15.119) einführt:

$$H(X/Y) = - \sum_{i=1}^{n} \sum_{j=1}^{m} p(y_j)\, p(x_i/y_j) \log p\,(x_i/y_j) \,, \qquad (15.120)$$

oder

$$H(X/Y) = - \sum_{i=1}^{n} \sum_{j=1}^{m} p(x_i, y_j) \log p\,(x_i/y_j) \,. \qquad (15.121)$$

Die Entropie $H(X/Y)$ wird *Äquivokation* genannt, weil sie ein Maß der Ungewißheit darstellt, die bezüglich des Eingangsfeldes dann besteht, wenn das Ausgangsfeld bekannt ist.

Auf ähnliche Weise kann die Entropie des Eingangsfeldes für bekannte Entropie des Ausgangsfeld und zwar

$$H(Y/X) = - \sum_{i=1}^{n} \sum_{j=1}^{m} p(x_i, y_j) \log p(y_j/x_i) \qquad (15.122)$$

bestimmt werden.

Da sie ein Maß der Ungewißheit (folglich des Fehlers) des Ausgangsfeldes darstellt, wenn das Eingangsfeld bekannt ist, wird die Entropie $H(Y/X)$ *mittlerer Fehler* oder *Dissipation* genannt (Abb. 15.7).

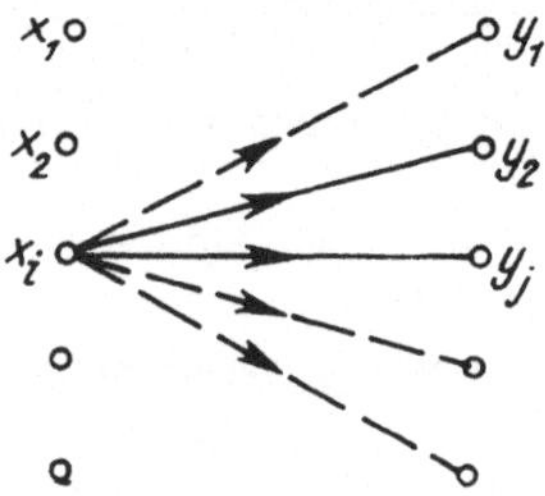

Abb. 15.7. Ungewißheit bezüglich des Ausgangsfeldes, wenn das Eingangsfeld bekannt ist

Wenn es sich um einen ungestörten Kanal handelt, entspricht mit Gewißheit dem empfangenen Symbol y_j das gesendete Symbol — sagen wir x_i.

Für diesen Fall ist $p(x_i/y_j) = 1$ und folglich $H(X/Y) = 0$.

Aus den gleichen Gründen ist auch $H(Y/X) = 0$.

In Abwesenheit von Störungen besteht also die Beziehung:

$$H(X/Y) = H(Y/X) = 0. \tag{15.123}$$

Wenn der Kanal stark gestört ist, wird das Ausgangsfeld unabhängig vom Eingangsfeld und zwar

$$p(x_i/y_j) = p(x_i) \quad \text{und} \quad p(y_j/x_i) = p(y_j)$$

und man erhält aus den Beziehungen (15.121) und (15.122)

$$H(X/Y) = H(X) \tag{15.124}$$

und

$$H(Y/X) = H(Y). \tag{15.125}$$

Zur Bestimmung der bedingten Entropien müssen die bedingten Wahrscheinlichkeiten

$$[P(X/Y)] = \begin{bmatrix} p(x_1/y_1) & p(x_2/y_1) \cdots p(x_n/y_1) \\ p(x_1/y_2) & p(x_2/y_2) \cdots p(x_n/y_2) \\ \cdots \cdots \cdots \cdots \cdots \cdots \cdots \\ p(x_1/y_m) & p(x_2/y_m) \cdots p(x_n/y_m) \end{bmatrix} \tag{15.126}$$

und

$$[P(Y/X)] = \begin{bmatrix} p(y_1/x_1) & p(y_2/x_1) \cdots p(y_m/x_1) \\ p(y_1/x_2) & p(y_2/x_2) \cdots p(y_m/x_2) \\ \cdots \cdots \cdots \cdots \cdots \cdots \cdots \\ p(y_1/x_n) & p(y_2/x_n) \cdots p(y_m/x_n) \end{bmatrix} \tag{15.127}$$

bekannt sein.

Die durch die Beziehungen (15.126) und (15.127) gegebenen Wahrscheinlichkeiten sind Eigenschaften des Kanals, die durch die im Kanal auftretenden Störungen bestimmt sind. Die Matrix der Beziehung (15.127) wird auch *Rauschmatrix* genannt und beschreibt den gestörten gedächtnislosen Kanal vollständig.

15.4.3. Beziehungen zwischen verschiedenen Entropien

Wie gezeigt, wurden im Zusammenhang mit dem Kanal fünf Wahrscheinlichkeitsmatrizen definiert:

$[P(X)]$ — die Matrix für die Wahrscheinlichkeiten des Eingangsfeldes;

$[P(Y)]$ — die Matrix für die Wahrscheinlichkeiten des Ausgangsfeldes;

$[P(X, Y)]$ — die Matrix für die Wahrscheinlichkeit der verbundenen Eingangs-Ausgangsfelder;

$[P(X/Y)]$ — die Matrix der bedingten Wahrscheinlichkeiten (Eingang vom Ausgang);

$[P(Y/X)]$ — die Matrix der bedingten Wahrscheinlichkeiten (Ausgang vom Eingang).

Diesen Wahrscheinlichkeitsmatrizen entsprechen fünf Entropien und zwar:

$H(X)$ — die Entropie des Eingangsalphabetes in den Kanal;

$H(Y)$ — die Entropie des Ausgangsalphabetes aus dem Kanal;

$H(X, Y)$ — die Entropie der verbundenen Ausgangs-Eingangsalphabete;

$H(X/Y)$ — die Äquivokation;

$H(Y/X)$ — der mittlere Fehler oder die Dissipation.

Zwischen den durch die Beziehungen (15.127) und (15.111) gegebenen Matrizen der Wahrscheinlichkeiten $[P(Y/X)]$ und $[P(X, Y)]$ besteht die Beziehung

$$[P(X)]\,[P(Y/X)] = [P(X, Y)]\,, \tag{15.128}$$

wobei die Matrix der Eingangswahrscheinlichkeit in diagonaler Form

$$[P(X)] = \begin{bmatrix} p(x_1) & 0 & \cdots & 0 \\ 0 & p(x_2) & \cdots & 0 \\ \cdots\cdots\cdots\cdots\cdots \\ 0 & 0 & \cdots & p(x_n) \end{bmatrix} \tag{15.129}$$

geschrieben wird.

Der Beziehung (15.128) zwischen den Wahrscheinlichkeiten entspricht folgende Beziehung zwischen den Entropien:

$$H(X) + H(Y/X) = H(X, Y)\,. \tag{15.130}$$

Um diese Beziehung zu verifizieren, geht man von der Beziehung (15.116) aus:

$$H(X, Y) = -\sum_{i=1}^{n}\sum_{j=1}^{m} p(x_i, y_j) \log p(x_i, y_j) \tag{15.131}$$

oder

$$H(X, Y) = -\sum_{i=1}^{n}\sum_{j=1}^{m} p(x_i, y_j) \log p(x_i) - \sum_{i=1}^{n}\sum_{j=1}^{m} p(x_i, y_j) \log p(y_j/x_i) \tag{15.132}$$

oder weiter

$$H(X, Y) = -\sum_{i=1}^{n} \log p(x_i) \sum_{j=1}^{m} p(x_i, y_j) - \sum_{i=1}^{n}\sum_{j=1}^{m} p(x_i, y_j) \log p(y_j/x_i)\,. \tag{15.133}$$

Unter Berücksichtigung der Beziehungen (15.112), (15.114) und (15.122) erhält man

$$H(X, Y) = H(X) + H(Y/X)\,. \tag{15.134}$$

Auf ähnliche Weise ergibt sich

$$H(X, Y) = H(Y) + H(X/Y)\,. \tag{15.135}$$

Im Falle des ungestörten Kanals besteht eine eindeutige Korrespondenz zwischen dem Eingangsalphabet $[X]$ und dem Ausgangsalphabet $[Y]$, wobei nach der Beziehung (15.123) der mittlere Fehler und die Äquivokation gleich Null sind.

In diesem Fall ist

$$H(X, Y) = H(X) = H(Y) \,. \tag{15.136}$$

Für einen stark gestörten Kanal erhält man nach den Beziehungen (15.124) und (15.125)

$$H(X, Y) = H(X) + H(Y) \,. \tag{15.137}$$

Aus der Beziehung (15.136) ergibt sich, daß für den Fall ungestörter Kanäle die Ungewißheit über das gesamte System vom Eingang zum Ausgang einen kleinen Wert hat, der durch die Ungewißheit des Eingangsfeldes, bzw. des Ausgangsfeldes gegeben ist.

Für den Fall stark gestörter Kanäle wächst die Ungewißheit über das ganze System bis zu dem durch die Beziehung (15.137) gegebenen Wert, wenn das Ausgangsfeld unabhängig von dem Eingangsfeld wird.

Zwischen der Entropie $H(X)$ und der bedingten Entropie $H(X/Y)$ besteht die Beziehung

$$H(X) \geqq H(X/Y) \,. \tag{15.138}$$

Um diese Tatsache zu beweisen, muß zunächst folgender Satz bewiesen werden:
— für jede positive Zahl x besteht die Beziehung

$$\log x \leqq (x - 1) \log e \,. \tag{15.139}$$

Diese Beziehung ist eine Folge der Tatsache, daß die Funktion $\log x$ konvex ist (Abb. 15.8).
Wenn

$$y = a\,(x - 1) \tag{15.140}$$

die Gleichung der Tangente an die Kurve $y = \log x$ im Punkt $x = 1$ darstellt, dann ist

$$\log x \leqq a\,(x - 1) \,, \tag{15.141}$$

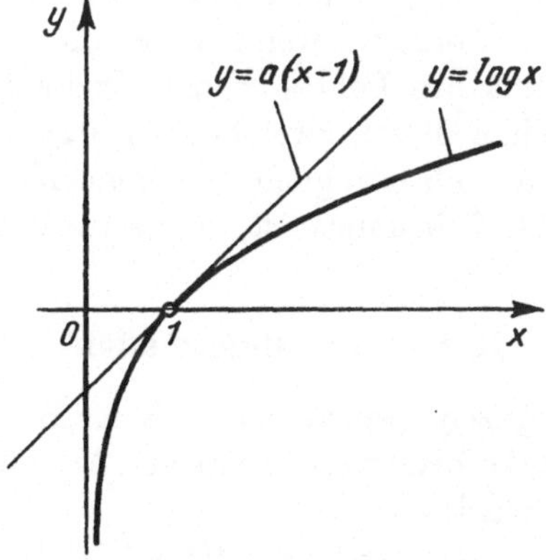

Abb. 15.8. Graphische Darstellung der Funktion $\log x$

wobei

$$a = y'_{x=1} = \log e \tag{15.142}$$

und folglich

$$\log x \leqq (x - 1) \log e$$

ist.

Kehrt man zur Beziehung (15.138) zurück und berücksichtigt die Beziehungen (15.121) und (15.114), erhält man

$$H(X/Y) - H(X) = -\sum_{i=1}^{n} \sum_{j=1}^{m} p(x_i, y_j) \log p(x_i/y_j) +$$

$$+ \sum_{i=1}^{n} \sum_{j=1}^{m} p(x_i, y_j) \log p(x_i) \tag{14.143}$$

oder

$$H(X/Y) - H(X) = \sum_{i=1}^{n} \sum_{j=1}^{m} p(x_i, y_j) \log \frac{p(x_i)}{p(x_i/y_j)}. \tag{15.144}$$

Mit der Beziehung (15.139) erhält man

$$H(X/Y) - H(X) \leqq \sum_{i=1}^{n} \sum_{j=1}^{m} p(x_i, y_j) \left[\frac{p(x_i)}{p(x_i/y_j)} - 1 \right] \log e \; ; \tag{15.145}$$

jedoch ist die rechte Seite der Ungleichung (15.145) gleich Null:

$$\sum_{i=1}^{n} \sum_{j=1}^{m} [p(y_j) p(x_i) - p(x_i, y_j)] \log e = 0 . \tag{15.146}$$

Folglich hat man

$$H(X) \geqq H(X/Y) . \tag{15.147}$$

Auf dieselbe Weise kann man zeigen, daß

$$H(Y) \geqq H(Y/X) \tag{15.148}$$

ist.

Die Gleichheit tritt nur dann auf, wenn X und Y unabhängig sind.

Die Ungleichungen (15.147) und (15.148) hätten auch direkt auf anschauliche Weise abgeleitet werden können, wenn man die Tatsache berücksichtigt hätte, daß durch Kenntnis des Feldes Y die Ungewißheit über das Feld X kleiner wird, wenn zwischen diesen zwei Feldern irgendeine Abhängigkeit besteht. Dasselbe kann man auch bezüglich der Ungewißheit über das Feld Y behaupten. Wenn das Feld X bekannt ist, so verringert sich die Ungewißheit über Y.

15.4.4. Transinformation

Wie in Abschnitt 15.1. gezeigt wurde, ist nach der Beziehung (15.27) die über das Ereignis x_i erhaltene Information, wenn am Ausgang des Kanals das Ereignis y_j wahrgenommen wird:

$$i(x_i; y_j) = \log \frac{p(x_i/y_j)}{p(x_i)} . \tag{15.149}$$

Dieses ist die übertragene Information, die über das Ereignis x_i nach Wahrnehmung des Ereignisses y_j erhalten werden kann.

In Abwesenheit der Störungen kann man mit Gewißheit behaupten, daß wenn y_j empfangen wird, das Symbol x_i übertragen wurde, wobei

$$p(x_i/y_j) = 1$$

ist, so daß die Beziehung (15.27) in

$$i(x_i, y_j) = -\log p(x_i)$$

übergeht, anders gesagt, ist die übertragene Information mit der von der Quelle gelieferten Information gleich.

Infolge der Störungen ist im allgemeinen Fall $p(x_i/y_j) < 1$, also ist auch die übertragene Information kleiner als die gelieferte Information, wobei die erste durch die Beziehungen

$$i(x_i; y_j) = \log \frac{p(x_i/y_j)}{p(x_i)} = \log \frac{p(x_i, y_j)}{p(x_i)p(y_j)} = \log \frac{p(y_j/x_i)}{p(y_j)} \qquad (15.150)$$

gegeben ist.

Der Mittelwert der übertragenen Information kann erhalten werden, indem man alle möglichen Eingangs-Ausgangs-Symbolpaare sowie die ihnen entsprechenden Wahrscheinlichkeiten $p(x_i, y_j)$ berücksichtigt:

$$I(X; Y) = \sum_{i=1}^{n} \sum_{j=1}^{m} i(x_i; y_j)\, p\,(x_i, y_j)\,. \qquad (15.151)$$

Führt man die Beziehung (15.150) in die Beziehung (15.151) ein, erhält man

$$I(X; Y) = \sum_{i=1}^{n} \sum_{j=1}^{m} p(x_i, y_j)\, \log \frac{p(x_i, y_j)}{p(x_i)\, p(y_j)} \qquad (15.152)$$

oder

$$I(X; Y) = -\sum_{i=1}^{n} \log p(x_i) \sum_{j=1}^{m} p(x_i, y_j) - \sum_{j=1}^{m} \log p(y_j) \sum_{i=1}^{n} p(x_i, y_j) +$$

$$+ \sum_{i=1}^{n} \sum_{j=1}^{m} p(x_i, y_j)\, \log p(x_i, y_j)\,, \qquad (15.153)$$

woraus

$$I(X; Y) = H(X) + H(Y) - H(X, Y) \qquad (15.154)$$

entsteht.

Berücksichtigt man die Beziehungen (15.135) und (15.134), erhält man

$$I(X; Y) = H(X) - H(X/Y) \qquad (15.155)$$

und

$$I(X; Y) = H(Y) - H(Y/X)\,. \qquad (15.156)$$

$I(X; Y)$ ist der Mittelwert der übertragenen Information, bzw. der Information, die über das Eingangsfeld X durch Empfang des Ausgangsfeldes Y erhalten werden kann, anders gesagt, ist $I(X; Y)$ die mittlere durch den Kanal übertragene Information. Deswegen wird sie auch Transinformation genannt.

Obwohl die einzelne übertragene Information $i(x_i;\ y_j)$ auch negativ werden kann, bleibt mit den Ungleichungen (15.147) und (15.148) der Mittelwert $I(X;\ Y)$ eine nichtnegative Zahl:

$$I(X;\ Y) \geqq 0 \ . \tag{15.157}$$

Für den Fall eines nichtgestörten Kanals werden nach den Beziehungen (15.123) die Äquivokation $H(X/Y)$ und der mittlere Fehler $H(Y/X)$ gleich Null, so daß die Beziehungen (15.155) und (15.156) in

$$I(X;\ Y) = H(X) = H(Y) \tag{15.158}$$

übergehen, wobei die Transinformation wächst.

Für den Fall eines stark gestörten Kanals, bei dem das Ausgangsfeld Y unabhängig von Eingangsfeld X wird, wird nach den Beziehungen (15.124) und (15.125) die Äquivokation mit der Entropie des Eingangsfeldes und der mittlere Fehler mit der Entropie des Ausgangsfeldes gleich, so daß die Transinformation gleich Null wird:

$$I(X;\ Y) = 0 \ . \tag{15.159}$$

15.4.5. Graphische Darstellung der Beziehungen zwischen den Entropien

Es wird angenommen, daß dem Eingangsfeld des Kanals eine Menge A und dem Ausgangsfeld eine Menge B zugeordnet wird. Für diese Mengen werden zwei Maße $m(A)$, bzw. $m(B)$ definiert, die durch Flächen dargestellt werden. Zwischen diesen Maßen und den Entropien können folgende Korrespondenzen festgestellt werden:

$$m(A) \quad\quad \rightarrow H(X) \tag{15.160}$$

$$m(B) \quad\quad \rightarrow H(Y) \tag{15.161}$$

$$m(A \cup B) \ \rightarrow H(X,\ Y) \tag{15.162}$$

$$m(A \cap \overline{B}) \ \rightarrow H(X/Y) \tag{15.163}$$

$$m(B \cap \overline{A}) \ \rightarrow H(Y/X) \tag{15.164}$$

$$m(A \cap B) \ \rightarrow I(X;\ Y) \ . \tag{15.165}$$

In Abb. 15.9 sind diese Korrespondenzen dargestellt. Auf Grund dieser Korrespondenzen ergibt sich

$$m\,(A \cup B) = m(A) + m\,(B \cap \overline{A}) \rightarrow H(X,\ Y) = H(X) + H(Y/X) \tag{15.166}$$

$$m\,(A \cup B) = m(B) + m\,(A \cap \overline{B}) \rightarrow H(X,\ Y) = H(Y) + H(X/Y) \tag{15.167}$$

$$m(A) \geqq m\,(A \cap \overline{B}) \quad\quad\quad \rightarrow H(X) \geqq H(X/Y) \tag{15.168}$$

$$m(B) \geqq m\,(B \cap \overline{A}) \quad\quad\quad \rightarrow H(Y) \geqq H(Y/X) \tag{15.169}$$

$$m\,(A \cap B) = m(A) - m\,(A \cap \overline{B}) \rightarrow I(X;\ Y) = H(X) - H(X/Y) \tag{15.170}$$

$$m\,(A \cap B) = m(B) - m\,(B \cap \overline{A}) \rightarrow I(X;\ Y) = H(Y) - H(Y/X) . \tag{15.171}$$

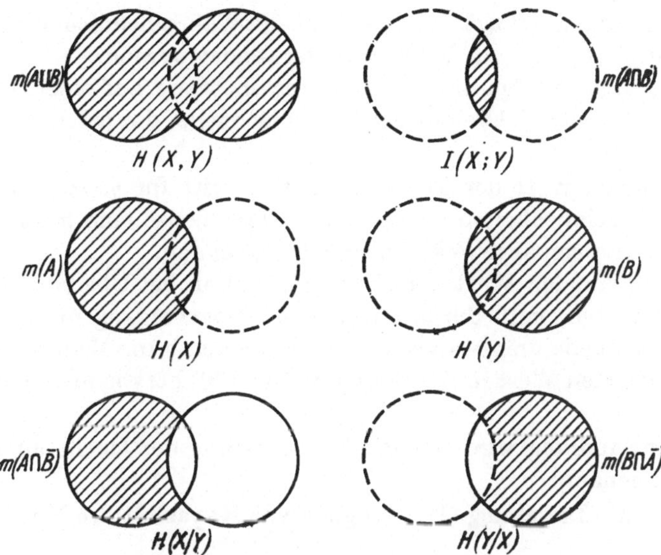

Abb. 15.9. Darstellung der Entropien

Für den Fall eines ungestörten Kanals fallen die Mengen A und B zusammen, und man erhält folgende Korrespondenzen:

$$m(A) = m(B) \qquad\qquad \rightarrow H(X) = H(Y) \qquad\qquad (15.172)$$

$$m\,(A \cup B) = m(A) = m(B) \quad \rightarrow H(X,\,Y) = H(X) = H(Y) \qquad (15.173)$$

$$m\,(A \cap \overline{B}) = m\,(B \cap \overline{A}) = 0 \rightarrow H(X/Y) = H(Y/X) = 0 \qquad (15.174)$$

$$m\,(A \cap B) = m(A) = m(B) \quad \rightarrow I(X;\,Y) = H(X) = H(Y)\,. \qquad (15.175)$$

Für den Fall eines stark gestörten Kanals sind die Mengen A und B unvereinbar, und es entstehen folgende Korrespondenzen:

$$m\,(A \cup B) = m(A) + m(B) \rightarrow H(X,\,Y) = H(X) + H(Y) \qquad (15.176)$$

$$m\,(A \cap \overline{B}) = m(A) \qquad\quad \rightarrow H(X/Y) = H(X) \qquad\qquad (15.177)$$

$$m\,(B \cap \overline{A}) = m(B) \qquad\quad \rightarrow H(Y/X) = H(Y) \qquad\qquad (15.178)$$

$$m\,(A \cap B) = 0 \qquad\qquad\quad \rightarrow I(X;\,Y) = 0\,. \qquad\qquad (15.179)$$

15.5. Kapazität des diskreten Kanals, Redundanz, Wirkungsgrad

Um ein Maß der Effektivität, mit der die Information übertragen wird, als auch die obere Grenze dieser Effektivität zu bestimmen, hat SHANNON den Begriff der Kapazität des Kanals eingeführt.

Die *Kanalkapazität* wird als Maximalwert der Transinformation definiert:

$$C = \max I(X;\,Y) = \max\,[H(X) - H(X/Y)] = \max\,[H(Y) - H(Y/X)]\,.$$

$$(15.180)$$

Die Maximierung erfolgt in bezug auf die Wahrscheinlichkeiten, mit denen die Symbole $x_1, x_2, \ldots, x_n$ des Kanals verwendet werden.

Anders gesagt, erfolgt die Maximierung in bezug auf einen unbestimmten Satz von Wahrscheinlichkeiten der Sekundärquelle, die jeden Wert annehmen können.

Der maximale Wert der Transinformation tritt für ganz bestimmte Werte dieser Wahrscheinlichkeiten ein, die auf diese Weise eine bestimmte, an den Kanal optimal angepaßte Sekundärquelle definieren.

Um den maximalen Wert der Transinformation bei Übertragung durch den Kanal zu erhalten, muß durch einen Kodierungsvorgang die Primärquelle in eine Sekundärquelle umgewandelt werden, die durch die Wahrscheinlichkeiten, die den maximalen Wert in der Beziehung (15.180) hervorrufen, gekennzeichnet ist.

Diese Umwandlung wird *statistische Anpassung* der Quelle an den Übertragungskanal genannt.

Die durch die Beziehung (15.180) gegebene Kapazität des Kanals wird in bit gemessen.

Die Kanalkapazität kann aber auch auf die Zeit bezogen werden. Für diesen Fall definiert man

$$C_t = \frac{C}{\bar{\tau}} = \max \frac{I(X;\,Y)}{\bar{\tau}}\,, \tag{15.181}$$

wobei $\bar{\tau}$ die mittlere Dauer eines Symbols ist und $\dfrac{I(X;\,Y)}{\bar{\tau}}$ die Transinformation pro Zeiteinheit bzw. den Transinformationsfluß darstellt:

$$I_t(X;\,Y) = \frac{I(X;\,Y)}{\bar{\tau}}\,. \tag{15.182}$$

Die durch die Beziehung (15.181) gegebene Kapazität des Kanals kann in bit pro Sekunde gemessen werden.

Wenn man annimmt, daß $\bar{\tau} = 1$ ist, so hat man

$$C_t = C\,, \tag{15.183}$$

und die Zahlenwerte der zwei Größen sind gleich. Im folgenden wird kein Unterschied zwischen den zwei Definitionen gemacht.

Die Redundanz des Kanals wird, ähnlich wie die Redundanz der Quelle, als Differenz zwischen der Kanalkapazität und der Transinformation definiert:

$$R_C = C - I(X;\,Y)\,. \tag{15.184}$$

Die relative Redundanz ist dem Verhältnis zwischen der Redundanz und der Kanalkapazität gleich

$$\varrho_c = 1 - \frac{I(X;\,Y)}{C}\,. \tag{15.185}$$

Der Wirkungsgrad des Kanals wird als Verhältnis zwischen der Transinformation und der Kanalkapazität definiert:

$$\eta_c = \frac{I(X;\,Y)}{C}\,.$$ (15.186)

Aus den Beziehungen (15.185) und (15.186) ergibt sich

$$\eta_c = 1 - \varrho_c\,.$$ (15.187)

Aus der Beziehung (15.180) ergibt sich

$$\eta_c \leqq 1\,.$$ (15.188)

Der Wirkungsgrad des Kanals gibt an, in welchem Maße die Transinformation von ihrem Maximalwert abweicht.

15.5.1. Kapazität des diskreten ungestörten Kanals

Wie gezeigt wurde, sind in Abwesenheit von Störungen die Äquivokation und der mittlere Fehler gleich Null, so daß sich für die durch die Beziehung (15.180) gegebene Kapazität des Kanals ergibt

$$C = \max I(X;\,Y) = \max H(X)\,.$$ (15.189)

Der diskrete ungestörte Kanal wird durch das Alphabet

$$[X] = [x_1, x_2, \ldots, x_n]\,,$$ (15.190)

das er übertragen kann, durch die festen Einschränkungen und durch den Satz von Wahrscheinlichkeiten, mit denen dieses Alphabet angewendet wird. gekennzeichnet.

Im folgenden werden zwei Fälle betrachtet und zwar: der Fall des diskreten Kanals ohne Einschränkungen und der Fall des diskreten Kanals mit festen Einschränkungen.

15.5.1.1. Diskreter Kanal ohne Einschränkungen

In diesem Fall wird angenommenje, daß der Buchstabe ohne Einschränkungen angewendet werden kann. In Wirklichkeit kommen Einschränkungen vor, jedoch sind sie von ganz anderer Art und zwar: Einschränkungen bezüglich der Amplitude, des Frequenzbandes usw., sie werden vorläufig nicht berücksichtigt.

Die Buchstaben

$$[X] = [x_1, x_2, \ldots, x_n]$$ (15.191)

können von verschiedener Dauer

$$[\tau] = [\tau_1, \tau_2, \ldots, \tau_n]$$ (15.192)

sein und mit den Wahrscheinlichkeiten

$$[P] = [p_1, p_2, \ldots, p_n]$$ (15.193)

verwendet werden. Um den Maximalwert der Entropie zu berechnen, kann folgendermaßen verfahren werden:

Es wird die Gesamtzahl $N(T)$ der Folgen, die von diesem Alphabet des Kanals in der Zeit T gebildet werden können, betrachtet.

Wenn die Wahrscheinlichkeiten für das Auftreten dieser Folgen gleich sind, ist die entsprechende Entropie maximal, folglich ist auch die auf die Zeiteinheit bezogene Entropie maximal; d. h. man erhält die Kanalkapazität

$$C_t = \lim_{T \to \infty} \frac{1}{T} \log N(T) \ . \tag{15.194}$$

Nach der Beziehung (15.35) ist

$$N(T) = A \ W^T \ , \tag{15.195}$$

wobei A eine beliebige Konstante und W die größte reelle Wurzel der Gleichung

$$1 - r^{-\tau_1} - r^{-\tau_2} \dots r^{-\tau_n} = 0 \tag{15.196}$$

ist und τ_i die Dauer der Symbole dargestellt.

Setzt man die Beziehung (15.195) in die Beziehung (15.194) ein, erhält man

$$C_t = \log W \ . \tag{15.197}$$

Das gleiche Resultat ergibt sich, wenn man von der Entropie am Eingang des Kanals

$$H_t(X) = - \frac{1}{\tau} \sum_{i=1}^{n} p_i \log p_i \tag{15.198}$$

bzw.

$$H_t(X) = - \frac{\sum_{i=1}^{n} p_i \log p_i}{\sum_{i=1}^{n} \tau_i p_i} \tag{15.199}$$

ausgeht und anschließend den Maximalwert dieses Ausdruckes in Abhängigkeit von den Veränderlichen $p_1, p_2, \dots, p_n$, zwischen denen die Beziehung

$$\sum_{i=1}^{n} p_i - 1 = 0 \tag{15.200}$$

besteht, bestimmt.

Man erkennt, daß dieser Weg viel umständlicher ist als der erste.

Es wird jetzt der Spezialfall betrachtet, daß die Buchstaben des Aphabetes von gleicher Dauer $\tau = \tau_1 = \tau_2 = \dots = \tau_n$ sind

$$N(T) = n^{\frac{T}{\tau}} \ ; \tag{15.201}$$

die Kanalkapazität ist dann

$$C_t = \frac{1}{\tau} \log n \ . \tag{15.202}$$

Mit Beziehung (15.200) ist der maximale Wert von $\dot{H}_t(X)$ aus Beziehung (15.198) ebenfalls

$$\max H_t(X) = \frac{1}{\tau} \log n \, , \tag{15.203}$$

wobei

$$p_1 = p_2 = \cdots = p_n = \frac{1}{n} \tag{15.204}$$

gilt.

Wenn an den Eingang des Kanals eine Sekundärquelle angelegt wird, für die $k = n$ ist und deren Informationsfluß durch die Beziehung (15.101)

$$H_t = \log W \tag{15.205}$$

gegeben ist, so hat man

$$H_t = C_t \, , \tag{15.206}$$

der Transinformationsfluß ist also der Kanalkapazität gleich.

Aus der Beziehung (15.186) ergibt sich, daß der Wirkungsgrad dieser Übertragung den Maximalwert erreicht und folglich gleich Eins ist.

Um die Transinformation gleich der Kanalkapazität zu machen, wenn die Informationsquelle mit Wahrscheinlichkeits-Einschränkungen, die durch die Beziehung (15.193) gegeben sind, behaftet ist, muß die gegebene Quelle in eine sekundäre Quelle umgewandelt werden, deren Symbole mit gleicher Wahrscheinlichkeit erscheinen.

Als Beispiel wird der Fall einer Primärquelle mit kontrollierbarem Informationsfluß betrachtet, die vier Symbole

$$[A] = [a_1, a_2, a_3, a_4] \, , \tag{15.207}$$

mit den Wahrscheinlichkeiten

$$[P] = \left[\frac{1}{2}, \frac{1}{4}, \frac{1}{8}, \frac{1}{8} \right] \tag{15.208}$$

liefert.

Die Entropie der Quelle ist

$$H = -\left(\frac{1}{2} \log \frac{1}{2} + \frac{1}{4} \log \frac{1}{4} + \frac{2}{8} \log \frac{1}{8} \right) = \frac{7}{4} \frac{\text{bit}}{\text{Symbol}} \, .$$

Es wird angenommen, daß das Alphabet des Kanals aus zwei Buchstaben: $[X] = [x_1, x_2]$ gleicher Dauer $\tau = 1$ besteht.

Der Übergang von der Primärquelle zur Sekundärquelle mit zwei Symbolen $[x_1, x_2]$ muß für das Auftreten der Symbole gleiche Wahrscheinlichkeiten gewährleisten.

Das kann mittels der Transformation

$$\left. \begin{array}{l} a_1 \to x_2 \\ a_2 \to x_1\, x_2 \\ a_3 \to x_1\, x_1\, x_2 \\ a_4 \to x_1\, x_1\, x_1 \end{array} \right\} \tag{15.209}$$

erreicht werden.

Zum Beispiel geht die Folge

$$a_2\, a_4\, a_1\, a_1\, a_3 \ldots \tag{15.210}$$

in die Folge

$$x_1\, x_2\, x_1\, x_1\, x_1\, x_2\, x_2\, x_1\, x_1\, x_2 \ldots \tag{15.211}$$

über.

Die durch Beziehung (5.209) gegebene Transformation ist reversibel, so daß man von der Folge (15.211) zur Folge (15.210) zurückkommen kann (der Kode ist trennbar).

Aus der Beziehung (15.209) ergibt sich

$$\left.\begin{aligned}
p(a_1) &= p(x_2)\\
p(a_2) &= p(x_1)\,p(x_2)\\
p(a_3) &= p(x_1)\,p(x_1)\,p(x_2)\\
p(a_4) &= p(x_1)\,p(x_1)\,p(x_1)\,.
\end{aligned}\right\} \tag{15.212}$$

Setzt man die durch die Beziehung (15.208) gegebenen Werte der Wahrscheinlichkeiten in die Beziehung (15.212) ein, so erhält man

$$p(x_1) = p(x_2) = \frac{1}{2}\,,$$

in der Folge (15.211) ist also die mittlere Entropie pro Symbol gleich Eins bzw. gleich der Kanalkapazität.

Die Primärquelle mit einer Entropie von $\frac{7}{4}$ bit/Symbol wurde durch Kodierung in eine Sekundärquelle umgewandelt, deren Entropie gleich der Kapazität des Kanals und gleich 1 bit/Symbol ist.

15.5.1.2. Diskreter Kanal mit festen Einschränkungen

Es wird angenommen, daß das Alphabet der Quelle von n Buchstaben gebildet ist:

$$[X] = [x_1, x_2, \ldots, x_n]\,.$$

Der Kanal kann m mögliche Zustände haben.

Die Gesamtzahl der Folgen der Dauer T, die von dem Kanal gebildet werden können, ist durch die Beziehung (15.49)

$$N(T) = A\,W^T \tag{15.213}$$

gegeben, wobei A eine beliebige Konstante ist, W als die größte reelle Wurzel der Gleichung

$$\begin{vmatrix}
\sum\limits_{s} W^{-\tau_{11}^{(s)}} - 1 & \sum\limits_{s} W^{-\tau_{21}^{(s)}} & \ldots\ldots\ldots\ldots \\[2ex]
\sum\limits_{s} W^{-\tau_{12}^{(s)}} & \sum\limits_{s} W^{-\tau_{22}^{(s)}} - 1 & \ldots\ldots\ldots\ldots \\[2ex]
\ldots\ldots\ldots\ldots\ldots\ldots\ldots\ldots\ldots \\[2ex]
\sum\limits_{s} W^{-\tau_{1m}^{(s)}} & \sum\limits_{s} W^{-\tau_{2m}^{(s)}} & \ldots\ \sum\limits_{s} W^{-\tau_{mm}^{(s)}} - 1
\end{vmatrix} = 0 \tag{15.214}$$

gegeben ist, und $\tau_{ij}^{(s)}$ die Dauer der Symbole darstellt, die im Zustand i möglich sind und zum Zustand j führen.

Wie im vorigen Fall ist die Kanalkapazität

$$C = \lim_{T \to \infty} \frac{1}{T} \log N(T)$$

bzw.

$$C = \log W \ . \tag{15.215}$$

Diesem Kanal kann ein Satz von Wahrscheinlichkeiten zugeordnet werden, die als beliebige Wahrscheinlichkeiten einer Sekundärquelle betrachtet werden können und zwar

P_i — ist die Wahrscheinlichkeit des Zustandes i;

$p_{ij}^{(s)}$ — ist die Wahrscheinlichkeit für den Übergang aus dem Zustand i in den Zustand j durch den Buchstaben x_s;

p_{ij} — ist die Wahrscheinlichkeit für den Übergang aus dem Zustand i in den Zustand j durch jeden beliebigen Buchstaben x.

Es ergibt sich

$$p_{ij} = \sum_s p_{ij}^{(s)} \ . \tag{15.216}$$

Man bezeichnet mit

$\tau_{ij}^{(s)}$ — die Länge des Symbols x_s, das den Übergang aus dem Zustand i in den Zustand j ermöglicht;

$P_i\, p_{ij}^{(s)}$ — die Wahrscheinlichkeit dafür, daß man sich im Zustand i befindet und durch den Buchstaben x_s in den Zustand j übergeht.

Die mittlere Länge eines Buchstabens ist

$$\bar{\tau} = \sum_i P_i \left[\sum_j \left(\sum_s p_{ij}^{(s)}\, \tau_{ij}^{(s)} \right) \right] \ . \tag{15.217}$$

Wenn bekannt ist, daß sich das System im Zustand i befindet, so ist nach Beziehung (15.26) die durch den Buchstaben x_s erhaltene Information, der den Zustand des Systems von i in j umwandelt:

$$i(x_s) = - \log p_{ij}^{(s)} \ . \tag{15.218}$$

Die mittlere Information pro Symbol, die man für eine ergodische Folge erhält, beträgt

$$H = - \sum_i P_i \left[\sum_j \left(\sum_s p_{ij}^{(s)} \log p_{ij}^{(s)} \right) \right] \ . \tag{15.219}$$

Der Informationsfluß ist

$$H_t = \frac{H}{\bar{\tau}} \ . \tag{15.220}$$

Dieser Informationsfluß ist im allgemeinen kleiner als die Kanalkapazität, da neben den festen Einschränkungen des Kanals auch Wahrscheinlichkeits-Einschränkungen eingeführt wurden.

Wählt man jedoch die Werte $p_{ij}^{(s)}$ in geeigneter Weise, so kann der Informationsfluß gleich der Kanalkapazität werden:

$$H_t = \log W \, . \tag{15.221}$$

Die Kenntnis der Übergangswahrscheinlichkeiten $p_{ij}^{(s)}$ bestimmt den gesamten Satz von Wahrscheinlichkeiten, da im stationären Fall

$$p_{ij} = \sum_s p_{ij}^{(s)} \, , \tag{15.222}$$

$$P_j = \sum_i P_i \, p_{ij} \, , \tag{15.223}$$

und

$$\sum_j P_j = \sum_i P_i = 1 \tag{15.224}$$

ist. Die Beziehungen (15.223) und (15.224) stellen ein Gleichungssystem mit m Gleichungen und m Unbekannten dar, aus denen die Wahrscheinlichkeiten $P_1, P_2, \ldots, P_m$ abgeleitet werden können.

Wenn die Wahrscheinlichkeiten $p_{ij}^{(s)}$ die Werte

$$p_{ij}^{(s)} = \frac{B_j}{B_i} \, W^{-\tau_{ij}^{(s)}} \tag{15.225}$$

annehmen, wobei $B_i \, (i = 1, 2, \ldots, m)$ die Lösungen des Gleichungssystems

$$B_i = \sum_j \sum_s B_j \, W^{-\tau_{ij}^{(s)}} \tag{15.226}$$

darstellen, so kann gezeigt werden, daß der Informationsfluß mit der durch die Beziehung (15.215) gegebenen Kanalkapazität gleich ist.

Um das zu beweisen, bringt man die Gleichung (15.226) in die Form

$$\sum_j B_j \left(\sum_s W^{-\tau_{ij}^{(s)}} - \delta_{ij} \right) = 0 \, , \tag{15.227}$$

wobei

$$\begin{aligned} \delta_{ij} = 1 \, , \quad &\text{für} \quad i = j \, , \\ \delta_{ij} = 0 \, , \quad &\text{für} \quad i \neq j \end{aligned} \Biggr\} \tag{15.228}$$

ist.

Das lineare und homogene Gleichungssystem (15.227) besitzt von Null verschiedene Lösungen, wenn die Determinante der Koeffizienten gleich Null ist

$$\begin{vmatrix} \sum_s W^{-\tau_{11}^{(s)}} - 1 & \sum_s W^{-\tau_{12}^{(s)}} & \cdots\cdots\cdots \\[2ex] \sum_s W^{-\tau_{21}^{(s)}} & \sum_s W^{-\tau_{22}^{(s)}} - 1 & \cdots\cdots \\[1ex] \cdots\cdots\cdots\cdots\cdots\cdots \\[1ex] \sum_s W^{-\tau_{m1}^{(s)}} & \sum_s W^{-\tau_{m2}^{(s)}} & \cdots \sum_s W^{-\tau_{mm}^{(s)}} - 1 \end{vmatrix} = 0 \, . \tag{15.229}$$

Diese Determinante ist derjenigen der Beziehung (15.214) gleich, jedoch sind die Zeilen und Spalten vertauscht. W hat deshalb dieselbe Bedeutung, ist also die größte positive Wurzel des Systems (15.229) bzw. (15.214), die nach der Beziehung (15.215) die Kanalkapazität bestimmt.

Damit die Werte $p_{ij}^{(s)}$ der Beziehung (15.225) Wahrscheinlichkeiten darstellen können, muß

$$\sum_j \sum_s p_{ij}^{(s)} = 1 \tag{15.230}$$

sein.

Führt man die Beziehung (15.225) in die Beziehung (15.230) ein und berücksichtigt Beziehung (15.226), erhält man

$$\sum_j \sum_s p_{ij}^{(s)} = \sum_j \sum_s \frac{B_j}{B_i} W^{-\tau_{ij}^{(s)}} = \frac{1}{B_i} \sum_j \sum_s B_j W^{-\tau_{ij}^{(s)}} = 1 \,, \tag{15.331}$$

die durch die Beziehung (15.225) gegebenen Zahlen $p_{ij}^{(s)}$ können also Wahrscheinlichkeiten darstellen.

Um den in diesem Fall erhaltenen Informationsfluß zu berechnen, führt man die Beziehung (15.225) in die Beziehung (15.219) ein

$$H = - \sum_i P_i \sum_j \left[\sum_s p_{ij}^{(s)} (\log B_j - \log B_i - \tau_{ij}^{(s)} \log W) \right] \tag{15.232}$$

oder

$$H = - \sum_i \sum_j \sum_s P_i p_{ij}^{(s)} (\log B_j - \log B_i) + \log W \sum_i P_i \sum_j \left[\sum_s p_{ij}^{(s)} \tau_{ij}^{(s)} \right] \tag{15.233}$$

oder

$$H = \sum_i P_i \log B_i - \sum_j P_j \log B_j + \bar{\tau} \log W \,. \tag{15.234}$$

Es ist aber

$$\sum_i P_i \log B_i - \sum_j P_j \log B_j = 0 \tag{15.235}$$

und folglich

$$H = \bar{\tau} \log W \,, \tag{15.236}$$

wobei der Informationsfluß

$$H_t = \log W \tag{15.237}$$

ist und den der Kanalkapazität gleichen Maximalwert erreicht. Folglich kann man sagen, daß die Primärquelle in eine Sekundärquelle umgewandelt wurde, deren Alphabet den durch die Beziehungen (15.223) und (15.224) bestimmten Wahrscheinlichkeits-Einschränkungen unterworfen ist, wobei der Informationsfluß die Kanalkapazität erreichen kann; anders gesagt, ist damit die statistische Anpassung der Quelle an den Kanal erfolgt.

Bei Kodierung der Primärquellen in Sekundärquellen, die für ungestörte Kanäle bestimmt sind, besteht der Grundgedanke darin, daß den wahrscheinlichsten Nachrichten die kürzesten Kodeworte zugeordnet werden.

41*

Als Beispiel wird der einfache Fall eines Telegrafie-Kanals mit MORSE-Kode betrachtet. Für diesen Fall ist die Dauer der Symbole:

$$\tau_{11}^{(1)} = 2 \ \text{(Punkt)}$$

$$\tau_{11}^{(2)} = 4 \ \text{(Strich)}$$

$$\tau_{12}^{(3)} = 3 \ \text{(Buchstabenzwischenraum)}$$

$$\tau_{12}^{(4)} = 6 \ \text{(Wortzwischenraum)}$$

$$\tau_{21}^{(1)} = 2 \ \text{(Punkt)}$$

$$\tau_{21}^{(2)} = 4 \ \text{(Strich)}.$$

Setzt man diese Werte in die Gleichung (15.214) ein, so erhält man

$$\begin{vmatrix} W^{-2} + W^{-4} - 1 & W^{-2} + W^{-4} \\ W^{-3} + W^{-6} & -1 \end{vmatrix} = 0 \, .$$

Die größte positive Wurzel dieser Gleichung ist $W = 1{,}453 = 2^{0{,}539}$. Folglich ist die Kapazität des Kanals

$$C_t = \log W = 0{,}539 \left(\frac{\text{bit}}{s} \right) .$$

15.5.2. Fundamentalsatz der Kodierung für ungestörte Kanäle

Es wird angenommen, daß die Primärquelle mit kontrollierbarem Informationsfluß die Symbole

$$[X] = [x_1, x_2, \ldots, x_N] \tag{15.238}$$

mit den Wahrscheinlichkeiten

$$[P] = [p(x_1), p(x_2), \ldots, p(x_N)] \tag{15.239}$$

liefert.

Weiter wird angenommen, daß das Alphabet der Sekundärquelle, oder anders gesagt, das Alphabet des Kodes (das identisch mit dem Alphabet des Kanals ist) aus D Buchstaben besteht:

$$[A] = [a_1, a_2, \ldots, a_D] \, . \tag{15.240}$$

Mit Hilfe dieser Buchstaben werden die Kodewörter

$$[C] = [c_1, c_2, \ldots, c_N] \tag{15.241}$$

gebildet, unter der Bedingung (Dekodierbarkeitsbedingung), daß kein Kodewort aus einem kürzeren Wort durch Zusatz eines oder mehrerer Buchstaben gebildet werden kann (anders gesagt, muß der Kode trennbar sein).

Durch die mit der Kodierung gegebenen Transformation entspricht jeder Nachricht $x_k \in X$ ein Kodewort $c_k \in C$.

Man bezeichnet mit n_k die Anzahl der Buchstaben, aus denen das Wort c_k gebildet ist und sagt, daß n_k die Länge des Wortes c_k darstellt.

Für eine große Anzahl von Kodewörtern kann die mittlere Länge eines Wortes durch

$$\overline{n} = \sum_{k=1}^{n} n_k \, p(x_k) \qquad (15.242)$$

definiert werden.

Theorem. *Wenn die Menge X der Nachrichten einer Quelle der Entropie $H(X)$, und ein Alphabet A eines Kodes, das aus D Buchstaben besteht, gegeben sind, dann kann eine Kodierung der Nachrichten der Quelle in Wörter, die aus Buchstaben dieses Alphabetes gebildet sind, so erfolgen, daß die mittlere Länge $\overline{n}$ eines Wortes die Bedingung*

$$\frac{H(X)}{\log D} \leqq \overline{n} < \frac{H(X)}{\log D} + 1 \qquad (15.243)$$

erfüllt.

Statt einer individuellen Kodierung, für jede Nachricht einzeln, kann eine Kodierung für Nachrichtenfolgen (Wörter) durchgeführt werden.

Es wird angenommen, daß die Nachrichten unabhängig sind und daß ihre Folge in Wörter segmentiert wird, wobei jedes Wort m Nachrichten enthält.

Die Menge der Wörter, die auf diese Weise gebildet werden können, hat $M = N^m$ Elemente:

$$[S] = [s_1, s_2, \ldots, s_M] \, . \qquad (15.244)$$

Jedem Wort s_i aus dem Wortschatz (der Menge von Wörtern) der Quelle entspricht ein Wort c_i aus dem Wortschatz des Kodes, der in diesem Fall M Wörter

$$[C] = [c_1, c_2, \ldots, c_M] \qquad (15.245)$$

besitzen muß.

Bei dieser Kodierung kann die mittlere Anzahl von Buchstaben in einem Wort aus dem Wortschatz des Kodes nach der Beziehung

$$\frac{H(X)}{\log D} \leqq \overline{n} < \frac{H(X)}{\log D} + \frac{1}{m} \qquad (15.246)$$

im Vergleich zum vorigen Fall verringert werden.

Aus dieser Beziehung ergibt sich, daß bei Vergrößerung von m die mittlere Anzahl der Buchstaben in einem Wort beliebig nahe dem durch $\log D$ dividierten Wert der Entropie der Quelle gemacht werden kann:

$$\frac{H(X)}{\log D} \leqq \overline{n} < \frac{H(X)}{\log D} + \varepsilon \, , \qquad (15.247)$$

wobei $\varepsilon \geqq \dfrac{1}{m}$ ist.

Wenn die Sekundärquelle (die Kodiereinrichtung) an einem Kanal ohne Einschränkungen mit dem Alphabet A angelegt wird, so stellt $\log D$ die Kanalkapazität dar.

Für diesen Fall kann man behaupten, daß durch Kodierung die maximale Transinformation erreicht wird. Die mittlere Information pro Buchstabe aus dem Alphabet des Kodes hat in diesem Fall den maximalen Wert $C = \log D$, zum Unterschied von der mittleren Information pro Symbol aus dem Alphabet der Quelle, die den Wert $H(X) = H$ hat. Wenn auch die Zeit berücksichtigt wird, bzw. wenn die Kapazität des Kanals in bit/sec gleich Eins angenommen wird, kann die Beziehung (15.246) in der Form

$$\frac{C_t}{H} \geqq \frac{1}{n} > \frac{C_t}{H} - \mu \tag{15.248}$$

geschrieben werden und da $\frac{1}{n}$ die Anzahl von Nachrichten pro Sekunde darstellt ist,

$$\frac{\text{Anzahl von Nachrichten}}{\text{Sekunde}} \leqq \frac{C_t}{H} - \mu \,, \tag{15.249}$$

wobei μ beliebig klein gemacht werden kann.

Die Beziehung (15.249) bestimmt die obere Grenze $\frac{C_t}{H}$ für die Anzahl der Nachrichten einer Quelle der Entropie H, die in einer Sekunde durch einen ungestörten Kanal übertragen werden können.

Die Übertragung mit einer größeren Geschwindigkeit als $\frac{C_t}{H}$ Nachrichten pro Sekunde ist unmöglich.

Der Beweis des Theorems und der vorigen Behauptungen wird im zweiten Band erbracht werden. (Siehe hierzu auch: FEY, Informationstheorie.)

15.5.3. Kapazität des diskreten gestörten Kanals

Im Falle diskreter gestörter Kanäle besteht keine eindeutige Korrespondenz zwischen dem Alphabet $[X]$ am Eingang des Kanals und dem Alphabet $[Y]$ am Ausgang des Kanals.

Wenn am Eingang des Kanals das Symbol x_i erscheint, so kann infolge der Störungen am Ausgang mit einer gewissen Wahrscheinlichkeit jedes Symbol erscheinen. Ist die Störung klein, so ist auch die Wahrscheinlichkeit dafür, daß am Ausgang ein anderes als das übertragene Symbol erscheint, klein. Sind die Störungen groß. so wächst auch die Wahrscheinlichkeit der fehlerhaften Übertragung.

Im folgenden wird angenommen, daß der Kanal keine festen Einschränkungen besitzt und daß die Einwirkung der Störungen durch Kenntnis der Rauschmatrix

$$[\mathfrak{P}] = [P(Y/X)] = \begin{bmatrix} p(y_1/x_1) & p(y_2/x_1) & \cdots & p(y_m/x_1) \\ p(y_1/x_2) & p(y_2/x_2) & \cdots & p(y_m/x_2) \\ \cdots & \cdots & \cdots & \cdots \\ p(y_1/x_n) & p(y_2/x_n) & \cdots & p(y_m/x_n) \end{bmatrix} \tag{15.250}$$

bestimmt ist.

Für die Berechnung der Kapazität des gestörten Kanals ist der Maximalwert der Transinformation zu bestimmen:

$$C = \max I(X;Y) = \max [H(X) - H(X/Y)] = \max [H(Y) - H(Y/X)] \,, \tag{15.251}$$

wobei die Veränderlichen $p(x_i)$ den Einschränkungen

$$\sum_{i=1}^{n} p(x_i) - 1 = 0 \tag{15.252}$$

und

$$p(x_i) \geqq 0 \quad \text{für} \quad i = 1, 2, \ldots, n \tag{15.253}$$

unterworfen sind.

Zur Bestimmung des Maximalwertes der durch die Beziehung (15.251) gegebenen Funktion, deren Veränderliche durch die Beziehung (15.252) verbunden sind, wird das Verfahren der unbestimmten Multiplikatoren von LAGRANGE angewendet; d. h., es wird der Maximalwert der Funktion

$$\Phi = I(X; Y) + \lambda \left[\sum_{i=1}^{n} p(x_i) - 1 \right] \tag{15.254}$$

gesucht.

Die Werte der Wahrscheinlichkeiten $p(x_1)$, $p(x_2)$, ... für die Φ, bzw. $I(X; Y)$ den Maximalwert erreichen, können aus dem Gleichungssystem:

$$\frac{\partial \Phi}{\partial p(x_i)} = 0 \quad \text{für} \quad i = 1, 2, \ldots, n \tag{15.255}$$

ermittelt werden.

Zur Vereinfachung der Rechnung wird angenommen, daß $I(X; Y)$ in natürlichen Einheiten (nit) ausgedrückt ist.

Mit

$$I(X; Y) = H(Y) - H(Y/X) \tag{15.256}$$

geht die Funktion Φ in

$$\Phi = H(Y) - H(Y/X) + \lambda \left[\sum_{i=1}^{n} p(x_i) - 1 \right] \tag{15.257}$$

über.

Leitet man nach $p(x_i)$ ab und berücksichtigt, daß alle $p(y_j)$ von $p(x_i)$ abhängen, erhält man

$$\frac{\partial H(Y)}{\partial p(x_i)} = \sum_{j=1}^{m} \frac{\partial H(Y)}{\partial p(y_j)} \frac{\partial p(y_j)}{\partial p(x_i)}. \tag{15.258}$$

Infolge der Störungen sind die Wahrscheinlichkeiten $p(y_j)$ und $p(x_i)$ durch die Beziehung

$$p(y_j) = \sum_{i=1}^{n} p(x_i) \cdot p(y_j/x_i) \tag{15.259}$$

verbunden.

Mit dem Ausdruck für die Entropie $H(Y)$ und der Beziehung (15.259) geht die Beziehung (15.258) in

$$\frac{\partial H(Y)}{\partial p(x_i)} = - \sum_{j=1}^{m} [\ln p(y_j) + 1] \, p(y_j/x_i) , \tag{15.260}$$

oder

$$\frac{\partial H(Y)}{\partial p(x_i)} = -1 - \sum_{j=1}^{m} p\,(y_j/x_i) \ln p(y_j) \qquad (15.261)$$

über.

Die Ableitung der Äquivokation nach $p(x_i)$ ergibt sich, indem man

$$H(Y/X) = -\sum_{i=1}^{n} \sum_{j=1}^{m} p(x_i)\,p(y_j/x_i) \ln p(y_j/x_i) \qquad (15.262)$$

schreibt, woraus sich

$$\frac{\partial H(Y/X)}{\partial p(x_i)} = -\sum_{j=1}^{m} p(y_j/x_i) \ln p(y_j/x_i) \qquad (15.263)$$

ergibt, wobei die $p(y_j/x_i)$ konstante Größen sind, die den gestörten Kanal kennzeichnen und die durch die Rauschmatrix des Kanals gegeben sind.

Leitet man das letzte Glied der Beziehung (15.257) ab, erhält man

$$\frac{\partial}{\partial p(x_i)}\left[\lambda\left(\sum_{i=1}^{n} p(x_i) - 1\right)\right] = +\lambda\,. \qquad (15.264)$$

Mit den Beziehungen (15.261), (15.263) und (15.264) kann das Gleichungssystem (15.255) in der Form

$$\sum_{j=1}^{m} p(y_j/x_i) \ln \frac{p(y_j/x_i)}{p(y_j)} + \lambda - 1 = 0 \qquad (15.265)$$

geschrieben werden.

Mit der Beziehung (15.150) ergibt sich

$$I(x_i;\,Y) = \sum_{j=1}^{m} i\,(x_i;\,y_j)\,p(y_j/x_i) \qquad (15.266)$$

bzw.

$$I(x_i;\,Y) = \sum_{j=1}^{m} p(y_j/x_i) \ln \frac{p(y_j/x_i)}{p(y_j)}, \qquad (15.267)$$

wobei $I(x_i,\,Y)$ den bedingten Mittelwert der übertragenen Information darstellt, wenn am Eingang x_i gesendet wird bzw. $I(x_i,\,Y)$ ist die mittlere Information am Ausgang des Kanals, wenn der Buchstabe x_i übertragen wird. Bezeichnet man die Konstante $\lambda - 1$ mit $-C$, so hat man

$$C = 1 - \lambda \qquad (15.268)$$

und mit der Beziehung (15.267) erhält man

$$I(x_i;\,Y) = C\,. \qquad (15.269)$$

Multipliziert man beide Glieder mit $p(x_i)$ und summiert über alle i, erhält man

$$I(X;\,Y) = C\,. \qquad (15.270)$$

Die Konstante der Beziehung (15.268) stellt also gerade die Kanalkapazität dar; denn sie ist der Transinformation mit dem Wahrscheinlichkeitssatz, der die Gleichungen (15.255) befriedigt und die die Maximalbedingungen für $I(X; Y)$ darstellen, gleich.

Um den Wahrscheinlichkeitssatz $p(x_1)$, $p(x_2)$. . . . , $p(x_n)$, der die Transinformation maximiert, zu bestimmen, wird das Gleichungssystem (15.265) in die Form

$$\sum_{j=1}^{m} p(y_j/x_i) \ln p(y_j) + C \sum_{j=1}^{m} p(y_j/x_i) = \sum_{j=1}^{m} p(y_j/x_i) \ln p(y_j/x_i)$$

oder

$$\sum_{j=1}^{m} [C + \ln p(y_j)]\, p(y_j/x_i) = - H(Y/x_i) \quad \text{für} \quad i = 1, 2, \ldots, n \tag{15.271}$$

gebracht, wobei die Wahrscheinlichkeiten der Symbole am Ausgang durch die Beziehungen

$$p(y_j) = \sum_{i=1}^{n} p(x_i) \cdot p(y_j/x_i) \quad \text{für} \quad j = 1, 2, \ldots, m \tag{15.272}$$

gegeben sind.

Zu den Gleichungen (15.271) und (15.272) wird die Gleichung

$$\sum_{j=1}^{n} p(y_j) = 1 \tag{15.273}$$

zugefügt.

Die Beziehungen (15.271), (15.272) und (15.273) bilden ein System von $n + m + 1$ Gleichungen mit ebenso vielen Unbekannten: $p(x_1)$, $p(x_2)$, $\ldots$, $p(x_n)$, $p(y_1)$, $p(y_2)$, $\ldots$, $p(y_m)$ und C.

Von diesen Unbekannten ist zunächst die Kanalkapazität C und der Satz von Wahrscheinlichkeiten $p(x_1)$, $p(x_2) \cdots p(x_n)$ am Eingang, der die Anpassung der Quelle an den Kanal ermöglicht, von Interesse.

Entsprechend der durch die Beziehung (14.253) gegebenen Einschränkung können die $p(x_1)$, $p(x_2) \ldots p(x_n)$ keine negativen Zahlen sein. Wenn eine dieser Zahlen negativ wird, kann die Lösung nicht berücksichtigt werden. In diesem Fall schließt man einen der Buchstaben des Eingangsalphabetes und zwar x_k aus und setzt $P(x_k) = 0$. Der beseitigte Buchstabe muß nicht unbedingt derjenige sein, dem eine negative Wahrscheinlichkeit entspricht.

Die Schwierigkeit dieser Elimination besteht darin, daß man nicht von vornherein den Buchstaben kennt, der eliminiert werden muß, so daß man der Reihe nach einen Buchstaben eliminiert und dabei jedesmal den Wert $I(X; Y)$ berechnet. Der höchste erhaltene Wert stellt die Kapazität des Kanals dar. Wenn jedoch bei allen aufeinanderfolgenden Eliminationen je eines Buchstabens die Beziehung (15.253) noch nicht eingehalten ist, so werden zwei Buchstaben eliminiert usw.

Das Gleichungssystem (15.271), (15.272) und (15.273) ist einfacher in dem Fall lösbar, in dem die Alphabete am Eingang des Kanals und am Ausgang des

Kanals die gleiche Anzahl von Buchstaben besitzen, bzw. wenn

$$n = m \tag{15.274}$$

ist und wenn die Determinante $|\mathfrak{P}|$ der durch die Beziehung (12.550) definierten Rauschmatix $|\mathfrak{P}|$ verschieden von Null ist.

In diesem Fall kann man die inverse Matrix $[\mathfrak{P}]^{-1}$ bilden, deren Elemente durch die Beziehung

$$q_{ji} = \frac{P_{ij}}{|\mathfrak{P}|} \tag{15.275}$$

gegeben sind, wobei P_{ij} der Kofaktor des Elementes $p(y_j/x_i)$ der Matrix $[\mathfrak{P}]$ ist.

In diesem Fall kann man von den Gleichungssystem (15.271), das die Werte $H(Y/x_i)$ in Abhängigkeit von $\ln p(y_j)$ angibt, zu der Transformation übergehen, die die Werte von $p(y_j)$ in Abhängigkeit von den Werten $H(Y/x_i)$ angibt.

Um die zur Transformation (15.271) inverse Transformation zu bestimmen, wird diese in der Form

$$\sum_{j=1}^{m} p(y_j/x_i) \log p(y_j) = - H(Y/x_i) - C \tag{15.276}$$

geschrieben, wobei man auf die Informationsmaßeinheit bit, bzw. auf den Logarithmus zur Basis Zwei zurückgeht.

Da angenommen wurde, daß die Matrix $[\mathfrak{P}]$ nicht singulär ist, kann man die zur Transformation (15.276) inverse Transformation wie folgt

$$- \sum_{i=1}^{n} q_{ij} H(Y/x_i) = \log p(y_j) + C \tag{15.277}$$

ausdrücken; statt C kann man

$$C = \log 2^C \tag{15.278}$$

schreiben, wobei die Beziehung (15.277) in

$$\log [2^C \cdot p(y_j)] = - \sum_{i=1}^{n} q_{ji} H(Y/x_i) \tag{15.279}$$

oder

$$\sum_{j=1}^{n} 2^C p(y_j) = \sum_{j=1}^{n} 2^{-\sum_{i=1}^{n} q_{ji} H(Y/x_i)} \tag{15.280}$$

oder

$$2^C = \sum_{j=1}^{n} 2^{-\sum_{i=1}^{n} q_{ji} H(Y/x_i)} \tag{15.281}$$

übergeht, woraus

$$C = \log \sum_{j=1}^{n} 2^{-\sum_{i=1}^{n} q_{ji} H(Y/x_i)} \tag{15.282}$$

entsteht.

Um die zur Transformation (15.272) inverse Transformation zu erhalten, verfährt man ähnlich und erhält

$$p(x_i) = \sum_{j=1}^{n} q_{ji}\, p(y_j)\,,\qquad(15.283)$$

wobei aus der Beziehung (15.279)

$$p(y_j) = 2^{-C}\, 2^{-\sum_{i=1}^{n} q_{ji}\, H(Y/x_i)}\qquad(15.284)$$

entsteht.

Setzt man die Beziehung (15.284) in die Beziehung (15.283) ein, erhält man

$$p(x_i) = 2^{-C} \sum_{j=1}^{n} q_{ij}\, 2^{-\sum_{k=1}^{n} q_{jk} H(Y/x_k)}\,.\qquad(15.285)$$

Wie ersichtlich ist, hängt $H(Y/x_i)$ nur von den Elementen der Rauschmatrix des Kanals [$\mathfrak{P}$] ab

$$H(Y/x_i) = -\sum_{j=1}^{n} p(y_j/x_i) \log p(y_j/x_i)\,.\qquad(15.286)$$

Auf diese Weise bestimmt man bei Kenntnis der Rauschmatrix [$\mathfrak{P}$] des Kanals (wenn diese nicht singulär ist) mit der Beziehung (15.282) die Kanalkapazität und mit der Beziehung (15.285) die Wahrscheinlichkeiten der Eingangssymbole, die die Transinformation für den Fall maximieren, in dem die Alphabete am Eingang und am Ausgang des Kanals die gleiche Zahl von Buchstaben besitzen.

15.5.4. Kapazität des binären Kanals

In Abb. 15.10 ist ein binärer Kanal in allgemeiner Form dargestellt.

Das Alphabet des Kanals besteht aus zwei Symbolen, $x_1 = 0$ und $x_2 = 1$ am Eingang und $y_1 = 0$ und $y_2 = 1$ am Ausgang.

Die Rauschmatrix des binären Kanals ist

$$[\mathfrak{P}] = \begin{bmatrix} p(y_1/x_1) & p(y_2/x_1) \\ p(y_1/x_2) & p(y_2/x_2) \end{bmatrix} = \begin{bmatrix} p_{11} & p_{12} \\ p_{21} & p_{22} \end{bmatrix}\,.\qquad(15.287)$$

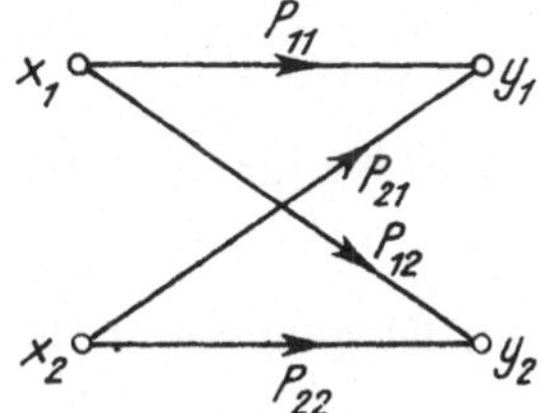

Abb. 15.10. Schematische Darstellung eines binären Kanals

Die Kapazität des binären Kanals ist durch die Beziehung (15.282) gegeben
und zwar

$$C = \log \sum_{j=1}^{2} 2^{-\sum_{i=1}^{2} q_{ji} H(Y/x_i)} \tag{15.288}$$

oder

$$C = \log \left[2^{-\sum_{i=1}^{2} q_{1i} H(Y/x_i)} + 2^{-\sum_{i=1}^{2} q_{2i} H(Y/x_i)} \right]$$

oder

$$C = \log \left[2^{-q_{11} H(Y/x_1) - q_{12} H(Y/x_2)} + 2^{-q_{21} H(Y/x_1) - q_{22} H(Y/x_2)} \right]. \tag{15.289}$$

Aus der Beziehung (15.286) erhält man

$$H(Y/x_i) = -\sum_{j=1}^{2} p_{ij} \log p_{ij} , \tag{15.290}$$

woraus

$$H(Y/x_1) = -(p_{11} \log p_{11} + p_{12} \log p_{12}) \tag{15.291}$$

und

$$H(Y/x_2) = -(p_{21} \log p_{21} + p_{22} \log p_{22}) \tag{15.292}$$

entsteht. Die Koeffizienten q_{ij} sind durch die Beziehung (15.275) gegeben

$$q_{ji} = \frac{p_{ij}}{p_{11} p_{22} - p_{21} p_{12}} \tag{15.293}$$

und indem man

$$\Delta = p_{11} p_{22} - p_{21} p_{12} \tag{15.294}$$

setzt, erhält man die Koeffizienten

$$q_{11} = \frac{p_{22}}{\Delta} ; \qquad q_{12} = -\frac{p_{12}}{\Delta} ; \qquad q_{21} = -\frac{p_{21}}{\Delta} ; \qquad q_{22} = \frac{p_{11}}{\Delta} . \tag{15.295}$$

Die tatsächliche Berechnung der durch die Beziehung (15.291) und (15.292)
gegebenen Werte von $H(Y/x_i)$ und der durch die Beziehung (15.295) gegebenen
Werte der Koeffizienten q_{ji} ermöglicht die Bestimmung der Größen

$$Q_1 = -q_{11} H(Y/x_1) - q_{12} H(Y/x_2) \tag{15.296}$$

und

$$Q_2 = -q_{21} H(Y/x_1) - q_{22} H(Y/x_2) , \tag{15.297}$$

so daß die Kapazität des Kanals in der Form

$$C = \log [2^{Q_1} + 2^{Q_2}] \tag{15.298}$$

ausgedrückt werden kann.

Die Wahrscheinlichkeiten der Eingangssymbole, denen diese Kanalkapazität
entspricht, sind

$$p(x_1) = 2^{-C} [q_{11} 2^{Q_1} + q_{12} 2^{Q_2}] , \tag{15.299}$$

und

$$p(x_2) = 2^{-C} \left[q_{21}\, 2^{Q_1} + q_{22}\, 2^{Q_2} \right] . \tag{15.300}$$

Die Kapazität des binären Kanals kann auch graphisch bestimmt werden. Zur Abkürzung werden folgende Bezeichnungen eingeführt

$$p(x_1) = p_1 , \qquad\qquad p(x_2) = p_2 ,$$
$$p(y_1) = q_1 = q , \qquad\qquad p(y_2) = q_2 .$$

Da $q_1 + q_2 = 1$ ist, kann man schreiben

$$H(Y) = H(q_1, q_2) = H(q_1, 1 - q_1) = H(q) \tag{15.301}$$

und

$$H(Y/X) = p_1\, H(Y/x_1) + p_2\, H(Y/x_2) . \tag{15.302}$$

wobei

$$H(Y/x_1) = - p_{11} \log p_{11} - p_{12} \log p_{12} = H(p_{11}, p_{12}) \tag{15.303}$$

ist.

Da

$$p_{11} + p_{12} = 1 \tag{15.304}$$

ist, kann man schreiben

$$H(Y/x_1) = H(p_{11}) . \tag{15.305}$$

Auf ähnliche Weise kann man mit

$$p_{21} + p_{22} = 1 \tag{15.306}$$

schreiben

$$H(Y/x_2) = - p_{21} \log p_{21} - p_{22} \log p_{22} = H(p_{21}, p_{22}) \tag{15.307}$$

oder

$$H(Y/x_2) = H(p_{22}) . \tag{15.308}$$

Mit den Beziehungen (15.305) und (15.308) wird aus der Beziehung (15.302)

$$H(Y/X) = p_1\, H(p_{11}) + p_2\, H(p_{22}) . \tag{15.309}$$

Mit diesen Bezeichnungen gilt für die Transinformation

$$I(X; Y) = H(Y) - H(Y/X) = H(q) - p_1\, H(p_{11}) - p_2\, H(p_{22}). \tag{15.310}$$

Zur Bestimmung des Maximalwertes der Transinformation, bzw. der Kanalkapazität verwendet man folgende graphische Darstellung (Abb. 15.11):

1. Man konstruiert die Kurve $H(q)$.
2. Man trägt die Ordinaten

$$A_1 B_1 = H(p_{11}) \tag{15.311}$$
$$A_2 B_2 = H(p_{22}) \tag{15.312}$$

ab.

3. Man bestimmt den Punkt A so, daß

$$\frac{\beta_1}{\beta_1 + \beta_2} = p_2 \tag{15.313}$$

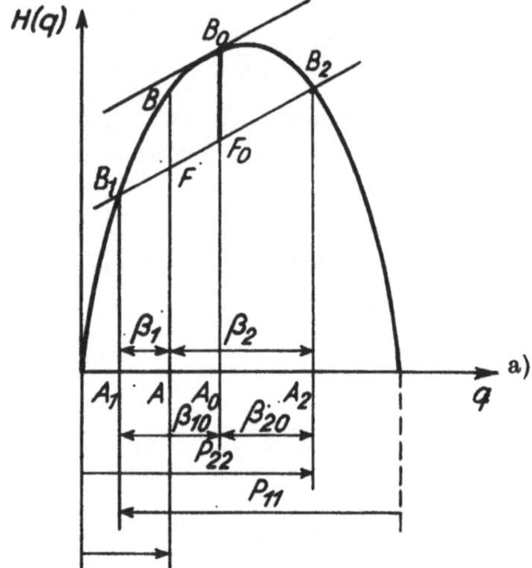

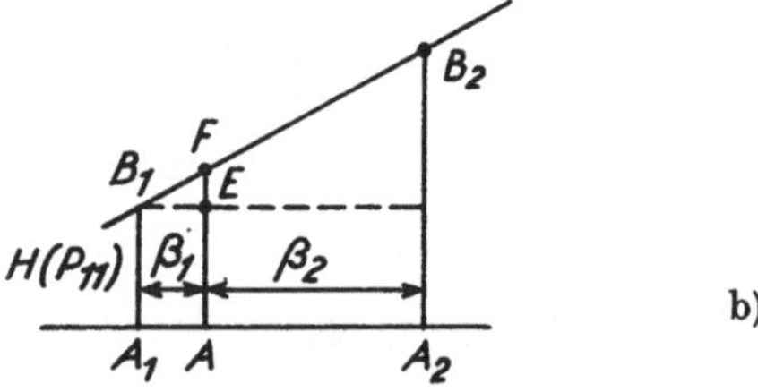

Abb. 15.11. Graphische Konstruktion für die Bestimmung der Kapazität
eines binären Kanals

a) Die Kurve $H(q)$, b) graphische Hilfskonstruktion

und

$$\frac{\beta_2}{\beta_1 + \beta_2} = p_1 \tag{15.314}$$

ist.

Aus der Abb. 15.11b können für diesen Fall folgende Beziehungen abgeleitet werden:

$$\frac{EF}{H(p_{22}) - H(p_{11})} = \frac{\beta_1}{\beta_1 + \beta_2}, \tag{15.315}$$

$$EF = \frac{\beta_1}{\beta_1 + \beta_2} [H(p_{22}) - H(p_{11})], \tag{15.316}$$

$$AF = EF + H(p_{11}) = \frac{\beta_1 H(p_{22}) + \beta_2 H(p_{11})}{\beta_1 + \beta_2}, \tag{15.317}$$

woraus

$$AF = p_1 H(p_{11}) + p_2 H(p_{22}) \tag{15.318}$$

entsteht.

Nach der Beziehung (15.310) wird die Transinformation durch den Abschnitt

$$I(X; Y) = AB - AF = BF \tag{15.319}$$

dargestellt.

Um den maximalen Wert von BF, bzw. die Kanalkapazität zu erhalten, wird eine Parallele zur Geraden B_1B_2 gezeichnet, die die Tangente der Kurve $H(q)$ darstellt. Bezeichnet man mit B_0 den Berührungspunkt, so ist die Kapazität des Kanals

$$C = B_0 F_0 \,. \tag{15.320}$$

Die Wahrscheinlichkeiten der Eingangssymbole, die zu diesem Maximalwert führen, sind

$$p_1 = \frac{\beta_{20}}{\beta_{10} + \beta_{20}} \tag{15.321}$$

und

$$p_2 = \frac{\beta_{10}}{\beta_{10} + \beta_{20}} \,. \tag{15.322}$$

Aus der graphischen Darstellung können folgende Schlußfolgerungen gezogen werden:

1. Die Kanalkapazität ist gleich Null für alle Werte p_{11} und p_{22}, für die

$$p_{11} + p_{22} = 1 \tag{15.323}$$

ist, insbesondere auch für die Werte $p_{11} = p_{22} = \dfrac{1}{2}$.

Rechnerisch erhält man aus den Beziehungen (15.304) und (15.306) für den Fall $p_{11} + p_{22} = 1$ die Gleichungen

$$p_{11} = p_{21} \quad \text{und} \quad p_{22} = p_{12} \,,$$

die bestätigen, daß der Buchstabe y_i mit der gleichen Wahrscheinlichkeit sowohl aus x_1 als auch aus x_2 entstehen kann, was auch für den Buchstaben y_2 gültig ist.

Da in diesem Fall die Wahrscheinlichkeiten der Ausgangssymbole nicht von den Wahrscheinlichkeiten der Eingangssymbole abhängig sind, da

$$p(y_1) = p(x_1)\, p_{11} + p(x_2)\, p_{21} = p_{11} \tag{15.324}$$

und

$$p(y_2) = p(x_1)\, p_{12} + p(x_2)\, p_{22} = p_{22} \tag{15.325}$$

ist, ergibt sich die Schlußfolgerung, daß die Kanalkapazität gleich Null sein muß.

2. Die Kanalkapazität erreicht den maximalen Wert für

$$p_{11} = 1 \quad \text{und} \quad p_{22} = 1 \tag{15.326}$$

bzw. für $p_{12} = p_{21} = 0$, also für den ungestörten Kanal.

Der gleiche Maximalwert ergibt sich für den Fall, daß $p_{11} = p_{22} = 0$ und $p_{12} = p_{21} = 1$ ist, da er nur ein Vertauschen der Korrespondenzen $x_1 \to y_2$ und $x_2 \to y_1$ im ungestörten Kanal darstellt.

15.5.5. Symmetrisch gestörte Kanäle

Wenn in einem Kanal, unabhängig vom Buchstaben, der am Eingang angelegt wird, jeder Buchstabe mit dem gleichen Wahrscheinlichkeitssatz in eine endliche Zahl von Buchstaben am Ausgang umgewandelt wird, spricht man von einem *symmetrischen Kanal*.

Die Rauschmatrix des Kanals lautet

$$[\mathfrak{P}] = \begin{bmatrix} p(y_1/x_1) & p(y_2/x_1) \cdots p(y_m/x_1) \\ p(y_1/x_2) & p(y_2/x_2) \cdots p(y_m/x_2) \\ \cdot\cdot\cdot\cdot\cdot\cdot\cdot\cdot\cdot\cdot\cdot\cdot\cdot\cdot \\ p(y_1/x_n) & p(y_2/x_n) \cdots p(y_m/x_n) \end{bmatrix}. \tag{15.327}$$

Wenn die Matrix aus Zeilen gebildet wird, die durch Permutation des gleichen Zahlensatzes

$$p_1, p_2, \ldots, p_m$$

entstehen, handelt es sich um einen Kanal, der *gleichmäßig bezüglich des Eingangs* ist.

In diesem Fall ergibt jeder beliebige Eingangsbuchstabe x_k das Ausgangsalphabet mit demselben Wahrscheinlichkeitssatz (Abb. 15.12).

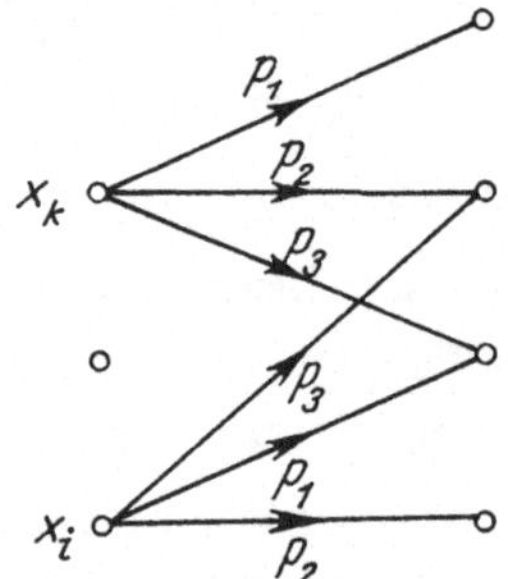

Abb. 15.12. Schematische Darstellung eines bezüglich des Einganges gleichmäßigen Kanals

Ist der Kanal gleichmäßig bezüglich des Eingangs, so ist die durch ein bestimmtes Eingangssymbol gegebene Ausgangsentropie eine konstante Größe, die für jedes beliebige Eingangssymbol gleich ist:

$$H(Y/x_i) = -\sum_{j=1}^{m} p(y_j/x_i) \log p(y_j/x_i) = -\sum_{i=1}^{m} p_j \log p_j. \tag{15.328}$$

Dies bedeutet, daß für den Fall des gleichmäßigen Kanals jeder Eingangsbuchstabe den gleichen mittleren Fehler am Ausgang ergibt, anders ausgedrückt, jeder der Eingangsbuchstaben in gleichem Maß durch das Rauschen des Kanals gestört wird.

Ein Kanal ist gleichmäßig bezüglich des Ausgangs, wenn die Kolonnen der Matrix $|\mathfrak{P}|$ durch Permutation des gleichen Satzes von Zahlen

$$q_1, q_2, \ldots, q_n$$

gegeben sind.

Wenn an den Eingang eines bezüglich des Ausgangs gleichmäßigen Kanals Symbole, die die gleichen Wahrscheinlichkeiten

$$p(x_i) = p(x) = \frac{1}{n} \tag{15.329}$$

besitzen, angelegt werden, erhält man am Ausgang die Wahrscheinlichkeiten

$$p(y_j) = \sum_{i=1}^{n} p(x_i)\, p(y_j/x_i) = \frac{1}{n} \sum_{j=1}^{n} q_j\,, \qquad (15.330)$$

d. h., für jeden beliebigen Index j (bzw. für jede Spalte) wird der gleiche Wahrscheinlichkeitssatz summiert.

Aus der Beziehung (15.330) ergeben sich für gleiche Eingangswahrscheinlichkeiten auch gleiche Ausgangswahrscheinlichkeiten:

$$p(y_j) = p(y) = \frac{1}{m}\,. \qquad (15.331)$$

Ein Kanal, der sowohl bezüglich des Eingangs als auch bezüglich des Ausgangs gleichmäßig ist, wird doppelt-gleichmäßig genannt. In diesem Fall ist $n = m$.

15.5.5.1. Kapazität gleichmäßiger Kanäle

Die Kapazität eines bezüglich des Eingangs gleichmäßigen Kanals ergibt sich durch die Maximierung der Transinformation

$$I(X;\,Y) = H(Y) - H(Y/X) = H(Y) + \sum_{j=1}^{m} p_j \log p_j\,, \qquad (15.332)$$

also ist

$$C = \max H(Y) + \sum_{j=1}^{m} p_j \log p_j\,. \qquad (15.333)$$

Wenn man annimmt, daß am Eingang des Kanals eine Verteilung $p(x_1)$, $p(x_2), \ldots, p(x_n)$ existiert, die zu einer gleichmäßigen Ausgangsverteilung $p(y_j) = p(y) = \frac{1}{m}$ führt, so ist der maximale Wert von $H(Y)$ gleich $\log m$ und aus der Beziehung (15.333) wird

$$C = \log m + \sum_{j=1}^{m} p_j \log p_j\,. \qquad (15.334)$$

Wenn der Kanal auch bezüglich des Eingangs gleichmäßig, also doppelt-gleichmäßig ist, so führt, wie gezeigt wurde, eine gleichmäßige Eingangsverteilung zu einer gleichmäßigen Ausgangsverteilung. In diesem Fall ergibt die Beziehung (15.334) auch die Kapazität des doppelt-gleichmäßigen Kanals (dafür muß das Eingangsalphabet die gleichmäßige Verteilung $p(x_i) = p(x) = \frac{1}{m}$ besitzen).

In dem Fall, wenn der Kanal nicht doppelt-gleichmäßig ist und wenn die Eingangsverteilung $p(x_1)$, $p(x_2) \cdots p(x_n)$, die zu einer gleichmäßigen Ausgangsverteilung führt, nicht existiert, ist die Kanalkapazität kleiner als der durch die Beziehung (15.334) gegebene Wert, nämlich

$$C < \log m + \sum_{j=1}^{m} p_j \log p_j\,. \qquad (15.335)$$

Der genaue Wert für diesen Fall muß aus der Beziehung (15.298) berechnet werden.

Ein doppelt-gleichmäßiger Kanal mit interessanten Eigenschaften ist der, der in Abb. 15.13 schematisch dargestellt ist und für den die Übergänge zu Buchstaben mit dem gleichen Index mit der gleichen Wahrscheinlichkeit und die anderen Übergänge im allgemeinen mit anderen, aber für alle Übergänge gleichen Wahrscheinlichkeiten erfolgen.

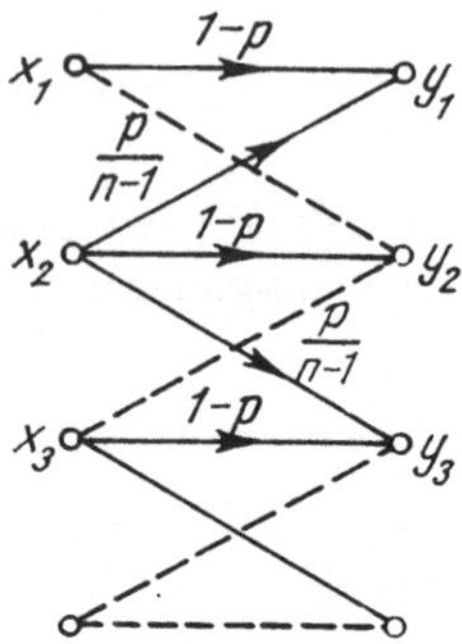

Abb. 15.13. Schematische Darstellung eines doppelt-gleichmäßigen Kanals

Die Übergangswahrscheinlichkeiten sind in diesem Fall

$$p(y_j/x_i) = 1 - p \,, \quad \text{wenn } i = j \tag{15.336}$$

und

$$p(y_j/x_i) = q = \frac{p}{n-1} \,, \quad \text{wenn } i \neq j \,. \tag{15.337}$$

Die Rauschmatrix dieses Kanals ist

$$[\mathfrak{P}] = \begin{bmatrix} 1-p & q & \cdots q \\ q & 1-p \cdots q \\ \cdots \cdots \cdots \cdots \\ q & q \ldots 1-p \end{bmatrix} . \tag{15.338}$$

Da der Kanal doppelt-gleichmäßig ist, ist seine Kapazität durch die Beziehung (15.334) gegeben, in die die durch die Beziehung (15.338) gegebenen Werte p_i eingesetzt werden

$$C = \log n + (1 - p) \log (1 - p) + (n - 1) \frac{p}{n-1} \log \frac{p}{n-1} \tag{15.339}$$

oder

$$C = \log n + (1 - p) \log (1 - p) + p \log \frac{p}{n-1} \tag{15.340}$$

oder

$$C = \log n - p \log (n - 1) + p \log p + (1 - p) \log (1 - p) \,. \tag{15.341}$$

1. Symmetrischer, binärer Kanal. Der einfachste und bestbekannteste doppelt-gleichmäßige Kanal ist der symmetrische binäre Kanal (Abb. 15.14).

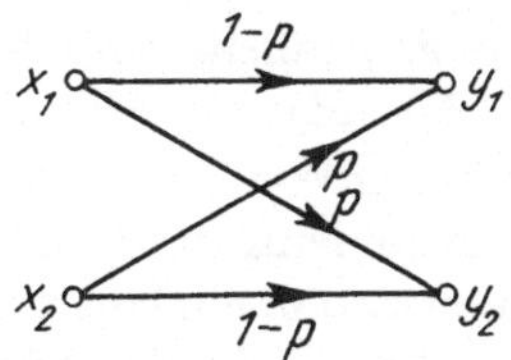

Abb. 15.14. Schematische Darstellung eines binären symmetrischen Kanals

Das Eingangsalphabet besteht bei diesem Kanal aus zwei Buchstaben $x_1 = 0$ und $x_2 = 1$; ebenso wird das Ausgangsalphabet aus zwei Buchstaben $y_1 = 0$ und $y_2 = 1$ gebildet.

Die Rauschmatrix dieses Kanals ist

$$[\mathfrak{P}] = \begin{bmatrix} 1 - p & p \\ p & 1 - p \end{bmatrix}. \tag{15.342}$$

Die Kapazität des symmetrischen binären Kanals, der ein Sonderfall des vorher behandelten Kanals für $n = 2$ ist, läßt sich leicht aus der Beziehung (15.341) ableiten

$$C = 1 + p \log p + (1 - p) \log (1 - p) . \tag{15.343}$$

2. *Binärer Kanal mit Fehleranzeige.* Der binäre Kanal mit Fehleranzeige besitzt im Eingangsalphabet zwei Buchstaben und im Ausgangsalphabet drei Buchstaben (Abb. 15.15).

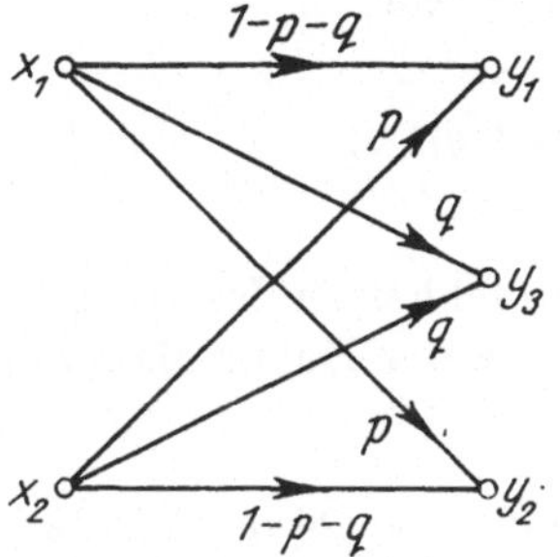

Abb. 15.15. Schematische Darstellung eines binären Kanals mit Fehleranzeige

Der Buchstabe y_3 des Ausgangsalphabets kann mit der gleichen Wahrscheinlichkeit entweder aus dem Buchstaben x_1 oder aus dem Buchstaben x_2 entstehen, so daß keine Entscheidung bezüglich der übertragenen Buchstaben getroffen werden kann. Solch ein Fall kann z.B. dann vorkommen, wenn der Buchstabe y_2 einen Impuls mit der Amplitude Eins, der Buchstabe y_1 die Abwesenheit des Impulses und y_3 einen Impuls der Amplitude $\frac{1}{2}$ darstellt. Infolge der Störungen kann der Impuls mit der Amplitude $\frac{1}{2}$ bzw. y_3 mit der gleichen Wahr-

42*

scheinlichkeit entweder aus dem Einheits-Impuls bzw. y_2 (falls das Rauschen einen negativen Wert hat) oder aus der Abwesenheit des Impulses bzw. y_1 (falls das Rauschen einen positiven Wert hat), entstehen. Nach Empfang von y_3 hat man nichts über den am Kanaleingang übertragenen Buchstaben erfahren und folglich muß bei Erscheinen von y_3 ein Übertragungsfehler aufgetreten sein.

Wie aus der Abb. 15.15 ersichtlich, ist der binäre Kanal mit Fehleranzeige symmetrisch. Er ist auch gleichmäßig bezüglich des Eingangs, jedoch nicht bezüglich des Ausgangs, wie sich aus der Rauschmatrix

$$[\mathfrak{P}] = \begin{bmatrix} 1-p-q & p & q \\ p & 1-p-q & q \end{bmatrix} \tag{15.344}$$

ergibt.

Da der Kanal gleichmäßig bezüglich des Eingangs ist, ist seine Kapazität durch die Beziehung (15.333) bzw. durch den Ausdruck

$$C = \max H(Y) + \sum_{j=1}^{3} p_j \log p_j \tag{15.345}$$

gegeben, wobei

$$\left. \begin{array}{l} p_1 = 1.-p-q \\ p_2 = p \\ p_3 = q \end{array} \right\} \tag{15.346}$$

sind.

Die Entropie des Ausgangsfeldes ist

$$H(Y) = - \sum_{j=1}^{3} p(y_j) \log p(y_j) = - \sum_{j=1}^{2} p(y_j) \log p(y_j) - p(y_3) \log p(y_3) \,. \tag{15.347}$$

Zwischen den Wahrscheinlichkeiten der Buchstaben am Ausgang des Kanals und den Wahrscheinlichkeiten der Buchstaben am Eingang des Kanals besteht die Beziehung

$$p(y_j) = \sum_{i=1}^{2} p(x_i)\, p(y_j/x_i)\,, \tag{15.348}$$

woraus

$$p(y_1) = p(x_1)\,(1-p-q) + p(x_2)\,p \tag{15.349}$$

$$p(y_2) = p(x_1)\,p + p(x_2)\,(1-p-q) \tag{15.350}$$

$$p(y_3) = p(x_1)\,q + p(x_2)\,q = q \tag{15.351}$$

entsteht.

Setzt man die Beziehung (15.351) in die Beziehung (15.347) ein, so erhält man

$$H(Y) = - \sum_{j=1}^{2} p(y_j) \log p(y_j) - q \log q \,. \tag{15.352}$$

Berücksichtigt man die in Abschnitt 15.3.1. abgeleiteten Ergebnisse, erhält man den Maximalwert der Funktion

$$\sum_{j=1}^{2} p(y_j) \log p(y_j) \,, \qquad (15.353)$$

deren Veränderliche durch die Beziehung

$$\sum_{j=1}^{2} p(y_j) + q - 1 = 0 \qquad (15.354)$$

verbunden sind, für

$$p(y_1) = p(y_2) \qquad (15.355)$$

(dabei berücksichtigt man, daß $p(y_3) = q$ eine Konstante ist).

Aus der Beziehung (15.355) und aus den Beziehungen (15.349) und (15.350) ergibt sich, daß

$$p(x_1) = p(x_2) = \frac{1}{2} \,,$$

und

$$p(y_1) = p(y_2) = \frac{1}{2}(1 - q) \qquad (15.356)$$

ist.

Der maximale Wert von $H(Y)$ ergibt sich, indem man die Werte aus (15.356) in die Beziehung (15.352) einführt

$$\max H(Y) = -(1 - q) \log \frac{1}{2}(1 - q) - q \log q \,. \qquad (15.357)$$

Setzt man (15.357) in die Beziehung (15.345) ein und berücksichtigt Gleichung (15.346), so ergibt sich für die Kapazität des binären Kanals mit Fehleranzeige der Ausdruck

$$C = (1 - q)\,[1 - \log(1 - q)] + (1 - p - q) \log(1 - p - q) + p \log p \,.$$
$$(15.358)$$

Dieser maximale Wert der Transinformation ergibt sich für den Fall, in dem die Wahrscheinlichkeiten der Eingangsbuchstaben gleich sind. Um daher eine Primärquelle an diesen Kanal statistisch anzupassen, ist die Durchführung einer Transformation notwendig, die zu einer Sekundärquelle führt, deren Alphabet durch zwei Buchstaben mit gleicher Wahrscheinlichkeit gebildet wird.

Ein Sonderfall des binären Kanals mit Fehleranzeige ist in Abb. 15.16 dargestellt.

Für diesen Kanal ist $p = 0$, d. h. der Buchstabe y_1 kann nur aus dem Buchstaben x_1 und der Buchstabe y_2 nur aus dem Buchstaben x_2 entstehen, so daß der Kanal keine anderen Störungen besitzt als die, die infolge der Fehler auftreten und deren Wahrscheinlichkeit gleich q ist.

Die Rauschmatrix des Kanals ist

$$[\mathfrak{P}] = \begin{bmatrix} 1 - q & 0 & q \\ 0 & 1 - q & q \end{bmatrix} \,. \qquad (15.359)$$

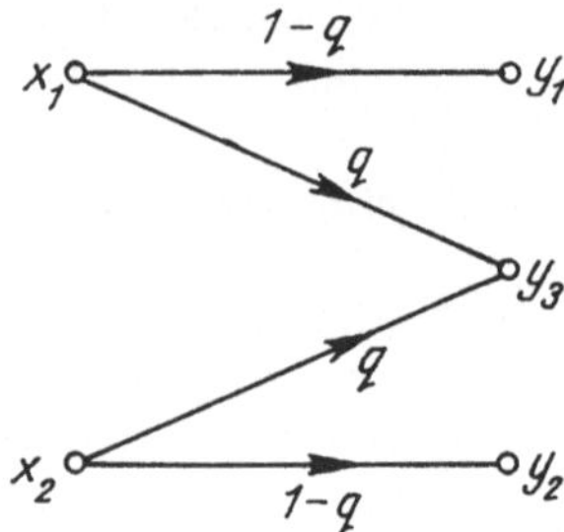

Abb. 15.16. Schematische Darstellung eines speziellen binären Kanals mit Fehleranzeige

Die Kapazität des Kanals ergibt sich aus der Beziehung (15.358) mit $p = 0$ zu

$$C = 1 - q \qquad (15.360)$$

und wird für $p(x_1) = p(x_2) = \dfrac{1}{2}$ erhalten.

15.5.6. Fundamentalsatz der Kodierung für gestörte Kanäle

Es wird angenommen, daß eine diskrete Quelle mit dem nicht steuerbaren Informationsfluß $H_t(X)$ (bit/Sekunde) an einen Kanal mit der Kapazität C_t (bit/sec) angelegt wird.

1. Wenn $H_t(X) \leqq C_t$ ist, so existiert ein Kodierungsverfahren, das die Übertragung der Nachrichten der Quelle mit einem beliebig kleinen Fehler (mit einer beliebig kleinen Äquivokation) ε ermöglicht

$$H_t(X/Y) < \varepsilon .$$

2. Wenn $H_t(X) > C_t$ ist, kann die Nachrichtenquelle so kodiert werden, daß die Äquivokation $H_t(X/Y)$ gleich $H_t(X) - C_t + \varepsilon$ wird, wobei ε beliebig klein nnd positiv ist

$$H_t(X/Y) = H_t(X) - C_t + \varepsilon .$$

3. Es gibt kein Kodierungsverfahren, das zu einer Äquivokation

$$H_t(X/Y) < H_t(X) - C_t$$

führen könnte.

Das obige Theorem ist ein Existenz-Theorem. Es gibt keine praktischen Lösungswege zur Erzielung einer idealen Kodierung an.

Der Beweis dieses Satzes sowie auch die Kodierungsaufgaben, die sich im Zusammenhang mit ihm ergeben, werden im Band II behandelt.

16. MASS DER INFORMATION IN KONTINUIERLICHEN SIGNALEN

Die in den Übertragungssystemen angewendeten Signale besitzen ein begrenztes Frequenzspektrum, wobei W die höchste Frequenz des Signalspektrums darstellen soll. Nach dem Abtasttheorem ist in diesem Fall das Signal durch Kenntnis der diskreten Ordinaten in den Abtastpunkten, deren Abstand auf der Zeitachse $\frac{1}{2\,W}$ beträgt, eindeutig bestimmt

$$x(t) = \sum_{k=-\infty}^{+\infty} x\left(\frac{k}{2\,W}\right) \frac{\sin 2\,\pi\,W\left(t - \frac{k}{2\,W}\right)}{2\,\pi\,W\left(t - \frac{k}{2\,W}\right)} \; . \tag{16.1}$$

Wenn das Signal zeitlich auf die Dauer T begrenzt ist (genau genommen kann ein Signal nicht gleichzeitig exakt im Spektrum und in der Zeit begrenzt sein), kann es durch einen Vektor im euklidischen Raum mit $n = 2\,W\,T$ Dimensionen dargestellt werden

$$\vec{x}\,(\alpha_1, \alpha_2, \ldots, \alpha_n)$$

wobei

$$\alpha_k = x\left(\frac{k}{2\,W}\right)$$

ist.

Wenn das Signals quantisiert ist (Abb. 16.1), so daß jede Ordinate α_k durch eine ganze Zahl von Quanten q ausgedrückt werden kann, wird die Menge der Signale eine abzählbare Menge.

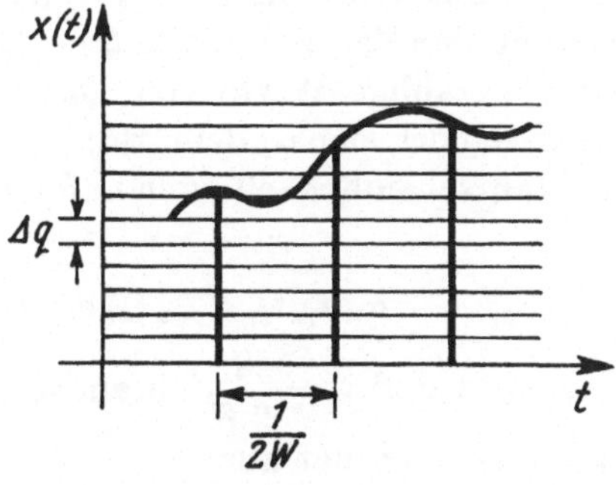

Abb. 16.1. Darstellung eines abgetasteten und quantisierten Signals

In diesem Fall kann jedem Signal, das als ein Vektor dargestellt ist, ein Index beigefügt werden

$$\vec{x}_1, \vec{x}_2, \ldots \vec{x}_i \ldots$$

Wenn, wie bei allen praktischen Anwendungen, die Amplitude der Signale begrenzt ist, können die Komponenten α_k des Signals durch eine ganze endliche Zahl von Quanten dargestellt werden. Folglich enthält der Signalraum $[\vec{X}]$ eine endliche Zahl N von Vektoren (von Signalen)

$$[\vec{X}] = [\vec{x}_1, \vec{x}_2, \ldots, \vec{x}_N] \,. \tag{16.2}$$

Unter der Voraussetzung, daß die Signale durch einen gestörten Kanal übertragen werden, erhält man an dessen Ausgang die Signale

$$[\vec{Y}] = [\vec{y}_1, \vec{y}_2, \ldots, \vec{y}_M] \,. \tag{16.3}$$

Im allgemeinen sind diese Signale von den Eingangssignalen (16.2) verschieden.

Ohne Störungen wird $M = N$ und $x_i = y_i$ für jeden beliebigen Wert i.

Mit der Menge $[\vec{X}]$ der Signale am Eingang des Kanals (Eingangssignalraum) und der Menge $[\vec{Y}]$ der Signale am Ausgang des Kanals (Ausgangssignalraum) kann ein Produktraum definiert werden

$$[\vec{X}\ \vec{Y}] = \begin{bmatrix} \vec{x}_1\,\vec{y}_1 & \vec{x}_1\,\vec{y}_2 \cdots \vec{x}_1\,\vec{y}_m \\ \vec{x}_2\,\vec{y}_1 & \cdots\cdots\cdots \\ \cdot & \cdots\cdots\cdots \\ \vec{x}_n\,\vec{y}_1 & \cdots\cdots \vec{x}_n\,\vec{y}_m \end{bmatrix}, \tag{16.4}$$

wobei $\vec{x}_i\,\vec{y}_j$ die Anwesenheit des Signals $\vec{x}_i$ am Eingang des Kanals und des Signals $\vec{y}_j$ am Ausgang des Kanals andeutet.

Jedem Signal $\vec{x}_i$ kann eine Wahrscheinlichkeit $p(\vec{x}_i)$ zugeordnet werden

$$p(\vec{x}_i) = P \{\alpha_1 < x(t_1) \leqq \alpha_1 + q \,,\ \alpha_2 < x(t_2) \leqq \alpha_2 +$$
$$+ q \,,\ \ldots\ldots \alpha_n < x(t_n) \leqq \alpha_n + q \} \,. \tag{16.5}$$

wobei $t_1, t_2 \ldots t_n$ die Abtastzeitpunkte und $\alpha_1, \alpha_2 \cdots \alpha_n$ die quantisierten Werte der Ordinaten des Signals zu den Zeitpunkten $t_1, t_2 \cdots t_n$ darstellen.

Die Werte α_i stellen ganzzahlige Werte von Quanten dar. Je kleiner die Quante q ist, um so mehr nähert sich α_i dem $x(t_i)$, so daß die durch die Beziehung (16.5) gegebene Wahrscheinlichkeit auch in folgender Form ausgedrückt werden kann:

$$p(\vec{x}_i) \approx p\,(\alpha_1, \alpha_2, \ldots, \alpha_n\ t_1, t_2, \ldots, t_n)\,d\alpha_1\,d\alpha_2, \ldots, d\alpha_n \,. \tag{16.6}$$

Da die Zeitpunkte t_i bekannt sind $t_i = \dfrac{i}{2\,W}$, brauchen sie im Ausdruck (16.6) nicht mehr zu erscheinen und man hat kurz

$$p(\vec{x}_i) \approx p\,(\alpha_1, \alpha_2, \ldots, \alpha_n)\ d\alpha_1, d\alpha_2, \ldots, d\alpha_n \,. \tag{16.7}$$

Auf ähnliche Weise können die Wahrscheinlichkeiten

$$p(\vec{x}_i, \vec{y}_j) \approx p\,(\alpha_1, \alpha_2, \ldots, \alpha_n, \beta_1\,\beta_2 \cdots \beta_m)\, d\alpha_1 \cdots d\alpha_n\, d\beta_1 \cdots d\beta_m \qquad (16.8)$$

definiert werden, wobei $\beta_1, \beta_2, \ldots, \beta_m$ Werte darstellen, die die diskreten Ordinaten des Signals $\vec{y}_j$ am Ausgang des Kanals annähern.

Aus den Beziehungen (16.7) und (16.8) ergibt sich die bedingte Wahrscheinlichkeit

$$p(\vec{x}_i/\vec{y}_j) = \frac{p(\vec{x}_i, \vec{y}_j)}{p(\vec{y}_j)}\,, \qquad (16.9)$$

wobei $p(\vec{x}_i, \vec{y}_j)$ durch die Beziehung (16.8) und $p(\vec{y}_j)$ durch den Ausdruck

$$p(\vec{y}_j) \approx p\,(\beta_1, \beta_2, \ldots, \beta_m)\, d\beta_1\, d\beta_2 \ldots d\beta_m \qquad (16.10)$$

gegeben ist.

Da die Wahrscheinlichkeiten $p(\vec{x}_i)$, $p(\vec{y}_j)$ und $p(\vec{x}_i, \vec{y}_j)$ bestimmt sind, kann die mittlere übertragene Information

$$I(\vec{X};\, \vec{Y}) = \sum_{i=1}^{N} \sum_{j=1}^{M} p(\vec{x}_i, \vec{y}_j)\, i(\vec{x}_i;\, \vec{y}_j) \qquad (16.11)$$

bestimmt werden, wobei $i(\vec{x}_i;\, \vec{y}_j)$ die übertragene Information darstellt, die man erhält, wenn man das Signal $\vec{x}_i$ überträgt und das Signal $\vec{y}_j$ empfängt.

Nach der im Kapitel 15 gegebenen Definition ist der Ausdruck für die übertragene Information $i(\vec{x}_i;\, \vec{y}_j)$

$$i(\vec{x}_i;\, \vec{y}_j) = \log \frac{p(\vec{x}_i, \vec{y}_j)}{p(\vec{x}_i)\, p(\vec{y}_j)}\,. \qquad (16.12)$$

Wenn das Quantisierungsintervall, das für die zwei Räume verschieden sein kann, immer kleiner wird, wächst die Zahl N und M der Signale und nach den Feststellungen aus dem vorigen Kapitel wächst auch die durch die Beziehung (16.11) gegebene mittlere übertragene Information.

Durch Verkleinerung der Quantisierungsintervalle gegen Null werden die diskreten Abtastordinaten zu kontinuierlichen Größen und der Ausdruck (16.11) strebt gegen einen Grenzwert, der gleich der Transinformation kontinuierlich-diskreter Signale ist (zufällige kontinuierliche Folgen).

Die Tatsache, daß die Quantisierung im Zeitbereich beibehalten wird, schränkt den allgemeinen Charakter des Problems nicht ein, da nach dem Abtasttheorem ein kontinuierliches Signal durch seine Ordinaten zu diskreten Zeitpunkten vollständig beschrieben werden kann.

Wenn die Quantisierungsintervalle gegen Null streben, werden beim Grenzübergang die Summen zu Integralen, während $p(\vec{x}, \vec{y})$ gegen die durch die Beziehung (16.8) gegebene kontinuierliche Verteilung strebt.

Der Ausdruck für die mittlere übertragene Information (Transinformation) wird damit

$$I(\vec{X};\, \vec{Y}) = \int_{x} \int_{y} p\,(\alpha_1, \alpha_2, \ldots, \alpha_n, \beta_1, \beta_2, \ldots, \beta_m)\, i(\vec{x};\, \vec{y})\, d\alpha_1 \cdots d\alpha_n\, d\beta_1 \cdots d\beta_m\,.$$

$$(16.13)$$

16.1. Transinformation im kontuinierlichen Fall

Um die Beziehungen (16.13) und (16.12) in einer kompakteren Form darzustellen, werden einige neue Begriffe eingeführt.

Über einem Volumen ΔX des kontinuierlichen Raumes, der die Menge aller Signale enthält, wird eine additive Funktion

$$P(\Delta X) = P\{\vec{x} \in \Delta X\} \tag{16.14}$$

definiert, die die Wahrscheinlichkeit dafür darstellt, daß der Punkt $\vec{x}$ im Volumen ΔX enthalten ist. Das Signal $\vec{x}$ kann entweder als ein Vektor oder als ein Punkt im multidimensionalen Raum betrachtet werden.

Die Funktion $P(\Delta X)$ ist additiv und zwar dann, wenn die Volumina ΔX_1 und ΔX_2 keine gemeinsamen Elemente besitzen und sich folglich nicht überdecken

$$P(\Delta X_1 + \Delta X_2) = P(\Delta X_1) + P(\Delta X_2)\,. \tag{16.15}$$

Insbesondere gilt

$$P(\vec{X}) = 1\,, \tag{16.16}$$

da $\vec{x}$ definitionsgemäß im Raum $\vec{X}$ enthalten ist.

Die Beziehung (16.14) ermöglicht die Definition der Wahrscheinlichkeitsdichte

$$p(\vec{x}) = \lim_{\Delta X \to 0} \frac{P(\Delta X)}{\Delta X} \tag{16.17}$$

wobei angenommen wird, daß das Volumen ΔX um den Punkt $\vec{x}$ gegen Null strebt und daß der Grenzwert für jeden Punkt des Raumes existiert.

Ausgenommen eine endliche Zahl von Flächen, die verschiedene Volumina im Raum $\vec{X}$ trennen, ist die Funktion $p(\vec{x})$ eine im ganzen Raum $\vec{X}$ stetige Funktion.

Mit der Wahrscheinlichkeitsdichte (16.17), die für jeden Punkt des Raumes definiert ist, kann die Wahrscheinlichkeit dafür bestimmt werden, daß sich das Signal $\vec{x}$ innerhalb eines gewissen Volumens ΔX befindet und zwar

$$P(\Delta X) = \int_{\Delta X} p(\vec{x})\, dX\,. \tag{16.18}$$

wobei dX das Differential

$$dX = d\alpha_1\, d\alpha_2 \cdots d\alpha_n \tag{16.19}$$

darstellt.

Auf ähnliche Weise kann auch eine Wahrscheinlichkeitsdichte $p(\vec{y})$ über dem Raum $\vec{Y}$ der Signale am Ausgang des Kanals definiert werden.

Die Wahrscheinlichkeit dafür, daß der Vektor $\vec{y}$ sich innerhalb des Bereiches ΔY befindet, ist

$$P(\Delta Y) = P\{\vec{y} \in \Delta Y\} = \int_{\Delta y} p(\vec{y})\, dY\,. \tag{16.20}$$

Außer dem Eingangsraum $\vec{X}$ und dem Ausgangsraum $\vec{Y}$ kann auch ein Produktraum definiert werden, der sowohl die Elemente des Eingangsraumes als auch die Elemente des Ausgangsraumes enthält.

Der Produktraum Eingang—Ausgang $\vec{Z} = \vec{X} \cdot \vec{Y}$ ist ein EUKLIDISCHer Raum mit $n + m$ Dimensionen, wobei n die Zahl der Dimensionen des Raumes $\vec{X}$ und m die Zahl der Dimensionen des Raumes $\vec{Y}$ darstellen.

Die Wahrscheinlichkeit dafür, daß sich $\vec{x}$ innerhalb des Volumens ΔX und $\vec{y}$ innerhalb des Volumens ΔY befindet, ist:

$$P(\Delta X, \Delta Y) = P\{\vec{x} \in \Delta X, \vec{y} \in \Delta Y\}. \tag{16.21}$$

Diese Beziehung ermöglicht die Definition der Wahrscheinlichkeitsdichte über dem Raum $\vec{Z}$

$$p(\vec{x}, \vec{y}) = \lim_{\substack{\Delta X \to 0 \\ \Delta Y \to 0}} \frac{P(\Delta X, \Delta Y)}{\Delta X \, \Delta Y}, \tag{16.22}$$

wobei die Volumina ΔX und ΔY gleichzeitig um die Punkte $\vec{x}$ bzw. $\vec{y}$ gegen Null streben.

Es wird angenommen, daß dieser Grenzwert existiert und daß die Funktion $p(\vec{x}, \vec{y})$ über dem ganzen Raum $\vec{Z}$ stetig ist, ausgenommen eine endliche Zahl von Flächen, die verschiedene Volumina trennen.

Mit der Wahrscheinlichkeitsdichte kann man schreiben:

$$P(\Delta X, \Delta Y) = \int\limits_{\Delta X} \int\limits_{\Delta Y} p(\vec{x}, \vec{y}) \, dX \, dY, \tag{16.23}$$

wobei

$$dX \, dY = d\alpha_1 \, d\alpha_2 \cdots d\alpha_n \, d\beta_1 \, d\beta_2 \cdots d\beta_m \tag{16.24}$$

ist.

Aus der Beziehung (16.23) können die Randdichten abgeleitet werden

$$p(\vec{x}) = \int\limits_Y p(\vec{x}, \vec{y}) \, dY, \tag{16.25}$$

wobei sich das Integral über den gesamten Raum $\vec{Y}$ erstreckt und

$$p(\vec{y}) = \int\limits_X p(\vec{x}, \vec{y}) \, dX, \tag{16.26}$$

wobei sich das Integral über den gesamten Raum $\vec{X}$ erstreckt.

Die bedingte Wahrscheinlichkeit dafür, daß $\vec{x}$ im Volumen ΔX liegt, wenn $\vec{y}$ im Volumen ΔY enthalten ist, ist

$$P(\Delta X/\Delta Y) = P\{\vec{x} \in \Delta X/\vec{y} \in \Delta Y\}, \tag{16.27}$$

oder nach der Definition der bedingten Wahrscheinlichkeit:

$$P(\Delta X/\Delta Y) = \frac{P(\Delta X, \Delta Y)}{P(\Delta Y)}. \tag{16.28}$$

Die bedingte Wahrscheinlichkeitsdichte ist

$$p(\vec{x}/\vec{y}) = \lim_{\substack{\Delta X \to 0 \\ \Delta Y \to 0}} \frac{P(\Delta X/\Delta Y)}{\Delta X} = \lim_{\substack{\Delta X \to 0 \\ \Delta Y \to 0}} \frac{P(\Delta X, \Delta Y)}{\Delta X \, \Delta Y} \cdot \frac{\Delta Y}{P(\Delta Y)}, \tag{16.29}$$

wobei die Volumina ΔX und ΔY gleichzeitig um die Punkte $\vec{x}$ bzw. $\vec{y}$ gegen Null streben; schließlich erhält man:

$$p(\vec{x}/\vec{y}) = \frac{p(\vec{x}, \vec{y})}{p(\vec{y})}\,.\tag{16.30}$$

Mit obigen Ergebnissen kann man die übertragene Information ausdrücken, die erhalten wird, wenn man das Ereignis $\vec{x} \in \Delta X$ ($\vec{x}$ ist im Volumen ΔX enthalten) überträgt und das Ereignis $\vec{y} \in \Delta Y$ ($\vec{y}$ ist im Volumen ΔY enthalten) empfängt. Diese Information ist

$$i(\Delta X; \Delta Y) = \log \frac{P(\Delta X, \Delta Y)}{P(\Delta X)\, P(\Delta Y)}\,.\tag{16.31}$$

Die übertragene Information, die erhalten wird, wenn das Signal $\vec{x}$ übertragen und das Signal $\vec{y}$ empfangen wird, kann durch Grenzübergang aus der Beziehung (16.31) abgeleitet werden. Indem die Volumina ΔX und ΔY immer kleiner gemacht werden, bis sie mit den Punkten $\vec{x}$ und $\vec{y}$ übereinstimmen, ergibt sich

$$i(\vec{x}, \vec{y}) = \lim_{\substack{\Delta X \to 0 \\ \Delta Y \to 0}} \log \frac{P(\Delta X, \Delta Y)}{P(\Delta X)\, P(\Delta Y)}\,,\tag{16.32}$$

oder

$$i(\vec{x}, \vec{y}) = \lim_{\substack{\Delta X \to 0 \\ \Delta Y \to 0}} \log \frac{P(\Delta X, \Delta Y)}{\Delta X\, \Delta Y} \cdot \frac{\Delta X\, \Delta Y}{P(\Delta X) \cdot P(\Delta Y)}\,.\tag{16.33}$$

Berücksichtigt man die Beziehungen (16.17) und (16.22), erhält man

$$i(\vec{x}; \vec{y}) = \log \frac{p(\vec{x}, \vec{y})}{p(\vec{x})\, p(\vec{y})}\,,\tag{16.34}$$

oder

$$i(\vec{x}, \vec{y}) = \log \frac{p(\vec{x}/\vec{y})}{p(\vec{x})} = \log \frac{p(\vec{y}/\vec{x})}{p(\vec{y})}\,.\tag{16.35}$$

Es ist ersichtlich, daß die übertragene Information $i(\vec{x}; \vec{y})$ nur von der Wahrscheinlichkeitsverteilung im Produktraum $\vec{Z} = \vec{X} \cdot \vec{Y}$ und nicht von der Lage der Vektoren $\vec{x}$ und $\vec{y}$ abhängt.

Die Beziehung (16.34) ist eine Grenzdarstellung der Beziehung (16.12) für den Fall, daß die Quanten gegen Null streben.

Die mittlere übertragene Information über dem Produktraum $Z = X \cdot Y$ ist

$$I(\vec{X}; \vec{Y}) = \int\limits_{X}\int\limits_{Y} p(\vec{x}, \vec{y}) \log \frac{p(\vec{x}/\vec{y})}{p(\vec{x})}\, dX\, dY\,,\tag{16.36}$$

oder

$$I(\vec{X}; \vec{Y}) = \int\limits_{X}\int\limits_{Y} p(\vec{x}, \vec{y}) \log \frac{p(\vec{y}/\vec{x})}{p(\vec{y})}\, dX\, dY\,.\tag{16.37}$$

Da diese mittlere übertragene Information für den kontinuierlichen Fall durch einen Grenzübergang aus dem Ausdruck für den diskreten Fall abgeleitet werden kann, ergibt sich, daß auch in diesem Fall die Transinformation eine nichtnegative Größe ist

$$I(\vec{X};\ \vec{Y}) \geqq 0\ , \tag{16.38}$$

wobei man das Gleichheitszeichen nur dann erhält, wenn die Räume $\vec{X}$ und $\vec{Y}$ unabhängig sind, bzw. dann, wenn die Einwirkung der Störungen so bedeutend ist, daß kein Zusammenhang mehr zwischen den übertragenen und den empfangenen Signalen besteht.

Die für den Fall kontinuierlicher Signale durch die Beziehungen (16.36) und (16.37) gegebene Transinformation kann, wenn man die Beziehungen (16.25) und (16.26) berücksichtigt, auch in der Form

$$I(\vec{X};\ \vec{Y}) = -\int\limits_{X} p(\vec{x}) \log p(\vec{x})\, dX + \int\limits_{X}\int\limits_{Y} p(\vec{x}, \vec{y}) \log p(\vec{x}/\vec{y})\, dX\, dY\ , \tag{16.39}$$

oder

$$I(\vec{X},\ \vec{Y}) = -\int\limits_{Y} p(\vec{y}) \log p(\vec{y})\, dY + \int\limits_{X}\int\limits_{Y} p(\vec{x}, \vec{y}) \log p(\vec{y}/\vec{x})\, dX\, dY \tag{16.40}$$

geschrieben werden.

16.2. Entropie im kontinuierlichen Fall

Wie im diskreten Fall verwendet man die Bezeichnungen

$$H(\vec{X}) = -\int\limits_{X} p(\vec{x}) \log p(\vec{x})\, dX\ , \tag{16.41}$$

$$H(\vec{Y}) = -\int\limits_{Y} p(\vec{y}) \log p(\vec{y})\, dY\ , \tag{16.42}$$

$$H(\vec{X}/\vec{Y}) = -\int\limits_{X}\int\limits_{Y} p(\vec{x}, \vec{y}) \log p(\vec{x}/\vec{y})\, dX\, dY\ , \tag{16.43}$$

und

$$H(\vec{Y}/\vec{X}) = -\int\limits_{X}\int\limits_{Y} p(\vec{x}, \vec{y}) \log p(\vec{y}/\vec{x})\, dX\, dY\ . \tag{16.44}$$

Die Entropien (16.41) und (16.42) und die bedingten Entropien (16.43) und (16.44) können in diesem Fall nicht mehr als Mittelwerte der Information betrachtet werden, wie es im diskreten Fall gemacht wurde.

Diese Tatsache wird klar, wenn man die Information bestimmt, die dem Eintritt des Ereignisses, der Punkt $\vec{x}$ soll im Volumen ΔX enthalten sein, entspricht. Definitionsgemäß ist für diesen Fall die Information

$$i(\vec{x} \in \Delta X) = -\log P(\Delta X)\ . \tag{16.45}$$

Wenn sich das Volumen ΔX um den Punkt $\vec{x}$ bis zu Null vermindert, wird die Information unendlich

$$i(\vec{x}) = - \lim_{\Delta X \to 0} \log \ P(\Delta X) \to \infty \, , \qquad (16.46)$$

da $\lim\limits_{\Delta X \to 0} P(\Delta X) = 0$ ist.

Der Umstand, daß die Information in einem kontinuierlichen System gegen Unendlich geht, ist sehr leicht einzusehen, da in diesem Fall die Zahl der möglichen Zustände unendlich groß wird.

Das Integral (16.41), das die Entropie $H(\vec{X})$ definiert, ist im allgemeinen infolge der Einschränkungen, denen die Wahrscheinlichkeitsdichte unterworfen ist, nicht unendlich, so daß diese Entropie nicht als ein Maß der mittleren Information betrachtet werden kann.

Dieselben Behauptungen sind auch für die Entropien $H(\vec{Y})$, $H(\vec{X}/\vec{Y})$ und $H(\vec{Y}/\vec{X})$ gültig.

Außerdem können die oben definierten Entropien manchmal auch negativ werden, da man nicht die Bedingung stellt, daß die Wahrscheinlichkeitsdichten $p(\vec{x})$, $p(\vec{y})$, $p(\vec{x}/\vec{y})$ und $p(\vec{y}/\vec{x})$ kleiner als Eins sein sollen.

Ein anderer Unterschied zwischen den Entropien für den kontinuierlichen Fall und den Entropien für den diskreten Fall besteht darin, daß die Entropie kontinuierlicher Systeme nicht eine Invariante bezüglich der Transformation des Koordinatensystems darstellt.

16.2.1. Veränderung der Entropie im kontinuierlichen Fall bei Transformation des Koordinatensystems

Es wird eine Transformation Ψ vom Raum $\vec{X}$ zum Raum $\vec{U}$ betrachtet. Man kennt die Entropie $H(\vec{X})$ und die Transformationsregeln und sucht die Entropie $H(\vec{U})$.

Da man annimmt, daß die Transformation eindeutig ist, kann man behaupten, daß die Wahrscheinlichkeit dafür, daß der Punkt $\vec{x}$ sich im Volumen dX befindet, gleich der Wahrscheinlichkeit dafür ist, daß der Punkt $\vec{u}$ sich im Volumen dU befindet, der dem Volumen dX entspricht, man hat folglich

$$p(\vec{x}) \, dX = q(\vec{u}) \, dU \, , \qquad (16.47)$$

wobei $q(\vec{u})$ die über dem Raum U definierte Wahrscheinlichkeitsdichte darstellt.

Aus der Beziehung (16.47) erhält man

$$p(\vec{x}) = q(\vec{u}) \left| \frac{dU}{dX} \right| \, , \qquad (16.48)$$

wobei

$$\left| \frac{dU}{dX} \right| = J \left(\frac{U}{X} \right) \qquad (16.49)$$

die JAKOBIsche Determinante der Transformation des Raumes $\vec{X}$ in den Raum $\vec{U}$ darstellt.

Berücksichtigt man die obigen Beziehungen, erhält man für die durch die Beziehung (16.41) gegebene Entropie

$$H(\vec{X}) = - \int\limits_{X} p(\vec{x}) \left[\log q(\vec{u}) + \log \left| J\left(\frac{U}{X}\right) \right| \right] dX \,, \qquad (16.50)$$

oder

$$H(\vec{X}) = - \int\limits_{X} p(\vec{x}) \log \left| J\left(\frac{U}{X}\right) \right| dX - \int\limits_{U} q(\vec{u}) \log q(\vec{u}) \, dU \,, \qquad (16.51)$$

woraus

$$H(\vec{U}) = H(\vec{X}) + \int\limits_{X} p(\vec{x}) \log \left| J\left(\frac{U}{X}\right) \right| dX \qquad (16.52)$$

entsteht.

Diese Beziehung zeigt, daß im kontinuierlichen Fall die Entropie vom Koordinatensystem abhängig ist.

Wenn der Funktionaloperator Ψ, der die Transformation aus dem Raum $\vec{X}$ in den Raum U bewirkt, linear ist, erhält man das System linearer Gleichungen

$$\mu_i = \sum_{k=1}^{n} \psi_{ik} \alpha_k \,, \quad \text{für} \quad i = 1, 2, \ldots n \,, \qquad (16.53)$$

wobei

μ_i — die Komponenten des Vektors $\vec{u}$;

α_k — die Komponenten des Vektors $\vec{x}$;

ψ_{ik} — die Komponenten des Tensors Ψ

darstellen.

Die JAKOBIsche Determinante der Transformation (16.53) ist

$$J\left(\frac{U}{X}\right) = \frac{\partial(\mu_1, \mu_2, \ldots, \mu_n)}{\partial(\alpha_1, \alpha_2, \ldots, \alpha_n)} = |\Psi| \,, \qquad (16.54)$$

wobei $|\Psi|$ die Determinante des Gleichungssystems (16.53) darstellt.

Setzt man die Beziehung (16.54) in die Beziehung (16.52) ein, so erhält man

$$H(\vec{U}) = H(\vec{X}) + \int\limits_{X} p(\vec{x}) \log |\Psi| \, dX \,. \qquad (16.55)$$

Da $|\Psi|$ eine Konstante ist, ergibt sich:

$$H(\vec{U}) = H(\vec{X}) + \log |\Psi| \,. \qquad (16.56)$$

Diese Beziehung bestimmt die Veränderung der Entropie für den Fall der linearen Transformation Ψ.

Für den Fall einer Transformation, die das Wahrscheinlichkeitsmaß unverändert beibehält, wie z. B. eine Drehung oder eine Translation der Koordinatenachsen, wird die JAKOBIsche Determinante $J\left(\frac{U}{X}\right) = 1$ und die Beziehung

(16.56) geht in

$$H(\vec{U}) = H(\vec{X}) \tag{16.57}$$

über, d. h. für den Fall der Transformationen, die die Wahrscheinlichkeitsdichte nicht verändern, bleibt auch die Entropie unverändert.

16.3. Invarianz der Transinformation im Fall linearer Transinformationen

Manchmal wird die Aufgabe der Berechnung der Transinformation $I(\vec{X}; \vec{Y})$ in einem neuen Koordinatensystem gestellt, das durch eine lineare Transformation aus dem alten Koordinatensystem abgeleitet wird.

$I(\vec{X}; \vec{Y})$ stellt z. B. die Transinformation für den Fall dar, in dem sich die Räume $\vec{X}$ und $\vec{Y}$ im Zeitbereich befinden; der Übergang in den Frequenzbereich erfolgt durch eine lineare Transformation, die den Raum $\vec{X}$ in den Raum $\vec{U}$ und den Raum $\vec{Y}$ in den Raum $\vec{V}$ transformiert. Es ergibt sich die Frage der Berechnung der Transinformation $I(\vec{U}, \vec{V})$, die, da der Übertragungsvorgang der gleiche wie im ersten Fall ist, gleich $I(\vec{X}, \vec{Y})$ sein muß (Abb. 16.2).

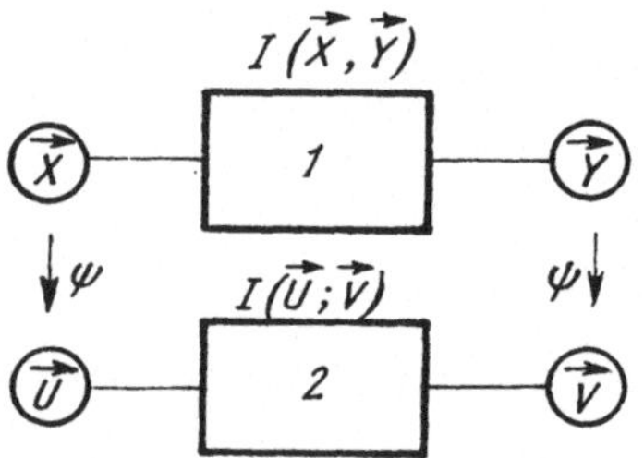

Abb. 16.2. Schema zur Bestimmung der Transinformation bei einer linearen Transformation

1, 2 — Kanal

Wenn die durch die Beziehung (16.39) und (16.40) definierte Transinformation diese Bedingung nicht erfüllen würde, hätte sie gar keinen praktischen Wert.

Im neuen Koordinatensystem ist die Transinformation $I(\vec{U}; \vec{V})$

$$I(\vec{U}; \vec{V}) = H(\vec{U}) - H(\vec{U}/\vec{V}) \tag{16.58}$$

wobei nach Beziehung (16.56)

$$H(\vec{U}) = H(\vec{X}) + \log |\varPsi| \tag{16.59}$$

und definitionsgemäß

$$H(\vec{U}/\vec{V}) = - \iint\limits_{U\ V} q(\vec{u}, \vec{v}) \log q(\vec{u}/\vec{v})\, dU\, dV \tag{16.60}$$

ist.

Zwischen den Wahrscheinlichkeitsdichten, die einerseits über den Räumen $\vec{U}$, $\vec{V}$, anderseits über den Räumen $\vec{X}$, $\vec{Y}$ definiert wurden, bestehen die Beziehungen

$$q(\vec{u}, \vec{v})\, dU\, dV = p(\vec{x}, \vec{y})\, dX\, dY \, , \tag{16.61}$$

$$q(\vec{u}/\vec{v})\, dU = p(\vec{x}/\vec{y})\, dX \, , \tag{16.62}$$

oder:

$$q(\vec{u}/\vec{v}) = p(\vec{x}/\vec{y})\, J\left(\frac{X}{U}\right) . \tag{16.63}$$

Setzt man die Beziehungen (16.61) und (16.63) in die Beziehung (16.60) ein, erhält man

$$H(\vec{U}/\vec{V}) = -\int\limits_{X}\int\limits_{Y} p(\vec{x}, \vec{y})\left[\log p\,(\vec{x}/\vec{y}) + \log J\left(\frac{X}{U}\right)\right] dX\, dY \, , \tag{16.64}$$

oder da

$$J\left(\frac{X}{U}\right) = \frac{1}{J\left(\dfrac{U}{X}\right)} = \frac{1}{|\Psi|}$$

ist, ergibt sich mit der Beziehung (16.43)

$$H(\vec{U}/\vec{V}) = H(\vec{X}/\vec{Y}) + \log |\Psi| \, . \tag{16.65}$$

Führt man die Beziehungen (16.59) und (16.65) in die Beziehung (16.58) ein, ergibt sich

$$I(\vec{U}; \vec{V}) = H(\vec{X}) - H(\vec{X}/\vec{Y}) = I(\vec{X}; \vec{Y}) \, , \tag{16.66}$$

die Transinformation ist also eine Invariante bezüglich aller linearen Transformationen.

16.4. Entropie pro Freiheitsgrad und Entropiefluß

Die für den kontinuierlichen Fall berechneten Entropien sind auf Signale $\vec{x}$ bezogen, deren Dauer T beträgt, und daher als eine Folge von $2\,WT$ Ordinaten $x\left(\dfrac{k}{2\,W}\right)$ betrachtet werden können.

Wie im diskreten Fall, für den sowohl ein Mittelwert der Information bzw. der Entropie pro Symbol als auch ein Entropiefluß definiert wurde, können auch für den kontinuierlichen Fall ähnliche Größen definiert werden und zwar: die Entropie pro Freiheitsgrad und der Entropiefluß.

Definitionsgemäß hat man für die Entropie pro Freiheitsgrad:

$$H_1(X) = \lim_{n \to \infty} \frac{1}{n} H(\vec{X}) \, , \tag{16.67}$$

wobei n die Anzahl der Dimensionen des Raumes $\vec{X}$, bzw. die Anzahl der Ordinaten des Signals $x(t)$ im Zeitabstand T, darstellt.

Definitionsgemäß hat man für den Informationsfluß

$$H_t(X) = \lim_{T \to \infty} \frac{1}{T} H(\vec{X}) \,. \tag{16.68}$$

Da zwischen n und T die Beziehung

$$n = 2\,W\,T$$

besteht, ergibt sich für H_1 und H_t die Beziehung

$$H_t(X) = 2\,W\,H_1(X) \,. \tag{16.69}$$

Auf ähnliche Weise kann auch die Transinformation pro Freiheitsgrad, nämlich

$$I_1(X;\,Y) = \lim_{n \to \infty} \frac{1}{n} I(\vec{X};\,\vec{Y}) \,, \tag{16.70}$$

und der Transinformationsfluß

$$I_t(X;\,Y) = \lim_{T \to \infty} \frac{1}{T} I(\vec{X};\,\vec{Y}) \tag{16.71}$$

definiert werden.

Zwischen der Transinformation pro Freiheitsgrad und dem Transinformationsfluß besteht die Beziehung

$$I_t(X;\,Y) = 2\,W\,I_1(X;\,Y) \,. \tag{16.72}$$

16.4.1. Entropie und Transinformation pro Freiheitsgrad im Fall unabhängiger diskreter Ordinaten

Wenn die Ordinaten in den Abtastpunkten unabhängig sind, bestehen die Beziehungen

$$H_1(X) = -\int_{-\infty}^{+\infty} p(x) \log p(x)\, dx \,, \tag{16.73}$$

wobei

x — ein beliebiger Wert ist, den das Signal $x(t)$ am Eingang des Kanals im Abtastpunkt annehmen kann;

$p(x)$ - die Wahrscheinlichkeitsdichte einer Ordinate ist, die als zufällige Veränderliche betrachtet wird (das Signal ist als stationär angenommen, so daß $p(x)$ für alle Ordinaten den gleichen Wert hat);

$$H_1(Y) = -\int_{-\infty}^{+\infty} p(y) \log p(y)\, dy \,, \tag{16.74}$$

wobei

y — ein beliebiger Wert ist, den das Signal $y(t)$ am Ausgang des Kanals in einem Abtastpunkt annehmen kann;

$p(y)$ — die Wahrscheinlichkeitsdichte einer Ordinate am Ausgang ist, die als zufällige Veränderliche betrachtet wird;

$$H_1(X/Y) = -\int_{-\infty}^{+\infty}\int_{-\infty}^{+\infty} p(x,\,y) \log p(x/y)\, dx\, dy \,, \tag{16.75}$$

wobei

$p(x/y)$ die von der Ausgangsordinate bedingte Wahrscheinlichkeitsdichte ist;

$$H_1(Y/X) = - \int\limits_{-\infty}^{+\infty} \int\limits_{-\infty}^{+\infty} p(x, y) \log p(y/x) \, dx \, dy \, , \tag{16.76}$$

wobei

$p(y/x)$ die von der Eingangsordinate bedingte Wahrscheinlichkeitsdichte ist. Die Transinformation pro Freiheitsgrad ist

$$I_1(X; Y) = \int\limits_{-\infty}^{+\infty} \int\limits_{-\infty}^{+\infty} p(x, y) \log \frac{p(x/y)}{p(x)} \, dx \, dy \, , \tag{16.77}$$

oder

$$I_1(X; Y) = \int\limits_{-\infty}^{+\infty} \int\limits_{-\infty}^{+\infty} p(x, y) \log \frac{p(y/x)}{p(y)} \, dx \, dy \, . \tag{16.78}$$

Aus den Beziehungen (16.73) $\cdots$ (16.76) ergibt sich

$$I_1(X; Y) = H_1(X) - H_1(X/Y) = H_1(Y) - H_1(Y/X) \, . \tag{16.79}$$

16.5. Kanäle mit additiven Störungen

Im folgenden wird angenommen, daß es sich um einen kontinuierlichen Kanal handelt, also um einen Kanal, bei dem sowohl das Eingangssignal als auch das Ausgangssignal durch Punkte (Vektoren) im EUKLIDischen Raum dargestellt werden.

Es wird ebenfalls angenommen, daß der Kanal zeitlich diskret ist, also daß die Eingangs- und Ausgangssignale abgetastet sind.

Wie im Fall diskreter Kanäle sagt man, daß ein kontinuierlicher, zeitlich diskreter Kanal dann stationär ist, wenn die Verteilung der bedingten Wahrscheinlichkeit, die über dem Ausgangsraum für einen gegebenen Punkt des Eingangsraumes definiert ist, nicht vom Zeitbeginn abhängt.

Man sagt, daß ein kontinuierlicher Kanal additive Störungen besitzt, wenn die bedingte Wahrscheinlichkeit $p(\vec{y}/\vec{x})$ von $\vec{y}$ und $\vec{x}$ nur von der Differenz

$$\vec{z} = \vec{y} - \vec{x} \tag{16.80}$$

abhängt, so daß

$$p(\vec{y}/\vec{x}) = q(\vec{z}) \tag{16.81}$$

ist. Man bezeichnet diesen Kanal auch als linearen Kanal.

Diese Eigenschaften sind ähnlich der Gleichmäßigkeitseigenschaft bezüglich des Eingangs bei diskreten Kanälen.

43*

Für den Kanal mit additiven Störungen ist die über dem Ausgangsraum für einen Punkt $\vec{x}$ des Eingangsraumes definierte bedingte Entropie

$$H(\vec{Y}/\vec{x}) = - \int_Y p(\vec{y}/\vec{x}) \log p(\vec{y}/\vec{x})\, dY\,, \qquad (16.82)$$

oder indem man der Beziehung (11.81) Rechnung trägt

$$H(\vec{y}/\vec{x}) = - \int_Z q(\vec{z}) \log q(\vec{z})\, dZ\,. \qquad (16.83)$$

Es ist ersichtlich, daß diese bedingte Entropie genau wie im Fall eines bezüglich des Eingangs gleichmäßigen Kanals unabhängig von dem Eingangssignal $\vec{x}$ ist.

Aus der Beziehung (16.83) ergibt sich, daß die bedingte Entropie

$$H(\vec{Y}/\vec{X}) = \int_X H(\vec{Y}/\vec{x})\, p(\vec{x})\, dX = - \int_Z q(\vec{z}) \log q(\vec{z})\, dZ \qquad (16.84)$$

ist, also nicht von der Verteilung $p(\vec{x})$ des Eingangssignals, sondern nur von $q(\vec{z})$ abhängt.

16.6. Kapazität des kontinuierlichen Kanals

Wie für den diskreten Fall definiert man als Kapazität des kontinuierlichen Kanals den maximalen Betrag des Transinformationsflusses (oder der Transinformation pro Freiheitsgrad) wie folgt:

$$C = \lim_{T \to \infty} \max \frac{1}{T} I(\vec{X}; \vec{Y})\,, \qquad (16.85)$$

oder

$$C = \lim_{T \to \infty} \max \frac{1}{T} \left[H(\vec{X}) - H(\vec{X}/\vec{Y}) \right]\,, \qquad (16.86)$$

oder

$$C = \lim_{T \to \infty} \max \frac{1}{T} \left[H(\vec{Y}) - H(\vec{Y}/\vec{X}) \right]\,. \qquad (16.87)$$

Der maximale Wert wird bezüglich des Wahrscheinlichkeitssatzes am Eingang des Kanals

$$p(\vec{x}) = p\,(x_1, x_2, \ldots, x_n) \qquad (16.88)$$

definiert, wobei $x_1, x_2 \cdots x_n$ die Werte sind, die das Signal in den Abtastpunkten $t_1, t_2 \cdots t_n$ annehmen kann.

Setzt man in die vorigen Beziehungen den Entropiefluß und den Transinformationsfluß, die durch die Beziehungen (16.67) und (16.71) gegeben sind, ein, erhält man

$$C = \max I_t(X; Y)\,, \qquad (16.89)$$

oder

$$C = \max \left[H_t(X) - H_t(X/Y) \right], \tag{16.90}$$

oder

$$C = \max \left[H_t(Y) - H_t(Y/X) \right]. \tag{16.91}$$

16.6.1. Kapazität des Kanals mit additiven Störungen

Wie im Abschnitt 16.5. gezeigt wurde, ist für Kanäle mit additiven Störungen die bedingte Entropie $H(\vec{Y}/\vec{X})$ nicht von dem Wahrscheinlichkeitssatz $p(\vec{x})$ am Eingang abhängig, wodurch nach der Beziehung (16.87) die Kapazität des Kanals durch Maximierung der Entropie $H(\vec{Y})$ bestimmt werden kann. Wenn sich nicht direkt oder indirekt gewisse Einschränkungen bezüglich der Wahrscheinlichkeitsdichte $p(\vec{y})$ ergeben, kann diese Entropie beliebig groß gemacht werden.

Im allgemeinen und unter realen Bedingungen treten jedoch Einschränkungen im Übertragungsvorgang auf. Diese Einschränkungen beziehen sich entweder auf den Spitzenwert des Signals bzw. auf die Spitzenleistung oder auf die mittlere Leistung.

Der Einfachheit halber wird im folgenden vorausgesetzt, daß die Ordinaten des Signals statistisch unabhängig sind. Diese Voraussetzung betrifft auch die Störung, deren Mittelwert gleich Null angenommen wird.

Unter der Voraussetzung, daß sowohl die Ordinaten des Signals als auch die der Störung unabhängig sind, genügt es, wenn die verschiedenen Entropien und Transinformationen pro Freiheitsgrad bestimmt werden. Anders gesagt, kann das Problem der Berechnung der Kanalkapazität aus dem n-dimensionalen Raum $\vec{X}$ des Eingangssignals in den eindimensionalen Raum X bzw. aus dem n-dimensionalen Raum $\vec{Y}$ des Ausgangssignals in den eindimensionalen Raum Y übertragen werden.

Da die Ordinaten des Signals unabhängig sind, wird die gesamte Entropie gleich der Summe der Entropien, die den unabhängigen Komponenten entsprechen

$$H(\vec{X}) = 2\,W\,T\,H_1(X) = T\,H_t(X). \tag{16.92}$$

Der Ausdruck der Transinformation wird

$$I(\vec{X};\vec{Y}) = 2\,W\,T\,I_1(X;Y) = T\,I_t(X;Y), \tag{16.93}$$

wobei die Kapazität des Kanals in der Form

$$C = \lim_{T \to \infty} \max \frac{1}{T} I(\vec{X};\vec{Y}) = \max 2\,W\,I_1(X;Y) = \max I_t(X;Y) \tag{16.94}$$

geschrieben werden kann.

Die Werte des Signals am Eingang oder am Ausgang können in diesem Fall durch Punkte auf der Geraden X oder auf der Geraden Y, bzw. die Abstände x und y dieser Punkte bezüglich beliebig gewählter Nullpunkte dargestellt werden.

Nach der Beziehung (16.94) und unter den oben erwähnten Voraussetzungen erhält man für die Kapazität des Kanals folgenden Ausdruck:

$$C = \max I_t(X\,;\,Y) = \max\left[H_t(Y) - H_t(Y/X)\right],\qquad (16.95)$$

oder

$$C = \max 2\,W\,I_1(X\,;\,Y) = \max 2\,W\left[H_1(Y) - H_1(Y/X)\right],\qquad (16.96)$$

wobei $H_1(Y)$ und $H_1(Y/X)$ die Entropien pro Freiheitsgrad sind.

Diese Entropien können folgendermaßen ausgedrückt werden:

$$H_1(Y) = -\int_{-\infty}^{+\infty} p(y)\log p(y)\,dy \qquad (16.97)$$

und

$$H_1(Y/X) = -\int_{-\infty}^{+\infty}\int_{-\infty}^{+\infty} p(x)\,p(y/x)\log p(y/x)\,dx\,dy \qquad (16.98)$$

oder, wenn man die Ausführungen aus Abschnitt 16.5. berücksichtigt

$$H_1(Y/X) = -\int_{-\infty}^{+\infty} q(z)\log q(z)\,dz\;. \qquad (16.99)$$

Damit erhält man für die Kapazität des Kanals mit additiven Störungen

$$C = 2\,W\left[\max H_1(Y) + \int_{-\infty}^{+\infty} q(z)\log q(z)\,dz\right],\qquad (16.100)$$

wobei

$$H_N = -\int_{-\infty}^{+\infty} q(z)\log q(z)\,dz \qquad (16.101)$$

Entropie der Störung genannt wird.

Aus der Beziehung (16.100) ergibt sich, daß für den gleichen Wert von $\max\left[H_1(Y)\right]$ die Kapazität des Kanals um so kleiner wird, je größer H_N ist. Es wird daher die Aufgabe gestellt, die statistischen Eigenschaften der Störung zu bestimmen, für die bei konstanter mittlerer Leistung $N = \sigma^2$ der größte Wert für H_N erhalten werden kann.

Um den maximalen Wert der durch die Beziehung (16.101) gegebenen Entropie der Störung zu bestimmen, werden die durch die Beziehungen

$$\int_{-\infty}^{+\infty} z^2\,q(z)\,dz = N = \sigma^2 \qquad (16.102)$$

und

$$\int_{-\infty}^{+\infty} q(z)\,dz = 1 \qquad (16.103)$$

eingeführten Einschränkungen berücksichtigt und das isoperimetrische Problem der Variationsrechnung herangezogen.

Dieses auf den Sonderfall der Entropien angewendete Problem ist im Anhang III dargestellt.

Man drückt die Entropie in natürlichen Einheiten aus und führt folgende Bezeichnungen ein:

$$F(z, q) = - q \ln q \,, \tag{16.104}$$

$$G_1(z, q) = z^2 q \,, \tag{16.105}$$

und

$$G_2(z, q) = q \,. \tag{16.106}$$

Der maximale Wert der durch die Beziehung (16.101) gegebenen Entropie ergibt sich für die Funktion $q(z)$, die als Lösung der Differentialgleichung

$$\frac{\partial F}{\partial q} + \lambda_1 \frac{\partial G_1}{\partial q} + \lambda_2 \frac{\partial G_2}{\partial q} = 0 \,, \tag{16.107}$$

bzw. der Gleichung

$$- 1 - \ln q + \lambda_1 z^2 + \lambda_2 = 0 \,, \tag{16,108}$$

folgendermaßen ausgedrückt werden kann

$$q(z) = e^{\lambda_1 z^2} e^{\lambda_2 - 1} \,. \tag{16.109}$$

Zur Bestimmung der Konstanten λ_1 und λ_2 führt man die Beziehung (16.109) in die Beziehung (16.102) und (16.103) ein und erhält

$$\lambda_1 = - \frac{1}{2 \sigma^2} \tag{16.110}$$

und

$$e^{\lambda_2 - 1} = \frac{1}{\sqrt{2 \pi \sigma^2}} \,. \tag{16.111}$$

Mit diesen Werten der Konstanten erhält man nach der Beziehung (16.109) folgenden Ausdruck für die Wahrscheinlichkeitsdichte $q(z)$, die den maximalen Wert der Entropie der Störung hervorruft

$$q(z) = \frac{1}{\sqrt{2 \pi \sigma^2}} e^{- \frac{z^2}{2 \sigma^2}} \,, \tag{16.112}$$

es handelt sich also um eine Normalverteilung.

Aus den obigen Betrachtungen ergibt sich, daß von allen Störungen, die die gleiche mittlere Leistung $N = \sigma^2$ besitzen, die Störung mit einer Normalverteilung die maximale Entropie besitzt und die Kapazität des Kanals am meisten vermindert.

Der in bit ausgedrückte Wert der Rauschentropie H_N für den Fall, daß $q(z)$ eine Gaußsche Wahrscheinlichkeitsdichte ist, ist

$$H_N = \int\limits_{-\infty}^{+\infty} q(z) \left[\log \sqrt{2 \pi \sigma^2} + \frac{z^2}{2 \sigma^2} \log e \right] dz \,, \tag{16.113}$$

oder

$$H_N = \frac{1}{2} \log 2 \pi \sigma^2 + \frac{1}{2} \log e = \frac{1}{2} \log 2 \pi e \sigma^2 \,,$$

folglich:

$$H_N = \frac{1}{2} \log 2\,\pi\,e\,\sigma^2 \,. \qquad (16.114)$$

Dieses ist die Entropie des Rauschens pro Freiheitsgrad.
Der Entropiefluß des Rauschens ist:

$$H_{Nt} = W \log 2\,\pi\,e\,\sigma^2 \,. \qquad (16.115)$$

Aus dem Vorigen kann auch eine Schlußfolgerung allgemeinen Charakters gezogen werden: von allen Verteilungen mit der gleichen Dispersion σ^2 und dem
Mittelwert Null besitzt die GAUSSsche Verteilung die größte Entropie

$$H(X) \leqq \frac{1}{2} \log 2\,\pi\,e\,\overline{x^2} \,. \qquad (16.116)$$

Das Gleichheitszeichen in Gleichung (16.116) gilt nur dann, wenn $p(x)$ eine
GAUSSsche Wahrscheinlichkeitsdichte mit dem Mittelwert Null und der Dispersion $\overline{x^2}$ ist.

Besitzt das Signal oder die Störung eine andere Verteilung als die GAUSSsche,
muß man in der Beziehung (16.116) das Ungleichheitszeichen einführen. Gleichheit besteht, wenn an Stelle von $\overline{x^2}$ eine kleinere Leistung eingeführt wird.

$$N_x \leqq \overline{x^2} \,, \qquad (16.117)$$

die durch die Beziehung

$$N_x = \frac{1}{2\,\pi\,e} 2^{2\,H(X)} \qquad (16.118)$$

definiert ist.

Diese Leistung wird Entropieleistung genannt und stellt die Leistung eines
GAUSSschen Signals (Rauschens) mit konstantem Leistungsspektrum dar, das
die gleiche Entropie besitzt, wie das Signal x mit einer beliebigen Verteilung.

Das Signal (Rauschen) muß ein konstantes Leistungsspektrum haben, weil
angenommen wurde, daß die Ordinaten in den Abtastpunkten unabhängig sind.

Kommt man auf den Ausdruck der Kanalkapazität zurück, so kann man die
letztere im Fall des weißen Rauschens mit GAUSSscher Verteilung in der Form

$$C = 2\,W \left[\max H_1(Y) - \frac{1}{2} \log 2\,\pi\,e\,\sigma^2 \right] \qquad (16.119)$$

ausdrücken.

Für den Fall, daß das Rauschen eine beliebige Verteilung besitzt, kann die
Kapazität des Kanals durch die Entropieleistung des Rauschens ausgedrückt
werden:

$$C = 2\,W \left[\max H_1(Y) - \frac{1}{2} \log 2\,\pi\,e\,N_N \right], \qquad (16.120)$$

wobei N_N die Entropieleistung des Rauschens darstellt.

Für den Fall des GAUSSschen Rauschens ist $N_N = \sigma^2$ und die Beziehung (16.120)
geht in die Beziehung (16.119) über.

16.6.1.1. Kanalkapazität bei begrenzter Spitzenleistung

Die Kapazität des Kanals ergibt sich aus der Beziehung (16.120), in die der maximale Wert von $H_1(Y)$ eingeführt werden muß.

Wenn das Ausgangssignal auf die Werte $y_s = \sqrt{P_s}$ und $y_s = -\sqrt{P_s}$ begrenzt ist, ist

$$\int\limits_{-y_s}^{+y_s} p\, dy = 1\,, \tag{16.121}$$

$$H_1(Y) = -\int\limits_{-y_s}^{+y_s} p \ln p\, dy\,. \tag{16.122}$$

Setzt man:

$$F(y, p) = -p \ln p\,, \tag{16.123}$$

und

$$G_1(y, p) = p\,, \tag{16.124}$$

so erhält man nach Anhang III den maximalen Wert von $H_1(Y)$ für die Funktion p, die die Gleichung

$$\frac{\partial F}{\partial p} + \lambda_1 \frac{\partial G_1}{\partial p} = 0 \tag{16.125}$$

erfüllt.

Diese Gleichung kann auch in der Form

$$-(1 + \ln p) + \lambda_1 = 0 \tag{16.126}$$

geschrieben werden, woraus

$$p = e^{\lambda_1 - 1} \tag{16.127}$$

entsteht.

Dieser Wert maximiert die Entropie $H_1(Y)$.

Um die Konstante λ_1 zu bestimmen, führt man die Beziehung (16.127) in die Beziehung (16.121) ein und erhält:

$$\int\limits_{-y_s}^{+y_s} e^{\lambda_1 - 1}\, dy = 2\, y_s\, e^{\lambda_1 - 1} = 1\,, \tag{16.128}$$

woraus:

$$e^{\lambda_1 - 1} = \frac{1}{2\, y_s} \tag{16.129}$$

entsteht.

Die Wahrscheinlichkeitsdichte wird

$$p(y) = \frac{1}{2\, y_s}\,. \tag{16.130}$$

In diesem Fall hat die Entropie den maximalen Wert

$$\max H_1(Y) = -\int\limits_{-y_s}^{+y_s} \frac{1}{2\, y_s} \ln \frac{1}{2\, y_s}\, dy = \ln 2\, y_s\,, \tag{16.131}$$

oder, indem man die Spitzenleistung $y_s^2 = P_s$ einsetzt und zu binären Einheiten zurückkehrt

$$\max H_1(Y) = \frac{1}{2} \log 4\, P_s \, . \tag{16.132}$$

Wenn am Eingang des Kanals eine Wahrscheinlichkeitsdichte $p(x)$ vorhanden ist, die zu der konstanten Ausgangsverteilung $p(y) = \dfrac{1}{2\,y_s}$ führt, ist die Kapazität des Kanals

$$C = W \left[\log 4\, P_s - \log 2\, \pi\, e\, N_N\right] = W \log \frac{4\, P_s}{2\, \pi\, e\, N_N} \, . \tag{16.133}$$

Die Wahrscheinlichkeitsdichte $p(x)$ am Eingang, die zum maximalen Wert der Transinformation, bzw. zur Wahrscheinlichkeitsdichte $p(y) = \dfrac{1}{2\,y_s}$ am Ausgang führt, ist durch die Integralgleichung

$$p(y) = \int\limits_{-\infty}^{+\infty} p(x, y) \, dx = \int\limits_{-\infty}^{+\infty} p(x)\, p(y/x) dx = \int\limits_{-\infty}^{+\infty} p(x)\, q(z) \, dx \tag{16.134}$$

gegeben.

Mit der Substitution: $z = y - x$ erhält man

$$p(y) = \int\limits_{-\infty}^{+\infty} p(x)\, q\,(y - x) \, dx = \frac{1}{2\,y_s} \, . \tag{16.135}$$

Die Lösung $p(x)$ dieser Integralgleichung ist der Einschränkung $p(x) \geqq 0$ unterworfen.

Wenn eine Wahrscheinlichkeitsverteilung am Eingang nicht existiert, die am Ausgang zu der durch die Beziehung (16.130) gegebenen Wahrscheinlichkeitsdichte führt, bzw. wenn die Integralgleichung (16.134) keine Lösung besitzt, ist die Kanalkapazität kleiner als der durch die Beziehung (16.133) gegebene Wert

$$C < W \log \frac{4\, P_s}{2\, \pi\, e\, N_N} \, . \tag{16.136}$$

16.6.1.2. Kanalkapazität bei begrenzter mittlerer Leistung

In diesem Fall wird angenommen, daß die mittlere Eingangsleistung begrenzt ist

$$P_x = \overline{x^2} = \int\limits_{-\infty}^{+\infty} x^2\, p(x) \, dx \, . \tag{16.137}$$

Die mittlere Ausgangsleistung, bzw. der quadratische Mittelwert ist

$$\overline{y^2} = \int\limits_{-\infty}^{+\infty} y^2\, p(y) \, dy \, . \tag{16.138}$$

Da angenommen wurde, daß die Störung additiv ist, also

$$y = z + x \tag{16.139}$$

ist, ergibt sich, daß

$$\overline{y^2} = \int\limits_{-\infty}^{+\infty} \int\limits_{-\infty}^{+\infty} (z + x)^2 \, p(x) \, q(z) \, dx \, dz \tag{16.140}$$

ist, wobei $q(z)$ die Wahrscheinlichkeitsdichte des Rauschens darstellt, die wie vorausgesetzt, unabhängig vom Signal ist.

Das Integral (16.140) ergibt

$$\overline{y^2} = \overline{x^2} + N \, , \tag{16.141}$$

wobei N die mittlere Leistung des Rauschens (die Dispersion)

$$N = \int\limits_{-\infty}^{+\infty} z^2 \, q(z) \, dz \tag{16.142}$$

ist.

Um die Kanalkapazität zu bestimmen, muß der maximale Wert der Entropie

$$\max H_1(Y) = - \max \int\limits_{-\infty}^{+\infty} p \log p \, dy \tag{16.143}$$

berechnet werden, wobei folgende Einschränkungen

$$\int\limits_{-\infty}^{+\infty} y^2 \, p \, dy = P_x + N = P_y \tag{16.144}$$

und

$$\int\limits_{-\infty}^{+\infty} p \, dy = 1 \tag{16.145}$$

zu berücksichtigen sind.

Wie vorher ergibt sich die maximale Entropie für

$$p(y) = \frac{1}{\sqrt{2\,\pi\,P_y}} \, e^{-\frac{y^2}{2\,P_y}} \tag{16.146}$$

und besitzt den Wert

$$\max H_1(Y) = \frac{1}{2} \log 2\,\pi\,e\,P_y \, . \tag{16.147}$$

Die Wahrscheinlichkeitsdichte $p(x)$ am Eingang, die die Entropie maximiert, bzw. die zu einer normalen Wahrscheinlichkeitsdichte am Ausgang führt, ist durch die Integralgleichung

$$p(y) = \int\limits_{-\infty}^{+\infty} p(x) \, q\,(y - x) \, dx = \frac{1}{\sqrt{2\,\pi\,P_y}} \, e^{-\frac{y^2}{2\cdot P_y}} \tag{16.148}$$

gegeben.

Die Lösung der Integralgleichung muß der Bedingung $p(x) \geqq 0$ genügen.

Für den besonders wichtigen Fall des GAUSSschen Rauschens existiert eine Lösung für die Wahrscheinlichkeitsdichte $p(x)$, die ebenfalls gaußisch ist, da nur unter diesen Umständen das Ausgangssignal als Summe zweier GAUSSscher Prozesse wieder eine normale Verteilung $p(y)$ besitzt.

In diesem Fall wird die Kapazität des Kanals

$$C = W \left[\log 2\,\pi\,e\,(P_x + N) - \log 2\,\pi\,e\,N\right], \qquad (16.149)$$

oder

$$C = W \log\left(1 + \frac{P_x}{N}\right), \qquad (16.150)$$

wobei P_x die Leistung des GAUSSschen Eingangssignals mit dem Mittelwert Null ist;

N die Leistung des GAUSSschen Rauschens mit dem Mittelwert Null ist.

Im allgemeinen, wenn eine additive Störung die Leistung N und die Entropieleistung N_N hat, und wenn die mittlere Leistung des Eingangssignals einen bestimmten Wert P_x hat, genügt die Kanalkapazität der Beziehung

$$W \log\left(1 + \frac{P_x}{N_N}\right) \leqq C \leqq W \log\frac{P_x + N}{N_N}. \qquad (16.151)$$

Das Gleichheitszeichen gilt nur für den Fall eines GAUSSschen Signals, wenn nämlich $N_N = N$ ist. Für diesen Fall erhält man

$$C = W \log\frac{P_x + N}{N}. \qquad (16.152)$$

Da aber $N_N \leqq N$ ist, ergibt sich, daß

$$C \leqq W \log\left(\frac{P_x + N}{N_N}\right) \qquad (16.153)$$

ist.

Diese obere Grenze entspricht dem maximalen Wert, den die Entropie $H_1(Y)$ annehmen kann, wenn die Bedingung (16.148) nicht berücksichtigt wird.

Um die untere Grenze zu bestimmen, wird angenommen, daß $p(x)$ eine normale Wahrscheinlichkeitsdichte mit der Dispersion P_x und dem Mittelwert Null ist.

Für diesen Fall gilt die Beziehung

$$N_y = P_x + N_N, \qquad (16.153)$$

wobei N_y die Entropieleistung des Signals am Ausgang des Kanals und $P_x = N_x$ die Entropieleistung des Eingangssignals ist, die, da es sich um ein GAUSSsches Signal handelt, gleich der Leistung des Signals ist.

Die genaue Erläuterung dieser Beziehung ist kompliziert und ist in der Fachliteratur angegeben. Nach dieser Beziehung ist die Entropieleistung einer Summe größer als die Summe der Entropieleistungen. Dieses Ergebnis ist nicht überraschend, da die Summe mehr oder weniger gegen eine normale Verteilung strebt (Zentraler Grenzwertsatz), die die maximale Entropieleistung besitzt.

Wenn in die Beziehung (16.120) statt des Wertes

$$\max H_1(Y) = \frac{1}{2} \log \left[2\,\pi\,e\,N_y\right]$$

ein kleinerer Wert und zwar $\frac{1}{2}\log\left[2\,\pi\,e\,(P_x + N_N)\right]$ eingeführt wird, erhält man

$$C \geqq W\left[\log 2\,\pi\,e\,(P_x + N_N) - \log 2\,\pi\,e\,N_N\right] \qquad (16.154)$$

oder

$$C \geqq W\log\frac{P_x + N_N}{N_N} = W\log\left(1 + \frac{P_x}{N_N}\right). \qquad (16.155)$$

Dieser Wert stellt die untere Grenze der Kanalkapazität dar.

Wie gezeigt wurde, ist die Kapazität des Kanals mit GAUSSschem Rauschen, dessen mittlere Leistung den Wert P_x nicht überschreiten darf:

$$C = W\log\left(1 + \frac{P_x}{N_0\,W}\right), \qquad (16.156)$$

wobei N_0 die Leistungsspektraldichte des Rauschens ist, die durch die Beziehung

$$N = N_0\,W \qquad (16.157)$$

gegeben ist.

Der Verlauf der Kanalkapazität als Funktion der Bandbreite ist in Abb. 16.3 dargestellt.

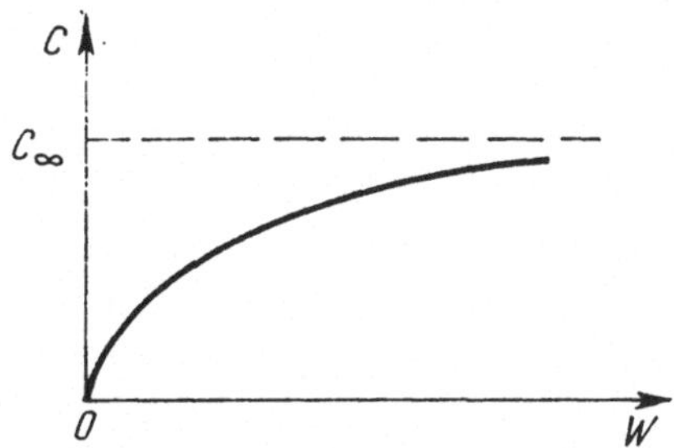

Abb. 16.3. Verlauf der Kanalkapazität als Funktion der Bandbreite

Aus dieser Abbildung ist ersichtlich, daß die Kanalkapazität für sehr große Bandbreiten langsam gegen den durch die Beziehung

$$C_\infty = \lim_{W\to\infty} W\log\left(1 + \frac{P_x}{N_0\,W}\right) = \frac{P_x}{N_0}\log e \qquad (16.158)$$

gegebenen Grenzwert strebt.

Daraus folgt, daß es keinen Sinn hat, die Bandbreite über einen gewissen Wert zu vergrößern, da dadurch die Kanalkapazität nur sehr wenig wächst.

In Obigem wurde angenommen, daß das Signal und die Störung ergodische Prozesse sind und infolgedessen die Scharmittelwerte gleich den zeitlichen Mittelwerten sind; damit war es zulässig, die Dispersionen als mittlere Leistungen zu betrachten.

EINHEITSSPRUNGFUNKTION UND DIRACSCHE δ_r-FUNKTION

Im folgenden werden einige Funktionen behandelt, die im vorliegenden Buch öfter vorkommen. Die exakte mathematische Behandlung kann auf der Grundlage der Theorie verallgemeinerter Funktionen (Distributionen) erfolgen, jedoch können einige Eigenschaften auch elementarer festgelegt werden.

Es werde durch die Beziehung

$$\left.\begin{aligned} u_0(t) &= 0 \quad \text{für} \quad t < 0 \\ u_0(t) &= \frac{1}{2} \quad \text{für} \quad t = 0 \\ u_0(t) &= 1 \quad \text{für} \quad t > 0 \end{aligned}\right\} \tag{A.I.1}$$

definierte Einheitssprungfunktion betrachtet (Abb. A.I.1).

Bei Anwendungen kommt oft eine ähnliche Funktion vor, die durch die Beziehung

$$\left.\begin{aligned} u(t) &= 0 \quad \text{für} \quad t < 0 \\ u(t) &= 1 \quad \text{für} \quad t \geqq 0 \end{aligned}\right\} \tag{A.I.2}$$

definiert werden kann.

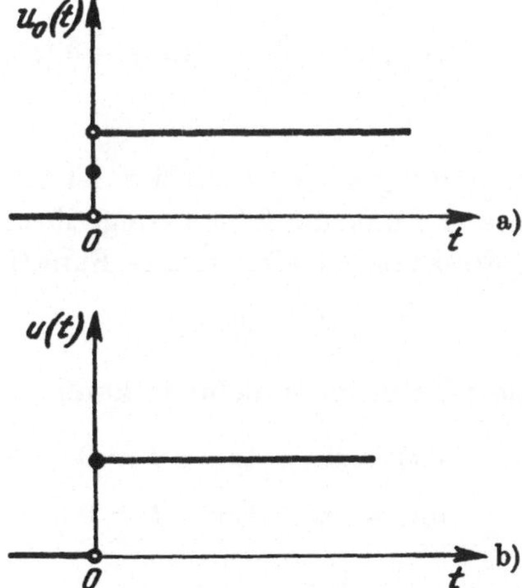

Abb. A.I.1. Darstellung der Sprungfunktion
a) Funktion $u_0(t)$; b) Funktion $u(t)$

Diese Funktion ist in Abb. A.I.1b dargestellt. Der Einfachheit halber wurde im vorliegenden Buch auch diese Funktion als Einheitssprungfunktion bezeichnet.

Um die DIRACsche δ-Funktion einzuführen, geht man von der in Abb. A.I.2a dargestellten Funktion $f_\tau(t)$ aus.

Die Ableitung dieser Funktion ist in Abb. A.I.2b dargestellt und kann in den stetigen Intervallen durch die Beziehung

$$\left.\begin{aligned} f_\tau'(t) &= 0\,, \quad \text{für} \quad |t| > \tau \\ f_\tau'(t) &= \frac{1}{2\,\tau} \quad \text{für} \quad |t| < \tau \end{aligned}\right\} \tag{A.I.3}$$

definiert werden.

Durch Grenzübergang zu $\tau \to 0$ ergibt sich

$$\lim_{\tau \to 0} f_\tau(t) = \frac{1}{2}\,\mathrm{sgn}\,t\,, \tag{A.I.4}$$

wobei sgn t die durch die Beziehung

$$\begin{aligned} \mathrm{sgn}\,t &= -\,1 \quad \text{für} \quad t < 0 \\ \mathrm{sgn}\,t &= 0 \quad \text{für} \quad t = 0 \\ \mathrm{sgn}\,t &= +\,1 \quad \text{für} \quad t > 0 \end{aligned} \tag{A.I.5}$$

definierte Funktion ist.

Die Ableitung der Funktion $f_\tau(t)$ geht beim Grenzübergang $\tau \to 0$ in die sogenannte DIRACsche δ-Funktion

$$\lim_{\tau \to 0} f_\tau'(t) = \frac{1}{2}\,\frac{d}{dt}\,(\mathrm{sgn}\,t) = \delta(t) \tag{A.I.6}$$

über.

Die symbolische Darstellung dieser Funktion ist in Abb. A.I.2c angegeben. Aus der Definition dieser Funktion folgen einige ihrer Eigenschaften.

1. Die DIRACsche δ-Funktion ist eine gerade Funktion:

$$\delta(t) = \delta(-\,t)\,.$$

2. Die Werte, die die δ-Funktion annehmen kann, sind folgende:

$$\begin{aligned} \delta(t) &= 0 \quad \text{für} \quad t \neq 0 \\ \delta(t) &= \infty \quad \text{für} \quad t = 0\,, \end{aligned}$$

wobei

$$\int_{-\infty}^{+\infty} \delta(t)\,dt = 1$$

ist.

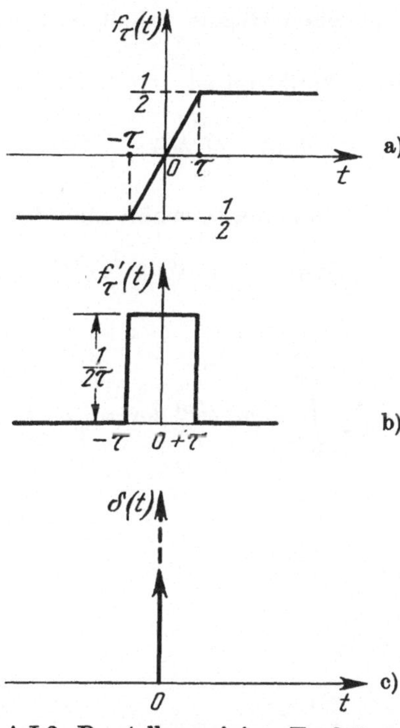

Abb. A.I.2. Darstellung einiger Funktionen
a) die Funktion $f_\tau(t)$; b) Funktion $f'_\tau(t)$; c) Funktion $\delta(t)$

3. Die Filtereigenschaft der δ-Funktion

$$\int\limits_{-\infty}^{+\infty} f(t)\,\delta\,(t-\tau)\,dt = \frac{1}{2}\,[f(\tau-0)+f(\tau+0)].$$

Diese Eigenschaft läßt sich aus der Definition der δ-Funktion ableiten

$$\lim_{R\to\infty}\int\limits_{-R}^{+R} f(t)\,\delta\,(t-\tau)\,dt = \lim_{R\to\infty}\frac{1}{2}\int\limits_{-R}^{+R} f(t)\,d\,[\mathrm{sgn}\,(t-\tau)].$$

Das obige Integral ist ein STIELTJES-Integral, das durch partielle Integration

$$\lim_{R\to\infty}\frac{1}{2}\left[f(t)\,\mathrm{sgn}\,(t-\tau)\Big|_{-R}^{+R} - \int\limits_{-R}^{+R} f'(t)\,\mathrm{sgn}\,(t-\tau)\,dt\right] =$$

$$= \lim_{R\to\infty}\frac{1}{2}\left[f(R)+f(-R)+\int\limits_{-R}^{\tau-0} f'(t)\,dt - \int\limits_{\tau+0}^{+R} f'(t)\,dt\right] =$$

$$= \lim_{R\to\infty}\frac{1}{2}\,[f(R)+f(-R)+f(\tau-0)-f(-R)-f(R)+f(\tau+0)]$$

übergeht.

44 Spătaru

Nach Kürzung der gleichen Glieder erhält man die oben gegebene Filterformel

4. Das Spektrum der δ-Funktion ist

$$\Delta(\omega) = \int\limits_{-\infty}^{+\infty} \delta(t)\, e^{-j\,\omega t}\, dt\,.$$

Wendet man die Filterformel an, so erhält man direkt

$$\Delta(\omega) = \frac{1}{2}\, e^{-j0} + \frac{1}{2}\, e^{+j0} = 1\,.$$

Damit ergibt sich

$$\delta(t) = \frac{1}{2\,\pi} \int\limits_{-\infty}^{+\infty} \Delta(\omega)\, e^{j\,\omega t}\, d\omega = \frac{1}{2\,\pi} \int\limits_{-\infty}^{+\infty} e^{j\,\omega t}\, d\omega\,.$$

HILBERT-TRANSFORMATION

Es sei $F(u)$ eine Funktion, die in der rechten Halbebene einschließlich des Unendlichen analytisch ist. Es sei $z = p$ ein Punkt in der rechten Halbebene. Nach dem Satz von CAUCHY ergibt sich

$$F(p) - \frac{1}{2\pi j} \oint_C \frac{F(z)}{z-p}\, dz \,, \qquad\qquad (\text{A.II.1})$$

wobei der Integrationsweg C in Abb. A.II.1 angegeben ist.

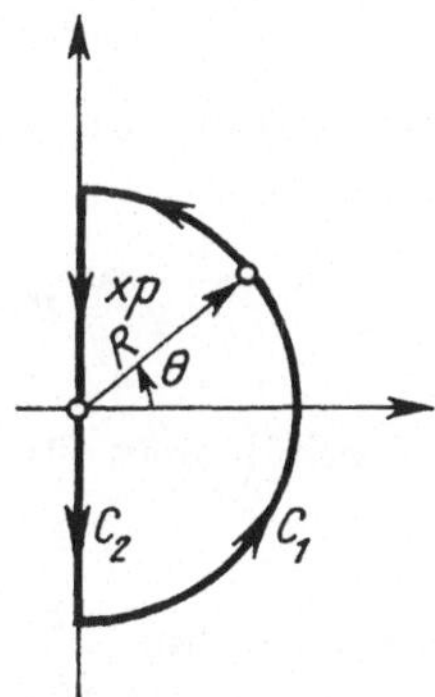

Abb. A.II.1. Darstellung des Integrationsweges C in der komplexen Ebene

Es wird der Punkt $q = - \overset{*}{p}$ (Abb. II.2) betrachtet, wobei $\overset{*}{p}$ der konjugierte Wert von p ist.

Da sich q außerhalb des Integrationsweges C befindet, ist

$$0 = \frac{1}{2\pi j} \oint_C \frac{F(z)}{z-q}\, dz \,. \qquad\qquad (\text{A.II.2})$$

Nach Addition der Beziehungen (A.II.1) und (A.II.2) erhält man

$$F(p) = \frac{1}{2\pi j} \oint_C \left(\frac{1}{z-p} + \frac{1}{z-q} \right) F(z)\, dz \,. \qquad\qquad (\text{A.II.3})$$

Der geschlossene Weg C kann in einen Halbkreis mit dem Radius R, der mit C_1 bezeichnet wird und in einen Abschnitt auf der imaginären Achse, dessen Länge $2R$ beträgt und der mit C_2 bezeichnet wird, aufgespalten werden.

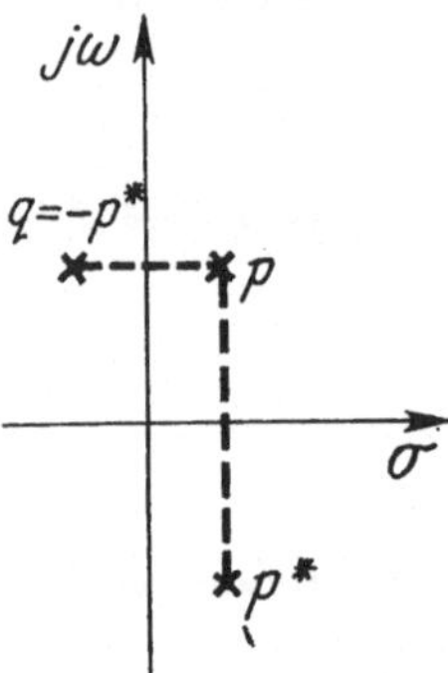

Abb. A.II.2. Darstellung der Punkte p, p^*, und q in der komplexen Ebene

Damit ergibt sich

$$F(p) = \frac{1}{2\pi j} \int\limits_{C_1} \left(\frac{1}{z-p} + \frac{1}{z-q}\right) F(z)\, dz + \frac{1}{2\pi j} \int\limits_{C_2} \left(\frac{1}{z-p} + \frac{1}{z-q}\right) F(z)\, dz \ .$$

$$(\text{A.II.4})$$

Es wird das erste Integral betrachtet. Für große Werte von R hat man annähernd

$$\frac{1}{z-p} \approx \frac{1}{z-q} \approx \frac{1}{R\, e^{j\,\Theta}} \tag{A.II.5}$$

und $dz = j\, Re^{j\,\Theta}\, d\Theta$.

Beim Grenzübergang $R \to \infty$, erhält man für das erste Integral

$$I_1 = \frac{1}{2\pi j} \int\limits_{C_1} \left(\frac{1}{z-p} + \frac{1}{z-q}\right) F(z)\, dz = \lim_{R \to \infty} \frac{1}{2\pi j} \int\limits_{-\frac{\pi}{2}}^{+\frac{\pi}{2}} 2j\, F(Re^{j\,\Theta})\, d\Theta = F(\infty) \ .$$

$$(\text{A.II.6})$$

Beim Grenzübergang $R \to \infty$, erhält man für das zweite Integral

$$I_2 = \frac{1}{2\pi j} \int\limits_{+j\infty}^{-j\infty} \frac{2z - p - q}{(z-p)(z-q)}\, F(z)\, dz \ . \tag{A.II.7}$$

Wenn man die Bezeichnungen

$$z = j\, v$$
$$p = \sigma + j\,\omega$$
$$q = -\sigma + j\,\omega$$

einführt, ergibt sich

$$I_2 = \frac{1}{\pi} \int\limits_{-\infty}^{+\infty} \frac{j\,(v-\omega)}{\sigma^2 - (v-\omega)^2}\, F\,(j\,v)\, dv \ , \tag{A.II.8}$$

und daher

$$F(p) = F(\infty) + \frac{1}{\pi} \int\limits_{-\infty}^{+\infty} \frac{j\,(v - \omega)}{\sigma^2 + (v - \omega)^2} \, F\,(j\,v)\, dv \,. \qquad \text{(A.II.9)}$$

Durch Subtraktion der Beziehungen (A.II.1) und (A.II.2) erhält man

$$F(p) = \frac{1}{2\,\pi\,j} \int\limits_{C} \left(\frac{1}{z - p} - \frac{1}{z - q} \right) F(z)\, dz \,. \qquad \text{(A.II.10)}$$

Verfährt man wie vorher, so erhält man für $R \to \infty$

$$F(p) = \frac{1}{\pi} \int\limits_{-\infty}^{+\infty} \frac{\sigma}{\sigma^2 + (\omega - v)^2} \, F\,(j\,v)\, dv \,. \qquad \text{(A.II.11)}$$

Die Beziehungen (A.II.9) und (A.II.11) können in einer zweckmäßigeren Form geschrieben werden.

Dazu wird die Funktion $F(p)$ in Realteil und Imaginärteil zerlegt

$$F(p) = x\,(\sigma,\, \omega) + j\,y\,(\sigma,\, \omega) \,. \qquad \text{(A.II.12)}$$

Da in den Beziehungen (A.II.9) und (A.II.11) $F\,(j\,v)$ die Werte der Funktion auf der imaginären Achse darstellt, ergibt sich

$$F\,(j\,v) = x(0,\, v) + j\,y(0,\, v) \,. \qquad \text{(A.II.13)}$$

Setzt man die Beziehungen (A.II.12) und (A.II.13) in die Beziehungen (A.II.9) und (A.II.11) ein und trennt die reellen und imaginären Teile, erhält man vier Beziehungen

$$\left.\begin{aligned}
x(\sigma,\, \omega) &= x(\infty) + \frac{1}{\pi} \int\limits_{-\infty}^{+\infty} \frac{\omega - v}{\sigma^2 + (\omega - v)^2} \, y(0,\, v)\, dv \,, \\[2ex]
y(\sigma,\, \omega) &= y(\infty) - \frac{1}{\pi} \int\limits_{-\infty}^{+\infty} \frac{\omega - v}{\sigma^2 + (\omega - v)^2} \, x(0,\, v)\, dv \,.
\end{aligned}\right\} \qquad \text{(A.II.14)}$$

und

$$\left.\begin{aligned}
x(\sigma,\, \omega) &= \frac{1}{\pi} \int\limits_{-\infty}^{+\infty} \frac{\sigma}{\sigma^2 + (\omega - v)^2} \, x(0,\, v)\, dv \,, \\[2ex]
y(\sigma,\, \omega) &= \frac{1}{\pi} \int\limits_{-\infty}^{+\infty} \frac{\sigma}{\sigma^2 + (\omega - v)^2} \, y(0,\, v)\, dv \,.
\end{aligned}\right\} \qquad \text{(A.II.15)}$$

Mit den obigen Beziehungen, die für Funktionen gelten, die in der rechten Hälfte der komplexen Ebene analytisch sind, kann man den reellen und imaginären Teil der Funktion über der ganzen Halbebene bestimmen, wenn man die Funktion nur auf der imaginären Achse kennt.

Oft interessieren nur die Werte sowohl des reellen als auch des imaginären Teils der Funktion auf der imaginären Achse.

In diesem Fall ist $\sigma = 0$ und die Beziehungen (A.II.14) gehen in

$$\left.\begin{aligned}
x(0, \omega) &= x(\infty) + \frac{1}{\pi} \int\limits_{-\infty}^{+\infty} \frac{y(0, v)}{\omega - v} \, dv \,, \\[2ex]
y(0, \omega) &= y(\infty) - \frac{1}{\pi} \int\limits_{-\infty}^{+\infty} \frac{x(0, v)}{\omega - v} \, dv
\end{aligned}\right\} \tag{A.II.16}$$

über.

Wenn die Funktion $F(p)$ für reelle Werte von p reell ist, muß $x(0, v)$ eine gerade, $y(0, v)$ eine ungerade Funktion von v (siehe die Beziehungen (A.II.15)) und $y(\infty) = 0$ (siehe die Beziehung (A.II.14)) sein.

Tatsächlich muß $y(0, v)$, da es eine ungerade und stetige Funktion ist, im Unendlichen eine Nullstelle oder einen Pol besitzen. Die letzte Möglichkeit muß ausgeschlossen werden, da angenommen wurde, daß die Funktion $F(p)$ auch im Unendlichen analytisch ist.

Für diesen Fall wird aus den Beziehungen (A.II.16)

$$\left.\begin{aligned}
x(0, \omega) &= x(\infty) + \frac{1}{\pi} \int\limits_{-\infty}^{+\infty} \frac{y(0, v)}{\omega - v} \, dv \,, \\[2ex]
y(0, \omega) &= -\frac{1}{\pi} \int\limits_{-\infty}^{+\infty} \frac{x(0, v)}{\omega - v} \, dv \,,
\end{aligned}\right\} \tag{A.II.17}$$

oder

$$\left.\begin{aligned}
x(0, \omega) &= x(\infty) - \frac{2}{\pi} \int\limits_{0}^{+\infty} \frac{v \, y(0, v)}{v^2 - \omega^2} \, dv \,, \\[2ex]
y(0, \omega) &= \frac{2 \, \omega}{\pi} \int\limits_{0}^{+\infty} \frac{x(0, v)}{v^2 - \omega^2} \, dv \,.
\end{aligned}\right\} \tag{A.II.18}$$

Die oben angegebenen Beziehungen sind unter dem Namen HILBERT-Transformationen bekannt. Sie stellen eine Verbindung zwischen dem reellen und dem imaginären Teil einer Funktion $F(p)$ auf der imaginären Achse her, die analytisch auf der imaginären Achse, in der rechten Halbebene und im Punkt $p = \infty$ ist.

Zur Berechnung der Integrale der Beziehungen (A.II.17) und (A.II.18) wird der CAUCHY-Hauptwert verwendet.

Dieser Wert ergibt sich, indem man sich symmetrisch von beiden Seiten dem Punkt $v = \omega$ nähert

$$\text{V. P.} \; \frac{1}{\pi} \int\limits_{-\infty}^{+\infty} \frac{y(0, v)}{\omega - v} \, dv = \lim_{\varepsilon \to 0} \left[\int\limits_{-\infty}^{\omega - \varepsilon} \frac{y(0, v)}{\omega - v} \, dv + \int\limits_{\omega + \varepsilon}^{+\infty} \frac{y(0, v)}{\omega - v} \, dv \right]. \quad \text{(A.II.19)}$$

Man kann zeigen, daß dieser Grenzwert existiert.

Tatsächlich können die uneigentlichen Integrale in gewöhnliche Integrale umgeformt werden, wenn man

$$\text{V. P.} \int\limits_{-\infty}^{+\infty} \frac{dv}{\omega - v} = \lim_{\substack{\varepsilon \to 0 \\ R \to \infty}} \left[\int\limits_{-R}^{\omega - \varepsilon} \frac{dv}{\omega - v} + \int\limits_{\omega + \varepsilon}^{+R} \frac{dv}{\omega - v} \right] = \lim_{\substack{\varepsilon \to 0 \\ R \to \infty}} \left[\ln \frac{\omega + R}{\varepsilon} + \ln \frac{\varepsilon}{R - \omega} \right]$$

$$= \lim_{\substack{\varepsilon \to 0 \\ R \to \infty}} \ln \left[\frac{\varepsilon}{R - \omega} \cdot \frac{R + \omega}{\varepsilon} \right] = 0 \qquad \text{(A.II.20)}$$

berücksichtigt.

Die Beziehung (A.II.20) kann auch in der Form

$$\left. \begin{array}{l} \dfrac{1}{\pi} \displaystyle\int\limits_{-\infty}^{+\infty} \dfrac{x(0, \omega)}{\omega - v} \, dv = 0 \,, \\[3ex] \dfrac{1}{\pi} \displaystyle\int\limits_{-\infty}^{+\infty} \dfrac{y(0, \omega)}{\omega - v} \, dv = 0 \end{array} \right\} \qquad \text{(A.II.21)}$$

geschrieben werden.

Durch Subtraktion der Beziehungen (A.II.16) und (A.II.21) erhält man

$$\left. \begin{array}{l} x(0, \omega) = x(\infty) + \dfrac{1}{\pi} \displaystyle\int\limits_{-\infty}^{+\infty} \dfrac{(y0, v) - y(0, \omega)}{\omega - v} \, dv \,. \\[3ex] y(0, \omega) = -\dfrac{1}{\pi} \displaystyle\int\limits_{-\infty}^{+\infty} \dfrac{x(0, v) - x(0, \omega)}{\omega - v} \, dv \,. \end{array} \right\} \qquad \text{(A.II.22)}$$

Da der Zähler des Integranden in beiden Fällen für $\omega = v$ Null ist, besitzt der Integrand keine Singularitäten und die Integrale sind nicht mehr uneigentlich.

Auf dieselbe Weise verfährt man auch mit den Beziehungen (A.II.18), indem man

$$\int\limits_{-\infty}^{+\infty} \frac{dv}{\omega - v} = \int\limits_{-\infty}^{0} \frac{dv}{\omega - v} + \int\limits_{0}^{+\infty} \frac{dv}{\omega - v} = \int\limits_{0}^{+\infty} \left(\frac{1}{\omega + v} + \frac{1}{\omega - v} \right) dv = \int\limits_{0}^{+\infty} \frac{2\,\omega\,dv}{\omega^2 - v^2} = 0$$

$$\text{(A.II.23)}$$

berücksichtigt.

Es ergibt sich

$$\left.\begin{array}{l}\dfrac{2\,\omega}{\pi}\displaystyle\int\limits_{0}^{+\infty}\dfrac{x(0,\,\omega)}{v^2-\omega^2}\,dv=0\,,\\[4mm]-\dfrac{2}{\pi}\displaystyle\int\limits_{0}^{+\infty}\dfrac{\omega\,y(0,\,\omega)}{v^2-\omega^2}\,dv=0\,.\end{array}\right\}\qquad\text{(A.II.24)}$$

Durch Subtraktion der Beziehungen (A.II.18) und (A.II.24) erhält man

$$\left.\begin{array}{l}x(0,\,\omega)=x(\infty)-\dfrac{2}{\pi}\displaystyle\int\limits_{0}^{+\infty}\dfrac{v\,y(0,\,v)-\omega\,y(0,\,\omega)}{v^2-\omega^2}\,dv\,,\\[5mm]y(0,\,\omega)=\dfrac{2\,\omega}{\pi}\displaystyle\int\limits_{0}^{+\infty}\dfrac{x(0,\,v)-x(0,\,\omega)}{v^2-\omega^2}\,dv\,,\end{array}\right\}\qquad\text{(A.II.25)}$$

wobei die Integrale nicht uneigentlich sind.

Wenn $F(p)$ ein analytisches Signal darstellt und wenn $x(\infty)=0$ ist, ist die Verbindung zwischen dem reellen und dem imaginären Teil durch die HILBERT-Transformation

$$\left.\begin{array}{l}x(t)=\text{V. P.}\,\dfrac{1}{\pi}\displaystyle\int\limits_{-\infty}^{+\infty}\dfrac{y(\tau)}{t-\tau}\,d\tau\,,\\[5mm]y(t)=-\,\text{V. P.}\,\dfrac{1}{\pi}\displaystyle\int\limits_{-\infty}^{+\infty}\dfrac{x(\tau)}{t-\tau}\,d\tau\,,\end{array}\right\}\qquad\text{(A.II.26)}$$

oder

$$x(t)=\mathfrak{H}\{\,y(t)\,\}\,,$$
$$y(t)=-\,\mathfrak{H}\{\,x(t)\,\}$$

gegeben.

Eigenschaften der HILBERT-Transformation

1. Wenn $y(t)$ eine ungerade Funktion von t ist, dann ist $x(t)$ eine gerade Funktion und umgekehrt.

2. Wenn $x(t)=\mathfrak{H}\{\,y(t)\,\}$ und $y(t)=-\,\mathfrak{H}\{\,x(t)\,\}$ ist, so ergibt sich, daß

$$x(t)=-\,\mathfrak{H}^2\{\,x(t)\,\}$$

ist; wenn man also zweimal die HILBERT-Transformation durchführt, so kommt man auf die ursprüngliche Funktion mit umgekehrtem Vorzeichen.

3. Bezeichnet man durch $X(\omega)$ und $X(\omega)$ die Spektraldichte von $x(t)$ bzw. $y(t)$

$$X(\omega)=\int\limits_{-\infty}^{+\infty}x(t)\,e^{-j\,\omega\,t}\,dt$$

und

$$Y(\omega) = \int\limits_{-\infty}^{+\infty} y(t)\, e^{-j\,\omega\,t}\, dt \, ,$$

so kann man zeigen, daß zwischen den Spektraldichten $X(\omega)$ und $Y(\omega)$ folgende Beziehungen bestehen

$$Y(\omega) = + j\, X(\omega) \quad \text{für} \quad \omega > 0$$

und

$$Y(\omega) = - j\, X(\omega) \quad \text{für} \quad \omega < 0 \, ,$$

oder anders gesagt, ist

$$Y(\omega) = j\, \text{sgn}\, \omega \cdot X(\omega) \, ,$$

wobei sgn ω die durch die Beziehungen (A.I.5) definierte Funktion ist.

Aus den Beziehungen (A.II.26) ergibt sich, daß $x(t)$ und $y(t)$ in Form von Faltungsintegralen mit der Funktion $f(t) = \dfrac{1}{t}$ geschrieben werden können (siehe Abschnitt 3.3.7.)

$$x(t) = \frac{1}{\pi}\frac{1}{t} * y(t) \, ,$$
$$y(t) = - \frac{1}{\pi}\frac{1}{t} * x(t) \, . \tag{A.II.27}$$

Die Spektraldichte der Funktion $f(t)$ ist

$$F(\omega) = \mathfrak{F}\left\{\frac{1}{t}\right\} = - j\, \pi\, \text{sgn}\, \omega\, ;$$

aus dem Faltungssatz erhält man

$$y(t) = - \frac{1}{\pi} \cdot \frac{1}{2\,\pi} \int\limits_{-\infty}^{+\infty} F(\omega)\, X(\omega)\, e^{j\,\omega\,t}\, d\omega = \frac{1}{2\,\pi} \int\limits_{-\infty}^{+\infty} Y(\omega)\, e^{j\,\omega\,t}\, d\omega \, ,$$

folglich ist

$$Y(\omega) = j\, \text{sgn}\, \omega\, X(\omega) \, . \tag{A.II.28}$$

ISOPERIMETRISCHES PROBLEM DER VARIATIONSRECHNUNG, ANGEWENDET AUF DIE ENTROPIEN

Ist der maximale Wert der Entropie zu bestimmen, so kann das isoperimetrische Problem der Variationsrechnung angewendet werden.

Von allen Funktionen $p(x)$, für die die Integrale

$$\left.\begin{array}{l} J_1 = \int\limits_a^b G_1(x, p)\, dx = K_1 \\[2mm] J_2 = \int\limits_a^b G_2(x, p)\, dx = K_2 \\[2mm] \cdot \; \cdot \; \cdot \; \cdot \; \cdot \; \cdot \; \cdot \; \cdot \; \cdot \; \cdot \; \cdot \; \cdot \\[2mm] J_n = \int\limits_a^b G_n(x, p)\, dx = K_n \end{array}\right\} \qquad (\text{A.III.1})$$

konstante Werte (K_j) haben, soll die Funktion $p(x)$ bestimmt werden, die das Integral

$$J = \int\limits_a^b F(x, p)\, dx = -\int\limits_a^b p \log p\, dx \qquad (\text{A.III.2})$$

unter den gegebenen Randbedingungen

$$\begin{array}{l} p(a) = a_1 \\ p(b) = b_1 \end{array} \qquad (\text{A.III.3})$$

extremiert.

Satz von EULER. Wenn die Funktion $p(x)$ das Integral der Beziehung (A.III.2) unter den Bedingungen (A.III.1) und den Randbedingungen (A.III.3) extremiert, und wenn $p(x)$ nicht ein Extremal der Integrale der Beziehungen (A.III.1) darstellt, so existieren die Konstanten $\lambda_1, \lambda_2, \cdots \lambda_n$, so daß die Funktion $p(x)$ ein Extremal des Integrals

$$\int\limits_a^b \Phi(x, p)\, dx \qquad (\text{A.III.4})$$

ist, wobei

$$\Phi = F + \lambda_1 G_1 + \cdots \lambda_n G_n \qquad (\text{A.III.5})$$

ist.

Die Funktion, die das Integral (A.III.4) extremiert, befriedigt die Gleichung

$$\frac{\partial F}{\partial p} + \lambda_1 \frac{\partial G_1}{\partial p} + \cdots + \lambda_n \frac{\partial G_n}{\partial p} = 0 \, . \qquad (\text{A.III.6})$$

TABELLEN

Tabelle A.1. Werte der Funktion $W(z) = \dfrac{1}{\sqrt{2\,\pi}}\, e^{-\frac{z^2}{2}}$

z	0	1	2	3	4	5	6	7	8	9
0,0	0,3989	3989	3989	3988	3986	3984	3982	3980	3977	3973
0,1	3970	3965	3961	3956	3951	3945	3939	3932	3925	3918
0,2	3910	3902	3894	3885	3876	3867	3857	3847	3836	3825
0,3	3814	3802	3790	3778	3765	3752	3739	3726	3712	3697
0,4	3683	3668	3653	3637	3621	3605	3589	3572	3555	3538
0,5	3521	3503	3485	3467	3448	3429	3410	3391	3372	3352
0,6	3332	3312	3292	3271	3251	3230	3209	3187	3166	3144
0,7	3123	3101	3079	3056	3034	3011	2989	2966	2943	2920
0,8	2897	2874	2850	2827	2803	2780	2756	2732	2709	2685
0,9	2661	2637	2613	2589	2565	2541	2516	2492	2468	2444
1,0	0,2420	2396	2371	2347	2323	2299	2275	2251	2227	2208
1,1	2179	2155	2131	2107	2083	2059	2036	2012	1989	1965
1,2	1942	1919	1895	1872	1849	1826	1804	1781	1758	1736
1,3	1714	1691	1669	1647	1626	1604	1582	1561	1539	1518
1,4	1497	1476	1456	1435	1415	1394	1374	1354	1334	1315
1,5	1295	1276	1257	1238	1219	1200	1182	1163	1145	1127
1,6	1109	1092	1074	1057	1040	1023	1007	0989	0973	0957
1,7	0940	0925	0909	0893	0878	0863	0848	0833	0818	0804
1,8	0790	0775	0761	0748	0734	0721	0707	0694	0681	0669
1,9	0656	0644	0632	0620	0608	0596	0584	0573	0562	0551
2,0	0,0540	0529	0519	0508	0498	0488	0478	0468	0459	0449
2,1	0440	0431	0422	0413	0404	0396	0387	0379	0371	0363
2,2	0355	0347	0339	0332	0325	0317	0310	0303	0297	0290
2,3	0283	0277	0270	0264	0258	0252	0246	0241	0235	0229
2,4	0224	0219	0213	0208	0203	0198	0194	0189	0184	0180
2,5	0175	0171	0167	0163	0158	0154	0151	0147	0143	0139
2,6	0136	0132	0129	0126	0122	0119	0116	0113	0110	0107
2,7	0104	0101	0099	0096	0083.	0091	0088	0086	0084	0081
2,8	0079	0077	0075	0073	0071	0069	0067	0065	0063	0061
2,9	0060	0058	0056	0055	0053	0051	0050	0048	0047	0046
3,0	0,0044	0043	0042	0040	0039	0038	0037	0036	0035	0034
3,1	0033	0032	0031	0030	0029	0028	0027	0026	0025	0025
3,2	0024	0023	0022	0022	0021	0020	0020	0019	0018	0018
3,3	0017	0017	0016	0016	0015	0015	0014	0014	0013	0013
3,4	0012	0012	0012	0011	0011	0010	0010	0010	0009	0009
3,5	0009	0008	0008	0008	0008	0007	0007	0007	0007	0006
3,6	0006	0006	0006	0005	0005	0005	0005	0005	0005	0004
3,7	0004	0004	0004	0004	0004	0004	0003	0003	0003	0003
3,8	0003	0003	0003	0003	0003	0002	0002	0002	0002	0002
3,9	0002	0002	0002	0002	0002	0002	0002	0002	0001	0001

Tabelle A.2. Werte der Funktion $F(z) = \dfrac{1}{\sqrt{2\pi}} \displaystyle\int_0^z e^{-\frac{x^2}{2}}\, dx$

z	0	1	2	3	4	5	6	7	8	9
0,0	0,00000	00399	00798	01197	01595	01991	02392	02790	03188	03586
0,1	03983	04380	04776	05172	05567	05962	06356	06749	07142	07535
0,2	07926	08317	08707	09095	09483	09871	10257	10642	11026	11409
0,3	11791	12172	12552	12930	13307	13683	14058	14431	14803	15173
0,4	15542	15910	16276	16640	17003	17364	17724	18082	18439	18793
0,5	19146	19497	19847	20194	20540	20884	21225	21566	21904	22240
0,6	22575	22907	23237	23565	23891	24215	24536	24857	25175	25490
0,7	25804	26115	26424	26730	27035	27337	27637	27935	28230	28524
0,8	28815	29103	29389	29673	29953	30234	30511	30785	31057	31327
0,9	31594	31859	32121	32381	32639	32894	33147	33398	33646	33891
1,0	34134	34375	34614	34850	35083	35314	35543	35769	35993	36214
1,1	36433	36650	36864	37076	37286	37493	37698	37900	38100	38298
1,2	38493	38686	38877	39065	39251	39435	39617	39796	39973	40147
1,3	40320	40490	40658	40824	40988	41149	41309	41466	41621	41774
1,4	41924	42073	42220	42364	42507	42647	42786	42922	43056	43189
1,5	43319	43448	43574	43699	43822	43943	44062	44179	44295	44408
1,6	44520	44630	44738	44845	44950	45053	45154	45254	45352	45449
1,7	45543	45637	45728	45818	45907	45994	46080	46164	46246	46327
1,8	46407	46485	46562	46638	46712	46784	46856	46926	46995	47062
1,9	47128	47193	47257	47320	47381	47441	47500	47558	47615	47670
2,0	47725	47778	47831	47882	47932	47982	48030	48077	48124	48169
2,1	48214	48257	48300	48341	48382	48422	48461	48500	48537	48574
2,2	48610	48645	48679	48713	48745	48778	48809	48840	48870	48899
2,3	48928	48956	48983	49010	49036	49061	49086	49111	49134	49158
2,4	49180	49202	49224	49245	49266	49286	49305	49324	49343	49361
2,5	49379	49396	49413	49430	49446	49461	49477	49492	49506	49520
2,6	49534	49547	49560	49573	49585	49598	49609	49621	49632	49643
2,7	49653	49664	49674	49683	49693	49702	49711	49720	49728	49736
2,8	49744	49752	49760	49767	49774	49781	49788	49795	49801	49807
2,9	49813	49816	49825	49831	49836	49841	49846	49851	49856	49861

Tabelle A.3. Werte der Funktion $f(x) = \dfrac{\sin x}{x}$

x	$\dfrac{\sin x}{x}$	x	$\dfrac{\sin x}{x}$	x	$\dfrac{\sin x}{x}$	x	$\dfrac{\sin x}{x}$
0,01	1,0000	0,30	0,9851	0,60	0,9411	0,90	0,8704
0,05	0,9996	0,35	0,9797	0,65	0,9311	0,95	0,8562
0,10	0,9983	0,40	0,9735	0,70	0,9203	1,00	0,8415
0,15	0,9963	0,45	0,9666	0,75	0,9089	1,05	0,8261
0,20	0,9933	0,50	0,9589	0,80	0,8967	1,10	0,8102
0,25	0,9896	0,55	0,9503	0,85	0,8839	1,15	0,7937

Tabelle A.3. (Fortsetzung)

x	$\dfrac{\sin x}{x}$	x	$\dfrac{\sin x}{x}$	x	$\dfrac{\sin x}{x}$	x	$\dfrac{\sin x}{x}$
1,20	0,7767	3,60	−0,1229	6,00	−0,0466	8,40	0,1017
1,25	0,7592	3,65	−0,1334	6,05	−0,0382	8,45	0,0979
1,30	0,7412	3,70	−0,1432	6,10	−0,0299	8,50	0,0939
1,35	0,7228	3,75	−0,1524	6,15	−0,0216	8,55	0,0898
1,40	0,7039	3,80	−0,1610	6,20	−0,0134	8,60	0,0854
1,45	0,6846	3,85	−0,1690	6,25	−0,0053	8,65	0,0809
1,50	0,6650	3,90	−0,1764	6,30	+0,0027	8,70	0,0762
1,55	0,6450	3,95	−0,1831	6,35	0,0105	8,75	0,0714
1,60	0,6247	4,00	−0,1892	6,40	0,0182	8,80	0,0665
1,65	0,6042	4,05	−0,1947	6,45	0,0257	8,85	0,0614
1,70	0,5833	4,10	−0,1996	6,50	0,0331	8,90	0,0563
1,75	0,5623	4,15	−0,2039	6,55	0,0403	8,95	0,0511
1,80	0,5410	4,20	−0,2075	6,60	0,0472	9,00	0,0458
1,85	0,5196	4,25	−0,2106	6,65	0,0539	9,05	0,0404
1,90	0,4981	4,30	−0,2131	6,70	0,0604	9,10	0,0351
1,95	0,4764	4,35	−0,2150	6,75	0,0667	9,15	0,0297
2,00	0,4546	4,40	−0,2163	6,80	0,0727	9,20	0,0242
2,05	0,4329	4,45	−0,2170	6,85	0,0784	9,25	0,0188
2,10	0,4111	4,50	−0,2172	6,80	0,0838	9,30	0,0134
2,15	0,3893	4,55	−0,2169	6,95	0,0890	9,35	0,0080
2,20	0,3675	4,60	−0,2160	7,00	0,0939	9,40	0,0026
2,25	0,3458	4,65	−0,2146	7,05	0,0984	9,45	−0,0027
2,30	0,3242	4,70	−0,2127	7,10	0,1027	9,50	−0,0079
2,35	0,3028	4,75	−0,2104	7,15	0,1066	9,55	−0,0131
2,40	0,2814	4,80	−0,2075	7,20	0,1102	9,60	−0,0182
2,45	0,2603	4,85	−0,2042	7,25	0,1135	9,65	−0,0231
2,50	0,2394	4,90	−0,2005	7,30	0,1165	9,70	−0,0280
2,55	0,2187	4,95	−0,1963	7,35	0,1191	9,75	−0,0328
2,60	0,1983	5,00	−0,1918	7,40	0,1216	9,80	−0,0374
2,65	0,1781	5,05	−0,1868	7,45	0,1234	9,85	−0,0419
2,70	0,1583	5,10	−0,1815	7,50	0,1251	9,90	−0,0462
2,75	0,1388	5,15	−0,1759	7,55	0,1264	9,95	−0,0504
2,80	0,1196	5,20	−0,1699	7,60	0,1274	10,0	−0,0544
2,85	0,1009	5,25	−0,1636	7,65	0,1280	10,1	−0,0619
2,90	0,0825	5,30	−0,1570	7,70	0,1283	10,2	−0,0686
2,95	0,0646	5,35	−0,1502	7,75	0,1283	10,3	−0,0745
3,00	0,0470	5,40	−0,1431	7,80	0,1280	10,4	−0,0796
3,05	0,0300	5,45	−0,1358	7,85	0,1274	10,5	−0,0838
3,10	0,0134	5,50	−0,1283	7,90	0,1264	10,6	−0,0871
3,15	−0,0027	5,55	−0,1206	7,95	0,1252	10,7	−0,0894
3,20	−0,0182	5,60	−0,1127	8,00	0,1237	10,8	−0,0908
3,25	−0,0338	5,65	−0,1047	8,05	0,1218	10,9	−0,0913
3,30	−0,0478	5,70	−0,0966	8,10	0,1197	11,0	−0,0909
3,35	−0,0618	5,75	−0,0884	8,15	0,1174	11,1	−0,0896
3,40	−0,0752	5,80	−0,0801	8,20	0,1147	11,2	−0,0874
3,45	−0,0880	5,85	−0,0718	8,25	0,1118	11,3	−0,0844
3,50	−0,1002	5,90	−0,0634	8,30	0,1087	11,4	−0,0806
3,55	−0,1119	5,95	−0,0550	8,35	0,1053	11,5	−0,0761

Tabelle A.3. (Fortsetzung)

x	$\dfrac{\sin x}{x}$	x	$\dfrac{\sin x}{x}$	x	$\dfrac{\sin x}{x}$	x	$\dfrac{\sin x}{x}$
11,6	$-0,0709$	15,8	$-0,0058$	20,0	$0,0457$	62,0	$-0,0119$
11,7	$-0,0651$	15,9	$-0,0120$	21,0	$0,0398$	63,0	$+0,0027$
11,8	$-0,0588$	16,0	$-0,0180$	22,0	$-0,0004$	64,0	$0,0144$
11,9	$-0,0519$	16,1	$-0,0237$	23,0	$-0,0368$	65,0	$0,0127$
12,0	$-0,0447$	16,2	$-0,0292$	24,0	$-0,0377$	66,0	$-0,0004$
12,1	$-0,0372$	16,3	$-0,0342$	25,0	$-0,0053$	67,0	$-0,0128$
12,2	$-0,0294$	16,4	$-0,0389$	26,0	$+0,0293$	68,0	$-0,0132$
12,3	$-0,0214$	16,5	$-0,0431$	27,0	$0,0354$	69,0	$-0,0017$
12,4	$-0,0134$	16,6	$-0,0469$	28,0	$0,0097$	70,0	$+0,0111$
12,5	$-0,0053$	16,7	$-0,0501$	29,0	$-0,0229$	71,0	$0,0134$
12,6	$0,0027$	16,8	$-0,0528$	30,0	$-0,0329$	72,0	$0,0035$
12,7	$0,0105$	16,9	$-0,0550$	31,0	$-0,0130$	73,0	$-0,0093$
12,8	$0,0181$	17,0	$-0,0566$	32,0	$+0,0172$	74,0	$-0,0133$
12,9	$0,0254$	17,1	$-0,0576$	33,0	$0,0303$	75,0	$-0,0052$
13,0	$0,0323$	17,2	$-0,0580$	34,0	$0,0156$	76,0	$+0,0076$
13,1	$0,0388$	17,3	$-0,0578$	35,0	$-0,0122$	77,0	$0,0132$
13,2	$0,0449$	17,4	$-0,0570$	36,0	$-0,0275$	78,0	$0,0069$
13,3	$0,0503$	17,5	$-0,0558$	37,0	$-0,0174$	79,0	$-0,0061$
13,4	$0,0553$	17,6	$-0,0539$	38,0	$+0,0078$	80,0	$-0,0124$
13,5	$0,0595$	17,7	$-0,0516$	39,0	$0,0247$	81,0	$-0,0078$
13,6	$0,0632$	17,8	$-0,0487$	40,0	$0,0186$	82,0	$+0,0038$
13,7	$0,0661$	17,9	$-0,0454$	41,0	$-0,0039$	83,0	$0,0117$
13,8	$0,0684$	18,0	$-0,0417$	42,0	$-0,0218$	84,0	$0,0087$
13,9	$0,0699$	18,1	$-0,0376$	43,0	$-0,0193$	85,0	$-0,0021$
14,0	$0,0708$	18,2	$-0,0332$	44,0	$+0,0004$	86,0	$-0,0107$
14,1	$0,0709$	18,3	$-0,0285$	45,0	$0,0189$	87,0	$-0,0095$
14,2	$0,0703$	18,4	$-0,0236$	46,0	$0,0196$	88,0	$+0,0004$
14,3	$0,0690$	18,5	$-0,0185$	47,0	$0,0063$	89,0	$0,0097$
14,4	$0,0671$	18,6	$-0,0133$	48,0	$-0,0160$	90,0	$0,0099$
14,5	$0,0645$	18,7	$-0,0080$	49,0	$-0,0195$	91,0	$0,0012$
14,6	$0,0613$	18,8	$-0,0026$	59,0	$-0,0053$	92,0	$-0,0085$
14,7	$0,0575$	18,9	$+0,0027$	51,0	$+0,0131$	93,0	$-0,0102$
14,8	$0,0533$	19,0	$0,0079$	52,0	$0,0190$	94,0	$-0,0026$
14,9	$0,0485$	19,1	$0,0130$	53,0	$0,0075$	95,0	$+0,0072$
15,0	$0,0434$	19,2	$0,0179$	54,0	$-0,0104$	96,0	$0,0103$
15,1	$0,0378$	19,3	$0,0226$	55,0	$-0,0182$	97,0	$0,0032$
15,2	$0,0320$	19,4	$0,0270$	56,0	$-0,0093$	98,0	$-0,0059$
15,3	$0,0259$	19,5	$0,0311$	57,0	$+0,0077$	99,0	$-0,0101$
15,4	$0,0197$	19,6	$0,0348$	58,0	$0,0171$	100,0	$-0,0051$
15,5	$0,0133$	19,7	$0,0382$	59,0	$0,0108$		
15,6	$0,0069$	19,8	$0,0411$	60,0	$-0,0051$		
15,7	$0,0005$	19,9	$0,0436$	61,0	$-0,0158$		

Tabelle A. 4. Werte der Funktion $f(x) = -\log_2 x$ für $0{,}01 \leqq x \leqq 0{,}99$

x	0	1	2	3	4	5	6	7	8	9
0,0	—	6,6439	5,6439	5,0589	4,6439	4,3219	4,0589	3,8365	3,6439	3,4740
0,1	3,3219	3,1845	3,0589	2,9435	2,8365	2,7370	2,6439	2,5564	2,4740	2,3960
0,2	2,3219	2,2516	2,1845	2,1203	2,0589	2,0000	1,0435	1,8890	1,9365	1,7859
0,3	1,7370	1,6897	1,6439	1,5995	1,5564	1,5146	1,4740	1,4344	1,3960	1,3585
0,4	1,3219	1,2864	1,2516	1,2176	1,1845	1,1520	1,1203	1,0893	1,0589	1,0292
0,5	1,0000	0,9715	0,9435	0,9160	0,8890	0,8625	0,8365	0,8100	0,7859	0,7613
0,6	0,7370	0,7213	0,6897	0,6666	0,6439	0,6215	0,5995	0,5778	0,5564	0,5354
0,7	0,5146	0,4941	0,4740	0,4541	0,4344	0,4151	0,3960	0,3771	0,3585	0,3401
0,8	0,3219	0,3040	0,2864	0,2689	0,2516	0,2345	0,2176	0,2009	0,1845	0,1682
0,9	0,1520	0,1361	0,1203	0,1047	0,0893	0,0741	0,0589	0,0440	0,0292	0,0145

Werte der Funktion $f(x) = \log_2(x)$ für $1 \leqq x \leqq 99$

x	0	1	2	3	4	5	6	7	8	9
0	—	0,0000	1,0000	1,5850	2,0000	2,3219	2,5850	2,8074	3,0000	3,1699
1	3,3219	3,4594	3,5850	3,7004	3,8074	3,9069	4,0000	4,0875	4,1699	4,2479
2	4,3219	4,3923	4,4594	4,5236	4,5850	4,6439	4,7004	4,7549	4,8074	4,8580
3	4,9069	4,9542	5,0000	5,0444	5,0875	5,1293	5.1699	5,2095	5,2479	5,2854
4	5,3219	5,3575	5,3923	5,4263	5.4594	5,4919	5,5236	5,5546	5,5850	5,6147
5	5,6493	5,6724	5,7004	5,7279	5,7549	5,7814	5,8074	5,8329	5,8580	5,8826
6	5,9069	5,9307	5,9542	5,9773	6,0000	6,0224	6,0444	6,0661	6,0875	6,1085
7	6,1293	6,1498	6,1699	6,1898	6,2095	6,2288	6,2479	6,2668	6,2854	6,3038
8	6,3219	6,3309	6,3575	6,3750	6,3923	6,4094	6,4263	6,4430	6,4594	6,4757
9	6,4919	6,5078	6,5236	6,5392	6,5546	6,5698	6,5850	6,6999	6,6147	6,6294

Tabelle A. 5. Werte der Funktion $f(x) = -x\log_2 x$

x	0	1	2	3	4	5	6	7	8	9
0,00	—	0,0100	0,0179	0,0251	0,0319	0,0382	0,0443	0,0501	0,0557	0,0612
0,01	0,0664	0,0716	0,0766	0,0815	0,0862	0,0909	0,0955	0,0999	0,1043	0,1086
0,02	0,1129	0,1170	0,1211	0,1252	0,1291	0,1330	0,1369	0,1407	0,1444	0,1481
0,03	0,1518	0,1554	0,1589	0,1624	0,1659	0,1693	0,1727	0,1760	0,1793	0,1825
0,04	0,1858	0,1889	0,1921	0,1952	0,1983	0,2013	0,2043	0,2073	0,2103	0,2132
0,05	0,2161	0,2190	0,2218	0,2246	0,2274	0,2301	0,2329	0,2356	0,2383	0,2409
0,06	0,2435	0,2461	0,2487	0,2513	0,2538	0,2563	0,2588	0,2613	0,2637	0,2661
0,07	0,2686	0,2709	0,2733	0,2756	0,2780	0,2803	0,2826	0,2848	0,2871	0,2893
0,08	0,2915	0,2937	0,2959	0,2980	0,3002	0,3023	0,3044	0,3065	0,3080	0,3106
0,09	0,3127	0,3147	0,3167	0,3187	0,3207	0,3226	0,3246	0,3265	0,3284	0,3303
0,10	0,3322	0,3341	0,3359	0,3378	0,3396	0,3414	0,3432	0,3450	0,3468	0,3485
0,11	0,3503	0,3520	0,3537	0,3555	0,3571	0,3588	0,3605	0,3622	0,3638	0,3654
0,12	0,3671	0,3687	0,3703	0,3719	0,3734	0,3750	0,3766	0,3781	0,3796	0,3811
0,13	0,3826	0,3841	0,3856	0,3871	0,3886	0,3900	0,3915	0,3929	0,3943	0,3957
0,14	0,3971	0,3985	0,3999	0,4012	0,4026	0,4040	0,4053	0,4066	0,4079	0,4092
0,15	0,4105	0,4118	0,4131	0,4144	0,4156	0,4169	0,4181	0,4194	0,4206	0,4218
0,16	0,4230	0,4242	0,4254	0,4266	0,4277	0,4289	0,4301	0,4312	0,4323	0,4335
0,17	0,4346	0,4357	0,4368	0,4379	0,4390	0,4400	0,4411	0,4422	0,4432	0,4443
0,18	0,4453	0,4463	0,4474	0,4484	0,4494	0,4504	0,4514	0,4523	0,4533	0,4543
0,19	0,4552	0,4562	0,4571	0,4581	0,4590	0,4599	0,4608	0,4617	0,4626	0,4635

Tabelle A.5. (Fortsetzung)

x	0	1	2	3	4	5	6	7	8	9
0,20	0,4644	0,4653	0,4661	0,4670	0,4678	0,4687	0,4695	0,4704	0,4712	0,4720
0,21	0,4728	0,4736	0,4744	0,4752	0,4760	0,4768	0,4776	0,4783	0,4791	0,4798
0,22	0,4806	0,4813	0,4820	0,4828	0,4835	0,4842	0,4849	0,4856	0,4863	0,4870
0,23	0,4877	0,4883	0,4890	0,4879	0,4903	0,4910	0,4916	0,4923	0,4949	0,4935
0,24	0,4941	0,4947	0,4954	0,4960	0,4966	0,4971	0,4977	0,4983	0,4989	0,4994
0,25	0,5000	0,5006	0,5011	0,5016	0,5022	0,5027	0,5032	0,5038	0,5043	0,5048
0,26	0,5053	0,5058	0,5063	0,5068	0,5072	0,5077	0,5082	0,5087	0,5091	0,5096
0,27	0,5100	0,5105	0,5109	0,5113	0,5118	0,5122	0,5126	0,5130	0,5134	0,5138
0,28	0,5142	0,5146	0,5150	0,5154	0,5158	0,5161	0,5165	0,5169	0,5172	0,5176
0,29	0,5179	0,5182	0,5186	0,5189	0,5192	0,5196	0,5199	0,5202	0,5205	0,5208
0,30	0,5211	0,5214	0,5217	0,5220	0,5222	0,5225	0,5228	0,5230	0,5233	0,5235
0,31	0,5238	0,5240	0,5243	0,5245	0,5247	0,5250	0,5252	0,5254	0,5256	0,5258
0,32	0,5260	0,5262	0,5264	0,5266	0,5268	0,5270	0,5272	0,5273	0,5275	0,5277
0,33	0,5278	0,5280	0,5281	0,5283	0,5284	0,5286	0,5287	0,5288	0,5289	0,5290
0,34	0,5292	0,5293	0,5294	0,5295	0,2596	0,5297	0,5298	0,5299	0,5299	0,5300
0,35	0,5301	0,5302	0,5302	0,5303	0,5304	0,5304	0,5305	0,5305	0,5305	0,5306
0,36	0,5306	0,6306	0,5307	0,5307	0,5307	0,5307	0,5307	0,5307	0,5307	0,5307
0,37	0,5307	0,5307	0,5307	0,5307	0,5307	0,5306	0,5306	0,5306	0,5305	0,5305
0,38	0,5304	0,5304	0,5303	0,5303	0,5302	0,5302	0,5301	0,5300	0,5300	0,5299
0,39	0,5298	0,5297	0,5296	0,5295	0,5294	0,5293	0,5292	0,5291	0,5290	0,5289
0,40	0,5288	0,5286	0,5285	0,5284	0,5283	0,5281	0,5280	0,5278	0,5277	0,5275
0,41	0,5274	0,5272	0,5271	0,5269	0,5267	0,5266	0,5264	0,5262	0,5260	0,5258
0,42	0,5256	0,5255	0,5253	0,5251	0,5249	0,5246	0,5244	0,5242	0,5240	0,5238
0,43	0,5256	0,5233	0,5231	0,5229	0,5226	0,5224	0,5222	0,5219	0,5217	0,5214
0,44	0,5211	0,5209	0,5206	0,5204	0,5201	0,5198	0,5195	0,5193	0,5190	0,5189
0,45	0,5184	0,5181	0,5178	0,5175	0,5172	0,5169	0,5166	0,5163	0,5160	0,5157
0,46	0,5153	0,5150	0,5147	0,5144	0,5140	0,5137	0,5133	0,5130	0,5127	0,5123
0,47	0,5120	0,5116	0,5112	0,5109	0,5105	0.5102	0,5098	0,5094	0,5090	0,5087
0,48	0,5083	0,5079	0,5075	0,5071	0,5067	0,5063	0,5059	0,5055	0,5051	0,5047
0,49	0,5043	0,5039	0,5034	0,5030	0,5026	0,5022	0,5017	0,5013	0,5009	0,5004
0,50	0,5000	0,4996	0,4991	0,4987	0,4982	0,4978	0,4973	0,4968	0,4964	0,4959
0,51	0,4954	0,4950	0,4945	0,4940	0,4935	0,4930	0,4926	0,4921	0,4916	0,4911
0,52	0,4906	0,4901	0,4896	0,4891	0,4886	0,4880	0,4875	0,4870	0,4865	0,4860
0,53	0,4854	0,4849	0,4844	0,4839	0,4833	0,4828	0,4822	0,4817	0,4811	0,4806
0,54	0,4800	0,4795	0,4789	0,4784	0,4778	0,4772	0,4767	0,4761	0,4755	0,4750
0,55	0,4744	0,4738	0,4732	0,4726	0,4720	0,4714	0,4708	0,4702	0,4697	0,4691
0,56	0,4684	0,4678	0,4672	0,4666	0,4660	0,4654	0,4648	0,4641	0,4635	0,4629
0,57	0,4623	0,4616	0,4610	0,4603	0,4597	0,4591	0,4584	0,4578	0,4571	0,4565
0,58	0,4558	0,4551	0,4545	0,4538	0,4532	0,4525	0,4518	0,4512	0,4505	0,4498
0,59	0,4491	0,4484	0,4477	0,4471	0,4464	0,4457	0,4450	0,4443	0,4436	0,4429
0,60	0,4422	0,4415	0,4408	0,4401	0,4393	0,4386	0,4379	0,4372	0,4365	0,4357
0,61	0,4358	0,4343	0,4335	0,4328	0,4321	0,4313	0,4306	0,4298	0,4291	0,4383
0,62	0,4276	0,4268	0,4261	0,4253	0,4246	0,4238	0,4230	0,4223	0,4215	0,4207
0,63	0,4199	0,4192	0,4148	0,4176	0,4168	0,4160	0,4153	0,4145	0,4137	0,4129
0,64	0,4121	0,4113	0,4105	0,4097	0,4089	0,4080	0,4072	0,4064	0,4058	0,4048
0,65	0,4040	0,4032	0,4023	0,4015	0,4007	0,3998	0,3990	0,3982	0,3073	0,3965
0,66	0,3957	0,3948	0,3049	0,3931	0,3922	0,3914	0,3905	0,3897	0,3888	0,3880
0,67	0,3871	0,3862	0,3854	0,3845	0,3836	0,3828	0,3819	0,3910	0,3801	0,3792
0,68	0,3784	0,3775	0,3766	0,3757	0,3748	0,3739	0,3730	0,3721	0,3712	0,3703

45*

Tabelle A.5. (Fortsetzung)

x	0	1	2	3	4	5	6	7	8	9
0,69	0,3694	0,3685	0,3676	0,3666	0,3657	0,3648	0,3639	0,3430	0,3621	0,3611
0,70	0,3602	0,3593	0,3583	0,3574	0,3565	0,3555	0,3546	0,3536	0,3527	0,3518
0,71	0,3508	0,3499	0,3489	0,3480	0,3470	0,3461	0,3451	0,3441	0,3432	0,4322
0,72	0,3412	0,3403	0,3393	0,3383	0,3373	0,3364	0,3354	0,3344	0,3334	0,3324
0,73	0,3314	0,3304	0,3295	0,3285	0,3275	0,3265	0,3255	0,3245	0,3235	0,3225
0,74	0,3215	0,3204	0,3194	0,3184	0,3174	0,3164	0,3154	0,3144	0,3133	0,3123
0,75	0,3113	0,3103	0,3092	0,3082	0,3071	0,3061	0,3051	0,3040	0,3030	0,3019
0,76	0,3009	0,2999	0,2988	0,2978	0,2967	0,2956	0,2946	0,2935	0,2925	0,2914
0,77	0,2903	0,2893	0,2882	0,2871	0,2881	0,2850	0,2839	0,2828	0,2818	0,2807
0,78	0,2796	0,2785	0,2774	0,2763	0,2753	0,2741	0,2731	0,2720	0,2709	0,2698
0,79	0,2687	0,2676	0,2664	0,2653	0,2642	0,2631	0,2620	0,2609	0,2598	0,2587
0,80	0,2575	0,2564	0,2553	0,2542	0,2531	0,2519	0,2508	0,2497	0,2485	0,2474
0,81	0,2462	0,2451	0,2440	0,2428	0,2417	0,2405	0,2394	0,2382	0,2371	0,2359
0,82	0,2348	0,2336	0,2324	0,2313	0,2301	0,2290	0,2278	0,2266	0,2255	0,2243
0,83	0,2231	0,2220	0,2208	0,2196	0,2184	0,2172	0,2160	0,2149	0,2137	0,2125
0,84	0,2113	0,2101	0,2089	0,2077	0,2065	0,2053	0,2041	0,2029	0,2017	0,2005
0,85	0,1993	0,1981	0,1969	0,1957	0,1944	0,1932	0,1920	0,1908	0,1896	0,1884
0,86	0,1871	0,1859	0,1847	0,1834	0,1822	0,1810	0,1797	0,1785	0,1773	0,1760
0,87	0,1748	0,1735	0,1723	0,1711	0,1698	0,1633	0,1673	0,1661	0,1648	0,1635
0,88	0,1623	0,1610	0,1598	0,1585	0,1572	0,1560	0,1547	0,1534	0,1522	0,1509
0,89	0,1496	0,1484	0,1471	0,1458	0,1445	0,1423	0,1419	0,1407	0,1394	0,1381
0,90	0,1363	0,1355	0,1342	0,1329	0,1316	0,1303	0,1290	0,1277	0,1264	0,1251
0,91	0,1238	0,1225	0,1212	0,1199	0,1186	0,1173	0,1159	0,1146	0,1133	0,1120
0,92	0,1107	0,1094	0,1090	0,1067	0,1054	0,1040	0,1027	0,1014	0,1000	0,0987
0,93	0,0974	0,0960	0,0947	0,0933	0,0920	0,0907	0,0893	0,0880	0,0866	0,0853
0,94	0,0839	0,0826	0,0812	0,0798	0,0785	0,0771	0,0758	0,0730	0,0720	0,07a7
0,95	0,0703	0,0689	0,0676	0,0662	0,0648	0,0634	0,0621	0,0607	0,0593	0,0579
0,96	0,0565	0,0552	0,0538	0,0524	0,0510	0,0496	0,0482	0,0468	0,0454	0,0440
0,97	0,0426	0,0412	0,0398	0,0385	0,0370	0,0356	0,0342	0,0328	0,0314	0,0300
0,98	0,0286	0,0271	0,0257	0,0243	0,0230	0,0214	0,0201	0,0186	0,0172	0,0158
0,99	0,0140	0,0129	0,0115	0,0101	0,0086	0,0072	0,0058	0,0043	0,0029	0,0014

SCHRIFTTUM

AARON, M. R., PCM Transmission in the Exchange Plant. In: Bell System Techn. J. 41, H. 1 (1962).

ABRAMSON, N., Information Theory and Coding, McGraw-Hill, New York (1963).

ABRAMSON, N., Bandwidth and Spectra of Phase and Frequency Modulated Waves. In: IEEE Transactions on Communications Systems 11, H. 4 (1963).

AINGORN, M. A., Elektronnîe kvantniuşçie ustroistva. In: Radiotehnika 15, H. 5 (1960).

ANGHELUȚĂ, TH., Curs de teoria funcțiilor de variabilă complexă Bucureşti, Editura Tehnică (1957).

ANGOT, ANDRÉ, Compléments de mathématique, Editions de la Revue d'Optique, Paris (1962).

BACK, KULL, Information Theory and Statistics, John Wiley and Sons Inc New York (1959).

BAGHDADY, E., Lectures on Communication System Theory., McGraw-Hill Book Company Inc. New York, London (1961).

BATTAIL, G., Sur l'emploi des signaux à bande limitée dans la théorie des communications, Annales des Télécommunications (1964).

BAȘARIOV, A. E., Prinţipî selecţii signalov v sumah (konspect lektii) Moskva (1962).

BELL, S. A., Information Theory and its Engineering Applications. Sir Isaac Pitman and Sons, Ltd, London (1953).

BENETT, W. R., Methods of Solving Noise Problems. In: Proc. IRE, H. 5 (1956).

BÎKOV, JU. S., Teoria razborcivosti reci i povîşenie effektivnosti radiotelefonnoi sviazi. Gosenergoizdat, Moskva (1959).

BLACK, H. S., Modulation Theory, D. van Nostrand Company Inc. Toronto, New York, London (1953).

BLOH, E. L., HARKEVICI, A. A., K voprosu o gheometriceskom dokazatelstve teoremî Sennona. In: Radiotehnika H. 11 (1956).

BLOH, E. L., Pomehoustoicivosti sistem sviazi s peresprosom. Izdatelstvo Akademii Nauk S.S.S.R., Moskva (1963).

BOISVERT, M., Les diagrammes de fluence de signal. In Annales des Télécommuni-cations, 13, H. 3—4 (1958).

BRILLOUIN, L., Science and Information Theory, Academic Press Inc., New York (1956).

BROWN, W. M., Some Results in Noise Through Circuits. In: IRE Transactions on Information Theory, 1, Special Supplement (1959).

CARTIANU, G., Modulaţia de frecvenţă, Bucureşti Editura Academiei RPR (1958).

CHURCHMAN, C. W., Prediction and Optimal Decision. Prentice Hall Inc. Englewood Cliffs, N.J. (1961).

COLIN CHERRY, Information Theory, Butterworths, London (1961).

COIRON, M., DUPIRE, G., LORIMY, B., Un système de transmission de données numériques. In: L'Onde Electrique, H. 431 (1963).

CONSTANTINESCU, I., CONDREA S şi NICOLAU, F., Teoria Informaţiei — Editura tehnică, Bucuresti (1956).

CUNNINGHAM, W. I., Introduction to Nonlinear Analysis. McGraw-Hill Book Company, Inc. New York (1958).

CUNNINGHAM, W. I., Vvedenie v teoriu nelineinîh sistem. Gosenergoizdat, Moskva (1962).

DAVIS, C. G., An Experimental Pulse Code Modulation System for Short-Haul Trunks. In: Bell System Techn. J., 41, H. 1 (1962).

DAVENPORT, W., ROOT, W., An Introduction to the Theory of Random Signals and Noise. McGraw-Hill Book Company, Inc., New-York, Toronto, London (1958).

DEBART, H., Vitesse de groupe au temps de propagation de groupe. In: Cables et Transmission, 13, H. 4 (1959).

DEUTSCH, RALPH, Nonlinear Transformations of Random Processes. Englewood Cliff. N.J., Prentice-Hall (1962).

DITL, AUGUST., Richtfunkverbindungen. Akademische Verlagsgesellschaft, Leipzig (1960).

DOLUHANOV. M. P., Vvedenie v teoriu peredaic informaţtii po elektriceskim kanalam sviazi. Sviazizdat, Moskva (1955).

DOOB, I. L., Veroiatnostnîe proţessî. Ozdat. Inostrannoi Literaturî, Moskva (1956).

DOWNING, JOHN, J., Modulation System and Noise. Prentice-Hall International, Inc., London (9164).

DROZDOV, E, A., PIATIBRATOV, A. P., Avtomaticeskoe preobrazovanie i kodirovanie informaţii, Izd. Sovetskoe radio, Moskva (1964).

FAGOT, J., Causes diverses de diaphonie dans les systèmes multiplex à impulsions. In: Anales de Radioélectricité (1953).

FAGOT, J., MAGNE, P., La Modulation de Frèquence. Theorie. Application aux faisceaux hertziens. Soc. Française de documentation éléctronique, Paris (1959).

FANO, R., ROBERT, M., Transmission of Information. John Wiley Sons Inc., New York, London (1961).

FEINSTEIN, A., Foundations of Information Theory. Mc Graw-Hill Book Company, Inc. New York, Toronto, London (1958).

FEY, PETER, Informationstheorie. Akademie-Verlag, Berlin (1963).

FELDBAUM, A. A., Osnovî teorii optimalnîh avtomaticeskih sistem. Fiziko-Matematiceskoi Literaturî, Gosudarstevnnoe Izdat. Moskva (1963).

FINK, L. M., Teoria peredaci diskretnîh soobşcenii. Izdat. Sovetskoe Radio, Moskva (1963).

FORTET, R., Considérations sur la notion de fréquence instantanée. In: Cables et Transmission H. 1 (1960).

FURDUEV, V. V., O nekotorîh osnovnîh poniatiiah teorii signalov. In: Radiotehnika, H. 4. (1957).

GHELFOND, A. O., Calculul cu diferenţe finite (traducere din 1. rusă), Bucureşti Editura tehnică. (1956).

GOLDMAN, S., Frequency Analysis. Modulation and Noise, Mc.Graw-Hill Book Company Inc. New-York, Toronto, London (1948).

GOLDMAN, S., Information Theory, Prentice-Hall Inc., New-York (1953).

GOLOMB, W., A New Derivation of the Entropy Expressions. In: IRE Transaction on Information Theory, 1, J. 3. (1961).

GREEN, P. E., Time-Varying Channels with Delay Spread, Lincoln Laboratory, Massachusetts Institute of Technology, Report MS-369 A.

GUREVICI, M. C., Spektrî radiosignalov. Gosudarstvennoe izdatelstvo literaturî po voprosam sviazi i radio, Moskva (1963).

GUTKIN, L. S., Teoria optimalnîh metodov radiopriema pri fluktuaţionnîh pomehah. Gosenergoizdat, Moskva (1961).

HALMOS, P. R., Measure Theory. S. van Nostrand Company Inc. Princeton N.I. (1950).

HARARY, F., Graph Theory and Electric Networks. In: IRE Transaction on Information Theory, 1, (1959).

HARKEVICI, A. A., Bazele teoretice ale radiocomunicaţiilor. Bucureşti, Editura tehnică (1959).

HARKEVICI, A. A., Nelineinîe i parametriceskie iavlenia v radiotehnike, Gosudarstvennoe Izdatelstvo Tehniko-Teoreticeskoi Literaturî, Moskva (1956).

HARKEVICI, A. A., O vîcislenii spektrov sluciainîh proţessov. In: Radiotehnica, H. 5 (1957).

HARKEVICI, A. A., Spektri i analiz., Gosudarstvennoe Izdatelstvo Tehniko-Teoreticeskoi Literaturî, Moskva (1953).

HARKEVICI, A. A., Ocerki obşcei teorii sviazi., Gosudarstvennoe Izdatelstvo Tehnicko-Teoreticeskoi Literaturî, Moskva (1955).

HARKEVICI, A. A., Borba s pomehami. Gosudarstvennoe izdatelstvo fiziko-matematiceskoi literaturî, Moskva (1963).

HARTBAUM, H., Messung von Übertragungsverzerrungen an Richtfunkgeräten mit Frequenzmodulation SEL (Standard Elektrik Lorenz), Nachrichten, H. 3 (1951).

HARMAN, W. W., Principles of the Statistical Theory of Communication, Mc. Graw-Hill Book Company Inc., New York, San Francisco, London (1963).

HELM, A. H., The Z Transformation. In: Bell System Tehn. 38, H. 1 (1959).

HENZE, E., HOMUTH, H.H., Einführung in die Informationstheorie, Friedr. Vieweg + Sohn, Braunschweig (1970)

HEYNISCH, H., KERSTEN, R., Pulscode-Modulation mit Spezial-Elektronenstrahlröhren. In: Siemens Zeitschrift 39, H. 1 (1965).

HÖLZLER, E., HOLZWARTH, Theorie und Technik der Pulsmodulation. Springer-Verlag, Berlin (1957).

HUND, A., Frequency Modulation. McGraw-Hill Book Company Inc., New York, London (1942).

ILIN, Telekontrol i teleupravlenie rassredotocenîmi obreaktami. Gosudarstvennoe Izdat, Moskva (1963).

JELEZNOV, N. A., Prinţip diskretizaţii stohaticeskih signalov i nekotorîe rezultatî. Teorii impulsnoi peredaci soobşcenii. In: Radiotehnica i elektronica (1958).

JELEZNOV, N. A., Interval vremennoi korreliaţii signalov i ego sviazi s parametrami spektra moşcinosti. In: Elektrosviazi, H. 5 (1961).

JESPERS, P., CHU, P. T., FETTWEIS, A., A New Method to Compute Correlation Functions. In: IRE Transactions on Information Theory, 1, H. 5 (1962).

JURY, E. I., Sampled Data Control Systems, John Wiley and Sons, New York (1958).

KOTELNIKOV, V. A., Teoria potenţialnoi pomehoustoicivosti. Gosenergoizdat, Moskva (1956).

LALESCU, T., Introducere la teoria ecuaţiilor integrale. Bucureşti Editura Academiei RSR (1956).

LANGE, F. H., Korrelationselektronik. VEB Verlag Technik, Berlin (1959).

LANGE, F. H., Aussagen und Entwicklungstendenzen der Signaltheorie. Wissenschaftliche Zeitschrift der Universität Rostock, H. 1, 2 (1959—1960).

LANGE, F. H., Entwicklungstendenzen der modernen Operatorenrechnung. Akademische-Verlagsgesellschaft Geest und Portig K.-G. Leizpig (1960).

LAVRENTIEV, M. A., LIUSTERNIK, L. A., Curs de calcul variaţional (trad. din 1. Rusă), Bucureşti Editura tehnică (1955).

LEBEDEV, V. A., Slucianîe proţessî v elektriceskih i mehaniceskih sistemah. Fizmatghiz, Moskva (1958).

LEE, Y. W., Statistical Theory of Communication. John Wiley and Sons, Inc., New York, London (1960).

LERNER, R. M., The Representation of Signal. In: IRE Transaction Theory, 1 (1959).

LEVIN, B. R., Teoria sluciainîh proţessov i eio primenenie v radiotehnike. Isd. Sovetskoe Radio, Moskva (1960).

LIBOIS, L. I., Faisceaux hertziens et systèmes de modulation. Ed. Chiron, Paris (1958).

MACHOL, R., Information and Decision Processes. Mc. Graw-Hill Book Company Inc., New York, Toronto, London (1960).

MANN, H., STRAUBE, H. M., VILLARS, C. P., A Companded Coder System for an Experimental PCM Terminal. In: Bell System Techn. J., 41, H. 1 (1926).

MARINESCU, G., Spaţii vectoriale normate. Bucureşti Ed. Academiei RSR (1956).

MARKO, H., Die Kanalkapazität des Telegraphiekanals und verwandter Übertragungskanäle. In: N. T. Z. (1963).

Mason, S. J., Feedback Theory-Some Properties of Signal Flow Graphs. In: Proc. IRE 41
    (1953).
Mason, S. J., Feedback Theory – Further Properties of Signal Flow Graphs. In: Proc. IRE,
    44 (1956).
Mason, S., Zimmermann, Electronic circuits, Signals and Systems. John Wiley and Sons,
    Inc. New York (1960).
Massey, I. L., Threshold decoding. Cambridge Massachusetts. M. I. T. Press (1963).
Melnikov, P. V., K voprosu ob izmerenii haraktericeskoi funkţii staţionarnogo ergodiçeskogo
    proţessa. In: Elektrosviazi, H. 12 (1962).
Middleton, D., An Introduction to Statistical Communication Theory. McGraw-Hill
    Book Company Inc., New York, Toronto, London (1960).
Mishkin, E., Braun, L., Adaptive Control Systems, McGraw-Hill, New York (1961).
Natanson, I. P., Teoria funcţiilor de variabilă reală (trad. din 1. rusă), Bucureşti Editura
    tehnică (1957).
Neidhardt, P., Einführung in die Informationstheorie. VEB Verlag Technik, Berlin
    (1957).
Neidhardt, Peter, Informationstheorie und automatische Informationsverarbeitung.
    VEB Verlag Technik, Berlin (1954).
Novakovskii, S. V., Samoilov, G. P., Tehnika ciastotnoi modulaţii v radioveşcianii.
    Gosudarstvennoe energheticeskoe izdatelstvo, Moskva (1962).
Nichols, Myron, Lawrence, L., Rauch-Radio Telemetry, John Wiley and Sons. Chapman
    and Hall Limited, Inc., London, New York (1956).
Onicescu, O., Mihoc, G., Ionescu-Tulcea. Calculul probabilităţilor şi aplicaţii. Bucureşti
    Editura Academiei RSR (1956).
Oswald, I., Sur une nouvelle théorie de la limitation du spectre des signaux. In: Cables et
    Transmission H. 4 (1960).
Paley, R., Wiener, N., Fourier Transforms in the Complex Domain. American Mathe-
    matical Society, New York (1934).
Pană, L., Sistem telefonic cu modulaţie de impulsuri. In: Telecomunicaţii, H. 4, 5 (1961).
Panter, P. F., Dite, W., Quantisation Distortion in Pulse-Count Modulation with Non-
    uniform Spacing of Levels. In: Proceedings of IRE, 39, H. 31 (1951).
Peterson, W. W., Error Corecting Codes. MIT Press, John Wiley Sons Inc. New-York,
    London, (1961).
Petrovski, I. G., Lecţii de teoria ecuaţiilor integrale. Bucureşti Editura tehnică (1951).
Pevniţkii, V. P., Frantuz, A. G., O statisticeskih raspredeleniah amplitud impulsov
    radiopomeh sozdavaemîh elektroustroistvami. In: Elektrosviazi, H. 9 (1958).
Poliet, M., Transmission d'informations numériques. In: L'Onde Electrique, H. 431
    (1963).
Prince, R., Green, P. A. E. , Communication Technique for Multipath Channels. In:
    Proceedings IRE (1958).
Raschkowitsch, Phasenwinkel-modulation. Fachbuchverlag GMBH, Leipzig (1952).
Reiffen, Barney., A Note on *Very Noisy* Channels. In: Information and Control, 6, H. 2
    (1963).
Reza, F. M., An Introduction to Information Theory, McGraw-Hill Book Company,
    New-York, Toronto, London (1961).
Rotaci, V. Ia., Impulsnîe sistemî avtomaticeskogo regulirovania. Izdatelstvo Energhiia,
    Moskva (1964).
Russell, Gordon M., Modulation and Coding in Information Systems. Prentice-Hall
    International, London (1962).
Schwartz, Leonard S., Principles of Coding. Filtering and Information Theory. Spartan
    Book, Inc., Baltimore (1963).
Schwartz, M., Information, Transmission. Modulation and Noise. McGraw-Hill Book
    Company, New-York, London (1956).

SHANNON, C., Rabotî po teorii informaţii i chibernetike. Izd. Inostrannoi Literaturî, Moskva (1963).

SCHEFTELOWITZ, H., Noise in a PCM Transmission System. In: Ericson Technics, 16, H. 2 (1960).

SCHETZEN, M., Measurement of Correlation Functions: In: Proceedings IEE, 3, H. 12 (1954).

SHANNON, C. E., A Mathematical Theory of Communication. In: Bell System Techn. J. 27, H. 3 (1948); 28, H. 4 (1949).

SHENNUM, R. H., GRAY, J. R., Performance Limitations of a Practical PCM Terminal. In: Bell System Techn. J. 41, H. 1 (1962).

SIFOROV, V. I., Radiopriemniki sverhvîsokih ciastot. Voennoe izdatelstvo ministerstva oboronî soiuza SSR, Moskva (1955).

SIFOROV, V. I., SINDLER, IU, B., Ob usloviiah ekvivlentnosti statisticeskih svoistv radiotehniceskih sistem s bolşim cislom sluciainîh parametrov. Dokladî Akademiee Nauk SSSR, 116, H. 6 (1957).

SIFOROV, V. I., Radiopriemnîe ustroistva. Voennoe iszdatelstvo ministerstva oboronî soiuza SSR, Moskva (1954).

SIFOROV, V. I., Razvitie teorii pomehoustoicivosti v SSSR, Akademia nauk SSSR. In: Radiotehnika i elektronika, 2, H. 11 (1967).

SINNREICH, H., Diagrame de semnal. In: Telecomunicaţii, H. 6 (1964).

SMIRNOV, V. A., Osnovî radiosviazi na ultrakorotkih volnah. Gosudarstvennoe Izdat. Literaturî po voprosam sviazi i radio, Moskva (1957).

SMIRNOV, V. A., Nelineinîe iskajenia v mnogokanalnîh sistemah sviazi s ciastotnoi modulaţiei. In: Radiotehnica, H. 2 (1956).

SMIRNOV, V. A., Osmovî radiosviazi na ultrakorotkih volnah. Gosudarstevennoe izdatelstvo literaturî po voprosam sviazi i radio, Moskva (1957).

SOUBIES-CAMY, M. H., Les sistèmes modèrnes de télémesures. In: Revue générale de l'électricité (1962).

SOUBIES-Camy, M. H., Nouveau système multiplex de transmission des informations. In: L'Onde électrique 40, H. 400—401 (1960).

SPĂTARU, AL., Determinarea condiţiilor de lucru în regim cvasistaţionar şi calculul distorsiunilor în cazul modulaţiei de frecvenţă. In: Buletinul ştiinţific, secţia de ştiinţe matematice şi fizice, 8 (1965).

SPĂTARU, AL., O metodă de calcul a distorsiunilor unui semnal modulat în frecvenţă. aplicat amplificatorului de bandă largă cu circuite acordate pe aceeaşi frecvenţă şi decalat acordate. In: Buletinul Institutului Politehnic Bucureşti, 18, H. 3—4 (1956).

SPĂTARU, AL., Evaluarea zgomotului de fluctuaţii la un generator modulat prin impulsuri în poziţie. In: Buletinul, Institutului Politehnic Bucureşti, 20, H. 4 (1958).

SPĂTARU, AL., Mărirea capacităţii de transmisie a canalelor cu semnale gaussiene. In: Buletinul Institutului Politehnic, Bucureşti, 22, H. 1, (1960).

SPĂTARU, AL., Maximalizarea raportului semnal/zgomot în cazul modulaţiei de impulsuri în cod. In: Telecomunicaţii, H. 3 (1963).

SPĂTARU, AL., Consideraţii privind unele proprietăţi ale modulaţiei liniare. In: Telecomunicaţii, H. 6 (1963).

SPĂTARU, AL., Evaluarea distorsiunilor şi a diafoniei la transmisiunea informaţiei de culoarere prin modulaţia în cvadratură. In: Buletinul Institutului Politehnic Bucuresti 25, H. 6 (1963).

TIBBS, CH., E., BEDFORD, L. H., Frequency Modulation Engineering. Chapman and Hall Ltd., London (1947).

VAN TREES, H. L., Synthesis of Optimum Nonlinear Control Systems. MIT Press, Cambridge Mass (1962).

VAN TREES, H. L., Functional Techniques for the Analysis of the Nonlinear Behavior of Phase-Locked Loops. In: Proceedings IEEE, 52, H. 8 (1964).

TSCHAUNER, J., Introduction à la théorie des systèmes échantilonnés, Dunod, Paris (1963).

TURBOVICI, I. T., Nekotoroe obobşcenie teoremî Kotelnikova. In: Radiotehnika, H. 4 (1956).

UDALOV, A. P., SUPRUN, B. A., Izbîtocinoe kodirovanie pri peredace informaţii dvoinîm kodami. Izdat. Sviazi, Moskva (1964).

VAINSTEIN, L. A., ZBUKOV, V. D., Vîdelenie signalov na fone slucianîh pomeh. Izdat. Sovetskoe Radio, Moskva (1960).

VASILACHE, S., Elemente de teoria mulţimilor şi a structurilor algebrice. Bucureşti Editura Academiei RSR (1956).

VASILIU, C., Sinteza reţelelor electrice după răspunsul tranzitoriu. In: Telecomunicaţii, H. 8 (1964).

VASILIU, C., Sinteza reţelelor în domeniul timp folosind transformarea Z. Lucrare de disertaţie susţinută la Inst. Politehnic, Bucureşti (1964).

WEISS, L., Statistical Decision Theory, Mc.Graw-Hill Book Company Inc. New Xork, London (1961).

WOZENCRAFT, I. M., REIFFEN, BARNEY, Sequential decoding. Institute of Technology, Massachusetts (1961).

WOLTER, H., Grundtheoreme der Informationstheorie. Archiv der Elektrischen Übertragung, H. 3 (1959).

WEAVER, C. S., A Comparaison of Several Types of Modulation. In: IRE Transactions on Communications Systems (1962),

WOODWARD, P. M., Probability and Information Theory, with Applications to Radar. Pergamon Press Ltd., London (1953).

WOODWARD, P. M., DAVIS, I. L., Information Theory and Inverse Porbability in Telecommunications. In: J. IEE London, H. 99, dritter Teil (1952).

VAN DER ZIEL, A., Fluctuation in Semi-Conductors. Butterworths Scientific Publications, London (1959).

ZADEH, L. A., Time-Varying Networks. In: Proced. IRE 49, H. 10 (1961).

ZIUKO, A. G., Pomehoustoicivosti i effektivnosti sistem sviazi. Gosudarstvennoe izdatelstvo literaturî po voprosam sviazi i radio, Moskva (1963).

ZIUKO, A. G., Frequency Modulation, RCA Review Princeton, New-York (1948).

ZIUKO, A. G., Porogovîe signalî, Izdatelstvo Sovetskoe Radio, Moskva (1952).

ZIUKO, A. C., Teorie peredaci soobşcenii, Izdat. Inostrannoi Literaturî, Moskva (1957).

ZIUKO, A. G., Teoria informaţii i eio prilojenia. Gosudarstvennoe Izdatelstvo Fizico-Matematiceskoi Literaturî, Moskva (1959).

ZIUKO, A. G., Information Theory, Symposium on Information Theory, London (1955).

SACHWÖRTERVERZEICHNIS